Informatik-Fachberichte

Herausgegeben von W. Brauer
im Auftrag der Gesellschaft für Informatik (GI)

86

Prozeßrechner 1984

Prozeßdatenverarbeitung im Wandel
4. GI/GMR/KfK-Fachtagung
Karlsruhe, 26.-28. September 1984

Herausgegeben von
H. Trauboth und A. Jaeschke

Springer-Verlag
Berlin Heidelberg New York Tokyo 1984

Herausgeber

H. Trauboth
A. Jaeschke
Kernforschungszentrum Karlsruhe GmbH
Institut für Datenverarbeitung in der Technik (IDT)
Postfach 3640, D-7500 Karlsruhe 1

Programmkomitee

W. Aleite, Erlangen
A. Haubruck, Duisburg
J. Hesselbach, Erbach
H. Kaltenecker, Karlsruhe
R. Lauber, Stuttgart
M. Mall, Friedrichshafen
T. Martin, Karlsruhe
O. Mickler, Göttingen
M. Polke, Leverkusen
U. Rembold, Karlsruhe
G. Schmidt, München
G. Schweizer, Karlsruhe
W. Thury, München
H. Trauboth, Karlsruhe (Vorsitzender)
C. von Urach, Stuttgart

Organisationskomitee

M. Didic, Karlsruhe
W. Epple, Karlsruhe
F. Hofmann, Erlangen
A. Jaeschke, Karlsruhe (Vorsitzender)
H. Wiefels, Düsseldorf

CIP-Kurztitelaufnahme der Deutschen Bibliothek. Fachtagung Prozeßrechner: Fachtagung Prozeßrechner . . . / GI, Ges. für Informatik . . . – Berlin; Heidelberg; New York; Tokyo: Springer. Bis 3 mit d. Erscheinungsorten Berlin, Heidelberg, New York
NE: Gesellschaft für Informatik.
4. 1984. Karlsruhe, 26.-28. September 1984. – 1984.
(Informatik-Fachberichte; 86)

ISBN-13: 978-3-540-13858-7 e-ISBN-13: 978-3-642-70086-6
DOI: 10.1007/978-3-642-70086-6

NE: GT

2145/3140 – 5 4 3 2 1 0

ZUM GELEIT

Baden-Württemberg ist als hoch industrialisiertes und exportorientiertes Land auf die rasche Umsetzung neuer wissenschaftlicher Erkenntnisse und betrieblicher Produktionsabläufe lebensnotwendig angewiesen. Jeder dritte Arbeitnehmer im Lande arbeitet für den Export. Mit unserem Welthandelanteil von 1,6 % übertreffen wir ausfuhrstarke Nationen wie die Schweiz oder Schweden. Mehr als neunzig Prozent aller Exportgüter Baden-Württembergs sind hochwertige Fertigwaren.

Wie auf kaum einem anderen Sektor sind in den letzten Jahren auf dem Gebiet der Datenverarbeitung und der Informationstechniken Fortschritte erreicht worden, die sich für die Effizienz der Forschung einerseits und für die präzise Steuerung und Regelung andererseits als unabdingbar erwiesen haben.

Ich begrüße es deshalb außerordentlich, daß das KfK-Institut für Datenverarbeitung in der Technik (IDT) wiederum als Ausrichter der Fachtagung "Prozeßrechner" diese hochrangige Tagung von Experten aus Forschung und Anwendung der Datenverarbeitung in einer der führenden Universitäten unseres Landes ausrichten kann.

Ich erhoffe mir von dieser Tagung starke Impulse für unsere Wissenschaftler und für unsere Wirtschaft, insbesondere auch für mittlere und kleinere Firmen, denn es gilt, im klassischen Land des mittelständischen Unternehmertums auf technologischem Gebiet Schritt zu halten mit internationalen Maßstäben und auf bestimmten Gebieten auch wettbewerbsentscheidende Vorsprünge zu halten und zu gewinnen.

Lothar Späth
Ministerpräsident des Landes Baden-Württemberg

Vorwort

Die Fachtagung "Prozeßrechner" wurde vor 10 Jahren durch die Gesellschaft für Informatik (GI), Gesellschaft für Meß- und Regelungstechnik (GMR) und dem Kernforschungszentrum Karlsruhe (KfK) gemeinsam ins Leben gerufen und das erste Mal von der KfK in Karlsruhe ausgerichtet. Seither hat sich auf dem Gebiet der Prozeßdatenverarbeitung (PDV) ein technologischer Wandel vollzogen. Es wird heute eine Vielzahl von Systemkomponenten und Rechnerarchitekturen angeboten, die eine stärkere Integration der Datenverarbeitung mit der Nachrichtentechnik und Prozeßinstrumentierung erlauben. An die Stelle von Einzellösungen mit einem selbständigen Prozeßrechner treten nun zunehmend umfassende Systemlösungen, bei denen Prozeßdatenverarbeitungssysteme die gesamte Informationsverarbeitung einer technischen Anlage oder eines Geräts übernehmen. Außerdem werden neuartige Anwendungsbereiche eröffnet und höhere Zuverlässigkeit, Wirtschaftlichkeit und Flexibilität gefordert.

Dieser Wandel findet auch in der Tagung 1984 seinen Niederschlag, wobei vor allem die Sicht des Anwenders im Vordergrund steht. Die Erfahrungen und der Nutzen des unterschiedlichen Einsatzes der Prozeßdatenverarbeitung in weiten Bereichen der Industrie, des Dienstleistungsgewerbes und der Forschung sowie des Einsatzes von Methoden und Werkzeugen zur Entwicklung, Qualitätssicherung und Projektabwicklung werden dargelegt und diskutiert.

Während die vorhergehenden Fachtagungen 1974 (Karlsruhe), 1977 (Augsburg) und 1981 (München) stärker den allgemeinen Methoden der Prozeßrechentechnik gewidmet waren, soll auf dieser Tagung aus allen Gebieten der PDV-Technik über wesentliche Ergebnisse der Praxis und über neuartige Entwicklungen, die auf in der Praxis gewonnenen Erfahrungen aufbauen, berichtet werden. Die Industrie, vertreten durch viele namhafte Firmen, ist unserem Programmaufruf aufgrund dieser Zielsetzung und persönlicher Aufforderung mit interessanten und aufschlußreichen Beiträgen zu unserer Freude recht zahlreich gefolgt. Zwei Drittel der Vorträge sind aus der Industrie.

In der Tagung zeichnen sich fünf Schwerpunkte ab:

- Systemtechnische Lösungen mit PDV-Systemen aus allen wichtigen technischen Anwendungsbereichen;
- Sichere und fehlertolerante Systeme und spezielle Systemstrukturen einschließlich Kommunikationssysteme;
- Softwaretechnologie, Softwaremanagement und Qualitätssicherung;
- Entwicklungssysteme und Softwarewerkzeuge;
- Mensch und Prozeßdatenverarbeitung.

Diese Themenschwerpunkte spiegeln gut die vielseitigen Aufgabenbereiche wider, mit denen sich der PDV-Fachmann in der Praxis auseinandersetzen muß.

In sechs Hauptvorträgen geben anerkannte Fachleute eine Übersicht über den Stand der Technik und einen Ausblick zu den jeweiligen Schwerpunktthemen.

Der Programmausschuß hat sich bemüht, aus der Vielzahl der eingereichten und überwiegend guten Beiträge die Beiträge so auszuwählen, daß ein in jeder Hinsicht ausgewogenes Programm zustandekam.

Mit 60 angenommenen Fachvorträgen und sechs eingeladenen Hauptvorträgen konnten alle Themenbereiche ausreichend beleuchtet werden. In der Podiumsdiskussion "Schaffung neuer Produkte und Arbeitsplätze durch Prozeßdatenverarbeitung" wird ein wichtiges aktuelles Thema behandelt, das über rein technische Fragen hinausgeht und anregen soll, wie die Prozeßdatenverarbeitung zur Lösung lebenswichtiger Probleme unserer Industriegesellschaft beitragen kann.

Den Autoren der Haupt- und Fachvorträge möchte ich für Ihre Mühe, mit einem qualitativ guten und ansprechendem Beitrag zum Inhalt der Tagung wesentlich beizutragen, danken. Nicht vergessen sind hierbei jene Autoren, deren eingereichte Kurzfassungen nicht ins Tagungsprogramm aufgenommen werden konnten, weil weit mehr gute Vorschläge für Vorträge eingegangen sind, als im zeitlich vorgesehenen Rahmen der Tagung untergebracht werden konnten und außer Qualität auch andere wichtige Gesichtspunkte für eine ausgewogene Programmgestaltung zu berücksichtigen waren.

Mein Dank gilt auch allen jenen, die zum Gelingen der Tagung mitgeholfen haben:
- den Mitgliedern des Programmausschusses, die sich der Gestaltung des Tagungsprogramms rege annahmen;
- dem Organisationskomitee das sich um die vielen Details einer möglichst reibungslosen Durchführung der Tagung kümmerte;
- den drei Trägergesellschaften für ihre Unterstützung;
- dem Springer Verlag für die termingerechten und ansprechenden Veröffentlichungen;
- den Mitarbeitern des IDT und allen unmittelbar an der Durchführung Mitwirkenden.

Der Tagung wünsche ich einen erfolgreichen Verlauf und hoffe, daß die Teilnehmer reichlich Nutzen ziehen aus den Vorträgen sowie aus der Begegnung mit Fachkollegen und daß sie diese Tagung in der Stadt Karlsruhe in guter Erinnerung behalten mögen.

Karlsruhe, Juli 1984 H. Trauboth

INHALTSVERZEICHNIS

HAUPTVORTRÄGE

PROZESSRECHNER UND INFORMATIK
RÜCKBLICK, STAND UND ZUKUNFTSPERSPEKTIVEN

G. Krüger

Institut für Informatik III

Universität Karlsruhe

ZUSAMMENFASSUNG

Vor etwa 25 Jahren wurde damit begonnen, Rechner mit Sensoren und Stellgliedern zu koppeln und sie unter Realzeit-Bedingungen einzusetzen. War die erste Phase der rechnergestützten Automatisierungstechnik durch große zentrale Prozeßrechneranlagen mit teilweise riesigen "Verkabelungssternen" gekennzeichnet, setzen sich heute - der räumlichen und funktionellen Struktur der zu automatisierenden technischen Prozesse angepaßt - dezentrale, verteilte Prozeßrechensysteme durch, bei denen besonders in den Feldfunktionen direkt am Prozeß die Mikrorechner dominieren. Realzeitsysteme hatten seit Anbeginn überdurchschnittliche Softwarekomplexitäts- und -zuverlässigkeitsprobleme. Trotz erheblicher Fortschritte bei den Realzeit-Betriebssystemen, den Anwenderprogrammsystemen für Automatisierungsaufgaben, den phasenintegrierenden systematischen Entwurfssystemen der "Realzeit"-Softwaretechnologien und den Realzeit-Sprachen sind weiter erhebliche Anstrengungen der Softwaretechnik für Prozeßrechensysteme erforderlich.

Die besonders durch die Mikroelektronik und neuen Nachrichtenübertragungstechniken forcierte integrierte Informationstechnik und die steigende Bedeutung der Informatik werden auch zukünftig die Automatisierungstechnik unter starken Wandlungsdruck setzen.

Beispiele sind: einheitliche Kommunikationstechnologien (ISO-OSI-Schichtenmodell) innerbetrieblich und überörtlich; Verbesserung der Mensch-Automatisierungssystem-Schnittstelle auch unter Einbeziehung von Verfahren der Künstlichen Intelligenz und die Verteilung von Datenbeständen auf viele - auch Arbeitsplatz- - Rechner.

1. EINFÜHRUNG

Die Anforderungen der Automatisierung technischer Prozesse, seien es Prozesse der Verfahrens- oder Steuerungstechnik, der Fertigung oder nichtindustrieller Automatisierungssysteme wie der Labor- und Prüffeldtechnik, des Verkehrswesens oder der apparativen Medizin, waren seit Ende der fünfziger Jahre, Anfang der sechziger Jahre für viele Gebiete der jungen Informatik, damals noch gern als Computer Science bezeichnet, eine starke, entwicklungsbestimmende Herausforderung.

Will man Zugänge zur Geschichte der Wechselwirkungen und gegenseitigen Befruchtungen von technischer Automatisierung und Informatik finden, ergeben sich eigentlich drei Ansatzpunkte. Zum ersten kann man von den Anwendungsfeldern und den mit ihnen verbundenen wirtschaftlichen Beweggründen für eine fortschreitende Automatisierung ausgehen. Zum zweiten bieten die Entwicklungslinien der klassischen Meß-, Steuer- und Regelungstechnik zusammen mit der Bedien- und Leitstandtechnik in immer höheren Automatisierungsstufen ein Ordnungsgerüst für eine historische Betrachtung /1,2/. Schließlich kann man von der Digital- und Rechentechnik, einschließlich der System- und Softwaretechnologie, her kommend den fundamentalen Wandel der klassischen geräteorientierten Automatisierungstechnik zur systembezogenen modernen rechnergestützten Automatisierung nachzeichnen.

Der Themenstellung entsprechend wird im folgenden eine gewisse Betonung auf die zuletzt genannten Entwicklungslinien gelegt. Dabei ist eine auch nur näherungsweise umfassende Darstellung, auch bei der Behandlung von Stand und Perspektiven, weder angestrebt noch durchführbar. Nach über 20-jähriger Tätigkeit mit Prozeßrechnern und Realzeitsystemen werden die Darstellung, die Wahl der Beispiele, auch die Prognosen, sicher eine recht persönliche, vielleicht etwas willkürlich wirkende, Färbung haben. Eine objektive Geschichte der Prozeßrechentechnik kann und sollte erst geschrieben werden, wenn sich eine gewisse Stabilisierung, vielleicht sogar Reife, in den rechnergestützten Automatisierungsverfahren, -mitteln, -geräten und -systemen abzeichnet. Von einer reifen Technik der Automatisierung mit überschaubarer "üblicher" Innovationsrate sind wir aber heute, das ist uns allen bewußt, weiter entfernt als je in den rund 25 Jahren der Geschichte der Prozeßrechentechnik. Schon der harte internationale industrielle Wettbewerb sorgt dafür, daß die neuen Möglichkeiten der Halbleiter-Größtintegration, der Sensorik, der Rechnerarchitekturen, der Bildschirmtechniken, der künstlichen Intelligenzforschung, der digitalen Fernmeldetechnik und moderner Software-Methoden, um nur einige Gebiete mit höchster Innovationsrate zu nennen, sehr bald, wenn nicht gar an erster Stelle, in der Automatisierungstechnik im weitesten Sinne ihre qualifiziertesten Anwendungen finden werden.

2. DIE VORGESCHICHTE DER REALZEIT-SYSTEME

Schon ab Mitte der fünfziger Jahre, praktisch seit der Zeit als einigermaßen funktionierende - elektronenröhrenbestückte - von Neumann-Rechner verfügbar waren, wurden in den USA Rechensysteme für Realzeit-Aufgaben entwickelt und eingesetzt. Schrittmacher waren militärische Projekte (SAGE) und in Verbindung mit dem Mondlandeprogramm der Amerikaner die Raumfahrtanwendungen (Project Mercury, später Apollo). Die ersten großen kommerziellen Anwendungen waren Flugbuchungssysteme (American Airlines SABRE), ein Börsenauskunftssystem für die New Yorker Börse und erste Bankautomatisierungen mit Terminalbetrieb. Ein Blick in eines der ersten "Real Time Computer Programming"-Lehrbücher /3/ zeigt, daß schon damals Automatisierungsvorhaben für die auch heute zentralen Bereiche der kommerziellen Anwendungen und der Fertigungs- und verfahrenstechnischen Prozesse einschließlich umfangreicher "Teleprocessing"-Aufgaben über Fernmeldeeinrichtungen durchgeführt wurden oder vielleicht auch in manchen Fällen nur angedacht waren. Interessant ist auch, daß die Mehrzahl der für Realzeit-Anwendungen wichtigen Rechnerarchitekturmerkmale, wie Interruptstrukturen, autonome Datenkanäle, schnelle Externspeicher (Platten) und auch Multiprozessor- und Multicomputerkonfigurationen schon eingesetzt wurden.

Nachteilig war nur, daß solche Multi-Programming- und Multi-Processing-Eigenschaften nur für große Maschinen der damaligen Großrechnerklassen verfügbar waren, was einen wirtschaftlichen Einsatz für industrielle Automatisierungszwecke weitgehend ausschloß.

Einen Durchbruch brachten hier ab 1960 die ersten Kleinrechner mit größerem Direkt-Zugriffs-Arbeitsspeicher, die durch die Fortschritte in der Transistortechnik und der Kernspeichertechnologie ermöglicht wurden. Beispiele dieser ersten Generation der Mini-Rechner sind PDP 1 von Digital Equipment Corporation (DEC), die CDC 160 von Control Data und die ersten Modelle der Siemens-Reihe 300. Neben dem mobilen Einsatz dieser Rechner in militärischen Anwendungen waren es besonders die wissenschaftlich-technischen Anwendungen in der Laborautomatisierung, Reaktorsteuerung usw., in denen für die - on-line - Realzeit-Nutzung von Rechnern Pionierarbeit geleistet wurde /4,5,6/. Den frühen Anwendern standen im wesentlichen nur die, allerdings auch damals schon sehr zuverlässige Rechner- und Standardperipherie-Hardware, ein Assembler und einige Unterprogrammpakete zur Peripherienutzung zur Verfügung. Ein Realzeit-Betriebssystem für den Anschluß seiner Meßstellen, die Steuerung der Experimente und die Darstellung von Zustandsinformation und Prozeßergebnissen auf den - selbstgebauten - Bildschirmgeräten mußte er selbst schreiben / 5/.

In der zweiten Hälfte der sechziger Jahre nahm die Verbreitung der nun Minicomputer genannten Klasse sehr stark zu, Spitzenreiter und trendbestimmend war die PDP 8 von DEC. Es entstanden auch eine Reihe weiterer Minicomputerfirmen, aber auch Hersteller von klassischen Automatisierungsgeräten und Meß- und Instrumentierungseinrichtungen wie z.B. Hewlett Packard, Honeywell, GE, Ferranti, Foxboro und AEG-Telefunken brachten eigene Prozeßrechner heraus. Trotz der beginnenden Halbleiterintegration (small scale integration) und größerer Stückzahlen waren die Minis entweder billig und dann von primitiver Hardwarestruktur oder bei für anspruchsvolle Prozeßautomatisierungsaufgaben erforderlicher Rechenleistungen, Speicherkapazitäten, E/A-Schnittstellen und Prozeß- und Standardperipherien für heutige Verhältnisse sehr aufwendig. Zudem stellten sie beträchtliche räumliche und Klima-Anforderungen.

Die Prozeßrechneranwendung von 1970 war daher auf den zentralen Prozeßrechner ausgerichtet, an den mit einem riesigen Verkabelungsaufwand die Meßstellen und Stellglieder angeschlossen wurden. Die Koppelelektroniken (Interface) und Kabelrangierverteiler hatten bei größeren Prozeßanwendungen die mehrfache Größe des eigentlichen Rechnerkerns.

Ausgehend von einer einfachen interruptgesteuerten Programmierung entwickelten sich für den zentralen Prozeßrechner sehr komplexe Mehr-Prozeß-Betriebssysteme (Multi tasking real time operating systems). Von Seiten der Informatik gab es interessante Wechselwirkungen zwischen den ebenfalls Mitte der sechziger Jahre aufkommenden dialogorientierten - interaktiven - Betriebssystemstrukturen (z.B. Projekt MAC des MIT) und den mit noch schärferen Zeitanforderungen arbeitenden Realzeit-Betriebssystemen. Die Anforderungen an ein solches Ein-Rechner-Betriebssystem waren außerordentlich. Einerseits sollten schnelle stoßartig auftretende Datenerfassungsanforderungen bis in den Mikrosekundenbereich erfüllt werden, für über Interrupt eingehende Alarme waren je nach Anwendungsfall Reaktionszeiten im Millisekundenbereich gefordert, andererseits sollten auf demselben Rechner große Prozeßlenkungs- und Datenauswertungsprogramme gefahren werden und dem Bediener eine komfortable Mensch-Prozeß-Schnittstelle zur Prozeßführung und -überwachung geboten werden. Der Höhepunkt des Versuches, alles auf einen Rechner zu legen und damit faktisch Unvereinbares zusammenzubringen, waren Systeme, bei denen versucht wurde, parallel zu den "im Vordergrund" laufenden Prozeßsteuer- und -betriebsprogrammen, in einem anderen Teil des Speichers, im sogenannten "Hintergrund", ohne ausreichenden Speicherschutz neue Prozeßprogramme zu testen.

Bei dieser Situation wundert es - heute - niemanden, daß die bis in die Gegenwart viel beschworene Softwarekrise mit der massiven Verschiebung der Kostenanteile von den Hardware- zu den Softwarekosten, und dabei insbesondere zu den Aufwendungen für Fehlerbehebung, Softwarepflege und Anpassung im laufenden Betrieb zuerst und am deutlichsten bei den Realzeit-Systemen auftraten /7/.

3. RECHNERGESTÜTZTE PROZESSAUTOMATISIERUNG IN DEN SIEBZIGER JAHREN

Anfang der siebziger Jahre kamen unter anderem mit der PDP 11 und der Siemens 310-340-Reihe in der Schaltkreistechnologie und Rechnerarchitektur wesentlich verbesserte und verbilligte Systeme auf den Markt, die auch die inzwischen gesammelten Erfahrungen mit den Realzeit-Betriebsorganisationen und den Hilfsmittel- und Softwarepaketen für modulare Anwendungsprogrammsysteme für unterschiedliche Automatisierungsaufgaben aufnahmen und anwendeten.

Insgesamt waren in diese Generation sowohl in die Rechnerarchitektur, E/A-Organisation als auch besonders in den Aufbau von System- und Anwender-Software viele wissenschaftliche Ergebnisse der jungen Informatik eingeflossen. Eine weitere Innovation war die Erkenntnis, daß bei der immer größeren Zahl von Prozeßperipheriegeräten nicht mehr jede einzelne Meßstelle durch ein eigenes Kupferadernpaar direkt an den Prozeßrechner angeschlossen werden kann, sondern daß dezentralere Anschlußtechniken, die die Vorteile des Rechners (z.B. Adressierung von Meßstellen und Stellgliedern) nutzen, erforderlich sind.

Solche frühen Kommunikationsnetz- und Interfacetechniken waren in Europa beispielsweise CAMAC, später serielles CAMAC / 8/ und der PDV-Bus.

Der eigentliche Durchbruch, die neue Basisinnovation, kam - in der ersten Zeit aber kaum in ihrer Bedeutung erfaßt - mit der Ankündigung des hochintegrierten Rechners auf einem Chip, dem Mikroprozessor 4004, durch die Firma Intel. Spätestens 1973 war den informatikorientierten Prozeßrechnerleuten klar, daß hier eine fundamentale Veränderung auf die Prozeßrechentechnik zukam und daß Systemarchitekturen aus vielen räumlich verteilten dedizierten Einzelrechnern, verbunden durch schnelle Rechner-Rechner-Kommunikation und Einbindung in funktional orientierte vorzugsweise hierarchische Rechnernetze, völlig neue Lösungsmöglichkeiten und

Wirtschaftlichkeitsperspektiven für die Prozeßautomatisierung eröffnen würden.

Diese sich neu öffnenden Horizonte und die Einsicht in die Größe des Softwareproblems führten 1973 auf Initiative des Kernforschungszentrums Karlsruhe (KfK) - das zu dieser Zeit bereits auf über 10 Jahre Pioniererfahrung in rechnergestützter Automatisierungstechnik zurückblicken konnte -, Vertreter der VDI/VDE-Gesellschaft für Meß- und Regeltechnik, der Gesellschaft für Informatik, Fachausschuß "Automatisierung technischer Prozesse mit Digitalrechnern" und des Kernforschungszentrums mit dem Ziel zusammen, Stand und Tendenzen der Prozeßrechentechnik auf einer wissenschaftlichen Tagung mit Industrie und Wissenschaft zu diskutieren.

Im Vorwort des Tagungsbandes /8/ heißt es: "Die Fachtagung 'Prozeßrechner 74' ist die erste große wissenschaftliche Veranstaltung in der Bundesrepublik Deutschland, die sich ausschließlich mit den grundlegenden Fragen des technischen Aufbaus, der Programmierung und der Einsatzprobleme von Prozeßrechensystemen befaßt."

Karlsruhe als Tagungsort war unter anderem darum gewählt worden, weil sich mit dem'Institut für Informationsverarbeitung in Technik und Biologie (IITB)' der Fraunhofergesellschaft; dem 'Institut für Datenverarbeitung in der Technik (IDT)' des KfK und der Projektträgerschaften 'Prozeßlenkung mit DV-Anlagen' und 'Rechnerunterstütztes Entwickeln und Konstruieren' ein Schwerpunkt in Forschung, Entwicklung und Koordinierung für die Datenverarbeitung in technischen Anwendungen gebildet hatte. Der Mikrorechner, die neuen Prozeßkommunikationstechniken und Ergebnisse über verteilte Kleinst- und Kleinrechneranwendungen haben natürlich noch nicht diese Tagung geprägt. Im Rückblick zeigt sich aber, daß besonders in den Hauptvorträgen von Schoeffler /9/, Ramamoorthy /10/ und Färber /11/ Richtungsweisendes und für damalige Hörer revolutionierend Neues mit großer Weitsicht behandelt wurde.

Die folgenden Jahre brachten den Durchbruch des Mikroprozessors als Funktionsbaustein in der Prozeßautomatisierung, wie der Interkama-Kongreß 1977 "Automatisierungstechnik im Wandel durch Mikroprozessoren" /12/ und die "Fachtagung Prozeßrechner 77" /13/ mit der Betonung der Software- und Realzeit-Sprachen-Aspekte zeigen.

Im Bereich der Rechnerarchitekturen wurden Mitte der siebziger Jahre eine Reihe von zum Teil sehr komplexen Systementwürfen für spezielle Realzeitrechnerstrukturen vorgelegt, die eine starke Hardwareunterstützung für die besonderen Realzeitbedingungen, wie schneller Taskwechsel, ausgefeilte Interruptstrukturen, flexibler Speicherschutz, besonders umfangreiche und übertragungsgeschützte E/A-Systeme usw. anboten (z.B. ARPS = Advanced Realtime Processing System) /14/.

Mit der immer größeren Halbleiterintegration und der Massenfertigung der Mikrorechner bzw. Mikrorechnerbausteine bekamen solche auf der Spezialrechner-Idee aufbauenden Konzepte gegenüber Multimikrorechner-Konfigurationen keine Chance.

4. DER WEG ZUM VERTEILTEN FEHLERTOLERANTEN MULTI-MIKRO-RECHNERSYSTEM

Trotz aller technologischen Fortschritte und der deutlich hervorgetretenen Nachteile der Softwarekomplexität, der Zuverlässigkeitsengpässe, der Verkabelungskosten und der Anpassungs- und Erweiterungsunfreundlichkeit wurden (und werden) bis in die jüngste Zeit Prozeßrechensysteme zur Automatisierung technischer Anlagen in der Zentralstruktur mit sternförmiger Heranführung der Signale digitaler oder analoger Meßfühler bzw. der entsprechenden Verteilung von Stellsignalen an die Stellglieder über umfangreiche Rangierverteiler ausgeführt.

Der zentrale Rechner wurde oft parallel zu den Anzeige- und Bedieneinrichtungen geführt, sodaß bei Rechnerausfällen ein manueller Notbetrieb durchführbar war. Auch im Feld wurde durch Ersatzgeräte mit meist analoger Signalverarbeitung besonders bei sicherheitskritischen Funktionen eine "back-up Lösung" für Rechnerausfälle installiert /15/. Da bei Ausfall des zentralen Rechners die gesamte übergeordnete Prozeßlenkungsebene funktionsuntüchtig war, wurden in kritischen Aufgabenbereichen - sich oft gegenseitig kontrollierend - Doppelrechnersysteme im "standby"-Verfahren eingesetzt /16/.

In sicherheitskritischen Anwendungen, wie in der Eisenbahnsignaltechnik, bei der Reaktorsteuerung, in der Flugsicherung wurden sogar drei- und mehrfach redundante Rechnerkombinationen mit komplizierten Selbstdiagnose- und Vergleicherschaltungen eingesetzt. Diese Entwicklungsrichtung hat zu den heute sehr verbreiteten "ausfallsicheren", fehlertoleranten Rechnern der Mittelklasse mit neuartigen Rechnerstrukturen und Softwareorganisationen geführt, ein Gebiet, auf dem die Firma TANDEM Pionierarbeit geleistet hat. Auch im Softwarebereich stellt sich die Frage nach der Zuverlässigkeitssteigerung immer stärker (siehe auch /17/ mit umfangreicher Literatur).

Ende der siebziger Jahre ist mit den modernen Prozeßautomatisierungssystemen mit aufgelöster, verteilter Struktur ein echter Innovationssprung eingetreten, der sich - wenn auch nur schrittweise in der Breite der Praxis - durchzusetzen beginnt. Ausgangspunkte für neue System-,

Hardware- und Softwarestrukturen waren von der Bedarfsseite die - nicht zuletzt aus der kritischer werdenden wirtschaftlichen Lage, der Verschärfung der internationalen Wettbewerbssituation, der Rohstoffverknappung, der Arbeitskostenentwicklung und der Ökologieproblematik herrührenden - steil steigenden Anforderungen an Umfang, Komplexität und Wirkungsgrad von Automatisierungseinrichtungen. Aus der Erfahrung der siebziger Jahre war deutlich, daß sich insbesondere aus Gründen der Verfügbarkeit, des Prozeßdaten-Kommunikationsaufwandes und der Softwarekomplexität die neuen Anforderungen nicht in die klassische Zentralprozeßrechnerstruktur bündeln lassen konnten.

Andererseits bieten die aus der Mikroelektronik, Computer- und digitalen Übertragungstechnik sich entwickelnden neuen Technologien ganz neue Chancen für echt dezentrale Prozeßautomatisierungssysteme. Schrittmacherfunktion hatte hier auf der Seite der angewandten Wissenschaft das RDC-System (Really Distributed Control Computer System) des FhG-Instituts IITB /18,19/. Aus der Industrie sind beispielhaft TELEPERM M (SIEMENS) und TDC 2000 (Honeywell) zu nennen /35/.

Entscheidender Vorteil dieser räumlich verteilten, mit Mikroprozessor-Intelligenz vor Ort arbeitenden und über schnelle meist busförmige Sammelverbindungen - oft heute schon mit Lichtwellenleiter als Übertragungsmedium - kommunizierenden dezentralen Multi-Mikro-Rechner-Systeme ist die Anpaßbarkeit der Automatisierungsstruktur - sowohl räumlich als auch betriebsmäßig und insbesondere funktionell - an die "natürliche Struktur" des zu automatisierenden Prozesses.

Dabei spielt die Möglichkeit der Bildung teilautonomer Gruppen (cluster) mit besonders ausgeprägter Binnenkommunikation und einer "Notautarkie" für den Störungsfall auf höherer Ebene eine wichtige Rolle für die Beherrschbarkeit der Gesamtkomplexität. Auch die schrittweise bzw. abschnittweise Erweiterbarkeit, Wartbarkeit und Anpassungsfähigkeit wird durch eine sorgfältige Teilautonomisierung und Funktionsaufgliederung auf Einzelsysteme in Hard- und Software stark gefördert. War es in der Pionierzeit noch durchaus umstritten, ob hochdezentrale Automatisierungssysteme mit Intelligenz vor Ort wirklich wirtschaftlich und betriebstechnisch mit den eingefahrenen Zentralstrukturen oder den hierarchisch gegliederten schwach dezentralen Ansätzen mit verhältnismäßig großen Bereichsrechnern konkurrieren können, stellt sich diese Frage nicht mehr. Die weiteren Fortschritte der Halbleiter-Großintegration und die damit verbundene Digitalisierung nahezu der gesamten Informationstechnik von der Unterhaltungselektronik bis zum Fernmeldewesen wird auch die gesamte Meß-, Regelungs- und Automatisierungstechnik bis in die letzten Winkel digitalisieren und damit vom Sensor und der einfachen prozeßnahen Baugruppen an mit mikrorechnergestützter Intelligenz arbeiten /21/. Eine Entwicklung, die von den klassischen MSR-Vertretern noch 1974 für nicht vorstellbar gehalten wurde (siehe Vorwort des Kongreßbandes Interkama 74 /36/).

5. STAND DER PROZESSRECHEN- UND REALZEIT-SOFTWARE

Größere Prozeßrechner verfügen heute über leistungsfähige, multifunktionale Realzeit-Betriebssysteme (Realtime Operating Systems), die von der Ablaufsteuerung als Mehr-Prozeß-Systeme ausgelegt sind und in der Regel einen schnellen Prozeßzustandswechsel erlauben, was besonders beim Auftreten zeitkritischer externer Anforderungen von Bedeutung ist. Teilaufgaben mit sehr hohen Anforderungen an die Reaktionszeit lassen sich günstiger über vorgeschaltete aufgabenspezialisierte Mikrorechner abwickeln, die eine einfache, aber schnelle Betriebsorganisation auf Multi-Prioritäts-Interrupt-Basis besitzen.

Fortgeschrittene Prozeßrechner besitzen auf der Basis rechnerinterner oder externer Realzeit-Uhren ausgefeilte Weckdienste zur Synchronisierung der Prozeßabläufe mit der Absolutzeit, Zeitintervallen usw.

Wesentlich für Multi-Prozeß-Betriebssysteme ist die Kommunikation zwischen den einzelnen (Rechen-) Prozessen. Sie kann über gemeinsame Speicherbereiche oder über verschiedene Formen der Botschaftenkommunikation erfolgen. Die Botschaftenkommunikation über Nachrichtenblöcke hat viele Vorteile, insbesondere ermöglicht sie einen natürlichen Übergang zu Kommunikationsdiensten in verteilten Betriebssystemen, die auf unterschiedlichen Rechnern arbeiten und nur über Nachrichten kommunizieren können. Weitere Strukturüberlegungen über den Aufbau von Realzeit-Betriebssystemen, die Konstruktion von Realzeit-Software aus Bausteinen aus einer Modulbibliothek und Architekturen bei Software-Erstellung durch eine höhere Realzeitprogrammiersprache finden sich in /23/.

Neben den Fragen der Struktur und wenn möglich Standardisierung von Realzeit-Betriebssystemen bzw. integrierter generierbarer maßgeschneiderter Anwenderprogramm-, Betriebssystem-Programmausrüstungen für spezielle Prozeßaufgaben, haben die Realzeit-Programmiersprachen die Prozeßrechner- und Prozeßinformatikexperten seit Mitte der sechziger Jahre beschäftigt. Auch hier ist Ende der sechziger Jahre ein Anstoß aus dem Kernforschungszentrum Karlsruhe gekommen. Erste Überlegungen über eine Experimentorientierte Sprache (EXOS) für Realzeitanwendungen in der Laborautomatisierung fanden auch außerhalb Interesse und führten im Rahmen der VDI/VDE-Arbeiten zur Programmiertechnik zur Gründung eines Arbeitskreises aus Industrie und Wissenschaft, der schon nach kurzer Zeit in Ausdehnung der ursprünglichen Zielsetzung den Namen PEARL (Process and Experiment Automation Realtime Language) wählte. Stark unterstützt durch Fördermittel des Bundes im Rahmen des 2. und 3. DV-Programms ist PEARL heute eine national genormte Sprache (DIN 66253). Eine neuere Entwicklung unter Nutzung viel neuerer Erkenntnisse der Programmiersprachenforschung der Informatik ist die ursprünglich für ein breites Spektrum militärischer Anwendungen konzipierte Sprache ADA, die in diesen Jahren in die Anwendung gelangt.

Weniger wegen ihrer technischen Schönheit als der engen Anbindung an verbreitete (technisch-wissenschaftliche) Sprachen sind auch Realzeit-Varianten dieser Sprachen mit der Verlagerung der Realzeitfunktionen in Unterprogramme entstanden und noch verbreitet in Gebrauch.

Beispiele sind Realzeit-FORTRAN und Realzeit-PASCAL. Eine gute Übersicht über die Entwicklung der Realzeit-Programmiersprachen mit weiterer Literatur wird in /24/ gegeben.

Ein wichtiger Aspekt mit großer Bedeutung für die Zukunft ist die Systematisierung - auch durch die Bereitstellung geeigneter rechnergestützter Werkzeuge - für alle Phasen des Software- und Systementwurfes von Automatisierungssystemen. Da dieses Thema einer stark ingenieurmäßig vorgehenden Softwaretechnologie auch für alle anderen komplexen Rechner- und Rechnernetzanwendungen eine fundamentale Rolle spielt, ist hier der Einfluß der allgemeinen Informatikentwicklung auf die spezielle Realzeit- und Automatisierungs-Softwaretechnologie besonders groß. Die Entwicklung der Realzeit-Software-Entwurfs- und Testverfahren läßt sich sehr gut anhand der Tagungsbände der Prozeßrechner- und Interkama-Tagungen verfolgen /8,12,13,20,21,22,36/.

6. GRUNDSATZÜBERLEGUNGEN ZUR WEITEREN INFORMATIONSTECHNISCHEN ENTWICKLUNGEN

In diesem Abschnitt soll vorzugsweise auf Einflüsse eingegangen werden, die sich aus der informationstechnischen Gesamtentwicklung und den damit gegebenenfalls verbundenen nichttechnischen Rückwirkungen auf die Automatisierungstechnik ergeben. Zu dieser breiten Fragestellung können naturgemäß nur skizzenhafte Beiträge geliefert werden.

Wichtige Merkmale, die die Informationstechnik der Zukunft und damit ihr Teilgebiet Automatisierungstechnik prägen werden, sind:

- die bereits erwähnte - durch die weitere wirtschaftlich immer günstigere Größtintegration ermöglichte - Digitalisierung des größten Teils der durch technische Mittel gestützten Prozesse der Informationserfassung, der Informationsausgabe, der Informationsübertragung, der Informationsverarbeitung und -speicherung;
- der Einsatz von programmgesteuerten Rechnern - je nach Aufgabe vom Größtsystem bis zum Masseneinsatz von Mikrorechnern - für alle genannten Formen der Informationshandhabung;
- die Verwendung von Rechnern an allen Arbeitsplätzen selbst mit mittlerem Informations- und Kommunikationsbedarf (Arbeitsplatzrechner);
- die Einbeziehung praktisch aller Rechner unabhängig von ihrer Größe, funktionellen Dedizierung und ihrer räumlichen Unterbringung in die Rechnernetze der Zukunft;

Aus diesen Prognosen ergibt sich die Vision vom "informatisierten" Unternehmen, in dem alle wesentlichen Informations- und Kommunikationsprozesse maschinell unterstützt werden und alle relevanten Unternehmensdaten in maschinenzugreifbarer Form auf Datenbanken liegen.

Diese Prognose läßt sich an zwei Beispielen illustrieren. Bei der rechnergestützten Automatisierung in dem technischen Unternehmensbereich haben die Automatisierung technischer Abläufe, die Prozeß- und - mit einem gewissen Zeitverzug - die Fertigungsautomatisierung (CAM) eine Vorreiterrolle übernommen, jetzt folgt ihr nach einer langen, recht zögernden Anlaufphase die Automatisierung technischer Tätigkeit, umschrieben beispielsweise mit den Kürzeln CAD, CAP und CAE /25,26/.

Ein zweiter Bereich, der sich erst in jüngster Zeit in den Vordergrund geschoben hat, ist die Büroautomatisierung, die mit einem Teil ihrer betrieblichen Infrastrukturfunktionen, so der Texterstellung und -bearbeitung, der Handhabung von Präsentationsgraphik, der Abspeicherung und dem Zugriff zu großen Informationsbeständen und der Einbeziehung fortgeschrittener innerbetrieblicher und überörtlicher Kommunikationsdienste, wie Teletex, Bildschirmtext, Telefax, Texfax, für die Tagesarbeit jedes technisch Tätigen, unabhängig von seiner Spezialtätigkeit eine fundamentale Bedeutung haben wird /26,27/.

Jeder qualifizierte Arbeitsplatz ist somit weitgehend in die auf Multi-Rechner-Netzen laufenden Informations- und Kommunikationsströme über seinen Arbeitsplatzrechner eingebunden, da wird es sich auf Dauer als unwirtschaftlich und unzumutbar erweisen, in zwei Informationswelten zu arbeiten: einer papierorientierten und einer rechner-/datenorientierten Arbeitswelt. Sicher nicht sehr schnell, aber dafür stetig und mit großer Konsequenz wird das Papier als Kommunikations- und Speichermedium verdrängt werden. Diese allgemeine, übergreifende, viele Arbeits- und Lebensbereiche erfassende informationstechnische Automatisierung wird, soweit die Informatikaspekte der Prozeßautomatisierung betroffen sind - also nicht zum Beispiel die speziellen Prozeßmodellierungsfragen oder die Sensor- und steuertechnischen Probleme - zukünftig dominieren. Die Massenmärkte der Büroautomatisierung und der privaten Nutzung zukünftiger Informationstechnik werden weitgehend wirtschaftlich und technologisch die Entwicklung beeinflussen.

Auf diesem, die grundsätzlichen Tendenzen beschreibendem Hintergrund soll beispielhaft noch auf Zukunftsaspekte dreier Teilgebiete zukünftiger integrierter Automatisierungssysteme im Umfeld "vollinformatisierter Unternehmen" eingegangen werden: Die Entwicklung der Kommunikationsnetze; Fragen des Datenverbundes und neuartigerLösungen rechnergestützter Arbeitsplätze ("Mensch-Maschine-Kommunikation") u.a. unter Nutzung von Verfahren der künstlichen Intelligenz.

7. KOMMUNIKATIONSNETZE

Für die Beschreibung von Kommunikationsarchitekturen für Rechnernetze, die auch Rechner unterschiedlicher Hersteller miteinander verbinden, hat sich das Open-System-Interconnection (OSI) Referenzmodell der ISO durchgesetzt /28/. Dem Charakter der Kommunikation und der Notwendigkeit der funktionellen und organisatorischen Integration aller Arbeitsbereiche eines Unternehmens entsprechend, werden auch die Kommunikationsuntersysteme in den prozeßnahen Automatisierungsstufen sich dieser Strukturierung anzupassen haben.

Die gegenwärtige Diskussion konzentriert sich bei der Einbeziehung der Industrieautomatisierung vorzugsweise auf die intern-transportorientierten Schichten(1-4) des ISO-OSI-Referenzmodells. Wegen der weit grösseren Verbreitung und damit wirtschaftlich und praktisch dominierenden Bedeutung haben - trotz der viel längeren Vorgeschichte der prozeßtechnisch eingesetzten Bus- und Ringsysteme - die Vorschläge für die Kommunikationssysteme der allgemeinen Automatisierungstechnik, speziell der Büroautomatisierung, sich in der Diskussion über die beiden unteren Ebenen durchgesetzt. In den internationalen Standardisierungsgremien (IEEE 802, ECMA TC24, ISO/TC97/SC6) setzen sich zur Zeit für die unteren Ebenen aus der verwirrenden Vielfalt von Vorschlägen offensichtlich drei Konzepte durch:"CSMA/CD", bekannt als Ethernet; der "Token Bus" und der - besonders von IBM favorisierte - "Token Ring". Das seit längerem auch im IEC diskutierte spezielle Bussystem für die Ankopplung lokaler prozeßnaher (front end) Rechner an übergeordnete Prozeßlenkungsrechner, der "process data highway (PROWAY)" /29/, läßt sich in ein erweitertes Konzept eines "Token Bus" integrieren, sodaß dieser auch die Realzeit-Forderungen des PROWAY erfüllen kann und ein getrennter Standard für industrielle Prozeßkommunikationszwecke dadurch unnötig wird /30/. Wie schon erwähnt, ist auf den hardwarenahen unteren Ebenen des OSI-Modells ein sehr weit anwendbarer Standard auch wirtschaftlich von großem Interesse, weil bei entsprechenden Stückzahlen die Protokollfunktionen dieser Ebene in integrierten Bausteinen (Chips) sehr günstig zur Verfügung gestellt werden können.

Wahrscheinlich ist, daß durch die in der Regel vorliegende Gruppierung von Prozeßperipherie-Elementen (clusters) und deren Anbindung über Unterstationen an höhere Prozeßführungsebenen und die unternehmensweiten Kommunikationswege auch zukünftig Hierarchien aus folgenden Ebenen gebildet werden: als unterste Ebene mit starker Lokalität ein "Feldbus" zur Kommunikation zwischen Unterstationen und dezentralen Prozeßperipherie-Elementen; als mittlere Ebene ein Prozeßbus mit Verbindungen der Stationskomponenten im 100 m Bereich und als obere Ebene Verbindungen im innerbetrieblichen Netz, heute vorzugsweise als schnelles lokales Multi-Megabit-Netz (local area network LAN) unter Wahl eines der genannten Zugriffsverfahren CSMA/CD, Token Bus oder Token Ring angedacht. Die Erfahrungen mit diesen Netzen, nur von dem CSMA/CD-Netz ist eine nennenswerte Zahl in der Bundesrepublik im praktischen Einsatz, sind noch recht gering. Einzelne Vergleichsstudien, besonders mit theoretischen Analysen liegen vor oder sind in Vorbereitung /31/. Von einer erprobten oder gar ausgereiften Technik kann aber noch nicht gesprochen werden. Für bestimmte Klassen von prozeßtechnischen Kommunikationsbedürfnissen kann die gegenwärtig von den internationalen Postverwaltungen, in führender Position der Deutschen Bundespost stark vorangetriebene Integrated Service Digital Network (ISDN-) Technik, eine interessante Alternative sein. ISDN ist die Grundlage des ab 1988 flächendeckend in der Bundesrepublik in die Einführung kommenden digitalen Fernmeldenetzes mit digitalem Teilnehmeranschluß auf den Zwei-Draht-Verbindungen der vorhandenen Ortsamtsnetze. Außer schneller Bewegtbilddarstellung integriert ISDN alle heute vorhandenen Kommunikationsformen (Sprach- und Nichtsprachkommunikation) und die darauf aufbauenden Dienste wie Teletex, Telefax, ISDN, Bildschirmtext mit verbesserter Auflösung, Texfax usw. /26/.

Für die Prozeßtechnik ist interessant, daß auch ein Fernwirk- und Fernmeßdienst als Standard-Dienst der Bundespost für kleine und mittlere, nur über öffentliche Netze zugängliche Automatisierungsaufgaben angeboten wird (ISDN-TEMEX = Telemetry exchange).

Hier eröffnen sich Automatisierungschancen für den Kleinbetrieb bis hin zum privaten Haushalt. Das Reizvolle des integrierten Fernmeldenetzes für die Nichtsprach-, insbesondere die Datenkommunikation ist, daß die Teilnehmergebühren für alle Formen der Netznutzung auf dem Niveau der Fernsprechgebühren liegen werden.

Da ISDN auch in die innerbetrieblichen Nebenstellenanlagen eindringen wird, ergeben sich auch im Wettbewerb mit den besprochenen LAN's interessante Aspekte. Durch den postalischen Masseneinsatz (Millionen digitaler Teilnehmeranschlüsse) werden die hochintegrierten übertragungstechnischen Komponenten sehr preisgünstig sein. Das vorhandene innerbetriebliche Telefon-Kupferkabelnetz, auf das auch die fernmeldetechnische Abteilung eingearbeitet ist, kann mitbenutzt bzw. in üblicher Weise erweitert werden. Und schließlich ist die kumulative ISDN-Standardübertragungsrate vollduplex 144 k bit/s für den Anschluß einer Prozeßgruppe, eines Clusters, an eine übergeordnete Lenkungsebene in den meisten Fällen mehr als ausreichend - das gilt selbst für viele Anwendungen der Rechner-Rechner-Kommunikation.

Besonders für mittlere Betriebe kann es reizvoll sein, den innerbetrieblichen Telefonverkehr, alle Formen der Daten-, Bild- und Textkommunikation, den produktionsorientierten Betriebsdatenfluß und die Prozeßsteuer- und -überwachungsdaten in einem Nebenstellennetz mit einheitlicher Kommunikationstechnologie auf der unteren Ebene zu integrieren und zumindest hardware-technologisch eine einzige Netzübertragungstechnik in Betrieb zu haben.

Alle Erfahrungen zeigen zudem, daß auch auf den höheren ISO-OSI-Ebenen der Druck der internationalen (CCITT-) Postnormung und das dahinterstehende Marktpotential eher hilfreich bei der schnellen Durchsetzung und breiten Anwendung firmenunabhängiger Standards sein wird.

8. INNERBETRIEBLICHER DATENVERBUND

Hochinformatisierte, stark automatisierte Unternehmen mit ihren komplizierten Informations- und Kommunikationsformen müssen sich in aller Regel weitgehend auf gemeinsam genutzte Datenbestände stützen. Diese können, so wie sie inhaltlich zusammenhängen auch räumlich und zugriffsorganisatorisch zentral gespeichert werden. Die zentrale Datenhaltung in großen unternehmensweiten Datenbanken wird heute aus DV-technischen, aber auch sicherheitstechnischen Gründen, vielfach bevorzugt. Die stärkere Dezentralisierung, die wir auch außerhalb der Prozeßrechentechnik beobachten, sie findet ihren Ausdruck im stürmischen Vordrängen der Arbeitsplatzrechner und als Zwischenebene der Bereichs- oder Abteilungsrechner und führt auch unabweisbar zur Verteilung der Datenbestände einer Firma auf viele dezentrale Datenbanksysteme. Diese werden sich in manchen Merkmalen und Ausführungsformen unterscheiden, z.B. nach den Kriterien der Realzeitforderungen (Realzeit-Datenbanken), des schnellen Dialogzugriffs oder der kostengünstigen komprimierten Speicherung von seltener benutzten Archivdaten.

Insgesamt aber stellen die auf den Rechnern eines Firmennetzwerkes verteilt liegenden Datenbestände bei den hochinformatisierten "papierarmen" Unternehmen der Zukunft das wichtigste, oft das einzig verfügbare Informationsbild der Firma dar. Der Aufwand, die Pflege, die Konsistenzerhaltung, die Sicherung und der Schutz dieser sind für das Unternehmen im echten Wortsinn lebenswichtig. Planung und Strukturierung des Datenverbundes bedürfen daher besonderer Aufmerksamkeit und rechtfertigen einen hohen nicht zu unterschätzenden Aufbau. Teil dieses Datenverbundsystems sind natürlich auch die Prozeßdatenbanken, bei deren Entwicklung dieser integrative Gesichtspunkt nicht übersehen werden darf.

Auch auf die Auslegung des betrieblichen (Rechner-Rechner-) Kommunikationsnetzes hat die Dezentralisierung der Firmendaten auf gegebenenfalls viele hundert Arbeitsplatzrechner und eine große Zahl von Prozeßrechnerstationen einen massiven Einfluß.

Die Datenverbundkommunikation zur Einbringung und Verteilung neuer Daten, zur Konsistenzerhaltung, zur Informationsbereitstellung an dezentrale Anforderer kann ein wesentlicher, wenn nicht gar dominierender Teil des gesamten Kommunikationsaufkommens in einem innerbetrieblichen Netz sein /32/.

9. MENSCH-MASCHINE-KOMMUNIKATION

Die Prozeßwartentechnik hat sich seit über 50 Jahren von der direkten Anzeige und Einstellung am Prozeßgerät über die zentrale Großflächen-Leitstandtechnik mit Fließbild-Darstellung bis zur Darstellung von wählbaren Prozeßausschnitten auf rechnergesteuerten Eingabe-/Ausgabe-Farbbildschirmsystemen entwickelt /33/. Entwicklungstendenzen sind hier im Einklang mit dem gesamten informationstechnischen Fortschritt, z.B. bei verbesserten Farbbildschirmen mit größerer Darstellungsfläche, höherem Auflösungsvermögen und verbesserter Bedienung (Lichtgriffel, Maus, eventuell bei weniger kritischen Befehlen: Spracheingabe) zu erwarten.

Qualitativ bedeutsamer als die gerätetechnischen Verbesserungen an der Mensch-Prozeß-Schnittstelle erscheint aber die Unterstützung des Bedienungspersonals durch einen "intelligenten Prozeßleitstand".

Die Fortschritte in der Prozeßidentifikation, der Entwicklung rechnergestützter Prozeßmodelle, insgesamt die Umsetzung der Ergebnisse fortgeschrittener Simulations- und Modellbildungsverfahren, verbunden mit den hohen Rechenleistungen und Speicherkapazitäten heutiger - in die Leitstände einbaubarer - Mikrorechner lassen es zu, die einkommenden Prozeßsignale und -meldungen nicht mehr unmittelbar einzeln anzuzeigen, sondern sie primär als Eingangsgrößen für die Modellierung zu verwenden. Erst die Ergebnisse der mit den "Rohdaten" des Prozesses vorgenommenen modellmäßigen Verdichtungen werden dem Bedienungspersonal in problemangepaßter und nicht signalcodierter Form zur Beobachtung auf den Farbbildschirm in leicht faßlicher graphisch ansprechender Form angezeigt.

Ein weiterer grundsätzlicher Schritt wäre, in die Prozeßüberwachung- und Prozeßführung wissensbasierte Systeme (Expertensysteme) nach den neuen Verfahren der künstlichen Intelligenzforschung einzuführen. Expertensysteme verfügen über das Faktenwissen und die Schlußmethoden und -regeln eines bestimmten Wissensbereiches und können daraus bei Vorgabe bestimmter Werte- oder Wertekombinationen als Eingabegrößen in einer spezifischen Situation maschinell Schlüsse ziehen und dem menschlichen Bediener Hinweise geben, beispielsweise Fehlerdiagnosen stellen, Prognosen über den weiteren Prozeßablauf stellen und auch als Ergebnis Entscheidungsvorschläge unterbreiten.

Erfüllen die Expertensysteme die in sie heute gesetzten Hoffnungen, werden sie in der Prozeßleittechnik genauso wie in vielen anderen Gebieten mit hohen Anforderungen an Faktenwissen und Kombinationsfähigkeit tiefgreifende Veränderungen in der Arbeitsteilung zwischen den Menschen und dem "intelligenten, mitdenkenden" informationstechnischen System auslösen.

10. AUSBILDUNGSFRAGEN

Die sich abzeichnende dominierende Rolle der Integration von Datenverarbeitung, Nachrichtentechnik, Meß-,Steuer- und Automatisierungstechnik zur integrierten Informationstechnik - von manchen als der Motor des gesellschaftlichen Strukturwandels zur Informationsgesellschaft angesehen - läßt sich für unser exportsensibles hochindustrialisiertes

Land nur wettbewerbsfähig erhalten, wenn wir die Herausforderung des internationalen informationstechnischen Wettbewerbs voll annehmen. Da integrierte Informationstechnik als Digital- und Softwaretechnik an große Teile des Ingenieurwissens und der Ingenieurberufstätigkeit völlig neue Anforderungen stellt, ergeben sich gewaltige Aufgaben für die Aus- und Weiterbildung in allen Ingenieurwissenschaften.

Genauere Analysen und Forderungen für die Modernisierung der Ingenieurausbildung durch stärkeren Einbezug von Informatik und Informationstechnik finden sich in /34,22/.

11. LITERATUR

/1/ Ankel, Th., Pavlik, E.: Regelungstechnik am Wendepunkt, Regelungstechnik 27 (1979), 1

/2/ Syrbe, M.: Regelungstechnik auf dem Wege, Regelungstechnik 27 (1979), 4

/3/ Martin, J.: Programming Realtime Computer Systems, New York, Prentice Hall, 1965

/4/ Krüger, G. (Herausgeber): Proceedings of the European - American Nuclear Data Committee (EANDC) Conference on the Automatic Acquisition and Reduction of Nuclear Data, Karlsruhe, Gesellschaft für Kernforschung, 1964

/5/ Krüger, G., Dimmler, G., Zipf, G., Hanak, H. und Merkel, R.: Ein Doppelcomputersystem zur integrierten Datenverarbeitung am Reaktor FR2, Kerntechnik 8 (1966), 6

/6/ Krüger, G.: Laborautomation und Prozeßrechensysteme, Fachtagung Rechnerstrukturen und Betriebsprogrammierung Erlangen 1970, Lecture Notes in Computer Science Bd. 13, Heidelberg, Springer-Verlag, 1973

/7/ Boehm, B.W.: Software and its Impact: A Quantitative Assessment, Datamation 19 (1973), 5

/8/ Krüger, G., Friehmelt, R. (Herausgeber): Fachtagung Prozeßrechner 1974 Karlsruhe, Lecture Notes in Computer Science Bd. 12, Heidelberg, Springer-Verlag, 1974

/9/ Schoeffler, J.D.: Organization of Software for Multicomputer Process Control Systems, in /8/, S. 14

/10/ Ramamoorthy, C.V.: Reliability and Integrity of Large Computer Programs, in /8/, S. 86

/11/ Färber, G.: Auswirkungen der Mikroprozessor-Technik auf Einsatz und Struktur zukünftiger Prozeßrechenanlagen, in /8/, S. 164

/12/ Syrbe, M., Will, B. (Herausgeber): Interkama-Kongreß 1977 Automatisierung im Wandel durch Mikroprozessoren, Fachberichte Messen, Steuern, Regeln Bd. 1, Heidelberg, Springer-Verlag, 1977

/13/ Schmidt, G. (Herausgeber): Fachtagung Prozeßrechner 1977 Augsburg, Informatik-Fachberichte Bd. 7, Heidelberg, Springer-Verlag, 1977

/14/ Thurber et al.: Concepts for a Realtime System, Compcon 76, Sept. 7-10

/15/ Ernst, M., Roth, S. und Wiczorke, M.: Digitalrechner als Prozeßrechner, Regelungstechnische Praxis 15 (1973)

/16/ Schwerpunktheft: Realzeitverarbeitung in der Prozeßautomation, Informatik-Spektrum 7 (1984), 2

/17/ Syrbe, M.: Zuverlässigkeit von Realzeitsystemen: Fehlermanagement, in /16/, S. 94

/18/ Heger, D., Steusloff, H., Syrbe, M.: Echtzeitrechnersystem mit verteilten Mikroprozessoren, Forschungsbericht DV 79-01 des Bundesministeriums für Forschung und Technologie (BMFT-FB DV 79-01), 1979

/19/ Heger, D.: Systemergänzungen und Piloterprobung eines fehlertoleranten Echtzeitrechnersystems mit verteilten Mikroprozessoren (RDC-System), BMFT-FB-DV81-007, 1981

/20/ Syrbe, M.:(Herausgeber): Interkama-Kongreß 1980 Meß- und Automatisierungstechnik - Technologien, Verfahren, Ziele, Fachberichte: Messen, Steuern, Regeln, Bd. 5, Heidelberg, Springer-Verlag, 1980

/21/ Syrbe, M., Thoma, M. (Herausgeber): Interkama-Kongreß 1983 Fortschritte durch digitale Meß- und Automatisierungstechnik, Fachberichte: Messen, Steuern, Regeln, Bd. 10, Heidelberg, Springer-Verlag, 1983

/22/ Baumann, R. (Herausgeber): Fachtagung Prozeßrechner 1981 München, Informatik-Fachberichte Bd. 39, Heidelberg, Springer-Verlag, 1981

/23/ Nehmer, J.: Systemarchitektur von Realzeitsystemen, in /16/, S.65

/24/ Steusloff, H.: Realzeit-Programmiersprachen, in /16/, S.81

/25/ Ernst, D.: Automatisierungstechnik im Wandel, Siemens-Zeitschrift 57 (1983), 6

/26/ Kaiser, W. (Herausgeber): Telematica-Kongreßband, Berlin, VDE-Verlag und Ulm, Neue Mediengesellschaft, 1984

/27/ Krüger, G.: Rechnerarbeitsplätze als persönliche Wissens- und Kommunikationsbasis, in /26/, Teil 3 Telematik, S.31

/28/ Open System Interconnection (OSI): New International Standards Architecture and Protocols for Distributed Information Systems, Proceedings IEEE 71 (1983), 12

/29/ Walze, H.: Bit serial communication in decentralized control systems, Proceedings IFAC-Conference, Helsinki, 1978

/30/ Schwerpunkt: Lokale Netze, München, Computerwoche 6. Juli 1984

/31/ Heger, D., Watson, K.: Cost 11 bis: Forschungsarbeiten zur Teleinformatik, besonders zur Leistungsbewertung lokaler Netze, FhG-Berichte 2-83 (IITB), München, Fraunhofergesellschaft, 1983

/32/ Krüger, G.: Netze bieten neue Möglichkeiten - Einsatzgebiete und Integration lokaler Netze, in Vorbereitung

/33/ Steusloff, H.: Mensch-Prozeß-Kommunikation, Arbeitstagung Forschungsmanagement in der Physik, Bad Honnef, Deutsche Physikalische Gesellschaft, 1983

/34/ Krüger, G.: Wechselbeziehung der Informatik mit den Ingenieurdisziplinen in der Hochschulausbildung, VDI-Berichte Nr. 492, Düsseldorf, VDI-Verlag, 1983

/35/ Janetzky, D. et al.: Überblick über das verteilte Automatisierungssystem Teleperm-M und Lösung der Übertragungsaufgaben mit dem Prozeßbus CS 275, Bericht 224 KfK-PDV, Kernforschungszentrum Karlsruhe, 1983

/36/ Toeller, H. (Herausgeber): Interkama-Kongreß 1974 Meßtechnik und Informatik, Düsseldorf, VDI-Verlag, 1974

ARCHITEKTUR ZUKÜNFTIGER PROZESSRECHNERSYSTEME

G. Färber

Lehrstuhl für Prozessrechner
TU München

ZUSAMMENFASSUNG

Die Architektur zukünftiger Prozeßrechnersysteme wird bestimmt durch technologische Basisentwicklungen, welche die Realisierung weitgehend dezentraler Systemstrukturen begünstigen. Hierarchien von Bus-Systemen dienen als Kommunikations-Infrastruktur, Verarbeitungsmoduln wirken als Träger der immer besser standardisierbaren Prozeßautomatisierungsfunktionen. Die Systemsoftware unterstützt die Verteilung solcher Funktionen auf die Verarbeitungsmoduln sowohl bei der Projektierung als auch bei der Ausführung.

1. EINLEITUNG

Als vor 10 Jahren die erste Prozeßrechner-Tagung stattfand /1/, war das Ende der zentralisierten Prozeßrechner-Konzepte bereits abzusehen. Die neuen technologischen Möglichkeiten regten die Phantasie der Systemingenieure an und führten zu neuartigen Konzepten. Seither ist die Weiterentwicklung der Prozeßdatenverarbeitung in ganz unterschiedlichen Formen und aus unterschiedlichen Ansätzen heraus vorangetrieben worden:

- So gibt es nach wie vor universelle Prozeßrechnersysteme mit breit einsetzbaren Multiuser/Multitasking-Betriebssystemen.

- Daneben gibt es spezielle Ausprägungen für bestimmte Aufgaben der Prozeßautomatisierung. Besonders zu erwähnen ist hier die speicherprogrammierte Steuerung (SPS), für welche sich eine eigene Hardware-/Software-Technik entwickelt hat. Aus der Historie der klassischen Ablaufsteuerungen (elektromechanisch/elektronisch) erklärt sich die heute übliche Programmierungs- und Projektierungstechnik (z.B. Kontaktplan).

- Die verteilten Prozeßleitsysteme, als deren erster Repräsentant das System TDC2000 gelten darf /2/, haben sich aus der diskreten regelungstechnischen Instrumentierung entwickelt. Ihre Funktionsbreite hat sich in den vergangenen Jahren ständig ausgeweitet.

Bei den meisten dieser Entwicklungen zeigte sich eine interessante Tendenz: Obwohl die eingesetzten Komponenten (insbesondere Mikrorechner) immer universeller verwendbar sind, wurden die Geräte spezialisiert und in ihrer Anwendbarkeit eingeschränkt. Hier zeigt sich die Notwendigkeit der Anpassung an die Qualifikationen und Erfahrungen der Programmierer und Betreiber solcher Systeme: Durch die zunehmende Einsatzbreite wird ein immer größerer Kreis von Benutzern mit der neuen Technik konfrontiert und muß auch in die Lage gebracht werden, diese auf Grund seiner Erfahrung anzuwenden.

Während vor 10 Jahren in den Prozeßrechner-Prospekten mit der Zahl der Interrupt-Ebenen (möglichst 256 und mehr) oder Reaktionszeiten im Mikrosekunden-Bereich geworben wurde, ist es heute der Komfort in Programmierung und Bedienung, der im Mittelpunkt des Kundeninteresses steht. Durch die Aufgabenverteilung auf mehrere Prozessoren sind die damals beherrschenden Realzeitfragen ebenso in den Hintergrund getreten wie irgendwelche Begrenzungen in der Anzahl von analogen oder digitalen Anschlüssen. Durch Hinzufügen neuer Front-End-Prozessoren gibt es heute praktisch keine Begrenzungen mehr.

Im folgenden werden zunächst einige wichtige technologische Basisentwicklungen vorgestellt (Kap. 2), danach wird auf Stand und Tendenzen der Hardware- und Software-Architektur von Prozeßrechnersystemen eingegangen (Kap. 3). Dabei wird zunächst das Rückgrat moderner Prozeßdatenverarbeitungssysteme, ihre Kommunikations-Infrastruktur, vorgestellt. Es folgt eine Darstellung der Hardware-Komponenten und ihrer besonderen Merkmale. Der Beitrag schließt mit einem kurzen Überblick über wichtige Entwicklungen in der System-Software (Kap. 4).

2. TECHNOLOGISCHE BASIS

Auch für die Prozeßdatenverarbeitung kommt der wesentliche "Technology-Push" aus der Halbleitertechnik: Insbesondere die Entwicklung der Mikroprozessoren ermöglicht die Realisierung neuer Konzepte. Dabei zeichnen sich für die 1-Chip-Mikroprozessoren folgende für die Prozeßdatenverarbeitung wichtige Tendenzen ab:

- Die Verarbeitungsbreite steigt von 16 auf 32 bit. Damit werden die Mikrorechner die Leistungsfähigkeit der Mini-und sogar der Midi-Rechner übertreffen: Der neue 32-bit-Motorola-Prozessor 68020 wird beispielsweise bei einer Taktrate von 16 MHz eine Verarbeitungsleistung von 3 bis 5 MIPS erreichen und damit etwa die VAX-11/780 bei weitem übertreffen. Die hohe interne Verarbeitungsgeschwindigkeit (Speichersykluszeit 180 ns), die breiten Datenwege, der eingebaute instruction cash und die optimierte Befehlsliste tragen hierzu bei. Die Leistung dieser Prozessoren wird noch erhöht durch Coprozessoren beispielsweise für arithmetische Aufgaben. Es befinden sich heute Floatingpoint-Coprozessoren in Entwicklung, mit welchen Verarbeitungsleistungen im 1-2 MFLOP-Bereich realisierbar werden.

- Eine weitere Entwicklung ist die Architektur-Entwicklung hin zur RISC-Maschine (reduced instruction set computer). Es werden nicht mehr viele, sehr komplexe und langsame Operationen, sondern wenige extrem schnelle Operationen bereitgestellt; außerdem werden zahlreiche zusätzliche Register auf den selben Chip integriert. Damit können für höhere Programmiersprachen besonders wichtige Aufgaben wie etwa der Prozedur-Aufruf sehr viel effizienter realisiert werden, so daß in höheren Sprachen geschriebene Programme sehr viel schneller ablaufen. Ein Beispiel für diese RISC-Architektur ist der Transputer der Firma INMOS, welcher immerhin mit einer Taktrate von 20 MHz arbeitet und eine Leistung von 10 MIPS erbringt (Bild 1). Vier schnelle Kommunikationskanäle erlauben die effiziente Kopplung derartiger Transputer zu einem leistungsfähigen Multirechnersystem.

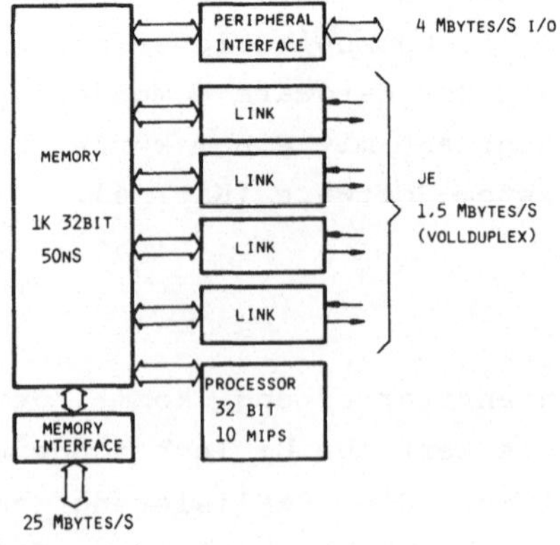

Bild 1: Architektur des Transputers (IMS T424)

- Auch die Unterstützung des Betriebssystems gehört zu den Architektur-Eigenschaften, welche von modernen Prozessoren unterstützt werden. So ist es etwa für die Einbindung effizienter Realzeitbetriebssysteme wichtig, einen sehr raschen Kontext-switch durchzuführen: Der Siemens-Prozessor 8096 erlaubt durch die Verfügbarkeit mehrerer Registersätze einen Kontext-switch im us-Bereich und eignet sich daher besonders gut für prozeßnahe Realzeitaufgaben.

- Eine besondere Rolle nehmen spezialisierte Signalprozessoren ein, deren interne Architektur auf die effiziente Implementierung von Signalverarbeitungsalgorithmen abgestimmt ist. Sie verfügen meist über einen schnellen Multiplizierer, der mit schnellen RAM-Speichern und Addierwerken so verschaltet ist, daß ein Produktsummen-Kern innerhalb von 250 bis 300 ns gebildet werden kann. Diese Spezialprozessoren spielen für die Sprachverarbeitung, bei der Analyse von Störgeräuschen oder bei der Bildverarbeitung eine große Rolle.

Die Tendenz bei den 1-Chip-Mikroprozessoren zeigt zu immer höheren Geschwindigkeiten (20 bis 30 MHz-Taktrate), zu einer immer höheren Bauelementedichte (so hat die Firma NEC gerade einen 32-bit-Mikroprozessor mit 700.000 Transistoren angekündigt /3/) und zu der CMOS-Technik, welche auf Grund der relativ kleinen Leistungsaufnahme diese hohen Bauelementedichten erst ermöglicht (so ist beispielsweise der Motorola-Prozessor 68020 intern in CMOS-Technik realisiert).

Ein-Chip-Mikrocomputer enthalten zusätzlich zum Prozessor Daten- und Programmspeicher sowie Ein/Ausgabe-Baugruppen. Sie ermöglichen es, an einzelnen Sensoren oder Stellgliedern eine Verarbeitungskapazität zur Verfügung zu stellen, wie sie früher in einem zentralen Prozeßrechner insgesamt vorhanden war /4/. Ein-Chip-Mikrocomputer erhalten immer größere lokale Programm-und Datenspeicher, außerdem folgen sie der Tendenz zu 32-bit-Mikroprozessor-Architekturen. Der Mostek-Baustein 68200 /5/ beispielsweise liefert eine 32-bit-Architektur mit integrierten Daten- und Programmspeichern und stellt auf einem Chip eine Verarbeitungsleistung von etwa 1 MIPS zur Verfügung.

Die Speicherbausteine charakterisieren den jeweiligen Stand der Halbleitertechnologie am deutlichsten und spielen auch für die Prozeßdatenverarbeitung eine wichtige Rolle:

- Bei dynamischen RAM-Speichern ist die Standardgröße heute 64 K mit einer zunehmenden Verbreitung von 256-Kbit-Bausteinen. Innerhalb der nächsten 12 Monate wird mit den ersten 1-Mbit-Bausteinen gerechnet, wobei Zugriffszeiten im 80-ns-Bereich und Zykluszeiten von 150 ns angekündigt sind. Neben den (bitweise organisierten) Standardbausteinen gibt es auch byteweise organisierte Speicher, die für kleinere Geräte kostengünstige Lösungen ermöglichen.

- Bei den statischen RAM-Speichern sind heute ebenfalls 64 Kbit erreicht, wobei sich mehr und mehr die CMOS-Technik durchsetzt. Sie bringt neben geringeren Verlustleistungen Zugriffszeiten von 20-70ns.

- Auch bei den EPROMs zeigen sich dramatische Verbesserungen der Kapazität, so ist bereits heute ein 512-Kbit-Baustein (64 Kbyte) mit Zugriffszeiten im 200-ns-Bereich verfügbar.

- Die EEPROM-Technik spielt für die Prozeßdatenverarbeitung ebenfalls eine große Rolle, erlaubt sie doch das Programmieren im Gerät und hilft damit die mit dem Austausch von EPROMs verbundenen Fehler zu vermeiden. EEPROMs sind heute mit einer Kapazität von 64 Kbit erhältlich.

Die Halbleitertechnik hat auch erhebliche Verbesserungen bei Wandlern und Sensoren erreicht. So sind heute A/D- und D/A-Wandler in sehr hohen Auflösungen oder mit sehr hohen Wandlungsgeschwindigkeiten verfügbar; interessanterweise kommen beide Entwicklungen aus dem Bereich der Konsum-Elektronik: die hochauflösenden A/D-Wandler aus dem Gebiet der digitalen Audiotechnik, und die sehr schnellen Wandler aus dem Bereich des digitalen Fernsehens. Aus beiden Bereichen ist auch in Zukunft mit wesentlichen Impulsen für die Prozeßdatenverarbeitung zu rechnen.

Im Gebiet der Sensortechnik sind Temperatur-und Drucksensoren auf Halbleiterbasis bereits Standard-Bauelemente, zunehmend werden Halbleitersysteme auch zur Messung anderer physikalischer Größen herangezogen (z.B. chemische Konzentrationen, Feuchtigkeit usw.). Auch auf dem Gebiet der Mikromechanik wurden wesentliche Fortschritte erzielt (z.B. hochintegrierte Beschleunigungsgeber). Viele dieser Sensoren werden im übrigen im Bereich der Automobil-Elektronik entwickelt, auch hier ist also ein wesentlicher Implus von anderen Anwendungsgebieten der Mikroelektronik zu erwarten. Besonders interessant sind natürlich die optischen Sensoren, welche als Zeilen-Anordnungen oder als zweidimensionale Arrays angeboten werden und ein wichtiges Element für die industrielle Bildverarbeitung darstellen.

Unter dem Begriff "Peripherik" sind diese Halbleiter-Sensoren mit den zugehörigen Halbleiter-Aktuatoren zusammengefaßt, welche im Bereich der Leistungselektronik mit neuen Halbleiter-Bauelementen auch die Stellseite zum Prozeß vereinfachen (optisch getriggerte Triacs, GTOs).

Neben der Halbleitertechnologie - deren Bauelemente sich immer noch in allen Eigenschaften positiv entwickeln (Zuverlässigkeit, Stromverbrauch, Stör- und Temperaturempfindlichkeit usw.) - gibt es auch einige weitere Technologien, welche für die Zukunft der Hardware-und Software-Architektur von Prozeßrechnersystemen von Bedeutung sind:

- Der Einsatz von Glasfasern als Übertragungsmedium in der Prozeßdatenverarbeitung wird in der Zukunft wesentliche Vorteile bringen (Bandbreite, Störungsunempfindlichkeit usw.). Auch hier leistet die Halbleiterelektronik mit integrierten Sende- und Empfangsbausteinen einen wesentlichen Beitrag.

- Neuartige Anzeigetechniken werden eine wesentliche Verbesserung der Mensch-Maschine-Kommunikation zur Folge haben. Als Beispiel hierfür sei die LCD-Technik erwähnt, welche ihrerseits nur durch die Verfügbarkeit von hochintegrierten Halbleiter-Treiberbausteinen möglich wurde. Auch hier wird im übrigen die Prozeßdatenverarbeitung von Entwicklungen profitieren, welche für die Konsum-Elektronik durchgeführt wurden.

- Schließlich sei noch auf Fortschritte in den Algorithmen hingewiesen, welche insbesondere im Bereich der Signal- und Bildverarbeitung Anwendung finden. Verfahren der industriellen Bilderkennung, der Sprach-Ein/Ausgabe als Mittel zur Mensch-Maschine-Kommunikation sind ebenfalls wichtige Basistechnologien für neue Prozeßrechnersysteme.

3. HARDWARE-ARCHITEKTUR

3.1 Kommunikationssysteme

Der Übertragung von Nachrichten kommt in modernen verteilten Prozeßrechnersystemen eine Schlüsselrolle zu. Kommunikationspartner können dabei sein:
- Nachrichtenquellen wie beispielsweise Sensoren oder Eingabe-Elemente zur Mensch-Maschine-Kommunikation,
- Nachrichtensenken wie Stellglieder oder Ausgabe-Elemente zur Mensch-Maschine-Kommunikation,

- nachrichtenverarbeitende Instanzen, die sowohl Information aufnehmen als auch abgeben.

Zunächst handelt es sich dabei um die logische Kommunikation zwischen Prozessen (hier nicht im Sinne von "Rechenprozeß" der Informatik), welche durch Angaben über die Menge und geforderte Geschwindigkeit der übertragenen Information charakterisiert wird. In einem realen Prozeßrechnersystem muß dann die Abbildung der Prozesse auf reale Prozessoren erfolgen, wobei bestimmte physikalische Restriktionen einzuhalten sind. Damit wird auch die logische Kommunikation zwischen Prozessen auf einen Kommunikationsmechanismus entweder im selben Prozessor oder zwischen zwei Prozessoren abgebildet.

In der Prozeßdatenverarbeitung dominieren heute Bussysteme als Kommunikations-Infrastruktur /6/. Meist handelt es sich nicht um ein einzelnes Bussystem, sondern um eine ganze Hierarchie von Bussen, wie dies in Bild 2 wiedergegeben ist:

- Kleine und kleinste Anschlußmoduln AM sind über einen Feldbus mit einem Font-End-Rechner verbunden. Derartige Feldbusse haben eine Übertragungsleistung von 10 Kbit/s - 2 Mbit/s (z.B. Bitbus /7/). Im Idealfall sind diese Feldbusse so organisiert, daß über eine Zweidrahtverbindung sowohl die elektrische Versorgung der Anschlußmoduln als auch die bidirektionale Informationsübertragung abgewickelt wird. Typische Länge für diese Bussysteme sind 200 bis 500 m.

- Die nächste Hierarchiestufe ist durch Prozeßbus-Systeme bestimmt, wie sie typisch mit dem PDV-Bus vorliegen /8/. Übertragungsraten im Mbit/s-Bereich und Entfernungen im km-Bereich charakterisieren diese Bussysteme, für welche auch bereits ein Normentwurf vorliegt und welche durch hochintegrierte Anschluß-Bausteine unterstützt werden /9/.

- Auf der Ebene ganzer Fabriken werden in Zukunft die Prozeßautomatisierungs-Subsysteme über fabrikweite Bussysteme verkoppelt sein. Hier ist mit Übertragungsraten zwischen 1 und 50 Mbit/s zu rechnen. Die eingesetzte Technologie ist hier noch weitgehend offen: Zum einen bieten sich standardisierte Local Areal-Network-Systeme wie etwa ETHERNET oder der IBM-Token-Standard an, in welchen auch andere (z.B. kommerzielle) Systeme eingefügt werden können, zum andern befinden sich Hochleistungs-Glasfasernetze in Vorbereitung. Bereits verfügbar sind Breitbandnetze, welche auf der Basis der Kabel-Fernsehtechnik aufbauen und welche sehr hohe Gesamtübertragungsbandbreiten ermöglichen.

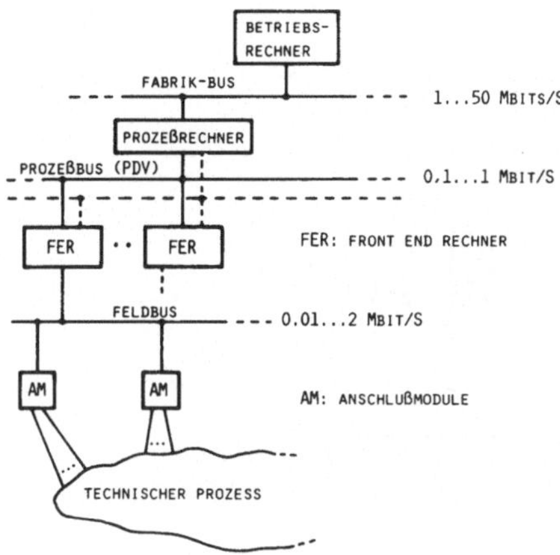

Bild 2: Bus-Hierarchie und Prozeßrechnerarchitektur

Bild 2 zeigt auch beispielhaft für die zweite Bus-Ebene, daß redundante Bus-Systeme zu Verbesserungen der Gesamtsystemzuverlässigkeit Einsatz finden.

Es ist zu erwarten, daß der sehr viel größere Markt der Büroautomatisierung auf dem Gebiet der lokalen Netze Standards schaffen wird, welche auch im Bereich der Prozeßdatenverarbeitung Anwendung finden werden. Die zu erwartenden hohen Stückzahlen von LAN-Bausteinen wird zu sehr kostengünstigen Lösungen führen, auf welche auch die Entwickler von Prozeßrechnersystemen zurückgreifen werden - auch wenn nicht alle ihre Anforderungen optimal erfüllt werden können.

3.2 Hardware-Komponenten

Einen ganz wesentlichen Teil der Gesamtkosten moderner Prozeßautomatisierungssysteme machen die Kosten für Instrumentierung, Installation und Verkabelung aus. Neue Technologien sollten daher möglichst dafür eingesetzt werden, diese Kosten zu reduzieren.

Auf dem Weg zur Dezentralisierung der Prozeßinstrumentierung ist heute die Anwendung von Unterstationen üblich, bei welchen einige Dutzend bis einige Hundert Prozeßsignale aufgesammelt und an ein Bussystem übergeben werden. Dies bedeutet immer noch einen relativ hohen Verkabelungs-

und Projektierungsaufwand sowie in vielen Fällen individuelle Programmierung in den Unterstationen. Benutzt man ein Feldbus-Konzept, wie dies in Bild 3 dargestellt ist /10/, dann kommt man zu einer noch wei-

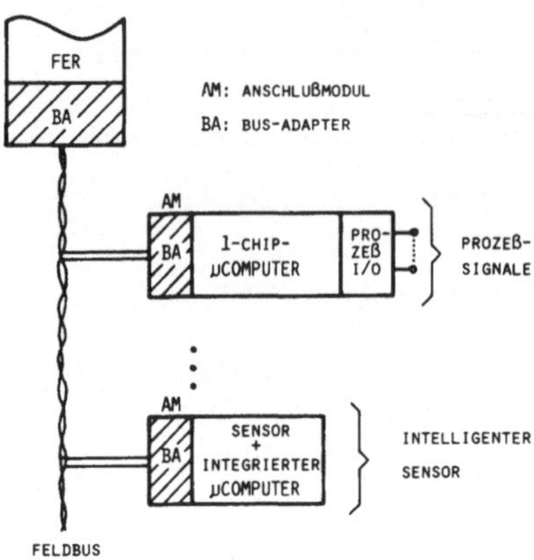

Bild 3: Feldbus-System mit Anschlußmoduln

tergehenden Dezentralisierung: zu kleinen Anschlußmoduln auf der Basis von 1-Chip-Mikrocomputern. Information fließt hier nur von oder zu einem oder einigen wenigen Prozeßsignalen, wobei die übliche Installationstechnik (z.B. Aufschnappen der Anschlußmoduln auf eine DIN-Normschiene) angewandt wird. Auch derartige Anschlußmoduln sind nur ein Übergangszustand, bis intelligente Sensoren und Stellglieder konstruiert sind, welche einen direkten Anschluß an einen solchen Feldbus bereitstellen: Die Standardisierung eines solchen Feldbusses wird eine vordringliche Aufgabe.

Zentrale Funktionsträger für die in Kapitel 2 beschriebenen Funktionen sind Verarbeitungsmoduln: Dabei kann es sich um dedizierte single board-Rechner handeln oder um modular ausbaufähige Rechner, welche nicht mehr unbedingt über Prozeßperipherie verfügen müssen. Die Unterscheidung nach zentraler oder dezentraler Anordnung betrifft weniger die Technologie als die funktionelle Aufteilung: Zentrale Systeme unterscheiden sich im wesentlichen dadurch von dezentralen, daß die übliche Rechner-Standard-Peripherie (insbesondere Magnetplatten) angeschlossen ist. Hier finden möglichst leistungsfähige 16- oder 32-bit-Mikroprozessoren mit beachtlichen Speicherkapazitäten Einsatz. Eine typische Konfiguration ist in Bild 4 wiedergegeben, wobei auffällt, daß neben den Plattenanschlüssen im wesentlichen Kommunikationsanschlüsse die Systemstruktur bestimmen.

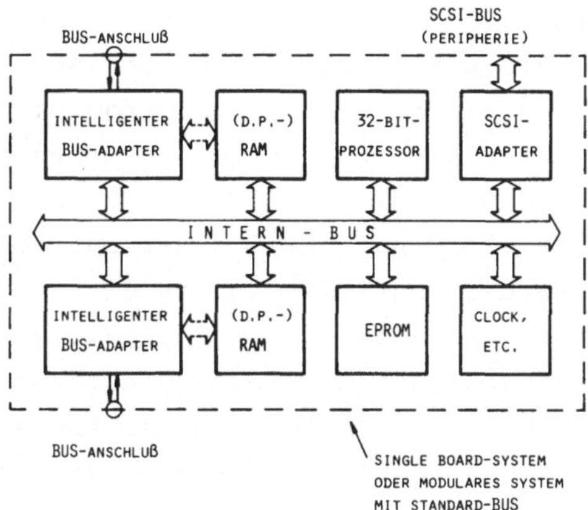

Bild 4: Typische Konfiguration eines Verarbeitungsmoduls

Neben den gerade beschriebenen universellen Einheiten wird es spezielle Verarbeitungsmoduln geben, welche dedizierte Aufgaben innerhalb des Prozeßrechnersystems übernehmen. Ein typisches Beispiel sind hier Bildverarbeitungsrechner, welche als schnelle Vorverarbeitungssysteme für Aufgaben der industriellen Bildverarbeitung einzusetzen sind: Spezialprozessoren oder Felder von Spezialprozessoren bearbeiten die sehr hochratigen Informationsströme und reduzieren diese Datenrate auf ein Maß, welches von einem universellen Verarbeitungsmodul bewältigt werden kann. Hier spielen die unter 2. erwähnten Verarbeitungsalgorithmen eine wichtige Rolle.

In zukünftigen Prozeßrechnersystemen muß auch als wichtige Entwurfsentscheidung festgelegt werden, in welcher Weise Funktionen auf die Funktionsträger "Verarbeitungsmoduln" verteilt werden. Während in einem zentralisierten System alle Funktionen durch ein einzelnes zentralisiertes System wahrgenommen werden mußten, besteht heute die Möglichkeit, entweder eine horizontale oder eine vertikale Funktionsaufteilung vorzunehmen (Bild 5):

- Die heutigen spezialisierten Systeme (z.B. speicherprogrammierte Steuerung, Datalogger usw.) delegieren bestimmte Funktionen an eine bestimmte Hardware (horizontale Verteilung). Dies funktioniert so lange gut, als zwischen den verschiedenen Teilaufgaben (Funktionen) keine intensiveren Kommunikationsbeziehungen bestehen.

- In Zukunft ist einer vertikalen Funktionsaufteilung der Vorzug zu geben, da hier eine wesentlich bessere Anpassung an die Aufgabenstruktur und auch an die Prozeßtopologie möglich ist. Funktionen unterschiedlicher Klassen werden hier in einer Hardware durchgeführt, wenn ihre Kommunikation größer ist als die mit externen Funktionen. Eine solche Aufgabenverteilung minimiert also die externe Kommunikation. Darüber hinaus bietet sie den Vorteil einer optimalen Anpassung der bereitgestellten Verarbeitungsleistung an die funktionell benötigte Verarbeitungskapazität: Es gibt nicht Spezialsysteme, welche vielleicht nur zur Hälfte ausgelastet sind, während andere ihre Aufgabe aus Lastgründen nicht mehr richtig wahrnehmen können. Es werden damit nur so viele Verarbeitungsmoduln benötigt, wie zur Bewältigung der aktuellen Aufgabe erforderlich sind. Auch vom Standpunkt der Zuverlässigkeit ist diese vertikale Aufteilung vorzuziehen, da andernfalls beispielsweise die Gefahr besteht, daß mit dem Ausfall einer speicherprogrammierten Steuerung alle Ablaufsteuerungsfunktionen ausfallen. Auch fehlertolerante Konzepte sind so sehr viel leichter zu realisieren, da im Prinzip alle Verarbeitungsmoduln identisch (nicht spezialisiert) sind und damit im Fehlerfall gegenseitig Aufgaben übernommen werden können.

FUNKTIONEN	ZENTRALES SYSTEM	DEZENTRALES SYSTEM HORIZONTAL	VERTIKAL
DATENERFASSUNG		C_1	
ÜBERWACHUNG		C_2	
STEUERUNG		·	C_1 ••• C_N
REGELUNG		·	
MENSCH-MASCHINE-K.		C_N	

Bild 5: Horizontale und vertikale Funktionsaufteilung in verteilten Systemen

3.3 Besondere Merkmale der Hardware-Architektur

In verteilten Prozeßrechnersystemen kommt innerhalb der Verarbeitungsmoduln den Kommunikationsaufgaben besondere Bedeutung zu. Da im allgemeinen die Forderung gestellt wird, daß die Kommunikation zwischen Rechenprozessen im selben Verarbeitungsmodul und zwischen Prozessen, die in verschiedenen Moduln liegen, mit der selben Effizienz ausgeführt werden können, entstehen hohe Anforderungen an die Bandbreite der Kommunikationskanäle. Dies bedeutet, daß der relative Aufwand für die Kommunikation sehr hoch wird.

Die Kommunikationsaufgaben sollten daher durch spezialisierte Einrichtungen unterstützt werden. Dabei zeigt sich deutlich die Tendenz zu eigenen Kommunikationsprozessoren: Das RDC-System /11/ zeigte vielleicht zum ersten Mal die herausragende Bedeutung, welche die Kommunikation in derartigen Systemen spielt. Heute gibt es selbst in single-chip-Mikroprozessoren eigene, unabhängige Kommunikationssteuerwerke, welche den one-chip-processor von Standard-Kommunikationsaufgaben entlasten: Ein Beispiel dafür ist der RUPI (Intel 8044), in welchem der komplette Kommunikationsvorgang unabhängig und parallel zu der eigentlichen Informationsverarbeitung stattfindet (Kopplung über dual-port-RAM). Auf diese Weise ist es in den RUPIs möglich, Datenübertragungsraten bis zu 2,4 Mbit/s zu bewältigen. Moderne LAN-Controller (z.B. Mostek LANCE) stellen ebenfalls quasi einen eigenen Kommunikationsprozessor zur Verfügung.

Ein deutlicher Wechsel in der Systemphilosophie zeigt sich bezüglich der Unterstützung höherer Programmiersprachen durch die Rechnerarchitektur. Während noch vor wenigen Jahren ein Trend zu immer komplexeren Rechnerarchitekturen beobachtet wurde (Musterbeispiel Intel IAPX-432), befassen sich heute mehr und mehr Hersteller mit RISC-Architekturen (reduced instruction set computer).

Schließlich gibt es Architekturmerkmale, welche die Realisierung fehlertoleranter Systeme unterstützen. Ein Ziel bei zukünftigen Rechnersystemen besteht ja darin, neben der Leistung auch die Zuverlässigkeit projektieren zu können, und damit möglichst task-spezifische Redundanz einplanen zu können /12/. Typische Einrichtungen auf Verarbeitungsmoduln sind hierbei:

- Einrichtungen zur Unterstützung der Fehlerdiagnose. Auf Chip-Ebene sind beispielsweise die ersten Register mit "serial shadow register (SSR)" verfügbar, welche zu einer ganz wesentlichen Verbesserung der Diagnosefähigkeit führen. Auch beim Entwurf von boards spielt das Entwurfskriterium "Testbarkeit" eine immer größere Rolle, die Überprüfung des Funktionszustandes während des Betriebs wird durch zusätzliche Hardware-Einrichtungen (Register, Statusabfragen usw.) unterstützt. Schließlich gibt es Diagnoseeinrichtungen auf System-

Ebene, welche die Analyse von Diagnoseinformation und damit die Identifikation von ausgefallenen Bausteinen erleichtern.

- Fehlertolerante Systeme mit statischer Redundanz (Mehrfachausführung der selben Aufgabe) benötigen Einrichtungen, mit welchen Zwischenergebnisse verglichen werden können bzw. in welchen über solche Ergebnisse eine Mehrheitsentscheidung getroffen werden kann (Votierung). Diese Funktion könnte zwar per Software durchgeführt werden, zur Verbesserung der Effizienz werden jedoch für diese Vergleichs- und Votierungsaufgaben spezielle Hardware-Einrichtungen bereitgestellt.

- Schließlich erhöht die Forderung nach Fehlertoleranz die Anforderung an die Kommunikationsleistung noch weiter: Um beispielweise Votierungen oder Vergleiche durchführen zu können, müssen zwischen Verarbeitungsmoduln Ergebnisse ausgetauscht werden; auch bei Fehlertoleranzkonzepten mit dynamischer Redundanz entsteht ein erheblicher Kommunikationsaufwand, da die jeweiligen backup-Prozesse in möglichst dichter zeitlicher Folge den Zustand des gerade aktiven Prozesses übernehmen sollen. Daneben muß die physikalische Struktur der Kommunikationseinrichtung so gestaltet sein, daß die Unabhängigkeit der Ausfälle von Verarbeitungsmoduln sichergestellt ist: In keinem Fall darf durch den Ausfall eines Verarbeitungsmoduls das Kommunikationssystem oder (etwa durch galvanische Kopplung) ein weiterer Verarbeitungsmodul in Mitleidenschaft gezogen werden.

4. SYSTEM-SOFTWARE

Eine der wichtigsten Forderungen an moderne verteilte Rechnersysteme ist die Unabhängigkeit der Anwender-Software von der zufälligen Hardware-Konfiguration: Insbesondere sollte sich an diesem Software-System nichts ändern, wenn zur Erhöhung der Systemleistung weitere Verarbeitungsmoduln angefügt werden müssen.

Diese Anpassung zwischen Anwender-Software-System und Hardware kommt der Betriebs-Software zu, welche in der Lage ist, ein über mehrere Verarbeitungsmoduln verteiltes Prozeßsystem einheitlich zu verwalten. Dabei hat sich seit vielen Jahren die Erkenntnis durchgesetzt, daß nachrichtenorientierte Mechanismen zur Interprozeßkommunikation (IPC) die beste Lösung darstellen: Send/Receive-Operationen können identischerweise von Prozessen in einem oder in mehreren Knoten ausgeführt werden.

Die Implementierung solcher Systeme erfolgt nach altvertrauten Schichtenmodellen, wobei auf der Hardware-Schicht zunächst ein Realzeit-Betriebssystem aufsetzt (Bild 6). Betriebssystemaufrufe aus den Anwen-

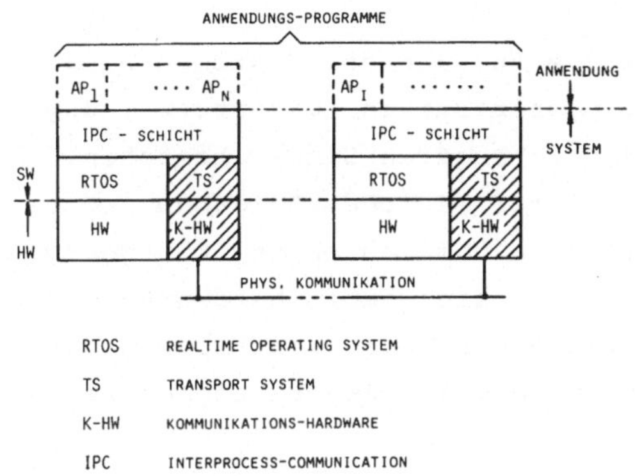

Bild 6: Hardware/Software-Schichtenmodell für verteilte Prozeßrechnersysteme

derprogrammen durchlaufen eine kommunikationsorientierte Schicht, in welcher entschieden wird, ob dieser Auftrag lokal oder von einem anderen Verarbeitungsmodul ausgeführt werden kann. Zu effizienten Ausführungen dieses Kommunikationsdienstes dient wieder der bereits oben erwähnte Hardware-Support.

Eine weitere Betriebssystemschicht könnnte eingezogen werden, wenn ein Applikationsprogramm redundant ausgeführt werden soll und damit dem System Fehlertoleranz liefert. In diesem Fall würden die Anwenderprozesse mehrfach ablaufen und ihre Aufträge an das Betriebssystem sowohl lokal als auch an die Prozessoren übergeben, in welchen die redundanten Prozesse ablaufen. Die Ergebnisse des Betriebssystemaufrufs würden damit in 2- oder mehrfacher Form in dieser Fehlertoleranzschicht ankommen, dort würde der Vergleich oder die Votierung über diese Ergebnisse erfolgen, bevor die Systemkontrolle zum Anwenderprozeß zurückkehrt. Eine solche Konstruktion erlaubt eine beliebige Mischung von einfach ablaufenden und von fehlertoleranten Rechenprozessen. Dieser Fehlertoleranzschicht sind auch zahlreiche weitere, sehr komplexe Dienste zuzuordnen, wie etwa die Datenrestaurationen im Fehlerfall, die Rekonfiguration bei Ausfall eines Verarbeitungsmoduls, Recovery-Mechanismen usw.

Wie bereits in der Einleitung erwähnt, zeigt die Tendenz weg von universellen monolithischen Betriebssystemen, da es außerordentlich schwierig ist, alle Anforderungen in einem gemeinsamen Systemkonzept unterzubringen. Vielmehr sind es mindestens zwei Teilaufgaben, die im allgemeinen auch auf unterschiedlichen Prozessoren laufen:

- Zum einen gibt es die Aufgabe der Systementwicklung, der Prozeßbedienung und der längerfristigen Datenverwaltung, für welche keine Echtzeitbedingungen im engeren Sinne bestehen. Die Anforderungen an ein Betriebssystem für solche Aufgaben können von Standard-Betriebssystemen wie etwa UNIX durchaus wahrgenomme werden. Derartige Rechner unterscheiden sich damit hardware- und softwaremäßig nicht mehr von Universalrechnern, wie sie beispielsweise für Entwicklungsaufgaben oder für dispositive Zwecke eingesetzt werden.

- Auf der anderen Seite gibt es realzeitkritische Aufgaben, welche am besten durch einen kleinen, optimierten Realzeitkern bedient werden.

Diese beiden Subsysteme müssen in homogener Weise gekoppelt werden, so daß etwa Anwenderprogramme in dem Realzeit-System in transparenter Weise auf das Filesystem des Entwicklungsrechners zugreifen können. Natürlich muß ein derartiges System so gestaltet sein, daß der Komfort des Entwicklungsrechners auch für die Programmentwicklung auf den realzeitorientierten Front-End-Prozessoren herangezogen werden kann.

Die Notwendigkeit, Sprachmittel für die Programmierung von verteilten Prozeßrechnersystemen bereitzustellen, zeigt sich auch bei der Entwicklung der Programmiersprachen. Besonders deutlich wird dies bei der Sprache OCCAM, welche zur Programmierung eines verteilten Multirechnersystems (Transputer) entwickelt wurde. Aber auch die Erweiterungen, wie sie beispielsweise in /13/ für PEARL vorgeschlagen wurden, verdeutlichen diesen Trend.

Neben PEARL, das nach wie vor als eine der besten Prozeßprogrammiersprachen bezeichnet werden kann, bewerben sich ADA und Modula-2 um eine führende Rolle bei den prozedurorientierten Prozeßprogrammiersprachen. Zunehmend wird auch die Sprache C, welche einen interessanten Kompromiß zwischen Maschinennähe und Rechnerunabhängigkeit anbietet, für die Prozeßprogrammierung und insbesondere für die Mikrorechner-Programmierung eingesetzt.

Diese Sprachen sind geeignet, Programm-Moduln für beliebig definierbare Aufgaben zu realisieren. Mehr und mehr wird jedoch die Prozeßprogrammierung in der Wiederverwendung bereits vorgefertigter Moduln bestehen, und eine der wichtigsten zukünftigen Entwicklung wird es sein, eine entsprechende Programmierumgebung zu schaffen, welche diesen "Montageprozeß aus Halbfertig-Moduln" unterstützt. Zweifellos werden hier auch die Expertensysteme einen wichtigen Beitrag leisten: Sie sind in der Lage, derartige Programm-Moduln in intelligenter Weise zu verwalten und bei Bedarf aus einer Bibliothek herauszusuchen und dem Programmierer anzubieten. Nur noch solche Funktionen, welche nicht durch Parametrierung bereits vorhandener Bausteine realisiert werden können, müssen noch in einer klassischen Programmiersprache geschrieben werden.

Ein wesentliches weiteres Hilfsmittel, das von der System-Software bereitzustellen ist, dient der Abbildung von realisierten Anwender-Programmsystemen auf die verfügbare Ziel-Hardware. Die Idealvorstellung sieht dabei folgendermaßen aus:

- Zunächst wird eine Liste aller Programm-Moduln erstellt, welche jeweils charakterisiert sind durch die für sie benötigte Verarbeitungskapazität, Reaktionszeitanforderungen, Zuverlässigkeitsanforderungen usw.

- Daneben sind die Kommunikationsbeziehungen zwischen diesen Moduln anzugeben, wobei diese idealerweise automatisch aus der Beschreibung der Programm-Moduln herausgezogen werden können (z.B. Analyse der Import/Export-Listen).

- Das Programmsystem, welches aufgrund dieser Daten sowohl die Hardware-Konfiguration festlegt als auch die Aufteilung der Verarbeitungsprozesse auf die Verarbeitungsmoduln, analysiert jetzt die Verarbeitungs-und Kommunikationsanforderungen und legt die Zahl der Verarbeitungsmoduln und ihre Kommunikationsstruktur fest.

- Im nächsten Schritt ist schließlich die Aufteilung der Prozesse auf die einzelnen Verarbeitungsmoduln durchzuführen, wobei fehlertolerante Prozesse auf mehrere Verarbeitungsmoduln gelegt werden müssen.

- Im Idealfall erzeugt dieses Programmsystem schließlich Lademoduln für die einzelnen Verarbeitungseinheiten, welche über das Kommunikationssystem in die Ziel-Hardware geladen werden können.

Natürlich gibt es zahlreiche Restriktionen (z.B. topologische Randbedingungen im technischen Prozeß usw.), die ein derart automatisches Aufteilen von Prozessen auf Verarbeitungsmoduln erschweren. Zweifellos wird ein solcher Vorgang in den nächsten 10 Jahren immer in interaktiver Weise erfolgen müssen.

Programme zur Simmulation der zu automatisierenden technischen Prozesse gehörten auch in der Vergangenheit zum Angebot der System-Software. Bei den heutigen, immer komplexeren Prozessen und den zugehörigen Automatisierungssystemen gewinnt die Prozeßsimmulation und das Austesten von Prozeßrechnerprogrammen mit Hilfe der Prozeßsimmulation eine immer größere Bedeutung.

5. SCHLUSSBEMERKUNG

Es ist interessant, den Tagungsband der Prozeßrechnertagung 1974 durchzublättern: Viele Entwicklungen wurden bereits damals kurz nach der Einführung des ersten Mikroprozessors vorausgesagt: Viele dieser Prognosen sind auch heute noch nicht in die Realität umgesetzt, obwohl heute alle technologischen Voraussetzungen gegeben wären. Die Diskrepanz und zeitliche Distanz zwischen technischer Machbarkeit und Durchsetzbarkeit am Markt wird hier besonders deutlich.

Für die Zukunft erscheint das Zusammenwachsen der Prozeßrechnersysteme mit anderen betrieblichen Informationssystemen von zentraler Bedeutung:

- Dies gilt zum einen bei der Vernetzung derartiger Subsysteme, ohne welche die Führung moderner Betriebe nicht mehr denkbar sein wird /14/. Es besteht die Notwendigkeit, Führungsdaten aus übergeordneten Informationssystemen an die Prozeßrechnersysteme zu übergeben, und es besteht andererseits die Notwendigkeit, bessere Informationen über den Ist-Zustand aus den Prozeßrechnersystemen zu den informationstechnischen Systemen zu melden.

- Ein Zusammenwachsen wird sich auch im Sinn der Technologie ergeben, da die Aufteilung der klassischen Prozeßrechneraufgaben in entwicklungsorientierte zeitunkritische und realzeitkritische Steuerungs-und Meßaufgaben mit sich bringt,so daß die Anforderungen an die größeren, zentralen Entwicklungsrechner im Prozeßrechnerbereich denen von anderen Informationssystemen immer ähnlicher werden.

Die Prozeßrechnertechnik wird sich damit von einer geräteorientierten zu einer systemtechnischen Disziplin wandeln, welche die Aufgabe hat, Standard-Baugruppen um speziell benötigte Baugruppen zu ergänzen (z.B. Front-End-Prozessoren mit Prozeßperipherie) und diese in Gesamtsystemen einzuordnen.

6. LITERATUR

/1/ G. Krüger, R. Friehmelt: Fachtagung Prozeßrechner 1974, Lecture Notes in Computer Science, Vol.12. - Berlin: Springer Verlag, 1974.

/2/ Anonym: TDC 2000. Firmenschrift der Firma Honneywell, Eschborn, 1978.

/3/ Anonym: 16-bit-Familie aus Japan. Markt & Technik, Nr. 16, 19.4.84, S. 28-30.

/4/ P. Maden: Universelle Peripheriebausteine vereinfachen Architekturen für distributed processing. Elektronik Industrie 14 (1983) Nr. 9, S. 13-18.

/5/ D. Folkes, J. Bates: Microcontroller adresses control and instrumentation. Computer Design, 10.83, S. 229-237.

/6/ B. Wiemann, W. Ries, M. Patz. G. Färber, F. Demmelmeier: Bussysteme. rtp Regelungstechnische Praxis, Jhrg. 24/1982, Jhrg. 25/1983, Jhrg. 26/1984.

/7/ P.D. MacWilliams, P.I. Wolochow: Bitbus - ein serielles Übertragungsschema für die Automatisierungstechnik. Elektronik Industrie 4, 1984, S. 76-84.

/8/ E. Buxmeyer, et.al: Serielles Bussystem für industrielle Anwendungen unter Echtzeitbedingungen (PDV-Bus). KfK-PDV 150, Oktober 1978, Kernforschungszentrum Karlsruhe.

/9/ Anonym: MEE 3000. Datenblatt der Firma Valvo, Hamburg 1983.

/10/ G. Färber: Konzept und Anwendung von Feldbussystemen mit verteilten Prozeßperipheriemoduln. In: Fortschritte durch digitale Meß- und Automatisierungstechnik (Interkama 1983). - Berlin: Springer Verlag, 1983, S. 495-510.

/11/ D. Heger, H. Steusloff, M. Syrbe: Echtzeitrechnersystem mit verteilten Mikroprozessoren. Forschungsbericht DV 79-01, BMFT 1979.

/12/ G. Färber, F. Demmelmeier: Taskspecific assignment of redundancy in the fault-tolerant multicomputer system FUTURE. - In: MICROCOMPUTERS: Developments in Industry, Business and Education. Preprints from the 9th EUROMICRO Symposium 1983, Madrid, Spanien, 13.-16. Sept. - Eds. D.R. Wilson and C.J. van Spronsen. - Amsterdam: North Holland 1983, S. 245-255.

/13/ G. Bonn, L. Lorenz: Eignung von Mehrrechner - PEARL zur Programmierung paralleler Prozesse, Erfahrungen und Folgerungen. In: Fachtagung Prozeßsrechner 81, Informatik-Fachberichte Nr. 39. - Berlin: Springer Verlag 1981, S. 387-398.

/14/ G. Färber: Process Control and Information Systems. In: Proceedings IFAC 84. - Amsterdam: North Holland 1984.

The Status and Future Trends of Process Control Computer Technology in Japan

Yoshihiro Matsumoto
Toshiba Corporation
1, Toshiba-cho, Fuchu, Tokyo 183
Japan

ABSTRACT

The paper describes current status and future trends of the technologies which have been applied to the process control systems, process computers and peripheral devices of Japan.

INTRODUCTION

In Japan, the first process control computer(PCC) appeared in the end of 1950's. It was used for data logging in a hydro electric power genarating station. In parallel, other industries, such as chemical, steel and power generation, began to study to apply PCC's to automate not only data logging, but also performance calculation and direct digital control. The PCC's of those early years were the digital computers which had magnetic drums for the main memories, and germanium transisters for logic elements. Considerable amounts of hardship were encountered before we could place PCC business in orbit, but it was fortunate that the size of the business grew in a reasonable rate in the 1960's.

The appearance of core memories and silicon transistors, in the beginning of the 1960's, consolidated the base of what we call the first generation PCC. The first generation PCC was designed as a class of the reliable computer which is to accomplish centralized computing and control functions which affect all equipments in the system. By the introduction of the microprocessor in the middle of the 1970's, the distributed control has become realizable. Consequently, microprocessor based distributed control systems came into the market. The rapid progress of the microprocessor and the LSI also brought changes in the internal architectures of PCC main frames, and then the second generation PCC's, which are currently used, came out. It has LSI main memories, microprocessor based main frame processors, high speed memory bus and input/output devices directly addressable to the main memory. The third generation PCC just has begun to appear. The expected generation will be the computer which is completely made of LSI's, and has capabilities to do high speed floating point operations, knowledge based reasoning, multiprocessing, and distributed I/O processing. It has the capabilities not only to make realtime process control but also to process informations in the engineering, testing and manufacturing environments.

JAPANESE MARKET OF PROCESS CONTROL COMPUTERS

Both process control computers(PCC) and process control microcomputers(PCM) are defined as a class of computers which have capabilities listed below.

(1) The computer has the interfaces with various types of industrial sensors and actuators.
(2) The computer is provided with a real time operating system. The maximum response time allowed for each foreground function is less than 1 second.
(3) The system is required to survive in case of both software and hardware failures, and to continue safe operation.
(4) The computer is provided with the capabilities to communicate with the industrial local area networks.

JEIDA(Japan Electronics Industrial Development Association) surveys the state of PCC and PCM markets in Japan every year, and publicates the results of the survey. Table 1 and Table 2 are the extractions from the past reports. The first table shows the number of PCC's and PCM's which were supplied by Japanese manufacturers in each year since 1977. It also shows the sales amount in yen. The growth rate in yen is about 20% in each year. Major application areas are listed below.

(a) steel plant control(200)
(b) city water supply control(43)
(c) sewage disposal control(86)
(d) electric power dispatch control(166)
(e) laboratory automation(48)
(f) communication control(210)

Table 1 PCC and PCM market in Japan

		1977		1978		1979		1980		1981	
		Num	Yen	Num	Yen	Num	Yen	Num	Yen	Num	Yen
end user application	PCC	1716	618.3	2227	771.6	2513	886.3	2348	1012.5	2451	1228.1
	PCM	NA	NA	NA	NA	2016	183.5	2860	297.07	5421	418.4
OEM	PCC	1030	78.1	895	76.8	1057	72.2	1033	88.64	526	91.1
	PCM	NA	NA	NA	NA	141	5.1	662	14.72	875	21.9
total	PCC	2746	696.6	3122	848.4	3570	958.5	3381	1101.14	2977	1319.2
	PCM	NA	NA	NA	NA	2157	188.6	3522	311.79	6287	440.3

Note: PCC = process control computer
PCM = process control microcomputer
NUM = Numer of computers installed
Yen = Investment in 10^8 yen (Japanese currency)
NA = data not available

Table 2 Sets of PCC and PCM installed in Japan

function		1977	1978	1979	1980	1981
data processing	PCC	520sets	596sets	977sets	813sets	836sets
	PCM	NA	NA	559	784	1579
process monitoring	PCC	97	111	98	135	125
	PCM	NA	NA	267	196	107
operation guidance	PCC	47	43	94	125	137
	PCM	NA	NA	235	476	776
sequence control	PCC	70	123	109	158	156
	PCM	NA	NA	431	1076	2398
direct digital control	PCC	73	87	80	80	95
	PCM	NA	NA	110	42	180
optimization control	PCC	156	206	184	240	255
	PCM	NA	NA	97	86	77
measurement	PCC	184	203	398	406	467
	PCM	NA	NA	19	8	75
simulation	PCC	23	24	40	29	47
	PCM	NA	NA	19	8	75
manufacturing control	PCC	212	196	266	205	234
	PCM	NA	NA	43	102	40
miscellaneous	PCC	298	589	257	149	97
	PCM	NA	NA	146	46	84
unidentified	PCC	36	49	10	8	2
	PCM	NA	NA	NA	NA	13
total	PCC	1716	2227	2513	2348	2451
	PCM	NA	NA	2016	2860	5412

(g) manufacturing automation(269)

(h) medical automation(312)

(i) power station control(52)

(j) traffic control(82)

The parenthesized number for each item represents the number of PCC's supplied in 1981 for each purpose(PCM's are not included).

Table 2 lists the numbers of PCC's and PCM's classified based on their functions they furnish. It shows that about one third of PCC's are used for data gathering, data processing and report generation, while almost a half of PCM's are used for sequence control and/or programmable digital control.

CURRENT STATUS OF THE TECHNOLOGY

The changing technology in the process control areas has been triggered by several factors such as the innovation in the semiconductor technology, the commercialization of the optical fiber, the improvement of some input/output devices and advancement of the software engineering. It has also been triggered by the fact that users needs have become larger and more complex. Some of the users needs are summarized below.

(1) Functinal distribution: Each computing power is planned to be distributed so as to be located near to each source of local informations. Distribution will bring advantages such as quick responsiveness, reduction of information amounts transmitted to the central processor, reliability improvement, good correspondence to orgazational patterns and flexible expandability.

(2) Automatig office business: Capabilities to handle office business which have been furnished by the office automation(OA) sysems are partially introduced in our process control systems.
A class of PCC which we call FA(factory automation) computer has been developed to automate the factories. The office information processing is functionally incorporated with the process

control in FA computer systems.

(3) Totalization: In the distributed system, a single logical set of computing activity is implemented through coordination of tasks which reside across multiple processing elements. The techniques to coordinate those distributed functions are required. A typical example is the system called plant-wide computer control system. It is the interconnected PCCs network system that furnishes not only control but also operational management and informational control throughout the factory.

(4) Operational complexity: The external processes with which PCC communicates grow larger and more complex to operate. In order to prevent incorrect operations, expert systems, knowledge based operational guidance systems, and human factor engineering are coming up.

(5) Energy and resource savings: Improved energy savings and good managements of common resources are the subjects which interest all our process control customers. Advanced optimization control theory, database and knowledge base are the items concerned.

(6) Reliability: A majority of PCC's and PCM's embedded in users systems are required to be fault-tolerant to keep safety of the controlled processes. Multiprocessors and multicomputers configurations are practiced in those systems.

(7) Shortages of engineering and programming person-power have become serious. Software engineering, software tools, automatic code generation, and development support environments have been introduced by major users and vendors.

Items of the new technologies are listed in the following

description.

(1) LSI technology
(2) optical fiber
(3) database management system
(4) knowledge base
(5) man-machine interface input/output devices
(6) control theory
(7) software development environments

Table 3 is a matrix, with needs in the vertical axis and technologies in the horizontal axis. Each entry of the matrix comprises the corresponding products which are currently supplied. Major entries with their corresponding products are shown in the following list.

entry(1,1): microprocessor-based programmable controller
entry(1,2): optical fiber data highway,
realtime local area network
entry(1,3): realtime relational database management system
entry(1,4): realtime inference system
entry(2,1): factory automation system
entry(2,2): factory automation local area network
entry(2,5): Japanese words processor
entry(2,7): realtime UNIX
entry(3,2): integrated local area network,
value added network(VAN)
entry(3,3): distributed database management system
entry(4,1): high speed, large process computer
entry(4,4): knowledge-based support for plant operators
entry(4,5): large screen display, high density, high response display, knowledge-based man-machine interfaces
entry(5,6): application of multi-variables control theory, automatic tuning, and
ARMA(auto regression moving average) model
entry(6,1): multiprocessors and multicomputers
entry(6,2): autonomous network architecture
entry(6,4): knowledge base management system
entry(6,7): integrated software development system
entry(7,1): programmable controller,

Table 3 Technology classification

technique / users' needs	LSI 1	optical fibre 2	database 3	knowledge base 4	input/output device 5	control theory 6	software development environment 7
1. functional distribution	1.1	1.2	1.3	1.4	—	—	—
2. automating office business	2.1	2.2	—	—	2.5	—	2.7
3. totalization	—	3.2	3.3	—	—	—	—
4. operational complexity	4.1	—	—	4.4	4.5	—	—
5. energy and resource saving	—	—	—	—	—	5.6	—
6. safety and reliability	6.1	6.2	—	6.4	—	—	6.7
7. shortage of engineers and programmers	7.1	—	—	7.4	—	—	7.7

	laboratory automation	discrete manufacturing automation	continuous process automation	traffic control system	building, office, hospital, hotel automation
general purpose computer	LARGE SCALE COMPUTATION		PLANNING		
32 bits PCC	WORKBENCH CONTROL, DOCUMENTATION	FLOOR CONTROL CELL CONTROL	SCHEDULING, INFORMATION CONTROL MANAGEMENT	SCHEDULING, MONITOR, TRACKING	MONITOR, OPTIMIZATION
16 bits PCC		CELL CONTROL	OPERATIONAL CONTROL		INFORMATION CONTROL
16 bits PCM	INTERFACE, EQUIP'T CONTROL	EQUIPMENT CONTROL	EQUIPMENT CONTROL	OPTIMIZATION, CONTROL	USER INTERFACE, EQUIPMENT CONTROL
8 bits PCM		SEQUENCE CONTROL		EQUIPMENT CONTROL	

Fig. 1 Classification of computers used in process control

problem oriented languages
entry(7,4): logic programming system
entry(7,7): application generator,
automatic programming system

SYSTEM ARCHITECTURE

The types of PCC's and PCM's included in the system varies depending upon the characteristics of the target system in which they are embedded. Fig. 1 shows a classification of PCC's and PCM's based on the size of the capability and the purpose of the target system. Several companies manufacture PCC's, not as the minicomputers, but as the realtime control computers. Other companies utilize off-the-shelf type minicomputers as the main frame of PCC's. 32-bit main frames are adopted in large PCC's and 16-bit for medium size PCC's. As for PCM's, 16-bit or 8-bit microprocessors are applied. Several types of PCC's are provided with attached processors in order to speed up the floating point operations and large matrices calculations. A type of PCC which is called FA(factory automation) computer is the computer to provide the factory operators with functions to manage the manufacturing database; to control equipments such as robots, machining centers, conveyors and carts; and to communicate with other computing elements through factory local area networks. Programmable controllers, sequence controllers, functional controllers and personal computers are connected to the local area network as the front end interfaces to the users.

Most of the process control systems are hierarchically configurated. Fig. 2 presents a typical configuration. Each layer of the hierarchy includes computers of which the type fits that layer. The hierarchy generally is a four-level structure.

The 1st level: general purpose computer systems
------used for information management
The 2nd level: PCC with 32 bits, main memory>1 MB, MIPS>3
------used for system coordination
The 3rd level: PCC with 16 or 32 bits, main memory<1 MB, MIPS<3
------used for unit control
The 4th level: microcomputers
------used for equipment control

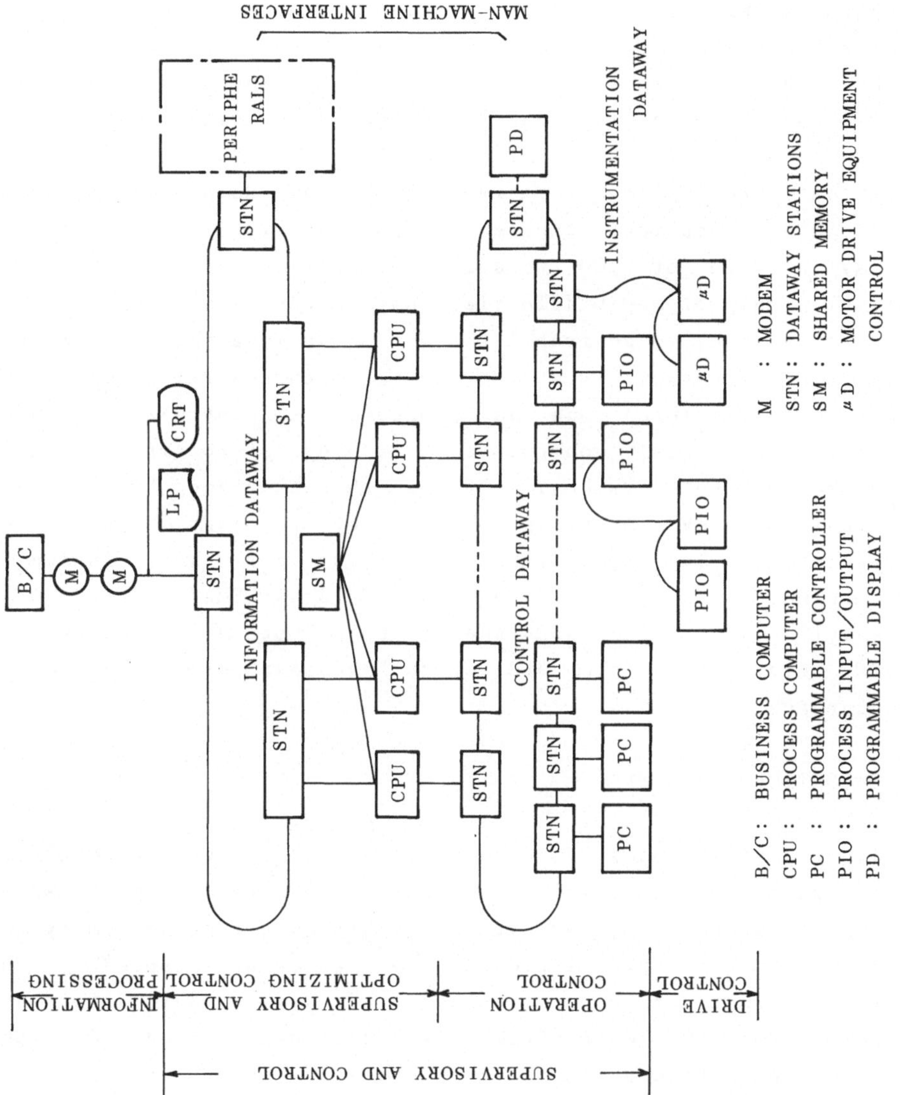

Fig. 2 An example of PCC system

Each layer is interfaced with other layers through communication networks. There are several types of communication networks. The networks which are used for high speed process data communications are called data way or data highway, while the networks which mainly transmit realtime business data such as FA informations are called realtime LAN. The data highway of the highest class is optical fibers of double ring type with the transmission rate of 100 through 400 mega bits per second. The transmission rate of the middle class data highways and the realtime LAN's is in the range from 1 through to 30 mega bits per second. The lowest class network is applied to connect sensors, instruments, equipment controllers such as programmable controllers, robot controllers, numerical control systems and microcomputer based distributed control systems. It is characterized by its cost effectiveness, easy interface, flexible topology, and high maintenablity. The standardization is our keen interest. PROWAY(IEC WG6), token ring, token passing and CSMA/CD(IEEE 802), data way(IEC WG3, IEEE 488) and ISO Open Systems Interconnection (IEC TC97 SC16) are the standards which have been referred by major manufacturers.

PROCESS CONTROL COMPUTER

The specifications of the typical third generation PCC's in Japan are summarized in this paragraph. The use of high speed logic, high speed gate array, large high speed cache memory and multilevel pipeline has improved the processor speed. The MIPS(million instructions per second) has come up beyond four per processor. The PCC main frame is designed based on the multiprocessor configuration where multiple processors in a computer share processing load in the equal or master-slave partnership. Attached processors are widely used in order to speed up large matrices operations, image processing and realtime simulations. In addition to the main frame processors, several processors are connected to the memory bus to control and process input/output data. Each of those processors is connected to each input/output channel, which effects to decrease the load of th main processors and the memory bus traffic. Fig. 3 shows trends of several PCC features.

The realtime virtual memory system which has several specific features to improve realtime performance has been applied. For example, a group of physical pages on the main memory can be frozen and permanently tied to a task chosen. Several realtime operating systems offer UNIX interface. Users who wish, for example, to manipulate their file, their program text, or the execution of their task are provided with UNIX interface through which they can communicate with the operationg system. The relational database management system has become more and more commonly used especially in the continuous process control applications. Some manufacturers supply realtime oriented relational database management systems which enable to store schemas in the main memory in order to allow quick access.

Auxiliary memories using Winchester type sealed disc memory, buble memory or cost effective IC memory are going to be used more popularly. Major topics on the printer are non-impact, colour, and intelligency. Ink-jet type colour printing for the serial printer and laser beam printing for the line printer has become widely available. Intelligent printers are the printers which have capability to communicate directly with the communication lines.

EQUIPMENT CONTROLLERS

Various types of the programmable controllers are on the market. Large scale controllers deal with ladder diagrams, double length floating point operations, data communications, diagnostic operations, and the use of subroutine library, while the small scale controllers only handle ladder diagrams, double length fixed point operations, and data communications.

Distributed process control systems have been widely used for the closed loop direct digital control and process monitoring. Application oriented modularizations for various types of application have been practiced. For example, a two-loop control unit accompanied by a input/output unit and a display unit are modularized for the purpose of blend/batch control.

FUTURE ASPECT

1) In order to cope with wide range of customer's needs in a system, various types of computers, such as general purpose

computers, 32 bits large PCC's, 16 bits small PCC's, personal computers and various types of microprocessor based controllers are comprised in the system. The network architecture to connect all those computers is required.

2) As the industrial system becomes larger and more complex, automatic operational guidance and support are needed. Automatic realtime inference based on expert knowledge is required.

3) The improvement of the software quality and the productivity is one of the most serious problems. Modularization, reusing of well proven existing modules, disciplines based on the established programming methodology and the automatic program generation needs persistent attention.

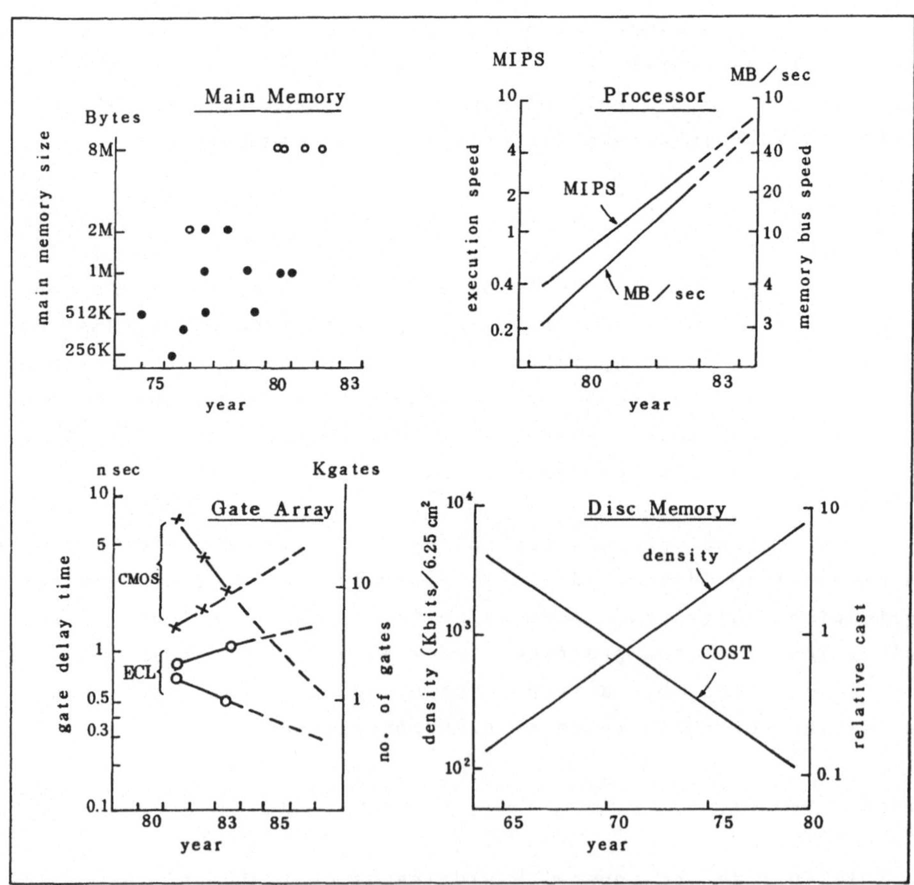

Fig. 3 Trends of PCC

SOZIALE FOLGEN VON PROZESSDATENVERARBEITUNG / AUTOMATISIERUNG UND MÖGLICHKEITEN DER ARBEITS- UND QUALIFIKATIONSGESTALTUNG

- Zusammenfassende Thesen -

Karin Benz-Overhage
Industriegewerkschaft Metall
Vorstandsverwaltung / Abteilung Automation/Technologie

1. "Automation macht die Entwicklung von Maschinen möglich, die die einförmigen Arbeiten in der Industrie ausführen. In der Fabrik der Zukunft werden Kontrollmechanismen das Arbeiten der Fertigungsmaschinen überwachen. Automatische Geräte zur Materialhandhabung werden nicht nur das Werkstück von Maschine zu Maschine bringen, sie werden auch das Werkstück der Maschine zuführen und die fertige Arbeit aus der Maschine nehmen. Geräte, die schneller ansprechen als unsere eigenen Sinnesorgane, werden als Kontrollsysteme vor auftretenden Schwierigkeiten warnen, und in den meisten Fällen wird auch die Maschine selbst die Fehler korrigieren, die im normalen Arbeitsablauf auftreten! ... Der Arbeiter wird damit für anderweitige Tätigkeiten frei, entsprechend seiner Entwicklung und sonstigen Fähigkeiten".

Jene technische Utopie der automatisierten Fabrik, die J. Diebold Anfang der 50er Jahre beschrieb und deren Realisierung damals nach nüchternen Überlegungen kaum glaubhaft erschien, ist heute - durch Mikroelektronik, moderne Steuerungs-, Informations- und Organisationstechnologien - längst oder zumindest greifbare Wirklichkeit geworden. Erste, in der Praxis erprobte Experten-Systeme, forcierte Forschungen zur industriellen Anwendung künstlicher Intelligenz zeigen, daß sich für die Automatisierung von Produktions- und Informationsprozessen heute Perspektiven eröffnen, die weit über die Erwartungen und Hoffnungen der frühen Automatisierungsdebatte hinausweisen. Gerade die wachsenden Potentiale der neuen Technologien zur Simulation geistiger Arbeit scheinen aber auch Skepsis und Angst gegenüber den neuen Technologien zu nähren. Das gilt nicht nur für die Jugend und nicht nur gegenüber Großtechnologien. Volkszählung, die Einführung maschinenlesbarer Personalausweise, das Problem technisch bedingter Arbeitslosigkeit sind einige der Stichworte, an denen sich Ängste entwickeln und Widerstände entzünden. Harter Kern des wachsenden Unbehagens von Arbeitnehmern wie Bürgern ist die Erfahrung, daß das "technisch Machbare" die Potenzen zur sozialen Beherrschung technologischen Wandels heute bei weitem übertrifft: Die Entwicklung und industrielle wie gesellschaftliche Anwendung neuer Technologien haben einen erheblichen Vorsprung vor den Möglichkeiten, Erkenntnissen und Erfahrungen, Arbeitnehmer wie Bürger vor ihren negativen Folgen zu schützen. Unser Wirtschaftssystem versagt bei der Vermeidung technisch bedingter Arbeitslosigkeit; unser Rechtssystem ist für Probleme des Datenschutzes beim Einsatz von Informationstechnologien und neuen Medien nicht gewappnet; unser Tarifsystem den veränderten Bedingungen der Arbeitswelt noch nicht angepaßt; unser Bildungssystem auf die Herausforderungen der neuen Technologien nicht ausreichend vorbereitet; unser Wert- und Normsystem scheint die schleichenden Veränderungen von Sprach- und Sozialverhalten, die mit neuen Technologien und Medien einhergehen, gar nicht wahrzunehmen. Wirkliche Akzeptanz neuer Technologien wird nicht mit werbeträchtigen Kampagnen und Aktionen wie "Computer und Schule" errungen, sondern nur, indem die Forderung nach "sozialer Beherrschung" des technologischen Wandels in betrieblichen und gesellschaftlichen Strategien umgesetzt wird.

2. Die Arbeitnehmer erfahren die technologische Entwicklung als Prozeß gewaltiger Rationalisierung, der industrielle Produktion, Verwaltung, Arbeitsprozesse, Arbeitsplätze, Qualifikationen, letztlich den gesamten Lebenszusammenhang, enormen Veränderungen unterwirft. Im Zusammenhang mit der andauernden Wirtschaftskrise führt die von betriebswirtschaftlichem Rentabilitätsdenken geprägte Rationalisiserungspraxis überwiegend zu einer Verschlechterung der Arbeits- und Lebensbedingungen.

Herausragendes Problem ist die technisch bedingte Arbeitslosigkeit. Infolge von - teilweise beträchtlichen - Produktivitätseffekten vernichtet der technologische Wandel weitaus mehr Arbeitsplätze (wie jetzt auch durch den Bundesminister für Forschung und Technologie zugestanden wird) als durch die Herstellung neuer Rationalisierungsinstrumente oder neuer - auf Mikroelektronik aufbauender - Produkte geschaffen werden. Technologisch bedingte Arbeitslosigkeit dürfte somit - wenn nicht beschäftigungspolitisch gehandelt wird - ein an Gewicht zunehmender Faktor strukturell bedingter Arbeitslosigkeit werden. Da auch die Dienstleistungsbereiche zunehmend vom technologischen Wandel betroffen sind, ist kaum mehr auf ausgleichende Beschäftigungseffekte dieses Sektors zu hoffen.

Herausragende Probleme zeigen sich aber auch hinsichtlich der Arbeitsqualität: Der Glaube, daß Automatisierung, Computerisierung und Robotereinsatz die Menschen von persönlichkeitszerstörender, monotoner und zermürbender Arbeit befreie und ihnen die Chance eröffne, sich kreativer Arbeit zuzuwenden, ist nach wie vor weit verbreitet. Die Erfahrungen mit dem Einsatz neuer Technologien - mit Rechnern, Robotern und Prozeßdatenverarbeitung - widerlegen solche Versprechungen in der Mehrzahl der Anwendungsfälle. Das gilt nicht nur für gering oder auf mittlerem Niveau qualifizierte Tätigkeiten, die zumeist auf letzte, technisch noch nicht oder ökonomisch nicht sinnvoll automatisierbare Restarbeiten degradiert werden, sondern in wachsendem Maße auch für qualifizierte und hochqualifizierte Tätigkeiten von Facharbeitern und technischen Angestellten, wie Beispiele in Entwicklungsabteilungen und Konstruktionsbüros sowie in der automatisierten Produktion zeigen. Fazit: Unternehmerische Rationalisierungspraxis droht - obwohl neue Technologien andere Formen der Arbeits- und Qualifikationsgestaltung eröffnen - jene Qualifikationen und Kreativität zu zerstören, die nach gewerkschaftlicher Auffassung Grundlage betrieblicher Produktivität und Flexibilität wie gesamtwirtschaftlicher Leistungs- und Wettbewerbsfähigkeit sind und die dringend für industrielle und gesellschaftliche Innovationsprozesse benötigt werden.

Begleitet ist der Wandel der Qualifikationsstruktur von erheblichen Beeinträchtigungen der Arbeitsqualität. Zwar ist zweifelsfrei hervorzuheben, daß die Automatisierung viele körperliche Belastungen beseitigt hat. Dafür sind jedoch im Gefolge der neuen Technologien - in der automatisierten Produktion wie in der Verwaltung - neue Belastungskomponenten entstanden, die die Gesamtbelastung zum Teil beträchtlich verschärfen: Bildschirmarbeitsplätze; Streß durch Unterforderung an inhaltsleeren Restarbeitsplätzen; Streß durch Überforderung an den "Schaltstellen" computergestützter Produktion; Streß durch Arbeitssituationen - insbesondere im Zusammenhang mit Prozeßdatenverarbeitung -, die durch den Widerspruch von "passiver" Beobachtung und höchstverantwortlichem Reaktionsvermögen bei Störfällen gekennzeichnet sind; von jeglicher Kommunikation isolierte Arbeitsplätze; Intransparenz der Arbeitsprozesse sowie umfassende Leistungs- und Verhaltenskontrollen sind hierzu Stichworte.

3. Betriebliche Beispiele, industrie- und arbeitssoziologische wie ingenieurwissenschaftliche Forschungsarbeiten, insbesondere Ergebnisse aus den staatlichen Förderbereichen "Humanisierung des Arbeitslebens" sowie "Fertigungstechnik" verweisen auf alternative Möglichkeiten der Entwicklung und industriellen Anwendung neuer Technologien mit unterschiedlichen Folgen für die Qualifikationsanforderungen und die Qualität der Arbeitsbedingungen. Für die Gewerkschaften ist dieser Tatbestand von herausragender Bedeutung: Die neuen Technologien _können_

vielgestaltig auf wünschbare Ziele und Einsatzbedingungen hin entwickelt und variiert werden. Es ist demnach eine überkommene These, daß die Technik eine Anpassung der Qualifikationen erzwingt. Vielmehr können umgekehrt, unter Berücksichtigung persönlichkeitsfördernder Qualifikationen und Arbeitsinhalte sowie zumutbarer Belastungs- und Beanspruchungsaspekte, Technik und Arbeitsorganisation konzipiert und eingesetzt werden.

Soziale und menschenwürdige Alternativen bei der Gestaltung von Arbeit und Technik sind jedoch keine zwangsläufige Begleiterscheinung der neuen Technologien. Zwar sprechen zahlreiche Fakten dafür, daß vor allem eine flexible Produktions- und Arbeitsgestaltung sowie hohe Durchschnittsqualifikationen für viele Unternehmen zur ökonomischen Überlebenschance werden. Die betriebliche Wirklichkeit zeigt überwiegend eine andere Entwicklung: Daß Alternativen der Technikgestaltung und -anwendung sich nicht durchsetzen, ist zweifellos in erster Linie den im Betrieb vorherrschenden Interessenkonstellationen (Rentabilitätsdenken, Herrschaftssicherung) anzulasten. Aber es mangelt Ingenieuren, Technikern, Personal- und Produktionsmanagement sowie sonstigen Betriebspraktikern auch an qualifikatorischen Voraussetzungen für eine menschengerechte Gestaltung von Arbeit und Technik. Fachborniertheit, Spezialisierung, Sachzwanglogik versperren zumeist - zusätzlich eingebunden in tayloristisch geprägte Denkweisen - den Blick für die Gestaltungsperspektive der Technik. (Hier liegt ein entscheidender Ansatzpunkt für problemorientierte, interdisziplinär arbeitende Weiterbildung, die durch Hoch- und Fachhochschulen geleistet werden könnte.) Hinzu kommt die Tatsache, daß betriebliche Rentabilitätsberechnungen "außerökonomische" Einflußgrößen für das Produktionsergebnis wie Flexibilität, hohe Durchschnittsqualifikationen und Arbeitszufriedenheit nicht bewerten. Der Anspruch, automatisierte Systeme anders zu gestalten, wird auch oftmals dadurch konterkariert, daß viele Unternehmen in der Vergangenheit ein niedriges und inflexibles Qualifikationsniveau geschaffen haben, das gegenüber veränderten Anforderungen nur längerfristig reparabel ist. Erschwerend kommt - jenseits des betrieblichen Kräfteverhältnisses von Kapital und Arbeit und der spezifischen markt- und produktionsökonomischen Bedingungen, die Technikgestaltung und Arbeitsorganisation definieren - hinzu, daß Erkenntnisse für eine menschengerechte Gestaltung von Arbeit und Technik für viele Einsatzfälle neuer Technologien fehlen bzw. kaum entwickelt sind. Das gilt insbesondere für die Gestaltung von Mensch-Rechner-Schnittstellen; selbst für die Software-Ergonomie in engerem Sinne -, für die Gestaltung von Arbeitsplätzen mit komplexer Informations- und Symbolverarbeitung, wie sie oftmals im Bereich der Prozeßdatenverarbeitung bestehen; sowie vor allem für eine Software-Ergonomie im weiter gefaßten Sinne, das heißt für eine ganzheitliche Gestaltung von Arbeitsplätzen, an denen Menschen mit Computern arbeiten.

4. In der Regel werden Arbeitsplätze erst im Nachhinein, wenn extrem negative Folgen für die betroffenen Arbeitnehmer sichtbar werden oder die ökonomische Effizienz und/oder Flexibilität des automatisierten Prozesses/Systems gefährdet sind, gestaltet. Die Spielräume hierfür sind dann zumeist infolge vorgängiger Entscheidungen über die meistens außerbetriebliche Entwicklung der jeweiligen Technologie, die Auswahl der auf dem Markt befindlichen Technologien, die organisatorischen Einsatzbedingungen, die Festlegung des Automatisierungsgrades und dergleichen mehr weitgehend vertan. Korrektiven Maßnahmen der Arbeitsgestaltung, die unter solchen Bedingungen noch wirken können, kommt demzufolge eher der Stellenwert "kosmetischer Manipulationen" zu als ein tatsächlich gestaltender Charakter.

Im Interesse betroffener Beschäftigter geht es demzufolge darum, bereits bei der Entwicklung, Planung und Auslegung von Rechner- und automatisierten Systemen Erkenntnisse und Erfordernisse menschengerechter Arbeitsgestaltung zu berücksichtigen. Solche vorausschauende - prospektive - Arbeitsgestaltung erfordert, Kriterien der Persönlichkeitsentwicklung, der Sicherung und Erweiterung von Arbeitsinhalten und Qualifikationen, zumutbarer Belastungen, zur Vermeidung von Kontrollen bereits bei der Systementwicklung und -auslegung vorwegzunehmen. Zentrale Ansatzpunkte zur Realisierung der Kriterien, die in operationalisierbarer Form vorzugeben sind, sind Entscheidungen über die Aufgabenteilung zwischen Mensch und Rechner/bzw. automatisiertem System, die Arbeitsteilung und Arbeitsorganisation zwischen betroffenen Beschäftigten sowie die jeweilige Gestaltung der Schnittstelle Mensch/technisches System.

Bei der Entscheidung über die Arbeitsteilung zwischen den an dem System Arbeitenden geht es vor allem darum, tayloristische Residuen - wie die Trennung von Kopf- und Handarbeit, die mit wachsender Automatisierung obsoleter wird, als sie historisch je war - endgültig und restlos zu überwinden. Die arbeitsteiligen und organisatorischen Grenzen zwischen planenden, dispositiven, kontrollierenden und überwachenden Funktionen einerseits, ausführenden und bedienenden Arbeitsfunktionen andererseits, müssen bei der Konzipierung einer systembezogenen Arbeitsgestaltung in Frage und für eine Bündelung neuer Tätigkeiten zur Disposition gestellt werden. Zentrale Voraussetzung, um bei der Planung und Auslegung von Arbeitssystemen über ausreichende Gestaltungsspielräume verfügen zu können, ist die Festlegung einer Computer- oder Automatisierungsschwelle, die den Erhalt oder die Rückverlagerung qualitativ und dispositiv höherwertiger Arbeitsaufgaben in die Arbeitssysteme überhaupt erst erlauben oder begünstigen.

Welches sind nun Kriterien, an denen eine Arbeitsgestaltung, die gewerkschaftlichen Orientierungen folgt, sich anlehnen könnte? Gewerkschaftliche Anforderungen an die Gestaltung von Arbeitsplätzen in automatisierten computergestützten Systemen bleiben notwendigerweise auf relativ abstraktem, gleichwohl praxisorientiertem Niveau. Gefordert werden - jeweils ausdifferenziert für die jeweiligen Einsatzfälle neuer Technologien - hier zusammengefaßt und eher programmatisch dargestellt:

- die gleichwertige Beachtung des Menschen bei der Planung und Investitionsentscheidung für betriebliche Veränderungen;
- eine qualifikationsorientierte Planung technisch-organisatorischer Systeme: d.h. Technik ist als unterstützendes, nicht den Menschen beherrschendes Mittel einzusetzen;
- eine Ganzheitsorientierung bei der Arbeit, d.h. der Mensch in seinen vielfältigen - auch subjektiven - Bedürfnissen und Fähigkeiten ist zu berücksichtigen;
- eine qualifikationsorientierte Gestaltung der Arbeit im Sinne breiter Aufgabenfelder mit dispositiven Funktionen;
- eine Gestaltung der Arbeitsorganisation als Sozialsystem mit persönlichkeitsfördernden Kommunikationsmöglichkeiten;
- eine zumutbare Belastungs- und Leistungsabforderung - d.h. Beachtung von Unter- und Überforderungsgrenzen;
- die Vermeidung von menschenunwürdigen Kontrollen, d.h. das Kontrollpotential der Computertechnologien ist für alle Betroffenen durchsichtig zu regulieren;
- Abgruppierungen, d.h. Einkommensminderung, ist durch arbeitsgestaltende und qualifikationsfördernde Maßnahmen zu verhindern;
- unvermeidbare personelle Maßnahmen sind sozial verträglich zu regeln.

Solche Kriterien stellen, mehr oder weniger stark für konkrete Technikeinsatzbereiche spezifiziert, Handlungsorientierungen dar für betriebliche Interessenvertreter der Arbeitnehmer, die sie in Forderungen an die Systementwicklung, -auslegung und die Regelung von Systembedingungen durch Betriebsvereinbarungen zu übertragen haben. In diesem Zusammenhang sei erwähnt, daß die IG Metall im Rahmen ihres "Aktionsprogramms gegen negative Folgen von Rationalisierung und technischem Wandel" vorhat, Kriterien menschengerechter Arbeitsgestaltung für alle - in der Metallindustrie - relevanten Einsatzfälle neuer Technologien weiterzuentwickeln und für die betriebliche Auseinandersetzung um menschengerechte Arbeits- und Technikgestaltung handhabbar aufzubereiten.

Menschengerechte Gestaltung von Arbeit und Technik ist auf betrieblicher Ebene machbar. Sie ist jedoch zwingend auf flankierende und unterstützende Maßnahmen angewiesen. Dabei geht es insbesondere

- um Qualifizierungsmaßnahmen, d.h. Aus-, Fort- und Weiterbildung, die sich an langfristig, gegenüber technologischem Wandel stabilen Qualifikationsinhalten und an Grundsätzen emanzipatorischer Bildung (Förderung fachlicher Handlungskompetenz wie sozialkommunikativer Qualifikationen) zu orientieren hat;
  (Obgleich in nahezu allen Publikationen zur Einführung neuer Technologien die Notwendigkeit umfassender Qualifizierung betont wird, sind die von den Betrieben bereitgestellten Qualifizierungsmaßnahmen in der Regel weder systematisch organisiert noch vermitteln sie arbeitsplatz- und prozeßübergreifende Qualifikationen. "Learning by doing" und selektive Qualifizierung dominieren gegenüber systematischer und breit angelegter Qualifizierung. Die Folgen unzureichender Qualifizierung haben die Arbeitnehmer mit verschärften psychisch-nervlichen Belastungen, Leistungsüberforderung, dem Empfinden subjektiven Versagens zu tragen.)

- um die Erweiterung der Mitbestimmungsrechte betrieblicher Interessenvertreter und die Beteiligung betroffener Beschäftigtengruppen an der Gestaltung des technologischen Wandels. Dies gilt um so mehr, als durch Rationalisierung und neue Technologien auch die überkommenen Informations- und Mitbestimmungsrechte der Betriebsräte gefährdet sind. Insbesondere der Einsatz betriebsübergreifender technologischer Systeme sowie die Zentralisierung unternehmenspolitischer Planungen und Entscheidungen - auf der Basis des Einsatzes neuer Technologien - höhlen die Rechte der Betriebsräte immer stärker aus.
  (Mit der Einführung komplexer und hochintegrierter technologischer Systeme verändern sich offensichtlich auch unternehmerische Entscheidungsprozesse. Die längeren Planungs- und Entwicklungsphasen der

technischen Innovationen erfordern zum einen frühzeitigere Entscheidungen, als sie bei technischen Neuerungen konventioneller Art üblich sind, bringen zum anderen mit sich, daß sich die Entscheidungsinstanzen - im Interesse umfassender Kontrolle wie der Kompatibilität auch dezentral eingesetzter Systeme - nach oben verlagern. Mit der Verlagerung von Entscheidungen in die Unternehmens- und Konzernspitzen ist oftmals nicht nur eine abnehmende Transparenz von Planungsprozessen für die Belegschaften und ihre Interessenvertreter verbunden, sondern auch für das betriebliche Management einzelner Werkseinheiten.)

5. Eine andere Gestaltung von Arbeit und Technik in den Betrieben ist zwar ein zentraler, kann aber nicht alleiniger Beitrag sein zur Durchsetzung menschengerechter und sozial verträglicher Lösungen der Technikgestaltung und -anwendung. Seit Jahren wird die Anpassung technologischen Wissens an das internationale Niveau sowie die Modernisierung der Produktionsstrukturen durch vielfältige staatliche Maßnahmen gefördert. Angesichts veränderter ökonomischer und gesellschaftlicher Rahmenbedingungen staatlicher Technologiepolitik und angesichts gravierender beschäftigungspolitischer Folgen der beschleunigten industriellen Anwendung neuer Technologien muß nach Auffassung der Gewerkschaften staatliche Forschungs- und Technologiepolitik zukünftig Funktionen einer sozialen Kontrolle des Einsatzes neuer Technologien und der Produktivitätsentwicklung neuer Technologien übernehmen. Dazu sind drei zentrale Voraussetzungen zu erfüllen: Erstens sind vor der Auflage von Förderprogrammen Technologiefolgeabschätzungen vorzunehmen (wobei das Instrumentarium hierzu zu verbessern ist), um die möglichen ökonomischen, sozialen, strukturellen und ökologischen Folgen des Einsatzes neuer Technologien zu ergründen. In die Abwägung der Vorteile und Nachteile sind potentielle arbeitsmarkt-, bildungs- und gesellschaftspolitische Konsequenzen eines forcierten Einsatzes neuer Technologien einzubeziehen. Nur wenn die gesellschaftliche Nützlichkeit und soziale Verträglichkeit neuer Technologien gesichert ist, sollte nach gewerkschaftlicher Auffassung eine aus Steuermitteln finanzierte Förderung möglich sein. Zweitens gilt es, in gezielter Weise Technologieentwicklungen und -anwendungen zu fördern, die im Rahmen privatwirtschaftlicher Investitionen kaum eine Chance haben, die aber zur Verbesserung der Arbeits- und Lebensbedingungen (z.B. Humanisierung der Arbeit, Umweltschutztechniken, Medizintechnik) unerläßlich sind. Drittens gilt es, die Instrumente staatlicher Technologiepolitik stärker als Instrumente einer zukunfts- und arbeitsorientierten Industrie- und Strukturpolitik zu nutzen. Richtung und Qualität der Technikförderung können (wie auch das Beispiel Japan bei den Techniken zur Luftreinhaltung zeigt) - im Zusam-

menhang mit anderen staatlichen Maßnahmen (z.B. der Arbeitsmarktpolitik, der Energiepolitik, der Normierung beim Umweltschutz) - wichtige Impulse für ein - qualitativ anderes - Wirtschaftswachstum und die Schaffung neuer Arbeitsplätze geben.

6. Es geht letztlich um die Frage, wie der mit der industriellen und gesellschaftlichen Anwendung neuer Technologien einhergehende Strukturwandel bewältigt werden kann. Dazu kann eine sozial orientierte Technologiepolitik zwar einen wesentlichen Beitrag (zur Durchsetzung menschengerechter Arbeit und Technik in den Betrieben, zur Förderung gesellschaftlich nützlicher Innovationen) leisten; die anstehenden Probleme der Massenarbeitslosigkeit und tiefgreifenden Strukturveränderungen können jedoch nur im Rahmen gesellschaftlicher Strukturreformen und entsprechender wirtschafts-, sozial- und bildungspolitischer Maßnahmen wirkungsvoll und dauerhaft bekämpft werden. Die Gewerkschaften haben dazu seit Jahren Vorschläge unterbreitet: Förderung des qualitativen Wachstums, d.h. Förderung sozial nützlicher Produkte und Dienstleistungen unter Ausschöpfung der Innovationspotentiale neuer Technologien; umfassende Arbeitszeitverkürzung; Sicherung der Arbeitslosen- und Rentenversicherung durch neue Kriterien der Beitragsverpflichtung ("Maschinenbeitrag"); umfassende, an technischen und gesellschaftlichen Innovationen orientierte Breitenbildung (statt Elitenbildung); Humanisierung der Arbeit und erweiterte Mitbestimmung beim Einsatz neuer Technologien, um nur einige der zentralen Forderungen zu nennen. Wenn die heute technisch machbare Entwicklung ökonomisch und sozial nicht in einer Sackgasse enden soll, ist es höchste Zeit, diese - und andere wirtschafts-, sozial- und bildungspolitische - Maßnahmen einzuleiten und andere Entscheidungsprioritäten bei der betrieblichen Gestaltung des technologischen Wandels durchzusetzen.

INFORMATIONSHAUSHALTE TECHNISCHER PROZESSE

M. Polke

Bayer AG, Leverkusen

1. EINLEITUNG

Leistungsfähige Informationssysteme sind als unerläßliche Hilfsmittel für Wirtschaft und Verwaltung seit langem im praktischen Einsatz /18/. In jüngster Zeit ergeben sich verstärkt Möglichkeiten, sie auch im technischen Bereich - Produktion, Labor und Infrastruktur - zu nutzen. Während in der fertigungstechnischen Industrie mit ihren stückorientierten und arbeitsteiligen Abläufen die Steuerung der Produktionsprozesse und der Einsatz von Robotern weit entwickelt ist, sind die Systeme zur Unterstützung verfahrenstechnischer Abläufe zwar in rascher Entwicklung, aber ihre Komplexität erfordert auch heute noch einen hohen Entwicklungsaufwand.

Die Komplexität beruht letztlich darauf, daß die Prozesse durch physikalische und chemische Abhängigkeiten bestimmt werden. Ein wesentliches Ziel der Informationssysteme in der verfahrenstechnischen Produktion muß es deshalb sein, eine möglichst vollständige Kenntnis des Prozeßgeschehens zu erlangen. Auch die Anforderungen nach hoher Sicherheit und günstigen Kosten können nur erfüllt werden, wenn die den Produktionsprozeß begleitenden Informationsströme beherrscht werden.

Der Informationshaushalt, d. h. Informationserzeugung, Informationstransport und Informationsverarbeitung, ist unter ökonomischen Bedingungen zu gestalten. Der Informationshaushalt technischer Prozesse manifestiert sich in der Integration von technischen, kaufmännischen und administrativen Daten. Der Informationshaushalt muß durchgängig geplant werden. Die schrittweise Realisierung muß mit integrationsfähigen Systemkomponenten erfolgen. Die häufig anzutreffende, getrennte Betrachtung von kaufmännischorientierten und prozeßorientierten Systemen führt langfristig nicht zum Erfolg /19/.

2. SYSTEMANALYSE UND VERKNOPFUNG TECHNISCHER INFORMATIONEN

2.1 Phasenmodell

Eine formale Strukturierung der Prozeßinformationen liefert das Phasenmodell der Produktion, das in früheren Arbeiten /1, 2, 3/ ausführlich beschrieben ist.

Bild 1 zeigt bei hinreichender Abstraktion den Materialfluß durch eine verfahrenstechnische Anlage. Dieses Beispiel sei hier und im folgenden stellvertretend für einen mehrstufigen Produktionsprozeß gewählt. In jeder Produktionsstufe gibt es Überwachungs-, Steuerungs- und Regelungsaufgaben, die sich zum Teil an den Produkteigenschaften oder an den Verfahrensparametern orientieren.

Die Produkteigenschaften und die Verfahrensparameter gehören unterschiedlichen Informationskategorien an. Ihre Unterscheidung ist deshalb wichtig.

Produkteigenschaften charakterisieren das Produkt. Unter Produkt verstehen wir das Material vor seiner Verarbeitung in einer Verfahrensstufe oder nach seiner Verarbeitung in einer Verfahrensstufe.

Die Verfahrensparameter spezifizieren die einzelnen Verfahrensstufen.

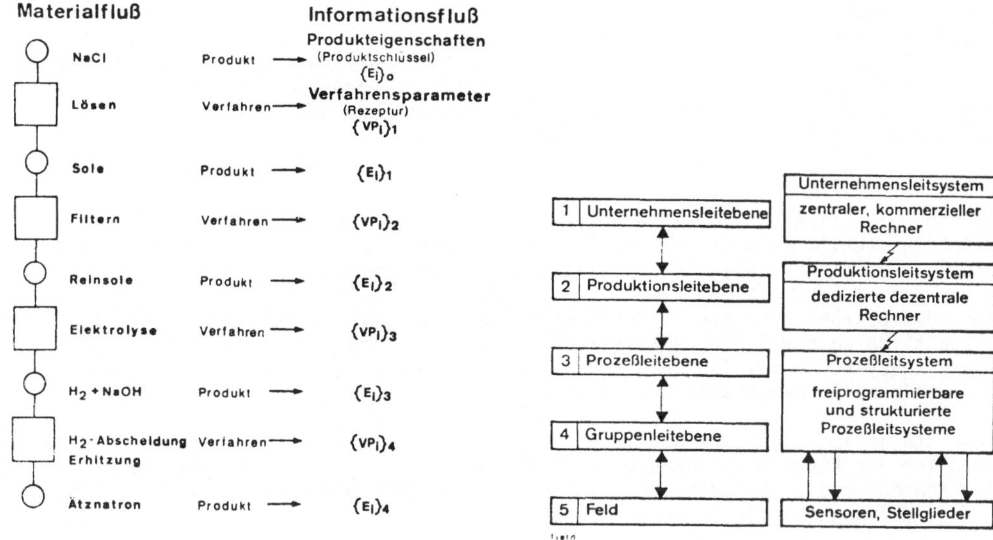

Abb. 1 : **Phasenmodell Produktion, Beispiel Chloralkali Elektrolyse (stark vereinfacht)**

Abb. 2 : **Interkommunikation zwischen den Informationsebenen und denkbare Rechnerhierarchie**

Geht man von diesen Festlegungen aus, dann kann dem Materialfluß formal ein Informationsfluß gegenübergestellt werden.

Jedes Produkt wird beschrieben durch die Menge der Produkteigenschaften $\{E_i\}$. Der Materialzustand nach der k-ten Verfahrensstufe ist charakterisiert durch $\{E_i\}_k$.

Es erweist sich als sinnvoll, die Produkteigenschaften in Form eines geeignet strukturierten Datensatzes (Produktschlüssels) im System darzustellen.

In gleicher Weise wird die Verfahrensstufe beschrieben durch die Menge der Verfahrensparameter dieser Stufe: $\{VP_i\}_k$. In der chemischen Industrie ist es üblich, die Menge dieser Parameter als Rezeptur zu bezeichnen. Verfahrensparameter sind entweder Einstellgrößen, daraus resultierende Maschinenzustände oder Zustandsgrößen wie Temperatur, Druck usw.

Das Überwachen, Steuern und Regeln der Verfahrensparameter setzt eine weitgehende Kenntnis dieser Größen selbst und der Abhängigkeit der Produkteigenschaften von diesen Verfahrensparametern voraus (Verfahrensanalytik).

Die Grundstruktur der anfallenden Daten wird, wie oben bereits erwähnt, in sogenannten Schlüsselsystemen festgelegt. Ordnungsreduzierungen dieser meist mehrdimensionalen Beschreibungsmatrizen gewinnt man durch das Verwenden von Anforderungs- und Qualifikationsprofilen sowie deren Darstellung in Verfahrens- und Eigenschaftsräumen /1, 2, 3/.

Da die Prozeßparameter und die Produkteigenschaften nicht immer als physikalische Meßgrößen erfaßbar und auf metrischen Skalen darstellbar sind, sondern sich häufig nur als Ergebnis technologischer Prüfungen in Form qualitativer Aussagen darstellen lassen, deren Ausprägungen auf topologischen Skalen abgebildet werden können, ist in technischen Systemen der Problematik des Messens und der Skalierung der "Meß"werte ein besonderes Augenmerk zuzuwenden /4/.

2.2 Prozeßmodell

Die Abhängigkeiten von Verfahrensparametern und Produkteigenschaften in jedem Verfahrensschritt sind in der Regel höchstens phänomenologisch beschreibbar und meist nur durch die Ermittlung statistischer Zusammenhänge darstellbar.

Neben den bekannten Verfahren der Regressions- und der Varianzanalyse bedarf es gelegentlich auch weiterer statistischer Verfahren, wie Zeitreihenanalyse und Clusteranalyse, um aus den in der Regel nur zeitabhängig vorliegenden Einzelinformationen Zusammenhänge aufzeigen zu können.

Diese statistischen Operationen sind u. a. eine wesentliche Voraussetzung für das Erstellen von Prozeßmodellen und für die Auslegung von anspruchsvollen Regelalgorithmen, wie z. B. adaptive Regelung. Sie leisten wesentliche Hilfestellung im Vorfeld der sogenannten Prozeßidentifikation.

Falls sich die gewünschten Informationen über Verfahrens- und Produkteigenschaften nicht direkt gewinnen lassen, sind informationstechnische Prozeduren, wie Verfahrensindikation /5, 6/, oder die verschiedenen "Beobachter-" und "Filter-Verfahren" angezeigt.

3. HIERARCHISCHE STRUKTURIERUNG DES BETRIEBLICHEN INFORMATIONSHAUSHALTES

3.1 Ebenenmodell

Um die Integration der verschiedenen technischen Datenkreise einerseits, mit den kaufmännisch-administrativen Daten andererseits, sicherzustellen, hat sich die Einführung eines hierarchisch strukturierten Ebenenmodells bewährt. Die Bildung solcher hierarchischen Systemstrukturen läßt sich am besten anhand der Hierarchie der Funktionen der Entscheidungs- und Ausführungsebenen eines Industriebetriebes ermitteln. Die Vorteile einer solchen hierarchischen Systemplanung liegen auf der Hand:

Teilsysteme können arbeitsteilig bearbeitet und je nach Dringlichkeit und Bedarf einzeln implementiert werden, ohne daß spätere Inkompatibilitäten der realisierten Einzelsysteme zu erwarten sind.

Das Gesamtprojekt muß wohl bis zu einem bestimmten Detaillierungsgrad durchgeplant werden. Die aufwendige Detailplanung und Realisierung kann jedoch für einzelne Teilprojekte je nach betrieblicher Notwendigkeit getrennt erfolgen. Das Projektrisiko wird dadurch vermindert, die Durchsetzbarkeit im Unternehmen erhöht.

Inhalt und Funktionen dieser Informationsebenen sollen im folgenden erläutert werden (Bild 2).

Ohne auf die **Unternehmensleitebene**, die von zentralen Funktionen allein beansprucht wird, näher einzugehen, werden im folgenden die Produktionsleitebene (plant-management, production-management) *, die Prozeßleitebene (process-management, process-supervisory) * und die Gruppenleitebene (process-control) * besprochen.

Die **Produktionsleitebene** beinhaltet die Aufgaben Administration und Logistik des Betriebes, Rezepturverwaltung, Verfahrenstechnik und Verfahrensanalyse (siehe Abschnitt 2) sowie die betriebswirtschaftlichen Tätigkeiten, Daten über Personal und Kosten der Produktion zu erstellen und zu verwalten.

Die **Prozeßleitebene**, die vorzugsweise in der Meßwarte zu finden ist, umschließt die Prozeßbedienung, Prozeßüberwachung und Prozeßprotokollierung (process-supervisory).

Hier erfolgt auch das Eingreifen bei Abweichungen der Qualitäts- und Produktionsdaten.

Aber auch die Prozeßleitung (process-management) wird dieser Ebene zugerechnet. Prozeßfahrstrategien, wie Anfahr- und Abfahrprozeduren, Lastwechsel, Behandlung von Produktionsstörungen und das Anwenden von Pufferstrategien, werden in dieser Ebene durchgeführt.

Der **Gruppenleitebene** kommen vornehmlich die Aufgaben zu, die häufig fälschlicherweise mit dem Begriff "Automatisierung" angesprochen werden, aber nichts anderes als die klassischen Meß- Steuer- und Regelungsaufgaben beinhalten, nämlich das Erfassen von Ist-Daten (Messen von Produkteigenschaften und Verfahrensparametern), das Einhalten von Sollwerten (Regeln) bzw. Ablaufschemen (Steuern) und das Melden von Abweichungen.

Das **Feld** schließlich ist der prozeßnahe Ort, an dem sich die Sensoren und die Stellglieder (Aktoren) befinden. Natürlich gehört auch die notwendige Verkabelung dazu.

3.2 Interkommunikation zwischen den Ebenen

So entscheidend die Strukturierung des Informationshaushaltes in einzelne Informationsebenen ist, so wichtig ist die Interkommunikation zwischen den Ebenen. Einige wichtige Regeln müssen dabei beachtet werden:

- Die Informationsgewinnung und -verarbeitung in jeder Ebene muß so autark wie möglich sein.
- Der Informationsaustausch zwischen den Ebenen soll so gering wie möglich sein.
- Der Informationsaustausch soll zeitunkritisch sein.
- Die Schnittstellen müssen inhaltlich und physikalisch klar definiert werden.

Eine mögliche und vor allem bei größeren Unternehmen denkbare Rechnerhierarchie, die den Informationsebenen und ihren Funktionen gerecht wird, zeigt Bild 2.

---

*) In der englischen Fachliteratur haben sich inzwischen diese Begriffe einheitlich durchgesetzt /7/.

4. ENTWICKLUNGSTENDENZEN

4.1 Feld

Materialfluß		Informationsfluß
Rohstoff	– Sensoren →	Produkteigenschaften (Produktschlüssel) $\{E_i\}_0$
Verfahren 1	– Sensoren → ← Aktoren –	Verfahrensparameter (Rezeptur) $\{VP_i\}_1$
Zwischenprodukt 1	– Sensoren →	$\{E_i\}_1$
Verfahren 2	– Sensoren → ← Aktoren –	$\{VP_i\}_2$
Zwischenprodukt 2	– Sensoren →	$\{E_i\}_2$
Verfahren 3	– Sensoren → ← Aktoren –	$\{VP_i\}_3$
Zwischenprodukt 3	– Sensoren →	$\{E_i\}_3$
Verfahren 4	– Sensoren → ← Aktoren –	$\{VP_i\}_4$
Fertigprodukt	– Sensoren →	$\{E_i\}_4$

Abb.3: Sensoren und Aktoren als Bindeglieder zwischen Materialfluß und Informationsfluß

Wie das Phasenmodell der Produktion (Bild 1) zeigt, stellen, informationstechnisch gesehen, die Sensoren die Verbindung vom Materialfluß zum Informationsfluß her (Bild 3). Die Entwicklung der Sensortechnik ist deshalb von entscheidender Bedeutung. Es ist deutlich erkennbar, daß die Mikro-Elektronik auch diese Technik verändern wird. Neue Sensorsysteme mit Meßwertvorverarbeitung im Feld stehen zunehmend zur Verfügung /8, 9/. Direkte Messungen in Produktströmen, d. h. in-Situ- und In-Line-Messungen, werden möglich sein. Bei zunehmend größer werdender Kenntnis kausaler Zusammenhänge wird sich die Zahl der Meßstellen verringern lassen. Der großen Bedeutung der Sensoren wurde auf mehreren Spezialtagungen /10, 11/ Rechnung getragen. Umgekehrt erfolgen die regeltechnischen Einwirkungen auf den Produktionsprozeß durch die Aktoren. Sie sind damit die Informationsträger vom Informationsfluß zum Materialfluß. Auch die Aktoren werden zunehmend mit Intelligenz ausgestattet und zur Informationsnachverarbeitung in der Lage sein.

Der Prozeß-Bus, der Nachrichten zwischen den einzelnen Sensoren und Stellgliedern und den zentralen Schaltstellen der Gruppenleitebene übermittelt, wird künftig sicherlich durch Lichtleiter realisiert werden.

Die Peripherik (Sensorik und Aktorik) als Bindeglied zwischen Materialfluß und Informationsfluß wird künftig so ausgelegt sein, daß sie die zentralen Verarbeitungseinheiten des Gruppenleitsystems entlastet /12/.

4.2 Prozeßleitebene und Gruppenleitebene

Den größten Umbruch stellt man zur Zeit auf der Gruppenleitebene und Prozeßleitebene fest. Er ist vielleicht vergleichbar mit dem Beginn der Industrialisierung, als die Muskelkraft durch die Dampfmaschine oder später durch den Elektromotor ersetzt wurde.

Während bei der Peripherik die Entwicklungstendenzen noch weitgehend offen sind, ist der Entwicklungsrahmen für die Prozeß- und Gruppenleitebene zum großen Teil in festen Umrissen erkennbar /13, 14, 15/.

Dieser Umbruch wird charakterisiert und ist möglich geworden durch folgende Faktoren:

- Es hat eine enorme Steigerung des Leistungs-/Preis-Verhältnisses in der Mikro-Elektronik stattgefunden (Prozessoren, Speicher etc.).

- Als Folge dieses günstigeren Leistungs-/Preis-Verhältnisses war ein Übergang von zentraler zu dezentraler Datenverarbeitung möglich.

- Hardware wird durch Software ersetzt.

Der Einsatz der neuen Mikro-Elektronik in die Prozeßleittechnik vollzieht sich dabei im wesentlichen auf zwei Weisen: durch das sog. Data-Logging und durch die Realisierung kompletter Prozeßleitsysteme.

Unter D a t a - L o g g i n g resp. Data-Gathering ist der Informationsabgriff am Einzelgerät zu verstehen sowie die Sammlung, Protokollierung und Auswertung der Daten mittels eines Rechners. Diese Technik wird vor allem dort eingesetzt, wo eine vollständige Ersatzinvestition der Meß- und Regeltechnik aus vielerlei Gründen nicht sinnvoll ist. Mit ihr gelingt aber der Einstieg in die bereits mehrfach angesprochene Verfahrensanalytik.

P r o z e ß l e i t s y s t e m e zeichnen sich dadurch aus, daß sie einerseits Komponenten für das Messen, Steuern und Regeln und andererseits Komponenten für die Prozeßbeobachtung und Prozeßbedienung beinhalten. Prozeßbeobachtung und Prozeßbedienung schließt eine lückenlose Dokumentation und eine geeignete Informationsdarstellung ein, so daß eine neue Informationsphilosophie praktiziert werden kann:

"Informationen sollen so sparsam wie möglich, aber so umfangreich wie nötig angeboten werden und nur dann, wenn sie gebraucht werden und in einer Form, die für den Anlagenfahrer am klarsten ist."

Mit den Prozeßleitsystemen ist ein modularer Aufbau der Systemkomponenten möglich. Verknüpft werden die Komponenten über ein Nachrichtentransportsystem.

Bei komplexen Problemstellungen, wie z. B. Rezepturfahrweisen oder sog. Unit Operations Sequenzen /7/, ist neben den parametrierbaren und strukturierbaren Grundfunktionen immer frei programmierbare Prozeßrechnerleistung notwendig. Dies ist bei der Auswahl des geeigneten Prozeßleitsystems zu berücksichtigen.

4.3 Produktionsleitebene

Die hier zu erwartenden Entwicklungen betreffen die Erarbeitung von Rahmenkonzepten für die Steuerung der Gesamtproduktion. Dieser Rahmen muß die Nahtstelle einschließen zu den Daten der Unternehmensleitebene, wie Kundenauftragsdaten oder allgemeine Kundeninformationen oder auch Beschaffungsdaten. In gleicher Weise ist die Schnittstelle zu den Prozeßleitsystemen einzubinden, d. h. eine Integration der Prozeßleitsysteme in die Produktionsleitsysteme der dispositiven Ebene.

Im technischen Teilbereich der Produktionsleitebene wird die Rechnerleistung benötigt für die Entwicklung von Prozeßmodellen, die Korrelationen zwischen Produkteigenschaften und Verfahrensparametern herstellen.

4.4 Mensch-Prozeßkommunikation /16/

In allen Ebenen der industriellen Produktion muß der Mensch überwachend und steuernd eingreifen. Dies gilt in der Prozeßleitebene auch bei hohem Automatisierungsgrad der Produktionsprozesse.

Der Mensch muß Prozesse hoher Komplexität überwachen, ihren Ablauf nach Vorgaben der Produktionsleitebene optimieren und beeinflussen, in Störungssituationen schnell und richtig eingreifen sowie wichtige Randprobleme, etwa die Betriebslogistik, bearbeiten.

Diese Aufgaben löst heute das Betriebspersonal durch Nutzung einzelner Meßsignale und eigener Vorstellungen (Modelle) über den Prozeßablauf. Die Aufnahme der einzelnen Meßsignale unterliegt dabei den perzeptiven, die Reaktion und Signalkombinationen den mentalen und motorischen Eigenschaften und Fähigkeiten des Menschen, die in gewissem Maß durch Training beeinflußbar, im wesentlichen aber vorgegeben sind. Diese Eigenschaften und an sie optimal angepaßte Farbsichtgerätesysteme der heutigen Wartengeneration für die heute übliche, einzelsignalorientierte Prozeßleittechnik werden vorgestellt.

Die Leistungsfähigkeit verfügbarer Mikrorechner und Fortschritte in der Darstellungstechnik (Farb-Grafiksysteme, CAD) legen nahe, die Prozeßmodelle durch Programme zu realisieren und aus Einzelsignalen verdichtete Information an das Betriebspersonal weiterzugeben. Damit vollzieht sich ein Übergang zur informationsorientierten Prozeßleittechnik, die komplexe Prozeßzustände, z. B. durch Arbeitspunkte in Kennlinienfeldern, direkt anzeigt. Eine entsprechende Prozeßbedienung, d. h. durch "Steuerknüppel" eingeleitete Verschiebung von Arbeitspunkten, würde automatisch in Einzel-Stellsignale umgesetzt. Die dazu notwendigen Methoden der Modellbildung und - ggf. heuristischen - Modellreduktion werden erläutert, und anhand von Beispielen (Energieerzeugung, Kraftfahrzeuge, Luftfahrt) wird ein Überblick über geeignete Mensch-Prozeß-Kommunikationsschnittstellen gegeben /16/.

5. MASSNAHMEN ZUR REALISIERUNG TECHNISCHER INFORMATIONS- UND STEUERUNGSSYSTEME DURCH PROZESSLEITSYSTEME

5.1 Systemkonzeption

Die Sicherung der informationstechnischen Infrastruktur in der Produktion ist bereits bei der Planung von prozeßleittechnischen Einrichtungen durch eine hinreichende Beschreibung der Aufgaben sicherzustellen. Zweckmäßigerweise geschieht das in einer checklistenorientierten Beschreibung, dem sog. Lastenheft. Mit Hilfe der Simulationstechnik müssen Kenntnisse, insbesondere über das dynamische Verhalten von Produktionsanlagen, im voraus erarbeitet werden. Die Anforderungen an die Sicherheit und Verfügbarkeit von Prozeß und Apparaten müssen festgelegt werden.

Die Planung selbst kann durch einen standardisierten Ablauf rationalisiert werden. Mit CAE (Computer-Aided-Engineering) stehen heute entsprechende Hilfsmittel zur Verfügung /17/.

5.2 Standardisierung

Eine Standardisierung der Prozeßleitsysteme und ihrer Schnittstellen sollte sicherstellen, daß eine Kompatibilität der Systemkomponenten gewährleistet wird. Weitere Gründe, die für eine Standardisierung der Systeme bzw. ihrer Komponenten sprechen, sind:

- Detaillierte Systemkenntnisse sind nur durch Planung und Betrieb konkreter Anlagen zu erwerben. D. h., nur bei wiederholtem Einsatz wirken sich die erworbenen Kenntnisse über ein System positiv aus.

- Die Einführung neuer Systeme erfordert einen hohen Prüf-, Test- und Software-Entwicklungsaufwand, aber auch erhebliche Anstrengungen bei der Schulung von Prozeßleittechnikern und Betreibern.

Die Auswahl der Standardsysteme sollte durch einen Vergleich der Systemeigenschaften anhand eines Bewertungskataloges erfolgen.

Dabei kann in folgenden Schritten vorgegangen werden:

- Marktanalysen der Firmen, die Prozeßleitsysteme entwickeln, herstellen, vertreiben.
- Formulieren von Kriterien zur Beschreibung von Prozeßleitsystemen.
- Auswahl der für eine Grobbeurteilung relevanten Kriterien und Bewertung der Systeme in mehreren Phasen mit dem Ziel, die Zahl der jeweils weiter vertiefend zu bearbeitenden Systeme einzuschränken.
- Feinbeurteilung der ausgewählten Systeme auf der Basis der technischen Eigenschaften sowie kaufmännischer Kriterien.

5.3 Überwindung von Einstiegsproblemen

Diese Probleme können vielfältiger Art sein.

In vielen Fällen wird es nicht möglich sein, einen ganzen Betrieb neu auszurichten. Deshalb wird es häufig zu einem Nebeneinander von alter und neuer Technik kommen, d. h. Schreiber und Anzeigegeräte auf der einen Seite und Bildschirmgeräte auf der anderen Seite. Die Erfahrungen haben aber gezeigt, daß das Bedienungspersonal bei richtiger Schulung die neue Bedienung sehr schnell lernt und auch mit unterschiedlichen Bedienoberflächen zurechtkommt.

Kritischer ist die Kostenschwelle zu sehen, die überwunden werden muß, um mit den Grundelementen eines Prozeßleitsystems zu starten (Einstiegsgröße!). Änderungen haben sich auch bei der Kostenstruktur ergeben, wiewohl davon ausgegangen werden kann, daß bei prozeßleittechnischen Investitionen $\geqslant$ 0,5 Mio DM die Ausstattung mit sogenannten Prozeßleitsystemen auf Sicht insgesamt geringere Kosten verursachen wird als konventionelle Technik, trotz der aufwendigen Informations- und Optimierungsmöglichkeiten, deren Nutzen sich ja erst mit der Reduzierung der übrigen Produktionskosten erwiesenermaßen bemerkbar macht.

Die größten Hemmnisse sind jedoch psychologischer Art. Die Angst vor der neuen Technik, die man nicht versteht und mit der man nicht vertraut ist, ist noch erheblich. Hinzu kommt, daß die Transparenz des Betriebes nach oben oft nicht gewollt wird, weil, im allgemeinen ungerechtfertigterweise, eine Kontrolle von oben befürchtet wird. Schulung und Aufklärung sind deshalb erforderlich. Nicht zuletzt werden grundsätzlich neue Systeme immer erst dann akzeptiert, wenn ihr Erfolg an anderer Stelle bereits nachgewiesen wurde. Dieser Nachweis wird aber in zunehmendem Maße gegeben sein, so daß auch von dieser Seite der neuen Technik in der Produktion keine unüberwindlichen Schwierigkeiten entgegenstehen werden.

Besonderer Dank für viele anregende Diskussionen und Mithilfe bei der Formulierung gebührt den Herren Dipl.-Ing. R.-W. Peters und Dr. F. Portele.

LITERATUR

/ 1/ Perne, R., Polke, M., Regelungstechnik (1982), Heft 5, 147 - 156

/ 2/ Polke, M., Wienand, M., Anforderungs- und Qualifikationsprofile; Festschrift zum 60. Geburtstag von Prof. Dr. Stöckmann, Oktober 1978, Karlsruhe

/ 3/ Breitenfelder, M., Polke, M., Wienand, M., Der Weg eines Projektes vom Konzept zur Kontrolle; Vortrag auf der Arbeitstagung "Forschungsmanagement in der Physik", 9. - 12.6.76, Universität Bielefeld

/ 4/ Padberg, K.H., Wilrich, P.-Th., Die Auswertung von Daten und ihre Abhängigkeit von der Merkmalsart, Teil 1: Skalentypen; QZ 26 (1981) Heft 6, 179 - 214

/ 5/ Ecker, R., Kramer, H., Müller, H.K., Polke, M., Neue Aspekte bei der Prüfung von Kautschuk und Gummi; Kautschuk und Gummi, Kunststoffe Nr. 1/1972, 5 - 10

/ 6/ Perne, R., Firmeninterne Schrift der Bayer AG

/ 7/ Diverse Firmenschriften z. B. Fisher Controls 1984

/ 8/ Veröffentlichungen zur Interkama 1983

/ 9/ Veröffentlichungen zu Achema 1982

/10/ DPG-Tagung in Münster, März 1984, Verhandlungen der Deutschen Physikalischen Gesellschaft (im Druck)

/11/ VDE/VDI-Tagung in Nauheim, 1984

/12/ Garbrecht, K., Prommer, A., Mikroelektronik - Eine Technik macht Epoche; Siemens AG, Berlin und München, 2. Auflage, Mai 1981

/13/ Färber, G., Architektur zukünftiger Prozeßrechnersysteme; Prozeßrechnertagung Karlsruhe Sept. 1984

/14/ Urbach, W., Regelungstechnische Praxis (1983), 397 - 399

/15/ Böhme, W., Regelungstechnische Praxis (1983), 400 - 407

/16/ Färber, G., Polke, M., Steusloff, H., Mensch-Prozeßkommunikation, Status und Trend; GVC-Tagung, München Sept. 1984

/17/ Strickling, A., Rechnergestützte Planung und Strukturierung von Prozeßleitsystemen, Prozeßrechnertagung Karlsruhe Sept. 1984

/18/ z. B. Schappert, H., u. a., Datenverarbeitungsperspektiven der 80er Jahre; Betriebswirtschaft und Finanzen, Schriftenreihe des Betriebswirtschaftlichen Ausschusses und des Finanzausschusses, herausgegeben vom Verband der Chemischen Industrie e.V., Frankfurt am Main, November 1982

/19/ Polke, M., Portele F., Melliand Textilberichte 65 (1984) 291 - 297

VERFAHREN UND MITTEL ZUR INDUSTRIELLEN SOFTWAREERSTELLUNG

W. Howein

Unternehmensbereich Energie- und Automatisierungstechnik

Siemens AG, Erlangen

Zusammenfassung

Die Software-Erstellung hat in den ca. 25 Jahren ihrer Entwicklung den Wandel von der "Kunst" weniger Spezialisten zu einer neuen Ingenieurdisziplin erfahren. In Anlehnung an andere bewährte Verfahrenstechniken ist eine Software-Erstellung nach industriellen Maßstäben gekennzeichnet durch Zerlegung in Arbeitsschritte und deren Abgrenzung durch Dokumente, arbeitsteilige Organisation, rechnergestützte durchgängige Methoden und Werkzeuge sowie Mehrfachverwendung von Softwarebausteinen durch konsequente Standardisierung.

Im Vortrag wird über die Prinzipien einer derartigen Softwaretechnik sowie über das mit ihrer Einführung verbundene Akzeptanzproblem berichtet. Darüber hinaus wird ein Ausblick auf die zu erwartenden Einflüsse der zukünftigen verteilten Rechnersysteme und der künstlichen Intelligenz (KI) auf die Softwaretechnik gegeben.

1. Entwicklung der Softwaretechnik

Die Software-Erstellung ist heute ein komplexer Prozeß mit vielen Beteiligten, mit dem Einsatz der verschiedenartigsten Methoden und Werkzeuge und mit oftmals langer Laufzeit. Dabei ist die Softwaretechnik, d. h. das Wissen um eine ingenieurmäßige Erstellung von Software, noch eine verhältnismäßig junge Disziplin. Wir können davon ausgehen, daß seit etwa 25 Jahren in nennenswertem Umfang Digitalrechner und seit etwa 20 Jahren Prozeßrechner eingesetzt werden. Das Verständnis der Softwaretechnik hat sich in diesem relativ kurzen Zeitraum drastisch gewandelt (Bild 1):

- In der DV-Pionierzeit herrschte die Programmierung in Maschinensprache als "Kunst" weniger Spezialisten vor.

- Die Weiterentwicklung führte zu höheren Programmiersprachen und zur strukturierten Programmierung; Phasenmodelle entstanden.

- Die wachsende Größe und Komplexität der Software-Projekte erfordert heute die Herstellung von Software nach industriellen Maßstäben - eine neue Ingenieurdisziplin.

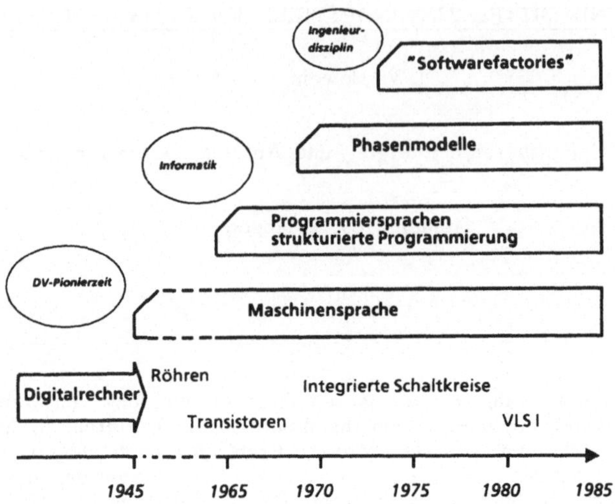

Bild 1 Entwicklung der Software-Technik

Die hier skizzierte Entwicklung ist also der Wandel von der "Kunst" der Pionierzeit über das "Handwerk" zur "Software-Produktion". Dies gilt allgemein für Software-Entwicklung. Für das Gebiet der Prozeßautomatisierung kommt noch eine weitere Komponente hinzu: das Aufkommen freiprogrammierbarer Geräte und Systeme der Steuerungs- und Regelungstechnik. Die Palette frei programmierbarer Systeme wird sich sicher weiter auffächern und mit neuen Programmiersprachen und Methoden für Hersteller und Betreiber zusätzliche Probleme bringen. Insgesamt ist mit einem erhöhten Bedarf an neu zu erstellender Software zu rechnen. Es muß daher ein Umdenken erfolgen, wie man Software zu erstellen hat.

2. Industrielle Software-Erstellung

Es gibt auf verschiedenen Gebieten ausgeprägte Verfahrenstechniken, ohne die kostengünstige und zuverlässige Produkte nicht möglich wären. Dies gilt nicht nur für die Produktion von Waren sondern auch bei einer Reihe von Ingenieuraufgaben. Beim Erarbeiten neuer Verfahrenstechniken ist es ratsam, nach Parallelen oder Analogien zu suchen und die wesentlichen Elemente bereits bewährter Verfahrenstechniken soweit als möglich zu übernehmen. Zu diesen Elementen, die auch für die Erstellung von Software sinnvoll sind, gehören:

a) Die Zerlegung des Herstellungsprozesses in Schritte und die Abgrenzung eines jeden Schrittes durch eine möglichst exakte Definition der Materialzustände zu Beginn und nach der Ausführung.

b) Einrichtung von Instanzen, die die Verantwortung für die qualifizierte Ausführung von Schritten übernehmen.

c) Verwendung von Methoden und Techniken und sie unterstützende Werkzeuge, die die die Ausführung eines Schrittes rationell und sicher ermöglichen und ihn reproduzierbar machen.

d) Reduzierung der Typen und Teile durch konsequente Normierung und Standardisierung.

Auf den Prozeß der Software-Erstellung übertragen heißt dies:

a) Festlegen aller bei der Abwicklung eines Projektes relevanten Tätigkeiten und Beschreibung ihrer zeitlichen Anordnung durch ein Phasenmodell sowie Definition der Eingangs- und Ausgangsdokumente mit Form, Inhalt und Ablageort für jede Tätigkeit (schrittweise Dokumentation).

b) Benennen von Verantwortlichen und deren eindeutige Zuordnung zu den Tätigkeiten (Projektorganisation).

c) Einführen rechnergestützter durchgängiger Methoden und Werkzeuge für alle Phasen der Software-Erstellung.

d) Mehrfachverwenden von Softwarebausteinen (Modularisierung) durch konsequente Standardisierung.

Diese Punkte werden nun im folgenden näher erläutert.

2.1 Phasenmodell und Dokumentation

Will man weg vom Handwerk, so muß für alle Software-Macher eine geordnete Vorgehensweise bei der Software-Erstellung, d. h. eine einheitliche, durchgängige Verfahrenstechnik geschaffen werden, ähnlich wie man sie bei Hardware schon kennt. Einer der Schlüssel für eine planbare, effektive Arbeitsteilung ist das Zerlegen des Software-Herstellungsprozesses in definierte, zeitlich aufeinanderfolgende Schritte, genannt Phasen. Weitere Zerlegungskriterien sind die Aufteilung der bei einem Projekt anfallenden Tätigkeiten, z. B. in die der Projektabwicklung, der Erstellung, des Tests und die Gliederung der Gesamtaufgabe in Teilaufgaben. Durch letztere kann es in einem größeren Projekt mehrere gegeneinander zeitlich versetzte Phasenmodelle geben.

Über Phasenmodelle gehen die Ansichten hinsichtlich ihres Wertes und ihres Aufbaues auseinander. Für den Praktiker haben sich Phasenmodelle als zweckmäßig erwiesen. Bild 2 zeigt ein grobes Modell, das sich je nach Bedarf an die Anforderungen einer Organisation oder eines Projektes verfeinern und anpassen läßt.

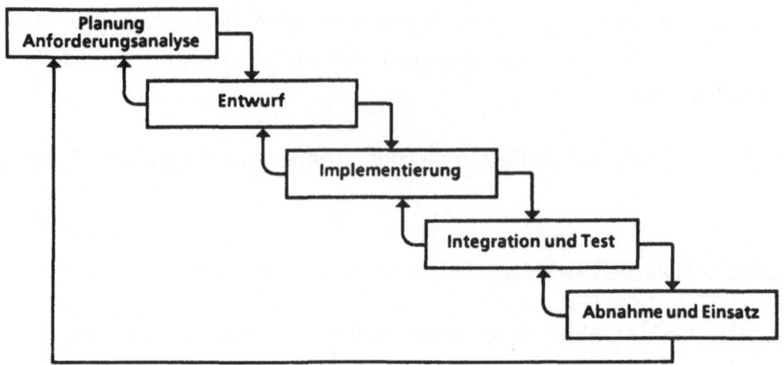

Bild 2 Phasenmodell

Wie die Praxis zeigt, ist es weniger entscheidend, wieviele Phasen das Modell enthält und wie sie heißen, sondern daß die Verantwortung für den einzelnen Schritt genau abgegrenzt wird und am Ende des Schrittes ein definiertes Ergebnis erreicht wird. Dieses Ergebnis kann dann im Sinne einer Qualitätssicherung einem Review unterzogen werden. In Bild 2 ist dies durch die rückwärtslaufenden, gebogenen Pfeile angedeutet.

Der zweite wichtige Punkt ist die Dokumentation: Da es sich um ein immaterielles Gut handelt, gibt es bei der Herstellung von Software keinen "Materialfluß" wie bei den meisten anderen Produktionsprozessen anhand dessen man die Projektdurchführung beobachten und beurteilen könnte. Die Rolle des Materials übernehmen in der Software-Technik die zu erstellenden Dokumente. In der Software-Technik erhält damit die Dokumentation die entscheidende Bedeutung.

Die Dokumentation eines Projektes muß dabei alle wichtigen Unterlagen umfassen, die bei der Durchführung des Projektes anfallen. Die Bandbreite der Dokumente reicht vom Auftrag über Planungsunterlagen, Sitzungsprotokolle, Statusberichte, Beschreibungen einzelner Komponenten, Quellcode, Listings, Testunterlagen, Prüfberichte bis hin zu den Handbüchern für den Einsatz eines fertigen Produkts.

Als zweckmäßig erweist es sich dabei, innerhalb einer Dokumentationssystematik standardisierte Dokumentationsbausteine zu definieren, aus denen sich alle Dokumente zusammenstellen lassen. Die Verwaltung dieser Dokumente kann mit Hilfe einer - wenn möglich rechnerunterstützt geführten - Projektbibliothek erfolgen. Aufbau und Wirkungsweise einer solchen Projektbibliothek sind beispielsweise in (1) beschrieben.

2.2 Projektmanagement

Immer größere und komplexer werdende Softwarepakete führen dazu, daß häufig viele organisatorische Einheiten an einem Projekt beteiligt sind. Es bedarf daher eines effektiven Projektmanagements, das die Arbeit aller Beteiligten plant, koordiniert, überwacht und das auf Störungen richtig reagiert. Dieses Thema ist in der Literatur ausführlich behandelt, hier seien daher nur einige Grundsätze genannt. Voraussetzung für ein effektives Projektmanagement ist die gemeinsame und synchrone Betrachtung von Kosten, Terminen und Arbeitsfortschritt, meßbar in Form fertiggestellter Unterlagen. Es ist z. B. heute noch häufig zu beobachten, daß sich die Struktur der Kosten eines Projektes nicht auf die Termine und den Stand der Unterlagen (Arbeitsfortschritt) abbilden läßt. Die Ordnungsprinzipien eines Phasenmodells müssen sich in den Werkzeugen des Projektmanagements wiederfinden und zwar von Beginn des Projektes an. Zu Beginn eines Projektes vermeintlich ersparter aber an und für sich notwendiger Aufwand ist bei der Realisierung und bei der Inbetriebsetzung mit Zins und Zinseszinsen zu bezahlen.

Der schwierigste Teil eines effektiven Projektmanagements ist die Schätzung der Software-Kosten. Die häufig noch übliche Globalabschätzung, die allein von den persönlichen Erfahrungen des Schätzenden ausgeht, ist vielfach zu ungenau und deshalb abzulehnen. Sie beruft sich ausschließlich auf Projekte der Vergangenheit und berücksichtigt meistens nicht die sich aus neuen Möglichkeiten der Automatisierung ergebende Vervielfachung an Funktionen.
Eine etwas bessere Methode ist es, das Projekt in hinreichend viele Teilfunktionen zu strukturieren und diese durch Vergleich mit bereits ausgeführten zu bewerten. Auf diese Weise kann sich das Projektmanagement, abhängig von der Menge der Referenzdaten, von der subjektiven Einschätzung des Bearbeiters lösen.
Schließlich gibt es statistische Methoden, die sich an quantifizierbaren Output-Größen (z. B. LOSC, Lines of Source Code) orientieren, gespiegelt an der Komplexität der zu erstellenden Software (2). Die Treffsicherheit hängt fast vollständig von der Qualität und Verfügbarkeit von Referenzdaten ab.
Man hüte sich also davor, neue Software-Kalkulationsmethoden einzuführen, ohne zuvor durch systematisches Erfassen, Verfolgen und Analysieren der betriebseigenen Software-Kosten zu ausreichend abgesicherten Referenzdaten gelangt zu sein.

Unabdingbare Voraussetzung für ein erfolgreiches Projektmanagement ist schließlich eine problemangepaßte Projektorganisation.
Eine gut durchdachte Projektorganisation, die auf Arbeitsteilung nach Qualifikation basiert, trägt zu besseren Entwicklungsergebnissen bei, indem sie

- die Kommunikation und Koordinierung durch Verantwortliche mit entsprechenden Kompetenzen wirkungsvoller gestaltet;
- dazu beitragen kann, Zielkonflikte der Software-Entwicklung früher aufzudecken (betrachtet man den Zielkonflikt Qualität gegen Termin, so darf man ein höheres Maß an Objektivität erwarten, wenn die Verantwortung für beide Ziele geteilt ist);

- den negativen Einfluß von unplanmäßigem Personalwechsel begrenzt (wenn ein Implementierer geht, nimmt er nicht auch noch das Design-Know-How mit);
- neben dem Anwendungs-Know-How der Mitarbeiter auch deren software-technologisches Know-How berücksichtigt (z. B. ist ein ausgebildeter, erfahrener Programm-Designer bei Codierarbeiten fehl am Platze);
- Kosten sparen kann (einfache Arbeiten erfordern einfache. Qualifikation).

2.3 Methoden und Werkzeuge

Wie bei jeder Produktherstellung hängt auch bei Software technischer und wirtschaftlicher Erfolg von den eingesetzten Methoden und Werkzeugen ab. Auch bei Software-Erstellung ist darauf zu achten, daß geeignete Methoden und Werkzeuge den Bearbeitern nicht nur zur Verfügung stehen, sondern auch eingesetzt werden. Diese Mittel müssen für alle Phasen vorhanden sein. Darüberhinaus ist zu fordern, daß sie aufeinander abgestimmt und durchgängig sind. Besonders letzterer Punkt ist heute bei weitem noch nicht befriedigend gelöst. Dagegen sind bereits heute Einzelmethoden vorhanden, die als ausgereift gelten können und auch ihre praktische Feuertaufe hinter sich haben. Beispiele hierfür sind - ohne Vollständigkeit anzustreben oder an dieser Stelle eine Wertung vornehmen zu wollen: innerhalb der Phase Anforderungsanalyse eine Methode zur Aufgabenklärung, zu deren Entwicklung Matsumoto (3) Impulse gab; für den Systementwurf "Structured Analysis and Design Technique" SADT (4), eine bereits weit verbreitete Technik, ferner Petrinetze (5), oder auch die Anwendung von Abstraktionsprinzipien nach Parnas, die abstrakte Datentypen begünstigen; für den Programmentwurf die Methode Jackson Structured Programming JSP (6), eine ebenfalls weitverbreitete, datenstrukturorientierte Entwurfsmethode. Auch für das Projektmanagement stehen Methoden zur Verfügung, man denke z. B. an die Netzplantechnik (7) oder an Methoden zur Kalkulation von Software (2). Bei der Implementierung besitzt man mit dem nun wohl endgültigem Durchbruch der höheren Sprachen ein fast für alle Anwendungen ausreichendes Instrumentarium, wozu auch die Entwicklung neuerer Sprachen wie z. B. Pascal, CHILL, PEARL, Ada usw. beigetragen hat. Auch für den Test sind heute gute Ansätze vorhanden, sowohl für ein konventionelles Vorgehen (8) als auch für die Methodik der Programmverifikation, z. B. nach Hoare oder Dijkstra (9).

Die Gestaltung der Werkzeuge für die Entwicklung von Software hat verschiedene Phasen durchgemacht. Es entstanden zunächst singuläre Werkzeuge. Aufgrund zunehmender Komplexität der zu entwickelnden Software und mit der wachsenden Erkenntnis der Problematik bei der Entwicklung von Software, weiß man heute, daß dies nicht ausreicht. Was benötigt wird, sind nicht vereinzelte Werkzeuge, sondern ein aufeinander abgestimmter Satz von Werkzeugen. Ein Schritt in dieser Richtung ist das Betriebssystem UNIX. Ein anderer Ansatz ist Ada, das neben der Programmiersprache eine auf diese abgestimmte Programmierumgebung enthält. Ein weiteres Beispiel ist die deutsche Entwicklung EPOS (10).

Dementsprechend zeichnet sich folgender Trend bei der weiteren Werkzeugentwicklung ab:

- "Kraftschlüssigkeit" innerhalb des Verfahrensmodells, d. h. die Ergebnisse einer Phase müssen von den Werkzeugen der Folgephase weiterverarbeitbar sein. Das ist ein nicht triviales Problem, besonders wenn dabei auf dem Markt vorhandene brauchbare Einzelwerkzeuge mit einbezogen werden sollen.
- einheitliche, benutzerfreundliche Bedienoberfläche mit Benutzerführung und Auskunftsfunktionen
- möglichst weitgehende Verwendung grafischer Darstellungsmethoden, wie Bäume, Kommunikationsdiagramme u.ä.m., entsprechend der ingenieurmäßigen Denk- und Arbeitsweise (Bild 3).
- Prüf- und Simulationsmöglichkeiten.
- Möglichkeiten, den Quellcode aus dem Pseudocode zu generieren.

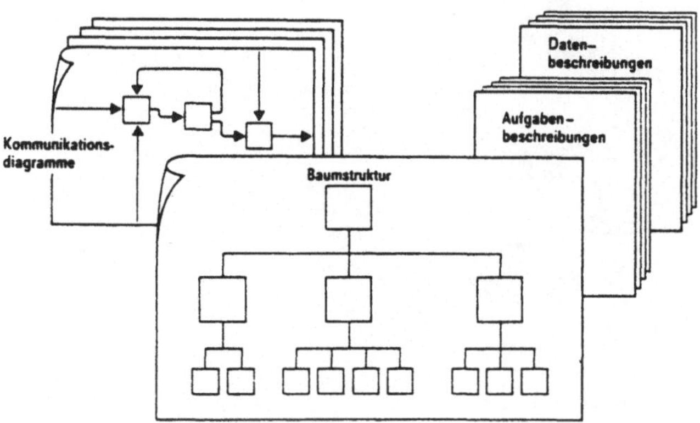

Bild 3 Grafische Darstellungsmethoden

2.4 Modularisierung

Zentrales Merkmal industrieller Software-Erstellung ist die Modularisierung und die durch sie ermöglichte Mehrfachverwendung von Software. Dieses Prinzip wird die heute noch vielfach komplette Neuentwicklung von Software reduzieren, z. B. für Anlagen der Prozeßautomatisierung auf das Projektieren des Zusammenspiels von mehrfach einsetzbaren Modulen.

Wesentliche Voraussetzung für eine Modularisierung von Software ist die Standardisierung der Kommunikation. In Software-Systemen muß die Kommunikation zwischen den Modulen konsequent von der technischen Funktion der einzelnen Module getrennt werden. Die Organisation der Kommunikation kann man als "Softbus-Struktur" bezeichnen, weil sie tatsächlich analog z einem Hardware-Bus in der Elektronik funktioniert. In diesem Sinn ist der im Bild 4 dargestellte Aufbau eines in Software realisierten Anwendersystems als Analogiebild zu verstehen. Ebenso wie ein Hardware-Bus und ein Flachbaugruppensystem so ausgelegt sind, daß jede Flachbaugruppe auf dem Bus die Adressen, Daten und Steuersignale vorfindet, die sie für ihr Funktionieren benötigt, trifft jedes Software-Modul an der als Softbus bezeichneten Schnittstelle auf die von ihm benötigten Daten und kann sie dort wieder abliefern.

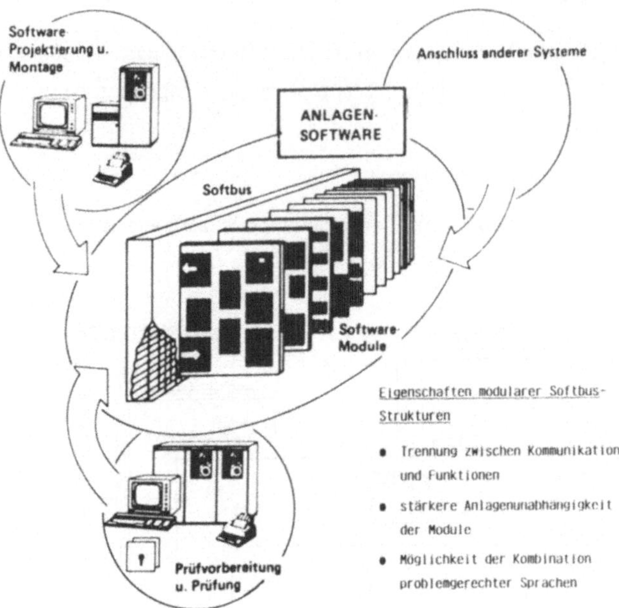

Bild 4 "Softbus-Strukturen"

Diese "Softbus-Struktur" findet immer eine Außenwelt vor, mit der sie kommunizieren muß. Daher muß sie im Rahmen eines Anlagenprojektes den Anschluß anderer Standard-Software-Systeme sowie den Anschluß weiterer Hardware-Komponenten ermöglichen. Dabei gestattet die Standardisierung der Nahtstellen von Modulen die im Bild 4 angedeutete Prüfvorbereitung und Prüfung. Die Prüfvorbereitung besteht darin, daß man das Sollverhalten des zu prüfenden Moduls am Bus in Form eines Prüfprogramms beschreibt und speichert. Dies schafft die Möglichkeit, jeden Prüfling wie eine Flachbaugruppe zu jedem gewünschten Zeitpunkt unabhängig vom Vorhandensein anderer Module der Prüfung zu unterziehen und das Prüfprogramm nach jeder Fehlerkorrektur erneut zu durchlaufen. Für diese Arbeiten können an den "Softbus" dialogorientierte Werkzeuge angeschlossen werden. Ein weiterer typischer, industrieller Vorgang kann mit einem "Montagewerkzeug" abgewickelt werden. Dieses Werkzeug stellt in Zusammenarbeit mit einer Software-Bibliothek die geeignet konfigurierten und für den Zielrechner parametrierten Software-Komponenten für eine individuelle Anwendung zusammen und liefert ein ablauffähiges Anwendersystem.

Rechts im Bild 4 sind die wesentlichen Eigenschaften modularer "Softbus-Strukturen" zusammengefaßt. Die Komplexität der heutigen Systeme wird sehr stark durch Interkommunikation der Systemebenen und Bausteine bestimmt, deshalb hat die Kommunikationsstruktur Vorrang vor den einzelnen Bearbeitungsfunktionen. Die Standardisierung der Kommunikationsstruktur komplexer Datenverarbeitungssysteme muß dabei vor der funktionellen Spezifikation spezieller Anwendermodule erfolgen. Die stärkere Anlagenunabhängigkeit der Module und die Möglichkeit, verschiedene problemgerechte Sprachen in ein und demselben Software-System zu verwenden, sind dann eigentlich Folgeeffekte. Durch die Entkopplung von Kommunikation und Funktion im Systementwurf wird die Systemrealisierung übersichtlicher, verteilbarer und dadurch wesentlich leichter lösbar. Dies ermöglicht das Herauslösen der in gewohnter Weise zu programmierenden funktionsorientierten Teilaufgaben, so daß sich die Systemingenieure auf die Aufgaben der Systemkonzipierung und Systeminbetriebnahme konzentrieren und dort ihre Fähigkeiten ausspielen können. Dies ist schon deswegen erforderlich, weil es beliebig viele gute Systemingenieure ja gar nicht gibt, wie - leidvolle - Erfahrungen allerorts zeigen.

"Softbus-ähnliche" Strukturen wurden an mehreren Stellen entwickelt. Das Entscheide dabei ist, daß die Standardisierung der Kommunikation über die Systemgrenzen hinweg fortgeführt wird. Eine derartige Standardisierung ist ein wesentlicher Beitrag zum Bewältigen künftiger Innovationen, da hierdurch sowohl die Portierung von Software zwischen benachbarten Systemen als auch auf zukünftige Hardware-Systeme ermöglicht wird. Dies betrifft vor allem auch die Betreiber von Automatisierungssystemen, deren Softwarebestand in den Anlagen im Wert den der zu innovierenden Hardware oft um ein Vielfaches übersteigt.

3. Das Akzeptanzproblem

Wie in Kapitel 2 aufgezeigt, kann man davon ausgehen, daß Ansätze für die Einführung einer Software-Erstellung nach industriellen Maßstäben vorhanden sind. Eine andere, aber ebenso wichtige Frage ist die der Einführung selbst. Dies führt zu dem Problem der Akzeptanz. Die neuen Methoden und Werkzeuge müssen behutsam in nachvollziehbaren Schritten eingeführt werden. Das Vertrautwerden mit neuen Denk- und Arbeitsweisen braucht Zeit.

Den rational einsehbaren Vorteilen stehen emotionale Vorbehalte gegenüber, u. a.:

- Verlust mancher gesichert geglaubten Erfahrung,
- Angst vor Einengung des persönlichen Handlungsspielraumes,
- Reduzierung der zwischenmenschlichen Kommunikation zugunsten der Mensch-Maschine-Kommunikation,
- Angst vor Veränderung des gewohnten Arbeitsinhaltes und der Arbeitsorganisation.

Akzeptanz, d. h. die Bereitschaft das Nutzungspotential einer neuen Technik anzuwenden, bedarf nicht nur einer entsprechenden Schulung sondern sie bedarf darüber hinaus offener Problembesprechungen und eines verstärkten Engagements des Managements. Zur Akzeptanz trägt letztlich bei, daß der Software-Ingenieur in erheblichem Maß für sich selbst Gewinn aus der neuen Arbeitstechnik zieht:

- durch die Systematisierung der Arbeit und insbesondere die ständige Verfügbarkeit der gesamten erforderlichen Dokumentation tritt eine erhebliche Streßminderung ein,
- die phasenorientierte und dadurch früh einsetzende Software-Fehlerbehebung reduziert erheblich das persönliche Risiko bei der Erreichung des geforderten Leistungsziels,
- die Arbeit im Team mit der dadurch verbundenen Kommunikation ermöglicht gerade die Entfaltung der typischen Eigenschaften der einzelnen Softwaremacher-Persönlichkeit.

4. Ausblick

Softwarewerkzeuge laufen heute häufig noch auf Rechnersystemen ab, an denen sich mehrere Benutzer die Ressourcen teilen müssen. Dies führt zu dem bekannten "Flaschenhals", den für einen zügigen Dialog zu langen Antwortzeiten. Der Benutzer verlangt nach individueller, auf seine Bedürfnisse abgestimmte Rechenleistung - und dies in möglichst unbegrenztem Umfang. Die technische Antwort auf diese Forderung ist die Entlastung der Zentralrechner durch Aufnahme von programmierbarer Rechenleistung in die Terminals sowie durch Kanalisierung der notwendigen Informationsflüsse über leistungsfähige Rechnernetze. Die vor allem auf leistungsstarken Mikroprozessoren beruhende technische Innovation ermöglicht die Realisierung dieser Vorstellungen.
Dazu sind die in einem Software-Erstellungssystem benötigten Funktionen daraufhin zu untersuchen, ob sie zentral oder dezentral lokalisiert werden müssen. Zentral anzusiedeln sind diejenigen Funktionen, die das Miteinander mehrerer am Projekt beteiligter Personen und Dienststellen ermöglichen, z. B. die Projektbibliothek. Diesem Aufgabenkomplex sind Computer "mitt lerer" Leistung zuzuordnen, die man als "Funktionsrechner" bezeichnen kann, für gewisse Aufgaben, z. B. Archivierung, gegebenenfalls auch Großrechner.
Dezentral ist dem Softwareersteller eine auf seine individuellen Bedürfnisse zugeschnittene Rechenleistung am Arbeitsplatz zur Verfügung zu stellen. Es handelt sich hier zum größten Teil um "Darstellungsleistung" für das interaktive Hantieren an den sicher in wenigen Jahren vorherrschenden grafischen Bildschirmen mit entsprechenden Software-Werkzeugen. Die dabei erreichte Rechenleistung zeigt bei den zur Zeit aufkommenden Arbeitsplatzrechnern Leistungsniveaus, wie sie vor wenigen Jahren noch ausschließlich großen Zentraleinheiten vorbehalten waren.

Entscheidend wird jedoch sein, daß alle Software-Arbeiten - auch für unterschiedliche Zielrechner - vom gleichen Arbeitsplatzrechner aus durchgeführt werden können. Entscheidend deshalb, weil nur auf diese Weise die Innovation der Zielrechner von der Innovation der Arbeitsplatzrechner und von der Innovation der Methoden und Werkzeuge entkoppelt werden kann.

Die weitere hardware-seitige Entwicklung dürfte durch Vorhaben wie z. B. die "5. Rechnergeneration" der Japaner beeinflußt werden. Es sei an dieser Stelle nur auf die mittlerweile umfangreiche Literatur zu diesem Thema hingewiesen z. B. (11) .

Auf der Software-Seite wird die moderne Entwicklung gekennzeichnet sein durch einen Trend zu höherer Abstraktion bei der sprachlichen Formulierung von Software. In diesem Zusammenhang ist zu erwarten, daß sich in Zukunft gegenüber den jetzt vorherrschenden prozeduralen Notationen mehr deklarative durchsetzen werden. Ein erster Schritt in dieser Richtung ist das "Rapid Prototyping", ein Spezifikationsverfahren, das die schnelle Erstellung von System-Prototypen zum Ziel hat, um möglichst viele Schwachstellen dieses Systems frühzeitig erkennen zu können (12) .

An dieser Stelle liegt es nahe, die Software-Technik oder wie man auch sagt das Software-Engineering mit einem ganz neuen Arbeitsgebiet der Informatik in Verbindung zu bringen, nämlich dem Knowledge-Engineering. Dieses erlaubt den Bau "intelligenter Datenbasen", aus deren Information automatisch logische Schlüsse gezogen und Konsequenzen entwickelt werden können. Damit tritt Software-Engineering in die Phase der Nutzung künstlicher Intelligenz ein (13) . Man gelangt zum Bau von Expertensystemen für Software-Entwicklung. Daß es sich hier nicht um reine Spekulation handelt, zeigt ein großes Software-Entwicklungsprojekt, das vom US-Department of Defense (DoD) unter dem Namen STARS (Software Technology for Adaptable, Reliable Systems) gestartet worden ist (14) . In seiner ersten Stufe orientiert sich STARS am jetzigen Phasenmodell (Bild 5).

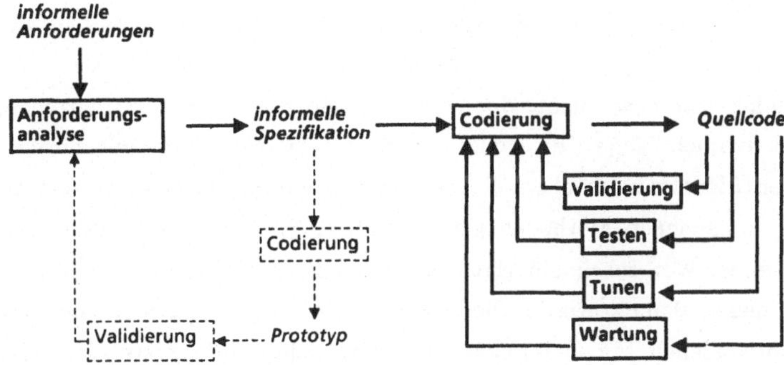

Bild 5 Phasenmodell nach (14)

In späteren Abschnitten, vielleicht Anfang der 90er Jahre, soll jedoch ein ziemlich radikaler Wandel eintreten (Bild 6), von dem man sich eine wesentlich raschere Erstellung und eine wesentlich leichtere Wartung und Portabilität von Software erwartet.

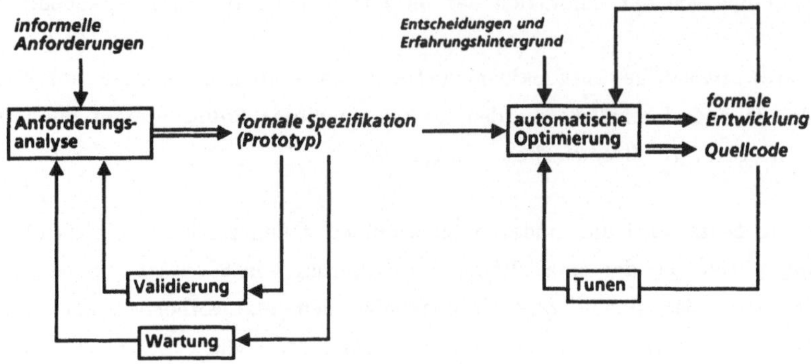

Bild 6 Phasenmodell der Zukunft nach (14)

Dieser Wandel ist gekennzeichnet durch folgende Eigenschaften:

- Die informelle Spezifikation wird von einer formalen, d. h. durch einen Computer weiterverarbeitbaren Spezifikation abgelöst.
- Als Folge hiervon kann die Validierung - d. h. der zweckorientierte Korrektheits-achweis - und später sogar die Wartung der Software auf dieser Ebene erfolgen, d. h. Fehler verschiedenster Art werden bereits in einem sehr frühen Stadium ausgemerzt.
- Anschließend führt ein maschineller Transformationsschritt mit nachfolgender Optimierung zum eigentlichen Zielcode.
- Hierbei müssen Entscheidungen durch den Menschen getroffen werden, die einen Erfahrungshintergrund erfordern. Hier treten die Software-Experten-Systeme in Aktion, die nicht nur Software-Expertenwissen speichern, sondern auch in abstrakter Form gespeicherte Software-Bausteine zur Verfügung stellen können.

Mit diesem Ausblick wurde versucht, den Bogen soweit wie möglich zu spannen. Uns ist natürlich bewußt, daß es noch lange Zeit benötigen wird, um die zuletzt genannten Dinge reif für einen industriellen Einsatz zu machen. Ferner ist uns die Kritik bekannt, die von mancher Seite an den heute vorhandenen Methoden geübt wird, z. B. am Phasenmodell und an informellen Beschreibungen. Aber: Wer rasch ein Haus bauen muß, darf sich nicht in erster Linie mit der Entwicklung von neuen Baumaterialien befassen, und richtig, d. h. nicht dogmatisch angewandt, sind die heute vorhandenen Mittel durchaus für eine industrielle Erstellung von Software geeignet. Man muß daher zweigleisig vorgehen: Einmal das Vorhandene - soweit brauchbar - nutzen, auch wenn es noch unvollkommen ist, und parallel dazu das Neue beobachten, werten und gegebenenfalls in eine bereits bestehende Verfahrenstechnik integrieren.

Literaturverzeichnis

(1) Schnupp, P., Floyd, C.:
"Software, Programmentwicklung und Projektorganisation, 2., durchgesehene Auflage"
Berlin, New York; Walter de Gruyter; 1979

(2) Boehm, B.W.:
"Software Engineering Economics"
Englewood Cliffs, Prentice Hall Inc., 1981

(3) Matsumoto, Y., Kawakita, S.:
"A method to bridge discontinuity between requirements specification and design"
Proceedings COMPSAC '80 IEEE, S. 259-266

(4) Ross, D. T.:
"Structured Analysis: A Language for Communicating Ideas"
IEEE Transactions on Software Engineering, Jan. 1977, S. 6-34

(5) Reisig, W.:
"Petrinetze, eine Einführung"
Berlin, Heidelberg, New York; Springer; 1982

(6) Jackson, M. A.:
"Grundsätze des Programmentwurfs"
Darmstadt; S. Toeche-Mittler; 1979

(7) Gewald, K., Haake, G., Pfadler, W.:
"Software Engineering, Grundlagen und Technik rationeller Programmentwicklung"
München, Wien; R. Oldenbourg Verlag; 1979

(8) Myers, G.J.:
"Methodisches Testen von Programmen"
München, Wien; R. Oldenbourg Verlag; 1982

(9) Dijkstra, E. W.:
"A discipline of programming"
Englewood Cliffs, N.J.; Prentice Hall Inc.; 1976

(10) Lauber, R.:
"Development Support Systems"
IEEE Computer, Mai 1982, S. 36-46

(11) Cohen, C.:
"Fifth-generation hardware takes shape"
Electronics, 28. Juli 1983, S. 101 - 102

(12) Züllighoven, H.:
"Prototyping - mehr als eine Idee"
Bericht von der ersten europäischen Arbeitstagung über "Prototyping" (25. - 28.10.1983, Namur)
Der GMD-Spiegel 3/4-83, S. 56-57

(13) Goos, G.:
"Programmiermethoden der künstlichen Intelligenz in der Software-Technik"
Berichte German Chapter of the ACM Nr. 18, S. 73-84, 1984, Teubner Stuttgart

(14) Balzer, R., Cheatham, T.E., Green, C.:
"Software Technology in the 1990's: Using a New Paradigm"
IEEE Computer, November 1983, S. 39-45

ERFAHRUNGEN BEIM EINSATZ VON SOFTWARETECHNOLOGIEMETHODEN BEI DER ENTWICKLUNG EINES GROSSEN REALZEITSYSTEMS

G. Schirl
Siemens AG, Meß- und Prozeßtechnik
Erlangen

ZUSAMMENFASSUNG

Es werden Erfahrungen beim Einsatz von Softwaretechnologiemethoden bei der Entwicklung eines großen Realzeitsystems dargelegt. Betrachtet werden Kriterien zur Auswahl von Methoden und Werkzeugen, die Verwendung eines Phasenmodells, Softwarearbeitsplätze und eine rechnergestützte Projektbibliothek, sowie der projektspezifische Zuschnitt von Methoden und Werkzeugen für die verschiedenen Projektphasen.

1. EINLEITUNG

Einleitend einige Eckdaten des als Erfahrungsbasis dienenden Entwicklungsvorhabens (Bild 1):

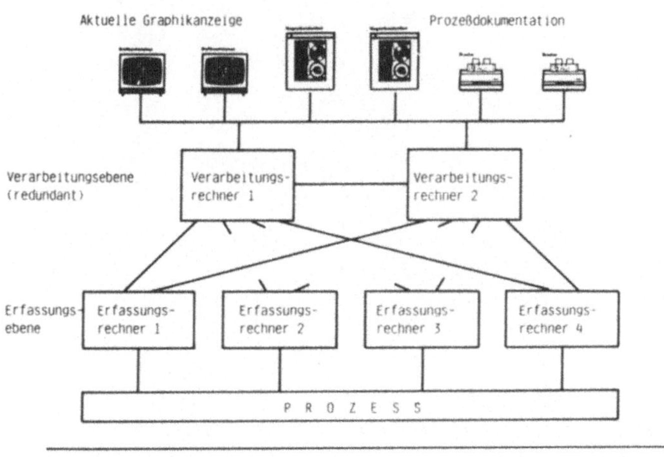

Übersicht Prozeßrechnersystem Bild 1

A. SOFTWARETECHNOLOGIE

Es wird als Pilotprojekt der Softwaretechnik (SWT) im Unternehmensbereich ENERGIE- und AUTOMATISIERUNGSTECHNIK (UBE/A) der SIEMENS AG durchgeführt.

- Prozeßrechensystem mit dezentraler Erfassungs- und redundanter Verarbeitungsebene für zentrale Informations- und Dokumentationsaufgaben in Kernkraftwerken
- Softwareentwicklungsaufwand ca. 100 Mannjahre
- Projektlaufzeit ca. 4 Jahre
- Entwicklungsteam, ca. 40 Mitarbeiter, ist aufgabenorientiert in Teilteams gegliedert (Bild 2)

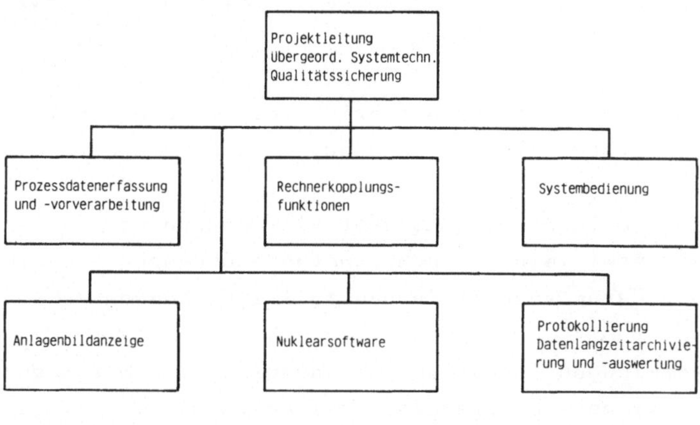

Aufgabenorientierte Gliederung des Entwicklungsteams Bild 2

2. AUSWAHLKRITERIEN FÜR METHODEN UND WERKZEUGE (BILD 3)

- o Eignung für die gestellte Aufgabe
- o Akzeptanz
- o Verbreitung
- o Methodenverbund, Methodenübergang
- o Werkzeugunterstützung und -verfügbarkeit
- o Methodenaufbereitung
- o Kosten- und Terminplanung

Beurteilungskriterien für Methoden- und Werkzeugauswahl Bild 3

Welche Kriterien waren bei der Auswahl der zur Verfügung stehenden Methoden und Werkzeuge zu berücksichtigen ?

Das wohl wichtigste Beurteilungskriterium ist die Frage nach Eignung einer Methode für die gestellte Aufgabe. Neben schon vorhandenen Erfahrungen müssen anhand von Beispielen Erfahrungen mit neuen bzw. bisher nicht angewendeten Methoden gesammelt und bewertet werden.

Akzeptanz, besonders für neuere und daher wenig bekannte Methoden muß nicht nur beim Auftraggeber, sondern auch bei den Entwicklern und Inbetriebnehmern des Softwaresystems vorhanden sein bzw. erreicht werden.

In diesem Zusammenhang ist die bisherige Verbreitung der in Frage kommenden Methode mitentscheidend.

Ein geschlossener Methodenverbund über alle Phasen der Softwarelebensdauer, sowie ein einfacher Methodenübergang von einer Methode zu einer daran anschließenden sollte vorhanden sein.

Ausreichende Werkzeugunterstützung der ausgewählten Methoden z.B. durch intelligente Programmentwicklungsterminals ist eine notwendige Voraussetzung für einen optimalen Softwareerstellungsprozeß, zumal dann, wenn wie in dem hier angesprochenen Entwicklungsvorhaben, mehrere Entwicklungsstandorte miteinander kommunizieren sollen.

Die breite Anwendung einer Methode setzt eine aufbereitete Arbeitsanweisung voraus, so daß sich der Lernaufwand in Grenzen hält. Dissertationen erweisen sich hierbei als wenig hilfreich.

Beim Einsatz moderner Softwaretechnologie wird wesentlich mehr Zeit in Planung und Entwurf investiert, so daß das eigentliche Produkt, ein Programm oder Programmsystem im Gegensatz zu früheren Vorgehensweisen erst relativ spät verfügbar ist. Dies muß kalkulatorisch bei der Kosten- und Terminplanung berücksichtigt werden.

Welche allgemeinen Erfahrungen wurden nun bei der Methoden- und Werkzeugauswahl gewonnen ?

Methoden und Werkzeuge lassen sich nur dann ein- und damit auch durchsetzen, wenn ihr Nutzen leicht ersichtlich ist. Hierbei spielen die Argumente Qualität, Kosten und Termintreue die entscheidende Rolle. Nicht das "Neue" sondern das "Praktikable" ist gefordert. Die häufig sehr lange Lebensdauer von Softwareprodukten erfordert eine zukunftsorientierte Vorgehensweise, denn auch die spätere Softwarewartung sollte die während der Entwicklung eingesetzten Methoden und Werkzeuge verwenden können.
Auf spezielle Erfahrungen mit Methoden und Werkzeugen wird im weiteren Verlauf des Vortrags eingegangen.

3. VERWENDUNG EINES PHASENMODELLS (BILD 4)

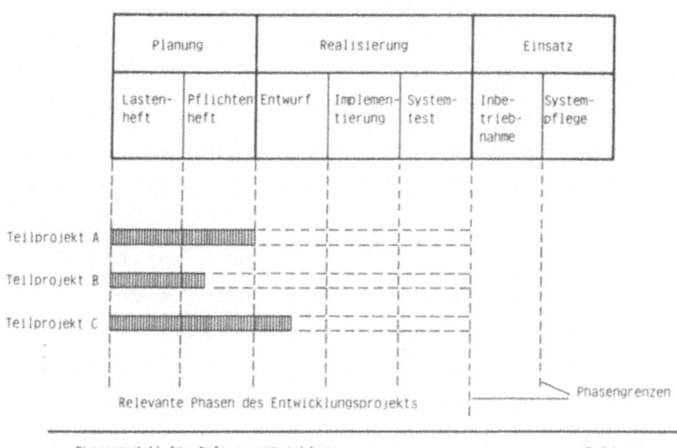

Phasenmodell für Softwareentwicklung Bild 4

Welche Erkenntnisse brachte die Verwendung eines Phasenmodells bei der Softwareerstellung mit sich ?

Das im angesprochenen Beispiel eingesetzte Phasenmodell ist gegliedert in

- Planung mit Lastenheft, Pflichtenheft
- Realisierung mit Entwurf, Implementierung, Systemtest
- Einsatz mit Inbetriebnahme, Systempflege

An den einzelnen Phasengrenzen, z.B. zwischen Entwurf und Implementierung können vorher definierte Teilergebnisse geprüft werden. Dies erfolgt durch ein Reviewverfahren, in dem ausgewählte Prüfer zusammen mit dem Autor das jeweils entstandene Teilprodukt nach technischen und formellen Qualitätsmerkmalen prüfen und ggf. Änderungen veranlassen. Der erhebliche Arbeitsaufwand zur Durchführung der Reviews ist dadurch gerechtfertigt, daß durch dieses Verfahren frühzeitig Koordinierungsmängel und Fehlinterpretationen der Aufgabenstellung erkannt wurden.

Der theoretische Ansatz des Phasenmodells, daß sich ein Softwareentwicklungsprojekt zu einem Zeitpunkt mit allen Teilfunktionen in der gleichen Phase befindet ist bei größeren Projekten nicht auf die Realität übertragbar.
Einige Teilprojekte werden z.B. aus Termingründen voreilen, andere z.B. aus Abhängigkeitsgründen nachhinken. Die Problematik dieser Phasenverschiebungen wurde dadurch gelöst, daß man qualitätsgesicherte Schnittstellenvereinbarungen traf, die dann eine weitgehend unabhängige Fortsetzung der Teilprojekte ermöglichten. Beispielsweise wurde die Struktur der zu übergebenden Daten zwischen Erfassungs- und Verarbeitungsebene frühzeitig festgelegt, so daß eine terminliche Entkopplung dieser Bereiche möglich wurde.
In einigen Fällen erwies es sich als sinnvoll, vor der starren phasenorientierten Vorgehensweise vorübergehend abzuweichen.
So erscheint es notwendig, bestimmte als kritisch anzusehende Lösungsansätze durch Teilimplementierung auf Realisierbarkeit zu prüfen. So wurden z.B. Teile des Softwarebussystems vorab implementiert, um detaillierte Informationen über Zeitverhalten und Platzbedarf zu erhalten.
Das Phasenmodell erhöht die Sicherheit der Termin- und der Kostenplanung und schafft die Möglichkeit rechtzeitiger Kurskorrekturen.

Die Aufwands- und Arbeitsstandsangaben der Mitarbeiter des Entwicklungsprojekts werden rechnerunterstützt über Terminals aktuell erfaßt und anschließend ausgewertet, so daß der Projektleitung jederzeit ein aktueller und übersichtlicher Kosten- und Bearbeitungsstand zur Verfügung steht.

4. SOFTWAREARBEITSPLÄTZE UND RECHNERGESTÜTZTE PROJEKTBIBLIOTHEK

In wie weit tragen Softwarearbeitsplätze und eine rechnergestützte Projektbibliothek zur rationellen und qualitätsgesicherten Softwareerstellung bei ?

Die Projektbibliothek ist bei Projektabwicklung das zentrale Kommunikationsinstrument für alle am Projekt beteiligten. Sie ermöglicht, daß alle wesentlichen Ergebnisse der Tätigkeiten sofort zentral erfaßt werden können.
Ein wichtiges Ziel jeder Softwareentwicklung ist eine schritthaltende, möglichst redundanzfreie und einfach wartbare Dokumentation. Der Dokumentationsplan ist die Grundlage für eine rechnergestützte Projektbibliothek (Bild 5).

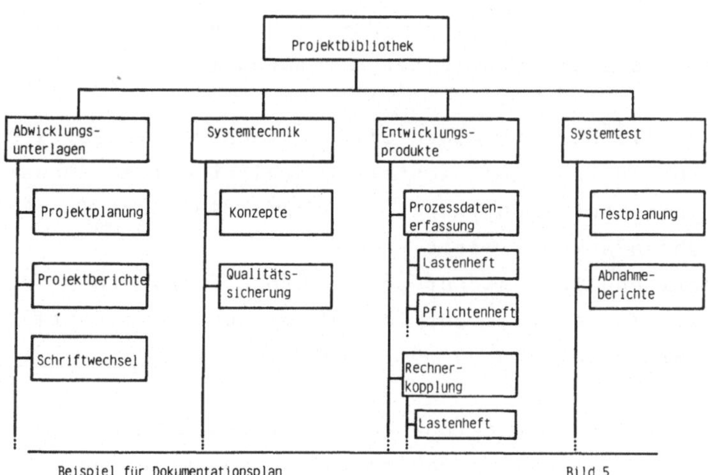

Beispiel für Dokumentationsplan — Bild 5

Der Zugang zu einer rechnergestützten Projektbibliothek erfolgt über Softwarearbeitsplätze. Dies sind alphagraphische Terminals, die ihre Intelligenz, z.B. für die benutzten Methoden, über ein spezielles Rechnersystem zur Softwareerstellung erhalten. Geprüfte und freigegebene Produkte werden dem schreibenden Zugriff des Erstellers entzogen und in der Regel in lesender Richtung den Teammitgliedern zur Verfügung gestellt. Es existiert somit immer nur eine, allen Beteiligten schnell zugängliche, aktuelle Produktunterlage. Die Möglichkeiten zur schnellen Aktualisierung oder Ergänzung einer Unterlage während der Entstehungsphase ermöglichen die schritthaltende Dokumentation. Beachtenswert erscheint jedoch folgender Aspekt: Der einfache und komfortable Umgang mit den Programmentwicklungsterminals kann zu einem größeren Dokumentationsumfang führen, als ursprünglich geplant war.

Die mit einer rechnergestützten Projektbibliothek und den damit zusammenhängenden Softwarearbeitsplätzen gewonnenen Erfahrungen lassen sich folgendermaßen zusammenfassen:

Sehr große Akzeptanz und schnelle Eingewöhnung bei den Mitarbeitern. Diese Methode und das Werkzeug wurden zu unverzichtbaren Hilfsmitteln für Projektorganisation, -abwicklung und -entwicklung.

Es erwies sich als erforderlich, daß mindestens ein Softwarearbeitsplatz pro zwei Mitarbeiter vorhanden ist.

Die Projektbibliotheksstruktur sollte transparent, übersichtlich und nicht zu tief geschachtelt gestaltet werden. Dabei sollten, um die Hantierung zu erleichtern, die Zugriffsberechtigungsverfahren unkompliziert sein.
Eine systematische Datensicherung des Projektbibliotheksinhaltes ist notwendig, da alle Entwicklungsprodukte und sämtliche Projektabwicklungsunterlagen dort hinterlegt sind.

Die in den einzelnen Projektphasen entstehenden Unterlagen sind im Hinblick auf die Enddokumentation auszurichten, da wesentliche Teilergebnisse, z.B. die Aufgabenstellung, möglichst unverändert durch eine sog. Unterlagengenerierung zum Bestandteil der an den Kunden auszuliefernden Dokumente werden sollen.

Bei dem Stellenwert den das Softwareerstellungsrechnersystem im Projekt innehat, ist seine Verfügbarkeit entscheidend. In unserem Fall traten in der bisherigen etwa zweijährigen Nutzung keine Beeinträchtigungen auf.

Gekoppelt mit diesem System sind die Zielrechner, auf denen die entstehenden Programme ablaufen sollen. Bis zur Phase Implementierung können daher nahezu alle anfallenden Arbeiten mit den Softwareerstellungsplätzen durchgeführt werden.

5. METHODEN- UND WERKZEUGAUSWAHL FUER DIE PROJEKTPHASEN (BILD 6)

Lastenheft	Pflichtenheft	Entwurf	Implementierung	Systemtest
SES Projektbibliothek Qualitätssicherung Aufgabenklärung (AKL)	SES Projektbibliothek Qualitätssicherung AKL SADT-Diagramme Baum-Diagramme BS2000/JGS	SES Projektbibliothek Qualitätssicherung Kataloge SADT-Diagramme Baum-Diagramme Pseudocode Struktogramme BS2000/JGS Methode Jackson*) PETRI-Netze *)	SES Projektbibliothek Qualitätssicherung Zielrechner Formulartechnik	SES Projektbibliothek Qualitätssicherung Zielrechner Simulatoren
TOP-DOWN	TOP-DOWN	TOP-DOWN	BOTTOM-UP	BOTTEM-UP

*) Nicht verwendete Methoden

Methoden, Werkzeuge und Vorgehensweise — Bild 6

Welche Methoden und Werkzeuge wurden für die verschiedenen Projektphasen ausgewählt ?

Über alle Phasen der Entwicklung wird ein Softwareentwicklungssystem SES mit der Projektbibliothek verwendet.
Terminplanung, Kalkulation, Organisation sowie das Berichtswesen werden durch diese Mittel wesentlich unterstützt.
Arbeitsanweisungen, z.B. Entwurfs-, Implementierungs- und Qualitätssicherungsrichtlinien sind zentral hinterlegt und für alle Mitarbeiter jederzeit zugänglich.
Phasenorientierte Maßnahmen zur Qualitätssicherung, wie die schon angesprochene Review-Technik ermöglichen eine aussagekräftige Qualitätsprüfung.
Sowohl in der Lasten- als auch in der Pflichtenheftphase wurde mit Erfolg die Methode AKL, dies bedeutet Aufgabenklärung, verwendet. Hiermit wurde die Beschreibung, Zerlegung und Abgrenzung sowie die Kommunikation der Aufgaben erarbeitet. Dabei mußte ein

gewisser Lernprozeß durchlaufen werden um "in Aufgaben" und nicht zu früh "in Lösungen" zu denken.
Als geeignete Darstellungsmittel wurden Baum- und SADT-Diagramme werkzeugunterstützt durch das Softwareentwicklungssystem und bei komplexeren Darstellungen ein intelligentes Graphik-System (IGS) unter dem Betriebssystem BS2000 genutzt.

Für die Entwurfsphase stand eine große Anzahl von Methoden zur Auswahl.
Neben den schon in der Pflichtenheftphase verwendeten Baum- und SADT-Diagrammen wurde eine Reihe von Katalogen eingeführt. Es entstanden Datenkataloge für Projektierungsdaten, Commondaten, Generierdaten und programmspezifische Daten. Weiter wurden ein Fehlermeldungskatalog und ein Bausteinkatalog eingesetzt.
Sämtliche Kataloge können nach einem einheitlichen Verfahren nach verschiedenen Gesichtspunkten werkzeugunterstützt selektiert oder sortiert werden. Bestimmte, markierte Zeilen der Kataloge können mittels einfacher Kopierfunktionen als Kommentar in die in der Implementierungsphase entstehende Quellsprache übertragen werden.

Für die Struktur und die Darstellung von Programmabläufen wurde eine hierarchische Vorgehensweise gewählt. Als Darstellungsmittel bieten sich hier Struktogramme nach Nassi-Shneiderman an, die sich auch gut mit den "alpha-graphischen Terminals" darstellen lassen. Die Darstellungstiefe beschränkt sich in der Regel auf den Programmsteuerteil und die erste Unterprogrammebene; die weitere Verfeinerung erfolgt im Programmlisting.
Man erreicht dadurch eine übersichtliche und nicht zu umfangreiche "ordnergebundene Dokumentation", die nicht bei jeder Befehlsänderung aktualisiert werden muß.
Das verwendete Softwareerstellungssystem bietet die Möglichkeit Programmabläufe mittels Pseudocode zu formulieren. Dieser Pseudocode läßt sich automatisch eins zu eins in die Struktogrammdarstellung umsetzen, so daß eine sehr effiziente Arbeitsweise erreicht wird. Per Kopierfunktion kann der Pseudocode ebenfalls als Kommentar in das zugehörige Quellspracheelement übertragen werden. Hierdurch wird nicht nur eine gute Verbindung zwischen den Phasen, Entwurf und Implementierung geschaffen, sondern

auch der "Einstieg" für das Inbetriebnahme-, Wartungs- und Kundenpersonal wesentlich erleichtert.
Die Anwendung der Entwurfsmethode nach Jackson wurde aus Zweifel an deren real-time-Tauglichkeit innerhalb des Projekts verworfen. Dagegen wurde die Darstellung von problemorientierten Datenstrukturen in Baumform sehr wohl verwendet.
Die Nutzung der Petri-Netz-Methode scheiterte an ihrer Komplexität und an der schlechten Darstellbarkeit der notwendigen Symbole mit den "alpha-graphischen" Terminals.

In der Implementierungsphase werden erstmals die eigentlichen Zielrechner benötigt, einerseits zu Compilierungs- und Assemblierungszwecken, anderseits zum sogenannten Modul- oder Einzeltest. Dabei kann weitgehend der Softwareerstellungsrechner verwendet werden, der mit den Zielrechnern gekoppelt ist.
Um eine einheitliche Programm- und Modulstruktur zu erreichen, werden den Programmierern per Formulartechnik einheitliche Programmrahmenvordrucke am Softwarearbeitsplatz vorgelegt.
Beim Systemtest werden die erzeugten Teilprodukte auf den Zielrechnern zusammengebracht; der Prozess wird durch geeignete Simulatoren simuliert.
Die Qualitätsprüfung erfolgt durch Vergleich der in der Aufgabenstellung geforderten Merkmalen mit den im Systemtest ermittelbaren.
Die Vorgehensweise in den Phasen Lastenheft, Pflichtenheft und Entwurf ist TOP-DOWN, die der Phasen Entwurf und Systemtest BOTTOM-UP.
Die in jeder neuen Projektphase gewonnenen Erfahrungen fließen unmittelbar in die Ergebnisse der vorherigen Phasen ein, wobei der Qualitätssicherung, z.B. im Hinblick auf die Aufgabenerfüllung, besondere Aufmerksamkeit gewidmet werden muß.

6. SCHLUSSWORT

Die Anwendung von Softwaretechnologiemethoden in diesem Projekt brachte im wesentlichen positive Erkenntnisse; Methoden und Werkzeuge wurden projektspezifisch ausgewählt bzw. angepaßt und damit akzeptabel.
Die "herkömmlichen" Methoden der Softwareerstellung sind aus dieser Sicht nicht mehr tragbar, riskieren Sie daher den Einsatz von Softwaretechnologiemethoden - es wird sich lohnen !

Qualitätssicherung
Erfahrungen anhand eines realisierten Projektes

Jörg Knau
Harald Schoknecht
Siemens AG, Systemtechnische Entwicklung, 7500 Karlsruhe

Kurzfassung

In zunehmendem Maße werden den mit Entwicklung und Einsatz von Software verbundenen Kosten Beachtung geschenkt. Dabei zeigt sich, daß neben den Entwicklungskosten eines Projektes vor allem die Aufwendungen, die während des Produkteinsatzes z. B. durch Nachbesserungen, Fehlerbehebungen entstehen, starken Einfluß auf die Gesamtkosten haben. Diese "Maintenance-Kosten", die wesentlich durch die Qualität des Produktes bestimmt werden, erreichen nicht selten die Größenordnung der Entwicklungskosten. Deshalb erhält Qualitätssicherung während der Produktentwicklung einen besonderen Stellenwert.

Der Vortrag erläutert anhand eines realisierten Projekts auf dem Gebiet der Systemsoftware, wie mit relativ einfachen Mitteln qualitätssichernde Maßnahmen durchgeführt werden können, und gibt Erfahrungen wieder.

1 Einführung, Projektrandbedingungen

Maßnahmen zur Sicherung der Qualität eines zu entwickelnden Produktes werden häufig erst in der der Entwicklung nachgeschalteten Phase durchgeführt. Diese - oft als Abnahme bezeichnete - Tätigkeit wird in der Regel von einer vom Entwicklungsteam unabhängigen Gruppe durchgeführt und dauert je nach Komplexität des zu prüfenden Produktes mehrere Monate. Erst nach Behebung während dieser Phase festgestellter Mängel wird ein Produkt zum Einsatz freigegeben.

So läßt sich zwar Fehlerarmut zum Zeitpunkt des Liefereinsatzes erreichen, jedoch ist die Behebung von Mängeln während dieser späten Phase sehr kostenaufwendig /1,2/. Dies - verdeutlicht in Bild 1/1 - gilt insbesondere dann, wenn diese Mängel auf Fehler zurückzuführen sind, die in frühen Entwicklungsphasen unterlaufen sind und zu Folgefehlern geführt haben.

Erfahrungsgemäß /3,4/ ist jedoch gerade in der Anfangsphase von Projektentwicklungen die Fehlerhäufigkeit am größten - Bild 1/2.

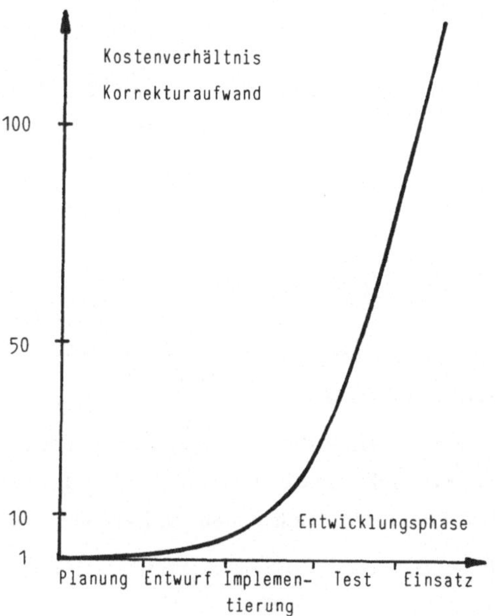

Bild 1/1: Fehlerkorrekturkosten in Abhängigkeit der Entwicklungsphase

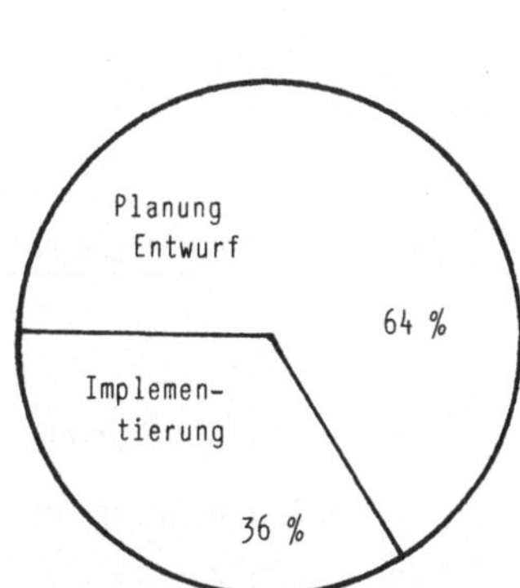

Bild 1/2:
Entstehung von Fehlern während der Softwareentwicklung

Um Fehler früh erkennen und beheben zu können, um Folgefehler zu vermeiden, ist es deshalb nötig, entsprechende Kontrollmaßnahmen schon während der Produktentwicklung durchzuführen.

Anhand der Entwicklung eines Produktes auf dem Gebiet der Systemsoftware werden solche Kontrollmaßnahmen vorgestellt und in diesem Beitrag erläutert. Aufwendungen, zu erwartende Einsparungen, Randbedingungen und gewonnene Erfahrungen werden einander gegenübergestellt.

° Projektrandbedingungen

Das Projekt hatte zur Aufgabe, aufbauend auf den Komponenten eines vorhandenen Betriebssystems einen Betriebssystemkern für weitere Rechner zu entwickeln, die sich im wesentlichen durch veränderte HW-Eigenschaften der Ein-/Ausgabeschnittstellen von den bisherigen unterscheiden. Dabei waren unter Wahrung der Aufwärtskompatibilität zu dem bisherigen Betriebssystem eine Reihe neuer Leistungen zu integrieren.

Aufgrund dieser Randbedingungen war die Entwicklung technisch gekennzeichnet durch

- Wiederverwendung vorhandener Strukturen und Moduln
- Adaption vorhandener Strukturen und Moduln an veränderte Schnittstellen
- Neuentwicklungen von Strukturen und Moduln.

Der Entwicklungsaufwand für dieses Vorhaben betrug in einem Zeitraum von ca. 3 Jahren etwa 45 Mannjahre, wobei maximal 26 Bearbeiter - tätig an 2 Standorten - gleichzeitig mit der Projektentwicklung betraut waren.

2 Zielsetzung der Qualitätssicherung

Bei diesem Projekt der Entwicklung eines Betriebssystems führten mehrere Beweggründe zur Einführung entwicklungsbegleitender Qualitätssicherung:

° Die Anforderungen an die Qualität eines Betriebssystems sind hoch, ebenso die Aufwendungen zur Behebung von Fehlern nach Entwicklungsabschluß aufgrund der komplexen Zusammenhänge. Mit Hilfe konkreter Maßnahmen sollten die mit der Entwicklung verbundenen Teilaufgaben
  - Projektabwicklung
  - Produkterstellung
  - Produkttest

  unterstützt werden.

° Es sollten Erfahrungen gewonnen werden, wie sich das Fehlerverhalten, die Fehlerhäufigkeit innerhalb der Entwicklungsphasen durch entwicklungsbegleitende Kontrollmaßnahmen verändern und wieweit sich damit eine Steigerung der Qualität des einzusetzenden Produktes erreichen läßt.

° Ziel der Entwicklung war die Erstellung eines preisgerechten Produktes. Deshalb sollte die Effizienz einfacher, aufwandsarmer Maßnahmen erprobt werden.

° Zusätzlich wurde mit der Qualitätssicherung beabsichtigt, junge Mitarbeiter bei einer raschen Realisierung zu unterstützen und ihnen durch die mit der Qualitätssicherung verbundenen Maßnahmen eine gezielte Rückkopplung mit Erfahrungsträgern zu ermöglichen.

Unter diesen Randbedingungen wurde der Schwerpunkt der Qualitätssicherung auf die konsequente Anwendung eines Projektphasenmodells gelegt, das die Überprüfung der einzelnen Phasenergebnisse in Form von Reviews beinhaltete.

Bei diesen Überprüfungen standen folgende Qualitätsmerkmale im Vordergrund:

- Funktionserfüllung
- Fehlerfreiheit
- Robustheit
- Lesbarkeit
- Erweiterbarkeit.

3 Planung der Qualitätssicherung

Bei jedem Projekt ist es notwendig, vorzunehmende Qualitätssicherung schon in der Planungsphase des Projektes festzulegen. Nur so können einzusetzende Mittel rechtzeitig beschafft, adaptiert oder entwickelt werden und die Mitarbeiter auf neue auf sie zukommende Anforderungen vorbereitet werden.

In der Planungsphase des Projektes wurden folgende aufgabenspezifische Maßnahmen festgelegt:

° Projektabwicklung

- Festlegung des Projektphasenmodells mit den Entwicklungsphasen Planung, Entwurf, Implementierung, Test.
- Festlegung der Anzahl, des Zeitpunktes, der Durchführungsbestimmungen und des Teilnehmerkreises der Reviews.
- Aufbau einer rechnergestützten Projektbibliothek zur Aufnahme der von den Entwicklern erstellten Projektunterlagen. Die Verwaltung, Sicherung und Archivierung der einzelnen Ausgabestände wird von einem Projektsekretär übernommen.

° Produkterstellung

- Festlegung von Normen für die Codierung und Dokumentation:
  Standardisierung der Bausteinstrukturen, der Kommentierung, der Inhaltsverzeichnisse der zu erstellenden Unterlagen.

° Produkttest

- Entwicklung eines Testrahmens, insbesondere zum Einzeltest solcher Moduln, welche auf der Testmaschine die Emulation der neuen Hardware benötigen.

In dieser Phase ist es wichtig, die Mitarbeiter in noch zu treffende Entscheidungen mit einzubeziehen, bzw. sie über die Notwendigkeit und den Sinn durchzuführender Maßnahmen zu überzeugen, um die Akzeptanzschwelle dieser Verfahren möglichst niedrig zu halten. Den Mitarbeitern muß dabei bewußt werden, daß es bei der Durchführung dieser Maßnahmen nicht um die Beurteilung ihrer Leistungsfähigkeit geht, sondern um die Vollständigkeit und Korrektheit der technischen Lösungen.

4 Durchführung der Qualitätssicherung

Die nachfolgenden Ausführungen beschränken sich auf die bei diesem Projekt wichtigsten, allgemein interessierenden Maßnahmen: Das zur Projektabwicklung eingeführte Phasenmodell und die damit verbundenen Prüfungen der Phasenergebnisse - Bild 4/1.

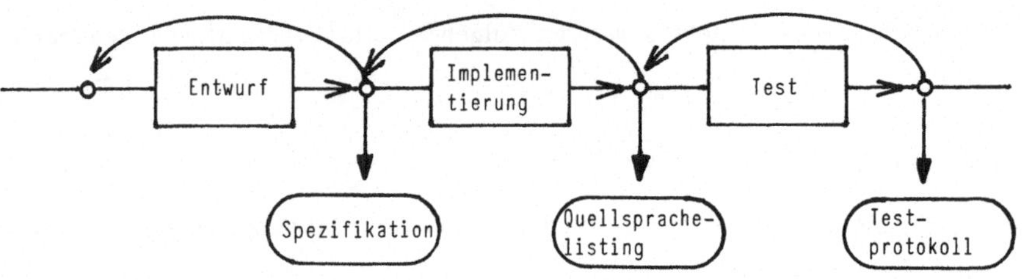

Bild 4/1: Realisierungsphasen und Prüfungen

Die Überprüfung der Phasenergebnisse fand auf Modulebene statt. Zur Kontrolle wurden spezielle Prüfmerkmale in Form von Checklisten erarbeitet, an denen sich der Ablauf einer Qualitätsprüfung orientierte und deren Ergebnis in einem Prüfbericht festzuhalten war. Diese Checklisten wurden jeweils in einem Probelauf getestet und ggfs. modifiziert.
Der zeitliche und organisatorische Ablauf der Vorbereitung und Durchführung einer Prüfung erfolgte gemäß Bild 4/3. Tabelle 4/2 zeigt Checkliste und Prüfbericht (Inspektionsbericht) der Entwurfsphase.
Mit Hilfe dieser Randbedingungen technischer, zeitlicher und organisatorischer Art konnte eine einheitliche Durchführung der Prüfung erreicht werden.

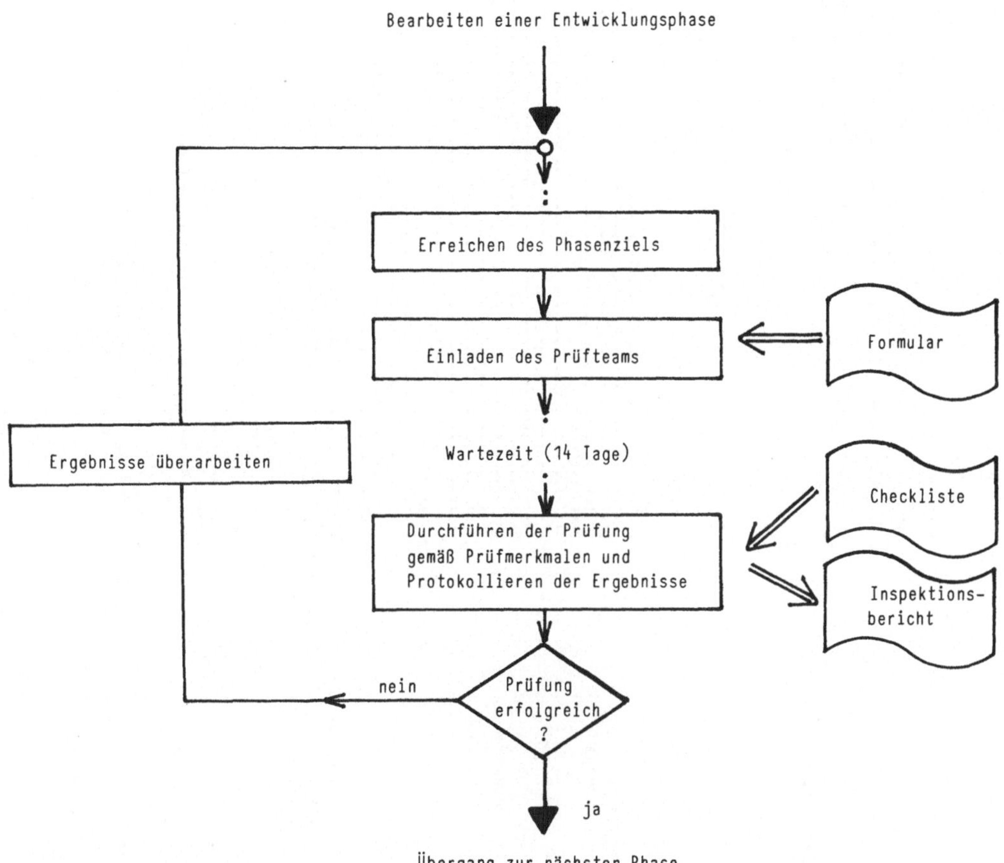

Bild 4/3: Zeitliche und organisatorische Abwicklung der Überprüfung von Phasenergebnissen

Die Zusammensetzung des Prüfteams variierte entsprechend den unterschiedlichen Anforderungen der einzelnen Phasen und in Abhängigkeit der Nahtstellen des zu prüfenden Moduls. In der Regel in das Prüfteam eingebunden waren für die spätere Pflege des Produktes verantwortliche Mitarbeiter des Programmservice. Sie konnten ihre Erfahrungen aus anderen Produkten in die Prüfungen einbringen und zugleich ihre Kenntnisse über das neue Produkt aufbauen.
Vorgesetzte waren grundsätzlich im Prüfteam nicht vertreten.

Tabelle 4/4 faßt die mit der Überprüfung der einzelnen Phasenergebnisse verbundenen Maßnahmen, ihre wichtigsten Kenndaten und Ergebnisse zusammen.

Prüfmerkmale für Entwurf (Spezifikation)

1 Funktionsumfang

- ° 1 Benötigt ein anderer Baustein einen Eingang, der nicht spezifiziert ist?
- ° 2 Benötigt ein anderer Baustein eine Funktion, die nicht spezifiziert ist?
- ° 3 Entfällt eine Funktion des PV-ORG's, die weiterhin von anderen Bausteinen benötigt wird?
- ° 4 Gibt es Funktionen im Lastenheft oder Grobkonzept, die von diesem Baustein bearbeitet werden müssten, aber nicht spezifiziert sind?

2 Algorithmen

- ° 1 Sind die verwendeten Algorithmen richtig?
- ° 2 Sind die verwendeten Algorithmen ausreichend beschrieben?
- ° 3 Ist eine Funktion anders spezifiziert, als sie von einem anderen Baustein benötigt wird?
- ° 4 Besteht ein Widerspruch zwischen Spezifikation und der Implementierung?
- ° 5 Sind Teile zu erstellen, die andere Bausteine auch benötigen und die man ggfs. vereinigen kann?
- ° 6 Bedingt die Wahl der Implementierungssprache keine schwerwiegenden Nachteile oder Anpassungsprobleme bei anderen Bausteinen?
- ° 7 Sind evtl. Anpassungen aufgrund der unterschiedlichen Implementierungssprachen gerechtfertigt?
- ° 8 Enthält der Baustein Blockierungsmöglichkeiten?
- ° 9 Sind die Grenzwerte des Bausteins beschrieben?

3 Daten

- ° 1 Sind alle Schnittstellen ausreichend beschrieben?
- ° 2 Sind alle externen Datenfelder, die der Baustein benutzt, vollständig beschrieben?
- ° 3 Sind alle internen Datenfelder, die der Baustein benutzt, ausreichend und vollständig beschrieben?
- ° 4 Sind zum Zeitpunkt des Aufrufs alle Eingangsdaten vorhanden?
- ° 5 Ist die Verarbeitung der Eingangsdaten eindeutig?
- ° 6 Liefert der Baustein alle gewünschten Ausgangsdaten?
- ° 7 Sind alle Fehlerfälle ausreichend beschrieben?

4 Normen

- ° 1 Entspricht die Namensgebung der Datenfelder der ORG-Norm?
- ° 2 Wird die Modularisierung (lt. ORG-Norm) eingehalten?
- ° 3 Verstößt der Baustein gegen sonstige Implementierungsrichtlinien der ORG-Norm?
- ° 4 Enthält die Spezifikation alle vorgeschriebenen Teile (lt. ORG-Norm)?

```
I n s p e k t i o n s b e r i c h t

Walkthrough

Bausteinname:                      Entwickler:

Ort:                    Dauer:       Std       Datum:../..,1982
---------------------------------------------------------------
Verfasser,Dienststelle     Textseiten/Anlagen       Datum

---------------------------------------------------------------
Teilnehmer:

1
2
3
4
5
---------------------------------------------------------------
Ergebnis:

Checkpunkt:

1. Funktionsumfang
 .1.I.I.........................................................
 .2.I.I.........................................................
 .3.I.I.........................................................
 .4.I.I.........................................................
2. Algorithmen
 .1.I.I.........................................................
 .2.I.I.........................................................
 .3.I.I.........................................................
 .4.I.I.........................................................
 .5.I.I.........................................................
 .6.I.I.........................................................
 .7.I.I.........................................................
 .8.I.I.........................................................
 .9.I.I.........................................................
3. Daten
 .1.I.I.........................................................
 .2.I.I.........................................................
 .3.I.I.........................................................
 .4.I.I.........................................................
 .5.I.I.........................................................
 .6.I.I.........................................................
 .7.I.I.........................................................
4. Normen
 .1.I.I.........................................................
 .2.I.I.........................................................
 .3.I.I.........................................................
 .4.I.I.........................................................

Jeder Checkpunkt ist mit einem der folgenden Kurzzeichen zu
kennzeichnen:
*-keine Beanstandungen, I-irrelevant, F-Fehler, P-Problem,
U-unvollstaendig
Checkpunkte bei denen der Baustein beanstandet wurde, sind
mit Bemerkungen, bzw. einem Verweis auf eine detaillierte
Beschreibung zu versehen. Diese Beschreibung muss Bestand-
teil dieses Berichtes sein.

Weiteres Vorgehen:
------------------
o Walkthrough abgeschlossen
o Spezifikation wird korrigiert bis ../../..
o Ein erneuter Walkthrough findet in der .. KW statt
o Es sind noch offene Punkte vorhanden
```

Tabelle 4/2: Prüfmerkmale für Entwurf, Inspektionsbericht

Kenndaten \ Phase	Entwurf	Implementierung	Test
Durchgeführte Prüfung	Walkthrough	Codeinspektion und formale Inspektion	Testinspektion Integrationstest
Basis der Prüfung - Gesamtumfang	Spezifikation 3000 Druckseiten	Quellsprachelisting in Assembler und C - 83000 LOC	Testunterlagen
Prüfmerkmale der Checkliste	- Spezifikation vollständig? - Verwendete Algorithmen richtig? - Entspricht Spezifikation den Vorschriften?	- Funktionsumfang vollständig? - Algorithmen richtig? - Richtlinien eingehalten?	- Konsistenz, Testunterlagen und Quellsprache? - Testumgebung? - Testtiefe und -umfang?
Ergebnisprotokolle	ja	ja	ja
Teilnehmer	- Bausteinentwickler - Verantwortliche für Nahtstellenentwicklungen - Mitarbeiter des Programmservice	- Bausteinentwickler - Mitarbeiter des Programmservice	- Bausteinentwickler - Testverantwortlicher
Teilnehmerzahl	3 - 8, im Mittel 5 Personen	2 - 6, im Mittel 3 Personen	2 Personen
Zahl der Prüfungen	60	60	20
Aufwendungen	- reiner Inspektionsaufwand 800 Mh - Vorbereitungszeit 1200 Mh	- reiner Inspektionsaufwand 700 Mh - Vorbereitungszeit 1000 Mh	- reiner Inspektionsaufwand 60 Mh - Testzeit 9000 h
Erkannte Probleme	190 Probleme wurden erkannt	120 Fehler	Test ergab 300 Fehler
Ergebnis pro Mh	- Bearbeiten von 4 Druckseiten - Erkennen von 0,25 Problemen	- Bearbeitung von 115 LOC - Erkennen von 0,15 Fehlern	- Erkennen von 0,03 Fehlern

Mh = Mannstunde

Tabelle 4/4: Durchführung und Ergebnisse der Qualitätssicherung

5 Ergebnisse und Schlußfolgerungen

Das erfolgreiche Durchführen der Qualitätssicherung ist neben einer klaren Zielsetzung, einer ingenieurmäßigen Vorbereitung und Planung der Abwicklung /5/ wesentlich beeinflußt durch die Motivation der Mitarbeiter, die sich der Qualitätssicherung zu stellen haben. Deshalb verdienen sich ergebende Konsequenzen auf die Arbeitsweise der Mitarbeiter besondere Beachtung. Erfahrungen des hier realisierten Projektes zeigen:

- Der kreative Mitarbeiter fühlt sich zunächst durch Reglementierungen eingeschränkt, gegängelt und kontrolliert. Gespräche und "Überzeugungsleistung" werden notwendig, wobei Erkenntnisse über positive Auswirkungen einzelner Vorschriften hierbei als Verstärker dienen können.
- Bei Inspektionen wird zunächst der Begriff "Fehler" sehr persönlich genommen. Vor allem die erste Inspektion, an der jeder einmal teilnimmt, ist im Vorfeld mit gemischten Gefühlen belastet. Im späteren Projektverlauf jedoch wandelt sich das Bild, und die Inspektion wird zum selbstverständlichen Bestandteil des Projektes.

Die durchgeführten Prüfungen erwiesen sich als nützlich und wirtschaftlich sinnvoll.
Sehr große Bedeutung hatte die Inspektion des Entwurfs, da hier bereits eine Reihe von Entwurfsfehlern aufgedeckt und am kostengünstigsten behoben werden konnte.
Die Codeinspektion erfordert eine intensive Bearbeitung des Quellsprachelistings, deshalb dürfen bei sehr großen Programmen die Konzentrationsfähigkeit und damit die Inspektionstiefe nicht überschätzt werden.
Mit der formalen Inspektion konnte im wesentlichen die Kommentierung verbessert und das optische Bild aller Listings vereinheitlicht werden. Die im Vorfeld gegebenen Richtlinien wurden beachtet, da aufgrund der vorgesehenen Inspektion eine Überprüfung angekündigt war.
Die Testinspektion wurde anhand von Testprotokollen durchgeführt und umfaßte etwa ein Drittel der gesamten Bausteine. Insgesamt war das Ergebnis gut, jedoch lassen sich mit einem rechnergestützten Softwareprüfstand /6/ noch effizientere Ergebnisse erreichen. Der Erfolg wurde wesentlich dadurch geprägt, daß die Testergebnisse schriftlich festgehalten und damit auch für den Entwickler in kritischen Fällen nachprüfbar und belegbar waren. So konnten Problemfälle auch später anhand dieser Dokumentation lokalisiert und gezielt behoben werden. Vor allem die Tatsache des institutionalisierten Prüfvorganges motivierte und trug beim Test deutlich zu konsequenter und umfassender Durchführung bei und damit zum verstärkten Aufdecken von Fehlern.

Mit den Mitteln der hier beschriebenen Prüfungen konnten bei einem realisierten Codeumfang von ca. 83000 WT 610 Fehler gefunden und damit vor Liefereinsatz behoben werden, wobei sich Moduln der Größe bis zu max. 1000 LOC als besonders prüfungsfreundlich erwiesen. In diesen Moduln wurden auch mit Beginn der Systempflege signifikant weniger Fehler gefunden, was im Gegensatz zu der Untersuchung von Basili und Perricone /7/ steht.

Entwicklungsbegleitende Qualitätssicherung verursacht zunächst Aufwand und bindet Kapazität; stellt jedoch nur eine Vorwegnahme ansonsten später in noch höherem Maße anfallender Kosten dar. Qualitätssicherung ist somit eine unverzichtbare Investition /8/. Bei diesem Projekt betrugen die Aufwendungen für die vorgestellte Qualitätssicherung knapp 5 % der Entwicklungskosten. Obwohl Referenzdaten wegen unterschiedlicher Projektrandbedingungen unsicher sind, ist für die Einsatzphase des Produktes eine entscheidende Reduktion der Servicekosten aufgrund bereits gefundener Fehler zu erwarten. Bezogen auf das Projekt wird mit einer Gesamtersparnis von 10 % gerechnet.

Diese Ergebnisse zeigen, daß Qualitätssicherung auch ohne aufwendige rechnergestützte Verfahren - wie sie z. B. in /9/ aufgeführt sind - möglich ist und damit der Verzicht auf Qualitätssicherung nicht durch das Fehlen von Werkzeugen begründbar ist. Wesentlich sind die genaue Festlegung der Qualitätsanforderungen mit den zugehörigen Kontrollmaßnahmen in der Planungsphase des Projektes und die konsequente Einhaltung der vorgegebenen Richtlinien auch bei Termin- und Kapazitätszwängen.

<u>Literatur:</u>

/1/ Barnes, D.: System Integration Series, Softwarereliability.
In Electronic Design (April 1983), S. 172 - 180

/2/ Stöhr, A.: HW-Blackouts zur Hälfte softwarebedingt.
In Computerwoche (1983) 48, S. 16

/3/ Boehm, B.W., Mc Clean, R.K. und Urfrig, D.B.: Some Experience with Automated Aids to the Design of Large-Scale Reliable Software.
ACM Sigplan Notices 10 (Juni 1975) 6, S. 105 - 113

/4/ Trauboth, H. und Voges, U.: Verfahren zur Entwicklung zuverlässiger Software für rechnergestützte Sicherheitssysteme, Teil 1.
Regelungstechnische Praxis (1983) 4, S. 149 - 155

/5/ Haugg, F.: QS und Engineering Hand in Hand.
In Computerwoche (1982) 43, S. 8 - 9

/6/ Kappatsch, A. et al: Erfahrungen mit einem Qualitätssicherungssystem für Prozeß-Software-Projekte.
Regelungstechnische Praxis (1983) 8, S. 315 - 321

/7/ Basili, V.R. und Perricone, B.T.: Software Errors And Complexity: An Empirical Investigation.
In Communications of the ACM 27 (1984) 1, S. 42 - 52.

/8/ Mengen, R. von: Qualitätssicherung ist unverzichtbare Investition.
In Computerwoche (1983), S. 30 - 34

/9/ Ludewig, J. und Streng, W.: Überblick und Vergleich verschiedener Mittel für die Spezifikation und den Entwurf von Software.
Bericht KfK 2506, Kernforschungszentrum Karlsruhe, 1978

AUTOMATISIERTER TESTABLAUF FÜR ANWENDERSOFTWARE BEI PROZESS-STEUERUNGEN

E. Elbeshausen,
G.-H. Schildt

Bereich Eisenbahnsignaltechnik
Siemens AG

ZUSAMMENFASSUNG

Nach einer Einführung in das Einsatzgebiet der Anwendersoftware, die zum Teil durch Sicherheitsverantwortung des Softwaresystems gekennzeichnet ist, werden die Softwareentwicklung und das Testverfahren erläutert. Der Test von Programmen geschieht zur Zeit halbautomatisch. Aufgrund von Testblättern werden Kommandofiles erstellt, mit denen ein Testhilfeprogramm versorgt wird. Es werden Wege aufgezeigt, wie der bisher manuell durchgeführte Ergebnisvergleich ebenfalls automatisiert werden kann.

1. EINLEITUNG

Leistungsfähige Verifikationsverfahren für Anwendersoftware haben an Bedeutung gewonnen, insbesondere Verfahren für solche Software, die technische Prozesse steuert. Dazu gehören z. B. Verkehrssysteme, aber auch Prozeßsteuerungen in der chemischen Verfahrenstechnik und bei Kernkraftwerken. In vielen Bereichen der Prozeßsteuertechnik werden sowohl software-orientierte Systeme eingesetzt, die rein auf Verfügbarkeit (engl.: functional performance) ausgelegt sind, als auch Systeme, von denen Sicherheitsverantwortung (engl.: safety performance) ausgeht. Unter Systemen mit Sicherheitsverantwortung versteht man solche Systeme, von denen im Fall einer Störung, eines gerätetechnischen Ausfalls oder eines sich offenbarenden Entwurfsfehlers keine Gefährdung für Personen und Sachen ausgehen darf. Hierzu sind einige Begriffe für sicherheitsrelevante Systeme einzuführen [1]: Unter Sicherheit versteht man die Eigenschaft einer Betrachtungseinheit, unter vorgegebenen Bedingungen während einer bestimmten Zeit keine Gefährdung zu verursachen oder eintreten zu lassen. Eine Gefährdung liegt vor, wenn ein Systemzustand mit den gegebenen Mitteln nicht mehr beherrschbar ist und zu Personen- und Sachschäden führen kann.

Besonders auf dem Gebiet der Eisenbahnsignaltechnik sind Systeme so zu entwerfen, daß signaltechnische Sicherheit nach DIN 47831 bzw. VDE 0831 durch Vermeidung unzulässiger Fehlzustände gewährleistet wird. Fehlzustände werden durch Störungen (vorübergehend), technische Ausfälle (dauerhaft) oder Entwurfsfehler bewirkt. Hierbei haben für Softwaresysteme mögliche Entwurfsfehler besondere Bedeutung. Es geht entweder darum, die 'functional performance' oder die 'safety performance' als eine Qualitätseigenschaft von Anwendersoftware nachzuweisen. In beiden Fällen sind geeignete Nachweisverfahren einzusetzen, die sich jedoch erheblich voneinander unterscheiden. Während der Nachweis der 'functional performance' Prüfungen der Anwendungseignung, der Beschaffenheit der Bedienoberfläche sowie der Zuverlässigkeit eines Programmsystems umfaßt, ist für die 'safety performance' der Nachweis der funktionalen Richtigkeit eines Programmsystems von der Spezifikation bis zur Maschinenebene auf jeder der dazwischen liegenden Ebenen der Softwareentwicklung erforderlich. Das nachfolgend beschriebene Testverfahren bezieht sich auf den statischen Test von sicherheitsrelevanter Anwendersoftware, das die Möglichkeit zur Automatisierung des Testablaufs bietet.

1.1 VERFAHREN DER SOFTWAREENTWICKLUNG

Grundlage der Softwareentwicklung für Prozeßsteuerungen ist die 'Strukturierte Programmierung' nach Nassi und Shneiderman [2]. Hierbei wird die Anwendersoftware nach dem Top-down-Verfahren entwickelt. Die Entwicklung beginnt mit einer detaillierten Spezifikation, wobei bereits auf dieser Ebene die Richtigkeit der Spezifikation zu zeigen ist. Im nächsten Entwicklungsschritt wird eine funktionsbezogene Baumstruktur nach Bild 1 erstellt. Bei jedem Entwicklungsschritt erfolgt eine vollständige Zerlegung des letzten Entwurfs in logische Einheiten, die Strukturblöcke genannt werden. Dabei bilden jeweils alle in einem Entwicklungsschritt neu entworfenen Strukturblöcke eine weitere Entwicklungsebene. Die Strukturblöcke in jeder Ebene werden funktional beschrieben und zugleich wohlstrukturiert nach [2] entworfen. Die in den aufeinanderfolgenden Entwicklungsschritten entstehenden Entwürfe sind

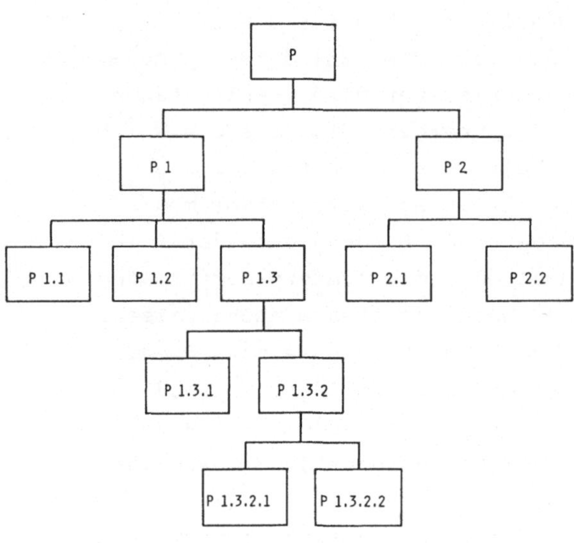

Bild 1: Funktionsbezogene Baumstruktur

durch zunehmende Detailtiefe gekennzeichnet. Dabei wird jede Ebene der Softwareentwicklung der Detailtiefe entsprechend dokumentiert. Sobald eine Ebene erreicht ist, die sich bereits in der gewählten Programmiersprache beschreiben läßt, wird mit Implementierung und anschließendem Test begonnen.

Die 'Strukturierte Programmierung' nach [2] geht von den logischen Grundstrukturen der R e i h u n g (Folge, Sequenz), A u s w a h l (Verzweigung, Selektion) und der W i e d e r h o l u n g (Schleife, Iteration) aus. Für die Entwicklung sicherheitsrelevanter Software beschränkt man sich zweckmäßigerweise aus Gründen der Transparenz für die Verifikation auf die folgenden sechs Strukturelemente:
- ELEMENTARE ANWEISUNG, - IF-THEN-ELSE-ABFRAGE, - CASE, - WHILE,
- CYCLE sowie - UNTERPROGRAMMAUFRUF. Bild 2 zeigt die verwendeten Struktogrammsymbole.

1.2 TESTVERFAHREN

Die eingesetzten Testverfahren für Anwendersoftware sind umfangreich. Sie umfassen sowohl statische als auch dynamische Tests. Dabei dienen dynamische Tests zum Nachweis hinreichenden Realzeitverhaltens. Der vorliegende Beitrag betrifft jedoch nur statische Tests, und zwar sowohl auf Bausteinebene wie auch als statische Integrationstests durch fortschreitende, funktionsbezogene Zusammenfassung von Bausteinen während des Testlaufs. Dabei wird nach dem B o t t o m - u p - Testverfahren vorgegangen. Es besteht darin, daß nach Bild 3 zunächst ein einzelner Baustein auf Bausteinebene zweigweise dadurch getestet wird, daß durch geeignete Testdatensätze nachgewiesen wird, daß alle Zweige eines Bausteins während des Tests durchlaufen werden. Man überzeugt sich so von dem funktionsbezogenen Ablauf des einzelnen Bausteins (Systemgrenze 1). Nachdem nachgewiesen ist, daß der Einzelbaustein

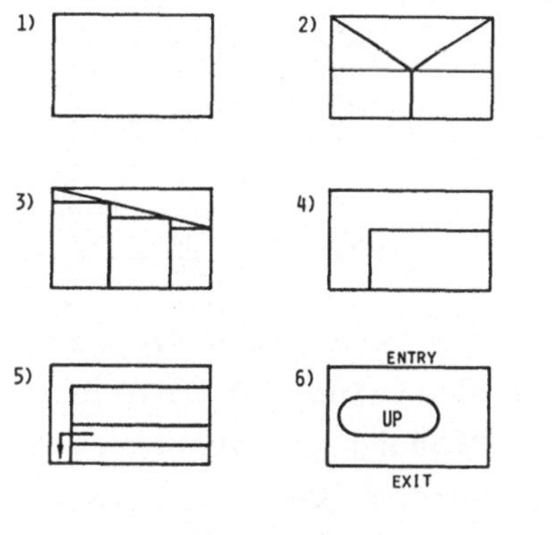

Bild 2: Struktursymbole nach Nassi-Shneiderman
1 elementare Anweisung
2 IF-THEN-ELSE-Abfrage
3 CASE (Fallunterscheidung)
4 WHILE (Schleife mit Vorabtest)
5 CYCLE (Schleife mit Abbruch)
6 UP (Unterprogrammaufruf)

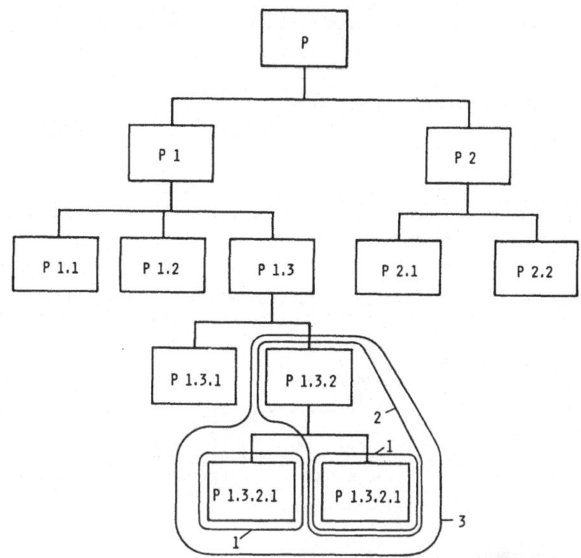

Bild 3: Modulare Bausteinstruktur mit den Systemgrenzen 1, 2 und 3 zur funktionsbezogenen Verifikation nach dem Bottom-up-Testverfahren

mit funktionsbezogenen Testdaten die geforderte Funktion erfüllt, wird im folgenden davon ausgegangen, daß bei funktionsbedingter Parameterübergabe an diesen Baustein dieser funktionserfüllend arbeitet. Für den weiteren Testlauf wird nun die Systemgrenze weitergezogen (Systemgrenze 2) und der übergeordnete Baustein unter Integration der von ihm aufgerufenen Bausteine getestet. In dieser Weise wird das Testverfahren fortgesetzt, wobei jeweils Bausteine nach Gruppen so zusammengefaßt werden, bis entsprechend der Spezifikation die Teilfunktionserfüllung nachgewiesen ist (Systemgrenze 3).

2 INSTRUMENTIERUNG

Die Instrumentierung eines Bausteins ist ein Hilfsmittel, den programmtechnischen Ablauf im Baustein mit Hilfe von Durchlaufzählern zu verfolgen [3]. Bei entsprechender Voreinstellung setzen die Strukturmacroaufrufe, die in Macrobibliotheken definiert werden, an allen Verzweigungs- und Zusammenführungsstellen Instrumentierungspunkte ab. Wenn es der Anwender wünscht,kann er durch Macroaufrufe zusätzliche Instrumentierungspunkte in sein Programm legen. Bei Übersetzung ohne Instrumentierung werden diese Punkte überlesen. Über die Lage der Instrumentierungspunkte gibt Bild 4 Aufschluß [4].

```
+---------------------------------------------------------------------!
! AUSGABESTAND: 27.03.84 PROGR.-SACH-NR.: P25494-X0001-B47-*-52       !
!                                                                     !
+---------------------------------------------------------------------!
! VERSION 01                                                          !
+---------------------------------------------------------------------!
! ** INSTRUMENTIERUNG EINGESCHALTET                                   !
!                                                                     !
+-∂PROC---------------------------------------------------------------!
! ∂INSEIN                                                             !
! *INSTR IN1                                                          !
+---------------------------------------------------------------------!
! REGISTER RETTEN                                                     !
+---------------------------------------------------------------------!
! FALL-VARIABLE AUS ADR1IN LADEN                                      !
!                                                                     !
+-∂IF-----------------------------------------------------------------!
! *I1A                                                                !
! FALL-VARIABLE AUS ADR1IN > MAX. CASE-NR. ?                          !
+-∂THEN---------------+-∂ELSE-----------------------------------------!
! *I1J                ! *I1N                                          !
! *INSTR IN2          ! *INSTR IN6                                    !
! SCHLEIFEN-ZAEHLER   !                                               !
! AUS ADR2IN LADEN    +-∂CASE-----------------------------------------!
!                     ! *C1A                                          !
+-∂WHILE--------------+-∂CIN----------+-∂CIN----------+-∂CIN----------!
! *L1A                ! *C1F1         ! *C1F2         ! *C1F3         !
! SOLANGE SCHLEIFEN-  ! *INSTR IN7    ! *INSTR IN8    ! *INSTR IN9    !
! ENDE NICHT ERREICHT ! WERT1 IN ADR3 ! WERT2 IN ADR3 ! WERT3 IN ADR3 !
! MAX ZAHL DER        ! ABLEGEN       ! ABLEGEN       ! ABLEGEN       !
! DURCHLAEUFE = 255,  ! ∂COUT         ! ∂COUT         ! ∂COUT         !
! DA BYTEWERT         +-----------------------------------------------!
!   +-∂DO-------------!                                               !
!   ! *L1J            ! *C1E                                          !
!   ! *INSTR IN3      ! *INSTR IN10                                   !
!   ! UNTERPROGRAMM 1 !                                               !
!   ! AUFRUFEN        !                                               !
!   ! <==> ∂CALL UP1  !                                               !
!   ! *S1A            !                                               !
!   ! *S1E            !                                               !
!   ! *INSTR IN4      !                                               !
!   ! SCHLEIFEN-      !                                               !
!   ! ZAEHLER         !                                               !
!   ! ERNIEDRIEGEN    !                                               !
+---+-∂DOEND----------!                                               !
!                     !                                               !
! *L1E                !                                               !
! *INSTR IN5          !                                               !
+---------------------------------------------------------------------!
!                                                                     !
! *I1E                                                                !
! *INSTR IN11                                                         !
! REGISTER LADEN                                                      !
+---------------------------------------------------------------------!
! <== ∂RET                                                            !
! *R1A                                                                !
! *R1E                                                                !
! *INSTR IN12                                                         !
+---------------------------------------------------------------------!
```

Bild 4: Struktogramm eines Bausteins mit den Instrumentierungszählern IN1 bis IN12

3. AUTOMATISCHER TEST MIT VORERSTELLTEN KOMMANDOFILES

3.1 ERSTELLEN VON TESTBLÄTTERN

Der Test eines Programmbausteins muß in der Planung gut vorbereitet werden. Der Baustein ist zunächst anwendungsorientiert zu überprüfen, d. h. es müssen Eingangsdaten für alle Testfälle gefunden werden, die aus der funktionalen Beschreibung des Bausteins abzuleiten sind. Neben diesen anwendungsorientierten Funktionen eines Bausteins existieren im allgemeinen noch Nebenzweige, oft für gezielte Fehlerreaktionen im Falle von Fehlversorgungen. Auch diese Funktionen des Bausteins müssen getestet werden, also sind auch hierfür Eingangsdaten zu entwerfen. Die Gesamtheit der Testfälle eines Bausteins muß danach so umfangreich sein, daß jede Anweisung (jeder Zweig im Struktogramm) mindestens einmal berührt wird. Eine Kontrollmöglichkeit darüber liefern die im vorigen Abschnitt beschriebenen Instrumentierungszähler.

Zu jeder so erhaltenen Kombination von Eingangsdaten müssen die Reaktionen ermittelt werden, die der Baustein daraufhin zeigen soll. Zu den Reaktionen zählen direkte Ausgaben auf Drucker oder Bildschirme sowie die Veränderung von Ausgangsdaten. Ein- und Ausgangsdaten sind dabei nicht nur die im Aufruf angegebenen (Prozedur-)Parameter, sondern auch globale Größen in programminternen Datenbereichen oder in COMMON DATA, auf die mehrere Programme zugreifen können. Daten auf

Externspeichern zählen ebenfalls dazu. Reine Ausgangsdaten (Daten, deren Anfangswert für den Bausteindurchlauf irrelevant ist und die im Baustein einen Wert zugewiesen bekommen) müssen vor dem Testlauf abweichend von ihrem Sollergebnis vorbesetzt werden, um sicherzustellen, daß im Baustein der richtige Wert in sie hineingeschrieben wird. Alle diese Überlegungen werden vor Testbeginn in einem Testplan (Testblatt) nach Bild 5 festgehalten. Die einzelnen Testfälle werden numeriert; dazu werden die erforderlichen Eingangsdaten notiert sowie die vom Sollwert abweichenden Vorbesetzungen für die Ausgangsdaten. Schließlich müssen für jeden Testfall die erwarteten Ergebnisse angegeben werden, deren Erreichen beim Test zu überprüfen ist.

```
I----------------------------------------------------------------------I
I Baustein : KBAUST                                                    I
I-----I--------------------------------I-------------------------------I
I Pos I Eingabe-Datensatz              I Soll-Ergebnisse               I
I-----I--------------------------------I-------------------------------I
I   1 I ADR1IN enthaelt CASE-NR. = 3   I Eingangsdaten unveraendert    I
I     I (Wert > max. CASE-NR.)         I                               I
I     I ADR2IN enthaelt 0              I                               I
I     I ADR3IN beliebig (Vorb. = FFH)  I                               I
I     I                                I                               I
I   2 I ADR1IN enthaelt CASE-NR. = 3   I Eingangsdaten unveraendert    I
I     I (Wert > max. CASE-NR.)         I 2-maliger Aufruf von UP1 in   I
I     I ADR2IN enthaelt 2              I einer Schleife abhaengig vom  I
I     I ADR3IN beliebig (Vorb. = FFH)  I Wert aus ADR2IN               I
I     I                                I                               I
I   3 I ADR1IN enthaelt CASE-NR. = 0   I ADR3 enthaelt WERT1 = 1       I
I     I ADR2IN beliebig (Vorb. = 32)   I ADR1IN und ADR2IN unveraendert I
I     I ADR3IN beliebig (Vorb. = FFH)  I                               I
I     I                                I                               I
I   4 I ADR1IN enthaelt CASE-NR. = 1   I ADR3 enthaelt WERT2 = 2       I
I     I ADR2IN beliebig (Vorb. = 42)   I ADR1IN und ADR2IN unveraendert I
I     I ADR3IN beliebig (Vorb. = FFH)  I                               I
I     I                                I                               I
I   5 I ADR1IN enthaelt CASE-NR. = 2   I ADR3 enthaelt WERT3 = 3       I
I     I ADR2IN beliebig (Vorb. = 52)   I ADR1IN und ADR2IN unveraendert I
I     I ADR3IN beliebig (Vorb. = FFH)  I                               I
I     I                                I                               I
************************************************************************
I    I        I      I Datum: 27.03.84    I                        I   I
I----I--------I------I--------------------I                        I   I
I    I        I      I Name : Mueller     I         KBAUST         I   I
I----I--------I------I--------------------I                        I   I
I    I        I      I gepr.: Meier       I        Testblatt       I   I
I----I--------I------I--------------------I------------------------I---I
I 01 I27.03.84I Mue  I                    I                        I   I
I----I--------I------I S I E M E N S  AG  I P25494-X0001-B043-00-24 I 1-I
IKorsI Datum  I Name I                    I                        I   I
************************************************************************
```

Bild 5: Testblatt mit Eingabe-Datensatz
und Sollergebnissen

3.2 TESTEN MIT SYMBOLISCHEN NAMEN

Die Tests der Programmbausteine sollen weitgehend automatisch ablaufen können. Dazu werden Kommandofolgen editiert und in SUBMIT-Files hinterlegt. Um nun bei kleinen Änderungen am Baustein, durch die sich die Adressen verschieben können, nicht alle SUBMIT-Files von Grund auf neu erstellen zu müssen, ist ein Testverfahren mit symbolischen Namen anstelle von numerischen Adreßausdrücken erforderlich. Um ein solches Verfahren durchführen zu können, ist ein Zusammenspiel zwischen Testhilfeprogramm einerseits sowie Übersetzer/Compiler, Linker und Locater andererseits nötig (Bild 6). Der Übersetzer/Compiler muß aus der Quellsprache des Bausteins neben der Zielsprachedatei eine Symboltabelle erzeugen, in der die im Baustein definierten symbolischen Namen und ihre Adressen - relativ zum Bausteinanfang - hinterlegt werden. Auf diese Weise werden alle Namen und Adressen von Variablen und Instrumentierungs-

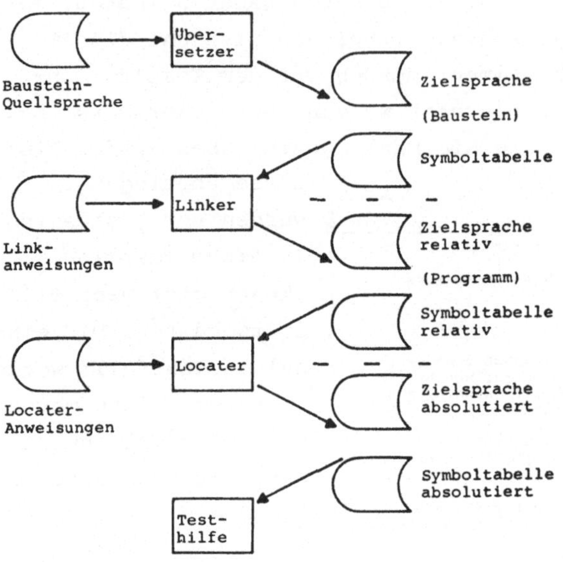

Bild 6: Erzeugen einer Symboltabelle

zählern, aber auch von markanten Punkten im Befehlsteil, aufgezeichnet.

Werden mehrere Bausteine zu einem Programm oder Lademodul gebunden, so muß der Linker (Bindeprogramm) die Symboltabelle der einzelnen Bausteine bearbeiten und zu einer neuen, für das ganze Programm zusammenfassen. Die Adressen zu den Symbolnamen werden entsprechend der Lage der Bausteine im Programm verändert und beziehen sich jetzt auf den Programmanfang. Ihre endgültige Form erhält die Symboltabelle durch den Locater, der die Befehlsadressen eines Programms entsprechend seiner geplanten Lage im Speicher absolutiert und die Adressen der Symboltabelle um den Wert für den Programmanfang erhöht. Mit dieser Tabelle (Bild 7), in der zu den benutzten Namen die absoluten Speicheradressen vermerkt sind, arbeitet das Testhilfeprogramm.

SYMBOL TABLE OF MODULE TEST
READ FROM FILE :F4:TEST.LNK
WRITTEN TO FILE :F4:TEST

VALUE	TYPE	SYMBOL	VALUE	TYPE	SYMBOL	VALUE	TYPE	SYMBOL
0003H	PUB	X0002	0001H	PUB	X0003	3680H	PUB	KBAUST
370EH	PUB	UP1	3717H	PUB	INSLOE	3734H	PUB	INSUP
3765H	PUB	ADR1IN	3766H	PUB	ADR2IN	3767H	PUB	ADR3
3765H	PUB	DATEN						
	MOD	KBAUST						
0003H	SYM	CASEZW	0000H	SYM	ENDWRT	0002H	SYM	MAXWRT
0001H	SYM	WERT1	0002H	SYM	WERT2	0003H	SYM	WERT3
36C3H	SYM	C1A	36FAH	SYM	C1E	3708H	SYM	EXIT
368DH	SYM	I1A	36FFH	SYM	I1E	3695H	SYM	I1J
36BEH	SYM	I1N	3680H	SYM	KBAUST	369DH	SYM	L1A
36B6H	SYM	L1E	36A5H	SYM	L1J	3708H	SYM	R1A
3709H	SYM	R1E	36AAH	SYM	S1A	36ADH	SYM	S1E
3759H	SYM	?IFELD	3759H	SYM	?IN1	3762H	SYM	?IN10
3763H	SYM	?IN11	3764H	SYM	?IN12	375AH	SYM	?IN2
375BH	SYM	?IN3	375CH	SYM	?IN4	375DH	SYM	?IN5
375EH	SYM	?IN6	375FH	SYM	?IN7	3760H	SYM	?IN8
3761H	SYM	?IN9						
	MOD	UP1						
0003H	SYM	VERS	0000H	SYM	VERS03	0003H	SYM	X0002
370EH	SYM	UP1						
	MOD	DATEN						
0001H	SYM	VERS	0000H	SYM	VERS03	0001H	SYM	X0003
3765H	SYM	ADR1IN	3766H	SYM	ADR2IN	3767H	SYM	ADR3
3765H	SYM	DATEN						

Bild 7: Symboltabelle

3.3 STAPELBETRIEB MIT SUBMIT-FILES

Für den Durchlauf der einzelnen Testfälle eines Bausteins werden Kommandofolgen (SUBMIT-Files) erstellt, die alle notwendigen Bedienungen an das Testhilfeprogramm und an eventuell noch benötigte andere Programme enthalten. Die editierten Kommandos werden auf den erwarteten Durchlauf des Bausteins durch seine Befehlsfolge abgestimmt sein. Für unvorhergesehene Reaktionen (wegen noch nicht beseitigter Fehler) muß allerdings im SUBMIT-File ein 'Notprogramm' vorhanden sein: Wenn z. B. vor einem Unterprogrammaufruf innerhalb einer Verzweigung ein Haltepunkt gesetzt werden soll, an dem der Programmlauf unterbrochen wird, muß an anderer Stelle im Baustein - meist am Ende - ein zweiter Haltepunkt liegen, der den Programmlauf bei Fehlläufen abfängt.

Ein SUBMIT-File für einen Testfall hat folgenden Aufbau (Bild 8): Zunächst wird ein genügend großer Speicherbereich, der das Testobjekt aufnehmen soll, gelöscht, damit eine definierte Vorbesetzung vorhanden ist. Danach wird das Programm (der Baustein) entsprechend seiner Locater-Adresse in den so vorbereiteten Bereich geladen. Falls es sich beim Testobjekt nicht um ein selbständiges Modul handelt, muß als nächstes der Stackpointer mit einem definierten Anfangswert geladen und dann die Register vorbesetzt werden (Registerinhalte müssen am Ende eines Unterprogrammdurchlaufs wiederhergestellt sein: Dies kann so überprüft werden).

- Speicherbereich für Testobjekt löschen
- Testobjekt laden
- Anfangswert für Stackpointer laden
- Register vorbesetzen
- Eingangsdaten entsprechend Testblatt versorgen
- reine Ausgangsdaten vorbesetzen
- Lauf bis zum Unterprogrammaufruf *)
- Register und UP-Versorgung ausgeben *)
- Lauf bis Rückkehrpunkt aus UP *)
- Register und UP-Ergebnisse ausgeben *)
- .
  .
  .
- Lauf bis Bausteinende
- Register und Stackpointer ausgeben
- Instrumentierungszähler ausgeben
- Ausgangsdaten ausgeben

*) für jeden durchlaufenen UP-Aufruf

Bild 8: SUBMIT-Files für einen Testfall

Jetzt folgt die Vorbesetzung der Eingangsdaten des Bausteins entsprechend den Vorgaben des Testblattes für diesen Testfall. Ebenso müssen die Ausgangsvariablen, deren ursprünglicher Wert für den Bausteindurchlauf belanglos ist, mit solchen Vorbesetzungen versehen werden, die von den Sollergebnissen abweichen. Damit kann am Bausteinende kontrolliert werden, ob der Wert gezielt verändert wurde. Danach wird der Bausteindurchlauf gestartet.

Enthält der für diesen Testfall vorgesehene Befehlsablauf einen Unterprogrammaufruf, so wird der Befehlsfluß an der Einsprungstelle dieses UP's unterbrochen, um die Registerinhalte und die Versorgungsdaten für das gerufene UP zu Kontrollzwecken protokollieren zu können. Das gleiche gilt für die Rücksprungstelle aus dem UP heraus: Hier werden noch einmal die Registerinhalte und zusätzlich die Ergebnisdaten ausgedruckt. Für den Fall, daß aufgrund von Fehlern der Programmlauf von der Vorgabe abweicht, wird ein Alternativhalt auf das Programmende gesetzt.

Nach dem letzten vorgesehenen Unterprogrammaufruf wird bis zum Bausteinende gelaufen. Hier werden die Inhalte des Stackpointers und der übrigen Register protokolliert, um sicherzustellen, daß sie durch den Baustein nicht ungewollt verändert wurden. Schließlich werden die Ausgangsvariablen und für die Kontrolle des Bausteindurchlaufs die Instrumentierungszählerstände ausgegeben.

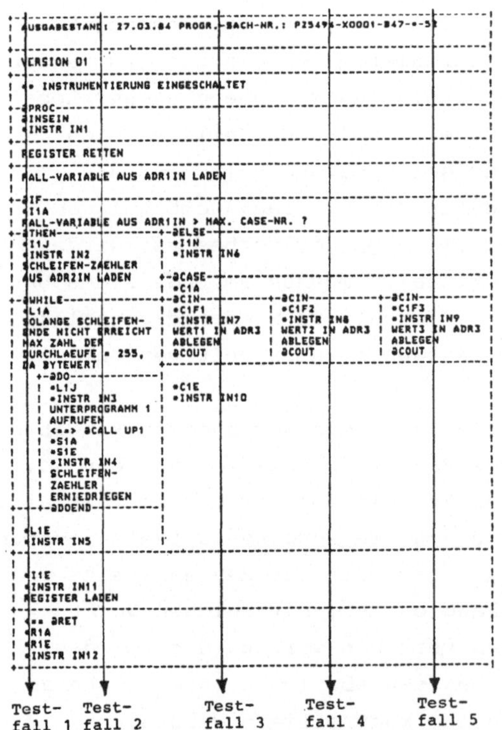

Bild 9: Struktogramm mit eingetragenen Testfällen

Stellt man beim Vergleich der so erhaltenen Testprotokolle mit dem Testblatt Fehler bei den Ergebnissen fest oder weicht der Bausteindurchlauf offensichtlich von der Planung ab, so muß der Baustein zur Korrektur an den Entwickler zurücküberwiesen werden (wenn nicht ein Fehler im SUBMIT-File vorliegt). Sind alle Testfälle schließlich ordnungsgemäß durchlaufen, so wird anhand der jeweiligen Instrumentierungszählerstände und des Struktogramms (in dem die Lage der Instrumentierungspunkte vermerkt ist, Bild 9) geprüft, ob der Baustein durch die absolvierten Tests in allen seinen Zweigen abgedeckt wird. Wurde ein Zweig des Struktogramms noch nicht berührt, muß die Menge der Testfälle so erweitert werden, daß auch diese Anweisungen durchlaufen werden. Ist das nicht möglich, weil durch vorausgehende Abfragen unabhängig von den Eingangsdaten ein Durchlauf verhindert wird ('Code-Leichen'), wird der Baustein zur Überprüfung an den Entwickler zurückgegeben.

Bei ordnungsgemäßer Überdeckung aller Zweige des Struktogramms und richtigen Ausgangsdaten in allen Testfällen ist der Bausteintest abgeschlossen.

4. BEISPIEL KBAUST

Bild 4 zeigt ein maschinell erstelltes Struktogramm des Bausteins KBAUST, an dem das beschriebene Verfahren erläutert werden soll. Um eine vollständige Überdeckung aller Zweige des Struktogramms zu erreichen, müssen Daten für fünf Testfälle ermittelt werden (siehe auch Bild 5). Der Baustein hat zwei Eingangsgrößen, ADR1IN und ADR2IN, sowie eine Ausgangsgröße ADR3. ADR1IN wird als Fallvariable benötigt für die Fallunterscheidung @CASE im rechten Teil des Struktogramms. Die Variable kann hierfür die Werte 0, 1 und 2 annehmen. Für alle anderen Werte wird - gesteuert durch die vorgeschaltete Verzweigung @IF - der linke Teil des Struktogramms durchlaufen. In diesem Fall gewinnt der Wert von ADR2IN Bedeutung, da ihm die Anzahl der Schleifendurchläufe @WHILE entnommen wird.

Mit insgesamt fünf Kombinationen von Werten für ADR1IN und ADR2IN erhält man die geforderte vollständige Überdeckung des Struktogramms: ADR1IN = 0 / 1 / 2 liefert die Pfade durch die Fallunterscheidung; der Wert von ADR2IN ist hier ohne Bedeutung (Testfälle 3, 4, 5). ADR3IN =3 bewirkt einen Durchlauf durch den linken Teil des Struktogramms; mit ADR2IN = 0 wird der Rumpf der Schleife @WHILE überhaupt nicht berührt (Testfall 1), und mit ADR2IN = 2 wird sie zweimal durchlaufen (Testfall 2).

Die Ausgangsgröße ADR3 bekommt nur in der Fallunterscheidung im rechten Teil Werte zugewiesen, und zwar je nach Zweig den Wert 1, 2 oder 3. Im linken Teil wird ihr Inhalt nicht verändert. Sie wird aus diesem Grund mit 'FF' (hexadezimal) vorbesetzt. Die Werte von ADR1IN und ADR2IN dürfen durch keinen der Testfälle verändert werden (Testblatt Bild 5).

Aus dem Struktogramm (Bild 4) geht die Lage der Instrumentierungspunkte hervor; '*INSTR IN10' zum Beispiel markiert die Zusammenführung der Zweige der Fallunterscheidung. Den Zählerstand zu diesem Punkt kann man unter der symbolischen Adresse 'IN10' ansprechen.

```
*;*        TESTPROTOKOLL   ETA.LST                TESTFALL 2     BLATT 1
*;*        **********************
*
*MAP MEM = UNS
*MAP 3000 LEN 4K = INT 3000
*BYTE 3000 LEN 4K = 0
*LOAD :F4:TEST
*SP = 3FF0
*
*;* ANFANGSWERTE TESTFALL 2
*;* ----------------------
*RA = 21
*RB = 22
*RC = 23
*RD = 24
*RE = 25
*RH = 26
*RL = 27
*;* REGISTER AUSGEBEN
*R
P=0000H S=3FF0H A=21H F=00H B=22H C=23H D=24H E=25H H=26H L=27H I=00H
*
*;* UEBERGABEPARAMETER
*;* -----------------
*BYTE .ADR1IN = 3
*BYTE .ADR1IN
3765H=03H
*BYTE .ADR2IN = 2
*BYTE .ADR2IN
3766H=02H
*BYTE .ADR3   = 0FFH
*BYTE .ADR3
3767H=FFH
*
*;* LAUFANWEISUNGEN
*;* ---------------
*STEP FROM .KBAUST T PC=.I1A
EMULATION BEGUN
EMULATION TERMINATED, PC=368DH
*BYTE ..KBAUST.I1A
368DH=FEH
*
*BYTE ..KBAUST.?IN1
3759H=01H
*BYTE ..KBAUST.?IN2
375AH=00H
*BYTE ..KBAUST.?IN3
375BH=00H
*BYTE ..KBAUST.?IN4
375CH=00H
*BYTE ..KBAUST.?IN5
375DH=00H
*BYTE ..KBAUST.?IN6
375EH=00H
*BYTE ..KBAUST.?IN7
375FH=00H
*BYTE ..KBAUST.?IN8
3760H=00H
*BYTE ..KBAUST.?IN9
3761H=00H
*BYTE ..KBAUST.?IN10
3762H=00H
*BYTE ..KBAUST.?IN11
3763H=00H
*BYTE ..KBAUST.?IN12
3764H=00H
*R
P=368DH S=3FE8H A=03H F=00H B=22H C=23H D=24H E=25H H=26H L=27H I=00H
*
*STEP T PC=.UP1 OR PC=.R1A     ;* 1. AUFRUF UP1
EMULATION BEGUN
EMULATION TERMINATED, PC=370EH
*BYTE ..UP1.UP1
370EH=E5H
*R
P=370EH S=3FE6H A=02H F=10H B=22H C=23H D=24H E=25H H=26H L=27H I=00H
*
*STEP T PC=.S1E OR PC=.R1A     ;* ZURUECK AUS UP1
EMULATION BEGUN
EMULATION TERMINATED, PC=36ADH
*BYTE ..KBAUST.S1E
36ADH=CDH
*R
P=36ADH S=3FE8H A=02H F=10H B=22H C=23H D=24H E=25H H=26H L=27H I=00H
*
*STEP T PC=.R1A
EMULATION BEGUN
EMULATION TERMINATED, PC=3708H
*BYTE ..KBAUST.R1A
3708H=C9H
*R
P=3708H S=3FF0H A=21H F=00H B=22H C=23H D=24H E=25H H=26H L=27H I=00H
*
*;* ERGEBNIS:                  ;* INSTRUMENTIERUNGSZAEHLER-WERTE:
*;* ---------                  ;* IN1,IN2,IN5,IN11 = 1
*                              ;* IN3,IN4 = 2; REST = 0
*                              ;* ADR1IN,ADR2IN,ADR3 UNVERAENDERT,
*BYTE ..KBAUST.?IN1
3759H=01H
*BYTE ..KBAUST.?IN2
375AH=01H
*BYTE ..KBAUST.?IN3
375BH=02H
*BYTE ..KBAUST.?IN4
375CH=02H
*BYTE ..KBAUST.?IN5
375DH=01H
*BYTE ..KBAUST.?IN6
375EH=00H
*BYTE ..KBAUST.?IN7
375FH=00H
*BYTE ..KBAUST.?IN8
3760H=00H
*BYTE ..KBAUST.?IN9
3761H=00H
*BYTE ..KBAUST.?IN10
3762H=00H
*BYTE ..KBAUST.?IN11
3763H=01H
*BYTE ..KBAUST.?IN12
3764H=00H
*
*BYTE .ADR1IN
3765H=03H
*BYTE .ADR2IN
3766H=02H
*BYTE .ADR3
3767H=FFH
*
```

Bild 10: Testprotokoll (Testfall 2)

Bild 10 zeigt das Testprotokoll für den Testfall 2; alle mit '*' beginnenden Zeilen sind Eingabezeilen aus dem editierten SUBMIT-File. Zeilen ohne '*' sind Reaktionen des Rechners. Wie in Kapitel 3.3 beschrieben, erfolgen zunächst die Vorbesetzungen der Register, dann die der Variablen. Am Beginn des Bausteindurchlaufs (am ersten Instrumentierungspunkt) ist in diesem Fall noch ein zusätzlicher Haltepunkt gesetzt, um die Instrumentierungszählerstände am Bausteinanfang zu kontrollieren.

Im ersten Durchlauf der Schleife @WHILE sind außerdem Kontrollpunkte vor und nach dem Aufruf des Unterprogramms UP1 vorgesehen; im zweiten Schleifendurchlauf wird darauf verzichtet. Bei diesen Haltepunkten wird die Adresse 'R1A' (Bausteinende) zum Abfangen von möglichen Fehlläufen benutzt. Nach dem Lauf zum Bausteinende - R1A - werden die Variablen und Instrumentierungszähler ausgegeben. Ein Vergleich mit dem Testblatt zeigt, daß die erwarteten Ergebnisse geliefert werden. Bild 9 zeigt die Überdeckung des Struktogramms, wie sie sich durch die Überlagerung aller fünf Testfälle ergibt.

5. BAUSTEINTEST MIT AUTOMATISCHER ERGEBNISKONTROLLE

Das in den Kapiteln 3 und 4 beschriebene Verfahren ist noch in einigen Punkten verbesserungsfähig:

- Der Vergleich zwischen Sollergebnissen und Istdaten erfordert einen hohen manuellen Aufwand, besonders bei umfangreichen Bausteinen mit einem hohen Datenfluß.

- Die Kontrolle nach Kapitel 3 umfaßt nur die Ausgangsdaten, die der Baustein verändern <u>soll</u>; erfahrungsgemäß kommt es jedoch zuweilen vor, daß Bytes überschrieben werden, deren Wert eigentlich erhalten bleiben soll (z. B. durch Adressierungsfehler). Hat die veränderte Variable für den Bausteindurchlauf keine Bedeutung, so bleibt die Veränderung unbemerkt.

- Das Ermitteln der Überdeckung eines Bausteins durch die Testfälle läßt sich automatisieren, indem man das Programm zum Zeichnen der Struktogramme dahingehend erweitert, daß die Instrumentierungszähler ausgewertet und im Struktogramm entsprechend markiert werden.

Das Testblatt muß maschinenlesbar erstellt (z. B. editiert) werden und einige zusätzliche Angaben enthalten (Bild 11). Für jeden Testfall müssen Angaben über alle geplanten Haltepunkte gemacht werden, mit denVergleichsdaten für die an dieser Stelle zu kontrollierenden Werte. Ferner muß dem SUBMIT bekanntgemacht werden, welche Adressen neben den definierten Ausgangsdaten sonst noch verändert werden dürfen - Schreibvorgänge in alle übrigen Bytes werden vom SUBMIT gemeldet. Für die Erzeugung eines Struktogramms mit eingezeichnetem Programmpfad schließlich benötigt das SUBMIT die Adresse der Quellsprache des Bausteins. Den Entwurf für ein solches SUBMIT-File zeigt Bild 12. Man hofft, mit dem beschriebenen Verfahren die Testqualität zu erhöhen (Überwachung der Schreibbefehle) sowie über Verminderung von manueller Arbeit Prüfungsaufwand einsparen zu können.

- Liste der Eingangsdaten mit Vorbesetzungen
- Vorbesetzungen für Register, Stackpointer, PC
- Liste der Haltepunktadressen mit an dieser Stelle zu vergleichenden Werten
- Liste aller veränderbaren Hilfsgrössen
- Liste der Ausgangsdaten mit Sollergebnissen
- Testfall-Nummer
- Testfall-Kurzbeschreibung
- Adresse der Quellsprache zum Erzeugen eines Struktogrammes mit eingezeichnetem Programmpfad

Bild 11: Erweitertes Testblatt als Input für SUBMIT-File

```
+------------------------------------------------------------------------+
!(2) *ENTRY ABTEST;                                                      !
!   Program-Counter (PC) setzen                                          !
!   Register vorbesetzen                                                 !
!   +--------------------------------------------------------------------+
!   !(5) *WHILE Eingangsdaten vorhanden;                                 !
!   !   +--DO------------------------------------------------------------+
!   !   !symbolische Adresse mit Wert vorbesetzen                        !
!   !   !Inhalt zur Kontrolle protokollieren                             !
!   +---+----------------------------------------------------------------+
!   +--------------------------------------------------------------------+
!   !(10) *WHILE PC < Bausteinende;                                      !
!   !   +--DO------------------------------------------------------------+
!   !   !(12) *WHILE PC ≠ naechster Haltepunkt und PC < Bausteinende;    !
!   !   !   +--DO--------------------------------------------------------+
!   !   !   !naechste Programmanweisung ausfuehren                       !
!   !   !   +------------------------------------------------------------+
!   !   !   !(15) *IF Schreibbefehl;                                     !
!   !   !   +-THEN-------------------------------------------------+-----+
!   !   !   !Merker loeschen                                       !     !
!   !   !   +------------------------------------------------------+     !
!   !   !   !(18) *WHILE Ausgangsdaten vorhanden;                  !     !
!   !   !   !   +--DO----------------------------------------------+     !
!   !   !   !   !(20) *IF Schreibadresse identisch;                !     !
!   !   !   !   +--THEN--------------------------------------+-----+     !
!   !   !   !   !Merker setzen                               !     !     !
!   !   !   +---+--------------------------------------------+-----+     !
!   !   !   !(25) *WHILE Hilfsvariable vorhanden;                  !     !
!   !   !   !   +--DO----------------------------------------------+     !
!   !   !   !   !(27) *IF Schreibadresse identisch;                !     !
!   !   !   !   +--THEN--------------------------------------+-----+     !
!   !   !   !   !Merker setzen                               !     !     !
!   !   !   +---+--------------------------------------------+-----+     !
!   !   !   !(32) *IF Merker nicht gesetzt;                        !     !
!   !   !   +-THEN---------------------------------------+-----+-----+   !
!   !   !   !Ausdruck "falsche Zelle veraendert"         !     !     !   !
!   !   !   !Adresse ausgeben                            !     !     !   !
!   !   +---+--------------------------------------------+-----+-----+---+
!   !   !Vergleiche entsprechend Haltepunkt                              !
!   !   !Haltepunkt fortschalten                                         !
!   +---+----------------------------------------------------------------+
!   Instrumentierungszaehlerstaende in Datei schreiben                   !
!   Ausgangsdatenvergleich                                               !
!   Registervergleich                                                    !
!   durchlaufenen Programmpfad aus Instrumentierungszaehlern ins         !
!   Struktogramm einblenden (Programmanstoss                             !
!   *EXIT;                                                               !
+------------------------------------------------------------------------+
```

Das beschriebene Verfahren soll helfen, die Tests von Software mit und ohne Sicherheitsverantwortung zu verbessern und sowohl für den Testenden als auch für den Prüfer zu vereinfachen. Besonders wünschenswert ist der Einsatz für Systeme mit Sicherheitsverantwortung, weil hier der Prüfaufwand naturgemäß besonders hoch ist.

Bild 12: SUBMIT für automatisierten Testablauf

LITERATUR

[1] Schildt, G.-H.: Grundlagen für Vergleicher mit Sicherheitsverantwortung, Siemens Forschungs- und Entwicklungsberichte, Bd. 9, 1980, Nr. 6, S. 347 - 353

[2] Nassi, I./ Shneiderman, B.: Flowchart Techniques for Structured Programming, SIGPLAN Notices, 1973, Nr.8, S. 12 - 16

[3] Ehrenberger, W./ Bologna, S.: Safety Program Validation by Means of Control Checking, Proceedings of the IFAC-Workshop SAFECOMP, Stuttgart, Mai 1979

[4] OSIRIS-Beschreibung V4.4, Siemens Eisenbahnsignaltechnik, Braunschweig, August 1983

MODULARE SOFTWARE UNTER INDUSTRIELLEN BEDINGUNGEN

W. Volkmann
D. Winkler

Unternehmensbereich Energie- und Automatisierungstechnik
SIEMENS AG, Karlsruhe

ZUSAMMENFASSUNG:

Durchgängige Verfahrenstechnik, Wiederverwendbarkeit von Produkten, Normierung von Schnittstellen und qualitätssichernden Maßnahmen sind in der industriellen Welt eine Notwendigkeit - und eine Selbstverständlichkeit. Die industrielle, ingenieurmäßige Erstellung von Software zeigt heute noch einen deutlichen Nachholbedarf gegenüber etablierten Disziplinen. Diese Lücke zu schließen ist ein besonderes Anliegen der Software-Ersteller, um marktgerecht und konkurrenzfähig zu bleiben. Wesentliche Aspekte sind zum einen die Wiederverwendung durch Standardisierung sowohl der Software-Schnittstellen als auch der Kommunikationsprotokolle - und zum anderen die Bereitstellung von Dienstleistungen für den Anwender. Im Vortrag wird über realisierte Lösungen sowie über deren Auswirkungen auf den Erstellungsprozeß berichtet.

1. ZIELE UND ANFORDERUNGEN FÜR EINE INDUSTRIELLE SOFTWAREERSTELLUNG

Die Ziele einer industriellen Softwareerstellung sind

- **Verkürzung der Erstellungszeit**
- **Senkung der Kosten** u n d
- **Verbesserung der Qualität**

Diese Ziele erfordern einerseits eine Verbesserung des Softwareerstellungsprozesses durch eine fertigungsorientierte Projektabwicklung, eine übersichtliche Dokumentation, eine rationelle Arbeitsteilung, Werkzeugeinsatz, Wiederverwendung von Software und andererseits eine Struktur der Software, die eine industrielle Erstellung wesentlich unterstützt.

2. SOFTWARE-ERSTELLUNGSPROZESS

Die Softwareerstellung, die begleitende Projektabwicklung und der Test werden durch ein Verfahrensmodell beschrieben. In diesem Verfahrensmodell sind die Aktionsbereiche (für Abwicklung, Erstellung, Test und SW-Verwaltung), die Verantwortung und die Bearbeitungsphasen sowie die dazugehörenden Ergebnisse festgelegt. Die wesentlichen Bearbeitungsphasen und Aktionsbereiche sind gegeneinander durch Meilenstein-Ergebnisse abgegrenzt. Die Vorgänge sind arbeitsteilig durchführbar. Werkzeuge unterstützen aufeinander abgestimmt die anfallenden Arbeiten. Das Verfahrensmodell bildet die Basis der Verständigung und Vereinbarung zwischen Auftraggeber und Auftragnehmer. Es ist der Rahmen für die Qualitätssicherung.

3. SOFTWARESTRUKTUREN UND WERKZEUGE

Zunächst soll eine für die industrielle Softwareerstellung geeignete Softwarestruktur erläutert werden. Die Software und deren Kommunikation wird in vier Ebenen gegliedert (Bild 1). Das SYSTEM, das meist aus mehreren Rechnern besteht, wird in einzelne SUBSYSTEME zerlegt, die Teile eines Rechnernetzes sind und über Vermittlungsprotokolle kommunizieren. Die Software innerhalb der SUBSYSTEME wird weiter in Programme (Task, Modul) zerlegt, die ebenfalls über standardisierte Protokolle miteinander kommunizieren. Die Programme werden als parallele Prozesse betrachtet zwischen denen eine Kommunikation stattfindet und deren Abläufe zu synchronisieren sind. Programme können weiter in Bausteine (Funktionen) zerlegt werden, die jedoch nicht parallel ablaufen.

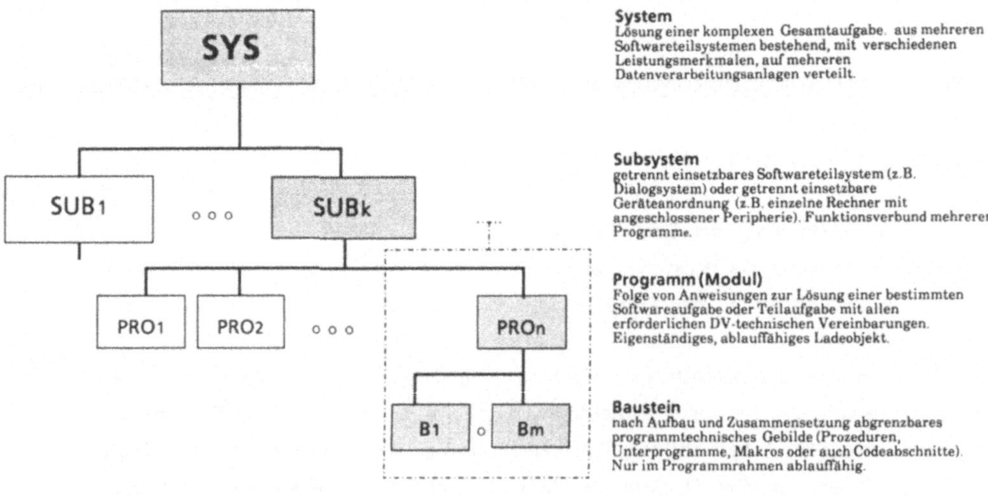

Bild 1 Software - Struktur der Modularen Software (rechnerunabhängig)

3.1 Kommunikationskonzept

Für das Kommunikationskonzept wird von Systemen mit verteilten Rechnern ausgegangen, wobei von Einsatzfall zu Einsatzfall eine unterschiedliche Aufteilung der Programme auf die Rechner stattfinden kann. Für die Kommunikation und Synchronisation wird deshalb ein Botschaftskonzept eingesetzt. Der Aufbau der Botschaften (Telegramme) wird standardisiert und ist unabhängig davon, ob sich Partner in gleichen oder unterschiedlichen Rechnern befinden.

Zur Abwicklung des Botschaftsaustausches wurden Kommunikationssysteme erstellt, die Analogien zu den BUS-Strukturen in der Hardware aufweisen. Diese Kommunikationssysteme werden daher nachfolgend als SOFT-BUS bezeichnet. Dieser übernimmt die Übertragung der Botschaften und die Synchronisierung der Programme sowie die Verbindung zum Systemteil für die rechnerübergreifende Kommunikation (Bild 2). Eine Analogie zu den fertigungstechnischen Vorgaben anderer Disziplinen wurde hier bewußt verfolgt.

Bestimmte am SOFT-BUS angeschlossene Programme stellen Dienstleistungen zur Verfügung, die durch den Botschaftsnamen und die dazugehörende Datenstruktur gekennzeichnet sind. Andere Programme, insbesondere Anwenderprogramme, nehmen diese Dienstleistung über den SOFT-BUS in Anspruch, z.B. können Werkzeuge für unterschiedliche Tätigkeiten am SOFT-BUS angeschlossen werden und stehen dem Anwender im Dialog zur Verfügung oder der Zugriff auf Daten wird über einen Datenverwaltungsmodul für den Anwender geregelt.

Der SOFT-BUS, dem ein Puffersystem zugeordnet ist, sorgt für die Entkopplung zwischen sendenden und empfangenden Programmen sowie für die erforderlichen Synchronisationsmaßnahmen, die durch entsprechende Aufrufe angestoßen werden. Die BUS-Schnittstelle ist so konzipiert, daß nur auf Initiative des Empfängers eine Botschaft übernommen wird. Während einer Tätigkeit des Empfängers eintreffende Botschaften werden im Puffersystem abgelegt. Dieses Botschaftskonzept wurde über Prozedur-Schnittstellen für höhere Sprachen (COBOL, PEARL, PASCAL, FORTRAN) und über eine Unterprogrammschnittstelle für ASSEMBLER realisiert. Programme können einfach ausgetauscht oder durch Adaption angepaßt werden.

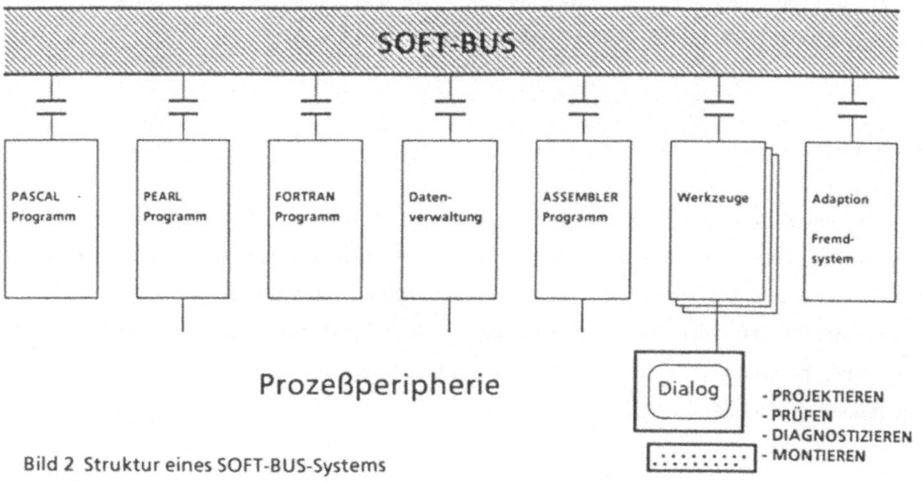

Bild 2 Struktur eines SOFT-BUS-Systems

Das vorgestellte Kommunikationskonzept ist Basis für den Werkzeugeinsatz, für die Wiederverwendung und für eine einfache Kommunikation von in unterschiedlichen Sprachen erstellten Programmen.

3.2 Werkzeugeinsatz

Am SOFT-BUS sind dialogorientierte Werkzeuge anschließbar. Diese Werkzeuge fassen bisher vom Ersteller einzeln ausgeführte Arbeitsgänge der Entwicklung, der Test-/Prüfvorbereitung, der Test-/Prüfdurchführung, der Systemmontage und der Diagnose zusammen.

Prüfwerkzeuge

Aufgrund des gewählten Kommunikationskonzepts wird ein Programm nur über die SOFT-BUS- oder die Peripherieschnittstelle angesprochen. Der Zustand eines Programms, das Informationen über diese beiden Schnittstellen abgibt, hängt daher nur von den über den SOFT-BUS oder die Peripherie eingetroffenen Daten ab. Für ein so aufgebautes Programm kann daher über eine Simulation an den Schnittstellen die Umgebung mit Echtzeitverhalten einfach in einem Softwareprüfwerkzeug nachgebildet werden (Bild 3). Diese Arbeitsvorgänge laufen geschlossen und damit weniger fehleranfällig ab. Die Prüfvorschriften, bestehend aus zulässigen und unzulässigen Botschaften und dem gewünschten zeitlichen Ablauf werden mit einem Werkzeug im Dialog festgelegt. Der nachfolgende Prüfvorgang wird ebenfalls im Dialog parametriert und gesteuert. Der Prüfling wird on-line und mit Rechnergeschwindigkeit von einem oder von mehreren Prüfprogrammen gleichzeitig stimuliert. Das Prüfergebnis schlägt sich sofort in einem Prüfprotokoll nieder. Der Prüfvorgang kann jederzeit unter gleichen Bedingungen wiederholt werden. Aufgrund der hohen Ablaufgeschwindigkeit und der simultan einwirkenden Prüfprogramme kann eine gute Annäherung an das reale Betriebsverhalten erreicht werden.

Diagnosewerkzeug

Der SOFT-BUS, über den alle Botschaften ausgetauscht werden, bietet die Diagnoseschnittstelle an. Mit dem Diagnosewerkzeug können die zwischen den Programmen ausgetauschten Botschaften auf Anforderung erfaßt, ausgegeben und archiviert werden. Abhängig von Botschaften oder deren Inhalt kann in den Kommunikationsablauf eingegriffen werden, beispielsweise kann ein Programm "angehalten" werden, wenn eine vorher angegebene Botschaft eintrifft.

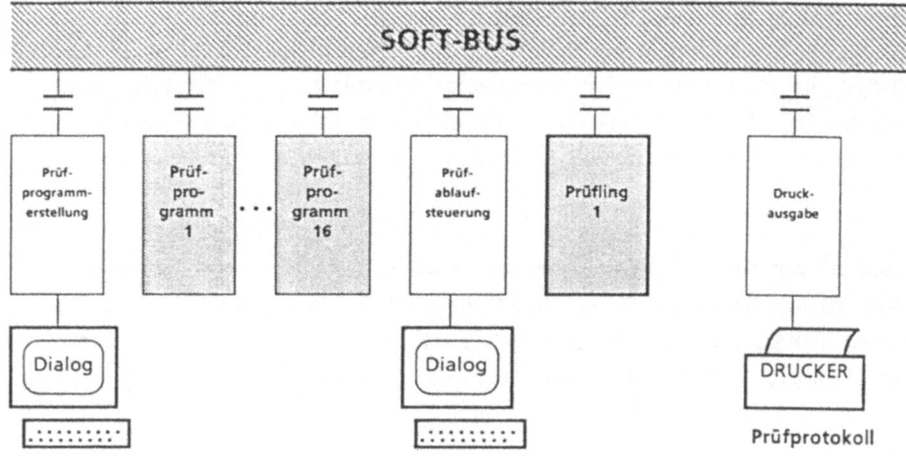

Bild 3 Prüf - und Diagnosewerkzeug im Simultanbetrieb

Die Prüf- und Diagnosefunktionen können von einem beliebigen im Verbund angeschlossenen Rechner initiiert werden. Die Ergebnisse werden zum initiierenden Rechner übertragen und auf dem Bildschirm ausgegeben.

3.3 Systemerstellung und Wiederverwendung

Ausgehend von der in einem Lastenheft vorgegebenen fachlichen Aufgabenstellung wird die dv-technische Lösung entwickelt. Die Funktionen für die Komponenten der einzelnen Ebenen werden durch eine methodische Zerlegung festgelegt. Diese Zerlegung wird so durchgeführt, daß ein möglichst großer Anteil der Software mit Programmen der Systembibliothek gelöst werden kann.

Aufgrund der einheitlichen Botschaftsschnittstelle sind Kommunikation und Synchronisation der in der Systembibliothek enthaltenen Programme aufeinander abgestimmt. Die Funktionen der Programme und die zugehörigen Botschaften (Name, Datenstruktur) repräsentieren die funktionelle Schnittstelle dieser Programme.

Für die zu entwickelnden Programme sind Richtlinien vorgegeben, die den Programmaufbau und den Aufbau der Botschaften festlegen.

Die projektspezifisch erstellten Programme werden nach der Prüfung in die Systembibliothek übernommen und stehen anschließend für eine Wiederverwendung zur Verfügung. Die Bibliothek wächst damit stetig und vergrößert ihren Leistungsumfang. Die Anpassung der Programme an die projektspezifische Umgebung sowie die Erstellung des Softwaresystems werden durch ein Generier- bzw. Montagewerkzeug ausgeführt.

4. BEEINFLUSSUNG DER SOFTWARE-VERFAHRENSTECHNIK

SOFT-BUS-Systeme tragen aufgrund der typisierten Struktur zu einer Vereinfachung der Verfahrenstechnik bei und reduzieren bisher notwendiges Spezialwissen beim Anwender. Die wesentlichen Einflüsse auf die Software-Erstellung sollen hier aufgezeigt werden.

Die Aussagen stützen sich auf ausgeführte softbusartige Systeme unseres Hauses, wie das Communicationssystem (COSY), der SOFT-BUS KOOR 300 und das DISIT-Kommunikationssystem (DKS). Diese wurden seit 1974 bis heute stetig um Werkzeuge und Funktionen erweitert, in Projekten erprobt und ihren Wirkungen analysiert.

4.1 Die Dokumentation als Materialfluß

- o Das vorgegebene Struktur-Schema des Softbus, die Definition der Komponenten, die normierten Schnittstellen und Protokolle verkürzen und vereinheitlichen die Planung.
- o Der Bearbeiter konzentriert sich auf die Teilaufgabe
- o Zweckmäßige Vordrucke erleichtern die Bearbeitung
- o Teildokumente sind wiederverwendbar
- o Die dokumentierten Meilenstein-Ergebnisse -die Unterlagen- sind prüfbar und sichern damit den Arbeitsstand
- o Die entstehende Dokumentation macht den Arbeitsfortschritt sichtbar (Bild 4)
- o Anwender- und Lieferunterlagen werden aus der Gesamtdokumentation für bestimmte Zielgruppen zusammengestellt.

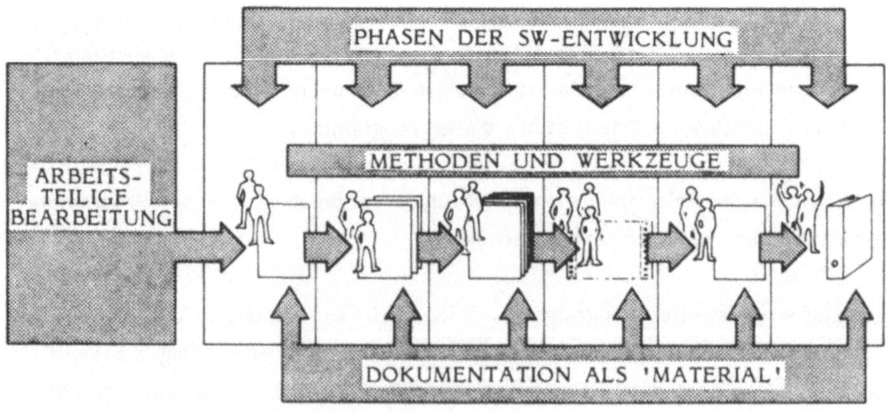

Bild 4 Materialfluß der Softwareerstellung

4.2 Rationalisierung der Softwareerstellung

- o Durch die eindeutige Gliederung des Software-Produktes und durch die konkrete und abgrenzbare Dokumentation ist eine frühe Arbeitsteilung in Teilprojekte bzw. Systemkomponenten möglich.
- o Die parallele Bearbeitung der SW-Produkte und deren Testvorbereitung und -durchführung verkürzt zusätzlich die Abwicklungszeit (Bild 5).

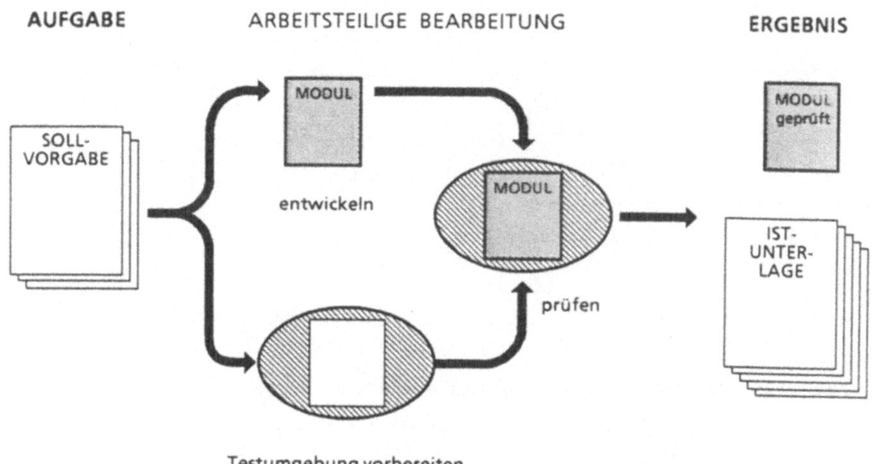

Bild 5 Arbeitstechnische Trennung der Softwareerstellung vom Softwaretest und Prüfvorgang

- o Das Kommunikationskonzept und die Botschaftsschnittstelle bilden die Voraussetzung für einen rationellen Werkzeugeinsatz zur Prüfung, Diagnose, Projektierung und zur Montage von Softwaresystemen
- o Bereits bei der Planung eines neuen SW-Produkts oder einer SW-Anlage können aufgrund der Typisierung und Dokumentation SW-Komponenten schnell gefunden und auf ihre Eignung geprüft werden.
- o Der Abruf aus der SW-Bibliothek und das Zusammenfügen zu einem Anwendersystem ist eine weitere Vereinfachung der Erstellung.
- o Die Wiederverwendung erstreckt sich nicht nur auf Bausteine bzw. Programme, sondern auch auf die Verschaltung ganzer System-Zellen für dezentrale, zentrale oder redundante Verbundsysteme und Anlagen (Bild 6).
- o Es wird erwartet, daß die Inbetriebsetzungs- und Wartungskosten sowie Abwicklungszeiten, insbesondere in einer geographisch aufgeteilten Anlage, mit den Prüfungs- und Diagnosemöglichkeiten im Anlagenverbund wesentlich verringert werden können.

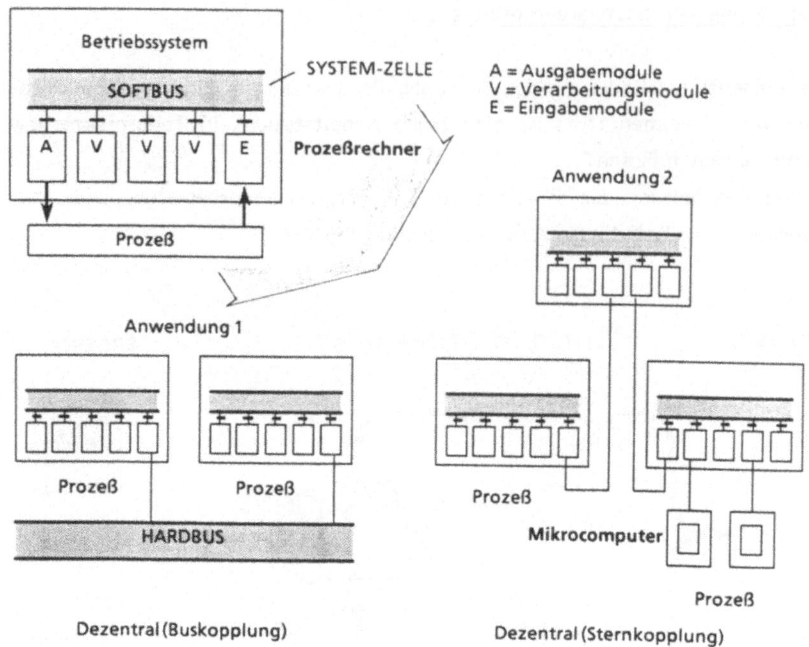

Bild 6 Verschaltung von Systemzellen für Anlagen und Verbundsysteme

4.3 Qualität des SW-Produktes

- o Die Wiederverwendung vorhandener, fehlerarmer SW-Komponenten läßt selbstredend leichter die geforderte Qualität des SW-Produktes erreichen.
- o Die Entwicklung typisierter SW-Komponenten mit Hilfe von dialogorientierten Projektierungs- und Implementierungswerkzeugen reduziert die Fehlerhäufigkeit.
- o Die Prüfung der entwickelten SW-Komponenten mit Prüf- und Diagnosewerkzeugen lokalisiert und beseitigt Fehler schneller.
- o Die Pflege und "Wartung" ist dementsprechend einfacher und aufwandsärmer.

4.4 Risikoarme Kalkulation

Die vorgenannten Einflüsse der Modularen Software wirken sich direkt und indirekt positiv auf die SW-Kalkulation aus. Das Risiko sinkt mit zunehmendem Anteil an direkt wiederverwendbaren SW-Komponenten.

Typisierte SW-Komponenten lassen sich leichter vergleichen. Die Referenzdatenbildung und Richtwertermittlung werden erleichtert. Das Risiko für neu zu entwickelnde SW-Komponenten läßt sich daher in Grenzen halten.

5. AUSBLICK

Unsere Erfahrungen mit der Modularen Software werden von anderen Software-Erstellern mit ähnlichen Strukturen und Vorgehensweisen dahingehend bestätigt, daß Produktivitätssteigerungen um Faktoren möglich sind.

Unsere Softwarewelt zeigt uns aber jetzt schon sehr deutlich, daß noch so positive Verbesserungen der SW-Erstellung in einzelnen Bereichen zukünftig nicht an der Tatsache vorbeikommen, auch miteinander kommunizieren und Fremdsoftware einfügen zu müssen. Aus diesem Grunde wird eine Zusammenführung der softbusartigen Systeme innerhalb unseres Bereichs auf der Basis des ISO-Schichtmodells bzw. nach Norm OSI (Open Systems Interconnection) vorbereitet.

In höheren Sprachen müssen zukünftig die Aspekte Kommunikation und Synchronisation von Prozessen über Botschaftsmechanismus wesentlich stärker berücksichtigt werden.

Die nationalen und internationalen Bestrebungen, normierte SW-Schnittstellen, Übertragungsprotokolle und Kommunikationsstandards in Verbundsystemen zu schaffen, werden damit unterstützt.

Zur Anforderungsspezifikation von Interaktiven Prozeßinformationsystemen

F.J. Polster, R. Weidemann

Kernforschungszentrum Karlsruhe GmbH
Institut für Datenverarbeitung in der Technik
Postfach 3640, D-7500 Karlsruhe 1
Bundesrepublik Deutschland

Zusammenfassung:
Ziel der Phase Anforderungsdefinition ist die Ermittlung der Fähigkeiten eines geplanten DV-Systems und deren Dokumentation in einem Pflichtenheft. Anhand eines konkreten Beispiels wird eine Methodik zur Erstellung des Pflichtenheftes für interaktive Prozeßinformationssysteme vorgestellt. Es besteht aus der Beschreibung der betrieblichen Abläufe, dem Entwurf eines konzeptuellen Datenbank-Schemas unter Verwendung des Entity-Relationship Modells und der Spezifikation der Anwenderschnittstellen (Dialoge zur Durchführung technischer Prozesse, Anfragen, Berichte) mittels sogenannter Transaktionen. Ausgehend von den hiermit gemachten Erfahrungen wird auf Möglichkeiten zur rechnergestützten Erstellung und Wartung eines Pflichtenheftes eingegangen.

1. Einleitung

In der Hauptabteilung Dekontaminationsbetriebe (HDB) des Kernforschungszentrums Karlsruhe werden in zehn verfahrenstechnischen Anlagen schwach- und mittelaktive radioaktive Abfälle unterschiedlichen Typs in mehreren Prozeßstufen zu für die Lagerung geeigneten Endgebinden verarbeitet bzw. wiederverwendbare Geräte oder Geräteteile dekontaminiert. Z.Zt. werden jährlich etwa 10000 Lieferungen von Rohabfällen angenommen und 18000 Endgebinde zur Endlagerung produziert. Auf Grund einer Vielzahl gesetzlicher Vorschriften und Verordnungen besteht für HDB die Verpflichtung, über die vielfältigen Materialströme, die Zu- und Abgänge, die Verarbeitungsschritte und die zu lagernden Endgebinde buchzuführen; die hierzu erforderliche Buchführung soll zusätzlich für HDB-interne Fragestellungen Informationen über die technischen Prozesse und Abläufe zur Verfügung stellen /10, 12/.
Vorstudien /8,9,12/ führten zur Entscheidung, dieses Informationssystem als EDV-System zu realisieren, das als ein "interaktives Prozeßinformationssystem" (vgl. /14/) charakterisiert ist:

- Es ist eine Datenbasis bereitzustellen, die den Informations-Bedürfnissen und -Verpflichtungen der HDB gerecht wird. Es liegt also eine Datenbankanwendung vor.
- Die Daten beschreiben Materialien (hier radioaktive Abfälle), Materialflüsse und -verarbeitung.
- Das System soll jederzeit den aktuellen Stand widerspiegeln. Insbesondere die Datenerfassung hat daher "synchron zum Datenanfall" zu erfolgen. Dies geschieht mittels rechnergeführter, benutzerfreundlicher "Dialoge" an Datensichtstationen "vor Ort" durch das Betriebspersonal der HDB schritthaltend mit der Durchführung der entsprechenden technischen Prozesse.

(Für eine ausführliche Beschreibung wird auf /10/ verwiesen.)

Dieser Bericht befaßt sich mit der Ermittlung und Spezifikation der Anwender-Anforderungen für dieses DV-System als Beispiel eines interaktiven Prozeßinformationssystems. Allgemein stellt dies die erste Phase im "life-cycle" eines DV-Systems dar, sie wird hier weiterhin Anforderungsdefinition genannt ("requirements" und "product design" in /6/, "Systementwurf" in /11/).

Das Ergebnis dieser Phase ist das Pflichtenheft, das den Funktions- und Leistungsumfang des Software-Produkts beschreibt:

- Es muß die Funktionsweise des DV-Systems aus der Sicht des Benutzers dokumentieren (vgl. /11/). Zum Abschluß der Phase Anforderungsdefinition ist das Pflichtenheft von ihm zu validieren, insbesondere also auf Vollständigkeit und Korrektheit zu überprüfen. Mit der Validation durch den Anwender wird dieses Dokument festgeschrieben und verbindlich (eine "baseline" /6/).
  Dies bedeutet, daß die Beschreibungstechniken und Konzepte zur Anforderungsdefinition für den Anwender, i.allg. ein EDV-Laie, verständlich sein müssen.
- Das Pflichtenheft bildet die Grundlage für die Realisierung des Programmsystems in den nachfolgenden Phasen der Software-Entwicklung. Insbesondere sollte die Realisierung ohne nochmaliges Einschalten des Anwenders möglich sein.
  Dies war von besonderer Bedeutung für das HDB-Informationssystem, da hier die Implementierung extern durch ein Software-Haus vorgesehen war: das Pflichtenheft war hier zugleich das Kernstück der Ausschreibungsunterlagen.

Nach dem oben Gesagten besteht für ein interaktives Informationssystem im besonderen die Anforderungsdefinition in der Erarbeitung und Spezifikation der

- Informationsbedürfnisse des Anwenders, d.h. eines konzeptuellen Datenbank-Schemas
- der Anwenderschnittstelle als eine Menge von (1) "Dialogen" an Bildschirmterminals zur Durchführung der technischen Prozesse und (2) Auswertungen der Datenbank (Anfragen, Berichte).

Die für das HDB-Informationssystem eingesetzte Spezifikationstechnik und der Aufbau des Pflichtenheftes hierzu sollen im folgenden dargelegt werden. Anschließend wird kurz auf die Erfahrungen hiermit und allgemein die Problematik der Anforderungsdefinition für interaktive Informationssysteme eingegangen.

2. Die Anforderungsdefinition zum HDB-Informationssystem

Das Pflichtenheft des HDB-Informationssystems besteht aus vier Teilen:

- Betriebliche Abläufe /1/
- Modellierung, konzeptuelles Datenbank-Schema /2/
- Transaktionen /3/
- Berichtewesen /4/

2.1. Betriebliche Abläufe

Dieser Teil des Pflichtenheftes stellt eine "gezielte Vertiefung" der Ist-Analyse dar (vgl. /11/, p. 71) und beschreibt in der Terminologie des Anwenders die Aktivitäten und Aufgaben, die vom Informationssystem zu unterstützen bzw. zu übernehmen sind. Hierzu gehören insbesondere die Beschreibung der HDB (Aufbau aus einzelnen "Anlagen", die Zusammenhänge zwischen den einzelnen Anlagen), die zu erfassenden Verarbeitungsvorgänge, die Stellen, an denen Daten anfallen bzw. benötigt werden, die erforderlichen Berichte und Anfragen.

Ausgehend von den "betrieblichen Abläufen" beschreiben die folgenden Teile mittels abstrakter Systemkomponenten das funktionale Modell eines DV-Systems (vgl. /11/), das die gewünschten Fähigkeiten erbringt.

2.2. Modellierung, konzeptuelles Datenbank-Schema

Ein Pflichtenheft für ein Informationssystem muß insbesondere auch die Datenbasis spezifizieren, die für die Anwendung erforderlich ist, d.h. es sind die Informationsbedürfnisse des Anwenders, wie sie im ersten Teil des Pflichtenheftes dokumentiert sind, zu einer Gesamtbeschreibung der erforderlichen Daten mit ihren Eigenschaften, dem sog. "konzeptuellen Datenbank-Schema", zu integrieren (vgl. /7/).

Zur Modellierung der Daten des durch das Informationssystem zu erfassenden Ausschnitts der HDB hat man sich des E-R-Modells (entity-relationship Modell) /5, 11/ bedient, d.h. man beschreibt Entity's (Gegenstände) und Beziehungen (relationships) zwischen diesen.

Zu jedem Entity-Typ wird eine I n t e r p r e t a t i o n angegeben, d.h. eine Charakterisierung der Objekte der HDB, die durch ein Entity des jeweiligen Typs repräsentiert werden. Ein Beispiel für eine Interpretation gibt Bild 1.

```
+-----------------------------------------------------------------+
! Ein Entity vom Typ BATCH repraesentiert eine Materialeinheit    !
! (Reststoff, Zwischenprodukt), die eine HDB-Anlage von einer ande- !
! ren HDB-Anlage oder von extern zur Verarbeitung annimmt.         !
+-----------------------------------------------------------------+
```

Bild 1: Die Interpretation des Entity-Typs BATCH (aus /2/)

Die Spezifikation der Attribute wird für jeden Entity-Typ separat in Form einer Tabelle mit drei Spalten angegeben (vgl. Bild 2):

Attr.	Bedeutung	Eigenschaften
1	BATCH-Bezeichnung (Begleitscheinnummer ohne Pruefziffer!)	id A7
:	: : : : : : : : : :	: : : : :
26	beta-Nuklid	m(16)
26.1	Nuklidbezeichnung	A7
26.2	aktuelle Aktivitaet	R,<10**20,Bq
27	aktuelle Position	m(2)
27.1	Position	
27.1.1	Positionsbezeichung	A4
27.1.2	Feldbezeichnung	A2
27.1.3	X-Koordinate	I3,0-100
27.1.4	Y-Koordinate	I3,0-100
27.1.5	Z-Koordinate	I3,0-100
27.2	Menge (vom Batch) an 27.1	R,0-100,cbm
:	: : : : : : : : : :	: : : : :

Bild 2: Beschreibung des Entity-Typs BATCH (Auszug, aus /2/)

Die erste Spalte enthält die Bezeichner der Attribute. Der Vielzahl und leichteren Handhabbarkeit wegen sind dies einfach Nummern (als Zeichenketten interpretiert). Wo notwendig, etwa zur Unterscheidung von gleichnamigen Attributen verschiedener Entity's, werden den Attributbezeichnern die jeweiligen Entity-Bezeichner vorangestellt.
In Spalte 2 folgt eine verbale Beschreibung der "Bedeutung" der Attribute.
Spalte 3 schließlich gibt für das betreffende Attribut dessen "Eigenschaften" an:

- Ein Attribut kann ein Schlüssel, d.h. "identifizierend" sein, notiert: id , d.h. es gibt keine zwei Entity's eines Entity-Typs, die im Wert für ein Schlüssel-Attribut übereinstimmen. Attribut 1 von Bild 2 ist ein Schlüssel-Attribut der BATCH Entity's.
- Ein Attribut kann andere Attribute zu einer G r u p p e zusammenfassen, es wird dann ein Gruppenattribut genannt. Die Namen der Attribute eines Gruppenattributs haben dessen Bezeichner als Präfix, mit einem Punkt als Trennzeichen. Attribute 26 und 27.1 von Bild 2 sind Beispiele für Gruppenattribute mit den Attributen 26.1, 26.2 bzw. 27.1.1 bis 27.1.5. Ein Attribut eines Gruppenattributs kann selbst wieder ein Gruppenattribut sein, so ist Attribut 27.1 z.B. ein Attribut des Gruppenattributs 27!

- Ein Attribut kann e i n f a c h oder m u l t i p e l sein: ein einfaches Attribut eines Entity hat höchstens eine Ausprägung ("Attributwert"), ein multiples beliebig viele. Die Attribute 26 und 27 sind multiple Attribute, wobei Attribut 26 maximal 16, notiert: m(16), Attribut 27 maximal zwei, notiert: m(2), Ausprägungen pro Entity haben kann.
- Weiterhin ist zu jedem Attribut sein W e r t e b e r e i c h (Domäne /11/) angegeben. Beispiele von Bild 2:
  Der Wertebereich von Attribut 1 ist die Menge der Zeichenketten der Länge 7, notiert: A7. Attribut 26.2 hat als Wertebereich die positiven reellen Zahlen, die kleiner als 10^{20} sind; mit "Bq" wird zusätzlich die Maßeinheit angegeben. Attribut 27.1.3 hat als Wertebereich die ganzen Zahlen z mit $0 \leq z \leq 100$.

Auf diese Weise noch nicht erfaßte Zusammenhänge zwischen Attributen (eventuell auch unterschiedlicher Entity-Typen) werden in Form von Implikationen, Äquivalenzen oder auch einfach verbal dargestellt. Hierzu gehört insbesondere auch die Darstellung von Zuständen in der Welt des Anwenders wie z.B. "Batch ist verarbeitet" durch Eigenschaften von Entity's (vgl. Bild 3).

```
+-------------------------------------------------------------------+
! BATCH von HDB abgegeben        ==> BAT.27=NULL                     !
! BATCH ist     verarbeitet      <==> BAT.27=NULL and BAT.6<>NULL    !
! BATCH ist     verarbeitet      ==> BAT.3<>NULL                     !
! Es kann BAT.27.1.1<>NULL und BAT.27.1.i=NULL für 2<=i<=5 sein!     !
+-------------------------------------------------------------------+
```

Bild 3: Eigenschaften des Entity-Typs BATCH (Auszug, aus /2/)

Beziehungen ("relationships") zwischen Entity-Typen sind in Form von Diagrammen dargestellt. Hierzu ein Beispiel aus /2/: Ein Entity vom Typ AUFWAND repräsentiert den für einen bestimmten Verarbeitungsschritt in Rechnung zustellenden Aufwand. Für HDB gelten folgende Aussagen: (1) Ein Aufwand ist stets genau einem BATCH-Entity (vgl. Bild 1) zugeordnet und (2) zu einem BATCH-Entity kann es keinen oder beliebig viele Aufwände geben.
Dieser Sachverhalt wird als Beziehung BA-AUF wie folgt dargestellt (vgl. /2/):

```
                              ***
+-------+        0-n        *     *     1          +---------+
! BATCH !--------------*  BA-AUF   *-------------! AUFWAND !
+-------+                   *     *                +---------+
                              ***
```

Mit diesem Teil des Pflichtenheftes sind die statischen Aspekte des Systems beschrieben, die funktionale Beschreibung (die Operationen auf der Datenbank), insbesondere die Anwenderschnittstelle, ist Gegenstand der beiden letzten Teile.

2.3. Transaktionen

Dieser Teil spezifiziert die Schnittstelle des interaktiven Informationssystems zur Unterstützung und Erfassung von Daten bei Verarbeitungsvorgängen mittels "Transaktionen".
Es werden zunächst für alle Transaktionen gültige "allgemeine Eigenschaften" angegeben. Es sind dies Vereinbarungen bzw. Anforderungen allgemeiner Art, wie z.B. allgemeine Bedienungsregeln, Definition der Bedeutung von Funktionstasten, Reaktion auf fehlerhaft Eingaben, Bildschirmaufbau, etc.
Die eigentliche Spezifikation von Transaktionen sei am konkreten Beispiel der Transaktion TRF.5 ("Reststoff/Zwischenprodukt transferieren") aus /3/ erläutert. Die Spezifikation einer Transaktion besteht aus folgenden Teilen:

- Funktionsbeschreibung (Bild 4):
Funktion und Ablauf der Transaktion werden verbal erläutert. Zusätzlich sind die Operationen der Transaktion auf Entity-Ebene angegeben.

```
+------------------------------------------------------------+
!                                                            !
!                                                            !
! Reststoff/Zwischenprodukt transferieren.                   !
!                                                            !
! Operationen:                                               !
!               Entity BATCH aktualisieren                   !
!                                                            !
!                                                            !
! Ablauf:                                                    !
!                                                            !
! Im Entity BATCH wird die Position des Reststoffs aktualisiert. !
! Ist bisher noch keine Position erfasst, so wird die Anfangsposi- !
! tion festgehalten. Ein BATCH kann nur als Ganzes transferiert !
! werden.                                                    !
!                                                            !
+------------------------------------------------------------+
```

Bild 4: Funktionsbeschreibung der Transaktion TRF.5

- E/A-Entwurf (Bild 5):
Dieser Teil spezifiziert die "statischen" Teile, insbesondere das "layout", der Schnittstelle zum Anwender, hier also Bildschirmmasken.
Hierzu werden, wie in Bild 5 gezeigt, der Aufbau der Bildschirmseiten einer Transaktion (eine Transaktion erstreckt sich i.allg. über mehrere Bildschirmseiten!) genau so angegeben, wie sie sich dem Anwender darbieten werden, und nicht etwa in Form eines für den Anwender schwer verständlichen "screen definition" Programms: für die unveränderlichen Teile wird Großschreibung (einschließlich Sonderzeichen) verwendet, Eingabe- und Ausgabefelder sind durch "Platzhalter" dargestellt (a = alphanumerische Eingabe, n = numerische Eingabe, X = Ausgabe).

```
+------------------------------------------------------------+
!                                                            !
!                                                            !
! DIALOG: TRANSFERDATEN TRF.5               ANLAGE X         !
!                                                            !
!                                                            !
! BEGLEITSCHEINNUMMER:    aaaaaaaa/a                         !
!                                                            !
! ABGEBENDE POSITION: XXXX-XX-XXX-XXX-XXX                    !
!                                                            !
! ANNEHMENDE POSITION                                        !
!                    LAGER:                 aaaa             !
!                    FELD:                  aa               !
!                    X-KOORDINATE:          nnn              !
!                    Y-KOORDINATE:          nnn              !
!                    Z-KOORDINATE:          nnn              !
!                                                            !
! DATUM DER UMLAGERUNG:   nn.nn.nn                           !
!                                                            !
! DIALOG-ENDE                                                !
!                                                            !
!                                                            !
+------------------------------------------------------------+
```

Bild 5: E/A-Entwurf der Transaktion TRF.5

- Spezifikation der Operationen (Bild 6):
Hier werden die "dynamischen" Aspekte einer Transaktion, d.h. die Verarbeitung der Eingabedaten und Herleitung der Ausgabedaten mittels O p e r a t i o n e n festgelegt. "E/A-Operationen" bzw. "Interne Operationen" beschreiben, nach welchen Algorithmen die Eingaben bzw. andere (möglicherweise aus den Eingaben ermittelte) Werte (Spalte "Eingabeparameter" bzw. "Wert") zu verarbeiten sind, insbesondere in welcher Weise damit auf die Datenbank lesend oder schreibend zuzugreifen ist (Spalte "Entity.Attribut"). Die zur Spezifikation der Transaktionen benötigten Algorithmen sind in einer "Liste der Algorithmen", beschrieben. Einen Auszug aus

```
+-----------------------------------------------------------------+
!                                                                 !
!    E/A Operationen                                              !
!                                                                 !
+-----------------------------------------------------------------+
! Eingabeparameter       ! Algorith- ! Entity.    ! Prüfung       !
!                        ! mus       ! Attribut   !               !
!------------------------+-----------+------------+---------------+
! Begleitscheinnummer    ! SEARCH    ! BAT.1      ! EXIST         !
!                        !           !            ! PZIFF         !
! annehmende Position    ! INSERT    ! BAT.27.1   ! POSNACH       !
! Datum der Umlagerung   ! NIL     * ! BAT.5      ! DATUM         !
+-----------------------------------------------------------------+
!                                                                 !
!                                                                 !
!    Interne Operationen                                          !
!                                                                 !
+-----------------------------------------------------------------+
!      Wert              ! Algorith- ! Entity.    ! Prüfung       !
!                        ! mus       ! Attribut   !               !
+------------------------+-----------+------------+---------------+
!     BAT.14             ! SEARCH    ! ANA.1      ! ANALYSE       !
!     BAT.12             !         * !            ! SORTE         !
!     BAT.11             ! INSERTA   ! BAT.27.2   !               !
!                        ! OUTPOS    ! BAT.27     !               !
!                        ! LAGER   * ! BAT.4      !               !
!                        ! AUSWAHL * ! BAT.3      !               !
+-----------------------------------------------------------------+
!                                                                 !
! Bedingungen:                                                    !
!                                                                 !
! * BAT.3 darf zu Beginn der Transaktion noch keinen Wert besitzen.!
!                                                                 !
+-----------------------------------------------------------------+
```

Bild 6: Spezifikation der Operationen der Transaktion TRF.5

der Liste der Algorithmen des HDB-Systems gibt Bild 7 wieder. Wie gezeigt können Algorithmen sehr einfache Arithmetik (ADD), aber auch komplexe Prozeduren mit Zugriffen auf die Datenbank (REDUCE) und/oder unter Verwendung anderer Algorithmen (OUTPOS) beschreiben.
Eine Operation besteht i.allg. neben einem Algorithmus aus einer "Bedingung" (in Bild 6 durch * gekennzeichnet) und einer "Prüfung": der Algorithmus ist nur auszuführen, wenn die zugeordnete Bedingung erfüllt ist.
Prüfroutinen werden während oder nach Ausführung des Algorithmus angewandt, sie spezifizieren z.B. Plausibilitätsprüfungen bei Eingaben, Grenzwertüberwachungen, Verifizierung von Prüfziffern. Hierzu gehören auch Prüfungen zur Gewährleistung der Integrität der Datenbasis (z.B. Existenz von Entity's, Vorhandensein bestimmter Attributwerte, etc.). Zu jeder Prüfroutine wird das Verhalten des Informationssystems bei der Verletzung der Prüfbedingung mittels einer "Fehler-Kategorie" festgelegt und ein Fehlermeldungstext für die Ausgabe am Bildschirm angegeben (vgl. Bild 8).

- Tabellen
  Wertemengen, die von Algorithmen oder Prüfroutinen benötigt werden, sind als "Systemtabellen" (Codetabellen, Prüftabellen, Preislisten, etc.) dargestellt.

2.4. Berichtewesen

Dieser Teil spezifiziert die durch das HDB-Informationssystem vorzunehmenden Auswertungen der Datenbank, also "Berichte" und "Info's" (Anfragen). Diese werden ganz analog wie Transaktionen beschrieben (vgl. Abschnitt 3B). Der Unterschied besteht lediglich darin, daß hier die Spezifikation von Ausgaben im Mittelpunkt steht (im Gegensatz zur Dateneingabe mit dazugehörigen Datenbank-updates von Abschnitt 2.3): es sind (1) Bericht-Layouts und (2) die Ermittlung der Werte von Ausgabefeldern aus der Datenbank zu beschreiben (vgl. "E/A-Entwurf" bzw. "Spezifikation der Operationen" von oben).

```
+-------------------------------------------------------------------+
!                                                                   !
! Zeichenerklaerung:                                                !
!         AE = Attribut des Entity, dem ein Wert zugewiesen wird.   !
!         EW = Eingabewert.                                         !
!                                                                   !
! ADD     AE = AE + EW                                              !
!                                                                   !
! OUTPOS  1. Loeschen der alten Positionsangabe (falls vorhanden).  !
!         2.         AUSWAHL,INSERT  BAT.27.1.1                     !
!            BAT.11  INSERTA         BAT.27.2                       !
!                                                                   !
! REDUCE  Eine Nuklidliste enthaelt (maximal) 16 Elemente:          !
!         a. (maximal) 14 verschiedene Nuklidbezeichnungen nach     !
!            PMAT.3                                                 !
!         b. einen Eintrag mit Nuklidbezeichnung = KURZLEBIGE       !
!         c. einen Eintrag mit Nuklidbezeichnung = SONSTIGE         !
!         jeweils zusammen mit einer Aktivitaetsangabe.             !
!         Werden 2 Nuklidlisten zu einer zusammengefasst, so ist    !
!         wie folgt zu verfahren:                                   !
!         1. Bilde eine Liste, die die (maximal) 28 verschiedenen   !
!            Nuklidarten aus a) enthaelt.                           !
!         2. Gleiche Nuklidarten werden zusammengefasst             !
!            (Aktivitaeten addiert).                                !
!         3. Die Nuklide mit den hoechsten Aktivitaeten (maximal 14)!
!            werden in die neue Nuklidliste uebernommen.            !
!         4. Addiere die Aktivitaeten der Uebrigen und der SONSTIGEn!
!            der beiden alten Listen und uebertrage das Ergebnis    !
!            in die neue Liste unter SONSTIGE.                      !
!         5. Addiere die Aktivitaeten der KURZLEBIGEn der alten     !
!            Listen und uebertrage diese in die neue Liste unter    !
!            KURZLEBIGE.                                            !
!                                                                   !
! SEARCH  AE = EW                                                   !
!         Zu jedem Wert von EW (mehrere, falls EW multipel) wird    !
!         genau ein Entity gesucht.                                 !
!                                                                   !
+-------------------------------------------------------------------+
```

Bild 7: Spezifikation der Algorithmen (Auszug, aus /3/)

```
+-------------------------------------------------------------------+
!                                                                   !
! EXIST   Existenz ueberpruefen. Es muss bereits ein AE mit EW      !
!         existieren.                                               !
!         Kategorie: Korrektur                                      !
!         Text: Ein Objekt mit dieser Bezeichnung ist dem System    !
!         nicht bekannt.                                            !
!                                                                   !
! PZIFF   Pruefziffer verifizieren.                                 !
!         Die Pruefziffer (durch '/' vom Bezeichner abgetrennt) wird!
!         eingegeben und ueberprueft, jedoch nicht abgespeichert.   !
!         Errechnet wird die Pruefziffer nach dem 'Modulus 11 DSR-  !
!         System' aus der Begleitscheinnummer oder der Seriennummer !
!         (= Bezeichner ohne voranstehenden Buchstaben).            !
!         Algorithmus:                                              !
!         1. Nummer / 11 = X (ganze Zahl) + Y (Rest)                !
!         2.    Z        = 11 - Y                                   !
!         3. Pruefziffer = Z       fuer  Z < 10                     !
!                        = "X"     fuer  Z = 10                     !
!                        = "0"     fuer  Z = 11                     !
!         Kategorie: Warnung                                        !
!         Text: Die Objektbezeichnung oder die Pruefziffer ist nicht!
!         korrekt.                                                  !
!                                                                   !
+-------------------------------------------------------------------+
```

Bild 8: Spezifikation der Prüfroutinen (Auszug, aus /3/)

3. Erfahrungen, allgemeine Überlegungen zur Anforderungsdefinition

Das Pflichtenheft für das HDB-Informationssystem spezifiziert in der oben dargestellten Weise 20 Transaktionen und 12 Berichte bzw. Info's (Stand: Mitte 1983). Hiermit ist das System aus der Sicht des Anwenders vollständig beschrieben.
Auf dieser Grundlage wurde der Auftrag zur Implementierung durch ein Software-Haus ausgeschrieben, haben die Anbieter ihre Angebote kalkuliert und konnte der Auftragnehmer die Realisierung durchführen. Der vorgestellte Ansatz hat sich somit insgesamt bewährt.

Zum Abschluß soll noch ausgehend von den Erfahrungen allgemein auf die Erstellung von Pflichtenheften eingegangen werden (vgl. /13/):

A) Zur Beschreibung der betrieblichen Abläufe:
Eine wichtige Erkenntnis ist, daß, obwohl die Modellierung und funktionale Beschreibung des Informationssystems das zu erstellende DV-System vollständig beschreiben und alle zur Realisierung erforderlichen Angaben enthalten, die Beschreibung der betrieblichen Abläufe einen unentbehrlichen Teil eines Pflichtenheftes darstellt:

- Es hat sich gezeigt, daß es für den Implementierer wichtig ist, den Hintergrund der abstrakten Spezifikation zu verstehen, das Verständnis der Anwendung ist wesentlich für seine Motivation!
- Solche Kenntnisse sind z.T. sogar erforderlich für Entscheidungen bez. der Realisierung. Auf Grund entsprechender Aussagen des Teils "Betriebliche Abläufe" kann es z.B. möglich sein zu entscheiden, ob Zahl, Bezeichner etc. von Anlagen Bestandteil des Programms (und damit Änderungen eine Neuprogrammierung zur Folge haben) oder getrennt vom Programm in einer leicht änderbaren Datei abgelegt werden sollen. Weiterhin ermöglichen sie es, daß vom Implementierer bei der Realisierung Unstimmigkeiten bzw. Lücken im Pflichtenheft entdeckt werden können.
- Sie werden weiterhin zur Durchführung von Tests der Anwenderschnittstelle, insbesondere für die Abnahme des Systems, benötigt, wo typische Abläufe mit realistischen Daten durchzuspielen sind.
- Anforderungsdefinition ist ein iterativer Vorgang, im vorliegenden Beispiel hatte man sich nacheinander mit den zehn HDB-Anlagen vertraut zu machen (vgl. /10/), was sich über einen Zeitraum von einem Vierteljahr erstreckte. Dabei ist es natürlich und i.allg. wohl unvermeidlich, daß beim Einarbeiten neuer Sachverhalte bereits erfolgte Festlegungen und Entscheidungen sich als nicht mehr tauglich erweisen und zumindest modifiziert werden müssen. Es ist dann wesentlich, daß die bisher angestellten Überlegungen nachvollziehbar sind, daß insbesondere die Gründe, die dazu geführt haben, aufgezeigt werden können. Dies wird besonders wichtig, wenn der Anwender in späteren Phasen der Systemerstellung Änderungswünsche äußert: bei umfangreichen Systemen ist es vorallem bei funktionalen Änderungen häufig schwierig zu überblicken, welche Auswirkungen eine Änderung möglicherweise auf den Rest der Spezifikation hat. Dieses Problem könnte man durch folgenden Ansatz zu entschärfen versuchen:
  Es ist sinnvoll zu postulieren, daß jede Aussage der Modellierung und funktionalen Spezifikation in Aussagen der betrieblichen Abläufe begründet sein muß. In diesem Sinne liefert dieser Teil, was man die "Axiome" des Pflichtenheftes nennen könnte. Sorgt man dafür, daß entsprechende "Querverweis"-Informationen vorhanden sind, ist es zur Änderung der Spezifikation möglich, die Axiome aufzuzeigen, auf denen die zu modifizierenden Stellen beruhen. Diese Axiome werden ebenfalls entsprechend zu ändern sein; weiterhin können dann alle Festlegungen der Spezifikation, die in diesen begründet sind, aufgesucht, überprüft und gegebenenfalls geändert werden.

B) Zum Begriff der Transaktion:
In Abschnitt 2 wird unterschieden zwischen Transaktionen und Berichten bzw. Anfragen. Dem liegt die Vorstellung zugrunde, daß die Unterschiede aus der Sicht des Anwenders (Transaktionen dienen der Datenerfassung, Berichte bzw. Anfragen dagegen sind Auswertungen der Datenbank) auch unterschiedliche Mittel zur Spezifikation bedingen.
Es hat sich jedoch gezeigt, daß diese Unterscheidung unter dem Aspekt der Spezifikation nicht sinnvoll ist: i. allg. sind für Transaktionen ebenso wie für

Berichte bzw. Anfragen zu spezifizieren
- interaktive Dateneingaben (bei Berichten: Eingabe der Werte von Parametern für Datenbank-Anfragen, Detaillierungsgrad eines Berichts, u.ä.)
- sowohl lesende als auch schreibende Zugriffe auf die Datenbank
- Operationen zur Ermittlung der Werte von Entity-Attributen aus Eingaben und zur Herleitung der Ausgabewerte aus Attributen der Datenbank.

Es ist daher angemessen, den Transaktionsbegriff zu verallgemeinern, so daß die funktionale Spezifikation eines interaktiven Informationssystems einheitlich mittels Transaktionen erfolgt.

Ein Pflichtenheft für interaktive Informationssysteme besteht somit aus den Teilen
- Betriebliche Abläufe
- Modellierung, konzeptuelles DB-Schema
- Transaktionen.

C) Rechnergestützte Anforderungsdefinition

Ein Pflichtenheft ist ein umfangreiches Dokument, die Spezifikation des HDB-Informationssystems z.B. erstreckt sich über mehr als 300 Seiten. Es ist daher wesentlich, daß geeignete Hilfsmittel ("tools") zur Erstellung eines Pflichtenheftes zur Verfügung stehen.
- Offensichtlich ist vorallem ein mächtiger Text-Editor wichtig, wie z.B. das PET/MAESTRO-System der Fa. SOFTLAB, mit dem /1-4/ erstellt worden ist.
- Auf spezielle Möglichkeiten zur rechnergestützten Erstellung und Wartung des konzeptuellen Datenbank-Schemas geht Hubbard in /7/ detailliert ein: empfohlen wird ein interaktives Arbeiten mit einem "dictionary system", das eine zentrale Datenbank über die Informationsbedürfnisse der Anwendung, insbesondere also die Entity's mit ihren Attributen, darstellt.
- Wie oben dargelegt sind zur Spezifikation einer Transaktion anzugeben (1) das Bildschirm- bzw. Berichts-Layout, also die (statische) F o r m und (2) die Operationen, die auszuführen sind.
  Ein tool zur Spezifikation von Transaktionen sollte daher drei Aktivitäten und folgende Vorgehensweise unterstützen:
  Zunächst ist die Form auf einem Bildschirm zu entwerfen.
  Als zweites sind zu jedem Feld der Form die jeweiligen Feld-Attribute (z.B. input, output, optional, blinkend) anzugeben. Diese Information wird vom tool getrennt von der Form verwaltet, die Form wird somit nicht "verunstaltet"!
  Als drittes wird zu jedem Feld die funktionale Spezifikation, inbesondere die Operationen, angegeben, die ebenfalls getrennt verwaltet wird.
- Anforderungsdefinition ist ein iterativer Prozeß, eine wesentliche Anforderung an ein Spezifikations-Tool ist daher die Möglichkeit "unvollständiger" Spezifikationen: nicht jede erforderliche Angabe ist von Anfang an bekannt, es muß auf unvollständige Spezifikationen hinweisen und die Vervollständigung "anmahnen".
  Weiterhin ist die Modifikation von Spezifikationen zu unterstützen. Für Transaktionen bedeutet dies z.B., daß es möglich sein muß, ausgehend von einer bereits definierten Form interaktiv am Bildschirm Änderungen an der Form vorzunehmen ("Form-Manipulation"), Feld-Attribute und Algorithmen abzuändern bzw. nachzutragen.
- Weiterhin ist die Fähigkeit zur Analyse und Prüfung von Spezifikationen zu fordern. So werden Berichte über das Referieren von Entity's und Attributen benötigt oder Überprüfungen, ob z.B. multiple Attribute auch tatsächlich als solche von Transaktionen benutzt werden.

Man beachte, daß ein Spezifikationssystem für interaktive Informationssysteme selbst ein interaktives Informationssystem darstellt, dessen Datenbank das data dictionary und textuelle Daten (wie Algorithmen, Prüfungen, Definitionen) umfaßt und dessen Transaktionen geeignete Schnittstellen zur Unterstützung der Spezifikationstätigkeit bereitstellen. Die vom Spezifikationssystem unterstützte Methodik kann insbesondere zu seiner eigenen Spezifikation erprobt werden!

Prinzipiell ist es nur noch ein kleiner Schritt von einem derartigen Spezifikationssystem zu einem tool für "rapid prototyping" (zur Definition dieses Begriffs und state-of-the-art hierzu sei auf die Beträge in ACM SIGSOFT Software Engineering Notes, Band 7, Heft 5 verwiesen):
- es ist ein "Interpreter" bereitzustellen, der die so erstellte Spezifikation

ausführen kann. Dies bedingt, daß vorallem die Operationen in einer für den Interpreter verständlichen Form geschrieben sind, also Programme darstellen. Eine wesentliche Anforderung an die dazugehörige "Programmiersprache" ist, daß sie noch immer für den Anwender verständliche Spezifikationen zuläßt!
zur Ausführung der Spezifikation durch einen Prototyp ist eine entsprechende Datenbank erforderlich. Hierzu wird ein tool "Testdatengenerator" benötigt, der aus der Spezifikation der Transaktionen eine Datenbank mit Entity's erzeugt, so daß die Transaktionen mit ihren Verzweigungen ausgeführt werden können.

Literatur

/1/ Polster, F.J.; Weidemann, R.; Jaeschke, A.: DV-Informationssystem für die HDB, Entwurf der Anwendersoftware
Einleitung
Teil A - Beschreibung der betrieblichen Abläufe.
Primärbericht 04.02.05P04A, März 1983.

/2/ Polster, F.J.; Weidemann, R.; Jaeschke, A.: DV-Informationssystem für die HDB, Entwurf der Anwendersoftware
Teil B - Grundlegende Konzepte und Begriffe zur Realisierung
Teil C - HDB-Entities, Datenbank-Entwurf, Systemtransaktionen.
Primärbericht 04.02.05P04B, März 1983.

/3/ Polster, F.J.; Weidemann, R.; Jaeschke, A.: DV-Informationssystem für die HDB, Entwurf der Anwendersoftware
Teil D - Transaktionen.
Primärbericht 04.02.05P04C, März 1983.

/4/ Polster, F.J.; Weidemann, R.; Jaeschke, A.: DV-Informationssystem für die HDB, Entwurf der Anwendersoftware
Teil E - Berichtswesen im HDB-Buchführungssystem.
Primärbericht 04.02.05P04D, März 1983.

/5/ Chen, P.P.: The Entity-Relationship Model - Towards a Unified View of Data. ACM Transactions on Database Systems, vol.1(1976), p.9.

/6/ Boehm, B.W.: Software Engineering Economics. Prentice-Hall Inc., Englewood Cliffs, New Jersey, 1981.

/7/ Hubbard, G.U.: Computer-Assisted Data Base Design. Van Nostrand Reinhold Company, 1981.

/8/ Stegmaier, W.; Jacob, M.: Dokumentation der Stoffströme in den Anlagen der Hauptabteilung Dekontaminationsbetriebe - Definition. Primärbericht 99.01.10P06C, Mai 1981.

/9/ Kupsch, R.; Enzmann; Wilhelmi: Studie über die Realisierungsmöglichkeiten eines DV-Systems zur Dokumentation der Stoffströme in der HDB. Bericht 43 der Hauptabteilung Datenverarbeitung und Instrumentierung, Mai 1982.

/10/ Weidemann, R.; Polster, F.J.: KADABRA: Informationssystem für die Abfallbehandlung in der HDB. In: 5. Statusbericht des Projektes Wiederaufarbeitung und Abfallbehandlung des Kernforschungszentrums Karlsruhe. 20./21. März 1984. KfK-Bericht 3740.

/11/ Lockemann, P.C.; et al.: Systemanalyse DV-Einsatzplanung. Springer Verlag Berlin Heidelberg New York, 1983.

/12/ Stegmaier, W.: HDB-Buchführungssystem zum Erfassen radioaktiver Stoffe. Interne Unterlage von HDB.

/13/ Polster, F.J.; Weidemann: Zur Spezifikation des HDB-Buchführungssystems: Vorgehensweise, Probleme. Primärbericht 15.01.01P01C, Juni 1983.

/14/ Jaeschke, A.; et al.: Komponenten von Prozeßinformationssystemen. KfK-Nachrichten, Jahrg. 12, 1-2/80, p. 35-39.

Hilfsmittel zur rechnergestützten Software-Entwicklung und Projektverfolgung für verschiedene Rechnersysteme

Peter Jensch

Telefonbau und Normalzeit GmbH, Frankfurt/Main

Zusammenfassung

Bei vielen Projekten ist man bestrebt, Maßnahmen und Methoden zur Entwicklung und Inbetriebnahme von Software aufeinander abzustimmen. Für Software-Produkte mit langer Lebenszeit ist es darüber hinaus erforderlich, die Inbetriebhaltung durch eine Bestandsplege zu sichern. Auf der Basis eines Produkt-Modells können Merkmale zur Bestandspflege erläutert werden.
Als Unterstützungshilfsmittel zur Entwicklung und Pflege von Software wird die Projekt-Dateien-Methode vorgestellt. Diese Methode hat sich als nützlich herausgestellt bei der Bearbeitung von Aufgaben in verschiedenen realen Umgebungen, gegeben durch Prozeßrechner und Mikroprozessor-Entwicklungssysteme. Sie wird in diesem Beitrag zusammen mit der Auswirkung von Werkzeugen vorgestellt. Ergebnisse von Methode und Werkzeugen werden an einem Software-Produkt mit langer Lebenszeit und einem Produkt mittleren Umfangs erläutert.

1. Einleitung

Bei branchenorientierten EDV-Lösungen ist nicht selten die Grenze unscharf, ob die Leistung durch ein Software-Produkt oder durch ein kombiniertes Hard-/Software-Produkt, d.h. durch eine Systemlösung erbracht wird. Unter der Annahme unveränderlicher Hardware läßt sich eine allgemeine Systemlösung auf eine Software-Lösung reduzieren. Für langlebige Software ist diese Annahme jedoch unrealistisch. Um die Zeitabhängigkeit verschiedener Aspekte erörtern zu können, dient das Produkt-Modell nach Bild 1.

Eine Produkt-Entwicklung beginnt mit einer initialen Aufgabenstellung, die durch spezifische Merkmale zu beschreiben ist. Aus dieser Situation heraus ist die Zukunft als Projekt zu beschreiben. Die ersten Schritte sind im Sinne des klassischen Software-Phasenmodells die Erarbeitung von Grund-Ideen und Software-Modulen nach strukturierten Gesichtspunkten. Wird eine Systemlösung angestrebt, so ist die Hardware zu konfigurieren. Als Randbedingungen wirken mechanische, physische und logische Gegebenheiten zu Aufbausystem, Steckverbindungen usw. Erst mit Abschluß der Entwicklungstätigkeiten zeigt sich, ob das Geschaffene ein Produkt ist. Für ein Produkt schließt sich die Produkt-Lebenszeit an die Entwicklungszeit an. Bei kurzlebigen Produkten können Hardware und Software als konstant angesehen werden (Bild 2, PM2), so daß Software-Engineering-Methoden auf den Entwicklungsbereich konzentriert werden können. Bei langlebigen Produkten ist wegen zu erwartenden Änderungen

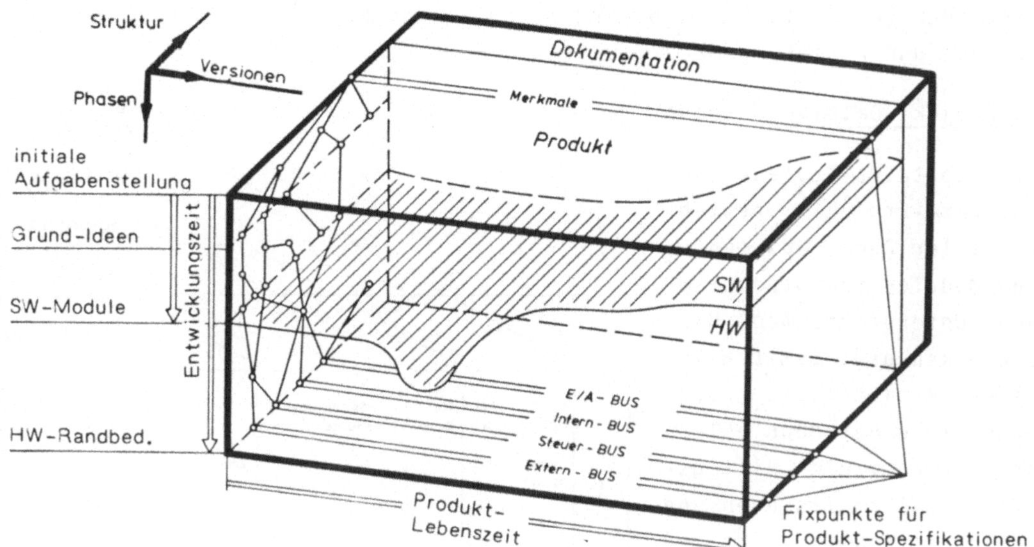

Bild 1: Allgemeines Produkt-Modell

in Hardware (Wechsel in Bauelementen) und Software (Änderungen, Ergänzungen) mit Bestandspflegeaktivitäten zu rechnen (Bild 2, PM3). Diese sind in der Regel losgelöst von dem ursprünglichen Entwicklungsgeschehen und erfordern eigene Maßnahmen, die denen in Entwicklungsphasen durchaus gleichen - häufig sind sie jedoch wegen laufender Fertigung mit engen Terminen begleitet. Die Praxis zeigt, daß Bestandspflegeanforderungen schärfer sind und es wünschenwert ist, wenn Bestandspflege- und Entwicklungstätigkeiten gleichartig durchgeführt werden können.

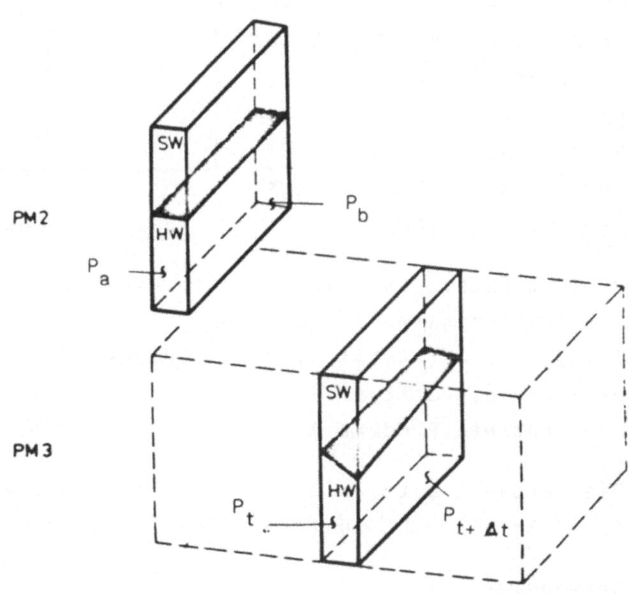

Bild 2: Produkt-Lebensabschnitte

Aus Bestandspflegeanforderungen heraus entstand ein Konzept zur rechnergestützten Softwareentwicklung und Projektverfolgung - genannt Projekt-Dateien-Methode. Sie ist zur Bearbeitung eines Software-Projektes und zur Bearbeitung bzw. Verfolgung eines Software-Produktes gleichermaßen geeignet. Deshalb wird im folgenden kein Unterschied zwischen Produkt und Projekt gemacht.

2. Projekt-Dateien-Methode

Ein Software-Projekt oder Software-Produkt besteht in aller Regel aus mehreren Modulen (Hauptprogrammen, Unterprogrammen, Bibliotheken usw.). Mit Hilfe einer Inhaltsliste bzw. Stückliste der Module lassen sich viele Alltagsprobleme formalisieren und durch angepaßte Werkzeuge bewältigen. Die Anwendung dieser Methode ist von Großrechnern bis hinunter zu Prozeßrechnern, Personal-Computern oder gar Sondersystemen, wie Mikroprozessor-Entwicklungssystemen möglich.

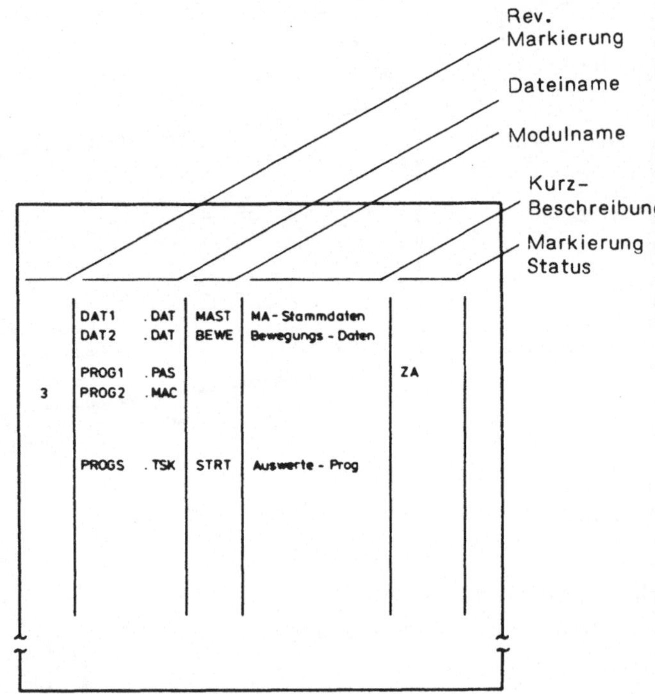

Bild 3: Schema einer Projekt-Datei

Projekt-Datei ist vornehmlich eine Liste, in der alle Module eines Projektes zusammengefaßt sind.
(Eine Projekt-Datei wird zur Produkt-Datei, wenn aus einem Software-Projekt ein Software-Produkt geworden ist. Das Folgende gilt deshalb auch für ein Produkt.)

Die Projekt-Datei ist für die Anwendung von Werkzeugen strukturiert (Bild 3). Es gibt Spalten und Abschnitte.

Notwendige Spalte:
- Die zweite Spalte enthält für jedes Modul den Dateinamen in der Spezifikation, wie es das Betriebssystem für Dateizugriffe verlangt.

Optionale Spalten:
- Die dritte Spalte ist für einen Modulnamen vorgesehen. Dies ist gewöhnlich der Name von Unterprogrammen oder ein mnemotechnisches Äquivalent zum Sachverhalt.
- Die vierte Spalte bietet Platz für einen Text zur Kurzbeschreibung eines Moduls.

- Die fünfte Spalte ist für Zustandsmarkierung vorgesehen: hier ist Raum um einen Arbeitsfortschritt durch verabredete Kürzel festzuhalten.
- Besteht ein Projekt aus einer größeren Anzahl von Modulen und erfahren einige von diesen Änderungen z.B.im Zuge einer Bestandspflege, so erweist es sich häufig als hilfreich, dem Betrachter durch Markierungen auf Abweichungen bezüglich einer alten Projekt-Datei aufmerksam zu machen. Für diesen Zweck ist die erste Spalte vorgesehen; hierin können beliebige (leicht editierbare) Markierungen für Änderungshinweise untergebracht werden.

Abschnitte entstehen durch Gruppierung von Modulen nach sachlichen Gesichtspunkten. Derartige Gruppierungen kann man durch hierarchische Strukturen veranschaulichen (Bild 4). Hiernach besteht eine Projekt-Datei

- aus einer Gruppe von produktbezogenen Modulen wie Haupt- und Unterprogramme,
- aus projektbegleitenden Dokumenten, also Beschreibungen, Protokollen, Berichten und ggfs. auch
- aus weiteren Projekt-Dateien, falls das Projekt von seiner Größe her eine Aufteilung erforderlich macht.

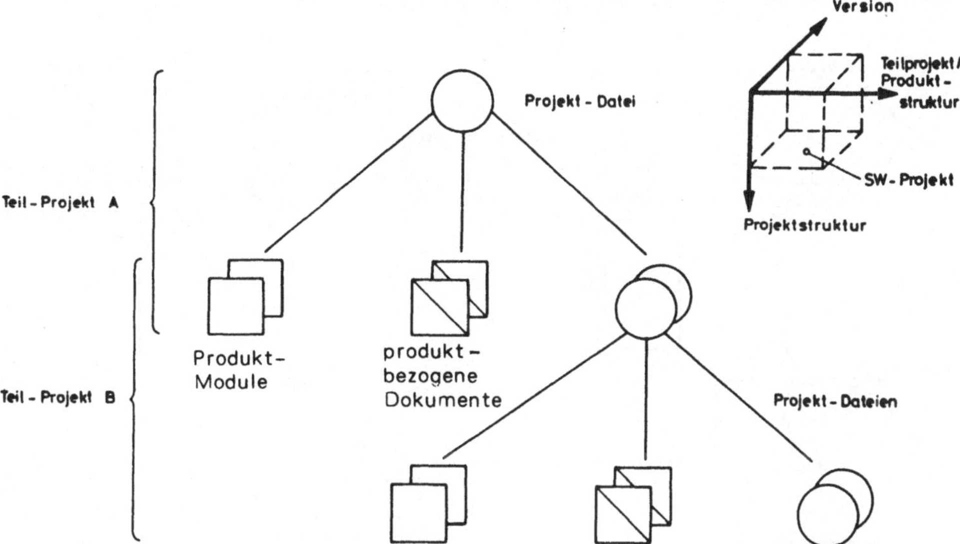

Bild 4: Hierarchie von Projekt-Dateien

Die Anwendung dieser Projekt-Datei ist durch folgende Merkmale gekennzeichnet:

- Das systematische Zusammenfassen von Modulen bewirkt Ordnung und es entsteht eine Arbeitsumgebung mit sach- und funktionsbezogenen Gruppierungen, gleich in welchem Zustand ein Projekt ist.

- In einer Projekt-Datei können auch unvollständige Module aufgenommen werden. Die Projekt-Datei-Methode ist damit auch dann einsetzbar, wenn von einen Projekt zunächst nur Fragmente oder Platzhalter vorhanden sind.
- Für die Projekt-Datei sind Werkzeuge definierbar. Durch ihre Anwendung können Ordnung und Vollständigkeit schrittweise verbessert werden.

Wegen dieser Merkmale wird damit ermöglicht:

1) eine zentrale einheitliche Zusammenfassung aller Dokumente, die ein Software-Produkt und ein Software-Projekt ausmachen,
2) eine Ablage von Projekt-Dokumenten und von projektbegleitenden Dokumenten,
3) ein effektives Suchen nach Daten und Informationen,
4) eine Konsistenzprüfung von Daten.

3. Wirkung von Werkzeugen bei Alltags-Aufgaben

Bestandstransfer (Bild 5; Quelle - Archiv)
Es ist ein alltägliches Ereignis, daß eine laufende Arbeit vorübergehend oder längerfristig zu unterbrechen ist. In einer solchen Situation ist es hilfreich, ohne große Umstände den Projekt-Bestand aus der Quellumgebung in das Archiv transferieren zu können.

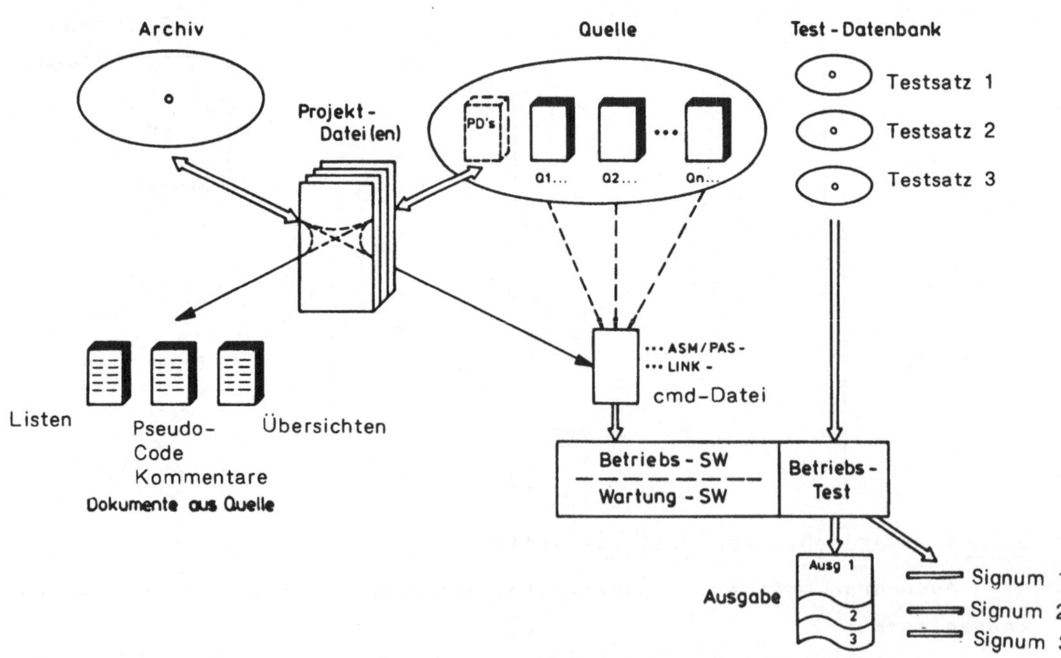

Bild 5: Wirkungen von Software-Werkzeugen

Gemäß der Definition der Projekt-Datei enthält diese zu jedem Augenblick Einträge, die auf gültige Quellen (d.h Programme, Dateien usw) verweisen. Die Anwendung des Werkzeugs PDCMD erlaubt nun die Zusammenfassung (d.h. Konzentration) und den Transfer aller Projekt-Datei-Quellen auf einen Zielbereich im Archiv. Hierzu sind dem Programm PDCMD der Dateiname der Projekt-Datei sowie der Zielbereich anzugeben. Was zu transferieren ist, ist durch die Projekt-Datei erklärt.

Zur Wiederaufnahme der Tätigkeit am Projekt kann ein Rücktransfer durchgeführt werden. Die Bedienung des Programms ist ähnlich einfach wie im soeben geschilderten Archivierungsfall: Anstelle eines Zielbereiches ist dieser Bereich nun als Quellbereich zu spezifizieren. Mit dem Rücktransfer findet gleichzeitig eine Verteilung aller Module auf ihre ursprünglichen Bereiche statt.

Wegen der einfachen Handhabung des Werkzeugs zum Bestandstransfers kann der Transfer zu jedem akuten Zeitpunkt oder periodisch zum Zwecke einer regelmäßigen Zustands-Archivierung vorgenommen werden.

Neue Projekt/Programmversion (Bild 5; Quelle - cmd-Datei)
Während der Implementierung und der Integration von Modulen ist die Beschäftigung mit einzelnen Programmen besonders intensiv: mehr oder weniger zahlreiche Unterprogramme müssen geändert werden. In diesem Fall ist eine Projekt-Version vollständig, wenn alle geänderten Prozeduren korrekt verkettet sind.

Ab einer gewissen Anzahl von Modulen sind die ganzen Querbezüge bei Programmänderungen nicht mehr nachzuvollziehen. Hier hilft wiederum das Werkzeug PDCMD. Mit einem spezifischen Programm-Steuer-Pararameter kann eine einheitliche Kommando-Datei erzeugt werden, die zur Re-Generierung einer Betriebs-Software alle notwendigen Übersetzer- und Linker-Aufrufe enthält. Diese Kommando-Datei kann schon bei Projekten mit mittlerer Modul-Anzahl recht komplex werden. Da diese Datei unmittelbar aus der Projekt-Datei selbsttätig abgeleitet ist, muß man sich nicht für ihren Inhalt interessieren.

Dokumente aus Quelle (Bild 5; Quelle - Dokumente)
Da die Projekt-Datei wie ein Inhaltsverzeichnis wirkt, liegt es nahe, auf Aufforderung hin alle projektbezogen Quellen nach einem Schema aufzulisten. Hierzu gibt es ein Programm DOKU.

Ist Software in sich strukturiert, so enthält die Quelle nicht nur Befehle und Daten sondern auch Kommentare und Textteile in schematischer Form. Diese Zusatzinformation ist sinnvoll für einen Überblick.

Mit Hilfe des Programms DOKU können ebenfalls Kommentare und schematische Programmköpfe aus einem Projekt extrahiert werden. Das Ergebnis ist eine komprimierte Übersicht einer aktuellen Version.

Wurden bei der Entwicklung von Modulen ordnende Aspekte berücksichtigt, so sind diese in der verdichteten Übersicht ebenfalls enthalten. Die resultierende Form kann so beschaffen sein, daß sie mit der Entwurfsspezifikation recht nahe verwandt wenn nicht sogar identisch ist. Damit ist ein Vergleich von Arbeitsergebnis und Vorgaben begünstigt.

Textsuche, Querverweise, Projekt-Signum
Ein ebenfalls alltäglicher Vorgang bei der Software-Entwicklung ist das Suchen nach bestimmten Textstellen. Mit dem Werkzeug PDSEARCH kann in einem ganzen Projekt nach einem Text gesucht werden. Das Ergebnis ist eine Liste in der zu jedem Modul einer Projekt-Datei jene Textzeilen aufgeführt sind, die den entsprechenden Suchtext enthalten.

Ein Programm PDXREF erzeugt bezüglich eines ganzen Projektes in alphabetischer Ordnung Kreuzverweise von Prozeduren, Funktionen und externen Referenzen. Bei PASCAL werden auch die lokalen Prozeduren und Funktionen berücksichtigt.

Das Programm PDSIGNUM generiert ein Signum zu einzelnen Modulen oder einem ganzen Projekt. (Signum ist eine Code-Zahl, die einer Zeichenfolge (Ausgabe) eindeutig zugeordnet ist. Diese Zahl kann wegen der großen Verdichtung zum schnellen Vergleich von Programmen, Dateien und Zeichenfolgen herangezogen werden.)

Prüfung von Richtlinien (Bild 5; Quelle - Quelle)
Die Software-Erstellung sollte nach bestimmten innerbetrieblichen Vereinbarungen, z.B. entsprechend den Hinweisen eines 'Handbuchs für Entwicklung oder Produkt-Verfolgung' verlaufen. Alle Beteiligten halten sich gerne an Anweisungen, wenn sie vernünftig sind und bei ihrer Beachtung durch sinnvolle Hilfen unterstützt werden.

Zur Kontrolle bestimmter Vereinbarungen dient das Programm PDUPDATE. Dieses inspiziert alle Module, die in einer Projekt-Datei aufgeführt sind. Aus der adressierten Quelle werden Dateiname, Modulname und Kurzbeschreibung entnommen und auf Gleichheit mit entsprechenden Angaben in der Projekt-Datei überprüft. Mit fehlerfreiem Durchgang durch alle Module wird bestätigt, daß die Projekt-Datei als Übersichts-Datei den aktuellsten Zustand wiedergibt.

Projekt-Dateien-Kettung
Bei großen Projekten ist eine Aufgliederung in Teilprojekte sinnvoll. In der fortgeschrittenen Integrations- und Testphase ist es aber notwendig, die einzelnen Teilprojekte zusammenzufassen. Um Gewißheit zu haben, daß die Lauffähigkeit des Gesamtprojektes aus einer spezifischen Quelle gegeben ist, können Teilprojekt-Dateien durch eine übergeordnete Projekt-Datei verkettet werden.

Aufgrund dieses Vorgehens und mit Hilfe der Projekt-Dateien gilt jederzeit die Aussage:

> Bei fehlerfreier Bearbeitung einer automatisch erzeugten Kommando-Datei entsteht ein lauffähiges Betriebs-Programm nur aus genau den in der Projekt-Datei benannte Quellen.

Projekt-Dateien-Methode und Teststrategie (Bild 5; Betriebstest)
Sind Tests auf der Basis von Dateien möglich, so können diese Dateien wie Module von Projekt-Dateien behandelt werden. Gelingt es in der realen Testsituation die oben erwähnte Re-Generationsprozedur dahingehend zu erweitern, daß unmittelbar nach der Re-Generation das Re-Generierte auch sofort aus einer Kommando-Datei zu benutzen ist, dann gilt nach Ablauf der Kommando-Datei unter Berücksichtigung von entsprechenden Testsätzen:

> Das beobachtbare und registrierbare Systemverhalten ist eine Folge von genau den benannten und keinen anderen Programm-Quellen und von genau den benannten und keinen anderen Testsätzen.

Vollständigkeitskontrolle, Datenverlust
Zugriffe auf eine Projekt-Datei sind stets mit einer Vollständigkeitskontrolle verbunden. D. h. es wird geprüft, ob die einer Projekt-Datei aufgeführten Module auch existent sind. Ist die gesamte Software-Entwicklung auf die Projekt-Datei-Methode abgestellt, so finden derartige Vollständigkeitskontrollen häufig statt. Ein Daten- bzw. Modulverlust, verursacht durch Versehen oder Unachtsamkeit, wird auf diese Weise sehr frühzeitig festgestellt. Entsprechende Restaurierungstätigkeiten sind in der Regel einfacher als bei späteren Verlusthinweisen.

Versionskontrolle
Eine Versionskontrolle wird durch eine geeignete Benennung von Dateien bzw. Modulen und durch Verwaltung der Namen durch entsprechende Werkzeuge erreicht.
Das Werkzeug PDUPDATE kann so eingestellt werden, daß es Dateinamen mit der modulinternen Versionsmarkierung überprüft.

Außerdem prüft eine Option des Werkzeugs PDCMD beim Archivieren eines Projektes, ob die zu rettende Version schon archiviert ist; bei dieser Überprüfung werden primär die Modulinhalte beachtet; bei Inhaltsgleichheit wird kein Eintrag im Archiv vorgenommen.

Aus dem Archiv kann eine Projekt-Kopie mit unveränderter Versionskennung oder mit Nachfolge-Versionskennung für eine weitere Bearbeitung erstellt werden.

4. Ergebnisse

Mit Rechnerunterstützung und insbesondere mit der Projekt-Datei-Methode können die Ausführungzeiten von Einzelaktionen (außer Editier-Tätigkeiten) zu einer kompakten Bearbeitungszeit zusammengefaßt werden. Die Bearbeitung von zusammengefaßten Aktionen ist nicht mehr an eine Person gebunden. Bei Beachtung dieses Aspektes können Pausen-Zeiten, Nachtzeiten oder lastarme Zeiten in einem Zentralrechner optimal genutzt werden.

Die Projekt-Dateien-Methode ist in ihren Grundmerkmalen vom Datenverarbeitungssystem und vom Betriebsystem unabhängig, da die entsprechenden Werkzeuge auf jeder Anlage bereitgestellt werden können. Sie wurde vom Verfasser 1972/73 erarbeitet, um ein für medizinische Fragestellungen /2/ eine Langzeit-Datenbank mit wichtigen Individual-Daten sowie entsprechende Auswerteprogramme über einen großen Zeitraum betreuen zu können.

Die entsprechenden Werkzeuge wurden zunächst für ein Prozeßrechnersystem GA 18/30 geschaffen. Im Jahre 1976 wurde die Anwendung auf zwei weitere Prozeßrechner-Systeme mit drei unterschiedlichen Betriebssystemen übertragen. Hierbei war die Methodik hilfreich bei der Bereitstellung und beim Test der neuer Systeme. Die genannten Systeme sind heute noch im Einsatz (im 11. bzw. 8. Jahr). Für die heutigen Betreuer der Systeme haben die Projekt-Dateien zurückliegender Jahre einen besondere Stellenwert, da sie die Entwicklungs-Historie der Auswerteprogramme unmittelbar festhalten.

Im industriellen Bereich wurde die Methode auf einem Mikroprozessor-Entwicklungssystem zur Entwicklung von hardwarenaher Software, d.h. Systemlösungen übertragen. Das Entwicklungssystem besitzt kein Betriebssystem im üblichen Sinne; eine Job-Steuerung wird durch eine Folge von Menü-Anweisungen erreicht. In dieser Umgebung wirkt sich diese Methode hinsicbtlich eine Entlastung bei manuellen Eingaben aus.

Ferner wird durch sie das Anlegen einer Programm-Bibliothek von hardwarenahen Programmen gefördert.

Die größte Anzahl der Werkzeuge im Rahmen der Projekt-Datei-Methode wurde für Prozeßrechner mit dem Betriebssystem RSX11M geschaffen. Auf entsprechenden Prozeßrechner-Systemen werden mit dieser Methode mittlere System-Projekte bearbeitet (z.B. 80.000 Text/Programmzeilen, 350 Programm-Module). Für die Projekte auf diesen Rechnern ist eine automatische Teststrategie in die Methodik aufgenommen worden. Auf diese Weise können Re-Generation und System-Test ohne personelle Betreuung durchgeführt werden. Um darüber hinaus die Sichtung von Testergebnissen zu vereinfachen, wurden umfangreiche Testausgaben durch ein spezifisches Signum-Generationsverfahren (Bild 5) ersetzt. Die Signum-Generation ist ein wichtiger Bestandteil beim Nachweis von Leistungsmerkmalen.

5. Zusammenfassung

Die bisherigen Erfahrungen zeigen, daß die genannten Werkzeuge eine Iteration auf und zwischen allen Phasen des Software-Lebenslaufes fördern und daß sie eine hohe Iterationsgeschwindigkeit begünstigen.

Diese Methode unterstützt

- unmittelbar eine einheitliche Vorgehensweise bei der Implementierung, Integration und beim Test von Software,
- das Erarbeiten und das Verwalten von Dokumenten, die in den verschiedenen Software-Phasen entstehen, insbesondere von Spezifikation, Entwurfsbeschreibungen, Revisionsberichten und Testergebnissen,
- einen Umgang mit Software nach einheitlichen systemübergreifenden Gesichtspunkten, d.h. unabhängig vom jeweiligen Typus der EDV-Anlage oder eines Entwicklungssystems.

6. Literatur

/1/ Molzberger, P., Schelle, H.: Software - Moderne Methoden zur Planung, Realisierung und Kontrolle der Entwicklung, München, Wien: R.Oldenbourg, 1981

/2/ Jensch, P., Meyer, J., Mattar, E., Ameling, W., Effert, S.: Ein Prozeßrechnersystem für Herzkatheterlabors und Hämodynamikmeßplätze, Zeitschrift Kardiologie, 65, 1976, 85

/3/ Sneed, H.: Software-Entwicklungsmethodik, Köln-Braunsfeld: Müller, 1980

B. SICHERE SYSTEME

GRUNDSTRUKTUREN EINES GENERIERFÄHIGEN, HOCHVERFÜGBAREN SYSTEMS DER NETZLEITTECHNIK

Weisbrod, M.; Gölz, B.

Brown, Boveri & Cie. AG
Mannheim

Zusammenfassung

Die Führung von elektrischen Verteilnetzen erfordert ein Realtimeprozessleitsystem mit hoher Verfügbarkeit. Die unterschiedlichen Ausprägungen der jeweiligen Betriebsphilisophie erfordern große Variabilität in der Zusammenstellung der einzelnen Softwareelemente. Um diese Problemstellung in einem allgemeinen Ansatz zu lösen, ist ein modulares Softwaresystem entwickelt worden, das auf zwei Hardwareebenen (Vorrechner, Leitrechner) aufsetzt, die jeweils als redundante Doppelrechner aufgebaut sind.

Die wesentlichen Module des Gesamtsystems sind:

- Prozeßanschaltungssoftware im Vorrechner
- Mensch-Maschine-Kommunikation
- Basisverarbeitungen für die verschiedenen Informationsarten des unterlagerten Fernwirknetzes (Meßwerte, Meldungen etc.)
- Weiterführende EVU-spezifische Verarbeitungselemente (Tarifumschaltungsprozesse etc.)
- Erweiterte Hilfsmittel für den Operator der Warte
- Höhere energieoptimierende Software.

Alle diese Module sind frei miteinander kombinierbar. Jedes Modul ist in einem grossen, aber definierten Rahmen projektierbar. Die Module sind über monitor-ähnliche Systemstrukturen an die unterlegten Betriebssysteme angekoppelt; auf dem Leitrechner ist die Datenverwaltung auf einer an die Realtimeanforderungen angepaßten Datenbank aufgesetzt.

Rechnernetzsoftware für hochverfügbare Prozeßleitsysteme

Franz Pfeifroth

Softlab GmbH
München

Zusammenfassung

In hochverfügbaren Prozeßleitsystemen werden heute in der Regel mehrere Rechnerebenen eingesetzt. Alle Rechnerebenen sind normalerweise hardwaremäßig mit Redundanz in Form von Stand-by Prozessoren ausgestattet. Zum Betrieb eines solchen Rechnersystems sind einige systemnahe Programme erforderlich, die je nach Hardwarehersteller auch schon teilweise als Standardsoftware angeboten werden. Der folgende Beitrag beschäftigt sich anhand eines konkreten Projektbeispiels mit der erforderlichen Rechnernetzsoftware. Dabei wird schwerpunktmäßig auf die Themen Kommunikation, Überwachung und Konfiguration eingegangen.

1. Einleitung

Moderne Systeme zur Überwachung und Steuerung umfangreicher Prozesse bestehen heute in der Regel aus mehreren Rechnerebenen. Im allgemeinen gibt es zwei bis drei Ebenen.

Die unterste Ebene, im folgenden Vorverarbeitungsebene genannt, verfügt normalerweise nicht über eine Massenspeicherperipherie und erfüllt die Aufgaben der Datenübernahme, Befehlsausgabe, Meßwertvorverarbeitung d.h. z.B. Glättung und Kalibrierung, Alarmerkennung, Bildung von Mittelwerten usw.

Die nächste Ebene - die Zentralprozessorebene - führt das zentrale Prozeßabbild, speichert die relevanten Daten auf magnetischen Datenträgern, sorgt für die Aktualisierung der Darstellungen der Anlagenzustände, berechnet und speichert Stunden-, Tages-, Monats- und Jahreswerte, erstellt die Protokolle, bildet aus Prozeßdaten abgeleitete Größen und führt anwendungsabhängige Verarbeitungsprogramme wie Prognose, vorausschauende Simulation, closed loop Steuerung, Optimierung usw. aus.

Die dritte Rechnerebene - die Bedienebene - realisiert die Benutzerschnittstelle. Sie wird i.a. durch intelligente Bildschirmsysteme gebildet. Die Aufgaben dieser Ebene sind die Darstellung der Anlagenzustände, Ausgabe und Quittierung von Alarmen, Führung von Benutzerdialogen usw. Je nach System können die Aufgaben der Bedienebne auch teilweise durch die Zentralprozessorebene bearbeitet werden.

Zusätzlich besteht aufgrund der i.a. geforderten hohen Verfügbarkeit die Notwendigkeit, alle Ebenen hardwaremäßig redundant auszulegen. Abb. 1 zeigt schematisch die Hardwarekonfiguration eines solchen Systems, das seit zwei Jahren im Einsatz ist. Anhand dieser Konfiguration will der Beitrag die Anforderungen an die notwendige betriebssystemnahe Software zum Betrieb eines solchen Rechnernetzes diskutieren.

Je nach Hardwarehersteller sind die im folgenden skizzierten Softwarekomponenten mehr oder weniger Teil des Standardbetriebssystems. Aus diesem Grund werden in diesem Vortrag Prinzipien und keine realisierungstechnischen Details diskutiert. Im einzelnen werden die Aufgabengebiete

- Kommunikation,
- Überwachung und
- Konfiguration

behandelt.

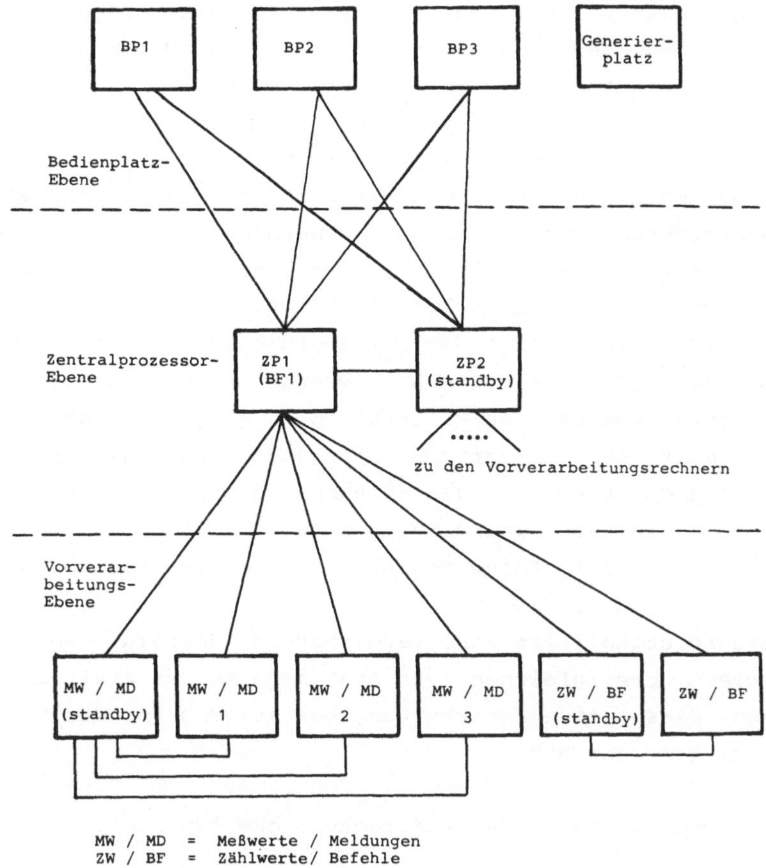

Abb. 1: KONFIGURATION

2. Kommunikation

Aufgrund des Ebenenkonzepts ist es notwendig, daß Anwendungsprogramme in verschiedenen Rechnern Daten miteinander austauschen. Ein Beispiel dafür ist die Übertragung einer Grenzwertverletzung von der Ergebnisfeststellungstask im Vorrechner zu der Task Alarmbearbeitung im Zentralprozessor. Im allgemeinen wird von den Hardwareherstellern mindestens ein Leitungstreiber zur Verfügung gestellt, der dem Layer 2 des ISO-Referenzmodells entspricht. Der Leitungstreiber ermöglicht die, durch ein Protokoll - z.B. HDLC -, gesicherte Übertragung von Datenübertragungspaketen einer maximalen Länge (z.B. 256 Bytes) zwischen Programmen in verschiedenen Prozessoren.

In der Regel müssen über eine physikalische Verbindung zweier Rechner mehrere logische Verbindungen zwischen verschiedenen Anwendungstasks (sogenannte logische Kanäle) aufgebaut werden.

Da einige Hersteller über eine physikalische Verbindung nur einen logischen Kanal zulassen, ist zumindest bei diesen eine zentrale Instanz, die den Nachrichtenaustausch zwischen Anwendungstasks in verschiedenen Rechnern unterstützt, erforderlich. Auch sonst bietet eine solche zentrale Instanz, im folgenden Telegrammhandler genannt, eine Reihe von Vorteilen. Zum einen kann der Telegrammhandler die Segmentierung (Disassembling) und die umgekehrte Operation das Assembling der einzelnen Segmente von und zu vollständigen Telegrammen übernehmen. Zum anderen erfüllt der Telegrammhandler Sicherungsfunktionen im Rahmen eines Telegrammprotokolls, das sinngemäß dem Layer 3 des ISO-Modells entspricht. Des weiteren übernimmt der Telegrammhandler Funktionen bei der Realisierung des im folgenden skizzierten Auftragsprotokolls.

Das Auftragsprotokoll ist eine Vereinbarung, daß eine Anwendungstask ein Telegramm des gleichen Typs erst dann an den Zielrechner senden darf, wenn dieser eine Verarbeitungsbestätigung für das vorhergehende Telegramm gesendet hat.

Die wesentlichen Vorteile des Auftragsprotokolls sind:

- Dadurch, daß von einem Rechner nur ein Telegramm eines Typs zu einem Zielrechner unterwegs sein kann, ist der im Zielrechner bereitzustellende Pufferraum genau kalkulierbar. Die bei der Datenkommunikation sonst meist auftretenden Puffermangelprobleme entfallen.

- Da der Sender von Telegrammen stets eine positive oder negative Rückmeldung bekommt, weiß er genau, welche Telegramme vom Zielrechner schon bearbeitet wurden. Fällt der Zielrechner aus, so überträgt der Sender alle vom Zielrechner nicht bestätigten Telegramme an den Rechner, der die Aufgabe des ausgefallenen übernimmt. Auf diese Weise kann ein nahtloser Übergang bei Rechnerausfall realisiert werden, ohne die Aufwendungen für einen echten hot-stand-by Betrieb mit einer parallelen Verarbeitung in zwei Rechnern treiben zu müssen.

- Die Einhaltung der Regeln des Auftragsprotokolls wird durch den Telegrammhandler überwacht. Insbesondere prüft der Telegrammhandler das Eintreffen der Verarbeitungsbestätigung innerhalb einer vorgegebenen, vom Telegrammtyp abhängigen Zeit. Trifft die Bestätigung nicht in der vorgegebenen Zeit ein, so wird vom Telegrammhandler der Ausfall des Zielrechners angenommen und dies der Überwachungstask mitgeteilt.

In der Abb. 2 wird die Kommunikation von zwei Anwendungsprogrammen in verschiedenen Rechnern und die Sicherung durch die verschiedenen Protokolle dargestellt.

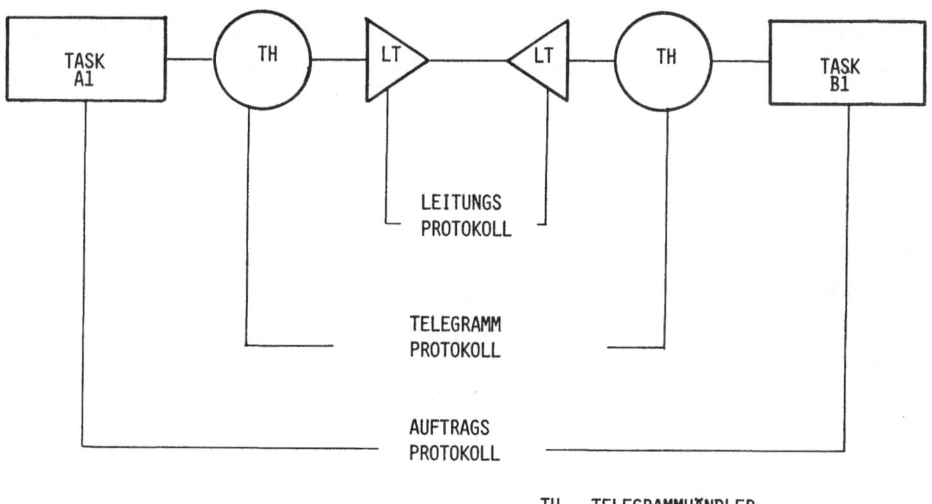

ABB: 2: SICHERUNG DURCH PROTOKOLLE

3. Überwachung

Die Aufgabe der Überwachung ist es, Ausfälle des eigenen oder anderer Rechner festzustellen und entsprechende Rekonfigurationsmaßnahmen einzuleiten.

Die Überwachung der anderen Rechner geschieht hardwareseitig durch den Einsatz von Watch-dog Timer und softwareseitig durch den regelmäßigen Austausch von Kontrolltelegrammen.

Der eigene Rechner wird durch die Ausführung von Testroutinen mit bekanntem Ergebnis sowie durch die Prüfung der Verfügbarkeit von Betriebssystemresourcen, wie z.B. dynamische Puffer überwacht. Einige von der Überwachungssoftware nicht erkennbare Fehler, wie z.B. defekte Spuren auf den Platten oder Druckerfehler, werden von den Anwendungstasks der Überwachungstask mitgeteilt.

Hat die Überwachung den Ausfall eines Rechners festgestellt, so trifft sie die Entscheidung über die durchzuführende Rekonfigurationsmaßnahme und beauftragt die Konfiguration mit deren Ausführung.

Eine weitere Aufgabe der Überwachung ist die Führung eines zentralen Systemfehlerprotokolls, in dem alle von den Überwachungstasks bzw. den Anwendungsprogrammen entdeckten Ablaufbesonderheiten festgehalten werden. Ablaufbesonderheiten sind u.a.

- Ausfälle von Rechnern
- Inkonsistenzen der Datenbestände
- Speicherfehler
- Plattenfehler
- unerwartete Nachrichten
- Druckerausfälle usw.

4. Konfiguration

Die Aufgabe der Konfiguration ist es, das Rechnernetz von einem definierten Zustand in einen anderen definierten Zustand zu überführen. Auslöser für einen solchen Zustandsübergang kann der Ausfall eines Rechners oder der gezielte Wunsch des Bedienungspersonals sein. Beispiele für Bedienungswünsche sind das Ausgliedern bzw. Eingliedern eines Rechners vor bzw. nach der vorbeugenden Wartung.

Für jeden Rechner gibt es eine bestimmte Anzahl von Zuständen. So gibt es für die Rechner der Zentralprozessorebene die Zustände TOT, BEREIT, STAND-BY und BETRIEBSFÜHREND (BF). In Abbildung 3 werden die möglichen Zustandsübergänge für die Rechner der Zentralprozessorebene gezeigt. Da die Aufgaben in allen Ebenen unterschiedlich sind, gibt es ebenenspezifische Zustandsübergangsdiagramme.

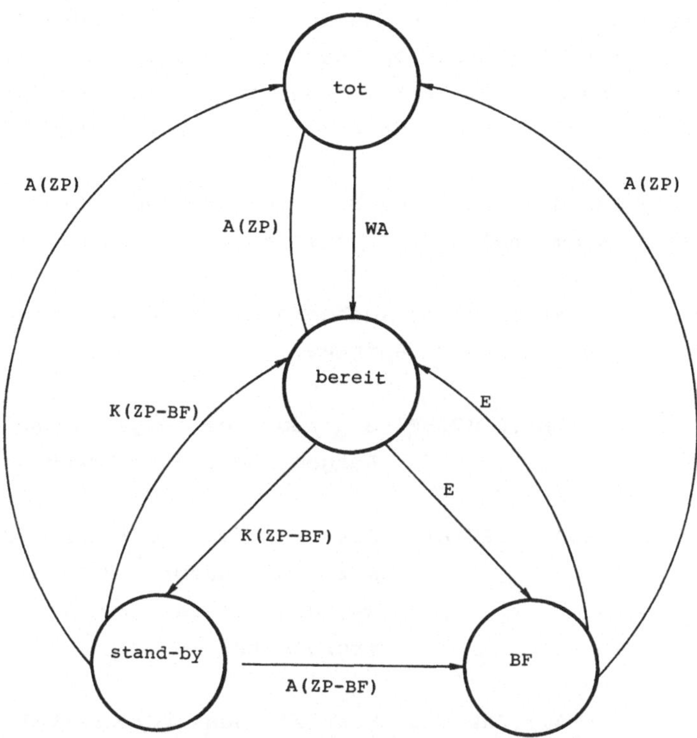

E ≙ Eingabe des Benutzers
A(ZP) ≙ Ausfall des eigenen ZP'S
A(ZP-BF) ≙ Ausfall des betriebsführenden ZP'S
K(ZP-BF) ≙ Kommando vom betriebsführenden ZP
WA ≙ Wiederanlauf

Abb. 3: ZUSTANDSDIAGRAMM ZENTRALPROZESSOREBENE

Wie aus der Abb. 3 hervorgeht, wird der Zustand BEREIT vom Zustand TOT durch Wiederanlauf erreicht. Aus dem Zustand BEREIT und jedem anderen Zustand wird bei Ausfall des Zentralprozessors der Übergang in den Zustand TOT durchgeführt. Der Übergang vom Zustand BEREIT in den Zustand STAND-BY wird ausschließlich durch ein Kommando vom anderen, d.h. dem betriebsführenden Zentralprozessor angestoßen, ebenso wie der umgekehrte Zustandswechsel von STAND-BY nach BEREIT. Der Zustand BETRIEBSFÜHREND (BF) wird vom Zustand BEREIT, wie auch der Umkehrvorgang, durch die Eingabe eines Bedienerkommandos erreicht. Vom Zustand STAND-BY wird schließlich der Übergang in den Zustand BF vorgenommen, wenn der Ausfall des bis dahin betriebsführenden Zentralprozessors prozessors festgestellt wird.

Die Abb. 3 zeigt auch die von uns in dem Projekt befolgte Richtlinie, daß Änderungen an der Konfiguration, soweit sie nicht automatisch aufgrund von Ausfällen durchgeführt werden, ausschließlich durch Bedienereingaben am betriebsführenden Zentralprozessor zu veranlassen.

Im weiteren wird auf die einzelnen Benutzerkommandos etwas näher eingegangen. Folgende Kommandos wurden unter anderem implementiert:

- START — Starten eines Rechners mit einer als Parameter anzugebenden Aufgabe.

  Beispiele:

START:EIZP:BF	Starten des eigenen ZP's mit der Aufgabe Betriebsführend.
START:BP2:B1	Starten des Bedienerprozessors 2 mit der Aufgabe B1, ist die Überwachung eines vordefinierten Teilprozessors.
START:FWP2:A2	Starten des Vorverarbeitungsrechners 2 mit der Aufgabe A2, d.h. der Übernahme eines spezifischen Teils der Prozeßdaten.

- STOP — Ausgliedern eines Rechners aus der aktuellen Konfiguration. Das Ausgliedern eines Rechners kann z.B. für die Durchführung von Wartungstätigkeiten erforderlich sein. Beim Ausgliedern von Rechnern ist zu beachten, daß i.a. die Aufgabe des auszugliedernden Rechners von einem anderen übernommen werden muß. Erfüllt der auszugliedernde Prozessor eine "Stand-by"-Aufgabe, so ist eine Aufgabenumverteilung natürlich nicht erforderlich.

  Beispiel:

STOP:ANZP	Ausgliedern des anderen (=Stand-by) Zentralprozessors.

- CHAN — Mit diesem Kommando werden Veränderungen der Aufgabenverteilung vorgenommen.

  Beispiele:

CHAN:ANZP:BF	Der andere ZP wird betriebsführend. Der eigene ZP bekommt die Stand-by Aufgabe.

	CHAN:BP1:NBES	Der Bedienprozessor 1 wird in den Zustand unbesetzt versetzt. Die bisherigen Aufgaben des BP's werden nach einem Algorithmus an die anderen BP's verteilt. Dieses Kommando wird z.B. abgelehnt, wenn der BP 1 der letzte BP in der aktuellen Konfiguration ist.

- PRINT — Ausdruck des aktuellen Konfigurationsprotokolls in dem alle Prozessoren des Systems mit ihren Zuständen und Aufgaben aufgeführt werden.

- TEST — Mit diesem Kommando kann neben einer operativen Konfiguration eine Testkonfiguration erzeugt werden. Die Testkonfiguration ermöglicht den Test von neuen Programmversionen oder Datenbeständen ohne Beeinträchtigung des operationellen Betriebs.

Des weiteren existieren Kommandos für die Definition, Abspeichern und Ausführung von vorgefertigten Kommandofolgen, für die Definition und Abspeichern von Time-out Zeiten für das Auftragsprotokoll, zum Laden der Vorverarbeitungsrechner mit auf der Zentralprozessorebene generierten Core-Images usw.

Alle Kommandos werden entweder vom Benutzer eingegeben oder von der Überwachung an das Konfigurationsprogramm übergeben.

5. Zusammenspiel der Komponenten

Jedes der drei Aufgabengebiete Kommunikation, Überwachung und Konfiguration wird in jedem Rechner des Systems durch ein Programm realisiert. In der Abb. 4 wird das Zusammenspiel sowohl dieser drei Tasks untereinander als auch mit den übrigen Anwendungstasks (AWT) - wenn auch etwas vereinfacht - dargestellt.

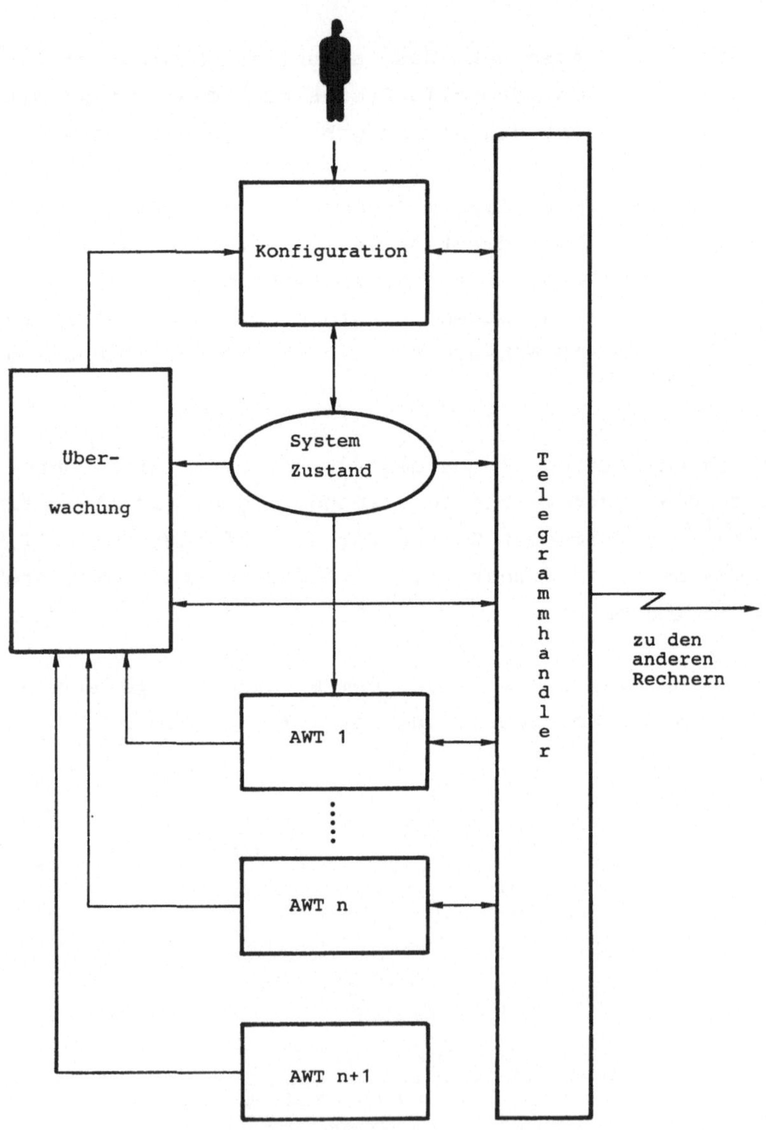

Abb. 4: SCHNITTSTELLENÜBERSICHT

Die Aufgabe der Kommunikation erfüllt der Telegrammhandler. Er überträgt und empfängt Telegramme und die entsprechenden Ausführungsbestätigungen zu und von den anderen Rechnern. Von der Überwachungstask werden Kontrolltelegramme gesendet und empfangen. Die Konfigurationstask überträgt (via Telegrammhandler) Kommandos zu anderen Rechnern und empfängt die Ausführungsbestätigung bzw. empfängt Kommandos von der Konfigurationstask des betriebsführenden Zentralprozessors, führt sie durch und sendet dann die Ausführungsbestätigung zurück. Zur Erfüllung seiner Aufgabe greift der Telegrammhandler lesend auf den Systemzustand zu. Im Systemzustand wird für jeden Prozessor des Systems der aktuelle Zustand geführt. Anhand des Zustandes des Prozessors führt der Telegrammhandler einige Prüfungen, wie z.B. ob der Zielprozessor in der aktuellen Konfiguration enthalten ist, durch.

Die Überwachungstask sendet und empfängt Kontrolltelegramme an alle in der aktuellen Konfiguration enthaltenen Prozessoren. Des weiteren bearbeitet sie Fehlermeldungen von den Anwendungstasks. Im Falle eines Ausfalls beauftragt sie die Konfigurationstask in Form einer Kommandofolge mit den entsprechenden Rekonfigurationsmaßnahmen.

Die Konfigurationstask führt Kommandofolgen aus, die ihr entweder von dem Benutzer, der Überwachungstask oder von der Konfigurationstask des betriebsführenden Zentralprozessors übergeben werden. Benutzerkommandos können nur am betriebsführenden ZP eingegeben werden. Die Konfigurationstask verwaltet den Systemzustand, d.h. sie hat als einzige Task die Berechtigung, den Systemzustand zu verändern.

Die Anwendungstasks senden mit Hilfe des Telegrammhandlers Anwendungstelegramme an Anwendungstasks in den Zielrechner. Selbstverständlich gibt es auch Anwendungsprogramme, die zur Erfüllung ihrer Aufgaben keinen Telegrammverkehr benötigen, wie z.B. die Prozeßdatenerfassung in den Vorverarbeitungsrechnern. Ablaufbesonderheiten teilen sie der Überwachungstask im eigenen Rechner mit. Zur Beantwortung von Fragen wie: "Wer ist der betriebsführende ZP?" oder "Welche Aufgabe hat der eigene Rechner?" greifen sie lesend auf den Systemzustand zu.

SICHERE MIKROPROZESSORSYSTEME FÜR SCHUTZAUFGABEN IN DER PROZESSTECHNIK

H.G. Nix

Siemens AG, Karlsruhe

Zusammenfassung

Automatisierungssysteme mit Sicherheitsverantwortung werden heute in Mikroprozessortechnik aufgebaut. Wegen der komplexeren Struktur dieser Systeme wachsen auch die Anforderungen an die sicherheitstechnische Zuverlässigkeit. Einzelfehler in den Systemen dürfen nicht zu gefährlichen Fehlfunktionen führen. Nahezu beliebige Fehler müssen dabei ohne Betrachtung der jeweiligen Eintrittwahrscheinlichkeit unterstellt werden. Es ist erforderlich, Fehler schnell zu erkennen und im sicherheitstechnischen Sinne zu beherrschen. Die klassische Methode der Fail-safe-Technik führt zum sicherheitsgerichteten Abschalten. Soll die Überreaktion solcher Systemlösungen vermieden werden, so muß zu einem höheren Redundanzgrad übergegangen werden. Fehler müssen so toleriert werden, daß auch mit einem vorhandenen Systemfehler die notwendigen sicherheitstechnischen Anforderungen erfüllt werden können.

1. Einleitung

Die Forderungen nach einer hohen Zuverlässigkeit von Prozeß-Automatisierungssystemen nehmen aufgrund der komplexer werdenden Systeme laufend zu. In einem Atemzug wird dabei meist die anzustrebende hohe Verfügbarkeit und Sicherheit genannt. Erst die nähere Betrachtung zeigt, daß durch diese Kombination oft unbewußt besonders hohe Anforderungen gestellt werden, denn Verfügbarkeit oder Sicherheit sind bei den meisten Aufgaben der Prozeßtechnik alternative Ziele.

Verfügbarkeit heißt die Forderung nach ununterbrochener Betriebsweise. Nach DIN 40041 ([1]) ist sie eine Zuverlässigkeits-Kenngröße, eine Wahrscheinlichkeit des Intaktseins, die sich aus dem "Verhältnis des mittleren Ausfallabstandes zur gesamten Betrachtungszeit" ergibt. Dagegen ist nach DIN 31004 ([2]) die "Sicherheit eine Sachlage, bei der das Risiko kleiner als das Grenzrisiko ist". Sicherheit ist also das Ziel, Gefahren, insbesondere Gefahren für Leib und Leben, zu vermeiden.

Beide Ziele, Verfügbarkeit oder Sicherheit, bedingen eine entsprechend hohe Zuverlässigkeit, nach DIN 40041 die Eigenschaft einer technischen Einrichtung gegebenen Erfordernisse unter gegebenen Bedingungen für ein gegebenes Zeitintervall zu erfüllen (sinngemäß).

Beeinträchtigt wird die Zuverlässigkeit durch Fehler, die sich während des Betriebs in einem System auswirken und damit seine Sollfunktion stören. Maßnahmen zur Erhöhung der Zuverlässigkeit sind verbunden mit der Betrachtung der möglichen Fehler und Fehlerarten.

Von "erhöhter Zuverlässigkeit" soll gesprochen werden, wenn die Standardmaßnahmen der Fertigungskontrolle und der Qualitätssicherung nicht mehr als ausreichend angesehen werden können. Dies ist bei kritischen Prozessen, vor allem bei Prozessen mit einem Gefahrenpotential der Fall. Bei sicherheitstechnischen Anforderungen muß mit allen denkbaren Fehlern im System gerechnet werden. Durch seinen besonderen Aufbau muß das System in der Lage sein, einzelne Fehler zu beherrschen.

2. Fehlermodell

Die Systemfehler lassen sich grundsätzlich in zwei Fehlerarten unterscheiden.

"Zufallsfehler" und "Systematische Fehler"

Zufallsfehler treten nach statistischer zeitlicher Verteilung während des Betriebes in einem zu Beginn fehlerfreien System auf. Im wesentlichen ist hier die Hardware betroffen. Fehler sind interne Defekte der Bauelemente oder äußere Einwirkungen, die eine Störung oder Zerstörung der Hardware bewirken. Bei komplexen simultanen Softwareprozessen können auch gewisse Koordinierungs- oder Zugriffsfehler, die aufgrund ungünstiger, schwer vorhersehbarer Situationen auftreten können, zu dieser Klasse gerechnet werden. Systematische Fehler sind Entwurfs- und Realisierungsfehler, die in der Erstellungsphase eines Systems entstehen und à priori, wenn auch unerkannt, in einem System vorhanden sind. Spezifikations- und Programmierfehler gehören in besonderem Maße zu dieser Fehlerart.

Maßnahmen zur Beherrschung von Fehlern unterscheiden sich in (z.B. [3]).

Fehlervermeidung — Maßnahmen vor Betrieb

Fehlertoleranz
Fehlerbegrenzung
Fehlerbeseitigung

Maßnahmen im Betrieb

Interne Zufallsfehler müssen während des Betriebes toleriert werden und nach ihrer Erkennung schnellstmöglich beseitigt werden. Die gute Reparierbarkeit von Systemkomponenten spielt dabei eine große Rolle.

Externe Fehler können grundsätzlich durch Maßnahmen der Fehlerbegrenzung, z.B. durch Abschirmung, Kapselung oder räumliche Trennung für das System unwirksam gemacht werden. Systematische Fehler können dagegen durch Maßnahmen zur Fehlervermeidung in der Phase der Systemerstellung beherrscht werden. Hierzu zählen auch Fertigungsprüfungen, Einzel- und Systemtests, durch die Fehler vor Betrieb aufgedeckt und korrigiert werden.

Die Anforderungen, wie Fehler von einem System beherrscht werden müssen, weisen in den verschiedenen Einsatzgebieten im Detail gewisse Unterschiede auf. Dies resultiert aus spezifischen Problemen, Gefährdungspotentialen und historisch entstandenen Sicherheitstechniken. Eine zunehmende Annäherung, insbesondere im Hinblick auf den Einsatz von Mikroprozessorsystemen, ist klar erkennbar ([4,5]).

Es existieren eine Reihe von Normen (u.a. [6,7]) und Richtlinien, die aus bestimmten Fachgebieten heraus entstanden sind und nicht auf die speziellen Eigenschaften von Rechnersystemen ausgerichtet sind. Verkehrstechnik, Arbeitsmaschinen, Feuerungstechnik oder Kerntechnik sind beispielsweise solche Fachgebiete. Für einen breiten Einsatz im Bereich der Prozeßautomatisierungstechnik stellt die Richtlinie VDE/VDI 0116 ([6]) für die Feuerungstechnik eine typische Referenz für Fachgebiete ohne eigene Regeln dar ([8]).

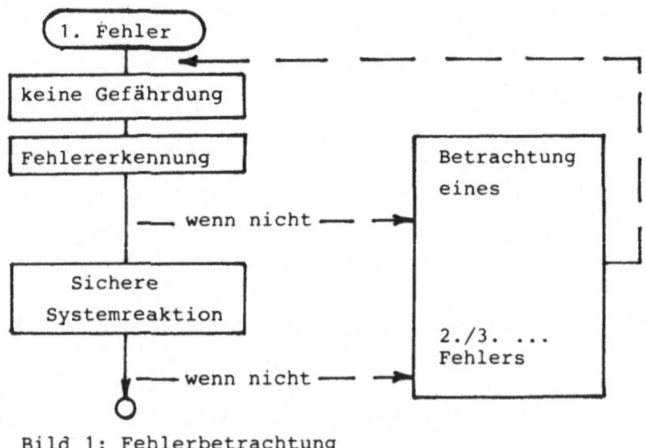

Bild 1: Fehlerbetrachtung

Eine grundlegende typische Fehlerbetrachtung ist in Bild 1 aufgezeigt. Ausgegangen wird von einem ersten Einzelfehler. Von diesem Fehler darf keine Gefährdung - dazu gehört auch ein mögliches Systemversagen - ausgehen. Der Fehler muß unmittelbar erkannt werden (Selbstmeldung) und das System muß sicherheitsgerichtet reagieren, was je nach Anwendungsfall unterschiedliche Maßnahmen sein können. Diese Betrachtung wird für jeden anzunehmenden Fehler geführt. Kann die Erkennung eines Fehlers nicht erreicht werden oder wird die geforderte Systemreaktion nicht ausgeführt, so muß die Betrachtung weitere statisch unabhängige Fehler, die zu dem ersten Fehler hinzukommen können, ausgedehnt werden. Dabei ist die Betonung von unabhängigen Fehlern wichtig, denn als Einzelfehler müssen alle von einer Ursache ausgehenden Fehlerwirkungen betrachtet werden. Mit anderen Worten: es muß von der zeitlichen Häufung verschiedener Fehlerursachen ausgegangen werden.

3. Fail-safe-Technik

Die Anforderungen bei Schutzaufgaben in der Prozeßtechnik lassen sich überwiegend durch ein sicherheitsgerichtetes Abschalten oder Stillsetzen im Fehlerfall realisieren. Klassischerweise ist hier die Fail-safe-Technik bekannt. Alle Fehler im System führen zu einer sicherheitsgerichteten Systemreaktion. Bei festverdrahteten elektronischen Systemen wird dies durch spezielle Techniken und dynamische Signale erreicht ([9]). Die sicherheitstechnische Zuverlässigkeit dieser Schaltung gilt heute noch als Maßstab. Begrenzt sind diese Schaltungen jedoch in ihrem funktionellen Umfang. Nur wenige, meist spezielle binäre Verknüpfungen, sind realisierbar.

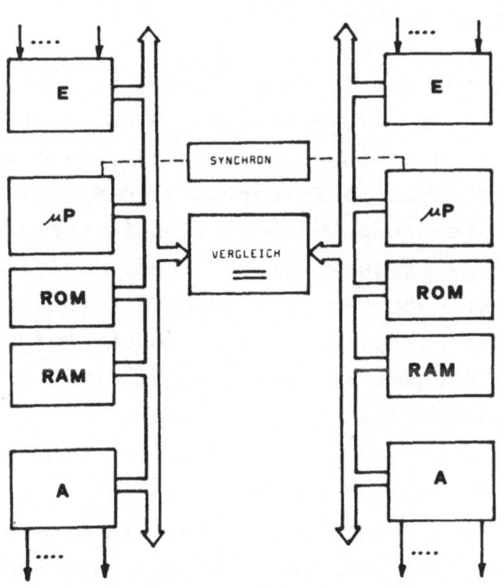

Bild 2: Fail-safe-Technik durch zweikanaliges Mikroprozessorsystem

Rechnersysteme in Fail-safe-Technik gehen u.a. von redundanten System-

strukturen aus. Bild 2 zeigt ein typisches Lösungsprinzip für ein Mikroprozessorsystem.
Die zweikanalig redundante Struktur wird dabei ausschließlich zur schnellen Fehlererkennung und zur Realisierung der Fail-safe-Eigenschaft genutzt. Die beiden völlig gleich aufgebauten Teilsysteme laufen taktsynchron und erlauben so den laufenden Vergleich der Signal-Sequenzen auf den beiden Bussen. Eine Abweichung führt zur sicherheitsgerichteten Systemreaktion. Der zur Fehlererkennung notwendige Datenfluß auf den Bussen kann durch einfache Software-Routinen erzeugt werden.

Nach diesem Prinzip kann eine Überwachung der digitalen Verarbeitung bis auf die Ebene der Integrierten Bausteine erfolgen. Bei heutigen Systemlösungen erfolgt die Überwachung für die am Bus betriebenen Baugruppen ([10]).

Bei umfangreichen und zentralen Schutzaufgaben besitzt die reine Fail-safe-Technik einen gewissen Nachteil durch die prinzipbedingte Überreaktion. Die Möglichkeit zentraler Betriebsabschaltungen aufgrund von unmittelbar nichtkritischen Fehlern wird aus der Sicht der Verfügbarkeit von Anlagen oft nicht akzeptierbar sein. Abhilfe bringt ein höherer Redundanzgrad und die Anwendung des 2-von-3-Prinzips.

4. Anforderungen an ein zentrales Schutzsystem

Unter einem zentralen Schutzsystem sei die Bearbeitung vieler Schutzfunktionen einer Anlage in einem System verstanden. Diese Zentralisierung ist dann erforderlich, wenn die einzelnen Schutzfunktionen nicht unabhängig voneinander sind und zentrale Kriterien alle Schutzfunktionen beeinflussen. Die Brennersteuerung im konventionellen Kraftwerk, wo an einem Kessel z.B. 16 bis 32 Brenner (Öl, Gas oder Kohle) vorhanden sind und dazu zentrale Funktionen des Kesselschutzes realisiert werden müssen, ist ein typisches Beispiel für eine solche Aufgabe. Fail-safe-Technik am einzelnen Brenner ist durchaus akzeptabel, nicht dagegen das Abschalten des gesamten Kessels wegen eines Fehlers an einer Brennersteuerung.

Beim industriellen Einsatz muß ein Schutzkonzept für ein breites Einsatzspektrum gefunden werden. Das Problem kann nicht auf die Lösung einer Einzweckaufgabe beschränkt werden. Diese Anforderung beeinflußt die Systemlösung erheblich. Im einzelnen müssen die folgenden Anforderungen von einem entsprechenden Schutzsystem erfüllt werden.

o Das System genügt den sicherheitstechnischen Richtlinien, z.B. gemäß VDE 0116 - Feuerungstechnik ([6])

o Einzelfehler führen nicht zum Abschalten der Gesamtanlage

o Das System ist modular ausbaubar

o Das System wird - wie Automatisierungssysteme allgemein - aufgagaben spezifisch projektiert, d.h. es muß für verschiedene Aufgaben in der Hardware (Prozeßperipherie) und in der Software (Anwenderprogrammierung) an die jeweilige Aufgabe flexibel angepaßt werden.

o Der Redundanzgrad des Systems ist an einzelne Teilaufgaben und an den Redundanzgrad von Meßfühlern und Stellgliedern anpaßbar.

o Das Prinzip der Fehlererkennung ist möglichst einfach, unabhängig von der auf dem System laufenden Software nachweisbar (Sicherheitsnachweis).

o Die Gerätetechnik basiert auf den Komponenten eines Standard-Automatisierungssystems

o Die Software des Standard-Automatisierungssystems ist auf dem redundanten Schutzsystem lauffähig.

5. 2-von-3-Schutzsytem

Die sicherheitstechnischen Anforderungen einerseits und die Anforderungen für den vorgesehenen Einsatzbereich führen zu einer hardwareorientierten Lösung. Fehlererkennung und Fehlertolerierung werden ähnlich dem Prinzip nach Bild 2 durch die Hardwarestruktur des Systems realisiert. Die Systemstruktur soll im Bild 3 am Beispiel des Systems TELEPERM M AS220-HF ([11]) beschrieben werden.

Das System ist auf der Basis des Automatisierungssystems AS 220 entwickelt ([12]). CPU-, Speicher-Baugruppen u.a. sowie die Prozeßperipherie, die Ein-/Ausgabe-Baugruppen, entsprechen denen des Standardsystems. Hinzu kommen einige Baugruppen mit den notwendigen Zusatzfunktionen, typisch ist eine 2-von-3-Voter-Baugruppe. Das "hochverfügbare und fehlersichere" System besteht im Zentralteil aus einer fehlertolerierenden 2-von-3-Technik mit vollständiger Fehler-Selbstüberwachung und sicherheitsgerichteter Abschaltung bei Doppelfehlern. Doppelfehler bedeuten dabei, daß zu einem ersten erkannten Fehler, bevor dieser beseitigt werden kann, in zeitlichem Abstand ein zweiter Fehler hinzukommt. Nur in diesem Fall wird das Gesamtsystem wie ein Fail-safe-System abgeschaltet.

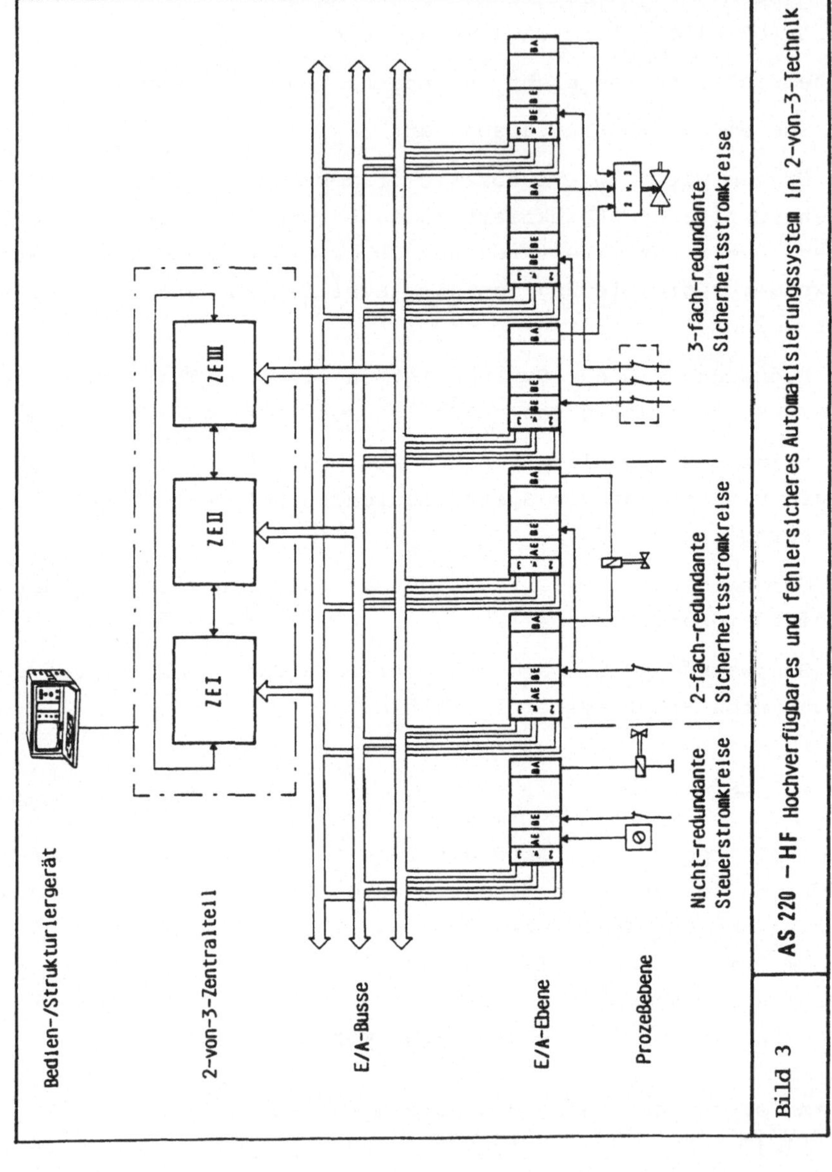

Bild 3 **AS 220 - HF** Hochverfügbares und fehlersicheres Automatisierungssystem in 2-von-3-Technik

Die CPU selbst sei hier nicht näher beschrieben. Es handelt sich um ein leistungsfähiges Mikroprozessorsystem mit Wortverarbeitung zum Rechnen, Regeln, Überwachen, Melden, u.a. sowie einer schnellen Bitverarbeitung für Steuerungsaufgaben.

Der E/A-Teil, der den wesentlich größeren Anteil des Gesamtsystems ausmacht, ist in seinem Redundanzgrad flexibel ausbaubar. Dies wird dadurch erreicht, daß je sechs Steckplätze für E/A-Baugruppen zu einer nicht-redundanten Einheit - das entspricht jeweils einem halben 19-Zoll-Rahmen - zusammengefaßt sind. Über 2-von-3-Voter werden diese Einheiten an die drei redundanten Busse des Zentralteils angeschaltet. Bild 3 zeigt drei typische Projektierungsvarianten innerhalb einer Anlage; links die einkanalige Auslegung für nicht sicherheitsrelevante Meß- und Stellgrößen; in der Mitte die meist eingesetzte sicherheitsgerichtete Technik für einzelne Schutzfunktionen, sog. Sicherheitsstromkreise, z.B. für einen Brenner; rechts die vollständige 2-von-3-Technik von den drei redundanten Meßgebern bis zum Stellglied.

Diese flexible 1- bis 3-kanalige Auslegung der Prozeßperipherie ist eine wichtige Systemeigenschaft, um solche Schutzsysteme aufwandsgerecht einsetzen zu können.

6. Funktionsweise

Die Funktionsweise des Systems wird in Bild 4 näher dargestellt. Analog zu der Lösung für zweikanalige Systeme nach Kap. 3 arbeiten die drei Prozessoren taktsynchron. Bei jedem Schreib-/Leseverkehr werden die Bussignale in beiden Richtungen durch die Voter im Zentralteil einer 2-von-3-Bewertung unterzogen. Einzelfehler werden unmittelbar erkannt und korrigiert. Der gesamte E/A-Bereich stellt einen Adreßraum für den gesamten Zentralteil dar. Das bedeutet, daß redundante Meß- oder Stellgrößen, die auf verschiedene nicht-redundante Einheiten gelegt sind, sequentiell angesprochen werden. Daten zu einer E/A-Einheit laufen dreifach über die Busse und werden vom Voter der Peripherie in 2-von-3 bewertet. Daten von einer E/A-Einheit werden auf dieser Voter-Baugruppe auf die drei Busse verzweigt.
Durch die Voterfunktionen werden Fehler im System erkannt. Diese hardwaremäßige Erkennung setzt Signaländerungen auf den Bussen voraus. Defekte Speicherzellen werden z.B. nur dann erkannt, wenn diese Zeilen gelesen werden und die redundanten Daten damit auf den Bussen erscheinen. Die vollständige Fehlererkennung muß daher durch die Software unterstützt werden. Durch spezielle Routinen wird unabhängig von der

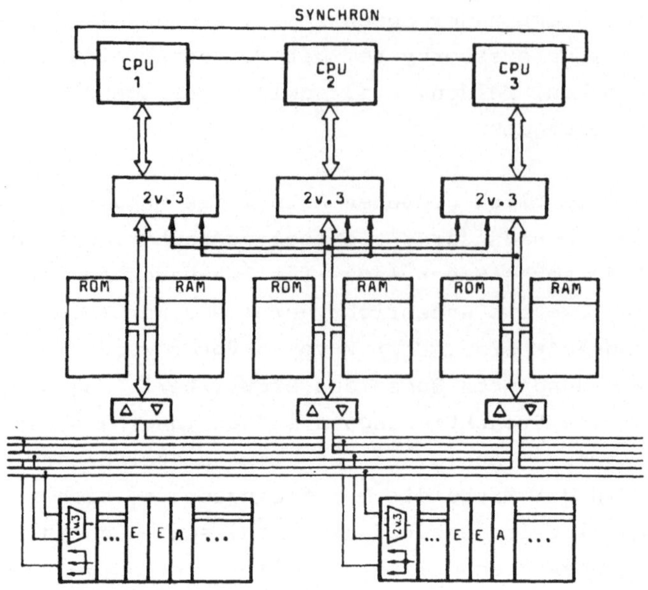

Bild 4: AS 220 HF - Funktionsweise

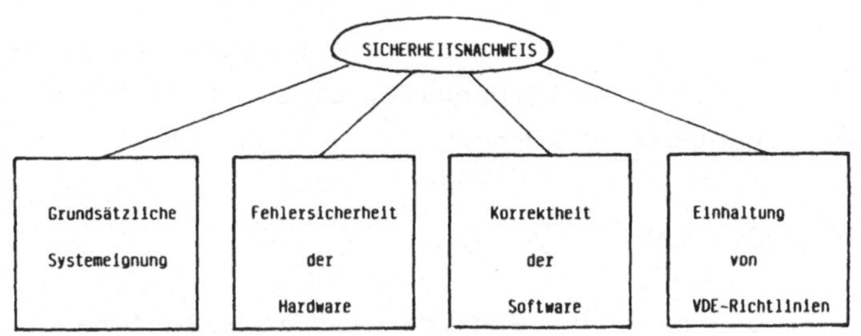

Bild 5: Baumusterprüfung (VDE 0116)

übrigen Software ein zyklischer Datenfluß im System erzwungen. Die notwendigen Routinen sind einfach und wenig aufwendig. Sie sind nicht mit dem Aufwand spezieller Selbstprüfsoftware vergleichbar. Ebenfalls software-gesteuert ist die Erkennung von Fehlern in den Votern selbst. Zyklisch werden einzelne Bit-Fehler in den Votern simuliert und die jeweilige Soll-Reaktion in allen drei Zentraleinheiten überwacht. Auch Fehler, die unmittelbar in den Ein- oder Ausgängen auftreten, werden über zusätzliche Testroutinen aufgedeckt. Durch die 2-von-3-Struktur der Zentraleinheit werden alle ergänzenden Prüffunktionen selbstüberwachend bearbeitet.

Eine Überwachung auf Fehler in den Meßkreisen kann bei redundanten Meßgrößen über die Anwendersoftware durch Vergleich redundanter Größen unter Berücksichtigung zulässiger Toleranzen realisiert werden.

7. Sicherheitsnachweis

Für Schutzsysteme zum Schutz von Leib und Leben muß ein Sicherheitsnachweis bei einem Gutachter geführt werden. Für das o.g. System wird eine sog. Baumusterprüfung nach der Richtlinie VDE 0116 ([6]) durchgeführt. Es handelt sich um eine Typprüfung, bei der der Nachweis geführt wird, daß im Fehlerfall keine Signale von dem System ausgegeben werden, die zu einer Gefährdung führen können ([8]). Geprüft werden die festen unveränderlichen Systemeigenschaften anhand eines Baumusters. Im jeweiligen Anwendungsfall erfolgt eine Einzelabnahme im Zusammenspiel mit dem Prozeß, bei der die projektierten und programmierten Sicherheitsfunktionen überprüft werden. Um diese Einzelabnahme im Umfang praktikabel zu halten, muß eine Systemlösung angestrebt werden, die möglichst viele sicherheitstechnische Anforderungen zur festen Systemeigenschaft macht, ohne die notwendige Flexibilität für die Projektierung zu sehr einzuschränken.

In Bild 5 sind die Phasen der Baumusterprüfung dargestellt. Besondere Schwerpunkte sind dabei der Nachweis der Fehlersicherheit der Hardware und die Korrektheit der Software.

Zur Prüfung von Hard- und Software muß die vollständige Systemdokumentation vorgelegt werden. Diese wird ergänzt, um erläuternde Beschreibungen und Darstellungen zur Funktionsweise des Systems, um dem Gutachter den notwendigen Einblick in die Systemdetails für die theoretische Analyse zu geben.

Zum Nachweis der Fehlersicherheit werden Fehler auf den Baugruppen im Betrieb simuliert und die Sollreaktion des Systems überprüft. Dabei wird überwiegend vom "stuck-at"-Fehlermodell ausgegangen ([5]), d.h. es werden Kurzschlüsse und Unterbrechungen sowie "ständig 0" und "ständig 1" Fehlerzustände an den Pins der Integrierten Schaltkreise und auf allen Leitungen angenommen. Bei kritischen Schaltungsteilen und bei den Speichern wird teilweise von weitergehenden Annahmen ausgegangen. Die Simulation der Hardwarefehler erfolgt manuell mit entsprechenden Hilfsmitteln. Der hierfür notwendige Zeitaufwand ist erheblich.

Die Korrektheit der Software wird durch theoretische Analysen und durch experimentelle Prüfungen durchgeführt. Die Systemsoftware, in EPROMs resident, entspricht der des Standardsystems, ergänzt um einen speziellen Teil. Diese Abstützung auf eine bereits bei allgemeinen

Einsätzen bewährte Software und ihr streng modularer Aufbau erleichtern die Analyse und Beurteilung. Als Dokumentation stehen zur Verfügung: Die Spezifikationen der Module, die Quellsprache-Listings in einer höheren Sprache mit Kommentaren und Struktogramme, deren verbale Formulierung den Kommentaren in den Listings entsprechen. In besonderen Fällen kann auch ein Listing im maschinennahen Code herangezogen werden.

Die Erstellung der Anwender-Software erfolgt nicht durch eine übliche Programmierung. Dem Anwender steht ein kompletter Satz vorgefertigter Funktionsbausteine auf dem System zur Verfügung. Diese Bausteine sind fester Bestandteil der Systemsoftware. Ihr Spektrum reicht von arithmetischen Funktionen, über Steuer- und Regelungsfunktionen bis zu Bausteinen für die Bedienung und Beobachtung. Der Anwender kann im Dialog mit dem System und mit Hilfe einer Entwurfssprache diese Funktionsbausteine parametrieren und miteinander verschalten. Damit ist die Anwendersoftware einfach und in der Denkweise der Aufgabenstellung reproduzierbar.

Für den Gutachter ergibt sich damit die Möglichkeit, die Module der Systemsoftware separat im Dialog am Baumuster-System praktisch zu testen. Hierzu werden Prozeßeingänge mit entsprechenden dynamischen Testsignalen belegt und die Ergebnisse über Binär- oder Analogausgänge aufgezeichnet.

Abschließend werden Hard- und Software einem Systemtest unterzogen. Typische Prozeßfunktionen bzw. Störfälle werden über elektrische Eingangssignale simuliert und damit ein realitätsnaher Validationstest durchgeführt.

8. Schluß

Die beschriebenen Prinzipien von zweikanaligen oder dreikanaligen Strukturen mit flexibel redundierbarer E/A-Ebene läßt sich auch in anderen Schaltkreistechniken realisieren. Sie sind zweifellos auf kompakten und nicht räumlich getrennten Systemaufbau beschränkt. Die fehlertolerante Synchronisierung ist für Taktfrequenzen bis ca. 20 MHz heute möglich. Die hardwaremäßige Realisierung von Fehlererkennung und Mehrheitsbewertung hat den Vorteil, daß die Software auf einkanaligen und mehrkanaligen Strukturen gleichermaßen lauffähig ist. Auch Änderungen und Ergänzungen in einer benutzten Standardsoftware sind damit unmittelbar auf den redundanten Systemen lauffähig.

Für den praktischen industriellen Einsatz sind diese Gesichtspunkte besonders wichtig. Nur durch die flexible Anpassung an die praktischen Anforderungen und die Möglichkeiten einer differenzierten Abstufung des sicherheitstechnischen Aufwandes wird eine breite Akzeptanz zum Einsatz von Schutzsystemen in Mikroprozessortechnik bei kritischen Prozeßanwendungen erreicht.

Literatur

[1] DIN 40041 Zuverlässigkeit in der Elektrotechnik - Begriffe - Teil 1, 2, 3

[2] DIN 31004 Begriffe der Sicherheitstechnik
Teil 1 Grundbegriffe, Entwurf Nov. 82

[3] Trautboth, H.; Zuverlässigkeit von DV-Systemen - Eine systemtechnische Aufgabe; Informatik-Fachberichte 76, GI-NTG-Fachtagung, Karlsruhe, Springer-Verlag, 1984

[4] Laufende Normungsarbeit im DKE K714: Grundsätze für die Funktionssicherheit von Rechnersystemen. Gegründet 11/83

[5] TÜV-Arbeitsgemeinschaft Rechnersicherheit; Mikrocomputer in der Sicherheitstechnik - Ein Handbuchfür Entwickler und Hersteller Entwurf 12/83 - Herausgabe in 1984

[6] VDE 0116 / DIN 57116 Stand 3/79
Elektrische Ausrüstung von Feuerungsanlagen

[7] KTA 3501 (DIN 25434) 3/77
Sicherheitstechnische Regel des KTA; Reaktorschutzsystem und Überwachung von Sicherheitseinrichtungen.

[8] Knörnschild; Speicherprogrammierbare Steuerungen für den sicherheitstechnischen Einsatz - Anforderungen und Prüfung Regelungstechnische Praxis, 1981, H.8, S.268-280.

[9] H.G. Nix; Fail-safe-Technik für Industrie-Steuerungen; industrie-elektrik + elektronik; 27. Jg. 1979, Nr. 9/10, S.224-228

[10] M. Euringer; W. Reichert; Sicherheitsgerichtetes, speicherprogrammierbares Steuerungsgerät SIMATIC S5-110F Siemens-Energietechnik 2 (1980), H.6, S.180-184

[11] Euringer, M.; Reichert, W.; Hochverfügbares und fehlersicheres Automatisierungssystem AS 220 HF.
Siemens Energietechnik (1984), erscheint demnächst

[12] Schneider, E.; TELEPERM M heute - ein aktueller Überblick Regelungstechnische Praxis 25 (1983), S.329-335.

Fail-safe-Systeme mit redundanten Rechnern

H.W.Gschwind/H.Uebel

Standard Elektrik Lorenz AG
Stuttgart

Zusammenfassung

Bei Systemen, deren undefinierter Ausfall Personen- oder hohe Sachschäden verursachen kann, wie z. B. Steuerungen von Schienenfahrzeugen, ist ein fail-safe-Verhalten gefordert. Bei Verwendung von Rechnern mit undefiniertem Ausfallverhalten bedeutet dies, dass das ordnungsgemässe Arbeiten durch Vergleich der Verarbeitungsergebnisse redundanter Rechneranordnungen überprüft werden muss.
Als Lösung für den Vergleicher bietet sich, insbesondere bei Mikrorechnern, zwei Möglichkeiten an:

- Vergleich durch rechnerexternen Vergleicher

- Gegenseitiges Einlesen der Ergebnisse und rechnerinterner Vergleich.

Die beiden Möglichkeiten werden vorgestellt und ihre Vor- und Nachteile werden erläutert. Weiterhin wird die Möglichkeit der Erweiterung zu hochzuverlässigen und sicheren Systemen diskutiert.

1. Definition des Begriffs fail-safe

Systeme zur Steuerung technischer Prozesse können bei Fehlfunktionen Sach- oder Personenschäden hervorrufen, wenn nicht geeignete Massnahmen getroffen werden. Insbesondere bei Transportsystemen für Personen müssen Gefährdungen von Fahrgästen durch technische Defekte weitgehend ausgeschlossen werden. Aus diesem Grund hat diese Betrachtungsweise in der Eisenbahn-Signaltechnik bereits eine lange Tradition. Man kann Ausfälle von Komponenten, d. h. technische Störungen nicht vermeiden, man gestaltet aber die Systeme so, dass sich diese Ausfälle nicht in einer Gefährdung des Bahnbetriebs auswirken. Die Eigenschaft, bei den anzunehmenden Ausfällen immer zur betrieblich sicheren Seite hin zu reagieren, nennt man signaltechnische Sicherheit oder fail-safe- Verhalten.
Dieses Verhalten ist nun nicht nur eine Funktion des Steuerungssystems, sondern auch des Prozesses. Bei Zugsteuerungen ist immer z.B. ein sicherer Zustand definiert, nämlich der Stillstand. Die Systeme müssen also so entwickelt werden, dass bei unsicherem Betrieb der Zugverkehr angehalten wird. Ein Gegenbeispiel ist der Autopilot eines Flugzeugs. Hier ist kein eindeutig sicherer Zustand zu definieren.

2. Methoden, mit denen fail-safe-Verhalten erzielt werden kann

Die Konstruktion konventioneller Eisenbahn-Signaltechnik beruht auf der Tatsache, dass verwendete Bauteile anerkannt unverlierbare Eigenschaften haben. So wird z. B. die Schwerkraft dazu herangezogen, einen Signalflügel bei Wegfall externer Kräfte in die Haltstellung fallen zu lassen, Schrankenbäume bei Energieausfall zu senken und besonders konstruierte Relais ohne Erregung abfallen zu lassen.
Mit dem Übergang von der Mechanik und Relaistechnik zur Elektronik mit diskreten Komponenten mussten neue Prinzipien gefunden werden um die geforderte Sicherheit zu erreichen /1/. Ein Beispiel dafür ist der Ausschluss einer galvanischen Verbindung zwischen Primär- und Sekundärseite eines Übertragers, wenn die beiden Wicklungen in verschiedenen Kammern untergebracht sind. Es wurden auch spezielle Logiktechniken entwickelt, die durch dynamische Arbeitsweise und Verwendung von Bauelementen mit definiertem Ausfallverhalten fail-safe arbeiten /2/.
Durch die gestiegenen Anforderungen an die Leistungsfähigkeit der Logik und die Notwendigkeit, auch mathematische Berechnungen durchzuführen, wurde der nächste Technologieschritt, die Verwendung von Prozessrechnern, erforderlich.
Der Versuch, einen Rechner mit definiertem Ausfallverhalten zu entwickeln, scheitert schon in der Überlegungsphase. Andererseits lässt die Verwendung handelsüblicher Rechner das bisherige Vorgehen bei der Eisenbahn-Signaltechnik nicht mehr zu, da die Ausfallart nicht vorhergesagt werden kann.
Man ging also dazu über, die Rechnerverarbeitung zu doppeln und die beiden Ergebnisse zu vergleichen. Zu Beginn des Rechnereinsatzes war die Hardware noch sehr teuer, man versuchte deshalb Rechner zu sparen. Die gegebene Aufgabe wurde in einem Rechner zuerst mit dem Programm A gerechnet, die Werte wurden zwischengespeichert, dann lief ein Rechnerprüfprogramm ab und anschliessend wurde die Aufgabe mit dem Programm B gerechnet. Bei Gleichheit der Ergebnisse von A und B wurden die Daten zum Prozess hin ausgegeben.
Diese Vorgehensweise wird in der Bundesrepublik nicht mehr angewendet, weil der Nachweis der Unabhängigkeit der Auswirkung eines Ausfalls auf die Programmteile A und B problematisch ist und ausserdem die gesunkenen Hardwarekosten dieses Vorgehen nicht mehr rechtfertigen. Die heute allgemein verwendete Methode besteht darin, die Aufgabe in zwei getrennten Rechnern zu verarbeiten und die Ergebnisse nur nach positivem Vergleich an den Prozess auszugeben (Bild 1).
Bei Ausfall eines der beiden Rechner wird es zu einem Fehlvergleich kommen, sodass das Rechnersystem, das dann einen undefinierten Zustand hat, vom Prozess isoliert wird.

3. Forderungen an ein fail-safe-Rechnersystem

Um eine sicheres Verhalten zu erreichen, müssen im wesentlichen vier Forderungen erfüllt werden /3/.

- Ausschluss von systematischen Fehlern
- Einzelausfälle müssen ungefährlich sein
- Die beiden parallelen Kanäle müssen statistisch unabhängig voneinander sein.
- Ein beliebiger Ausfall muss sich rechtzeitig offenbaren.

Systematische Fehler sind vor allem auch Softwarefehler. Dieser Bereich soll aber im Rahmen dieser Betrachtung ausgeklammert werden. Die Ungefährlichkeit von Einzelausfällen ist bei ordnungsgemässem Arbeiten des Vergleichers gegeben. Die Unabhängigkeit der Kanäle ist nur durch besondere Massnahmen zu erreichen. So müssen insbesondere bei den "Berührungsstellen" der beiden Rechner, wie Stromversorgung, Eingängen und Ausgängen zum Vergleicher, Entkoppelungsmassnahmen ergriffen werden. Auch gegen gemeinsam von aussen auftretende Störungen müssen Massnahmen ergriffen werden, um gleichartige Verfälschungen zu vermeiden.
Die Ausfalloffenbarung stellt sicher, dass alle Ausfälle, die für die Aufgabe benötigte Funktionen betreffen, innerhalb einer festgelegten Zeit erkannt werden. Im Allgemeinen geschieht dies zum Teil durch den Vergleich der Prozessdaten (datenflussabhängige Offenbarung). Um sicherzustellen, dass auch Ausfälle an selten benutzten Teilen frühzeitig erkannt werden, müssen zusätzliche Prüfprogramme eingesetzt werden (datenflussunabhängige Offenbarung).

4. Konfigurationen von fail-safe-Doppelrechnersystemen

Die oben gezeigte Grundstruktur eines sicheren Doppelrechnersystems lässt sich je nach Ausführung des Vergleichers variieren. Der Vergleicher stellt den zweiten wichtigen Teil des Systems dar. Er muss sowohl sicher vergleichen als auch bei Ungleichheit sicher abschalten.
Eine Möglichkeit des Vergleichs stellt der Vergleich der rechnerinternen Schnittstellen (Rechnerbus) und der sicherheitsrelevanten Ausgaben dar /4/. Bild 2 zeigt den Aufbau dieser Einrichtung. Bei dieser Lösung arbeiten die beiden Mikrorechner im Taktsynchronismus. Der vom Taktgeber erzeugte Impuls durchläuft alle in Reihe geschalteten Vergleicher und kommt nur dann zurück, wenn alle Vergleicher richtig arbeiten. Der zurückgekommene Impuls löst dann den nächsten Impuls und damit den nächsten Verarbeitungstakt für die beiden Rechner aus. Bei Ausbleiben eines Taktes wird der Taktgeber irreversibel angehalten. Voraussetzung für das sichere Abschalten des Prozesses ist die

sichere Auswertung der Dynamik des Rechnersystems. Der Vorteil dieser Anordnung ist der für den Anwender relativ problemlose Einsatz und die kurze Zeitdauer, die vom Auftreten eines Ausfalls, der sich am Bus bemerkbar macht, bis zum Abschalten des Systems vergeht.
Eine andere Möglichkeit, die Übereinstimmung der beiden Rechner zu überprüfen, ist der Vergleich der Ausgangsdaten. Auf den rechnerinternen Vergleich wird verzichtet. Diese Methode setzt einen in sich sicheren Vergleicher voraus oder man geht den Weg, die Vergleicheraussagen wieder in die Rechner zurückzulesen und zur Prüfung die Ausgabedaten periodisch zu verfälschen. Ein solches System wird weiter unten noch ausführlich beschrieben. Der Nachteil, dass nur Ausgaben zum Prozess hin verglichen werden, kann dadurch ausgeglichen werden, dass auch gewisse Zwischenergebnisse an fiktive Adressen ausgegeben und damit auch verglichen werden. Diese Anordnung hat gegenüber der oben beschriebenen den Vorteil, dass sie weitgehend rechnerunabhängig ist, d. h. beim Einsatz einer neuen Rechnergeneration können die sicherheitsrelevanten Teile weiterhin eingesetzt werden.
Eine völlig technologieunabhängige Vergleichermethode stellt der Softwarevergleich der Ergebnisse dar /5, 6/. Die Anordnung dazu zeigt Bild 3. Hier werden die Ausgaben zum Prozess und eventuelle fiktive Ausgaben von Zwischenergebnissen von beiden Rechnern kreuzweise verglichen. Der Vergleich wird dadurch gesichert, dass er verdoppelt ist und dass sich Ausfälle in einem der beiden Vergleicher durch die Massnahmen zur Ausfalloffenbarung bemerkbar machen. Jeder der beiden Rechner liest von seinem Nachbarn die ausgegebenen Daten ein und vergleicht sie mit den selbst berechneten Daten. Bei einer Diskrepanz kann von jedem der beiden Rechner der Abschalter betätigt werden.
Der signaltechnisch sichere Abschalter kann in verschiedener Weise ausgebildet sein, so z. B. als eine Schmelzsicherung, wobei jeder der beiden Rechner die Möglichkeit hat, sie durch Kurzschluss auszulösen.
Eine weitere Art des Abschaltens geschieht durch Auswerten des dynamischen Lebenssignals der beiden Rechner. Dieses Signal wird nur generiert, wenn der Rechner selbst in Ordnung ist und auch der Kreuzvergleich keine Fehler zeigt. Diese Anordnung ist in der Praxis in grosser Stückzahl beim Fahrzeuggerät des SELTRAC-Systems für die Steuerung von Nahverkehrsmitteln eingesetzt /5/. Bild 4 zeigt einen Ausschnitt aus diesem Fahrzeuggerät. Die obere und mittlere Zeile sind gleichartig aufgebaut und beinhalten die beiden Rechner. Die Baugruppe mit der CPU ist herausgezogen. In der unteren Zeile ist die beiden Rechnern gemeinsame Peripherieeinrichtung zu sehen.
Die Aufgaben dieser Einrichtung ist es, das Fahrzeug nach Vorgaben einer Zentrale sicher zu steuern und auch die Geschwindigkeitsregelung durch Ansteuerung von Motoren und Bremsen zu regeln. In einigen Anwendungsfällen wird mit diesem Gerät ein fahrerloser vollautomatischer Betrieb von Fahrzeugen im Fahrgastbetrieb durchgeführt (Bild 5).

5. Die Zuverlässigkeit von Rechnersystemen

Die oben beschriebenen Systeme sind so aufgebaut, dass sie beim Ausfall zum sicheren Zustand, d. h. zum Stillstand des Betriebs führen. Ist dieser Zustand erreicht, dann sind zur Weiterführung des Betriebs auf einer technisch weniger gesicherten oder völlig ungesicherten Stufe Bedienereingriffe nötig. Dieses erfordert die Vorhaltung von Personal und eine gewisse Gefahr, dass bei Ersatzhandlungen Unfälle entstehen. Denn die Wahrscheinlichkeit von Fehlhandlungen ist beim Menschen um mehrer Zehnerpotenzen höher als bei einem Automaten.
Aus den beschriebenen Gründen ist man bestrebt, die Zuverlässigkeit so hoch wie wirtschaftlich vertretbar zu machen und eine Zuverlässigkeitsredundanz einzuführen.
Bei einem Doppelrechnersystem ist die Ausfallrate

$$\lambda = 2\lambda_R + \lambda_V$$

wobei λ_R die Ausfallrate eines Rechners und λ_V die Ausfallrate des Vergleichers ist.Die MTBF wird damit:

$$MTBF = \frac{1}{2\lambda_R + \lambda_V}$$

Eine Erhöhung der Zuverlässigkeit kann relativ einfach dadurch erreicht werden, dass zwei Doppelrechnersysteme parallel betrieben werden und eine Auswahl dadurch erfolgt, dass das System mit Dynamik am Ausgang zum Prozess durchgeschaltet wird. Vernachlässigt man den Beitrag des Vergleichers, was beim Softwarevergleich zulässig ist, so ergibt sich:

$$MTBF = \frac{MTBF_R^{\,2}}{8 \cdot MTTR}$$

Bei einem angenommenen Verhältnis von Fehlerabstand zu Reparaturzeit von 1000 (10 000 h / 10 h) wird die Zuverlässigkeit gegenüber einem Doppelrechnersystem um den Faktor 250 verbessert, allerdings auch die Reparaturhäufigkeit um den Faktor 2 verschlechtert. Diese Methode der Redundanz wird beim oben erwähnten SELTRAC-Fahrzeuggerät angewandt. Hier ergibt sie sich von selbst dadurch, dass ein Zug mindestens aus 2 gleichartigen Fahrzeugen besteht, die jeweils mit einem Fahrzeuggerät ausgerüstet sind. Jedes Fahrzeuggerät kann ohne Einschränkungen die Steuerung des Zugverbands übernehmen. Die Umschaltung von einem Fahrzeuggerät auf das andere erfolgt durch Aktivierungs- und Passivierungskommandos von der Zentrale. Diese Methode wurde in umfangreichen Tests erprobt und bildet die Voraussetzung für einen fahrerlosen Betrieb.
Eine andere Methode, die Zuverlässigkeit zu steigern, ist der

Einsatz eines 2- von -3-Rechnersystems. Hier müssen 2 von 3 Rechnern in ihren Ergebnissen übereinstimmen, um sicher zu arbeiten. Der Ausfall eines Rechners führt also nicht zum Systemausfall. Vernachlässigt man gemeinsame Teile, wie Vergleicher und Taktgeber, so erhält man:

$$MTBF = \frac{MTBF_R^2}{6 \cdot MTTR}$$

Bei dem oben angenommenen Verhältnis von 1000 von Fehlerabstand zu Reparaturzeit verbessert sich die Zuverlässigkeit gegenüber einem Doppelrechnersystem um den Faktor 333, die Reparaturhäufigkeit steigt um den Faktor 1,5. Diese Lösung ist in vielen Fällen günstiger als ein zweifaches Doppelrechnersystem.
Die erste Anwendung war die ortsfeste Steuerzentrale für die Linienzugbeeinflussung /7,8/. Mit dem System der LZB ist es möglich, die Zuggeschwindigkeit auf Bahnstrecken ohne Änderung der bestehenden Signaleinrichtungen auf 200 km/h zu steigern. Seit dem ersten Einsatz 1972 sind im Bereich der Deutschen Bundesbahn inzwischen 10 Anlagen in Betrieb, ohne dass es bisher zu einem Totalausfall eines Rechnersystems gekommen ist.
Bild 6 zeigt eine dieser Anlagen. Neben den 3 Rechnern sind zwei Schränke zu sehen, die den Datenübertragungsteil als Verbindung zu den Zügen sowie die Eingabe- und Vergleichseinrichtung für das Rechnersystem enthalten. Das Blockschaltbild der Vergleichs- und Durchschalteinrichtung zeigt Bild 7. Man erkennt die drei Vergleicher, die jeden mit jedem Rechner vergleichen, sowie die Steuerung, die auf Grund der Vergleicheraussagen die Rechnerauswahl vornimmt. Die eigentliche Durchschaltung ist signaltechnisch sicher aufgebaut, d.h. jeder Bauelementeausfall unterbricht die Datenausgabe zum Prozess. Die Vergleicher und die Steuerung sind mit handelsüblichen Logikschaltkreisen aufgebaut und haben deshalb kein definiertes Ausfallverhalten. Ihre Ausgänge werden deshalb zu den Rechnern zurückgeführt. Die ordnungsgemässe Funktion wird periodisch durch gezielte Verfälschung der Rechnerausgaben geprüft.
Dieser Aufwand für die externe Logik ist bei Verwendung von Prozessrechnern gerechtfertigt, nicht dagegen bei Mikrorechnern. Bei der Neuentwicklung des Fahrzeuggerätes für den LZB-Betrieb, bei dem eine hohe Zuverlässigkeit gefordert war, wurde daher das Prinzip des Softwarevergleichs auf ein 3-Rechner-System erweitert. Bild 8 zeigt dieses neue Fahrzeuggerät LZB 80, das z. Zt. im Versuchsbetrieb eingesetzt ist /9/. Die obere Zeile enthält die Stromversorgungen, in der Mitte der drei Zeilen darunter sind die drei identischen Rechner zu erkennen. Die übrigen Baugruppen sind den 3 Rechnern gemeinsame Ein- und Ausgaben. Für die Auswahl- und Umschaltlogik des Rechnersystems sind nur zwei Baugruppen erforderlich, wodurch insgesamt eine sehr hohe Zuverlässigkeit erreicht wird.
Mit dieser Konzeption ist der wirtschaftliche Aufbau von siche-

ren und hochzuverlässigen Geräten möglich, wobei die Vorteile von neuen Rechnertechnologien ohne konzeptionelle Änderungen übernommen werden können.

Literaturstellen

/1/ Frech, G.: "Zuverlässigkeit und Sicherheit in Systemen mit hoher Sicherheitsverantwortung", Signal + Draht 66 (1974) 3, S.40

/2/ Lüers, W.: "Drei-Phasen-MT-Schaltkreissystem für die Eisenbahnsignaltechnik", Siemens-Zeitschrift 43 (1969) 8, S.660

/3/ Deutsch Bundesbahn, Bundesbahn-Zentralamt München "Grundsätze zur technischen Zulassung in der Signal- und Nachrichtentechnik", Richtlinien und Richtlinienentwürfe

/4/ Strelow, H. / Uebel, H.: "Das sichere Mikrocomputersystem SIMIS", Signal + Draht 70 (1978) 4, S. 82

/5/ Uebel, H.: Automatische Steuerung von Schienenfahrzeugen", Elektrisches Nachrichtenwesen 52 (1977) 4, S.322

/6/ Short, R. C.: "The Design of Fail-Safe Processor Systems", I.R.S.E., Jan 1980

/7/ Appel, H.: "Die rechnergesteuerte LZB der Bauform Lorenz in der Erprobung auf der Strecke Hamburg-Bremen", Signal + Draht 66 (1974) 11, S.202

/8/ Koeth, W. / Murr, E.: "Die Linienzugbeeinflussung Teil III, Praktische Anwendungen", Elsners Taschenbuch der Eisenbahntechnik 1976

/9/ Uebel, H. / Frank, W.: "Das Fahrzeuggerät LZB 80", Signal + Draht, 76 (1984) 3, S. 46

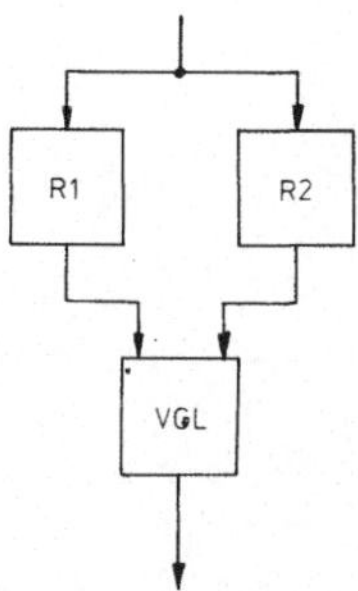

Bild 1: Grundstruktur eines sicheren Doppelrechnersystems

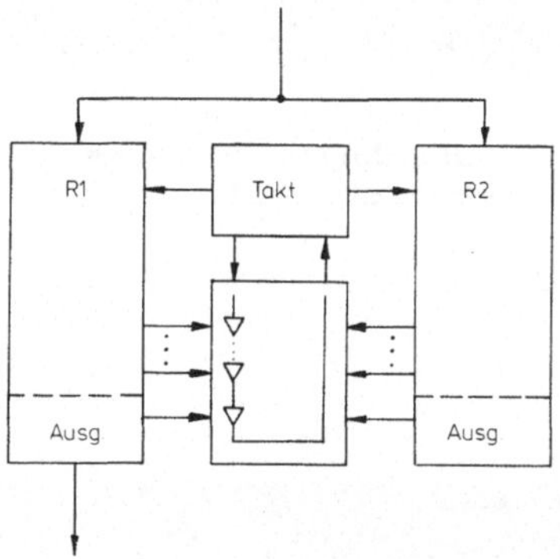

Bild 2: Sicheres Doppelrechnersystem mit Hardwarevergleicher

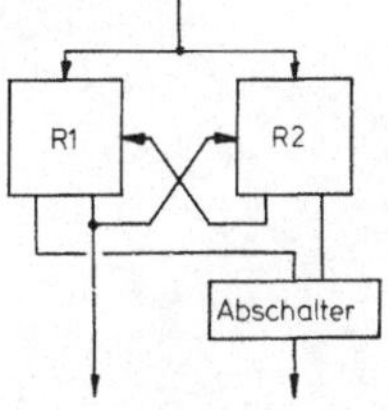

Bild 3: Sicheres Doppelrechnersystem mit Softwarevergleicher

Bild 4: Ausschnitt aus dem SELTRAC-
Fahrzeuggerät

Bild 5: Fahrzeug für fahrerlosen
Passagierbetrieb

Bild 6: LZB-Zentrale

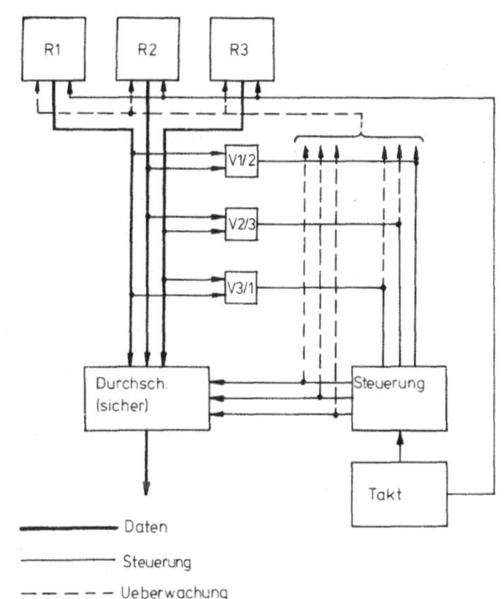

Bild 7: Ausgabe eines sicheren 3-Rechner-Systems mit Hardwarevergleich

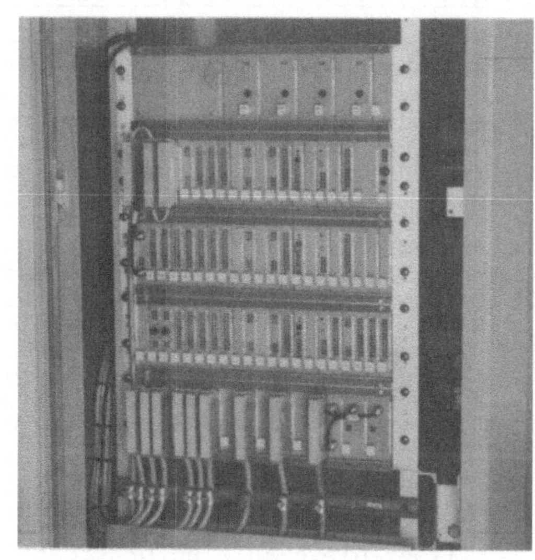

Bild 8: Fahrzeuggerät LZB 80

Entwicklungstechnik sicherheitsverantwortlicher Software in der Eisenbahn-Signaltechnik

U. Feucht
Standard Elektrik Lorenz AG, Stuttgart

ZUSAMMENFASSUNG

Dieser Beitrag berichtet über die industrielle Entwicklungstechnik sicherheitsverantwortlicher Prozessautomatisierungs - Software aus dem Bereich der Eisenbahn-Signaltechnik. Nach einem kurzen Überblick über die technischen Besonderheiten dieses Bereiches werden folgende Punkte behandelt:

a) Welche Methoden werden bei der Herstellung der Software verwendet, um Fehler von vorneherein zu verhindern?
b) Welche Methoden werden verwendet, um doch entstandene Fehler zu offenbaren?
c) Wie erfolgt der Funktionsnachweis und dessen Prüfung durch eine Abnahmeinstanz?

Das geschilderte Vorgehen resultiert aus mehrjährigen Erfahrungen der Firma SEL. Die Grundprinzipien wurden ausserdem durch die Deutsche Bundesbahn genormt und stellen insofern einen allg. Industriestandard dar /2/.

1. TECHNISCHE EINSATZBEDINGUNGEN

1.1 Beispiel einer betrieblichen Aufgabenstellung

Eine grundsätzliche Sicherungsaufgabe im Bereich der Eisenbahn-Signaltechnik ist die Abstandshaltung von Zügen. Bei der konventionellen Technik geschieht dies durch das Blockabschnitts-Verfahren. Die zu sichernde Strecke ist in mehrere Blockabschnitte unterteilt. In jedem Block darf sich nur ein Zug befinden. Der Lokführer eines Zuges erkennt durch ein automatisch gestelltes Signal am Anfang eines Blockabschnittes, ob er diesen befahren darf oder nicht. Die sichere Überwachung des Lokführers übernimmt das punktförmige Beeinflussungssystem INDUSI, das den Zug notfalls am roten Signal automatisch bremst. Die technische Lösung der Signalisierung und der INDUSI geschieht durch diskrete Elektronik und Relais. Für die üblichen betrieblichen Anforderungen ist das Blockabschnitts-Verfahren ausreichend. Für eine Erhöhung der Zugdichte oder der zulässigen Geschwindigkeit muss ein flexibleres Verfahren angewendet werden. Hier bietet sich ein Prozessautomatisierungs-System mit folgenden Eigenschaften an (Bild 1):

- Jeder Zug erhält einen Fahrzeugrechner; dieser ermittelt z.B. aus der Radumdrehung die Position des Zuges an der Strecke, und überträgt diese an eine ortsfeste Rechnerzentrale.

- Diese berechnet aus den Zugpositionen die Zugabstände und schickt jedem einzelnen Zug seinen Abstand zum Vorgänger. Der Fahrzeugrechner jedes Zuges berechnet daraus dessen zulässige Geschwindigkeit und leitet ggf. eine Bremsung ein.
- Die Meldung der Zugpositionen und die Vorgabe der Abstände zum Vorgänger erfolgt quasi-kontinuierlich über ein längs dem Gleis verlegtes Antennenkabel oder über Funk. Dieses Verfahren liegt dem System der Linienzugbeeinflussung /1/ zugrunde, das unter dem Begriff LZB L72 für die Rechnerzentrale bzw. LZB-FZG 80 für den Fahrzeugrechner bei der Deutschen Bundesbahn eingesetzt wird.

Die Software sowohl des Fahrzeugrechners, als auch der Rechnerzentrale ist in hohem Masse sicherheitsverantwortlich.

1.2 Aufgabenstellung durch das Hardware-Konzept

Die Verwendung handelsüblicher Rechner -und nur dies ist technisch sinnvoll- erfordert besondere Sicherungsmassnahmen gegenüber Hardware-Ausfällen. So ist es üblich, mehrere Rechner parallel zu betreiben und die Ausgaben eines solchen Rechnersystems nur dann an den Prozess durchzuschalten, wenn die einzelnen Rechnerergebnisse identisch sind. Hierzu ist ein Vergleich notwendig, für den es mehrere technische Realisierungsverfahren gibt /3/. Generell erhält die Software durch die Besonderheiten des Rechnersystems zusätzliche, über die betrieblichen Aufgaben hinausgehende Funktionen, z.B.:

- Zyklische Prüfung von CPU und Memory zur rechtzeitigen Offenbarung datenflussabhaengiger Rechnerausfälle.
- Prüfung von nicht-fail-safe Vergleichshardware.
- Synchronisierung der parallelen Rechner

1.3 Kenngrössen realisierter Software-Systeme

a) Die Programmierung erfolgt durchweg in Assembler.
b) Speicherumfang je Einzelrechner zwischen 10 und 60 kByte (5000 bis 30000 Quellzeilen Assembler).
c) In jedem der parallelen Rechner befindet sich identische Software, d.h. keine Diversität.
d) Die Software ist speicherresident, d.h. keine externen Massenspeicher.
e) Verwendung von Mini- oder Mikrorechnern.
f) Die erwartete Lebensdauer der Systeme liegt bei 10 bis 30 Jahren und ist damit ungewöhnlich hoch.
g) Die Software eines Systems muss u.U. vielfach reproduziert und mit unterschiedlichen Projektierungsdaten an verschiedenen Orten eingesetzt werden.
h) Der Datenfluss zum Prozess liegt bei 10 000 und mehr binären Informationen je sec, die auf Bruchteile von Millisekunden von den Rechnern gleichzeitig verarbeitet werden müssen.

2. QUALITÄTSMASSNAHMEN BEIM ENTWICKLER

In der Eisenbahn-Signaltechnik ist das oberste Ziel, alle Entwicklungsfehler vor der Inbetriebnahme eines Systems zu finden und zu beseitigen. Hierzu werden effiziente Methoden der Fehlerverhinderung und der Fehleroffenbarung angewendet.

2.1 Organisatorische Rahmenbedingungen

a) Die Software wird i.a. nach folgendem Phasenkonzept geplant:
   - Problemanalyse
   - Entwurf
   - Implementierung
   - Testen

   Jede Phase hat einen definierten Abschluss, der kontrolliert wird.

b) Für jede Phase wird so viel Zeit eingeplant, dass die aus Sicherheitsgründen vorgeschriebenen Methoden auch wirklich angewandt werden können. Voraussetzung ist hier eine ausreichende Erfahrung der Herstellerfirma mit Sicherheitssoftware.

c) Dasselbe gilt für die organisatorische Beherrschung von Schwierigkeiten durch den evolutionären Charakter der Software. Unter 'evolutionär' sei die Tatsache verstanden, dass Entwicklungen erfahrungsgemäss nicht ideal nur vorwärts laufen, sondern dass durch erst allmählich vertieftes Verständnis beim Entwickler und durch Änderungswünsche des Auftraggebers immer wieder Rekursionen nötig werden, die besonders fehlerträchtig sind.

d) Klare Organisation der Kommunikationswege als Verständigungsmittel auf allen Ebenen der Entwicklung; hier sind konventionelle Techniken zu sehen, wie Gesprächs- und Dokumentationstechnik, Vorgabe von Standards und diesbezügliche Schulung, Einsetzen von technischen Koordinatoren, eine scharfe Zustandskontrolle der Software usw.

e) Als wirkungsvoll hat sich der Einsatz von speziellen Qualitätsingenieuren erwiesen, die möglichst unabhängig vom Entwicklungspersonal arbeiten. Ihre Aufgabe ist die Standardisierung von Entwicklungsmethoden, die diesbezügliche Schulung der Entwickler und die Kontrolle der wesentlichen Entwicklungsergebnisse.

2.2 Fehlerverhindernde Methoden

2.2.1 Vorgehen bei der Problemanalyse

Die Analyse der zunächst nur in Umrissen erkennbaren Automatisierungsaufgabe und die Formulierung des Software-Pflichtenheftes sind die Basis für die Abstimmung mit dem Auftraggeber, für die gesamte Entwicklung und alle Qualitätsmassnahmen.
Die Ansätze zur Verhinderung von Fehlern in dieser besonders wichtigen Phase liegen weniger in formalen Techniken, als vielmehr in folgenden

konventionellen Massnahmen:

a) Durchführung der Analyse durch Mitarbeiter mit mehrjähriger Erfahrung im Bereich der Eisenbahn-Signaltechnik.
b) Allgemeinverständliche Dokumentation durch verbale und graphische Darstellung, Tabellen und Formeln.
c) Kontrolle des Pflichtenheftes durch Qualitätsingenieure.
d) Durchsprache des Pflichtenheftes mit dem Auftraggeber.

2.2.2 Schrittweises Verfeinern bei der Lösungsfindung

Der Weg vom Pflichtenheft zum lauffähigen Programmkode wird systematisch in mehrere Schritte unterteilt:

Ebene 1 :	Festlegung der Verfahren und groben Struktur des Programmsystems
Ebene 2 :	Die Struktur-Komponenten aus Ebene 1 werden verfeinert, es entstehen Bausteine.
Ebene 3 :	Baustein-Struktogramme
Ebene 4 :	Assembler-Quellprogramme

Sinn dieser Unterteilung ist es, die gesamte Lösung so in Portionen zu stückeln, dass jeweils nur ein begrenzter Zusammenhang gleichzeitig 'zu denken' ist, wobei der Gesamt-Zusammenhang dennoch nicht verloren geht.

2.2.3 Beschränkung der Lösungskomplexität

Der zentrale Punkt der Entwicklung auf allen Ebenen ist die Bewältigung von Komplexität. Eines der Hauptziele muss deshalb die Beschränkung der Lösungsvielfalt der Software sein.

a) Modularisierungs-Prinzip:

Die Verfeinerung gemäss Kap. 2.2.2 wird nach folgenden Gesichtspunkten vorgenommen:

- Sie muss eine erkennbar plausible Lösung des Problems darstellen.
- Es sollen möglichst wenig Querbeziehungen zwischen den einzelnen Komponenten entstehen.
- Es wird strikt zwischen funktionaler Beschreibung einer Entwurfskomponente und ihrer internen Realisierung unterschieden. Die Beziehungen zwischen realisierten Entwurfskomponenten gehen nur über die funktionalen Beschreibungen, nicht über zufällige Lösungsinterna der Komponenten.

Die Beachtung dieser Forderungen beeinflusst den Entwicklungs- und Prüfaufwand besonders positiv. Allerdings sind keine formalen Ansätze zur optimalen Realisierung bekannt.

b) Kein Betriebssystem im üblichen Sinn:

Betriebssysteme werden als zu komplex und nicht ausreichend prüfbar angesehen. Die Software wird stattdessen nach folgenden Gesichtspunkten organisiert:

- Programmaufruf in fester Reihenfolge, die zyklisch immer wieder durchlaufen wird (Ablaufsteuerung)
- Die gesamte Software ist speicherresident, Verwaltung externer Speicher entfällt.
- Keine Verwendung von DMA, sondern nur programmierte Ein/Ausgabe.
- Speicher-Management nach einfachen, prüfbaren Verfahren.
- Interrupts sind entweder nur an wenigen Stellen zugelassen oder sie führen zwar sofort zur Unterbrechung, diese dauert jedoch nur 'kurz' und kehrt generell ins unterbrochene Programm zurück; Unterbrechung von Unterbrechungsprogrammen wird in jedem Fall vermieden.

c) Beschränkung von Ablaufstrukturen:

- Kein GOTO
- Verwendung der Struktogrammtechnik nach Nassi-Shneiderman.

d) Beschränkung der Bausteingrösse auf 100 bis 200 Anweisungen

e) Kodier-Regeln:

- Standardisierung von Unterprogramm-Aufrufen
- Einfache Adressierungsarten
- Klare Zuordnung zwischen Kode und Struktogramm.

2.2.4 Transparenz durch Dokumentation

Die Dokumentation als wichtiger Informations-Vermittler verbindlichen Inhalts wird nach folgenden Standards erstellt:

a) Entwicklungsbegleitende Erstellung
b) Hierarchischer Aufbau gemäss Entwurfsebenen, der Leser wird schrittweise vom Überblick zum Detail geführt; die Dokumentation der höheren Ebenen enthält neben der Darstellung von Strukturen vor allem die grundsätzlichen Verfahrensideen.
c) Die Dokumentation wird weitgehend mit Rechnerunterstützung erstellt. Nur dadurch kann sie nach Rekursionen und funktionalen Änderungen auf aktuellem Stand gehalten werden.

2.3 Fehleroffenbarung durch Testen

2.3.1 Prinzipien

a) Um die Testphase effizient zu nutzen, wird die Testarbeit geplant und nach prüfbaren Kriterien durchgeführt.

b) Die Testvorgehensweise ist von unten nach oben orientiert, d.h. zuerst werden die hierarchisch niedersten Bausteine, zuletzt das ganze Softwaresystem getestet.

c) Die Baustein- und Integrationstests werden durch den Entwickler durchgeführt, der Programmsystem-Test durch spezielle Qualitätsingenieure.

d) Tests müssen jederzeit reproduziert werden können. Die Testdaten werden deshalb wiederverwendbar gespeichert.

e) Das entscheidende Problem, nämlich welche Tests durchgeführt werden müssen, damit ein Testling als ausreichend getestet gilt, wird von 2 Seiten angegangen:
- Testdaten-Auswahl aufgrund der funktionalen Beschreibung des Testlings (black-box-Ansatz).
- Testdaten-Auswahl aufgrund einer Analyse der internen Struktur des Testlings (white-box-Ansatz).

2.3.2 Bausteintests

a) Aufgabe des Bausteintests ist es, den Baustein-Maschinenkode gegen seine aus dem Entwurf stammende funktionale Beschreibung zu testen.

b) Auswahlkriterien für Testläufe:
- Forderungen durch die funktionale Beschreibung des Bausteins
- Anweisungs- und Verzweigungsabdeckung
- Abdeckung von Entscheidungsgrenzen
- Datenabhängigkeit von Operationen
- Test arithmetischer Grenzwerte
- Erfahrungsgemäss 'kritische Konstruktionen'

Die manuelle Analyse der Baustein-Interna wird z.T. durch einfache Kode-Analysatoren ergänzt.

c) Zu jedem ausgewählten Testlauf wird ein Testdatensatz folgenden Inhalts formuliert:
- Erforderliche Eingabedaten
- Erwarteter Durchlauf durch den Baustein
- Erwartete Ausgangsdaten aufgrund der funktionalen Baustein-Beschreibung.

d) Die praktische Vorgabe der Test-Eingabedaten und der Start des Bausteintests erfolgt am Entwicklungssystem entweder manuell mit Hilfe einfacher Testmonitore oder, bei neueren Anwendungen, automatisch durch Vorwahl einer Testfall-Nr. aus einer Testdaten-Datei. Der Durchlauf wird entweder interaktiv Schritt für Schritt oder durch einen Tracer überwacht.

e) Bei der Auswertung wird geprüft,
   - ob die erwarteten Ausgangsdaten erzeugt wurden,
   - ob keine anderen Daten als die erwarteten erzeugt wurden,
   - ob der Durchlauf wie erwartet erfolgte.

   Die Testergebnisse werden aufbewahrt und können so jederzeit nachgeprüft werden.

2.3.3 Integrationstest

Der Bausteintest beantwortet nur die Frage, ob der Baustein seiner funktionalen Beschreibung entspricht. Im nächsten Schritt werden die Bausteine zu grösseren Einheiten integriert. Diese Zwischenzustände werden dem Integrationstest unterzogen, der Fehler in den funktionalen Beschreibungen groesserer Komponenten aufdecken soll. Die Auswahl der Testfälle ist so, dass jede Schnittstelle zwischen den Komponenten des Testlings mindestens einmal benutzt wird. Die Ermittlung der Testläufe, die Auswertung und Dokumentation entspricht prinzipiell den Bausteintests.

2.3.4 Programmsystem-Test

a) Die letzte Stufe der Integration ist die komplette Software im Verbund mit dem gesamten fail-safe-Rechnersystem. Dieser Systemzustand ist es, der letztlich an den Betreiber geht und dort Sicherheitsverantwortung übernimmt. Deshalb wird dem Test dieses Zustandes, von der Software aus gesehen dem Programmsystem-Test, ganz aussergewöhnliche Aufmerksamkeit geschenkt, handelt es sich doch um die letzte Chance, Fehler vor Inbetriebnahme zu entdecken. Die Erfahrung zeigt, dass dieser Test tatsächlich zahlreiche wesentliche Fehler aufdeckt, die in den vorhergehenden Teststufen nicht bemerkt wurden. Gemäss seiner wichtigen Rolle für die Software-Qualität wird der Programmsystem-Test nicht durch die Entwickler selbst, sondern durch unabhängige Testingenieure geplant, vorbereitet und durchgeführt.

b) Auswahlkriterien für Testläufe:
   - Forderungen aus dem Pflichtenheft des Programmsystems (betriebliche Funktionen und fail-safe-Problematik).
   - Ablaufsteuerung, Laufzeitverhalten
   - Verfahren, Konzepte zur Lösung von grösseren Teilfunktionen
   - Extreme Betriebs-Situationen
   - Von den bisherigen Teststufen wenig repräsentativ erfasste Funktionen
   - Erfahrungsgemäss kritische Konstruktionen

   Voraussetzung für die Auswahl von Testläufen ist eine gute eisenbahntechnische Sachkenntnis, die Kenntnis der speziellen betrieblichen Aufgabenstellung und der Sicherheitsphilosophie des Rechnersystems, und natuerlich die gute Kenntnis des Software-Entwurfs.

c) Aus den als notwendig erkannten Testfällen werden die am Eingang des Programmsystems einzustellenden betrieblichen Situationen bzw. Störfälle der Hardware ermittelt und zusammen mit den Programmsystem-Reaktionen, wie sie das Pflichtenheft fordert, als Testdatensatz dokumentiert.

d) Die Durchführung der Programmsystem-Tests erfolgt entweder direkt als Feld-Test am Zielprozess, natürlich noch nicht unter Sicherheitsverantwortung der Software, oder mit simulierter Prozessumgebung. Trotz höherer Anfangsinvestitionen hat sich gezeigt, dass eine Prozess-Simulation im Ganzen gesehen vorteilhaft ist. Die Aufzeichnung des Testgeschehens erfolgt in Form eines 'Mithörens" der Schnittstellen zum (evtl. simulierten) Prozess. Das mitgehörte Datenvolumen ist i.a. sehr umfangreich, kann jedoch durch geeignete Signaturanalyse und Aufbereitung in eine lesbare und prüfbare Form gebracht werden.
Während der Tests sind am Rechnersystem Analysatoren angeschlossen, die z.B. den Überdeckungsgrad hinsichtlich durchlaufener Anweisungen, die Laufzeiten einzelner Bausteine usw. messen. Als Mindestüberdeckungsgrad wird beim Programmsystem-Test die Anweisungsabdeckung angestrebt.

2.4 Fehleroffenbarung durch Inspektionen

Das Testen beginnt grundsätzlich erst, wenn ein ausführbarer Kode vorliegt. Wesentliche Fehler der Analyse- oder Entwurfsphase könnten bis dahin unentdeckt bleiben. Die dadurch erforderlichen Entwurfs-Korrekturen sind erstens unnötig teuer, zum anderen erhöhen sie bekanntlich die Fehleranfälligkeit. Um solche 'frühen' Fehler rechtzeitig zu entdecken, werden am Ende wesentlicher Entwicklungsstufen sog. Inspektionen durchgeführt. Darunter versteht man herstellerinterne Prüfungen nach einer festgelegten Prozedur. Die Prüfung findet in Teamarbeit zwischen dem Entwickler und einem Qualitätsingenieur statt, und geschieht nach vorbereiteten formalen und funktionalen Kriterien. Ein positives Prüfergebnis ist Voraussetzung für den Beginn der nächsten Entwicklungsebene.

Unsere Erfahrungen mit Inspektionen, die auch unter dem Titel 'Design Review', 'Kode-Inspektion' oder 'Structured-Walk-Through' bekannt sind, sind sehr gut. Sie offenbaren gravierende Fehler in einem frühen Entwicklungsstadium und sparen dadurch Kosten und erhöhen entscheidend die Fehlerfreiheit.

3. SOFTWARE-FUNKTIONSNACHWEIS

Mit Beendigung der Programmsystem-Tests sind die eigentlichen Entwicklungsarbeiten abgeschlossen. Als nächstes muss vor Inbetriebnahme des Systems der gesetzlich vorgeschriebene Sicherheitsnachweis vom Hersteller erbracht und von einer Prüfinstanz geprüft werden. Der Sicherheitsnachweis muss zeigen, dass die Hardware fail-safe ist, und dass die Software so entworfen und programmiert wurde, dass ihre Funktion sicher ist. Die Software kann im Gegensatz zur Hardware nicht ausfallen; ihre Funktion ist entweder von Betriebsbeginn an sicher oder nicht sicher. Der Teil des Sicherheitsnachweises, der sich mit der Softwaresicherheit beschäftigt, wird deshalb speziell mit 'Software-Funktionsnachweis' bezeichnet. Der Begriff 'Nachweis' ist insofern zu relativieren, als es sich nicht um einen Beweis im mathematischen Sinne handelt, sondern eher um das Demonstrieren der Entwicklungs-Sorgfalt gegenüber der Prüfinstanz, die Vorlage und Erläuterung der Software-Dokumentation und das Vorführen der Funktion anhand von Testunterlagen und nachweisspezifischen Untersuchungen. Dementsprechend gehören folgende Unterlagen zum Software-Funktionsnachweis:

a) Entwicklungsrichtlinien
b) Software-Pflichtenheft
c) Komplette Software-Dokumentation
d) Software-Testunterlagen
e) Spezielle Nachweisdokumentation wie
   - Laufzeit-Analyse
   - Ergänzungen zur Software-Dokumentation
   - Sicherheitsbezogene Regeln zur Software-Fabrikation
   - Nicht-sicherheitsverantwortliche Abweichungen zwischen realisierter Lösung und Pflichtenheft.
   - Sicherheitsverantwortliche Hinweise für den Betreiber

Die Übergabe der Unterlagen an die Prüfinstanz wird entwicklungsbegleitend durchgeführt, um dem externen Prüfer eine schrittweise Einarbeitung von oben nach unten zu ermöglichen, und um Einwände des Prüfers rechtzeitig in die Entwicklung einfliessen zu lassen.

Die Prüfung des Funktionsnachweises durch den externen Prüfer ist je nach Prüfinstanz unterschiedlich und noch nicht verbindlich geregelt. Erfahrungsgemäss werden etwa folgende formale und funktionale Prüfungen durchgeführt:

- Sind alle geforderten Unterlagen vorgelegt worden?
- Sind die Unterlagen eindeutig und verständlich?
- Wurden die geforderten Methoden angewandt?
- Sind alle Tests wie gefordert ausgeführt und dokumentiert?

- Entspricht das der Software-Entwicklung zugrundegelegte Pflichtenheft den sicherheitsspezifischen Anforderungen der Automatisierungs-Aufgabe?
- Ist die Software-Struktur so entworfen, dass sie alle geforderten Systemfunktionen erfüllen kann?
- Besteht die Gefahr, dass sicherheitsverantwortliche Funktionen zwar entworfen wurden, u.U. jedoch nicht zur Ausführung gelangen?
- Wie stark sind die logischen Verkopplungen der einzelnen Funktionen, und wie unabhängig voneinander dürfen sie einzeln geprüft werden?
- Prüfung der Software bis auf Struktogramm-Ebene.
- Wurden Aufgaben gelöst, die nicht gefordert und nicht erwünscht sind?
- Sind die abweichend vom Pflichtenheft realisierten Funktionen tolerierbar?
- usw.

Nach erfolgreicher Prüfung wird das gesamte Programmsystem für eine Verwendung gemäss Pflichtenheft zugelassen. Die Zulassung ist als allgemeingültig für die Softwarelogik zu verstehen, d.h. im Rahmen des definierten Funktionsumfanges darf die Software beliebig oft reproduziert und mit evtl. unterschiedlichen Projektierungsdaten an verschiedenen Orten eingesetzt werden. Dabei sind nur die Pojektierungsdaten neu zu prüfen; die Zulassung der Softwarelogik gilt generell.

4. ERFAHRUNGEN UND AUSBLICK

Die geschilderte Vorgehensweise der Entwicklung und des Software-Funktionsnachweises gehen auf Erfahrungen der letzten 10 Jahre zurück. Es wurden verschiedene Systeme realisiert und z.T. auch bereits zugelassen. Aus dem Erfahrungsbereich der SEL sind dies:

a) Die Rechnerzentrale LZB L72 /1/; die Zulassung liegt seit 1978 vor, inzwischen wurden 10 solcher Systeme installiert und mehrere Millionen Zugkilometer mit 200 km/h absolviert, ohne dass sicherheitskritische Fehlfunktionen beobachtet wurden.

b) Fahrzeuggerät LZB-FZG 80; dieses System wird derzeit dem Programmsystem-Test unterzogen und im Bundesbahn-Zentralamt München geprüft; die Zulassung wird bis Ende 1984 erwartet.

c) Das System SELTRAC basiert auf der Linienzugbeeinflussung für die Deutsche Bundesbahn, wurde aber für den speziellen Einsatz bei Nahverkehrssystemen funktional erweitert. Dieses System steht in der Endphase des Programmsystem-Tests und soll bis Herbst 1984 zugelassen werden.

Die Erfahrungen mit diesen Systemen besagen folgendes:

- Die geschilderten Entwicklungs-Methoden zur Verhinderung und Offenbarung von Fehlern und die Prüfung durch die Prüfinstanz garantieren eine Funktionssicherheit der Software, die den traditionellen Sicherheitsvorstellungen in der Eisenbahn-Signaltechnik voll und ganz entspricht.
- Um die technische Abwicklung zu erleichtern, sollte zukünftig an folgenden Verbesserungen gearbeitet werden:

    * Einführung höherer Programmiersprachen
    * Einführung oder Verbesserung von Werkzeugen für den Entwurf, die graphische Dokumentation, die Programmanalyse und das Testen
    * Vereinheitlichung des Vorgehens der Prüfinstanz
    * Standardisierung von Software-Komponenten

Literatur

/1/ Koeth, W./Murr, E. : "Die Linienzugbeinflussung Teil III, Praktische Anwendungen", Elsners Taschenbuch der Eisenbahntechnik 1976

/2/ Deutsche Bundesbahn, Bundesbahn-Zentralamt München "Grundsätze zur technischen Zulassung in der Signal- und Nachrichtentechnik", Richtlinien und Richtlinienentwürfe

/3/ Gschwind, H.W., Uebel,H. : "Fail-safe-Systeme mit redundanten Rechnern" Tagungsband Prozessrechner 1984

/4/ H. Trauboth, U. Voges : "Verfahren zur Entwicklung zuverlässiger Software für rechnergestützte Sicherheitssysteme", Regelungstechnische Praxis 1983 Heft 4/5

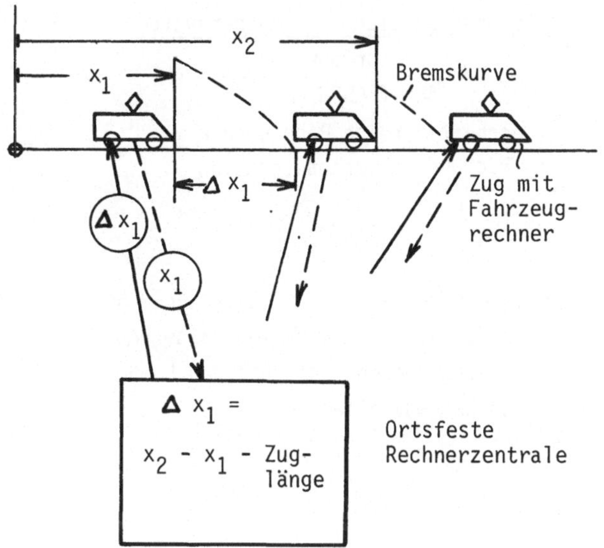

x_2
x_1
Bremskurve
Δx_1
Δx_1
x_1
Zug mit
Fahrzeug-
rechner
$\Delta x_1 =$
$x_2 - x_1 -$ Zug-
länge
Ortsfeste
Rechnerzentrale

Simulationsrechner
Magnet-
speicher
Steuerung der
Simulation
Protokollier-
Rechner
E/A
Drucker
Logik-
Analysa-
tor
R_1
R_2
R_3
zu testendes Rechner-
und Programmsystem

Bild 1

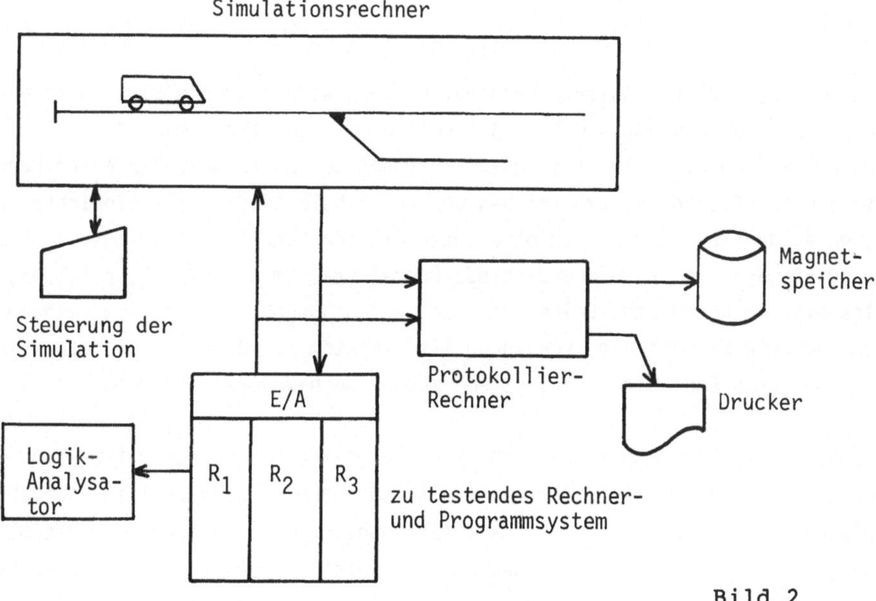

Bild 2

Fehlertolerantes Sicheres Rechnersystem

H. Brauer
AEG-TELEFUNKEN
Geschäftsbereich Bahntechnik
Fachbereich Bahnautomation

Zusammenfassung

Es werden die Anforderungen an ein fehlertolerantes sicheres Rechnersystem und deren Realisierung beschrieben. Speziell wird die Funktionsweise und das Arbeitsprinzip dargestellt und die sich daraus ergebenden Möglichkeiten bezüglich des fehlertoleranten Verhaltens bei Störungen und Ausfällen.

1. Einführung

Sicherungssysteme haben die Aufgabe, technische Prozesse sicher zu steuern und zu überwachen. Diese Aufgabe ist unter allen Umständen, d.h. bei Auftreten von unterschiedlichen Fehlern im technischen Prozeß oder im Sicherungssystem selbst, zu erfüllen. Tritt ein Fehler auf, durch den der technische Prozeß unzulässig beeinflußt wird, so sind die betroffenen Ausgaben des Sicherungssystems vom technischen Prozeß zu trennen. In der Regel geschieht dies durch Abschalten der betroffenen Ausgaben oder des gesamten Sicherungssystems.

Durch einen solchen undifferenzierten Abschaltvorgang wird zwar die Sicherheit erfüllt, gleichzeitig aber sinkt die Verfügbarkeit um ein unnötiges Maß, da nicht jeder Fehler unbedingt zu einer Gesamtabschaltung führen muß. Zur Aufrechterhaltung eines notdürftigen Ersatzbetriebes werden deshalb häufig Hilfseinrichtungen verwendet, wobei der Mensch vielfach eine entscheidende Funktion übernimmt. Je komplexer der zu steuernde oder zu überwachende Prozeß ist, umso schwieriger ist es, diesen hilfsweise zu betreiben. Folgefehler und Gefährdungen ergeben sich deshalb aufgrund ungewohnter Situationen, verbunden mit erhöhtem Streß. Hieraus ergibt sich die zusätzliche Forderung: Sicherungssysteme müssen hoch-zuverlässig sein.

Die heute z.B. in der Eisenbahnsignaltechnik eingesetzten Sicherungssysteme sind überwiegend aus besonders qualifizierten Relais, sogenannten Signalrelais, aufgebaut. Arbeitet ein Relais fehlerhaft, so ist es vielfach nicht erforderlich, das gesamte Sicherungssystem abzuschalten, da mit dem Ausfall meist nur begrenzte Teilfunktionen betroffen sind. Dieser Sachverhalt ändert sich beim Einsatz von Rechnern in Sicherungssystemen.

Sichere Rechnersysteme sind in der Regel mehrkanalig aufgebaut, da die zum Einsatz kommenden hochintegrierten Bauelemente kein ausgezeichnetes Ausfallverhalten besitzen /1/. Die Sicherheit wird dabei durch Vergleich zwischen den Rechnerkanälen und durch Dynamisierung statischer Betriebszustände erreicht. Voraussetzung hierbei ist die Erkennung von (ungefährlichen!) Einfachausfällen innerhalb definierter Ausfalloffenbarungszeiten, so daß mit zufälligen Mehrfachausfällen nicht gerechnet werden muß /2/. Aus diesen Forderungen entstanden unterschiedliche Konzepte für sichere Rechnersysteme: z.B.:

. einkanaliger Rechner mit zwei nacheinander ablaufenden Programmen mit anschließendem Hardwarevergleich /3/,

. zweikanaliger Rechner mit taktsynchronem Vergleich und identischer Software pro Rechnerkanal /4/,

. zweikanaliger Rechner mit Blocksynchronisation, ereignisabhängigem Ausgabevergleich und diversitärer Software und Hardware pro Rechnerkanal /5/,

. dreikanaliger Rechner mit Blocksynchronisation, Softwarevergleich mit Mehrheitsentscheidung und identischer Software pro Rechnerkanal /6/.

Bis auf das letzte System führen Fehler in den Rechnerkanälen meist zur kompletten Abschaltung des gesamten Sicherungssystems. Dies ist auch dann der Fall, wenn der Ausfall nur in einem begrenzbaren peripheren Teil des Sicherungssystems aufgetreten ist. Abhilfe wurde deshalb in der Hardware-Redundanz gesucht. Dies aber ist mit entsprechenden Zusatzkosten verbunden.

2. Anforderungen

Im fehlertoleranten sicheren Rechnersystem LOGISIRE sollen deshalb, in Abhängigkeit von der Ausfall- und Störungsursache, die sicheren Zustände soweit wie möglich begrenzt werden. Sichere Zustände des Rechnersystems LOGISIRE sind:

. Isolierung fehlerhafter Teilfunktionen

. Sperrung und Abschaltung einzelner Ausgaben oder Ausgabegruppen

. Abschaltung sämtlicher sicherer Ausgaben.

Weitere Entwurfsentscheidungen waren:

. Vermeidung von Interrupten zur Erreichung eines einfachen, überblickbaren Programmablaufs. Dadurch soll der Sicherheitsnachweis für das gesamte System wesentlich erleichtert werden.

- Flexible und schnelle Reaktion auf Prozeßereignisse trotz Vermeidung von Interrupten.

- Dezentrale Koordination des Funktionsablaufes in den Rechnerkanälen zu definierten Zeitpunkten oder Ereignissen.

- Gewährleistung gleichartiger Verarbeitung trotz unterschiedlicher Eingabewerte der Rechnerkanäle.

3. Funktionsweise

Das anwendungsunabhängige, fehlertolerante sichere Rechnersystem LOGISIRE besteht aus zwei identischen Rechnerkanälen mit identischer Software pro Rechnerkanal. Die Rechnerkanäle arbeiten unabhängig voneinander. Der Gleichlauf wird durch Blocksynchronisation erreicht.

Die Gewährleistung eines einwandfreien und koordinierten Funktionsablaufes in beiden Rechnerkanälen übernimmt das eigens hierfür entwickelte Betriebssystem. Das sichere Rechnersystem ist entsprechend Bild 1 aufgeteilt in die Ebenen:

- Eingabe
- Verarbeitung
- Ausgabe

Eingabe und Ausgabe bilden die Schnittstelle zum technischen Prozeß.

In der Eingabe werden unterschiedliche parallele oder serielle Prozeßsignale erfaßt. Hierbei lassen sich zwei Typen von Eingaben unterscheiden:

- Beim Typ (1) wird die Nutzinformation durch Vervielfachung gesichert, wobei jedem Rechnerkanal jeweils nur eine vollständige Nutzinformation zur Verfügung steht.

- Beim Typ (2) werden die gespeicherten Nutz- und Sicherungsinformationen auf beide Rechnerkanäle verteilt. Mit Hilfe der Eingabesteuerung werden die Eingabedaten für die Zeit des Einlesens gespeichert.

Die Verarbeitungsebene sorgt für den Gleichlauf der Rechnerkanäle und für die sichere Abschaltung der Ausgaben im Fehlerfall. Hierzu finden Koordinierungen zu

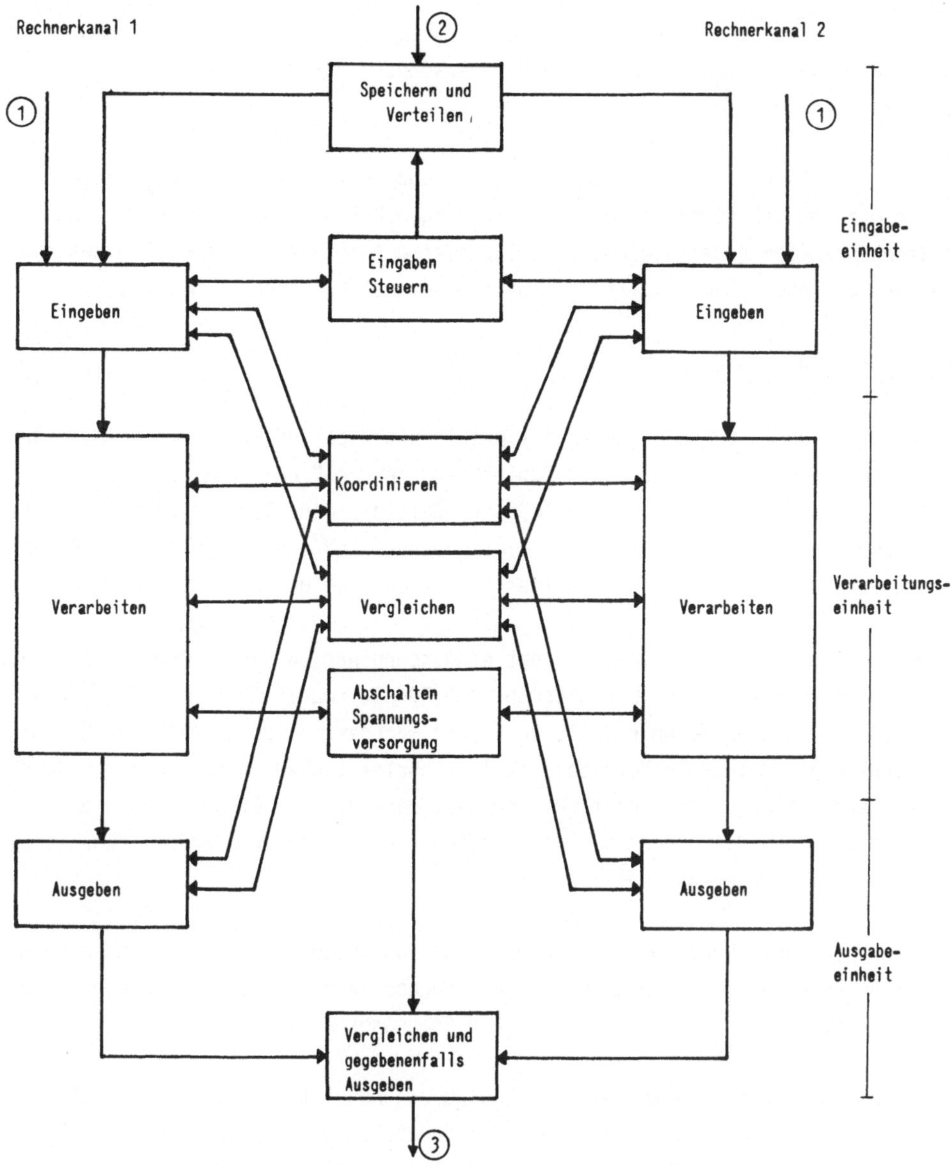

Bild 1: Grobstruktur des sicheren Rechnersystems LOGISIRE

definierten Zeiten oder Programmabschnitten statt, werden die Daten zwischen beiden Rechnerkanälen verglichen und die Spannungsversorgung für die Ausgaben bei unzulässigem Rechnerlauf abgeschaltet.

In der Ausgabe (3) wird durch Vergleich der Ausgabewerte gewährleistet, daß Ausgabewerte nur dann an den technischen Prozeß weitergegeben werden, wenn in den unabhängigen Rechnerkanälen quasi gleichzeitig identische Ausgaben anstehen. Die Ausgabe-Vergleicher beziehen sich jeweils nur auf eine einzelne Ausgabe-Funktion.

4. Arbeitsprinzip

Die Vermeidung von Interrupten und die flexible Reaktion auf Prozeßereignisse führte zu einem Prozeßmodell, bestehend aus "Unterbrecherprozeß" und "Basisprozeß" (Bild 2). Der Zeitinterrupt unterbricht in regelmäßigem Zeittakt den "Basisprozeß" zu Gunsten des "Unterbrecherprozesses", der sich selbst beendet und die Kontrolle an den Basisprozeß zurückgibt, der seinerseits keinen Softwareprozeß unterbricht.

Durch den Zeitinterrupt ausgelöst, findet eine Koordination der Rechnerkanäle statt, da in einem Rechnerkanal der Zeitinterrupt den "Basisprozeß" früher unterbrechen kann als in dem anderen Rechnerkanal. Um in den Rechnerkanälen dieselbe Reihenfolge in der Benutzung gemeinsamer Betriebsmittel gewährleisten zu können, muß der durch den Zeitinterrupt verursachte Konflikt geregelt werden. Wird diese "Unterbrechungskonfliktregelung" nicht innerhalb einer vorgegebenen Zeitdauer beendet, führt dies zum System- bzw. Rechnerkanal-Stillstand.

Die sich an die "Unterbrechungskonfliktregelung" anschließende "Eingabedaten-Sammlung" erfaßt regelmäßig, entsprechend einer Eingabesteuerliste, die Eingabe-Instanzen, um das rechnerinterne Modell des technischen Prozesses zu aktualisieren.

Durch den anschließenden "Datenvergleich" wird die Konsistenz der "Eingabedaten-Sammlung" beider Rechnerkanäle gesichert, da trotz vorangegangener Koordination beide Rechnerkanäle unterschiedliche Eingabedaten erfaßt haben können. Dies trifft insbesondere bei der Eingabeart (1) nach Bild 1 zu, bei der beide Rechnerkanäle auf voneinander physikalisch entkoppelte Eingabe-Geräte zugreifen.

Das unabhängig pro Rechnerkanal gebildete Vergleichsergebnis steht der anschließenden "Eingabedaten-Analyse" zur Verfügung. Diese ermittelt für die Eingabe-Instanzen entsprechende Startinformationen. Ist eine schnelle Reaktion auf Änderungen im technischen Prozeß erforderlich, so wird das Anwenderprogramm ohne Pufferung direkt gestartet (Variante (2), Bild 2). Startinformationen, die in einer Warteschlnage gepuffert werden (Variante (3), Bild 2), führen zu einer Verarbeitung im "Basisprozeß".

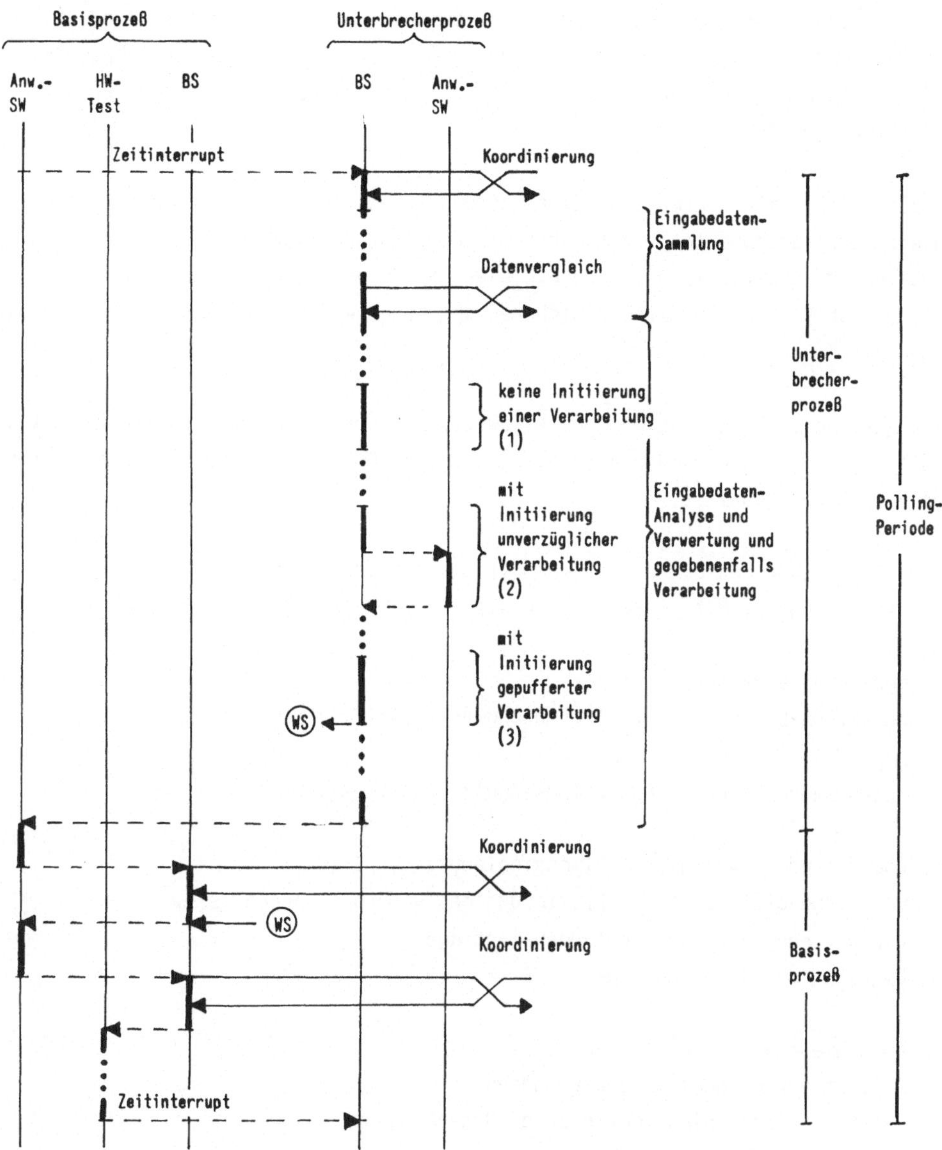

Die Aktionen 1,2 und 3 treten in beliebiger Reihenfolge und Häufigkeit auf.
Online-Tests treten nur dann auf, wenn keine Anwenderprogramme mehr zu verarbeiten sind.
(WS) Warteschlange

Bild 2: Prinzip des Funktionsablaufs des sicheren Rechnersystems LOGISIRE

Die Einträge der Warteschlange werden nach dem FIFO-Prinzip ausgelesen und starten das Anwenderprogramm. Sind keine Einträge vorhanden, ruht die Verarbeitung. In dieser Zeit werden die sogenannten On-line-Tests zur Offenbarung latenter Hardware-Ausfälle durchgeführt.

Vor jeder beabsichtigten Ausgabe eines neuen Wertes findet eine Koordination mit Vergleich der Ausgabedaten statt. Nur bei Identität der Ausgabedaten wird eine Ausgabe durchgeführt. Hierbei werden die Ausgabedaten Ausgabe-Vergleichern zugeführt, die in Verbindung mit der Sicheren Spannungsversorgung dem Failsafe-Prinzip genügen.

Die Ausgabe-Vergleicher beziehen sich jeweils nur auf eine einzelne Ausgabefunktion. Deshalb wird bei Störung oder Ausfall einer einzelnen Ausgabe nur diese vom technischen Prozeß abgeschaltet.

Zur Gewährleistung der Sicherheit enthält das sichere Rechnersystem LOGISIRE Überwachungsmechanismen. Mit diesen lassen sich folgende Fehlerzustände erkennen:

. fehlerhafte Hardware durch:
datenflußabhängige Ausfallerkennung (Plausibilitätskontrollen)

datenflußunabhängige Ausfallerkennung (On-line-Tests)

. Überlastung bzw. falsche Dimensionierung des Systems:
mehrfache gleichzeitige Aktivierung des Unterbrecherprozesses
Überalterung der Warteschlangen-Einträge
Überlauf der Warteschlange

. Ausnahmesituationen:
Auftreten von Sonderunterbrechungen
Auftreten einer nicht definierten Unterbrechung

. Verletzung von Benutzervorschriften

Ausfälle oder Fehlfunktionen führen hierbei nicht unweigerlich zur Abschaltung des gesamten sicheren Rechnersystems. Wenn diese eindeutig auf lokalisierbare dezentrale Funktionen beschränkbar sind, werden fehlerhafte Funktionen gesperrt oder gezielt Ausgaben an den technischen Prozeß abgeschaltet.

Bei Ausfällen oder Fehlfunktionen im zentralen Teil des sicheren Rechnersystems wird die sichere Spannungsversorgung abgeschaltet, so daß alle sicheren Ausgaben zum technischen Prozeß abgeschaltet sind (Ausgabeart (3), Bild 1). Von diesem Zeitpunkt an findet keine Koordination der Rechnerkanäle mehr statt.

Da beide Rechnerkanäle unabhängig weiterarbeiten, ist es mit dem noch intakten Rechnerkanal möglich, nichtsichere Ein- und Ausgaben sowie damit verbundene Verarbeitungen vorzunehmen.

5. Aufbau und Einsatz

Das sichere Rechnersystem LOGISIRE wurde für unterschiedliche Anwendungen entwickelt. Es ist aus Standardbaugruppen des Automatisierungssystems LOGISTAT (CP80-A500 von AEG-TELEFUNKEN) aufgebaut. Die Zentraleinheiten beider Rechnerkanäle enthalten den Mikroprozessor Intel 8086 sowie einen großen Programm- und Arbeits-Speicher. Bei Bedarf lassen sich die Speicher durch Zusatzbaugruppen erweitern. Für die Ein- und Ausgaben der Rechnerkanäle stehen verschiedene Standardbaugruppen zur Verfügung. Diese Standardbaugruppen sind durch wenige Arten von Zusatzbaugruppen ergänzt, die sich im wesentlichen auf Failsafe-Ausgabefunktionen beziehen. Alle Baugruppen sind in Baugruppenträgern untergebracht und über Busplatinen verbunden.

Zur Erleichterung unterschiedlicher Anwendungen wurde ein Betriebssystem entwickelt, das

- Ablauforganisation
- Wartezeit-Verwaltung
- Initialisierung
- Eingabebehandlung
- Fehlerbehandlung
- Überwachung
- Systemdienste

übernimmt. Durch den Einsatz der Hochsprache PASCAL 86 konnte Erstellung, Test und Prüfung der Betriebssoftware erleichtert und verkürzt werden. Gleichzeitig werden durch die Verwendung von PASCAL 86 bestimmte konstruktive Vorgaben bei der Softwareerstellung automatisch eingehalten.

Das sichere Rechnersystem LOGISIRE wird im Sicherungssystem M-Bahn Berlin eingesetzt und ist für den Einsatz im elektronischen Stellwerk von AEG-TELEFUNKEN vorgesehen.

Literatur

/1/ Brauer H.: Das sichere Mikrorechnersystem LOGISAFE, Informatik-Fachberichte 39, Fachtagung Prozeßrechner 1981 S. 261 - 269

/2/ Brauer H.: Sicheres Mikrorechnersystem LOGISIRE Signal + Draht 76 (1984) H 3, S. 35 - 41

/3/ Suwek H.: Das elektronische Stellwerk der Dänischen Staatsbahn (DSB), Signal + Draht 75 (1983) H3, S. 47 - 52

/4/ Strelow H., Kebel H.: Das sichere Mikrocomputersystem SIMIS Signal + Draht 70 (1978) H4, S. 82 - 86

/5/ Kapp K.-H.: Sicherheit durch vollständige Diversität Informatik-Fachberichte 39, Fachtagung Prozeßrechner 1981 S. 216 - 227

/6/ Murr E.: Ein neues Fahrzeuggerät für die Linienzugbeeinflussung Signal + Draht 73 (1981) H.12 S. 259 - 267

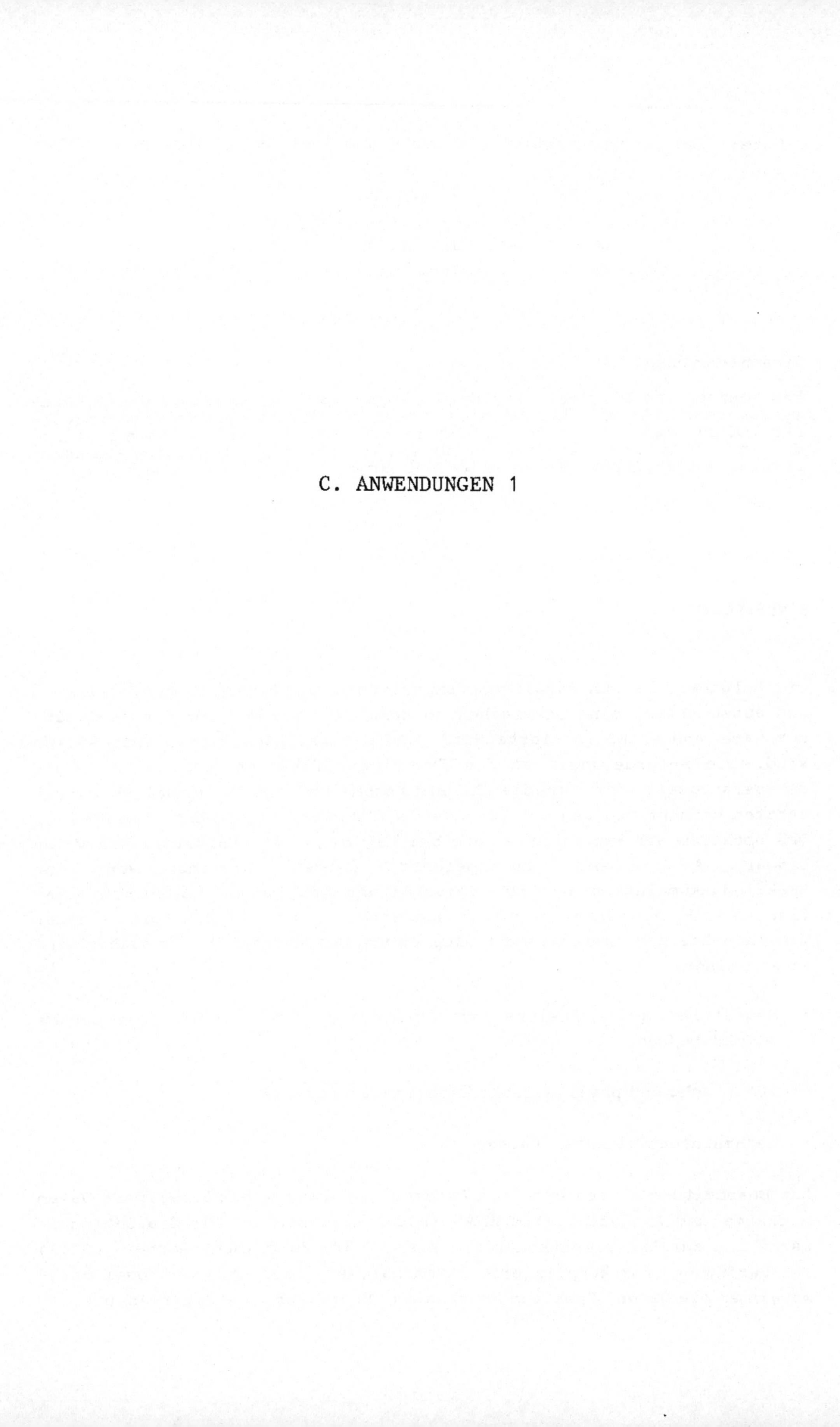

C. ANWENDUNGEN 1

Daten- und rechenintensive Erfassung und Analyse von Experimentdaten

J. Lowsky

Gesellschaft für Schwerionenforschung
Darmstadt

Zusammenfassung

Das Konzept und die Realisierung des Experimentdatenerfassungs- und Analysesystems EDAS wird beschrieben. In diesem System sind Experimentrechner und zentrale Großrechner integriert. Auf diese Weise können flexibel Rechen- und Speicherkapazitäten für die anfallenden Datenmengen aus kernphysikalischen Experimenten am UNILAC zur Verfügung gestellt werden.

EINLEITUNG

Die Aufgaben, kernphysikalische Experimente zu planen, zu kontrollieren und auszuwerten, sind inzwischen so komplex geworden, daß flexibel einsetzbare und standardisierte Hard- und Softwarekomponenten unerläßlich sind. Die Anforderungen an die Experiment Elektronik und an die Leistungsfähigkeit der für die Datenaufnahme und die Datenanalyse eingesetzten Rechner steigen mit zunehmender Komplexität der Experimente [1]. Das Spektrum der Experimente, die bei GSI am UNILAC (Universal Heavy Ion Linear Accelerator) durchgeführt werden, reicht von der Spektrenakkumulation bis zur Verarbeitung von Daten aus kernphysikalischen Experimenten mit Hunderten von Parametern unter Vielfach-Koinzidenzen zwischen Gruppen von Detektoren. Die Aufgaben sind im einzelnen:

- Registrierung und Speicherung der Rohdaten mit Datenraten von bis zu 400 kByte/sec
- Technische und physikalische Experimentkontrolle
- Rechenintensive Datenanalyse

Zur Bearbeitung dieser extremen Anforderungen wurde das Experiment Daten Aufnahme und Analyse System EDAS in GSI entwickelt. Für die Datenaufnahme und zur Experimentkontrolle stehen vier Experimentrechner (PDP11) zur Verfügung. Für komplizierte Datenanalysen, Anpassung von Modellparametern an die Daten, Spektrum Arithmetik, Entfaltung von Spektren und

Verarbeitung extrem hoher Datenraten kann ein zentraler Großrechner (IBM 3081), der dynamisch mit den Experimentrechnern verbunden wird, diese Aufgaben übernehmen. EDAS besteht aus zwei Subsystemen:

- Das Datenaufnahmesystem GOLDA (GSI Online Data Acquisition System) das auf den Experimentrechnern läuft und

- das Datenauswertesystem SATAN (System to Analyze Tremendous Amounts of Nuclear Data) am Zentralrechner.

KONZEPT

Ein typisches Experiment bei GSI dauert nur wenige Tage, ausnahmsweise auch einige Wochen. Diese relativ kurzen Experimentierzeiten können nur dann effizient genutzt werden, wenn in allen Phasen die signifikanten Parameter jederzeit kontrolliert und im Fehlerfall schnell korrigiert werden können. Gemessen werden im allgemeinen die Häufigkeitsverteilungen von Parameterwerten genannt Spektren (z.B. die Energieverteilung schwerer Ionen) und Ereignisse. Ein Ereignis ist die Menge der Parameter die in Verbindung mit einem physikalischen Ereignis gemessen werden. Jeder dieser Parameter ist ein numerischer Wert, der sich aus der Konversion eines Analogsignals eines Detektors ergibt. Die Parameter eines Ereignisses sind korreliert in der Zeit. Bei den am UNILAC zur Zeit durchgeführten Experimenten können einige Hundert Parameter zu einem Ereignis gehören, was zu Datenraten von einigen Hundert Kilobyte pro Sekunde führt. Diese Daten müssen während der Dauer des Experiments überwacht und analysiert werden, um die zugeteilte Strahlzeit voll auszunutzen. Da häufig keine direkte Beurteilung möglich ist, ob ein Parameter korrekt gemessen ist oder nicht, müssen aus den gemessenen Werten abgeleitete Größen errechnet werden, die diese Kontrolle ermöglichen. Man nennt diese experimentspezifische Funktion "Analyse".

Viele dieser sich aus der Problemstellung ergebenden Anforderungen sind standardisierbar.

- Die Akkumulation von Spektren mit einer Datenrate von bis zu 200 kHz mit CAMAC [2] Speichermodulen oder im Speicher des Experimentrechners (PDP11).
- Die Speicherung der Spektren.
- Die Aufnahme von zeitlich korrelierten Daten (Ereignisse) und deren Speicherung.
- Die Steuerung des Datenflusses.

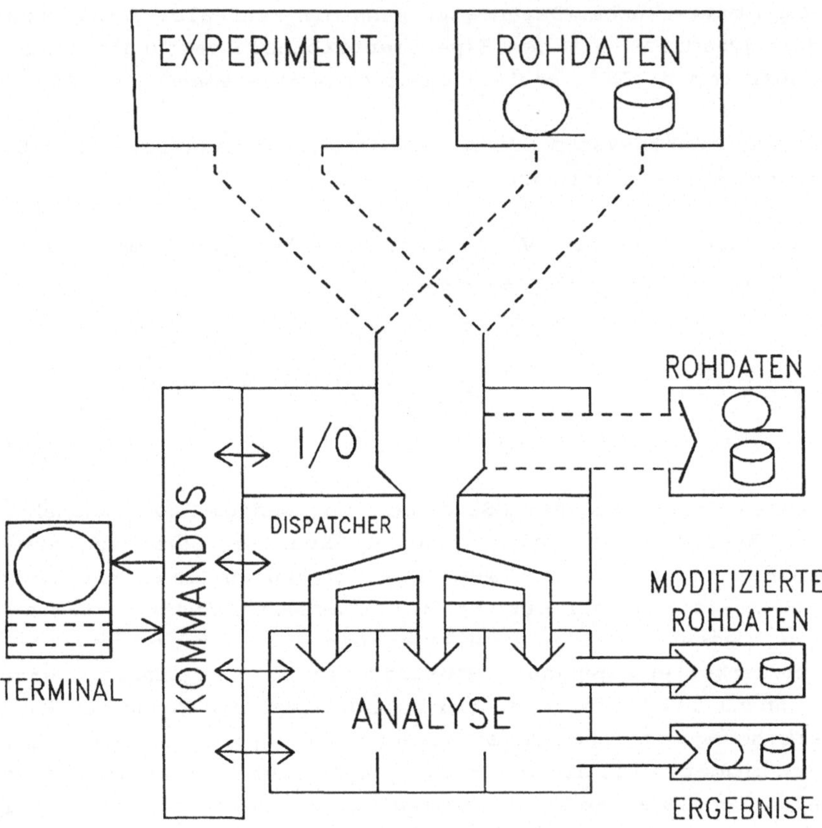

Abb. 1: Datenfluß in EDAS

Die gemessenen Rohdaten werden für spätere genauerere Analysen auf einen Massenspeicher (Magnetband oder Magnetplatte) geschrieben. Für jeden der verschiedenen gemessenen Datentypen (Spektren, Ereignistypen), wird jeweils ein vom Benutzer bereitzustellendes Analyseprogramme zur Auswertung aufgerufen. Die Realzeit-Analyse eines Ereignisses kann so rechenintensiv sein, daß bei hohen Datenraten die Speicherung und gleichzeitige Analyse nicht möglich ist. Deshalb wurde EDAS so konzipiert, daß Ein-/Ausgabe und Analyse asynchron mit verschiedenen Prioritäten laufen.

Das **Analyseprogramm** besteht im allgemeinen aus einem Initialisierungsteil, und einem Abschnitt, in dem die aus einem Ereignis abgeleiteten Parameter berechnet werden und die so gewonnenen Daten nach bestimmten Kriterien sortiert werden. Als Resultat werden die korrigierten oder von uninteressanten Ereignissen getrennten (reduzierten) Daten auf Massenspeicher geschrieben bzw. ein oder mehrdimensionale Spektren erzeugt. Die endgültige Präparation physikalischer Ergebnisse erfolgt zu einem späteren Zeitpunkt. Die Daten müssen zu diesem Zweck in der Regel mehrfach nach verschiedenen Kriterien analysiert werden.

Zur Kontrolle des Experiments können die direkt gemessenen oder im Analyseprogamm gewonnenen Spektren graphisch dargestellt werden. Von den verschiedenen Formen der ein- oder zweidimensionalen Häufigkeitsverteilungen, die im System zur Verfügung stehen, ist die Punkthaufendarstellung am besten geeignet, Veränderungen im laufenden Experiment zu erkennen. In diesem Monitormodus werden die gewünschten Daten auf einem graphischen Speicherschirm dargestellt. Da in diesem Modus "live" Veränderungen sichtbar gemacht werden können, ist diese Betriebsart in der Einstell- und der Eichphase des Experiments besonders effizient.

Das System soll aus Benutzersicht "rechnerunabhängig" sein. Deshalb wurde die experimentspezifische Makrosprache "SIMPLE" (System Independent Macro Language for EDAS) entwickelt [3]. Die in dieser Sprache vom Benutzer erzeugten Programme sind ohne Änderung sowohl am Experimentrechner als auch am Zentralrechner lauffähig. Die Wahl einer Makrosprache hat den Vorteil, daß nach Durchlaufen eines rechnerabhängigen Preprozessors ein kompilationsfähiges Programm in einer vom Betriebssystem der jeweiligen Rechenanlage unterstützten Sprache (z.B. PL/I am Zentralrechner und PL-11 am Experimentrechner) erzeugt werden kann. Der erfahrene Nutzer hat so die Möglichkeit in seinem Programm die Makrosprache mit der entsprechenden höheren Programmiersprache des verwendeten Rechners zu mischen.

Dem Experimentator werden mit EDAS die folgenden Routinefunktionen bei Datenaufnahme und Analyse durch standardisierte Hard- und Software- Komponenten abgenommen [4]:

- Interaktive Steuerung und Kontrolle des Systems (z. B.: Datenfluß, Graphische Darstellungen)
- Steuerung des Datenstroms vom Experiment zum Ausgabemedium (Magnetband oder Massenspeicher)
- Verteilung der Daten an entsprechende Analyseprozesse.
- Schneller Datentransfer zwischen dem Experimentrechner und dem Zentralrechner.
- Mechanismen zur Akkumulation von mehrdimensionalen Spektren
- Auswertung von Spektren (arithmetische Operationen, Entfaltungen, Anpassung physikalischer Modelle)
- Auswertung vieldimensionaler Meßdaten
- Datenbanksystem für Spektren, Fenster und Parameter
- graphische Darstellung der gemessenen oder abgeleiteten Daten
- Live Display zur Experimentkontrolle

- Ein- und Ausgabe Software-Schnittstellen
  - zur Datenaufnahmeelektronik
  - zu externen Speichermedien (Magnetband, Magnet Platte und andere Massenspeicher)
- Dokumentation und interaktive Zugriffsmöglichkeit

EDAS besteht aus den folgenden Komponenten:

- Kommandosprache
  Die interaktive EDAS Kommando Sprache erlaubt die Ausführung aller Standardfunktionen. Der Benutzer kann eigene Kommandos definieren.

- Experimentorientierte Makrosprache
  Die Sprache wurde entwickelt, um dem Anwender experimentorientiertes anstatt rechnerorientiertes Vorgehen bei der Entwicklung seiner Analyseprogramme zu ermöglichen. Die Makros können in Abhängigkeit vom verwendeten Rechner (IBM,PDP) oder vom Problem (Programmtest, Massenproduktion) jeweils verschieden interpretiert werden. Im folgenden Beispiel eines SIMPLE Programms werden Ereignisse eingelesen ($EVENT), zu Spektren akkumuliert ($ANAL) und geprüft, ob PAR2 eine Bedingung ($AC) erfüllt.

```
  ....
$EVENT(PAR1,PAR2,PAR3,PAR4);/* LIES EVENT MIT 4 PARAMETERN    */
   $ANAL(ALPHA,PAR2);       /* AKKUMULIERE SPEKTRUM ALPHA     */
                            /*    SETZE BEDINGUNG             */
   IF $AC(ALPHA,1) THEN     /* PRUEFE BEDINGUNG               */
          $ANAL(GAMMA,PAR4);/* AKKUMULIERE SPEKTRUM GAMMA     */
$ENDEVT;
  ....
```

  Beispiel für ein SIMPLE Analyseprogramm.

- Makros und Hilfsprozeduren
  Die Makros und Hilfsprozeduren erlauben den Zugriff oder die kontrollierte Veränderung von EDAS Datenstrukturen sowie die Ausführung von Standardfunktionen.

- Programmentwicklungsunterstützung (Precompiler, Compiler)
  Die Programmentwicklung wird bis zur Erzeugung der Objektmodule für den Experimentrechner vollständig am Zentralrechner durchgeführt.

- TSO Unterstützung.
  Zur Laufzeit können die Funktionen der Time Sharing Option des Zentralrechnerbetriebssystems ausgeführt werden.

- Dokumentationsunterstützung.
  Alle Kommandobeschreibungen und auch Kommandolernhilfen sind interaktiv verfügbar. Der Anwender kann seine eigenen Kommandos und Programme mit diesem System dokumentieren.

REALISIERUNG

Das System im Experimentrechner **GOLDA** ist in DEC PDP-11 Assembler und in PL-11 [5] implementiert. Das Monitorprogramm für die Experimentrechner PDP-11 ist das "Multitasking Real-Time System Executive" RSX-11G, ein schnelles prioritätsgesteuertes System mit bis zu 128 Tasks [6]. Die Programmiersprache PL-11 ist in der Struktur ALGOL ähnlich, und ermöglicht die Programmierung auf Maschineninstruktionsebene der PDP-11/45. Die problemorientierte Makro Sprache SIMPLE kann PL-11 Code erzeugen, so daß der Benutzer nicht PL-11 lernen muß, wenn er Standardfunktionen ausführen will.

Der für die rechenintensive Datenanalyse benutzte Teil im Zentralrechner **SATAN** läuft unter der Time Sharing Option des Betriebssystems MVS-XA. SATAN ist implementiert in PL/I [7] unter Ausnutzung der Multitasking Eigenschaften. Das System besteht aus den folgenden Tasks:

- Die Haupt Task, in der alle SATAN Kommandos ausgeführt werden.
- Die Kommando Task, die die Eingabe und die Ausführung von Kommandos steuert.
- Die Ein-/Ausgabe Task zur Steuerung des Datenflusses von und zu externen Medien.
- Die Dispatcher Task, die Daten von der Ein-/Ausgabetask übernimmt und an ein vom Datentyp abhängiges Analyseprogramm zur Ausführung übergibt.
- Die "LIVE" Task, die das ständige Beobachten der gemessenen Daten durch unmittelbare graphische Darstellungen ermöglicht.
- Die Timer Task, die spezielle Interrupts nach einer vorgegebenen Zeit erzeugt.

GOLDA und SATAN sind integriert [8], so daß in der erweiterten Betriebsart, wenn Experimentrechner und Zentralrechner miteinander verbunden sind, Kommandos wahlweise vom Experimentrechner oder vom Zentralrechner ausgeführt werden. Im Normalfall wird in dieser Betriebsart die Datenaufnahme vom Experimentrechner und die rechenintensive Datenanalyse und Speicherung vom Großrechner durchgeführt. Das Gesamtsystem wird gesteuert vom Experimentrechner. Die Daten werden nicht direkt vom Experimentrechner zum Zentralrechner geschickt, sondern in einem Kommunikationsrechner (IBM System/7) zwischengespeichert, so daß jeweils Blöcke bis zu 28 kByte von jedem der vier Experimentrechner zum Großrechner weitergereicht werden können. Auf diese Weise kann die Interruptrate am Großrechner vergleichsweise niedrig gehalten werden. Die erreichte Datenübertragungsrate beträgt 400 KByte pro Sekunde. Das System/7 Kontrollprogramm wurde am Großrechner entwickelt in der Makrosprache MSP/7 [9].

Die Daten werden in rechnerunabhängigen, sich selbst beschreibenden Datenstrukturen gespeichert. Da diese Datenstrukturen eine Kennung enthalten, können sie automatisch den entsprechenden Datenanalyseprogrammen zugeführt werden.

Das in der Makrosprache SIMPLE vom Benutzer geschriebene Analyseprogramm wird von einem in SPITBOL [10] implementierten Preprozessor umgesetzt in PL-11 Befehle für die PDP 11 oder in PL/I Befehle für den Zentralrechner IBM 3081.

Das System SATAN, der größte Teil von EDAS besteht aus etwa 650 Modulen mit insgesamt 90 000 Zeilen PL/I Befehle [11].

NUTZUNG UND AUSBLICK

Das System wird seit 1977 bei GSI eingesetzt und ständig den aktuellen Anforderungen angepaßt. Es wird von etwa 200 Anwendern zur Datenaufnahme, Datenreduktion und Datenanalyse benutzt. Zur Speicherung der anfallenden Daten wird eine Speicherkapazität von etwa 200 Gigabyte mit ansteigender Tendenz pro Jahr benötigt. Als Ergebnis der Datenanalysen entstehen pro Jahr etwa 1.5 Gigabyte ein- oder mehrdimensionale Spektren, die im direkten Zugriff durch VSAM (Virtual Sequential Access Method) jederzeit zur Verfügung stehen. Mit dem Auswertesystem SATAN können komplexe Auswertevorgänge mit einem Minimum an Aufwand durchgeführt werden. Die wachsende Nutzung von EDAS findet ihren Niederschlag in dem steigenden CPU Zeit Bedarf (siehe Abbildung 3), im Anstieg der SATAN Analysen sowie im Anstieg der Nutzung des Systems im gekoppelten Betriebsmodus.

Die ständige Verfeinerung der Experimentiertechniken erfordert eine stetige Erweiterung und Anpassung des Systems. Dazu gehören die Integration von speziellen leistungsfähigen Front End Rechnern auf Mikroprozessor-Basis sowie die Unterstützung von Experimenten, die sehr große Datenmengen pro Ereignis bei hoher Ereignisrate erzeugen. Da die Programmentwicklung für das gesamte System am Zentralrechner

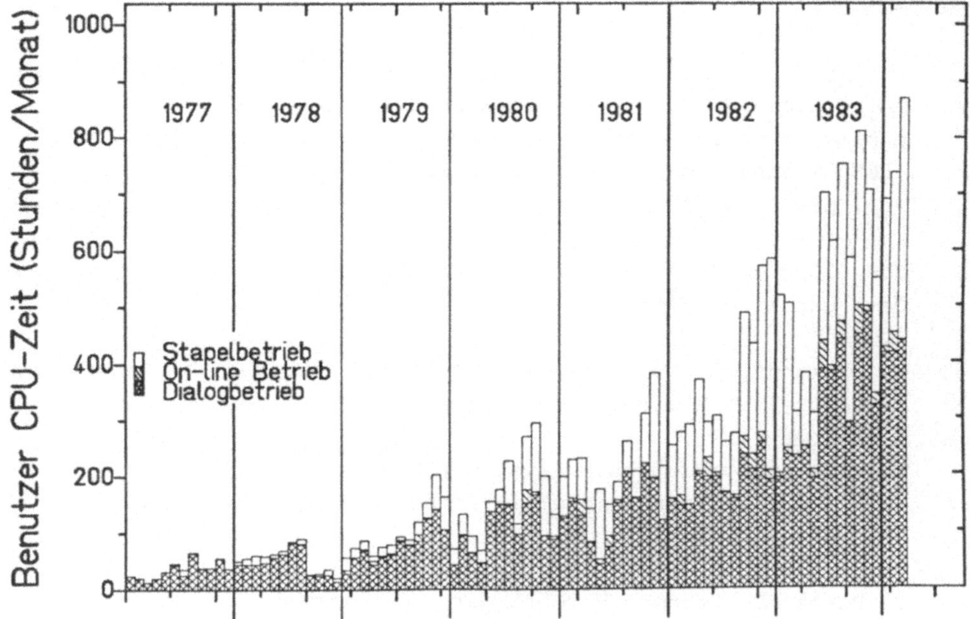

Abb. 3: Benutzer CPU Zeit für die Datenanalyse mit SATAN (normiert auf IBM 3032)

durchgeführt wird, kann der Experimentrechner nicht für Experimente außerhalb von GSI eingesetzt werden. Die Weiterentwicklung der Software für den Experimentrechner muß deshalb die verbesserten Fähigkeiten neuerer Rechnerarchitekturen berücksichtigen.

DANKSAGUNG

Das EDAS Projekt wird in enger Zusammenarbeit mit F. Busch, D. Croome, H. Göringer, V. Hartmann, D. Marinescu, M. Richter und K. Winkelmann durchgeführt. Ich möchte Ihnen und allen, die dieses Projekt durch ihre Unterstützung ermöglicht haben, danken.

REFERENZEN

[1] Third Biennial Conference on Real-time Computer Applications in Nuclear and Particle Physics, Berkeley, 1983, IEEE Transactions on Nuclear Science, October 1983 Vol. NS-30, No.5

[2] EUR 4100 CAMAC, A modular Instrumentation System for Data Handling. Third Edition, 1980

[3] R. Chestnut, B. Grasmück, R. Hadsell, E. Krieger, W. Lebershausen J. Lowsky, W. Plappert, M. Richter, H. P. Rother, O. Siart, R. Thieme
The GSI data acquisition system (EDAS)
IEEE Transactions on Nuclear Science, August 1979, Vol. NS-26, No.4,

[4] F. Busch, D. Croome, H. Göringer, V. Hartmann, J. Lowsky, D. Marinescu, M. Richter, K. Winkelmann
EDAS Dokumentation, August 1983, 3 Bände, ISSN 0171-4546

[5] R.D. Russel, T.C. Streater
PL-11, A Programming Language for the DEC PDP-11 Computer
CERN Report 74-24 (1978), Genf

[6] M. Wiemers
RSX11G Programmers Refrence Manual (1975) GSI

[7] PL/I Language Reference Manual, IBM

[8] D.C. Marinescu, F. Busch, H. Hultzsch, J. Lowsky, M. Richter
Extended Data Acquisition Support at GSI,
IEEE Transactions on Nuclear Science, März 1984

9] MSP/7 Makro Language, System/7, IBM

[10] R. Dewar
SPITBOL, Version 2.0 (1971), Illinois Institute of Technology

[11] K. Winkelmann
Notes on a Large Analysis System for Heavy Ion Physics Experiments, Angewandte Informatik 10/83

MEHRRECHNERSYSTEM ZUR ÜBERWACHUNG VON STRUKTURSCHWINGUNGEN AN EINER GROSSEN WINDENERGIEANLAGE

G. Graf, B. Wiegele

M.A.N.-München, Neue Technologie

ZUSAMMENFASSUNG

Im Beitrag wird eine Überwachungseinrichtung für die große Windenergieanlage GROWIAN dargestellt. Drei Rechner, der im Rotor mitdrehende Rotorrechner, ein Maschinenhausrechner an der Turmspitze und ein Rechner im Betriebsgebäude am Turmfuß dienen zur Meßdatenerfassung und -Verarbeitung. Die Einrichtung liefert im Falle von Grenzwertverletzungen Alarme und Abschaltsignale.

Da es sich bei GROWIAN um eine Prototypanlage handelt, wurde der Überwachungseinrichtung auch die Funktion einer Inbetriebnahmemeßeinrichtung übertragen. Einige der für diese Aufgaben verwirklichten Details werden beschrieben.

1. EINLEITUNG

Windenergieanlagen lassen gute Energieausbeuten bei gleichmäßigen Winden hoher Durchschnittsgeschwindigkeit erwarten. Wegen der Grenzschichteffekte herrschen diese Winde nicht unmittelbar am Boden, was höhere Bauwerke für Windkraftanlagen bedingt. Um die Windströmungsverhältnisse durch Bauwerkeinflüsse nicht allzu sehr zu stören, müssen diese Anlagen auch schlank sein. Die Folge davon ist oftmals das Auftreten von Bauwerkschwingungen.

Bei der großen Windenergieanlage GROWIAN erfolgt die Anregung verschiedener Bauwerkschwingungen in erster Linie über den Rotor.

Bild 1.1 zeigt einige typische Anlagenbewegungen, die

a) durch nichtstationäres Drehmoment,

b) durch Unwucht (z.B. Eisbesatz der Rotorblätter)

c) unterschiedliche Windlast auf die beiden Blätter und

d) durch nichtstationären Windschub

angeregt werden.

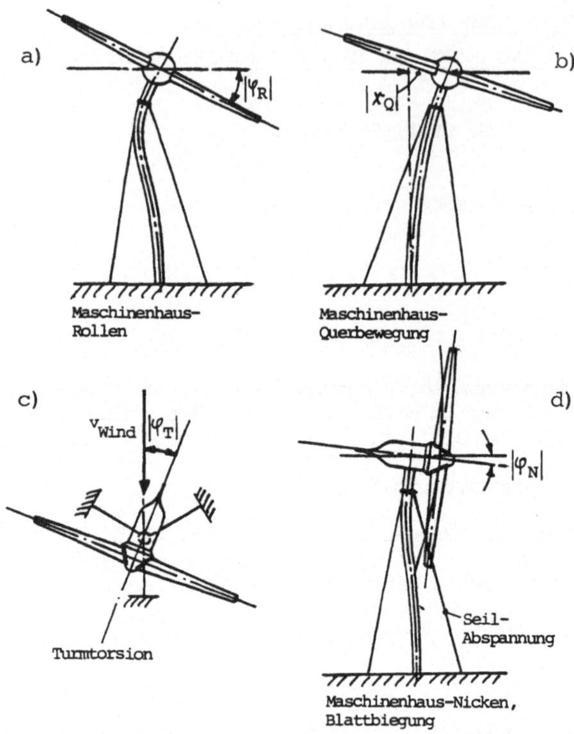

Bild 1.1: Typische Anlagenbewegungen bei der großen Windenergieanlage GROWIAN

Diese Bewegungen beeinträchtigen die Dauerfestigkeit einzelner Systemkomponenten, gefährden eventuell das im Maschinenhaus an der Turmspitze tätige Betriebspersonal und können im Extremfall auch zur Zerstörung der Anlage führen.

Mit der im weiteren vorgestellten Schwingungsüberwachung, die die Signale geeignet ausgewählter und plazierter Meßgeber verarbeitet, werden gefährliche Systemzustände erkannt und Abschaltvorgänge eingeleitet. Dabei werden die Rotorblätter so verstellt, daß die Anlage in definierter Weise in den Stillstand übergeführt wird.

2. SYSTEMSTRUKTUR

Bild 2 zeigt die Struktur der Überwachungseinrichtung

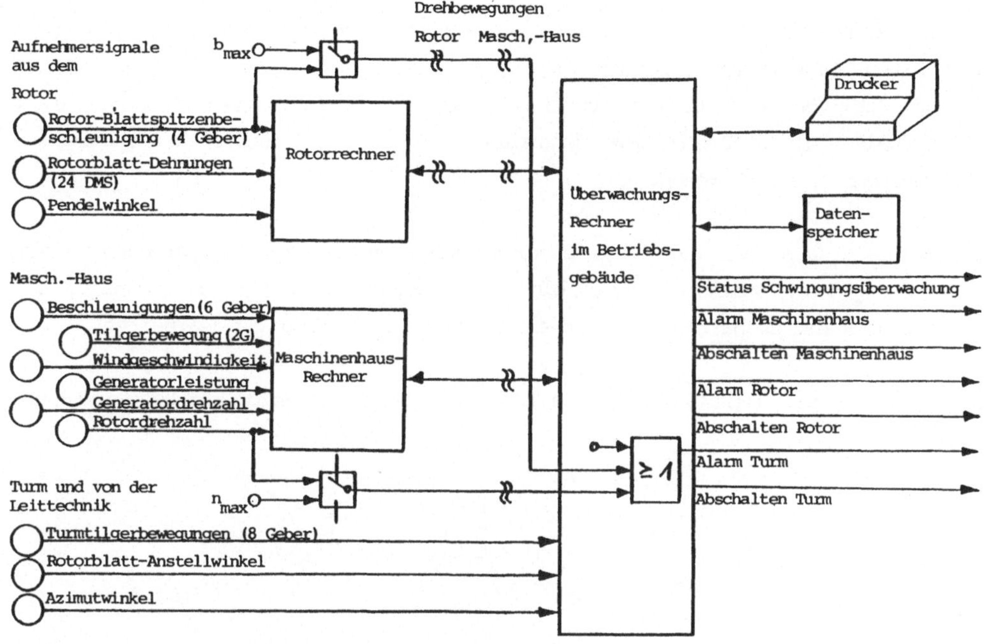

Bild 2.1 Schwingungsüberwachung GROWIAN

Der im Rotor mitdrehende Rotorrechner (Zentrifugalbeschleunigung am Montageort ca. 1g, Seeklima) und der im Maschinenhaus installierte Maschinenhausrechner sind Slaverechner.

In ihnen findet die Meßwerterfassung und ein Teil der Meßdatenverarbeitung statt.

Dabei handelt es sich beispielsweise um
- die Meßdatenfilterung,
- die Integration von Beschleunigungssignalen zu Wegsignalen,
- die Berechnung der Rotorblattbiegung aus den Blattdehnungen und soweit wie möglich
- Grenzwertabfragen.

Im Überwachungsrechner, der Masterrechner ist und sich etwa 200 m entfernt im Betriebsgebäude befindet, werden die anfallenden Daten weiterverarbeitet. Beim Erkennen kritischer Anlagenzustände werden Alarm- bzw. Abschaltsignale an die Betriebsführung gegeben.

Alle 48 Meßdaten und die wichtigsten abgeleiteten Größen werden im Datenspeicher, einer Hard-Disc, die als FIFO-Speicher organisiert ist, mit Zeitmarken versehen abgelegt. Im Falle einer Anlagenabschaltung, ausgelöst durch die Schwingungsüberwachung, werden Daten bis Anlagenstillstand gespeichert.
Die große Zahl von Meßstellen, verbunden mit der Datenspeicherung ermöglicht es, das reale Verhalten dieser Prototyp-Windenergieanlage mit den Ergebnissen bisheriger Modellrechnungen zu vergleichen.

Die Datenübertragung von den Slaverechnern zum Master muß über Rotordrehung und Azimutverdrehung des Maschinenhauses erfolgen. Dazu werden Schleifringe verwendet. Um deren Anzahl klein zu halten wird mit serieller Datenübertragung gearbeitet.

Bild 2.2 gibt einen Überblick über die Instrumentierung in Rotor und Maschinenhaus.

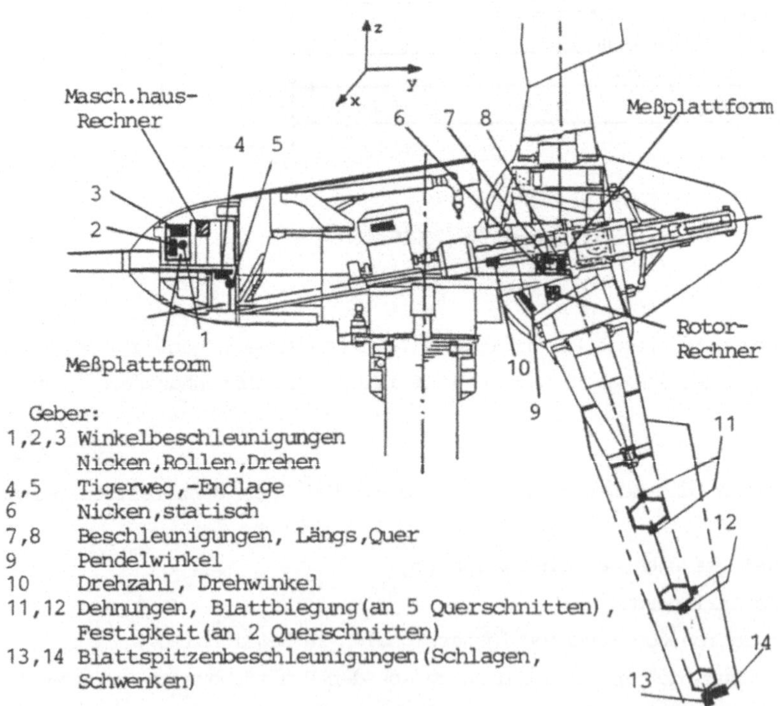

Bild 2.2 Räumliche Anordnung der Komponenten.

3. BESCHREIBUNG DER ÜBERWACHUNGSEINRICHTUNG

3.1 MEHRRECHNERSTRUKTUR

Die Prozessoren der Slaverechner und des Überwachungsrechners sind softwarekompatibel, wodurch für alle Prozessoren die gleiche Programmiersprache verwendet werden konnte. Der Großteil der Programme wurde in PL/M-86 erstellt, einige Unterprogramme (z.B. 32 bit-Multiplikation) auch in Assemblersprache (ASM-86).
Auf allen Rechnern wurde das gleiche Betriebssystem (RMX-88) implementiert, das entsprechend der unterschiedlichen Hardwareausstattung der Rechner konfiguriert wurde. Aufgrund der so geschaffenen nahezu identischen Software-Umgebung sind die meisten Programm-Module auf jedem der drei Rechner lauffähig.

Um Manipulationen durch das Betriebspersonal auszuschließen, sind die gesamte System- und Anwendersoftware sowie Betriebsdaten (z.B. Grenzwerte) in Festwertspeichern abgelegt.

Bild 3.1 gibt einen Überblick über die Softwaremodule sowie den Informations- und Datenfluß innerhalb der Rechner und zwischen den Rechnern.

In dieser strukturprogrammähnlichen Darstellung sind alle wesentlichen Programmodule im Master- und in den Slaverechnern, die zwischen Signaleingang und Alarm- bzw. Meldungsausgabe durchlaufen werden dargestellt. Tasks, die parallel zu diesen, mit fester Abtastfrequenz ablaufenden Tasks,bearbeitet werden, sind jeweils daneben skizziert.

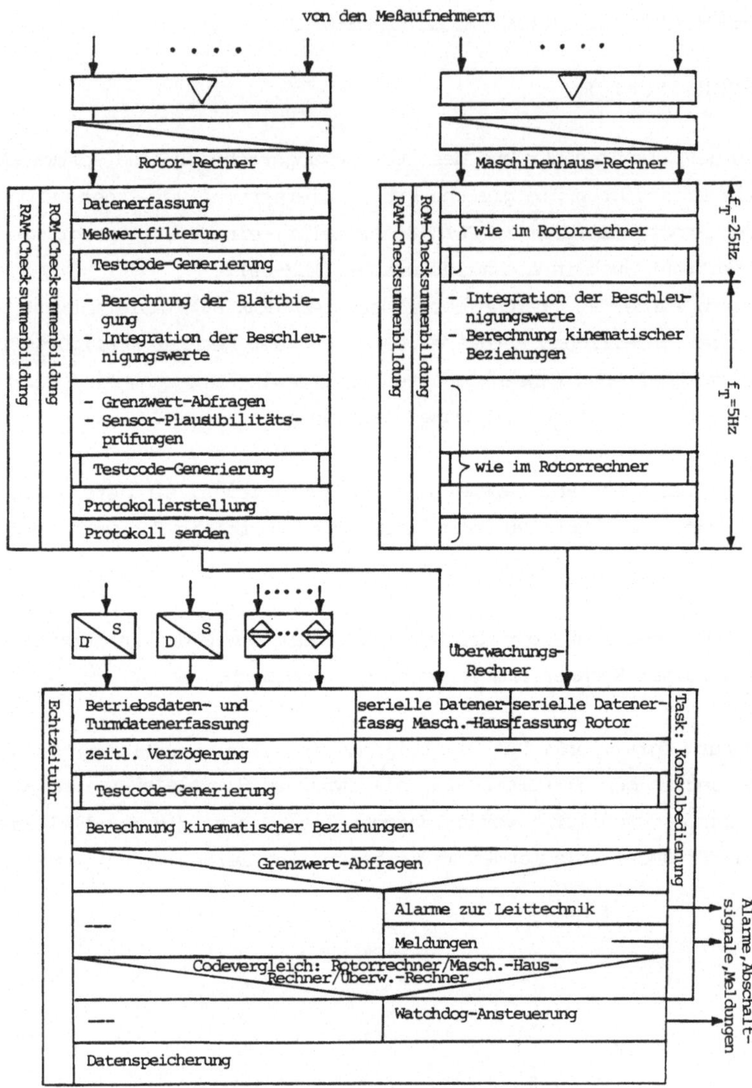

Bild 3.1 Software-Übersicht

Die analog gefilterten Sensorsignale werden von den Slaverechnern im 25 Hz-Takt eingelesen. Entsprechend den interessierenden Frequenzbereichen werden sie digital gefiltert.

Für die nachfolgende Signalverarbeitung mußten unterschiedlichste Algorithmen realisiert werden. So wird beispielsweise im Rotorrechner aus den gemessenen Blattdehnungen mit Hilfe der Biegelinie die Blattspitzenauslenkung berechnet. Dazu war 32 Bit-Matrizenmultiplikation und,wegen der stark unterschiedlichen Größenordnung der Matrizenelemente,variable Skalierung nötig.

Der Maschinenhausrechner ermittelt aus Beschleunigungsgebersignalen (Gier-, Nick- und Rollbeschleunigung, Querbeschleunigung, Längsbeschleunigung), durch zweimalige numerische Integration die entsprechenden Winkel bzw. Auslenkungen.

Daneben werden die Rotordrehzahl und auch der zeitliche Verlauf der Bewegungen der Ausgleichsmassen (Tilger) überwacht.

Die Funktionen des Überwachungsrechners im Betriebsgebäude sind:

- Übernahme von sekundären Meßgrößen wie Azimutwinkel, Blattanstellwinkel, Windgeschwindigkeit usw. für Meßwertkorrekturen.
- Berechnung des Abstandes Blattspitze - Abspannseile aus der Überlagerung der Bewegungen Maschinenhausnicken, Rotorpendeln und Blattbiegung.
- Überwachung der Bewegungen der Tilgermassen in Turmmitte (zur Reduktion der Knickgefährdung), die mit Näherungsschaltern gemessen werden.

3.2 DATENVERKEHR

Die Systeminitialisierung beginnt mit der Übermittlung der,im Masterrechner abgelegten Parametertabellen zu den Satellitenrechnern.
Im ersten Protokoll des damit beginnenden kontinuierlichen Datenstroms von den Slave-Rechnern zum Master wird der Empfang der Parameter quittiert. Die Übertragung der Meßdaten, der berechneten Werte und auch von Statusinformation erfolgs seriell über eine optoelektronisch entkoppelte Stromschnittstelle mit einer Übertragungsrate von 4800 Baud. Ein Datentelegramm ist, wie in Bild 3.2 dargestellt, aufgebaut:

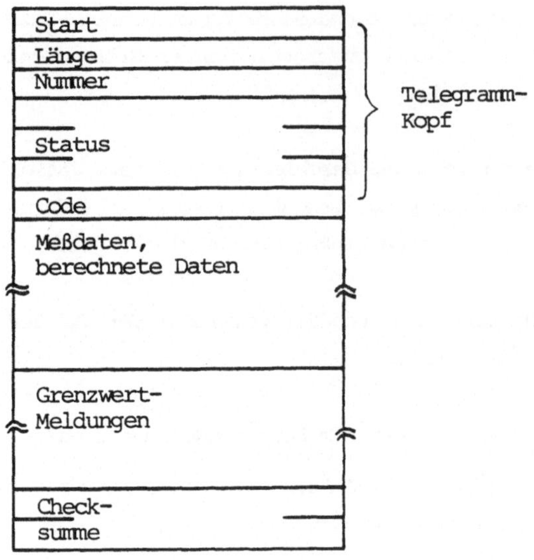

Bild 3.2 Zusammensetzung des Datentelegramms

Entsprechend der Verarbeitungsrate von 5 Hz werden die Protokolle von jedem der beiden Slave-Rechnern synchron im Abstand von 500 msec abgesetzt. Die Protokolldauer beträgt ca. 495 msec. Die Sende- und Empfangstasks arbeiten interruptgesteuert.

Fehler in der Datenübertragung werden erkannt durch

- Paritybitprüfung und Checksumüberwachung (Einzelbitfehler) sowie durch
- eine Zeit- und Längenüberwachung des Datentelegramms.

Abweichungen in der Telegrammdauer bzw. in der Telegrammfolgefrequenz führen zum Ansprechen eines Watchdogs, der eine Abschaltung der Windenergieanlage einleitet.

3.4 DATENSPEICHERUNG UND -AUSGABE

Der Prototypcharakter der Anlage macht es notwendig, eingetretene Störfälle nach Stillstand des Windenergiekonverters analysieren zu können.

Zu diesem Zweck werden alle erfaßten Daten, Zustände und Rechenwerte durch einen FIFO-Speicher geschoben. Als Speichermedium dient eine 5 1/4 Zoll Winchesterplatte mit 3,15 Mbyte Kapazität (formatiert).
Wegen des unkonvenionellen Speicherverfahrens wurde eine hardwarenahe File-Organisation gewählt.:

Für jeden Abtastzeitpunkt wird ein File angelegt, das genau einen physikalischen Sektor (256 Byte) umfaßt. Die Zylinder werden vom Kopf 1 von außen nach innen, vom Kopf 2 in umgekehrter Richtung beschrieben bzw. überschrieben (s. Bild 3.3). Die Uhrzeit wird als Filenamen direkt in das Directory eingetragen, wodurch ein zeitorientierter Datenzugriff ermöglicht wird.
Die Abspeicherung erfolgt bis 10 min nach Stillstand der Anlage, womit auch Daten über die kritischen Bremsphasen erhalten bleiben. Der Benutzer kann sich bliebige Datensätze durch Eingabe des Filenamens ($\hat{=}$ Uhrzeit) ausgeben lassen.

Eine automatische Datenausgabe erfolgt bei Auslösung eines Alarms oder einer Abschaltung. Dabei werden jene, den Störfall auslösenden Größen, besonders hervorgehoben.

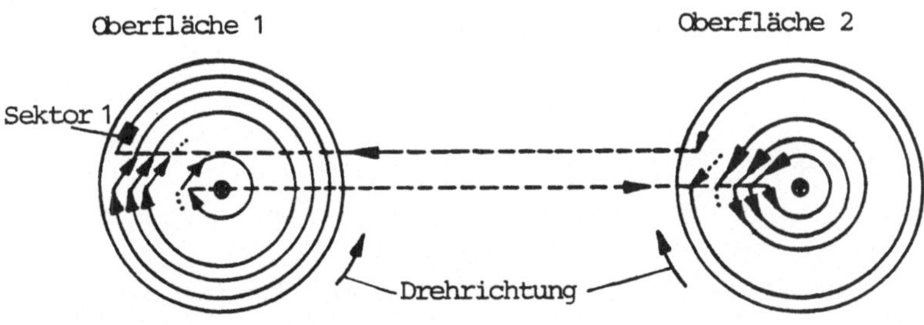

Bild 3.3 FIFO-Speicherverfahren

3.4 SELBSTÜBERWACHUNG

Die Schwingungsüberwachung stellt eine für die Sicherheit der Windenergieanlage relevante Einrichtung dar und bedurfte deshalb der Zulassung durch eine Prüfbehörde. Erst im Laufe der Entwicklung der Überwachungseinrichtung konkretisierten sich die Forderungen dieser Behörde. Daraus resultierend ergaben sich einige notwendige Maßnahmen zur Selbstüberwachung, die mit der Mehrrechnerstruktur realisiert werden konnten.

Beispielsweise ermöglicht die Mehrrechnerstruktur einen notwendigen Selbsttest der Schwingungsüberwachung auf vergleichsweise einfache Weise durch Code-Vergleich. Alle drei Rechner liefern nur bei fehlerfreier Funktion zulässige dynamische, zyklisch wechselnde 2 aus 4-Codes, siehe Bild 3. . Sind die drei Codes identisch und erfüllen sie vorgegebene Zeitbedingungen, was bei Fehlerfreiheit durch das gleichzeitige Anstoßen der drei Codegeneratoren in den Rechnern zutrifft, so liefert der Watchdog das

Statussignal "Schwingungsüberwachung in Ordnung".

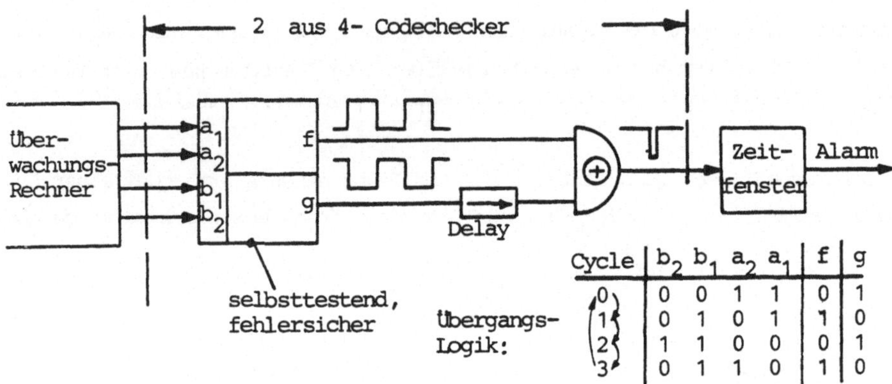

Cycle	b_2	b_1	a_2	a_1	f	g
0	0	0	1	1	0	1
1	0	1	0	1	1	0
2	1	1	0	0	0	1
3	0	1	1	0	1	0

Bild 3.4 Prinzip der Überwachungslogik (Watchdog)

Die Testcodes werden beim Durchlaufen der für die Überwachungsaufgaben wesentlichen Tasks generiert.

Rechnerfehlfunktion, verursacht durch falsche Betriebstemperatur oder durch Versorgungsspannungsschwankungen wird mit geeigneten Kontrolleinrichtungen erkannt.

Dennoch werden einige wenige, aus Sicht der Strukturdynamik und auch der Prüfbehörde besonders kritische Signale (Rotordrehzahl, Rotorblattspitzen-Beschleunigungen), durch zusätzliche analoge Einrichtungen überwacht.

4. SCHLUßBEMERKUNGEN

GROWIAN und die beschriebene Schwingungsüberwachung wurden im gleichen Unternehmensbereich eines deutschen Maschinenbaukonzerns entwickelt und gebaut.
Dadurch bestanden engste Kontakte zwischen Maschinenbauern, Strukturdynamikern und Elektronikern.
Dies wirkte sich besonders vorteilhaft aus
- bei der Auswahl und der Montage der Meßgeber,
- bei der Erstellung der Software zur Signalverarbeitung und
- bei den Verhandlungen mit der Prüfbhörde.

Das System PROSIT zur vorausschauenden Gasnetzsteuerung

Dr. E. Ady, Stuttgart, und Dr. E. Rauch, München

ZUSAMMENFASSUNG

PROSIT ist ein Programmsystem zur Prognose des Gasverbrauchs und zur vorausschauenden instationären Gasnetzsimulation. PROSIT ist online an den Prozeß gekoppelt und erlaubt eine realistische Berechnung des Netzverhaltens über einen Zeitraum von 48 Stunden voraus. Die Ergebnisse ermöglichen die Überprüfung geplanter Steuermaßnahmen und die Optimierung der Gasnetzführung in der Leitwarte.

1. EINLEITUNG

Bei ausgedehnten Gasverteilnetzen ist die Kenntnis des zukünftigen Netzverhaltens unumgänglich für eine optimale Netzsteuerung.

Das hier beschriebene System PROSIT (Prognose- und Simulationstechnik) liefert eine realistische Berechnung des zukünftigen Netzzustandes, wobei stets von der aktuellen Netzsituation ausgegangen wird. Voraussetzung dafür ist eine online-Kopplung des Systems an den Prozeß. Das Programmsystem baut auf einem adaptiven Prognoseverfahren [1] sowie auf einer instationären Gasnetzberechnung auf (Programmpaket GANESI [2] der TU München,gefördert vom BMFT).

PROSIT wurde im Auftrag der Gasversorgung Süddeutschland GmbH (GVS) von der SCS Scientific Control Systems GmbH mit Unterstützung des BMFT, Projekt PDV, entwickelt und auf einem Prozeßrechner implementiert.

2. ZIELSETZUNG

Die Ziele der Gasnetzführung lassen sich generell wie folgt beschreiben [3]:

- o Betriebssicherheit
  - Überwachung der Anlagen auf Sicherheit
- o Versorgungssicherheit
  - vorausschauende Netzsteuerung
  - Überwachung der Anlagen auf Funktionsfähigkeit
  - optimale Gasverteilung im Störfall

o Wirtschaftlichkeit
  - Verstetigung des Gasbezugs
  - Vertragseinhaltung gegenüber Lieferanten und Abnehmern
  - Einplanung von Verbraucherabschaltungen und Spotmengen
  - Optimierung der Transportkosten.

Da ausgedehnte Gasnetze auf Steuereingriffe relativ langsam reagieren, ist zur Erfüllung der Ziele eine Vorhersage des Gasnetzverhaltens erforderlich. Damit ergeben sich an ein Programmsystem zur Unterstützung der Gasnetzführung folgende Forderungen:

o Erkennen zukünftiger kritischer Situationen
o Prüfung der Auswirkung geplanter Steuermaßnahmen auf die Netzsituation.

Eine weitergehende Forderung wäre die automatische Berechnung der optimalen Steuermaßnahmen unter Berücksichtigung der gesetzten Ziele. Von der Realisierung dieser Forderung wurde bei dem gegenwärtigen Ausbau des Systems abgesehen.

3. ÜBERBLICK ÜBER DAS SYSTEM PROSIT

Zur Erfüllung der in 2. genannten Forderung wird das Programmsystem PROSIT auf dem Prozeßrechner einer Gasleitwarte eingesetzt. Typischerweise handelt es sich um ein Doppelrechner-System, dessen eine Komponente (Prozeßführungs-Rechner) die Aufgaben der Meßwert- und Meldungs-Erfassung, -Verarbeitung, -Darstellung und -Speicherung übernimmt. Auf dem zweiten Rechner läuft das Planungssystem PROSIT. Zwischen beiden Rechnern ist über eine Koppelstrecke ein ständiger Datenaustausch möglich.

Das PROSIT-System umfaßt die Funktionsbausteine:

o Prognose und Simulation
  sowie Programme für
o Eingabe, Bedienung, Kopplung und Ausgabe.

Die Anwendung in der Gasleitwarte wird ermöglicht durch:

o online-Einsatz, d.h. direkte Übernahme der aktuellen Meßwerte in die Rechnung
o einfache Bedienbarkeit über Sichtgeräte durch die Lastverteiler in der Warte
o kompakte Ergebnisausgabe auf Farbsichtgeräten analog zur Darstellung der gemessenen Werte (Kurven, Leitungsschemas, Tabellen).

3.1. Prognose

Die Einflußgrößen auf den Gasverbrauch von Abnehmern lassen sich in zwei Gruppen einteilen:

1. Tagesrhythmus der Kunden; tägliche Schichtpläne, Witterungseinflüsse, wöchtlicher Zyklus
2. Technische Störungen, lokale Vorfälle und andere kurzfristige Ursachen.

Die erste Gruppe der Einflußfaktoren wird durch Tagesprofile (stündliche Abnahmecharakteristik) für verschiedene Tagestypen in Verbindung mit einem linearen Regressionsansatz für den Heizgasanteil berücksichtigt. Die Einflußfaktoren dieser Gruppe können wegen ihrer in der Regel langsamen Auswirkungen gut durch Anpassungsverfahren erfaßt werden, bei denen die Differenz zwischen gemessenen und berechneten Gasmengen zur laufenden Korrektur der Modelldaten dient. Bei dem hier eingesetzen Verfahren wird die in anderen Bereichen der Statistik erfolgreich angewandte Methode des Kalman-Filters für den Anpassungsmechanismus eingesetzt [1]. Mit dieser langfristigen Anpassung werden täglich Grundparameter der Prognose neu gerechnet.

Die Einflußfaktoren der 2 . Gruppe sind im Modell durch die kurzfristige Anpassung berücksichtigt. Abhängig von den gemessenen Werten werden die Prognoseergebnisse stündlich korrigiert. Dabei wird die zeitliche Auswirkung der Korrektur durch eine negativ exponentielle Gewichtung der Korrekturgröße gesteuert.

3.2 Simulation

Zur Berechnung des künftigen Druckverlaufs im Leitungsnetz als Reaktion auf die prognostizierten Abnahmemengen wird das an der TU München entwickelte Programm GANESI zu instationären Gasnetzsimulation eingesetzt [2].

Der Simulation liegt die Modellierung der Rohrleitungsströmung durch ein nichtlineares partielles Differentialgleichungssystem zugrunde. Das echte vorliegende Netz wird aufgeteilt in

- o Rohre
- o Netzelemente (Kompressoren, Ventile, Regler ..)
- o Knoten.

Dabei wird das Strömungsverhalten des Gases in den Rohren durch die partielle Differentialgleichung modelliert, während an den Knoten Anfangs- und Randbedingungen vorgegeben werden. Bezüglich der umfangreichen Ableitungen dieses Differentialgleichungssystems sowie der mathematischen Verfahren zu ihrer Lösung s. [4].

Der Kern dieses Programms wurde in das PROSIT-System eingebettet und hierin erstmals im online-Einsatz verwendet.
Ausgehend von einem instationären Anfangszustand berechnet das genannte Programm den Gasnetzzustand zu einem späteren Zeitpunkt, wenn ihm für das dazwischenliegende Zeitintervall folgende Randwerte eingegeben werden:

- o Gasabgabe an allen Übergabestationen
- o mittlerer Druck an allen Einspeisungen
- o Sollwerte für alle steuerbaren Netzelemente (Regler, Verdichter)
- o Schieberzustände.

Dem berechneten Endzustand können entnommen werden:

- o Drücke an beliebigen Netzpunkten
- o Durchflüsse und Gasgeschwindigkeiten in beliebigen Netzrohren.

Diese Ergebnisse werden im PROSIT-System in drei unterschiedlichen Abläufen erzeugt und genutzt, um den in 2. aufgeführten Forderungen gerecht zu werden:

1. Prozeßbegleitende Simulation:
   Hier wird im Takt der Meßwertfassung (z.B. 6 Minuten) der momentane Netzzustand im Rechner nachgebildet. Man erhält so eine aktuelle Ausgangsbasis für die nachfolgend beschriebenen vorausschauenden Simulationen. Darüber hinaus liefert diese Variante eine intensive Unterstützung der Meßtechnik durch berechnete Werte.

2. Zukunftsorientiere Überwachungs- und Warnfunktion:
   In dieser automatisch ablaufenden vorausschauenden Simulation wird zyklisch eine Vorausberechnung über einen kurzfristigen Hochrechnungszeitraum ausgeführt. Die gewonnenen Ergebnisse werden auf Grenzüberschreitungen geprüft. Die zugehörigen Meldungen ermöglichen das geforderte Erkennen künftiger kritischer Situationen.

3. Anforderungssimulation:
   Diese vorausschauende Simulationsvariante kann für kurzfristige Planungen (max. 2 Tage im voraus) jederzeit gestartet werden. Entscheidend für diese Variante ist, daß geplante Steuermaßnahmen in die Rechnung eingegeben werden können. An den Ergebnissen werden die Auswirkungen dieser Eingriffe beurteilt.

Alle Varianten enthalten ein identisches Kernprogramm für die eigentliche instationäre Berechnung. Eingebettet ist dieses Programm in einer Umgebung mit jeweils 3 Hauptkomponenten:

- Ablaufsteuerung incl. Zeitschrittsteuerung
- Versorgung mit Flußrandwerten und Sollwerten
- Ergebnisverwendung (s. 4.2).

Gegenüber der off-line-Version von GANESI enthält die beschriebene online-Simulation folgende Zusätze für alle Varianten:

- Rohrsperrungen an beliebigen Stellen des Netzes
- Behandlung von 2 unterschiedlichen Gasarten in getrennten Teilen des Netzes
- Korrekturmöglichkeit für Erwärmung oder Abkühlung des Gases hinter Netzelementen
- Korrekturmöglichkeit zur Behandlung geometrischer Höhenunterschiede. Es wurde unabhängig von [5] das dort beschriebene "Kompensationsverfahren" entwickelt.

3.3 Kopplung an den Prozeß, Bedienung, Ein/Ausgabe

Zur Wahrnehmung dieser Aufgaben enthält PROSIT 4 separate Programm-Module. In ihnen sind die PROSIT-externen Schnittstellen zusammengefaßt, die bei Übertragung in eine andere Systemumgebung angepaßt werden müssen.

- Eingabebaustein
  Über diesen Baustein werden einmalig Grunddaten (z.B. Netztopologie) in das System eingegeben.

- Koppelbaustein
  Der Koppelbaustein sorgt für die Synchronisation der Prognose und Simulation mit dem Prozeßgeschehen. Vom Prozeß-Führungssystem werden zyklisch Meß- und Sollwerte an PROSIT übermittelt. Von PROSIT an das Führungssystem werden zyklisch Ersatzwerte für Meß-und Zählwerte sowie zusätzlich berechnete Ergebnisse übertragen. Die Zuordnung von gemessenen Daten zum Modellnetz von

PROSIT erfolgt automatisch über den Meßwert-Namen und den zugeordneten Knoten- oder Rohr-Namen. Dadurch bleibt auch bei Umrangierung vorhandener Meßwerte in der Fernwirkanlage die Zuordnung erhalten, ohne daß die Netztopologie geändert werden muß.

o Ausgabebaustein
Der Ausgabebaustein liefert dem Bediener auf verschiedenen Ausgabegeräten die für ihn relevanten berechneten Daten der Prognosse und Simulation. Dieser Baustein ist so gestaltet, daß über die online-Möglichkeiten der Konfigurierbarkeit von Protokollen und Bildern, der Grenzwertänderung und Meldungsunterdrückung der Informationsschwerpunkt im Netz jederzeit nach den Vorgaben des Lastverteilers verlagert werden kann.

Als wichtigste Ausgabegeräte in der Warte dienen quasigrafische Farbsichtgeräte, auf denen die PROSIT-Ergebnisse in gleicher Form wie die Meßwerte dargestellt werden.

o Bedienbaustein
Ein wesentliches Merkmal des Systems PROSIT ist die Anpassung aller Bedienabläufe an diejenigen bei der Prozeßsteuerung und -Überwachung. Dadurch kann das System nach einer kurzen Schulungszeit vom Lastverteiler selbständig zur Planung der Netzfahrweise eingesetzt werden. Eingabemedium für sämtliche Bedieneingaben ist ein Sichtgerät.

4. PROGAMMABLAUF

4.1 Prognose

Die Prognoseprogramme sind segmentierte FORTRAN IV - Programme mit einem Mindest-Hauptpreisbedarf von 7 K Worten (16 Bit-Rechner). Der Externspeicher beträgt ca. 0,5 K Worte für jeden prognostizierten Abnehmer. Die Rechenzeit für 200 Prognosewerte liegt bei 15 Sekunden (Siemens R 30). Weitere Einzelheiten, insbes. bezüglich Prognosegenauigkeit, s. [1] .

Der Prognosebaustein umfaßt zwei Ablaufvarianten:
o Zyklische Prognose
o Anforderungs-Prognose.

Die zyklische Prognose nimmt periodisch jede Stunde eine kurzfristige Anpassung der Prognoseergebnisse vor, die am Tagesanfang aufgrund eingegebener Tagesdurchschnitts-Temperaturen prognostiziert werden. Der Prognosezeitraum beträgt 48 Stunden. Diese Prognosevariante liefert standardmäßig die Randwerte für die Hochrechnungssimulation.

Als Ergänzung ist für Sonderfälle eine Anforderungsprognose vorhanden. Hierbei können Modifikationen an

- o Temperaturen
- o Tagestypen
- o Prognose-Ergebnissen einzelner Stunden

vorgenommen werden. Damit können z.B. zukünftige Abschaltungen von Abnehmeren in das System eingebracht werden.

4.2 Simulation

Für die in FORTRAN IV geschriebenen Simulationsprogramme auf der Grundlage von GANESI 2 gelten folgende Spezifikationen:

o Kernspeicherbedarf (segmentiert):
56 K Worte (a 16 bit),
davon 38 K Worte Daten

o Größtes berechenbares Modell-Netz (Netztopologie):
250 Knoten
200 Rohre
50 Netzelemente

o Laufzeit: ca. 15 sec. pro Zeitschritt auf Prozeßrechner Siemens 300-R 30.

4.2.1. Prozeßbegleitende Simulation

Die prozeßbegleitende Simulation liefert eine Zustandsschätzung des realen Netzes und ist Basis der Hochrechnungssimulation. Nach Start dieses Programmes wird über einen stationären Anfangszustand nach 4 -6 Zeitschritten einer Einschwingphase der reale instationäre Netzzustand erreicht. Das Einschwingen wird ermöglicht durch das freie Einstellen der berechneten Zuflüsse in den Einspeisestationen.

Auf die Einschwingphase folgt die eigentliche, ständig mitlaufende Simulation. Zyklisch (z.B. 6-minütig) werden gemessene Mengen als Flußrandwerte vorgegeben.

Gemessene Drücke hinter Netzelementen dienen als Fixwerte für die Rechnung. Hierdurch wird eine laufende Anpassung der Rechnung an die Messung erreicht, so daß auch bei dauernder Simulation keine Divergenzen oder Instabilitäten auftreten. Als Ergebnis der prozeßbegleitenden Simulation werden vom Dispatcher genutzt:

- o Ergänzende berechnete Werte (Quasimeßwerte)
- o Ersatzwerte für gestörte Meßwerte
- o Vergleich berechneter und gemessener Werte mit Meldungsausgabe.
  Damit können systematische Fehler von Meßwertgebern oberhalb einer Toleranzen eindeutig aufgedeckt werden.

Im täglichen Betrieb wird sowohl die Ersatzwertfunktion der prozeßbegleitenden Simulation als auch deren Berechnung zusätzlicher Werte laufend genutzt. Die Vergleichsmeldungen haben es in mehreren Fällen ermöglicht, fehlerhafte Meßwertgeber zu entdecken oder Schieberzustände zu bestimmen.

4.2.2 Vorausschauende Simulation

Für die vorausschauende Simulation wurden folgende Modifikationen am Kern des ursprünglichen GANESI-Programms vorgenommen:

- o Grundlegende Änderungen der Umschaltung von Netzelement-Zuständen
  Hierbei standen folgende Ziele im Vordergrund:
  - Stoßfreier Übergang von der prozeßbegleitenden Simulation
  - Vermeidung von Mehrfach- und Fehl-Umschaltungen
  - Eingriffe in die automatische Zeitschrittsteuerung und die Steuerung der Matrix-Berechnung mit dem Ziel einer größeren Rechengenauigkeit ohne überhöhte Rechenzeit.
- o Zeitliche Dehnung von Steuermaßrahmen. Hierdurch wurde folgende Verbesserung erreicht:
  - Durchführung heftiger Steuereingriffe ohne nummerische Instabilität
  - Realistische Nachbildung von Netzelementen durch Eingabe von Kennlinien.

Ablauf der zyklischen Simulation

- o Start: einmal stündlich, automatisch
- o Hochrechnungzeitraum: 6 Stunden
- o Rechenzeit: 2 - 5 Minuten, abhängig vom aktuellen Gasnetz-Zustand
- o Interne Zeitschritte: 15 Minuten ... 1 Stunde

o Eingangswerte:
- Ergebnisse der letzten prozeßbegleitenden Simulation als Ausgangszustand
- Prognoseergebnisse für alle Abnehmer aus der zyklischen Prognose
- aktuelle Sollwerte für Netzelemente und Schieberstellungen.

o Ausgaben:
- Druckwerte, Gasgeschwindigkeiten und Durchflüsse für die nächsten 6 Stunden. Kurvendarstellung, ggf. im Zusammenhang mit Meßwerten.
- Meldungen bei zukünftigen Grenzwertverletzungen.

Diese Ergebnisse liefern unter Beibehaltung der momentanen Netzfahrweise sowohl Trends über den wahrscheinlichen Verlauf wichtiger Zustandsgrößen (Kurven) wie auch Hinweise auf kritische Zustände in naher Zukunft (Meldungen).

Ablauf der Anforderungs-Simulation:

o Start: auf Dispatcher-Anforderung, jederzeit möglich
o Hochrechnungszeitraum: maximal 48 Stunden
o Rechenzeit: zwischen 15 Sekunden (keine Steuerung) und 2 Minuten (Steuermaßnahme innerhalb einer Stunde) pro Simulationsstunde
o Interne Zeitschritte: 2 Minuten (bei Steuerung) ... 1 Stunde
o Eingangswerte:
- Ergebnisse der letzen prozeßbegleitenden Simulation als Ausgangszustand und zur Vorgabe von Anfangs-Sollwerten
- Prognoseergebnisse für alle Abnehmer aus einer vorher ausgeführten Anforderungs-Prognose
- Sollwertänderungen im Verlauf der Hochrechnung aus dem Steuerfahrplan.

o Ausgaben: Drücke, Gasgeschwindigkeiten, Durchflüsse. Darstellung als Kurven oder in Netzübersichten. Wahlweiser Protokoll-Ausdruck.

Der Steuerfahrplan dient als Startbild für die Anforderungssimulation auf dem Sichtgerät des Dispatchers. In ihm werden in tabulierter Form eingetragen:
- Hochrechnungszeitraum (max. 48 Stunden)
- Steuermaßnahmen mit Angabe des zu steuernden Netzelementes, des neuen Sollwerts und der Zeit für die Steuermaßnahme.

Die mithilfe des Steuerfahrplans errechneten Ergebnisse werden zur Übersicht über den zukünftigen Netzzustand sowie zur Beurteilung der Effektivität geplanter Steuermaßnahmen herangezogen.

Die Ergebnisse der vorausschauenden Simulation werden im täglichen Betrieb vor allem in folgenden Situationen genutzt:

- o Einplanung von Kompressor-Einsätzen
- o Berücksichtigung von Verbraucher-Umschaltungen
- o Druckabfallrechnung bei Leitungssperrungen.

Die Genauigkeit der errechneten Ergebnisse wird überwiegend von den Prognosefehlern bestimmt. Typischerweise liegen bei einer 24-Stunden-Vorausrechnung sämtliche berechneten Ergebnisse an den Endpunkten des Netzes in einem Band von $\pm$ 5% um die später eintretenden realen Werte.

5. SCHLUSSBETRACHTUNG

Das beschriebene PROSIT-System mit den online-Kopmponenten der kurzfristigen Verbraucherprognose und der instationären Gasnetz-Simulation erfüllt die im Abschnitt 2. erhobenen Forderungen an das Programmsystem zur Unterstützung der Gasnetzführung:

- o Die automatisch ablaufende zyklische Simulation übernimmt durch ihre Meldungsausgabe die Warnfunktion und ermöglicht das Erkennen künftiger kritischer Situationen. Der Hochrechnungszeitraum von z.B. 6 Stunden ist so bemessen, daß genügend Reaktionszeit für geeigngete Steuermaßnahmen zur Verfügung steht.
- o Die Anforderungs-Simulation ermöglicht durch Eingaben in den Steuerfahrplan die Prüfung der Auswirkung von Steuermaßnahmen auf die zukünftige Netzsituation. Durch Variationen der Eingabedaten kann eine optimale Fahrweise erreicht werden.

Die in 3.3 aufgeführten PROSIT-Bausteine zur Kopplung, Bedienung und Ausgabe sind anwendungs- und systemspezifisch. Hier werden bei neuen Anwendungen konzentriert Modifikationen durchgeführt. Die Komponenten Prognose und Simulation mit ihren zugehörigen Initialisierungsteilen hingegen sind in sich jeweils so abgeschlossen, daß sie einzeln oder zusammen leicht in andere Systeme integriert werden können. Dabei sind lediglich die Schnittstellen zu den anderen Bausteinen anzupassen.

Literatur

(1) Ady, E., u. Rauch, E.:
Ein adaptives Prognoseverfahren zur Vorhersage des Gasverbrauchs, gwf-gas/erdgas 120 , S.458 (1979)

(2) Weimann, A.:
Dokumentationsberichte zum Programmsystem GANESI, PDV-90, 91, 92, 93, 130 Kernforschungszentrum Karlsruhe (1976)

(3) Ady, E., Bandl, R.-E., Rauch, E.:
Rechnerunterstützung zur Optimierung der Steuerung eines Gasnetzes, Vortrag auf dem BGW-DVGW-Seminar, Februar 1980

(4) Weimann, A.:
Modellierung und Simulation der Dynamik von Gasverteilernetzen im Hinblick auf Gasnetzführung und Gasnetzüberwachung. Dissertation TU München (1978)

(5) Lappus, G., Scheibe. D., u. Weimann, A.:
Instationäre Gasrohrnetzberechnung unter Berücksichtigung der geodätischen Höhe und der Gastemperatur. gwf gas/erdgas 121, S. 230 (1980).

AUSLEGUNG UND IMPLEMENTIERUNG DIGITALER, VERTEILTER PROZESSLEITSYSTEME AM BEISPIEL INDUSTRIEANLAGEN

Von Herbert Wilhelm und Wolfgang Müller, BBC, D-6800 Mannheim

ZUSAMMENFASSUNG

Ausgehend von den Merkmalen von Industrieanlagenprozessen werden die Randbedingungen für die Auslegung verteilter Prozeßleitsysteme dargestellt. Es werden Kriterien angegeben, nach denen der Anwender bei Realisierung einer Leitanlage vorgehen kann, um Art und Struktur der Aufgabenstellung des Prozesses optimal zu berücksichtigen. Es wird ein Vorschlag für die Systematik der Vorgehensweise gemacht sowie ein Ausblick auf weitere Entwicklungstendenzen gegeben.

1. WELCHE ANFORDERUNG STELLEN INDUSTRIEANLAGEN AN PROZESSLEITSYSTEME?

Industrieanlagen zeichnen sich durch ein extrem breites Spektrum an strukturellen Merkmalen und unterschiedlichen Randbedingungen für die Auslegung und den Betrieb aus. Die für Industrieanlagen typischen Prozesse laufen teilweise im diskontinuierlichen Betrieb ab. Das Walzen von Brammen oder das Ein- u.Auslagern in einem Hochregallager sind Beispiele hierfür. In rascher Folge ändern sich Sollwerte und damit die Betriebszustände.

Bei kontinuierlich arbeitenden Anlagen -Beispiel Klärwerk od. Zementdrehofen- stellen An- u.Abfahren kritische, aber über die Betriebsdauer und für die Betriebsweise gesehen, untergeordnete Phasen dar. Die Herausforderung, die Produktqualität zu vergleichmäßigen, den Ausstoß zu erhöhen, die Produktionsanlage schonend zu fahren und, wo möglich, Energie zu sparen, führen u.a. zur Umstellung diskontinuierlicher Verfahren auf kontinuierliche Verfahren bzw. zur engen Koppelung von Anlagenabschnitten. Beispiele hierfür sind die Stranggießanlage, die den Kokillenguß ablöst, oder die kontinuierliche Walzstraße mit vorgeschalteter Knüppelschweißanlage. Der Umfang an leittechnischen Einrichtungen, die Anforderungen an Genauigkeit, an Langzeitstabilität und an engere Informationskoppelung für bisher getrennt operierende Bereiche steigen damit.

Bei kontinuierlichen Prozessen mit chargenweiser Koppelung müssen die Unterschiede im Eingangsmaterial -beim Strangguß die Qualität oder auch nur Temperatur des Stahls - erfaßt und in neue Vorgaben umgesetzt werden. Bei Prozessen mit ausgeprägten Hochlauf- u.Abfahrphasen muß in diesen Phasen meist die Qualität des Ausgangsproduktes bereits im spezifizierten Bereich liegen.

Steigende Prozeßdynamik bringt steigende Anforderungen an die Dynamik der Leitanlage. Das Spektrum der notwendigen Reaktionszeit reicht von mehreren Minuten oder Stunden z.B. im Klärwerk bis zum ms-Bereich im Walzwerk.

Für die Auslegung der Leitanlage stellen die Strukturkategorien

- Topologie - räumlich zentrale Anordnung oder dezentrale Aufgliederung -

- Beobachtbarkeit - direkt einzusehender oder nur über Meßwertanzeige beobachtbarer Prozeß und
- Verfügbarkeit - absolute Forderung für den Gesamtprozeß oder Einschränkung der Anforderung auf Teilabschnitte

entscheidende Parameter dar.

Die bereits in verfahrenstechnischen Prozessen eingesetzten digitalen, verteilten Leitsysteme decken zunehmend das komplette Anforderungsspektrum von Industrieanlagen wirtschaftlich ab.

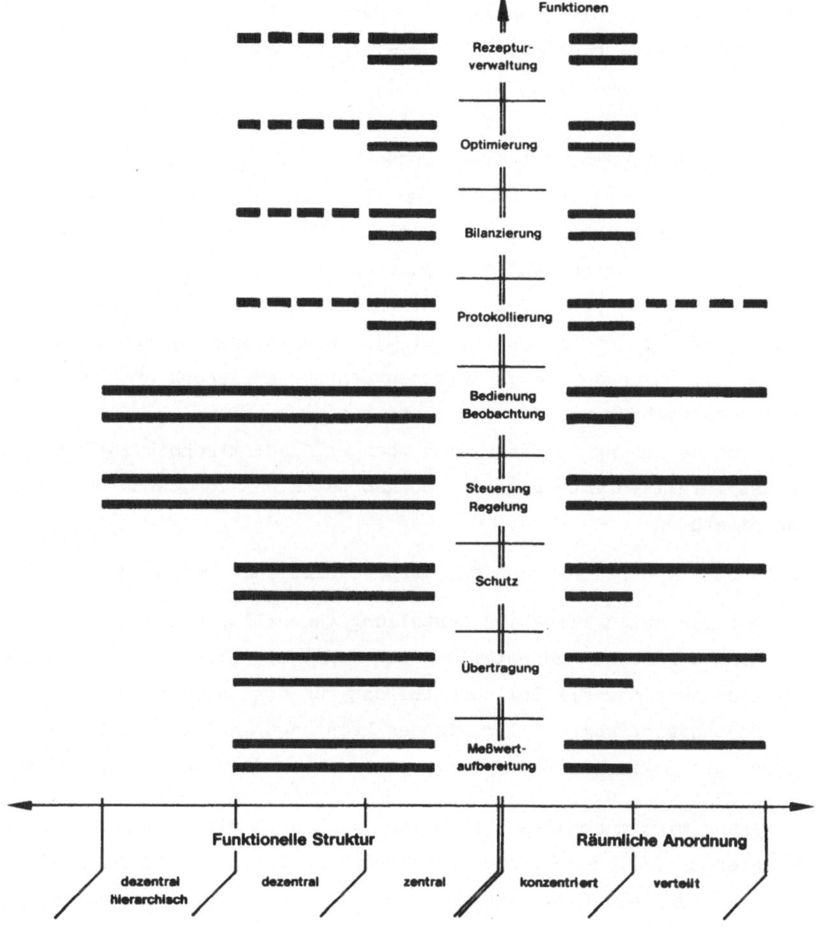

Bild 1: Strukturierbarkeit von Leitanlagen

2. WELCHE EIGENSCHAFTEN ZEICHNEN DIGITALE, VERTEILTE INDUSTRIELEITSYSTEME AUS?

Analysiert man die auf dem Markt angebotenen verteilten Leitsysteme, so lassen sich grob drei Kategorien unterscheiden. In ihnen spiegeln sich teilweise die Erfahrungsschwerpunkte der Anbieter wider. Es sind dies:

a) aus speicherprogrammierten Steuerungen heraus entwickelte Systeme

b) spezifisch ausgelegte Rechnersysteme

c) originär aus funktionalen Grundüberlegungen heraus entworfene,verteilte Systeme.

Dementsprechend sind Stärken und Schwächen in den prinzipiellen, nachfolgend aufgeführten Realisierungsmerkmalen anzutreffen.

Verteilte Industrieleitsysteme decken das Spektrum an leittechnischen Funktionen vollständig ab. Dies sind neben der Aufbereitung und Übertragung von Meßwerten, deren Verarbeitung für Überwachung und Schutz sowie für Steuerung und Regelung. Lücken bestehen heute noch zum Teil für die schnelle Steuerung mit Reaktionszeiten im ms-Bereich bei Systemen nach b) bzw. für die höheren Regelalgorithmen, modale Regler und Regler über Beobachter, bei Systemen nach a). Die Vollständigkeit der leittechnischen Funktionen ist Voraussetzung für die Freizügigkeit im Strukturieren der Leitanlage.
Die leittechnischen Funktionen verteilter Industrieleitsysteme sind generell vorkonfektioniert. Sie werden lediglich für den spezifischen Anwendungsfall konfiguriert und parametrisiert. Selbst bei weitgehend gleicher Funktionalität bestehen für die Wirtschaftlichkeit des Einsatzes entscheidende Unterschiede bezüglich der Hilfen für die Projektierung - Handbetrieb bis zur dialoggeführten auf Plausibilität geprüften Eingabe der Daten und ihre rechnergestützte, die Gesamtanlage umfassende Verwaltung. Gleiches gilt für die Durchgängigkeit zwischen Erstprojektierung und Änderung auf der Anlage inclusive Nachführung der Dokumentation.
Die Beobachtung und Bedienung des Prozesses über Bildschirmtechnik ist bei allen verteilten Industrieleitsystemen gegeben. Ebenso hat sich die Standarddarstellung mit den Hierarchiestufen

- Anlagenübersicht, Bereichsübersicht, Gruppenbild und Kreisbild -

neben der freikonfigurierten Fließbilddarstellung generell eingeführt. Aus der Praxis ist die Bevorzugung der Standarddarstellung für kontinuierliche Prozesse mit dem Schwerpunkt Regelung und der Fließbilddarstellung für diskontinuierliche Prozesse festzustellen. Das Angebot kompatibler, in der Leistungsfähigkeit gestufter Komponenten verbessert die Möglichkeit der aufgabengerechten Strukturierung der Leitanlage.

Die Datenübertragung wird durchwegs über Busse, wenn auch mit unterschiedlicher Struktur und stark unterschiedlichem Leistungsvermögen, realisiert. Bei Systemen nach a) sind teilweise noch Punkt-zu-Punkt-Verbindungen mit der für die Einzelwerte zu projektierenden Übertragung anzutreffen. Entsprechend der Leistungsfähigkeit der Stationen bei Systemen nach b) übertragen diese vorzugsweise zieladressiert in Paketform aufbereitete Datensätze. Sowohl Prozeßdaten als auch Konfigurationsdaten lassen sich so austauschen.
Die universellste Form der Datenübermittlung stellt die quellortsadressierte Übertragung von Prozeß- u.Diagnosedaten im Ereignisbetrieb mit unterlagertem, zyklischem Betrieb und die zielortadressierte Übertragung von Bedien- u.Konfigurationsdaten dar. Bei entsprechend großem Adreßraum und hoher Übertragungsgeschwindigkeit sowie

Datensicherheit können stationsinterner und stationsübergreifender Datenverkehr gleichgesetzt werden. In solchen Verbundsystemen mit uneingeschränkter Transparenz entfallen die sonst anzutreffenden Restriktionen; sie erlauben freizügige Strukturierung und kostengünstige Nachrüstungen. Die Rücklesbarkeit der Konfigurationsdaten ermöglicht den selbsttätigen Soll-/Istvergleich mit rechnergestützt vorgehaltenen Projektierungsdaten.

Die Forderung nach Verfügbarkeit muß sich am wirtschaftlichen Optimum orientieren. Bei der Auslegung der Industrieanlage bedeutet dies die Analyse der verfahrenstechnischen Zusammenhänge und der Alternativen für die Betriebsweise. Die Zuverlässigkeitsdaten für den jeweils geschlossenen Kreis von Aggregat,Meßeinrichtung,Meßwertübertragung,Verarbeitung mit Bedienung bis zur Stelleinrichtung und deren direkte oder indirekte Übersetzung auf die Medien des Aggregates müssen genau ermittelt werden. Für die jeweils unabhängigen Einheiten ist die Möglichkeit der verfügbarkeitserhöhenden Entkoppelung zu betrachten; für die schwächsten Glieder der Kette die angemessene Redundanz vorzusehen. Durch die Modularisierung der Funktionselemente in autark einsetzbare Geräte bei systemweitem Anbieten aller relevanten Informationen, sowie die Vorkehrungen zu mehrkanaligen Auslegungen erlauben bei verteilten Industrieleitsystemen die systematische Projektierung der Verfügbarkeit. Die aufgeführten Fähigkeiten werden ergänzt durch die Möglichkeit, die Leitanlagenkomponenten dem zugehörigen Prozeßabschnitt auch räumlich zuzuordnen. Damit lassen sich nunmehr Leitanlagen den Anforderungen des Prozesses entsprechend frei strukturieren.

3. WIE WERDEN LEITANLAGEN ZWECKMÄSSIG STRUKTURIERT?

Ausgangspunkt für jeden Leitanlagenentwurf ist eine Analyse des Prozesses und der erforderlichen leittechnischen Funktionen. In der Vergangenheit erfolgte dies nach vorwiegend empirischen Methoden. Damit sind jedoch die heutigen und zukünftigen Aufgaben wegen der zuvor beschriebenen Rahmenbedingungen und Trends nicht mehr wirtschaftlich beherrschbar:

- größere Produktionseinheiten und komplexere Verfahren, die immer näher an den technischen Grenzen betrieben werden,
- moderne Prozeßleitsysteme, die neue Freiheitsgrade bieten (dezentral strukturierbar, erheblich erhöhtes Funktionspotential).

Der Planungsingenieur benötigt für die Erfüllung der Prozeßaufgaben und für die Nutzung der Fähigkeiten der Prozeßleitsysteme Hilfsmittel und eine Systematik bei Auswahl und Entwurf der Leitanlage. Für die Auswahl von Prozeßleitsystemen haben viele Anwender für ihre jeweiligen Bedürfnisse ausgelegte Kriterienkataloge erstellt. Eine projektneutrale Prüfliste für Kriterienpunkte ist in [1] vorgelegt worden.
In jeden konkreten Anwendungsfall sind jedoch die Auswahlkriterien zu selektieren und zu gewichten sowie der eigentliche Leitanlagenentwurf durchzuführen. Das Problem wird in einer Reihe von Veröffentlichungen behandelt, ohne daß konkrete Lösungsvorschläge unterbreitet werden [2], [3], [4], [5].

Ein erster Ansatz zu einer Analyse- u.Entwurfsmethode ist ein systematisierter und anschaulich dokumentierter Strukturierungsablauf (Bild 2). Ausgehend von der Prozeßaufgabe gelangt man über drei Zwischenschritte zum Konzeptentwurf der Leitanlage.

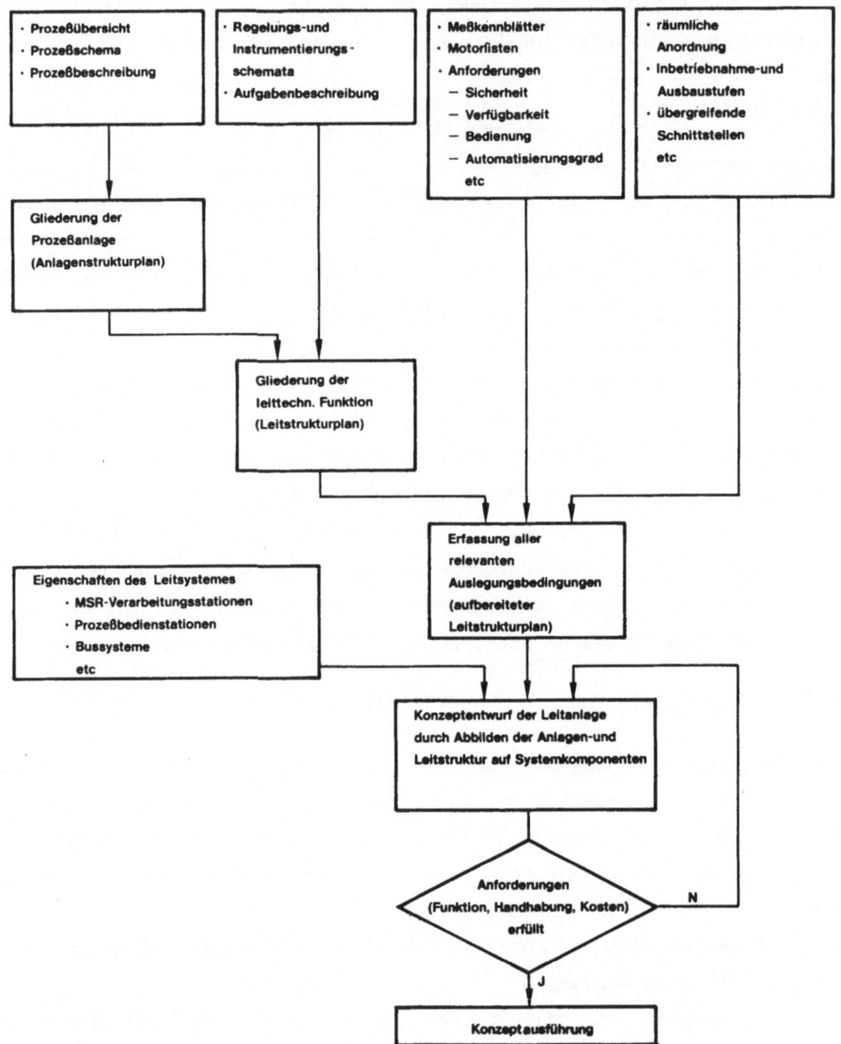

Bild 2: Prinzipieller Ablauf für Leitanlagenkonzeptfindung

Der erste Schritt ist die Analyse und Gliederung des Prozesses:

- Definition der Basiselemente des Prozesses, z.B. Teilprozeßabschnitte oder Aggregate nach den Kriterien: zusammengehörige elementare Prozeßparameter (bei kontinuierlichen Prozessen) oder betriebsarteninvariante elementare Grundaufgaben (bei Chargenprozessen) [6].

- Stufenweises hierarchisches Zusammenfassen der Basiselemente nach den Kriterien: übergeordnete verfahrenstechnische Koppelungen, Pufferung der Ein- und Ausgangsgrößen, Hierarchie der Zielfunktionsmenge der Prozeßführung, Betriebsartenvarianten. In den oberen Ebenen steigt die Komplexität der Koordinationsaufgaben und Zielqualitäten und gleichzeitig sinkt der dynamische Kopplungsgrad.

Bei überschaubaren, bekannten Prozessen - wie das Beispiel in Bild 3 - kann dieser Schritt durch iterative, ingenieurmäßige Betrachtungen erfolgen. Bei komplexeren bzw. unbekannten Prozessen ist der Einsatz systemtechnischer Methoden zur ebenenweisen Zielauswertung und -bewertung sowie ebenenorientierter Prozeßmodellierungsmethoden erforderlich. Der damit erstellte Anlagenstrukturplan ergibt das strukturelle Ordnungsschema, mit dem alle leittechnischen Aufgabenstellungen und alle weiteren betrieblichen, prozeß- und anlagenseitigen Anforderungen gegliedert und bewertet werden.

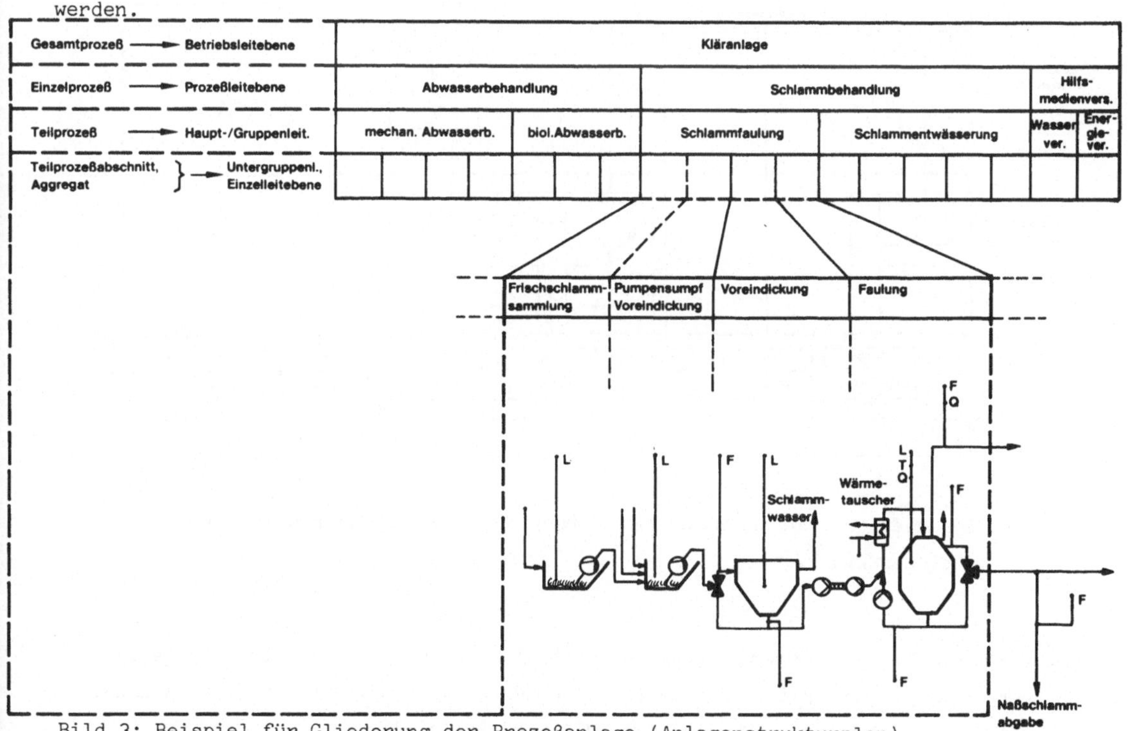

Bild 3: Beispiel für Gliederung der Prozeßanlage (Anlagenstrukturplan)

Der zweite Schritt ist eine Analyse und Gliederung der leittechnischen Funktionen, die nach diesem Ordnungsschema erfolgt. Ziel dieses Schrittes ist es, Art, Umfang und Komplexität der leittechnischen Funktionen in gut auswertbarer Form zu erfassen:

- Ermittlung der wichtigsten direkt meßbaren und der abgeleiteten Prozeßgrößen und Zustände
- Ermittlung der wichtigsten, den Prozeß beeinflussenden Stellgrößen
- Erfassung der Automatisierungs- und Prozeßführungsfunktionen und Zuordnung zu hierarchischen Leitebenen.

Bild 4 zeigt einen derartigen Leitstrukturplan auszugsweise an dem relativ einfachen Beispiel einer Kläranlage. Anhand dieser Darstellung kann man auch erkennen, inwieweit einzelne Teilprozeßabschnitte und Teilprozesse leittechnisch autark zu betreiben sind und welche strukturellen Anforderungen an das Übertragungssystem unter rein funktionellen Gesichtspunkten bestehen.

Dies hat sich schon bei zahlreichen Projekten mit unterschiedlichsten Prozeßtypen bewährt.

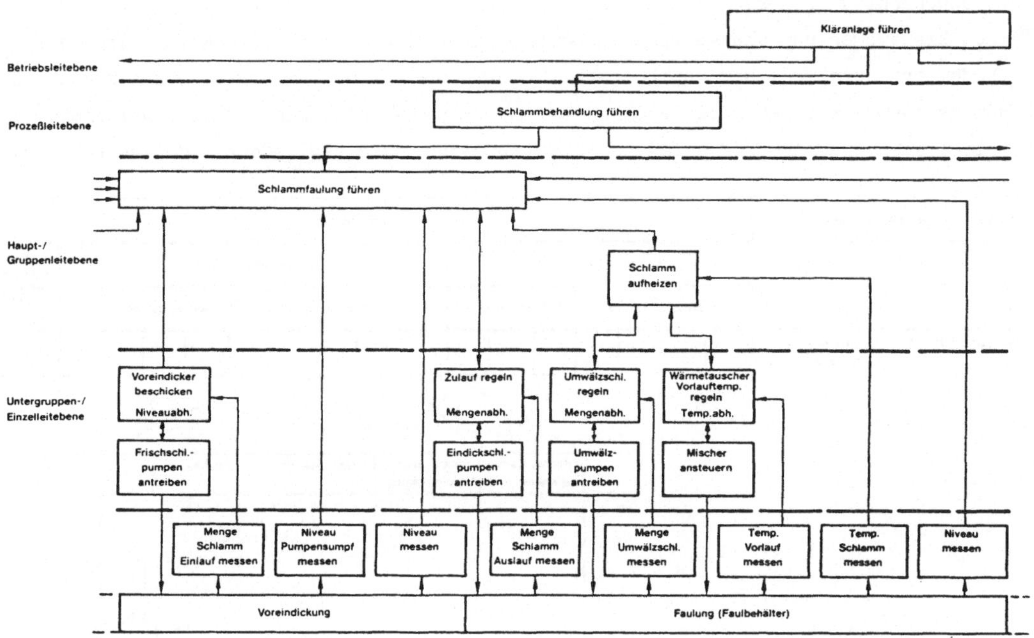

Bild 4: Beispiel für hierarchische Gliederung der leittechnischen Funktionen (Leitstrukturplan)

Die Vorgaben für die Strukturierung der Leitanlage resultieren jedoch nicht allein aus den Merkmalen von Prozeß und leittechnischer Aufgabenstellung, sondern aus weiteren Anforderungen und Randbedingungen wie z.B. (Bild 2):

- der exakte Umfang aller zu berücksichtigenden Messungen und Antriebe
- Sicherheits- und Verfügbarkeitsanforderungen unter Berücksichtigung verfahrenstechnischer Redundanzen
- Anforderungen der Prozeßbeobachtung und -bedienung
- räumliche Anordnung
- Inbetriebnahme und Ausbaustufen (insbesondere auch bei Modernisierung).

Die Erfassung dieser übrigen, für die Auslegung relevanter Bedingungen, deren systematische Auswertung und anschauliche Darstellung ist der letzte und entscheidende Schritt vor der Auswahl des Leitsystems und dem eigentlichen Konzeptentwurf der Leitanlage. Nach unserer Erfahrung eignet sich dafür gut der Leitstrukturplan als Basis. Die übrigen Auslegungsbedingungen werden für die weitere Analyse und Konzeptdiskussion ergänzt (siehe Beispiel Bild 5).

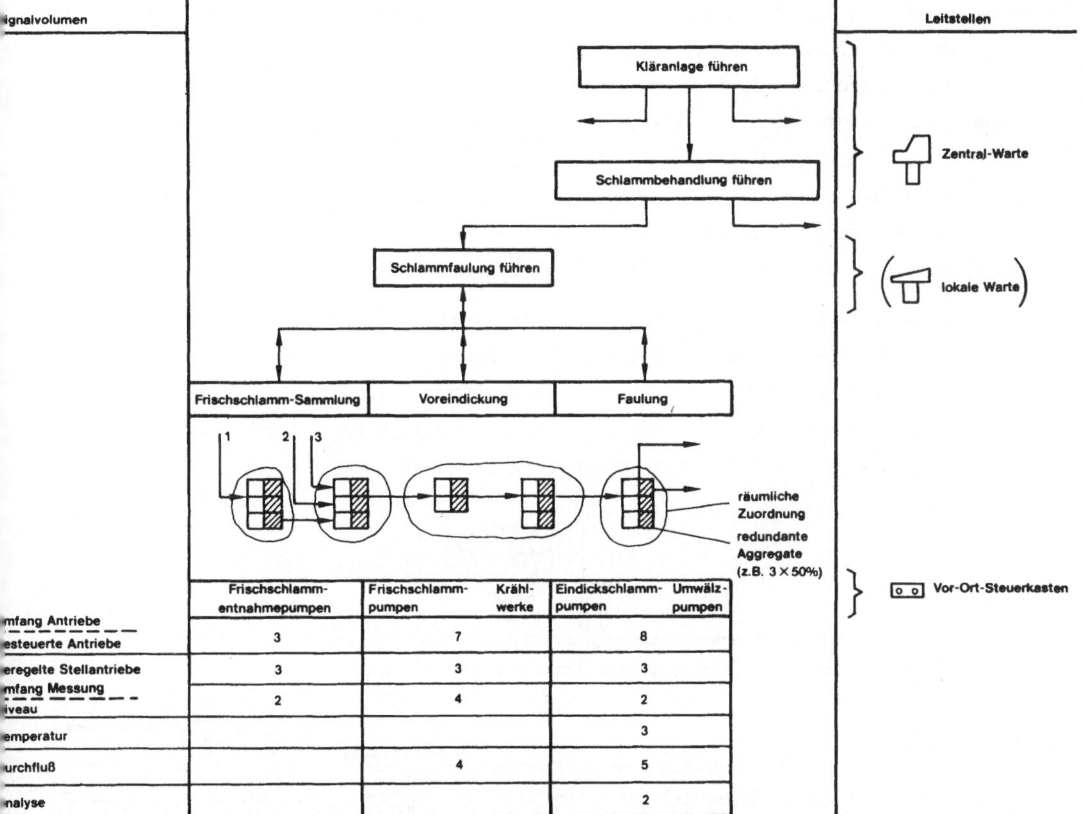

	Frischschlamm-entnahmepumpen	Frischschlamm-pumpen / Krähl-werke	Eindickschlamm-pumpen / Umwälz-pumpen
mfang Antriebe / esteuerte Antriebe	3	7	8
eregelte Stellantriebe	3	3	3
mfang Messung / iveau	2	4	2
emperatur			3
urchfluß		4	5
nalyse			2

Bild 5: Beispiel für Ergänzung Leitstrukturplan

Anhand des Signalvolumens und der Art und des Umfangs der leittechnischen Funktionen je Teilprozeßabschnitt oder Teilprozeß sieht man leicht Kapazitätsanforderungen an funktionell dezentrale Signalerfassung, -Verarbeitung und -Ausgabe. Durch Ausarbeitung der verfahrenstechnischen Redundanzen und des Kopplungsgrades über eine Zuverlässigkeitsanalyse lassen sich die resultierenden zuverlässigkeitsbestimmenden Strukturmerkmale ermitteln [7].

Die Berücksichtigung der geforderten Leitstellen bzw. die Ermittlung der erforderlichen Leitstellen kann über den aufbereiteten Leitstrukturplan durchgeführt werden (Bild 5). Damit liegen nach den Schnittstellen der Leitanlage zum Prozeß auch die zum Menschen fest. Autark bedienbare Teilprozesse und manuelles Back up, z.B. auf der Aggregatebene, sind z.B. wesentliche Randbedingungen für die Optimierung der Leitanlagenstruktur mit Rückwirkungen auf die Anlagenverfügbarkeit.

Die Darstellung der räumlichen Anordnung der Teilprozeßabschnitte und Aggregate ergibt einen guten Überblick, ob die funktionelle Dezentralität des Prozesses und der zugehörigen leittechnischen Funktionen mit der räumlichen Verteilung der Anlage übereinstimmt und inwieweit eine räumliche Dezentralisierung der Leitanlage einen Zielkonflikt hervorruft. Dieses Verfahren kann selbstverständlich auch genutzt werden, um Prozeßanlagen leitanlagengerechter zu konzipieren.

Einen ausgeführten Konzeptentwurf einer Leitanlage für ein Klärwerk zeigt Bild 6. Die wichtigsten Entwurfkriterien für dieses Beispiel waren:

- funktionell dezentrale Realisierung der leittechnischen Aufgaben je Teilprozeß.
- Zusammenfassung der Einzelleitebene von funktionell eng gekoppelten Teilprozeßabschnitten nach den räumlichen Gegebenheiten der zugehörigen Schaltanlagenteile mit autarker Vor Ort-Bedienbarkeit. Verfahrenstechnische Redundanzen mußten in der Leitanlagenstruktur abgebildet werden.
- Bedienung und Beobachtung des Gesamtprozesses von zentraler Warte aus.

Die geforderte Anlagenverfügbarkeit wird unter wirtschaftlichen Kostenbedingungen erreicht durch dezentrale Aufteilung der verfahrenstechnisch redundanten Teilprozeßabschnitte und Aggregate auf verschiedene Verarbeitungsstationen und eine hochverfügbare Ankoppelung der zentralen Warte über eine redundante Fernbusverbindung, da hier für die Teilprozesse keine lokalen Warten vorgesehen sind.

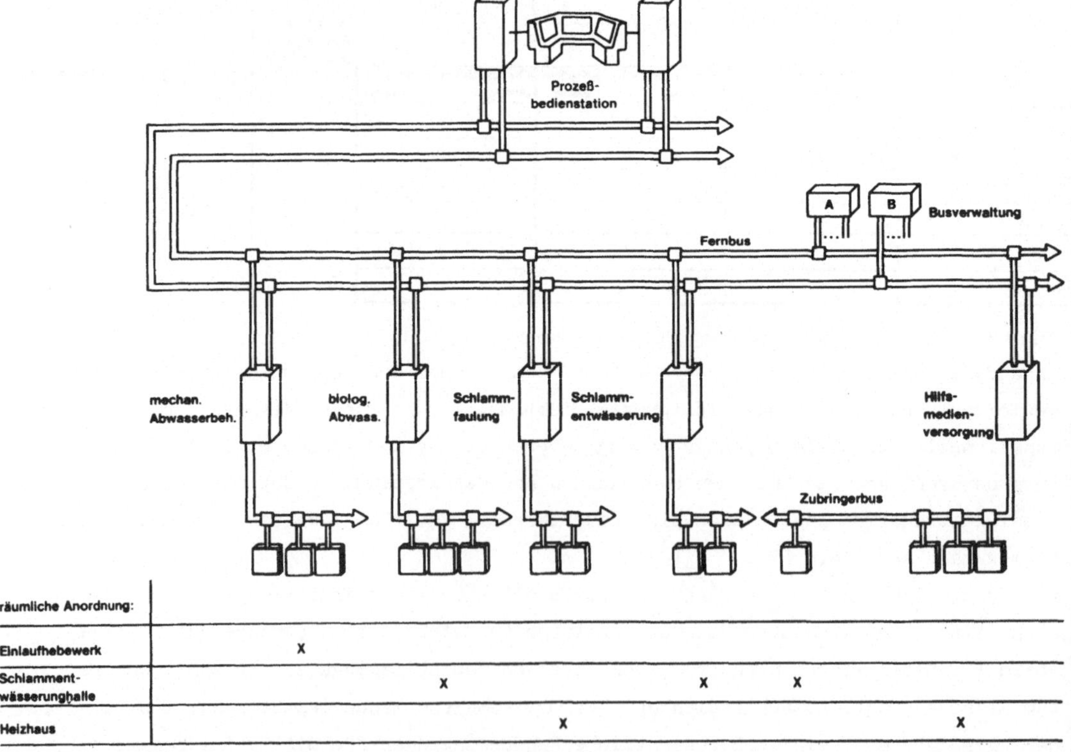

Bild 6: Beispiel für Konzeptentwurf einer Leitanlage

Eine entscheidende Voraussetzung für diesen letzten Entwurfschritt ist eine systematische Aufbereitung der Merkmale und Daten der Komponenten des einzusetzenden Leitsystems. Die in Frage kommenden Leitanlagenstrukturen lassen sich dann leicht iterativ über den aufbereiteten Leitstrukturplan herleiten.

Die Hauptkennzeichen dieses Entwurfverfahrens -schrittweises iteratives Vorgehen, ingenieurgerechte graphische Darstellung von Systemstrukturen und Eigenschaften, integrierte Nutzung von theoretischen Methoden (z.B.Zuverlässigkeitsmodellen)- legen es nahe, hierfür zukünftig rechnergestützte Hilfsmittel und CAD einzusetzen. Die volle Integration in ein rechnergestütztes Leitanlagenprojektierungsverfahren ist dann sinnvoll und erreichbar, da der Konzeptentwurf einerseits der erste Projektierungsschritt ist und andererseits verwendete Basisdaten zu Anlage und zu Leitsystemeigenschaften sowie ein Teil der Hilfsmittel identisch sind.

4. WAS IST ZUKÜNFTIG VON INDUSTRIELEITSYSTEMEN ZU ERWARTEN?

Ganz sicher liegt noch eine nicht geringe Aufgabe darin, das Spektrum der angebotenen Fähigkeiten in den einzelnen Systemen zu konsolidieren. Mit fallenden Kosten für hochleistungsfähige Prozessoren und Speicherelemente einerseits und bei weniger artifizieller Handhabung der Software werden sich bereits artikulierte Anwenderwünsche wirtschaftlich abdecken lassen. Diese beziehen sich auf indirekt ermittelte Prozeßgrößen, auf mehr und besser aufbereitete Informationen über die Leitanlage und darüber hinaus über den Zustand der Produktionseinrichtung. Der Informationsverbund wird weiter voranschreiten; das Schlagwort "Integrierte Information vom Prozeßgeber bis zum Management" wird greifbare Formen annehmen.

Literatur

[1] Entwurf VDI/VDE-Richtlinie 3693: Verteilte Prozeßleitsysteme, Prüfliste für den Einsatz, Januar 1984

[2] Töpfer, H., Kriesel, W.: Automatisierungssysteme mit Mikrorechnern und Konsequenzen für Theorie und Instrumentierung, msr 21(1978), Heft 7, S.362-367

[3] Töpfer, H.: Wechselwirkung zwischen Theorie, Gerätetechnik und Anlagenprojektierung, rtp 1979, Heft 1, S.12-18

[4] Kaplick, K.: Einige Aufgaben in der Automatisierungstechnik und ihre Randbedingungen in der Verfahrenstechnik, msr 23(1980), Heft 1, S.31-36

[5] Früchtenicht, H.W., Koolmann, M.: Sind Automatisierungssysteme allein nach Prozeßanforderungen strukturierbar? VDI-Bericht Nr. 451, S.55-58

[6] Brombacher, M.: Neue Strukturen der Prozeßleittechnik. VDE-Seminar Bezirksvereine Frankfurt/Darmstadt, 26.1.-16.2.1984, S.13-33

[7] Jaeckel,K., Welfonder, E.: Abschätzung der Zuverlässigkeit unterschiedlicher Leitsystem-Strukturen. VGB Kraftwerkstechnik 64 (1984), (erscheint demnächst)

Einführung von Prozeßdatenverarbeitungssystemen mit Dialogkomponenten in Schwerindustriebetrieben

Dipl.Inf.Ing.(grad.) Lothar Schulze

mbp Mathematischer Beratungs-
und Programmierungsdienst GmbH
Semerteichstr. 47, 4600 Dortmund 1

Zusammenfassung

Die für Dialogkomponenten neue Umgebung zwingt den erstellenden Software-Ingenieur, stärker als bisher unter Ergonomie nicht nur die Physis, sondern insbesondere die Psyche der mit der Maschine kommunizierenden Menschen zu berücksichtigen. Dieses führt zu besonders harten "Konstruktionsforderungen". Darüber hinaus sind mit Rücksicht auf den hinter der Realisierung stehenden Produktionsbetrieb Begriffe wie "Fehlersicherheit" oder "Fehlertoleranz" nicht nur leere Schlagworte, sondern unverzichtbare Forderung.

1. Einleitung

In den letzten Jahren ist im Bereich der Prozeßdatenverarbeitungs-Anlagen eine zunehmende Aufgabenveränderung von geschlossenen Automatisierungsaufgaben mit minimaler Bedienoberfläche hin zum komplexen Automatisierungs-, Datenerfassungs- und Betriebsinformationssystem mit komfortabler Bedienoberfläche zu beobachten. Zu den Gründen für diese Veränderung zählen der Preisverfall auf der Hardwareseite, die zunehmende Leistungsfähigkeit der PDV-Anlagen sowie unterlagerter Ebenen (SPS, DDC, Mikroprozessoren), der Zwang in den Unternehmen, bestehende Produktionsanlagen optimal auszunutzen [1] , [2] und nicht zuletzt die verstärkte Einführung von Bildschirmsichtgeräten in Produktionsbetrieben.

Diese Entwicklung zwingt den PDV-Ingenieur dazu, bei der Konzeption eines PDV-Gesamtsystems in verstärktem Maße die Arbeitsplatzumgebung und die Belange der Produktionsmitarbeiter zu berücksichtigen.

Die beschriebenen grundsätzlichen Aussagen wurden bei der Realisierung eines Fertigungsleitsystems für ein Edelstahlwalzwerk durch die Fa. mbp erarbeitet und haben sich in der Praxis bewährt.

2. Beschreibung der Systemumgebung der Anwendung

Um dem Leser einen Einblick in die Umgebung, in der das Fertigungsleitsystem installiert wurde, zu geben, soll hier erst eine kurze Anlagenbeschreibung folgen:

2.1 Der Produktionsbetrieb

Das genannte Fertigungsleitsystem wurde in einer Block- und Halbzeugwalzstraße eines deutschen Edelstahlherstellers installiert. Die Walzstraße ist in BILD 1 skizziert und besteht im wesentlichen aus dem Erwärmungsbetrieb (5 Stoßöfen, 3 Tieföfen), 3 Walzgerüsten, 2 zwischengeschalteten Bearbeitungsstellen (Blockschere, Flämmanlage) und dem

nachgeschalteten Scherenbetrieb mit zusammen 6 Zerteilanlagen. Der Materialfluß ist in BILD 1 durch Pfeile gekennzeichnet.
Das Einsatzmaterial (Rohblöcke, Strangguß je 2-5 Tonnen) wird in den Öfen auf Walztemperatur erwärmt, an den 3 Walzgerüsten auf die Endabmessung (50-200 m Rund oder Vierkant) herabgewalzt und im Scherenbetrieb auf die Kundenlängen aufgeteilt.

2.2 Umfang des Fertigungsleitsystems

Das implementierte Fertigungsleitsystem besteht aus 3 Aufgabenbereichen:

A) Im ersten Schritt erfolgt im Dialog auf dem Auswerterechner (siehe 1.3) die Übernahme der Auftragsdaten von der zentralen EDV per 3270-Emulation, die Feinplanung der Walzfolge und Freigabe dieser für den eigentlichen Walzbetrieb per DFÜ zum Betriebsprozeßrechner. Parallel dazu erfolgt eine umfangreiche Stammdatenpflege und -haltung zur Minimierung notwendiger Eingaben. Zur Bearbeitung dieser Funktionen stehen 4 Dialogterminals zur Verfügung.

B) Ausgehend von den Planungsdaten erfolgt dann auf dem Betriebsprozeßrechner (siehe 1.3) die manuelle Erfassung des Ist-Ofeneinsatzes im Dialog, die Materialflußsteuerung, -verfolgung und -visualisierung vom Ofeneinsatz bis hinter den Scherenbetrieb inklusive Längenmessung der fertigen Walzader, Schnittoptimierung, Materialkennzeichnung und Betriebsdatenerfassung aller anfallenden Ist-Daten (Zeiten, Gewichte, Maße). In diesem Bereich sind 8 Dialogterminals und 22 Anzeigeterminals installiert (siehe BILD 1).

C) Nach der Walzung einer Ader werden alle Produktionsdaten an den Auswerterechner zurückgegeben, hier auftragsspezifisch gesammelt und komprimiert an die zentrale EDV zurückgemeldet. Alle im Walzbetrieb erfaßten Daten bleiben darüber hinaus zur Erstellung von Produktionsprotokollen und zur flexiblen Auswertemöglichkeit in einer Umlaufpufferdatei gespeichert. Die Auswertungen erfolgen über die unter A) genannten 4 Dialogterminals. Alle Bedingungen, sowohl am Auswerte- als auch am Betriebsprozeßrechner erfolgen ausschließlich durch Betriebspersonal, also durch Walzwerker.

2.3 Beschreibung des eingesetzten Rechnersystems

Einen Überblick über die eingesetzte Rechnerhardware gibt BILD 2. Die Realisierung erfolgte mit 2 Siemens System 300-R30 Prozeßrechnern mit je 1,5 MByte Hauptspeicher und 4x 12,6 MByte Sekundärspeicher. Auf dem Betriebsprozeßrechner (BPR) laufen alle Realzeitfunktionen mit den zugehörigen Dialogen, also Ofeneinsatz, Materialflußverfolgung und -visualisierung sowie Schnittoptimierung.

Die Ausgabe der Daten im Betrieb erfolgt über 22 Anzeigebildschirme und verschiedene Digitalsignale. Der Auswerterechner (AWR) übernimmt die zeitintensiven aber nicht zeitkritischen Funktionen wie Ofeneinsatzplanung, Datenübertragung von und zur zentralen EDV, Auswertungen, Kumulierung der Auftragsdaten. Durch eine einfache Handumschaltung, verbunden mit einem neuen Systemstart, kann der AWR die Funktionen vom BPR übernehmen; er ist zum BPR als Cold-Stand-By-Rechner ausgestattet und arbeitet dann mit dem Spiegelplattenlaufwerk vom BPR als Datenbasis.

Die wichtigsten eingesetzten Systemsoftwarekomponenten sind neben den Standard-Entwicklungswerkzeugen:

- Betriebssystem ORG 300 PV
- Datenverwaltungssystem DVS 300 mit Spiegelplattenhaltung
- FORTRAN/ASSEMBLER-Übersetzer FC30/AS30
- Alarmerfassungssystem SALS 300
- Meldepufferpool BEVI30
- Dialogsystem für intelligente Terminals DISIT
- DATA-MANAGEMENT-SYSTEM DMS30
- 3270 Emulationssoftware EP3270

Bezüglich der Leistungsmerkmale der hier aufgeführten Systemsoftware sei auf die entsprechende Fachliteratur verwiesen [3] .

3. Konzeptionelle Schwerpunkte

Die große Anzahl an Bildschirmarbeitsplätzen im Betriebsbereich, die ausschließlich von Betriebsmitarbeitern bedient werden, machten es notwendig, bei der Konzeption des Gesamtsystems auf die Umgebung und auf die Mitarbeiter besondere Rücksicht zu nehmen. Immerhin müssen die Mitarbeiter - von ihren gesetzlichen Pausen abgesehen - in solchen Betrieben während der ganzen Schicht mit dem Medium "Bildschirm" arbeiten. Die Einführung besonderer Pausen für Bildschirmarbeitsplätze ist hier arbeitstechnisch nicht machbar. Der Einsatz besonderer "Springer" würde die erwartete Kostenersparnis zunichte machen [1] . Es ist daher erforderlich, sowohl die Dialog- als auch die Anzeigeprogrammierung so auszulegen, daß die Betriebsmitarbeiter dieses neue Medium akzeptieren. Diese Ausgangsüberlegung führte neben der Berücksichtigung der bekannten Empfehlungen, Farbdarstellungen, Maskenaufteilungen usw. (s. z.B.[4]) zu den folgenden grundsätzlichen Forderungen, die bei der Konzeption des Fertigungsleitsystems erfüllt wurden.

3.1 Operatorlose Systeme

Prozeßrechnersysteme in Produktionsbetrieben müssen so konzipiert sein, daß sie ohne Operator auskommen. Allenfalls kann beim Auftreten von DV-Störungen davon ausgegangen werden, daß innerhalb der Betriebs-DV-Abteilung ein speziell ausgebildeter Mitarbeiter zur Verfügung steht. Dies bedeutet für die Konzeption:

- eingesetzte Datenhaltungssysteme müssen reorganisationsfrei sein
- wichtige "Standard-Operatorfunktionen" wie z. B.
  . Freigeben eines gestörten Bildschirms <u>(siehe BILD 3)</u>
  . Datensicherung
  . Aktualisieren der Rechner-Uhr nach Systemanläufen
  . Sperren/Freigeben des Dialogbetriebes

  müssen in spezielle Dialogprogramme integriert und vom Betriebspersonal ausgeführt werden.

In den meisten Fällen existiert innerhalb solcher Produktionsbetriebe eine Leitwarte; die hier tätigen Mitarbeiter sind durchaus ausreichend qualifiziert, solche Funktionen auszuführen.

Da das System im Normalfall also ohne Operator auskommen muß, ist die Fehlersuche bei Systemstörungen schwierig. Eine Produktionsmannschaft ist in der Regel nicht in der Lage, die zum Fehler führende Systemvergangenheit nachträglich aufzuzeigen. Daher ist ein Meldespool-System zu installieren, das in solchen Fällen Auskunft über die Systemvergangenheit gibt. Alle Anwenderprogramme sollten Wechsel in ihren Betriebszuständen, erkannte Fehler an Geräte- und Prozeßperipherie, Korrektureingriffe usw. an dieses Meldespool-System melden. Im Beispielfall wurde diese Forderung durch den Einsatz des Subsystems BEVI (Betriebsereignis-Visualisierung) erfüllt. Wichtige Fehlermeldungen werden darüber hinaus bei Erkennen auf dem Standard-Meldegerät ausgedruckt und zusätzlich dem Leitstandspersonal optisch über Meldeleuchten angezeigt.

3.2 Bedienerfreundlichkeit

Bediener in Schwerindustriebetrieben zeichnen sich in der Regel nicht gerade dadurch aus, daß sie den Einsatz von Dialogkomponenten mit offenen Armen begrüßen. Um so mehr muß bei der Konzeption Wert auf die Bedienerfreundlichkeit gelegt werden. Insbesondere ist auf die folgenden Punkte zu achten:

(A) Alle Dialogprogramme müssen über ein zentrales Menue-Programm aufgerufen werden. Dieses Programm führt sowohl die Kontrolle der Zugangsberechtigung als auch die Kontrolle über gegenseitige Programmverriegelungen durch.

(B) Erfassungsdialogmasken müssen weitgehend in der Datenreihenfolge den vorliegenden Formularen entsprechen. Wo dieses nicht möglich ist, sollten bereits <u>vor</u> der Einführung des Dialogsystems neue Formulare eingeführt werden.

(C) Alle Anwenderprogramme müssen eine vollkommen identische Bedienerphilosophie aufweisen. Dieses bedeutet, daß
- . bestimmte Funktionstasten immer die gleiche Bedienerfunktion (z. B. Löschen, Abbruch usw.) ausführen,
- . gleiche Daten in unterschiedlichen Masken immer die gleichen Bezeichnungen tragen,
- . evtl. eingebundene Systemprogramme um eine "aufgesetzte" Bedienerschnittstelle erweitert werden, um sie an die übrige Bedienphilosophie anzupassen,
- . Eingabequittung und -sicherheitsabfragen bei Lösch- oder Korrekturfunktionen in allen Programmen identisch ausgeführt werden.

(D) Als günstig hat es sich erwiesen, Erfassungsprogramme mit Gedächtnis über den jeweils zuletzt erfaßten Datensatz auszustatten <u>(BILD 4)</u>. Dieses bringt zwei Vorteile mit sich:
Der Bediener weiß immer, welchen Satz er zuletzt erfaßt hat, und durch Einführung spezieller Funktionstasten sind die Daten des zuletzt erfaßten Satzes als Vorbesetzung für den nächsten Datensatz benutzbar, das spart Eingabezeit.

(E) Alle Anwenderprogramme müssen mit einem Minimum an Eingabedaten auskommen. Das bedeutet, daß Dialogprogramme weitgehend auf bestehende (einmal gepflegte) Stammdaten oder auf bereits bekannte Daten zurückgreifen müssen und diese nach Eingabe entsprechender "Zugriffsdaten" sofort am Bildschirm darstellen. Im Produktionsbereich sollte ein solches System weitgehend ohne Eingaben auskommen, d. h., man geht von der Philosophie aus, daß grundsätzlich entsprechend den Vorgaben gearbeitet wird. Nur Abweichungen vom Soll sind eingabepflichtig.

(F) In mehrschichtigen Produktionsbetrieben, die mit Springern arbeiten, hat es sich bewährt, über den Betrieb verteilte Produktionsanzeigen wie z. B. eine Materialflußvisualisierung an allen Betriebsstellen gleich oder ähnlich aufzubauen. Hierdurch werden Fehlerinterpretationen vermieden.

3.3 Fehlertoleranz

(A) Alle Programme müssen bereits bei der Konzeption auf maximale Fehlertoleranz gegen Bedienungsfehler ausgelegt werden. Hier sind in der Klärungsphase nicht nur alle zulässigen, sondern insbesondere auch alle unzulässigen Datenkombinationen und die zugehörigen Reaktionen festzulegen. Bei der Programmierung hat sich bewährt, alle Eingabeprüfungen so früh wie möglich durchzuführen und Eingabefehler unverzüglich nach Erkennen dem Bediener anzuzeigen, d. h., Einzelfeldprüfungen erfolgen sofort nach Eingabe jedes einzelnen Datenfeldes, Kombinationsprüfungen unmittelbar nach Eingabe des letzten an der Kombination beteiligten Datenfeldes. Im Fehlerfall wird der Cursor auf das 1. an der Kombination beteiligte Datenfeld positioniert. Zur Korrektureingabe wird der Cursor nur durch die an der Kombination beteiligten Datenfelder geführt. In der Testphase ist die Fehlertoleranz der Programme ein besonders wichtiger Aufgabenkreis; hier ist unbedingt erforderlich, daß Programme durch Mitarbeiter getestet werden, die nicht an der Realisierung beteiligt waren. Diese Tests müssen sowohl nach Testplan als auch "wahllos" erfolgen.

Bewährt hat sich auch, die Endbediener bereits in der Testphase an die Programme heranzuführen. Man erschlägt hier zwei Fliegen mit einer Klappe: Zum einen dient es der Schulung und vor allem der Akzeptanz durch die Mitarbeiter, in denen das Gefühl der Mitarbeit und damit der Mitverantwortung wächst; zum anderen ist es immer wieder erstaunlich, welche Fehler dabei noch aufgedeckt werden. Für das Image eines Systems ist es immer besser, vorhandene Fehler so frühzeitig aufzudecken, als später während der Inbetriebnahme oder der Bedienerschulung.

(B) Fehlermeldungstexte bei Bedienerfehlern sollten projektierbar sein, da erfahrungsgemäß Datenverarbeiter andere Texte ausgeben als Betriebsleute sie wählen würden. Die Festlegung aller Fehlertexte in der Klärungsphase ist nicht ratsam, da diese anschließend schlecht zu ändern sind und eine Vorabaufstellung in der Regel unvollständig ist; erst bei der Realisierung und Erprobung erkennt man die Mängel. Hier hat sich die Einrichtung einer Fehlertext-Datei mit zugehörigem Dialog-Pflegeprogramm bewährt.

(C) Fehler an Geräte- und Prozeßperipherie müssen durch geeignete Dialogprogramme in ihrer Auswirkung kontrollierbar bzw. überbrückbar werden. Ein Realisierungsbeispiel ist in <u>BILD 5</u> skizziert. Auf diese Weise können sowohl fehlerhafte Signalgeber ohne Betriebsstörung ausgewechselt oder getestet, als auch während der Fehlerzeit ihre Wirkung simuliert werden.

4. <u>Erfahrungen beim Einsatz neuer Systemkomponenten</u>

Da bei der vorgestellten Anwendung neue entwickelte Systemkomponenten eingesetzt wurden, bin ich gebeten worden, kurz über die Erfahrungen zu berichten:
Allgemein kann ich jedem Anwender, der umfangreiche Systeme in kurzer Zeit erstellen muß, davon abraten, neueste Systemkomponenten einzusetzen. Die Gründe hierfür will ich kurz nennen:
A - Hardware (HW)
Die vollständige Erprobung von HW-Komponenten in einer Produktionsumgebung (rauhe Umwelt) ist häufig noch nicht abgeschlossen. Der Anwender verfügt damit nicht, wie bei hinreichend erprobten Systemen, über "Er-

fahrungsgrenzwerte", die bekanntlich die garantierten Werte deutlich übersteigen und nur daher einen Einsatz möglich machen. Beim Einsatz neuer Komponenten in Produktionsumgebungen ist der Anwender daher zeitweise "Versuchsingenieur". Erschwerend kommt hinzu, daß die HW-Techniker in Fehlersuche und -behebung noch nicht ausreichende Erfahrungen haben, was zu HW-Tauschverfahren führt, Störungsursachen aber in der Regel nicht beseitigt.

B-Software (SW)

Das erste Problem, das sich beim Einsatz neuer SW-Komponenten dem Anwender stellt, ist die Tatsache, daß verläßliche Aussagen über das Systemverhalten unter verschiedenen Umständen vom Lieferanten mangels Erfahrung nicht zu erhalten sind. Dieses kann zu vollkommen falschen Systemauslegungen führen. Natürlich kann und muß man davon ausgehen, daß die logischen "Soll-Eigenschaften" einer Systemkomponente eingehalten werden (was sich hin und wieder auch als Irrglaube herausstellt), aber hier liegt nicht das Hauptproblem. Mängel an dieser Eigenschaft werden in der Regel kurzfristig vom Entwickler beseitigt. Ich meine hier, daß es für den Anwender schwierig ist, die Auswirkungen der eingesetzten Komponenten auf die verschiedenen Resourcen wie z. B. Hauptspeicherbedarf, Zeitverhalten, Kanalauslastung abzuschätzen. Aber erst die Kenntnis aller dieser Systemeigenschaften ermöglichen es, ein effektives Gesamtsystem zu entwerfen.

Als weiteres Problem ist das der "Ausgabestände" zu betrachten. Der Anwender darf eine laufende Aktualisierung der Systemkomponenten nur bis zu einem "Grenzzeitpunkt" mitmachen, zumal die "Aufwärtskompatibilität" häufig nicht gegeben ist. Dieser Grenzzeitpunkt ist nach meiner Meinung erreicht, sobald:

- ein stabiles, fehlerarmes Grundsystem verfügbar ist, das die Anforderungen weitgehend abdeckt und
- die Programmentwicklung höchstens 50 % des Gesamtaufwandes erreicht hat.

Der Austausch eines fehlerbereinigten Laufzeitsystems, das vollkompatibel zum Vorgänger ist, kann natürlich auch später erfolgen. Mit dem Austausch von Entwicklungssoftware sind häufig Kompatibilitätsprobleme verbunden, die zu umfangreichen Arbeiten (neue Übersetzungs-, Ladevorgänge, neuer Test/Inbetriebnahme) führen.

Der PDV-Entwickler muß sich damit abfinden, daß seine Software nicht die letzten "Feinheiten" der Systemsoftware ausnutzt, sondern häufig nur die, die frühzeitig fehlerfrei waren.

Literatur

[1] Brandt, Kündig, Papadimitriou, Thomae
Sozio-ökonomische Aspekte des Einsatzes von Computersystemen und ihre Auswirkungen auf die Organisation der Arbeit und die Arbeitsplatzstruktur
Fallstudie 1: Einsatz der DV in Stahlwerken
Forschungsbericht DV 7704 Frankfurt 1977

[2] U. Rembold
Trends bei technischen Mitteln bei der Automatisierung in der Prozeßindustrie
VDI-Bericht 451 (PRAT 1982) Seite 13 ff.

[3] Siemens-Fachliteratur System 300

[4] G. Prutz
Darstellung von Regelungs- und Steuerungsinformationen auf Bildschirmen
VDI-Bericht 451 (PRAT 1982) Seite 113 ff.

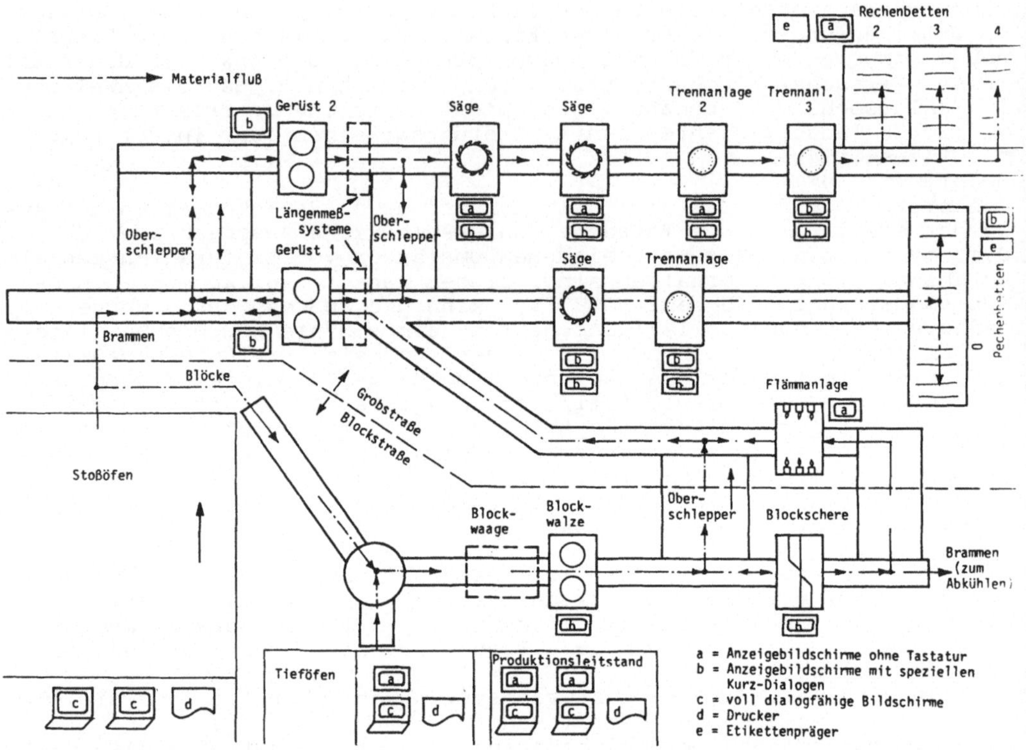

Materialfluß

Rechenbetten 2 3 4

Gerüst 2 · Säge · Säge · Trennanlage 2 · Trennanl. 3

Längenmeß-systeme · Ober-schlepper · Ober-schlepper · Gerüst 1 · Säge · Trennanlage

Rechenbetten 0 1

Brammen · Blöcke · Grobstraße · Blockstraße · Flämmanlage

Stoßöfen · Block-waage · Block-walze · Ober-schlepper · Blockschere · Brammen (zum Abkühlen)

Tieföfen · Produktionsleitstand

a = Anzeigebildschirme ohne Tastatur
b = Anzeigebildschirme mit speziellen Kurz-Dialogen
c = voll dialogfähige Bildschirme
d = Drucker
e = Etikettenpräger

BILD 1: Übersicht über Materialfluß und Geräteperipherie im Produktionsbereich

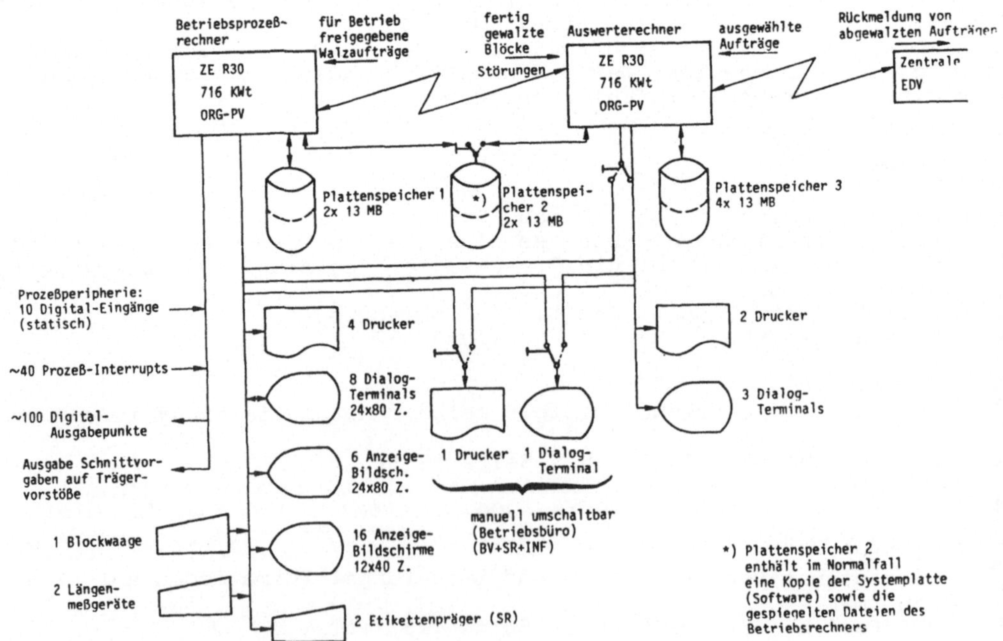

BILD 2: Hardwarekonfiguration

```
******  ZUSTAND DER PROGRAMME FUER DAS STRASSENABBILD  *******

   BILDSCHIRM            PROGRAMMNR          ZUSTAND        STARTEN(=1)

   LEITSTAND 1............65...........WARTEND...........
   LEITSTAND 2............66...........WARTEND...........
   BLOCKWALZE.............67...........TAETIG ...........
   BLOCKSCHERE............68...........WARTEND...........
   FLAEMMANLAGE...........69...........TAETIG ...........
   GERUEST 1..............70...........TAETIG ...........
   GERUEST 2..............71...........TAETIG ...........
   KNUEPPELSCHERE.........72...........TAETIG ...........
   TRENNANLAGE 1..........73...........TAETIG ...........
   RECHENBETTEN 0/1.......74...........TAETIG ...........
   DEMAGSAEGE.............75...........TAETIG ...........
   BANNINGSAEGE...........76...........TAETIG ...........
   TRENNANLAGE 2..........77...........TAETIG ...........
   TRENNANLAGE 3..........78...........TAETIG ...........
   RECHENBETTEN  2-5......79...........TAETIG ...........
   RECHENBETTEN  2-5......80...........TAETIG ...........
   TIEFOFEN...............81...........TAETIG ...........
   GROSSANZEIGE (DS2000).155...........WARTEND...........

       FT1 = PROGRAMMANFANG          FT5 = PROGRAMMENDE
```

BILD 3: Dialogprogramm
Freigeben eines gestörten Visualisierungsbildschirms als Operator-Ersatzfunktion

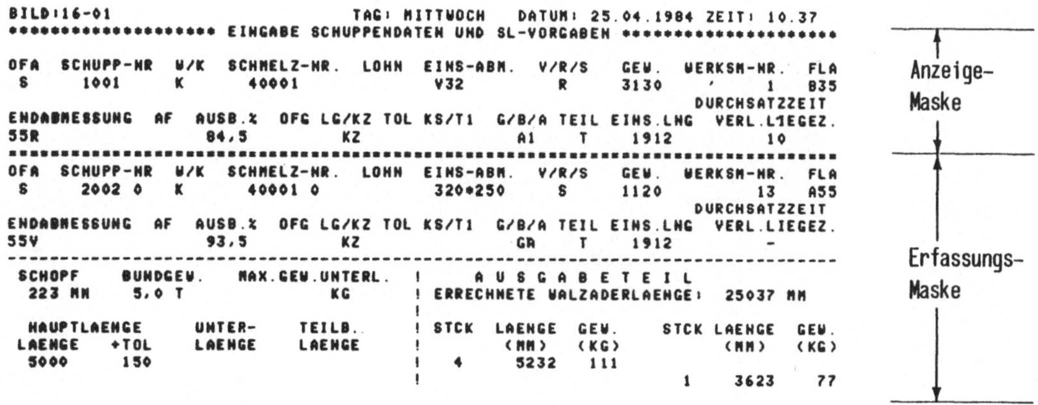

```
BILD:16-01                       TAG: MITTWOCH   DATUM: 25.04.1984 ZEIT: 10.37
******************** EINGABE SCHUPPENDATEN UND SL-VORGABEN ********************

OFA  SCHUPP-NR  W/K  SCHMELZ-NR.  LOHN  EINS-ABM.  V/R/S   GEW.  WERKSM-NR.  FLA
 S      1001     K       40001           V32         R     3130    '      1  B35
                                                                DURCHSATZZEIT
ENDABMESSUNG  AF  AUSB.%  OFG LG/KZ TOL KS/T1  G/B/A TEIL EINS.LNG  VERL.LIEGEZ.
55R                84,5       KZ                 A1    T    1912          10
================================================================================
OFA  SCHUPP-NR  W/K  SCHMELZ-NR.  LOHN  EINS-ABM.  V/R/S   GEW.  WERKSM-NR.  FLA
 S      2002 0   K       40001 0         320*250     S     1120          13  A55
                                                                DURCHSATZZEIT
ENDABMESSUNG  AF  AUSB.%  OFG LG/KZ TOL KS/T1  G/B/A TEIL EINS.LNG  VERL.LIEGEZ.
55V                93,5       KZ                 GA    T    1912          -
--------------------------------------------------------------------------------
 SCHOPF    BUNDGEW.    MAX.GEW.UNTERL.  !     A U S G A B E T E I L
  223 MM    5,0 T                  KG   ! ERRECHNETE WALZADERLAENGE:  25037 MM
                                        !
  HAUPTLAENGE      UNTER-     TEILB.    ! STCK   LAENGE  GEW.     STCK LAENGE  GEW.
 LAENGE   +TOL     LAENGE     LAENGE    !         (MM)   (KG)           (MM)   (KG)
  5000     150                          !   4     5232   111
                                        !                            1   3623    77
```


BILD 4: Gedächtnis in Erfassungsdialogen durch Anzeige des jeweils letzten Erfassungssatzes

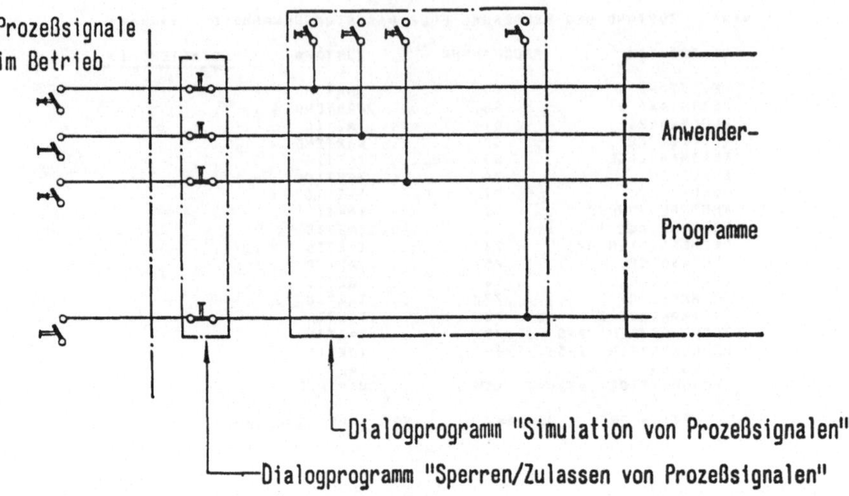

BILD 5: Fehlertoleranz gegen Fehler an der Prozeßperipherie durch den Einsatz spezieller Dialogprogramme

EINSATZ EINES MODULAREN MIKROCOMPUTERSYSTEMS ZUR STEUERUNG VON IONITRIER-ANLAGEN

W.Oppel, W.Rembges

Klöckner Ionon GmbH, Leverkusen

ZUSAMMENFASSUNG

Es wird die Entwicklung und der Aufbau einer mikrocomputergesteuerten Plasma-Nitrieranlage (IONITRIER®-Anlage) exemplarisch beschrieben. Die bisher verwendeten analogen Steuerungen und Regelungen wurden durch ein modulares Rechnersystem auf der Basis des Prozessors 8085 ersetzt. Die Rechnerkonfiguration sollte möglichst einfach und kostengünstig sein. Der Schwerpunkt der Entwicklungsarbeit konnte durch Kauf der Hardware voll auf die Software-Entwicklung gelegt werden. Wegen des vorwiegend langsam ablaufenden Prozesses war es möglich, die höhere Programmiersprache PL/M 80 zu verwenden. Bei der Software-Erstellung wurde besonders auf einfache Bedienung der Anlage und auf Servicemöglichkeiten vor Ort geachtet.

1. EINLEITUNG

Mikrocomputersteuerungen dringen unaufhaltsam in alle Bereiche der Technik vor und lösen dabei viele bisher aufwendige konventionelle Steuerungen ab. Als Hersteller und Lieferant von Wärmebehandlungsanlagen mußten auch wir uns die Frage stellen, ob es nicht zweckmäßig sei, die bisherigen Steuerungen unserer Plasma-Nitrieranlagen, unter dem Namen IONITRIER®-Anlagen bekannt, durch Mikrocomputersteuerungen zu ersetzen. Durch die verwendete speziell entwickelte Elektronik sind Sonderwünsche nur mit großem Aufwand zu realisieren. Ebenso ist eine Weiterentwicklung der bisherigen Einkammer-Anlagen in Richtung Mehrkammer-Anlagen in konventioneller Steuerungstechnik nicht mehr vertretbar. Vom Einsatz eines Mikrocomputersystems ist dagegen zu erwarten:

- wesentlich höhere Flexibilität bei Sonderausführungen und Weiterentwicklung
- Steigerung der Leistungsfähigkeit der Anlagen durch bessere Anpassungsmöglichkeit der Steuerungen an den Prozeß
- bessere Überwachungs- und Führungsmöglichkeit des Prozesses
- einfachere und kostengünstigere Fertigung

Als Hardware der Steuerungen schien uns ein modulares Kartensystem günstig zu sein, da wir beabsichtigten, auf gleicher Basis Steuerungen für weitere Projekte (z.B. Mehrkammer-Anlagen) zu erstellen. Aufgabenstellung für die hier vorgestellte Steuerung war eine möglichst kostengünstige, einfache und dennoch leistungsfähige Lösung für Standard-Anlagen. Aus diesen Forderungen resultierte ein Mikrocomputersystem mit 8 Bit-Prozessor, aufgebaut aus nur wenigen Karten. Die technischen Möglichkeiten die-

---

® IONITRIEREN, eingetragenes Warenzeichen

ses Minisystems sollten weitgehend ausgeschöpft werden. Durch den Kauf der fertigen Hardware konnten wir den Schwerpunkt unserer Entwicklungsarbeit auf die Software-Entwicklung legen. Die genaue Kenntnis der Hard- und Software setzt uns auch weiterhin in die Lage, unsere Produkte selbst zu warten und laufend weiter zu verbessern, und wir behalten dadurch unser Verfahrens-Know-How kontrollierbar und auf dem modernsten Stand.

Im Folgenden soll exemplarisch die Entwicklung der Prototyp-Steuerung für eine IONITRIER-Anlage beschrieben werden. Es wird zunächst kurz der IONITRIER-Prozeß mit seiner speziellen Problematik erläutert, dann das eingesetzte Mikrocomputersystem und die Entwicklung der Software beschrieben.

2. DIE IONITRIERANLAGEN

2.1 DAS VERFAHREN

IONITRIEREN ist ein modernes Oberflächenhärtungsverfahren für Eisenwerkstoffe. Dieses Verfahren hat sich in den letzten Jahren wegen seines geringen Energie- und Betriebsmittelverbrauchs immer mehr durchgesetzt [1,2]. An Hand von Bild 1 sollen kurz die wesentlichen Merkmale einer IONITRIER-Anlage erklärt werden:
Die Werkstücke (4), die gehärtet werden sollen, befinden sich in einem Vakuumbehälter (3) auf einer isoliert angebrachten Platte. Der wassergekühlte, geerdete Mantel ist mit dem positiven Pol der Leistungseinheit (2), die Werkstücke sind mit dem negativen Pol verbunden. Mit Hilfe der Pumpe (8) wird der Behälter zunächst evakuiert und dann ein Stickstoff-Wasserstoff-Gemisch aus der Mischanlage (9) bei laufender Pumpe durch den Behälter geleitet. Da der Behandlungsdruck im Behälter nur wenige mbar(hPa) beträgt, ist die verbrauchte Gasmenge sehr gering. Nach Einschalten der Leistungseinheit zündet zwischen dem Mantel (Anode) und den Werkstücken (Kathode) eine Glimmentladung, die die gesamten Werkstücke gleichmäßig mit einem Glimmsaum überzieht. Die Charge wird ohne Fremdbeheizung, alleine durch den Ionenbeschuß der Glimmentladung, auf eine Temperatur von ca. 500 Grad C aufgeheizt und mehrere Stunden auf dieser Temperatur gehalten. Dabei diffundiert atomarer Stickstoff in die Oberfläche und führt infolge Gitterverspannung zur Härtung. Nach Ablauf der Behandlung kühlt die Charge unter Vakuum langsam ab. Die Abkühlung kann beschleunigt werden durch Fluten des Behälters mit Stickstoff und Umwälzung durch ein Gebläse.

Folgende Angaben sollen dazu dienen, eine Vorstellung von der Größe der Anlagen zu vermitteln: Die bisher größten Behälter haben ein Volumen von 20 m^3, das längste behandelte Werkstück war eine Spindel von 14 m Länge, die kleinsten Werkstücke waren Kugeln für Kugelschreiberminen, das schwerste Teil wog 26000 kg.

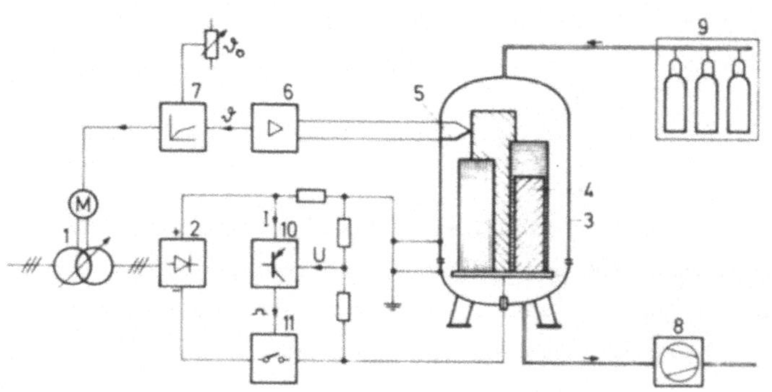

1: Transformator
2: Gleichrichter
3: Vakuumbehälter
4: Werkstücke
5: Thermoelement
6: Meßverstärker
7: Temperaturregler
8: Pumpe
9: Gasmischanlage
10: Elektronik zur GE-Überwachung
11: Thyristorschalter

Bild 1: Schema einer IONITRIER-Anlage

Eine Besonderheit des Verfahrens besteht darin, daß die Glimmentladung nicht die stabile Form einer Gasentladung darstellt, sondern der Lichtbogen. Die Entladung versucht, vor allem im Aufheizvorgang, immer wieder in den Lichtbogen umzuschlagen, was durch eine spezielle Elektronik verhindert werden muß. Die Aufheizung der Werkstücke kann deshalb nicht beliebig schnell erfolgen. Sie ist vor allem in ihrer ersten Phase stark von dieser Lichtbogenbildung abhängig und erfordert deshalb zum Aufheizen einen speziellen bereits in Analogtechnik entwickelten Regler.

2.2 BISHERIGE ANLAGEN UND NEUES KONZEPT

Der elektrische Teil einer IONITRIER-Anlage besteht aus Steuer- und Leistungsteil. Der Leistungsteil mit Glimmentladungs-Leistungen von 20-1000 KW wird auch für das neue Konzept unverändert übernommen. Der Steuerteil ist als getrennter Schrank bisher teils in Analog- und teils in herkömmlicher Digitaltechnik aufgebaut. Eine Reihe von Anzeigeinstrumenten, Sollwert-Potentiometern und Schaltern gestatten Überwachung und Steuerung des Prozeßablaufs. Mit einem 6-Farben-Punktdrucker werden die wesentlichen Prozeß-Größen registriert. Änderungen im Prozeßablauf können umfangreiche Änderungen dieses Schrankes zur Folge haben.

Nach dem neuen Anlagenkonzept ist der Steuerschrank erheblich kleiner und übersichtlicher. Die Fronttüre enthält einen 12 Zoll-Bildschirm, zwei Tastaturblöcke, einen Thermodrucker und ebenfalls einen 6-Farben-Punktdrucker. Weiterhin ist nur ein Minimum an Bedienungselementen vorhanden, wie z.B. Hauptschalter, Not-Aus, Hupen-Quittierung. Die bisher fünf 19 Zoll-Elektronik-Einschübe im Schrank sind auf drei Einschübe reduziert. Änderungen im Prozeßablauf machen keine oder nur noch geringfügige Änderungen des Steuerschrankes erforderlich. Die notwendigen Software-Änderungen sind wesentlich einfacher durchzuführen.

3. DAS RECHNERSYSTEM

Die meisten Vorgänge beim IONITRIEREN sind nicht zeitkritisch. Die Wahl fiel deshalb auf den Einsatz des 8 Bit-Prozessors 8085 und das modulare Mikrocomputersystem SMP (Siemens). Dieses System erschien günstig, weil sowohl einfache wie auch komplexe Steuerungen aus der Vielzahl der Karten zusammengestellt werden können.

Das SMP-System ist im Europakartenformat aufgebaut und paßt deshalb gut zu unserer bisherigen Norm. Neben dem breiten Kartenangebot gibt es Aufbau- und Testhilfen, sowie verschiedene Betriebssoftware. Bei höheren Ansprüchen kann man den Prozessor 8088 einsetzen, oder koppelt das SMP-System mit dem AMS-System. Dieses System, im Doppel-Europakartenformat aufgebaut, bietet eine erheblich gesteigerte Leistungsfähigkeit durch den Einsatz echter 16 Bit-Prozessoren und die Verwendung der SMP-, AMS- und Multibus-Systeme, ist aber bisher nicht erforderlich.

Die primäre Aufgabenstellung bei der Rechnerzusammenstellung war, daß die neue Steuerung keinesfalls teuerer als die analoge Steuerung werden durfte. Bei der Auswahl der Karten wurde deshalb besonders darauf geachtet, daß die technischen Möglichkeiten der Karten voll genutzt werden. Bild 2 zeigt den prinzipiellen Aufbau des Computersystems. Die einzelnen Rechnerkarten sind dick umrandet. Es werden folgende Karten eingesetzt:

- ZENTRALEINHEIT(SMP-E6): Diese Karte allein ist ein kompletter Mikrocomputer, kann aber über den SMP-Bus beliebig erweitert werden. Die Karte bietet 12 KB EPROM, 1 KB CMOS-RAM und den MUART 8256 mit 16 Ein-Ausgängen, 2 seriellen Kanälen, 5 Timern und Interruptsteuerung.
- SPEICHERKARTE(SMP-E127): 32 KB EPROM, 4 KB RAM
- BILDSCHIRMANSTEUERUNG(SMP-E352): An die Karte kann ein Farbmonitor angeschlossen werden. Neben einem 2 KB Bildschirmspeicher ist ein 2 KB Attributspeicher vorhanden. In diesem Attributspeicher werden zusätzliche Informationen wie Blinken, Invertieren, Unterstreichen, Farbe und Grafikmodus abgegelegt.
- DRUCKERSTEUERUNG(SMP-E355): Die Karte steuert einen kleinen Thermodrucker mit 20 Zeichen/Zeile.
- EIN-AUSGABEKARTEN(SMP-E200): Jede Karte enthält 3 PIAs 8255, also 72 Leitungen mit TTL-Pegel. Einige selbst entwickelte einfache Spezialkarten (D/A-Wandler, Interrupterzeugung aus der Netzfrequenz, Relaiskarten für Ein- und Ausgabe) können so problemlos eingesetzt werden.
- ANALOG-DIGITAL-WANDLER(SMP-E230): Mit dieser Karte werden nach einer Pegelanpassung die Analog-Signale des Prozeßablaufs erfaßt. Der Wandler hat eine Datenbreite von 12 Bit und arbeitet 16-kanalig im Multiplexbetrieb. Es werden die Größen

Spannung, Strom, Temperatur, Druck und Ventilstellung erfaßt.

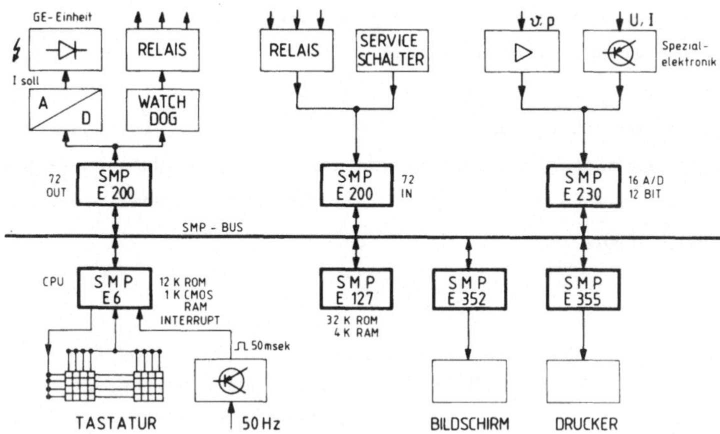

Bild 2: Prinzip der Computersteuerung

Die Rechnerkarten sind zusammen mit der Netzversorgung in einem 19-Zoll-Rahmen mit Busrückwand untergebracht. Der eingebaute Watch-Dog-Timer unterbricht bei einer Rechnerstörung die Versorgungsspannung aller Ausgaberelaiskarten, sodaß die Anlage in den eigensicheren Grundzustand gebracht wird. Mit Hilfe von 16 Serviceschaltern werden verschiedene Initialisierungsbedingungen für den Programmablauf festgelegt. Es kann so z.B. die max. Leistung der Anlage, die eingesetzte Pumpenkombination und die Art der verwendeten Gasanlage codiert werden. Eine spezielle Elektronik zur Lichtbogen-Überwachung erfaßt entstehende Bögen und unterbricht mittels einer Leistungselektronik innerhalb von 50 µsek für wenige msek die Entladung. Da die zeitlichen Anforderungen an diese Elektronik sehr hoch sind, wird die Schaltung in Analogtechnik beibehalten. Eine zusätzliche Sicherheitsüberwachung der Entladung wird vom Rechner übernommen.

4. DIE SOFTWAREERSTELLUNG

4.1 HILFSMITTEL

Für Programmentwicklung und Programmtest wurde ein Mikroprozessor-Entwicklungssystem mit 3 Floppy-Disk-Laufwerken von je 500 KB angeschafft. Entwicklungssystem und Anwenderrechner sind in der Testphase über einen In-Circuit-Emulator miteinander verbunden, sodaß das hochmodulare Programm nach dem Link- und Locate-Vorgang in den Anwenderrechner geladen werden kann. Das Programm kann nun mit einem komfortablen, symbolischen Debugger getestet werden. Da die Laufzeit unserer Programme nicht sehr kritisch ist, entschieden wir uns zum Einsatz der höheren Programmiersprache PL/M 80 [3]. Diese Sprache ist Pascal sehr ähnlich, besitzt jedoch nur Ganzzahlarithmetik mit dafür hoher Laufgeschwindigkeit. Die Sprache läßt sich leicht erlernen, die Programme dokumentieren sich weitgehend selbst. Der Umfang des vom Compiler erzeugten Maschinencodes ist nach unserer Erfahrung etwa doppelt so groß wie bei Verwendung eines Assemblers; die Laufzeit des Programms ist entsprechend länger. Bei zeitkritischen Vorgängen ist es durch die modulare Programmstruktur auch möglich, einzelne Programmteile in Assembler zu programmieren und beim Linken mit den PL/M-Moduln zu verbinden. Für höhere Rechenanforderungen existiert eine Bibliothek mit mathematischen Routinen, die eingebunden werden können.

4.2 PROGRAMM-AUFBAU

Auf Grund des relativ einfachen Aufbaus des Rechners und der vorwiegend sequentiell ablaufenden Vorgänge kann der größte Teil des Programms als zyklische Schleife aufgebaut werden. Die benötigte Betriebs-Software ist deshalb nicht sehr aufwendig. Einige spezielle, hardwarebezogene Moduln wurden z.B. für Bildschirmanzeige von Zeichenketten und Variablen, Konvertierungsroutinen, Dateneingabe etc. geschrieben. Der gesamte Programmumfang beträgt etwa 36 KB.

Der schematische Programmaufbau ist dargestellt in Bild 3. Das Hauptprogramm startet mit einem Initialisierungsmodul "INIT", in dem alle programmierbaren Peripheriebausteine initialisiert werden, und gelangt dann in eine Schleife, die ca. 10-20 mal/sek durchlaufen wird. Im Modul "INP" werden alle Eingänge eingelesen. Die Analogeingänge werden durch mehrfaches Abfragen softwaremäßig geglättet, die Digitaleingänge werden

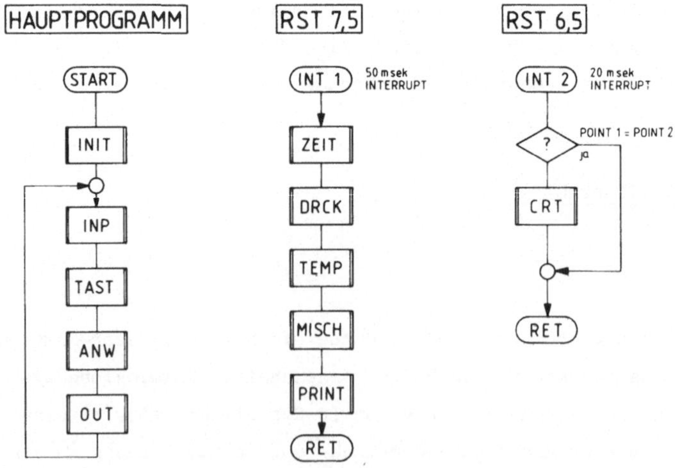

Bild 3: Schematischer Programmaufbau

in einzelne Bits zerlegt. Im Modul "OUT" werden die digitalen Ausgaben zu Bytes zusammengesetzt und auf die Ausgänge gegeben. "TAST" ist ein Eingabemodul für die Tastatur, wobei zwischen Einzel- und Dauerabfrage gewählt werden kann. "ANW" enthält Moduln für Dialog, Prozeßablauf und Diagnose. Zwei Interruptsignale unterbrechen das Hauptprogramm alle 20 und 50 msek. Das 50 msek-Signal, über einen Zähler aus der Netzfrequenz abgeleitet, erzeugt in "INT1" einen Zeittakt für die Zeitsteuerung des Programms und steuert außerdem die zeitabhängigen Moduln (Druckregelung, Temperaturregelung, Gas-Mischanlage und Protokollierung durch Thermodrucker). "INT2" ist ein Hilfsprogramm für die Bildschirmsteuerung. Es verhindert die lästigen Bildschirmstörungen beim unsynchronisierten Zugriff des Prozessors auf den Bildschirmspeicher. Der 20 msek-Interrupt wird ausgelöst durch den vertikalen Bildrücksprung. Nach Auftreten des Interrupts können in der Bildschirm-Austastlücke ca. 1 msek lang Daten in den Bildschirmspeicher ohne Störung übertragen werden. Da dieses Programm sehr zeitkritisch ist, wurde es in Assembler geschrieben. Die Bildschirmdaten mit Adressen werden vom Hauptprogramm unabhängig von der Bildaustastlücke zunächst in einem Ringspeicher zwischengespeichert. In der Interruptphase werden die Daten dann in den Bildschirm- oder Attributspeicher übertragen.

4.3 STEUER- UND REGELFUNKTIONEN

Zum Betrieb der Anlagen wird Mischgas aus 3 Komponenten benötigt. Eine Mischeinrichtung, aufgebaut aus Druckschaltern, Ventilen und einem Mischkessel, wird durch den Mikrocomputer angesteuert. Die Ventile werden in einem durch die Sollwerte vorgegebenen Zeittakt periodisch geöffnet und lassen dabei definierte Gasmengen in den Mischkessel ein. Da das Mischungsprinzip lediglich eine Anwendung der allgemeinen Gasgleichung der Physik ist, kann die Anlage auf nahezu beliebige Gase geeicht werden.

Die Strom-Spannungsverhältnisse der Glimmentladung sind stark abhängig vom Gasdruck im Ofenraum. Deshalb muß dieser Druck möglichst konstant geregelt werden. Da aber das verbrauchte Gas abgepumpt und frisches Gas zugeführt werden muß, erfolgt die Regelung im unteren Druckbereich über ein Gaseinlaßventil, im oberen Druckbereich durch Änderung der Pumpleistung über ein Drosselventil. Zur Ansteuerung dieser Motorventile wurde ein getakteter PD-PI-Regler softwaremäßig nachgebildet. Durch gänzliches Schließen beider Ventile kann eine Dichtigkeitskontrolle des Behälters durchgeführt werden. Da die Diffusion des Stickstoffs in den Stahl und damit die Härte und Dicke der Nitrierschicht stark von der Temperatur abhängt, ist die Temperatur eine weitere wichtige Regelgröße. Da einerseits die Erwärmung der Werkstücke über die Glimmentladung erfolgt, andererseits zu Beginn des Aufheizens die Glimmentladung zu Instabilitäten neigt, darf die Leistung nur in Abhängigkeit von dieser Störgröße erhöht werden, bis der Soll-Temperaturanstieg erreicht ist. Es wurde daher ein PD-PI-Algorithmus mit dem beschriebenen Anfahrverhalten (Bild 4) zur Regelung der Temperatur ent-

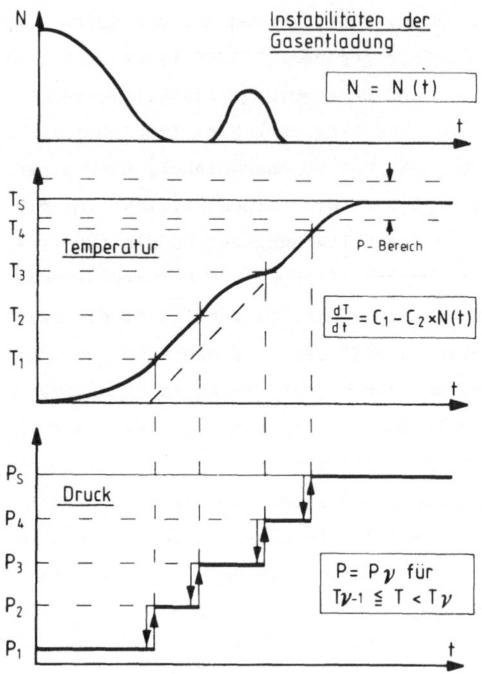

Bild 4: Aufheizvorgang beim IONITRIEREN

wickelt. Bei den üblichen Behandlungstemperaturen hat der Proportionalbereich eine Breite von 60 grad C, und die bleibende Regelabweichung, durch den 12 Bit-Wandler bedingt, beträgt 0,16 grad C. In Abhängigkeit von der steigenden Temperatur wird der Sollwert des Druckes in Stufen erhöht. In die Druck- und Temperaturregelung kann jederzeit mit und ohne Reglerunterlagerung manuell eingegriffen werden.

5. ANLAGENBEDIENUNG UND PROZESSÜBERWACHUNG

Bei der Konzeption von Hard- und Software wurde besonderer Wert gelegt auf einen einfachen und klaren Dialog zwischen Bediener und Anlage. Für die Anlagenbedienung werden ein numerisches und ein allgemeines Tastenfeld für Sonderfunktionen eingesetzt. Als Anzeigeeinheit dient wegen der Übersichtlichkeit ein Bildschirm. Der gesamte Prozeßablauf mit den verschiedenen Möglichkeiten seiner Beeinflussung ist auf 4 Bildschirmseiten dargestellt. Bild 5 zeigt zwei dieser Seiten. Die Prozeßstufen Evakuieren, Erwärmen, Behandlung 1, Behandlung 2 und Abkühlen werden mit ihren Sollwerten angezeigt. Die jeweils aktuelle Prozeßstufe wird durch Textinvertierung hervorgehoben. Die beiden wichtigsten Prozeßgrößen, Chargentemperatur und Gasdruck im Behälter, werden zusätzlich analog als waagerechte Balken mit Sollwerten dargestellt. Da sich Unregelmäßigkeiten im Prozeß meist direkt auf diese beiden Größen auswirken, kann der

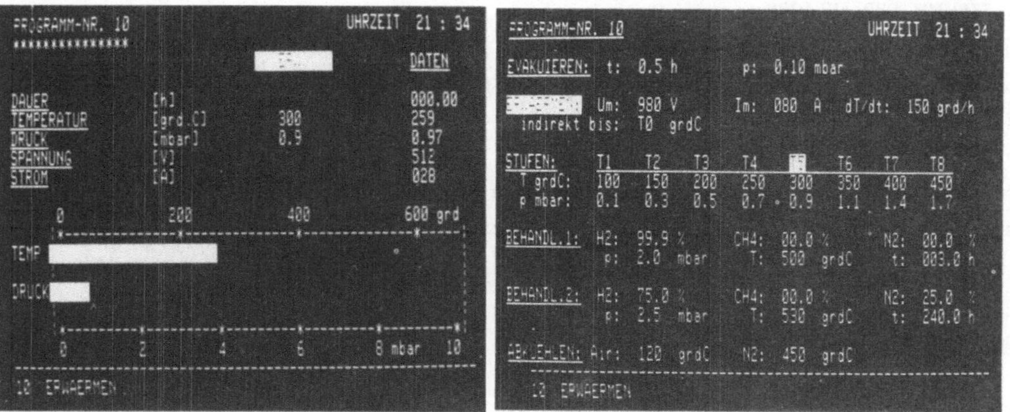

Bild 5: Analoge Balkendarstellung und Sollwerte auf dem Schirm

Bediener auch von weitem grob den Zustand der Anlage erkennen. In jeder Phase des Prozesses sind Änderungen der Sollwerte möglich. Eine Bildschirmmaske mit Cursorunterstützung erleichtert diese Änderungen ganz erheblich. Nach jeder neuen Eingabe erfolgt eine Grenzwertüberprüfung; eine Überschreitung wird durch Blinken des eingegebenen Zahlenwertes angezeigt. Für eine spätere Wiederverwendung können die Sollwerte im batteriegepufferten CMOS-RAM unter einer Nummer abgespeichert werden.

Der Start des IONITRIER-Prozesses erfolgt gezielt durch Drücken eines externen Tasters. Dadurch wird der Leistungsteil der Anlage ohne Zwischenschaltung des Rechners aktiviert. Durch diese direkte Ansteuerung wird verhindert, daß bei einer Rechnerstörung, die nicht vom Watch-Dog-Timer erkannt wird, die Anlage unkontrolliert gestartet wird und sich eine gefährliche Situation einstellt. Alle Anlagenverriegelungen mit hohem Sicherheitsrisiko sind aus dem gleichen Grunde zusätzlich auf der Schaltschützebene verriegelt. Eine auftretende Störung ruft neben einem akustischen Signal eine blinkende Sammelstörmeldung auf dem Schirm hervor. Die Bildschirmseite "Störmeldungen" zeigt gleichzeitig bis zu 15 von 30 möglichen Meldungen an, sortiert nach der Reihenfolge ihres Auftretens. Bei Anwahl des Protokoll-Modus werden die Störmeldungen (mit Uhrzeit), die Istwerte (in vorgewählten Zeitintervallen) und die Sollwerte durch den Thermodrucker ausgedruckt. Der zusätzliche 6-Farben-Punktdrucker registriert ständig den Verlauf der Istwerte.

6. SERVICE DER ANLAGEN

Ein großer Teil der IONITRIER-Anlagen wird exportiert. Die Software muß deshalb Hilfsmittel für Inbetriebnahme und Service enthalten, um auch unabhängig vom Entwicklungssystem Tests und eventuell sogar kleine Programmänderungen durchführen zu können. Eine Sondertaste, die im Normalbetrieb durch einen Serviceschalter in der Hardware gesperrt ist, gestattet die Anwahl einer Reihe von Hilfsfunktionen:

- Anzeige aller digitalen Ein- und Ausgänge mit Ansteuermöglichkeit der Ausgänge
- EPROM-Prüfsumme
- RAM-Test
- Tastatur-Test
- Speicherauszug
- Daueranzeige einzelner Bytes mit Änderungsmöglichkeit

Die Möglichkeit der Änderung einzelner Bytes im RAM-Bereich ist besonders wichtig bei der Inbetriebnahme zur Optimierung der Reglerkonstanten bei laufendem Prozeß. Nach erfolgter Optimierung ist es zweckmäßig, die Parameter in den EPROM-Bereich zu übernehmen, weil bei einem Batteriewechsel die Werte verloren gehen können. Im Normalbetrieb werden die Parameter bei der Initialisierung, abhängig von der Stellung des zugehörigen Serviceschalters, ins CMOS-RAM übertragen.

Wahrscheinlich müssen im Laufe der Zeit weitere Möglichkeiten zur Fehlerlokalisierung und Programmänderung vor Ort geschaffen werden. Eine vielversprechende Möglichkeit zur Programmänderung ist die Datenübertragung per Modem und Übernahme direkt in den Anwenderrechner z.B. in einen Magnetblasenspeicher.

Schrifttum

[1] Edenhofer,B.: Physikalische und metallkundliche Vorgänge beim Nitrieren im Plasma einer Glimmentladung, HTM 29 (1974) Nr.2, S.105-112

[2] Schweer,B.;Edenhofer,B.: Ionitrieren - Anlagen und Anwendungsgebiete, Elektrowärme Ausg.B, 34 (1976) Nr.6, S.298-305

[3] Mc Cracken,D.: A Guide to PL/M Programming for Microcomputer Applications, New York, Addison-Wesley Publishing Company, 1978

Dr. W. Oppel ist Leiter der Abt. Neue Technologie,
Dr. W. Rembges ist Leiter der Abt. Verfahrensentwicklung
der Fa. Klöckner Ionon GmbH, Leverkusen 3

D. SOFTWAREMANAGEMENT

DER EINSATZ VON METHODEN UND WERKZEUGEN ZUR SOFTWARE-PRODUKTION - EMPIRISCHE UNTERSUCHUNG BEI SOFTWAREHERSTELLERN

Stefan Schmidt, Dortmund

Zusammenfassung

Gegenstand der empirischen Untersuchung sind die Gestaltungsmethoden für computergestützte betriebliche Informationssysteme, dargestellt am Beispiel von Prozeßdatenverarbeitungssystemen. Die Zielgruppe der Erhebung waren die Hersteller dieser Informationssysteme wie Software-Häuser, Unternehmensberatungen, Fördermittelhersteller und Anwender.

Es wurde davon ausgegangen, daß der Einsatz von Methoden und Werkzeugen einen wesentlichen Einfluß auf die Produktivität bei der Herstellung sowie die Qualität der hergestellten Software-Produkte ausübt. Die Zielsetzung der Untersuchung ist es, diese Einflüsse zu analysieren. Es wird das Herstellerprofil und die Rahmendaten der verwendeten Methoden und Werkzeuge aufgezeigt. Anschließend erfolgt eine Darstellung des Unterstützungsgrades durch Methoden und Werkzeuge. In einer analytischen Betrachtung werden die Wirksamkeit und die Erfahrungen mit Methoden und Werkzeugen sowie deren Einflüsse auf die Ergebnisse des Softwareproduktionsprozesses in Abhängigkeit vom Unterstüzungsgrad untersucht.

1. Einführung

Mit der Erkenntnis, daß bei der EDV die Software-Kosten gegenüber den Hardware-Kosten den mehr und mehr bestimmenden Faktor bilden, wurde der Software-Entwicklungsmethodik eine immer größere Aufmerksamkeit geschenkt. Inzwischen gibt es Hunderte von Methoden und Werkzeugen mit den unterschiedlichsten Leistungsspektren für den Einsatz im Software-Lebenszyklus. Howden gibt beispielsweise eine Schätzung von mehr als 400 "commercial software develpement tools" an /6/.

Die fehlende Transparenz des Marktes erlaubt es den potentiellen Anwendern kaum, auf wirtschaftliche Weise eine Vorauswahl zu treffen, vielmehr wird häufig nach dem "Trial and Error"-Prinzip vorgegangen. Empirische Untersuchungen und vergleichende Forschungsergebnisse zu diesem Thema sind zwar vorhanden, aber es gibt zu wenig vergleichbare Erfahrungsberichte über eine effektive Nutzung. Die bisher verwendeten Methoden und Werkzeuge können die von neuen Systemen geforderte Qualität und insbesondere die Wartungsfreundlichkeit nicht immer gewährleisten. Es finden sich verstärkt Fälle, die von Akzeptanzproblemen berichten. Demnach sind Methoden und Werkzeuge zwar eingeführt worden, aber sie werden nicht mehr angewandt.

2. Darstellung des Untersuchungsgegenstandes

1. Art der Informationssysteme

Die Untersuchung wurde am Beispiel von automatisierten Materialfluß-Informationssystemen durchgeführt. Bei ihnen werden durch den Einsatz steuer- und regelungstechnischer Prozeßautomatisierungssysteme größere Materialflußbereiche in einer Prozeßleitebene zusammengefaßt. Diese Ebene ermöglicht die Prozeßoptimierung aufgrund der Vorgaben der Administration und Disposition sowie der erfaßten Prozeßdaten. Bei diesem System sind Materialfluß und Datenfluß synchron verknüpft (vgl. /7/). Das EDV-System wird entsprechend den unterschiedlichen Anforderungsprofilen in die Rechner-Hierarchieebenen administrative-, dispositive- und operative Ebene gegliedert (vgl. /3/7/).

2. Phasenschema zur Erstellung von Softwareprodukten

Phasenschemata sind Rahmen zum Aufbau und zur Abwicklung von Softwareprojekten. Es existiert eine Vielzahl von unterschiedlichen Phasenschemata sowohl in der Literatur wie in der Praxis. In der Regel unterscheiden sie sich nicht inhaltlich, sondern durch die Verwendung verschiedener Begriffe bzw. durch die Abgrenzung und Anzahl der Phasen. Die Maßnahmen bei der Realisierung der einzelnen Phasen lassen sich einteilen in Durchführung, Dokumentation und Überprüfung der Ergebnisse. Folgendes Phasenschema dient als Vergleichsmodell der Systemgestaltung mit den bei der Befragung erhobenen Phasenmodellen und als ein Vergleichs- und Einordnungskriterium der untersuchten Methoden und Werkzeuge. Dies führt zur Vereinfachung, mehr Übersichtlichkeit und vor allen Dingen werden die Ausprägungen der einzelnen Modelle damit untereinander vergleichbar gemacht (vgl. /9, S. 65 ff./).

- Vorplanung (Studie, Grobkonzept)
- Leistungsbeschreibung (Spezifikation)
- Entwurf
- Herstellung (Programmierung, Test, Inbetriebnahme)
- Betrieb (Nutzung, Gewährleistung, Wartung)

3. Hilfsmittel zur Software-Produktion

Die Software-Produktionshilfsmittel (vgl. /10, S. 73/2, S. 22 ff./1, S. 25/), die bei der rationellen Erstellung von Software anzutreffen sind, werden durch ein relativ grobes Raster nach der Art der Unterstützung bei der Software-Produktion in vier Klassen eingeteilt. Wichtig ist die praktische Verwendbarkeit und ihre möglichst eindeutige Zuordnung. Deshalb wurde auf eine Einordnung nach weiteren Kriterien verzichtet.

- Hilfsmittel sind alle einfachen Maßnahmen und Arbeitstechniken wie z.B. Richtlinien, Checklisten sowie auch Prinzipien.
- Methoden sind festgelegte und planmäßige Vorgehensweisen zur Erstellung von Softwareprodukten (hier einschließlich Verfahren).
- Werkzeuge sind ganz oder teilweise mit Hilfe des Rechners automatisierte Methoden.
- Verbundwerkzeuge sind für die Erstellung von Software entwickelte umfangreiche interaktive Programmentwicklungssysteme. Dabei werden eine Methode oder auch mehrere Methoden und Werkzeuge als rechnergestütztes System angewandt. Für mehrere oder auch alle Phasen der Systementwicklung erfolgt eine Unterstützung.

Software-Produktionsumgebungen sind ein weitergehender Begriff. Sie sind in sich abgestimmte, computergestützte Konzepte für den gesamten Lebenszyklus von Softwareprodukten (vgl. /2, S. 485/5, S. 3). Es erfolgte eine weitere Unterscheidung nach der Anwendungsart in:
Durchführung, Dokumentation und Überprüfung der Ergebnisse.

3. Ausgewählte Ergebnisse der empirischen Untersuchung

Die Befragung der Hersteller von Materialfluß-Informationssystemen wurde bei insgesamt 31 Unternehmen in Form eines standardisierten Interviews durchgeführt. Erhoben wurde u.a. das Herstellerprofil, Systemprofil von Hard- und Software, Softwaremanagement, Phasenschema, Hilfsmittel zur Softwareproduktion für die Durchführung, Dokumentation und Überprüfung der Ergebnisse. Die Gesamtheit der Ergebnisse ist in ihrer Urform dargestellt /9/. In den folgenden Ausführungen werden die wesentlichen Auswertungen zu den Software-Produktionshilfsmitteln bei der Durchführung dargestellt.

3.1 Beschreibung der Stichprobe

Die Einteilung der 31 Hersteller von Materialfluß-Informationssystemen nach der Unternehmensart ist in Bild 1 dargestellt. Diese Stichprobe beinhaltet nur wenige Anwender (9,7 %). Eine Studie /1, S. 37/ sei hier als Vergleich erwähnt. Sie wurde vornehmlich bei großen Anwendern durchgeführt und dabei gaben 23,1 % Software-Produktion und DV-Dienstleistungen als Haupttätigkeit an. Weitere Rahmendaten zu den Unternehmen sind folgende: Die Mitarbeiterzahl erstreckt sich von unter 10 bis über 250 Personen (Schwerpunkt 10 - 50), der Umsatz von kleiner 2 Millionen bis über

Ausprägung	Anzahl	Prozent
Software-/Systemhaus	11	35,4
Fördermittelhersteller	7	22,6
Unternehmensberatung/Engineeringunternehmen	10	32,3
Anwender/Dienstleistungsbetrieb	3	9,7

Bild 1 Unternehmensart

50 Millionen (Schwerpunkt 2 - 10), die Software-Entwicklung begann von vor 1960 bis ab 1981 (Schwerpunkt 1966 - 1975) und der durchschnittliche Projektumfang beträgt von unter 5 Mannmonaten bis über 200 Mannmonate (Schwerpunkt 10 - 50).

3.2 Unterstützung der Phasen durch Software-Produktionshilfsmittel

Ausprägung	Nennungen pro Phase									Gesamt
	Vorplanung	Leistungs-beschreibung	Entwurf	Herstellung	Betrieb	Leistungsbeschrei-bung, Entwurf	Entwurf, Herstellung	Leistungsbeschr., Entwurf, Herstell.	Vorpl., Leist.b., Entwurf, Herstell.	Nennungen je Klasse der Produktions-hilfsmittel
Hilfsmittel		10	3	3		2			2	20
Methoden, Verfahren		4	15	1		4	1		1	26
Werkzeuge	3		8	18		1	2	1	2	35
Verbundwerkzeuge				1			4	4	2	11
Mittel zur Projektplanung und -verfolgung		1							11	12
Gesamt-Nennungen	3	15	26	23		7	7	5	18	104

Bild 2 Anzahl der Software-Produktionshilfsmittel bei der Durchführung

Die Software-Produktionshilfsmittel wurden den durch sie unterstützten Phasen des Referenzmodelles zugeordnet. Für die Durchführung sind die Ergebnisse in Bild 2 dargestellt. Es zeigt sich, daß die Leistungsbeschreibung sehr gering unterstützt wird (Richtlinien, Checklisten), der Entwurf wird durch Werkzeuge und insbesondere Methoden, die Herstellung aber stark durch Werkzeuge unterstützt. Einige Werkzeuge werden in verschiedenen Fällen in mehreren Phasen angewendet wie z.B. Entscheidungstabellen-Generatoren. Dieses Ergebnis ist vergleichbar mit einer Untersuchung /1, S. 19/, worin "die Hypothese des Methodenbergs für Programmentwurf und Programmierung sowie der Methodentäler für die Systemkonzeption und Wartung bestätigt" wurde.
Die Angaben bei der Dokumentation sind etwa vergleichbar, jedoch in geringerer Antwortzahl. Für die Überprüfung der Ergebnisse stehen nur Methoden oder Richtlinien bzw. Checklisten für die Phase Herstellung in nennenswertem Umfang zur Verfügung (vgl. /9, S. 99 ff./).

3.3 Die Unterstützung der Unternehmen

Für die weiteren Untersuchungen wurden die Unternehmungen nach dem Grad der Unterstützung durch Methoden und Werkzeuge eingeteilt. Der Unterstützungsgrad wurde wie folgt festgelegt:

1. keine bzw. kaum Unterstützung
2. wenig Unterstützung (Hilfsmittel)
3. mittlere Unterstützung (Methoden)
4. gute Unterstützung (Werkzeuge und Methoden)
5. sehr starke Unterstützung (Verbundwerkzeuge, Software-Produktionsumgebungen bzw. besonders hohe Anzahl von Werkzeugen)

Zur Größenordnung der Unternehmen läßt sich folgende Feststellung treffen (Signifikanz-Niveau 0,01): Kleinere Unternehmen mit einer Mitarbeiterzahl bis zu 25 Personen erhalten überwiegend keine bis mittlere Unterstützung, größere Unternehmen (ab 25 Mitarbeiter) werden dagegen gut bis sehr stark unterstützt.

3.4 Die Wertung der Erfahrungen mit Software-Produktionshilfsmitteln

Es wurden Bewertungen der befragten Personen zu ihren Erfahrungen mit Software-Produktionshilfsmitteln vorgenommen. Zur Bewertung diente eine Skala mit sieben Ausprägungen, deren Endpunkte "negativ" und "positiv" bedeuteten. Es gab keine besonders negativen Aussagen, nahezu alle Antworten lagen im positiven Bereich (vgl. /9, S. 108 f./).

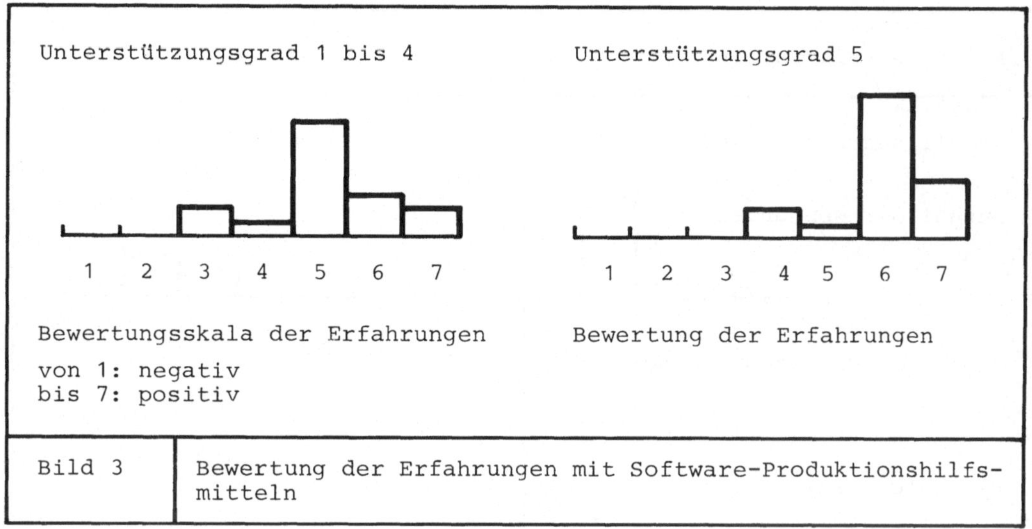

Bild 3 Bewertung der Erfahrungen mit Software-Produktionshilfsmitteln

Bild 3 zeigt die Ergebnisse für die Unterstützungsgrade 1 bis 4 (Mittelwert 5,12) und 5 (Mittelwert 5,94). Für die Durchführung gilt auf dem 5 %-Signifikanz-Niveau: Die Bewertung der Erfahrungen mit Methoden und Werkzeugen steigt entsprechend dem Ansteigen des Unterstützungsgrades zum Positiven.

3.5 Erfahrungen mit Software-Produktionshilfsmitteln

In diesem Abschnitt werden Ergebnisse zu positiven und negativen Erfahrungen dargestellt, die beim Einsatz der Software-Produktionshilfsmittel mit ihnen gewonnen wurden. Dazu konnten die befragten Personen aus einer Liste mit je 9 Merkmalen bis zu je vier Antworten ohne eine Angabe der Reihenfolge machen. Auffallend ist, daß die Gesamtzahl der Nennungen zu den positiven Erfahrungen etwa genau das zweifache der Anzahl der Negativen beträgt (vgl. /9, S. 109 f./).

Eine Auswahl der wesentlichen Antworten ist in Bild 4 dargestellt. Als positive Erfahrung ergibt sich bei steigender Unterstützung, daß sich die Effektivität erhöht, die Durchführung wird beschleunigt und der Einsatz ist stabil und zuverlässig. Eine vergleichbare Tendenz ist beim "Zwang zur Methodik" erkennbar. Die Antworten zu "gut dokumentiert" sind etwa gleichverteilt von wenig bis sehr starkem Unterstützungsgrad.

Der positiven Erfahrung "flexibler Einsatz" steht in ähnlicher Höhe die Aussage "Einsatz nicht flexibel genug" gegenüber. In geringerem Umfang werden "schwer erlernbar" und "zusätzlicher Aufwand" als Nachteile, "Vorkenntnisse" bzw. "Sonstiges" dagegen kaum genannt.

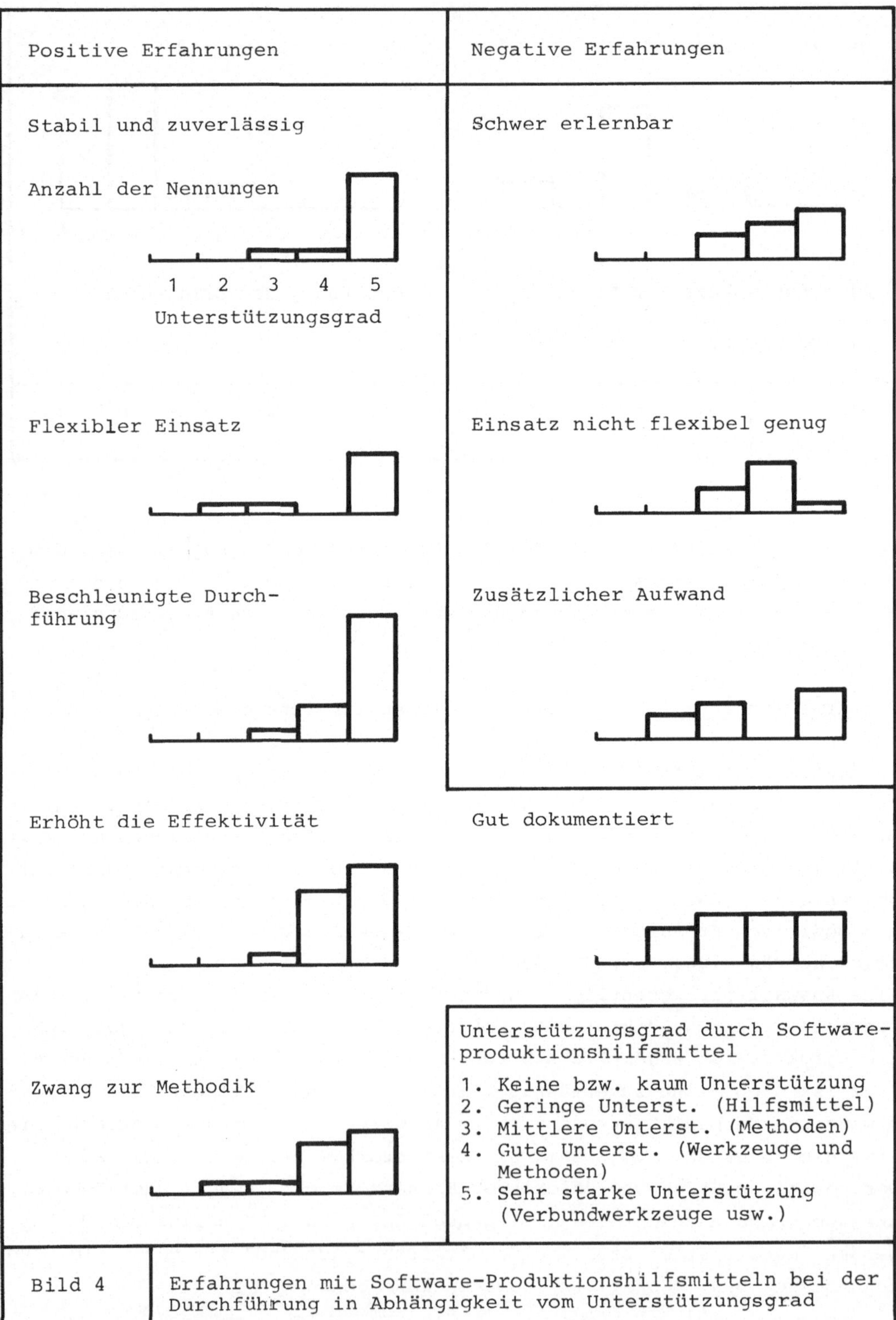

Bild 4 Erfahrungen mit Software-Produktionshilfsmitteln bei der Durchführung in Abhängigkeit vom Unterstützungsgrad

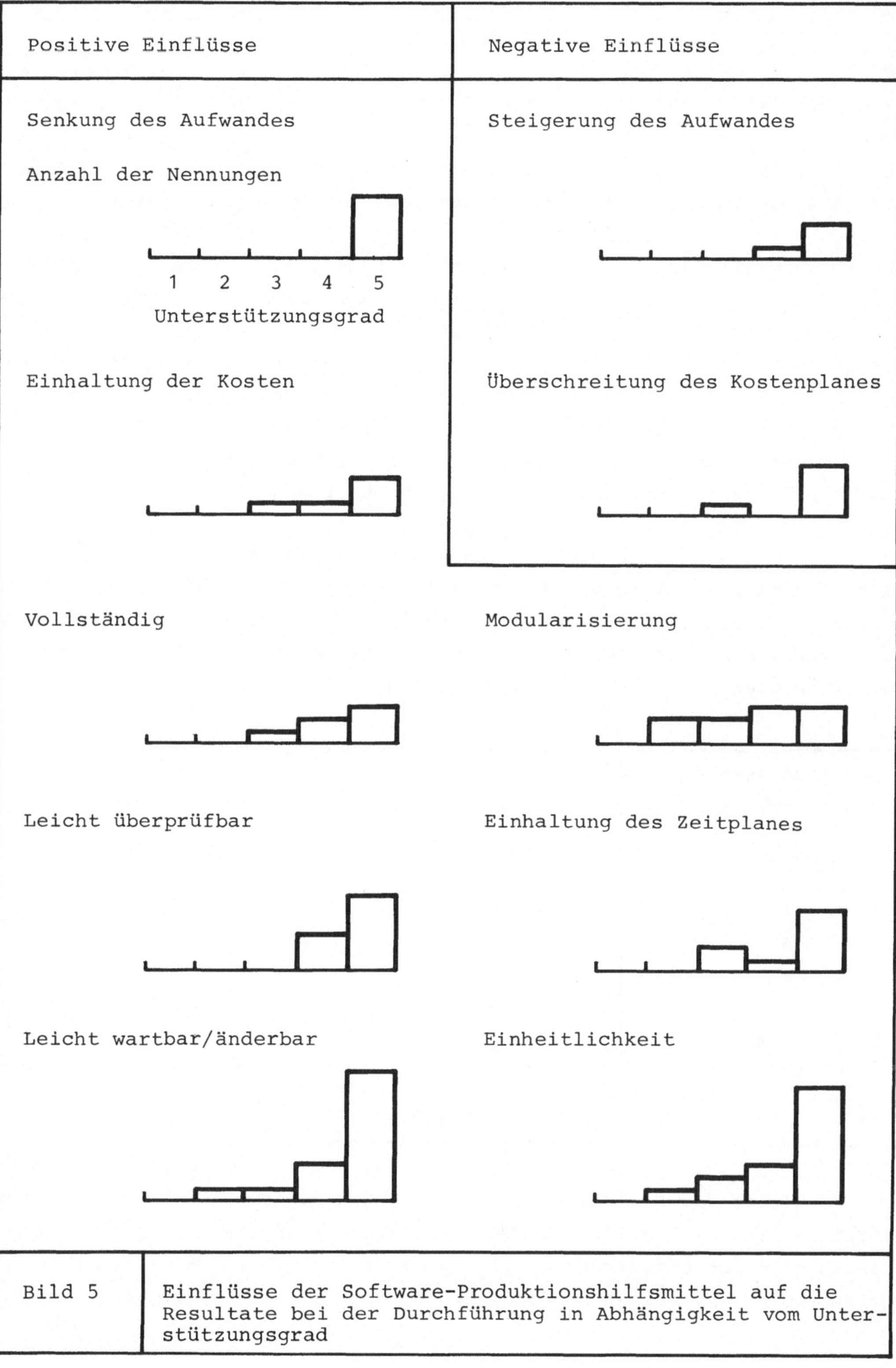

Bild 5 Einflüsse der Software-Produktionshilfsmittel auf die Resultate bei der Durchführung in Abhängigkeit vom Unterstützungsgrad

3.6 Einflüsse der Software- Produktionshilfsmittel auf die Ergebnisse

In diesem Abschnitt werden die positiven Einflüsse der Software-Produktionshilfsmittel auf die Ergebnisse der Phasen bei der Durchführung den Negativen gegenübergestellt. Zu den positiven Erfahrungen wurden annähernd viermal soviel Nennungen angegeben wie zu den Negativen. In Bild 5 sind die wichtigsten Antworten zu den je 11 Merkmalen angegeben. Die positiven Einflüsse auf die Resultate der Phasen waren bei steigendem Unterstützungsgrad folgende: Die Wartbarkeit und Einheitlichkeit steigt sehr deutlich, ebenso steigt die leichte Überprüfbarkeit und die Einhaltung des Zeitplanes, die Vollständigkeit nimmt nur gering zu. Zur "Modularisierung" erfolgten etwa gleichverteilte Antworten als positive Einflüsse von wenig bis sehr starker Unterstützung. Kaum Antworten gab es zu "korrekt", "konsistent" und "Sonstiges". Der Senkung des Aufwands und der Einhaltung der Kosten stehen in ähnlicher Höhe die Aussagen Steigerung des Aufwandes und Überschreitung der Kosten gegenüber.

Es ist zu beachten, daß nur ca. ein Viertel der befragten Unternehmen eine Kontrolle der Wirksamkeit der Software-Produktionshilfsmittel durchgeführt hat. Bei einer Einschätzung wurde die Wirksamkeit von der Hälfte der Unternehmen sehr hoch eingeschätzt (Mittelwert 5,6). Bild 6 zeigt die genauen Werte:

Bewertungsskala von 1: unwirksam bis 7: sehr wirksam	Nennungen Anzahl	Prozent
3	1	3,2
4	3	9,7
5	2	6,4
6	11	35,5
7	3	9,7
keine Angaben	11	35,5

Bild 6 Einschätzung der Wirksamkeit von Software-Produktionshilfsmitteln

Beim Vergleich der Ergebnisse zeigt sich, daß qualitative Einflüsse eine größere Rolle spielen als wirtschaftliche Ziele (Kosten). Eine ähnliche Aussage gibt der empirische Vergleich der Leistungsfähigkeit von Entwurfsmethoden an, dessen Ergebnis ein etwa gleicher Aufwand, aber eine unterschiedliche Qualität der verschiedenen Entwurfsverfahren darstellt (vgl. /8, S. 263 ff./4/).

4. Schlußbetrachtung

Die vorhergehenden Ausführungen zeigen, daß der Schwerpunkt des Einsatzes von Werkzeugen bei der Programmierung liegt. Nur in wenigen Fällen leisten sie eine Unterstützung des kompletten Software-Entwicklungsprozesses. Während größere Softwarehersteller relativ gut durch Software-Produktionshilfsmittel unterstützt werden, haben kleinere Unternehmen auf diesem Gebiet noch ein beträchtliches Defizit.

Die in dieser empirischen Untersuchung gewonnenen Erkenntnisse machen deutlich, daß der Einsatz von Software-Produktionshilfsmitteln die Qualität der damit hergestellten Produkte heben kann. Eine Wirtschaftlichkeit ihres Einsatzes läßt sich nur in wenigen Fällen über den Aufwand direkt, in der überwiegenden Anzahl über die Betrachtung von Wartung, Einhaltung des Zeitplanes bzw. schnellere Durchführung nachweisen.

Es gibt zu wenig Wirtschaftlichkeitsvergleiche. Vor allen Dingen beruhen die Aussagen über die Wirksamkeit von Software-Produktionshilfsmitteln in hohem Umfang auf Schätzungen und nur zum kleineneren Teil auf Kontrollen. Noch auf Jahre hinaus wird die Entwicklung und permanente Weiterentwicklung der Software-Produktionshilfsmittel die Thematik der Software-Methodik bestimmen.

5. Literaturverzeichnis

/1/ Abel, E., Harraß, E., Schoenen, H.J., Schwald, A.: Untersuchung über Maßnahmen zur Verbesserung der Software-Produktion, Teil 2: Einsatz von Methoden der Software-Produktion in der Bundesrepublik Deutschland, Bericht Nr. 131 der Gesellschaft für Mathematik und Datenverarbeitung, München-Wien 1980.

/2/ Balzert, H.: Die Entwicklung von Softwaresystemen. Prinzipien, Methoden, Sprachen, Werkzeuge. Band 34 der Reihe Informatik, Mannheim-Wien-Zürich 1982.

/3/ Engler, W.: Realisierung von schlüsselfertigen EDV-Systemen für Disposition und Steuerung von AMS
VDI-Berichte 433: Automatisierte Materialfluß-Systeme (AMS) - Vermeiden von Schwachstellen, Düsseldorf 1981.

/4/ Griese, J., Österle, H.: Programmentwurfsverfahren im praktischen Einsatz - ein Vergleich, Arbeitsbericht Nr. 14 des Lehrstuhls für Betriebsinformatik, Universität Dortmund, September 1980.

/5/ Hausen, H.L., Müllerburg, M.: Software-Produktions-Umgebungen, Entwicklungsstand und Trends. In: Informatik-Fachberichte, Band 43, Werkzeuge der Programmiertechnik, hrsg. von G. Goos, Berlin-Heidelberg-New York 1981, S. 1-27.

/6/ Howden, W.E.: Contemporary Software Development Environments.
In: Comm. of the ACM, Vol. 25, Nr. 5, Mai 1982, S. 318-329.

/7/ Luttmer, G.: Datenverarbeitung im Materialfluß, VDI-Berichte 403: Rationeller Materialfluß zum Nutzen des Menschen, Düsseldorf 1981.

/8/ Österle, H.: Entwurf betrieblicher Informationssysteme, München-Wien 1981.

/9/ Schmidt, St.: Der Einsatz von Gestaltungsmethoden für computergestützte Informationssysteme - empirische Untersuchung bei Herstellern von Materialfluß-Informationssystemen. Arbeitsbericht Nr. 29 des Lehrstuhl für Betriebsinformatik, Universität Dortmund, März 1983.

/10/ Schmitz, P.: Methoden, Verfahren und Werkzeuge zur Gestaltung rechnergestützter betrieblicher Informations-Systeme (RBIS).
In: Angewandte Informatik, Heft 2 (1982), S. 72-79.

RICHTLINIEN ZUR ERSTELLUNG UND PRÜFUNG SICHERHEITSRELEVANTER SOFTWARE

K. Grimm, G. Heiner
AEG-TELEFUNKEN, Forschungsinstitut Berlin

Zusammenfassung

Ausgehend von einer allgemeinen Beschreibung des Genehmigungsverfahrens für sicherheitsrelevante technische Systeme wird insbesondere die Problematik eines Sicherheitsnachweises für Software erläutert. Es wird eine anerkannte Vorgehensweise für einen Sicherheitsnachweis dargestellt, nach der Software als fehlerfrei anzusehen ist, wenn bestimmte (konstruktive) Maßnahmen zur Fehlerabwehr und bestimmte (analytische) Maßnahmen zur Fehleroffenbarung nachweislich angewendet werden. Zur Festlegung derartiger konstruktiver und analytischer Maßnahmen, die mit der entsprechenden Aufsichtsbehörde oder anerkannten Sachverständigen abgestimmt sein müssen, sind bei AEG-TELEFUNKEN interne Richtlinien

- zur Erstellung
- und zur internen Prüfung

sicherheitsrelevanter Software aufgestellt worden. Diese Richtlinien, die erstmals im Zuge des Projektes "M-Bahn Berlin" angewendet werden sollen, werden im folgenden in ihren Grundzügen vorgestellt.

1. Genehmigungsverfahren für sicherheitsrelevante technische Systeme

Für sicherheitsrelevante technische Systeme ist in der Regel eine Zulassung durch eine Aufsichtsbehörde erforderlich. Da es keine allgemein gültigen Vorschriften für derartige Genehmigungsverfahren gibt, können von Projekt zu Projekt Unterschiede in der Vorgehensweise auftreten. An einem Genehmigungsverfahren sind notwendigerweise die drei Instanzen

- Hersteller des Systems
- Betreiber des Systems
- Aufsichtsbehörde

beteiligt. Der Hersteller hat gegenüber der Aufsichtsbehörde und ggfs. gegenüber dem Betreiber einen Sicherheitsnachweis für sein System zu erbringen; die Aufsichtsbehörde muß nach Prüfung des Sicherheitsnachweises ein abschließendes Urteil über die Zulassung fällen; der Betreiber hat durch den bestimmungsgemäßen Einsatz der sicherheitsrelevanten Einrichtungen dafür zu sorgen, daß die Sicherheit gewährleistet bleibt.

In vielen Fällen wird zur Prüfung des Sicherheitsnachweises ein externer Sachverständiger eingeschaltet, auf dessen Urteil die Aufsichtsbehörde ihre Zulassung stützt. Bild 1 zeigt das Zusammenwirken der Instanzen eines derartigen Genehmigungsverfahrens. Der Einsatz eines externen Prüfers ist insbesondere dann sinnvoll, wenn ein Gutachten gewünscht wird, das auch für Einsatzbereiche des Systems gilt, für die andere Aufsichtbehörden zuständig sind.

Abweichungen von dem oben beschriebenen Schema treten in der Praxis z.B. auf, wenn der Hersteller gleichzeitig der Betreiber des Systems ist, oder wenn Betreiber und Aufsichtsbehörde identisch sind. In jedem Fall ist jedoch die Unabhängigkeit von Hersteller und Aufsichtsbehörde bzw. Prüfer zu gewährleisten.

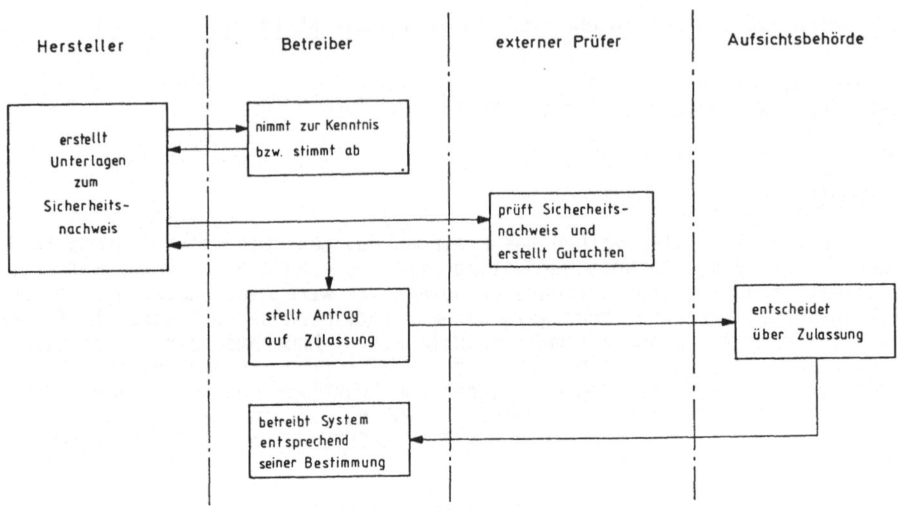

Bild 1: Instanzen eines Genehmigungsverfahrens

Zum Führen eines Sicherheitsnachweises ist es notwendig, die an das System zu stellenden Sicherheitsanforderungen festzulegen. Diese Sicherheitsanforderungen können z.B.

- von der zuständigen Aufsichtsbehörde erlassen
- oder vom Hersteller in Abstimmung mit dem Betreiber und der Aufsichtsbehörde erarbeitet werden.

Zum Nachweis der Sicherheit ist in jederzeit nachprüfbarer Form zu zeigen, daß die vorgegebenen Sicherheitsanforderungen erfüllt und die vorgegebenen Sicherheitsrichtlinien eingehalten werden.

Ein Sicherheitsnachweis besteht im wesentlichen aus vier Teilen:

- Im Funktionsnachweis wird gezeigt, daß das System im ausfall- und störungsfreien Zustand die geforderte Funktion unter den betrieblichen Bedingungen einwandfrei erfüllt, insbesondere in diesem Zustand keine Gefährdung bewirkt oder zuläßt.
- Im "klassischen Sicherheitsnachweis" wird gezeigt, daß auch bei Ausfällen die betroffene Einrichtung keine Gefährdung bewirkt oder zuläßt.
- Es wird gezeigt, daß Störbeeinflussungen bis zur Höhe festgelegter Sicherheitsgrenzbedingungen sich nicht gefährlich auswirken können.
- Diese drei Nachweise werden ergänzt um eine Zusammenstellung der sicherheitsbezogenen Anwendungsrichtlinien, die vom Betreiber bei Einsatz, Bedienung und Instandhaltung eingehalten werden müssen, um die technische Sicherheit des Systems zu gewährleisten.

2. Software - Sicherheitsnachweis

Infolge der Komplexität moderner Systeme und der gestiegenen Leistungsanforderungen werden in zunehmendem Maße auch für technische Systeme mit Sicherheitsverantwortung die "klassischen" reinen Hardware-Einrichtungen (z.B. Sicherheits-Relaissysteme) von Rechnersystemen abgelöst. Für die Zulassung derartiger Systeme ist daher insbesondere ein Software-Sicherheitsnachweis zu erbringen. Für sicherheitsrelevante Software ohne Diversität bedeutet dies, daß ihre Fehlerfreiheit nachzuweisen ist. Aus folgenden prinzipiellen und praktischen Gründen ist es jedoch nicht möglich, mit absoluter Gewißheit alle Fehler vor dem Einsatz der Software zu entdecken:

- Fehler können nur durch den Vergleich eines Objektes bzw. seines Verhaltens mit einer Referenz festgestellt werden. Die Fehlerfreiheit dieser Referenz muß vorausgesetzt werden.
- Für komplexe Software gibt es keine Methode, mit der bei Vorliegen einer fehlerfreien Referenz alle Fehler mit absoluter Gewißheit entdeckt werden können. Einer idealen Verifikation und Validation der Software kommen der formale Beweis und der vollständige Test am nächsten. Ein formaler Beweis ist zur Zeit nur unter starken Einschränkungen, z.B. nicht für Realzeit-Software, durchführbar. Darüber hinaus können auch durch formales Beweisen nicht alle Fehlerarten (z.B. Rundungsfehler, Überlauf usw.) erkannt werden. Vollständiges Testen von Programmen ist i.a. unmöglich bzw. wegen des extremen Aufwandes unzumutbar.

Ein absoluter Nachweis der Korrektheit und Sicherheit von Software ist daher nicht möglich, d.h. sicherheitsrelevante Software wird auch nach ihrer Zulassung noch eine - allerdings sehr geringe und daher tolerierbare - Restgefährdung besitzen, die jedoch nach dem Stand der Technik nicht quantifiziert werden kann. Die meisten theoretischen Ansätze zur Bestimmung der Restgefährdungswahrscheinlichkeit eines Programmes bzw. zur Schätzung der Anzahl der in einem getesteten Programm noch vorhandenen Fehler haben sich bisher als nicht praxisrelevant erwiesen und daher nicht die Bedeutung der zuverlässigkeitstechnischen Berechnungen für Hardware erlangt. Um dennoch quantitative Aussagen über die Software in die Sicherheitsanforderungen aufnehmen zu können, werden i.a. verschiedene Qualitätsmaße definiert. Derartige Maße sind z.B.

- Maße für die beim Test erreichte Programmüberdeckung (z.B. Verhältnis der getesteten Zweige zu den vorhandenen Zweigen),
- Maße für die Erfüllung von Checklisten,
- Maße für die Komplexität eines Programms /1/.

Da ein absoluter Software-Sicherheitsnachweis in der Praxis nicht geführt werden kann, sind zur Genehmigung sicherheitsrelevanter Software-Systeme andere Wege einzuschlagen. Die Fehlerfreiheit nicht-diversitärer Software wird dann vorausgesetzt, wenn bei der Entwicklung bestimmte festgelegte Maßnahmen zur Fehlerabwehr (konstruktive Maßnahmen) und zur Fehleroffenbarung (analytische Maßnahmen) nachweislich angewendet werden /2/. Der Sicherheitsnachweis enthält demnach den Nachweis der Durchführung dieser Maßnahmen, wobei die nachweisliche Anwendung analytischer Verfahren eine herstellerinterne Prüfung der Software erforderlich macht. Da sowohl Erfahrungen als auch anerkannte Vorschriften zum

Führen von Software-Sicherheitsnachweisen fehlen, müssen die vom Hersteller durchzuführenden konstruktiven und analytischen Maßnahmen projektweise mit der Aufsichtsbehörde bzw. dem Prüfer abgestimmt werden. Als Grundlage für die Festlegung derartiger konstruktiver und analytischer Maßnahmen bei der Entwicklung von Software für signaltechnisch sichere Einrichtungen sind bei AEG-TELEFUNKEN zwei Richtlinien aufgestellt worden:

- ein Richtlinie mit Regeln und Maßnahmen zur Erstellung sicherheitsrelevanter Software (konstruktive Maßnahmen) und
- eine Richtlinie mit Regeln und Maßnahmen zur internen Prüfung sicherheitsrelevanter Software (analytische Maßnahmen).

Diese Richtlinien sollen erstmalig im Rahmen des Projekts "M-Bahn Berlin" angewendet werden. Sie werden in den Kapiteln 3 und 4 in kurzen Übersichten vorgestellt.

3. Richtlinie zur Erstellung sicherheitsrelevanter Software

3.1 Ziel der Richtlinie

In der bei AEG-TELEFUNKEN entworfenen internen Richtlinie zur Erstellung sicherheitsrelevanter Software sind diejenigen Maßnahmen zur Fehlerabwehr festgelegt, deren Anwendung im Zuge eines Software-Sicherheitsnachweises nachgewiesen werden müssen. Durch diese Richtlinie sollen die folgenden Ziele erreicht werden:

- eine einheitliche und formale Vorgehensweise bei der Software-Erstellung,
- sorgfältiges, fehlerbewußtes und damit fehlerarmes Programmieren,
- transparenter Aufbau und gute Prüfbarkeit der Software.

3.2 Aufbau der Richtlinie

Die Richtlinie besteht aus allgemeinen Grundsätzen, die bei der Erstellung sicherheitsrelevanter Software zu beachten sind, und aus daraus abgeleiteten detaillierten Vorschriften. Sie wird ergänzt durch Regeln für die Verwendung des rechnergestützten Spezifikations- und Entwurfssystems EPOS /3/ und Regeln zur Verwendung der Programmiersprache PASCAL /4/. Der Ordnung der Vorschriften liegt das im Bild 2 dargestellte Modell zugrunde, das die Software-Entwicklung grob in die Phasen "Anforderungen ermitteln", "Entwerfen", "Programmieren" und "Implementieren" einteilt. Ausgangspunkt für den Entwurf ist die Aufgabenstellung, die als widerspruchsfreies und vollständiges Dokument vorausgesetzt wird.

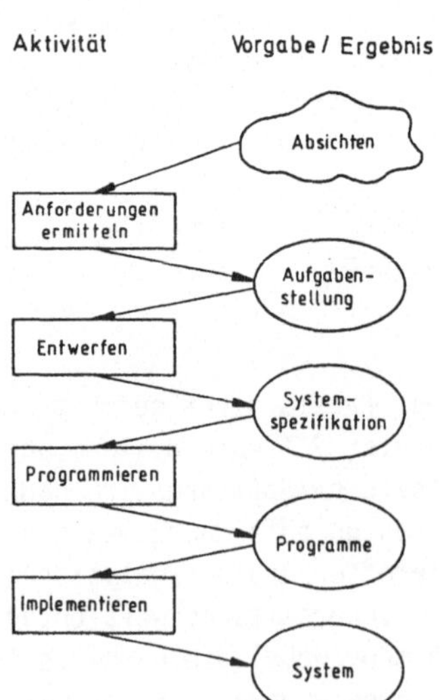

Bild 2: Software-Entwicklungsphasen

Die Vorschriften betreffen die Phasen "Entwerfen" und "Programmieren", die ihrerseits weiter unterteilt werden. Bei den Vorschriften für das Entwerfen wird den Entwurfsphasen entsprechend unterschieden zwischen Vorschriften

- zum konzeptionellen Entwerfen (dem Entwerfen und Verfeinern der Lösungskonzeption) und
- zum operationellen Entwerfen (dem Spezifizieren des Systems in schrittweiser Verfeinerung).

Die Vorschriften zur Programmierung sind geordnet nach Vorschriften

- zur Strukturierung des Ablaufs, der Daten und der Programmbausteine,
- zur Implementierung von Überwachungsmaßnahmen und
- zur Codierung.

Innerhalb dieser Ordnung sind die Vorschriften gegliedert hinsichtlich ihrer Aussage über

- die Vorgehensweise und
- die Art der Beschreibung.

Für jede Vorschrift wird angegeben, ob und inwieweit ihre Einhaltung durch die Verwendung von EPOS und PASCAL erzwungen wird bzw. anderweitig geprüft werden muß.

3.3 Zum Inhalt der Richtlinie

Die folgende Auswahl von Vorschriften aus unterschiedlichen Kapiteln der Richtlinie soll einen konkreteren Eindruck von der Art der Vorschriften vermitteln:

lfd. Nr.	Stichwort	Vorschrift	die Vorschrift wird abgedeckt durch: EPOS	PASCAL	anderweitig geprueft
2.1.2-1	Funktionsstruktur	Die nach 2.1.1-1 gegliederte Funktionsbeschreibung ist als hierarchische Funktionsstruktur (baumartige Struktur aus Funktionsbloecken) darzustellen. Jeder Funktionsblock muss mit einer Kurzbeschreibung, die auf seine Funktion hinweist, der mnemotechnischen Abkuerzung als Name und einer entsprechenden Identifikationsnummer versehen werden.	ja		
2.2.1-2	Verkehr zwischen Programmen, Rekursion	Der Verkehr zwischen den Programmen darf nur ueber die der Funktionsstruktur entsprechenden Wege erfolgen. Rekursionen zwischen Programmen sind verboten.	teilw		teilw
2.2.2-5	Interrupts	Stellen, an denen Programmunterbrechungen zugelassen oder nicht zugelassen sind, sind in den Struktogrammen zu Kennzeichnen.			ja

2.2.3-2	Interrupts	Es ist zu zeigen, dass durch die Unterbrechung selbst bzw. durch die Veraenderung der durch die Programme gemeinsam benutzten Betriebsmittel waehrend der Unterbrechung die Funktion, die das unterbrochene Programm erfuellen muss, nicht oder nur in definierter, ungefaehrlicher Weise beeinflusst wird.			ja
3.1.1-1	Kontrollstrukturen	Es sind nur die folgenden Kontrollstrukturen zugelassen - Sequenz (inklusive Unterprogrammaufruf) - Auswahl, z.B. "if then else" bzw. "case otherwise end" - Wiederholung, z.B. "do while" bzw. "until do"		teilw	teilw
3.2.1-3	Ein-/Ausgaenge	Ein Programmbaustein darf nur einen Eingang und einen Ausgang besitzen. Ein zusaetzlicher Fehlerausgang ist nur fuer solche Fehler zulaessig, die zu einem unmittelbaren Abbruch der Verarbeitung fuehren muessen.			ja
3.3-6	Speicherschutz, invariable Daten	Invariable Daten (Befehle und Konstanten) muessen gegen Ueberschreiben geschuetzt sein. Dieser Schreibschutz ist beispielsweise durch Speicherung in einem "read only memory" gegeben.			ja
3.4.1-5	Verzweigungen in Schleifen	Verzweigungen, die in Schleifen und Unterprogramme hineinfuehren, sind verboten.		ja	
3.4.1-15	Befehlsaenderungen	Eine dynamische Aenderung von Befehlen ist verboten.		ja	

3.4 Quellen

Die aufgestellten Vorschriften lehnen sich teilweise an den DB-Richtlinienentwurf /5/ und die EWICS-Richtlinie /6/ an.

4. Richtlinie zur internen Prüfung sicherheitsrelevanter Software

4.1 Ziel der Richtlinie

Fehler, die auch durch konstruktive Maßnahmen bei der Erstellung sicherheitsrelevanter Software nicht ausgeschlossen werden können, müssen durch geeignete analytische Maßnahmen erkannt werden. Die Richtlinie zur firmeninternen Prüfung sicherheitsrelevanter Software schreibt eine Organisation dieser Prüfung vor

und gibt einen Maßnahmenkatalog zur Fehleroffenbarung an. Ihre nachweisliche Einhaltung soll zusammen mit der Anwendung der Richtlinie zur Erstellung sicherheitsrelevanter Software die Grundlage zur Anerkennung der Fehlerfreiheit der Software schaffen. Für diese Anerkennung nimmt der externe Prüfer in eigener Initiative zusätzlich die folgenden Prüfungen vor:
- Inspektion des Entwurfs
- Inspektion des vom Compiler erzeugten Maschinencodes
- Test des dynamischen Verhaltens des gesamten Systems (Hardware/Software) unter Realzeit-Bedingungen.

4.2 Aufbau der Richtlinie

Die Richtlinie besteht aus allgemeinen Grundsätzen und daraus abgeleiteten Vorschriften zur Organisation der Prüfung. Die Organisation der Prüfung umfaßt
- die formale Organisation,
- den Ablauf und
- die Dokumentation

der Prüfung.
Der Ablauf der Prüfung orientiert sich an dem in Bild 2 dargestellten Phasenmodell der Software-Entwicklung, wie es auch der Richtlinie zur Erstellung sicherheitsrelevanter Software zugrunde liegt. D.h. es werden Vorschriften zur Entwurfs- und Programmprüfung angegeben, wobei einige Voschriften darüber hinaus konkret bezogen sind auf die Prüfung des konzeptionellen und des operationellen Entwurfs. Die Grundsätze und die Vorschriften zur Entwurfsprüfung sind übrigens für das gesamte System (Hardware und Software) gültig.

Die Richtlinie wird vervollständigt durch einen Anhang, in dem Maßnahmen zur Entwurfs- und Programmprüfung beschrieben sind. Da die Festlegung der konkreten Maßnahmen, mit denen für eine bestimmte Prüfung die in dieser Richtlinie erhobenen Prüfungsvorschriften erfüllt werden sollen, ein Teil der Planung eben dieser bestimmten Prüfung ist, kann eine allgemeine Richtlinie keine konkreten Maßnahmen festlegen. Deren Festlegung soll aber erleichtert werden, indem die effektivsten Verfahren zur Entwurfs- und zur Programmprüfung kurz beschrieben und für jedes Verfahren Ausführungsbestimmungen aufgelistet werden.

Die Verfahren sind /7/
- die informalen Analysen Inspektion und Walkthrough,
- statische Analyse,

  und für die Programmprüfung zusätzlich
- systematisches Testen.

Die Liste der Ausführungsbestimmungen ist in ihrer Gesamtheit nicht verbindlich, sondern als Auswahlliste gedacht. Sie soll bedarfsweise erweitert werden.

4.3 Zum Inhalt der Richtlinie

Im folgenden wird inhaltlich kurz auf die drei Schwerpunkte der Prüfungsorganisation eingegangen.

4.3.1 Formale Organisation der Prüfung

Durch die Festlegung der formalen Organisation werden die Rollen der Personengruppen vorgeschrieben, die an der Erstellung und Prüfung sicherheitsrelevanter Software beteiligt sind. Diese sind

- Projektleiter
- Entwickler
- interne Prüfer.

Ihnen werden die Aufgabenbereiche

- Planung der Prüfung (Festlegung der Aufgaben, Ziele und Vorgehensweisen)
- Durchführung der Prüfung
- Kontrolle der Prüfung (Überwachung der Durchführung der Prüfung entsprechend der Planung)
- Dokumentation der Prüfung
- Freigabe der Produkte und der Prüfdokumentation

zugeordnet, wie es in Bild 3 dargestellt ist.

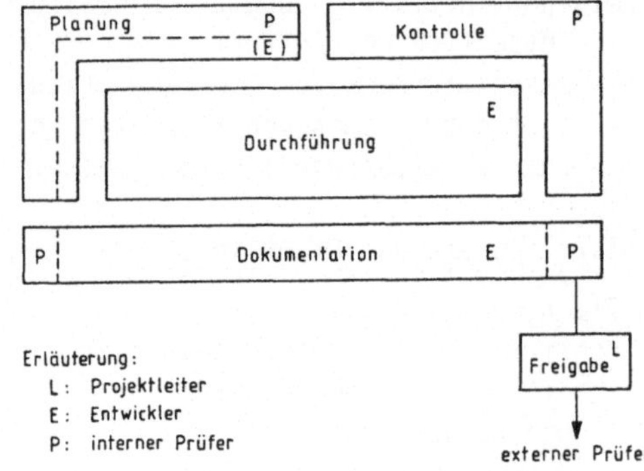

Bild 3: Formale Organisation der Prüfung, Festlegung der Verantwortlichkeiten

Grundlage dieser Organisation ist das Prinzip, daß die Planung und die Kontrolle einer Prüfung von internen Prüfern vorzunehmen sind, die an der Entwicklung des Gegenstands der Prüfung nicht beteiligt sein dürfen. Lediglich der durchführungsnahe Teil der Planung (z.B. Festlegung von Einzelheiten für die Ausführung von Tests) kann, wie im Bild angedeutet, von Entwicklern vorgenommen werden.

4.3.2 Ablauf der Prüfung

Der Ablauf der Prüfung orientiert sich an dem Phasenmodell der Software-Erstellung. Die dabei in Form von Dokumenten oder Programmen entstehenden Produkte werden in der folgenden zeitlich-logischen Reihenfolge geprüft, die im Bild 4 grob dargestellt ist:

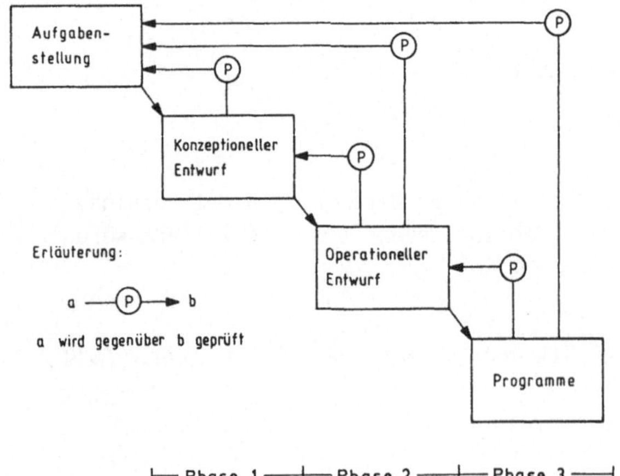

Phase 1: Prüfung des Konzeptionellen Entwurfs

Phase 2: Prüfung des Operationellen Entwurfs

Phase 3: Prüfung der Programme.

Bild 4: Grobablauf der Prüfung, Einteilung in Prüfphasen

Eine weitere Unterteilung der Prüfphasen ergibt sich durch die Strukturierung des Entwurfs und der Programme. Bild 5 zeigt eine mögliche EPOS-orientierte Gliederung des Entwurfs eines Systems (Hardware/Software) in bestimmte Entwurfsebenen.

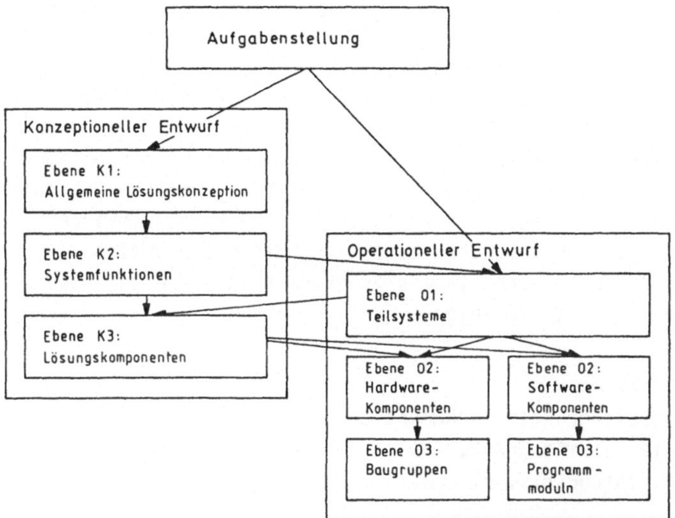

Bild 5: Gliederung des Entwurfs (exemplarische Darstellung)

Daraus können sich zeitlich-logische Abläufe von Prüfphasen ergeben, wie sie in Bild 6 und Bild 7 beispielhaft für die Prüfung des Operationellen Entwurfs und die Programmprüfung dargestellt sind.

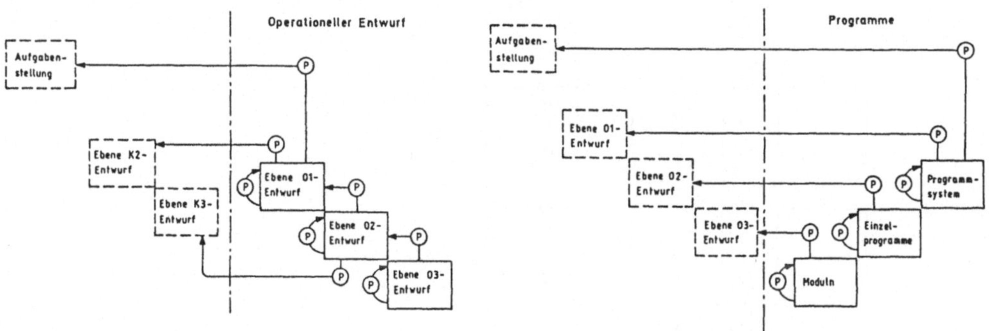

Bild 6: Exemplarischer Ablauf der Prüfphase 2

Bild 7: Exemplarischer Ablauf der Prüfphase 3

In diesem Hauptteil der Richtlinie werden allgemeine wie auch phasenspezifische Vorschriften für die in 4.3.1 genannten Aufgabenbereiche Planung, Durchführung, Kontrolle und Dokumentation der Prüfung angegeben.

Vorschriften zur Prüfungsplanung betreffen u.a. die Festlegung von Prüfobjekten, Prüfkriterien, Prüfzielen, der Reihenfolge von Einzelprüfungen und von Prüfverfahren. Ein großer Teil der Vorschriften zur Prüfungsdurchführung, die für jedes definierte Prüfobjekt einzuhalten sind, ist aus dem folgenden allgemeinen Schema abgeleitet:

- Prüfung, ob die gewählten Lösungswege oder die Realisierung überhaupt prüfbar sind.
- Prüfung hinsichtlich formaler Gesichtspunkte.
- Prüfung hinsichtlich inhaltlicher Gesichtpunkte (Widerspruchsfreiheit, Vollständigkeit).
- Prüfung des Zusammenwirkens des Prüfobjektes mit Elementen seiner Umgebung.

Einige Vorschriften betreffen die Prüfung, ob alle für das jeweilige Prüfobjekt relevanten Regeln aus der "Richtlinie zur Erstellung sicherheitsrelevanter Software" eingehalten worden sind. Darüber hinaus enthält die Richtlinie Vorschriften, die auf oben genannte quantitative Programmerkmale zielen, etwa die Vorschrift zum Testen aller Programmzweige.

4.3.3 Dokumentation der Prüfung

Jede Prüfphase wird in gleicher Weise dokumentiert, so daß ein einheitliches Gliederungsschema für die gesamte Dokumentation der Prüfung sicherheitsrelevanter Software entsteht (siehe Bild 8).

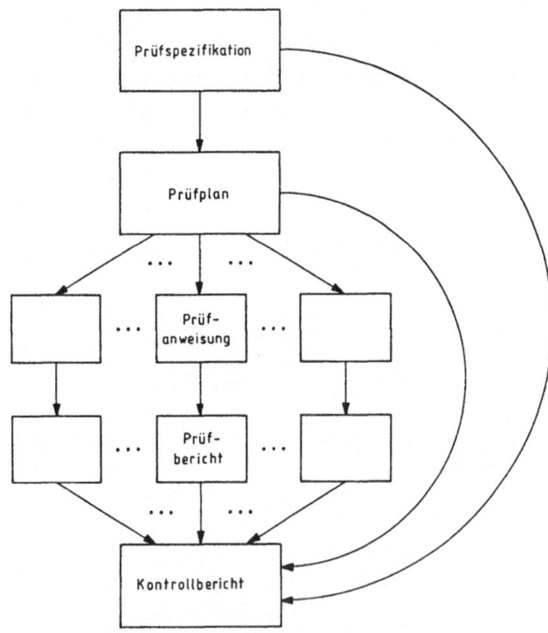

Bild 8: Prüfdokumentation für eine Phase

Die Dokumentation besteht für jede Prüfphase aus

- der Prüfspezifikation,
  die angibt, was woraufhin zu prüfen ist
  (Angabe von Prüfobjekten, Bezugsdokumenten, Prüfkriterien und Prüfzielen),
- dem Prüfplan,
  der die Vorgehensweise für die Prüfung festlegt
  (Angabe von Ablaufplan, Prüfverfahren und Prüfumgebung),
- den Prüfanweisungen,
  die die Einzelprüfungen so detailliert beschreiben, daß sie von den zuständigen Personen durchgeführt werden können
  (Angabe von Prüfschritten, Testfällen, Testdaten, Testkonfiguration, Testprozeduren, Bewertungsverfahren und Bearbeiter)
- den Prüfberichten,
  die die Ergebnisse der Einzelprüfungen festhalten und
- dem Kontrollbericht,
  in dem die Prüfung bewertet wird, und der Abschluß der Prüfphase festgehalten ist.

4.4 Quellen

Aus der Vielzahl der berücksichtigten Unterlagen und Veröffentlichungen sind hervorzuheben: /8/, /9/, /10/, /11/, /12/, /13/.

5. Erfahrungen

Die Richtlinie zur Erstellung sicherheitsrelevanter Software ist bereits mit dem externen PrÜfer abgestimmt und von diesem akzeptiert worden. Die Richtlinie zur internen Prüfung sicherheitsrelevanter Software steht kurz vor dem Abschluß, eine endgültige Abstimmung mit dem externen Prüfer ist noch nicht erfolgt.

Mit ersten Erfahrungen bei der Anwendung der Richtlinie ist im Laufe des Jahres 1984 zu rechnen.

Literatur:

/1/ : Szentes, J. : SOMIKA - An Automated System for Measuring Software Quality. In: Sneed, H.M., Wiehle, H.R. (Hrsg.): Software-Qualitätssicherung. Stuttgart, Teubner-Verlag, 1982.

/2/ : Pierick, K.: Analytische Abstimmung von Erfolg und Aufwand bei Sicherungsmaßnahmen. Signal + Draht 73 (1981), Heft 6, S. 135-139.

/3/ : Institut für Regelungstechnik und Prozeßautomatisierung (IRP): EPOS-Handbuch. Universität Stuttgart, 1980 ff.

/4/ : Jensen, K., Wirth, N.: PASCAL User Manual and Report, New York, Springer-Verlag, 1978.

/5/ : Deutsche Bundesbahn: Richtlinien-Entwürfe 42500 bis 42550 für das Handbuch "Grundsätze zur technischen Zulassung in der Signal- und Nachrichtentechnik". München, Bundesbahn-Zentralamt, Juli 1982.

/6/ : European Workshop on Industrial Computer Systems (EWICS)-TC7: Position Paper on Development of Safety Related Software. Working Paper No 235, April 1981.

/7/ : Adrion, W.R., Branstad, M.A., Cherniavsky, J.C.: Validation, Verification and Testing of Computer Software. Computing Surveys 14 (1982), Heft 3, S. 159-192.

/8/ : European Workshop on Industrial Computer Systems (EWICS)-TC7: Guideline for Verifikation and Validation of Safety Related Software. Working Paper No 287/3, Juni 1983.

/9/ : Baur, P.: Zusammenstellung der Maßnahmen zur Fehleroffenbarung bei der Anwendung von EPOS-A. Universität Stuttgart, Institut für Regelungstechnik und Prozeßautomatisierung, Januar 1983.

/10/ : Myers, G.J.: Methodisches Testen von Programmen. München, Oldenbourg-Verlag, 1982.

/11/ : Powell, P.B. (Hrsg.): Planning for Software Validation, Verification and Testing. NBC Special Publication 500-98, US-Department of Commerce, November 1982.

/12/ : Schmitz, P., Bons, H., van Megen, R.: Software-Qualitätssicherung - Testen im Software-Lebenszyklus. Braunschweig, Vieweg-Verlag, 1982.

/13/ : Schuller, K.: Systematisches Verfahren beim Test der Software von Prozeßautomatisierungssystemen. RTP 25 (1983), S. 279-286.

Moderne Industrieroboterprogrammierung und ihre Beziehung zur Programmierung in der elektronischen Datenverarbeitung

Dr. Dirk Helms
Dr. Siegfried Hoener — *Jungheinrich Produktbereich Handhabungssysteme, Hamburg*

Frank-Thomas Mellert — *Dr.-Ing. Eckelmann GmbH, Wiesbaden*

1. *Einführung*

Die primäre Aufgabe der Industrieroboterprogrammierung ist es - ähnlich wie bei der Programmierung numerisch gesteuerter Werkzeugmaschinen - Bewegungsabläufe festzulegen. Für einfache Anwendungen ist die reine Bewegungsprogrammierung - üblicherweise im Teach-In-Verfahren - verbunden mit einer einfachen Schnittstelle zur Prozeßsynchronisation über binäre Signale völlig ausreichend. Für den Einsatz der Roboter in flexiblen Automatisierungssystemen muß die Steuerung jedoch weitere Funktionen zur Verfügung stellen. Dazu gehören vor allem die Sensordatenverarbeitung, eine erweiterte Schnittstelle zum Prozeß für die Steuerung roboternaher Peripherie sowie eine Schnittstelle zur übergeordneten Fertigungssteuerung mit der Möglichkeit der schnellen Anpassung des Programms beim Produktwechsel.

Bei kleineren und mittleren Losgrößen spielt die Zeit eine wesentliche Rolle, für die das Robotersystem zur Programmierung der Bewegungsziele und Bewegungsabläufe stillgesetzt werden muß. Hierfür sind also effektive Programmierhilfen erforderlich, die die Definition von Bewegungen ohne Zuhilfenahme des Roboters erlauben.

Diese Entwicklung der Anforderungen an die Programmiersysteme von Industrierobotern spiegelt sich in den Eigenschaften vorhandener Robotersteuerungen wieder. Die bewegungssatzorientierte Programmierung mit einfachen Mitteln zur Steuerung des Programmablaufs über Zyklen und Unterprogramme wurde mit dem Erscheinen der ersten Punktschweißroboter realisiert. Die Bedienung erfolgt über Funktionstasten. Spezielle Funktionen können über eine Erweiterung der Tastenfunktionen realisiert werden. Textuell orientierte Programmiersysteme (Bedienung über Tastatur und Bildschirm) erschienen zunächst mit stark bewegungsbezogenem Befehlssatz (z.B. Jungheinrich ROLF 1980).

Verschiedene Hersteller integrierten anschließend eingeschränkte Fähigkeiten zur Datenverarbeitung, wie einfache Variablenkonzepte mit Ganzzahlarithmetik, Konstrukte zur Programmablaufkontrolle, Prozeduren sowie spezielle Ein- Ausgabesysteme und Task-Konzepte. Beispiele dafür sind Unimation's VAL, Olivetti's SIGLA, Dea's HELP undJungheinrichs ROLF. Allen diesen Programmiersprachen ist gemeinsam, daß sie interpretativ abgearbeitet werden, also keinen Compiler benötigen.

Weitere Sprachentwicklungen gingen aus bestehenden Programmiersprachen hervor. ROBEX entstand aus der höheren NC-Sprache EXAPT durch Ergänzung roboterspezifischer und auch datenverarbeitungsorientierter Funktionen /1/. PASRO ist eine Anpassung der Programmiersprache PASCAL durch die Einführung roboterspezifischer Funktionen in Form von Prozeduren in das Laufzeitsystem /2/. Parallel dazu wurde eine Vielzahl von Robotersprachen vorgestellt, die für bestimmte Einsatzgebiete - vor allem Montage - bestimmt sind. Wichtige Beispiele dafür sind AL/3/ und SRL/4/. Diese Sprachen zeichnen sich wegen ihrer Anlehnung an die Rechnersprachen ALGOL bzw. PASCAL durch vollständige Fähigkeiten zur Datenverarbeitung aus, sind jedoch nicht für alle Roboteranwendungen gleich gut geeignet.

Die Betrachtung der Anforderungen an die Industrieroboterprogrammierung einerseits und der bisherigen Entwicklung andererseits führen zu folgenden Themen:

1. *Ein Industrierobotersystem kann als Prozeßrechnersystem mit motorischen Fähigkeiten angesehen werden. Die bearbeiteten Objekte sind Daten und geometrische Positionen, die zugehörigen Operationen sind die der Datenverarbeitung und Bewegung zwischen Positionen.*

2. *Der Industrieroboter ist wie ein Rechner als universelles Gerät aufzufassen, dessen Spezialisierung für eine Anwendung so spät wie möglich erfolgen muß.*

Als Konsequenz aus diesen beiden Thesen ergibt sich, daß eine höhere Programmiersprache für Industrieroboter benötigt wird, die bezüglich ihrer Datenverarbeitungsfunktionen keine wesentlichen Einschränkungen gegenüber Rechnerprogrammiersprachen aufweist, die Bewegungsprogrammierung unterstützt und nicht auf ein Anwendungsgebiet zugeschnitten ist. Aufgrund dieser Erkenntnisse spezifizierte Jungheinrich die Sprache ROLF-C, die zur Zeit implementiert wird (diese Arbeiten werden vom BMFT unter der Projektträgerschaft Fertigungstechnik gefördert).

Die Roboterprogrammierung wird derzeit im wesentlichen von dem Fachpersonal für die jeweiligen Aufgaben, also z. B. den Schweißfacharbeitern, durchgeführt. Deshalb wird der Forderung nach einem einfachen transparenten Programmierverfahren große Bedeutung beigemessen. Andererseits besteht die Forderung nach einer flexiblen Programmiersprache, die auch die Programmierung von komplexen Aufgaben, wie sie z. B. in Montageaufgaben vorkommen, ermöglicht Eine derartige Sprache stellt jedoch höhere Anforderungen hinsichtlich Programmiertechnik und Programmiererfahrung. Infolge der höheren Flexibilität bietet sich in diesem Falle, wie auch bei anderen Rechenanlagen, die Möglichkeit von Software-Paketen, die nur über Parameter-Eingaben auf die jeweilige Aufgabe innerhalb einer begrenzten Aufgabenklasse eingestellt werden.

Im folgenden werden einige Aspekte der Sprache ROLF-C und ihres Programmiersystems dargestellt und mit den korrespondierenden Aspekten der konventionellen Rechnerprogrammierung verglichen.

2. Programmiersprache

Der Programmiersprache ROLF-C liegt das Konzept von PASCAL zugrunde. Der Sprachumfang von PASCAL wurde in seinen wesentlichen Teilen übernommen und durch roboterspezifische Funktionen stark ergänzt. Diese werden durch neue Datentypen mit ihren zugehörigen Operationen, die Bewegungsbefehle und neue Standardfunktionen repräsentiert.

Als Datentypen enthält ROLF-C die arithmetischen und logischen Datentypen von PASCAL, wobei auf die Typen SET, RECORD und auf selbstdefinierte Typen verzichtet wird. Neu eingeführt werden die Typen FRAME für die Darstellung von Koordinatensystemen sowie von Bewegungszielen des Roboters, sowie VECTOR und ROTATION als Komponenten von FRAME.

Die arithmetischen Operationen von PASCAL werden auf die Verwendung typenreiner Operanten eingeschränkt. Für die neuen geometrischen Datentypen werden die Operationen Vektorskalarprodukt, Vektoraddition und -subtraktion sowie die Frame-Transformation zur Umrechnung eines Bewegungszieles von einem Koordinatensystem in ein anderes eingeführt.

Zur Unterstützung der geometrischen Datentypen dienen folgende Standardfunktionen:

VEC	*VECTOR aus Komponenten*
ROT	*ROTATION aus Winkeln*
LENGTH	*Betrag eines Vektors*
FR	*FRAME aus VECTOR und ROTATION*
FRI	*FRAME aus Vektorkomponenten und Rotationswinkeln*
FRACON	*FRAME aus den Positionsvektoren von 3 FRAMES (Anwendung: Definition eines Koordinatensystems per Teach-In, z. B. bei CAD-Programmierung)*
ARM	*Aktuelles FRAME der Roboterhand*
INV	*Frameinversion*
ANGLE	*Rotationswinkel aus FRAME*

Mit diesem Satz von geometrischen Operationen und Standardtypen, lassen sich alle wichtigen Operationen über Koordinatensysteme ausführen, die in der Roboterprogrammierung nötig sind. Dazu zählt z. B. auch die Koordinatentransformation beim Einsatz von Sichtsystemen zur Lageerkennung von Handhabungsobjekten.

Für die Steuerung der Roboterbewegungen wird mit den Bewegungsanweisungen gegenüber PASCAL ein Satz neuer Befehle eingeführt. Jede Bewegungsanweisung muß Angaben enthalten über das Bewegungsziel (Typ: FRAME) und die Interpolationsart (einzelne Achsbewegung, Punkt-zu-Punkt-Bewegung, lineare Bahnsteuerung, Kreisinterpolation). Zusätzlich können Angaben beigefügt werden, die die einzelne Bewegungsanweisung parametriesieren, z. B. hinsichtlich Geschwindigkeit und Beschleunigung. Zur Verdeutlichung dienen folgende Beispiele:

DRIVE (3,90,75)	*Achse 3 wird mit 75% Geschwindigkeit um 90° gedreht*
GO P(3), SPTP:=100	*Teach-In-Punkt (P3) wird in PTP-Interpolation mit 100% Geschwindigkeit angefahren*
GOL GREIFPUNKT	*Lineare Bewegung zum FRAME GREIFPUNKT*
RGOL VEC (0,0,100)	*Lineare Bewegung 100 mm in z-Richtung von der jetzigen Position aus*
GOARD ANF STUET,ENDE	*Teilkreis, definiert durch Anfangs-, End- und Stützpunkt.*

Über die Standardfunktionen DEPART, APPRO und DIR können Bewegungsziele für Abrück- und Annäherungsbewegungen sowie Bewegungen in eine bestimmte Richtung definiert werden. Die Überschleiffunktion wird durch die Begrenzer STON und STOFF (Smooth Transition On/Off) realisiert. Alle dazwischenstehenden Bewegungsanweisungen werden in einem Zug ausgeführt, wobei Richtungsänderungen allmählich ("überschliffen") erfolgen.

Zur Programmablaufkontrolle werden die Konstrukte von PASCAL bereitgestellt. Da zur Synchronisation des Roboters mit dem Prozeß häufig das Warten auf ein binäres Signal benötigt wird, wird hierfür die spezielle Anweisung WAIT hinzugefügt.

Das Prozedurkonzept wird ähnlich wie in PASCAL realisiert. Neu sind Funktionsprozeduren von geometrischem Typ (z.B. APPRO vom Typ FRAME).

Die Anweisung zur Ein- und Ausgabe werden für die Prozeßschnittstelle und zur Sensorankopplung erweitert. Es stehen Anweisung für Einzelbit-, Binärwort- und Analog-Ein/-Ausgabe zur Verfügung.

ROLF-C wird durch einen Compiler in einen Zwischencode übersetzt. Dieser Code entspricht dem p-Code üblicher PASCAL-Compiler. Er soll die in der Normung befindliche IRDATA-Spezifikation (VDI 2863)erfüllen. Damit enthält das Programmiersystem eine normierte Schnittstelle zwischen Programmier- und Steuerungsrechner, die die Ankopplung auch anderer Sprachübersetzer ermöglicht.

3. Programmiersystem

Die Programmiersysteme der Datenverarbeitung bestehen gewöhnlich aus Texteditor, Sprachübersetzer, Binder, Lader und Testwerkzeugen. Für den Industrieroboter benötigt man auch bei der Verwendung von höheren Programmiersprachen neben dem Texteditor einen "Frame-Editor", mit dessen Hilfe Frames als Bewegungsziele oder zur Definition von Koordinatentransformationen festgelegt werden, in dem der Roboter per Tastendruck in die entsprechenden Positionen gefahren wird. Dieses "Teach-In"-Verfahren ergänzt die Möglichkeit, Frames textuell im Programm, über eine von einem CAD-System erstellte Datei oder über Sensorinformationen festzulegen. Da das Teach-In-Verfahren zeitraubend ist und den Roboter belegt, soll es so weit wie möglich durch eine textuelle Offline-Frame-Definition ersetzt werden. Es behält jedoch seine Bedeutung zur Anpassung eines offline erstellten Programms an die Situation im Arbeitsraum des Roboters und für die Behandlung nicht ausreichend vermaßter Objekte. Die Integration des Teach-In-Verfahrens in das Programmiersystem umfaßt auch Möglichkeiten zur Bewegung des Roboters in verschiedenen Koordinatensystemen sowie einen Satz von direkt interpretierbaren Anweisungen aus dem Sprachumfang von ROLF, um zu korrigierende Frames leicht anfahren zu können.

Binder und Lader spielen bei der Roboterprogrammierung wegen der begrenzten Programmgröße eine untergeordnete Rolle. Ihre Implementierung kann gegebenenfalls ähnlich wie bei üblichen Rechnerbetriebssystemen erfolgen.

Von wesentlicher Bedeutung für die Roboterprogrammierung sind die Testhilfen. Simple Programmierfehler können Kollisionen erzeugen und dabei Schäden an Roboter, Peripherie (besonders Greifer, Sensoren und Werkzeuge), Werkstücken und Umfeld hervorrufen. Bei unzureichenden Sicherheitsmaßnahmen sind auch Menschen gefährdet.

Da 3D-Graphik-Simulationen zu teuer sind (neben den Rechnerkosten vor allem wegen der nötigen Erfassung der Umweltdaten im Simulationsmodell), werden im ROLF-Programmiersystem Testwerkzeuge installiert, mit denen das Programm schrittweise vorwärts (und bezüglich der Bewegungsfolge auch rückwärts) mit verringerter Geschwindigkeit durchfahren werden kann. Dabei können während der Ausführung Frames per Teach-In korrigiert werden. Da der IRDATA-Code schlecht leserlich ist, können zur Fehlersuche ausgeführte IRDATA-Anweisungen in ROLF-Befehle rückübersetzt werden. Für kurzfristige Programmkorrekturen ohne Compilerlauf (Patches) können sowohl IRDATA-Anweisungen gelöscht als auch neue IRDATA-Anweisungen erzeugt werden.

Letzteres geschieht durch Eingabe von ROLF-I-Befehlen, die interpretativ in IRDATA-Code umgewandelt werden und so sofort zur Ausführung gelangen können. ROLF-I ist als Untermenge von ROLF-C spezifiziert. Das Testsystem enthält weiterhin die üblichen Breakpoint-Funktionen und die Zugriffsmöglichkeit auf Variablen über deren symbolische Namen.

4. Multitasking

In der Prozeßdatenverarbeitung wird der Multitaskbetrieb eines Rechners in den meisten Fällen auf der Betriebssystemebene abgehandelt und hat nur über den Aufruf von Supervisor-Calls als Prozeduren Einfluß auf die Programmiersprache. Bei der Roboterprogrammierung existieren zwei wesentliche Varianten der Taskproblematik:

1. *Der Industrieroboter ist als Betriebsmittel einer Task zugeordnet, dazu laufen wietere Tasks parallel (z.B. bei Prozeßsteuerung und Sensorüberwachung mit Hilfe der Robotersteuerung).*

2. *Um den Industrieroboter als Betriebsmittel konkurrieren mehrere Tasks (z.B. bei der Beschickung verschiedener Paletten abwechselnd in nicht vorhersehbarer Reihenfolge).*

Für die Behandlung beider Fälle werden in der Programmiersprache ROLF-C entsprechende Elemente vorgesehen, die auch durch den IRDATA-Code unterstützt werden. Auf diese Weise ist die Implementierung des Taskkonzeptes von speziellen Betriebssystemschnittstellen des Roboter-Steuerrechners unabhängig.

5. Zusammenfassung

Alle Vorteile einer modernen höheren Programmiersprache der Datenverarbeitung wie PASCAL können bei der Definition eines Programmiersystems für Industrieroboter genutzt werden.

Dies gilt vor allem auch für ihre gute Lesbarkeit, die Selbstdokumentation und die gute Erlernbarkeit. Die motorischen Fähigkeiten des Roboters werden durch die Einführung geeigneter Sprachelemente, des Teach-In-Verfahrens und komfortabler Testwerkzeuge berücksichtigt. Das Taskkonzept wird auf die Sprachebene verlegt, um eine von Betriebssystemen unabhängige Implementierung zu ermöglichen.

6. Literaturverzeichnis

/1/ Weck, Eversheim, Zühlke: Robex - Ein Programmiersystem für numerisch gesteuerte Handhabungsgeräte, PFT-Entwicklungsnotiz KFK-PFT-E2, 1981

/2/ Blume: Pasro: Robotersprache auf Pascal-Basis, Elektronik 1982, Heft 6, Seite 65-70

/3/ Blume: Vorstellung der Sprache AL und die Besonderheiten der Implementierung an der Universität Karlsruhe, PFT-Entwicklungsnotiz KFK-PFT-E2, 1981

/4/ Blume, Jakob: Programmiersprachen für Industrieroboter, Vogel-Verlag 1983

CAMIC/S - EIN DURCHGÄNGIGES ENTWICKLUNGSSYSTEM

H. Feigelbinder

Softlab GmbH

München

ZUSAMMENFASSUNG

Es werden die Anforderungen, sowie methodischen Konzepte und integrierten Werkzeuge im durchgängigen und universellen Entwicklungssystem CAMIC/S beschrieben. Dieses Entwicklungssystem befindet sich seit 1982 in der Industrie für die Realisierung von Mikroprozessor-Software im Einsatz. Abschließend wird ein Erfahrungsbericht über den Einsatz in einer Elektronik-Abteilung bei MAN-Roland in Augsburg gegeben.

1. EINLEITUNG

Entwicklungs- und Einsatzziel für ein neues Entwicklungssystem sind die bessere Nutzung der vorhandenen Mitarbeiterkapazität und der Betriebsmittel, sowie die Reduzierung der Entwicklungskosten und der Wartungsaufwendungen. Die Ausgangsbasis war dabei eine umfassende Studie, die sich mit den dedizierten und universellen Entwicklungssystemen befaßt [1]. CAMIC/S wurde als universelles System ausgelegt, wobei die Durchgängigkeit der Unterstützung in allen Phasen eines Entwicklungsprojektes angestrebt wurde.

Die Durchgängigkeit gibt an, in welchem Umfang alle Phasen eines Mikroprozessor-Entwicklungsprojektes auf und mit einem Entwicklungssystem abgewickelt werden können. Durchgängigkeit und Offenheit, daß heißt Erweiterbarkeit und Anpassungsfähigkeit an sich ändernde Arbeitsumgebungen, sind wesentliche Aspekte für den längerfristigen Einsatz.

2. STRUKTUR UND KONZEPTE

Als Basis für den durchgängigen Einsatz der Werkzeuge wird die Methodik und damit der Rahmen von CAMIC/S erläutert. Der methodische Rahmen wird durch das Projektmodell, die Projektbibliothek mit ihrer Datenbasis und den vereinheitlichten Produktmustern dargestellt. Die verschiedenen Werkzeuge werden in diesem Umfeld vorgestellt. Darüber hinaus wird auf die Erweiterbarkeit und Anpaßbarkeit dieser Werkzeuge eingegangen.

2.1 Das Projektmodell

Das Projektmodell gliedert ein Entwicklungsprojekt in zeitlicher und logischer Sicht. Die Einführung von Phasen im Projektablauf, die Definition von Produkten, die während dieser Phasen erstellt werden, gestatten es, ein Projekt kontrolliert mit Meilensteinen abzuwickeln. Die Erreichung von Teilzielen in der Realisierung ist anhand der Produkte überprüfbar [2].

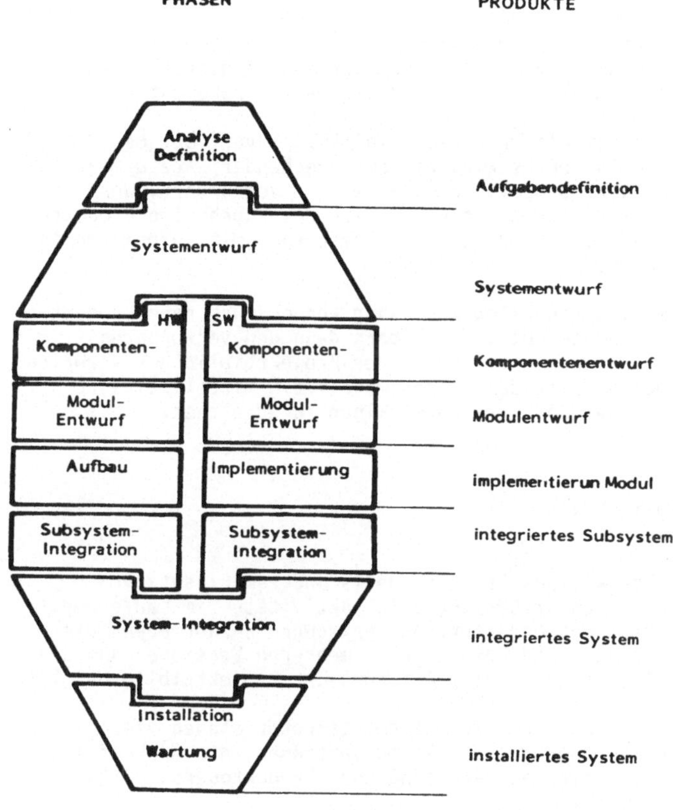

Abb. 1: Das CAMIC/S-Projektmodell

Unterschiedlich zum bekannten ˝life cycle˝-Modell ist die Berücksichtigung der Entwicklung der Hardware-Komponenten im Projektmodell. Bei den Projektphasen Analyse, Definition wird noch keine Trennung in Hardware- oder Software-Entwicklung vorgenommen. Spätestens im Systementwurf erfolgt jedoch die Aufteilung. Wesentlich ist die Integration von Subsystemen bzw. Systemen, in der beide Entwicklungsergebnisse wieder zusammenlaufen.

Eine weitere Forderung des Projektmodells ist der "frühe" Testentwurf, der jeweils mit der Spezifikation des entsprechenden Bausteins entstehen soll. Dies ist eine Voraussetzung für das Werkzeug "Testsystem".

2.2 Die Produktmuster

Durch die Zerlegung des zu entwickelnden Systems in genau beschriebene Teilprodukte ist es möglich, durch Vorgabe von Produktmustern die Einheitlichkeit, Übersichtlichkeit und Vollständigkeit zu unterstützen.

Der formalisierte Aufbau der Produktmuster (z. B. Komponentenspezifikation, Modulbeschreibung, Schnittstellenbeschreibung) gestattet eine automatische Auswertung aller oder einer Gruppe von Dokumenten.

Die Produktmuster liegen als Mustersatz in CAMIC/S vor. Bei der Einrichtung eines neuen Projektes wird ein entsprechender Satz dem Projekt - nach gegebenenfalls erforderlicher Anpassung - zugeordnet. Wenn ein Projektmitarbeiter ein Produkt erstellt, wird das zugehörige Produktmuster einkopiert und (dem Produkttyp entsprechend) mit Informationen automatisch vorbesetzt.

Neben dieser projektindividuellen Anpassung können auch neue Produktmuster eingerichtet werden. Diese erweitern dann den verfügbaren Mustersatz. Die Produktmuster werden in der Projektbibliothek verwaltet und sind im Zusammenhang mit dem Projektmodell ein Mittel, eine Vereinheitlichung in der Software-Entwicklung zu erreichen.

2.3 Die Projektbibliothek

Begleitend zur Methodik eines Projektmodells und zum Einsatz von Produktmustern ist die Unterstützung aller Aktivitäten im Laufe der Projektabwicklung mit rechnergestützten Werkzeugen anzustreben. Die Verwaltung aller Produkte und Dokumente in mehreren Versionen und die Unterstützung bei Auswertungen sind Aufgaben der Projektbibliothek [3].

Dem Projektmitarbeiter und dem Projektadministrator stehen vier Klassen von Operationen zur Verfügung: die Grundfunktionen, die Auskunftsfunktionen, die Informationsaufbereitung über Produktquerschnitte und organisatorische Dienste.

Die Grundfunktionen erlauben das Ändern des Zustandes der Produkte wie definieren, löschen, fertigmelden und freigeben. Die Auskunftsfunktionen informieren über Produkte, Produktmuster und Mitarbeiter. Die Informationsaufbereitung wird durch die Querschnittsbildung inhaltlich zusammengehöriger Informationen unterstützt. Die organisatorischen Funktionen gestatten das Aus- und Einlagern von Projekten oder Projektteilen sowie die Datensicherung.

2.4 Die Bedienschnittstelle

Die verschiedenen Werkzeuge wie Projektbibliothek, Sprachsysteme, Testsystem, Editor werden in einer einheitlichen Form zur Benutzung angeboten. Die Bedienschnittstelle ist mittels frei programmierbaren Funktionstasten, festen Funktionstasten und einer Menütechnik realisiert.

Die einzelnen Bedienelemente sind der Bildschirm mit einem reservierten Bereich für Dialog und Statusinformation, sowie die Funktionstasten-Abbildung im Dialogbereich. Über die Standard-ASCII-Tastatur hinaus wird ein Block von acht frei programmierbaren Tasten und zehn Festfunktionstasten benutzt.

Weiterhin besteht die Möglichkeit, sich eine private Arbeitsumgebung einzurichten. Dabei werden die oft benötigten Kommandos in der bevorzugten Anordnung auf die Funktionstasten gelegt. Der Funktionsumfang von CAMIC/S kann durch den Anwender erweitert werden. Der Aufruf und die Parameterversorgung eines neuen Werkzeuges können in die Bedienschnittstelle eingebaut werden. Die Grundvoraussetzung ist, daß das Werkzeug auf der Basismaschine von CAMIC/S - dem UNIX-Betriebssystem auf der VAX 11 - ablauffähig ist.

Dazu bedient man sich einer Kommandodialogbeschreibung, einer Parameterdialogbeschreibung und der Definition der Eingabedatentypen.
Es ist aber weiter möglich, die Bedienung von Emulatoren, Entwicklungssystemen oder EPROM-Programmiergeräten in die Bedienschnittstelle zu integrieren. Voraussetzung sind die Kommunikationsfähigkeit über einen V24-Anschluß und die Fernsteuerbarkeit bzw. die freie Programmierbarkeit der Geräte.

2.5 Die Cross-Compiler

Ein universelles Entwicklungssystem muß mehrere Sprachen zur Verfügung stellen, welche die programmiertechnischen Möglichkeiten des Prozessors auf der einen Seite und die Anforderungen der Anwendung auf der anderen Seite berücksichtigen können.

In CAMIC/S werden PASCAL, C und die Assemblersprachen angeboten, die sich in den meisten Anwendungsfällen gut ergänzen. PASCAL wird für die neueren leistungsfähigen 16/32-Bit-Mikroprozessoren eingesetzt - C ist die de facto standardisierte maschinennahe Sprache.

Für speicherplatzknappe und/oder zeitkritische (Teil-)Anwendungen kommen die Assemblersprachen zum Einsatz. Eine Ergänzung mit hochsprachlichen Elementen für die Kontrollstrukturen und für die Definition strukturierter Daten erleichtert die Assemblerprogrammierung. In CAMIC/S sind PASCAL-, C- und Assemblerprogramme beliebig kombinierbar.

Die Cross-Compiler wurden als portable adaptierbare Compiler konzipiert und entwickelt. Die Erweiterbarkeit des Entwicklungssystem für neue Prozessorenentwicklungen ist gerade bei den Sprachwerkzeugen fundamental [4]. Die wirtschaftliche Erzeugung neuer Codegeneratoren ist für den längerfristigen Einsatz eines Entwicklungssystems im industriellen Bereich vorrangig.

Die Adaptierbarkeit an weitere Sprachen wird durch die Einbindung neuer Parser und der Verwendung von Baumtransformatoren unterstützt.

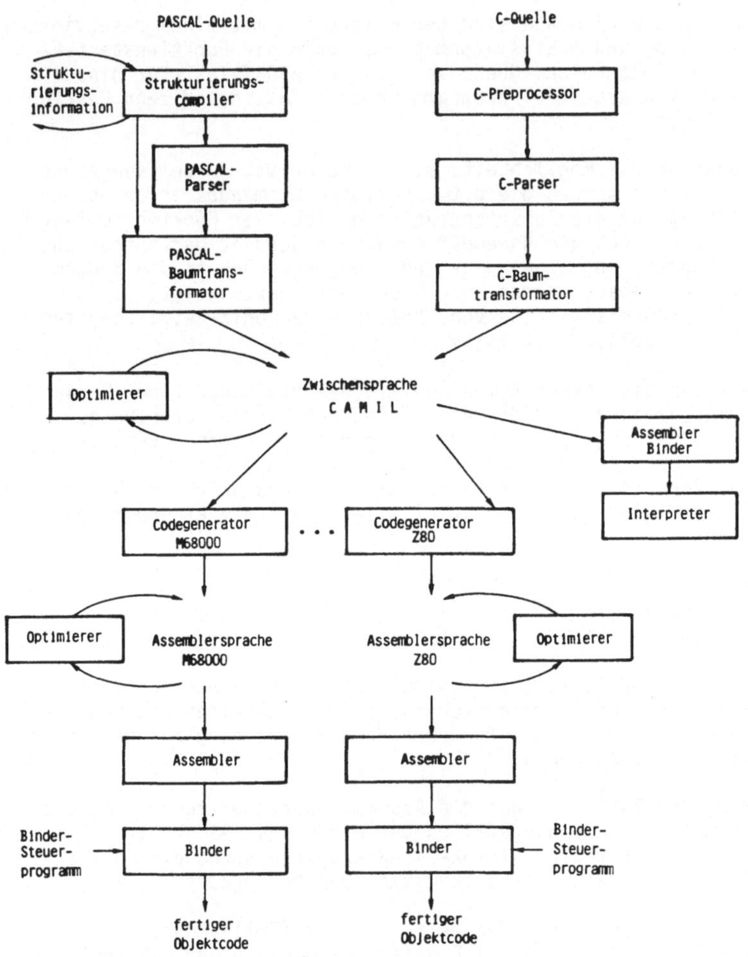

Abb. 2: Die CAMIC/S-Compiler-Struktur

Die effiziente Codeerzeugung ist bei steigender Software-Komplexität auch ohne Speicherraumbeschränkung auf 64 Kbyte eine wichtige Forderung. Die Code-Optimierung wird zweistufig durch einen universellen Optimierer ausgeführt. Es werden jeweils spezielle Regelsätze in Anwendung gebracht. Sie sind, wie in der industriellen Praxis bestätigt wurde, leicht änderbar und die Auswirkungen sind einfach meßbar. Diese Regelsätze sind dem Anwender frei zugänglich und können von ihm an seine speziellen Anforderungen angepaßt werden.

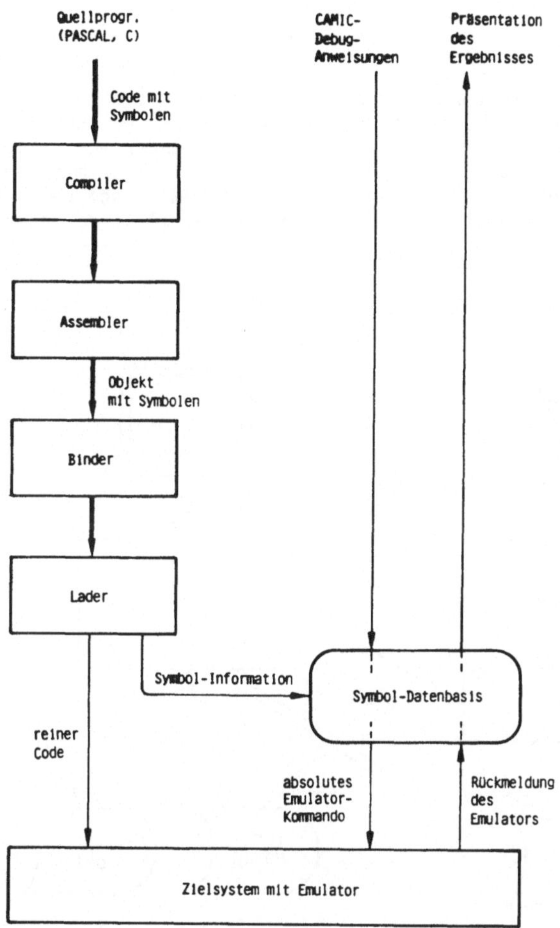

Abb. 3: Das Symbolische Debugging

Für das symbolische quellsprachbezogene Debugging enthalten die Zwischensprache und die Assemblersprache Symbolinformationen, die für benannte statische und dynamische Objekte die Berechnung der aktuellen Adresse gestatten, sofern das Objekt im Quellprogramm sichtbar ist. Eine typgerechte Darstellung wird unterstützt. Alle diese Informationen werden in CAMIC/S in der Symbol-Datenbasis gehalten.

Für die Verwendung unterschiedlicher Emulatoren wird ein vereinheitlichtes "Debug-Interface" eingesetzt. Hier können weitere Emulatoren oder Entwicklungssysteme mit Debug-Programmen eingebunden werden. Dies wird von der Entwicklung bereitgestellt - eine Einbindung durch den Anwender ist nicht vorgesehen.

2.6 Das Testsystem

PASCAL- und C-Programme für die verschiedenen Zielsysteme können auf CAMIC/S getestet werden. Dies wird durch den Einsatz der Compiler für die VAX 11 erreicht. Das Testsystem führt den Anwender interaktiv bei der Festlegung des Testablaufes. Die Testabläufe können im Vorder- wie auch im Hintergrund durchgeführt werden. Die automatische Verwaltung der Testein- und -ausgabedaten und der Testprotokolle wird unterstützt.

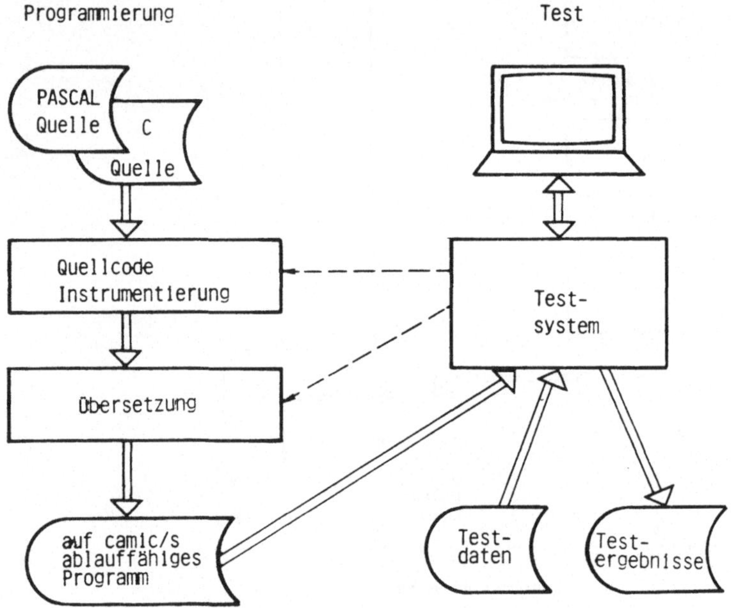

Abb. 4: Das Testsystem

Die Erzeugung von Testrahmen für aufrufende und aufgerufene Programmteile erleichtert den frühen Test einzelner Module. Die C1-Testüberdeckungsmessung wird durch automatische Instrumentierung mit Hilfe eines Precompilers realisiert. Assertions werden während des Programmlaufes überwacht, Verletzungen angezeigt und protokolliert.

Die Testdatendefinition und -generierung liegen, ausgehend von der Testspezifikation, im Aufgabenbereich des Anwenders.

3. ERWEITERBARKEIT, OFFENHEIT UND DURCHGÄNGIGKEIT

3.1 Die eingeplante Erweiterbarkeit

Die eingeplante Erweiterbarkeit basiert zum Teil auf der Möglichkeit, rasch in die Bedienschnittstelle neue UNIX-Werkzeuge ´einzuhängen´ und sie dem Anwender sofort in seiner vertrauten CAMIC/S-Umgebung anbieten zu können.

Die Erstellung weiterer Assembler ist durch den Einsatz des adaptierbaren Assemblers drastisch vereinfacht. Die Unterstützung auf Hochsprachenebene erfordert einen neuen Codegenerator und eventuelle Bibliotheksanpassungen. Die skizzierte Lösung gestattet es, in wenigen Bearbeitermonaten alle zur Verfügung stehenden Hochsprachen, sowie die Assemblersprache für einen neuen Prozessor zu unterstützen.

Die Erweiterung der Anzahl der unterstützten Emulatoren oder Debug-Programme in dedizierten Zielsystemen (Entwicklungssystemen) wird mit Hilfe des Debug-Interfaces abgedeckt. Ein transparentes gesichertes Blockprotokoll ist die Basis dieser Ankoppelungen.

3.2 Offenheit

Die Offenheit von CAMIC/S für Anwendereingriffe wird durch das Ziel der Datenintegrität eingeschränkt. In der Bedienschnittstelle ist die Möglichkeit eingebaut, neue Kommandos mit komplexer Parameterversorgung zu integrieren. Ein entsprechendes Werkzeug steht dem Anwender zur Verfügung.

Die Projektbibliothek sieht die Änderung der Produktmuster vor. Es ist dem Anwender auch möglich, neue Produktmuster einzurichten.

Ankoppelungen von einfachen Geräten auf niedriger Ebene kann mit geringer Unterstützung durch Softlab-Entwickler vom Anwender erfolgen. Das Risiko der nicht nachvollzogenen Änderungen auf CAMIC/S-Seite muß durch erhöhte Disziplin aufgefangen werden können.

Bei den Hochsprachen steht dem Anwender ein integrales Paket für die Generierung von Optimierern zur Verfügung. Die Anpassung an spezielle Projektverhältnisse wird zu kundenspezifischen Optimierern führen. Nach der Änderung der ´Rewrite Rules´ ist der gesamte Ablauf automatisiert und durch ein ausführliches Benutzerhandbuch erläutert.

Die Einbindung von Entwurfswerkzeugen wird laufend angesprochen. Dies wird zum erstenmal ab 3. Quartal 1984 bei einem Anwender aus der fernmeldetechnischen Industrie erprobt. Es handelt sich dabei um ein bekanntes Entwurfswerkzeug für die Prozeßautomatisierung.

3.3 Durchgängigkeit

Die Durchgängigkeit eines Entwicklungssystems soll möglichst lange das Arbeiten auf der leistungsfähigen Wirtsmaschine gewährleisten. Die Entwicklungsarbeit soll mit vertrauten Werkzeugen und mit einer bequemen Benutzerschnittstelle erfolgen können.

In CAMIC/S ist diese Durchgängigkeit ein wesentliches Entwicklungsziel gewesen. Einzige Ausnahme ist das Fehlen eines Entwurfwerkzeuges. Es wurde versucht, die Entscheidung für ein bestimmtes Werkzeug und damit für eine festgelegte Methodik zu verzögern, bis sich am Markt eine Methodik durchsetzt [5]. Anderseits besteht damit für den Anwender die Möglichkeit, ein eigenes selbst entwickeltes Entwurfssystem zu integrieren.

Die Konstruktion der Programme, das Debugging, das logische Testen und der Test in der Zielhardware kann mit einem einzigen Arbeitsplatz abgewickelt werden. Die Verwaltung der entstehenden Produkte und Dokumente und die Projektkontrolle werden in derselben Wirtsmaschine unterstützt; die Schnittstellen und der Arbeitsplatz für den Anwender ändern sich nicht.

Ein Strukturproblem der Softwareentwicklung in der Mikrosystementwicklung liegt bei der Inbetriebnahme vor Ort. Dabei sind oft keine Modem-Anschlüsse möglich. Um ein Ausweichen auf ein dediziertes Entwicklungssystem zu vermeiden und um die Durchgängigkeit auch in der Inbetriebnahmephase zu erreichen, wurde untersucht, welche transportablen UNIX-Systeme als CAMIC/S-Basismaschine in Frage kämen. Durch die Ausweitung der VAX 11-Familie in dem unteren Leistungsbereich mit der MikroVAX und der Unterstützung von UNIX, ist ein einfacher Weg vorgezeichnet, wie die Durchgängigkeit erreicht werden kann.

4. ERFAHRUNGSBERICHT DER MAN-ROLAND AUGSBURG

Genau zwei Jahre alt ist die Softlab-Pilotinstallation von CAMIC/S bei MAN-Roland.

Auch bei technischen Applikationen wird die Software-Entwicklung häufig zum Engpaß: Die Projekte dauern länger als geplant, sie binden mehr Mitarbeiter als vorgesehen, und die Qualität ist längst nicht gesichert.

Diese Probleme wollte die Elektronik-Abteilung von MAN-Roland Augsburg grundsätzlich in den Griff bekommen, als die Einrichtung neuer Entwicklungsplätze zur Debatte stand.

MAN-Roland produziert in Augsburg Rollen-Druckmaschinen für den Illustrations- und Zeitungsdruck. Mikrorechner, die durch ein Bussystem untereinander verbunden sind, ermöglichen eine automatische, für das spezielle Druckprodukt optimierte Voreinstellung der Maschine und regeln Wasser- und Farbmenge während des Druckprozesses.

Ziel der Elektronik-Abteilung war es, die Entwicklung der Mikrorechner-Software zu systematisieren, zu vereinheitlichen und möglichst unabhängig von einem bestimmten Mikroprozessorhersteller zu werden. Ein neuer DEC-Computer wurde mit den bereits vorhandenen Entwicklungssystemen verbunden.

Eine einheitliche Schnittstelle läßt sich vom Benutzer einfach bedienen und wird von ihm selbst wechselnden Anforderungen angepaßt.

Alle Daten eines Projekts werden zentral auf dem CAMIC/S-Rechner verwaltet. Die Entwickler haben stets die aktuellen Datenbestände im Direktzugriff: Programme, Testdaten, Dokumentationen, etc. Die Projektbibliothek definiert Zugriffsarten auf die Projektdaten; sie ist also ein dediziertes Informationssystem. In Entwicklung befindliche und freigegebene Softwareversionen werden streng getrennt.

Durch seine Konzeption als universelles Entwicklungssystem hatte sich CAMIC/S auch schon als Vorversion für die Elektronik-Abteilung von MAN-Roland mehrfach bezahlt gemacht: Durch die Installation weiterer Terminals konnte die schnell angewachsene Zahl von Nutzern (auch Hardware-Entwickler entdeckten das System für Dokumentation und Testprogramme) zufrieden gestellt werden.

Die Arbeit im Team wurde gefördert, weil CAMIC/S durch seine strukturfördernden Hilfsmittel das simultane Arbeiten auf gemeinsamen Daten erlaubt und trotzdem dem einzelnen Entwickler den nötigen Freiraum läßt. Die Einarbeitung der Mitarbeiter ging schnell, einige - bisher stärker hardware-orientiert - haben sich sogar zu Systemspezialisten entwikkelt.

Mittlerweile hat CAMIC/S in der Weiterentwicklung bei Softlab industriellen Reifegrad erreicht. Das System bei MAN-Roland wurde auf den aktuellen Stand gebracht und wird nun von insgesamt zehn Entwicklern im voll integrierten Einsatz gefahren.

Literatur

|1| Färber G., Feigelbinder H., Hölzler E., Schnupp P., Streng W.: CAMIC - Computer Aided Microprocessing; BMFT-Studie zum Vorhaben der Firmen PCS und SOFTLAB, München (1980)

|2| Hesse, W.: Das Projektmodell - eine Grundlage für die ingenieurmäßige Software-Entwicklung; GI 10. Jahrestagung, Informatikberichte 33, 107, Springer (1980)

|3| Denert E.: The Project Library - a Tool for Software Development; Proc. 4th ICSE München, IEEE Cat. CH 1479-5/79, 175 (1979)

|4| Ammer R., Meinen P., Rehmann G.: Portable adaptierbare Compiler, Informatik-Fachberichte 77, 8. Fachtagung Programmiersprachen und Programmentwicklung - Zürich, Berlin Springer 1984

|5| Ludewig J. Streng W.: Überblick und Vergleich verschiedener Mittel für die Spezifikation und den Entwurf von Software, Kernforschungszentrum Karlsruhe März 1978

Produktverwaltung und Projektkontrolle mit PAPICS

G. Greiter

Softlab GmbH, Arabellastr. 13, 8000 München 81

K u r z f a s s u n g . Dieser Vortrag hat zum Ziel, dem Leser zu zeigen, daß die herkömmliche Form der Verwaltung von Software als überholt gelten muß: Seit kurzer Zeit existieren auf dem Markt Werkzeuge, mit denen man nicht nur einzelne Dateien, sondern nun auch ganze Softwaresysteme in beliebig vielen Versionen übersichtlich und ökonomisch verwalten kann. Mehr noch, diese Werkzeuge sind - wie z.B. die Projektbibliothek PAPICS -

- nicht nur ideal zum Configuration Management,
- sondern auch wirkungsvolle Hilfe beim Projekt-Controlling.

Das Papier gliedert sich in vier Abschnitte:

1 Die konventionelle Form der Produktverwaltung

2 Wie man Software heute verwalten sollte

3 Beispiel eines modernen Systems: Die Projektbibliothek PAPICS

4 Erfahrungen bei Einführung und Anwendung von PAPICS

1 Die konventionelle Form der Produktverwaltung

Bis in die jüngste Vergangenheit hinein verstand man unter Werkzeugen zur Verwaltung von Software einfach Werkzeuge zur Verwaltung von Dateien.

Solch konventionelle Verwaltungssysteme konnten typischerweise unterscheiden zwischen

- . einfachen Textdateien
- . Dateien mit Sourcecode
- . und Dateien mit Objektcode.

Sie kannten vielleicht auch noch verschiedene Versionen einzelner Dateien, auf keinen Fall aber ganze S y s t e m - Versionen in all ihrer Struktur.

Dies hatte zur Folge, daß die Programmierer bei Entwicklung und Wartung von Software stets s e l b s t wissen mußten, welche Dateien in welcher Fassung Teil der gerade betrachteten Systemversion waren.

Mit anderen Worten: Sobald ein Software-Baustein B aus mehr als nur einem einzigen Programm bestand, konnte man zwei Versionen von B nur dann auseinanderhalten,

- wenn man entweder beide Versionen auch physikalisch getrennt hielt (eine neue Version entstand dann stets durch Arbeiten an einer physikalischen Kopie der g e s a m t e n vorangehenden Version)

- oder wenn man Listen hielt, die alle Teile einer Version explizit nannten: Jede Version V von B war dann gegeben als Folge von Dateinamen (oder als Folge von Namen von Dateiversionen).

Beide Verfahren sind gerade noch akzeptabel, wenn B relativ klein ist (einige wenige Dateien). Schon in der Entwicklungsphase eines Systems - ganz sicher aber bei der Wartung von Software - hat man es in aller Regel mit recht großen Bausteinen zu tun, mit Systemteilen, die aus mehreren Dutzend, nicht selten sogar aus vielen hundert Dateien bestehen.

Wer in diesem Fall mit Methode 1 arbeiten will (physikalische Kopie des gesamten Bausteins), braucht extrem viel Plattenspeicher und kann daher im allgemeinen nur maximal zwei Systemversionen online verfügbar haben. Das bedeutet z.B. daß in aller Regel m e h r e r e Personen p a r a l l e l an ein und derselben Version des Systems arbeiten - mit der Folge, daß sie sich oft unbeabsichtigt stören: Es ist dann typisch, daß beim Test häufig scheinbar unerklärliche Fehler auftreten - Fehler die einfach dadurch entstehen, daß durch die gleichzeitige Arbeit mehrerer Personen das System inkonsistent wird. Gerade solche Fehler aber sind schwer zu finden; gerade sie verursachen Kosten, die

- nicht kalkulierbar,
- relativ groß,
- und mit geeigneteren Methoden v e r m e i d b a r sind.

Gleiches gilt bei Anwendung von Methode 2 (Auflisten aller Systemteile). Solche Listen lassen sich nur durch explizites Editieren aktuell erhalten - nur unter viel Aufwand also und mit der Gefahr, Fehler zu machen. Schon der kleinste Fehler aber kann schlimme Folgen haben: Wenn z.B. auch nur eine Datei mit falscher Versionsangabe aufgelistet ist, entsteht beim Generieren des Systems inkonsistenter Objektcode - die Folgen kann man sich ausmalen!

Ein weiterer Schwachpunkt konventioneller Werkzeuge zur Verwaltung von Software ist die Tatsache, daß entsprechende Systeme - eben w e i l sie prinzipiell nur Dateien verwalten - den Manager eines Projektes in seiner Tätigkeit n i c h t unterstützen können.

Sie sind z.B. nicht dazu geeignet, als Basis von Werkzeugen zu dienen, mit denen man den Projektfortschritt transparant machen kann. Der Grund ist einfach: Aus der Sicht des Managers partitioniert sich das System nicht in Dateien, sondern stattdessen in Teile, die als Planungseinheiten dienen können und denen man Attribute zuordnen kann, die den Grad der Fertigstellung widerspiegeln - eine Struktur, die reinen Dateiverwaltungssystemen einfach nicht mitteilbar ist.

2 Wie man Software heute verwalten sollte

Wie dem Leser durch die Beispiele im ersten Abschnitt sicher klar geworden ist, sind klassische Werkzeuge zur Verwaltung größerer Softwarepakete vor allem deswegen ungeeignet, weil sie nicht in der Lage sind, neben den Dateien auch logische Struktur von Software zu verwalten.

Abhilfe bringen hier Systeme, die man "Projektbibliotheken" nennt.

Eine Projektbibliothek ist ein auf die Verwaltung von Software spezialisiertes Werkzeug, welches beides sein sollte,

- ein Werkzeug zum Configuration-Mangement
  und
- ein Werkzeug zum Projekt-Controlling.

Minimale Anforderungen an solche Bibliotheken sind:

(1) Das Werkzeug "Projektbibliothek" muß in der Lage sein, jedes System nicht nur als Folge von Dateien zu verwalten, sondern stattdessen in beliebiger Baumstruktur (so wie z.B. auch UNIX das kann).

(2) Das Werkzeug muß die Fähigkeit haben, mehrere Versionen ein und desselben Systems zu unterscheiden und zwar so, daß nicht lediglich Dateiversionen verwaltet werden, sondern stattdessen Versionen des Gesamtsystems (Baumversionen).

(3) Es darf nicht gefordert sein, daß je zwei Versionen identische Baumstruktur haben. Insbesondere muß garantiert sein, daß sich je zwei Versionen getrennt voneinander weiterentwickeln können.

(4) Wer an nur einer Version arbeiten will, der muß in der Lage sein, sich so zu verhalten, als gäbe es nur sie.

(5) Dennoch muß garantiert sein, daß Texte, die in mehreren Systemversionen identisch sind, physikalisch nur einmal existieren.

(6) Die Projektbibliothek muß auch in der Lage sein, neben reinen Systemteilen Planungseinheiten zu verwalten (es sind damit umfangreichere Aufgaben gemeint oder langsam entstehende Soll-Ergebnisse, Produkte also).

Selbst die sich dynamisch wandelnde Zerlegung von Aufgaben in kleinere Teilaufgaben muß darstellbar sein.

Was an Resourcen eingeplant und bereits verbraucht ist, muß - ebenso wie der bisher erreichte Bearbeitungsfortschritt - in der Projektbibliothek dokumentierbar sein (Soll und Ist zum Bearbeitungszustand).

(7) Die I s t - Daten zum Zustand einer Planungseinheit sollten nur bei nicht weiter zerlegten Aufgaben dem System direkt bekanntzugeben sein.

Was größere Aufgaben betrifft - solche also, die bereits weiter zerlegt sind - so sollte die Projektbibliothek in der Lage sein, deren Fortschritt durch S u m m a t i o n des Fortschrittes der einzelnen Teilaufgaben sichtbar zu machen.

Um zu verstehen, warum diese Anforderungen wirklich z w i n g e n d , warum sie wirklich M i n i m a l - Anforderungen sind, hier nun Kommentare dazu:

zu (1) bis (5), Versionsverwaltung:

Beispiel 1: Je zwei Installationen eines Systems unterscheiden sich in aller Regel wenigstens in ihren Generierungsparametern. Auch werden hin und wieder kleinere kundenspezifische Anpassungen notwendig.

Kurz: Es kann sehr viele Versionen geben, die sich in nur einigen wenigen Details unterscheiden. Sie alle zusammen sollten dann aber auch nur wenig mehr Speicherplatz erfordern, als man braucht, um eine einzige von ihnen aufzubewahren. Nur wenn diese Forderung erfüllt ist, wird es möglich, alle zugleich online verfügbar zu haben.

Daß es wirklich notwendig ist, oft viele Versionen online zu haben, wird klar am folgenden zweiten Beispiel:

Beispiel 2: Ein Team von vielleicht sechs Personen habe z.B. den Auftrag, aus Release 7 eines Systems ein neues Release 8 zu entwickeln.

Sie erzeugen also eine Version V als Kopie von Release 7 und beginnen daran zu arbeiten. Bald stellen sie fest, daß sie sich ständig gegenseitig behindern, weil jeder das gesamte System als Testumgebung braucht, sich aber keineswegs darauf verlassen kann, daß Teile, die er zwar benutzt, aber nicht selbst modifiziert, auch wirklich konstant bleiben - es arbeiten ja andere daran.

Mit einer Projektbibliothek ist dieser Ärger vermeidbar: Man kann dann jedem Teammitglied eine e i g e n e Arbeitsversion zugestehen, eine Arbeitsumgebung also,

- die wegen (4) garantiert konstant bleibt,

- die wegen (5) nahezu keinen Speicherplatz kostet (denn nur wirklich vom Bearbeiter modifizierte Teile belegen neuen Speicher) und

- die dennoch wegen (2) ein volles System darstellt (und damit auch eine ideale Testumgebung des vom Bearbeiter zu modifizierenden Systemteils).

Jeder Programmierer kann dann so lange allein und ungestört arbeiten, bis er glaubt, seinen Teil in neuer Fassung fertig zu haben. Erst dann muß sein Ergebnis in die Arbeitsversion V des gesamten Teams eingebracht werden.

Da auf diese Weise ausschließlich Programme integriert werden, die wenigstens intern ausgetestet und konsistent sind, wird diese Form der Integration wesentlich reibungsloser verlaufen. Auch der Arbeitsaufwand, den man treiben muß, um private Kopien von Systemteilen zu verwalten, wird nun vermeidbar.

<u>zu (6) und (7), Projekt-Controlling:</u>

Gesamtaufgaben könnten z.B. sein "Erstelle Softwaresystem X" oder "Produziere neues Release Y". Schon der Umfang dieser Aufgaben zeigt, daß sie nur dann sinnvoll planbar werden, wenn man sie in kleinere Teilaufgaben zerlegt. Diese Zerlegung kann aber keinesfalls ein für allemal bei Beginn der Arbeiten vorgenommen werden. Viele Teilaufgaben werden erst nach und nach sichtbar, denn jede Planung wird laufend kontrolliert, revidiert und verfeinert.

Da keine Planung genauer sein kann als das Wissen über den bereits erreichten Projektfortschritt, muß es möglich sein, ihn sichtbar zu machen - genau und unbestechlich.

Hier hilft die Projektbibliothek, wenn sie in der Lage ist, zu jeder Teilaufgabe folgende Daten festzuhalten:

- Bearbeiter
- geplanter Fertigstellungstermin
- geplanter Gesamtaufwand
- bisher erbrachter Aufwand (verbrauchte Ressourcen)
- wahrscheinlich noch notwendiger Aufwand
- wahrscheinlicher Fertigstellungstermin

und - bei Planungseinheiten, die zugleich Teilprodukt sind -

. alle bisher erreichten und
. alle geforderten, aber noch nicht erreichten Qualitätsmerkmale.

Respektiert die Projektbibliothek auch Forderung (7), so ist die Beschreibung des Ist-Zustandes aller größeren Aufgaben n i c h t direkt manipulierbar, sondern stattdessen Summe vieler Einzelaussagen. Dies verringert drastisch die Gefahr, vom Projektteam Schatzungen zu bekommen, die viel zu optimistisch sind.

Punkt (7) ist auch deswegen wichtig,

- weil einerseits ein Manager wirklich n u r größere Teilaufgaben sehen, planen und kontrollieren will,

- und weil andererseits direktes Setzen der Daten zu größeren Aufgaben sie leicht in Widerspruch bringt zu entsprechenden Aussagen über die vielen kleinen Teilaufgaben. -

Systeme, die im wesentlichen alle Eigenschaften (1) bis (7) aufweisen, sind heute keineswegs mehr Utopie. Belegen wir dies am einem Beispiel:

3 Beispiel eines modernen Systems: Die Projektbibliothek PAPICS

Das Kunstwort PAPICS steht für "Product and Project Information Control System". Es kann aufgefaßt werden als dediziertes System zur Verwaltung hierarchisch strukturierter großer Datenmengen in beliebig vielen Versionen.

Standardanwendung des Systems ist die Verwaltung von Software jeder Art und Form (Programme und ihre Dokumentation, Objektcode dazu, daneben aber auch andere Information zu den Programmen - Reviewprotokolle, Fehlermeldungen und Testdaten etwa, sowie, bei Planungseinheiten, Ist- und Soll-Daten zu Termin und Aufwand).

PAPICS bewahrt alle Daten auf in einem Baum folgender Struktur (das Symbol 1../ beutet "ein oder mehrere", und 0../ ist analog zu interpretieren):

gesamter PAPICS-Inhalt :- 0../ Projekt

Projekt :-
Projekt-Team
Gruppen im Projekt-Team
Projekt-Standards
0../ Familie

Familie :- 1../ Version

Version :- Einheit

Einheit :-
Zugriffsregelung
Attribute
Textatom
0../ Teileinheit

Textatom :- entweder leer oder eine Datei beliebigen Inhalts

Teileinheit :- Einheit

Wir sehen: Der gesamte PAPICS-Inhalt gliedert sich in disjunkte Teile, in sogenannte "Projekte". In der Praxis sind das jene Daten, die im Rahmen eines Vorhabens (z.B. im Rahmen der Realisierung eines Softwaresystems) produziert oder oft benötigt werden, kurz: alle Daten, die

- zum Zwecke eines bestimmten Vorhabens
- in Dateien abgelegt und
- laufend online verfügbar sein sollen.

Als "Familie" wird bezeichnet eine Familie von Versionen ein und derselben Einheit (die Einheit kann ein ganzes Softwarepaket sein ebenso wie ein einzelnes Dokument, etwa das Benutzerhandbuch). Was die Verwaltung all dieser Versionen betrifft, so erfüllt PAPICS voll jede einzelne der Anforderungen (1) bis (5) aus Kapitel 2.

Wie die exakte Definition oben zeigt, besteht jede Einheit - neben einigen Attributen - aus einem "Textatom" und einem Rest, welcher selbst wieder Folge von Einheiten ist. Das "Textatom" ist entweder leer oder eine Datei ganz beliebigen Inhalts.

Die Daten "Projekt-Team", "Gruppen im Projekt-Team" und insbesondere die jeder Einheit individuell zugeordnete "Zugriffsregelung" realisieren einen Mechanismus zur Kontrolle von Zugriffsrechten. Er soll hier nicht weiter diskutiert werden.

Auch die "Projekt-Standards" sind ein Thema für sich und können hier nicht näher besprochen werden.

Wirklich wichtig aber sind die "Attribute" jeder Einheit. Es handelt sich dabei um formatierte Daten, welche insbesondere alle in Kapitel 2, Kommentar zu (6) und (7), genannten Angaben enthalten können. Dies gibt dem PAPICS-Benutzer die Möglichkeit, jede Einheit auch als Planungseinheit zu interpretieren. Damit ist PAPICS geeignet als Basis für Werkzeuge zum Projekt-Controlling.

4 Erfahrungen bei Einführung und Anwendung von PAPICS

4.1 Erfahrungen bei Portierung und Installation

Die Erstversion von PAPICS wurde 1983 fertiggestellt. Sie arbeitet auf UNIX und ist programmiert in PASCAL (ca. 250 Kbyte Objektcode). Sie hat sich als extrem leicht portierbar erwiesen: Im Durchschnitt gelingt die Portierung auf das System des Kunden - ein nahezu beliebiges System - in etwa 6 Mannmonaten.

Alle bisher im Einsatz befindlichen Installationen von PAPICS arbeiten auf ganz verschiedenen Maschinen unter jeweils verschiedenen Betriebssystemen (u.a. auf einer VAX unter VMS, auf einer DEC20 unter TOPS20 und, im Hause Softlab selbst, auf einer PDP11/44 unter UNIX).

Es hat sich gezeigt, daß Basissysteme, die nur Prozesse zulassen, die aus relativ wenig Code bestehen (64 Kbyte oder weniger) n i c h t geeignet sind als Basis für PAPICS - zu viel Prozeßkommunikation macht das System relativ langsam. Softlab selbst wird PAPICS daher nicht mehr auf der PDP benutzen, sondern stattdessen auf einer VAX unter UNIX oder VMS.

4.2 Erfahrungen bei der Einführung von PAPICS

PAPICS kann - das hat die Erfahrung gezeigt - wegen seiner einfachen, aber doch sehr allgemeinen Grundkonzepte in ganz verschiedener Weise interpretiert werden. Dies hat zur Folge, daß Kunden, die PAPICS zum ersten Mal anwenden, die enormen Möglichkeiten dieses Systems ohne Hilfe nur langsam erkennen. Vor allem jene Chancen, die PAPICS in methodischer Hinsicht eröffnet, bleiben oft ungenutzt.

Beim Ersteinsatz sollte man daher unbedingt Beratung durch den Fachmann in Anspruch nehmen. Insbesondere erscheint solche Beratung auch sinnvoll, b e v o r man sich zum Kauf entschließt.

4.3 Erfahrungen beim Einsatz von PAPICS

Softlab selbst verwaltet mit PAPICS seit April 1983 zwei mittelgroße Softwaresysteme. Zusammengenommen sind das etwa zehn Systemversionen - Baume mit jeweils zwischen 1600 und 2400 Knoten. Sie alle sind online verfügbar, denn der Speicherplatz, den sie gemeinsam einnehmen, ist nur etwa eineinhalb mal so groß wie der, den die größte dieser 10 Versionen a l l e i n verbrauchen würde.

Die hier n i c h t mitgerechneten zahllosen privaten Arbeitsversionen der einzelnen Bearbeiter sind relativ kurzlebig. Obgleich sie stets volle Systemversionen sind, wird der Bedarf an Plattenspeicher durch sie nur wenig erhöht.

Zusammenfassend läßt sich feststellen: Als Werkzeug zur Versionsverwaltung hat PAPICS alle Erwartungen voll erfüllt oder sogar noch übertroffen. Wesentlich dazu beigetragen haben vor allem die Eigenschaften (2), (4), (5) aus Kapitel 2. Insbesondere wird, wenn Teile einer Version in eine andere Version kopiert werden, k e i n zusätzlicher Speicherplatz verbraucht (wegen (5)). Das ist sehr wichtig, denn solche Kopien werden in großer Zahl immer dann notwendig, wenn private Arbeitsversionen in die Arbeitsversion des Teams zu integrieren sind.

Wirkungsvolles Configuration Management ist ohne zuverlässige Versionskontrolle sicher n i c h t möglich. Umgekehrt wurde klar, daß Configuration Management m e h r ist als nur Versionsverwaltung: Auch verschiedene Relationen zwischen Teilen einer Version haben laufend bekannt zu sein.

Wichtigstes (aber keineswegs einziges) Beispiel ist die Include-Relation: Damit bei Modifikation von Software Konsistenzfehler gar nicht erst entstehen können, wird man Textteile, die in der gleichen Form in mehreren Programmen (oder ganz allgemein in mehreren Texten) vorkommen, in eigene Dateien auslagern und bei Bedarf nur einkopieren - vor allem Prozedurköpfe und Datensatzbeschreibungen.

Wer einen solchen Textteil modifiziert, der will genau wissen, welche anderen Texte oder Programme er damit implizit mit modifiziert. Da diese Frage von Hand nur schwer, nie aber wirklich zuverlässig zu beantworten ist, muß die Projektbibliothek in der Lage sein, hier Auskunft zu geben.

Kurz: Unsere Erfahrungen haben gezeigt, daß zu den Anforderungen (1) bis (7) aus Kapitel 2 eine weitere hinzukommen sollte:

(8) Die Projektbibliothek muß in der Lage sein, zweistellige Relationen auf der Menge aller Knoten des Datenbaums zu verwalten. Besonders wichtig hierbei ist, daß auch diese Relationen voll der Versionsverwaltung unterliegen.

Softlab hat aus dieser Erkenntnis die Konsequenz gezogen und damit begonnen, PAPICS mit einem solchen Relationenverwalter auszustatten.

Insgesamt zeichnet sich ab, daß bei konsequenter Verwendung von PAPICS schon in der Entwicklungs-, ganz besonders aber in der Wartungsphase deutlich weniger Konsistenzfehler entstehen als sonst. Termin- und Kostenüberschreitungen sind entsprechend seltener.

Was schließlich PAPICS als Werkzeug zum Projekt-Controlling betrifft, so hat sich gezeigt, daß - weil PAPICS die Eigenschaft (6) aus Kapitel 2 hat - jeder Anwender sich leicht Funktionen schreiben kann, die auch Eigenschaft (7) sicherstellen. Vor allem große und sehr große Projekte sind damit wesentlich leichter unter Kontrolle zu halten.

Literatur

1. Greiter G., Kugel G., Lange J., Merbeth G., Rach H., Reineck B.: Die Projektbibliothek PAPICS. Softlab, 1982.

2. Merbeth G.: Projektbibliothekssysteme von Softlab. Softwaretechnik-Trends, Heft 3-2, Juli 1983, 83-103.

3. Kugel G.: Versionsverwaltung in PAPICS. Softwaretechnik-Trends, Heft 3-2, Juli 1983, 117-129.

ENGINEERING IN EINEM PROZESSRECHNERPROJEKT

J. Krause

BEB - Hannover

Zusammenfassung

Die BEB Gewerkschaften Brigitta und Elwerath Betriebsführungsgesellschaft (BEB) errichtete eine neue computergestützte Leitzentrale zur Überwachung und Steuerung der Anlagen für die Produktion, den Transport und die Verteilung von Erdgas. Bei dem Projekt hatte der Komplex "Engineering" eine besondere Bedeutung. Diese Tätigkeit umfaßte die konkrete Planung und den Entwurf des Prozeßrechnersystems, die Planung der Projektabwicklung, Kontrolle der Projektabwicklung sowie die Planung und Durchführung aller Tests. Es wird über die Engineeringtätigkeiten im einzelnen sowie über Erfahrungen und Erkenntnisse aus der Sicht des Anwenders berichtet.

Einleitung

Nachdem durch eine jahrelange Expansion im Anlagenbau die Leistungsgrenzen des vorhandenen Überwachungssystems erreicht wurden, begann bei BEB die Planung eines neuen, weitgehend rechnergestützten Systems. Aus Mangel an Personal konnte diese Planung jedoch nicht ausreichend tief und im notwendigen Umfang durchgeführt werden.

Es wurde deshalb entschieden, die Konzeptentwicklung im Rahmen einer Systemanalyse als Auftrag an ein darauf spezialisiertes Unternehmen zu vergeben.

An die Leitzentrale eines so großen und weitverzweigten Systems wurden hohe Anforderungen gestellt bezüglich

- Zuverlässigkeit gegen Ausfälle und Störungen
- weitgehend automatische Betriebsweise
- Unterstützung des Personals
- Anpassungs- und Änderungsfähigkeit

Als globale Ziele waren definiert:

- Eine benutzerfreundliche Leitzentrale, bei der über Farbsichtgeräte jederzeit Einblicke in den Prozeß und Fernsteuerungen möglich sind.
- Rechnerunterstützung des Personals bei allen Überwachungsaufgaben.
- Eine konsequente und redundante Gliederung des Hard- und Softwaresystems in Funktionsebenen sowie Anpassung an vorhandene Prozeß- und Fernwirkanlagen.
- Flexibilität der Software (durch Parametrierung) zur einfachen Anpassung an den sich ändernden Prozeß.
- Eine Datenbank zur Verwaltung der Betriebsdaten.
- Realisierung der Prozeßrechneranlage parallel und ohne Störung zu einem vorhandenen Fernüberwachungssystem mit zum größten Teil konventioneller Ausrüstung.
- Erweiterungsmöglichkeiten für neue Anlagen, Daten und Programme.

Der Ablauf des Projektes

Der erste Schritt, die Systemanalyse umfaßte die

- Erfassung des Istzustandes
- Erfassung des Sollzustandes
- Entwicklung eines Konzeptes für Hard- und Software
- Entwicklung der Benutzerschnittstelle
- Abschätzung der Kosten
- Erstellung einer Ausschreibung für Hard- und Software

Dieses Teilprojekt wurde von einem Projektteam, das aus Mitarbeitern der BEB und des Auftragnehmers bestand, innerhalb eines Jahres abgewickelt. Die Beziehungen zwischen der BEB und dem Auftragnehmer wurden in einem Vertrag geregelt, dessen Struktur später auch in andere Verträge im Rahmen des Gesamtprojektes übernommen wurde. Auf diese Verträge wird an anderer Stelle noch näher eingegangen.

Mit der Erstellung der Ausschreibung war das Teilprojekt "Systemanalyse" abgeschlossen. Bei der Bearbeitung der Angebote wurde zum zweiten Mal deutlich, daß mit eigenem Personal allein, die weitere Projektbearbeitung nicht durchzuführen war.

Aus der Abwicklung großer Projekte lagen bei BEB Erfahrungen vor, für Engineeringaufgaben herstellerunabhängige Unternehmen einzusetzen.

Nach Definition von Art und Umfang der Engineeringtätigkeit sowie Abgrenzung der Verantwortlichkeit konnten die Komplexe "Engineering, Projektabwicklung und Projektleitung" als Teilprojekt in Auftrag gegeben werden. In der Projektorganisation nahm das Engineeringunternehmen eine besondere Stellung ein, deshalb ist die Bezeichnung "Ingenieurpartner" auch zutreffender.

Der Ingenieurpartner war für die Gesamtplanung und -spezifikation verantwortlich und hatte den Erfolg des Projektes vertraglich zu garantieren. Er war jedoch kein Generalunternehmer, sondern gegenüber den anderen Drittunternehmern der Beauftragte der BEB. Seine Pflichten und Kompetenzen sowie alle Fragen kommerzieller, technischer und organisatorischer Art waren vertraglich geregelt.

Dem Team des Ingenieurpartners stand ein Team der BEB zur Steite, das sowohl für die Beschaffung von Informationen, besonderer Leistungen der BEB als auch für die Abstimmung in entscheidenden Fragen zuständig war.

Die ersten Engineeringtätigkeiten waren

- Prüfung und Vergleich der Angebote
- Konzeptverfeinerung
- Planung des Softwarekonzeptes

Entsprechend den Ergebnissen dieser Tätigkeit wurden die Anforderungen an Hard- und Software verfeinert und präzisiert und der Liefer- und Leistungsumfang für das Gesamtsystem festgelegt. Nach einem Kriterienkatalog wurden die günstigsten Angebote ermittelt und die durch BEB zu treffende Entscheidung vorbereitet. Es wurden 2 Hersteller mit der Lieferung der Hardware und 3 Hersteller mit der Entwicklung der Software beauftragt.

Die Verhältnisse zwischen BEB und den Auftragnehmern wurden in Verträgen geregelt, über die nachfolgend berichtet wird.

Die Verträge

Im vorliegenden Fall mußten die meisten Systemkomponenten entwickelt, ein anderer Teil modifiziert werden. BEB legte großen Wert auf eindeutige und weitreichende Regelungen, die den Erfolg sichern bzw. Risiken mindern sollten. Vorbild für eine zweckmäßige Vertragsform waren sogenannte Engineeringverträge, mit denen bei der Errichtung verfahrenstechnischer Großanlagen gute Erfahrungen gemacht wurden. Mit jedem der Drittunternehmer wurde ein spezieller Vertrag geschlossen.

Für den reibungslosen Projektablauf waren besondern die folgenden Vertragsteile von erheblicher Bedeutung:

- Die vollständige Projektbeschreibung mit Verweisen auf besondere und spezifizierte Leistungsmerkmale für das System (jeder Hersteller kennt das Gesamtprojekt).
- Die vollständige Leistungsbeschreibung/Lieferaufstellung mit Verweis auf verbindliche Spezifikationen.
- Kompetenzregelungen für alle Beteiligten, z.B. Rechte der BEB auf Weisungen, Prüfungen und Informationen.
- Definition der einzelnen Entwicklungsstufen mit erwarteten und prüfbaren Ergebnissen.
- Vorgehensweise bei Änderungen des spezifischen Leistungs- und Lieferumfangs.
- Terminplan
- Zielpreisregelung bzw. Festpreisregelung
- Bonus-/Malusregelungen

Nicht zuletzt durch diese eindeutigen Regelungen konnte erreicht werden, daß das Projekt im vorgesehenen Zeit- und Kostenrahmen, mit einer effektiven Personalorganisation und mit allen vereinbarten Leistungen fertiggestellt wurde. Selbstverständlich gab es auch Störungen, Verzögerungen und technische Probleme, dazu kamen die Wünsche der BEB nach Erweiterungen und Änderungen. Verträge in dieser Form waren neu für die beteiligten Unternehmen, die Formulierung entsprechend aufwendig. Bei einem Projekt der vorliegenden Größe war jedoch der Aufwand gegenüber dem Nutzen vernachlässigbar, der sich aus dem vorbestimmten Verhalten aller Beteiligten in geplanten, vorhersehbaren aber auch unerwarteten Situation ergab.

Engineering im Projekt

Für den Begriff "Engineering" gibt es eine Reihe von Beschreibungen, die hier nicht erörtert werden sollen. In Anlehnung an die projektspezifischen Aufgaben des Ingenieurpartners erfolgt lediglich eine Unterscheidung in "Systemengineering" und "Projektengineering".

Systemengineering

Dies ist die Anwendung von Techniken, Methoden und Verfahren zur Lösung von Problemen.
Ausgehend von der vorliegenden Systemanalyse erstellte das Engineeringteam durch schrittweise Verfeinerung eine "Aufgabendefinition" und einen "Systementwurf". Dabei blieben die festgelegten Ziele erhalten. Der Unterschied der Dokumente (Systemanalyse, Aufgabendefinition, Systementwurf) liegt in dem wachsenden Detaillierungsgrad und in dem Bezug zu den tatsächlich eingesetzten Hard- und Softwarekomponenten. Die AUFGABENDEFINITION beschreibt alle technischen und funktionalen Anforderungen an die zu beschaffenden oder zu entwickelnden Teilsysteme, wie z.B. Hardware, Betriebssystem, Anwendersoftware.
Der SYSTEMENTWURF stellt für die weitere Projektdurchführung das zentrale technische Dokument dar. Er beschreibt das ganze System "Prozeßrechner" aus der Sicht des Benutzers, definiert Subsysteme und entwirft diese aus der Sicht des Planers. Die Funktion einer Komponente, ihre Stellung im System, die Beziehungen der Komponenten zueinander (Schnittstellen) werden dargestellt.
Mit dem Systementwurf wurde die Struktur des Systems festgelegt. Ausgehend von dieser technischen Struktur wurde die Projektstruktur für die anschließende Realisierung geplant. Die Projektstruktur legte die Organisation des Projektteams und die terminliche Abwicklung fest.
Der Systementwurf war zunächst unabhängig von den Angeboten der Hersteller, da man ganz bewußt von Anforderungen und nicht von vorgefertigten Lösungen ausging. Nach Auswahl der Hersteller wurde der Systementwurf vom Engineeringteam noch einmal überarbeitet und verfeinert. Durch herstellerspezifische Leistungsmerkmale der Teilsysteme waren Änderungen von Komponenten hinsichtlich Umfang, Funktion und Beziehung nach außen notwendig und zweckmäßig.
Der Systementwurf enthielt für alle zu entwickelnden Komponenten die Spezifikation über Funktion, Leistung und Beziehung zu anderen Komponenten. Er wurde für alle am Projekt beteiligten Hersteller zum verbindlichen Vertragsgegenstand.
Mit dem Systementwurf hatte das Engineeringteam das technische Basisdokument erstellt und seine größte und schwierigste Aufgaben im Rahmen des Systemengineering erfüllt.
Im Systementwurf wurden verbale Texte, Datenflußpläne, Blockdiagramme, Interaktionsdiagramme und Struktogramme als Beschreibungsmittel verwendet,

das gesamte Basisdokument wurde mit Hilfe Programmentwicklungssystems PET/ MAESTRO erstellt, das der Ingenieurpartner in seinem Haus installiert hatte. Zur Gewährleistung einer gleichbleibenden Qualität und zur Vermeidung von Fehlern sind Angaben für den Entwickler erforderlich, mit welchen Formalismen und Einschränkungen die jeweiligen Komponenten zu erstellen sind. Dies gilt besonders im Bereich der Softwareproduktion. Das Engineeringteam erstellte vor Beginn der Programmierarbeiten die notwendigen Richtlinien, die auf die eingesetzten Rechner, Betriebssysteme und Programmiersprachen abgestimmt waren.

Prozeßrechner benötigen zahlreiche Daten, die statisch sind, d.h. unabhängig von den sich ändernden Verhältnissen des Prozesses. Diese als BASISDATEN bezeichneten Beschreibungen von Prozeßvariablen sind vor Inbetriebnahme des Systems zu speichern. Darüber hinaus sind weitere Daten zu erfassen, die bei den späteren Rechenprozessen eine Rolle spielen, z.B. Länge und Durchmesser von Rohrleitungen. Bei dem schon erwähnten großen Umfang der Prozeßanlagen und den Anforderungen an Benutzerkomfort war die Erfassung der Basisdaten ziemlich aufwendig, zahlreiche im Verlauf dieser Zeit aufgetretene Veränderungen erforderten eine ständige Aktualisierung. Unterstützt wurde diese Aufgabe ebenfalls durch PET/MAESTRO.
Einen weiteren zeitaufwendigen und mit besonderen Schwierigkeiten behafteten Teilkomplex des Systemengineering stellte die BILDKONSTRUKTION dar, d.h. der Entwurf der Prozeßdarstellung auf Farbsichtgeräten. Das ausgewählte semigrafische System bot viele Möglichkeiten der Darstellungsarten, es war jedoch sehr schwierig, ein von allen Benutzern gleichermaßen akzeptiertes Darstellungsprinzip zu finden.
Da viele Detailentscheidungen ohnehin mit den späteren Benutzern abgestimmt wurden, wurde beschlossen, die Bildkonstruktion von den Benutzern selbst durchführen zu lassen. Als Aufgabe des Engineeringteams blieb die Kontrolle der Verträglichkeit mit dem übrigen System.

Test des Systems

Aus der Verantwortung des Ingenieurpartners für die Einhaltung der geforderten Systemeigenschaften ergab sich eine Verantwortung für die Systemintegration.

Die von den einzelnen Herstellern erzeugten Komponenten mußten zum System zusammengefügt werden (Integration), ihr fehlerfreies Zusammenwirken war zu überprüfen (Integrationstest) und globale, vom System als Ganzes erbrachte Leistungen und Eigenschaften waren nachzuweisen (Systemtest). Zum letzteren gehörten u.a. das Reaktionszeitverhalten, die Verfügbarkeit und die Kapazität. Für diese wichtigen Projektphasen erstellte das Engineeringteam zunächst Pläne bzw. Spezifikationen: den Integrationsplan, den Integrationstestentwurf und den Systemtestentwurf.
Es wurde bewußt zwischen Testplanung (Entwurf) und der Durchführung unterschieden. Ohne detaillierte Vorbereitung besteht immer die Gefahr, daß Testergebnisse vom zufälligen Testverlauf abhängen und daß Tests unvollständig sind.
Der Integrationsplan beschrieb die Reihenfolge in der einzelne Komponenten zu Subsystemen und diese schließlich zum Gesamtsystem zusammengefügt werden sollten. Bei dieser Planung waren die Belange des parallel laufenden Betriebes zu berücksichtigen.
Der Integrationstestentwurf bestand aus einer Beschreibung der durchzuführenden Testfälle, der zu benutzenden Testdaten und des eigentlichen Testablaufs. Das besondere Ziel war dabei der Nachweis, daß sämtliche zu testenden Funktionen einer beteiligten Komponente und alle Beziehungen der beteiligten Komponenten untereinander durch mindestens einen Testfall überprüft wurden.
Der Systemtestentwurf beschrieb die Testfälle und Testabläufe zum Nachweis der globalen Systemeigenschaften. Hier war zu ermitteln, durch welche Ereignisse der Systemzustand beeinflußt wird. Mit einer Erfassung der Abhängigkeiten kam man zur Beschreibung von Testfällen und zur Darstellung der Testabläufe, in denen das globale Systemverhalten überprüft werden konnte.

Projektengineering

Darunter werden die Tätigkeiten für Planung der Projektabwicklung, Kontrolle der Projektabwicklung, Beschaffung und Administration verstanden.
Schon vor Abschluß der Verträge mit den Herstellern für Hard- und Software wurde ein Projektplan erarbeitet, der alle für die Abwicklung des Projektes

notwendigen Informationen enthielt. Dazu gehörten

- Richtlinien, das waren Festlegungen von Verfahrensweisen (Beispiele: Berichtswesen, Dokumente)

- Planungen, das waren Vorgaben für einzuhaltende Aktivitäten und Zwischenschritte (Beispiel: Terminplan, Netzplan)

Mit diesem Projektplan waren die Regeln für das Projekt verbindlich für alle Beteiligten festgelegt. Er war auch Bestandteil der Verträge mit den Herstellern. Für das Engineeringteam war der Projektplan die Arbeitsgrundlage für alle Kontrolltätigkeiten während der Systemrealisierung.
Es zeigte sich, daß der Plan durch die Realität des tatsächlichen Projektablaufes kaum modifiziert werden mußte. Die Richtlinien für Dokumentation, Berichtswesen und Prüfwesen erwiesen sich als richtig und vollständig. Für die Kontrolle der Projektabwicklung waren im Plan von besonderer Bedeutung:

- die Gliederung des Gesamtvorhabens in einzelne Tätigkeiten, deren Abschlußtermin und korrekte Durchführung vom Engineeringteam kontrolliert wurde
- die Formalisierung des Dokumentations- und Berichtswesens
- die Planung von Qualitätssicherungsmaßnahmen und Verpflichtung der Hersteller zu Einhaltung dieser Maßnahmen

Die Einzeltätigkeiten waren in Listen enthalten. Zu jeder gehörte der Status, Soll- und Isttermin sowie Verantwortlichkeiten für Durchführung und Abnahme. Anhand dieser Listen wurde im monatlichen Projektbericht der Projektfortschritt nachgewiesen.
Das Dokumentations- und Berichtswesen war durch eine Reihe von Mustern bestimmt, die den formalen Aufbau, Bezeichnungsschema und Standardinhaltsverzeichnisse festlegten. Für Dokumente und Berichte, deren Erstellung zwingend war, legte das Engineeringteam Termin und Verantwortlichkeiten fest.
Die laufende Projektkontrolle sollte Schwierigkeiten bei der Projektabwicklung frühzeitig erkennen und die Auswirkungen möglichst klein halten. Schwierigkeiten konnten als Abweichungen gegenüber der Planung erkannt werden. Vergleichsbasis waren immer der Systementwurf als Dokument, das die Eigenschaften und Leistungen des Systems definierte und der Projektplan mit seinen Richt-

linien und Sollterminen.
Zur Sicherung der Richtigkeit und Vollständigkeit aller Komponenten prüfte das Engineeringteam

- Die Hardwarekomponenten in Werkstests
- Die Hardwarekomponenten in Funktionstests
- Die Softwarekomponenten in Codeinspektionen
- Die Softwarekomponten in Testinspektionen
- Die Dokumentation in Inspektionen
- Die Teilsysteme im Integrationstest
- Das Gesamtsystem im Systemtest

Für die Werkstests der Hardware waren die Testmethoden der Hersteller verbindlich, alle übrigen Integrations- und Systemtests wurden vom Engineeringteam entworfen und durchgeführt.
Die Hersteller übergaben ihre Komponenten in einer für den Test festgelegten Form und unterstützen das Engineeringteam bei der Interpretation von Fehlverhalten und durch rasche Mängelbeseitigung, falls dies für die Fortführung der Tests notwendig war. In unkritischen Fällen erfolgte die Fehlerbeseitigung erst nach Abschluß der Tests. Integrations- und Systemtest wurden nach der Fehlerbeseitigung teilweise in einem zweiten Durchlauf wiederholt.
Die Erfahrung hat gezeigt, daß der relativ hohe Aufwand zur Spezifikation und Durchführung der Tests aber auch das systematische Vorgehen bei der Projektabwicklung zu einem qualitativ hochwertigen System geführt hat.

Probleme bei der Projektabwicklung

Der Komplex "Engineering" der in diesem Bericht hervorgehoben wird, machte verhältnismäßig wenig Probleme, das Vorgehen der BEB, wichtige Teilprojekte ohne Abhängigkeit von Herstellern bearbeiten zu lassen, war richtig.
Echte Probleme gab es jedoch im Bereich der Hardware, der Firmware für Standardprozeduren, bei der Definition der Benutzerschnittstelle und beim Umfang der Anwendersoftware.

1. Zu einem fortgeschrittenen Zeitpunkt wurde erkennbar, daß die Hardwarekonfiguration die Anforderungen nicht vollständig erfüllen konnte. Es wurde ein zusätzlicher Fernwirkprozessor erforderlich, was wiederum zu Softwareänderungen führte (Mehrkosten, Verzögerungen).

2. Die geplante Kopplung der Rechner von 2 Herstellern erwies sich bei Realisierung als nicht spezifikationsgerecht und mußte neu entwickelt werden (Mehraufwand, Verzögerung).
3. Die Entwicklung der Benutzerschnittstelle erfolgte in enger Abstimmung mit den Benutzern. Deren Anforderungen änderten sich mit dem Kenntnisstand, waren stark individuell geprägt und konnten erst sehr spät realisiert werden (Mehraufwand, Verzögerung).
4. Steigerung der Anforderungen durch die Benutzer. Mit wachsenden Kenntnissen über die Möglichkeiten des Rechnersystems stiegen die Anforderungen (Mehrkosten, Mehraufwand, Verzögerungen)

Als Folge nicht vorhergesehener, aber zusätzlich gewünschter Anforderungen wurden die negativen Auswirkungen der beiden letztgenannten Problemkreise von BEB als Auftraggeber toleriert, der Zielpreis wurde angepaßt und der Enttermin verschoben. Die von Herstellern zu vertretenden Probleme wirkten sich daher nicht in vollem Umfang aus.

Bei Problemen aller Art steht die Frage nach den Ursachen und der Vermeidbarkeit im Vordergrund.
Bei großen Prozeßrechnerprojekten sind vier Einflußgrößen aufeinander abzustimmen:

- Herstellerspezifische Eigenschaften von Hardware, Betriebssystem und Standardsoftware
- Die Anforderungen der Benutzer
- Der geplante Projektablauf
- Der finanzielle und zeitliche Rahmen

Insbesondere bei Rechnersystemen für Überwachungsaufgaben, für die Kosten-/Nutzenanalysen gar nicht oder nur sehr schwer zu erstellen sind, spielen subjektive Einflüsse eine nicht unerhebliche Rolle.
Dies kann dazu führen, daß durch die Überschätzung der Rechnerleistung die vollständige Definition der Aufgaben vernachlässigbar erscheint und im Verlauf des Projektes daraus ernste Probleme entstehen.
Als eine wirkungsvolle Methode, größere Objektivität in den Projektablauf hineinzubekommen hat sich das von BEB angewandte Engineeringmodell bewährt.

Methoden zur Entwicklung von Realzeitsystemen und ihre praktische Anwendung in EPOS

P. Göhner
Gesellschaft für Prozeßrechnerprogrammierung mbH
Kolpingring 18a, 8024 Oberhaching b. München

Zusammenfassung

Ausgehend von einer Übersicht über die für Realzeitsysteme relevanten Entwurfsmethoden wird gezeigt, wie diese unterschiedlichen Vorgehensweisen in das Software/Hardware-Entwicklungssystem EPOS integriert sind und welche Rechnerunterstützung bei der Anwendung dieser Methoden zur Verfügung gestellt wird.

1. Einleitung

Die Entwicklung von Software/Hardware-Systemen, wie sie beispielsweise bei der Automatisierung von technischen Systemen anfällt, wird im wesentlichen von drei Faktoren bestimmt:

- Kreativität der Entwickler
- Methodik bei der Vorgehensweise
- Erstellungswerkzeuge

Während in den frühen Jahren der Datenverarbeitung nahezu ausschließlich die Kreativität der Entwickler für das Gelingen eines Projektes ausschlaggebend war, hat es sich in den letzten Jahren immer stärker gezeigt, daß ohne die Verwendung von geeigneten Werkzeugen und Entwicklungsmethoden komplexe Software/Hardware-Systeme nicht realisierbar sind.

Zur Unterstützung der Entwickler wurde zunächst versucht, unabhängige, phasenbezogene Werkzeuge lose in einem Software-Werkzeugkasten zusammenzustellen. Aufgrund der Schwierigkeiten bezüglich einer konsistenten, werkzeugübergreifenden Informationshaltung und durch die heterogenen Benutzerschnittstellen hat sich mittlerweise die Erkenntnis durchgesetzt, daß der wesentlich erfolgversprechendere Ansatz homogene, integrierte Software/Hardware-Entwicklungssysteme sind, die alle Projektphasen durchgängig unterstützen.

Eines der zur Zeit wohl fortgeschrittensten Systeme in Europa ist das EPOS-System, das sich seit 4 Jahren im industriellen Einsatz befindet. EPOS (**E**ntwicklungs- und **P**rojektmanagement-**O**rientiertes **S**pezifikationssystem) ist ein Softwaretool für Ingenieure, die informationsverarbeitende technische Systeme projektieren, entwickeln und warten, wobei der gesamte System-Lebenszyklus unterstützt wird, d.h. EPOS beginnt mit der Formulierung der Aufgabenstellung, ermöglicht die Beschreibung des Systementwurfs und unterstützt die Realisierung der Software- bzw. Hardwarekomponenten in Form von Programmen bzw. Hardwarebausteinen /Bie79/, /EPO84/.

Diese Unterstützung der Entwicklungstätigkeiten wird kombiniert mit einer Unterstützung der Managementtätigkeiten bei der Projektführung und bei der Produktverwaltung, wobei die technischen Spezifikationen bezüglich Projektfortschritt, Versions- und Konfigurationskontrolle ausgewertet werden /Lau84/.

Zur Durchführung einer methodischen Vorgehensweise bietet das EPOS-System unterschiedliche Entwurfsmethoden in einer Methodenbank an und es bleibt der Entscheidung des anwendenden Ingenieurs (oder der Projektleitung) überlassen, wie er - in Abhängigkeit von der vorliegenden Aufgabenstellung - vorgehen will, wobei er dann durch das EPOS-System in der angewählten Entwurfsmethode geführt und unterstützt wird.

2. Entwurfsmethoden für Software/Hardware-Systeme

Realzeitsysteme, insbesondere Software/Hardware-Systeme, wie sie bei der Prozeßautomatisierung auftreten, sind komplexe, vielschichtige Gebilde, die aufgrund der Zusammensetzung aus verschiedenartigen Komponenten unterschiedliche Betrachtungsweisen erlauben.

Für die Entwicklung und die Realisierung sowie zum Verständnis derartiger Systeme ist es notwendig,

- die Ablauffolgen von Funktionen
- die zusammengehörigen Aufgabenbereiche
- die parallelen Vorgänge und die zugehörigen auslösenden Ereignisse
- die im System verarbeiteten Informationen
- die Struktur der Informationen
- das zugrundeliegende Hardwaresystem

zu kennen.

Entsprechend diesen unterschiedlichen Projektsichten lassen sich nun verschiedenartige methodische Entwicklungsansätze, sogenannte Entwurfsmethoden, ableiten. Je nachdem, welcher der oben aufgeführten Aspekte im Vordergrund steht, kann man also

- funktionsorientierte
- aufgabenbereichsorientierte
- ereignis/prozeßorientierte
- datenflußorientierte
- datenstrukturorientierte
- anlagen/geräteorientierte

Vorgehensweisen unterscheiden. Nachfolgend werden nun diese sechs Entwurfsmethoden kurz vorgestellt, wobei als einfaches und überschaubares Beispiel das Problem "Hausbau" verwendet wird.

Funktionsorientierte Entwurfsmethode

Bei dieser Vorgehensweise bilden die Funktionen den Ausgangspunkt der Überlegungen, d.h. das zu entwerfende System wird gemäß den auszuführenden Funktionen strukturiert. Dabei werden bereits auf den hohen Entwurfsebenen die logischen Abhängigkeiten zwischen den Funktionen in sequentielle Folgen umgesetzt /Dij76/, /Lau76/, /Kim79/. Gemeinsame Teilfunktionen (Prozeduren) treten erst bei den tieferen Entwurfsebenen auf und werden dort eher zufällig entdeckt. Informationsstrukturen und Informationsflüsse sind Sekundärelemente und tragen nur wenig zur Strukturierung des Systems bei. Sowohl die Programm- als auch die Hardwarestruktur orientiert sich an den Funktionen.

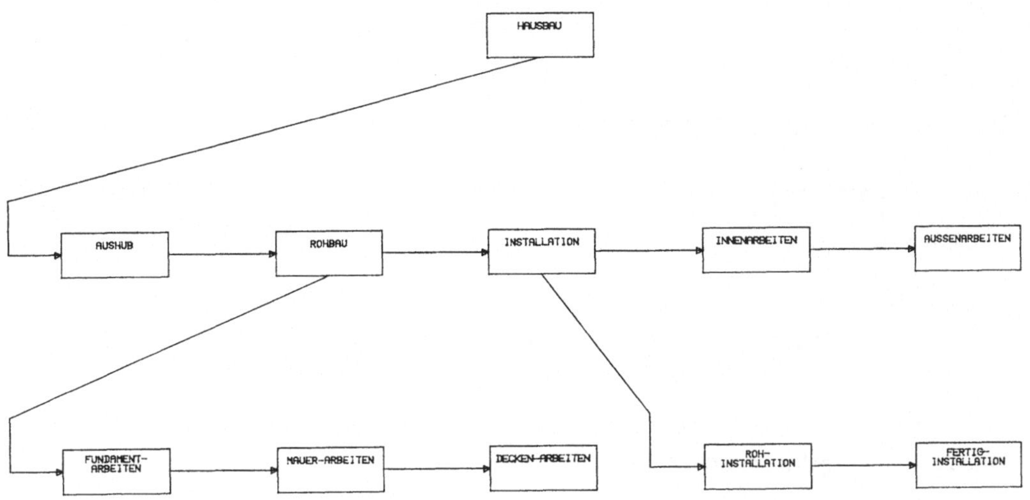

Bild 1: Funktionsorientierte Zerlegung

Typische Anwendungsfälle für eine funktionsorientierte Vorgehensweise sind alle regelungstechnischen Aufgaben und Ablaufsteuerungen, wie sie bei Check-Out-Systemen, bei der Steuerung von Werkzeugmaschinen und beim An- und Abfahren von technischen Systemen auftreten, da dort die Funktionen zentrale Elemente des Systems sind.

Bild 1 zeigt ein typisches Beispiel für eine funktionsorientierte Strukturierung. Die auszuführenden Funktionen werden gemäß der erforderlichen Abläufe zusammengefaßt und entsprechend weiter zerlegt.

Aufgabenbereichsorientierte Entwurfsmethode

Beim aufgabenbereichsorientierten Entwurf, bekannt unter dem Schlagwort Modularisierung, werden die zu lösenden Aufgabenstellungen nach bestimmten Gesichtspunkten in Aufgabenbereiche zusammengefaßt. Die Zusammengehörigkeit kann sich dabei aufgrund von logischen, bearbeitungsspezifischen oder problemspezifischen Beziehungen ergeben.

Ziel dieser Vorgehensweise ist eine Zerlegung des Systems in eigenständige, abgeschlossene Teilsysteme mit möglichst wenigen, eindeutig definierten Schnittstellen, d.h. der Bereich, in den andere Teilsysteme eingreifen können, muß eng begrenzt und klein gegenüber dem gesamten Teilsystem sein (information hiding) /Par72/, /Kim79/.

Typische Anwendungsfälle für die aufgabenbereichsorientierte Vorgehensweise sind Großprojekte allgemeiner Art, modular aufgebaute Betriebssysteme und sicherheitskritische Systeme, bei denen dem Aspekt 'information hiding' besondere Bedeutung zukommt.

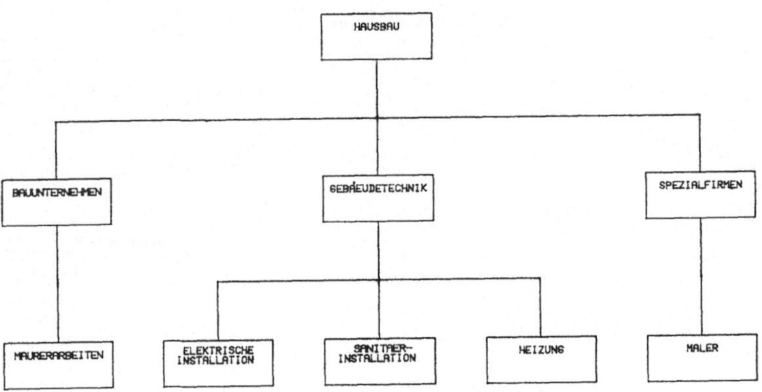

Bild 2: Aufgabenbereichsorientierte Zerlegung

In Bild 2 wurde eine aufgabenbereichsorientierte Zerlegung des Beispielsystems "Hausbau" durchgeführt. Im Gegensatz zur funktionsorientierten Vorgehensweise gibt es auf den hohen Entwurfsebenen keine zeitlichen Abhängigkeiten und die einzelnen Aufgabenbereiche sind wesentlich stärker gegeneinander abgegrenzt.

Ereignis/Prozeßorientierte Entwurfsmethode

Beim ereignis/prozeßorientierten Entwurf bilden die Ereignisse, die eine Reaktion im Software/Hardware-System erfordern, den Ausgangspunkt der Überlegungen. Die Ereignisse werden entsprechend den durchzuführenden Reaktionen in Klassen eingeteilt und legen die notwendigen parallelen Abläufe fest, d.h. man strukturiert das zu entwerfende System bereits frühzeitig in parallele Prozesse. Die Zerlegung der Prozesse in Funktionen und die Beschreibung der Daten wird erst auf tieferen Entwurfsebenen durchgeführt /Lau76/, /Alf77/.

Anwendungsgebiet für die ereignis/prozeßorientierte Vorgehensweise sind zeitkritische Realzeitsysteme mit umfangreicher Parallelverarbeitung, wie sie häufig bei Prozeßautomatisierungssystemen vorkommen.

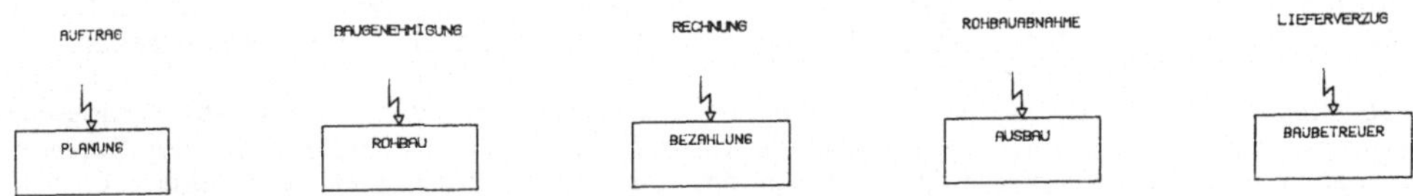

Bild 3: Ereignis/Prozeßorientierte Zerlegung

Bild 3 zeigt eine ereignis/prozeßorientierte Zerlegung, d.h. entsprechend den beim Hausbau relevanten Ereignissen werden parallele Prozesse definiert.

Datenflußorientierte Entwurfsmethode

Im Mittelpunkt der datenflußorientierten Vorgehensweise stehen die im System transformierten Informationen, d.h. die Systeme werden aus der Sicht der Daten betrachtet /You75/, /Ros77/. Man erhält auf der obersten Entwurfsebene eine Menge von Einzeldaten, die zwischen Funktionen, die nicht ablaufmäßig geordnet sind, ausgetauscht werden. Eine Detaillierung erfolgt durch eine parallele Zerlegung der Informationen in Datenstrukturen und der Funktionen in Teilfunktionen.

Anwendungsgebiet für die datenflußorientierte Vorgehensweise sind Systeme, bei denen Informationsverteilungen im Vordergrund stehen, wie z.B. Lagervorgänge, Fertigungsvorgänge und Anwendungen in der kommerziellen Datenverarbeitung.

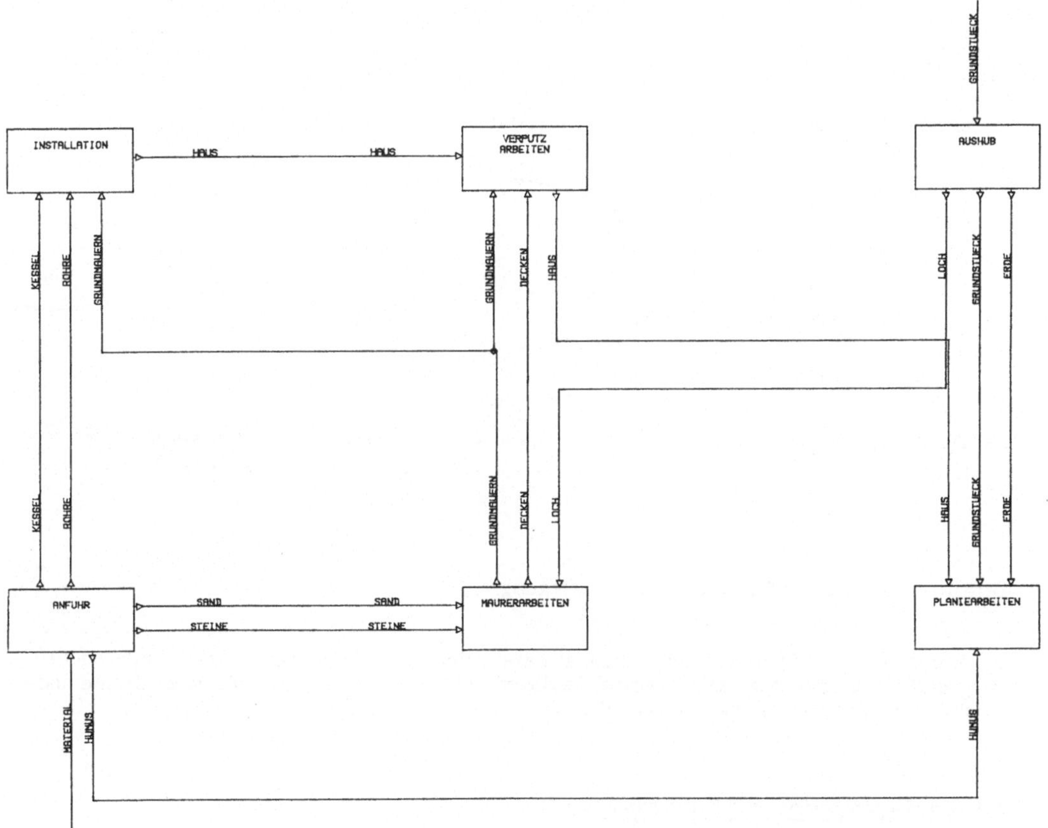

Bild 4: Datenflußorientierte Zerlegung

In Bild 4 zeigt sich die Schwachstelle dieser Vorgehensweise bei der Anwendung im Bereich Realzeitsysteme. Man erkennt zwar sehr gut den Materialfluß, d.h. die datenabhängigen Beziehungen zwischen den Funktionen, jedoch sind Realzeitaspekte, wie z.B. sinnvolle und mögliche Parallelität, nicht darstellbar.

Datenstrukturorientierte Entwurfsmethode

Beim datenstrukturorientierten Entwurf (bekannt als Michael-Jackson-Methode) werden zuerst die Strukturen der Eingangs- und Ausgangsdaten des zu entwerfenden Systems analysiert /Jac75/. Wenn diese Datenstrukturen detailliert und eindeutig festgelegt sind, wird versucht, Transformationen zu definieren, die die Eingangsdaten in die Ausgangsdaten umwandeln. Zur Ableitung dieser Transformationen gibt es eine Reihe von Verfahrensregeln, die auf den möglichen Datenstrukturen basieren.

Hauptanwendungsgebiet für die datenstrukturorientierte Vorgehensweise ist die kommerzielle Datenverarbeitung, insbesondere Datentransformationsprogramme, bei denen Informationen, die in einem Eingabefile mit spezieller Struktur vorliegen, in ein bestimmtes Ausgabeformat umgewandelt werden müssen. Für komplexe Realzeitsysteme ist diese Vorgehensweise weniger geeignet.

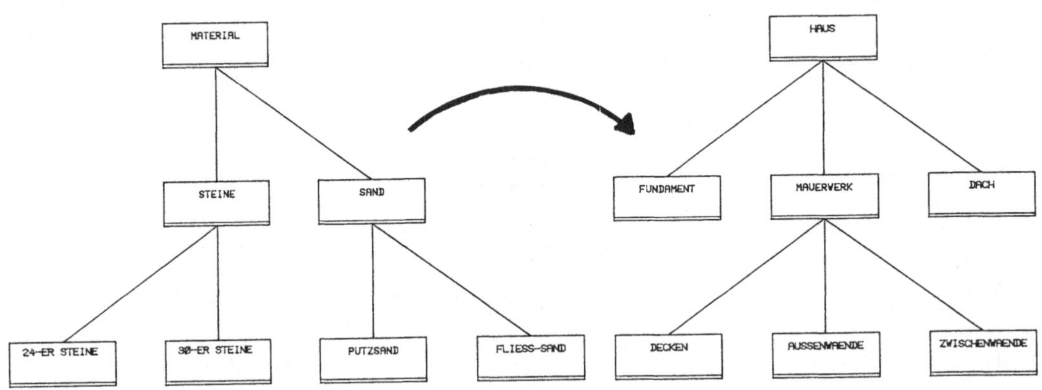

Bild 5: Datenstrukturorientierte Zerlegung

In Bild 5 ist die Struktur der Eingangsmaterialien und die Struktur des Endprodukts dargestellt und es müssen nun Transformationen definiert werden, die z.B. 24-er Steine und Fließsand in Zwischenwände umwandeln.

Anlagen/Geräteorientierte Entwurfsmethode

Beim anlagen/geräteorientierten Entwurf dominieren die zu verwendenden Anlagenteile und Gerätekomponenten, d.h. man beginnt mit der Zerlegung des Gerätesystems und spezifiziert die Verbindungen zwischen den verschiedenen Komponenten. Die Funktionen und Abläufe werden anschließend auf diese Anlagen- und Geräteteilen aufgeteilt. Der Informationsaustausch zwischen den Funktionen wird durch die Geräteverbindungsstruktur bestimmt, wobei den Einzelverbindungen die entsprechenden Datenflüsse zugeordnet werden.

Anwendungsgebiet für eine geräteorientierte Vorgehensweise sind verteilte Mikrorechnersysteme, Systeme mit Hardwaredominanz bzw. Systeme, bei denen schwerwiegende Restriktionen bezüglich der zu verwendenden Hardwarekomponenten bestehen, wie z.B. Einschränkungen aufgrund von Sicherheitsanforderungen, aufgrund des zur Verfügung stehenden Platzes oder aufgrund hoher Stückzahlen.

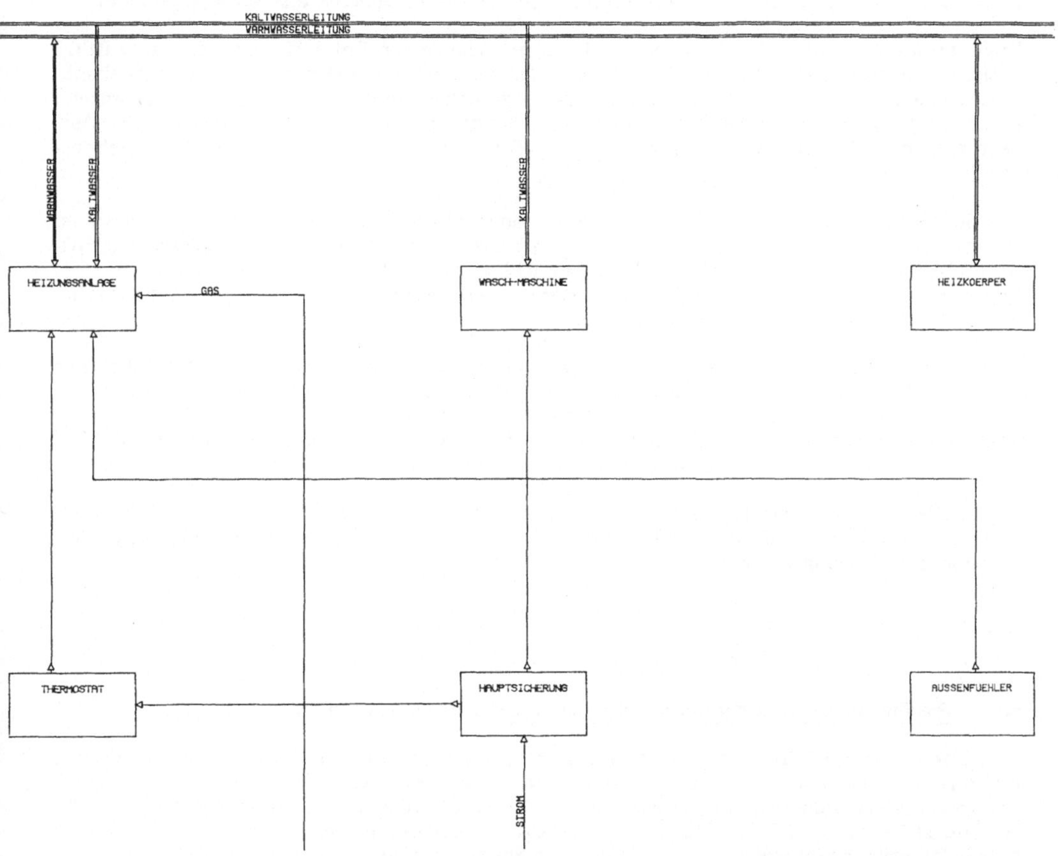

Bild 6: Anlagen/Geräteorientierte Zerlegung

Bild 6 zeigt eine geräteorientierte Beschreibung des zu entwerfenden Hauses in Form eines Leitungsplans, bei dem die funktionellen Gerätekomponenten und ihre Verbindungen dargestellt sind.

Welche dieser unterschiedlichen methodischen Vorgehensweisen ist nun die beste? Die Ergebnisse der veröffentlichten Untersuchung zur Klärung dieser Frage zeigen, daß es keine "beste" Vorgehensweise gibt. Jede Methode hat spezifische Vor- und Nachteile, die zudem sowohl von der jeweils vorliegenden Aufgabenstellung als auch von der jeweiligen Entwicklungsphase abhängen /Ber78/, /Kim79/. Aus diesem Grunde ist es sinnvoll, die geeignete Entwicklungsmethode entsprechend der Aufgabenstellung zu wählen und gegebenenfalls die Vorgehensweise während der Entwicklung zu wechseln, bzw. in bestimmten Teilbereichen mit unterschiedlichen Entwicklungsmethoden vorzugehen.

3. Realisierung der Entwurfsmethoden in EPOS

Entsprechend seiner Zielsetzung als Hilfsmittel und Werkzeug des Ingenieurs für allgemeine Realzeitsysteme ist EPOS nicht starr auf eine bestimmte Entwurfsmethode ausgerichtet, sondern bietet dem Entwickler unterschiedliche Methoden in einer Methodenbank an, aus der er die für ihn und seine Aufgabenstellung geeignete Vorgehensweise auswählen kann.

EPOS ermöglicht dabei die Verwendung der oben erläuterten Entwurfsmethoden, d.h. EPOS besitzt einerseits die Beschreibungsmöglichkeiten, um funktionsorientiert, aufgabenbereichsorientiert, ereignis/prozeßorientiert, datenflußorientiert, datenstrukturorientiert bzw. anlagen/geräteorientiert vorgehen zu können und erzwingt andererseits rechnergestützt bei entsprechender Anwahl die zu jeder Entwurfsmethode gehörigen Vorgehensregeln.

Die Spezifikationssprache EPOS-S für die Systemstrukturierung und den Systementwurf ist in ihrer Gesamtheit methodenneutral und enthält als Beschreibungsmittel sogenannte Entwurfsobjekttypen, die über verschiedenartige Relationen miteinander verknüpft sind.
Insgesamt gibt es die sieben Entwurfsobjekttypen Aktion, Modul, Date, Schnittstelle, Ereignis, Bedingung und Ausführungseinheit.

Entsprechend der eingestellten Entwurfsmethode sind nun bestimmte Entwurfsobjekttypen "dominant" und es können nur ausgewählte Relationen für die Spezifikation der Entwicklung verwendet werden, d.h. es gibt entwurfsmethodenabhängige Subsets von EPOS-S. Nichtdominante Entwurfsobjekttypen können nicht direkt, sondern nur dann spezifiziert werden, wenn sie bereits in anderen Bausteinspezifikationen referenziert worden sind.

In Tabelle 1 ist dargestellt, welche Entwurfsobjekttypen bei den verschiedenen Entwurfsmethoden dominant sind und welchen Relationen dabei für die Strukturierung des Systems besondere Bedeutung zukommt.

4. Rechnerunterstützung bei der Anwendung der Entwurfsmethoden in EPOS

Der Erfolg und die Effizienz von Entwurfsmethoden hängt primär davon ab, inwieweit die Entwurfsmethode konsequent eingehalten wird. Aus diesem Grunde bildet die Erzwingung der korrekten Anwendung einer Entwurfsmethode einen wesentlichen Bestandteil der Rechnerunterstützung in EPOS. Weitere Unterstützung bekommt der Entwickler durch eine entwurfsmethodenabhängige Auswertung der Spezifikationen und durch die Möglichkeit, jederzeit rechnergestützt die Entwurfsmethode zu wechseln. Im einzelnen bietet das EPOS-System folgende Hilfen:

Konsequente Durchführung

Die Entwurfsmethoden können über das Bediensystem projekt- bzw. bearbeiterspezifisch eingestellt werden und werden dann rechnergestützt konsequent durchgeführt. Dabei wird sichergestellt, daß nur der für die jeweilige Entwurfsmethode relevante Subset von EPOS-S benutzt wird und daß nichtdominante Entwurfsobjekte nur im Nachzug, d.h. nach erfolgter Referenzierung, spezifiziert werden. So wird zum Beispiel die Eingabe einer Datenspezifikation bei funktionsorientierter Vorgehensweise abgelehnt, falls diese Date noch nicht referenziert wurde. Beim datenstrukturorientierten Vorgehen müssen alle offenen Datenreferenzen spezifiziert sein, bevor andere Entwurfsobjekttypen spezifiziert werden können.

funktionsorientiert:	- Dominanz von Aktionsbausteinen - frühzeitige Strukturierung in Ablaufsequenzen im Verfeinerungsteil - Verwendung von INPUT/OUTPUT-Angaben zur Referenzierung der verarbeiteten Daten
aufgabenbereichsorientiert:	- Dominanz von Modulbausteinen - Aufteilung in unabhängige Module, Modulpakete bzw. Aktionen im Verfeinerungsteil - Referenzierung der Modulschnittstellen (Daten und Aktionen) durch IMPORT/EXPORT-Angaben
ereignis/prozeßorientiert:	- Dominanz von Ereignis- und Aktionsbausteinen - Spezifikation der stochastischen und zyklischen Ereignisse und der zugehörigen Prozesse - Spezifikation der Synchronisierungsbeziehungen durch SYNCHRO-Angaben
datenflußorientiert:	- Dominanz von Datenbausteinen - Spezifikation des Datenflusses durch DATA-FLOW-Angaben mit Referenzierung der zugehörigen Aktionen - Spezifikation der Datenstruktur
datenstrukturorientiert:	- Dominanz von Datenbausteinen - Spezifikation der Eingangsdaten und Ausgangsdaten - Spezifikation der Datenstruktur - Spezifikation der Transformationen in Form von Aktionen unter Verwendung von INPUT/OUTPUT-Angaben.
anlagen/geräteorientiert:	- Dominanz von Ausführungseinheiten - Spezifikation der Komponenten und ihrer Verbindung - Verwendung von PERFORMS-Angaben zur Referenzierung der durchzuführenden Aktionen

Tabelle 1: Vorgehensweise in EPOS zur Realisierung der verschiedenen Entwurfsmethoden

Entwurfsmethodenabhängige Konsistenzprüfung

In Abhängigkeit von der eingestellten Entwurfsmethode können eine Reihe von Konsistenzprüfungen durchgeführt werden. Beim datenflußorientierten Vorgehen werden z.B. offene Enden im Datenfluß aufgedeckt, beim aufgabenbereichsorientierten Entwurf wird die Verletzung von Sichtbarkeitsregeln abgeprüft, beim ereignis/prozeßorientierten Vorgehen werden Synchronisierungsfehler erkannt.

Bereitstellung entwurfsmethodenspezifischer Dokumente

Für jede Entwurfsmethode gibt es graphische Darstellungstechniken, die die Eigenart der Entwurfsmethode und ihre dominanten Objekte besonders betonen. Während beim funktionsorientierten Vorgehen Diagrammen, aus denen sowohl die hierarchische als auch die ablauforientierte Struktur ersichtlich ist (Ablaufhierarchiediagramm) besondere Bedeutung zukommt, werden dagegen beim aufgabenbereichsorientierten Vorgehen überwiegend Übersichtshierarchiediagramme und Modulverknüpfungspläne eingesetzt. Beim ereignis/prozeßorientierten Entwurf bieten sich Petrinetze als Darstellungstechnik an, beim datenflußorientierten Entwurf sind Datenflußdiagramme relevant. Die Beziehungen beim datenstrukturorientierten Vorgehen lassen sich am besten in Form von Datenstrukturdiagrammen darstellen, während für ein anlagen/geräteorientiertes Vorgehen Hardwareblockdiagramme, aus denen die Struktur von Komponenten und die zugehörigen Verbindungen ersichtlich ist, besonders geeignet sind. Alle diese unterschiedlichen Diagrammformen können von EPOS rechnergestützt erzeugt werden. So wurden beispielsweise alle Diagramme, die für die Erläuterung der verschiedenen Entwurfsmethoden herangezogen wurden (Bild 1 bis Bild 6) aus EPOS-Spezifikationen automatisch generiert.

Entwurfsmethodenabhängiger syntaxorientierter Editor

Zur Unterstützung bei der Erstellung von EPOS-Spezifikationen bietet das EPOS-System einen syntaxorientierten Editor, der in Abhängigkeit von der eingestellten Entwurfsmethode die jeweils gültigen Sprachelemente anbietet und Verletzung bereits beim Editieren erkennt.

Entwurfsmethodenabhängige Metrikanalyse

Bei jeder Entwurfsmethode gibt es 'gute' und 'schlechte' Entwürfe, je nachdem inwieweit Normen, die für die verschiedenen Methoden gültig sind, eingehalten wurden. So gibt es z.B. beim aufgabenbereichsorientierten Entwurf die Möglichkeit, viele oder wenige Module zu definieren und die Module können mehr oder weniger stark verknüpft sein, d.h. es lassen sich Maßzahlen definieren, die gegen einen aktuellen Entwurf abgeprüft werden können. Der Entwickler bekommt rechnergestützt Aussagen über die Güte seines Entwurfs und kann unter Umständen gezielt Änderungen in der Struktur durchführen. Diese Metrikanalysen sind zur Zeit in Arbeit.

Entwurfsmethodenwechsel

Da nicht jede Entwurfsmethode gleichermaßen effizient in den unterschiedlichen Entwicklungsphasen eingesetzt werden kann, ermöglicht das EPOS-System einen Übergang von einer Entwurfsmethode zu einer anderen durch rechnergestützte Transformation der bereits bestehenden Spezifikationen. Bei dieser Transformation werden die Relationen in die Komplementärrelationen umgewandelt, d.h. der gültige Subset wird gewechselt und der Entwickler bekommt Hinweise, welche Informationen nachgetragen werden müssen.

Literaturverzeichnis

/Alf77/ Alford, M.W.: Requirements Engineering Methodology for Real-Time Processing Requirements, IEEE Trans. on Software Engineering, Vol SE-3/1, Jan. 1977, pp. 60-69

/Bie79/ Biewald, J., Göhner, P., Lauber, R., Schelling, H.: EPOS - A Specification and Design Technique for Computer Controlled Real-Time Automation Systems Proc 4th Int. Conf. Software Engineering, München 1979 IEEE Comp. Soc., Los Alamitos, Cal., 1979, pp 245-250

/Ber78/ Bergland, G.D.: Structured Design Methodologies 15th Annual Design Automation Conference Proceedings, June 1978, pp 475-493

/Dij 76/ Dijkstra, E.W.: A Discipline of Programming, Prentice Hall, Englewood Cliffs, N.J., 1976

/EPO84/ EPOS-Kurzbeschreibung, Institut für Regelungstechnik und Prozeßautomatisierung der Universität Stuttgart, 1984

/Jac75/ Jackson, M.A.,: Principles of Program Design, Academic Press, New York 1975

/Kim79/ Kimm R., Koch, W., Simonsmeier, W., Tontsch, F.: Einführung in Software Engineering, de Gruyter Lehrbuch, New York, 1979

/Lau76/ Lauber, R.: Prozeßautomatisierung I Springer-Verlag Berlin-Heidelberg-New York, 1976

/Lau84/ Lauber, R. Lempp, P.: Integrierte Rechnerunterstützung bei der Durchführung von Automatisierungsprojekten, Prozeßrechnertagung 1984, Springer-Verlag Berlin Heidelberg New York, 1984

/Par72/ Parnas, D.L.: On the Criteria to be Used in Decomposing Systems into Modules, Communications of the ACM, Vol. 15, No. 12, Dec. 1972, pp. 1053-1058

/Ros77/ Ross, D.T.: Structured Analysis (SA): A Language for Communicating Ideas, IEEE Trans. on Software Engineering, Vol. SE-3/1, Jan. 1977, pp. 16-34

/You75/ Yourdon, E., Constantine, L.L.: Structured Design, Prentice Hall, Englewood Cliffs, N.J. 1979

INTEGRIERTE RECHNERUNTERSTÜTZUNG BEI DER DURCHFÜHRUNG VON AUTOMATISIERUNGSPROJEKTEN

R. Lauber, P. Lempp
Institut für Regelungstechnik und Prozeß-automatisierung der Universität Stuttgart

Zusammenfassung:

Die Erfahrung hat gezeigt, daß die Verwendung getrennter Software-Werzeuge zur Unterstützung der Entwicklung, der Projektführung und der Produktverwaltung technischer Projekte unzureichend ist. Integrierte Entwicklungs- und Managementunterstützende Systeme müssen eingesetzt werden, um den steigenden Anforderungen an die Erstellung zuverlässiger, leicht wartbarer Systeme und an die wirtschaftlich erfolgreiche Durchführung von Projekten gerecht zu werden.
Es wird gezeigt, wie beim Softwarewerkzeug-System EPOS (Entwicklungs- und Projektmanagement-Orientiertes Spezifikationssystem) die Integration der Managementunterstützung auf der Grundlage einer gemeinsamen Projektdatenbank realisiert ist.

1. Einleitung:

Die Tätigkeiten im Rahmen eines Automatisierungsprojekts können, wie in Bild 1 gezeigt, in folgende Bereiche gegliedert werden:

- die eigentliche technische Entwicklung, umfassend das "Requirements Engineering", den Systementwurf, die Codierung bzw. den Hardwareaufbau, den Test und die Installation, sowie die zugehörige Dokumentation
- Das Projektmanagement, d.h. die Planung, Steuerung und Kontrolle der Tätigkeiten im Projektablauf
- die Verwaltung der entstehenden Entwicklungs-Zwischen- und Endprodukte und ihre Integritätsüberwachung. Dazu zählen Versions- und Konfigurationsmanagement, Verifikation und Validation, sowie die Qualitätskontrolle.

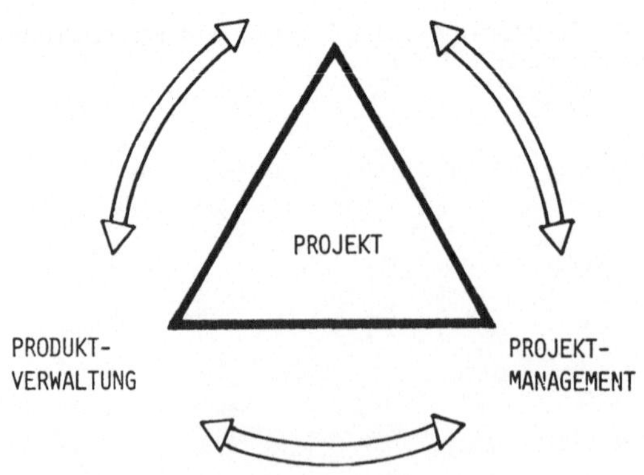

Bild 1: Aufgabenbereiche beim Automatisierungsprojekt

Zur rechnergestützten Durchführung von Automatisierungsprojekten wurden in der Vergangenheit leistungsfähige Systeme zur Unterstützung dieser (Teil-) Aufgabenbereiche entwickelt und eingesetzt /10/,/6/:

(1) Entwicklungsunterstützende Systeme für alle Phasen der technischen Entwicklung
(2) Projektführungssysteme
(3) Produktverwaltungssysteme

Die Entwicklung getrennter Systeme zur Rechnerunterstützung bei einem Projekt ist historisch verständlich, erweist sich jedoch in der Praxis als unzureichend, da dabei unberücksichtigt bleibt, daß zwischen den Tätigkeiten der technischen Entwicklung, der Projektführung und der Produktverwaltung starke Wechselbeziehungen bestehen.

Diese starken Wechselbeziehungen zwischen den Tätigkeitsbereichen sollen am Beispiel des Informationsaustauschs von Projektmanagement und Entwicklung verdeutlicht werden. Bild 2 zeigt eine Analogie zu einem geschlossenen Informationskreislauf in einem Regelkreis:
Ebenso wie im Regelkreis auftretende Totzeiten, Unterbrechungen und Verzögerungen zu einem schlechten Regelverhalten - bis hin zur Instabilität - führen können, so hängt auch die erfolgreiche Durchführung eines Projekts entscheidend davon ab, daß der Informationsfluß zwischen Projektmangement und Entwicklung unverfälscht, vollständig und ohne Zeitverzug erfolgt.

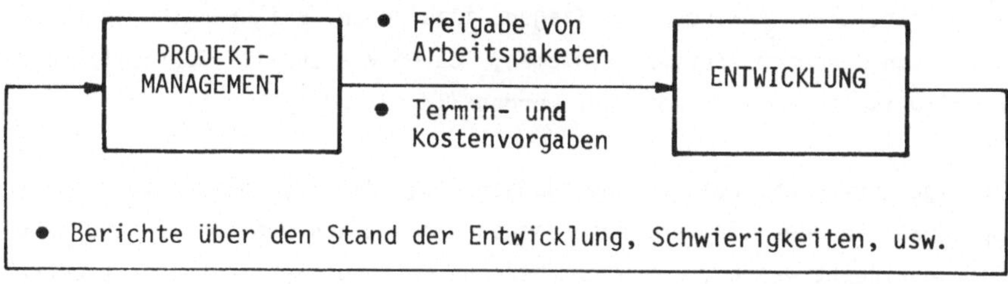

Bild 2: Geschlossener Informationskreislauf zwischen Projektmanagement und Entwicklung

In ähnlicher Weise besteht ein Informationskreislauf zwischen Produktverwaltung und Entwicklung in Form von Zustands-, Integrations- und Fertigmeldungen, sowie zwischen Produktverwaltung und Projektmangement in Form von Übersichtsberichten, Änderungsmeldungen und Freigabe- und Integrationsanordnungen.

Aus dieser Analogie wird der Nachteil der Verwendung von Einzelsystemen zur Rechnerunterstützung der Teilaufgaben deutlich: Die Übertragung der Information zwischen den

Systemen muß nach wie vor manuell durchgeführt werden (mit all den bekannten Folgen wie Fehleranfälligkeit, Ineffizienz, hohem Aufwand, sowie dem Problem der oft nicht rechtzeitig zur Verfügung stehenden Information). Eine integrierte Rechnerunterstützung aller Aufgabenbereiche setzt eine gemeinsame Datenbank für alle projektrelevanten Daten voraus und kann daher zusätzlch die Relationen der Daten der verschiedenen Tätigkeitsbereiche aufzeigen und überwachen.

2. Erfahrungen mit dem Software-Hardware-Entwurfssystem EPOS[1]

Das Problem, Realzeit-Rechnersysteme mit ihrer Software und Hardware kostengerecht, termingemäß und mit definierter Qualität herzustellen, läßt sich in den Griff bekommen, wenn zu ihrer Erstellung wiederum Rechner mit entsprechender Unterstützungssoftware als "Werkzeuge" verwendet werden. EPOS ist ein solches Werkzeug /2/, /10/. Es bietet den Fachleuten, die die Software und Hardware technischer Systeme projektieren und entwickeln, eine durchgängige Rechnerunterstützung während des gesamten "Lebenslaufs" eines Projekts. Daher kann es auch als Software-Hardware-Produktionssystem (bzw. Software-Hardware-Produktionsumgebung) bezeichnet werden.

Heute sind weltweit über 40 Installationen des EPOS Systems im praktischen - vorwiegend industriellen - Einsatz. Ein ständiger Dialog zwischen Entwicklern und Anwendern (z.B. im Rahmen der jährlich stattfindenden EPOS-Benutzertagung /9/) gewährleistet, daß die Erkenntnisse aus der Praxis in die Weiterentwicklungen einfließen können.

Aus den zahlreichen Anwendungen liegen inzwischen Erfahrungsberichte von der Entwicklung von Hardware-/Softwaresystemen, davon vielen mit Echtzeitanforderungen, vor, die teilweise auch veröffentlicht wurden /1/,/8/.

Eine wichtige Erfahrung bei der Anwendungen ist, daß zwar die Kosten im Automatisierungsprojekt in den frühen Phasen gegenüber dem konventionellen Vorgehen nicht wesentlich verringert werden, daß aber über das Gesamtprojekt betrachtet beträchtliche Einsparungen aufgrund höherer Produktivität zu verzeichnen sind /7/.
Eine andere wichtige Erfahrung schon bei den ersten Pilotprojekten ab 1980 war jedoch, daß die Unterstützung der Entwicklung allein nicht ausreichend ist und daß die Verwendung getrennter Software-Werkzeuge für die Entwicklung und Projektmanagement zu Schnittstellenproblemen zwischen diesen Softwarewerkzeugen führt.

1: EPOS war ursprünglich die Abkürzung für Entwicklungsunterstützendes Prozeß-Orientiertes Spezfikationssystem. Nach der Integration der Managementunterstützung läßt sich EPOS als Entwicklungs- und Projektmanagement-Orientiertes Spezifikationssystem interpretieren.

Bei zahlreichen durchgeführten Projekten wurde die Notwendigkeit einer integrierten Rechnerunterstützung deutlich, da die Projektführungssysteme keine Möglichkeitem der Hilfestellung bei der Beurteilung des Projektfortschritts besitzen und da eine direkte Kopplung mit EPOS nicht möglich war.
Daher wurden seit 1981 Komponenten zur Unterstützung des Projektmanagements und der Produktverwaltug entwickelt und in das EPOS-System integriert.

3. Integrierte Management- und Entwicklungsunterstützung

Um die Sachverhalte und Informationsflüsse, die das Projektmanagement und die Produktverwaltung betreffen, in die Datenbank abzubilden, wurde eine 'Projektbeschreibungssprache' (EPOS-P) entwickelt und in EPOS integriert. Sprachelemente von EPOS-P sind dabei sogenannte Managementobjekte (z.B. Aktivität, Projektbeteiligter, etc.). Zur Auswertung der Projektspezifikation und zur Bewertung der Entwicklungsinformation wurde ein zusätzliches 'Managementprogrammsystem' (EPOS-M) implementiert.

3.1 Rechnerunterstützung bei der Projektplanung

Bild 3 zeigt vereinfacht den prinzipiellen Ablauf der Projektplanung:

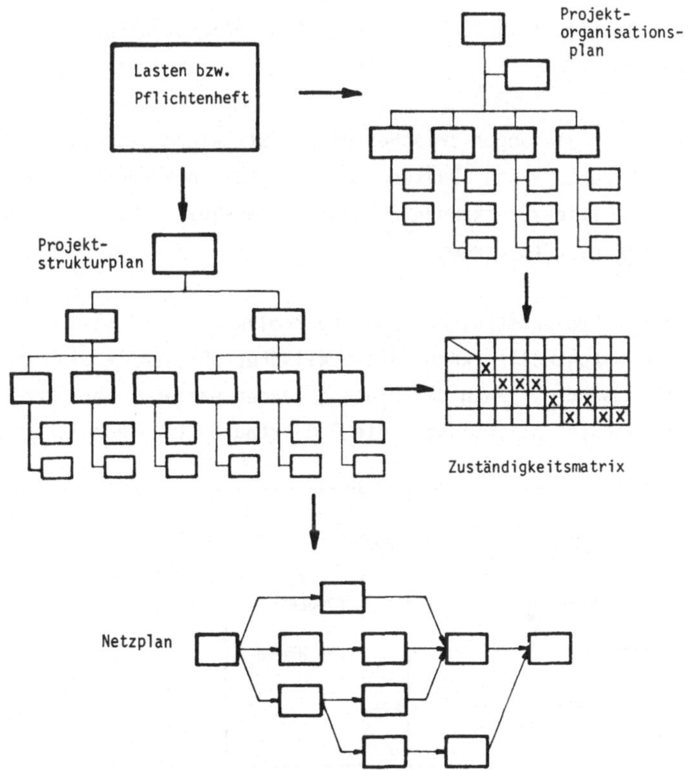

Bild 3: Vereinfachter Ablauf des Projektplanungsvorgangs

- Die Analyse der technischen Anforderungen und die Aufstellung eines Lasten- bzw. Pflichtenhefts
- Die Definiton von Teilprojekten und Arbeitspaketen als Grundlage für einen Projektstrukturplan, sowie die Aufstellung von Kosten- und Ressourcenplänen
- Die Festlegung der Projektbeteiligten, d.h. Mitarbeiter, Abteilungen und Firmen, und die Aufstellung eines Organisationsplans
- Die Verantwortungs- bzw. Bearbeitungszuordnung von Arbeitspaketen zu Projektbeteiligten, sowie die Klärung von Kompetenzen
- Die Planung des zeitlichen Ablaufs mit Hilfe eines Netz- bzw. Meilensteinplans

Diese Planungen sind mit Hilfe der Projektbeschreibungssprache EPOS-P spezifizierbar, wobei die Projektstruktur- und Netzplanung durch Managementobjekte vom Typ Aktivität, die Projektorganisation, die Zuständigkeiten und Kompetenzen mit Managementobjekten vom Typ Projektbeteiligter und die Kosten und Ressourcen mit Managementobjekten vom Typ Einsatzmittelart beschrieben werden. Das Endprodukt dieser Planungen sind Datenbankeinträge mit der Zuordnung einer Aktivität zu allen projektrelevanten Strukturen

- Anforderungsstruktur
- Projektstruktur
- Ablaufstruktur (Netz-/Meilensteinplan)
- Kostenträgerstruktur
- Projektorganisation
- Qualifikationsstruktur
- Kostenstellenstruktur

Die Strukturen bzw. die Beziehungen zwischen diesen Strukturen können in Form von Tabellen, Matrizen, Struktur- und Balkenplänen, etc. dokumentiert werden. Um Planungsmängel schon frühzeitig zu erkennen, können Plausibilität, Vollständigkeit, und Konsistenz vom Rechner geprüft werden.

3.2 Unterstützung bei der Projektsteuerung und -kontrolle

Die Projektplanung und -kontrolle kann als zyklischer Prozeß - wie in Bild 4 verdeutlicht - angesehen werden. Nach der Planung werden während der Projektdurchführung, d.h. der technischen Entwicklung, die Projektparameter technische Leistung,

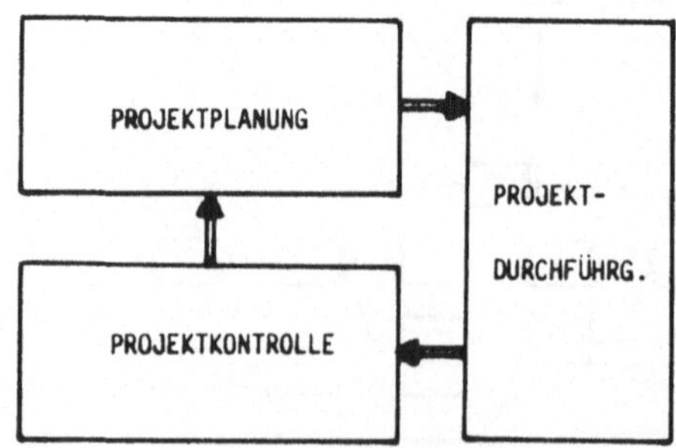

Bild 4: Projektplanungs- und Kontrollzyklus

Termine und finanzielle Aufwendungen kontrolliert und bei Abweichungen von der Planung steuernd, z.B. durch Umplanungen, eingegriffen. Rechnerunterstützung ist hier unerläßlich, um die Planungsunterlagen auf dem neuesten Stand zu halten.

Ausgehend von einer gemeinsamen Datenbank für alle projektrelevanten Daten sind hier folgende Schwerpunkte der Rechnerunterstützung mit EPOS zu nennen:

(1) Relationen (z.B. Verantwortung für, Anforderungen an) zwischen den Planungsvorgaben und den Teilen des entstehenden Software-/Hardwareprodukts können aufgezeigt und überwacht werden

(2) Der Projektfortschritt kann rechnergestützt ermittelt und graphisch dargestellt werden

(3) Die Zugriffsrechte für Teile der projektrelevanten Daten können kompetenz- und organisationsabhängig verwaltet werden.

Zusätzlich zu der rechnergestützten Dokumentation und Überwachung "interner" Relationen, d.h. Relationen zwischen den verschiedenen Entwicklungsdaten, können auf Anforderung on-line Übersichten über die Relationen (Verantwortung, Bearbeitung, Anforderung, Berücksichtigung, Erfüllung, Zugehörigkeit, etc.) von Anforderungsdefiniton, Planungsvorgaben und Realisierung in Tabellen- oder Matrixform gegeben werden.

Innerhalb der Projektspezifikationssprache besteht die Möglichkeit, während des Automatisierungsprojekts rechnergestützt Berichte zu verfassen, woraus dem Projektmanagement durch Informationsverdichtung der Projektfortschritt und ggf. auftretende Schwierigkeiten dokumentiert werden können. Die Angaben, die zur Überwachung verwendet werden, sind:

- Abschluß von Projektphasen
- Erreichen von Meilensteinen
- Abschluß von Netzplanvorgängen
- Zustandsänderungen eines Netzplanvorgangs, wobei standardmäßig zwischen den Zuständen geplant, freigegeben, in-Arbeit, in-Bewertung und abgenommen unterschieden wird.

Zusätzlich bietet das Managementprogrammsystem EPOS-M Hilfestellung bei der Beurteilung des Projektstands zwischen diesen eindeutig verifizierbaren Kontrollpunkten. So zeigt z.B. Bild 5 ein "Fortschrittshierarchiediagramm", bei dem aufgezeigt wird, an welchen Teilen des Entwurfs die Arbeit beendet, wo weitere Arbeiten geplant und welche Teile des Entwurfs innerhalb eines vorgebbaren Referenzzeitraums entstanden sind. Dabei bedeuten ins Leere gehende Linien, daß weitere Entwurfsobjekte definiert (mit einem Namen eingeführt), aber noch nicht spezifiziert sind, d.h. daß an diesen Stellen die Arbeiten noch im Gange sind. Die gestrichelt eingetragenen Entwurfsobjekte sind seit dem letzten Kontrollzeitpunkt hinzugekommen, d.h. sie zeigen, was seither neu entworfen wurde.

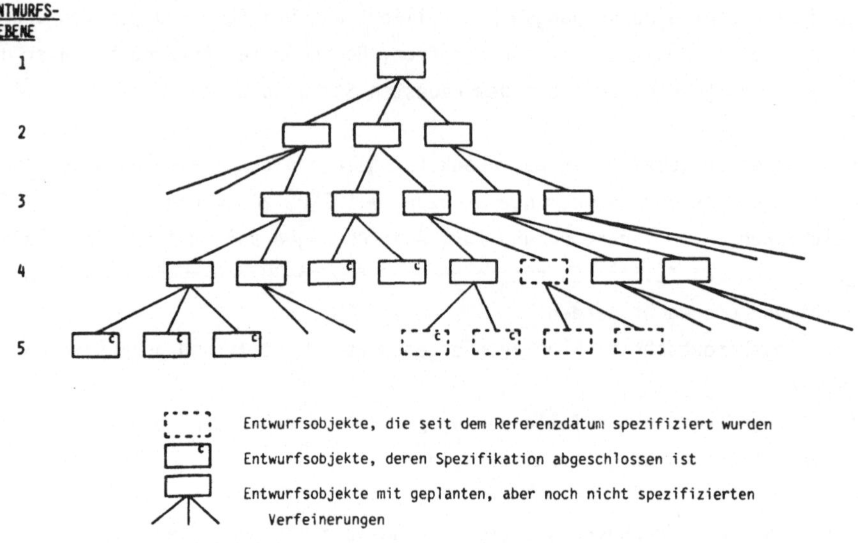

Bild 5: Hierarchiediagramm zur Fortschrittsübersicht

Andere Diagramme verdeutlichen in verdichteter Form die Änderungstätigkeit im Teilen des Entwurfs usw. /13/.

Bei der Verwaltung der gesamten projektrelevanten Daten in einer gemeinsamen Datenbank sind besondere Vorkehrungen zu treffen, um unerlaubte und ungewollte Datenmanipulationen zu verhindern:

- Nur speziell authorisierte Personen sind berechtigt, die Managementplanungsdaten zu ändern. Bei einigen der Daten (z.B. Kostensätze des Rechnungswesens) sollten sogar die Leserechte der Projektbeteiligten eingeschränkt werden
- Um wirklich alle Ideen - auch in unausgereifter Form - rechnergestützt festzuhalten, sind Schutzfunktionen für private Informationsteile notwendig

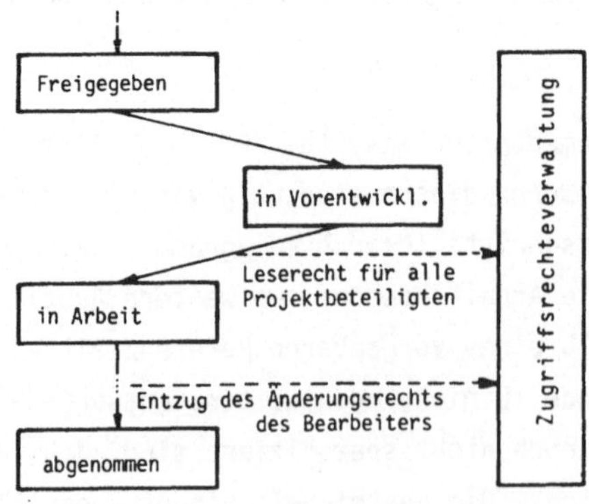

Bild 6: Automatische Zugriffsrechteverwaltung aufgrund Zustandsänderungen

- Vorkehrungen sind zu treffen, daß bestimmte Entwickungsteile nach einem Festschreiben im Rahmen des Konfigurationsmanagements nur unter besonderen Umständen änderbar sind

Wie in Bild 6 gezeigt, können diese Zugriffrechte der Projektbeteiligten dynamisch - d.h auch automatisch in Abhängigkeit des Projektstands - verändert werden.

3.3 Unterstützung bei der Produktverwaltung

Zwei wichtige Aspekte zur Unterstützung bei der Produktverwaltung sollen ausführlicher erläutert werden:

(1) die automatische Versionsverwaltung

(2) die Unterstützung eines systematischen Konfigurationsmangements

Grundlage der Produktverwaltung sind Hilfsmittel zur Identifikation der während der Entwicklung entstehenden Versionen und Konfigurationen von Teilen des Entwicklungsprodukts; dabei kann der Grad der automatischen Versionsüberwachung nach Anwenderbedürfnissen gehandhabt werden. Optional ist außer Versionsnummern und Konfigurationsbezeichnern für die einzelnen Verwaltungsobjekte eine nach Anwendergesichtspunkten wählbare Identifikation angebbar, mit der man z.B. firmeninternen Richtlinien zur einheitlichen Bezeichnung gerecht werden kann.

Die Produktverwaltung erschöpft sich allerdings nicht in der Speicherung und Dokumentation der verschiedenen Versionen und Konfigurationen; darüberhinaus wird auch eine Unterstützung bei der Überprüfung des Inhalts der verschiedenen Versionen, das Aufzeigen von Unterschieden und die Dokumentation einer Entstehungshistorie ermöglicht.

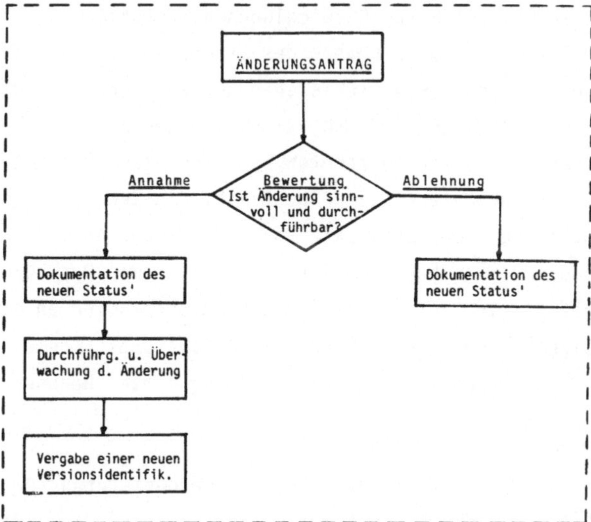

Bild 7: Änderungsüberwachung im Rahmen des Konfigurationsmanagements

Nach dem vereinfachten Ablaufschema in Bild 7 wird im Rahmen des Konfigurationsmanagements nach Festschreiben von Teilen des Entwicklungsprodukts ein kontrolliertes Ändern ermöglicht, das von der Formulierung eines Antrags für eine gewünschte Änderung bis zur Ablehung bzw. erfolgreichen Durchführung der Änderung führt.

Der Änderungsantrag kann mit der Projektbeschreibungssprache formuliert werden und bildet die Grundlage von rechnergestützten Analysen zur Beurteilung der Auswirkungen der gewünschten Änderung, ebenso für Hilfen bei der Beurteilung des Aufwands der Änderung. So kann die Gefahr einer Fehleinschätzung schon in einem frühen Stadium vermindert werden.

Auch die Beurteilung des Antrags - üblicherweise von einem Gremium (Change Evaluation Board) vorgenommen - und die Vorgaben für die Verantwortlichkeit, für Termine und Kostenrahmen können rechnerinterpretierbar formuliert werden. Die Implementierung der Änderung wird überwacht, zugleich werden die gesamten Vorgänge dokumentiert.

Trotz äußerster Umsicht treten manche Fehler im Automatisierungssystem erst nach Auslieferung auf. Vor allem in der Wartungsphase ist daher eine systematische Meldung und Behebung von Fehlern wichtig. In EPOS-P können Fehlerberichte formuliert und als Grundlage für die Rekonstruktion und Beseitigung der Fehler, sowie für die Kontrolle der Auslieferung der geänderten Versionen verwendet werden.

Schlußbemerkung und Ausblick

In der Vergangenheit wurde bei der Entwicklung komplexer Hardware-/Softwaresysteme für die Automatisierungstechnik positive Erfahrungen mit rechnergestützten Systemen gesammelt. Dies gilt insbesondere für Entwicklungsunterstützende Systeme, die - wie es beim EPOS-System der Fall ist - alle Phasen des Lebenszyklus' abdecken. Gleichzeitig wurde jedoch die Verflechtung der verschiedenen Aufgabenbereiche beim Projekt und die unzureichende Rechnerunterstützung der Wechselbeziehungen zwischen diesen Tätigkeitsbereichen bei der Verwendung von getrennten Systemen zur Projektführung, Produktverwaltung und Entwicklungsunterstützung deutlich. In Zukunft wird verstärkt eine integrierte Unterstützung der Entwicklungs- und Managementaufgaben während des gesamten Projektablaufs - aufbauend auf einer gemeinsamen Datenbank aller projektrelevanten Daten - nötig sein, um den steigenden Anforderungen an die Wirtschaftlichkeit und Zuverlässigkeit der entwickelten Automatisierungssysteme zu begegnen. Am Beispiel des EPOS Systems wurde eine solche integrierte Rechnerunterstützung bei Automatisierungsprojekten erläutert.

Weitere Untersuchungen auf dem Gebiet der rechnergestützten Projektfortschrittskontrolle sind nötig, um durch systematische Auswertung der Information in der Projektdatenbank verläßliche Aussagen über den Stand des Projekts zu geben. Von

Interesse ist hierbei allerdings, daß Fortschritt nicht nur eine Zunahme im quantitativen Sinn bedeuten darf, sondern daß auch die Qualität des Entwicklungsprodukts laufend überwacht werden muß.

Literatur

/1/ Biewald, J.; Joho, E.; Jovalekic, S.; Schelling, H.: Application of the Specification and Design Technique EPOS to a Process Control Problem. Proc. 6th IFAC Symp. Digital Computer Applic. to Process Control. Oct. 1980, (Ed. R. Isermann, H. Kaltenecker) Pergamon Press, Oxford, New York, 1980, S. 517 - 522.

/2/ Biewald, J.; Göhner, P.; Lauber, R.; Schelling, H.: EPOS - A Specification and Design Technique for Computer Controlled Real-Time Automation Systems. Proc. 4th Int. Conf. Software Eng., München 1979. IEEE Computer Soc., Los Alamitos, CA, 1979, S. 245-250.

/3/ Bersoff, E. H.; Henderson, V. D.; Siegel, S.: Software Configuration Management. Prentice-Hall, Englewood Cliffs, NJ, 1980.

/4/ Brooks, F. P.: The Mythical Man-Month - Essays on Software Engineering. Addison Wesley Publ. Co., Reading, MA, 1975.

/5/ Bruce, P.; Pederson, S.: The Software Development Project. John Wiley and Sons, New York, 1982.

/6/ Ehrensperger, P.: Übersicht über am Markt befindliche Produktverwaltungs- und Projektführungssysteme. GI Softwaretechnik-Trends, Mitteilungen der Fachgruppe Software-Engineering, Heft 3-2, Juli 1983.

/7/ Ghassemi, A.; Reinshagen, K.-P.: Erfahrungen beim industriellen Einsatz des Spezifikations- und Entwurfssystems EPOS-80 zur Automatisierung von Tiefdruck-Rotationsmaschinen. Regelungstechnische Praxis rtp, Band 25 (1983), Heft 3 S. 110-114 und Heft 4 S. 156-159.

/8/ Hecht, H.; Houghton, R. C.: The Current Status of Software Tool Usage. Proc. 6th Int'l Computer Software & Applications Conf. COMPSAC '82, Nov. 1982. IEEE Comp. Soc. Press, Los Angeles, CA, pp. 326 - 335.

/9/ Keppner, K.: Rechnergestützter Systementwurf - Eindrücke von der EPOS-Benutzertagung '83. Markt & Technik, Nr. 48 (2. Dez. 1983), S. 11,15.

/10/ Lauber, R.: Development Support Systems. IEEE Computer, vol. 15, no. 5 (May 1982), S. 36 - 46.

/11/ Lauber, R. (ed.): EPOS Einführung, 4. Auflage, Sept. 1983, IRP, Universität Stuttgart.

/12/ Lauber, R; Lempp, P.: Integrated Development and Project Management Support System. Proc. 7th Int. Computer Software & Applications Conf., COMPSAC '83, Chicago Nov. 1983, IEEE Computer Society Press, Los Angeles, 1983.

/13/ Lempp, P.: Graphische Fortschrittsübersicht beim ebenenorientierten Entwurf, GI Softwaretechnik-Trends, Mitteilungen der Fachgrupe Software-Engineering, Heft 3-2, Juli 1983.

/14/ Paster, D. L.: Experience with Application of Modern Software Management Controls. Proc. 5th Int'l Conf. of Software Engineering, 1981, IEEE Cat. No. 81CH1627-9, S. 18 - 26.

/15/ Reifer, D. J.: Tutorial: Software Management (sec. ed.). IEEE Catalog No. EHO 189-1.

/16/ Saynisch, M.; Schelle, H.; Schub, A.: Projektmanagement. Konzepte, Verfahren, Anwendungen. Oldenburg Verlag München Wien, 1979.

/17/ Thambain, H. J.; Wilemon, D. L.: Project Performance Measurement - The Keystone to Engineering Project Control. Proc. 13th annual nat'l symp. (1981/INTERNET) Boston, MA, Sept 28 - 30, 1981, S. 429 - 438.

Spezifikation von Prozeßautomatisierungssystemen

W.K. Epple

M.D. Hagemann

M.A. Klump

Lehrstuhl für Prozeßrechentechnik
Prof. Dr.-Ing. U. Rembold
Institut für Informatik III
Universität Karlsruhe

G.R. Koch

Biomatik GmbH, Freiburg

Zusammenfassung:

In nahezu allen Publikationen über Themen der Anforderungsspezifikation ist unbestritten festgestellt worden, daß

- die Kosten der Herstellung von Software,
- die Zuverlässigkeit der Softwareprodukte und
- der Grad der Erfüllung der ursprünglichen Anforderungen

auch in Automatisierungsprojekten vor allem durch die Vollständigkeit, Widerspruchsfreiheit und Verträglichkeit der anfänglichen Anforderungsspezifikation bestimmt werden. Diese letztgenannten Eigenschaften sind aber nur durch einen hohen Grad an Formalisierung in der Spezifikation erreichbar.

Dieser Beitrag stellt ein Hilfsmittel, das System SARS* vor, das die Formalisierung der Anforderungen unterstützt. Die formale Sprache dieses Systems wird anhand eines Beispiels erläutert.

1. Einleitung

Bereits vor Jahren wurde festgestellt, daß eine Phase in Softwareentwicklungsprojekten besonders wichtig für den technischen und wirtschaftlichen Erfolg ist: Die Erfassung und Analyse der Anforderungen des Auftraggebers. Je später ein Fehler entdeckt wird, umso teurer wird seine Beseitigung. Häufig machen sich Mängel um so später bemerkbar, je früher sie sich im Entwick-

* Das System SARS wurde im Rahmen eines vom BMFT geförderten Vorhabens entwickelt.

lungszyklus eingeschlichen haben. Jones /JON 79/ stellte fest, daß logische Fehler in der Anforderungsspezifikation bei wachsender Programmgröße überproportional stark zunehmen. Chmura und Weiß berichten in /CHM 82/, daß selbst bei Anwendung systematischer Vorgehensweisen die Anforderungsspezifikation noch Fehler enthält.

Angesichts der Kenntnis der Schwachstellen gegenwärtiger intuitiver Vorgehensweisen zur Definition der Anforderungen wundert es um so mehr, daß im Bereich der Prozeßautomatisierung nur in geringem Maße systematische Verfahren angewendet werden, die sich im Bereich der kommerziellen Datenverarbeitung zunehmender Beliebtheit erfreuen.

Da Automatisierungsprojekte zunehmend komplexer und damit zwangsläufig fehleranfälliger werden, ist die Anwendung von systematischen Vorgehensweisen erforderlich. Um große Realzeitaufgaben in vernünftiger Zeit zufriedenstellend zu lösen, werden methodische Verfahren und Werkzeuge benötigt.

2. Methode der Anforderungsspezifikation

Zunächst soll die Methode, die den Prozeß der Erstellung einer Anforderungsspezifikation unterstützt, vorgestellt werden. Diese Methode stellt nicht die einzige Möglichkeit dar, eine Anforderungsspezifikation zu erstellen. Die Methode beruht auf der Tatsache, daß ein Steuerungssystem normalerweise folgende drei Aufgaben zu erfüllen hat:

- Überwachung der Umgebung (= technischer Prozeß),
- Steuerung dieser Umgebung und
- Protokollierung der Zustandsübergänge in der Umgebung.

Deshalb muß das (schriftliche) Ergebnis einer Anforderungsanalyse die unmittelbare Umgebung des Steuerungssystems beschreiben. Insbesondere umfaßt die Anforderungsspezifikation alle Überwachungs- und Steuerungsmöglichkeiten und eine Liste der Funktionen, die nötig sind, um das technische System zu überwachen, zu steuern und dessen Geschichte zu protokollieren.

Der erste Schritt der Methode erfordert eine genaue Analyse der physikalisch-technologischen und organisatorischen Umgebung des (Steuerungs-)Systems. Gleichzeitig wird der Einfluß der Umgebung auf das Steuerungssystem festgelegt. Dies beinhaltet die Identifikation derjenigen Aktivitätssequenzen innerhalb des externen (realen) Prozesses, in die das Steuerungssystem integriert werden soll. Diese insgesamt sehr globale Betrachtungsweise reicht selbstverständlich nicht aus, genaue Anforderungen für das

Automatisierungssystem abzuleiten.

In einem zweiten Schritt wird eine detaillierte Beschreibung aller Teilaktivitäten des technischen Prozesses erstellt. Für jede Teilaktivität werden die relevanten Bedingungen festgelegt. Dazu kommen technische Vorschriften, physikalische Zusammenhänge oder betriebsorganisatorische Bedingungen, die die Art der Aktivität, ihren Ablauf, die von ihr hergestellten Zustände, gelieferte Daten und benötigtes Wissen erläutern. Ebenso wichtig ist es darzulegen, warum welche Aktivitätenreihenfolgen eingehalten werden müssen. Die so detaillierte Aufstellung erlaubt es dann, im nachfolgenden Syntheseschritt die eigentliche Anforderungsspezifikation niederzuschreiben.

Im dritten Schritt werden alle Anforderungen an das Steuerungssystem mit Hilfe der detaillierten Aktivitäts- und Umgebungsbeschreibungen sowie der ursprünglichen Automatisierungsvorstellung festgelegt. Zuerst werden alle Rechneraktivitäten bzw. Aktivitätsfolgen identifiziert. Gleichzeitig wird festgelegt

- unter welchen Bedingungen welche Funktionen durchgeführt werden müssen,
- welche (externen) Objekte durch welche Funktionen überwacht werden,
- welche Objekte durch welche Funktionen manipuliert werden und
- welche Kenntnisse aus der Vergangenheit des Systems zur Erfüllung der Aufgaben nötig sind.

Protokollfunktionen können nun entweder an die entsprechenden Rechneraufgaben angehängt werden oder sie können als eigenständige unabhängige Aufgabe definiert werden.

Als Ergebnis des letzten Syntheseschritts erhält man die Zusammenstellung aller Anforderungen, die eigentliche Anforderungsspezifikation. Dieses Dokument sollte nun mit Hilfe automatischer Werkzeuge analysiert und modifiziert werden, bis eine vollständige, konsistente und verständliche Beschreibung vorliegt.

3. Beispielprozeß

Die Methode für LARS wird im folgenden am Beispiel einer Zündholzfabrik erläutert (Bild 1). Der Anlage werden Holzplättchen zugeführt, die zur Herstellung von Zündhölzern, Schachteln und Hüllen dienen.

Im linken Teil ist die Herstellung der Zündhölzern beschrieben. Nachdem die Holzplättchen geschnitten wurden, wird ihnen die Restfeuchtigkeit entzogen und der Verschnitt ausgesiebt. Die Stäbchen werden anschließend eingeordnet und auf ein Förderband aufgebracht. Auf diesem durchlaufen sie zwei Bäder, in

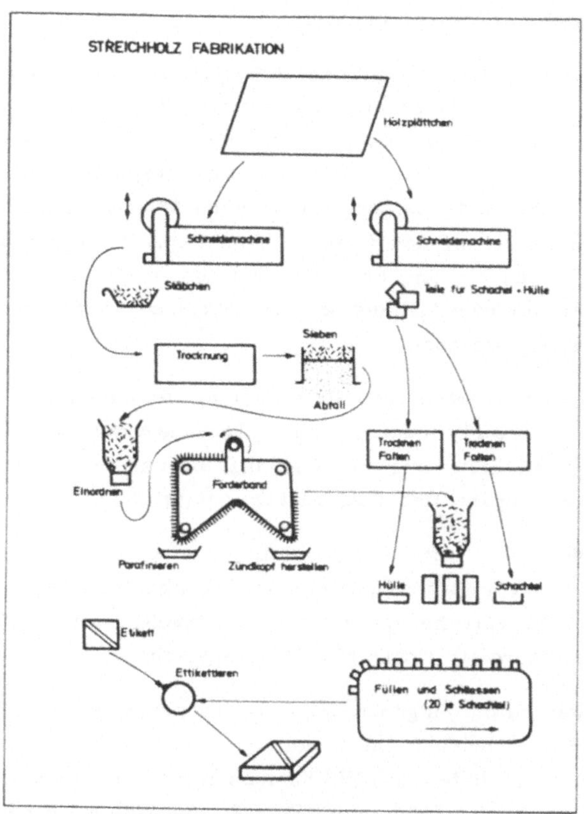

Bild 1

denen sie zunächst parafiniert werden. Danach werden die Zündköpfe aufgebracht. Vom Förderband gelangen sie in eine Portioniereinrichtung, wo sie zu 20 Stück abgezählt und in eines von drei Magazinen abgefüllt werden.

Der rechte Teil zeigt die Herstellung der Schachteln und der Hüllen. Die geschnittenen Teile werden ebenfalls getrocknet und entsprechend ihrer Verwendung gefaltet. Die leeren Schachteln gelangen auf das Förderband im unteren Teil des Bildes. Sobald eine leere Schachtel unter einem gefüllten Magazin angelangt ist, werden die im Magazin befindlichen Zündhölzer in die Schachtel abgefüllt. Am Ende des Förderbandes wird noch die Hülle über die gefüllte Schachtel geschoben und die Schachtel gelangt in die Etikettiereinrichtung.

4. Aufgabenstellung an das Prozeßrechensystem

Von der Vielfalt der während eines Projektes anfallenden Dokumente wollen wir hier nur die Dokumente betrachten, die während der Spezifikationsphase anfallen. Einen Vorschlag für die Dokumentenerstellung macht die VDI/VDE-Richtlinie 3550. Zu den Dokumenten der Spezifikationsphase (dort Vorprojektphase genannt) gehören die Kurzbeschreibung der Anlage, Angaben über die organisatorische Eingliederung des Prozeßrechensystems in das Unternehmen sowie Aussagen über den Termin-, Personal- und Kostenrahmen. Den größten Teil der Dokumentation wird jedoch die Beschreibung des Prozeßrechensystems und des Prozeßablaufs ausmachen.

Die Beschreibung des Prozeßrechensystems umfaßt die Berechnung und Protokollierung von Prozeßkenndaten und Lösungsvorschläge für die Prozeßüberwachung, die Steuerung und Regelung. Besondere Bedeutung wird der Beschreibung von Eingabe- und Ausgabedaten gewidmet.

SARS bietet die Möglichkeit sowohl umgangssprachliche Texte zu erfassen, als auch in LARS formulierte Anforderungen in einer Datenbank abzulegen. Für die Kommunikation des Prozeßrechensystems mit der Umwelt sind in LARS die Objekte INPUT-INTERFACE bzw. OUTPUT-INTERFACE vorgesehen.

Im allgemeinen werden die Aufgaben des Prozeßrechensystems mit Hilfe der SRM-Netze von LARS beschrieben. Die Koordinierung der Aufgaben (hier jetzt der SRM-Netze) wird mit Hilfe der LARS-Komponente GUARD beschrieben. In diesem Guard wird auch die Abbildung der Prozeßmeßgrößen auf die Daten des Prozeßrechensystems vorgenommen, bzw. es wird beschrieben, wann welche Steuersignale an den technischen Prozeß ausgegeben werden sollen.

Es ist somit in LARS möglich, eine formale Anforderungsspezifikation zu erstellen, die konform ist mit bestehenden Richtlinien. Sicherlich können nicht alle Anforderungen formal notiert werden (als Beispiel seien hier genannt Umweltrestriktionen, Aufstellpläne, Steckerbelegungen). SARS bietet jedoch die Möglichkeit, derartige Anforderungen informell zu erfassen und durch Schlüsselworte zu kennzeichnen. Unabhängig von den Schlüsselworten unterstützt SARS die Zuordnung von formalen Texten und informellen Beschreibungen.

5. Modell und Sprache

Den Kern von SARS bildet das Modell, welches durch die Sprache LARS repräsentiert wird. Es läßt sich als dreischaliges Modell darstellen (Bild 2).

Die äußere Schale enthält die Beschreibung der Schnittstellen zwischen der

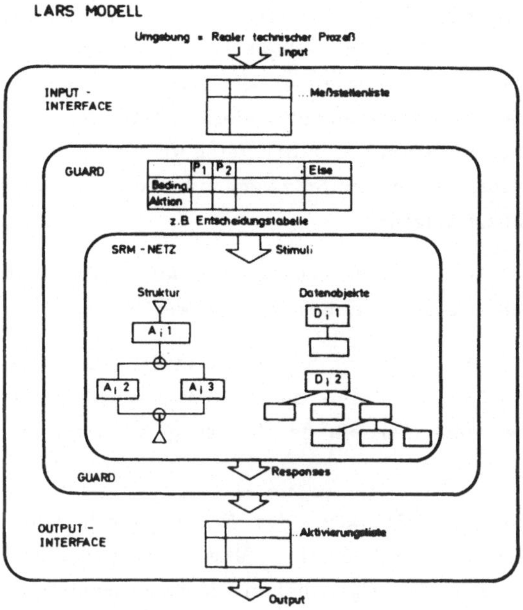

LARS MODELL

Bild 2

konkreten Außenwelt und dem Automatisierungssystem. Jede Information, die vom technischen Prozeß kommt, bzw. zum technischen Prozeß geht, wird hier beschrieben.

Die mittlere Schale stellt den logischen Filter zwischen der Schnittstelle zur Außenwelt und dem Automatisierungssystem dar. Hier wird beschrieben, aufgrund welcher Stimuli bestimmte Aktivitäten des Automatisierungssystems ausgelöst werden, und welche Auswirkungen sie auf die Außenwelt haben. In der innersten Schale schließlich erfolgt die Beschreibung der Aktivitäten, die das Automatisierungssystem auszuführen hat.

Diesem Modell entsprechend zerfällt LARS in drei Teilsprachen:

- INTERFACE-LARS
- GUARD-LARS
- NET-LARS

Drei Arten von Informationen werden über ein Interface transportiert:

- EVENTs beschreiben Zustandsübergänge in der Außenwelt,
- STATUS als Beschreibung von Zuständen, die z.B. der technische Prozeß im Augenblick besitzt,
- DATAs beschreiben die Daten, die vom Automatisierungssystem benötigt und errechnet werden.

In GUARD-LARS wird beschrieben, unter welchen Umständen Aktionen (Netze) gestartet, angehalten, fortgesetzt oder abgebrochen werden. Außerdem kann spezifiziert werden, wann welche Daten an die Außenwelt geschickt werden. Auch die Zuordnung zwischen den mehr prozeßorientierten Daten in den Interfaces und den rechnerorientierten Daten der Netze wird im Guard beschrieben. Alle Netz-Daten, die in mehr als einem Netz verwendet werden (Common-Daten) müssen im Guard spezifiziert werden.

Die vom Automatisierungssystem zu erledigenden Aufgaben werden mit Hilfe von NET-LARS beschrieben. Jedes Netz besteht aus zwei Teilen:

- der Datenteil beschreibt die Datenobjekte, die in dem Netz verwendet werden, wobei zwischen Common-Daten, die im GUARD spezifiziert werden, und privaten Daten, die nur innerhalb des Netzes gültig sind, unterschieden wird.

- Im Strukturteil wird die Struktur des Netzes durch eine Folge von sogenannten Knoten Beschrieben. Man unterscheidet zwischen Elementknoten, welche die eigentlichen datenverarbeitenden Schritte beschreiben und Strukturierungsknoten, die die Ablaufstruktur beschreiben. Elementknoten sind ALPHA-Knoten, die eine Art Makroaufruf darstellen, und zur Vereinfachung der Schreibweise dienen, und TERMINATE-Knoten, die das Beenden eines Netzes an einer bestimmten Stelle anzeigen. Zur Strukturierung dienen AND-Knoten, welche mögliche parallele Aktionen beschreiben, OR-Knoten, die aufgrund der Auswertung von arithmetischen Ausdrücken eine von mehreren Knoten-Folgen auswählen, und CONSIDER-Knoten, die mit dem CASE-Konstrukt aus PASCAL vergleichbar sind.

6. Die Methode MARS am Beispiel der Zündholzherstellung

Die Methode sieht vor, daß im ersten Schritt der reale technische Prozeß strukturiert und in Teilprozesse zerlegt wird. In unserem Beispiel wurde der Gesamtprozeß Streichholzfabrik genannt. Für die Auswahl der Teilprozesse gibt es eine Vielzahl von Lösungen. Eine mögliche Aufteilung ist die Teilprozeßliste

- Schneidemaschine
- Zündholz
- Trocknen
- Portionieren
- Konfektionieren
- Etikettieren.

Der Gesamtprozeßname und die Teilprozeßnamen werden in die Zugriffsmatrix eingetragen. Die Zugriffsmatrix enthält in den Zeilen die Komponenten der Sprache LARS. Die erste Spalte ist für Angaben reserviert, die sich auf den Gesamtprozeß beziehen. In den weiteren Spalten können Einträge für die einzelnen Teilprozesse gemacht werden.

Im nächsten Schritt der Methode werden die Aktivitäten des zu beschreibenden Prozesses sowie die Interfaces zu dem technischen Prozeß identifiziert. Als Beispiel wird nachfolgend das SRM-Netz aufgeführt, welches das Schneiden von Schachteln und Hüllen beschreibt.

```
SRM_NET schneidemaschine.schachtel_hülle:
  DESCRIPTION
    In diesem SRM-Netz wird entschieden, ob aus dem nächsten
    Holzplättchen Hüllen hergestellt werden sollen oder
    Schachteln. Grundsätzlich wird immer das Teil geschnitten,
    dessen Lager leer ist. Wenn in beiden Lagern noch Vorrat
    ist, wird das Teil hergestellt, dessen Lager die geringere
    Menge enthält.
  END DESCRIPTION;
  STRUCTURE
    CONSIDER schachtellager:
      IF (leer)
     ALPHA schachtelschneiden;
      OR (voll)
     ALPHA hülleschneiden;
      OR (normal)
     CONSIDER hüllenlager:
       IF (leer)
         ALPHA hüllenschneiden;
       OR (voll)
         ALPHA schachtelschneiden;
       OR (normal)
         CONSIDER schachtel_hülle:
           IF (schachtel)
          ALPHA hülleschneiden;
           OR (hülle)
          ALPHA schachtelschneiden;
         END CONSIDER;
     END CONSIDER;
    END CONSIDER;
    TERMINATE schneide_scha_hü;
  END STRUCTURE;
  COMMON
    schachtellager, hüllenlager, schachtel_hülle
  END COMMON;
END SRM_NET;
```

```
INPUT_INTERFACE schneidemaschine.schachtel_hülle_ein: PROCESS;
  DATA
    DESCRIPTION
      Die Daten i_schachtellager und i_hüllenlager geben den
      Füllstand der entsprechenden Lager an.
      Das Datum i_schachtel_hülle gibt an, welches Lager die
      größere Stückzahl enthält.
    END DESCRIPTION;
    i_schachtellager        : ENUMERATION (voll, normal, leer);
    i_hüllenlager           : ENUMERATION (voll, normal, leer);
    i_schachtel_hülle       : ENUMERATION (schachtel, hülle);
  END DATA;
```

```
  EVENT
    DESCRIPTION
      Der Event Plättchen tritt ein, wenn ein Holzplättchen an
      der Schneidemaschine für die Schachteln und Hüllen
      eintrifft.
    END DESCRIPTION;
    plättchen : SPONTANEOUS;
  END EVENT;
END INPUT_INTERFACE;
```

Der aufwendigste Schritt der Methode ist das Erstellen des Guards. In dem Guard werden die Startereignisse für die Aktivitäten definiert sowie die Zuordnung der Interface-Daten an die globalen Daten der SARS-Spezifikation vorgenommen. Im Guard wird auch beschrieben, wie und zu welchen Daten ein SRM-Netz Zugriff hat.

```
GARD Streichholzfabrik.beispiel:
 ACTIVATION
   EVENT
     DESCRIPTION
    Der Startevent schneide_s_h tritt ein, wenn ein
    Holzplättchen an der Schneidemaschine eintrifft und die
    Lager für die Schachteln und Hüllen noch nicht beide
    voll sind.
     END DESCRIPTION;
     schneide_s_h:= INTERFACE EVENT plättchen OF
                 schneidemaschine.schachtel_hülle_ein
               AND
                 (DATA i_schachtellager OF
                 schneidemaschine.schachtel_hülle_ein = voll
               OR
               DATA i_hüllenlager OF
                 schneidemaschine.schachtel_hülle_ein = voll);
   END EVENT;
   IF
     DESCRIPTION
    Das Netz schneidemaschine.schachtel_hülle wird gestartet, wenn
    der Startevent schneide_s_h eintritt. Das Netz benötigt als
    Eingabedaten schachtellager, hüllenlager und schachtel_hülle.
     END DESCRIPTION;
     (schneide_s_h) START schneidemaschine.schachtel_hülle
               INPUTS schachtellager, hüllenlager, schachtel_hülle;
   END IF;
 END ACTIVATION;
 COMMON
   DATA
     DESCRIPTION
    Die hier definierten Daten korrespondieren mit den Daten des
    Input-Interfaces schneidemaschine.schachtel_hülle_ein.
     END DESCRIPTION;
     schachtellager          : ENUMERATION (leer, normal, voll);
     hüllenlager             : ENUMERATION (leer, normal, voll);
     schachtel_hülle         : ENUMERATION (schachtel, hülle);
   END DATA;
 END COMMON;
END GUARD;
```

7. Retrieval in SARS

Die LARS-Spezifikationen werden in einer relationalen Datenbank abgelegt. Mittels einer halbgraphischen Benutzerführung kann der Anwender eine Relation für eine Anfrage auswählen. Entsprechend der gewählten Relation wird eine Tabelle am Bildschirm aufgebaut, in der der Benutzer ähnlich wie beim Query by Example seine Anfrage formulieren kann. Diese sehr komfortable Anfrageform hat den Nachteil, daß das Auswählen und Eintragen in die Tabelle sehr zeitraubend ist. Für den erfahrenen Anwender existiert daher zusätzlich die Möglichkeit, eine Anfrage direkt in einer SQL-ähnlichen Notation zu stellen.

Die Suche nach umgangssprachlichen Texten für Analysezwecke wird über die Schlüsselworte erfolgen. Ausgehend von der gesamten Textmenge kann eine Eingrenzung der gesuchten Texte auf einen Bereich der Zugriffsmatrix gemacht werden. Dies geschieht durch die Angabe eines Zeilenbereichs (Spaltenbereichs), auf den die Suche beschränkt werden soll. Eine im System enthaltene Synonymliste ermöglicht es, die Anfrage auch auf ähnliche Begriffe auszudehnen. Die Menge der gefundenen Texte kann schrittweise eingeschränkt werden. Über die gesamte Sitzung wird ein Logbuch geführt, auf das der Anwender Zugriff hat. Damit ist es ihm möglich, seine Suche auf die Textmenge einer früheren Anfrage zu begrenzen. Der Zusammenhang zwischen informellem Text und formaler Spezifikation erfolgt implizit über die Zugriffsmatrix oder explizit über die Schlüsselworte, die in den LARS-Descriptions enthalten sind. Diese Descriptions werden von SARS wie umgangssprachliche Texte behandelt.

Obige Werkzeuge sind die Grundlage für die Dokumentationserzeugung, die interaktiv erfolgen sollte. Die Auswahl und die Reihenfolge der Textstücke werden am Bildschirm entschieden. Zur Erweiterung und zum besseren Verständnis der Dokumentation können sowohl formale Texte als auch Graphiken eingeschoben werden.

8. Erfahrungen, Realisierung

Das System SARS (System for Application Oriented Requirements Specification) besteht gegenwärtig aus den in Bild 3 dargestellten Komponenten.

MARS steht für Method for Application Oriented Requirements Specification. Der Kern von SARS ist ein Informationssystem, in dem sämtliche Daten der Anforderungsspezifikation gespeichert werden. Alle Softwarekomponenten haben direkten Zugriff auf das Informationssystem, wohingegen der Benutzer über die Zugriffsmatrix Informationen einfügt, überprüft und modifiziert. Der Analyse- und Anfragemodul ermöglicht die Untersuchung der in der Datenbank enthaltenen Information. Der graphische Editor erlaubt die Erstellung und Manipulation der graphischen Darstellungen und realisiert die Abbildung von der textuellen in die formalsprachliche Darstellung. Das Dialogsystem ist die schützende Hülle des Systems.

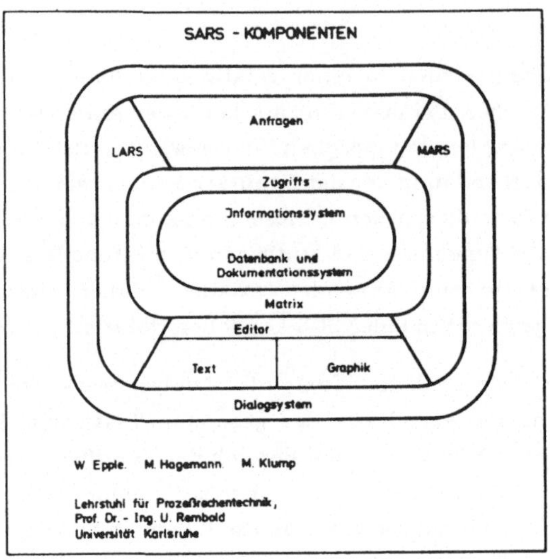

Bild 3

Das System ist gegenwärtig auf einer SIEMENS Prozeßrechneranlage R30 unter ORG 300PV implementiert (95% PASCAL, 5% Assembler). Als graphisches Eingabemedium wird ein Digitizer-Tablett verwendet. Daneben existiert eine Version, die unter UNIX auf einem Motorola 68.000 System (PCS) läuft mit einem Rasterbildschirm und Maus zur graphischen Ein- und Ausgabe.

Das System SARS wurde im Rahmen von studentischen Praktiken eingesetzt und einem Härtetest unterzogen. Die Aufgabe bestand darin, ausgehend von einer informellen Darstellung eines typischen Anwendungsbeispiels (Lackabfüllanlage, Paketverteilanlage, Streichholzfabrik) zunächst eine Anforderungsspezifikation mit LARS zu erstellen. Diese formalisierte Beschreibung war in einem zweiten Schritt mit Hilfe des Analysewerkzeugs des Systems zu untersuchen.

Die Experimente zeigten, daß das System die notwendige Robustheit besitzt. Als wesentlicher Vorteil wurde von der Studenten die Möglichkeit der graphischen Darstellung und der graphisch-interaktiven Eingabe hervorgehoben.

Literatur

/JON 79/ Jones, C: A Survey of Programming Design and Specification Techniques. Proc. Specification of Reliable Software, IEEE Catalog No. 79, CH 1401-9C,S 91-103

/CHM 82/ Chmura, L.J.; Weiß, D.M.: The A-7E Software Requirements Document: Three Years of Change Data. NRL Memorandum Report 4938, Naval Research Laboratory Washington D.C., Nov. 1982

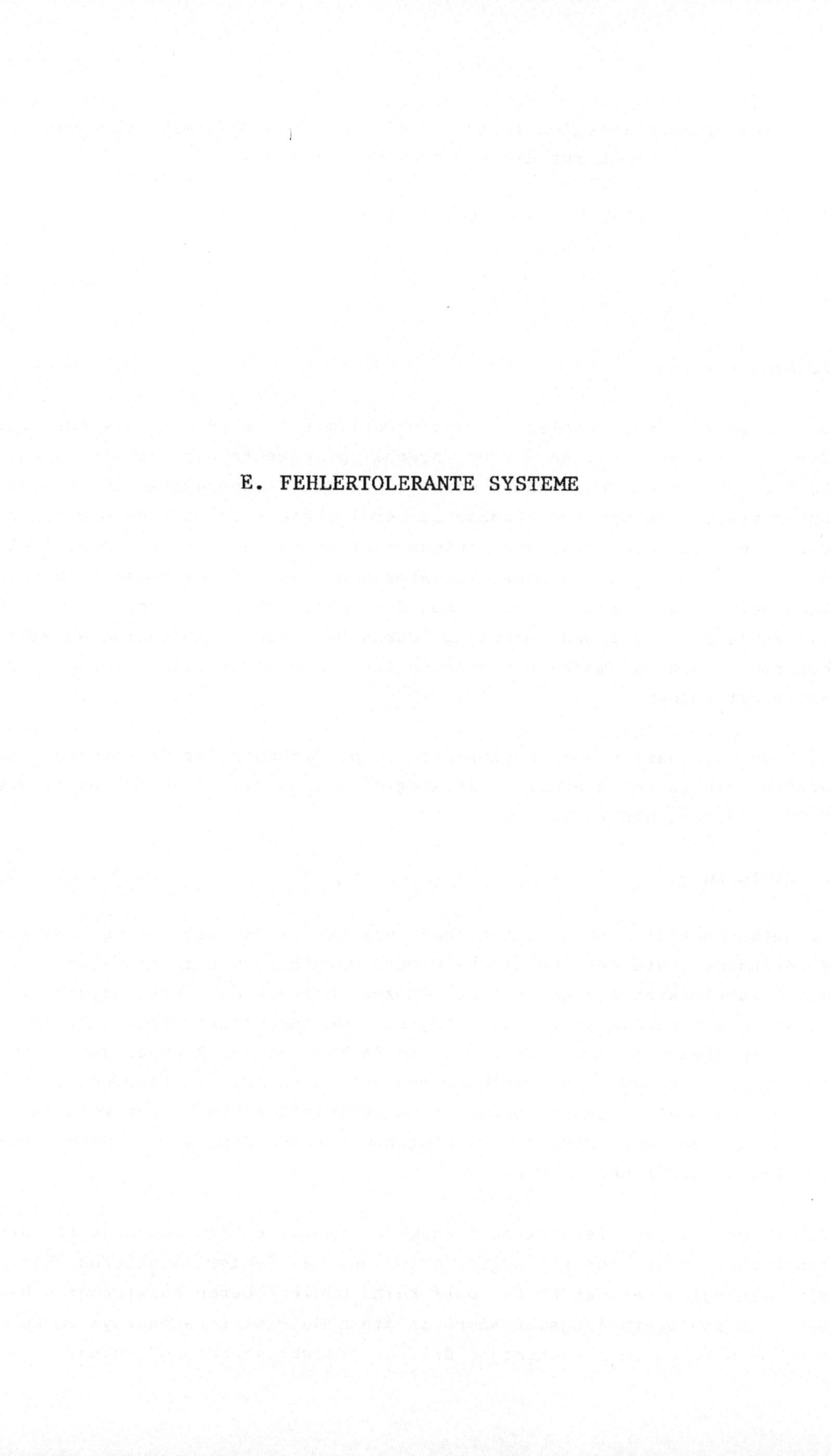

E. FEHLERTOLERANTE SYSTEME

Fehlererholungsstrategien in fehlertolerierenden Multimikrorechnersystemen für die Prozeßautomatisierung.

F. Demmelmeier
Lehrstuhl für Prozeßrechner
TU München

Zusammenfassung

Grundlage für jeden Fehlertoleranzmechanismus eines Rechnersystems ist die Fehlererkennung. Es müssen sowohl permanente als auch transiente Fehler erkannt werden, insbesondere, wenn das Rechnersystem für Prozeßautomatisierungsaufgaben eingesetzt wird. Diese Aufgabe kann dem Anwender oder dem Betriebssystem aufgebürdet werden und wird vorteilhaft durch einen Vergleichs-oder Votiermechanismus wahrgenommen. Um den Anwenderprogrammierer von Problemen der Fehlertoleranz zu befreien, muß die Fehlererkennung und -erholung durch Betriebssystemfunktionen wahrgenommen, die an markanten Punkten des Anwenderprogramms automatisch aktiviert werden.

Nach der Diskussion von Fehlerarten und Methoden der Fehlererkennung werden einige Fehlererholungsstrategien erläutert und am Beispiel des FUTURE-Systems konkretisiert.

1. Einleitung

Prozeßautomatisierung bedeutet, daß vom steuernden Rechner Echtzeitanforderungen, die der technische Prozeß vorgibt, zu erfüllen sind. Es muß gewährleistet werden, daß der Prozeß bei einem auftretenden Fehler (etwa einem Hardwareausfall) "stoßfrei" weitergeführt wird. Stoßfrei heißt in diesem Zusammenhang, daß die Reaktionen des Rechnersystems vom technischen Prozeß nicht wahrgenommen werden. Es dürfen also weder fehlerhafte Signale erzeugt werden, noch Zeitverzögerungen über vorgegebene Schwellen vorkommen. Auch Eingabewerte des Prozesses müssen zuverlässig bearbeitet werden.

Die Forderung nach fehlerfreier Ausgabe kombiniert mit hohen zeitlichen Ansprüchen kann nur ein System erfüllen, das Fehler maskieren kann, denn ein aufgetretener Fehler darf keine unmittelbaren Auswirkungen haben. Für Fehlererholungsmaßnahmen in einem Multimikrorechnersystem kommen nur Strategien in Betracht, die auf "Vorwärtserholung" ausgerichtet sind (forward recovery), denn "Rückwärtserholungen" (backward recovery), in deren Verlauf frühere Zustände des Rechnersystems noch einmal durchlaufen werden, können zu Mehrfachausgaben an den technischen Prozeß führen bzw. zu Verklemmungen, wenn eine erwartete Eingabe durch den Prozeß nicht mehr wiederholt wird.

Ein ernstes Problem bei fehlertoleranten Systemen, die häufig zu einem Zeitpunkt nur einen Fehler zulassen, sind versteckte Fehler, die wohl im System vorhanden sind, jedoch durch den Fehlererkennungsmechanismus noch nicht entdeckt wurden. Damit diese Latenzzeit von Fehlern minimal wird, sind häufig zusätzliche Fehlererkennungsmaßnahmen vonnöten.

2. Fehlerarten, Fehlererkennung

Es können zwei Gruppen von Fehlern unterschieden werden, deren Erkennung angepaßte Methoden erfordert (siehe Bild 1):

- transiente, d.h. zeitlich begrenzt vorhandene Fehler und
- permanente, das sind ständig existierende Fehler.

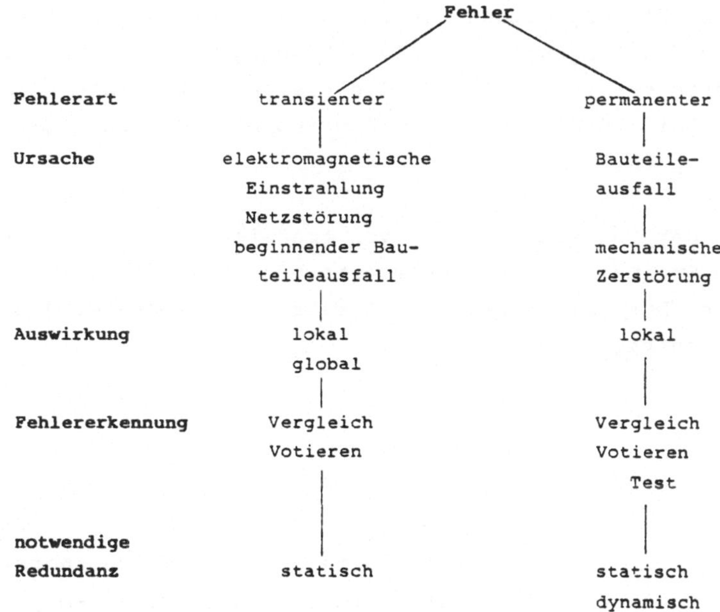

Bild 1: Fehlerarten

Im allgemeinen ziehen transiente Fehler permanente Veränderungen (z.B. von Datensätzen) nach sich, so daß sie in ihren Auswirkungen wie permanente behandelt werden können. Die Ursachen für transiente Fehler liegen in zeitlich begrenzten Ausfällen der Hardware. Beispiele hierfür sind etwa das Einwirken von elektromagnetischen Strahlungen, Netzstörungen oder ein beginnender Bauelementeausfall. Nach Abklingen der Störung wird das System wieder fehlerfrei weiterarbeiten. Auslöser für begrenzte Ausfälle sind äußere oder innere Ursachen. Äußere Ursachen haben nichtvorhersehbare Wirkungsfelder, so kann z.B. eine Netzstörung alle Phasen des Netzes betreffen und damit das gesamte Mikrorechnersystem beeinflussen oder aber nur selektiv auf einen Rechner wirken, wenn nur eine Phase betroffen ist. Innere Ursachen, wie ein beginnender Bauteileausfall, sind im allgemeinen lokal begrenzt. Permanente Fehler haben ihre Ursache in Bauteileausfällen, deren Ursprung auch in äußeren Einflüssen wie mechanische Zerstörung liegen kann. Auswirkungen sind im allgemeinen örtlich begrenzt.

Fehlererkennungsmechanismen müssen beide Fehlerarten berücksichtigen. Die klassische Methode des Tests der Hardware kann permanente Fehler identifizieren, versagt jedoch bei transienten. Transiente Fehler lassen sich nur durch statische Redundanzmaßnahmen wie Vergleich oder Votieren von Datenbeständen erkennen. Hierunter fallen auch Methoden der Wiederholung von Aktionen, wie etwa Mehrfachübertragung von Informationen. Wichtig für die Fehlererholung ist der Detaillierungsgrad der Fehlerortanalyse, den der eingesetzte Fehlererkennungsmechanismus zuläßt. Die in einem fehlertoleranten System kleinste ersetzbare Einheit (Smallest Replaceable Unit SRU) kann eine Baugruppe oder ein gesamtes Teilsystem (Mikrocomputer) sein.

Die Konsequenz aus der Unterscheidung von transienten und permanenten Fehlern ist eine Zweiteilung der Fehlererholung bei Multimikrorechnersystemen in eine Datenrestaurierung für transiente Fehler und eine Systemrekonfiguration bei permanenten.

3. Fehlererholung

3.1 Strategien

Die Fehlererholung in einem fehlertoleranten Multimikrorechnersystem ist ein Zustand, der während des Betriebsablaufes angenommen werden kann. Bild 2 zeigt die Zustände und die Zustandsübergänge eines fehlertoleranten Systems. Neben der Fehlererholung selbst ist die Fehlererkennung ein für den Funktionsablauf entscheidender Zustand. Ebenso ist von großer Bedeutung, auf welche Art und Weise der Zustand Fehlererkennung während des Betriebs erreicht wird: Es kann

- eine implizit oder
- eine explizit

angestoßene Fehlererkennung stattfinden.

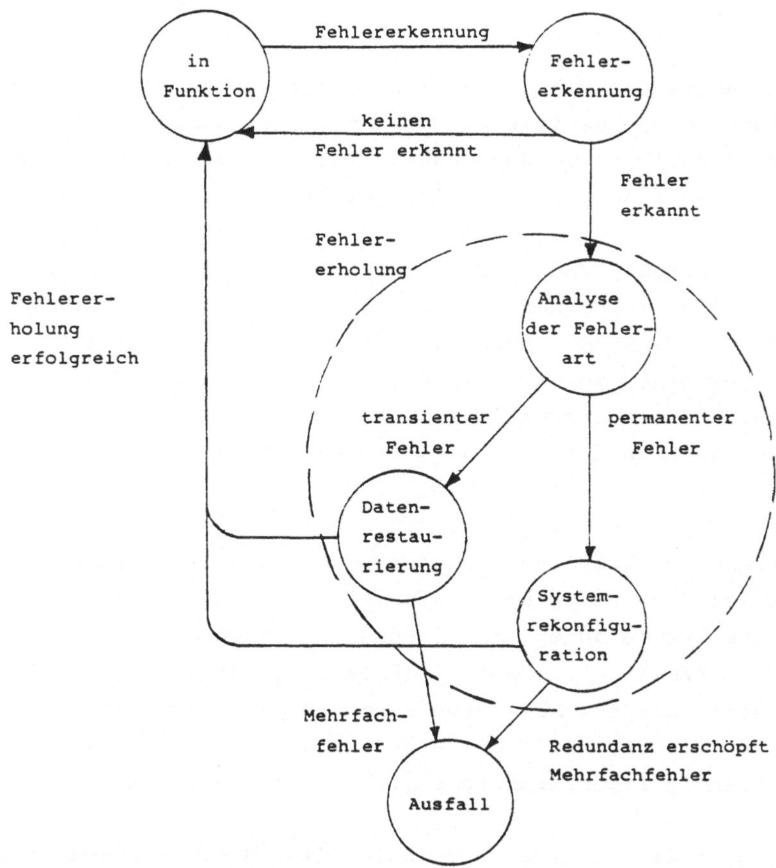

Bild 2: Zustände eines fehlertoleranten Systems

Die implizit angestoßene Fehlererkennung ist zu jedem Zeitpunkt aktiv, während die explizit angestoßene Fehlererholung durch Maßnahmen des Bedieners, des Programmierers oder des Betriebssystems angesprochen wird. Die implizit angestoßene Fehlererholung wirkt auf niedriger Funktionsebene durch Coderedundanz bei Speichertransfers (Parity oder CRC-Prüfungen) oder über Zeitredundanz bei der automatischen Wiederholung von Datenübertragungen. Verfahren dieser Art sind in fehlertoleranten Systemen implementiert. Beispiele hierfür sind der "Fault-tolerant building block computer" /Rennels 78, Demmelmeier 82/, bei dem Datentransfers innerhalb von Funktionsblöcken wie Speicher, Prozessor und Ein/Ausgabeeinheit überwacht werden, oder das "really distributed system" /Bähre 83/. Implizit angestoßene Fehlererkennung kann auch auf Systemebene erfolgen. Im "Fault-tolerant multimicroprozessor system" /Hopkins 78/ werden selbständig arbeitende Mikroprozessorsysteme über eine fehlertolerante Taktversorgung auf Taktebene synchronisiert (Mikrosynchronisierung) und alle Signale von jeweils drei zusammengehörigen Einheiten votiert.

Die explizit angestoßene Fehlererkennung wird durch Aufrufe von Betriebssystemfunktionen aktiviert, die entweder durch den Anwendungsprogrammierer eingefügt werden müssen /Katzmann 81/ oder automatisch angesprochen werden /Bähre 80, Wensley 78, Färber 83/.

In den Systemen /Wensley 78, Färber 83/ beruht die Fehlertoleranz auf Software. Die Fehlererkennung findet auf Teilsystemebene statt. Die Zeitpunkte für die Fehlererkennung werden entweder durch die Anwendung festgelegt und erfolgen in unregelmäßigen Abständen oder sind eingebettet in allgemeine Anwenderfunktionen, welche ohne die Sichtbarkeit der speziellen Mechanismen zur Verfügung stehen (transparente Fehlertoleranz).

Die Abspeicherung von Zwischenergebnissen mit dem Ziel, im Falle eines erkannten Fehlers darauf wieder aufzusetzen (Checkpoint), wie es im Tandem-System teilweise unter Mitwirkung des Anwendungsprogrammierers notwendig ist /Katzmann 81/, kann für Prozeßautomatisierungssysteme nur bedingt eingesetzt werden. Anwendung können derartige Strategien in Regelungsaufgaben finden, bei denen der aktuelle Prozeßzustand durch Abfragen vollständig rekonstruierbar ist /Sendler 82, Mäncher 82/.

Die Ausbreitung eines Fehlers innerhalb des Gesamtsystems ist umso fortgeschrittener, je höher die Ebene ist, auf welcher der Fehler erkannt wird. In der Nähe des Entstehungsortes sind viele Fehler nicht detektierbar, so daß ein Mechanismus auf Systemebene wirksam sein muß, um eine vollständige Fehlerabdeckung zu erreichen. Dieses Vorgehen erlaubt es, auf Fehlererkennungsaufwand in niedrigen Ebenen zu verzichten (Reduzierung von Aufwand), wenn die Fehlererholung auf Systemebene leistungsfähig genug ist.

Bei Fehlererkennung durch Vergleich oder Votieren von Teilergebnissen ist einem erkannten Fehler nicht anzusehen, ob er transienter oder permanenter Natur ist (wie bereits ausgeführt wurde, hinterläßt ein transienter Fehler permanente Veränderungen z.B. von Datenbeständen). Nur die Reaktion der Fehlererholung erlaubt hier eine Differenzierung. In der Fehlererholungsstrategie fällt die Entscheidung, ob ein transienter Fehler vorliegt oder ob etwa aufgrund der Fehlerrate oder der Fehlergeschichte einer Einheit ein permanenter Defekt angenommen wird. Bei Fehlererkennungsmechanismen, die eindeutig einen permanenten Ausfall identifizieren können, wie etwa Tests der Hardware, kann der Fehlererholung diese Erkenntnis mitgeteilt werden.

3.2 Fehlererholung im FUTURE-System

Das fehlertolerante Multimikrorechnersystem FUTURE (Fault-tolerant and User friendly System with Taskspecific Utilization of REdundancy) erlaubt die Zuordnung einer Zuverlässigkeitsklasse (Taskklasse) zu einer Teilaufgabe (Task). Die Taskklassen, welche von 1 bis 3 reichen, legen auch den Redundanzgrad einer Task fest (Tabelle 1). Klasse-2- und

Tabelle 1: FUTURE-Taskklassen

Taskklasse	Zahl der Cotasks	Zahl der tolerierbaren Hardware-ausfälle	Prozeß-bedienung	Ausfall verhalten
3	3	1	ff	kA
2b	2	1	ff	zA
2a	2	1	ff	dA
1b	1	0	fb	zA
1a	1	0	fb	dA

ff: fehlerfrei, d.h. alle Prozeßsignale sind richtig

fb: fehlerbehaftet, d.h. es können fehlerhafte Prozeßsignale ausgegeben werden

kA: Task fällt nicht aus

dA: Task kann ausfallen

zA: Task kann zeitlich begrenzt ausfallen, sie ist wiederstartbar

Klasse-3-Tasks haben innerhalb des Gesamtsystems doppelte bzw. dreifache Datenbestände und Tasks bzw. Cotasks. Die Vervielfachung erlaubt es, für diese Tasks während Der Bearbeitung Zwischenergebnisse zu vergleichen bzw. zu votieren. Dieses Konzept gestattet es im Fehlerfall auf gültige Daten zuzugreifen und in jedem Fall die ordnungsgemäße Bedienung des technischen Prozesses zu gewährleisten.

Es sind folgende Fehlererholungsstrategien implementiert:

- Es werden transiente und permanente Fehler unterschieden.
- Die Fehlergeschichte jeder Einheit wird aufgezeichnet.
- Die Datenrestaurierung erfolgt taskspezifisch.
- Für die Systemrekonfiguration wird eine Ersatzeinheit eingebunden oder es erfolgt eine Aufgabenumverteilung.
- Dem explizit angestoßenen Fehererkennungsmechanismus (Vergleich, Votieren) sind Hardware-Tests überlagert.

Bevor in den folgenden Abschnitten die Strategien im einzelnen beschrieben werden können, ist zum besseren Verständnis eine Erläuterung

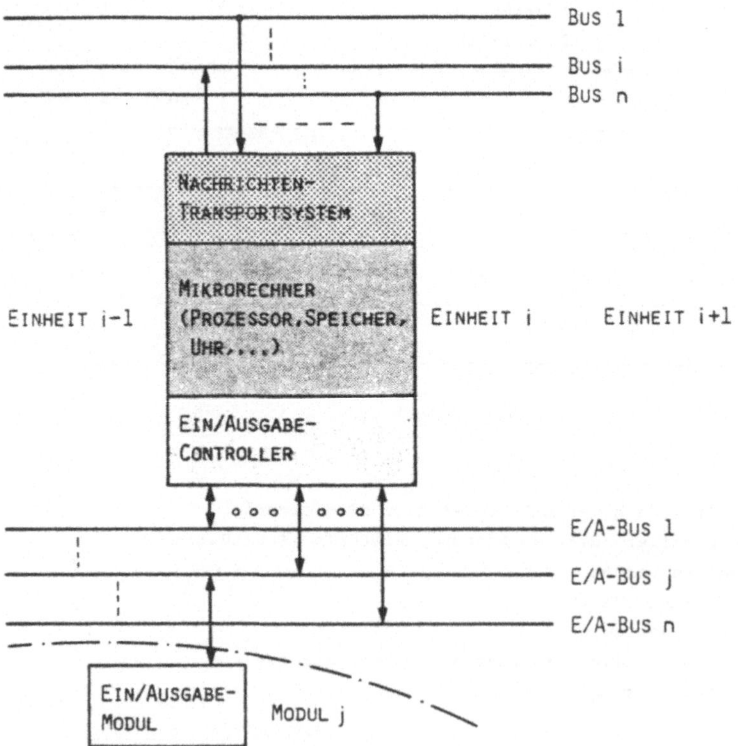

Bild 3: FUTURE-Einzelrechner

der Hardware-Architektur eines Mikrocomputers des FUTURE-Systems erforderlich. Siehe hierzu auch Bild. 3.

Ein Standardmikrorechner ist erweitert um ein Nachrichtentransportsystem hoher Übertragungsleistung, das auf einem jeder Einheit zugeordnetem Bus schreibberechtigt ist und von allen anderen Bussen lesen kann. Dieses Konzept erlaubt eine vom Standpunkt der Fehlerausbreitung rückwirkungsfreie Verkoppelung zu einem Multimikrorechnersystem. Für die Ankopplung des technischen Prozesses besitzt jede Einheit einen EA-Controller sowie über ein Bussystem angeschlossene EA-Moduln.

3.2.1 Wirkungsgefüge der Fehlererholung /Jentsch 83/

Die Fehlererkennung ist Bestandteil der Intertaskkommunikation und der Ein/Ausgabefunktionen. Jeder Übergabe von Daten zwischen Tasks bzw. zum Prozeß ist ein Vergleich oder ein Votieren überlagert, wenn die Taskklasse dies zuläßt. Zugehörige Cotasks der Zuverlässigkeitsklasse 2 oder 3 laufen auf unterschiedlichen Rechnern ab, die auszutauschende Information wird über das Nachrichtentransportsystem global verteilt und in jeder Einheit verglichen. Jeder Fehler zwischen zwei Vergleichspunkten wird hierdurch erkannt. Damit Echtzeitanforderungen erfüllbar sind, kann bei einer Klasse-3-Task ein erkannter Fehler maskiert werden und ein gültiger Wert zum Prozeß gegeben werden.

Nach dem Abschluß der Fehlererkennung wird gegebenenfalls die Fehlererholung aktiviert. Für den Aufruf ist entweder die Nachrichtentransport- oder Prozeßein/ausgabe-Software verantwortlich (Bild 4.). Neben der Information, daß ein Fehler aufgetreten ist, wird noch die betroffene Task und der Fehlerort spezifiziert. Als Fehlerort kommt in Betracht der Mikrocomputer mit seinem Anteil am Nachrichtentransportsystem oder ein EA-Controller bzw. Modul. Diese Unterscheidung ist möglich, weil innerhalb der Ein/Ausgabe weitere Fehlerüberprüfungen stattfinden.

Die Fehlererholung bearbeitet nun Fehlertabellen, die jeden Rechner bezüglich seines Fehlerzustandes und der Fehlergeschichte beschreiben. Wichtigste Inhalte sind für die lokale Fehlertabelle:

- die betroffene Einheit
- die betroffene Task
- der Zeitpunkt des Fehlers
- der Fehlerort
- der betroffene Ein/Ausgabekanal.

Die Bearbeitung der lokalen Fehlertabelle erfolgt autonom auf jeder

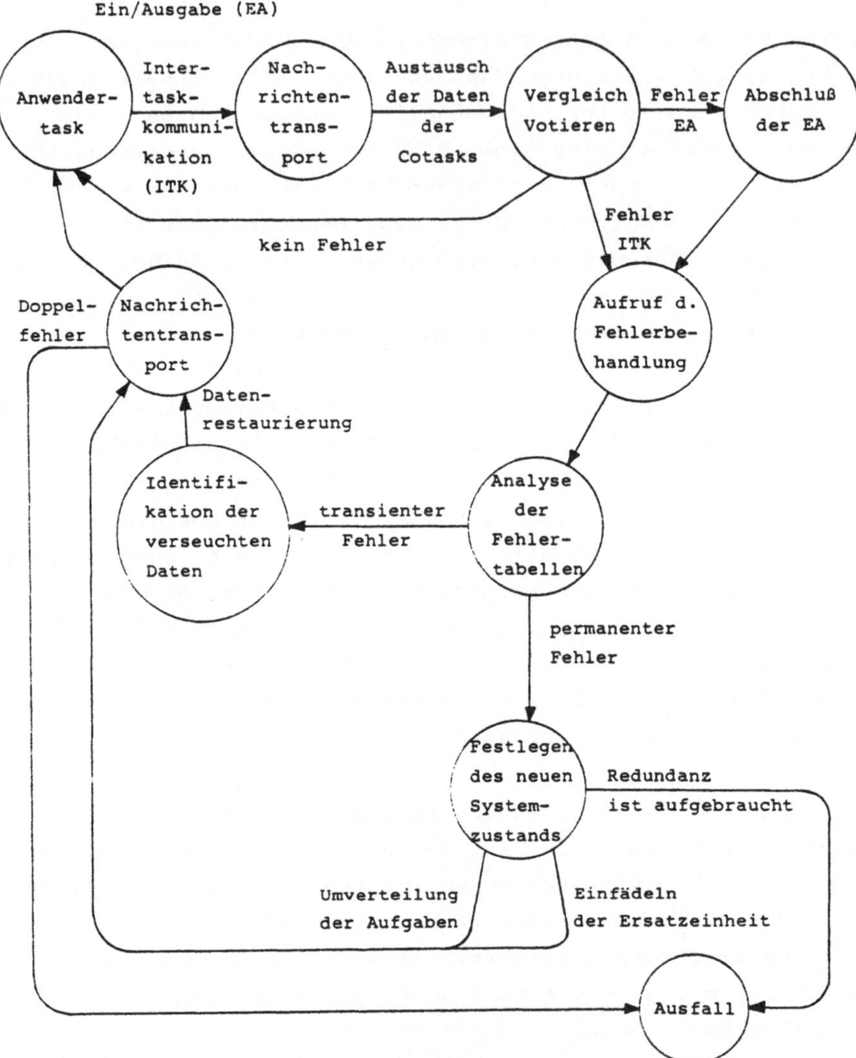

Bild 4: Funktionsablauf der Fehlerbehandlung

Einheit. Die globale Fehlertabelle verquickt die lokalen Informationen zu einer Beschreibung des Fehlerzustandes des Gesamtsystems. Mit Hilfe dieser Tabelle wird festgelegt, ob ein aktuell gemeldeter Fehler als transient oder permanent anzusehen ist:

Wird eine Einheit zum ersten Mal von einem Fehler betroffen, so wird ein transienter Fehler angenommen, es sei denn, die Ein/Ausgabe berichtet aufgrund von Tests, die während der Ausgabe stattfinden, einen permanenten Fehler. Treten innerhalb gewisser Zeitschranken weitere Fehler derselben Einheit auf, so wird ein permanenter Fehler als Ursache erkannt und diese Einheit aus dem System genommen.

Die Restaurierung von verseuchten Daten bedeutet den Abschluß der Fehlererholung, weitere Maßnahmen auch innerhalb des Systems sind nicht erforderlich. Die systemweite Konsistenz aller Zustände ist gewährleistet, denn die Fehlerbehandlung setzt definiert auf.

Anders sieht die Situation jedoch bei einer Systemrekonfiguration aus. Sowohl das Einfädeln einer Ersatzeinheit als auch die Umverteilung von Tasks hat globale Änderungen von Systemdaten zur Folge. Die Taskverteilung wird über eine Allocation-Tabelle geregelt. Diese Tabelle wird für jede Systemkonfiguration errechnet. Nach der Abstimmung der Systemkonfiguration und der Zustände des Nachrichtentransportsystems und des EA-Controllers werden die taskspezifischen Daten Stück für Stück auf die Ersatzeinheit bzw. die neu ausgewählten Einheiten übertragen.

Sowohl Fehlererkennung als auch die Fehlererholung bedeuten einen Eingriff in den normalen Funktionsablauf und erfordern Zeit. Zeit für die Fehlererholung ist ein zusätzlicher Aufwand, der vom Rechnersystem erbracht werden muß und der Bearbeitung der Anwendertasks entzogen wird. Die Konsequenz daraus ist, daß die Stoßfreiheit bei Übergängen zwischen den Systemzuständen nur soweit gewährleistet ist, als genug Rechenleistung vorhanden ist. Die Übertragungsleistung des Nachrichtentransportsystem in ihrer Gesamtheit als Hard-und Softwareeinrichtung muß sehr hoch sein, damit auch größere Datenmengen in kurzer Zeit ausgetauscht werden können. Im FUTURE-System liegen Datenrestaurierungen in 100ms-Bereich und Systemrekonfigurationen in 1s-Bereich.

Die Fehlererkennung durch Vergleich oder Votieren mit einer 2-aus-3-Entscheidung erlaubt zu einem Zeitpunkt einen Fehler im System. Nach der Fehlererholung ist ein weiterer Fehler möglich. Voraussetzung für das Gelingen der Fehlererholung ist, daß kein Fehler während dieser Zeit auftritt.

3.2.2 Wartungsstrategien

Die Tolerierung eines Hardwareausfalls zusammen mit der Fehlererholung entspricht einer "automatischen Reparatur" des Rechnersystems. Nach der Datenrestaurierung bzw. Systemrekonfiguration ist ein weiterer Ausfall tolerierbar, sofern die Hardwareresourcen nicht verbraucht sind. Diese Eigenschaft erlaubt es, spezifische Wartungsstrategien anzusenden, mit dem Ziel einer Kostensenkung für den Service.

Es sind zwei Möglichkeiten für die Modifikation der Servicestrategie vorhanden:

- Service nur in festen Zeitabständen
- Verlängerung der Reaktionszeiten des Wartungsdienstes bis in den Wochen- oder Monatsbereich.

Tabelle 2: Ausfallraten des FUTURE-Systems bei verschiedenen Reaktionszeiten der Wartung.

mittlere Reaktionszeit des Wartungsdienstes	Ausfallrate des Gesamtsystems
1 Woche	$4{,}6 \times 10^{-6}$
1 Monat	$1{,}7 \times 10^{-5}$

Verhältnis transiente : permanente Fehler 5:1

Einzelrechner (Prozessor, Speicher, Nachrichtentransportsystem, Prozeß-Ein/Ausgabesystem)
MTBF 4200 Std, entspricht einer Ausfallrate von
$\lambda = 2{,}3 \times 10^{-4}$ Fehler/Std.

Beide Methoden erlauben die Senkung der Wartungskosten. Ziel ist jedoch, die Verfügbarkeit des Gesamtsystems unter Einbeziehung der Servicestrategie nicht wesentlich zu reduzieren. Bei einem festen Service in Zeitabständen von einem halben Jahr und mehr zeigt die Modellierung /Fischbacher 84/, daß die Zuverlässigkeitswerte in nicht akzeptable Bereiche geraten. Jedoch erlaubt die Verlängerung der Reaktionszeiten des Servicepersonals sehr gute Verfügbarkeiten des Gesamtsystems. Tabelle 2 zeigt die Ausfallraten eines Rechnersystems mit 4 Einheiten und dem Verhältnis von transienten zu permanenten Fehlern von 5:1. Grundlage ist eine Ausfallrate von $2{,}3 \times 10^{-4}$ Fehler/Std für einen Einzelrechner.

Das Wartungspersonal erfährt durch die Aufzeichnung der Fehlergeschichte und der Fehlerorte maximale Unterstützung. Ein während des Betriebs mitlaufender Monitor dokumentiert die für einen Service spezifischen Aufgaben auf einem Drucker bzw. gibt sie auf Anforderung auf dem Bildschirm aus /Demmelmeier 84/. Die Einschaltung der Wartung ist nur bei permanenten Fehlern erforderlich, da transiente Ausfälle nach der Fehlererholung keine weiteren Spuren im System hinterlassen.

Damit ausgetauschte Hardware in das System eingefügt werden kann, gibt es ein "Einfädeln per Hand", das über ein Monitorkommando gestartet wird.

4. Schlußbemerkungen

Die zeitliche Belastung eines fehlertoleranten Multirechnersystems durch die Fehlererholung zusammen mit der Fehlererkennung wird durch folgende Faktoren bestimmt:

- Übertragung von Daten
- Synchronisation von Teilsystemen
- Auswerten von Statusinformationen.

Die Implementierung dieser Funktionen bestimmt wesentlich die Leistungsfähigkeit des Gesamtsystems. Die Realisierbarkeit von Fehlererholungsstrategien hängt in hohem Maße von den Kenndaten dieser Teilfunktionen ab.

5. Literaturverzeichnis

/Bähre 83/ R. Bähre, D. Heger, P. Peschke, F. Saenger, "The RDC-Ring, a fault-tolerant, decentrally controlled and event driven fiber optic communication network", European Seminar on Local Area Networks, Hahn-Meitner Institute, Berlin, 17.-18. May 1983, RTS 83/1, p. 28-35.

/Demmelmeier 82/ F. Demmelmeier, H. Endl, W. Ries, "Analyse und Bewertung der fehlertoleranten Rechensysteme FTMP, SIFT und FTBBC", Interner Bericht 1/82, Lehrstuhl für Prozeßrechner, TU München, 1982.

/Demmelmeier 84/ F. Demmelmeier, "Betriebssystemfunktionen im fehlertoleranten Multimikrorechnersystem FUTURE", zur Veröffentlichung vorgesehener Interner Bericht 1/84, Lehrstuhl für Prozeßrechner, TU München, 1984.

/Färber 83/ G. Färber, F. Demmelmeier, "Taskspecific assignment of redundancy in the fault-tolerant multicomputersystem FUTURE", Preprints EUROMICRO Symposium 83, 13.-16. September 1983, Madrid. In: Microcomputers: Developments in industry, business and education. North-Holland, Amsterdam, 1983, S. 245-255.

/Fischbacher 84/ P. Fischbacher, "Modellierung des fehlertoleranten Multimikrorechnersysteme FUTURE", Interner Bericht 2/84, Lehrstuhl für Prozeßrechner, TU München, 1984.

/Hopkins 78/ A.L. Hopkins, Jr., et al., "FTMP - A highly reliable fault-tolerant multiprocessor for aircraft", Proc. IEEE, Vol. 66, No. 10, Oct. 1978, S. 1221-1239.

/Jentsch 83/ P. Jentsch, "FUTURE, ein fehlertolerantes Multimikrorechnersystem - Fehlerbehandlung, Rekonfiguration", Diplomarbeit Lehrstuhl für Prozeßrechner, TU München, 1983.

/Katzmann 81/ J.A. Katzmann, "A fault-tolerant computing system". In: Self-Diagnosis and Fault-Tolerance. Eds.: Dal Cin, M., Dilger, E., Attempto Verlag, Tübingen, 1981, S. 156-173.

/Mäncher 82/ H. Mäncher, "Dezentrales Mikrorechnersystem zur Prozeßregelung und -überwachung", 2. Zwischenbericht zum DFG-Forschungsvorhaben, Institut für Regelungstechnik, TH Darmstadt, 1982.

/Rennels 78/ D.A. Rennels, "Architectures for fault-tolerant spacecraft computers", Proc. IEEE, Vol. 66, No. 10, Oct. 1978, S. 1255-1268.

/Sendler 82/ W. Sendler, "Eine fehlertolerierende Reglerstation mit busorientierter Multi-Mikrorechner-Struktur und einem ökonomischen sowie effizienten Redundanzkonzept", Dissertation TU München, 1982.

/Wensley 78/ J.H. Wensley, et al., "SIFT: Design and Analysis of a Fault-Tolerant Computer for Aircraft Control", Proc. IEEE, Vol. 66, No. 10, Oct. 1978, S. 1240-1246.

ANWENDUNGSORIENTIERTE REDUZIERUNG DES ZUSTANDSSICHERUNGSAUFWANDES IN EINER FREIPROGRAMMIERBAREN FEHLERTOLERIERENDEN REGLER- UND STEUERSTATION (FTR)

G. Kronawitter
Lehrstuhl für Steuerungs- und Regelungstechnik
Technische Universität München
8000 München 2

Zusammenfassung

Der Einsatz dynamischer Redundanz bei freiprogrammierbaren Rechnern benötigt ein effizientes Zustandssicherungsverfahren. Hierzu lassen sich bei MSR-Aufgaben mit Vorteil systemtheoretische Ansätze verwenden, die die Reduktion der Häufigkeit, des Datenumfangs und des on-line Verwaltungsaufwandes erlauben. Dies bedingt spezifische Sprachelemente zur Kennzeichnung zyklischer und sequentieller Programmtypen, zur direkten Bearbeitung von Vektoren und Matrizen sowie zum Zugriff auf die Echtzeit. Die damit erreichbaren Ergebnisse werden durch Versuche mit dem FTR-Experimentalsystem verifiziert.

1) Einleitung

Für dynamisch redundante Rechnerkonfigurationen kommt in der Regel als Fehlerbehebungsstrategie nur das Checkpoint-rollback-recovery-Verfahren (CRR) in Betracht /1/. Hierbei wird die Programmausführung an bestimmten Kontrollpunkten für einen Systemtest unterbrochen. Bei erfolgreichem Test werden die vom bisherigen Programmlauf erzielten Ergebnisse in eine Back-up-Datenbasis gesichert. An-

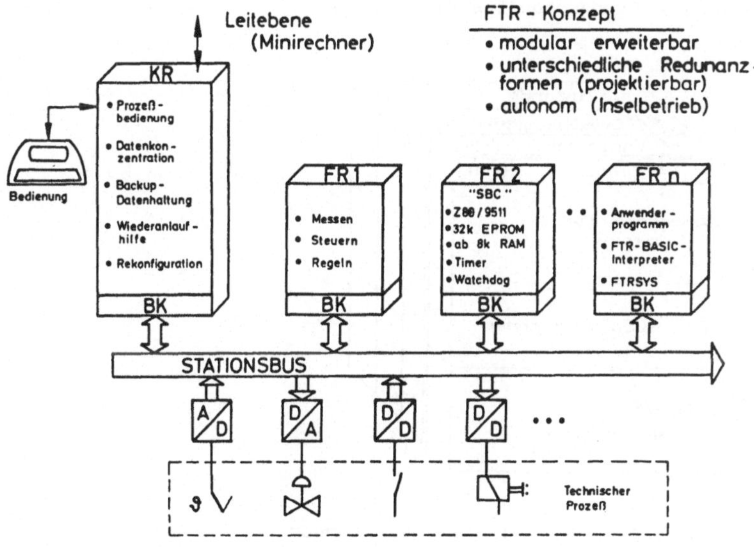

Bild 1: Architektur der FTR

dernfalls wird das Programm auf den Zustand des letzten Kontrollpunktes zurückgesetzt und gegebenfalls (bei permanentem Hardware-Ausfall des ursprünglichen Rechners) auf einem anderen Rechner fortgesetzt.

Das Prinzip der globalen dynamischen Redundanz /2/ gewährleistet in einer Mehrrechnerumgebung eine deutliche Steigerung der Verfügbarkeit bei einem sparsamen Einsatz von Ressourcen. Allerdings wird dieser prinzipielle Vorteil bei freiprogrammierbaren Systemen häufig durch den Zustandssicherungs-Aufwand in Frage gestellt. So werden etwa in /3/ Beispiele gegeben, bei denen der Rechner durch die Zustandssicherung bis zu 80% ausgelastet wird.

Am Beispiel der Fehlertolerierenden Multi-Mikrorechner-Regler- und Steuerstation /4/ (FTR, Bild 1), einem vorwiegend für den Einsatz in der Verfahrenstechnik konzipierten Verbund von autonomen Mikrorechnern (Funktionsrechnern FR), wird gezeigt, wie durch a-priori-Kenntnisse der Eigenheiten typischer MSR-Funktionen und eine darauf abgestimmte Wahl von anwendungsbezogenen Sprachelementen sowohl eine weitgehende Automatisierung der Zustandssicherung wie auch eine deutliche Verringerung des damit verbundenen Aufwands erzielt werden kann.

Die Rolle der Backup-Datenbasis für die FTR-Funktionsrechner übernimmt der Konfigurationsrechner (KR). Bei einem FR-Ausfall veranlaßt er einen Wiederanlauf oder eine Rekonfiguration. Aufgrund seiner Stellung als Datenbasis ist der KR für die Wahrnehmung lokaler Anzeige- und Bedienfunktionen ebenso prädestiniert wie für die Anbindung der FTR an ein übergeordnetes Leitsystem.

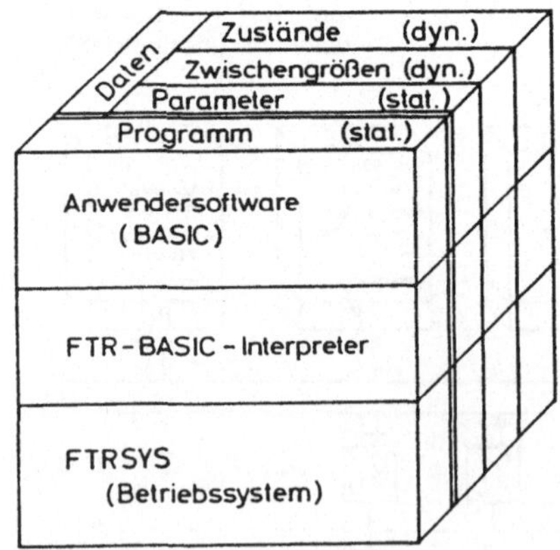

Bild 2: Schichtenstruktur der Funktionsrechner-SW

Das FTR-Softwarekonzept ist geprägt durch eine strenge Schichtenstruktur (Bild 2).

Als Anwenderprogrammschnittstelle wird hierbei ein erweiterter, echtzeitfähiger BASIC-Interpreter /4,5/ eingesetzt. Für diese Entscheidung waren folgende Gründe maßgeblich:

1) Ein Interpreter ist für den Anwender (MSR-Ingenieur, -Techniker) wesentlich einfacher zu bedienen als ein compilierendes System mit den verschiedenen Komponenten Editor, Compiler, Binder, Lader, Debugger und Betriebssystem.

2) Der Interpreter erlaubt jederzeit die Programmierung eines FRs auch ohne teures Programmiergerät. Auch "vor Ort" können Programme modifiziert werden (hot editing), wobei Redokumentation und symbolisches Debuggen von vornherein gesichert sind.

3) Ein Interpreter benötigt wesentlich weniger Speicherplatz als ein Compiler und kommt ohne externen Massenspeicher aus.

4) Ein Interpreter ist unkomplizierter als ein Compiler, so daß er als "Testbett" für integrierte Fehlertoleranz-Eigenschaften entsprechenden Eingriffen leichter zugänglich ist.

5) Der vorgesehene Einsatzbereich stellt keine hohen Anforderungen an die Rechengeschwindigkeit. Darüberhinaus können durch interne Maßnahmen sowie durch Einführung "mächtiger" Befehle interpreterspezifische Rechenzeithemmnisse gemildert werden.

Das gewählte Softwarekonzept eignet sich gerade auch für autonome Kleinsysteme (siehe z.B. /7/). Viele der folgenden Überlegungen gelten jedoch über dieses spezielle Hochsprachenkonzept hinaus. Zum Verständnis des FTR-Zustandssicherungsverfahrens müssen zunächst wichtige funktionale Seiten der Anwenderprogrammierung erläutert werden.

2) Abildung typischer MSR-Aufgaben auf FTR-BASIC-Sprachelemente

Betrachtet man Automatisierungsaufgaben bei industriellen Prozessen, so lassen sich zwei,hinsichtlich ihres Zeitverhaltens unterschiedliche, Grundtypen von Verarbeitungsfunktionen erkennen:

1) immer oder zeitweise im Eingriff befindliche "zeitkontinuierliche" Funktionen wie z.B. lineare Regelungen, Überwachung und Verriegelung, Filterung u.a.m

2) zeit- oder prozeßgeführte Ablaufsteuerungen, in denen sich ein übergeordneter Prozeßablauf wiederspiegelt.

Als nicht-industrielles Beispiel kann etwa das Kuchenbacken angeführt werden, wobei Funktionen wie Temperaturregelung und "Einschalten der Backrohrbeleuchtung bei geöffneter Tür" unabhängig von der aktuellen Prozeßphase immer im Eingriff sind, während die Vorgabe des Temperatursollwerts oder das Öffnen des Dampfabzugs typische Aktionen einer übergeordneten, in diesem Fall streng sequentiellen Ablaufsteuerung sind.

Im Gegensatz zu vielen Realzeitsprachen werden daher im FTR-BASIC zwei nebenläufige Programmtypen angeboten, nämlich TASK für zyklische Programme und SEQUENCE für Ablaufsteuerungs-Programmteile. Die zyklischen Programme nehmen typischerweise quasizeitkontinuierliche Funktionen wie Regeln, Filtern, Meßwerterfassen und Überwachen wahr, während die Ablaufsteuerungen in der Regel diese zyklischen Aufgaben koordinieren.

Ablaufsteuerungs-Programme sind dadurch charakterisiert, daß ihr interner Zustand mit dem momentanen Zustand des Prozesses korrespondiert. Der Übergang in einen anderen Zustand erfolgt über "Weiterschaltbedingungen", die von der Zeit und vom Prozeßzustand abhängen können. In FTR-BASIC läßt sich dieser Sachverhalt mnemonisch eingängig mithilfe der WAIT-Anweisung formulieren. Damit können die verbreiteten Funktionsplandarstellungen nach DIN 40719 unmittelbar in ein Programm umgesetzt werden (Bild 3). Wesentlich ist hierbei die integrierte Zeitüberwachung mit der Möglichkeit zur Ausnahmebehandlung. Damit können Fehler im technischen Prozeß erkannt und abgefangen werden.

a) Syntax

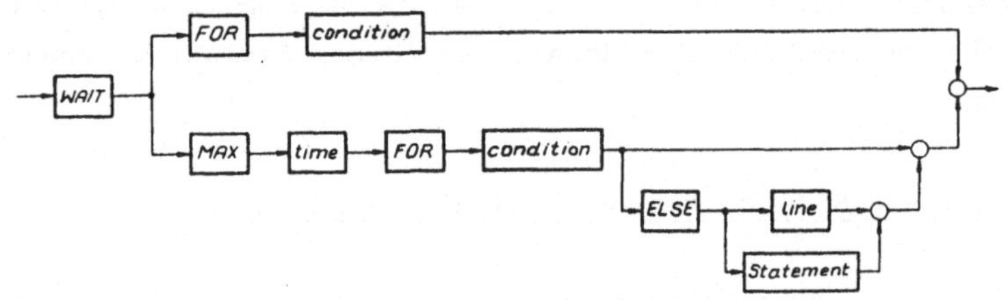

b) Beispiel

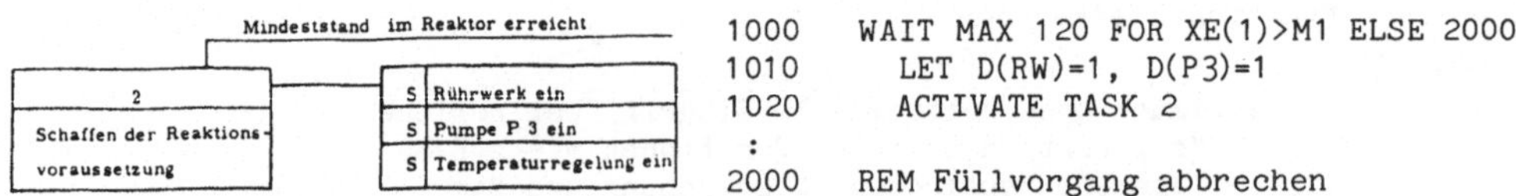


```
1000   WAIT MAX 120 FOR XE(1)>M1 ELSE 2000
1010     LET D(RW)=1, D(P3)=1
1020     ACTIVATE TASK 2
  :
2000   REM Füllvorgang abbrechen
```

Bild 3: Formulierung der Weiterschaltbedingung in einer FTR-BASIC-Ablaufsteuerung

Aufgrund ihrer Koordinatorfunktion ist die Ablaufsteuerung in aller Regel wenig rechenintensiv, da sie meistens auf Prozeßrückmeldungen wartet. Im Gegensatz dazu stellt der zyklische Teil einer Automatisierungsaufgabe wegen der für das quasianaloge Verhalten notwendigen Rechenoperationen höhere Ansprüche an die Rechenleistung. Die Einführung mächtiger SIMD-Anweisungen für die Matrix-Vektorrechnung und für die Formulierung kompletter Reglerblöcke in FTR-BASIC tragen dem ebenso Rechnung wie der Einsatz eines Gleitkommaprozessors. Diese vergleichsweise hohe Rechenintensität läßt es ratsam erscheinen, gerade für die zyklischen Programmteile nach Möglichkeiten der Aufwandsminderung bei der Zustandssicherung zu suchen.

3) Zustandsgrößen zyklischer Programme

Im Sinne der eingangs beschriebenen CRR-Strategie sind also jene Variablen Zustandsgrößen, die zwischen zwei Kontrollpunkten (=Sicherungszeitpunkten) verändert werden und deren Wert für die zukünftige Programmausführung noch benötigt wird. Natürliche Kontrollpunkte bei MSR-Programmen sind die E/A-Operationen, da im allgemeinen eine Ausgabe an die Prozeßperipherie nicht wiederholt werden darf. Daraus folgt bereits die Regel, E/A-Operationen so selten wie möglich stattfinden zu lassen. FTR-BASIC gestattet daher die Formulierung von Block-E/A-Operationen, bei denen während eines logischen E/A-Zugriffs eine Vielzahl an Werten transferiert werden kann.

Damit kann für die zyklischen Programme das folgende, systemtheoretisch /8/ inspirierte Modell zugrundegelegt werden (Bild 4):

* Starte i-ten Programmlauf
* Lies Meßvektor $\underline{u}_i$
* Berechne neuen Zustandsvektor $\underline{x}_i := \underline{f}(\underline{x}_{i-1}, \underline{u}_i, t_i)$
* Berechne neuen Stellvektor $\underline{y}_i := \underline{g}(\underline{x}_i, \underline{u}_i, t_i)$
* Gib Stellvektor $\underline{y}_i$ aus
* Beende i-ten Programmlauf

Bild 4: Modellierung zyklischer Programme

Berücksichtigt man weiterhin, daß die Abtastzeiten in aller Regel so gewählt werden, daß das Meßsignal quasikontinuierlich erfaßt und damit das Shannonsche Abtasttheorem bei weitem übererfüllt wird, so bleibt soviel zeitliche Reserve, daß man für das Wiederaufsetzen zyklischer Programme grundsätzlich den Neustart vorsehen kann.

Mit dieser Wahl des Wiederaufsetzpunktes ergeben sich folgende Reduktionsmöglichkeiten:

1.) Nur eine Teilmenge der seit dem letzten Zeitpunkt veränderten Variablen ist zu retten ("Zustandsvariable")

2.) Diese Teilmenge ist off-line bekannt und kann bei

der Speichervergabe als zusammenhängender Block berücksichtigt werden.

Das in Bild 4 gegebene Modell ist allerdings noch zu formal, um für die Ebene der Formulierung zyklischer Programme unmittelbar angewendet zu werden. Man kann hieraus jedoch die Definition ableiten, daß als Zustandsvariable zyklischer Programme all jene Variablen betrachtet werden, die während eines Programmlaufs verändert, zuvor jedoch gelesen werden. Diese Definition reicht für unverzweigte zyklische Programme aus, bedarf jedoch für die in fast jedem Programm vorkommenden Verzweigungen folgender Erweiterung: Auch Variable, die in Programmzweigen angeordnet sind, werden als Zustandsgrößen behandelt, wenn sie innerhalb eines Programmlaufs die Bedingung "lesen vor schreiben" erfüllen können oder die Möglichkeit besteht, daß sie bei einem Programmlauf verändert und beim nächsten nur gelesen wird. Diese Grundüberlegung liefert zusammen mit graphentheoretischen Betrachtungen einen Algorithmus, wie man die Zustandsvariablen in einem gegebenen Anwenderprogramm off-line (zur "Übersetzungszeit") bestimmen kann.

Hierzu wird das zyklische Programm in einen gerichteten Graphen überführt, wie Bild 5a an einem kleinem Beispiel zeigt. Knoten des Graphen repräsentieren Programmverzweigungen, während die Kanten den linear abgearbeiteten Anweisungen zugeordnet sind.

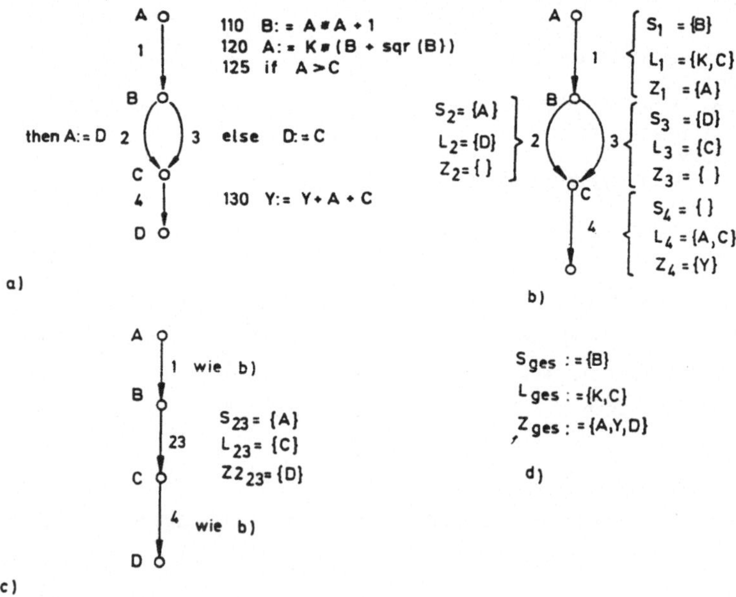

Bild 5: Graphenmodell für verzweigtes Programm

Der Algorithmus nimmt nun zunächst einmal für jede Kante die lokal gültige

Variableneinteilung in

- Nur-Lese-Variable ("L-Variable")
- Schreibvariable ("Schreiben vor Lesen", "S-Variable")
- Zustandsvariable ("Lesen vor Schreiben", "Z-Variable")

vor (Bild 5b). Daraufhin werden die Variablenmengen paralleler Kanten verschmolzen und der Digraph entsprechend reduziert (Bild 5c), wobei folgende Regeln gelten:

1) Ist eine Variable in einer Parallelkante bereits als Zustandsgröße bekannt, so bleibt sie Zustandsvariable.

2) Ist eine Variable in mindestens einer Kante als Lese-Variable und in mindestens einer weiteren Kante als Schreib-Variable gekennzeichnet, so wird sie ebenfalls als Zustandsgröße behandelt.

3) In allen anderen Fällen bleibt ihr Typ erhalten.

Schließlich erhält man einen unverzweigten Graphen, dessen Kanten hinsichtlich ihrer lokalen Variablenklassifizierung festliegen und nun nur noch seriell verschmolzen werden müssen. Hierbei gilt wieder für Zustandsvariable das einfache "lesen-vor-schreiben"-Kriterium, was in diesem Zusammenhang bedeutet, daß

- eine Lesevariable zur Zustandsvariablen wird, wenn sie in einer folgenden Kante als Schreib- oder Zustandsgröße gekennzeichnet ist.

- eine Schreibvariable unabhängig von ihrer Kennzeichnung in nachfolgenden Kanten ihren Typ behält.

Beim Beispiel nach Bild 5 ergeben sich damit A,Y und D als Zustandsgrößen.

Dieser Satz von a priori gefundenen Zustandsgrößen wird mithilfe der einzigen fehlertoleranzspezifischen Anweisung im FTR-BASIC, nämlich der STATE-Anweisung, deklariert. Alle durch sie festgelegten Variablen (Skalare und Felder) werden bei jeder Zustandssicherung an die Back-up-Datenbasis übersandt. Sie erlaubt damit auch die für eine Anzeigefunktion ggfs.notwendige Zusendung frei wählbarer Zwischengrößen. Bild 6 zeigt die Syntax der STATE-Anweisung.

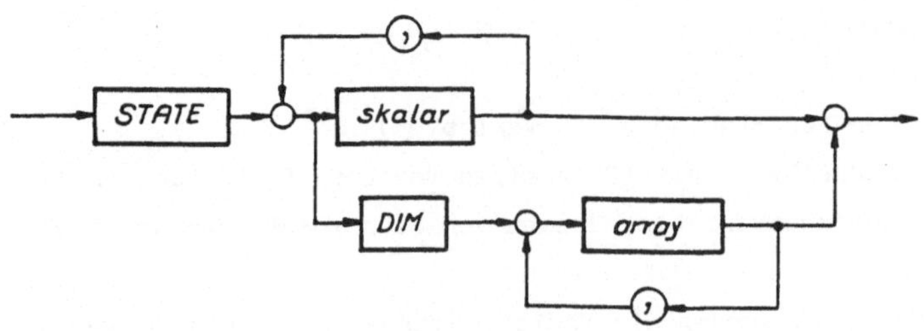

Bild 6: Syntax der STATE-Anweisung

Bei der Programmausführung legt die STATE-Anweisung die in ihr angeführten Variablen in einem zusammenhängenden Bereich des Anwender-Datenspeichers ("Symboltabelle") an. Die Bearbeitung von zyklischen Programmen ist damit von jeglichem on-line-Verwaltungsaufwand befreit, bei der Zustandssicherung kann der STATE-Bereich als fester Block transferiert werden.

4) Zustandsgrößen von Ablaufsteuerungen

Während die Systemtheorie für die Behandlung der Zustandsgrößen zyklischer Programme wertvolle Ansätze liefert, sind für Ablaufsteuerungsprogramme derartige Hilfen nicht in Sicht. Der Zustand einer Ablaufsteuerung wird demgegenüber durch Sichern aller seit dem letzten Sicherungszeitpunkt veränderten Variablen festgelegt. Programmtechnisch ist dies so realisiert, daß der Interpreter bei der Ausführung von Anweisungen, die Werte verändern (LET, FOR-NEXT, VEC, MAT), nach folgendem Schema vorgeht (Bild 7):

* Tue nichts, wenn die Anweisung im Rahmen einer TASK bearbeitet wird.
* Wenn die veränderte Variable bereits eine feste Zustandsgröße ist, dann kehre zurück
* Trage Adresse und Typkennung in temporäre Liste ein.

Bild 7: Behandlung von veränderten Variablen bei Ablaufsteuerungen

Ist eine Zustandssicherung fällig, müssen nach Maßgabe dieser Liste Namen, Typkennung und Momentanwert jeder eingetragenen Variablen aus der Symboltabelle entnommen und zu den über die STATE-Anweisung festgelegten Zustandsgrößen hinzugefügt werden. Dies bedeutet im Verhältnis zum einfachen Blocktransfer, der bei den festen Zustandsgrößen notwendig ist, einen erhöhten Verwaltungsaufwand.

5) Experimentelle Ergebnisse

Im folgenden sollen einige experimentelle Ergebnisse die Eigenschaften einer

Zustandssicherung bei digitalen Regelungen demonstrieren. Als Beispiel dient der Einschwingvorgang eines Regelkreises mit PID-Regler und PT_3-Strecke bei einem Sollwertsprung von 0 auf 60%. Der zyklische Teil des Reglerprogramms läßt sich in FTR-BASIC sehr kompakt formulieren (Bild 8).

```
1000  REM Regler-Task
1010    LET  X=ADC(1)
1020    LET  E=W-X, Y=PID(Y,E,E1,E2,KP,KD,KI,YO,YU,YD,AK)
1030    LET  DAC(1)=Y
1040  RETURN
```

Bild 8: Zyklisches PID-Reglerprogramm

In diesem Fall braucht der Anwender keine Zustandsvariablen deklarieren, da ausschließlich der dynamische PID-Funktionsblock Zustandsvariable verwendet und diese von vornherein bekannt sind. Es sind dies die Variablen Y (Stellgrößenspeicher), E1 und E2 (Regeldifferenzen vom letzten bzw. vorletzten Programmlauf), sowie der Stellgrößenzwischenspeicher AK.

Bild 9a zeigt den ausfallfreien Einschwingvorgang, während Bild 9b das stoßbehaftete Wiederaufsetzen demonstriert, das bei fehlender Zustandssicherung unausweichlich ist. Dabei wurde in diesem Fall das momentane Stellsignal beim Wiederaufsetzen sogar zurückgelesen.

Praktisch keine Unterschiede zum störungsfreien Fall ergibt sich bei Wiederanlauf bzw. Rekonfiguration (Bild 9c), wenn eine Sicherung der Zustandsvariablen Y,E1,E2,AK durchgeführt wird.

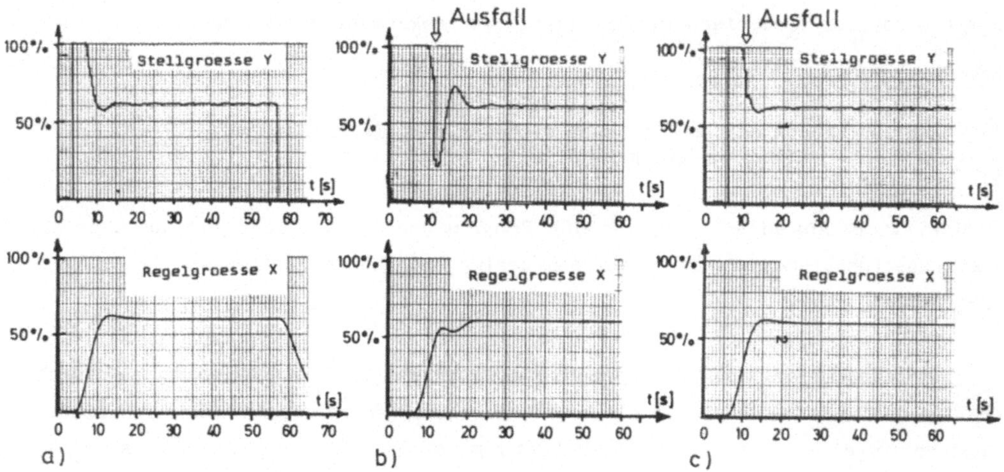

Bild 9: Einschwingverhalten eines Musterregelkreises
a) ungestörter Fall
b) Wiederanlauf ohne alten Zustand
c) Wiederanlauf mit altem Zustand

6) Zustandsgröße "Zeit"

Mit der bisher geschilderten Methode hat man eine tragfähige Basis für eine stoßarme Fortsetzung von MSR-Funktionen gelegt. Es bedarf allerdings noch weiterer Feinarbeit, vor allem bei der Behandlung der Zustandsgröße Zeit. Sie kommt in MSR-Programmen als implizite Systemzustandsgröße in Form von Task-Uhren, Überwachungszeitgebern u.s.w., aber auch als Anwenderzustand vor.

Bei der Zustandssicherung werden neben den Anwenderzustandsgrößen auch die von vornherein festliegenden Zustandsdaten des Betriebssystems und des FTR-BASIC-Interpreters und damit auch die Systemuhrenstände mitgesichert. Fällt nun ein FR aus, werden auch die Systemzustände auf den alten Stand zurückgesetzt. Im ungünstigsten Fall - der FR-Ausfall geschieht unmittelbar vor der Sicherung des neuen Zustands - gehen die Systemuhren um fast eine Tastperiode nach.

Dieser undefinierte Zeitversatz läßt sich nun einfach korrigieren, indem die Backup-Datenbasis, also der FTR-Konfigurationsrechner, die Uhrenstände periodisch verändert: Dynamische Zustandskorrektur. Ein Auseinanderdriften der Uhrenstände im KR und in den FRn ist nicht kritisch, da die nächste Zustandssicherung die Backup-Uhren wieder synchronisiert. Systemtheoretisch betrachtet, stellt das Verfahren einen zeitdiskreten Zustandsbeobachter dar.

Um auch für explizite Anwenderzeitgeber diese dynamische Korrektur einsetzen zu können, ist die Implementierung derartiger Sprachelemente unumgänglich. In FTR-BASIC kann man hierzu spezielle Vektoren vereinbaren (Bild 10), deren Elemente vom Betriebssystem periodisch inkrementiert oder dekrementiert werden.

```
DIM  TDOWN(2), TUP(4)
```

Bild 10: Deklaration von zwei abwärts- und vier aufwärtszählenden Zeitgebern

Greift der Anwender in seinen MSR-Programmen auf die Echtzeit nur über diese Zeitgeberfunktionen zu, kann ihm ein geringstmöglicher Zeitversatz im Fehlerfall garantiert werden.

Ohne das Prinzip der dynamischen Korrektur müßten die Uhrenstände entsprechend häufig gesichert werden, was die Zustandssicherungsraten stark anwachsen ließe und insgesamt eine weitaus höhere Belastung von FR, KR und Stationsbus mit sich brächte.

7) Bewertung

Zusammenfassend weist Bild 11 den Einfluß der beschriebenen FTR-BASIC-Erweiterungen auf die Reduktion des Zustandssicherungsaufwandes qualitativ aus.

FTR-Maßnahme \ Wirkung	Reduktion der Häufigkeit	Reduktion des Datenumfangs	Reduktion des on-line-Verwaltungsaufwandes
Verwendung zykl. Programmtypen	kaum	ja	ja
Verwendung mächtiger Befehle	nein	nein	ja
Block-E/A-Befehle	ja	nein	ja
Dyn. Korrektur der Uhren	ja	nein	nein

Bild 11: Auswirkung verschiedener FTR-Maßnahmen auf die Reduktion der Zustandssicherung

Für Standard-MSR-Funktionen liefert das Zustandssicherungskonzept der FTR folgende qualitative Aussagen über Bedeutung und Aufwand der Zustandssicherung (Bild 12):

Aufgabentyp	Bedeutung der Zustandssicherung	Aufwand der Zustandssicherung
Ablaufsteuerung	unabdingbar für Wiederanlauf	gering, da wenig rechenintensiv
statisches Regelgesetz	keine Bedeutung	keiner
dynamisches Regelgesetz	Stoßfreiheit beim Wiederaufsetzen	zykl. Zustandsgrößen
Meßwerterfassung	unabdingbar für Wiederanlauf	zykl. Zustandsgrößen
Verknüpfungssteuerung	keine Bedeutung	keiner

Bild 12: Charakterisierung gebräuchlicher MSR-Aufgaben hinsichtlich der Zustandssicherung.

Eine quantitative Bewertung der geschilderten Maßnahmen hängt damit stark vom Profil des Anwenderprogramms ab und muß für exemplarische Fälle noch genauer untersucht werden. Es zeichnet sich für die Zustandssicherung eine typische FR-

Belastung von 10% der Nutzlast (Ausführung der MSR-Programme) ab. Eine Rekonfiguration kann in 50ms bis 100ms durchgeführt werden.

8)Literatur

/1/ Dal Cin, M.: Fehlertolerante Systeme. B.G. Teubner, Stuttgart (1979)

/2/ Neudorfer, E.; Schmidt, G.; Sendler, W.: Möglichkeiten der Fehlertolerierung und Projektierung der Zuverlässigkeit bei dezentralisierten Prozeßautomatisierungssystemen. Fachberichte Messen-Steuern-Regeln Bd.5: Meß- und Automatisierungstechnik, Technologien,Verfahren, Ziele, INTERKAMA-Kongreß 1980, Düsseldorf, 8.-9.10. u. 13.-14.10.1980 (Hrsg. Ernst, D.; Thoma, M.), Springer-Verlag, S. 5.17-5.41

/3/ Patz, M.: Zustandssicherungs- und Wiederanlaufverfahren für verteilte Netzbetriebssysteme mit dynamischer Redundanz. Dissertation TU München, Fak. f. Elektrotechnik (1981)

/4/ Sendler, W.: Eine fehlertolerierende Reglerstation mit busorientierter Multi-Mikrorechner-Struktur und einem ökonomischen sowie effizienten Redundanzkonzept. Diss. TU München, Fak. f. Elektrotechnik (1982)

/5/ Kronawitter, G.: Portabler BASIC-Interpreter mit Echtzeitmonitor reduziert Programmieraufwand für Mikrorechner-Regler. Regelungstechnische Praxis 23 (1981), Heft 5, S.171-179

/6/ N.N.: MSRBASIC-Handbuch, Lehrstuhl für Steuerungs- und Regelungstechnik, TU München (1984)

/7/ N.N.: BASIC-programmierbarer Prozeßrechner EL-B100 (Firmenschrift der Dr.Eckelmann GmbH, Wiesbaden,1983)

/8/ Ludyk,G.: Theorie dynamischer Systeme. - Elitera-Verlag, Berlin (1977)

Vergleich verschiedener Methoden zur Erzielung von Fehlertoleranz für zyklisch aufgerufene Automatisierungsprogramme

Shidao Zhou
Institut für Regelungstechnik und Prozeßautomatisierung der Universität Stuttgart

Zusammenfassung

Entwurfs- und Programmierfehler in zyklisch aufgerufenen Automatisierungsprogrammen können bewirken, daß falsche Ausgangsgrößen ermittelt werden, oder daß in einem Zyklus kein Resultat errechnet wird. Es werden zwei bekannte Methoden zur Erzielung von Fehlertoleranz für Anwendungen mit hohen Verfügbarkeitsanforderungen erläutert, nämlich die "Recovery-Block"-Methode und die "N-Version-Programming"-Methode. Anschliessend wird als neues Verfahren die Methode der "zyklischen Abwechslung" vorgestellt. Diese Methoden werden am Beispiel einer fehlertoleranten Programmierung eines Regelalgorithmus für einen Mikrorechner als Regler miteinander verglichen. Das neue Verfahren der "zyklischen Abwechslung" wird außerdem an Hand eines Modellprozesses getestet. Die Ergebnisse werden aufgezeigt und diskutiert.

1. Probleme und Lösungen zur Tolerierung der Entwurfs- und Programmfehler

Zyklisch aufgerufene Automatisierungsprogramme sind in Anwendungsprogramme von Realzeitsystemen, insbesondere von Prozeßautomatisierungssystemen vielfach erforderlich. Es werden geeignete Methoden zur Erzielung von Fehlertoleranz für solche Programme gesucht. Es sollen zwei Probleme am Beispiel einer fehlertoleranten Programmierung eines Regelalgorithmus (für einen Mikrorechner als Regler) aufgezeigt werden. Dazu werden dann ein Lösungskonzept und eine Programmstruktur, die sich bei einer vorgegebenen Aufgabenstellung für die Anwendung von drei verschiedenen Methoden zur Erzielung von Software-Fehlertoleranz eignen, dargestellt.

Ein Teilprogramm, z.B. ein Modul, das einen Regelalgorithmus realisiert und auf einem Prozeß- oder Mikrorechner in einem digitalen Regelkreis abläuft, nennen wir Abtastregler-Programm. Das Regler-Programm soll rechtzeitig in vorgegebener Zeitdauer (Maximum: Abtastintervall) die richtig errechnete Stellgröße bezüglich einer entsprechenden Regelabweichung liefern. Trotz der Fehlerfreiheit oder Fehlertoleranz der Umgebung (Rechnerhardware, Systemsoftware, Peripherie und anderer Teilprogramme) in der das Programm läuft, können die Entwurfs- und Programmfehler dieses Programms bewirken, daß falsche Stellgrößen ausgegeben werden (Resultatproblem) oder kein Resultat in einem Abtastintervall errechnet wird (Zeitproblem). Dies ist besonders dann der Fall, wenn komplexe Regelalgorithmen gelöst werden müssen. Im ersten Fall wird die Regelung direkt verfälscht, während im zweiten Fall die Regelung unwirksam ist. In beiden Fällen wird die Regelgüte verschlechtert.

Als Fehlertoleranzmaßnahme für das Zeitproblem bietet sich eine zeitliche Ersatzschaltung ("deadline-mechanism"/Cam 78/ oder "watchdog timer"/Hec 76/) zur Zeitüberwachung an. Dazu wird nach einer bestimmten Zeitdauer als Ersatz des präzisen aber komplexen, zeitaufwendigen und fehleranfälligen Algorithmus ein einfacher, zeitsparender und bewährter Algorithmus in Verbindung mit einem entsprechenden einfachen Teilprogramm eingegliedert. Gleichzeitig werden der aufwendigere Algorithmus und das entsprechende komplexe Test-Programm ausgegliedert. Dabei wird vorausgesetzt, daß der Ersatz-Algorithmus und damit das entsprechende Teilprogramm immer fehlerfrei im Sinne eines fehlerfreien Ablaufs (keine Endlos-Schleife, fehlerfreie Berechnung) erstellt werden kann.

Allerdings muß wegen der Einfachheit des Ersatz-Algorithmus eine deutliche Herabsetzung ("graceful degradation") der Regelgüte des Regelkreises in Kauf genommen werden.

Zur Lösung des Resultat Problems kann man zwei bekannte Methoden, die "Recovery-Block"-Methode /Hor 74/ und die "N-Version-Programming"-Methode /Avi 75/ verwenden. Dazu sind verschiedene redundante Alternativen notwendig. Außerdem werden redundante oder zusätzliche Bearbeitungszeit sowie zusätzliche Hardware- oder Software-Unterstützung benötigt /And 81/.

Die Schwierigkeiten dieser beiden Methoden sind: /And 81/: Der gewählte Abnahmetest ("acceptance test") bei der "Recovery-Block"-Methode und die Synchronisation sowie Entscheider ("voter") bei der "N-Version-Programming"-Methode, die die Resultatsrichtigkeit gewährleisten müssen, sind in der Praxis schwierig zu realisieren. Auch die Zeitredundanz für die aufeinanderfolgende Ausführung redundanter Alternativen, die alle sehr zeitaufwendig sein können, ist bei Realzeitsystemen (wie z.B. Abtastregler) oft unerfüllbar. Die Ausführung der N Alternativen der "N-Version-Programming"-Methode kann allerdings auch parallel erfolgen, dann ist aber ein Mehrrechnersystem erforderlich.

Für das bisher immer noch gängige und in umfassenden Anwendungen eingesetzte Einrechnersystem, das als Abtastregler verwendet wird, wird ein neues Verfahren als eine Variante der "Recovery-Block"- und der "N-Version-Programming"-Methode vorgeschlagen: die Methode der "zyklischen Abwechslung".

Dabei werden bei der zyklischen Aktivierung die diversitären Regelalgorithmen abwechselnd eingesetzt. Bei wissenschaftlich-technischen oder kommerziellen Berechnungen dürfen falsche Resultate nicht ausgegeben sondern müssen "gesperrt" werden. Bei einer Abtastregelung ist das aber anders. Diese Regelung ist ein zeitabhängiger Prozeß. Die Stellgröße ist eine zeit-diskrete Signalfolge. Die Regelstrecken in technischen Prozessen enthalten gewöhnlich Zeitkonstanten. Dies ermöglicht es, Fehlerauswirkungen eines Stellsignals bis zu einem gewissen Grade durch nachfolgende Stellsignale auszugleichen (zu kompensieren). Nach diesem Konzept wird der Resultat-Fehler eines Regelalgorithmus zunächst toleriert, d.h. nicht gesperrt, sondern in den Regelkreis ausgegeben. Die Fehlerauswirkungen werden als "Störungen" im Regelkreis behandelt und durch zyklische Abwechslung mehrerer Regelalgorithmen, die nicht alle als falsch anzunehmen sind, ausgeglichen. Die Behandlung solcher zusätzlicher "Störungen" kann eine Herabsetzung der Regelgüte bewirken, wobei die erforderliche minimale Regelgüte jedoch erhalten bleiben muß. Diese Ausgabe kann auch durch die Unterscheidung großer und kleiner Regelabweichungen und eine Ersatzschaltung bei großen Abweichungen nach einem "groben" aber schnell und stark wirkenden Algorithmus durchgeführt werden. In Bild 1 ist der Algorithmus V4 als Garant einer minimalen Regelgüte zuständig.

Die Unterscheidung zwischen großer und kleiner Regelabweichung ist leichter festzustellen und im Programm zu realisieren als der Abnahmetest nach der "Recovery-Block"-Methode, weil es sich im ersten Fall um einen direkten Regelgüte-Test und im zweiten Fall um einen mittelbaren, approximierten Berechnungstest handelt. Die zyklische Abwechslung diversitärer Regelalgorithmen läßt sich mittels üblicher Konstrukte einer Programmiersprache sehr leicht codieren.

2. Beurteilung der Fehlertoleranzfähigkeit

Diese Beurteilung wird durch einen quantitativen Vergleich aufgrund eines vereinfachten Wahrscheinlichkeits-Modells durchgeführt.

2.1 Definition und Voraussetzung

Die Definition der Programm-Fehlertoleranz kann aus einer Definition der Zuverlässigkeit und Fehlertoleranz eines Systems /Ech 83/ und der Softwarezuverlässigkeit /Kop 76/ abgeleitet werden:

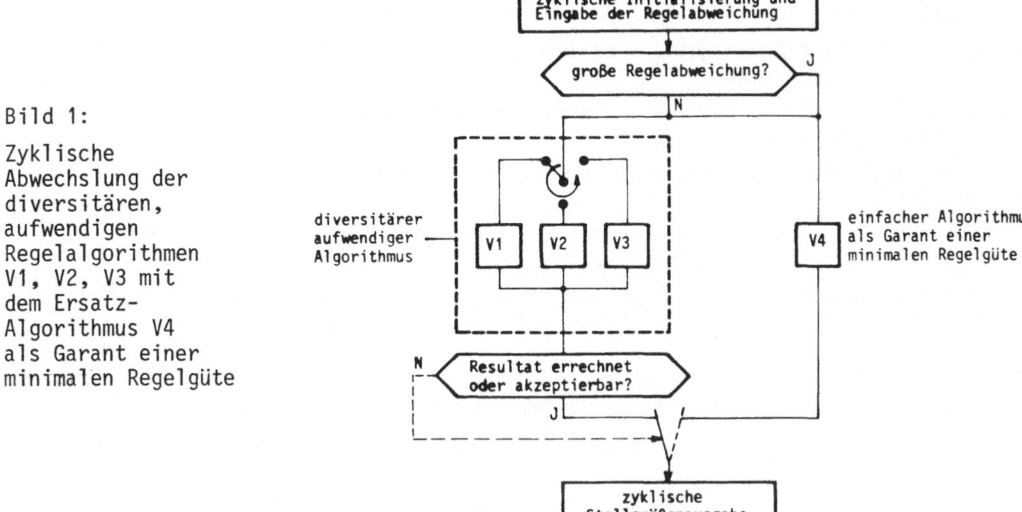

Bild 1:

Zyklische Abwechslung der diversitären, aufwendigen Regelalgorithmen V1, V2, V3 mit dem Ersatz-Algorithmus V4 als Garant einer minimalen Regelgüte

Die Fehlertoleranz eines Programms, das in Schichten entworfen wird, ist die Wahrscheinlichkeit, daß ein Programm, auch mit einer begrenzten Zahl fehlerhafter Unterprogramme, die beabsichtigte Aufgabe für eine vorgegebene Anzahl von Eingabefällen unter gleichbleibenden Eingabebedingungen erfüllt, vorausgesetzt Hardware, Systemsoftware (bei höheren Programmiersprachen) und Eingabe sind fehlerfrei. D.h. ein fehlerhafter Zustand eines Unterprogramms (Unterschicht) führt nicht zu einem fehlerhaften Zustand des ganzen Programms (Oberschicht); die Programmanwendung bleibt vom auftretenden Fehler unberührt.

Hier ist das Regler-Programm die Oberschicht, während die alternativen Regelalgorithmen sowie entsprechende Teilprogramme die Unterschicht sind. Zum Vergleich der Fehlertoleranzfähigkeit der drei Methoden, nämlich "Recovery-Block"-Methode, "N-Version-Programming"-Methode und der hier vorgeschlagenen Methode der "zyklischen Abwechslung", setzt man die drei Methoden in eine allgemeine Programmstruktur ein (Bild 2, vgl. Bild 1). Um den Vergleich zu vereinfachen wird weiterhin vorausgesetzt, daß die Wahrscheinlichkeit des Ereignisses "Resultat nicht errechnet" ("out deadline") relativ gering ist. Diese Voraussetzung kommt der "Recorery-Block"-Methode und "N-Version-Programming"-Methode zugute, da diese beiden genügend Zeitredundanz benötigen.

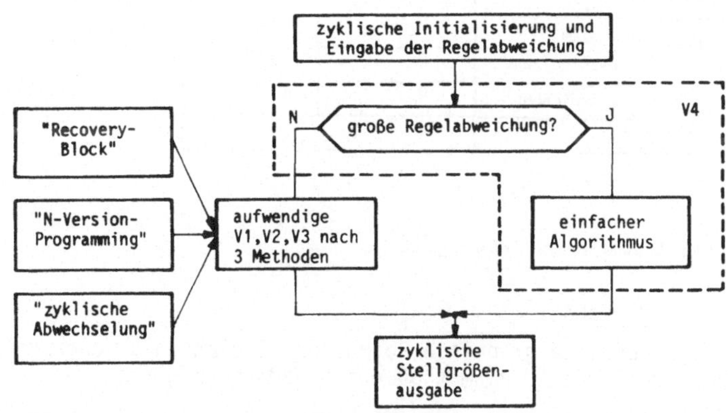

Bild 2: Programmstruktur eines fehlertoleranten Reglerprogramms

Fünf Qualitätsmerkmale der Regelgüte (Bild 3) werden unterschieden und definiert (vgl. Bild 2):

- Die Regelgüte ist "sehr gut", wenn jeder der Algorithmen V1-V3 fehlerfrei ist und einzeln ständig einwirkt.
- Die Regelgüte ist "befriedigend", wenn der Algorithmus V4 fehlerfrei ist und einzeln ständig einwirkt.
- Die Regelgüte ist "unakzeptierbar", wenn V4 fehlerhaft ist und als einziger ständig einwirkt.
- Der Regler kann eine "akzeptierbare" Regelgüte erzielen, wenn V4 fehlerfrei ist und die Fehlerauswirkungen von V1, V2 und V3 ausgeglichen werden können.
- Der Regler kann keine "akzeptierbare" Regelgüte mehr garantieren, wenn V4 fehlerhaft ist.

Es wird definiert:

- Pi ist die Wahrscheinlichkeit, daß Vi ein falsches Resultat liefert (i=1,2,3,4).
- Qa, Qbcd, Qe sind Wahrscheinlichkeiten, daß die Regelgüte erreicht wird (Bild 3).

Für die Methode der "zyklischen Abwechslung" gelten folgende Definitionen:

- Qo ist die Wahrscheinlichkeit, daß keine der Algorithmen von V1-V4 falsche Resultate liefert.
- Q1 ist die Wahrscheinlichkeit, daß ein Algorithmus von V1-V3 falsche Resultate liefert, aber V4 fehlerfrei ist.
- Q2 ist die Wahrscheinlichkeit, daß zwei Algorithmen von V1-V3 falsche Resultate liefern, aber V4 fehlerfrei ist.
- Q3 ist die Wahrscheinlichkeit, daß alle Algorithmen von V1-V3 falsche Resultate liefern, aber V4 fehlerfrei ist.
- Q4 ist die Wahrscheinlichkeit, daß alle Algorithmen von V1-V4 falsche Resultate liefern.

Anhand der gegebenen Programmstruktur wie in Bild 2 und den ausgesuchten Methoden für die diversitären Regelalgorithmen V1, V2 und V3 können drei zutreffende Entscheidungsbäume für die drei Fehlertoleranz-Methoden erstellt werden. Entsprechend können die definierten Wahrscheinlichkeiten berechnet werden.

Qualität der Regelgüte		Wahrscheinlichkeit, daß diese Regelgüte erreicht wird	
sehr gut		Q_a	
akzeptierbar	gut	Q_b	$Q_{bcd} = Q_b + Q_c + Q_d$
	befriedigend	Q_c	
	ausreichend	Q_d	
unakzeptierbar		Q_e	

Bild 3: 5 Qualitätsmerkmale der Regelgüte

2.2 Ergebnisse des Vergleichs

In Bild 4 werden die Ergebnisse graphisch angegeben. Ein anschaulicher Vergleich der Fehlertoleranzfähigkeit der drei Methoden ist dadurch möglich.

Zwischen den Wahrscheinlichkeiten der drei Methoden zur Erzielung von Fehlertoleranz gibt es interessante Beziehungen (Bild 5).

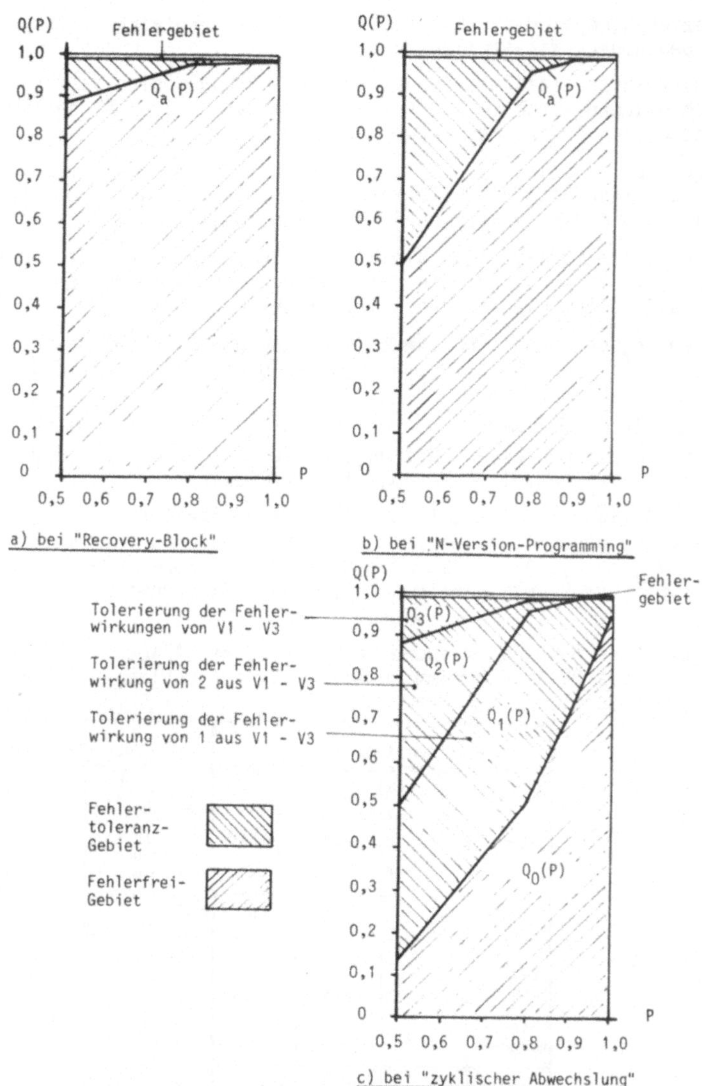

Bild 4: Vergleich der Fehlertoleranzfähigkeit bei den behandelten 3 Methoden (bei P4 = 0,99, P1 = P2 = P3 = P)

"zyklische Abwechslung"	"Recovery-Block"	"N-Version-Programming"
$Q_o + Q_1$ =		Q_a
$Q_o + Q_1 + Q_2$ =	Q_a	
Q_3 =	$P_4(Q_b + Q_c + Q_d)$	
Q_4 =	Q_e (bei $P \geq 0,9$)	Q_e

Bild 5: Beziehungen zwischen den Wahrscheinlichkeiten bei den 3 Methoden

Solche Beziehungen sind zur Beurteilung und zum Vergleich der Fehlertoleranzfähigkeit von Bedeutung. Wir stellen fest:

- Die Fehlerwahrscheinlichkeiten aller drei Methoden sind fast gleich P4(der Fehlerwahrscheinlichkeit von V4). V4 ist also der maßgebliche Algorithmus unserer in Bild 2 dargestellten Programmstruktur.
- Falls Qo + Q1 = Qa ist, bleibt die Regelgüte "sehr gut", obwohl einer der Algorithmen V1-V3 falsch ist, d.h. die Methode der "zyklischen Abwechslung" ist in diesem Fall so gut wie die "N-Version-Programming"-Methode.
- Falls Qo + Q1 + Q2 = Q3 ist, bleibt die Regelgüte "sehr gut", obwohl zwei der Algorithmen V1-V3 falsch sind, d.h. die Methode der "zyklischen Abwechslung" ist in diesem Fall so gut wie die "Recovery-Block"-Methode.

Durch anwendungsbezogene Experimente kann man die tatsächlichen Beziehungen zwischen den Wahrscheinlichkeiten Qa, Qb, Qc, Qd, Qe und Qo, Q1, Q2, Q3 und Q4 bestimmen.

3. Test an einem Modellprozeß

Anhand eines Modellprozesses "Heizungsregelung" /Lau 76/ wurde untersucht, wie leistungsfähig die vorgestellte Methode in der Praxis ist.

Dazu wurden 3 diversitäre Regelalgorithmen entwickelt (Bild 6a). Jeder einzelne Algorithmus wurde geprüft, ob man mit ihm wirklich eine "sehr gute" Regelgüte erzielen kann (Bild 7a, b, c). Als V4 zur "Unterscheidung große oder kleine Regelabweichung" und als "einfacher Regelalgorithmus" wurde ein Zweipunktregler mit Hysterese benutzt (Bild 6b).

Die 4 Algorithmen nach der Methode der "zyklischen Abwechslung", wie in Bild 1 gezeigt, wurden als PEARL-Programm realisiert und anschließend am Modellprozeß "Heizungsregelung" getestet.

<table>
<tr><th colspan="4">V1: PID-Algorithmus</th></tr>
<tr><td rowspan="2">Δy</td><td colspan="3">$\Delta y = y(k) - y(k-1) = d_0x(k) + d_1x(k-1) + d_2x(k-2) + d_3x(k-3) + d_4x(k-4)$</td></tr>
<tr><td>< 0</td><td>= 0</td><td>> 0</td></tr>
<tr><td>Laufrichtung der Stellmotoren</td><td>"1Ø" B1</td><td>"ØØ" B1</td><td>"Ø1" B1</td></tr>
<tr><td>Heizungsversorgung</td><td>Wärmeenergie wird abgeführt</td><td>Ventil (Stellmotor) bleibt im alten Zustand</td><td>Wärmeenergie wird zugeführt</td></tr>
</table>

<table>
<tr><th colspan="4">V2: "Fussy-PD"-Algorithmus</th></tr>
<tr><td>Laufrichtung (Heizungsversorgung wie beim PID-Algor.) — x(k)* / x(k) - x(k-1)</td><td>< 0</td><td>= 0</td><td>> 0</td></tr>
<tr><td>> 0</td><td>"ØØ" B1</td><td colspan="2" rowspan="2">"Ø1" B1</td></tr>
<tr><td>= 0</td><td rowspan="2">"1Ø" B1</td></tr>
<tr><td>< 0</td><td colspan="2">"ØØ" B1</td></tr>
</table>

<table>
<tr><th colspan="3">V3: Zweipunktregler</th></tr>
<tr><td>x(k)</td><td>< 0</td><td>≥ 0</td></tr>
<tr><td>Laufrichtung</td><td>"1Ø" B1</td><td>"Ø1" B1</td></tr>
</table>

* x(k) = Soll(k) - Ist(k)

a) Drei diversitäre Regelalgorithmen V1, V2 und V3

x(k)	<-1,2	> 0,8
Laufrichtung	"1Ø" B1	"Ø1" B1

b) V4: Zweipunktkennlinie mit Hysterese als Garant für eine befriedigende Regelgüte

Bild 6: Die im Versuchsbeispiel verwendeten Regelalgorithmen V1 - V4

Die falschen Algorithmen V1, V2, V3 wurden erstellt, indem jeweils bei der Stellgrößen-Angabe "Ø1" statt "1Ø" und "1Ø" statt "Ø1" eingesetzt wurde, d.h. daß die negativen Rückführungen in positive verwandelt wurden und umgekehrt. Dadurch wurde einer der denkbar ungünstigsten Fälle, die in der Regelungstechnik vorkommen können, hergestellt.

Bild 7: Verlauf der Regelgröße bei verschiedenen Regelungsalgorithmen

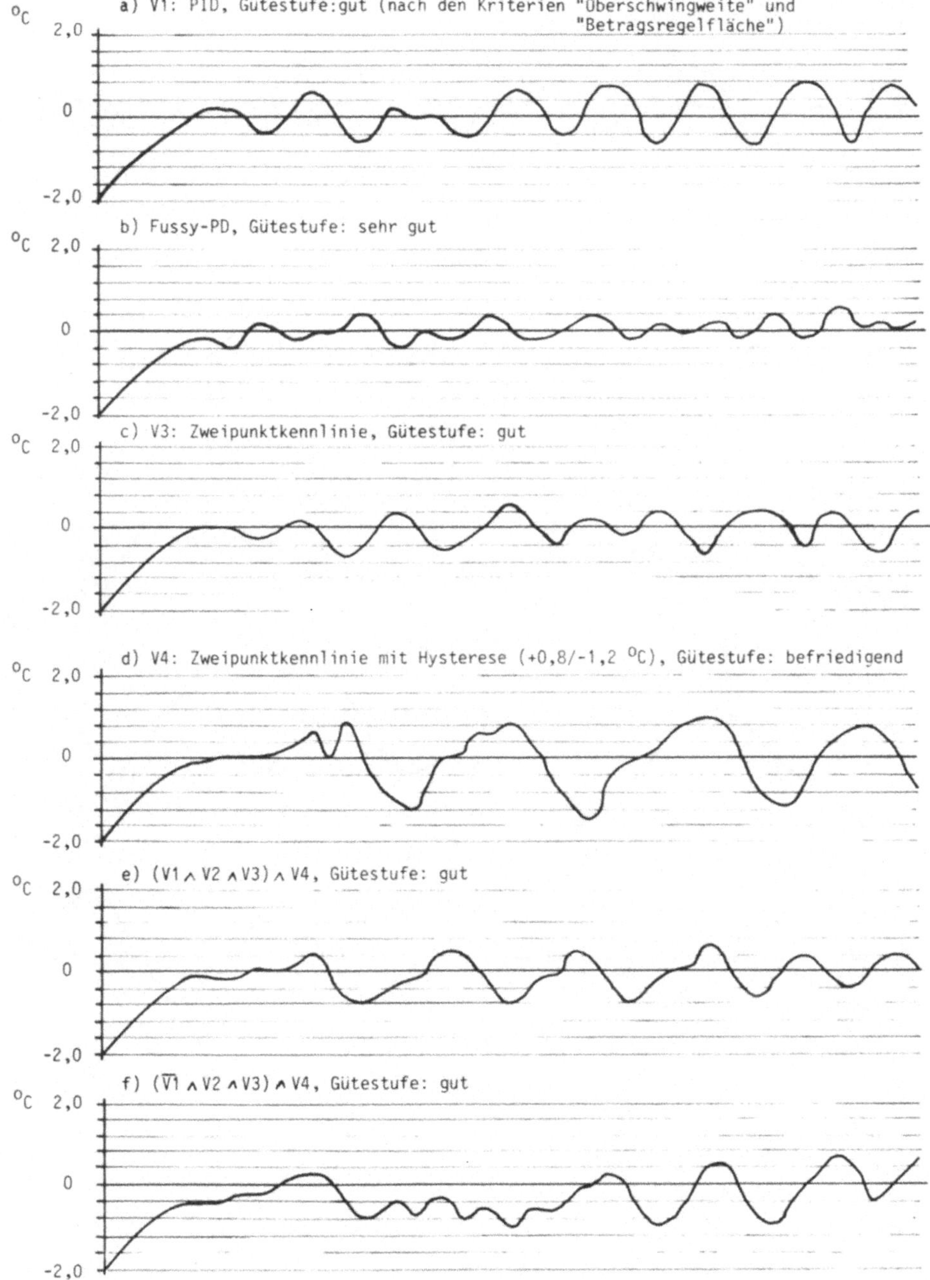

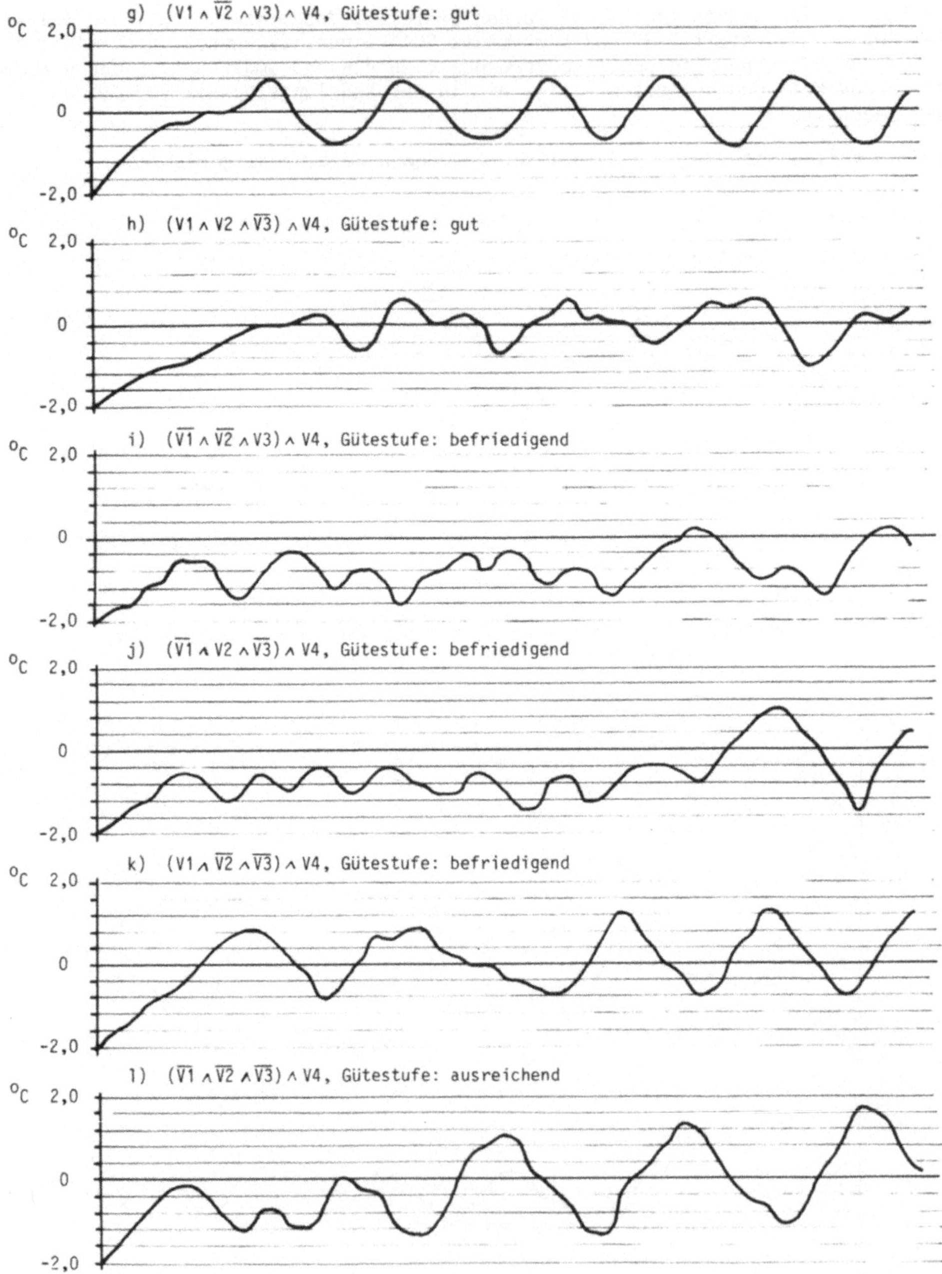
g) (V1 ∧ $\overline{V2}$ ∧ V3) ∧ V4, Gütestufe: gut
°C 2,0
0
-2,0
h) (V1 ∧ V2 ∧ $\overline{V3}$) ∧ V4, Gütestufe: gut
°C 2,0
0
-2,0
i) ($\overline{V1}$ ∧ $\overline{V2}$ ∧ V3) ∧ V4, Gütestufe: befriedigend
°C 2,0
0
-2,0
j) ($\overline{V1}$ ∧ V2 ∧ $\overline{V3}$) ∧ V4, Gütestufe: befriedigend
°C 2,0
0
-2,0
k) (V1 ∧ $\overline{V2}$ ∧ $\overline{V3}$) ∧ V4, Gütestufe: befriedigend
°C 2,0
0
-2,0
l) ($\overline{V1}$ ∧ $\overline{V2}$ ∧ $\overline{V3}$) ∧ V4, Gütestufe: ausreichend
°C 2,0
0
-2,0

Die in Bild 7 angegebene "Gütestufe" ergibt sich aus der "Überschwingweite" (=max $|X(t)|$, X (t): Regelgröße) und der "Betragsregelfläche" (= $\int_0^\infty |X(t)|\, dt$).

Nach mehrmaliger Wiederholung der Systemläufe können die Beziehungen zwischen den oben definierten Wahrscheinlichkeiten bei unserem Versuchsbeispiel in "great membership" (/Zah 75/) festgelegt werden (vgl. Bild 7e - 1 und Bild 8).

1. Qo + Q1>Qa>Qo d.h. die Regelgüte wird "gut" oder "sehr gut" sein, falls nur ein Algorithmus von V1 - V2 falsche Resultate liefert.
2. Qa + Qb + Qc = Qo + Q1 + Q2 d.h. die Regelgüte wird so "befriedigend" wie die von V4 allein erzielte sein, falls 2 Algorithmen von V1, V2 und V3 falsche Resultate liefern.
3. Qa + Qb + Qc + Qd<Qo + Q1 + Q2 + Q3 d.h. die "befriedigende Regelgüte" die vom V4 allein erzielt werden kann, ist wegen der Fehlerauswirkungen der 3 falschen Algorithmen nicht mehr erreichbar.

Da die Fehlertoleranzfähigkeit durch Ausgleich der Fehlerauswirkungen erzielt wird und die Fehlerauswirkungen als "Störungen" im Regelkreis behandelt werden, ist die Auswahl und der Entwurf des "Notfall-Reglers" , nämlich V4, von besonderer Bedeutung. Es müssen 2 Nebenwirkungen beim Übergang von V1 - V3 nach V4 berücksichtigt werden.

Eine Nebenwirkung, wie in diesem Kapitel in Punkt 3 erwähnt ist, bedeutet:

- V4 darf nicht nur gerade noch das geforderte Minimum (Regelgüte "ausreichend") erreichen sondern muß zu einem gewissen Grade besser sein, um einen Spielraum für die Herabsetzung der Regelgüte beim Ausgleich der Fehlerauswirkungen zulassen.
- Die Fehlerauswirkungen im Regelkreis müssen so schnell wie möglich identifiziert und begrenzt werden. In der Programm-Struktur nach Bild 1 wird die große Regelabweichung als Fehlerauswirkung der Algorithmen V1, V2 und V3 behandelt.
  Das Toleranzgebiet für die Unterscheidung zwischen großer und kleiner Abweichung darf nicht "weit" sein, sonst ist die Regelgüte nicht mehr gewährleistet.

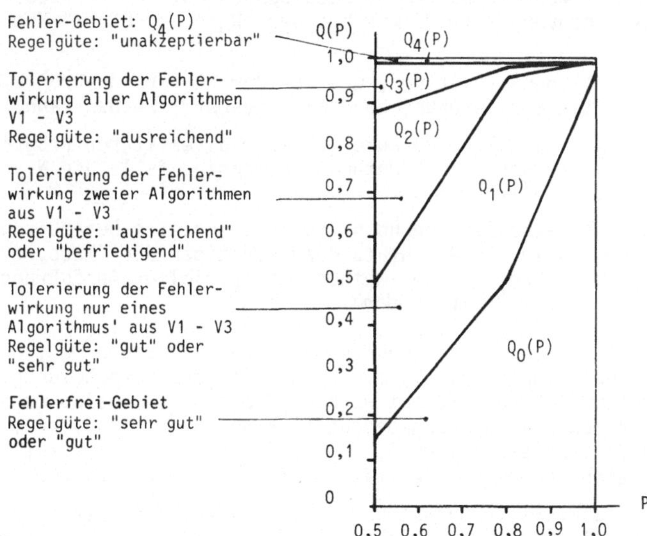

Bild 8: Die Fehlertoleranz mit Regelgüte bei Anwendung der Methode "Zyklische Abwechslung" im Versuchsbeispiel

(bei P4 = 0,99, P1 = P2 = P3 = P)

Ist die Toleranz aber sehr "eng", kommt eine zweite Nebenwirkung zum Tragen: Die normale Funktion der Algorithmen V1, V2 und V3 wird oft gestört von V4, obwohl diese an sich alle fehlerfrei sind. Dies bringt natürlich auch einen Verlust an Regelgüte.

Es muß also ein Kompromiss gefunden werden. In unserem Beispiel wurde das Kriterium, nämlich die Hysterese von V4 wegen der möglichen Fehlerauswirkung von V1, V2 und V3 so ausgewählt, daß diese auf einer Seite "kleiner" als die geforderte Temperatur-Toleranz des Regelkreises ($\pm 2^{o}C$) ist. Auf der anderen Seite sollte sie "größer" sein als die Abweichung, die bei einzelnen fehlerfreien V1, V2 oder V3 möglich ist ($\pm$ 0,8^{o}C), damit die normale Arbeit von möglicherweise fehlerfreien V1, V2 und V3 nicht gestört wird.

Die Nebenwirkungen, die beim Übergang von einer Alternative zur anderen nach einer Fehlererkennung entstehen, finden sich nicht bei der "Recovery-Block"-Methode, weil eine Rückwärtsbehebung der Fehlerwirkung explizit gefordert ist. Bei Vorwärtsbehebung der Fehlerauswirkung, wie z.B. durch Ausgleich, bringen diese Nebenwirkungen beim Entwurf der Fehlertoleranz-Einrichtung Schwierigkeiten.

4. Schlußfolgerungen

Die Methode der "zyklischen Abwechslung", kombiniert mit einer Zeitüberwachung und ggf. einer Herabsetzung der Regelgüte ("graceful degradation"), ist ein mögliches Verfahren für die Software-Fehlertoleranz eines Programms, das einen Abtastregler realisiert.

Der Hauptvorteil des Verfahrens ist eine einfachere Realisierung als bei der "Recovery-Block"-Methode und der "N-Version-Programming"-Methode:

- Kein Abnahmetest wie bei der "Recovery-Block"-Methode, der schwer ermittelbar oder durchführbar ist.
- Keine Rückwärtsbehebung der Fehlerauswirkung (Zustandsrückführung) zur Ersetzung des Algorithmus notwendig, denn die Fehlertoleranz wird durch eine eigene zyklische Initialisierung und den nachfolgenden Ausgleich der diversitären Regelungsalgorithmen erreicht. Damit werden auch keine redundanten Daten für "recovery-points" und kein zusätzliches "recovery-cache" wie bei der "Recovery-Block"-Methode benötigt.
- Keine komplexe Mehrheitsbildung ("voting") wie bei der "N-Version-Programming"-Methode, wodurch die Resultatsauslieferung ebenfalls gesperrt werden kann.
- Kein Mehrrechnersystem für parallele Abläufe mehrerer diversitärer Programmversionen wie bei der "N-Version-Programming"-Methode notwendig, falls die N-Versionen parallel ausgeführt werden sollen.
- Beim Einrechnersystem ist keine Zeitredundanz für die serielle Bearbeitung von mehr als zwei Algorithmen notwendig. Im Gegensatz dazu benötigen die "Recovery-Block"-Methode oder die "N-Version-Programming"-Methode bei serieller Ausführung der N-Alternativen oder Versionen mehr Zeitredundanz.

Der Hauptnachteil der Methode der "zyklischen Abwechslung" sind die möglichen Nebenwirkungen. Beim Entwurf des Algorithmus V4 muß die richtige Unterscheidung zwischen großer und kleiner Regelabweichung beachtet werden. Diese Unterscheidung, die eine mittelbare Erkennung der Fehlerauswirkung bedeutet, kann durch eine verfeinerte und direkte Identifikation der Fehlerauswirkungen, die die Regelgüte herabsetzen, ersetzt werden. Damit ist aber eine höhere Komplexität von V4 in Kauf zu nehmen.

Eine Unterstützung für die Realzeitüberwachung durch das Rechnersystem und die Programmiersprache ist für alle 3 Methoden notwendig, da es keine andere Möglichkeit gibt, die Rechtzeitigkeit zu garantieren.

Auch eine Herabsetzung der Regelgüte ("graceful degradation") muß man unter Umständen akzeptieren und im Entwurf berücksichtigen. Diese Möglichkeit wird bei der "Recovery-Block"-Methode implizit beachtet. Bei der "N-Version-Programming"-Methode dagegen wird diese Maßnahme nicht berücksichtigt, falls anzunehmen ist, daß die Mehrzahl von N-Versionen möglicherweise fehlerhaft sein kann.

Die Programmstruktur aus Bild 2 ist für die Verwendung aller 3 Methoden für fehlertolerante Abtastregelung einsetzbar. Dies gilt auch für andere Aufgaben im Bereich "zyklische Prozeßdatenverarbeitung", wie z.B. zyklische Prozeßdatenerfassung, zyklische Prozeßüberwachung und Prozeßoptimierung u.a.

Danksagung

Der Autor möchte an dieser Stelle Herrn Prof. Dr.-Ing. R. Lauber für alle Hinweise, die großzügige Unterstützung sowie die Durchsicht des Textes danken.

Literatur

/And 81/ Anderson, T. and Lee, P.A.: Fault-Tolerance, Principles and Practice, Prentice Hall Inc., Englewood Cliffs, 1981

/Ari 75/ Arizienis, A. and Chen, L.: On the Implementation of N-Version-Programming for Software Fault Tolerance During Program Execution, Proceedings COMPSAC 77, Chicago (Il), November 1977, pp. 149-155

/Cam 78/ Campbell, R.H. et.al.: Simulations of a fault tolerant deadline mechanism, Digest Paper of FTCS-9, Madison, June 1979, pp. 95-101

/Ech 83/ Echtle, Klaus et.al.: Zur Begriffsschilderung bei der Beschreibung von Fehlertoleranz-Verfahren, Institut für Informatik IV, Universität Karlsruhe, Mai 1983

/Hec 76/ Hecht, H.: Fault-Tolerante Software: Motivation and Capabilities, Presented at the Symposium on Computer Software Engineering. Polytechnic Institute of New York, April 20-22, 1976, pp. 376-393

/Hor 74/ Horning, J.J. et. al.: A Program Structure for error defection and recovery. Lecture Notes in Computer Science, Vol.16, Springer-Verlag, Berlin, 1974, pp. 171-187

/Kop 76/ Kopetz, H.: Softwarezuverlässigkeit. Carl Hanser Verlag, München, Wien, 1976, S. 17-23

/Lau 76/ Lauber, R.: Prozeßautomatisierung I. Springer Verlag, Berlin-Heidelberg-New York, 1976, S. 216-230

/Zah 75/ Zadeh, L.A.: The concept of a Linguistic Variable and its Application to Approximate Reasoning, American Elsevier Publishing Company, 1976, Chap. 1.3.

AVIONIK PROZESSRECHNERSYSTEM FÜR SICHERHEITSKRITISCHE AUFGABEN

B. Güsmann/D. Schmidt
LITEF, Freiburg i. Brsg.

ZUSAMMENFASSUNG

Dieser Beitrag beschreibt als Teil 1 die Realisierung eines fehlertoleranten Rechnersystems für Prozeßsteuerungen. Die Fehlertoleranz wird durch hierarchisch abgestufte Hardware- und Software-Maßnahmen bewirkt. Anwendungsbereiche dieses Systems sind u.a. Regelungsaufgaben in Flugzeugen. Teil 2 befaßt sich mit der besonderen Problematik der Programmierung von Avionik-Regelungsaufgaben. Die zu beachtenden Restriktionen und die spezifische Software-Struktur werden beschrieben.

1. EINLEITUNG

Dieser Beitrag beschreibt als Teil 1 die Realisierung eines fehlertoleranten Rechnersystems für Prozeßsteuerungen in der Avionik.*) Fehlertolerantes Verhalten eines Systems setzt Redundanz voraus, d.h. mehr Funktionseinheiten als zur Erfüllung der eigentlichen Aufgabe erforderlich sind. Obgleich in unterschiedlicher Weise eingesetzt, wird mit dem Einführen von Redundanz stets eine Zielsetzung verfolgt, nämlich die Erhöhung der Zuverlässigkeit bzw. Verfügbarkeit eines Systems. Zum Anwendungsbereich dieses Rechnersystems gehören u.a. Regelungsaufgaben zur Flugzeugstabilisierung. Das System wurde in Assembler programmiert.

Teil 2 dieses Beitrages befaßt sich mit der Programmierung in Hochsprachen und der Vermeidung skalierter Integer-Arithmetik durch den Einsatz von Floating Point Software. Restriktionen im Avionik-Bereich sind kurze Laufzeiten der Programme bei geringer Speicherplatzkapazität. Eine übersichtliche Struktur der Software ist die Voraussetzung zur Verifizierbarkeit des Codes.

*) Diese Arbeit wurde mit Mitteln des BMFT gefördert (LFL7974). [1]

2. FEHLERTOLERANTES RECHNERSYSTEM

2.1 ZIELSETZUNG

Die Nutzung von Redundanz zu einer fehlertoleranten Anordnung läßt sich durch zwei prinzipiell verschiedene Methoden erreichen. Die sog. statische Redundanz zielt ab auf eine Erhöhung der Zuverlässigkeit, dynamische Redundanz verbessert die Verfügbarkeit eines Rechnersystems.

Aufgrund ausgereifter Techniken ist eine Beherrschung der statischen Redundanz gegeben. Die Methode der statischen Redundanz ist trotz fallender Bauelementepreise wenig wirtschaftlich, da die Preise für Stromversorgung, Leiterplatten, Verbindungen, Gehäuse, Arbeitslohn usw. einen wachsenden Kostenanteil haben. Anordnungen mit dynamischer Redundanz nutzen infolge Funktionsbeteiligung aller Komponenten die Hardware besser aus und sind flexibler gegenüber veränderten Anforderungen. [2,3]

Mitentscheidend für die Anwendung der dynamischen Redundanz in diesem Projekt ist die Fähigkeit eines solchen Systems, auftretende Fehler zu erkennen, die Ursache zu diagnostizieren und die defekte Komponente durch einen Rekonfigurationsvorgang zu isolieren.

Das Fehlerverhalten des Rechnersystems, abgeleitet aus der Integritätsforderung, ist bestimmt durch

(a) volle Prozeßkontinuität nach einem Erstfehler (fail-operational)
(b) eingeschränkte Prozeßausführung nach einem Zweitfehler (graceful degradation)

2.2 SYSTEMSTRUKTUR

Die Umsetzung der im vorangegangenen Abschnitt postulierten Anforderungen in ein konkretes System erfolgte unter Berücksichtigung weiterer Parameter wie
- Modularität, d.h. leichtes Hinzufügen weiterer Komponenten,
- geringe Komplexität, einfaches und sicheres Protokoll zur Kommunikation,
- gutes Rekonfigurationsverhalten, d.h. sichere Isolierung ausgefallener Komponenten,

-dezentrale Organisation, d.h. keine kritischen Elemente.

Die Analyse möglicher Topologien ergab, daß für Mehrrechnersysteme eine Busstruktur besonders geeignet ist. Andere Alternativen wie z.B. stern- oder ringförmige Netze weisen insbesondere unter dem Aspekt der Rekonfigurierbarkeit signifikante Nachteile auf.
Um den Systementwurf zunächst allgemein zu halten, wurde ein Lösungsansatz mit n Rechnern und m Bussen gemacht; n, m=2 wurde realisiert. Abb. 2.1 zeigt die Struktur des Mehrrechnersystems.

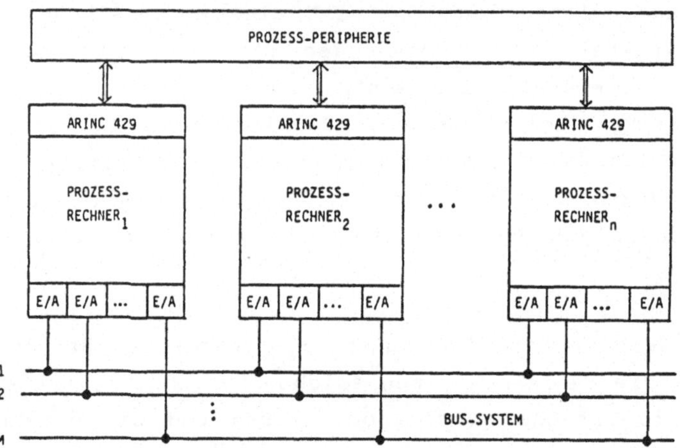

Abb. 2.1 Struktur des redundanten Rechnersystems

Das Mehrrechnersystem ist homogen, besteht also aus identischen Prozeßrechnern und Busverbindungen. Jeder Rechner bearbeitet seine Aufgaben autonom und läuft asynchron zu seinen Nachbarn.

Jeder Rechner und jeder Bus besitzt genügend freie Kapazität, um bei Hardwareausfällen die davon betroffenen Funktionen mitübernehmen zu können. Die dynamische Funktionszuordnung der Task erfolgt über ein Betriebssystem.

Der Informationsfluß auf diesen Bustyp erfolgt normalerweise quittungsgesteuert im Halb-Duplexverfahren. Diese Eigenschaft des Busses wurde erweitert, um auf der oberen Protkollebene eine quasi bidirektionale Betriebsweise mit wahlfreiem Zugriff auf den Bus zu ermöglichen. Das eingesetzte Bussystem besteht aus mehreren unabhängigen seriellen Bussen mit 1MHz Bitfrequenz nach MIL-STD-1553 B.

Die Prozeßperipherie (Sensoren, Aktuatoren, weitere Rechner) ist über serielle Schnittstellen nach der ARINC 429-Spezifikation mit dem Rechnersystem verbunden.

2.3 RECHNERSTRUKTUR

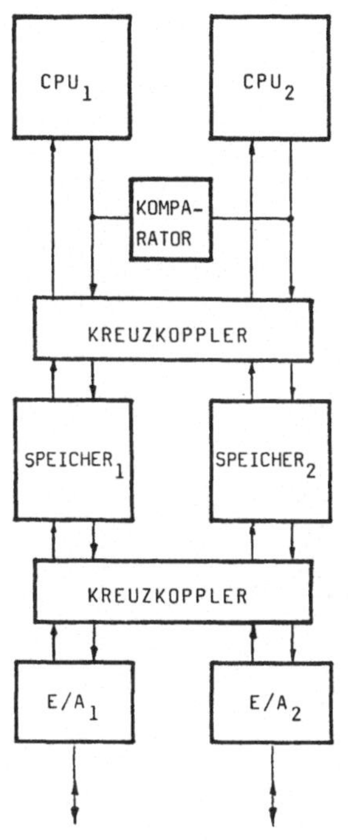

Abb. 2.2 Struktur eines redundanten Prozeßrechners

Die Vermehrfachung von Rechnern und ihre Verbindung über ein Datenübertragungsmedium ist eine von mehreren Möglichkeiten zur Steigerung der Zuverlässigkeit. Ein anderer Ansatzpunkt besteht darin, einen einzelnen Rechner intern mit zusätzlichen Baugruppen (Moduln) zu versehen, um sein Zuverlässigkeitsverhalten günstig zu beeinflussen. Beide Wege, die Vermehrfachung von Rechnern und die Einführung von interner Redundanz, wurden in diesem Vorhaben beschritten.

Abb. 2.2 zeigt die Struktur eines intern redundanten Rechners.

Durch Kreuzkoppler, die aus mehreren Multiplexern bestehen, lassen sich funktionell zusammenwirkende Baugruppen in beliebiger Weise konfigurieren. Eine schnelle und hohe Fehlererkennung erfolgt über einen Komparator, der fortwährend die beiden synchron laufenden Arithmetikausgänge der CPU's vergleicht.

Ein Rechner mit interner Redundanz ist innerhalb des Mehrrechnersystems für die Software transparent, d.h. ihr steht zu jedem Zeitpunkt nur die Verarbeitungleistung eines Prozessors bzw. die Kapazität eines Speichers zur Verfügung. Die interne Organisation und Rekonfiguration erfolgt per Hardware. Im Falle eines nicht mehr fehlererkennenden Rechners bzw. eines Gesamtausfalls erhält die Systemsoftware eine entsprechende Statusinformation.

2.4 SYSTEMSOFTWARE

Das Hinzufügen von Redundanz zur Erhöhung der Zuverlässigkeit wird erkauft mit einem zusätzlichen Verwaltungsaufwand. Die Organisation, Überwachung und Rekonfiguration der im Mehrrechnersystem redundant vorhandenen Rechner und Verbindungswege wird durch die Systemsoftware geleistet.

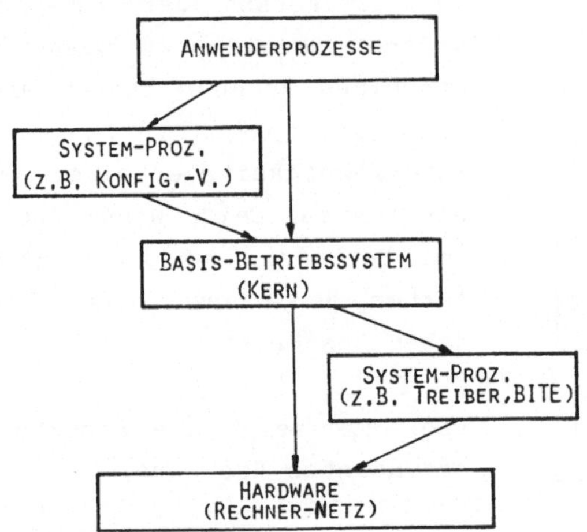

Abb. 2.3 Software-Schichtenmodell

Abb. 2.3 zeigt das Software-Schichtenmodell. Auf der obersten Ebene liegen die Anwenderprozesse, in diesem Vorhaben Flugstabilisierung und -trimmung.

Die Systemsoftware gliedert sich in einen Kern und zusätzliche Systemprozesse. Die Systemprozesse lassen sich hinsichtlich ihrer Funktion weiter unterteilen in hardwarenahe und in systemorientierte Prozesse. Der Systemkern und die Menge der Systemprozesse sind in jedem einzelnen Rechner als Kopien resident vorhanden; sie bilden also in ihrer Gesamtheit ein verteiltes Betriebssystem.

Alle Prozesse des Mehrrechnersystems kommunizieren und koordinieren sich untereinander durch Austausch von Botschaften. Eine Kommunikation über globale Variable wurde ausgeschieden, da eine wohldefinierte Zugriffsreihenfolge in einem Mehrrechnersystem aufwendiger Synchronisationshilfen bedarf. Die Beschränkung auf eine Sender/Empfänger-Beziehung erweist sich als übersichtlich und zuverlässig.

Stellvertretend für die verschiedenen Systemprozesse wird die Aktualisierung von Prozeßdaten beschrieben.

2.5 AKTUALISIERUNG VON PROZESSDATEN

Bei Ausfall eines Rechners werden innerhalb einer kurzen Reaktionszeit Maßnahmen eingeleitet, die insbesondere die Kontinuität der Anwenderprozesse gewährleisten.

Zu diesem Zweck existieren zu jedem Anwenderprozeß im allgemeinen mehrere redundante Kopien, die im Rechnersystem geeignet verteilt sind. Diese Kopien, die nicht unmittelbar am Prozeßgeschehen teilnehmen, werden in Echtzeitintervallen prozeßrelevante Informationen, auch Aktualisierungsdaten genannt, zugeführt. Die Aktualisierungsdaten werden auf vorbereiteten Speicherplätzen abgelegt. Durch diese vorausschauende Maßnahme lassen sich ausgefallene Anwenderprozesse innerhalb einiger Millisekunden in einem anderen Rechner prozeßkonform, d.h. mit den bisher errechneten Werten weiterführen. Laufzeitintensive Prozesse können in datenflußabhängige Abschnitte unterteilt und mit sogenannten Wiederanlaufpunkten markiert werden, ab denen sie in Abhängigkeit vom bisherigen (noch fehlerfreien) Prozeßverlauf definiert gestartet werden können.

3. PROGRAMMIERUNG DER BORDRECHNER

3.1 RANDBEDINGUNGEN

Die Programmierung der Bordrechner wird durch vier Faktoren wesentlich bestimmt. Zum einen ist dies die Funktionsforderung an das operationelle Programm, im vorliegenden Fall zum Beispiel Flugstabilisierung mit den zugehörigen schnellen Zykluszeiten. Zum anderen sind dies die Anforderungen an den Rechner, wie geringer Stromverbrauch, geringer Geräteumfang, Umweltbedingungen wie Temperaturschwankungen und Vibrationen. Diese Anforderungen resultieren in dem Wunsch nach einer Speicherminimierung. Darüber hinaus werden die Software- und die Hardwareentwicklung parallel durchgeführt und der notwendige Speicherplatz muß zu Beginn der Entwicklung abgeschätzt werden. Die vierte Forderung ist Verfolgbarkeit des generierten Codes für Verifizierung und Validierung [4].

Aufgrund der genannten Faktoren wurde die Programmierung flugkritischer Funktionen bisher mit Assemblern ausgeführt und für Controlgleichungen wurde skalierte Integerarithmetik verwandt. Schnellere Prozessoren sollen nun, falls keine Floating Point Hardware vorhanden ist, den Einsatz von Floating Point Software ermöglichen. Geeignete Compiler sollen darüber hinaus den Einsatz von Hochsprachen unterstützen. Es ist darauf zu achten, daß ein Laufzeitoverhead gegenüber Assemblerprogrammierung nicht zu einer Beeinträchtigung der Funktion führt und daß Speicherplatzoverhead nicht zu einer Reduzierung der Zuverlässigkeit führt.

Der Einsatz von Compilern ist in den Zivilluftfahrt-Spezifikationen ARINC 701 [5] und RTCA/DO-178 [6] grundsätzlich vorgesehen, jedoch mit der Einschränkung [6]: "...discussions with the regulatory agency may be necessary to agree on techniques to establish confidence in the support software".

Ein Compiler muß genügend Information zur Verfolgbarkeit des Codes liefern. Bei der Auswahl einer Hochsprache ist die Struktur der operationellen Software von entscheidender Bedeutung. Die Struktur für Flugzeugregelungsaufgaben wird im Folgenden beschrieben.

3.2 SOFTWARE-STRUKTUR

Nach der Initialisierungsphase erfolgen alle Berechnungen in zyklisch gestarteten Programmschleifen. Verschiedene Aufgaben werden unterschiedlich oft bearbeitet werden. Als Beispiel sei genannt:

Zyklus 1	10 msec
Zyklus 2	20 msec
Zyklus 3	40 msec

Der Ablauf wird mit einer Folge von Zeitinterrupts gesteuert, die im Abstand der kleinsten Zykluszeit erfolgen. Im Beispiel würde also alle 10 msec ein Zeitinterrupt erfolgen.

Neben dem Zeitinterrupt ist noch ein Powerinterrupt vorgesehen, weitere Interrupts sind nicht vorgesehen: die Aufgaben müssen in der ihnen zugewiesenen Zeit beendet sein. Es gibt kein Interrupt-gesteuertes pseudoparalleles Multitasking auf einem Processor. Dies ist eine wesentliche Forderung für die Systemsicherheit.

Der Start der Tasks wird durch zwei Zuordnungen bestimmt. Die erste ordnet jeder Task einen Zyklustyp zu, z.B.:

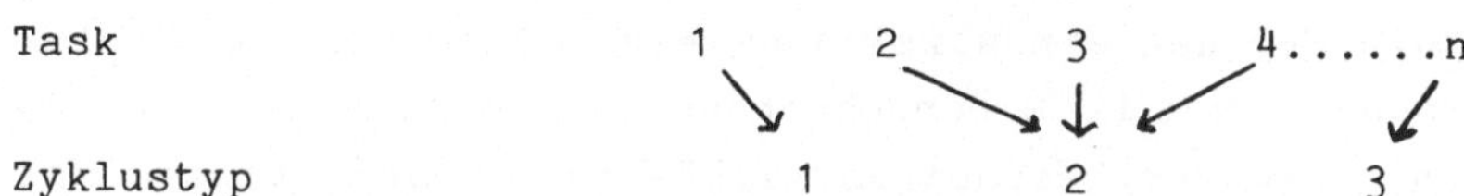

Die zweite ordnet jeder Task die Nummer des Interrupts zu, bei dem sie nach der Initialisierung zum erstenmal startet, z.B.:

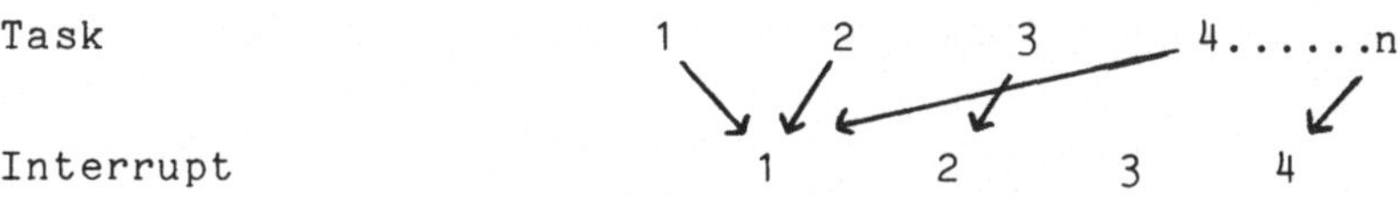

Für jeden Zyklus können aus diesen Zuordnungen in der Initialisierungsphase Schedule-Listen generiert werden, z.B.:

Zyklus	1	2	3	4
	1	1	1	1
Tasks	2	3	2	3
	4		4	
				n

Die Zuordnungsbeschreibung wird in einem Software-Modul abgelegt, der nur Konstanten enthält, die einer schnellen Änderung während der Testphase zugänglich sein sollen. Weitere Grenzwerte dieser Art können z.B. Grenzwerte für Klappenbewegungen am Flugzeug sein. Eine Änderung dieses Moduls würde nicht die erneute Verifizierung des operationellen Programms notwendig machen und so den Forderungen der Anwender genügen [7].

Die in einem Flugregelungsprogramm benutzten Elemente sind:
- Arithmetik, Vergleiche, logische Verknüpfung mit Verzweigung;
- Die Datentypen Real, Integer, Character, Array und Structure;
- Aufruf von Subroutines;
- Ansprechen von physikalischen Adressen; Prüfen und Setzen einzelner Bits in einem Wort.

3.3 EINSATZERFAHRUNG MIT HOCHSPRACHEN

Erfahrungswerte, die für die Einsatzplanung einer Floating Point Library und einer Hochsprache im Bordrechnerbereich herangezogen werden können, liegen von einem vergleichbaren LITEF-Projekt vor. Dieses hat dieselbe Software-Struktur und genügt ebenfalls den in 3.1 aufgezählten Randbedingungen [8]. Es handelt sich um die Prototypenentwicklung eines "Heading Reference System", welches die Nordrichtung bestimmt und die Ausrichtung des Systems als Referenz hierzu angibt. Nachfolgend wird über Programmentwicklung, Debugging und Umsetzung in Objektcode berichtet.

Nach Aufstellung der Auswahlkriterien [8] und unter Berücksichtigung anderer Sprachuntersuchungen [9 , 10] fiel die Wahl auf die Sprache 'C'. Für die Programmentwicklung stehen Compiler auf den Hostrechnern VAX und PCS-Cadmus zur Verfügung, für die Software-Hardware-Integration wird ein Crosscompiler benutzt. Ferner befindet sich für das Zielsystem eine Floating-Point-Library auf den Hostrechnern, mit welcher die fehleranfällige skalierte Integer-Arithmetik umgangen wird. Bei Verwendung zweier Compiler (Host- und Crosscompiler) von verschiedenen Herstellern und Modultests auf dem Host- und dem Zielrechner ist die Wahrscheinlichkeit groß, daß Compilerfehler entdeckt werden.

Für das Debugging können vom Cross-System (Compiler, Assembler, Linker, Lader) folgende Listen generiert werden:
- eine Liste mit physikalischen Adressen der globalen Variablen und Funktionennamen, sortiert nach Namen oder Adressen.
- ein Assemblerlisting, welches die Namen von globalen Variablen und Funktionen enthält.
- Funktionsparameter und lokale Variablen werden aufgelistet und die Adressen relativ zum Framepointer angegeben. Register-Variable, werden angegeben. Ferner werden die Zeilennummern des Quellcodes im Assemblerlisting aufgeführt.

Mit einer feinen Modularisierung des Programms, den Quell-Listen und dem Backassembler des Emulators bieten diese Listen eine Unterlage für vollständiges Debuggen auf dem Zielsystem.

Bei einer Modulgröße von ungefähr 60 Zeilen wiesen die Mathematik-Module bei intensiver Verwendung der Floating-Point-Library durchschnittlich 550 Worte Objektcode auf und die String Processing und Steuer-Module durchschnittlich 225 Worte Objektcode.

Ausblick

Basierend auf den Erfahrungen, die in den vorstehend genannten Projekten gewonnen wurden, wird derzeit ein "Fail-Safe" Rechnersystem für verschiedene Anwendungen in Flugzeugen konzipiert. Dieses System soll bis zur Einsatzreife entwickelt werden.

Literatur

[1] Herrscher, G., Kirst, B., Schmidt, D., Szlachta, J.,Entwicklung eines redundanten Rechnersystems zur mehrachsigen Flugstabilisierung und -trimmung, LITEF Freiburg, BMFT-Forschungsbericht W83-027, Oktober (1983).

[2] Wensley, J. W., et al. Design Study of Software-Implemented Fault-Tolerance (SIFT) Computer, SRI International, June (1978).

[3] Hopkins, A. L., et al. FTMP - A Highly Reliable Fault-Tolerant Multiprocessor for Aircraft, Proceedings of the IEEE, Vol. 66, No. 10, Oct. (1978).

[4] Sandner, N., Kleinschmidt, M., Test und Verfikation der Software von Kurs-Lagereferenz-Systemen, Proc. DGLR Symposium "Test und Verifikation...", Köln, (1983).

[5] ARINC Characteristic 701, Flight Control Computer System, (1979).

[6] RTCA/DO-178, Software Considerations in Airborne Systems and Equipment Certification, Rad. Techn. Comm. Aeronautics, (1981).

[7] Hach, J. P., Digitale Elektronik in Verkehrsflugzeugen, Proc. DGLR Symp. "Test und Verifikation...", Köln, (1983).

[8] Afzali, H., Güsmann, B., Efficient Software Development with HOL for a Heading Determinator, Proc. 2 IASTED Symp. "Applied Informatics", Innsbruck, (1984).

[9] Feuer, A., Gehani, N., A Comparison of the Programming Languages C and Pascal, Comp. Surv., Vol. 14 No. 1, p. 73, (1982).

[10] Anderson, G., Shumate, K., Selecting a Programming Language, Compiler and Support Environment, Computer, p. 29, Aug. (1982).

Strukturen von Führungs- und Waffeneinsatzsystemen (FÜWES) zukünftiger Kampfschiffe der Bundesmarine

ORR Dipl. Physiker K. Heyner

Bundesamt für Wehrtechnik und Beschaffung, Koblenz

Zusammenfassung

Es werden die benutzten Arbeitsbegriffe "Führungs- und Waffeneinsatzsystem" (FÜWES), FÜWES-Architektur und FÜWES-Struktur erläutert. Nach einer Einteilung der FÜWES-Strukturen wird für die voll distributive Struktur eine DV-Architektur angegeben, aus der sich alle anderen Strukturen ableiten lassen. Es werden die wichtigsten Komponenten dieser DV-Architektur vorgestellt, die von der Firma Siemens AG, München, konzipiert wurde. Es ist ein "Schiffsintegriertes Fiberoptisches Netzwerk" (SIFONET).

1. FÜWES, FÜWES-Architektur, FÜWES-Struktur

Das Führungs- und Waffeneinsatzsystem (FÜWES) eines Kampfschiffes hat die Aufgabe, gestützt auf Informationen aus allen Quellen, die dem Waffensystem Schiff zur Verfügung stehen,

- die Informationen zu verdichten,
- die taktische Lage zu erarbeiten und darzustellen,
- die taktische Lage zu beurteilen

und die für den Einsatz geeigneten Einsatzmittel und Maßnahmen

- auszuwählen,
- einzusetzen und
- während des Einsatzes zu führen.

Dabei soll ein zukünftiges FÜWES

- die militärische Aufbau- und Ablauforganisation verdeutlichen und nicht durch technischen Aufwand verdecken,
- die Eigenschiffs- bzw. Verbandsführung bei der Lagebeurteilung und Entscheidungsfindung unterstützen und vor einer Überflutung mit großen Datenmengen schützen,
- an sich ändernde Einsatzbedingungen anpaßbar sein und bei zu großen Änderungen oder notwendigen technischen Änderungen modifizierbar sein,
- einzelne Funktionsabläufe unter Echt-Zeit-Bedingungen sehr schnell abarbeiten können, ohne den Gesamtbetrieb zu stark zu vernachlässigen,

- auch bei feindlichen Trefferwirkungen durch ein abgestuftes Ausfallverhalten verfügbar bleiben und zuverlässig arbeiten, wenn auch mit verminderter Leistungsfähigkeit,
- möglichst störunempfindlich gegen EMP, NEMP und ECM sein,
- materiell nicht zu aufwendig sein und
- wenig Anforderungen an die technische Qualifikation des Bedienerpersonals stellen.

Es war die Aufgabe einer Studie mit dem Kurztitel "FÜWES - Strukturen", zu untersuchen, ob und wie die Gestaltung eines FÜWES eines Kampfschiffes möglichst unabhängig von jenen Restriktionen gemacht werden kann, die sich i. a. aus den technischen Mitteln und Methoden ergeben, die bei der technischen Realisierung eines FÜWES angewandt werden. Eine möglichst freie Gestaltbarkeit des FÜWES würde es zulassen, mehr als bisher auf die Forderungen des Bedarfsträgers (TSK-Marine) einzugehen.

Damit wurde es notwendig, begrifflich sauber zu unterscheiden zwischen dem System "FÜWES", seiner Struktur und seiner Architektur. Es wurden folgende Arbeitsbegriffe benutzt:

A) **Das System** "FÜWES" ist in Anlehnung an [4] die abgegrenzte Gesamtheit aus
- einer Menge von Einzelfunktionen oder -Prozessen, die ausgeführt werden müssen, um die Aufgabe durchführen zu können,
- einer Menge von Elementen, denen als Verarbeitungskapazitäten die Funktionen oder Prozesse zur Abarbeitung zugeordnet werden, und
- einer Menge von Relationen, die die Ordnung unter den Funktionen und Elementen und die wirkungsmäßigen Zusammenhänge zwischen den Funktionen bzw. Elementen herstellen,

zur autonomen Ausführung bestimmter Aufgaben, um die Ziele zu erreichen und dabei bestimmte Bedingungen und Forderungen einzuhalten (Abb. 1).

B) **Die Architektur** ist ein technisch realisierbares oder schon realisiertes Konzept eines FÜWES, das sich aus den Elementen und den Relationen ableiten läßt und jenes "Funktionale Netzwerk" technisch abbildet, welches sich aus den Einzelfunktionen oder -Prozessen und den Relationen ergibt (Abb. 1).

Durch die Zuordnung der Einzelfunktionen oder -Prozesse zu den Elementen (Verarbeitungskapazitäten) entstehen Funktionseinheiten mit eigener Verarbeitungskapazität, die durch Energie-, Material- oder Informationsflüsse entsprechend dem "Funktionalen Netzwerk" miteinander verbunden werden müssen. Sie werden

Teilnehmer am FÜWES-Geschehen genannt. Das "Funktionale Netzwerk" sieht vom Teilnehmer nur die funktionale Seite, die Architektur nur die technische Verarbeitungskapazität als z. B. Multiprozessorsystem. Die Zuordnung kann statisch sein oder für Zwecke der Rekonfiguration und des "Load Balancing" dynamisch sein (Abb.1).

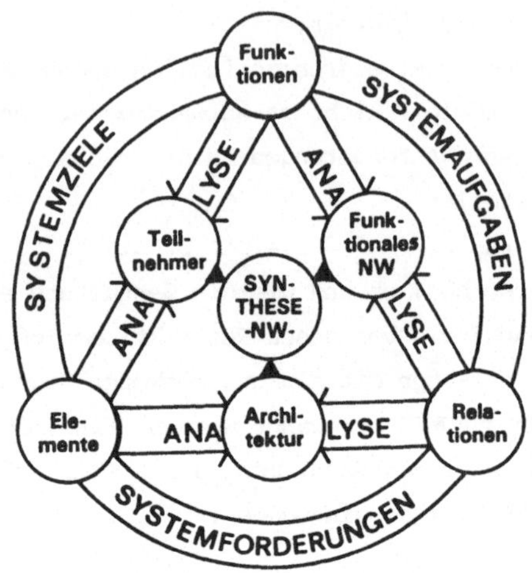

Abb. 1 Begriffe und ihre Zusammenhänge, NW = Netzwerk

C) **Die Struktur** ist die abstrakte Form der hierarchischen, geometrischen und logischen Ordnung unter den Funktionen und Elementen und der wirkungsmäßigen Zusammen. hänge zwischen den Funktionen bzw. Elementen, ohne die Funktionen oder Elemente zu konkretisieren. Sie kann durch die Art der folgenden drei Verteilungen festgelegt werden:

1. Die Art der funktionalen Verteilung, d. h. die Festlegung, welche Einzelfunktionen eine Funktionseinheit mit eigener Verarbeitungskapazität bilden sollen und somit einen Teilnehmer bilden werden.
2. Die Art der lokalen Verteilung, d. h. die Festlegung, wo die Teilnehmer im Schiff liegen sollen.
3. Die Art der Verteilung der Kontrolle im System, d. h. die Festlegung, welche Teilnehmer Regel- und Steuerfunktionen erhalten sollen, die die Datenübertragung und die Inter-Rechner-Kommunikation organisieren und die im dynamischen Falle die Zuordnung der Einzelfunktionen zu den Elementen ausführen, d. h. allgemein das Netzwerkmanagement ausführen.

Je nach angewandter Technologie erhält man für dasselbe "Funktionale Netzwerk" eine andere Architektur. In der Studie FÜWES-Strukturen wird die FÜWES-Architektur unter dem informatorischen Aspekt als reine DV-Architektur betrachtet, die aus den Mitteln und Methoden der elektronischen und elektro-optischen DV-Technik und DÜ-Technik aufgebaut wird. Für die DV-Architektur interessiert z. B. nur, wieviel Daten vom Teilnehmer (bzw. Element) A zum Teilnehmer (bzw. Element) B zu übertragen sind und wie oft, wobei die Informationsflüsse in Datenflüsse und schließlich Signalflüsse umgewandelt werden, die der angewandten DV- und DÜ-Technik entsprechen. Der Inhalt der Information und seine Bedeutung spielen für die Architektur keine Rolle, solange die Daten- und Signalflüsse den Informationsflüssen des "Funktionalen Netzwerkes" entsprechen.

Hat man aus den Funktionen und den Relationen das "Funktionale Netzwerk" des FÜWES abgeleitet, für die Elemente und Relationen eine FÜWES-Architektur erarbeitet, die das "Funktionale Netzwerk" technisch realisieren soll, und dementsprechend die Funktionen den Elementen zugeordnet, d. h. die Teilnehmer am FÜWES-Info-Fluß gebildet, dann kann man das FÜWES als "Lokales Netzwerk" darstellen und in diesem Falle als "Lokales-**Rechner**-Netzwerk" aufbauen, d.h. die System-Synthese ausführen (Abb. 1). Als Beispiel wird die Struktur einer Fregatte (Abb. 2) betrachtet. Sie hat - abgesehen von der Verteilung der Sensoren und Effektoren - eine lokal zentralisierte Struktur, die durch den zentralen Rechner auch noch weitgehend funktional zentralisiert ist und damit auch eine zentrale Kontrolle im System hat. Nur durch die Konsolen und kleinere abgesetzte Rechner wird eine geringe funktionale Dezentralisierung erreicht. Geht man von den Extremfällen, zentrale oder dezentrale Verteilung aus, so gibt es theoretisch 8 verschiedene Grobstrukturen, von denen für ein FÜWES nur 6 realistisch sind (Abb. 3). Das sind

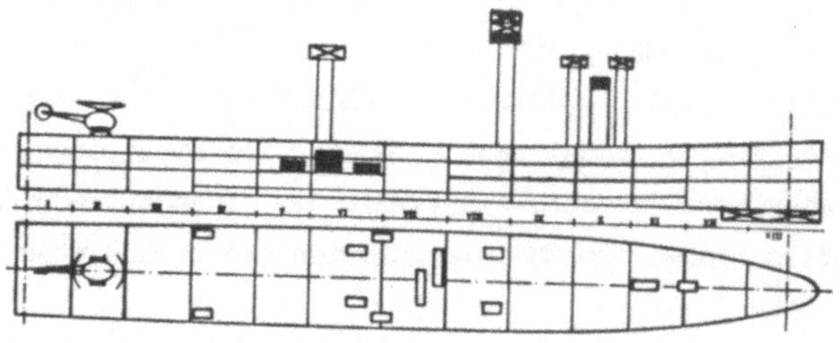

Abb. 2 FÜWES-Struktur Fregatte, Lokale Verteilung, ☒ Sensoren, ■ Info-Verarbeitung, □ Effektoren

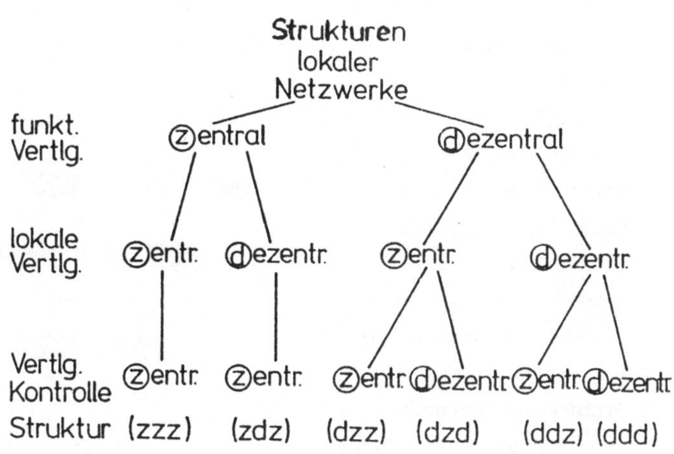

Abb. 3 Einteilung der Strukturen nach der Art der Verteilungen

- die total zentrale Struktur (zzz),
- die funktional dezentralisierten Systeme mit zentraler lokaler Verteilung und zentraler oder dezentraler Kontrolle im System (dzz, dzd) (z.B. Fregatte),

- die funktional dezentralisierten Systeme mit dezentraler lokaler Verteilung und zentraler oder dezentraler Kontrolle im System (ddz, ddd) (sogenannte distributive Systeme), und
- die Struktur (zdz), die zunächst unlogisch erscheint.

Die Struktur (zdz) läßt sich aber interpretieren als zwei oder mehrere gleiche Subsysteme der Struktur (zzz), die einander redundant sind und an verschiedenen Orten liegen, so daß sie zusammen ein redundantes System der Struktur (zdz) bilden.

Diese 6 verschiedenen Strukturen erzeugen unterschiedliche Systemeigenschaften und umgekehrt sind bestimmte Forderungen an Systemeigenschaften auch strukturbestimmend.

Interessant ist, daß sich alle anderen Strukturen durch schrittweise Zentralisierung aus der (ddd)-Struktur ableiten lassen. Ausgehend von diesen Grobstrukturen unterscheiden sich nämlich die realen Strukturen nur noch im Dezentralisierungsgrad ihrer Verteilungen, der sich durch Anpassung an projektspezifische, schiffbauliche, sonstige technische, wirtschaftlich oder taktisch-operative Aspekte ergibt.

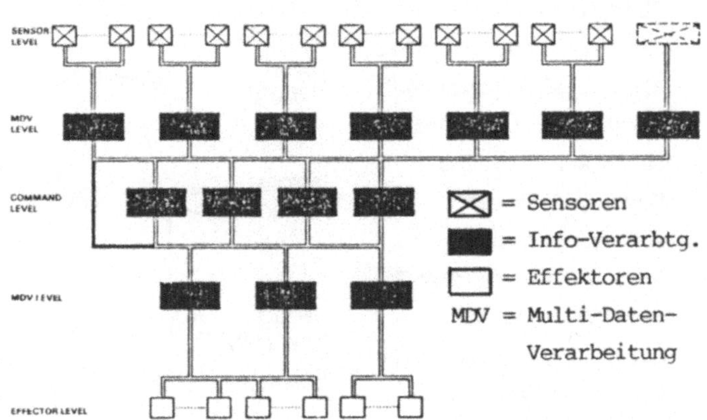

Abb. 4 Mögliche zukünftige funktionale Verteilung

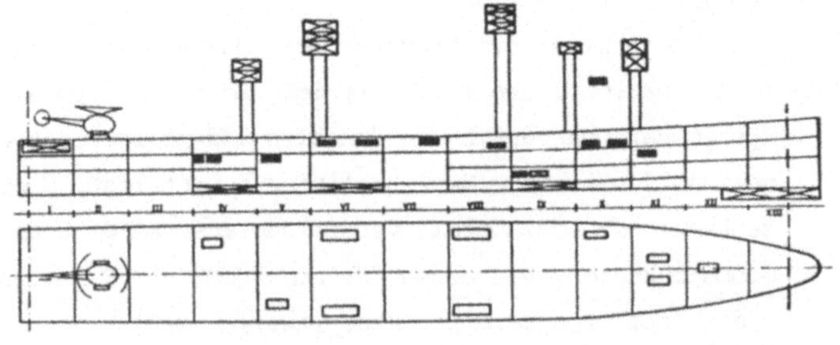

Abb. 5 Mögliche zukünftige lokale Verteilung (vgl. Abb. 2)

Es ist leicht abzuleiten, daß die o.a. Forderungen an ein FÜWES am besten durch eine voll distributive Struktur erfüllt werden könnten, - wenn - das mit den dezentralen Verteilungen verbundene Problem der Datenübertragung und der Interprozeßkommunikation technisch lösbar ist und nicht zu aufwendig wird. Eine Studie der Fa. Siemens AG, München, zu diesem Problem hat das Ergebnis, daß es in den 90iger Jahren lösbar sein wird, und sie gibt Beispiele für Komponenten an, mit denen es lösbar sein wird. Die Studie FÜWES-Strukturen gibt deshalb für den Entwurf komplexer Systeme folgende Empfehlung:

I. Entwerfe eine möglichst detaillierte, voll distributive (ddd)-Struktur und eine dazu **isomorphe** DV-Architektur. Für eine Fregatte z. B. eine Struktur mit ca. 130 Teilnehmern und einer funktionalen Verteilung nach Abb. 4, wobei in den Einheiten der Multi-Datenverarbeitungs-Ebene und der Entscheidungsebene 2 bis ca. 7 Teilnehmer lokal zusammengefaßt sind. Eine entsprechende lokale Verteilung könnte so wie in der Abb. 5 aussehen. Für die Verteilung der Kontrolle müssen bestimmte Forderungen an die Teilnehmer gestellt werden, die sich auf das Interface Teilnehmer-DÜ-Medium und das verteilte Netzwerk-Betriebssystem für die Inter-Prozess-Kommunikation beziehen (Abb. 6).

II. Danach passe man diese voll distributive (ddd)-Struktur durch **schrittweise** Zentralisierungen denjenigen Forderungen und Randbedingungen an, die als wichtiger bewertet werden als die Dezentralisierung in den 3 Verteilungen.

Für die DV-Architektur bedeutet jede Zentralisierung weiter nichts als eine Veränderung der Teilnehmer durch eine funktionale, lokale oder kontrollmäßige Umordnung bis zum Extremfall eines großen, lokal zentralisierten Multiprozessorsystems der Struktur (dzz) oder (dzd) mit MM-Dialogplätzen. Die Frage, ob es zu einer voll distributiven (ddd)-FÜWES-Struktur in den 90er Jahren überhaupt eine isomorphe DV-Architektur geben wird, kann aufgrund der Ergebnisse der Studie bei der Fa. Siemens AG, München, mit "Ja" beantwortet werden.

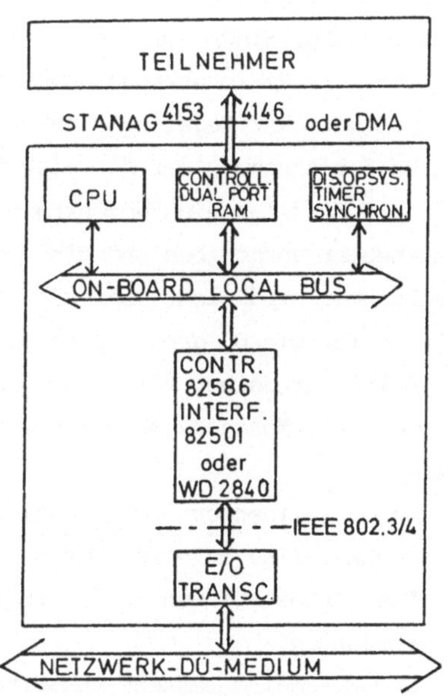

Abb. 6 Interface-Rechner

2. DV-Architektur für eine voll distributive FÜWES-Struktur

Für den Entwurf der DV-Architektur muß man unterscheiden zwischen den eigentlichen FÜWES-Aufgaben, die von den Teilnehmern in jedem FÜWES, egal welcher Struktur und Architektur, durchzuführen sind, und den zusätzlichen Aufgaben, die sich aufgrund der zu verwirklichenden Struktur und den technischen Mitteln und Methoden der Architektur ergeben. Aus einer voll distributiven Struktur entstehen z. B. folgende zusätzliche Kommunikationsaufgaben:

- dezentrale Organisation der Inter-Prozess-Kommunikation und -Synchronisation,
- dezentrale Organisation und Durchführung der DÜ (allgemein: eines Energie-, Material- und Informationstransportes) entsprechend der Organisation der Interprozesskommunikation,
- dezentrale Organisation und Durchführung der Rekonfiguration oder eines "Load Balancing",
- dezentrale Organisation einer verteilten Datenhaltung.

Aus den technischen Mitteln und Methoden der Architektur können z. B. folgende zusätzliche Aufgaben entstehen:

- spezielle Signalwandlungen entsprechend dem DÜ-Medium, z. B. elektro - optische Wandlungen bei Glasfasern,
- spezielle Interfaces zum Teilnehmer entsprechend den Teilnehmermöglichkeiten, z. B. DMA, STANAG 4146 oder 4153,
- spezielle Fehlererkennungsverfahren entsprechend den Codierungen,
- automatischer Pegelabgleich je nach Teilnehmerkopplung an die DÜ-Leitungen.

Unter der Annahme, daß die eigentlichen FÜWES-Aufgaben durchführbar sind, wurde für die Struktur eine dezentrale funktionale und lokale Verteilung für ca. 130 Teilnehmer vorgegeben und eine dezentrale Verteilung der Kontrolle gefordert. Die Teilnehmer sind nicht mehr als 300 m voneinander entfernt. Das Umwelt-Szenarium führte für die DÜ grob geschätzt zu einer Nutzdatenlast von 4 bis 5 MBit/s. Eine Prioritätenregelung für mindestens drei Prioritäten wurde gefordert. Die Fa. Siemens AG, München, Abt. FRLs, hat dafür folgendes technische Konzept vorgeschlagen:

1. Jeder Teilnehmer des "Funktionalen Netzwerkes" wird durch einen Interfacerechner (IR) zu einer Datenstation erweitert (Abb. 6).
2. Die Datenstationen werden zu einem lokalen Rechner-Netzwerk durch ein DÜ-Medium verbunden.
3. Das DÜ-Medium besteht aus Glasfasern und optischen Sternkopplern, die zusammen ein verteiltes Sternkoppler-Netzwerk bilden, das logisch einem linearen Bus entspricht (Abb. 7).

Der Interfacerechner ist ein von der Fa. Siemens modifizierter Kommunikations-Computer der Fa. INTEL oder Western Digital Corporation. Das verteilte Sternkoppler-Netzwerk ist eine Entwicklung der Fa. Siemens. Das ganze System wurde "Schiffsintegriertes Fiberoptisches Netzwerk" (SIFONET) getauft.

Der Interfacerechner (IR) zwischen den Teilnehmern und dem gemeinsamen Übertragungsmedium (Bus) befreit die Teilnehmer (Anwendersoftware) von Kommunikationsaufgaben und bietet eine Softwareschnittstelle auf hoher Ebene des ISO/OSI-Modells (Abb. 6).

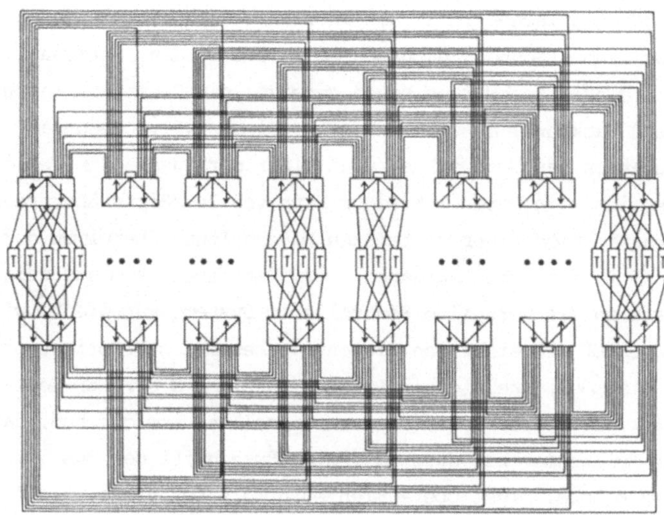

Abb. 7
Distributives Sternkoppler-Netzwerk, logischer Bus,

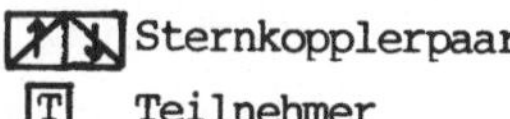
Sternkopplerpaar
T Teilnehmer
— Glasfaser

Für ein CSMA/CD-Protokoll besteht er im wesentlichen aus den Bausteinen des Kommunikations-Computers iSBC186/51 von INTEL [1,3] mit einer verbesserten Prioritätenregel und Kollisionsbehebung und einem bei der Fa. Siemens in Entwicklung befindlichen elektro-optischen Transceiver mit Kollisionsdetektion. Für ein TOKEN-Protokoll besteht er im wesentlichen aus dem Local Network Token Access Controller WD 2840 von Western Digital Corporation [2] und dem elektro-optischen Transceiver von Siemens. Aus Gründen der Kompatibilität zu unterschiedlichen Teilnehmermöglichkeiten sind 3 verschiedene Interfaces vorgesehen:

1. Der IR ist in den Teilnehmer integriert. Die Datenübertragung geschieht durch direkten Zugriff des IR auf einen gemeinsamen Speicher.
2. Der IR ist eine vom Teilnehmer abgesetzte Einheit. Die Datenübertragung geschieht durch eine "Handshaking"-Prozedur über ein serielles Interface, entsprechend STANAG 4153.
3. Der IR ist ebenfalls vom Teilnehmer abgesetzt. Die Datenübertragung geschieht durch eine "Handshaking"-Prozedur über ein paralleles Interface, entsprechend STANAG 4146.

Das Sternkoppler-Netzwerk ist eine Kaskade von Sternkopplern. Die Dezentralisierung der Sternkoppler durch diese Kaskade neutralisiert die Verwundbarkeit dieses sonst zentralen Elements. Die Vorteile des Sternkopplers, die im wesentlichen auf der gleichmäßigen Verteilung eines Signals auf alle Teilnehmer beruhen und zu einer erheblichen Reduzierung der Empfängerdynamik und geringeren Einkoppelverlusten führen, bleiben dabei erhalten [5].

Die relativ geringe Streckendämpfung zwischen den Teilnehmern erlaubt eine absolut passive Übertragung, d. h., es ist auf dem Bus und in den Busanschaltungen keine Signalregenerierung mit "Repeatern" notwendig.
Durch Verdopplung des elektro-optischen Teils des Interface-Rechners können ein oder mehrere parallel arbeitende redundante Busse realisiert werden. Untersuchungen zur Verwundbarkeit dieses Netzwerkes haben gezeigt, daß 2 parallel arbeitende Busse (Steuerbord und Backbord) ausreichend sind. Diese aktive Redundanz erfordert keine Rekonfiguration des Netzwerkes, wenn einer der Busse oder Teile davon ausfallen. Das DÜ-Medium kann Daten mit einer Rate von 34 MBit/s übertragen. Bis auf die dezentrale Organisation einer verteilten Datenhaltung übernimmt der Interfacerechner alle o. a. zusätzlichen Aufgaben. Sein Betriebssystem und sein Network Controller realisieren die verteilte Kontrolle im System. Für die DÜ wird ein CSMA/CD Protokoll von INTEL mit einer von Siemens verbesserten Prioritätenregel angewandt, das durch die Möglichkeit einer Parameterwahl an die FÜWES-Gegebenheiten angepaßt werden kann. Dieser Interfacerechner soll es ermöglichen, daß der an ihn angeschlossene Teilnehmer bei dauernd freiem Buszugriff den Bus mit max. ca. 1 MBit/s belasten könnte. Diese obere Grenze für die Datenrate wird für **einen** Teilnehmer des FÜWES als ausreichend angenommen. Die Probleme, die sich aus einer verteilten Datenhaltung ergeben, sind für wehrtechnishe Anwendungen noch nicht ausreichend untersucht worden.

L I T E R A T U R

[1] Richard T. Davis, Solutions Considered for Future High-Speed Military Bus, Defense Electronics, May 1983, S. 48 ff

[2] 1983 Network Products Handbook der Western Digital Corporation

[3] Intel, The Complete VLSI LAN Solution, Intel Advance Information 82586 Local Communications Controller,

Intel Literature Department
3065 Bowers Ave, Santa Clara
CA 95051, Oct. 1982

[4] G. Patzak, Systemtechnik-Planung komplexer innovativer Systeme Springer Verlag 1982

[5] M. Rohler, Distributed Data Processing Architecture for Future Shipboard Combat Systems, "Electronics for National Security Conference", Sept. 1983, Brussels

MEHRPROZESSORRECHNER

G. Landsberg, H. Meyerhoff

KRUPP ATLAS ELEKTRONIK GMBH, BREMEN

ZUSAMMENFASSUNG

Die Struktur der Hardware und Software des Mehrprozessorrechners MPR 1300 wird beschrieben. Die Vorteile der Struktur aus parallelen, gleichberechtigten Prozessoren, die über vier Busse auf den gemeinsamen Speicher zugreifen, werden diskutiert. Über einige Probleme und ihre Lösungen bezüglich der Organisation der Prozessorvergabe, der Synchronisation, des Interruptverhaltens und der Fehlertoleranz wird berichtet. Der erzielte Durchsatz in Abhängigkeit von der Zahl der Busse und der Prozessoren wird vorgestellt.

1 EINLEITUNG

In der Datenverarbeitung und insbesondere in der Prozeßdatenverarbeitung ist unverkennbar der Trend vorhanden, Rechner mit parallelen Strukturen zu entwickeln und einzusetzen.

Die Gründe dafür sind folgende:

- Es stehen preiswerte Mikroprozessoren mit geeigneter Grundstruktur zur Verfügung, um daraus mit wenig Aufwand hochleistungsfähige Parallelrechner aufzubauen.
- Insbesondere auf dem Gebiet der Prozeßdatenverarbeitung ist die Software durch hohe Parallelität auf Task-Ebene gekennzeichnet, so daß diese Software ideal geeignet ist, die parallele Hardware-Struktur zu nutzen. Das „parallele Aufbrechen" einzelner Algorithmen zum Zwecke der Parallelbearbeitung (Datenflußrechner) mit den damit verbundenen Problemen ist noch nicht erforderlich.
- Eine parallele Struktur mit der darin enthaltenen Redundanz bietet Möglichkeiten für fehlertolerantes Verhalten, eine Eigenschaft, die nicht nur auf dem Gebiet der Prozeßdatenverarbeitung gefordert wird.

Beim Aufbau von Parallelrechnern gibt es zwei Grundstrukturen mit jeweiligen Vor- und Nachteilen, die in der Praxis häufig gemischt verwendet werden:

Grundstruktur I (siehe Abb.)1:

Gleichberechtigte Universalprozessoren benutzen einen gemeinsamen Speicher, auf den sie über einen gemeinsamen Bus zugreifen (Homogene symmetrische Struktur). Jeder Prozessor kann jede Aufgabe (Task) bearbeiten.

Wesentlicher Nachteil:
Bus und Speicher mit dem begrenzten Durchsatz bilden den bekannten „von Neumann"-Engpaß. Die Zahl der sinnvollen parallelen Prozessoren ist stark begrenzt (in der Praxis auf zwei bis maximal vier Prozessoren).

Wesentlicher Vorteil:
Die homogene Struktur bietet die besten Voraussetzungen für fehlertolerantes Verhalten (z. B. keine Umkonfigurierungen bei Ausfall eines Prozessors).

Eine Veränderung der Struktur (z. B. mehr Prozessoren) hat keinen Einfluß auf die auf dem System laufende Anwendersoftware. Bei entsprechender Parallelität der Software ist eine gleichmäßige Auslastung der Prozessoren gewährleistet.

Grundstruktur II (siehe Abb. 2):

Selbständige Rechner (Prozessor mit privatem Speicher) sind über einen Bus gekoppelt. Jeder Rechner bearbeitet festgelegte Aufgaben (festgelegt durch das geladene Programm im Privatspeicher). Der Bus dient lediglich zum Austausch von notwendigen Informationen.

Wesentliche Nachteile:
Bei der Initialisierung des Prozesses muß die Verteilung der Tasks durch das Laden des privaten Speichers bereits festgelegt werden. Eine Festlegung mit dem Ziel einer gleichmäßigen Auslastung der Prozessoren erfordert eine genaue Kenntnis des zeitlichen Ablaufs des gesamten Prozesses. Diese Kenntnis ist auf dem Gebiet der Prozeßdatenverarbeitung mit den Realzeitanforderungen im allgemeinen nicht vorhanden. Eine Änderung der Struktur (z. B. der Einsatz zusätzlicher Prozessoren) ergibt Änderungen der Software.

Wesentliche Vorteile:
Eine Begrenzung der Zahl der Prozessoren ist nur gegeben durch die Parallelität der Software auf Taskebene und evtl. durch den begrenzten Busdurchsatz bei einer großen Zahl von Prozessoren beim Austausch von Informationen und beim Zugriff auf globale Daten eines Prozesses.

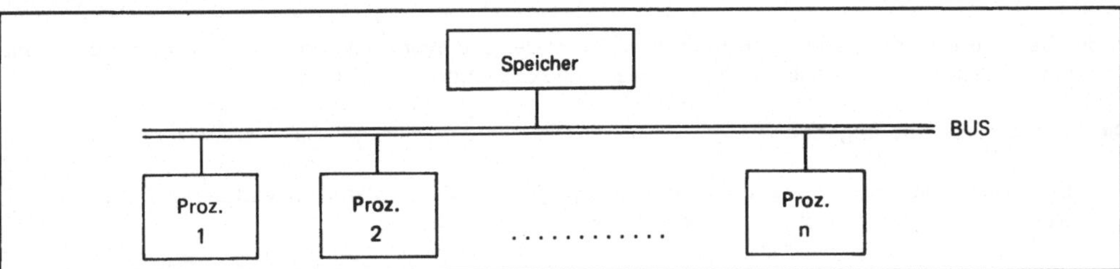

Abb. 1: Grundstruktur I von Parallelrechnern

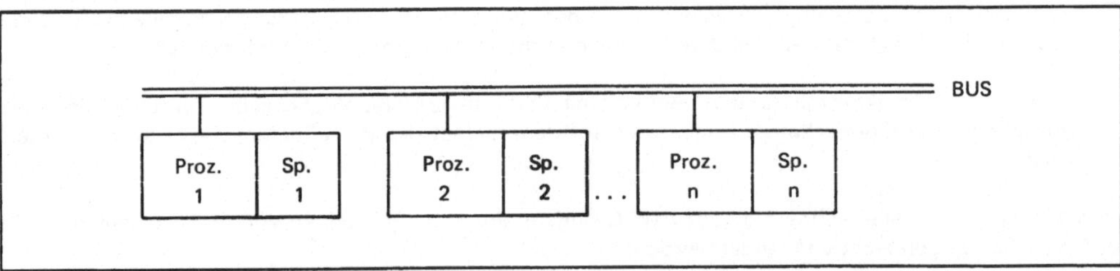

Abb. 2: Grundstruktur II von Parallelrechnern

Bei Krupp Atlas Elektronik wurde ein Mehrprozessor-Prozeßrechner mit dem Namen MPR 1300 entwickelt, der im grundsätzlichen die Grundstruktur I aufweist. Im folgenden Abschnitt wird über die genaue Struktur dieses Rechners berichtet.

2 HARDWARE-STRUKTUR DES MPR 1300

Die Struktur zeigt Abb. 3.

Über vier parallele Busse greifen n parallele, gleichberechtigte Universalprozessoren auf einen gemeinsamen Speicher zu, der aus m Speicherbaugruppen besteht. Die Verbindung zur Peripherie (DMA- und E/A-Verkehr) erfolgt über Kopplungsbaugruppen, die über zwei Busse angeschlossen sind. Die vier Busse und alle Grundbaugruppen im Doppeleuropaformat sind in einem 19"-Einschub untergebracht.

Folgende Grundbaugruppen sind vorhanden:

- Universalprozessor: zwei Baugruppen, 16 Bit-Prozessor, Adreßraum 16 M Byte
- Zentrale Steuerbaugruppe: eine Baugruppe
- 4-Port-Speicher: eine Baugruppe 512 K Worte (16 + 6) Bit
- Zentrale EDC (Error Detection, Correction): eine Baugruppe
- Kopplung: eine Baugruppe

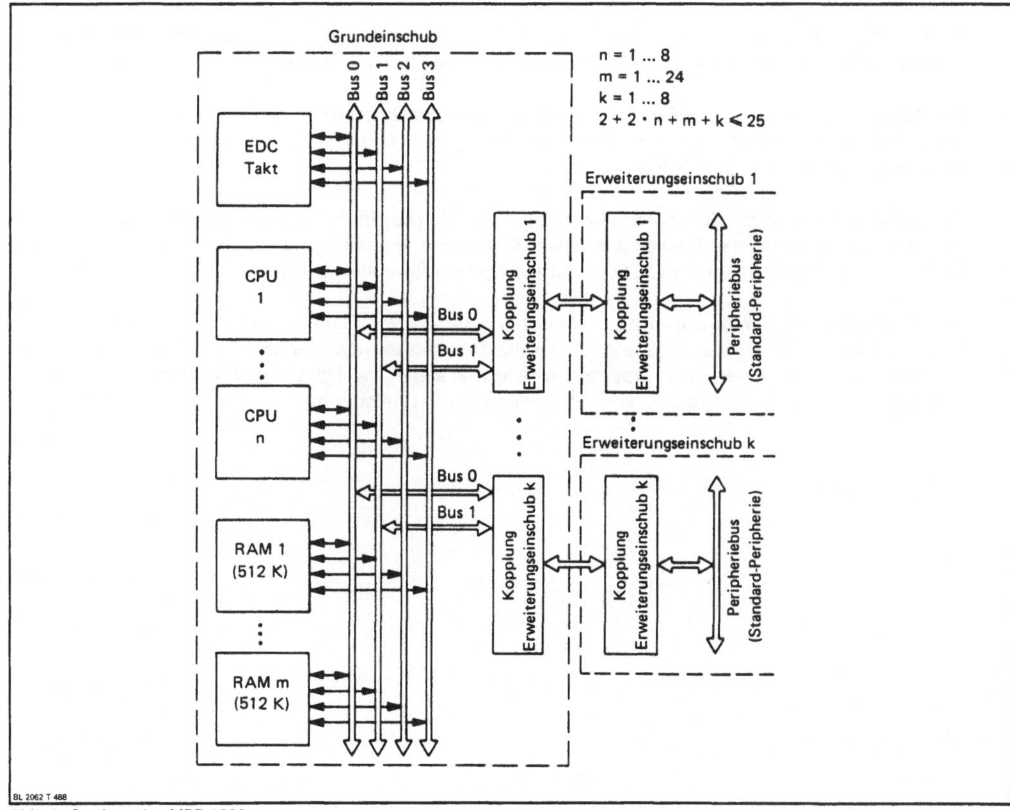

Abb. 3: Struktur des MPR 1300

Speicher, Prozessoren und Kopplungsbaugruppen können in beliebiger Mengenkombination verwendet werden, bis zur Aufnahmegrenze eines 19"-Einschubes (25 Baugruppen). Jeder Prozessor kann über jeden Bus zu jedem Speicher zugreifen.

Eine sinnvolle Konfiguration besteht z. B. aus:

2 Zentralbaugruppen (EDC, Steuerung)
8 Universalprozessoren
5 Speicher (2,5 Mio Worte)
2 Kopplungen zu Peripherieeinschüben.

Die Gründe für den Aufbau in dieser Struktur waren folgende:

- Der MPR 1300 ist für den Einsatz als zentraler Leitrechner in größeren Systemen der Prozeßdatenverarbeitung vorgesehen. Bei dieser Anwendung kann eine hohe Parallelität der Software vorausgesetzt werden (typisch sind 50 bis 200 Tasks). Damit bietet sich eine parallele Hardwarestruktur mit paralleler Verteilung der Software auf Task-Ebene an.

- Die Unabhängigkeit der Software von der Struktur – d. h., von der Zahl der eingesetzten Prozessoren – sollte absolute Priorität haben. Damit kam nur die Grundstruktur I (siehe Abb. 1) in Frage.

  Der MPR 1300 wirkt nach außen wie ein Einprozessorrechner mit „zusteckbarer Leistung" ohne Rückwirkung auf die Software. Bei entsprechender Parallelität der Software (parallele Tasks) sind die Prozessoren immer gleichmäßig ausgelastet.

- Die gewählte Struktur mit den gleichberechtigten und gleichartigen Prozessoren, Speichern, Kopplungen und den vier parallelen Bussen erleichtert ein fehlertolerantes Verhalten. Jede Komponente kann ausfallen, ohne daß eine grundsätzliche Umkonfigurierung notwendig wird.

- Durch die vier parallelen Busse wird der „Flaschenhals" des von-Neumann-Rechners soweit beseitigt, daß mindestens acht Prozessoren sinnvoll parallel arbeiten können. Die Zahl 4 ergab sich weitgehend aus konstruktiven Gründen (beim Doppeleuropaformat stehen zwei 96-polige Stecker für die Busse zur Verfügung) und aus Aufwandsgründen (Prozessoren und Speicher haben jeweils vier Busschnittstellen!).

3 SOFTWARE-STRUKTUR

3.1 Betriebssystem

Als Betriebssystem liegt dem MPR 1300 das auf dem Einprozessor-Rechner EPR 1300 bewährte Realzeitsystem MOS 1300 zugrunde. Anwenderprogramme in META, PEARL und FORTRAN sind auf der Basis der Quellprogramme kompatibel.

Da dieses Betriebssystem bereits 1978 in einer Realzeitsprache (META) geschrieben wurde, war eine Umstellung auf ein Mehrprozessor-System leicht möglich (kein Assembler!).

Alle Synchronisationen erfolgen über Semaphoren, nicht über Prioritäten. Das Betriebssystem besteht aus Tasks, bzw. stellt Monitorschnittstellen zur Verfügung, die von den Anwender-Tasks aufgerufen werden.

Die wesentliche strukturelle Umstellung des Betriebssystems bestand darin, die rechenfähigen Tasks – auch die des Betriebssystems – in der Reihenfolge ihrer Prioritäten nicht auf einen Prozessor, sondern auf n Prozessoren des MPR 1300 zu verteilen.

Das Betriebssystem ist also nicht an einen Prozessor gebunden, sondern läuft verteilt wie alle anderen Task-Systeme ab. Das verkürzt u. a. die Antwortzeiten, wenn mehrere Betriebssystem-Aufträge vorliegen.

Der Kern des Betriebssystems, das Laufzeitpaket der Sprache META sowie Teile von PEARL sind im Mikroprogramm der Prozessoren untergebracht. Dieses bewirkt einerseits eine Geschwindigkeitssteigerung des Betriebssystems und der Sprache PEARL und verringert andererseits die Zugriffe zum Bus (siehe dazu Abschnitt 5).

3.2 Unbegrenzt große Laufbereiche/Datenbereiche

Beim MPR 1300 wird nicht ein ganzes Anwenderprogramm sichtbar gemacht („gemappt"), sondern es wird nur jeweils die gerade benötigte Task mit ihrem Programm-Code und ihren lokalen Datenbereichen im Task-Adreßraum abgebildet. Wird von einer Task ein oder mehrere (auch gestaffelte Unterprogramme; Tasks, Prozeduren) aufgerufen, so wird ihr Programm-Code und lokaler Datenbereich im gleichen Task-Adreßraum sichtbar gemacht. Da dabei der Programm-Code der aufrufenden Task nicht benötigt wird (im Gegensatz zu den lokalen Daten), wird er wieder unsichtbar gemacht. Bei Aufruf von weiteren Unterprogrammen von dem gerade bearbeiteten Unterprogramm wird entsprechend verfahren.

Die lokalen Datenbereiche der Task und der Unterprogramme bleiben immer erhalten. Der Programm-Code der übergeordneten Task bzw. des übergeordneten Unterprogramms (Aufrufer) wird erst wieder sichtbar, wenn zum Aufrufer zurückgekehrt wird.

Große Datenmengen (globale Felder) liegen in Segmenten und belegen nicht den Task-Adreßraum. Die Felder können – im Rahmen des physikalisch vorhandenen Speichers – beliebig groß sein. (Eine Unterteilung in Teilsegmente mit Festlegung von Zugriffsrechten verschiedener Programme ist möglich.) Durch besondere Segment-Adressierungen ist ein Zugriff zu diesen Daten jederzeit möglich.

Durch diese Organisation wird erreicht, daß der Laufbereich/Datenbereich eines Programmsystems (Prozeß) beliebig groß sein kann. Gleichzeitig ist ein hoher Schutz gegen Hand- und Softwarefehler gegeben (siehe Abschnitt 4).

3.3 Organisation der Prozessorzuteilung

Die Prozessorzuteilung wird von der META-Maschine (Mikroprogramm) vorgenommen. Alle auf Prozessorzuteilung wartenden Tasks sind nach ihrer Priorität in eine CPU-Liste einsortiert.

Beim Freiwerden eines Prozessors (die bisherige Task kann z. B. ihre Arbeit nicht fortsetzen, da sie auf ein Ereignis wartet) holt sich dieser aus der CPU-Liste die wichtigste wartende Task heraus und startet sie.

Somit wird sichergestellt, daß immer die z. Z. wichtigsten Tasks bearbeitet werden.

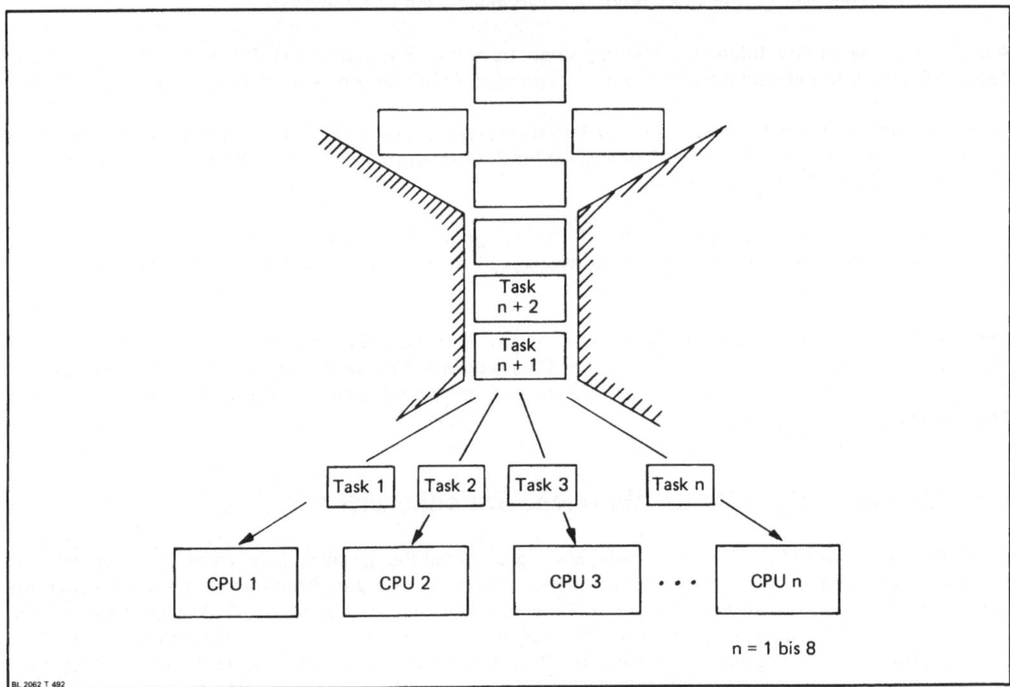

Abb. 4: Zuteilung Task/Prozessor

3.4 Synchronisation

Um den Zugriff auf zentrale Systemlisten abzusichern, wird bei einem Mehrprozessorsystem/Mehrbussystem eine zentrale Verriegelung benötigt. Die Verriegelung wird folgendermaßen realisiert:

Auf der Zentralkarte befindet sich ein Register (Hardware-Semaphore), das den Zustand „besetzt" oder „frei" annehmen kann. Der Freizustand wird über eine Buslinie allen Prozessoren angezeigt. Bei freier Semaphore setzt ein Prozessor über einen OUTPUT die Semaphore in den Besetztzustand. Beim OUTPUT auf eine besetzte Semaphore (gleichzeitiger Zugriff eines anderen Prozessors über einen anderen Bus auf die freie Semaphore) erfolgt ein Buserror.

Erst nach einem erfolgreichen Besetzen der Semaphore darf der Besitzer eine Systemliste verändern. Die logische Verriegelung der Zentrallisten hat den Vorteil, daß eine Verriegelung längere Zeit (kleiner 100 µs) möglich ist, ohne einen Bus längere Zeit zu blockieren. Der Besitzer gibt am Ende seiner Aktion durch Ausgabe einer Null die Hardware-Semaphore wieder frei.

3.5 Interrupt-Bearbeitung

Beim MPR 1300 liegt ein dezentrales Interruptsystem vor. In den Peripherieeinschüben werden die Interrupts durch Interrupt-Multiplexer gesammelt und über sechs Interruptleitungen pro Einschub auf der Koppelkarte zu einem Interrupt verdichtet.

Die acht Interruptleitungen der EU 153-Einschübe werden auf der Zentralkarte zu einem zentralen Interrupt zusammengefaßt (zusätzlich werden noch Zeit- und Alarminterrupts hinzugefügt).

Die zentrale Interruptleitung geht über den Bus an alle Prozessoren, aber nur der Prozessor mit der geringsten derzeitigen Taskpriorität reagiert auf einen Interrupt. Damit wird ein unnötiger Prozessorwechsel von vornherein vermieden.

Durch dieses dreistufige Konzept können direkt ca. 5000 Interrupts (8·6·96) verarbeitet werden.

Der Prozessor, der auf den Interrupt reagiert, setzt den identifizierten Interrupt in ein Semaphore-Release um. Damit ist dem Betriebssystem der Begriff „Interrupt" unbekannt.

Wartet eine Task auf einen Interrupt, so führt sie eine REQUEST auf die der Interruptlinie zugeordneten Semaphore durch.

3.6 Interprozessor-Kommunikation

Um eine Kommunikation zwischen den Prozessoren zu ermöglichen, genügt eine gemeinsame Busleitung, über die jeder Prozessor einen Interrupt absetzen kann (Inter-Prozessor-Interrupt, IPI). Auf jedem Prozessor wird der Interrupt gespeichert und nach Bearbeitung wieder zurückgesetzt.

Die Nachricht wird vor dem Auslösen des IPI in einer Mailbox hinterlegt. Diese Mailbox ist ein Teil des Prozessorkontrollblockes (phys. Speicherseite). Damit sich zwei Nachrichten nicht überschreiben, wird ein IPI (wie alle anderen Realzeit-Operationen) mit der Hardware-Semaphore abgesichert. Eine Nachricht geht im Normalfall von einem Prozessor zu einem anderen Prozessor. Die nicht betroffenen Prozessoren werden zwar auch unterbrochen, finden in ihrer Mailbox keine Nachricht (ein Speicherzugriff) und setzen ihre Task fort. Dieser Umweg dauert nur 3 µs, da er im Mikroprogramm abgewickelt wird.

Somit kann der Hardware-Aufwand für die Inter-Prozessor-Kommunikation gering gehalten werden.

Die wichtigste Nachricht ist die „Inter-Prozessor-Start-Task", diese soll als Beispiel erläutert werden.

Das Mikroprogramm des Prozessors 1 führt folgende Aktionen durch:

- Prozessor 1 arbeitet Task A ab und führt den „RELEASE" einer Semaphore aus (zum Start von Task N).
- Als erstes wird die Hardware-Semaphore belegt (Verriegelung der Systemlisten).

- Die Task N wird aus der Semaphor-Liste ausgekettet.
- Prozessor 1 stellt fest, daß die Task N eine höhere Priorität hat, als die laufende Task B auf Prozessor 3. (Alle laufenden Tasks sind über ihre Prozessorkontrollblöcke in eine sortierte Liste eingefädelt.) Somit kommt die Task N nicht in die CPU-Liste (Liste der wartenden Tasks auf Prozessorzuteilung), sondern muß Task B auf Prozessor 3 verdrängen.
- Prozessor 1 schreibt in die Mailbox 3 (Prozessorkontrollblock 3 = phys. Speicherseite 3) die Option „Inter-Prozessor-Start-Task" (= 2) und in ein weiteres Wort den Taskkontrollblock N.
- Prozessor 1 löst den IPI aus (setzt den eigenen sofort zurück).
- Prozessor 1 setzt die Task A fort.

Prozessor 3 wird unterbrochen (Interrupt am Ende des laufenden Maschinenbefehls). Sein Mikroprogramm führt folgende Aktionen durch:

- Feststellen des IPI und Auslesen der Mailbox
- Einfädeln der Task B in die CPU-Liste
- Freigeben der Hardware-Semaphore, die Prozessor 1 vorher belegt hatte. (Dadurch, daß die Hardware-Semaphore erst jetzt durch Prozessor 3 freigegeben wird, kann kein weiterer Prozessor die Kommunikation der beiden Prozessoren 1 und 3 zum Zwecke des Starts von Task N stören).
- Starten Task N (Register laden, Adreßraum einstellen)

4 FEHLERTOLERANZ

Die Mindestvoraussetzungen für ein fehlertolerantes Verhalten eines Prozeßrechners sind:

- Fehlererkennung
- Eingebaute Redundanz

Die wichtigsten Maßnahmen für die Fehlererkennung im MPR 1300 sind:

- Speicher mit EDC (Error Detection, Correction)
  Für jeden der vier Busse ist auf der zentralen EDC-Baugruppe eine Hardwareeinrichtung, die zwei Bit Speicherfehler erkennt und ein Bit Fehler korrigiert.

Die Funktion der EDC und der Busse wird durch Vergleich des Speicherzugriffs über zwei Busse ständig geprüft.

- Memory Management Einrichtungen auf jedem Prozessor (siehe Abschnitt 3.2) und auf jeder Kopplung (für E/A und DMA-Betrieb):

  - Lassen einen Lesezugriff nur auf den Code der gerade ausgeführten Task bzw. Prozedur zu (im allgemeinen weniger als ein K-Speicherbereich)

  - Lassen einen Lese- und Schreibzugriff nur auf die Daten der eigenen Task zu

  - Lassen einen Schreib- und Lesezugriff einer Peripherie per DMA (Direct Memory Access) nur im vorgesehenen Adreßbereich zu

Damit werden weitgehend alle Fehler (auch Softwarefehler) als Folge aus falschen Adreßberechnungen und Adressierungen erkannt.

- Schutzmechanismen auf der Ebene der Maschinenbefehle, insbesondere der Befehle, die eingebracht wurden zur Unterstützung des Betriebssystems und der Sprache META und PEARL (insgesamt ca. 30 unterschiedliche Fehlerklassen) z. B.:

  - Privilegierte/unprivilegierte/zulässige Befehle

  - Indexüberwachungen bei Feldern

  - Prüfungen bezüglich der Zulässigkeit von Realzeitbefehlen, z. B. Semaphoren außerhalb des zulässigen Bereiches, usw.

- Die gewählte Struktur des MPR 1300 mit den mehrfachen, gleichberechtigten Systemteilen (Prozessoren, Busse, Speicher, E/A- und DMA-Wege) ermöglicht es, nach einer Fehlererkennung und -diagnose die fehlerhafte Systemkomponente durch Softwarebefehle wegzuschalten (z. B. ein fehlerhafter Bus oder Prozessor).

  Der Prozeß kann mit geringen Einschränkungen (graceful degradation) weitergeführt werden. Berechnungen ergeben eine um den Faktor 10 bis 100 geringere Nichtverfügbarkeit im Vergleich zu einem üblichen Einprozessorsystem.

5 DURCHSATZ

Zur Messung des Durchsatzes wurde ein Programmsystem aus n parallelen Tasks erstellt. Es wurden im ersten Ansatz drei verschiedene Typen von Tasks verwendet:

Typ 1: Benchmarkprogramm vorwiegend aus kurzen Befehlen (Bezeichnung: INTEGER).

Typ 2: Benchmarkprogramm vorwiegend aus langen Befehlen (Bezeichnung: FLOAT).

Typ 3: Ein Mix aus Typ 2 und Typ 3 (Bezeichnung: MIXED).

Gemessen wurde der Durchsatz als reziproker Wert der Zeit für die Bearbeitung des Programmsystems, wobei die Zahl der parallelen Tasks gleich der maximalen Zahl der eingesetzten Prozessoren gewählt wurde. (In den z. Z. vorliegenden Messungen maximal sechs Prozessoren.) Die Ergebnisse wurden normiert auf den Wert des Durchsatzes mit einem Prozessor (100 %).

Variiert wurden dabei:

- Die Zahl der Prozessoren
- Die Zahl der verwendeten Busse
- Die Verteilung der Programme auf einen Speicher (Speicherkonflikte!) bzw. gleichmäßig auf sechs Speicherbaugruppen
- Der Typ der Task: I, F, M

Die Tabellen 1, 2 und 3 zeigen die Ergebnisse.

Zahl der Prozessoren		1	2	3	4	5	6
	INTEGER	100	163	195	222	239	249
Programmtyp	MIXED	100	186	270	330	376	412
	FLOAT	100	196	287	366	432	487

Tab. 1: Durchsatz in %, 1 Bus

Zahl der Prozessoren		1	2	3	4	5	6
	INTEGER	100	194	278	350	381	408
Programmtyp	MIXED	100	200	298	395	475	567
	FLOAT	100	200	300	399	495	590

Tab. 2: Durchsatz in %, 4 Busse, Speicherkonflikte

Zahl der Prozessoren		1	2	3	4	5	6
	INTEGER	100	200	300	401	458	520
Programmtyp	MIXED	100	201	301	401	493	584
	FLOAT	100	201	301	401	497	595

Tab. 3: Durchsatz in %, 4 Busse, gleichverteilter Speicher

Folgende Erkenntnisse können kurz zusammengefaßt aus den Daten entnommen werden:

- Mit nur einem Bus können maximal zwei bis drei Prozessoren sinnvoll betrieben werden (Durchsatz bei MIXED: 186 % bis 270 %).
- Mit vier Bussen können weitgehend problemlos sechs bis acht Prozessoren betrieben werden (Durchsatz bei MIXED und sechs Prozessoren 584 %).

ANMERKUNG:
Bei vier Bussen und gleichverteilten Speichern kann der Durchsatz z. B. bei vier Prozessoren über 400 % liegen. Das erklärt sich daraus, daß die Aktivitäten des Betriebssystems von einem auf vier Prozessoren verteilt werden.

Das Bild 4 zeigt als Zusammenfassung den Durchsatz bei vier Bussen in Abhängigkeit von der Zahl der Prozessoren.

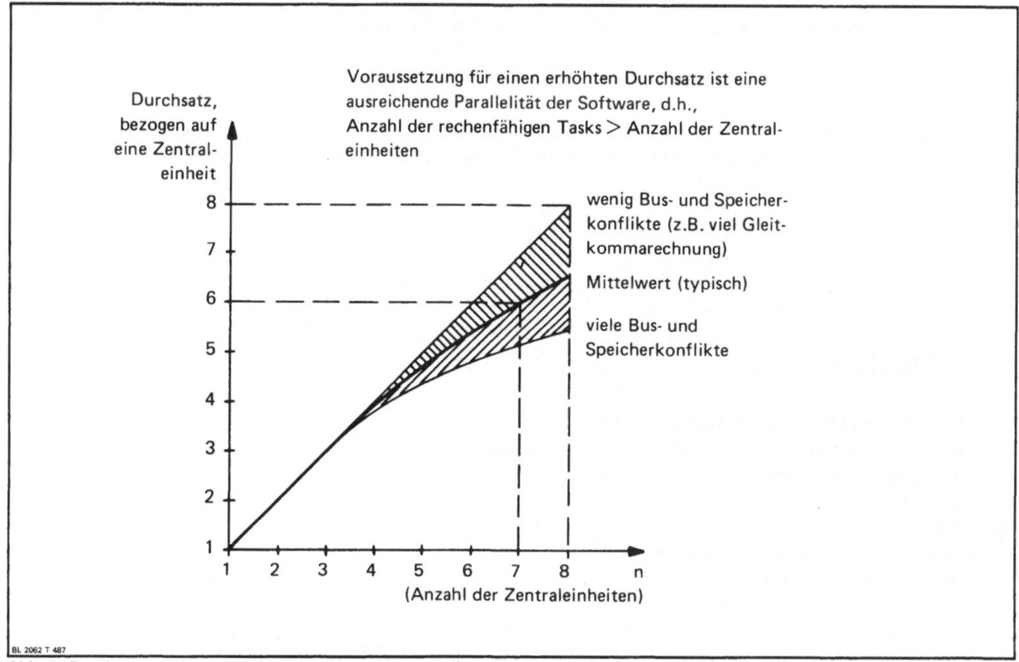

Abb. 5: Durchsatzerhöhung durch „zusteckbare Hardware"

6 AUSBLICK

Die Ergebnisse zeigen, daß eine weitere Erhöhung der Parallelität der Prozessoren nur möglich ist durch eine Verringerung der Bus-Speicherbelastung.

Unter Beibehaltung der für die Software und Fehlertoleranz außerordentlich vorteilhaften Grundstruktur (gleichberechtigte Prozessoren, gemeinsame Speicher) bieten sich dafür folgende Möglichkeiten an:

- Technologische Verbesserungen: Schnellere Speicher, schnellere Busse.

  ANMERKUNG
  Eine technologische Verbesserung in Form von schnelleren Prozessoren würde diesen Effekt jedoch wieder aufheben.

- Strukturelle Verbesserungen durch:

  - Verwendung von einem Befehls-Cache auf jedem Prozessor

  - Verwendung von privaten Speichern

Durch diese strukturellen Verbesserungen könnte evtl. ein Mehrprozessorrechner mit max. 16 Prozessoren sinnvoll werden. Damit sind dann jedoch die Möglichkeiten dieser Struktur erschöpft.

7 LITERATUR

(1) Marktstudie Fehlertoleranzrechner 1983
Fault-tolerant, fail-safe and high availability computers
International Resource Development Inc.

(2) Anderson, T. and P. A. Lee
Fault Tolerance, Principles and Practice.
Prentice/Hall International, 1981

(3) W. Hoffmann, A. Lehmann
Leistungsfähigkeit von Mehrrechnerprozessorsystemen mit IAPX 432-Prozessoren, Kreuzschienenverteiler und Pufferspeichern
Informatik-Fachberichte 78, März 1984, Springer Verlag

Der Serviceprozessor, ein leistungsfähiges Diagnosewerkzeug

R. Reinert/H. Ruppender
Siemens Aktiengesellschaft Karlsruhe, E STE 34

Inhaltsverzeichnis

Zusammenfassung

Für die Rechner der Siemens Systeme 300/6.000, Modellreihen SICOMP/6.680 wurde in Zusammenarbeit mit dem Kernforschungszentrum Karlsruhe, Institut für Datenverarbeitung in der Technik (KfK/IDT), ein Serviceprozessorsystem entwickelt. Dieses aus Hard- und Softwarekomponenten bestehende Diagnosemittel ist für den Einsatz in den Entwicklungs-/Servicezentren und im Feld geeignet. Es ist weitgehend von der zu diagnostizierenden Anlage entkoppelt. Die wesentlichen Eigenschaften sind eine hardwaremäßige, unverzögerte Ereignisanalyse und eine zeitgleiche, selektive Diagnosedatenerfassung in einen Mithörpuffer. Ein Mikroprozessor auf der Anschaltung ermöglicht die Kombination der Basisfunktionen, eine Datenvorauswertung und die Datenerfassung per Software. Auf dem selbständigen Serviceprozessor steht ein umfangreiches aufgabenbezogenes Softwarepaket zur Parametrierung und zur Auswertung der Diagnosedaten zur Verfügung.

1. Entwicklung der Software-Systemdiagnose

Die Softwareentwicklung in den Bereichen der Automatisierung und der Mittleren Datentechnik war in den letzten Jahren durch eine hohe Innovationsrate, den Trend zu komplexen Branchensystemen und neue Einsatzgebiete gekennzeichnet. Ferner wurde von den Rechnersystemen eine höhere Verfügbarkeit gefordert. Als Konsequenz dieser Entwicklung benötigte der Softwareservice neue Werkzeuge und Methoden. Für die Software-Fehlerdiagnose in den Siemens Systemen 300/6.000, Modellreihen SICOMP/6.680, wurde deshalb u.a. das Serviceprozessorsystem entwickelt.

2. Ziele und Anforderungen

Das Serviceprozessorsystem soll für die Software-Fehlerdiagnose im Feld und in den Entwicklungs- bzw. Wartungszentren eingesetzt werden. Es muß daher sowohl von den Entwicklungsspezialisten als auch vom Service-Fachpersonal im Außendienst eingesetzt werden können. Dies setzt auf die verschiedenen Benutzergruppen abgestimmte Funktions- und Leistungsstufen sowie eine entsprechend angepaßte Bedienoberfläche voraus. Für den angestrebten Feldeinsatz muß das System jederzeit in die Benutzeranlagen integriert werden können.

Die Funktionen sollen das Erfassen der fehlerrelevanten Zustandsparameter in Abhängigkeit von wählbaren Ereignissen unter realen Betriebsbedingungen, die Post-mortem-Analyse und Tuning-Maßnahmen ermöglichen.

Die wesentlichsten Forderungen sind, daß kein unmittelbarer Eingriff in das zu untersuchende System (Testling) erfolgen soll und das Systemverhalten funktionell und zeitlich wenig beeinflußt wird.

3. Grundstruktur des Serviceprozessorsystems

Aufgrund der Anforderungen wurde die Struktur gemäß Bild 1 realisiert.

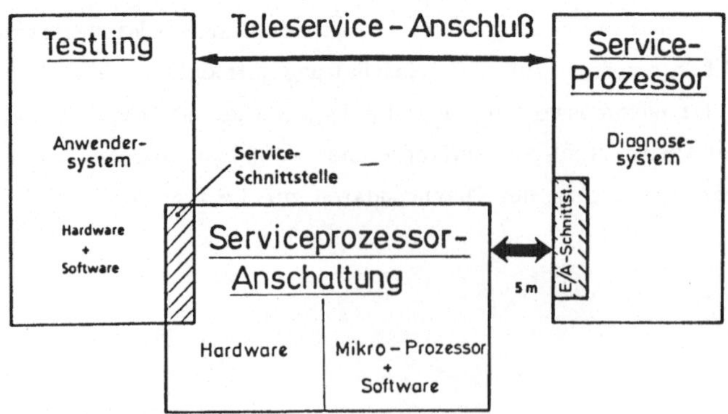

Bild 1: Struktur des Serviceprozessorsystems

Die Hauptkomponenten sind:

- o Serviceprozessorschnittstelle im Testling
- o Serviceprozessoranschaltung
- o Serviceprozessor

Jede Zentraleinheit der Rechnersysteme 300/6.000 besitzt standardmäßig die Serviceschnittstelle. An diese sind der Systembus und alle wichtigen internen Signalleitungen herangeführt. Dies erlaubt der Serviceprozessoranschaltung den verzögerungsfreien Zugriff zu den Daten im Testling.

Die Serviceprozessoranschaltung, eine Sandwich-Baugruppe im dreifachen Europaformat, wird unmittelbar an diese Schnittstelle gesteckt. Die Flachbaugruppe enthält die umfangreiche Funktionshardware und einen 16-Bit-Mikroprozessor mit 32 K*Byte EPROM und 32 K*Byte RAM. Im Betriebssystem des Serviceprozessors ist ein eigener Treiber mit den üblichen Transferfunktionen vorhanden.

Der Serviceprozessor - mit einer Zentraleinheit 01/03 der Systeme 300/6.000 und dem Betriebssystem AMBOSS 4 - enthält das Software-Diagnosepaket. Die Bedienoberfläche von AMBOSS 4 gestattet den Dialog über Menüs, Formulare und Prozeduren.

Der Testling kann vom Serviceprozessorterminal über den Standard-Teleserviceanschluß direkt bedient werden. Über den integrierten, jedoch funktionell unabhängigen Teleservicemonitor im Serviceprozessor kann das System fernbedient werden. Hierbei ist **eine** Teleserviceverbindung zwischen Servicezentrale und Serviceprozessor ausreichend, da der Teleservicemonitor Kommandos an den Testling über die oben erwähnte Standardverbindung weiterleiten kann.

Die Serviceprozessoranschaltung kann auch ohne eigenständigen Serviceprozessor gemäß Bild 2 eingesetzt werden. Sie ist in dieser Betriebsart direkt über die Serviceschnittstelle auf den Testling rückgekoppelt. Dieser enthält dann das Software-Diagnosepaket zusätzlich und übernimmt somit die Funktionen eines virtuellen Serviceprozessors. Leistungseinschränkungen sind in dieser Betriebsart bei Funktionen, die ein arbeitsfähiges Betriebssystem voraussetzen oder unverzögert ablaufen müssen, jedoch nicht zu vermeiden.

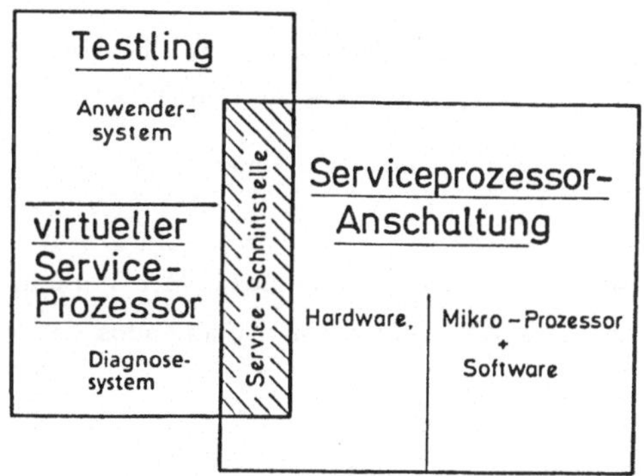

Bild 2: Struktur des virtuellen Serviceprozessors im Testling

4. Funktionen

Systemdiagnose ist das Feststellen der Merkmale eines Fehlerzustandes. Dabei handelt es sich darum, die Ereignisse im Fehlerumfeld zu rekonstruieren, die zugehörigen Zustandsparameter zu ermitteln und daraus Zustandsaussagen abzuleiten. Die hierzu erforderlichen Maßnahmen setzen reale Betriebsbedingungen voraus. Daraus ergeben sich die allgemeinen Funktionen eines Diagnosesystems:

- o Parametrieren des Systems auf das Eintreffen eines erwarteten Ereignisses und für das Erfassen der gewünschten Beschreibungsdaten
- o Erkennen des Eintreffens eines Ereignisses
- o Selektives, unverzögertes Erfassen der zugehörigen Beschreibungsdaten (Zustandsparameter) vor, nach oder zwischen einem bzw. zwei Ereignis(sen)
- o Kombinieren der Ereignisse und Zustandsparameter zu Zustandsaussagen
- o Ausführen von Aktionen abhängig von Ereignissen und Zuständen
- o Aufbereiten und Protokollieren der Diagnoseergebnisse

4.1. Funktionen der Serviceprozessoranschaltung

Die Serviceprozessoranschaltung führt alle zeitkritischen und hardwarebezogenen Aufgaben über die Grundfunktionen aus. Diese werden softwaremäßig im Mikroprozessor ausgeführt und basieren auf den elementaren Hardwarefunktionen. Sie sind z.T. als Basisfunktionen realisiert und dann im Festspeicherbereich hinterlegt. Es ist grundsätzlich möglich, sie aufgabenspezifisch zu ergänzen bzw. bei Bedarf während des Betriebs (in den RAM-Bereich) nachzuladen. Grundfunktionen gibt es u.a. zum Parametrieren der Hardware, zur Kommunikation mit dem Serviceprozessor, zum Lesen aus dem Testling und zur Vorauswertung von Zustandsdaten. Die Grundfunktionen orientieren sich in ihren Aufgaben und ihrer Struktur hauptsächlich an den spezifischen Diagnosefällen, während die Hardwarefunktionen zwangsläufig nach der Struktur der Rechnersysteme 300/6.000, Modellreihen SICOMP 6.680 ausgelegt sein müssen.

Die Hardwarefunktionen der Serviceprozessoranschaltung bestimmen die grundsätzliche Leistungsfähigkeit des Serviceprozessorsystems. Sie sind zu unterscheiden in:

- o strukturbedingte Steuer- und Kommunikationsfunktionen
- o Diagnosefunktionen

Zur ersten Gruppe gehören die I/O-Koordinierung, der DMA-Verkehr, die Auswertung der Signale RESET/TERMINATE und die Übernahme von Kommandos der virtuellen Konsole.

Die Diagnosefunktionen werden unterteilt in:

- o das Erwarten von Ereignissen im Testling
- o das Reagieren auf die Ereignisse im Testling

Die Serviceprozessoranschaltung wird auf folgende Ereignisse im Testling parametriert:

- o Adreßgleichheit (Adreßvergleicher)
- o Aktivieren/Deaktivieren eines ausgewählten Programms
- o Ausführung eines Testbefehls
- o Ebenen- und Prozeßwechsel durch die Hardware

Die verschiedenen Ereignisse können - soweit logisch sinnvoll - gleichzeitig (oder-verknüpft) erwartet werden. Die Ausführung eines Testbefehls kann ebenenspezifisch (und-oder-verknüpft) überprüft werden.

Beim Eintreffen eines Ereignisses sind folgende Reaktionen möglich:

- o Mitschreiben des aktuellen Datums auf dem Systembus (Befehle, Operanden)
- o Ein-/Ausschalten des selektiven Bustrace
- o Anhalten des Testlings und Aktivieren des Mikroprozessors
- o Aktivieren des Mikroprozessors ohne Anhalten des Testlings

Reaktionen / Ereignisse	einmaliges Mitschreiben des aktuellen Datums	Bustrace ein-/ausschalten	Anhalten des Testlings und Aktivieren des Mikroprozessors	Aktivieren des Mikroprozessors ohne Anhalten des Testlings	Fortsetzen des Testlings
Adressgleichheit	x	x	x	x	-
aktivieren/ inaktivieren ausgewähltes Programm	x	x	x	x	-
Testbefehl	(x) Sonderfall: es wird die Kennung "Testpunkt" eingetragen	-	x	-	-
Ebenen- und Prozeßwechsel (Hardware)	x	-	-	-	-
Überlauf des Mithörpuffers	-	x	x	-	-
durch die Mikroprozessorsoftware abgeleitetes Ereignis	(x) Software-Eintrag	x	x	x	x

Bild 3: Zuordnung Reaktionen zu Ereignissen

Neben den unmittelbaren Diagnoseereignissen im Testling kann die Serviceprozessoranschaltung noch selbsttätig die mittelbaren Ereignisse (s. Tabelle)

- o Überlauf des Mithörpuffers
- o softwareabgeleitetes Ereignis

erzeugen. Als zusätzliche Software-Reaktion ist das Fortsetzen des Testlings möglich.

Zur Ausführung der angeführten Funktionen verfügt die Serviceprozessoranschaltung über folgende Einrichtungen:

o Schnittstelle zum Testling
Die Serviceschnittstelle ist eine erweiterte I/O-Schnittstelle. Sie besitzt Anschlüsse für die diagnoserelevanten Statussignale des Testlings und der notwendigen Steuersignale. Der Datentransfer erfolgt über diese Schnittstelle per DMA.

o Schnittstelle zum Serviceprozessor
Sie ist eine Standard-I/O Schnittstelle. Die Serviceprozessoranschaltung verhält sich gegenüber dem Serviceprozessor wie ein Standardperipheriegerät mit eigenem Prozessor (Geräteklasse 3). Der Datentransfer erfolgt ebenfalls per DMA.

o Mithörpuffer
Das verzögerungsfreie Erfassen der Diagnosedaten erfolgt über einen 4 K* großen Mithörpuffer mit einer Wortbreite von 64 Bit. Je Eintrag wird ein Wort geschrieben und enthält folgende Informationen:

  o aktuelle Adresse auf dem Systembus (22 Bit)
  o zugeordnetes Datum (16 Bit)
  o relative Zeitmarke (16 Bit, Auflösung 10 µ-Sekunden)
  o Zusatzinformation (10 Bit) zur Kennzeichnung

Ereignisgesteuert (s. Bild 3) kann ein einmaliges Mitschreiben der aktuellen Businformation und/oder ein Bustrace erfolgen. Die Datenmenge kann beim Bustrace durch 16 Selektionskriterien eingeschränkt werden (Beispiel: Nur DMA-Verkehr der Peripherie).

Der Mithörpuffer kann als Umlaufpuffer oder Linearpuffer parametriert werden.

o Schnittstelle Hardware - Mikroprozessor
Die Schnittstelle zwischen Hardware und Mikroprozessor ist ein Hardwareregistersatz im Adreßbereich des Prozessors ("memory mapping"). Dazu gehören u.a. die Register für die nichtmaskierbaren Interrupts und die DMA-Transfersteuerung.

o Adreßvergleicher
Die Überwachung des Speicher- und I/O-Adreßraumes des Testlings kann mittels vier Adreßvergleichern erfolgen. Es kann auf eine einzelne Adresse, einen 64- oder 64-K*-Wort-Adreßraum kontrolliert werden. Die Adreßräume liegen im 64- bzw. 4-K*-Raster.

Als Zusatzbedingung kann noch die Transferrichtung lesend und/oder schreibend vorgegeben werden.

Die vier Adreßvergleicher sind logisch unabhängig und können gleichzeitig aktiv sein.

- o Testbefehlslogik
  Wird ein Testbefehl (Hardwarebefehl) im Testling durchlaufen, erzeugt dies ein Signal an die Serviceschnittstelle. Die Serviceprozessoranschaltung reagiert darauf - evtl. ebenenspezifisch (s. Bild 3) - indem sie den Testling anhält, den Mikroprozessor aktiviert und einen speziellen Eintrag in den Mithörpuffer durchführt. Anhand der Testpunktinformation und einem zugeordneten Parameterblock wird softwaremäßig die gewünschte Reaktion ausgeführt und der Testling fortgesetzt.

- o Programmspezifische Bearbeitung
  Der Testling kann das Aktivieren bzw. das Deaktivieren **eines** ausgewählten Programmes durch die Hardware an die Serviceprozessorschnittstelle melden. Damit ist eine programmspezifische Diagnose möglich.

- o Ebenen- und Prozeßwechselkontrollen
  Die Serviceprozessoranschaltung kann alle Hardware-Ebenen- und Prozeßwechsel des Testlings registrieren. Sie führt einen entsprechenden Eintrag in den Mithörpuffer durch. Mit diesen Funktionen kann das grundsätzliche Ablauf- und Zeitverhalten eines Programmsystems unter ausgewählten Bedingungen ermittelt werden.

- o Mikroprozessor
  Der Mikroprozessor ist eine CPU des SICOMP 20/30. Er hat daher die gleiche Struktur und den gleichen Grundbefehlsvorrat wie der Testling und der Serviceprozessor.

- o Virtuelle Konsol-Bearbeitung
  Die Bedienung der Serviceprozessoranschaltung kann für einige Basisfunktionen über die virtuelle Konsole des Testlings erfolgen. So kann ohne Serviceprozessor und bei einem völlig gestörten Betriebssystem im Testling eine eingeschränkte Diagnose durchgeführt werden.

- o Zeitzähler
  Der Relativzeitzähler hat eine Auflösung von 10 µ-Sekunden. Er erlaubt, Ablaufzeiten im Testling zu erfassen.

4.2. Funktionen des Serviceprozessors

Im Serviceprozessor läuft das Software-Diagnosepaket als Anwendersystem ab. Es gliedert sich in den Koordinierungsteil und die Diagnoseprogramme.

Der Koordinierungsteil übernimmt die Initialisierung, die Grundbedienung - wie z.B. Anfangszustand herstellen - und die Steuerung der Diagnoseprogramme; diese umfassen die Ablaufverfolgung mit Systemdatenerfassung und die Dialogdiagnose.

4.2.1. Ablaufverfolgung mit Systemdatenerfassung

Die Ablaufverfolgung erlaubt ereignisgesteuert das zeitgleiche Erfassen ausgeführter Funktionen des Gesamtsystems und/oder eines ausgewählten Teilsystems. Die Gesamtsystemerfassung registriert alle hardwaregesteuerten Ebenen- und Programmwechsel; für ein Teilsystem können aus einer vorgegebenen Gesamtmenge bestimmte Funktionen zur Erfassung ausgewählt werden. Betriebssystem-Teilsysteme, für die eine solche Erfassung möglich ist, sind u.a.:

- o das Organisationsprogramm
- o das Datenverwaltungssystem
- o das Bediensystem von AMBOSS 4
- o die Netzsoftware SINEC

Funktionen, die auf diese Weise im Organisationsprogramm überwacht werden können, sind:

- o Aufrufe
- o Programmwechsel
- o Platzwechsel
- o Aufruf der Standardschnittstellen (z.B. für Fehler)
- o Gerätetransfer

Das Mitschreiben der Information erfolgt in den Systemprogrammen. Um den dadurch bedingten System-over-head möglichst gering zu halten, werden nur die minimal notwendigen Daten übergeben. Mittels der Ablaufverfolgung können Programm- und Funktionsverschachtelungen während eines ereignisabhängigen Erfassungsintervalls im Rechnersystem ermittelt werden. Da dabei auch die Zeit mit einer Genauigkeit von 10 µ-Sekunden erfaßt wird, ist das Verfahren auch für Zeitmessungen bzw. Tuning-Maßnahmen geeignet. Je nachdem, ob es sich um unmittelbare Hardwareereignisse oder abgeleitete Softwareereignisse handelt, tritt beim Eintreffen des Ereignisses keine bzw. eine geringe Zeitverzögerung auf. Ein-/Ausschaltereignisse können beispielsweise sein:

- o Zeitpunkt/Zeitdauer
- o Programmablauf
- o Testpunkt/Adreßvergleicher
- o Systemfehler
- o Überlauf des Mithörpuffers

Während das unverzögerte Erfassungsintervall durch die Länge des Mithörpuffers begrenzt ist, ist die Gesamtzeitdauer der Überwachung praktisch nur durch das verfügbare Speichervolumen des Serviceprozessors begrenzt.

Die Systemdatenerfassung ist eine Ergänzung der Ablaufverfolgung. Da in vielen Fällen die übergebenen Standarddaten einer Funktion für die Diagnose nicht ausreichen, kann diese durch die Systemdatenerfassung funktionsspezifisch ergänzt werden. Funktionen und gewünschte Daten sind durch den Benutzer parametrierbar. Da in der Regel die Daten im Testling erst ermittelt werden müssen, tritt an den ausgewählten Stellen eine Zeitbeeinflussung des Gesamtsystems auf.

Die Parametrierung der Ablaufverfolgung bzw. der Systemdatenerfassung erfolgt durch den Benutzer anhand von Auswahlmenüs und vorgelegten Formularen am Terminal. Die erfaßten Daten können protokolliert und/oder in Form von Diagrammen ausgegeben werden.

4.2.2. Dialogdiagnose

Die Dialogdiagnose gestattet dem Benutzer, alle Funktionen der Serviceprozessoranschaltung bzw. des Serviceprozessorsystems fallspezifisch zu kombinieren. Ebenso ist es möglich, Serviceprozessorprogramme im Dialog zu programmieren. Durch die freie Kombinierbarkeit und die schrittweise Diagnose im Dialog ergibt sich eine Vielzahl individueller Diagnoseabläufe. Dennoch ist durch eine gute Bedienoberfläche das Handling relativ einfach.

5. Anwendungsbeispiel

Das Ablaufverhalten eines Programmsystems soll innerhalb eines Intervalls erfaßt und dokumentiert werden. Es sind alle Hardware-Ebenen- bzw. Prozeßwechsel sowie alle abgegebenen Aufrufe an das Betriebssystem unter realen Zeitbedingungen zu registrieren. Die Überwachung soll außerdem Aussagen über das Zeitverhalten des Systems in der kontrollierten Phase liefern. Das Einschalt- und das Ausschaltereignis zur Begrenzung des Intervalls ist jeweils ein definierter ausgeführter Befehl (definierte Adresse) im Betriebssystem. Der Benutzer hat folgende Parametrierungsschritte am Terminal des Serviceprozessors auszuführen:

- o Auswahl der Grundfunktion
  Wegen der Erfassung unter realen Zeitbedingungen muß im vorgelegten Menü die Grundfunktion "Ablaufverfolgung" ausgewählt werden.

- o Auswahl der Systemkomponente
  Da alle Aufrufe an das Betriebssystem registriert werden müssen, ist im Folgemenü die Systemkomponente "Organisationsprogramm" anzugeben.

- o Vorgabe der zu überwachenden Einzelfunktionen
  Im Beispiel interessieren die Funktionen "Prozeßwechsel", "Aufrufe" und "Programmwechsel". Die Auswahl erfolgt über ein "vorgelegtes" Formular.

- o Definieren des Überwachungsintervalls
  Das Überwachungsintervall wird durch das Parametrieren zweier Adreßvergleicher auf die vorgegebenen Befehlsadressen als Ein-/Ausschaltkriterien vorgegeben.

- o Vorwahl von Art und Form der Auswertung
  Es wird ein Gesamtprotokoll (kein Auszug) mit Ausgabe der Differenzzeiten gewählt. Die Ausgabe in Diagrammform soll unterbleiben.

Ergebnis:

Bild 4 zeigt einen Ausschnitt aus dem Ergebnisprotokoll dieses Beispiels:

SPAS-ABLAUFPROTOKOLL 1984.03.05 14:39 Seite 1

Ende der Erfassung: 1984.03.05 14:38 56.7"
Erfassungszeitraum: 7.528 sec

Befehl AEOOH ($RUFORG)

CONT: Fortsetzung (Continue)

Zeile	Level /PR-Nummer -Name	CPU-Zeit ms	Ursache			
1	3/... ORG					
2	14/ 61-PASTM2	25.11	CONT	R1:25456	....	....
3	3/.... ORG	4.37	RPZ STAUAL	DRUA0.0	R1:23777	R7:1234
4	12/ 25-XXX5	3.97	CONT	R1:6755	....	....
5	3/.... ORG	5.34	IR	PLSK 25.O	....	....
			IR	DRUA0.0	....	....
6	12/ 25-XXX5	5.93	CONT	R1:972	....	....
7	3/.... ORG	3.09	RPZ KOOR-	"AB"	R1:1267	R7:156
8	14/ 61-PASTM2	6.22	CONT	R1:23777	....	....
9	3/.... ORG	2.16	RPZ BEDIEN		R1:10654	R7:567
10	idle	26.72	idle	....	....	....

:

Ende Ablaufprotokoll

Bild 4: Ergebnisprotokoll einer Ablaufverfolgung

Das Protokoll enthält die jeweils tätige Hardware-Ebene (Level), die darauf abgelaufenen Programme (Nummer, Name) - einschließlich der CPU-Zeitdifferenz - und die Ursachen des Wechsels. Als weitere Information enthält es u.a. die ausgeführten Aufrufe an das Betriebssystem mit der Angabe des Ortes (Register 1 = Adresse des Aufrufs im Programm, Register 7 = Adresse des zugehörigen Parameterblocks).

Die integrierte Lösung für den Leitstand - das Bildrechnersystem der 80er Jahre

D. Schneeloch
INTERATOM
Internationale Atomreaktorbau GmbH
Bergisch Gladbach 1 (Bensberg)

ZUSAMMENFASSUNG

Es wird ein System zur Visualisierung von Anlagenzuständen vorgestellt, das im Zuge eines Lieferauftrags für das KKW-Kalkar völlig neu entwickelt wurde. Die wesentlichen Komponenten des Systems werden zudem in den im Bau befindlichen Kernkraftwerken sowie in den Konvoi-Projekten der Kraftwerk Union eingesetzt.
Die Modularität des Systems genügt höchsten ebenso wie weniger hohen Anforderungen, zugeschnitten auf die jeweilige leittechnische Aufgabe. Die enorme Prozessorleistung erlaubt den Ausbau eines kompletten Rechnersystems, das Betriebssystem und die von ihm unterstützten Hochsprachen erlauben, die gesamte Systemsoftware in diesem System zu implementieren.

1. ZIELSETZUNG

Eine Aufgabe der betrieblichen Leittechnik ist, dem Leitstandspersonal Überblicks- und Detailinformationen über den Anlagenzustand zur Verfügung zu stellen. Die Informationen sollen dazu beitragen, aktuelle betriebliche Normal- und Störzustände zu beurteilen, um Maßnahmen - falls erforderlich - vorzunehmen bzw. veranlassen zu können.
Die Bedeutung der Information für die zu lösende Aufgabe bestimmt weitgehend den Einsatz der verschiedenen Informationsmittel in den Leitständen. Die optimierende Anpassung an die durch den zu führenden Prozeß gegebenen Aufgaben ist heute nur durch Rechnersysteme möglich. Bildrechnersysteme haben deshalb zentrale Bedeutung für die künftige Leitstandsausrüstung im Kraftwerks- und Anlagenbau sowie in anderen technischen Prozessen.
Das Bildschirmgerät bildet hierbei die technische Nahtstelle des Mensch - Maschine - Systems. Die "menschliche Nahtstelle" ist bestimmt durch Art, Umfang und Ablauf der aktuellen Arbeiten des Bedieners und dabei abhängig von den aktuellen physischen und psychischen Belastungen. Diese Randbedingungen beinhalten auch das Problem, daß das Leitstandspersonal über lange Zeiten kaum gefordert wird, bei Unregelmäßigkeiten dagegen plötzlich und in kurzer Zeit umfangreiche und qualifizierte Arbeiten ausführen soll.

Ziel der daraus entstehenden Wünsche nach Bediener-Unterstützung ist die Anpassung des Bildschirmsystems an die Aufgaben sowie an die Eigenschaften und Fähigkeiten des Bedieners, um eine gute Verträglichkeit des Mensch - Maschine - Systems i. S. eines gut organisierten Dialogs zu erreichen.

Die für die Entwicklung des Bildrechnersystems maßgebenden daraus resultierenden Einzelziele waren, höchsten, aber auch weniger hohen Anforderungen zu genügen, zugeschnitten auf die jeweilige Anwendung.
Die <u>Bildgestaltung</u> sollte unterstützt werden durch

. frei konfigurierbare Großbildformate, deren Inhalt flimmerfrei angezeigt und punktweise verschoben werden kann
. Betonung der Punktgrafikeigenschaften; auch die Anwendung von Symbolgrafik sollte weiterhin möglich sein
. frei wählbare und individuell einstellbare Farben
. diverse Blinkfunktionen

Die <u>Bildbedienung</u> sollte unterstützt werden durch

. Rechnerintelligenz auf der untersten Bedienungsebene

dadurch sollte erreicht werden

. prozeßorientierte, nicht rechnerorientierte Bedienerführung, also kein Dialogsystem wie mit den bekannten ASCII-Tastaturen
. leichte Anpaßbarkeit an kundenspezifische Bedienstrategien
. Einsparung von Kabel- und Platzbedarf
. Anschluß an mehrere Rechner und andere Einrichtungen

Die <u>Bilderstellung</u> sollte unterstützt werden durch

. benutzerfreundliche Hilfsmittel der Hard- und Software; dazu sollten keine Programmierkenntnisse erforderlich sein

Die <u>Reaktionszeit</u> zwischen Bildanwahl und Anzeige des fertigen Bildes und die Bildaktualisierungszeit sollten typisch 1 Sekunde nicht überschreiten.
Weitere Merkmale des Systems sollten sein

. der modulare Aufbau
. die Verwendung leistungsstarker, weltweit eingeführter, moderner Standards in Hard- und Software,

wodurch anwendungsorientierte Anpassung sowie hohe Zuverlässigkeit und damit eine breite Anwenderakzeptanz erreicht werden kann.
Die drei Komponenten, die zu einem System integriert, aber auch autark verwendet werden können, sind

. das Dynamische Video-Display-System DYNAVIS[R]
. die Bildrechnersoftware BRS
. das Intelligente Bediensystem IBS

Sie werden im folgenden näher behandelt.

2. SYSTEMBESCHREIBUNG

2.1 Dynamisches Video-Display-System DYNAVIS^R
(eingetragenes Warenzeichen der Firma Dr. Seufert GmbH)

Das DYNAVIS^R-System ist ein mit neuester Hardware aufgebautes, multiprozessorfähiges Display-System für prozeßtechnische Anwendung. Basis ist die 68000-Linie von MOTOROLA.
Aufgrund der modernen Hardware-Architektur dieses Systems ist es möglich, komplexere Aufgaben wie das Reduzieren, Verarbeiten und Darstellen von Prozeßdaten in einem Gerät zu verwirklichen.
Die Software-Architektur ist konsequent in Schalenstruktur aufgebaut. Kern des Software-Systems ist ein Real-Zeit-Betriebssystem mit Multiuser- und Multitasking-Eigeschaften. Die Anwender-Programmierung kann in maschinennahe Sprachen oder PASCAL und FORTRAN ausgeführt werden. Dem Anwender werden leistungsfähige Werkzeuge zur Verfügung gestellt, wie
- Excape-Sequenzen-Interpreter
- Methoden-Interpreter

Im DYNAVIS^R-System sind Raster- und Punktgrafik gleich stark ausgeprägt. Somit lassen sich sowohl punktgrafische wie preiswerte rein rastergrafische Anwendungen denken.

Das im DYNAVIS^R-benutzte Betriebssystem VERSADOS* (eingetragenes Warenzeichen von MOTOROLA) läßt es zu, jedes DYNAVIS^R-System zum Programm- und Methoden-Entwicklungssystem auszubauen.
Weiter steht zum ergonomisch guten Konstruieren ein leistungsstarker interaktiver Bildeditor zur Verfügung.

Systemaufbau

Die Architektur des DYNAVIS^R-Systems baut konsequent auf der Verwendung moderner standardisierter Bussysteme auf.

. VME-BUS (IEC SC 47 B)
Der zentrale Datentransport wird über dieses leistungsfähige, als Industriestandard bekannte Bussystem abgewickelt.
16/32 bit Datenformat
24/32 bit Adreßformat
20 MByte/s Daten-Transferrate
Multiprozessorfähigkeit
DIN-Steckverbinder (Anordnung nach Europakartennorm)

. IEC-BUS (IEEE 488)

Dieses byte-prallele Bussystem dient zur schnellen Datenkommunikation mit den zugeordneten Host-Rechnern oder Peripheriegeräten.

300 KByte/S Datentransferrate

IEC-Controller bei fast allen Rechnerherstellern als Standard vorhanden

Genormte Anschlußkabel und Protokolle ermöglichen problemlosen Anschluß an beliebige Host-Rechner

. SASI-BUS (SCSI)

Dieser Bus ermöglicht den Anschluß von Massenspeichern wie Floppy, Winchester, Hard-Disk- oder Streamer.

Standardisierter Anschluß

sowohl hard- als auch softwaremäßig

Einfache Busankopplung über einen SASI-Adapter

SASI-Controller und Speicherpheripherie von zahlreichen Herstellern verfügbar

. VIDEO-Schnittstelle

Die Verwendung standardisierter Schnittstellen ist bis hin zur VIDEO-Schnittstelle fortgeführt. Folgende genormte Videofrequenzen stehen zur Verfügung:

312 Zeilen/Bild 50 Bilder/s

262 Zeilen/Bild 60 Bilder/s

367 Zeilen/Bild 60 Bilder/s

437 Zeilen/Bild 50 Bilder/s

Außer diesen genormten Werten sind andere möglich.

Die aufgeführten BUS-Systeme gestatten einen modularen Gesamtaufbau, unterteilt in folgende Baugruppen:

Prozessor- und Verarbeitungseinheiten

I/O-Einheiten

VIDEO-Einheiten

Jede dieser Baugruppen ist entsprechend der gewünschten Systemleistung konfigurierbar. Dabei sind die einzelnen Einheiten durch die folgenden Leistungsmerkmale gekennzeichnet:

Beispiel einer DYNAVIS^{R}-Konfiguration

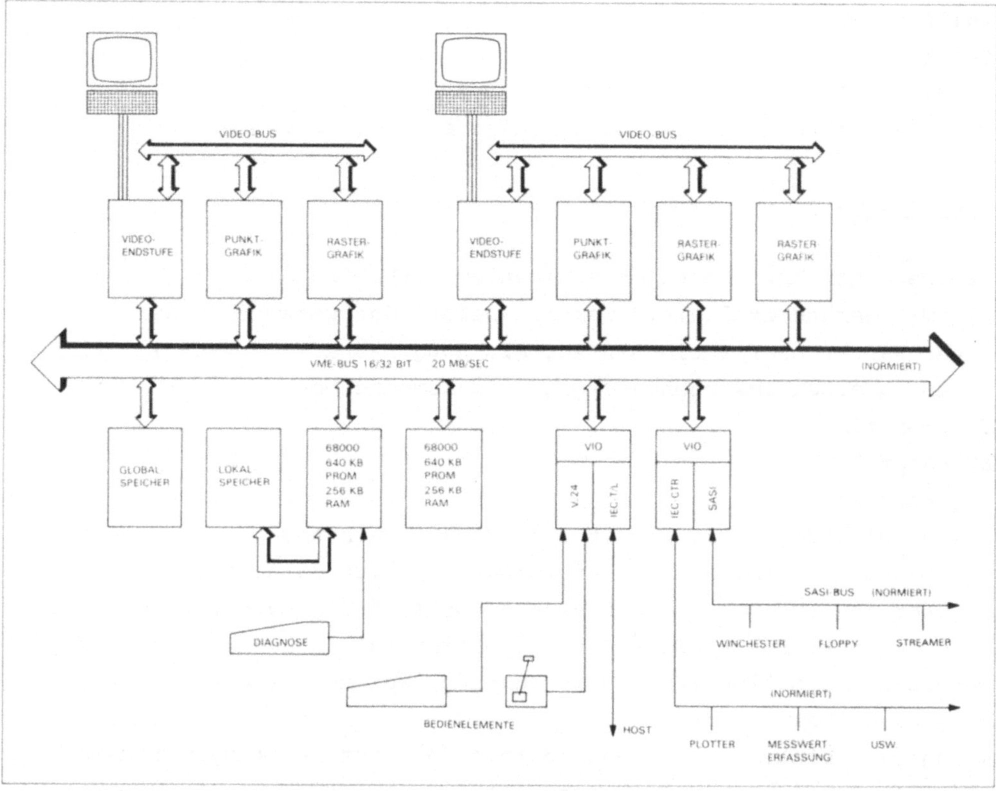

Prozessor- und Verarbeitungseinheiten

Basierend auf der 68000-Linie steht hier ein leistungsfähiges 16/32-Bit-Prozessorpotential zur Verfügung. Der Grundausbau beinhaltet den Prozessor 68000 mit 256 KByte RAM und bis zu 640 KByte ROM in einfacher oder Multiprozessoranordnung. Für gesteigerte Arbeitsleistungen lassen sich Floating Point Coprozessor , MMU sowie die Prozessoreinheiten 68010 bzw. 68020 (32 Bit) benutzen.
Ein schneller Hardware-Vector-Generator rundet das Leistungspotential im Hinblick auf hohe Pixel-Verarbeitungsgeschwindigkeit ab.

I/O-Einheiten

Die verfügbaren I/O-Einheiten bieten ebenfalls ein breites Leistungsspektrum. Ein I/O-Grundmodul führt dabei die Anpassung diverser Submoduln an den VME-Bus durch. Dieser Grundmodul enthält DMA sowie Vektorinterrupt und kann bis zu zwei Submoduln aufnehmen. Diese Submoduln übernehmen den I/O-spezifischen Verkehr mit der Umwelt bzw. Peripherie:

Serieller Submodul
Paralleler Submodul
IEC Submodul
SASI Submodul
Teilweise enthalten diese Submoduln eigene I/O-Prozessoren.

VIDEO-Einheiten

Entsprechend den Anforderungen an modular ausbaufähige Anzeigesysteme können hiermit Geräte realisiert werden, welche das gesamte Spektrum von einfacher Raster-Grafik bis hin zur Mischung Raster/Punkt-Grafik umfassen. Die Videoeinheiten bestehen aus den drei Komponenten

RASTER-Grafik-Ebene
PUNKT-Grafik-Ebene
VIDEO-Endstufe

Diese sind einerseits direkt mit dem VME-BUS verbunden, andererseits mit den VIDEO-BUS. Die (Prozessor-)Adressierung aller Bildelemente erfolgt direkt über den VME-Bus, so daß eine schnelle Änderung der Bilddarstellung möglich ist. Der VIDEO-Bus transportiert die Bildpunkte samt zugehöriger Farbinformation zur VIDEO-Endstufe, welche die Wandlung zum Norm-Videosignal übernimmt.
Zusammengefaßt bieten die Videoeinheiten folgende Leistungsmerkmale:

. Konfigurierbarer RASTER-Grafikspeicher
  64 K Rasterelemente
  z. B. 32 Bilder umfassende Großbilddarstellung bei 7 x 9 Rastermatrixgröße und 288 x 448 Bildpunkten
. Variable Matrixgröße der Rasterelemente
  Raster 5 x 5 bis 16 x 16
. 8 Zeichensätze zu 96 Zeichen gleichzeitig verfügbar
. Assoziativer Attributenspeicher
. PUNKT-Grafikgspeicher
  1024 x 512 Bildpunkte x 8 Bit Tiefe (6 Bit Farbe, 2 Bit Blinken)
. Bis zu 4 Fensterbereiche in jedem Speichertyp
  Die Fensterbereiche sind unabhängig verschiebbar
. 64 Farben = 1 Farbsatz (auswählbar aus 262144 Farben)
. 8 Farbsätze permanent speicherbar
. Diverse Blinkattribute (extern synchronisierbar)
. Bis zu 8 Ebenen beliebig aus RASTER- und PUNKT-Grafikspeicherebenen konfigurierbar
. Einstellung aller gängigen VIDEO-Normen bis 15 MHz Bandbreite
  Einstellung von 60 Vollbildern/s zur flimmerfreien Darstellung
. Soft-scrolling in allen Richtungen

Das Spektrum wird abgerundet durch

- Low-Cost-Version
  Punktgrafik, Rastergrafik und Video-Endstufe auf einer Platine
- Hochauflösendes DYNAVIS^R
  600 x 800 Bildpunkte, 40 MHz

Beide Varianten sind software-kompatibel zu dem vorher dargestellten System.

Read-out System DYNAVIS^R-R

Um die zeitintensiven Aufgaben bei Bildrechnersystemen - Konvertierungen und Formatierungen - aus dem Host-Rechner auf die Peripherie zu verlegen, wurde DYNAVIS^R-R mit der Möglichkeit ausgestattet, umfangreiche Programme, die entweder fertig gebunden vorliegen oder während der Bildlaufzeit geladen werden, aufzunehmen. Dadurch ist die Intelligenz des DYNAVIS^R-R gemäß den jeweiligen Anforderungen anpaßbar.
Zur Bildladezeit werden alle Bildbestandteile - außer den aktuellen Prozeßwerten - geladen. Letztere werden als Rohdaten zur Aktualisierung zum DYNAVIS^R-R gesendet und mit den geladenen Methoden aufbereitet und zur Anzeige gebracht.

Entwicklungssystem DYNAVIS^R-E

Mit diesem System kann Anwendersoftware entwickelt werden, die entweder im 68000-Assembler, in PASCAL oder in FORTRAN 77 formuliert wird. Speziell für das Bildrechnersystem ist die Menge der utilities um einen Bildeditor und einen Methodeneditor erweitert worden, um Methoden zur Darstellung von Prozeßvariablen in Prozeßabläufen zu bearbeiten. Methoden können je nach der Festlegung der Schnittstelle für elementare Formatierungen oder für komplexe Berechnungen in einem Bild oder einer Reihe von Bildern implementiert werden.
Die entwickelten Methoden können zusammen mit den generierten Bildern in der realen Umgebung des read-out-Systems DYNAVIS^R-R getestet werden. Debugger und Simulationsprogramme unterstützen den Weg jeder Methode von der Codierung über die Fehlerfreiheit bis zum Tuning.
Fertige Methoden können in PROM geschossen und in das DYNAVIS^R-R integriert werden.

Software-Architektur

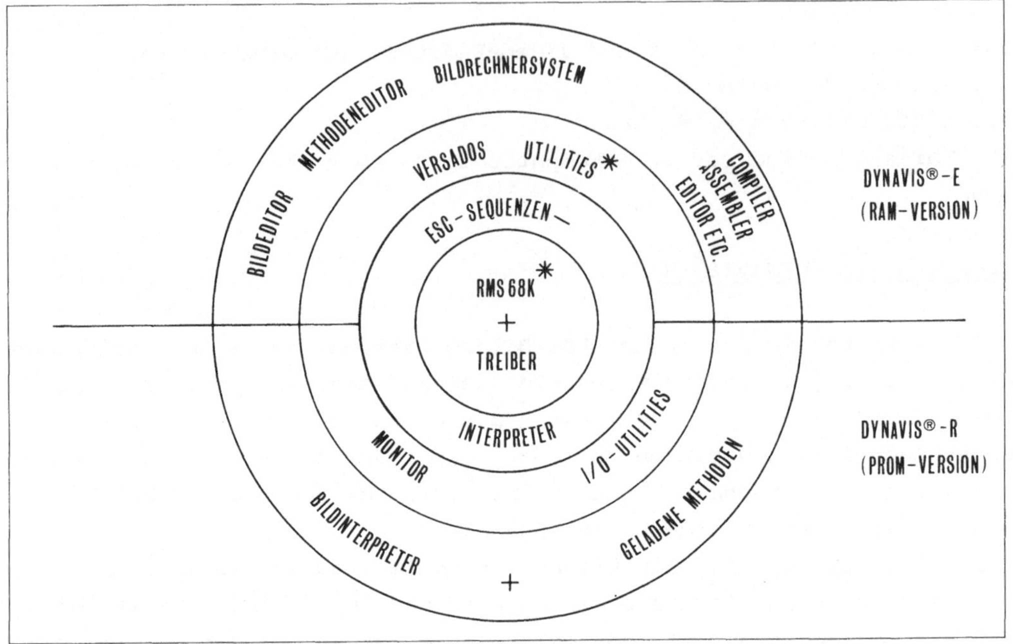

2.2 Bildrechnersoftware BRS

Die Bildrechnersoftware dient der Verwaltung und Aktualisierung von prozeßbezogenen Bildern. Sie ist weitgehend in FORTRAN 77 implementiert.
In der Bildrechnersoftware sind Moduln zusammengefaßt, die die Verwaltung von Bildern, die Bildanzeige, Bildbedienung, die Datenversorgung der angezeigten Bilder und eine Erfassung von Prozeßdaten über längere Zeiträume durchführen. Dabei können jeweils mehrere Bildkanäle und mehrere Bedienplätze bearbeitet werden.
Alle Bilder werden in einer Bildbank zusammengefaßt, die außer einem Dateisystem auch ein Datenbanksystem enthält, in dem das Prozeßmodell für die Anwendung, in der die Bilder verwendet werden, gespeichert ist.
Die Bilder enthalten alle zur Laufzeit erforderlichen Angaben sowohl im statischen Bild als auch in der Beschreibung der Dynamisierung durch aktuelle Meßdaten. Dadurch sind die Bilder autonom im DYNAVIS®-R und erfordern nur die für das Bild zutreffenden aktuellen Prozeßdaten und Angaben über die Bildbedienung.
Die nachfolgende Figur zeigt die wesentlichen Moduln; das sind

- statistische Datenerfassung von Meßwerten über längere Zeiträume
- Prozeßmodellverwaltung für prozeßkonsistente Änderungen
- Tastaturbearbeitung zur Überprüfung der syntaktischen Korrektheit der Bedienungen sowie zur Veranlassung von Bildladen und -aktualisieren

- Prozeßsimulation zum statischen und dynamischen Testen der konstruierten Bilder
- Datenselektion der für einen Kanal aktuell erforderlichen Daten
- Bildverwaltung

BRS-Architektur

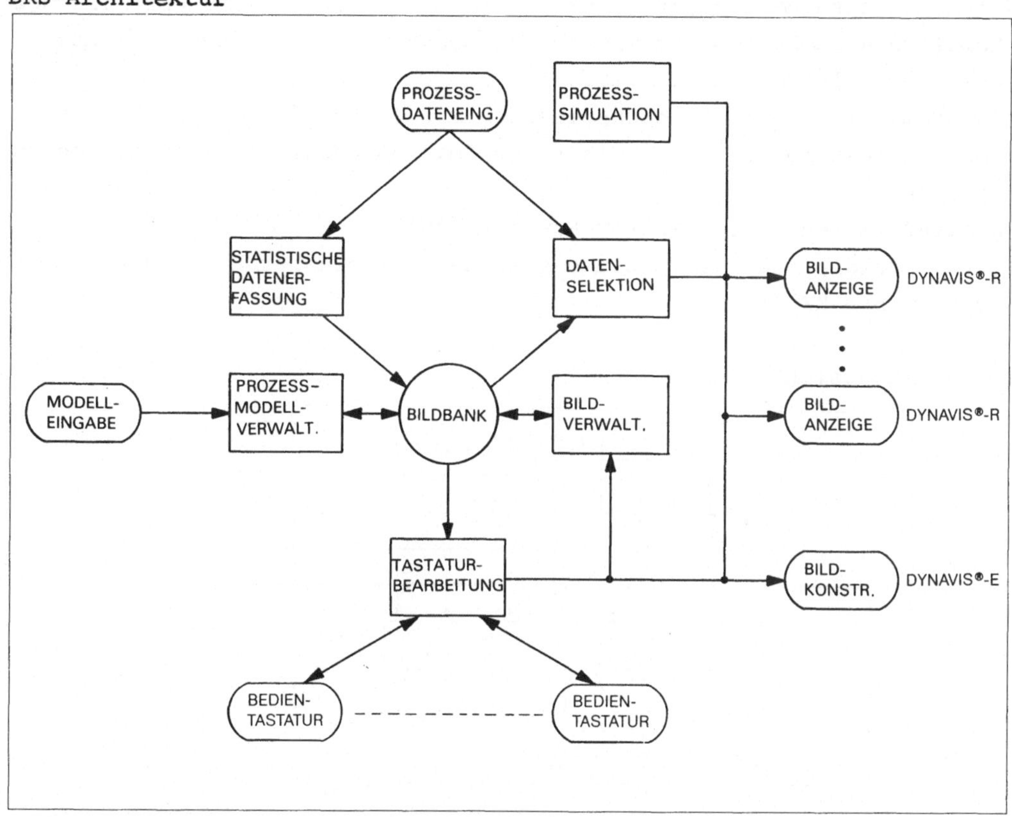

Einige technische Daten zum Abschluß dieses Kapitels:

- Umfang der Bildrechnersoftware:	500 KByte
- Bildgrößen:	typisch 10 - 20 KByte
- Prozeßvariablen pro Bild:	typisch 250
- Bildladezeit:	Abhängig vom Bildinhalt - typisch 1 s
- Bildaktualisierung:	Abhängig von Anzahl und Umfang der Methoden - typisch 1 s
- Bildbedienzeit:	< 1 s

2.3 Intelligentes Bediensystem IBS

Dem Einsatz funktionsgerechter Bedienelemente in den Leitständen von Industrieanlagen wird zunehmend Aufmerksamkeit gewidmet.

Jeder Bedienplatz ist den prozeßtechnischen Gegebenheiten entsprechend und nach ergonomischen Richtlinien aufzubauen.
Die herkömmlichen parallel und seriell arbeitenden Funktionstastaturen genügen den heutigen Anforderungen an Mensch - Maschine - Systeme nicht mehr.
Das intelligente Bediensystem IBS verbindet die erfahrenen Vorteile der herkömmlichen Techniken wie Taster und Leuchtmelder mit den systembedingten Vorteilen der Rechnertechnik.
Der Systemaufbau geht aus nachstehender Figur hervor. Das System ist

- prozessorgesteuert; daher leicht anpaßbar an kundenspezifische Bedienaufgaben
- kabelreduzierend durch Matrix-Rangiermodul
- rastermodular; alle Bedienelemente sind frei plazierbar in die SIEMENS-Kompaktwarte KW 48

IBS-Systemübersicht

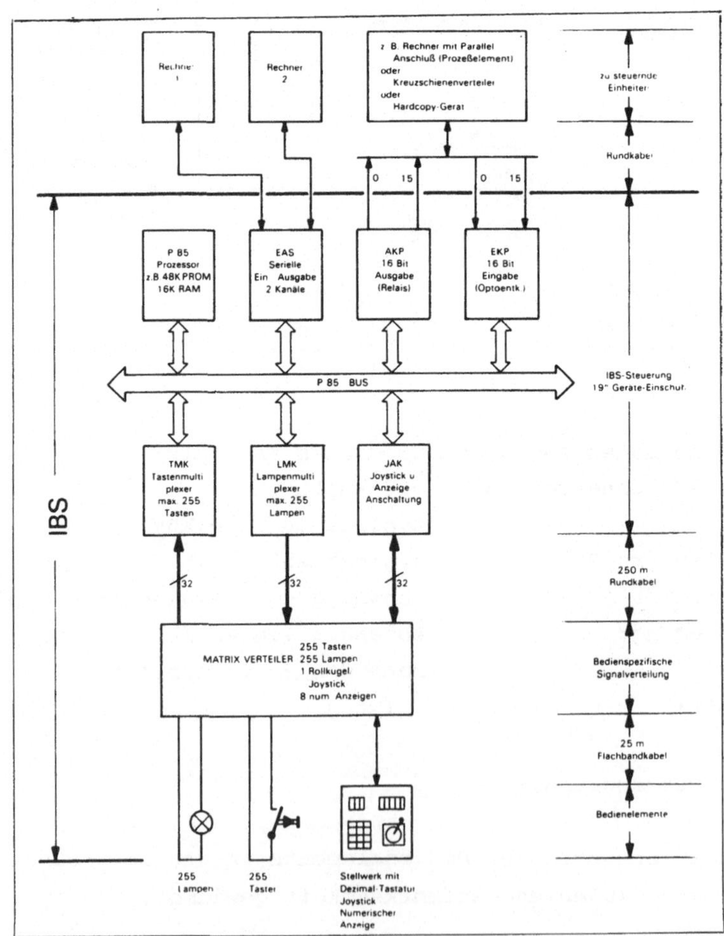

LISA - ein modern konzipiertes Labordatenauswertungs- und Informationssystem

Wilhelm Rüttgers, IBAT-AOP GmbH & Co. KG, Essen

LISA ist ein Labordatenauswertungs- und Informationssystem für die Analytik, das nach den modernen Ansprüchen an ein Informationssystem konzipiert ist. Als Grundlage für eine hohe Flexibilität und Benutzerfreundlichkeit ist die relationale Datenbank ORACLE in das Anwendungssystem integriert. Durch den Betrieb als Doppelrechnersystem ist eine hohe Verfügbarkeit gewährleistet.

Der Einsatz des DV-Systems zur Unterstützung der Labor-Analytik erhöht die Qualität von Analysenergebnissen, gewinnt weitere Erkenntnisse analytischer Zusammenhänge und führt zu einer erheblichen Rationalisierung der formalisierbaren Laborarbeiten.

1. Einführung

LISA ist ein rechnergestütztes Labordatenauswertungs- und Informationssystem für die Analytik. Es wird bei der VEBA OEL AG und der RUHROEL GmbH Gelsenkirchen in den Raffinerien Scholven und Horst zur Unterstützung der Laboranalytik, insbesondere bei ihren administrativen Aufgaben, eingesetzt.

Ziel dieses Projektes sind die erhöhte Qualität von Analysenergebnissen, neue Erkenntnisse analytischer Zusammenhänge und vor allem eine erhebliche Rationalisierung der Arbeitsabläufe.

2. Aufgaben des Labordatenauswertungs- und Informationssystems Analytik

Bild 1 zeigt die Einordnung der Labors und den Ablauf der Laborkommunikation zu den Betriebsbereichen Produktion, Produktionsplanung, Verfahrenstechnik und Anlagenplanung.

Das weitgestreute Aufgabenfeld der Laboranalytik reicht von der routinemäßigen Betriebsanalytik zur Kontrolle der Produktspezifikationen und zur Prüfung der geeigneten Anlagenfahrweise bis hin zur analytischen Begleitung von Forschungsaufgaben und die Fortschreibung des technisch-wissenschaftlichen Standes der Analytik.

Die Aufgaben des Labordatenauswertungs- und Informationssystems LISA umfassen die Unterstützung der analytischen Arbeitsabläufe von der Probenahme bis zur Langzeitspeicherung von Analysenberichten:

- Durchführung der Routineanalytik nach Routineprobenplänen
- Kontrolle der Probenahmen auf Terminverzug
- Organisation des Probenlaufs durch die Analytik bei Probeteilung und Bearbeitung durch verschiedene Labors
- Dokumentation der begleitenden Daten zu allen eingehenden Proben
- Bereitstellen einheitlicher Umrechnungsalgorithmen für die analytischen Auswertungen, Berechnung der Analysenwerte und Überprüfung der Analysenwerte auf vorgegebene betriebliche Grenzwerte
- Erstellen von Analysescheinen mit den zusammengefaßten Analysenergebnissen einer Probe

- Abrechnung der einzelnen Laborleistungen nach Aufwand
- Langzeitspeicherung von freigegebenen Analyseergebnissen auf dem Zentralrechner und Abfrage von Informationen über gespeicherte Analysenergebnisse
- Unterstützung der Projektorganisation und Abrechnung von Forschungsprojekten und bei Sonderanalytik

3. Anforderungen an das System LISA

3.1 Unterstützungsleistungen

Die Leistungsanforderungen an ein komfortables DV-Arbeitsmittel für die Laboranalytik ergeben sich entsprechend den beschriebenen Aufgabenstellungen bei der Unterstützung von formalisierbaren Arbeitsabläufen im Labor, der Unterstützung in organisatorischen Bereichen und bei verwaltungsbezogenen Arbeiten sowie bei den allgemeinen Informationsleistungen.

Zu den formalisierbaren Arbeitsabläufen gehören die Probenregistrierung, die Auftragserstellung für Analysen und deren Rohwertbearbeitung und die Gestaltung von Analysenberichten.

Eine Unterstützung im organisatorischen Bereich erfolgt bei den Probenahmeplänen und den Routineanalyseplänen, bei der Arbeits- und Auftragsübersicht und bei der Verteilung der Analysenberichte.

An verwaltungsbezogenen Arbeiten werden die Kostenerfassung, die Kontenführung und die Abrechnung mit LISA vereinfacht.

Als allgemeine Informationsleistungen sind die zentrale Dokumentation, der Abruf von Daten nach verschiedenen Sach- und Sortierkriterien und die statistische Auswertung der Analysenergebnisse unterstützt.

3.2 Allgemeine Anforderungen an Hardware und Software

Um eine optimale Nutzung des Systems LISA zu erzielen, waren bei der Realisierung folgende Aspekte zu berücksichtigen:

- Hohe Benutzerfreundlichkeit durch weitgehendst einheitliche, von Organisation, Labor und Aufgaben unabhängige Bearbeitungsschemata und Bedienung.
- Verbesserung der Informationsmöglichkeiten durch schnellen und komfortablen Datenzugriff für Planungs- und Auswertungsaufgaben.
- Vollständige Dienstleistungsverwaltung im Laborbereich
- Datenkonsistenz, Datensicherheit und Datenschutz
- Hohe Verfügbarkeit des Systems

4. EDV-technische Konzeption

4.1 Hardwarekonfiguration

Wegen der erforderlichen hohen Verfügbarkeit des DV-Systems sind zwei Rechner des Typs DEC VAX 11/750 eingesetzt, die über DEC-net gekoppelt sind. Die beiden Rechner sind mit 4 bzw. 2 MByte Hauptspeicher und gleichen Externspeichern ausgestattet.

Es ist jeweils eine Platteneinheit RM80 mit 124 MB (Festplatte) und eine RK07 mit 28 MB (Wechselplatte) installiert (Bild 2).

Verteilt auf beide Rechner sind ca. 40 Datenendgeräte der dezentralen Analytik der Raffinerien Scholven und Horst mit 12 Labors in 5 Gebäuden angeschlossen. Mit Ausbau der Geräteautomation werden zu einem späteren Zeitpunkt Analysengeräte für die automatische Erfassung von Analysenwerten direkt an das System LISA angeschlossen.

4.2 Softwarekonfiguration

4.2.1 Standardsoftware

Konsequent wurde soviel Standardsoftware wie möglich eingesetzt, um auch Software-seitig eine hohe Verfügbarkeit zu erreichen. Zusätzlich wird die Wartung und Anpassungsfähigkeit der Individualsoftware erleichtert und eine hohe Lebensdauer des Systems sichergestellt.

Die eingesetzte Systemsoftware sind das VAX-Betriebssystem VMS mit dem Record Management System RMS, die Netzwerksoftware DEC-net, das Forms Management System FMS und die Programmiersprache FORTRAN 77.

Dazu kommen für die Dokumentation das Textformatierungssystem DSR (Digital Standard Runoff), der Struktogrammgenerator NASSI von IBAT und als Grundstein für die Anwendungssoftware die Datenbank ORACLE (Bild 3).

4.2.2 Datenbank ORACLE

Die Anwendungssoftware baut auf einer relationalen Datenbank auf. Gründe für den Einsatz einer Datenbank waren die Forderungen nach komfortablem Datenzugriff, der Datensicherheit und des Datenschutzes sowie der hohen Verfügbarkeit des Gesamtsystems. Zusätzlich konnten so der Projektabwicklungszeitraum und das Projektrisiko erheblich verringert werden.

Entscheidend für den Einsatz der relationalen Datenbank ORACLE waren die für ein flexibles Informationssystem erforderliche hohe Änderungsfreundlichkeit und die komfortable Abfragesprache SQL der Datenbank ORACLE.

4.2.3 Anwendungssoftware

An zusätzlicher Individualsoftware waren über 50 Dialogprogramme zur Pflege der Stammdaten und zur Verarbeitung der Bewegungsdaten zu erstellen und die Organisation von Druckaufträgen auch über die Rechnerkopplung.

Die Verwaltung des Systems einschließlich des Doppelrechnerbetriebes erfolgt über interpretativ ablaufende Kommandoprozeduren.

4.3 Doppelrechnerbetrieb

Im Normalbetrieb des Doppelrechnersystems arbeitet ein Rechner als "MASTER" mit der aktuellen Datenbank, dem der zweite als "SLAVE"-Rechner untergeordnet ist. Die Last der Anwendungen ist auf beide Rechner verteilt (Bild 2). Die Dialog- und Druckprogramme des "SLAVE"-Rechners arbeiten dabei über DEC-net auf die aktuelle Datenbank des "MASTER"-Rechners.

Beim Ausfall von Rechnerkomponenten kann durch automatische oder gezielte Systemumschaltung ein entsprechender Notbetrieb auf einem der beiden Rechner oder auch auf beiden vom Operator on-line konfiguriert werden. Überhaupt ist ein Operator in der Regel nur beim Umschalten auf Notbetrieb oder Rückfahren in Normalbetrieb des Systems erforderlich.

5. Aufbau des Anwendungssystems mit integrierter Datenbank

5.1 Allgemeines zum Aufbau des Systems

Das LISA-Anwendungssystem besteht im wesentlichen aus den Dialogprogrammen und den aus den Transaktionen heraus angestoßenen Verarbeitungsprogrammen für die folgenden Bereiche:

- Stammdatenpflege
- Probenahme / Registrierung
- Analytik
- Veröffentlichung
- Abrechnung
- Allgemeine Transaktionen

Dazu kommen die als Kommandoprozeduren realisierten Programme der Systemverwaltung, die außerhalb des Dialogsystems nur einem privilegierten Operator zugänglich ist.

Nach Eingabe eines zulässigen Benutzernamens und Passworts wird das Dialogsystem mit dem Grundbild und der Anzeige des aktuellen Zustands des Doppelrechnersystems aktiviert. Durch Auswahl aus dem Menü kann nun jede Transaktion des Dialogsystems unmittelbar durchgeführt werden. Die Berechtigung zur Anwahl einer Transaktion selbst ist dabei ebenso wie zur Anzeige, Änderung, Druckausgabe oder Freigabe von Daten in den Stammdaten des Systems vermerkt. Diese Berechtigungen werden von einem privilegierten LISA-Systempfleger verwaltet.

Alle innerhalb des Dialogs auftretenden Fehler führen entweder zu Warnungen / Hinweisen oder zu einem definierten Ende der Sitzung.

Druckaufträge werden zunächst in einer Tabelle der Datenbank eingetragen und von einer eigenständigen Druckorganisation bearbeitet, die die Druckausgaben auf dem gewünschten Drucker auch über die Rechnerkopplung veranlaßt.

5.2 Integration der Datenbank

Innerhalb des Anwendungssystems werden sämtliche Daten, einschließlich einer Beschreibung aller Tabellen der Datenbank, über die Datenbank selbst verwaltet. Alle Datenzugriffe aus den Anwenderprogrammen erfolgen dabei über CALL-Schnittstellen.

Daneben existiert eine für Entwicklung und Test oder auch für Datenmanipulationen hervorragend geeignete, komfortable Benutzerschnittstelle in der Abfragesprache SQL der Datenbank ORACLE.

Der Datenschutz wird durch die Organisation der Zugriffsberechtigungen innerhalb der Datenbank gewährleistet. Ebenso ist die nötige Datensicherheit schon durch das After-Image-Journal gegeben, d. h., daß in Form eines Journal alle Datenveränderungen nach der "letzten" Datenbank-Kopie aufgezeichnet und somit jederzeit einfach nachgeführt werden können.

5.3 Beschreibung des Dialogsystems

5.3.1 Handhabung

Für die Realisierung aller Transaktionen des Dialogsystems stand die Benutzerfreundlichkeit im Vordergrund. Erreicht wurde dies durch die Führung des Benutzers in gleichartig aufgebauten und bearbeiteten Bildschirm-Masken mit detaillierten und vollständigen Fehlerhinweisen.

Alle wesentlichen Ereignisse und besondere Vorkommnisse im Anwendungssystem sind aus dem LISA-Logbuch (eine Tabelle der Datenbank) zu entnehmen.

5.3.2 Transaktionen

Die Transaktionen des Dialogsystems können grob aufgeteilt werden in die Pflege von Stammdaten und die Bearbeitung der Bewegungsdaten.

Es gibt 24 Transaktionen zur Pflege der folgenden Stammdaten:

- Benutzer und Adressaten
- Organisation der Druckausgaben, Gerätezuweisungen
- Labordaten und Kostenstellen
- Anlagen und Probestellen
- Produkte
- Texte
- Analysenmethoden und -programme
- Daten der automatischen Analysegeräte
- Probenahmepläne

Der Bereich Probenahme / Registrierung umfaßt 7 Transaktionen für die Unterstützung bei

- täglicher Routineprobenplanung
- Routine-, Zusatz- und Sonderregistrierungen
- Modifikationen an registrierten Proben
- Etikettendruck
- Terminverzug

Im Bereich Analytik gibt es 5 Transaktionen für die folgenden Analysenbearbeitungen und Labortätigkeiten:

- Abruf des aktuellen Auftragsbestands
- Eintragung , Berechnung und Freigabe von Analysenergebnissen
- Kommentierung von Analyseberichten
- Korrektur von registrierten Proben

Die 5 Transaktionen des Bereichs Veröffentlichung unterstützen die Tätigkeiten:

- Information über Probenergebnisse, Stornierung
- Verteilung der Probenergebnisse
- Ausgabe von Probenberichten
- Berichte über Sonderproben und Projekte

Zur Abrechnung gehören zwei Transaktionen zur

- Personalzeiterfassung
- Buchung des Aufwands für die Probenbearbeitung

Zur Handhabung und Information gibt es Transaktionen zur

- An- und Abmeldung der LISA-Benutzer
- Anzeige des aktuellen Zustands des Doppelrechnersystems
- Anzeige und Änderung von Druckaufträgen
- Protokollierung des LISA-Logbuchs

5.4 Systemverwaltung

Zur Systemverwaltung des Gesamtsystems LISA gehören das Hoch- und Runterfahren der Datenbank, des Dialogsystems und der Druckorganisation, das zyklische Nachfahren eines Datenbank-Backups zur Datensicherung und die Umschaltung des Systems in einen frei konfigurierbaren Notbetrieb oder in Normalbetrieb der Doppelrechner.

Das Hoch- und Runterfahren des Doppelrechnersystems erfolgt automatisch oder auf Anforderung des Operators. Die Umschaltung in Notbetrieb oder Normalbetrieb wird nach einfachem Dialog automatisch und fahrplanmäßig ausgeführt. Dazu gehört auch das eventuell erforderliche Nachfahren des Datenbank-Backups auf den aktuellen Stand mit Hilfe des Journals.

6. Ausblick

Die Realisierung des Labordatenauswertungs- und Informationssystems LISA hat gezeigt, daß durch Unterstützung der Laboranalytik eine Verbesserung der Informationsqualität und eine erhebliche Rationalisierung der Arbeitsabläufe in der Analytik möglich ist. Die hohe Flexibilität eines solchen Systems, insbesondere durch Integration einer relationalen Datenbank, erlaubt zugleich eine einfache Anpassung des Systems mit gleichem Konzept auf viele ähnlich gelagerte Aufgabenstellungen.

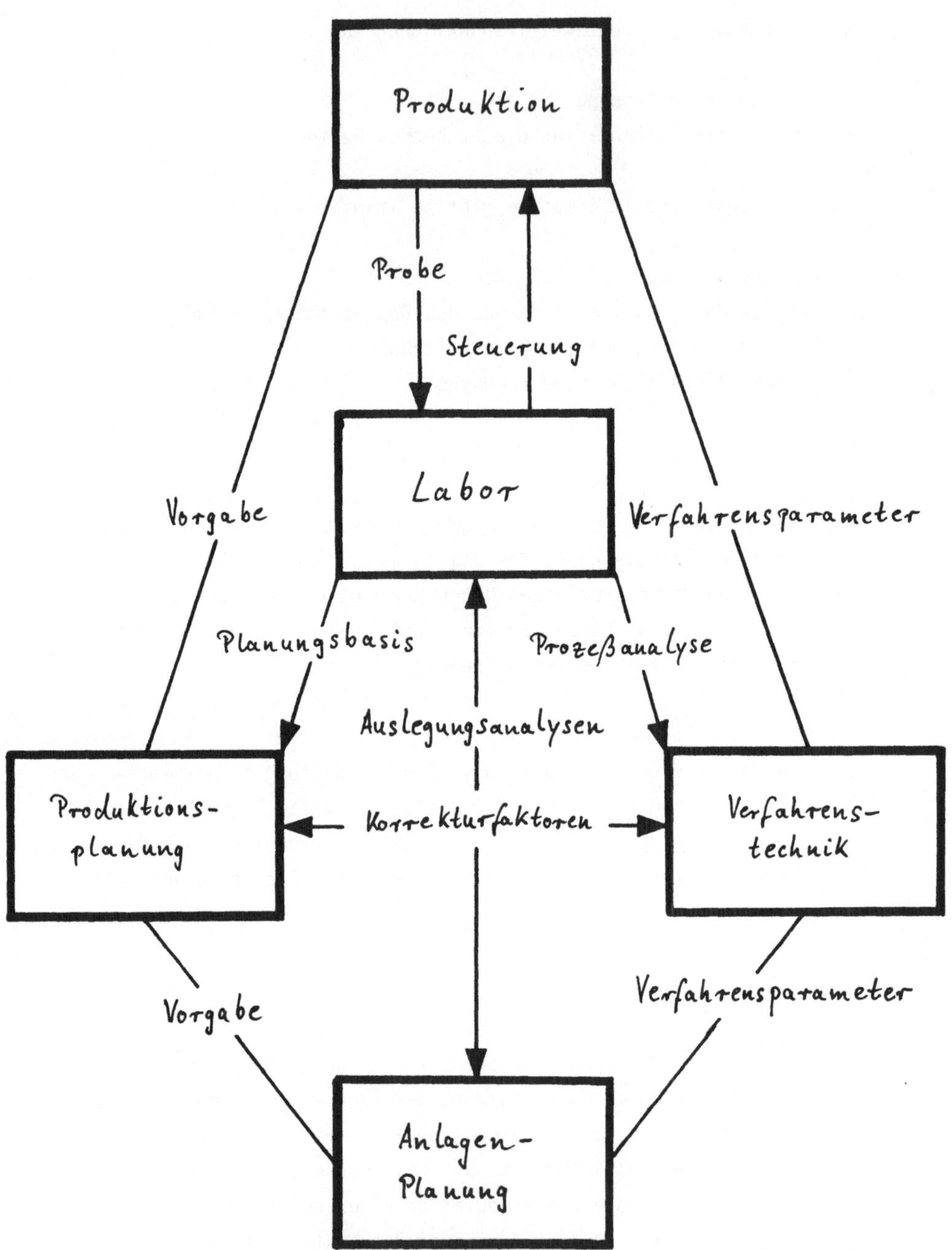

Bild 1. Labor-Kommunikation

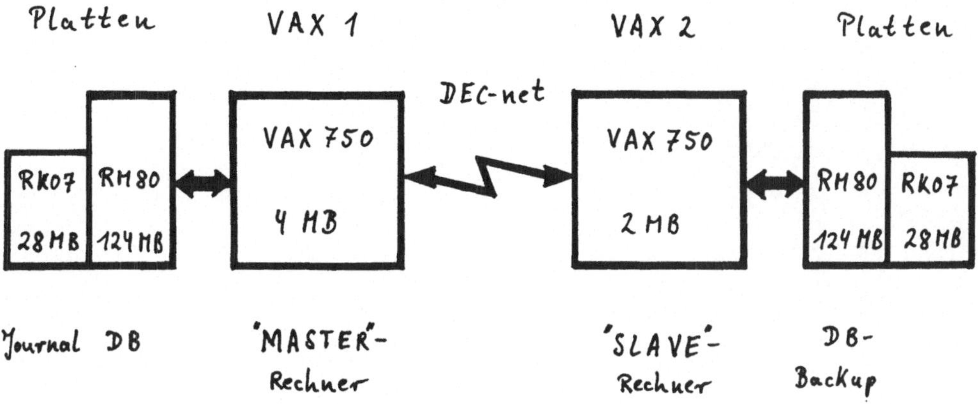

Bild 2. LISA-Doppelrechner im Normalbetrieb

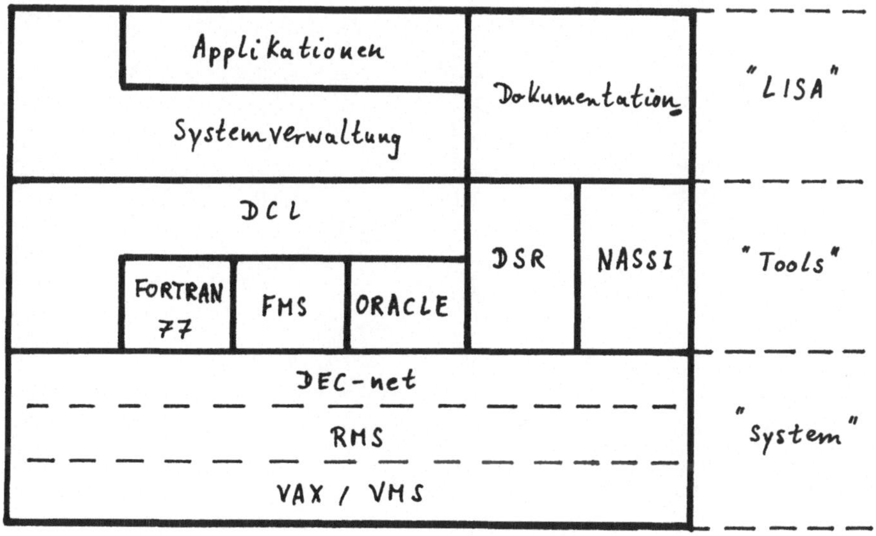

Applikationen
Systemverwaltung
Dokumentation
"LISA"
DCL
FORTRAN 77
FMS
ORACLE
DSR
NASSI
"Tools"
DEC-net
RMS
VAX / VMS
"System"

Bild 3. Softwarearchitektur

F. ANWENDUNGEN 2

INDUSTRIEROBOTER IN FLEXIBLEN FERTIGUNGSSYSTEMEN

M. Weck, U. Dern
Werkzeugmaschinenlabor
RWTH Aachen

ZUSAMMENFASSUNG

In zunehmendem Maße werden Industrieroboter zur Automatisierung von Fertigungseinrichtungen eingesetzt. Die Erfahrungen, die beim Aufbau des in diesem Beitrag vorgestellten Flexiblen Fertigungssystems für Rotationsteile gewonnen wurden, und die daraus abgeleiteten Anforderungen sind nicht nur auf diese Systemlösung beschränkt, sondern gelten allgemein auch für andere Systeme.

1. EINLEITUNG

Diversifikation des Produktionsprogramms, flexible Anpassung an veränderte Marktbedingungen, Nutzung zusätzlicher Schichten mit reduziertem Personal - das sind nur einige der Schlagworte in der heutigen Produktionstechnik.

Die Übergänge zwischen den Fertigungsarten (Einzel-, Serien-, Massenfertiger) werden fließend, Flexibilität ist eine Hauptforderung, um auch bei häufig wechselnden Bearbeitungsaufgaben und unterschiedlichen Losgrößen eine hohe Auslastung der Fertigungseinrichtungen zu gewährleisten /1,2/.

Am Beispiel eines am Laboratorium für Werkzeugmaschinen und Betriebslehre (WZL) der RWTH Aachen realisierten Flexiblen Fertigungssystems werden in diesem Beitrag Erfahrungen aus Aufbau und Inbetriebnahme beschrieben, und daraus die wichtigsten Anforderungen für ähnlich strukturierte Fertigungssysteme abgeleitet.

2. AUFBAU EINES FLEXIBLEN FERTIGUNGSSYSTEMS MIT INDUSTRIEROBOTERN

2.1 Beschreibung des Systems

Das hier vorgestellte System (Bild 1) dient zur Bearbeitung rotationssymmetrischer Teile mit einem Durchmesser von 50 - 250 mm und einem Gewicht bis zu 3000 N.

Die Bearbeitung umfaßt Dreh-, Bohr- und Fräsoperationen. Für die Beschickung der Maschinen und den Materialfluß zwischen den einzelnen Stationen des Systems werden Industrieroboter eingesetzt, die die Teile direkt, also ohne Zuhilfenahme von Paletten oder Magazinen handhaben.

Einen Überblick über die Konfiguration des Systems gibt Bild 2. Zwei Bereiche lassen sich deutlich trennen: auf der einen Seite zwei numerisch gesteuerte Drehmaschinen, die von einem schienengebundenen Handhabungsgerät in Linearbauweise beschickt und entladen werden. Beide Maschinen sind mit Werkzeugwechselmagazinen ausgerüstet und ermöglichen aufgrund ihrer Werkzeugbestückung ergänzende, zum Teil auch ersetzende Bearbeitungsoperationen. Die Anpassung an unterschiedliche Teiledurchmesser erfolgt durch gestufte Backen in den hydraulisch betätigten Spannfuttern.

Das Handhabungsgerät, ursprünglich als Ladeeinrichtung zum Anbau an eine Maschine entwickelt /3/, wurde durch Erweiterung um eine mikroprozessorgesteuerte Fahrachse an die hier gestellte Aufgabe - Versorgung mehrerer Maschinen und eines Teilelagers - angepaßt /4/. Das Gerät hat einen Doppelgreifer, mit dem gleichzeitig zwei Teile gehandhabt werden können, um die Maschinennebenzeiten zu reduzieren: unmittelbar nach dem Entnehmen eines Fertigteils aus dem Maschinenfutter kann ein neues Rohteil eingelegt werden. Unterschiedliche Teiledurchmesser werden durch gestufte Greiferbacken ausgeglichen, die Werkstückhöhe wird durch Versatz der Relativposition des Roboters zur Maschine automatisch kompensiert (Bild 3).

Ein Stangenlager dient als Aufnahme für Rohmaterial und Fertigteile sowie als Teilepuffer zwischen den einzelnen Arbeitsgängen. Die Lagerbelegung kann wahlfrei erfolgen. Die letzten vier Stationen des Lagerbereiches sind als spezielle Ablagen ausgebildet, an denen der Roboter die Teile zur Bearbeitung der zweiten Aufspannung wenden kann. Nach Abschluß der Drehbearbeitung werden die Teile hier an den zweiten Systembereich übergeben.

Dieser zweite Bereich umfaßt ein numerisch gesteuertes Bearbeitungszentrum mit Werkzeugmagazin für 20 Werkzeuge und einen 6-achsigen Industrieroboter in Röhrenbauweise.

Im Arbeitsbereich des Roboters stehen weiterhin

- ein optoelektronisches Mustererkennungssystem,
- ein Magazin zur Ablage von Wechselgreifern und Werkzeugen,
- Behälter oder Paletten zur Ablage von Fertigteilen.

Primäre Aufgabe des Roboters in diesem Bereich ist die Versorgung des Bearbeitungszentrums. Dazu gehören die Übernahme von Teilen aus dem Bereich Drehbearbeitung und das Palettieren der Fertigteile. Nach Abschluß der einzelnen Operationen werden die Teile jeweils mit Hilfe des Mustererkennungssystems identifiziert und anhand gespeicherter Sollwerte geprüft. Abweichungen deuten auf fehlerhafte Bearbeitung, auf Störungen im Ablauf oder Positionierfehler des Roboters hin und führen zu einer Fehlermeldung an den Systembediener.

Um den Industrieroboter möglichst flexibel nutzen zu können, wurde er mit einem universellen Wechseladapter versehen (Bild 4) /5/. Dieser erlaubt es, den Greifer automatisch zu wechseln, um unter mehreren Greifern den für das jeweils handzuhabende Teil geeignetesten zu wählen, oder um mit Hilfe entsprechender Einsatzwerkzeuge während der Hauptzeit des Zentrums zusätzliche Aufgaben (Entgraten, Prüfen, Montieren etc.) auszuführen.

Die Steuerung der Gesamtanlage ist hierarchisch aufgebaut (Bild 5): Ein übergeordneter Fertigungsrechner steuert über ein standardisiertes Datenübertragungssystem die einzelnen Systemkomponenten. Diese Komponenten sind mit autonom funktionsfähigen Einzelsteuerungen ausgerüstet, um auch bei Ausfall des übergeordneten Systems die Produktion aufrechterhalten zu können.

Das Softwaresystem zur Steuerung der Anlage wurde auf einem bereits mehrfach industriell eingesetzten DNC-System aufbauend mit entsprechenden Modulen für materialflußspezifische und organisatorische Funktionen erweitert /6,7/.

Auftragsdaten und Maschinenbelegung werden off-line generiert und als Dateien auf dem Fertigungsrechner abgelegt. Dem Auftragsfortschritt entsprechend werden die für den Fertigungsablauf erforderlichen Teileprogramme und Transportsequenzen bereitgestellt. Die Auflösung der Anweisungen in Einzelvorgänge bei den Handhabungsgeräten und deren Koordinierung mit den Maschinenfunktionen beim Beschicken und Entladen (Maschinenraumtür, Futter) erfolgt in den Mikroprozessorsteuerungen der Handhabungsgeräte. Zur Überwachung des Gesamtsystems wird der Status der Teilsysteme fortlaufend dem übergeordneten Rechner gemeldet.

2.2 Erfahrungen bei Inbetriebnahme und Einsatz des Fertigungssystems

In der Test- und Inbetriebnahmephase ergaben sich einige Anpassungsprobleme, deren Umfang insgesamt gesehen jedoch gering blieb.

Fertigungsrechner und Datenübertragungssystem hatten sich bereits in der industriellen Praxis bewährt und arbeiteten auch hier nach Anpassung an die Steuerungen der Systemkomponenten einwandfrei.

Während der Inbetriebnahme wurden kleinere Änderungen in der Datenübertragungs- und der Systemsteuerungssoftware erforderlich. Der Großteil der Software konnte jedoch vorab mit Hilfe eines Prozeßsimulationsprogramms ausgetestet werden.

Im praktischen Einsatz zeigte sich, daß das Hauptmerkmal des Systems, die direkte Handhabung der Teile durch den Roboter ohne Zuhilfenahme von Paletten oder Vorrichtungen, die meisten Probleme aufwirft.

Schwierigkeiten mechanischer Art, wie Positioniergenauigkeit der Handhabungsgeräte, zuverlässiges Greifen unterschiedlicher Teile, Ausgleich wechselnder Teilehöhen, zentrisches Spannen im Futter der Werkzeugmaschine und sichere Ablage der Teile ohne Verrutschen, stellten die wesentlichen Störungsursachen dar.

Damit zeigte sich bereits in der Testphase die Bedeutung einer vollständigen Kontrolle und Überwachung des Materialflusses, um Störungen im Ansatz erkennen und abstellen zu können. Ein manuelles Eingreifen in den Fertigungsablauf sollte nach Möglichkeit vermieden werden, da aus Sicherheitsgründen immer der Betrieb des Fertigungssystems unterbrochen werden muß.

Aufgrund dieser Einsatzerfahrungen wurden zusätzliche Überwachungs- und Kontrollfunktionen abgeleitet und implementiert, mit deren Hilfe das Bedienpersonal entlastet und die Zuverlässigkeit und Flexibilität des Systems weiter gesteigert werden konnten.

3. ANFORDERUNGEN AN DIE ANLAGENKOMPONENTEN FLEXIBLER FERTIGUNGSSYSTEME

Die durch die Bearbeitungsaufgabe vorgegebenen Anforderungen an die Leistungsfähigkeit der Maschinen gelten in gleichem Maße für die Fertigung mit Einzelmaschinen wie für verkettete Systeme und sollen daher hier nicht weiter behandelt werden.

Die Zugänglichkeit des Arbeitsraumes und eine entsprechende Gestaltung des Spannfutters und der Werkzeugaufnahmen sind eine der Hauptvoraussetzungen für den Einsatz von Handhabungsgeräten zur Ver- und Entsorgung und für den Werkzeugwechsel. Eine leichte und kostengünstige Anpassung an ein geändertes Teilespektrum ist nur mit Hilfe verstell- oder austauschbarer Spannmittel bei Maschinen und Handhabungsgeräten möglich. Dieser Vorgang kann durch Integration von Einrichtungen zum Greifer-, Futter- oder Backenwechsel automatisiert werden, um den Nutzungsgrad des Systems weiter zu steigern.

Zur Koordinierung der Funktionsabläufe beim Be- und Entladen ist eine steuerungstechnische Verkettung von Handhabungsgeräte- und Maschinensteuerung erforderlich. Diese Verkettung läßt sich in der Regel problemlos realisieren, wenn die Steuerungen, wie es bei neueren Entwicklungen fast immer der Fall sein wird, über frei programmierbare Ein- und Ausgänge verfügen.

Die Übertragung von NC-Programmen vom Fertigungsrechner an die Maschinensteuerungen setzt eine geeignete Schnittstelle voraus, über die im Rahmen eines gesicherten Protokolls oder über weitere Datenkanäle auch die Übertragung von Status- und Fehlermeldungen und ein externes Starten der Maschine möglich sind. Die Normung einer Schnittstelle für numerische Steuerungen, die diesen Anforderungen gerecht wird, ist derzeit in internationalen Gremien in Vorbereitung.

Die zur Verkettung eingesetzten Handhabungsgeräte müssen besonders hohen Anforderungen an Flexibilität, Zuverlässigkeit und Genauigkeit genügen. Großzügig dimensionierte Programmspeicher, komfortable Programmierhilfen, eine genormte Schnittstelle zur Ankopplung an den Fertigungsrechner und freiprogrammierbare Ein-/Ausgänge sind weitere Leistungsmerkmale.

Die Einsatzerfahrungen mit dem System zeigen, daß für den industriellen Einsatz nicht darauf verzichtet werden kann, die Grundfunktionen zur Steuerung der Bearbeitung und des Materialflusses zu erweitern, um durch Überwachung aller wesentlichen Funktionen auf Störungen im Fertigungsablauf unmittelbar und gezielt reagieren zu können /8/.

Um Eingriffe des Systembedieners auf schwerwiegende Störungen zu beschränken, die in der Regel ohnehin einen Systemstillstand und manuelle Eingriffe erfordern, sollten diese Reaktionen so weit wie möglich automatisiert werden.

Dazu sind folgende Funktionen zu integrieren (Bild 6):

- Erzeugung eines vollständigen Systemabbildes durch Überwachung aller wesentlichen Funktionen,
- Aufbereitung der Systemdaten zur Analyse der Störungsursachen und Ermittlung der Auswirkungen,
- direkte Steuerung von Einzelvorgängen durch den Systembediener unter Führung des Rechners,
- Generierung von Belegungsalternativen für den Fall der Nichtverfügbarkeit von Systemkomponenten,
- Optimierung des Fertigungsablaufes durch prozeßschritthaltende Feinplanung der Maschinenbelegung und der Transportvorgänge.

Mit diesen Funktionserweiterungen läßt sich von der rein operativen Steuerung der Maschinen und Transportsysteme ausgehend stufenweise eine organisatorische Prozeßführung bis hin zur integrierten fertigungsbegleitenden Auftragsdisposition aufbauen.

Die Grundsoftware zur Steuerung flexibler Fertigungssysteme wird grundsätzlich durch die Konzeption des Systems bestimmt. Die Realisierung einer integrierten Lösung erfordert darüber hinaus im Fertigungsrechner die parallele Bearbeitung operativer und organisatorischer Aufgaben und die Verwaltung eines umfangreichen Datenbestandes. Das Belegungsplanungssystem kann als Hintergrundprogramm mit geringer Priorität ablaufen. Diese Aufgaben müssen durch die Betriebssystemeigenschaften des Fertigungsrechners unterstützt werden: Dateienverwaltung, Multitasking mit Prioritäten, Overlaytechnik reduzieren den Softwareerstellungsaufwand.

Eine modulare Strukturierung dieser Software ist unabdingbare Voraussetzung, um Funktionserweiterungen in das Programmsystem problemlos einbinden zu können und den Aufwand bei Test und Inbetriebnahme in wirtschaftlich vertretbaren Größenordnungen zu halten.

Die in solchen Systemen recht umfangreiche Anwendersoftware wird zweckmäßig in einer problemorientierten höheren Programmiersprache realisiert. Diese Sprachen haben gegenüber zugeschnittenen assemblerprogrammierten Lösungen den Vorteil, daß sie weitgehend rechnerunabhängig standardisiert, anwendungserprobt und verbreitet sind und damit die Dokumentation, die spätere Erweiterung des Programmsystems und die Anpassung an andere Fertigungsstrukturen erleichtern.

4. AUSBLICK

Die Auslegung und Realisierung steuerungstechnischer Grundfunktionen wie z.B. die Kopplung zwischen Fertigungsrechner und dezentralen Steuereinheiten oder die Verteilung von Maschinen- und Materialflußsteuerdaten stellt heute nicht mehr das Hauptproblem dar. Im Vordergrund zukünftiger Entwicklungen müssen vielmehr Systeme zur Systemüberwachung und rechnergestützten Störungsreaktion stehen.

5. LITERATUR

/1/ Merchant, M.E.; "Stand und zukünftige Möglichkeiten der automatisierten Fertigung im Maschinenbau"; VDI-Z 125, Nr. 20, S. 816 (1983)

/2/ Weck, M.; "Planung und Aufbau automatisierter flexibler Produktionseinrichtungen"; Produktionstechnisches Kolloquium Berlin (1983)

/3/ Felten, K.; "Industrieroboter an Drehmaschinen"; ZWF 59, Nr. 1, S. 9 (1974)

/4/ Weck, M.; D'Souza, Ch.; "Structure of Modular Control Systems for Handling Devices Using Micro-Processors - Application in Manufacturing Systems"; Annals of the CIRP 28, Nr. 1, S. 385 (1979)

/5/ Tönshoff, H.K.; Weck, M.; Siemens, K.-J.; Engel, G.; "Automatische Greifer- und Werkzeugwechselsysteme"; Industrieanzeiger 101, Nr. 82, S. 29 (1979)

/6/ Zenner, K.; Zwoll, K.; "Modulares DNC-System mit standardisierten Komponenten"; Dietz-Computer-Systeme, Mülheim (1977)

/7/ Weck, M.; Zenner, K.; Tüchelmann, Y.; "New Developments of Data Processing in Computer-Controlled Manufacturing Systems (DNC, FMS)"; SME-Paper MS 79-161, PROLAMAT Conference (1979)

/8/ Stute, G.; Storr, A.; Döttling, W.; Schwager, J.; Wörn, H.; "Prozeßüberwachung in flexiblen Fertigungssystemen"; KfK-PDV-Bericht 148, Karlsruhe (1978)

Bild 1: Flexibles Fertigungssystem für Rotationsteile

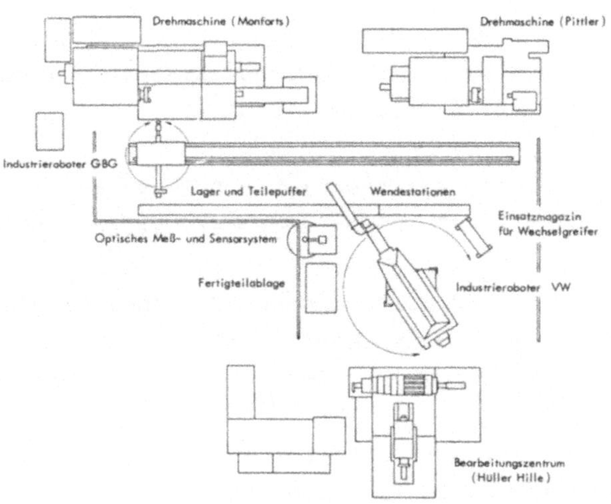

Bild 2: Layout des Flexiblen Fertigungssystems

Bild 3: Beschicken einer Drehmaschine mit Hilfe eines Handhabungsgerätes

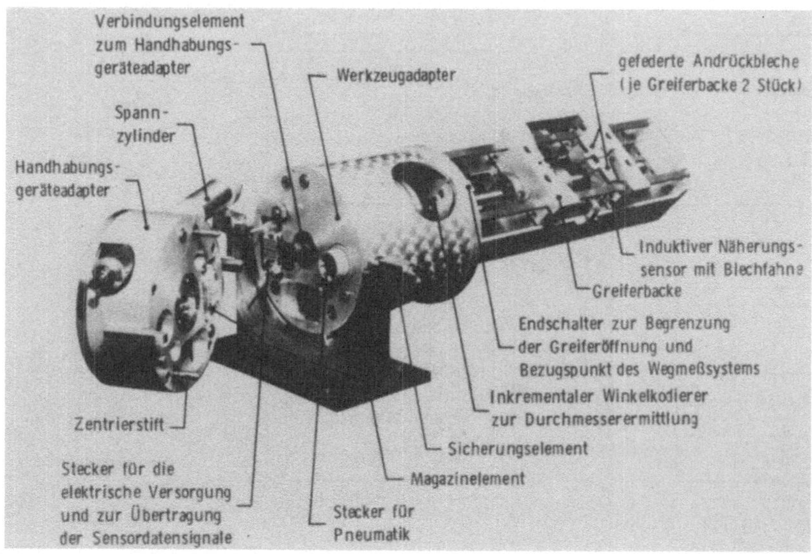

Bild 4: Universeller Schraubstockgreifer mit Wechseladapter

Steuerungssysteme für Industrieroboter

Dr.-Ing. Jürgen Hesselbach
ROBERT BOSCH GMBH, Erbach

Zusammenfassung

Die Steuerung eines Industrieroboters bestimmt in großem Maße dessen Leistungsfähigkeit und Einsatzbreite. Dieser Beitrag beschreibt eine Neuentwicklung auf diesem Gebiet, die 1984 in verschiedenen Anwendungsfällen zum Einsatz kommt. Dazu werden zunächst einige allgemeine Gesichtspunkte wie Aufgabenstellung und Anforderungen an derartige Systeme behandelt. Nach einem kurzen Abriß des gerätetechnischen Aufbaus wird auszugsweise auf das ausgeführte Betriebssystem eingegangen.

1. Aufgaben und Anforderungen

Industrieroboter werden in den verschiedensten mechanischen Konfigurationen in einem weiten Anwendungsbereich eingesetzt. Abhängig davon ergeben sich unterschiedliche Forderungen an die Auslegung der zugehörigen Steuerungstechnik. Diese Zusammenhänge deutet Bild 1 an.

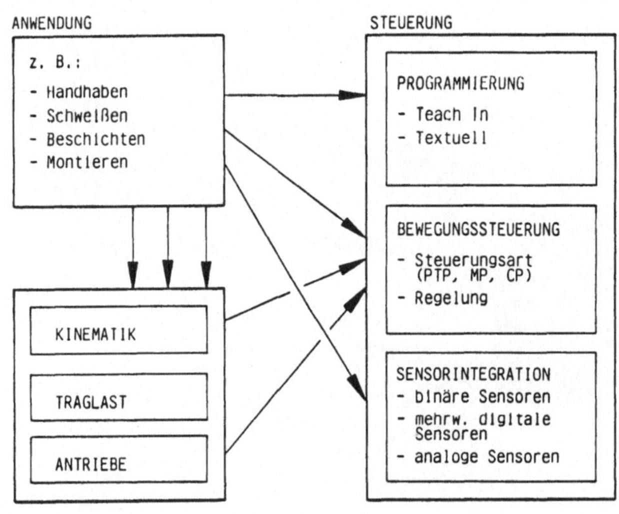

Bild 1: Zusammenhänge zwischen Anwendung, Mechanik und Steuerung.

Im Gegensatz zur NC-Technik (z. B. für Drehmaschinen) gibt es die universelle standardisierte Steuerung für Roboter daher nicht. Dennoch läßt sich ein gemeinsamer, wenn auch nicht fest umrissener, Umfang der Aufgaben des Steuerungsrechners angeben. Diese sind im einzelnen (Bild 2):

- die Unterstützung bei der Erstellung und beim Test des Anwenderprogrammes,

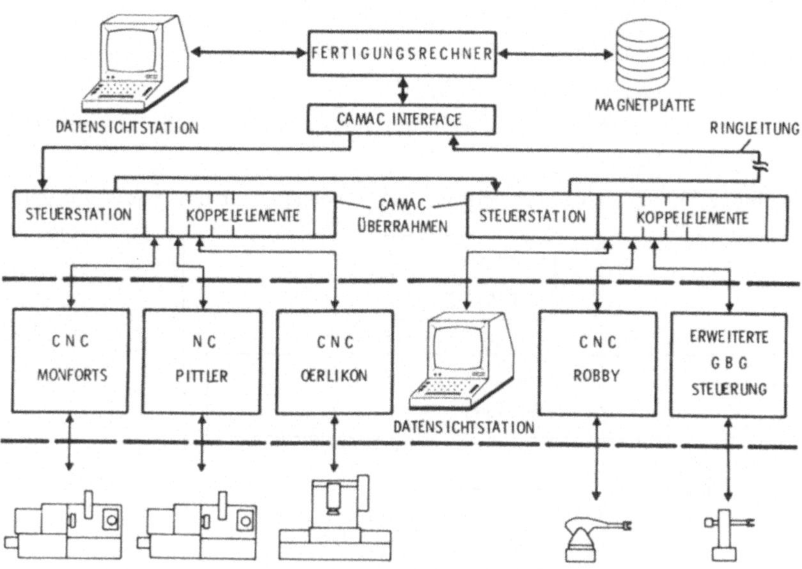

Bild 5: Steuerungsstruktur des Flexiblen Fertigungssystems

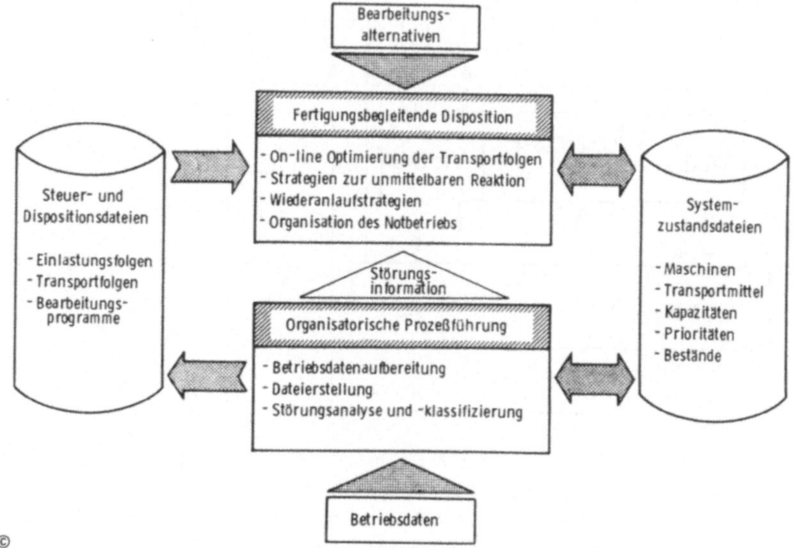

Bild 6: Funktionen der organisatorischen Prozeßführung zur Störungsreaktion

- die Abspeicherung und Verwaltung der Programme,
- die Erzeugung und Koordination der Bewegungen entsprechend den Vorgaben des Programmes (Bewegungssteuerung),
- gegebenenfalls Korrekturen des Bewegungsablaufes durch Sensorsignale (Sensordatenverarbeitung),
- die Reaktion auf bzw. der Anstoß von Vorgängen an der Peripherie des Gerätes.

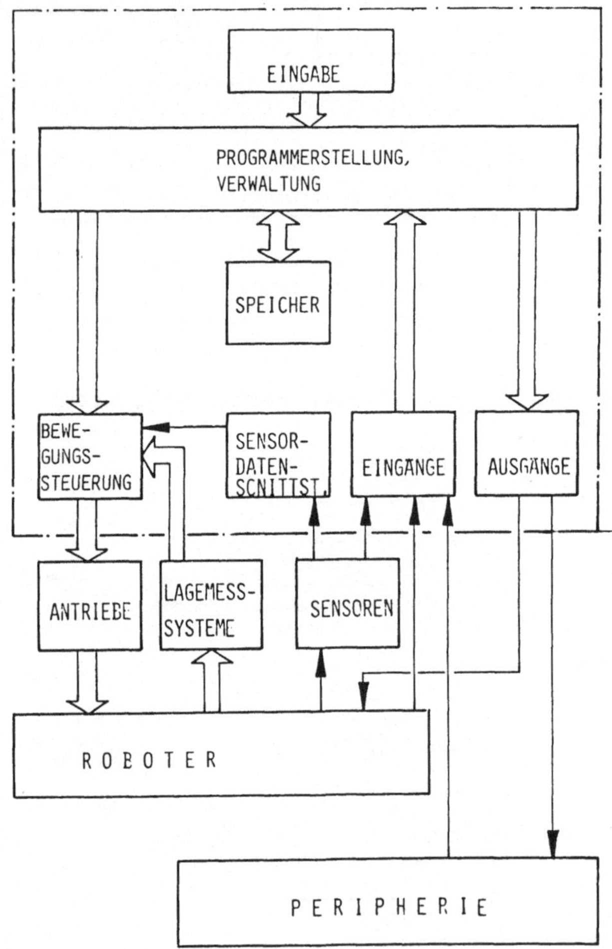

Bild 2: Signalflußplan einer Robotersteuerung.

Besondere Bedeutung muß dabei den Einzelpunkten Bewegungssteuerung und Programmierung (die im übrigen nicht in jedem Fall Bestandteil des Steuergerätes sein muß) zugemessen werden. So sind insbesondere bei Bahnsteuerungen umfangreiche Operationen für die Bahnberechnung, Achskoordination und Regelung erforderlich. Eine leistungsfähige Steuerung verlangt daher eine Hardware mit

hohen Verarbeitungsgeschwindigkeiten.
Die wichtigsten Anforderungen an Programmiersysteme (vor allem steuerungsinterne) sind hier:

- einfach Bedienung und leichte Erlernbarkeit durch nicht EDV-geschultes Personal;
- die Möglichkeit einer einfachen, zielorientierten Beschreibung der Aufgabe;
- komfortable Test- und Korrekturmöglichkeiten;
- kurze Programmierzeiten;
- Erweiterbarkeit.

Bei der Ausführung von Robotersteuerungen lassen sich heute zwei Lösungsansätze unterscheiden:

a) Die Entwicklung auf der Basis standardisierter Hardware, z.B. eines (Prozeß-) Rechners. Diese vorwiegend softwareorientierte Lösung wird z.T. von Roboterherstellern gewählt;
b) die Anlehnung an die NC-Technik für Werkzeugmaschinen. Dieser Weg wird naturgemäß von Steuerungsherstellern bevorzugt.

Der Vorteil der ersten Lösung liegt im wesentlichen in dem geringeren Entwicklungsaufwand. Nachteilig wirken sich aber die höheren Hardwarekosten sowie die z. T. zu niedrigen Verarbeitungsgeschwindigkeiten aus. Bei einer starren Übertragung der klassischen NC-Technik auf den Anwendungsfall Roboter, beruhen die Schwächen des zweiten Ansatzes vorwiegend in der Art der Programmierung, sowie den unzureichenden Möglichkeiten, den Programmablauf zu beeinflussen.

Im folgenden wird nun ein Steuerungssystem betrachtet, dessen Entwicklung u.a. von zwei Randbedingungen ausging:

- gemeinsame Hardware für unterschiedliche Anwendungen (Werkzeugmaschinen, Roboter u. a.)
- aber Zuschnitt der Software auf die Erfordernisse des Anwendungsfalles Roboter.

Teilthemen sind dabei ein Überblick über den gerätetechnischen Aufbau sowie den Umfang des Roboterbetriebssystems.

2. Steuerungsaufbau

Die gesamte für die Steuerung, Programmierung und Bedienung erforderliche Gerätekonfiguration setzt sich im einzelnen zusammen aus (Bild 3):

- dem Logikteil mit Rechner, Achsansteuerung usw.;
- dem Datenverteiler einschließlich den Schnittstellen für den Datenaustausch mit externen Geräten,

- dem Handbediengerät zum Verfahren der Roboterachsen und der Teach-In-Programmierung
- sowie einem Datenterminal für die Bedienung und Programmeingabe.

Für den Automatikbetrieb allein notwendig ist dabei der Logikteil, d. h. Datenterminal und Handbediengerät können gegebenenfalls für mehrere Roboter verwendet werden. Die Programmarchivierung erfolgt über eine zusätzlich anschließbare Floppy-Disk-Station.

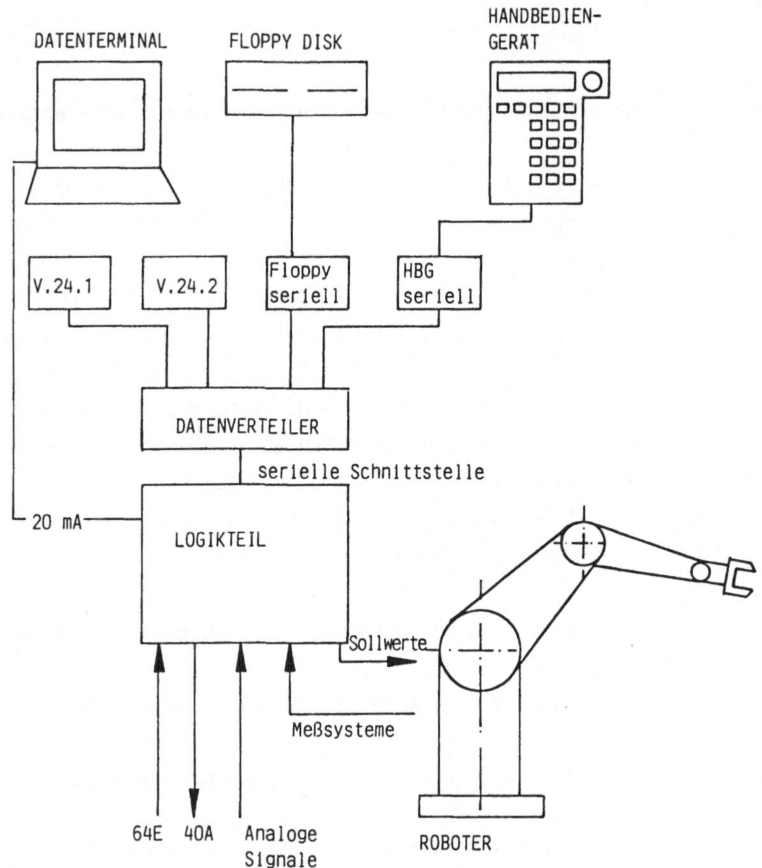

Bild 3: Gesamtkonfiguration Steuerung, Bedien- und Programmiereinrichtungen.

Den mechanischen Aufbau des Logikteils zeigt Bild 4. Die Einzelkomponenten sind:

- die Prozessorkarte mit je zwei Hauptprozessoren (16/32 bit) sowie Prozessoren für die Gleitkommaarithmetik;
- dem Speicher für die Aufnahme des Betriebssystems und der Teileprogramme. (Maximalausbau bis 512 Kbyte, batteriegepuffert);

- der Schaltgruppe für die Ansteuerung der Antriebe sowie der Auswertung der Lagemeßsysteme. Dabei können bis zu acht Achsen (elektrisch oder hydraulisch) mit unterschiedlichen Meßsystemen geregelt werden;
- der E/A-Karte mit 64 Ein- und 40 Ausgängen, von denen eine bestimmte Anzahl über das Anwenderproramm ansprechbar ist. Wahlweise steht auch eine Kopplung zu speicherprogrammierbaren Steuerungen (SPS) zur Verfügung;
- das Netzteil.

Die Verbindung der einzelnen Komponenten erfolgt über die Backplane. Diese ist nicht als Bus-System, sondern als zugeschnittene Verbindung ausgelegt. Damit wird die Ankopplung mit relativ geringem Aufwand erreicht.

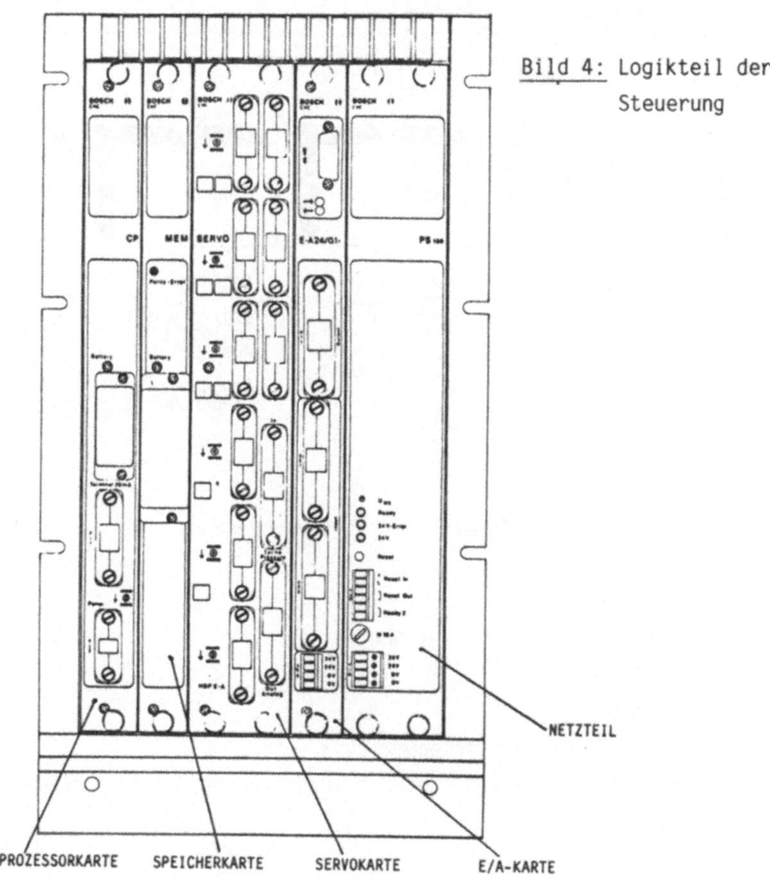

Bild 4: Logikteil der Steuerung

3. Betriebssystem der Robotersteuerung

Die Realisierung des Roboter-Betriebssystems *(RBS)* beachtete folgende Vorgaben:

- Entwicklung der Software in der Hochsprache PASCAL (Portabilität);
- Zuschnitt auf den Anwendungsbereich Roboter, aber mit hoher Anwendungs-

breite und leichter Erweiterungsmöglichkeit;
- mehrere Varianten der Bewegungssteuerung (Koordinatensysteme, Interpolationsarten usw.);
- Integration der Anwenderprogrammierung in den Steuerungsrechner, aber mit der Möglichkeit extern erstellte Programme über eine definierte Datenschnittstelle zu übernehmen.

Den groben Aufbau des Betriebssystems skizziert Bild 5.

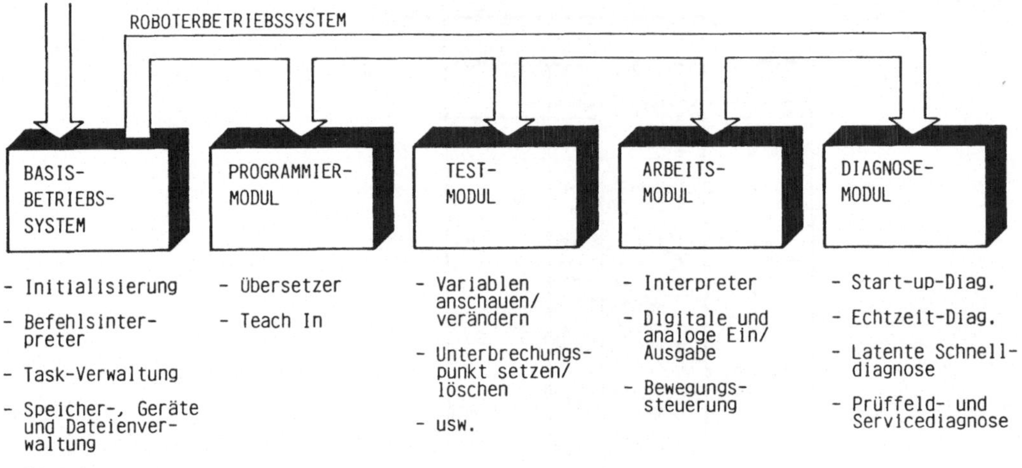

Bild 5: Struktur des Betriebssystems der Robotersteuerung

Die übergeordneten Aufgaben wie:
- Speicher-, Dateien- und Geräteverwaltung,
- Taskverwaltung,
- Ein- Ausgabesteuerung u. a.

werden vom *Basisbetriebssystem* wahrgenommen.
Die zugehörige Kommandosprache ist dabei in verschiedenen Versionen verfügbar. (Beispiele in Bild 6)

BEFEHL	BEDEUTUNG
KOPIERE/COPY	Dateien kopieren
LOESCHE/DELETE	Dateien löschen
•	•
•	•
LADE/LOAD	Dateien von der Floppy Disk laden
•	•

INFO	Anzeige der aktuellen Betriebsart und Bedienungshinweise
EDIT	Aufruf des EDIT-Dienstprogrammes
ÜBERSETZE/COMPILE	Aufruf des Übersetzers
DEFINIERE/DEFINE	Definieren von Teach-Punkten per Datenterminal oder Handbediengerät
TESTE/TEST	Aufruf des TEST-Systemprogramms
DIAGNOSE	Aufruf des DIAGNOSE-Systemprogrammes
STATUS	Anzeigen und/oder Ändern von Betriebssystem- oder Roboterzuständen

Bild 6: Kommandosprache/Befehlsinterpreter (Auszug)

Die weitere Beschreibung beschränkt sich auf die besonders charakteristischen Teile der Steuerung, den Programmier- sowie den Arbeitsmodul.

Programmiermodul

Das Programmgerüst für eine bestimmte Aufgabe wird mit Hilfe des Editors in der problemorientierten Sprache *BAPS (Bewegungs- und Ablaufprogrammiersprache*, gemeinschaftliche Entwicklung von Bosch und dem Forschungsinstitut für Steuerungstechnik) formuliert. Diese Sprache enthält u. a. die in der nachstehenden Tabelle aufgeführten Anweisungsarten.

Art der Anweisung	Beispiel
BEWEGUNG	FAHRE NACH P1
ABLAUFKONTROLLE	WDH 5MAL ... WDH_ENDE
LOG. VERKNÜPFUNG	WENN SIGNAL1 UND SIGNAL2 DANN ....SONST...
ARITHM. OPERATIONEN	I = (I + 1) * 2
SENSORINTEGRATION	LESE (V24_1) SENSOR
EIN/AUSGABE	SCHREIBE 'TEXT'

Tabelle 1: Bewegungs- und Ablaufprogrammiersprache

Die zugehörigen Sprachelemente sind mit den Zielen
- leichte Erlernbarkeit
- und gute Selbstdokumentation (s. Tabelle, Beispiele)

der deutschen Sprache entlehnt.

Das textuell erstellte Programm setzt der Übersetzer in einen Zwischencode, der nach außen nicht in Erscheinung tritt, um. (Bild 7)

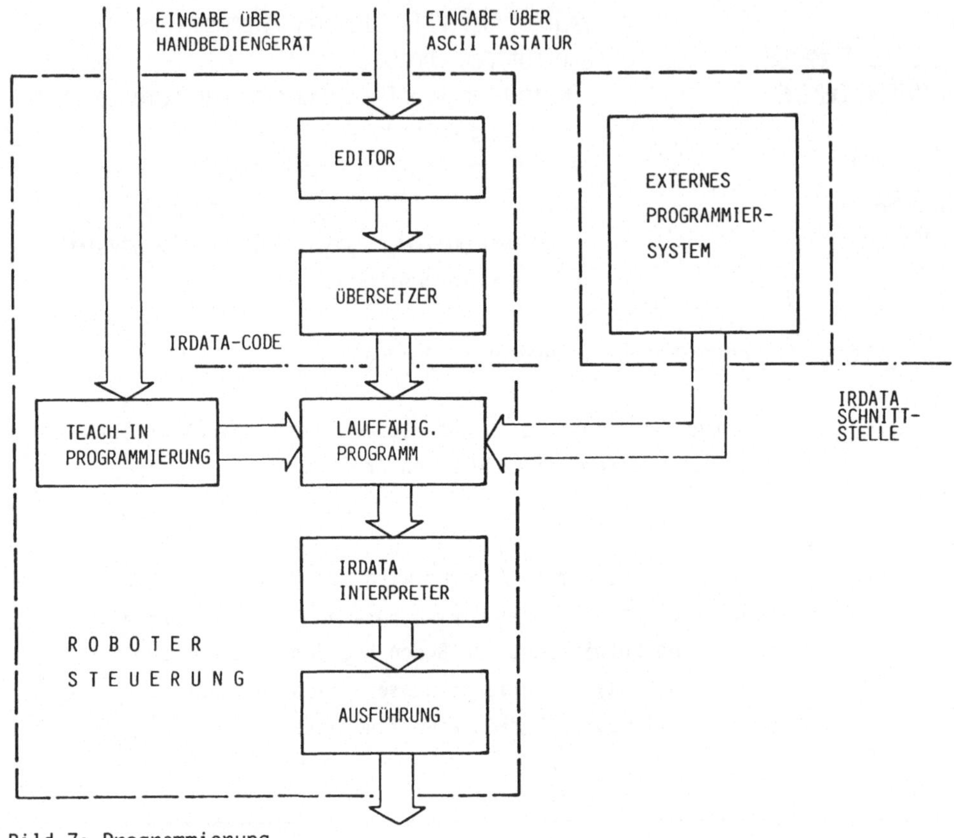

Bild 7: Programmierung

Als Zwischencode wurde die *IRDATA*-Schnittstelle (*Industrial Robot-Data*), die Gegenstand einer zukünftigen Norm ist, gewählt.Dies bietet den Vorteil, auch auf anderen Programmiersystemen erstellte Programme auf diese Steuerung zu übertragen und auszuführen.

Für die im Programm nicht explizit angegebenen Punkte (Teach-Punkte) erzeugt der Übersetzer eine Punkte-Datei. Diese wird z. B. unter Benutzung des Handbediengerätes im Teach-In-Verfahren mit den gewünschten Koordinatenwerten aufgefüllt.

Der Begriff "Punkt" faßt dabei (abweichend von der üblichen Definition) Position und Orientierung (z. B. des Greifers) zusammen.

Die textuelle Programmierung kann an der Steuerung während der Ausführung eines aktuellen Programmes (d. h. bei arbeitendem Roboter) im Hintergrundbetrieb durchgeführt werden. Dies bietet den Vorteil, daß die Programmierzeiten insgesamt verringert werden.

Für Testzwecke unter Echtzeitbedingungen steht das *Testsystem* zur Verfügung. Dieses ermöglicht:

- die Überwachung der Programmausführung (Unterbrechungspunkte, Einzelschritt, Variablenbeobachtung)
- die Protokollierung und Veränderung des aktuellen Programmzustandes (Anzeigen und Ändern von Variablen, Ein-/Ausgangskanälen und Teach-Punkten, Anzeigen von Quellprogrammzeilen).

Arbeitsmodul

Das Arbeitsmodul führt das lauffähige Programm aus. Es umfaßt im wesentlichen:

- den (IRDATA-) Interpreter,
- die Ein/Ausgabe von binären und analogen Signalen
- sowie die Bewegungssteuerung (Bild 8)

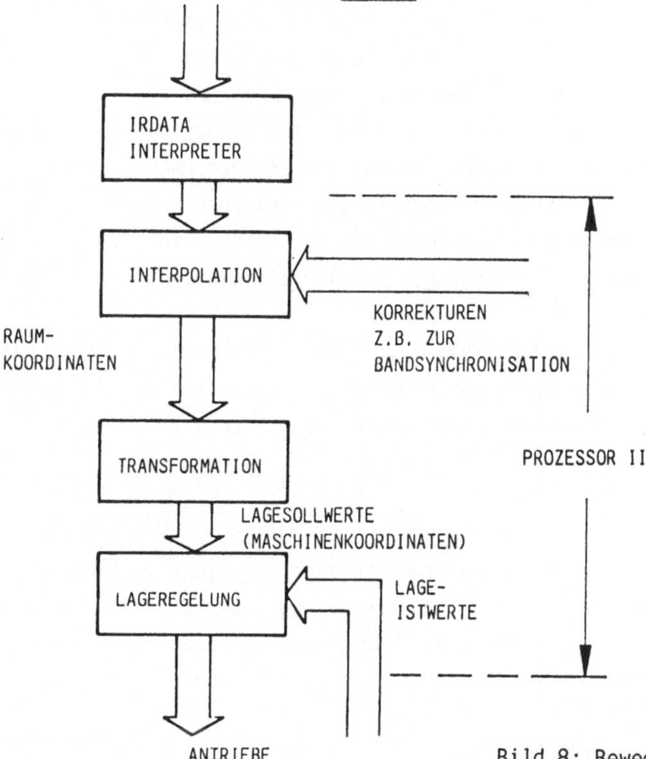

Bild 8: Bewegungssteuerung

Die Bewegungssteuerung setzt sich zusammen aus den Einzelaufgaben Interpolation, Transformation und Lageregelung.

Die *Interpolation* dient zur Bahnerzeugung zwischen den programmierten Stützpunkten während der Laufzeit des Programms. Diese Steuerung ermöglicht verschiedene Interpolationsarten, die der Programmierer frei vorgibt.

a) Interpolation in Maschinenkoordinaten

Hier wird linear über der Zeit zwischen den Anfangs- und Endstellungen der jeweiligen Roboterachsen interpoliert. Dies gewährleistet zwar ein synchrones Verfahren der Maschinenachsen, nicht jedoch einen definierten Bahnverlauf (was für viele Handhabungsaufgaben aber vollkommen ausreichend ist).

b) *Interpolation in Raumkoordinaten*

Zwischen den programmierten Positionen der Stützpunkte durchfährt der Roboter im Raum Geraden- oder Kreisabschnitte. Die Greiferorientierung kann dabei konstant gehalten oder kontinuierlich verändert werden.
Zur Synchronisation auf die Bewegungen eines Förderbandes *(Bandsynchronisation)* können außerdem der erfaßte Bandweg auf die interpolierten Werte aufgeschaltet werden.
Zur Erzeugung der Führungsgrößen des Lageregelkreises müssen die interpolierten Werte (Raumkoordinaten) in Maschinenkoordinaten umgerechnet (transformiert) werden. Die *Transformation*sgleichungen sind abhängig von der jeweiligen Kinematik des gesteuerten Industrieroboters. Transformationsbausteine für unterschiedliche Konfigurationen sind in der RBS-Bibliothek zusammengestellt und werden über Maschinenparameter entsprechend aktiviert.

Die *Lageregelung* führt die Vorschubantriebe in den einzelnen Maschinenachsen selbständig dem zeitlichen Verlauf der Führungsgröße nach. Dazu vergleicht sie die Soll- und Istwerte und steuert abhängig vom Vergleichsergebnis die Antriebe an.
Die Aufgaben der Bewegungssteuerung müssen im Rahmen der Abtastzeit der Lageregelung abgearbeitet werden. Diese übernimmt daher ausschließlich der zweite Hauptprozessor (einschließlich Gleitkommaarithmetik-Baustein).

4. Schlußbemerkung

Eine erste Anwendung des beschriebenen Steuerungssystems liegt im Bereich der Karosserielackierung. Der zu steuernde Roboter verfügt über sieben hydraulisch angetriebene Achsen. Neben der Lackierung, vor allem in Innenbereich der Automobilkarosserie, übernimmt dieses Gerät zusätzlich Handhabungsaufgaben wie z.B. das Öffnen der Wagentür.
Wesentliche Anforderungen sind hier u.a.:

- einfache Programmerstellung,
- hohe Gleichförmigkeit der Bewegung, d.h. $\pm$ 2 % Geschwindigkeitsabweichungen bei Bahngeschwindigkeiten bis zu 1,2 m/s.

RECHNERUNTERSTÜTZTE QUALITÄTSREGELUNG BEI FLEXIBLEN FERTIGUNGSSYSTEMEN (FFS)

Rudolf Zeller
Carl Zeiss, Oberkochen

1. QS-Strategie

Einschneidende technologische, wirtschaftliche und gesellschaftliche Veränderungen in den letzten Jahrzehnten haben die industriellen Herstellungsprozesse in zunehmendem Maße erschwert.

Leistungsfähigere Technologien und neue Materialien haben zu Produkten mit höherer Komplexität geführt, deren Herstellungsprozesse komplizierter, unübersichtlicher und damit auch anfälliger für Qualitätsprobleme geworden sind.

Der vom internationalen Wettbewerb ausgehende Zwang zur konsequenten Ausschöpfung aller Rationalisierungsreserven im Unternehmen sowie die häufig nicht mehr ausreichenden Beziehungen des Mitarbeiters zu seiner Arbeit in der industriellen Fertigung, hervorgerufen durch zunehmende Arbeitsteilung führen seit mehreren Jahren zu einer vielfach beklagten geringeren Identifizierung mit der Qualität und wirken einer optimalen Qualitätserbringung häufig stark entgegen.

Innere und äußere Zwänge wie Kostendruck und Haftung wirken auf das Unternehmen ein und erfordern die Entwicklung einer Qualitätsstrategie des Unternehmens die aus Überzeugung angegangen werden muß und nicht als notwendiges Übel betrachtet werden darf.

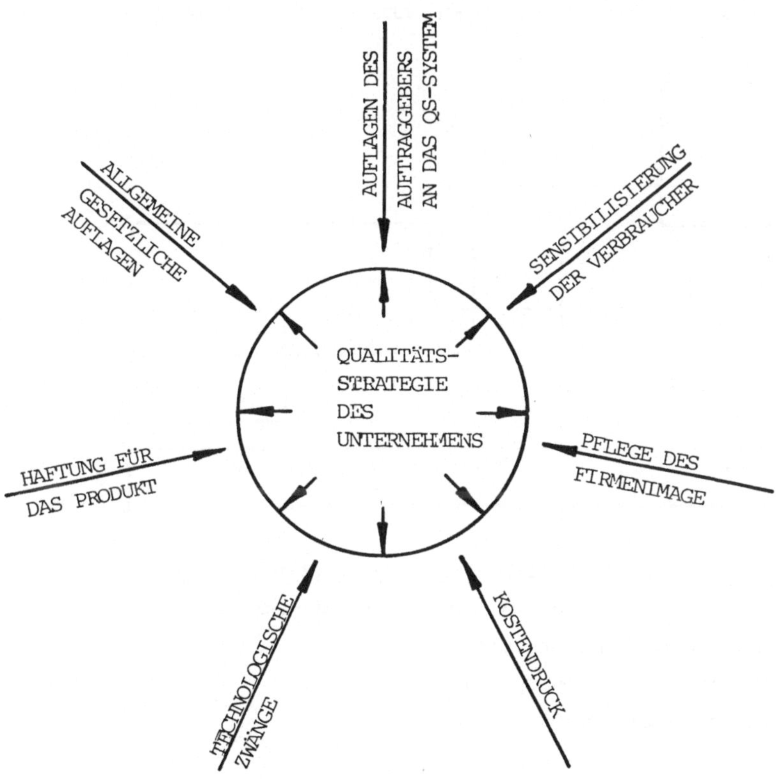

Diese Entwicklung zwingt die Unternehmen, der Produktqualität in ihrer Unternehmenspolitik einen hohen Stellenwert zuzuordnen und durch wirksame und wirtschaftliche Qualitätssicherungsmaßnahmen über alle Stufen des Herstellungsprozesses eine gleichbleibende, hohe Qualität ihrer Produkte zu gewährleisten.

2. Entwicklung der Fertigungstechnologie

Die Innovation der Fertigungstechnik in Richtung auf einen höheren Automatisierungsgrad, speziell der verstärkte Einsatz von NC-Maschinen im CNC oder DNC-Verbund mit einer deutlichen Steigerung der Fertigungstiefe pro Arbeitsfolge bedingt wesentliche kürzere Bearbeitungszeiten.

2.1 Automatisierungsmöglichkeiten von Fertigungssystemen

Zur Erhaltung der Wettbewerbsfähigkeit von Unternehmen sind heute die wichtigsten Zielsetzungen neben einem hohen technischen Stand der Produkte die Produktivität in der Fertigung verbunden mit immer schnellerer Lieferbereitschaft und kürzerer Innovationszeit vor allem durch Integration zeitgemäßer Elektronik und Rechnersysteme.

Diese Ziele erfordern Fertigungsmethoden und Fertigungseinrichtungen, welche die immer noch zu hohen Rüst- und Nebenzeiten reduzieren und insgesamt zu kürzeren Durchlaufzeiten in der Fertigung führen. Unter Beibehaltung der Qualität und Erhöhung der Flexibilität eignen sich flexible Fertigungssysteme zur Erfüllung dieser Forderungen.

Ausgehend von unternehmensspezifisch vorgegebener Strukturierung hinsichtlich Fertigungssystem, Teilespektrum und Stückzahl ergeben sich verschiedene Automatisierungsmöglichkeiten für Fertigungssysteme.

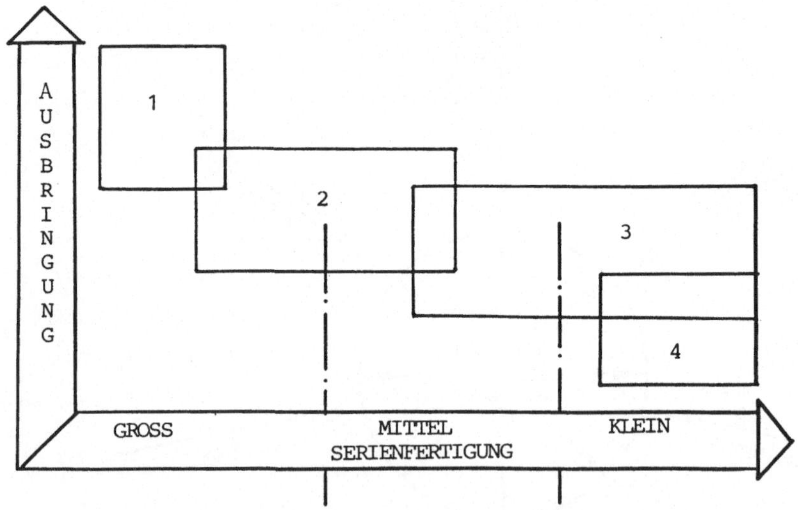

Ausbringung und Flexibilität von Fertigungseinrichtungen

1 Transferstraßen und konventionelle Automaten

2 Umrüstbare Transferstraßen

3 Flexible Fertigungssysteme

4 NC-Werkzeugmaschinen

2.2 Prüfmöglichkeiten

Modernen, effizienten Fertigungssystemen muß mittels wirtschaftliche, rechnerunterstützte Prüfmethoden begegnet werden.

Ohne Veränderung der bisherigen Prüfstrategie gegenüber dieser modernen Fertigungstechnik ergeben sich nachfolgende Problempunkte:

- Anteilmäßig höhere Prüfzeiten
- Prüfpersonal-Steigerung
- Steigerung der Maschinenstillstandszeiten
- Höhere Totzeitanteile
- Längere Reaktionszeit auf Fehler und Abweichung
- Prüfpersonal im Schichtbetrieb

Prüfmethoden müssen folglich prozessintermittierend oder so nah wie möglich prozeßbegleitend wirksam werden, so daß die dabei entstehenden Totzeitanteile hinsichtlich Reaktionsdauer auf Fehler und Abweichungen ein Minimum unter wirtschaftlichem Aspekt ergeben.

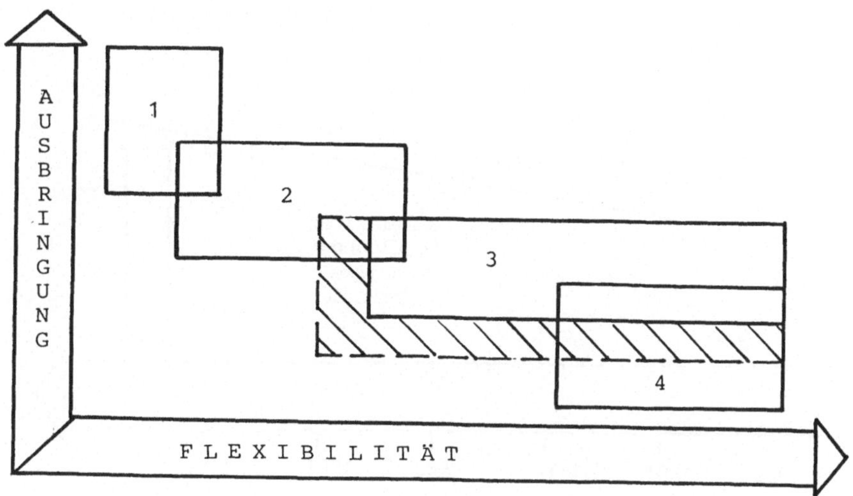

Prüfmethoden für Fertigungssysteme

1 Sondermeßanlagen (werkstückspezifisch)

2 Flexible Sondermeßanlagen (z. B. Mehrstellen-Meßgeräte)

3 Meßplätze mit universellen Standardmeßeinrichtungen und KMG

4 KMG und IN-PROCESS-CONTROL.

Trotz der Entwicklung neuer, z.T. rechnerunterstützter Prüfverfahren ist es in vielen Fällen nicht gelungen, der Innovationsgeschwindigkeit der Fertigungstechnologie Schritt zu halten.

Nachfolgendes Bild zeigt die dadurch entstehende Diskrepanz hinsichtlich Fertigungs- und Prüfzeiten.

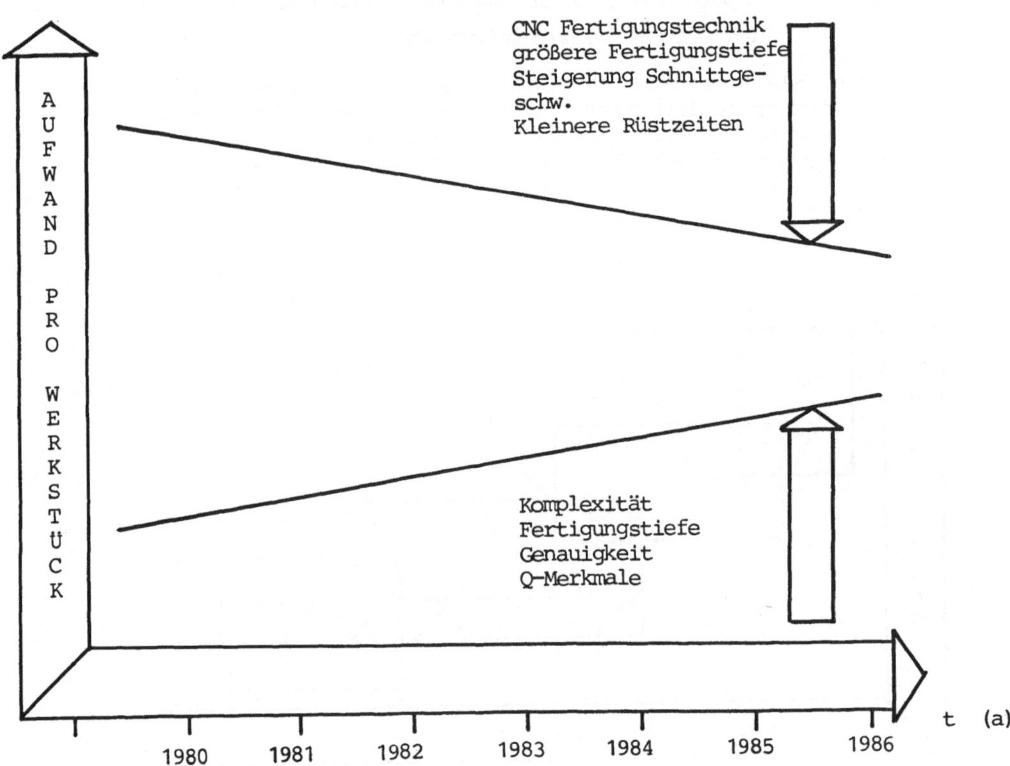

3. Pilotprojekt FFS - Fa. Carl Zeiss

Unsere Antwort auf die unter Pkt. 2 genannten Problempunkte war die Realisierung eines flexiblen Fertigungssystems (FFS).

Das Zeiss-FFS besteht aus 4 Bearbeitungszentren (BAZ) und einem mittels Tischrechner CNC-gesteuerten Koordinatenmeßgerät (KMG), Typ UMC 850/1200 mit einer Palettenspannvorrichtung und einem Palettenzuführsystem.

Die Verkettung der Bearbeitungszentren mit dem Koordinatenmeßgerät sowie der Be- und Entladestation erfolgt über ein Lineartransportsystem, welches über den Fertigungsleitrechner gesteuert, einen automatischen Ablauf gewährleistet.

Dieses System wird seither im 2-Schicht-Betrieb eingesetzt (1). Das Teilespektrum umfaßt prismatische, für NC-Bearbeitung geeignete Werkstücke.

Durch die Integration eines KMG in das FFS wird ein direktes dem eigentlichen Fertigungsprozeß nachgeschaltetes prozeßbegleitendes Prüfen ermöglicht. Die Indentifzierung der auf Paletten aufgespannten Werkstücke erfolgt durch ein geeignetes Codiersystem, das sowohl durch die Bearbeitungsmaschinen, als auch durch das KMG abgedeckt wird. Die Vermessung der Werkstücke auf der KMG erfolgt durch entsprechende CNC-Meßprogramme, die entweder auf der KMG selbst, oder maschinenfern auf einer handgeführten KMG durch Lernprogrammierung erstellt werden. Die von der KMG ermittelten Meßwerte werden durch ein Statistik-Programm analysiert und zeigen notwendige Eingriffe in den Fertigungsprozeß auf.

Probleme ergeben sich durch die vorgegebene Prüfkapazität des Koordinatenmeßgerätes, es besteht die Schwierigkeit, diese Prüfkapazität in Einklang mit den Fertigungskapazitäten der 4 parallel dazu arbeiteten BAZ zu bringen.

Dieses anstehende Problem läßt sich durch eine systematische Prüfstrategie lösen, wobei 2 verschiedene Gesichtspunkte beachtet werden müssen.

a) Erstteilprüfung

Totzeitanteil

▽

untergeordnete Bedeutung

b) Prozessbegleitende Prüfung

Totzeitanteil

▽

Zwang zur Minimierung

Es besteht die Notwendigkeit, Maßnahmen zur Anpassung der Prüfkapazität und der Berücksichtigung der Totzeitsituation zu ergreifen.

zu 3a) Prüfung erstes Werkstück

Bei dem ersten Werkstück das im verketteten System bearbeitet wird, werden sämtliche, durch den Bearbeitungsprozess beeinflußte Merkmalswerte geprüft, wobei > 80 % der Prüfungen auf der CNC gesteuerten KMG abgearbeitet werden, der Rest besteht aus visuellen und funktionalen Prüfungen.

zu 3b) Prozessbegleitende Prüfung

Gegenüber der Erstteilprüfung ist dieser Prüfumfang reduziert, er enthält schwerpunktmäßig die qualitätsrelevante Merkmalswerte unter Berücksichtigung von Kriterien wie

- Beherrschung des Fertigungsprozesses
- Funktionsbeeinflussung
- Fehlerfolgekosten

Wichtig ist, daß bei der Programmerstellung eine definierte Auswahl der notwendigen Q-Merkmale erfolgt nach dem Gesichtspunkt

"Messen was nötig" und nicht "Messen was möglich" ist.

Prüf-Möglichkeiten zur Prozeßüberwachung

Hierbei ergeben sich verschiedene Möglichkeiten zur Prozeßüberwachung.

1. Starres, vorgegebenes CNC-Meßprogramm, Messung jedes n-ten Werkstückes.
2. Verschiedene Merkmale an verschiedenen Werkstücken.
3. Anpassung der Prüfnotwendigkeit durch ein dynamisches Prüfniveau.

Auf die jeweiligen Vor- und Nachteile dieser Methoden wird im Vortrag hingewiesen.

4. Erfahrungswerte

4.1 Umwelt

a) Temperatureinflüsse

Die zur Messung anstehenden Werkstücke liegen bei einer kubischen Größe von max. 300 mm Seitenlänge, die Toleranzen der Merkmalsgrößen im Minimum bei 20 µm. Vor Beginn der Werkstückmessung wird die Temperatur der Umluft sowie die ermittelte Werkstücktemperatur in Abhängigkeit des jeweiligen Werkstoff-Ausdehnungskoeffizienten durch den Rechner kompensiert, nicht kompensiert werden die temperaturbedingten Veränderungen der Maschinenführungen. Bedingt durch das definierte kleine Meßvolumen kann diese Veränderung auf ein Minimum reduziert werden.

Es erwies sich als zweckmäßig, an Stellle der ursprünglich aufgrund der Genauigkeitsklasse ausgewählten WMM-Koordinaten-Meßgerät eine UMC - KMG mit kleiner Meßunsicherheit einzusetzen.

b) Umwelteinflüsse auf das Koordinatenmeßgerät

Bewußt wurde das KMG am FSS ohne jegliche Abschirmung eingereiht, um die Zuverlässigkeit bzw. Anfälligkeit eines KMG im Fertigungsklima zu testen.

Die bisherigen Erfahrungswerte des Pilotprojektes zeigen, daß bei regelmäßiger Pflege und definierter Sorgfalt durchaus das KMG dem bei Zeiss vorliegenden Umweltbedingungen gewachsen ist, jedoch wird aus Sicherheitsgründen das Wartungsintervall verkürzt (vorbeugende Wartung). Wichtig ist, daß der verhältnismäßig einfache Filteraustausch regelmäßig durchgeführt wird.

Anfälliger zeigt sich das Koordinatenmeßgerät bei stark ölnebelhaltiger Luft im Verbund mit Gußstaub.

Bei Einsätzen unter solchen erschwerten Umgebungsbedingungen empfiehlt sich es sich eine entsprechende Schutzkabine einzusetzen.

4.2 Taststift-Konfiguaration

Bedingt durch die Vielzahl der verschiedenen Werkstücke und damit entstehende Meßaufgaben hat sich gezeigt, daß die Auswahl der geeigneten Taststift-Kombinationen begrenzt ist. Ergebnis war oft ein manueller Tausch und/oder eine christbaumartige Taststiftkombination, die neben der umständlichen Messung auch die Meßunsicherheit beeinflußte.

Dieser Problematik wurde durch der von Zeiss entwickelten Tasterwechseleinrichtung begegnet.

Diese Tasterwechseleinrichtung besteht aus einem im Meßvolumen des KMG angeordneten Magazin für mehrere werkstückspezifische Taststiftkombination sowie einer eingebauten, rechngesteuerten Klemmvorrichtung zur Aufnahme der Taststiftkombination. Mit entsprechender Softwareunterstützung wird die zum Werkstück gehörende Taststift-Kombination vor der Messung dem Magazin entnommen und nach Ablauf der Messung wieder abgelegt.

Diese Tastkopfwechseleinrichtung besitzt eine so hohe Reproduzierbarkeit in der Aufnahme, daß beim Einwechseln eine erneute Kalibrierung in der Regel entfallen kann.

4.3 Verfügbarkeit Personal

Die Eignung von CNC gesteuerten KMG für den Einsatz bei flexiblen Fertigungssystem wird auch vom Bedienungsaufwand bestimmt.

So wird ständig der Einsatz des KMG auch in Schichten gefordert, was oft durch nicht vorhandenes, qualifiziertes Prüfpersonal scheiterte.

Diesem Problem wurde durch die spezielle Softwareoption AUTO-RUN begegnet, mit der durch das Drücken einer bestimmten Taste ein automatischer Aufruf des gesamten Prüfablaufs einschließlich Lageerkennung gewährleistet ist.

Der Abruf erfolgt über ein vereinfachtes Bedienpult, das mit 12 Tasten und 2 zusätzlichen Shift-Tasten in der Lage ist, 36 verschiedene CNC-Prüfprogramme aufzurufen.

5. Problempunkte

Sauberkeit der Werkstücke

Die ursprünglich konzipierte Waschanlage wurde nicht berücksichtigt, da zufriedenstellende Werkstückreinigungseffekte nur mit "Dampfbasis" arbeitende Anlagen erreicht werden, was zu einer unzulässigen Erwärmung der Werkstücke führt.

Im Moment werden die Werkstücke nach Bearbeitungsende mittels einem Schwall von Kühlemullsion übergossen, ein bei Bedarf partielles Entgraten bzw. Säubern wird manuell durchgeführt.

Werkstückbefestigung auf Bearbeitungspaletten

Die für das Pilotprojekt anstehenden, dünnwandigen Werkstücke erfordern und durch Drehmoment definierte Anspannkraft gegen die an den Werkstückpaletten vorhandenen Anlageflächen.

Für filigrane und dünnwandige Werkstück ist in jedem Falle eine durch Drehmoment definierte Anspannkraft erforderlich.

Generell wäre es wünschenswert, um mögliche Differenzen zwischen gespannten und entspannten Werkstücken erkennen zu können, eine definierte Spannung von Werkstücken gegen die Palette während des Meßvorgangs zu realisieren.

Zweckmäßig wäre eine definierte Spannkraftverringerung des Werkstücks gegen die Palette während des Meßvorgangs.

6. Weitere Vorgehensweise

Für einen weiteren Ausbau ist geplant, einen verlängerten 2-Schicht-Betrieb zu fahren. Das bisher mit einem Tischrechner separat gesteuerte Koordinatenmeßgerät wird zur Erreichung einer Online-Datenübertragung an den Fertigungsleitrechner gekoppelt, eine Erweiterung des Tischrechners durch einen Prozeßrechner erfolgt. Des weiteren ist geplant, den Fertigungsleitrechner mit dem hausinternen Rechnerzentrum zu koppeln um direkten Datenzugriff zu erzielen und Möglichkeiten für CAD, CAM bzw. CAI (CAQ) zukünftig auszuschöpfen.

Ziel ist es, in ferner Zukunft im Online-Betrieb eine Analyse, Verdichtung und Auswertung der Meßergebnisse zu erreichen, die es ermöglichen, über ein Fehleranalyseprogramm eine automatische Prozeßregelung zu gewährleisten.

FORTSCHRITTE BEI DER PROZESSDATENVERARBEITUNG IN DER REAKTORTECHNIK

K. Freudenthaler, H. D. Fischer, H. Finnemann,
H. Moldaschl, M. Zimmermann
Kraftwerk Union AG, Erlangen

ZUSAMMENFASSUNG

Zur Überwachung von KWU-Kernkraftwerken werden schon seit Jahren die umfangreichen Meßdaten von Prozeßrechnern erfaßt und in aussagekräftige Informationen über den thermohydraulischen und nuklearen Zustand der Anlage transformiert. Beim zukünftigen Einsatz moderner 32-Bit-Rechner, die zunächst nur zur Datenverdichtung und -darstellung benutzt werden, können recht anspruchsvolle Modelle und Programme online eingesetzt werden. Der Kernsimulator ABCBOX zur Berechnung der Leistungsdichteverteilung ist ein erster Schritt in diese Richtung. Die Vorteile der Verwendung von ABCBOX im Kernüberwachungssystem werden dargelegt und kurzfristig realisierbare Modellerweiterungen diskutiert.
Weitergehende Fortschritte auf dem Gebiet der Anlagensimulation sind durch die Entwicklung neuer Rechnerstrukturen, mathematischer Verfahren und ihre Parallelisierung zu erwarten.

1 EINLEITUNG

Kernkraftwerke sind komplexe technische Systeme von größtem wirtschaftlichen Wert und höchsten Sicherheitsanforderungen. Trotz des schon erreichten hohen Niveaus der Reaktor-Leittechnik gehört sie zu den Teilgebieten der Kerntechnik, die sich immer noch in rascher Entwicklung befinden /1/: eng gekoppelt an die Fortschritte der modernen Kontroll- und Schätztheorie einerseits und der Datenverarbeitung und Computertechnik andererseits. Weltweit werden computerisierte Systeme zur Unterstützung des Reaktor-Operateurs entweder entwickelt oder bereits erprobt. Besonderes Interesse gilt den Anlage- und Kernsimulatoren großer Leistungsreaktoren, die Trainingszwecken und der Kernüberwachung dienen, denn auch detaillierte Informationen über den Kernzustand können zur Optimierung des Anlagenbetriebes genutzt werden.

Eine zentrale Rolle spielt in diesem Zusammenhang der Kernsimulator, der on-line konsistente Schätzungen so wichtiger Systemgrößen wie lokale Leistungsdichten, Temperaturen und Xenonkonzentrationen erzeugt (Abb. 1). Dieser Bericht beschreibt im 3. Kapitel Konzept und Einsatzmöglichkeiten des bei KWU entwickelten Kernsimulators ABCBOX.

Auch mit modernen Prozeßrechnern ist die Simulation so umfangreicher Systeme, wie es Kernkraftwerke sind, nur mit erheblichen Einschränkungen möglich. Wesentlich für die Geschwindigkeit der Simulation sind die verwendeten Algorithmen zur Lösung der umfangreichen Gleichungssysteme. Lösungsverfahren wiederum sind eng verknüpft mit der eingesetzten Rechnerstruktur. Die Beschleunigung der eingesetzten Methoden durch parallele Numerik wird im 4. Kapitel zusammen mit der erwarteten Rechnerentwicklung und den sich daraus ergebenden Perspektiven für die Simulation des Reaktorkerns diskutiert.
Zuvor wird im 2. Kapitel ein kurzer Blick auf den gegenwärtigen Stand der reaktorphysikalischen Dienstprogramme geworfen.

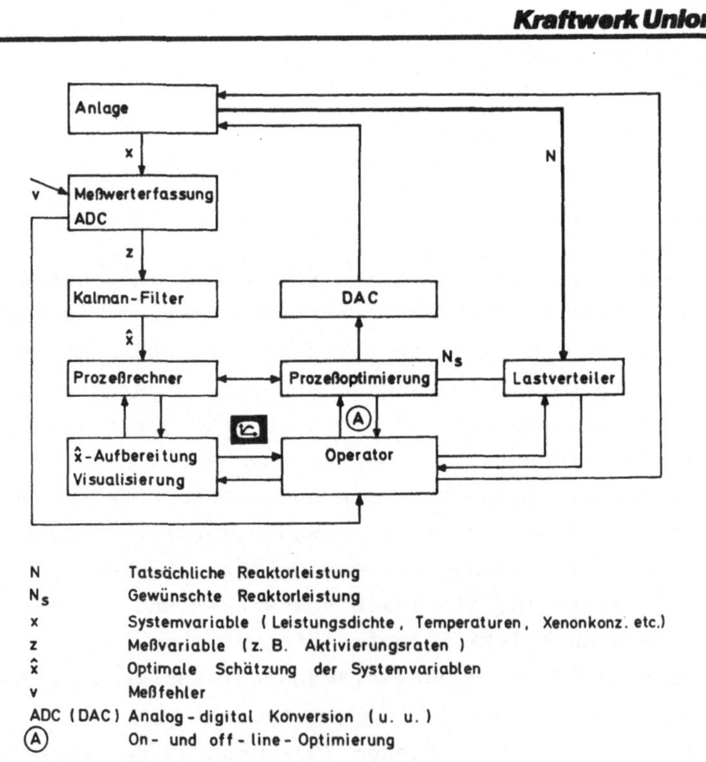

Abb. 1 Prozeßdatenverarbeitung

2 GEGENWÄRTIGER STAND

In diesem Rahmen sollen nicht alle Komponenten des Systems der in KWU-DWR-KKWs eingesetzten reaktorphysikalischen Programme READAT/ISKAMATIC D3R vorgestellt werden /2/. Hier soll wegen ihrer zentralen Bedeutung nur die Bestimmung der Leistungsverteilung kurz erläutert werden. Die Leistungsdichte wird mit Hilfe des Kugelmeßsystems an ca. 30 radialen Positionen in je 32 axialen Parzellen bestimmt.

Um Leistungsdichteaussagen für jede Stelle des aktiven Kernes machen zu können, wird der Vektor $\mathbf{n}^s$ der Meßinformation über die Matrix $\mathbf{A}$, deren Elemente mit Hilfe von Rechenprogrammen bestimmt werden, verknüpft mit dem Vektor n der Leistungsdichte aller Brennelemente:

$$\mathbf{n} = \mathbf{A}\,\mathbf{n}^s$$

$\mathbf{n}$: Leistungsdichten aller Brennelemente
$\mathbf{n}^s$: Leistungsdichten am Ort der Kugelsonden
$\mathbf{A}$: rechteckige Kopplungsmatrix

Die Genauigkeit der Berechnung der Leistungsverteilung konnte erst kürzlich durch bessere Ausnutzung der Meßinformation gesteigert werden, und zwar durch konsequente Benutzung des Begriffes der Deformation. Störungen der Leistungsverteilung können durch die ortsabhängige Deformation D(x,y) dargestellt werden

$$D(x,y) = (i_1(x,y) - i_0(x,y))/i_0(x,y),$$

wobei $i_0(x,y)$ die ungestörte und $i_1(x,y)$ die gestörte Verteilung der Leistungsdichte ist. (Wir beschränken uns bei der Erläuterung des Verfahrens auf die radial/azimutale Ebene.)

Die Methode der Deformation interpretiert eine Messung ohne zusätzliche theoretische Information, indem sie die zu untersuchende aktuelle Messung in Beziehung setzt zu einer "Bezugsmessung".
Die zunächst nur am Ort der Sonden definierte Deformation ist (im Gegensatz zu n selbst) eine stetige Ortsfunktion. Die Gebiete zwischen den Meßsonden können daher durch Inter- bzw. Extrapolation überbrückt werden.
Die aktuelle Leistungsdichteverteilung ermittelt man über

$$n(x,y)_{akt} = (1 + D(x,y))\; n(x,y)_{Bezug}$$

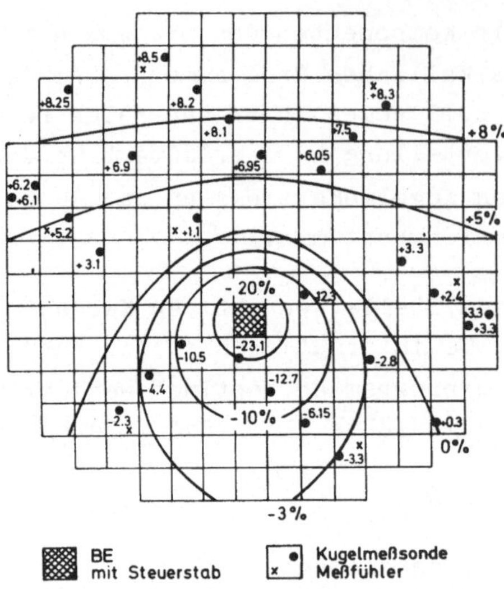

Abb. 2 Kernquerschnitt: Deformation der Leistungsverteilung durch einen eingefahrenen Steuerstab

Sie wird somit aus reiner Meßinformation gewonnen. Die Deformationsmethode ist besonders vorteilhaft bei der Bestimmung von durch einzelne Steuerstäbe gestörten Verteilungen und ergänzt so das zuerst beschriebene Verfahren (Abb. 2).

Die Berechnung der Leistungsdichteverteilung nach einer der beiden Methoden stellt an moderne Prozeßrechner nur geringe Ansprüche, im Gegensatz zu dem im nächsten Abschnitt vorgestellten Kernsimulator.

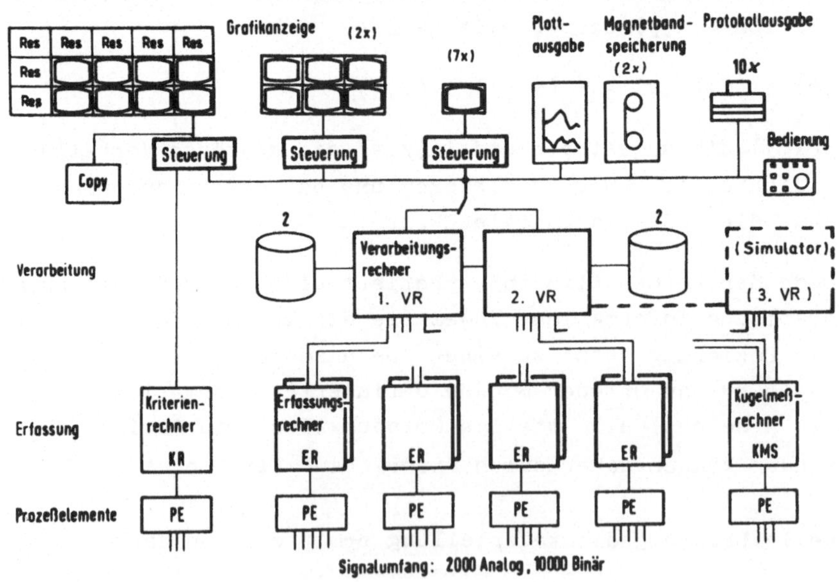

Abb. 3 KWU-Prozeßrechner-Informationssystem (KONVOI)
PRINS

3 GEPLANTE WEITERENTWICKLUNG

3.1 Vorgegebener Rahmen

Für die in den nächsten Jahren in Betrieb gehenden Kernkraftwerke mit KWU-Druckwasserreaktoren ist eine neue Prozeßrechnerkonfiguration /1/ (Abb. 3) vorgesehen. Die hohe Rechenleistung der beiden Verarbeitungsrechner - Siemens 300-3287 - gestattet nennenswert mehr als die Bearbeitung des in Kapitel 2 erwähnten Systems READAT/ISKAMATIC D3R. Die Erhöhung der Rechnerleistung wurde durch neue Anforderungen aus einem rechnerunterstützten interaktiven Prozeßinformationssystem (PRINS) mit der Fähigkeit der Mehrebenendarstellung auf Farb-Vollgrafik-Sichtgeräten nötig. Will man selbst bei Ausfall dieser beiden Rechner keinen Verfügbarkeitsverlust hinnehmen, kann ein dritter gleichartiger Rechner als Option angeboten werden. Die Vorteile des dritten Rechners liegen u. a. im Vorausrechnen von möglichen vorgebbaren Lastwechseln, um z. B. Steuerstabbewegungen optimieren oder den Bor/Deionat-Haushalt kontrollieren zu können. Damit ergibt sich eine Voraussage für die Verfügbarkeit der elektrischen Leistung des betreffenden Kraftwerks am Netz, womit der zentrale Lastverteiler zutreffender disponieren kann (Abb. 1). Außerdem sind mit dem dritten Rechner Verständnisschulungen für Sondersituationen möglich, um in ihnen den Zustand des Reaktorkerns und Auswirkungen auf die Belastung der Brennelemente kennenzulernen. Für den Leittechniker und den Service kann das Wirken der Reaktor-Regelungen und -Begrenzungen /1/ transparent gemacht werden. Neben der bekannten Anlagensimulation wird dabei erstmalig ein hochgenaues mit modernsten mathematischen Verfahren arbeitendes Modell des Reaktorkerns, ABCBOX, eingesetzt.

3.2 Eigenschaften des Kernmodells ABCBOX

Für eine derartige Anwendung reifte in den letzten Jahren ein Modell heran, das das Verhalten des Reaktorkerns eines Druckwasserreaktors beschreibt. Der zugehörige Code wurde aus einem Kernauslegungs-Programm abgeleitet.

Zur Lösung der Neutronen-Diffusionsgleichungen wird das Reaktorcore in quaderförmige Boxen mit den Seitenlängen a, b und c unterteilt. Der deshalb ABCBOX genannte Code löst die partiellen Differentialgleichungen mit Hilfe des in der ersten Hälfte der siebziger Jahre entwickel-

ten Verfahrens NEM (Nodale Entwicklungs-Methode), das sich durch hohe Genauigkeit und Schnelligkeit auszeichnet /3/. ABCBOX löst als Kernsimulator neben den neutronischen Gleichungen auch thermohydraulische Bilanzgleichungen Masse und Energie betreffend.
ABCBOX enthält für quasistationäre Rechnungen eine Jod-Xenon-Dynamik. Dieses Segment schätzt die nicht beobachtbaren Zustandsgrößen Jod- und Xenondichte, indem es sich eines hierarchischen Zweistufen-Modells bedient, das Raum- und Zeitabhängigkeit der Leistungsdichte separiert:

Für die zeitliche Entwicklung der lokalen Leistungsdichte wird ein lineares Verhalten im aktuellen Zeitschritt unterstellt, wobei allerdings die Änderungsrate als zu schätzender Parameter betrachtet wird. Innerhalb jeder Box kann damit ein gewöhnliches Differentialgleichungs-System für die Jod-Xenon-Bilanzgleichungen und die Gleichung, die die zeitliche lokale Leistungsdichteabhängigkeit beschreibt, formuliert werden.
Selbst bei Anwendung nichtlinearer Filtertheorie bleibt der numerische Aufwand in Grenzen /4/, um aus gemessener Leistungsdichte über eine als Kalman-Korrektur eingebrachte Innovation iterativ die Änderungsrate der lokalen Leistungsdichte zu schätzen.
Dies ist die Voraussetzung zur Lösung der Jod-Xenon-Bilanzgleichungen, womit letztendlich über die neutronischen Diffusionsgleichungen eine neue aktuelle Leistungsdichte bestimmt wird.
Als Meßwerte für die lokalen Leistungsdichten werden die zeitkontinuierlichen Meßsignale von ortsfesten Detektoren benutzt. Zur Gewinnung der benötigten statistischen Kenngrößen der Detektorsignale wurden umfangreiche Untersuchungen durchgeführt /5/.

Darüber hinaus stehen in zeitlichen Abständen hochauflösende Meßwerte aus Kugelmessungen zur Verfügung, mit denen eine Modell-Adaption an den wirklichen Corezustand vorgenommen wird.
ABCBOX bildet das natürliche Verhalten des Reaktors nach, indem es ihn selbsttätig durch Veränderung der Gesamtleistung kritisch hält. Daraus sich ergebende Abweichungen vom Sollwert der mittleren Kühlmitteltemperatur sind als Eingangsgrößen des Segments der Reaktorleistungs-Regelungen benutzbar, die mögliche Eingriffe der Stellglieder Steuerstäbe und Bor/Deionat ermitteln.

3.3 Vorteile aus dem Einsatz von ABCBOX

ABCBOX kann als Kernsimulator grundsätzlich im Mitrechen- und Vorausrechen-Modus betrieben werden:

3.3.1 Mitrechnen von Kernzuständen

Der Mitrechen-Modus kommt mit dem geringsten Codeumfang aus. Hierbei ist ABCBOX on-line am Prozeß und hat Meßwerte zu verarbeiten. Die resultierenden Rechenwerte dienen u. a. zur Erzeugung analytischer Redundanz, die zur Validierung der Meßsignale benutzt wird. Hierzu sind mindestens drei vergleichbare Werte notwendig /6/. Zwei Beispiele seien genannt:

o - Meßwerte der instrumentierten Kühlkanal-Austrittstemperaturen
  - Meßwerte der Reaktoreintrittstemperatur vermehrt um die gemessene Aufwärmspanne
  - gerechnete Werte der Kühlkanal-Austrittstemperaturen

o - Meßwerte der Incore-Detektoren
  - Meßwerte des Kugelmeßsystems
  - gerechnete Werte der lokalen Leistungsdichten.

Signalvalidierung ist für ABCBOX als Nebenaufgabe anzusehen, die erhöhtes Vertrauen in die Meßwerte schafft.
Die Verwendung von Leistungsdichte-Meßwerten, die mittels einer Incore-Instrumentierung aufgenommen werden, in Verbindung mit den neutronischen und thermohydraulischen Bilanzgleichungen darf als 3D-Interpolation der Leistungsverteilung interpretiert werden. In diesem Sinne dienen die Leistungsdichte-Meßwerte als Stützstellen. Mit den in ABCBOX implementierten wirkungsvollen mathematischen Verfahren erzielt man nicht nur eine Aussage über die optimale Anzahl der zur 3D-Interpolation notwendigen Incore-Detektoren, sondern auch die Bereitstellung konsistenter Ersatz-Meßwerte anstelle fehlerhafter Detektorsignale.
Die Detektorsignale werden in einem ca. 14 Tage-Zyklus mittels einer Kugelmessung überwacht und gegebenenfalls nachjustiert. Dazu sind in der festverdrahteten vierfach redundanten Schaltung etliche Potentiometer manuell zu verstellen. Eine Fein-Anpassung der Detektorsignale könnte bei geeigneten Zusatzmaßnahmen (z. B. Diversität) als Dienstaufgabe ABCBOX übertragen werden, wodurch sich die Anzahl der Handeingriffe in sicherheitsrelevante Systeme reduziert. Damit werden die

Möglichkeiten für menschlichen Irrtum verringert, woraus Risikominderung und Entlastung des Personals von ermüdenden Routinetätigkeiten resultieren.
Das Personal des Kraftwerks kann ABCBOX dazu nutzen, die Anlage näher an Auslegungsgrenzen und damit ökonomischer zu betreiben. Dies ist möglich, da ein mitrechnendes Kernmodell nennenswert mehr Information über den Kernzustand bereitstellt als die konventionelle Instrumentierung überhaupt in der Lage ist zu tun. Neben der Überwachung des minimalen Filmsiedeabstandes (DNBR) treten auch Aufgaben lokaler Brennstoff-Konditionierung (PCI) insbesondere nach länger dauerndem Teillastbetrieb auf.

3.3.2 Vorausrechnen von Kernzuständen

Fügt man dem Programmpaket des Mitrechen-Moduls die Nachbildung der Reaktorleistungs-Regelungen und -Begrenzungen hinzu, dann komplettiert sich der Code zum Vorausrechnen. In dieser Betriebsart sind echte prädiktive Rechnungen möglich, da die Reaktionen der betrieblichen Regelungen oder der Leistungsbegrenzungen auf Abweichungen von Sollwerten bzw. Überschreitungen erlaubter Bereiche auf den Kernzustand berücksichtigt werden.
Der Vorausrechen-Modus dient im wesentlichen der Optimierung der Regelungsstrategie bei geplantem Lastfolgebetrieb, z. B. Tag-Nacht-Zyklen oder Wochenendzyklen.
Als Ergebnis erhält der Benutzer ein Protokoll, in dem die zur Einhaltung des Last-Zeit-Diagramms erforderlichen Steuerstabstellungen und Bor-Deionat-Einspeisungen über der Zeit angegeben sind. Mangelhafte Ergebnisse können sich in frühzeitigem bzw. wiederholtem Eingreifen der Reaktorleistungs-Begrenzungen oder einer Fahrweise manifestieren, die dem Prinzip der Komponentenschonung widerspräche. Darüber hinaus könnte sich zeigen, daß die geforderte Lastrampe mit den zur Verfügung stehenden Stellmitteln nicht ausführbar ist. In allen diesen Fällen wird der Benutzer das Last-Zeit-Diagramm geeignet modifizieren, wozu seine Kenntnisse um die physikalischen Eigenschaften des Kerns einschließlich der zugehörigen Leittechnik hilfreich sind. Dieses hier skizzierte Vorgehen orientiert sich an einem trial and error-Verfahren.
Im Gegensatz hierzu kann man eine optimale Regelungsstrategie natürlich auch über die bekannten Prinzipien der Variationsrechnung unter Einbeziehung beschränkter Stellglieder (Pontrjagin) berechnen. Hierzu wurden in jüngster Zeit Arbeiten bei der Gesellschaft für Reaktorsicherheit (GRS) /7/ durchgeführt. Das hieraus resultierende Multilevel

Core Control System (MCCS) bewältigt die enorme Rechenleistung durch eine streng hierarchisch gegliederte Systemkonfiguration einschließlich notwendiger Koordination unter den verschiedenen Subsystemen.

Ein wichtiger Aspekt bei der Implementierung solcher optimalen Control Codes ist die Struktur der Rechnerhardware. Nur durch Rechnerarchitekturen, die auf dem Prinzip der Parallelverarbeitung beruhen, steht das Potential für die Erhöhung der Rechenleistung zur Verfügung.

Auf die Möglichkeiten, die sich durch diese fortschrittlichen Rechnerstrukturen ergeben, wird im folgenden Kapitel eingegangen.

4 ZUKÜNFTIGE ENTWICKLUNGEN

Parallelverarbeitung kann in Rechnern auf verschiedenen Ebenen realisiert werden.
Zu den leistungsfähigsten Systemen, die Parallelverarbeitung auf Programm-Ebene ermöglichen, gehören die Mehrfachprozessor-Systeme, denen ein Mikroprozessor-Netzwerk zugrunde liegt.

4.1 Darstellung einer Multiprozessor-Konfiguration

Die zur Kernsimulation erforderliche Rechenleistung ist proportional zur Anzahl der betrachteten Boxen, in die der Reaktorkern segmentiert wird.

Das NEM-Verfahren erlaubt es, für jede Box die Grundfläche eines Brennelementes zugrunde zu legen und die axiale Länge des Kerns in etwa zehn Abschnitte zu unterteilen. Somit ergeben sich für eine DWR-Standardanlage bei einer hochgenauen Vollcore-Rechnung ca. 2000 Boxen.

Die Rechenzeit zur iterativen Lösung der stationären Diffusionsgleichung liegt in diesem Fall bei etwa 30 CP-Sekunden auf der CYBER 176 bzw. 60 CP-Sekunden auf dem genannten Siemens Prozeßrechner.
Bei der Beschreibung gekoppelt neutronisch-thermohydraulischer Vorgänge steigt die Rechenzeit in Abhängigkeit des verwendeten Thermohydraulik-Modells u. U. stark an. Bei transienten Vorgängen gewinnt man etwa den Faktor 10 an Schnelligkeit, da die Zahl der Iterationen entsprechend abnimmt. Weitere Beschleunigungen sind durch parallele Varianten der Mehrgitter-Methode /8/ möglich.

Die Berechnung sehr schneller Vorgänge (Kurzzeitdynamik) in Echtzeit erfordert jedoch CP-Zeiten im Bereich von 100 ms. Sieht man von unerwünschten Vereinfachungen der Modelle ab, so lassen sich aus heutiger Sicht Verbesserungen des Rechenzeitverhaltens nur durch Verwendung spezieller Hardware-Strukturen in Verbindung mit Fortschritten auf dem Gebiet der parallelen Numerik erreichen.

Aufgrund von Erfahrungen, die in der Literatur über verschiedene Mehrfachprozessor-Systeme wie z. B. SMS, C.mmp, Cm*, X-Tree /9/ und EGPA /10/ dargelegt sind, und der speziellen Anwendung mit ausgeprägter Matrixstruktur, erscheint eine gitterähnliche Anordnung von asynchron arbeitenden 32-/64-Bit-Mikroprozessoren mit Multiport-Speicher sinnvoll, wie sie in /11/ vorgeschlagen wird. Dabei wird zweckmäßigerweise jedem Brennelement ein Prozessor zugeordnet, wobei jeder über einen Speicher mit einer begrenzten Anzahl seiner Nachbarn gekoppelt ist (Abb. 4).

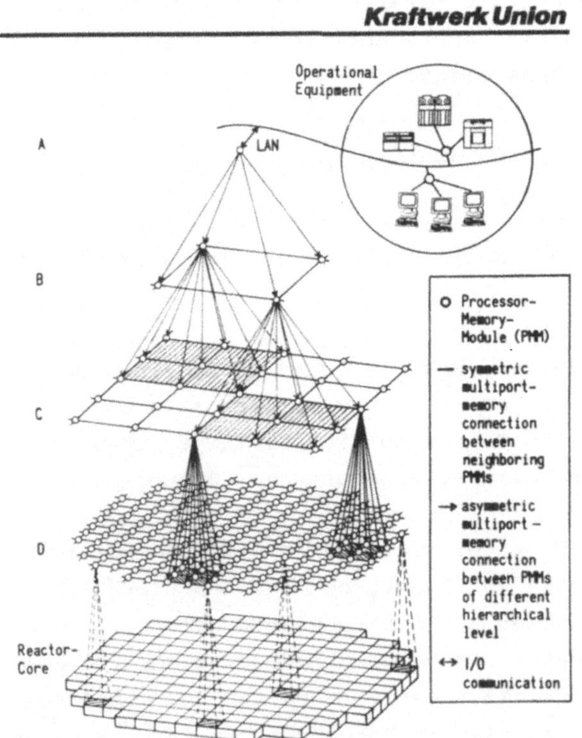

Abb. 4 Konfiguration eines Mehrfachprozessor-Systems in vier hierarchischen Ebenen A, B, C, D

Darüber befindet sich eine Hierarchie von Prozessoren (3 Ebenen), deren Aufgabe es u. a. ist, das Feld zu überwachen und den Datentransport zwischen nicht benachbarten Prozessoren sicherzustellen.

Aus den Arbeiten im Zusammenhang mit dem EGPA-Projekt /10/ ist bekannt, daß durch die Verwendung von 1 + 4 Prozessoren in hierarchischer Anordnung im Idealfall eine Beschleunigung um den Faktor 4 gegenüber einem Mono-Prozessor möglich ist. Somit erscheint für die vorgestellte Konfiguration mit ca. 200 Prozessoren auf unterster Ebene ein Beschleunigungsfaktor von nahezu 200 theoretisch möglich.

4.2 Offene Probleme

Multiprozessor-Systeme der vorgestellten Art bringen eine ganze Reihe von Problemen mit sich, die weitere Forschungs- und Entwicklungsarbeiten notwendig machen:

(1) Die relativ großen Verarbeitungszeiten externer peripherer Geräte müssen verringert werden.

(2) Es werden Algorithmen zum Erkennen von Hardware- und Software-Fehlern benötigt.
Damit im Zusammenhang stehend, müssen Verfahren entwickelt werden, die das Ersetzen von Systemelementen nach Fehlerdiagnosen möglich machen, d. h. das System muß fehlertolerant und rekonfigurierbar sein.

(3) Die höheren Programmiersprachen müssen erweitert und modifiziert werden.

(4) Betriebssysteme müssen weiterentwickelt werden, um die Lastverteilung zu optimieren und die Prozessoren zu synchronisieren.

LITERATUR

/1/ W. Aleite: Defence in Depth by 'Leittechnique' Systems with Graded Intelligence, Proc. Symp. Nucl. Power Plant Control, IAEA-SM-265/14, 1982

/2/ G. Friedrich et al.: Aufbau und Funktion des Prozeßrechner-Programmsystems READAT, Siemens Zeitschrift 47 (1973), Heft 11

/3/ H. Finnemann, F. Bennewitz, M. R. Wagner: Interface Current Techniques for Multidimensional Reactor Calculations, Atomkernenergie 30, (1977), pp. 123 - 128

/4/ H. D. Fischer, H. Finnemann: A Nonlinear Xenon Estimator for Control of Large PWRs, ATKE, vol. 37, no 4 (1981), 266 - 270

/5/ E. Türkcan, J. B. Dragt: New Results of the Noise Applications in the Borssele Pressurized Water Reactor. Proc. Enlarged Halden Programme Group Meeting, Loen, Norway, June 1978

/6/ H. D. Fischer: Detection of Inconsistent Measurements, Siemens F+E-Berichte, Bd. 12, Nr. 2 (1983), 107 - 113

/7/ D. Beraha, J. Karppinen: Power Distribution by Hierarchical Optimisation Technique, ANS/ENS Topical Meeting on Advances in Math. Meth. for the Solution of Nucl. Eng. Problems,Munich,1981

/8/ W. Hackbusch, U. Trottenberg (eds.): Multigrid Methods, Lecture Notes in Mathematics, No. 960., Springer-Verlag, Berlin, 1982

/9/ A. U. Jones, P. Schwarz: Experience using Multiprocessor Systems - A Status Report, Computing Surveys, Vol 12, No 2, 1980

/10/ W. Händler et al.: Projektabschlußbericht 1978-82, EGPA, Erlangen General Purpose Array, Arbeitsberichte des IMMD, Bd. 16, Nr. 6, Erlangen 1983

/11/ G. Fritsch, W. Kleinoeder, C. U. Linster, J. Volkert: EMSY85 - The Erlangen Multi-Processor System for a Broad Spectrum of Applications, Proc. Int. Conf. Parallel Processing, Bellaire,83

Konzept und Auslegung eines neuen Prozeßrechner-informationssystems für Kernkraftwerke

H. Hofmann
Kraftwerk Union AG, Erlangen

Zusammenfassung

Prozeßrechner werden in Kernkraftwerken zur Überwachung und Dokumentation des Betriebsablaufs verwendet. Sie geben Störungsmeldungen über Sichtgeräte aus, erstellen Protokolle, und führen kerntechnische Berechnungen durch. Das PROZESSRECHNER-INFORMATIONSSYSTEM für Kernkraftwerke soll neben den bisherigen Aufgaben zukünftig Prozeßinformationen hochwertig aufbereiten und über Grafiksichtgerätesysteme ausgeben. Für diese Aufgaben wird ein leistungsfähiges, redundantes Rechnersystem mit dezentralen Grafiksichtgerätesteuerungen eingesetzt.

1. Aufgaben und Anforderungen

Ausgangssituation

Prozeßrechner in Kernkraftwerken haben bisher hauptsächlich die Aufgabe,
- das Prozeßgeschehen detailliert auf Papier und Magnetträger zu protokollieren
- Störungsmeldungen aufzubereiten und über Datensichtgeräte auszugeben.

Wegen dieser Funktionen wird das zentrale Prozeßrechnersystem auch als ÜBERWACHUNGSRECHNER bezeichnet. Es ergänzt somit die vorhandenen konventionellen Dokumentationseinrichtungen und Meldeanlagen. Überwachungsrechnersysteme in Kernkraftwerken werden daher schon seit längerer Zeit in hochverfügbarer Ausführung , z. B. als Zweirechnersystem mit Überwachung und automatischer Umschaltung bei Ausfall des führenden Rechners, aufgebaut.

Weitere bisherige Aufgaben des Überwachungsrechners sind:
- die Auswertung spezieller Neutronenflußmeßeinrichtungen (Kugelmeßsystem)
- die Durchführung kerntechnischer Berechnungen zur Optimierung der Betriebsführung.

Neue Aufgaben

In neueren Kernkraftwerksprojekten, z.B. in den Konvoianlagen, werden Prozeßrechner über den bisherigen Umfang hinaus für höherwertige Aufgaben der komplexen und umfassenden Informationsaufbereitung und -darstellung eingesetzt mit dem Ziel, den Operateur in der Warte von Informationsballast zu entlasten,ihm neue Informationsmittel und -wege zu erschließen und die Anlagensicherheit weiter zu erhöhen. Für diese Aufgaben wird ein leistungsfähiges PROZESSRECHNER-INFORMATIONSSYSTEM (PRINS) eingesetzt, welches neben den bisherigen Funktionen des Überwachungsrechners zusätzlich über ein umfassendes Anlagenbildanzeigesystem zur Ausgabe von Prozeßgrafiken über Farbsichtgeräte verfügt.

Vorgaben aus dem Wartenkonzept

Die Anforderungen an das PRINS ergeben sich im wesentlichen aus dem Konzept der Kraftwerkswarte als zentrale Leitstelle für die Führung des Kraftwerksprozesses. Die Warte (Bild 1) besteht aus einem Haupt- und einem Systemleitbereich. Vereinfacht dargestellt wird die Anlage im Normalbetrieb vom Hauptleitbereich gefahren, bei besonderen Betriebsweisen und Störungen wird zusätzlich der Systemleitbereich zur Prozeßführung benutzt. Bei Normalbetrieb sind in der Warte mindestens drei Personen anwesend:

- ein Schichtleiter
- ein 1. Reaktorfahrer
- ein Turbinenfahrer

Der Schichtleiter übt eine allgemeine Überwachungsfunktion aus. Der Reaktorfahrer hat seinen Arbeitsplatz bevorzugt am linken Teil des Hauptleitbereiches, während der Turbinenfahrer hauptsächlich auf der rechten Seite des Hauptleitstandes tätig ist.

Auf dem Haupt- und Systemleitbereich sind die konventionellen Informationseinrichtungen, z. B. Meldelampen, Meldefelder, Anzeiger und Schreiber angeordnet.

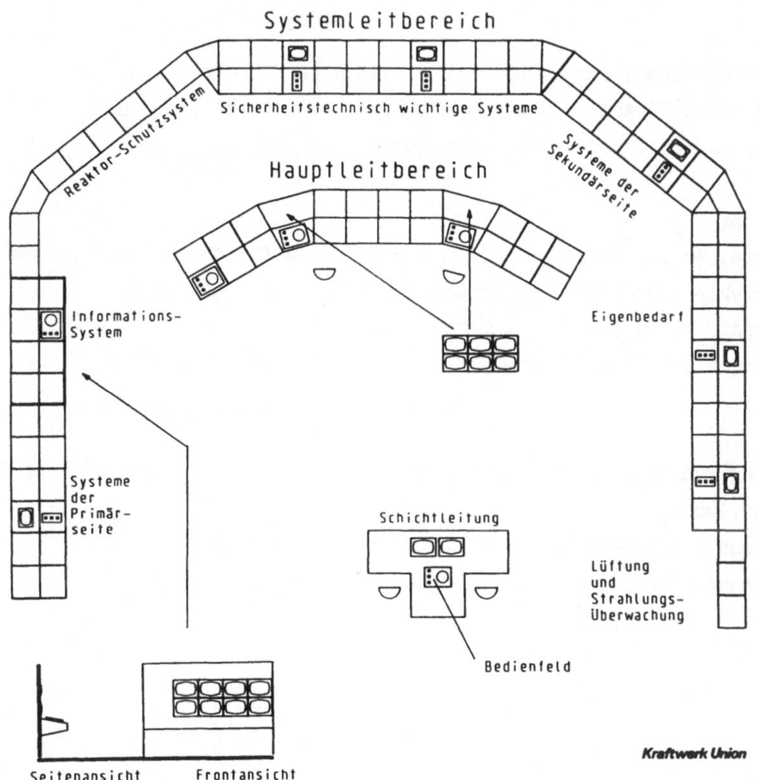

Bild 1: KONVOI-WARTE

Bei der Gestaltung der Warte wurde über diese Informationsebene hinaus eine zweite Informationsebene auf der Basis von Farbgrafiksichtgeräten eingeplant. Entsprechend den technologischen Vorgaben über den Betrieb der Anlage werden an drei Schwerpunkten Sichtgeräte in größerem Umfang angeordnet, und zwar

- im Hauptleitbereich 2 mal 6 Sichtgeräte jeweils für den Reaktor- und für den Turbinenfahrer
- im linken Systemleitbereich 8 Sichtgeräte als übergeordnetes Informationssystem.

Entsprechend der Einteilung der Warte in Meldebereiche werden zusätzliche Meldebereichs-Sichtgeräte angeordnet. Am Schichtleiterarbeitsplatz sind zwei weitere Sichtgeräte vorgesehen. Allen Sichtgeräten sind entsprechende Bedienfelder zugeordnet.
Eine ausführliche Darstellung über die Verwendung von Grafiksichtgeräten im Kernkraftwerk enthält der Tagungsbeitrag: "Konzentrierte Darstellung von Prozeßinformation mit Sichtgeräten" von J.-R. Goethe und H.-G. Mederer.

Anforderungen

Zur Erfüllung der technologischen Vorgaben wurde PRINS als hochverfügbares System mit Echtzeit-Verhalten für folgende Maximalwerte konzipiert:

o Erfassung
- "Spontane" Erfassung von 16000 Binärsignalen, Auflösung ca.10 msec
- Erfassung von 2800 Analogsignalen mit Zyklen von 1 sec und 5 sec
- Ankopplung zusätzlicher Erfassungssysteme

o Verarbeitung
- Reaktionszeiten für Bedienaufrufe und Ausgaben auf Sichtgeräten typisch 2 sec.
- Refresherzyklen für alle Sichtgeräte von 1 sec
- Beherrschung von ca. 2000 eingehenden Meldungen in 10 sec.
- Speicherung aller Prozeßdaten für Direktzugriff über 10 Stunden

o Ausgabe
- Ansteuerung von 32 Farbgrafiksichtgeräten mit Semi- und Punktgrafik in Normal- und Hochauflösung
- Umfangreiche Ausgabegeräte für Betriebsprotokollierung
- Magnetbandaufzeichnung für Datenlangzeitspeicherung

2. Hardwarekonfiguration

Wesentlich für den gerätetechnischen Aufbau (Bild 2) sind vorgegebene Anlagenstrukturen, z. B. 4 Scheiben (Redundanzen), Erdbebenfestigkeit, nicht disponible Aufstellungsorte und Umgebungsbedingungen.
Für die Konvoianlagen ist die Erfassung von 2000 analogen und 10000 binären Signalen vorgesehen. Das System besteht aus unabhängigen Erfassungs- und Verarbeitungsrechnern, die über Rechnerkopplungen miteinander verbunden sind.
Diese Struktur erfüllt die Anforderungen nach:

- Anpassung an den Aufbau der Leittechnik im Kernkraftwerk mit einer scheibenbezogenen Signalerfassung
- hoher Verfügbarkeit auf der Erfassungs- und Verarbeitungsebene
- hoher Leistungsfähigkeit mit hinreichenden Reserven.

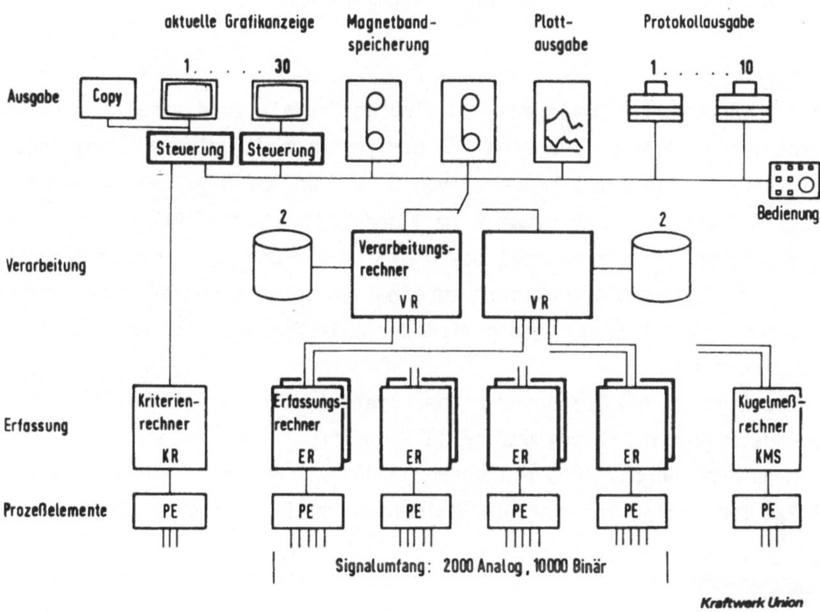

Bild 2: PROZESSRECHNER - INFORMATIONSSYSTEM

Erfassungsrechner

Es werden 16-Bit-Rechner des Typs Siemens ZE 03 mit einem Zentralspeicherausbau von 1 MByte eingesetzt. Entsprechend den 4 Scheiben des Kernkraftwerkes hat jede Scheibe ein unabhängiges Erfassungsrechnersystem, welches aus zwei Zentraleinheiten besteht. Durch die vorgesehene Aufstellung in normal belüfteten Elektronikräumen treten Umgebungsbedingungen auf, z. B. Staub, Temperaturgradienten, Erschütterungen, welche z. B. die Verwendung von Externspeichern ausschließen. Lediglich zum Laden der Rechner werden daher temporär Floppy-Disc-Einheiten verwendet. Die Erfassungsrechner werden im stand-by betrieben, d.h. einer der beiden Zentraleinheiten ist über einen Umschalter das Prozeßelement zugeordnet. Die zweite Zentraleinheit läuft in einer Überwachungsschleife. Wird eine Störung im Erfassungssystem erkannt, erfolgt die Umschaltung des Prozeßelements auf die zweite Zentraleinheit.
Jeder Erfassungsrechner ist über zwei LICHTWELLENLEITER-RECHNERKOPPLUNGEN mit den beiden Verarbeitungsrechnern verbunden.
Der Anschluß von drei weiteren Rechnerkopplungen zur Versorgung von zusätzlichen Verarbeitungsrechnern ist vorgesehen. Die Erfassungsebene kann durch zusätzliche Erfassungsrechner, z. B. einen Kugelmeßrechner, erweitert werden. Der Anschluß von weiteren Erfassungsrechnern an die Verarbeitungsrechner ist möglich.

Prozeßelemente

Sie setzen die anstehenden analogen- und binären Signale in digitale Werte um. Das Prozeßelement ist je Scheibe für etwa 1/4 der gesamten Signalmenge ausgelegt. Analoge Signale sind in der Regel Meßwerte von 0...20 mA und 0...1 mA. Sie werden zyklisch erfaßt und zwar je nach Dynamik im 1 sec- oder 5 sec-Takt.
Binäre Signale haben die Signalpegel Low = 0V; High = 24V. Sie werden "spontan" erfaßt, d.h. jede Signaländerung führt zu einer entsprechenden Abfrage durch den Erfassungsrechner. Mit diesem Prinzip wird für alle Signale eine hohe Auflösung von 10 msec garantiert.
Die Leistungsfähigkeit des Erfassungsrechnersystems wird für einen aus praktischen Erfahrungen festgelegten Meldungsumfang je Zeiteinheit nachgewiesen. Danach muß jedes System je Scheibe ca. 1000 Meldungen in 10 sec. erfassen können, ohne daß ihre Zeitfolge fehlerhaft ist oder der Meldespeicher überläuft.

Verarbeitungsrechner

Es werden 32-Bit-Rechner des Typ Siemens ZE 328750 mit einem Zentralspeicherausbau von 6 MByte eingesetzt. Sie gewährleisten sehr hohe Rechenleistungen und einen großen Datendurchsatz. Durch nachrüstbare Doppelprozessoren und weitere I/O-Prozessoren kann die Leistungsfähigkeit der Maschine steigenden Anforderungen angepaßt werden. Jedem Rechner sind zwei unabhängige Plattenspeicher mit einer Kapazität von je 250 MByte zugeordnet.

Die Verarbeitungsrechner arbeiten in hot-stand-by, d.h. beide Verarbeitungsrechner sind aktiv mit den Erfassungsrechnern verbunden. Die Ausgabeperipherie ist umschaltbar einem Verarbeitungsrechner zugeordnet. Der zweite Verarbeitungsrechner wird über eine Rechnerkopplung ständig aktualisiert. Ein ÜBERWACHUNGSSYSTEM aktiviert bei einer Rechnerstörung die zweite Zentraleinheit und schaltet die Ausgabeebene praktisch unterbrechungslos um, und zwar:
- Grafiksichtgerätesteuerungen und Bedientastaturen logisch ohne Zeitverzögerung
- Magnetbänder und Papierausgabegeräte über Hardware mit geringer Zeitverzögerung.

Ausgabegeräte

An die Verarbeitungsrechner sind in den Konvoiprojekten
- 10 Protokolldrucker
- 2 Magnetbandgeräte
- 1 Mehrfarbenplotter
- 30 Farbgrafiksichtgeräte
- 1 Hardcopygerät

in der bereits dargestellten Weise "umschaltbar" angeschlossen. Weiterhin verfügen die Erfassungsrechner über je einen Protokolldrucker für ein "lokales" Meldungsprotokoll beim Ausfall des gesamten Verarbeitungssystems.

Sichtgerätesteuerungen

Jedem Farbgrafiksichtgerät ist eine leistungsfähige Sichtgerätesteuerung vom Typ DYNAVIS R zugeordnet. Es handelt sich dabei um ein 32-Bit-Mikroprozessorsystem, das in der Lage ist, autark aus den von den Verarbeitungsrechnern übergebenen Daten die Grafikbilder aufzubauen und zu aktualisieren. Die Steuerung erlaubt die kombinierte Nutzung von Semi- und Vollgrafik in einem Bild. Damit wird ein schneller Bildaufbau erreicht. Je nach Anzeigeort in der Warte wird eine normal- oder hochauflösende Technik verwendet. Die Steuerungen sind über eine IEC-Schnittstelle mit den Verarbeitungsrechnern gekoppelt. Jede Steuerung hat zwei Rechnereingänge, durch "logisches" Umschalten wird der jeweils aktive Datenkanal angewählt. Ein Teil der Steuerungen ist mit einem dritten Eingang ausgerüstet, über die ein spezieller Kriterienrechner ebenfalls Grafiken ausgeben kann. Mit dieser Konzeption entfällt die sonst übliche - wegen der hohen Übertragungsfrequenzen jedoch nicht zweckmäßige - Videokreuzschiene. Die Steuerung ermöglicht Bildwiederholfrequenzen von 65 Hz. Damit werden auch die bekannten Probleme des Bildflimmerns, vor allem beim peripheren Sehen gelöst. Nur mit dem Einsatz derart leistungsfähiger Grafiksichtgerätesteuerungen wird es möglich die vorgegebenen Ziele hinsichtlich
- Reaktionszeiten im Sekundenbereich bei Bedienung und Bildaufruf
- sowie Refresherzyklen von 1 sec

zu erreichen.

Bedienfelder

Die BEDIENUNG der Sichtgeräte erfolgt über zugeordnete Bedienfelder (siehe Bild 1) mittels Funktionstasten und Rollkugel. Die Funktionstasten dienen auch zur Bedienung der übrigen Ausgabegeräte. Die Befehle der Bedienfelder werden von zwei vorgelagerten Mikroprozessoren aufbereitet und als Telegramme gleichzeitig an beide Verarbeitungsrechner gegeben. Die Bedienfelder haben je nach Bedienort unterschiedliche Leistungsmerkmale, bei höchstmöglicher Kompatibilität hinsichtlich der Anordnung der Tastaturen.

3. Programmsystem ISKAMATIC P

Das gesamte Programmsystem (s. Bild 3) ist modular aufgebaut. Programmiersprache ist grundsätzlich Fortran 77. Für zeitkritische Funktionen, vor allem im Erfassungsrechner, werden Assemblerprogramme verwendet. Als Realtime-Betriebssystem kommt MPX 32 zum Einsatz. Zur Datenhaltung dient das für Echtzeitsysteme geeignete Datenbanksystem BAPAS-DB.

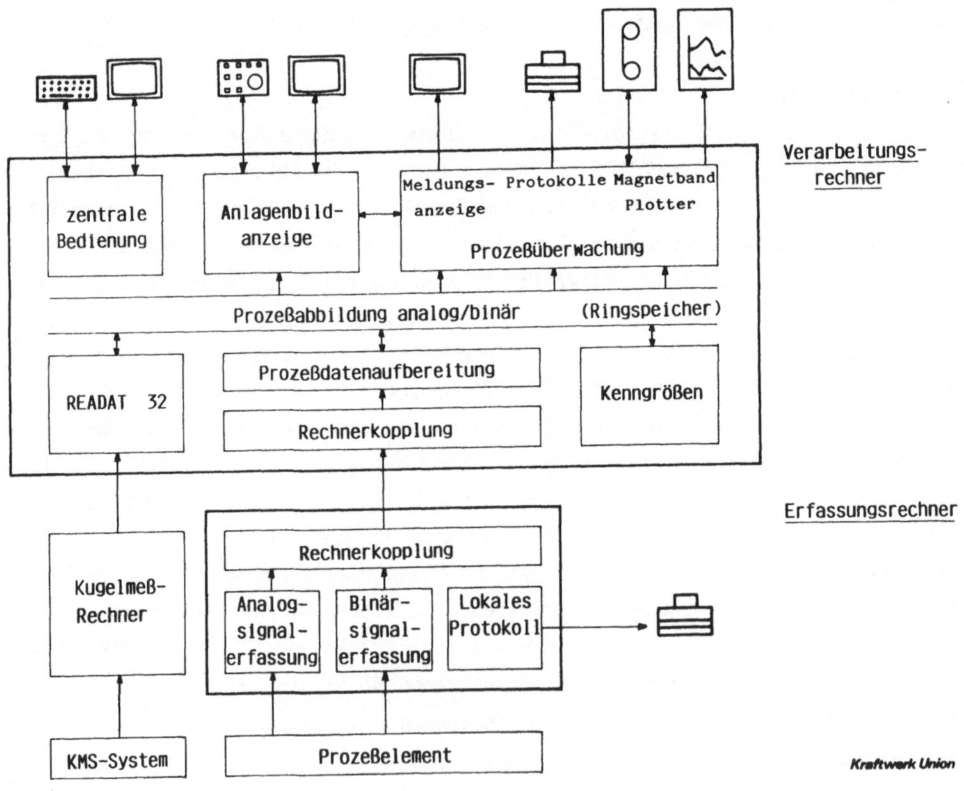

Bild 3: STRUKTUR DES PROGRAMMSYSTEMS ISKAMAITC® P

3.1 Erfassungsrechner-Programmsystem

Es hat vier wesentliche Funktionen:

- Zyklische Erfassung der Analogsignale und die Umwandlung in physikalische Gleitpunktgrößen. Dabei erfolgt eine Aufteilung der Meßwerte auf verschiedene Erfassungszyklen im Hinblick auf eine zeitlich gleichmäßige Auslastung. Jedem Meßwert wird die aktuelle Uhrzeit zugeordnet.
- "Spontane" Erfassung von Binärsignalen mit einer Zeitauflösung von 10 ms einschließlich der Zuordnung der aktuellen Uhrzeit.
- Zyklische Übertragung aller erfaßten und vorverarbeiteten Daten zu den Verarbeitungsrechnern über die Rechnerkopplung im 0,5 sec-Zyklus.
- Aufbau und Ausgabe eines "lokalen" Meldungsprotokolls bei Ausfall der zugehörigen Rechnerkopplungen oder der Verarbeitungsrechner.

3.2 Datenübertragung

Die Übertragung zwischen einem Erfassungsrechner und dem Verarbeitungsrechner wird alle 0,5 sec angestoßen, wobei der Start des nächsten Erfassungsrechners jeweils um 125 msec zeitverschoben erfolgt. Dadurch steht jedem Erfassungsrechner ein eigener Zeitbereich von 0,5 sec zur Verfügung, während der Verarbeitungsrechner für die Datenübertragung von jedem Erfassungsrechner nur alle 125 msec belastet wird. Im Verarbeitungsrechner werden dann die einlaufenden Daten nach dem "Reißverschlußprinzip" zu einem gemeinsamen, chronologisch geordnetem Datenpaket zusammengefügt.

3.3 Programme im Verarbeitungsrechner

Prozeßdatenaufbereitung

Dieses Programm bereitet die übertragenen Meßwerte weiter auf und bildet durch Rechneroperationen zyklisch etwa 1000 zusätzliche Rechenwerte. Es legt diese zusammen mit den Meßwerten im Prozeßabbild ab. Zur rationellen Speicherung der Analogsignalverläufe wird ein "Delta"-Verfahren angewendet, d.h. nur Werte die sich um einen vorgegebenen Betrag (Delta) geändert haben, kommen mit genauer Zeitangabe in den Ringspeicher. Anhand der erfaßten Binärsignaländerungen erfolgt die Aktualisierung des Binärabbildes. Alle Signaländerungen werden ebenfalls chronologisch geordnet im Ringspeicher abgelegt, sie dienen zur Aufbereitung der Störungsmeldungen.

READAT 32

Diese Programme dienen zur Berechnung reaktorspezifischer Kenngrößen wie z.B. thermische Reaktorleistung, Leistungsdichteverteilung, Abbrandverteilung u.a. auf der Basis von Meßwerten, die vom Kugelmeßrechner und den Erfassungsrechnern zur Verfügung gestellt werden. Die so ermittelten Daten werden in der Regel auf Abruf in speziellen Protokollen ausgegeben.

Kenngrößen

Besondere Rechenfunktionen der Kraftwerkstechnik werden in Kenngrößen-Programmen abgearbeitet. Diese Kenngrößen werden z.B. als hochwertige Prozeßinformationen zum Aufbau von komplexen Grafikbildern zur Ausgabe über Sichtgeräte verwendet.

Prozeßüberwachung

Dieses Programmpaket gibt die Störungsmeldungen und Zustandsanzeigen aus dem Ringspeicher und dem Binärabbild über Sichtgeräte und Drucker aus. Es übernimmt Bedieneingaben, quittiert diese und organisiert die Ausgabe verschiedener Protokolle, z.B.

- Meldungsprotokolle
- Betriebsprotokolle
- Bilanzprotokolle
- Betriebszeitprotokolle
- Schaltspielprotokolle.

Weiterhin erfolgt in diesem Programmpaket die Langzeitspeicherung aller Prozeßdaten auf Magnetband und die Ausgabe von Meßwerten über Plotter.

Anlagenbildanzeige

Das Programmsystem verwaltet alle Bilder, die über Grafiksichtgeräte ausgegeben werden können, und koordiniert die Ausgabe. Diese sind:

- Anlagenabbilder
- Diagramme
- Schemata
- Kurvenbilder
- Balkenbilder

Es bereitet die auszugebenden Daten auf und realisiert den Datenverkehr zu den Sichtgerätesteuerungen. Weiterhin werden alle Bedienaufrufe koordiniert und abgearbeitet. Das Programm ist für die Verwaltung von 2000 Bildern ausgelegt. In der derzeitigen Ausbaustufe des Systems sind ca. 400 Bilder vorgesehen.

Zentrales Bedienprogramm

Zur Bedienung des gesamten Rechnersystems, vor allem des Datenmodells, aber auch zum Laden und Starten von Programmen, Zu- und Abschaltung von Rechnern, wird ein zentrales Bedienprogramm eingesetzt. Die Bedieneingabe erfolgt über aufgabenspezifische Masken ("fill in the blanks") am Terminal.

ORGANISATIONSSTRUKTUR DER FAHRZEUGSTEUERUNG VON MAGNETSCHNELLBAHNEN

E. Schnieder
SIEMENS AG

Eisenbahnsignaltechnik Neue Verkehrssysteme
D- 3300 Braunschweig, Ackerstraße 22

ZUSAMMENFASSUNG

Der Entwurf eines Betriebsleitsystems zur Prozeßsteuerung von Magnetschnellbahnen ist eng mit dem Entwurf des Bahnsystems verknüpft. Die verkehrlichen Anforderungen wie die unkonventionelle Technologie bestimmen maßgeblich das funktionale und technische Konzept der prozeßnahen Steuerungseinheiten. Dafür wird ein Verbund aus dezentralen Rechensystemen zur lokalen Optimierung, Regelung und Sicherung der Fahrzeugbewegung auf der Grundlage von Instanzen- und Petrinetzen entwickelt.

1. EINLEITUNG

Von bodengebundenen Transportsystemen für den Fernverkehr befinden sich Magnetschnellbahnsysteme in aussichtsreicher Position /1/. Mit ihren Spitzengeschwindigkeiten im Bereich zwischen 300 km/h und 500 km/h können sie die Lücke zwischen Eisenbahn und Flugzeug ausfüllen; dabei verspricht dieses unkonventionelle Transportsystem mit seiner Symbiose berührungsloser Trag-, Führ- und Traktionstechnik weniger Lärm, geringe Reibungsverluste, keine Schadstoffemission und wegen der aufgeständerten Trasse wenig Flächenbedarf. Aufgrund der besonderen und unkonventionellen Technik von Magnetschnellbahnen, der bei Langstatormotoren räumlichen Trennung zwischen streckenseitigem Antrieb und dem bewegten Fahrzeug sowie der hohen Geschwindigkeit und der damit verbundenen weitreichenden Anfahr- und Bremswege ist nur noch ein automatischer Betrieb sinnvoll, der von einem entsprechenden Betriebsleitsystem gesteuert wird.

2. STRUKTUR DES BETRIEBSLEITSYSTEMS

2.1 Anforderungen

Ein Betriebsleitsystem für automatisch betriebene Bahnen hat die Aufgabe, die Bewegung der Fahrzeuge zu sichern und zu regeln, zu optimieren und zu koordinieren. Das gilt auch für alle bahntechnischen Komponenten von Magnetschnellbahnen, ihre einzelnen Fahrzeuge und ihre Fahrwege mit den starren und beweglichen Trassenelementen wie die auf beide verteilte Antriebsausrüstung. Wegen der großen Entfernungen im Schnellverkehr überspannt das Netz linienförmiger, wenig verzweigter Struktur einige hundert Kilometer. Infolge der vorgesehenen Langstatorantriebe kann jeweils nur eines der Standardfahrzeuge in einem Unterwerksabschnitt individuell gesteuert werden. Im Regelfall soll mit zeitoptimaler Fahrweise aber gleichzeitig hohem Fahrkomfort, d. h. sanften Beschleunigungsübergängen, ein Taktfahrplan eingehalten werden, der mit nahezu theoretisch erreichbarer Zugfolge eine ökonomische Auslastung gewährleistet /2/. Bei Abweichungen und Störungen sind energiesparende und betriebsoptimale Fahrspiele zu realisieren.

In jedem Fall darf die Leistungsfähigkeit der Bahn nicht durch die technische Verwirklichung des Betriebsleitsystems eingeschränkt werden; das gilt für die räumliche und funktionale Gestaltung wie für die dynamische Arbeitsweise und die Verfügbarkeit.

2.2 Übergeordnete Funktionsstruktur

Der Entwurf des Betriebsleitsystems basiert auf einer umfangreichen Analyse seiner einzelnen Funktionen, die in vier unterschiedlichen Funktionseinheiten zusammengefaßt werden /3/.

- D i s p o s i t i o n . Ausgehend von langfristigen Verkehrsprognosen werden die erforderlichen Betriebsmittel eingeplant und die Regelfahrpläne aufgestellt. Bei schweren Störungen werden Lösungen zur Engpaßvermeidung erarbeitet.

- B e t r i e b s f ü h r u n g . Ausgehend von dispositiven Vorgaben, dem Regelfahrplan und der momentanen Situation des Bahnsystems wird kurzfristig der aktuelle Fahrplan aufgestellt, nach dem die einzelnen Fahrzeuge wie die zugehörigen Fahrwegelemente gesteuert und zugeteilt werden.

- F a h r w e g s t e u e r u n g . Hier werden die fahrplanmäßig angeforderten Fahrwege zugeteilt, eingestellt, gesichert, überwacht und nachher wieder aufgelöst.

- F a h r z e u g s t e u e r u n g . Fahrzeugsteuerung: Als Bindeglied von der Betriebsführung und der Fahrwegsteuerung zum eigentlichen Bahnprozeß ist sie von zentraler Bedeutung. Hier wird unmittelbar die Bewegung jedes einzelnen Fahrzeugs gesichert, geregelt und optimal gesteuert.

2.3 Räumlich-technische Struktur

Wegen der beträchtlichen räumlichen Ausdehnung des Verkehrssystems sind die der Fahrzeugbewegung zugeordneten, d. h. die prozeßnahen Funktionseinheiten als verteilte Teilsysteme dezentral, übergeordnete dagegen zentral angeordnet. Ein Ausschnitt aus der Fahrzeugsteuerung einer Magnetschnellbahn-Referenzstrecke zeigt die räumliche und technische Zuordnung der einzelnen Funktionen in Form eines Instanzennetzes (Bild 1).

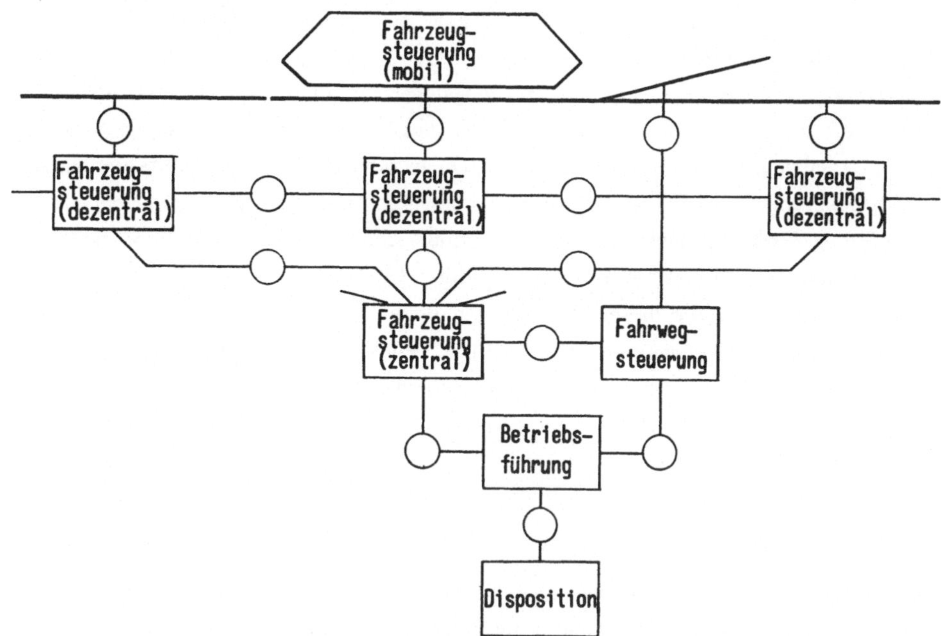

Bild 1: Betriebsleitsystem für Magnetschnellbahnen. Instanzennetz der Funktionsstruktur

Nach dem Grundsatz, Informationen dort zu verarbeiten wo sie anfallen, wird somit das übertragende Informationsvolumen minimal. Die einzelnen Funktionen der Fahrzeugsteuerung werden in einer Zentrale, in Streckengeräten und auf den Fahrzeugen (mobil) als einem verteilten PDV-System wahrgenommen. Dabei erfüllt die Zentrale Aufgaben der Informationszu- und -verteilung, insbesondere als Verbindungsglied zu den hierarchisch höherstehenden Teilen des Betriebsleitsystems. Die Streckengeräte werden entsprechend dem ausgedehnten Streckennetz in einem räumlich verteilten Verbund dezentral und unmittelbar an den Energieeinspeisungen in den streckenseitigen Langstator angeordnet. Die Sicherung, Regelung und Optimierung der Fahrzeugbewegungen wird in den dezentralen und mobilen Elementen vorgenommen /4/.

Durch diese Aufteilung können auch die Funktionen ausgefallener dezentraler Fahrzeugsteuerungen von ihren unmittelbaren Nachbarabschnitten übernommen werden. Damit erhöht sich die Streckenverfügbarkeit durch funktionale Redundanz; die Streckenleistungsfähigkeit kann geringfügig eingeschränkt werden. Die Abstände zwischen den dezentralen Einheiten und die Länge der Unterwerksabschnitte lassen sich explizit aus den Anforderungen und Randbedingungen wie Zugfolgezeit, streckenbedingtem Grenzgeschwindigkeitsprofil und Bremsvermögen herleiten /2/, so daß sich z. B. für die charakteristischen Werte V_{max} = 400 km/h, $b_{max} \approx 1$ m/s², Taktzeit 10 min, Abschnittslängen zwischen 5 und 10 km ergeben /3/.

Die Anforderungen an die dynamische Arbeitsweise der einzelnen Komponenten werden hierdurch eingegrenzt; so resultiert z. B. aus Zugfolge, Höchstgeschwindigkeit und Bremsvermögen die Antwortzeit der Fahrzeugsicherung mit höchstens 0,5 s, während die Antwortzeit der Fahrzeugregelung aufgrund des hochdynamischen Antriebs und der Positioniergenauigkeit im cm-Bereich nur wenige zehn Millisekunden betragen darf. Bei der Optimierung der Fahrzeugbewegung, für die das Fahrverhalten benachbarter Fahrzeuge großräumig überschaut werden muß, sind dagegen mehrere Sekunden vertretbar. Längere Antwortzeiten gelten für die anderen Funktionseinheiten des Betriebsleitsystems. Unter diesen Bedingungen ist ein gegenseitiger Informationsaustausch zwischen dezentralen Elementen über Punkt zu Punkt Verbindungen zweckmäßig, zu den zentralen Einheiten genügt eine ökonomische Busverbindung.

3. FAHRZEUGSTEUERUNG

3.1 Interne Funktionsstruktur

Aus den globalen Vorgaben des aktuellen Fahrplans und der Fahrwegsteuerung sind in der Fahrzeugsteuerung aktuelle Steuerungsinformationen für die Fahrzeugregelung aufzubereiten und mit den sicherungstechnisch zulässigen in Einklang zu bringen. Bild 2 zeigt die interne Funktionsstruktur der Fahrzeugsteuerung als Instanzennetz.

Aus den fahrplanmäßigen Orts-Zeit-Beziehungen und den Ist-Zuständen des zu steuernden und seines vorausfahrenden Fahrzeugs werden nach den Prinzipien der optimalen Steuerung in der Sollwertoptimierung on-line zeit- oder bei Abweichungen von Sollfahrplan betriebs- und energieoptimale Trajektorien berechnet, aus denen aktuelle Vorgaben für die Fahrzeugregelung ermittelt werden. Auf der Basis einer bereits für die Sicherung der Fahrzeuge erforderlichen hochgenauen und kontinuierlichen Positionserfassung wird der momentane Bewegungszustand der Fahrzeuge mit einem schnellen Beobachter erfaßt. In Verbindung mit einer Zustandsregelung kann die Fahrzeugbewegung bis zum Haltepunkt zeitoptimal und präzise durchgeführt werden oder bei Betriebsstörungen durch die dezentrale Sollwertoptimierung sanft und energieoptimal und ohne Fortpflanzung der Störeffekte durchgeführt werden; in allen Fällen mit hohem Fahrtkomfort /4/. Durch die von den benachbarten Unterwerksabschnitten und die eigene Positionserfassung ständig aktualisierten Zustandsinformationen kann die Fahrzeugsicherung durch kontinuierliche Berechnung eines zulässigen Geschwindigkeitsprofils und zulässiger Haltepunkte und deren Vorgabe an die Fahrzeugregelung oder bei irgendeiner Fehlfunktion durch Einleiten einer Zwangsbremsung des Fahrzeugs gewährleisten, daß es sich immer in einem gesicherten Zustandsbereich aufhält. Mit diesem funktional orientierten Konzept wird bei gegebenen Randbedingungen nahezu die theoretisch mögliche Effizienz und Kapazität des Verkehrsmittels erreicht und ausgeschöpft /4/.

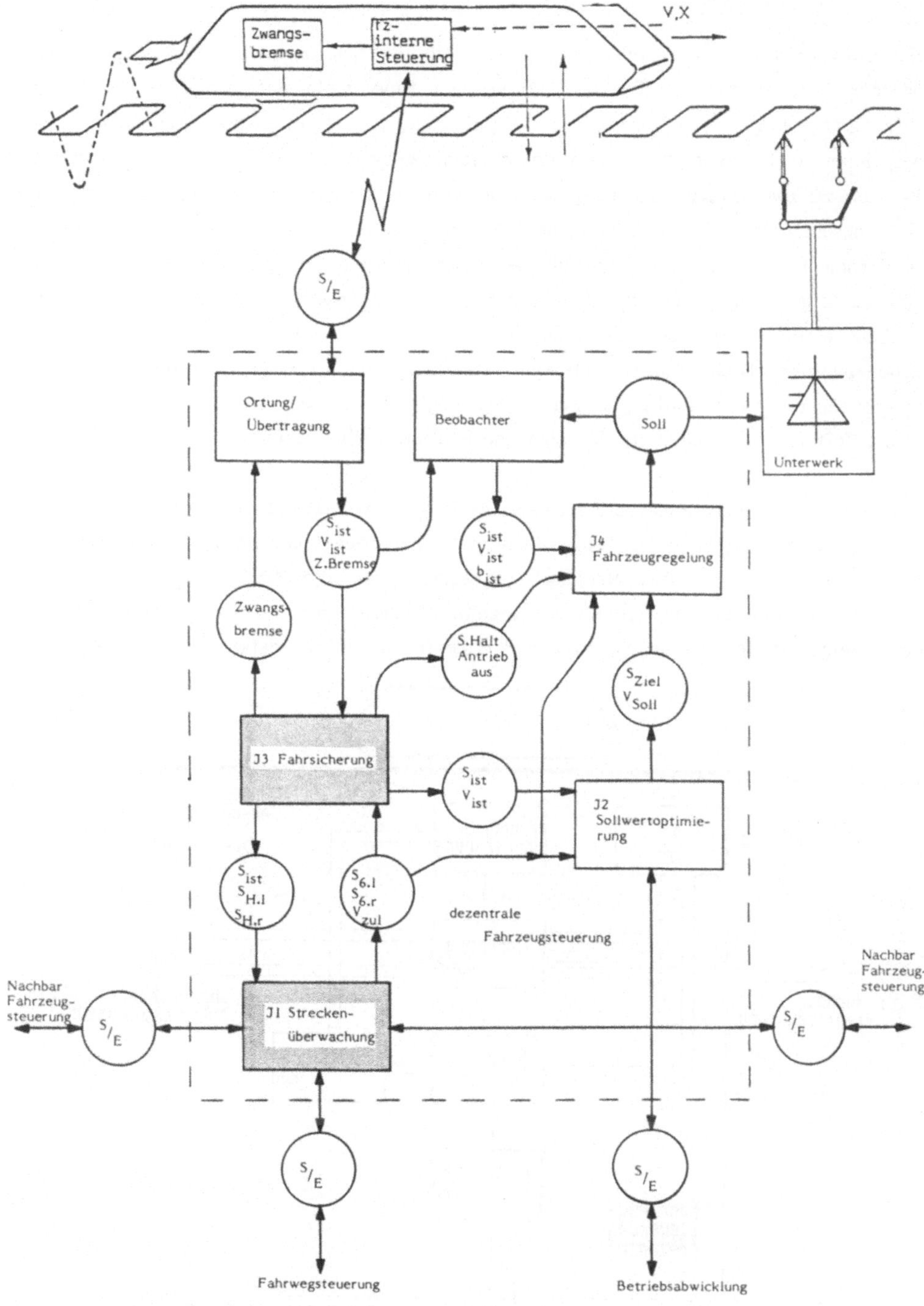

Bild 2: Instanzennetz der Funktionsstruktur der dezentralen Fahrzeugsteuerung

3.2 Technische Struktur

Beim Entwurf des technischen Konzepts sind alle Anforderungen mit den Möglichkeiten moderner Gerätetechnik in Einklang zu bringen. Eine Implementierung der dezentralen Fahrzeugsteuerung ist aufgrund ihrer Algorithmik, der darin enthaltenen numerischen Operationen und wegen des hohen Entscheidungsgehalts zu behandelten Informationen Rechnern zu zweckmäßig. Die hohe Konzentration in wenigen Instanzen, an die von der Bewegungserfassung (Zustandsbeobachtung) und Regelung über Sicherung und Sollwertoptimierung immer geringere dynamische Anforderungen bei gleichzeitig vergrößertem Rechenumfang gestellt werden, und die geringe Zahl an Kanälen zwischen den Instanzen erlauben eine direkte gerätetechnische Zuordnung von Instanzen zu gleichartigen Recheneinheiten. Dies erfüllt auch den Grundsatz, die Sicherungsfunktionen technisch abzugrenzen und ihren Umfang so gering wie möglich zu lassen, damit die Entwurfsfehler und die Zeit wie die Kosten für Entwurf und Prüfung gering bleiben.

Aus der für Verkehrssysteme üblicherweise verlangten Systemverfügbarkeit lassen sich die Zuverlässigkeitskenngrößen für eine dezentrale Fahrzeugsteuerung herleiten. Bei funktionaler Redundanz mit den Nachbarn ist eine einkanalige Ausführung des Mehrrechnersystems möglich. Danach können die einzelnen Rechner intern direkt gekoppelt werden. Bild 3 zeigt die technische Struktur der dezentralen Fahrzeugsteuerung für einen Abschnitt.

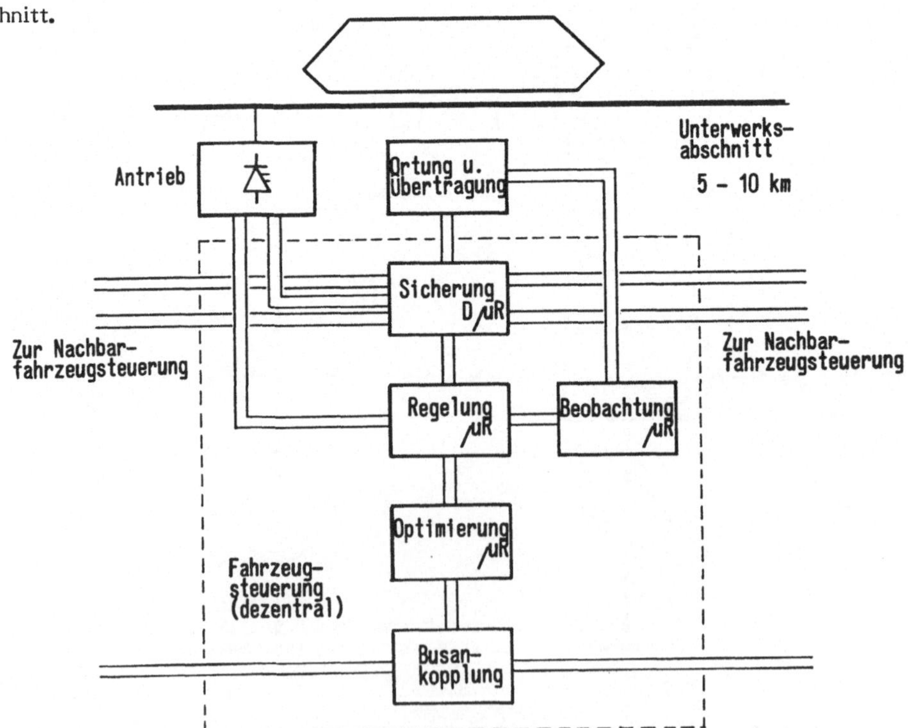

Bild 3: Technische Struktur der dezentralen Fahrzeugsteuerung

Für alle Steuerungsaufgaben kommen besonders auf die rauhen Umgebungsbedingungen der Bahntechnik zurechtgeschnittene Mikrorechnersysteme, z. B. /4/, darüber hinaus für die sicherheitsrelevanten Aufgaben speziell signaltechnisch sichere, d. h. fail-safe wirkende, Doppel-Mikrorechnersysteme, wie z. B. SIMIS /5/ in Frage. Zur nachbarseitigen Informationsübertragung sind die gegen äußere Störungen unempfindlichen Lichtwellenleiter prädestiniert.

3.3 Informationsstruktur

Eine detaillierte Verfeinerung des Instanzennetzes von Bild 2 führt auf die einzelnen Algorithmen, die sich in Tasks zusammenfassen lassen. Sie sind untereinander über die in den Kanälen enthaltenen Daten verknüpft.

Die Berechnungen erfordern durch das Verhältnis der großen trägen Massen und der großen Entfernungen in bezug auf die Schnelligkeit der Antriebsaggregate, die hohen Fahrgeschwindigkeiten und die verlangte Präzision (einige cm auf einige hundert km) besondere Sorgfalt bei der Festlegung der Datenformate wie bei ihrer numerischen Bearbeitung. Mit einer Darstellung sämtlicher Variablen und Parameter als ganze Zahl in vier Bytes und Verwendung einer Ganzzahl-Arithmetik gibt es keine nennenswerten numerischen Probleme. Die für die Echtzeitverarbeitung erforderlichen Abtastraten können nur durch Assembler-Programme und zusätzliche Numerikprozessoren erreicht werden, eine Unterstützung durch gegebene Betriebssysteme verbietet sich deswegen.

Ein aus dem gleichen Instanzennetz (Bild 2) abgeleitetes Petrinetz für die Aktivitäten der Tasks der Fahrzeugregelung (Bild 4) zeigt, wie diese von den jeweiligen Betriebszuständen des Prozeßsystems abhängen. Aufgrund ihrer unterschiedlichen Algorithmen variieren die einzelnen Bearbeitungszeiten erheblich, was ganz im Gegensatz zur regelungstechnischen Forderung nach konstanten Abtastraten steht. Deshalb wird hier eine zyklische Bearbeitungsstruktur gewählt.

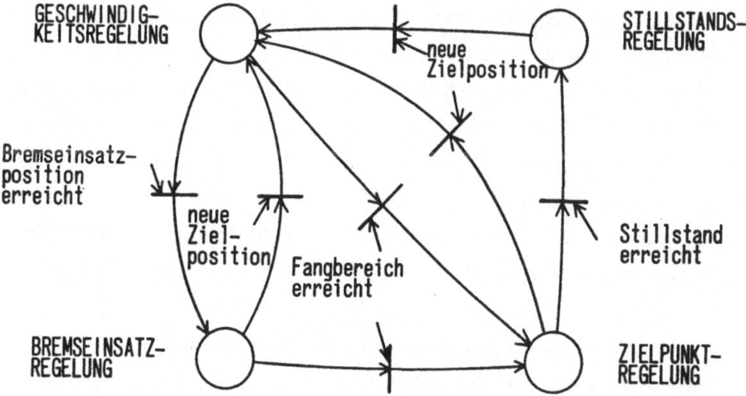

Bild 4: Prozeßabhängigkeit der Fahrzeugregelungsfunktionen

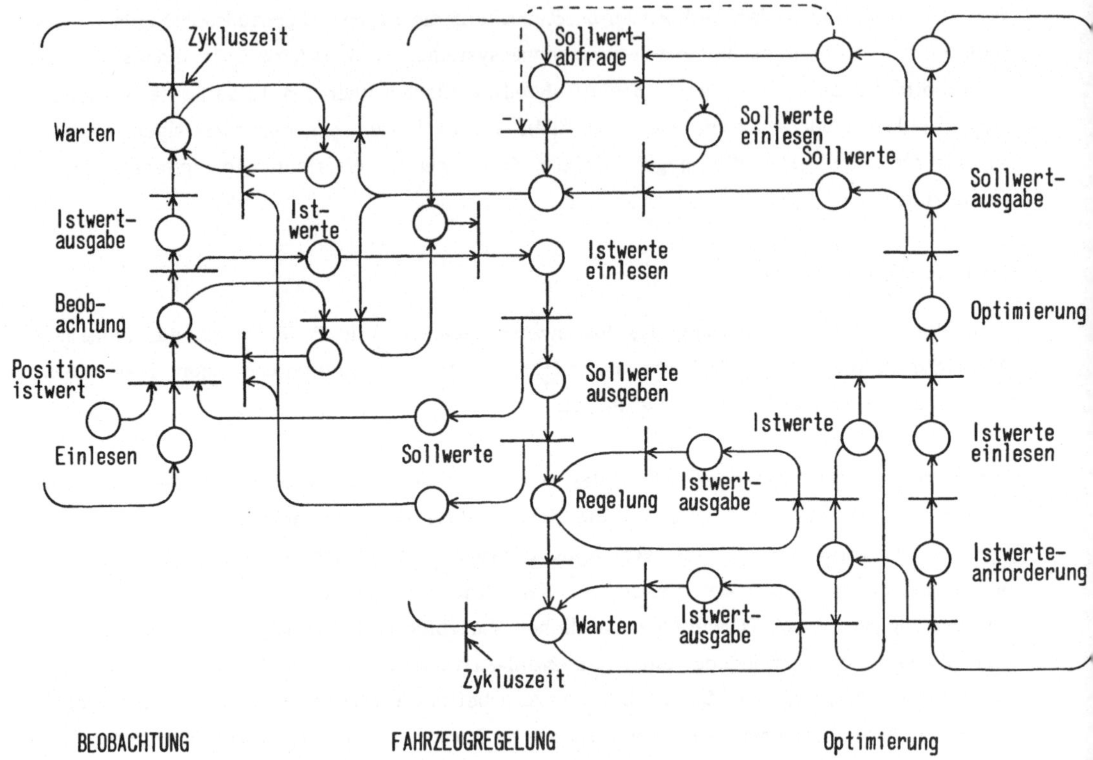

Bild 5: Petrinetz für die Organisation des Informationsaustauschs in der Fahrzeugsteuerung

Zeitgesteuerte Interrupts gewährleisten die individuelle Synchronität bei der Regelung und auch bei der Beobachtung; die Sicherung und Optimierung können ohne Zeitbindung frei laufen. In jedem Fall wird aber die Bearbeitung vollständig abgeschlossen.

Für die gesamte Fahrzeugsteuerung stellen die auf den einzelnen Prozessoren ablaufenden Tasks parallele, asynchrone Prozesse dar, die funktional schwach gekoppelt sind. Um untereinander möglichst "junge" Informationen, d. h. ohne großen Zeitverzug, auszutauschen und die einzelnen Bearbeitungsabläufe dadurch auch nicht zusätzlich zu verzögern, wurden mit Hilfe von Petrinetzen nach geeigneten Lösungen gesucht. Bild 5 zeigt in Petrinetzform die Struktur und das dynamische Konzept für den Rechnerverbund Beobachtung, Regelung, Optimierung, wo eine zeitliche Hierarchie über Zehnerpotenzen vorliegt. Diese Struktur wurde mit wechselseitigen Interrupts und direkte Verbindungen mit zusätzlichen Pufferspeichern realisiert.

Die aus dieser Anordnung resultierenden Reaktions- und Antwortzeiten wurden statistisch analysiert /7/. Untersuchungen der betroffenen Regelkreise zeigen, daß sich dadurch bedingte dynamische Effekte beherrschen lassen /8/.

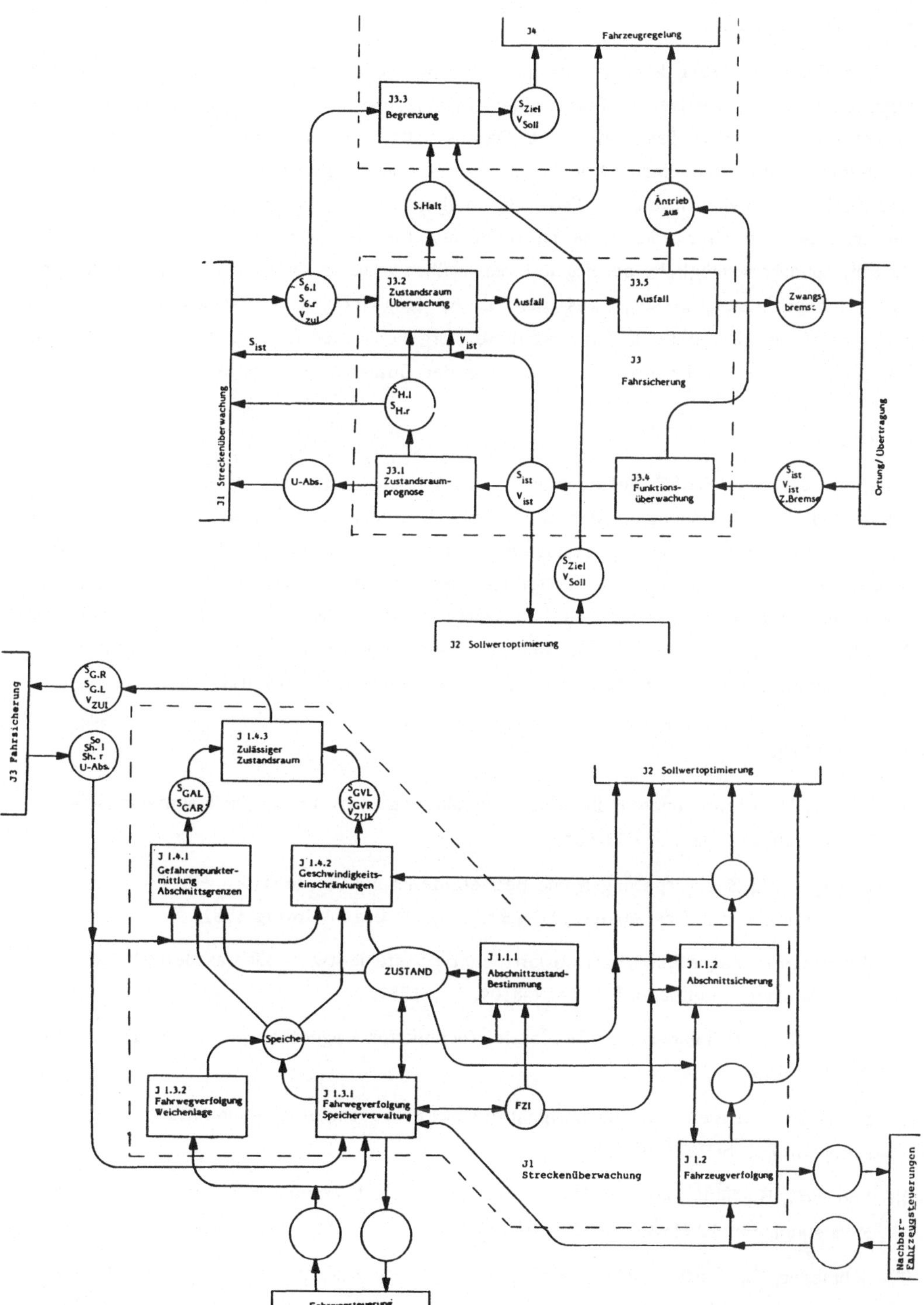

Bild 6: Fahrzeugsicherung. Detailfunktionsstruktur in Instanzennetzen

3.4 Sicherungskonzept

Auch bei der Sicherung kommt man durch Detaillierung der betreffenden Instanzen zur Funktionsstruktur wieder in Form eines Instanzennetzes, aber auf der Ebene von Programmodulen oder Tasks (Bild 6). Daraus läßt sich die kausale und dynamische Verknüpfung der einzelnen Module in Form von Petrinetzen herleiten. Vor der eigentlichen Implementierung in Programmen liegt damit schon eine formal und logisch verifizierbare Struktur vor. Diese ist nicht nur für den korrekten Systementwurf von Vorteil, sondern ermöglicht bereits in einem frühen Stadium die Herstellung und Prüfung eines Sicherheitsnachweises, was den i. A. langwierigen Abnahme- und Genehmigungsprozeß verkürzen hilft. Zwar ist diese Vorgehensweise noch nicht üblich, ähnliche Überlegungen werden derzeit jedoch auch von der Gutachterseite angestellt.

4. AUSBLICK

Innerhalb der vom BMFT geförderten Magnetschnellbahntechnik wird parallel zu den bahntechnischen Vorhaben, die derzeit zur Inbetriebnahme der Transrapid Versuchsanlage Emsland (TVE) führen, im Technologieprogramm ein Betriebsleitsystem für zukünftige Bahnen dieser Technik konzipiert. Optimale einsatzreife Lösungen können aber nur in Abstimmung mit dem Entwurf des Bahnsystems und in Betrieb mit dem tatsächlichen Prozeß entwickelt werden, wofür sich die TVE anbietet. Denn die Attraktivität der Magnetschnellbahn steht und fällt mit der Qualität ihres Betriebsleitsystems.

5. LITERATUR

/1/ Heßler, H.; Anwendungsmöglichkeiten für Magnetbahnsysteme. Eisenbahntechnische Rundschau 31 (1982) 9, 633-635.

/2/ Kraft, K. H.; Zugverspätungen und Betriebssteuerung von Stadtschnellbahnen in systemtheoretischer Analyse. Dissertation, TU Braunschweig 1981.

/3/ Arbeitskreis Magnetbahn/Betriebsleittechnik; Systementwurf für das Betriebsleitsystem einer Magnetschnellbahn. BMFT-TV-8104, Mai 1982.

/4/ Kraft, K. H., Schnieder, E. ; Betriebsleittechnik für Magnetbahnen. Eisenbahntechnische Rundschau 34 (1984) 6.

/5/ Siemens AG, Bereich Eisenbahnsignaltechnik; Mikrocomputersystem MES 80. Firmendruckschrift F 500/135.

/6/ Lohmann, H.; Sicherheit von Mikrocomputer für die Eisenbahnsignaltechnik. Elektron. Rechenanlagen 22 (1980) 5, 229 - 236.

/7/ Schnieder, E.; Kraft, K. H.; Berechnung von Reaktionszeiten in Steuerungssystemen mit verteilten Elementen. Siemens Forschungs- und Entwicklungsberichte 9 (1980) 6.

/8/ Schnieder, E; Kraft, K. H.; Dimensionierung von diskreten, laufzeitbehafteten Regelsystemen. Regelungstechnik 29 (1981) 7.

PROZESSAUTOMATION UNTER EINSATZ VON DATENBANKEN
- KONZEPTION UND ERFAHRUNGEN -

Günter Schwiderski
Klöckner Datentechnik GmbH
Bremen

Zusammenfassung

Im Rahmen des Neubaus eines Kunststoffolienkalanders in 1978 wurde erstmalig ein Prozeßrechner in die Anlage integriert.

Das Ziel war eine möglichst umfassende Meßdatenerfassung/Speicherung/Auswertung zur Verbesserung der Fahrweise des Kalanders angesichts des auch heute noch quatitativ nicht beschreibbaren Kalandrierprozesses. Eingeschlossen ist die traversierende Dikkenmeßanlage.

Die nicht am Kalander automatisch erfaßbaren Daten (Rezepturen, Qualitätsdaten) müssen im Dialog eingegeben werden.

Angesichts der Vielfalt an Daten und ihrer Verknüpfungen wurde beschlossen, von Anbeginn Datenbanken einzusetzen, um die Anwender-Programmierung zu vereinfachen und die Datenverknüpfung flexibel zu gestalten.

Zum Einsatz gelangte ein Prozeßrechner Hewlett-Packard HP 1000 mit dem serienmäßigen Datenbanksystem IMAGE. Das Prozeßrechner-System arbeitet im 24-Stunden-Betrieb. Realtime- und Datenbankprogramme laufen gemeinsam und ohne Probleme. 5 Datenbanken (Sollwerte, Istwerte, Auftragsdaten, Qualitätsdaten, Rezepturen) umfassen 25 MB.

Im Rahmen eines seit 1980 laufenden BMFT-Fördervorhabens laufen Arbeiten zur weiteren Automatisierung des Kalanderprozesses. Hier wurden für Teilautomatisierung untergeordnete freiprogrammierbare Steuerungen sowie Diodenzeilenkameras eingesetzt. Für diese Arbeiten sowie auch bei Aktualisierung der System-Software wurden die Datenbanken mit Hilfe serienmäßiger Utilities ohne Datenverlust entladen und wieder beladen.

Gleichzeitig mit dem Realtime-Betrieb werden Datenauswertungen inklusive Plots und statistische Auswertungen (Regressionsanalysen) durchgeführt.

Strukturierung der Software fuer Prozessleitsysteme in der Papier- und Kunststoffindustrie

A. Graeser, Paul Lippke GmbH + Co.KG, 5450 Neuwied 1

1. Einfuehrung

In der Papier- und Kunststoffindustrie werden flaechige Gueter in kontinuierlichen Prozessen hergestellt.
Die Produktionspalette reicht von der Herstellung duennster Papiere bis zum mehrlagigen Karton und von der Herstellung einfacher Monofolie bis zur Coextrusion von Kunststoffen auf bedrucktem und/oder aluminiumbeschichtetem Karton.
Obwohl die Grundparameter zur Beurteilung der Produktguete z.B. Flaechengewicht, Feuchte, Dicke, Glaette, Beschichtungsgewicht usw. fuer alle Produkte gleich sind, treten durch die Besonderheiten der einzelnen Produkte kundenspezifische Veraenderungen der Messwertalgorithmen und der Automatisierungsaufgaben auf.

An die Struktur der Software eines Prozessleitsystems, die einerseits die Standardaufgaben zur Prozessfuehrung wie

- Messwerterfassung
- Protokollierung
- Regelung
- Optimierung

erfuellen soll und die sich andererseits einfach an die spezielle kundenspezifische Aufgabe anpassen laesst, sind besondere Anforderungen zu stellen.
Diese Anforderungen unterscheiden sich auf Grund der Zielstueckzahlen von 50-100 Anlagen /Jahr sowohl von den "Einzelloesungen" fuer grosse Automatisierungsaufgaben, als auch von den "Gross-Serienaufgaben" wie sie z.B. in der Automobilindustrie auftreten.

Um den kundenspezifischen Aufwand bei der Softwareerstellung moeglichst gering zu halten, wird eine automatische Softwaregenerierung in zwei Ebenen gewaehlt. Mit Hilfe von Definitionstabellen werden alle, zur Erfuellung der Aufgabenstellung notwendigen Codesegmente aus einer Grundmenge ausgewaehlt und zusammengefasst. Zur Laufzeit werden diese Codesegmente in Abhaengigkeit von der Produktion des Kunden verknuepft.
Den Aufbau dieser Verknuepfungen kann man mittels Kreuzschienenverteilern darstellen.

2. Beschreibung der Aufgabenstellung

Zur Messung der Qualitaetseigenschaften von im kontinuierlichen Prozess hergestellten Folien und Papieren setzt man traversierende Mess-Systeme ein. Die zu messende Materialbahn wird durch einen sogenannten O-Rahmen gefuehrt, in dem die eigentlichen Mess-Systeme beweglich untergebracht sind. Bild 1 zeigt einen solchen O-Rahmen (mit Messwagen und daran angebrachten Messwertgebern).

Die Spannweite der Aufgabenstellung ist von dem Produktionsgut abhaengig und soll mittels der Gegenueberstellung zweier Anlagen erlaeutert werden.
Tabelle 1 zeigt den Anlagenumfang fuer eine Einfachstanlage zur Messung des flaechenbezogenen Gewichtes einer extrudierten Monofolie, sowie eine Anlage zur Messung mehrerer Beschichtungen auf bedrucktem und mit Aluminium beschichtetem Karton.
Zwischen den beiden in der Tabelle dargestellten Extremen gibt es eine grosse Zahl von Abstufungen, abhaengig von der konkreten Aufgabenstellung.
Das Ziel der SW-Entwicklung war die Erarbeitung einer Struktur, die es gestattet, aus einem SW-Grundsystem heraus, die Kundenanlagen zu konfigurieren und mit einer minimalen Anzahl von kundenspezifischen Anpassungen auszukommen. Das bedeutet, dass die maximale Ausbaustufe der Automatisierungsanlage zugrunde gelegt wird und alle Kundensysteme eine Untermenge dieses Grundsystems darstellen. Als Randbedingungen gehen in die Festlegung der Softwarestruktur Realzeitbedingungen und Speicherplatzbeschraenkungen ein. Ausserdem muss die SW leicht erweiterbar sein, um waehrend der Lebenszeit des Systems Anpassungen an Neuerungen im Produktionsprozess, sowie in der Mess- und Regeltechnik vornehmen zu koennen.

3. Festlegung der SW-Struktur

Die Festlegung der SW-Struktur soll am Beispiel der Messwertverarbeitung gezeigt werden. Bild 2 verdeutlicht die Aufgabenstellung graphisch.
Eine Automatisierungsanlage kann aus mehreren Messstellen - wie in Bild 1 gezeigt - bestehen, wobei jeder Rahmen mit mehreren Mess-Systemen bestueckt sein kann. Bedingt durch den Anwendungsfall arbeiten die Sensoren mit festen oder produktabhaengigen mathematischen Messmodellen. Die Ausgangsgroessen der Messmodelle, im folgenden als Primaermesswerte bezeichnet, bilden die Grundlagen der weiteren Verarbeitung.

Totalmesswerte ergeben sich aus der Verknuepfung von Primaermesswerten an einer Messstelle. Kombinationsmesswerte berechnen sich aus der Verknuepfung von Primaer- und/oder Totalmesswerten zwischen mehreren Messstellen.Als Verknuepfungsoperatoren werden i.a. die Grundrechenoperationen benoetigt.

Die Unterscheidung zwischen Total- und Kombinationsmesswerten erfolgt durch eine unterschiedliche Behandlung der Messwerte am Bahnrand.
Bild 2 verdeutlicht im Zusammenhang mit Tabelle 1 nochmals die unterschiedliche Komplexitaet der Aufgabenstellung.
Fuer die Realisierung der Einfachanlage genuegt ein Mess-System mit einem festen Algorithmus (Bild 2, Messstelle 1). Fuer die komplizierte Messaufgabe sind einem Mess-System mehrere Algorithmen zugeordnet. Die Zuordnung ist dynamisch, d.h. produktabhaengig. Aus den Primaermesswerten werden Total- und Kombinationsmesswerte gebildet. Die Zusammensetzung und Verknuepfung dieser Messwerte erfolgt ebenfalls dynamisch. Moegliche Zusammenhaenge sind in Bild 2 fuer Messstelle 2 und 3 hervorgehoben. Die Verknuepfungen zwischen den Messwerten werden durch Schalter dargestellt.
Speicherplatzbeschraenkungen fordern eine Minimierung des Codes, und die begrenzte Prozessorgeschwindigkeit erfordert eine Minimierung der Rechenoperationen.
Die Codeminimierung wird erreicht, indem nur die minimal notwendige Zahl der Messmodelle in die SW aufgenommen wird. Die Auswahl der notwendigen Messmodelle erfolgt mit Hilfe einer Definitionstabelle, die fuer bestimmte Aufgaben in mehreren Hierarchieebenen aufgebaut ist.
Bild 3 zeigt einen Auszug aus einer derartigen Definitionstabelle.

Die Wahl einer bestimmten Messstelle eroeffnet die Definitionsmoeglichkeit fuer die dieser Messstelle zugeordneten Mess-Systeme. Aus den damit freigegebenen Berechnungsmodellen werden nur die gerade notwendigen Systeme definiert.
Mit dem Abschluss dieser Phase sind die SW-Module zusammengestellt. Es ist sichergestellt, dass nur die tatsaechlich benoetigten Algorithmen in der SW existieren. Die kundenspezifische SW ist speicherplatzoptimiert (vorausgesetzt, die Programmierung der Einzelmodelle ist optimiert).
Die Definitionsphase, die hier fuer die Messwertverarbeitung kurz beschrieben wurde, hat aber darueberhinausreichende Auswirkungen. Neben der eigentlichen Messwertverarbeitung sind weitere Aufgaben durch das Prozessleitsystem auszufuehren. Die dafuer notwendigen Programmteile werden wie in der Messwertverarbeitung ueber die Definitionstabellen zusammengestellt.

Diese zusaetzlichen Aufgaben werden, getriggert durch unterschiedliche Ereignisse, mit unterschiedlichen Zykluszeiten und Prioritaeten ausgefuehrt. Z.B. sind jedem Mess-System und jedem Messwert Datalinktelegramme (soweit ein Datalink definiert ist), Proben- und Eichberichte, sowie Berechnungen fuer das Managementinformationssystem usw. zugeordnet. Die Definitionen sind fuer mehrere parallele Prozesse im Rechner gueltig, bewirken also in jedem dieser Prozesse eine zu den Definitionen gehoerende Codegenerierung.
Die Datenbereiche sind fuer jedes Messmodell mit unterschiedlichen, physikalisch begruendeten Namen definiert, um immer den Bezug zur konkreten Aufgabe aufrecht zu erhalten. Das bedeutet, dass auch die den Messmodellen zugeordneten Datenbereiche durch die Messmodelldefinitionen automatisch in die SW eingefuehrt werden.

4. Verknuepfungen und Datenstrukturen

Die in der Definitionsphase zusammengefassten Codesegmente erlauben die Durchfuehrung der gesamten Automatisierungsaufgabe. Die Strukturierung des Codes, d.h. welche Aufgaben tatsaechlich durchgefuehrt werden, ist jedoch von der produktabhaengigen Mess- und Regelaufgabe bestimmt. Produktabhaengig werden die Messwertmodelle zur Berechnung der Primaermesswerte aktiviert und die Verknuepfungen zur Berechnung der Total- und Kombinationsmesswerte hergestellt.
Ausser den Verknuepfungen untereinander ergeben sich weitere Verknuepfungen zu:

- Regelkreisstrukturen
- Datenberechnungen (Managementinformationssystem)
- Eichparametertabellen
- Bildschirmdarstellungen
- Dialog /Bedienungsfunktionen
- einer Reihe weiterer Sonderaufgaben

Ein Wechsel des Produktcodes ist i.a. das Entscheidungskriterium fuer das Umsetzen von Verbindungen.
Bild 4 zeigt den Aufbau der Datenstrukturen fuer die Realisierung der SW-Kreuzschienenverteiler und den zugehoerigen Verknuepfungen.

Die Verknuepfungen der Messwerte untereinander zur Berechnung von Total- und Kombinationsmesswerten, zur Verknuepfung der Regelkreise usw. sind in Verknuepfungslisten als Zeiger beschrieben. In der Produkttabelle sind die jedem Produktcode jeweils zugeordneten Listen benannt.
Die zum laufenden Produkt gehoerenden Listennamen sind in einem speziellen Variablenbereich als Zeiger auf die Listen abgelegt. Alle Codesegmente mit direktem Bezug zu den aktivierten Messwerten greifen ueber diesen Listenzeiger auf die Listen selbst und auf die Variablen zu.
Die Aktivierung der jeweils gueltigen Verknuepfungslisten erfolgt durch die Eingabe des Produktcodes. Die diesem Produktcode zugeordneten Listenzeiger werden in die aktuellen Zeiger kopiert. Ueber diese aktuellen Zeigervariablen erfolgt dann der Zugriff zu den Datenbereichen.

5. Realisierungsaufwand

Zur Erstellung eines Kundensystems, das in den Funktionen eine Untermenge des Grundsystems darstellt, sind folgende Massnahmen notwendig:

a) Definition des Anlagenumfangs

Die notwendigen Definitionen lassen sich groesstenteils schon in der Angebotsphase oder Projektierung bestimmen.

b) Erstellung der Verknuepfungstabellen
Zur Erstellung der Verknuepfungstabellen wird auf definierte Macros zur automatischen Datengenerierung zurueckgegriffen. Nach der Angabe der Namenskuerzel und der Verknuepfungsart werden damit automatisch die Listen zur Beschreibung der Verknuepfungen fuer die Berechnung von Total- und Kombinationsprodukten aufgebaut.

6. Programmiersprachen

Auf Grund der Realzeitbedingungen sind die bisherigen Realisierungen in Assembler oder in eigens definierten Interpretersprachen auf Assemblerbasis realisiert. Bei der zukuenftigen Verwendung hoeherer Sprachen ist als unbedingt notwendige Voraussetzung die Adressierungsmoeglichkeit ueber Zeiger zu fordern, wie sie z.B. in Pascal oder C realisiert wird.

7. Zusammenfassung

Die SW-Struktur fuer Prozess-Systeme zur Herstellung flaechiger Gueter wurde beschrieben. Dieser Struktur liegt die Anforderung einer

- hohen Flexibilitaet zur Erfuellung der Aufgaben
- einfachsten Konfigurierbarkeit
- Stueckzahl von 50-100 Anlagen /Jahr

zugrunde.
Die vorgestellte Struktur ermoeglicht es, neben einigen hier nicht dargestellten Elementen und Massnahmen, alle Standardsysteme, die sich als Untermenge des Grundsystems beschreiben lassen, mit minimalem SW-Aufwand zu erstellen.
Entwicklungskapazitaet wird frei fuer kundenspezifische Aenderungen ausserhalb dieses Rahmens und fuer die Weiterentwicklung der Grundsystemfunktionen.
Besondere Sorgfalt ist dafuer bei der Erstellung der Definitionsstruktur des Grundsystems notwendig. Hier ist, wie in der Codeerstellung allgemein, auf eine saubere Struktur zu achten. Hinzu kommt, dass die Definitonen widerspruchsfrei sein muessen, um beliebige Kombinationen der Einzelalgorithmen zu erlauben.

Erlaeuterung der Abkuerzungen in Bild 2:

QM - Flaechengewichtssensor
AM - Aschegehaltssensor
UT - Ultrarot-Transmissionssensor
UR - Ultrarot-Reflexionssensor
PB - Feuchtesensor, kapazitiv
GM - Glaettesensor
DM - Dickesensor

	Einfachanlage	Grossanlage
Messstelle	1	mehrere
Messsysteme	1	mehrere je Messstelle Verknuepfungen der Mess-Signale innerhalb einer und zwischen mehreren Messstellen
Videodarstellungen	1	mehrere, unabhaengig voneinander bedienbare Bildschirme
Berichtswesen	Querprofildarstellung eines Messwertes Inbetriebnahmeberichte	Querprofildarstellung und Trends aller Messwerte Managementinformationssystem Rollen-,Schicht-,Tages-,Order-, Inbetriebnahme-,Proben-,Zustandsberichte fuer alle Mess-Systeme u. Regelungen
Regelungen	ein Regelkreis	DDC-/Kaskadenregelkreise f.a. Messwerte, umschaltbare Regelstrategien u. Stellgliedzuordnungen Querprofilregelungen, weitere frei strukturierbare Regelkreise
Produktionsprogramm d.Prozesses	1 Sorte	versch. Sorten (mit unterschiedlichen Herstellungsverfahren u. daraus result. unterschiedlichen Mess- u. Regelverfahren)

Tabelle 1:

Vergleich des Anlagenumfangs fuer Einfach- und Grossanlagen

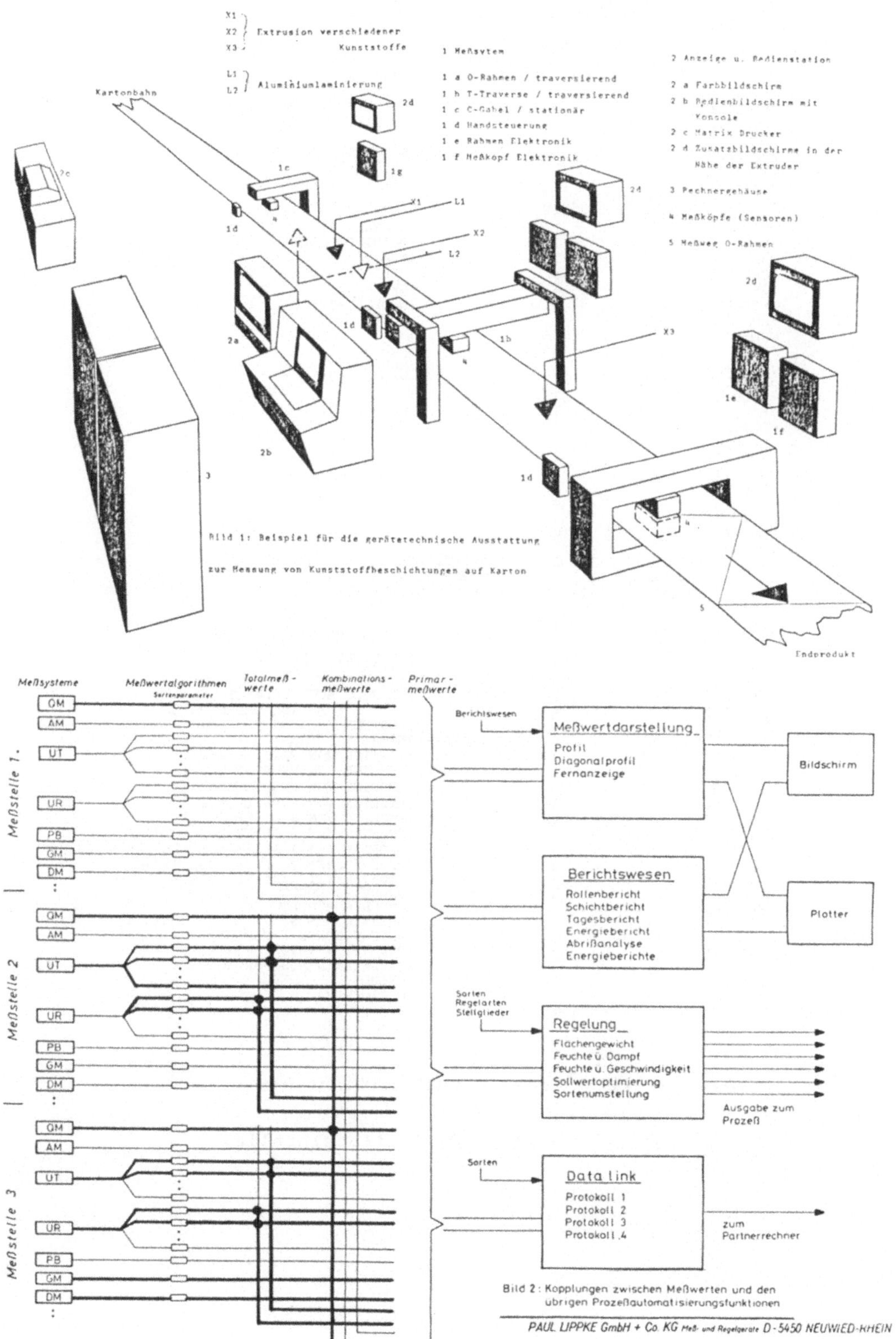

Bild 1: Beispiel für die gerätetechnische Ausstattung zur Messung von Kunststoffbeschichtungen auf Karton

Bild 2: Kopplungen zwischen Meßwerten und den übrigen Prozeßautomatisierungsfunktionen

```
;;;******** CUSTOMER KONFIGURATION *************

;
;       DISABLE THE NOT DESIRED FUNCTIONS BY INSERTING A
;       SEMICOLON AT THE BEGINNING OF THE CORRESPONDING LINE.
;
L801211S        =       1               ;801211S SYSTEM
;L401211S       =       1               ;401211S SYSTEM
;
L80KEY          =       1               ;8012 KEYS
;L40KEY         =       1               ;4012 KEYS
;------------------------------------------------------------
;       SCANNER 2
;------------------------------------------------------------
ME2             =       1               ;SCANNER 2
;MO2            =       1               ;MOISTURE GAUGE
;AS2            =       1               ;ASH 2
;CL2            =       1               ;CALIPER GAUGE
;GR2            =       1               ;GRAMMAGE 2
;MODA12         =       1               ;MODELL A12
;MODA22         =       1               ;MODELL A22
MODB12          =       1               ;MODELL B12
;MODB22         =       1               ;MODELL B22
;MODC12         =       1               ;MODELL C12
;MODC22         =       1               ;MODELL C22
;MODD12         =       1               ;MODELL D12
;MODD22         =       1               ;MODELL D22
MODE12          =       1               ;MODELL E12
;MODE22         =       1               ;MODELL E22
;MODF12         =       1               ;MODELL F12
;MODF22         =       1               ;MODELL F22
;MODG12         =       1               ;MODELL G12
;MODG22         =       1               ;MODELL G22
;MODH12         =       1               ;MODELL H12
;MODH22         =       1               ;MODELL H22
;----------------------------------------------------------------------
;;;     WERDEN TOTAL-PROD. GEWUENSCHT, MUESSEN DIESE JEWEILS
;;;     PRO MESSTELLE ZUSAETZLICH DEFINIERT WERDEN !!!!
;;;     MAXIMAL 3 TOTALPRODUKTE PRO MESSTELLE !!!!
;
;       +------ SCANNER 2 ------+
T12PRD          =       1               ;TOTAL PRODUKT T12
;T22PRD         =       1               ;TOTAL PRODUKT T22
;T32PRD         =       1               ;TOTAL PRODUKT T32
;------------------------------------------------------------
PRFAIM          =       1               ;PROFILE AUF SOLLWERT BEZOGEN
;PROFRCD                =       1               ;PROFILE ON RECORDER
PLOT            =       1               ;PLOTTER
ROLLRPT =       1               ;ROLL - REPORT
PRF0VID         =       1               ;ANZEIGE VON PROFILE SET 0
PRF1VID         =       1               ;ANZEIGE VON PROFILE SET 1
PRF2VID         =       1               ;ANZEIGE VON PROFILE SET 2
PRF3VID         =       1               ;ANZEIGE VON PROFILE SET 3
PRF4VID         =       1               ;ANZEIGE VON PROFILE SET 4
;PRF0ARL        =       1               ;PROFILE SET 0 AFTER ROLL REPORT
;PRF1ARL        =       1               ;PROFILE SET 1 AFTER ROLL REPORT
;PRF2ARL        =       1               ;PROFILE SET 2 AFTER ROLL REPORT
;PRF3ARL        =       1               ;PROFILE SET 3 AFTER ROLL REPORT
GRADERPT        =       1               ;GRADE - REPORT
ORDERRPT        =       1               ;ORDER - REPORT
SHIFTRPT        =       1               ;SHIFT - REPORT
ANFERRPT        =       1               ;ANFERTIGUNGS - REPORT
;PROCRPT        =       1               ;PROCESS - REPORT
EGECUT          =       1               ;RANDELEMENTAUSSPARUNG
;TREND          =       1               ;TRENDS
;HISTOG         =       1               ;HISTOGRAMS
;-----------------------------------------------------------------


;;;************ END OF CUSTOMER SPECIFIC DEFINITIONS ***********
```

Bild 3: Auszug aus einer Definitionstabelle.

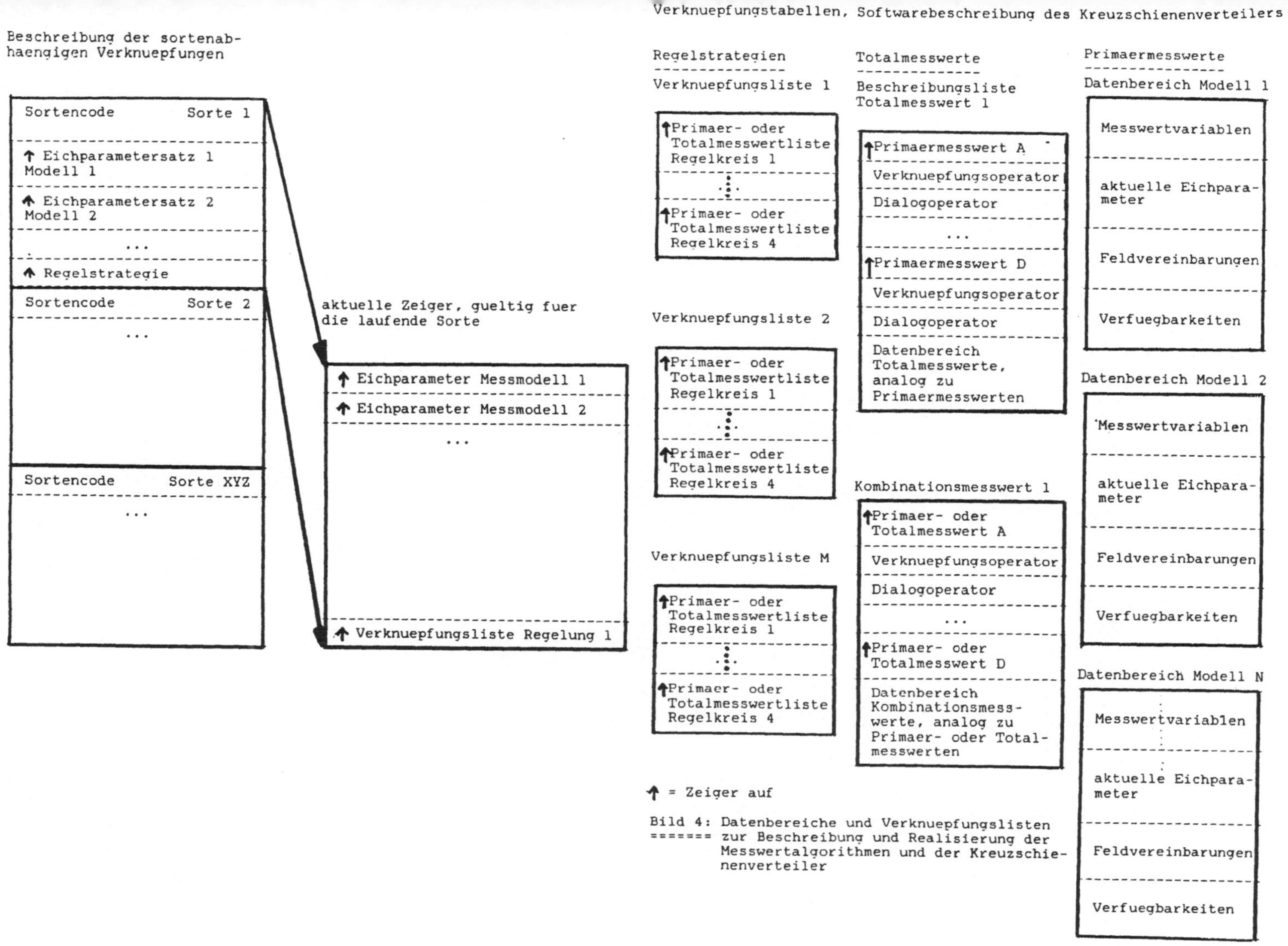

Beschreibung der sortenabhaengigen Verknuepfungen

Sortencode Sorte 1
↑ Eichparametersatz 1 Modell 1
↑ Eichparametersatz 2 Modell 2
...
↑ Regelstrategie

Sortencode Sorte 2
...

Sortencode Sorte XYZ
...

aktuelle Zeiger, gueltig fuer die laufende Sorte

↑ Eichparameter Messmodell 1
↑ Eichparameter Messmodell 2
...
↑ Verknuepfungsliste Regelung 1

Verknuepfungstabellen, Softwarebeschreibung des Kreuzschienenverteilers

Regelstrategien

Verknuepfungsliste 1
↑Primaer- oder Totalmesswertliste Regelkreis 1
⋮
↑Primaer- oder Totalmesswertliste Regelkreis 4

Verknuepfungsliste 2
↑Primaer- oder Totalmesswertliste Regelkreis 1
⋮
↑Primaer- oder Totalmesswertliste Regelkreis 4

Verknuepfungsliste M
↑Primaer- oder Totalmesswertliste Regelkreis 1
⋮
↑Primaer- oder Totalmesswertliste Regelkreis 4

Totalmesswerte

Beschreibungsliste Totalmesswert 1
↑Primaermesswert A
Verknuepfungsoperator
Dialogoperator
...
↑Primaermesswert D
Verknuepfungsoperator
Dialogoperator
Datenbereich Totalmesswerte, analog zu Primaermesswerten

Kombinationsmesswert 1
↑Primaer- oder Totalmesswert A
Verknuepfungsoperator
Dialogoperator
...
↑Primaer- oder Totalmesswert D
Datenbereich Kombinationsmesswerte, analog zu Primaer- oder Totalmesswerten

Primaermesswerte

Datenbereich Modell 1
Messwertvariablen
aktuelle Eichparameter
Feldvereinbarungen
Verfuegbarkeiten

Datenbereich Modell 2
Messwertvariablen
aktuelle Eichparameter
Feldvereinbarungen
Verfuegbarkeiten

Datenbereich Modell N
Messwertvariablen
aktuelle Eichparameter
Feldvereinbarungen
Verfuegbarkeiten

↑ = Zeiger auf

Bild 4: Datenbereiche und Verknuepfungslisten zur Beschreibung und Realisierung der Messwertalgorithmen und der Kreuzschienenverteiler

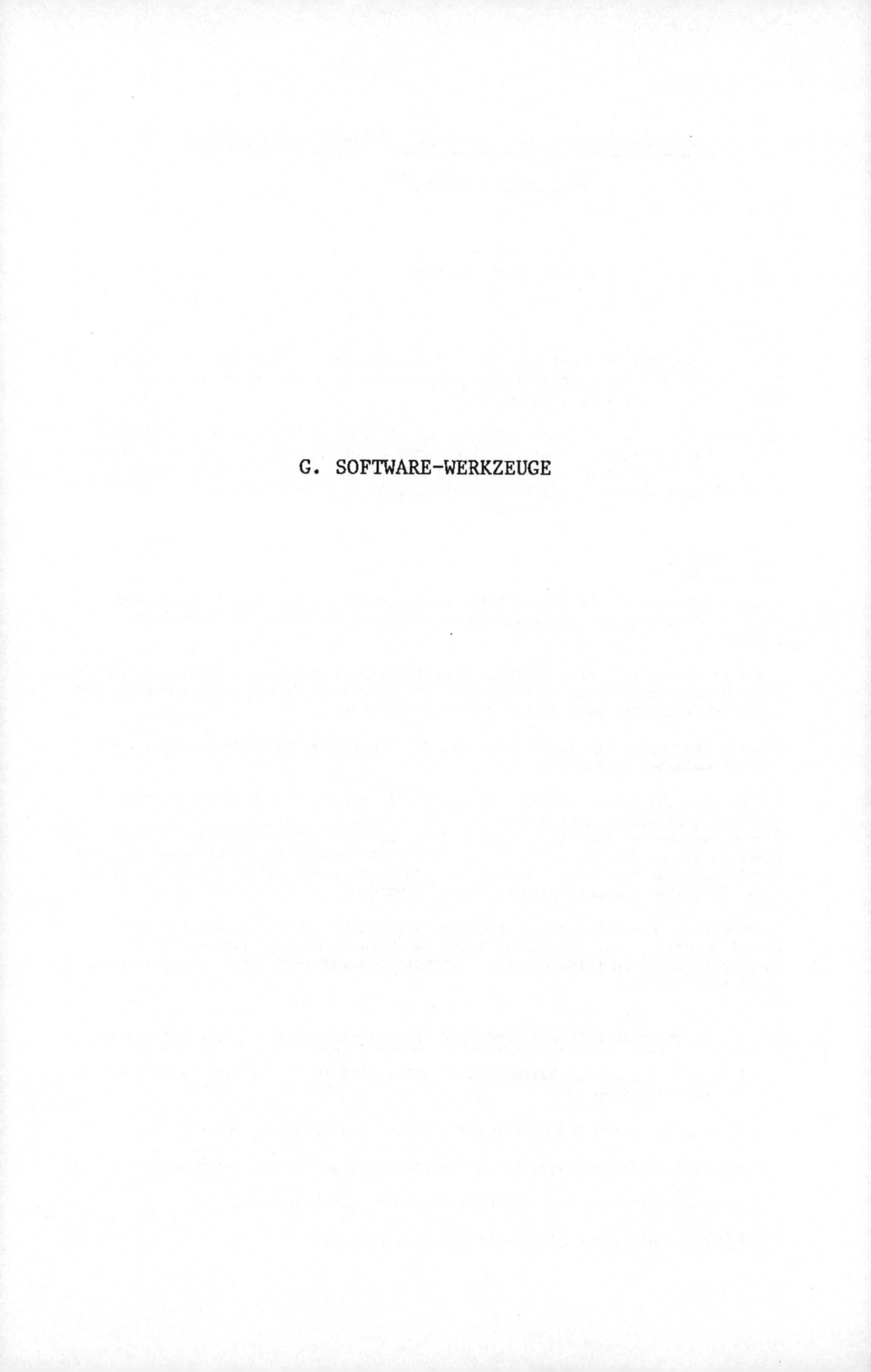

G. SOFTWARE-WERKZEUGE

Anwendungs-Orientiertes Entwurfs- und Spezifikationssystem für Prozess-Steuerungen

A. Ghassemi
Berghof GmbH, Eningen

Kurzfassung

Es wird ein problemorientiertes Entwurfs- und Spezifikationssystem vorgestellt, das speziell für die Automatisierung von diskreten technischen Prozessen konzipiert und entwickelt wurde.

Ausserdem wird ein vollständiger Satz von Software-Werkzeugen erläutert, der aus der Spezifikation automatisch Programme generiert, die projektbegleitende Dokumentation übernimmt und rechnergestützte Hilfsmittel für Diagnose und Test zur Verfügung stellt, so dass die Zuverlässigkeit wesentlich erhöht und die Kosten erheblich reduziert werden.

1. Einleitung

Mit der Entwicklung der Mikroelektronik gewinnt die Steuerungstechnik immer grössere Marktanteile. Die primären Vorteile der neuen Geräte-Technologie liegen in :

- der serienmässigen Produktion programmierbarer Bauelemente, die zum einen die Hardwarekosten stark senken und zum anderen durch ihre Programmierbarkeit hohe Flexibilität bezüglich Ä nderungen besitzen.

- ihrer sehr hohen Leistungsfähigkeit, die die Lösung umfangreicher und komplexer Aufgaben ermöglicht.

Die Veränderung der Geräte-Technologie stellt neuartige und höhere Anforderungen an das Entwicklungspersonal.
Während bisher die Hardware-Kosten und die geringe Leistungsfähigkeit der Lösungen die Grezen für die Verbreitung der Steuerungstechnik bildeten, ist nun der Aufwand für den Entwurf und die Programmierung von umfangreichen und komplexen Projekten zum begrenzenden Faktor geworden.

Daher werden neue aufeinander abgestimmte Entwurfs- und Programmierungs-Hilfsmittel benötigt, die alle Aktivitäten des Entwicklungs-Personals während der Entstehung von Steuereinrichtungen unterstützen und damit den Kostenaufwand stark reduzieren.

2. Anforderungen an Entwurfs- und Spezifikationssysteme für Prozessteuerungen

Die Anforderungen an das Gesamtsystem lassen sich in vier Klassen einteilen ; es sind Anforderungen an :

- Methoden, Verfahren und Hilfsmittel für den funktionellen Entwurf

- formales Spezifikationssystem zur Beschreibung der Entwurfsergebnisse

- Rechnerunterstützung für alle Phasen der Projekt-Abwicklung

- Effizienz und Leistungsfähigkeit des Zielproduktes

Anforderungen an Verfahren und Hilfsmittel für den funktionellen Entwurf

- Systematische Entwurfsverfahren, die der Denkweise eines Automatisierungs-Ingenieurs entsprechen, für ihn leicht anwendbar sind und zuverlässige Lösungen liefern.
  Sie sollen weiterhin für die anderen am Projekt beteiligten Personen - wie Verfahrenstechniker, Maschinenbauer, Wartungspersonal - leicht verständlich sein.
  Diese Anforderungen können am besten durch anwendungsorientierte Verfahren erfüllt werden.

- Graphische Darstellungsmittel, die einen deskriptiven Charakter haben und damit primär die logischen Zusammenhänge wiedergeben.
  Den Gegensatz hierzu bilden die Darstellungsmittel mit prozeduralem Charakter , die in erster Linie die Abarbeitungsreihenfolge darstellen.
  Wegen des bildhaft geprägten Denkens eines Ingenieurs kann gesagt werden, ein Entwurfsverfahren ist so gut wie seine graphische Darstellungs- und Dokumentationsfähigkeit.
  Die Darstellungsform soll auf den vorhandenen Normen aufbauen bzw. eine spätere Normung in Aussicht stellen.

- Entwurfsverfahren und Hilfsmittel, die den strukturierten hierarchischen Entwurf unterstützen.
  Dies würde die Bearbeitung umfangreicher und komplexer Aufgaben in der Weise unterstützen, dass ein Problem in kleine überschaubare Teile aufgespalten wird, die dann einzeln bearbeitet werden.

- Entwurfsverfahren, die unabhängig von der späteren Realisierung sind ; also sowohl eine gerätetechnische als auch programmtechnische Realisierung gestatten.

Anforderungen an das Spezifikationssystem

Unter Spezifikation wird die eindeutige und vollständige Beschreibung der Entwurfsergebnisse verstanden. Sie dient dann als Grundlage für die Realisierung der Steuereinrichtung.

- Ein Spezifikationssystem, das leicht verständlich und einfach anwendbar ist und möglichst auf den vorhandenen Normen aufbaut.

- Formale Beschreibungssprache, mit der eine rechnergestützte Analyse und Prüfung auf Konsistenz und Vollständigkeit erfolgen kann.

- Realisierungsunabhängige Beschreibungssprache, die die Umsetzung der Spezifikation sowohl in die simultane Arbeitsweise einer gerätetechnischen Realisierung als auch in die synchrone (zyklische) bzw. asynchrone (ereignisgeführte) Abarbeitung des Steuerungsprogramms gestattet.

Umfang der Rechnerunterstützung

- Analyse und Prüfung der Spezifikation auf Konsistenz und Vollständigkeit, um Fehler möglichst früh zu entdecken.

- Automatische Programmgenerierung aus der Spezifikation.
  Dies würde den Projektbeteiligten die prozedurale Beschreibung, die Programmierung und den Programm-Test abnehmen, die Zuverlässigkeit der Programme in einem enormen Masse steigern und Programme mit gleichbleibender Qualität liefern.

- Rechnergestützte projektbegleitende Dokumentation auf möglichst hohem Niveau. Für die Dokumentation gilt der Grundsatz : nur dasjenige Dokument ist als verbindlich anzusehen, von dem aus automatisch - d.h. ohne zusätzlichen manuellen Eingriff - ein ablauffähiges Programm generiert wurde.
- Informationen über Laufzeit und Speicherbedarf des generierten Programms unmittelbar nach Eingabe der Spezifikation, um die Leistungsfähigkeit der Lösung abschätzen zu können.
- Quellbezogenes Diagnose- und Testsystem für die Inbetriebnahmephase, um die Arbeit der Projektbeteiligten auf den Umgang mit anwendungsorientierte Hilfsmitteln zu beschränken.
- Die gesamten Software-Werkzeuge müssen auf einem portablen Rechner lauffähig sein, damit sie auch bei der Inbetriebnahme von örtlich gebundenen Prozessen eingesetzt werden können.

Anforderungen an das Endprodukt

- Das automatisch erzeugte Programmsystem muss bezüglich Speicherbedarf und Rechenzeit besonders effizient sein. Der Masstab für die Beurteilung ist eine Lösung, die nach einer individuell auf die jeweilige Aufgabenstellung zugeschnittene Vorgehensweise entworfen und in der Assembler-Sprache der Zielmaschine programmiert wurde.
- Der generierte Code bzw. die erforderlichen Laufzeit-Routinen müssen reentrantfähig sein, damit sie bei prioritätsgesteuerten Betriebssystemen eingesetzt werden können.
- In den erzeugten Programmen sollen Möglichkeiten für Online-Diagnose und Test vorhanden sein. Hier reichen wenige, aber aussagekräftige Funktionen aus.

3. Vorstellung des ZET-Systems

Der Name "ZET-System " steht für Zustandsgraphen- und Entscheidungstabellen-System. Dieses System besteht aus drei Komponenten:

- aus erweiterten Zustandsgraphen [1] für den Entwurf und die Darstellung von sequentiellen Teilprozessen und aus Transitionsnetzen [2] für die Synchronisierung und Koordinierung der parallelablauffähigen Teilprozesse.
- aus Entscheidungs-Tabellen [3] für die Spezifikation der Entwurfsergebnisse.
- aus dem Übersetzungs- und Laufzeitsystem. Das Übersetzungssystem generiert automatisch aus den Entscheidungs-Tabellen ablauffähige Programme. Das Laufzeitsystem steuert den Programmablauf in der Zielmaschine und stellt Hilfsmittel für die Diagnose bereit.

Projektphase :	Entwurf	Spezifikation	Programmierung	Betrieb
Hilfsmittel :	Zustandsgraph VDI 3260	Entscheidungstabelle DIN 66241	übersetzungs-system	Laufzeit-system

3.1 Erweiterter Zustandsgraph als entwurfsunterstützendes Darstellungsmittel

Die Wechselwirkung zwischen der Steuereinrichtung und dem technischen Prozess bei den Ablaufsteuerungen ist durch folgende Merkmale gekennzeichnet:

- die Steuereinrichtung gibt gewisse Steuersignale an den technischen Prozess aus,
- daraufhin führt der Prozess bestimmte Operationen aus,
- das Ende der Operationen wird durch Meldesignale der Steuereinrichtung mitgeteilt,
- daraufhin bestimmt die Steuereinrichtung aus dem vorgeschriebenen Prozesablauf die nächsten Operationen und gibt die entsprchenden Signale aus.

Diese Charakteristik entspricht vollkommen den Eigenschaften der aus der Informatik bekannten endlichen Automaten [4]. Im Laufe der letzten zwei Jahrzehnten haben sich die Zustandsgraphen als besonders gute Darstellungsmittel für endliche Automaten erwiesen.

Die Zustandsgraphen können auch zur Darstellung der kausalen und zeitlichen Zusammenhänge in den Ablaufsteuerungen eingesetzt werden und zwar in einer von der Realisierung unabhangigen Art und Weise.

Für die Zustandsgraphen gelten folgende Regeln:

- Die Elemente eines Graphen sind "Knoten" (Zustände) und "gerichtete Kanten" (Pfeile), die die Knoten miteinander verbinden. Die Knoten markieren die Zustände, in denen sich ein System befinden kann.

- Von einem Zustand zum anderen gelangt man auf dem Weg entlang den Pfeilen.

- Ein Zustandsübergang findet statt, wenn ein externes Ereignis eintritt, d.h. eine vorgegebene (logische) Bedingung erfüllt wird.

- Bei einem Zustandswechsel wird eine "Aktion" ausgeführt, mit der sich das System gegenüber der Aussenwelt bemerkbar macht.

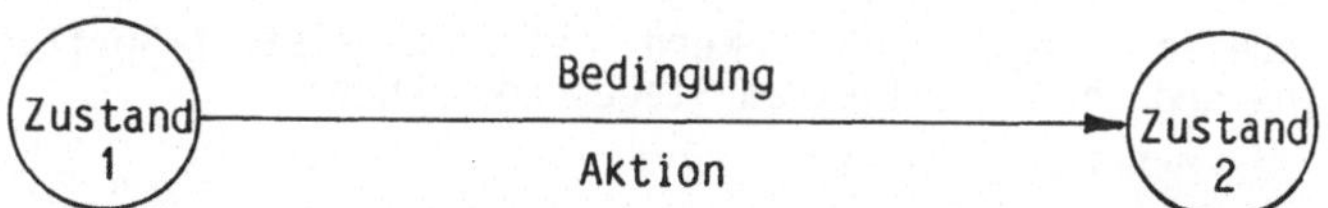

In einem Zustandsgraph ist kein Symbol für Aktionen vorhanden, so dass die Aktionen als verbale Erläuterungen neben den Pfeilen eingetragen werden müssen. Um die Aktionen in den Zustandsgraphen zu integrieren und damit die Anschaulichkeit und die Geschlossenheit zu erhöhen, wurde ein Rechteck als Symbol für eine Aktion eingeführt, die zwischen zwei Zuständen angeordnet ist und beim Zustandswechsel ausgeführt wird.

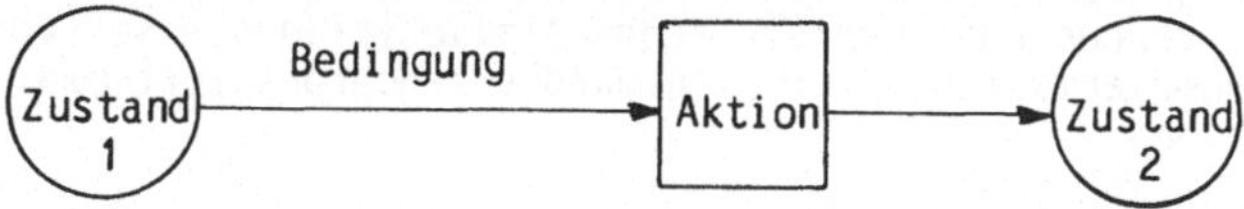

Die Anwendung von Zustandsgraphen soll am Beispiel der Herstellung eines Kunststoff-Teiles demonstriert werden.

Hierzu muss - gemäss Bild 1 - die Form geschlossen und der Kern eingefahren sein. Dadurch entsteht der Hohlraum für den Kunststoff-Teil. Der Ablauf ist im Einzelnen wie folgt:

Zunächst ist die Form offen und der Kern ausgefahren. Wenn sich die Maschine in einem bestimmten Zustand befindet und ein Form-Auftrag vorliegt, wird die Form nach rechts gefahren und gleichzeitig der Kern nach innen verlagert. Hat die Form die Hälfte der Strecke zurückgelegt, so muss der Kern vollständig eingefahren sein, anderenfalls wartet die Form auf den Kern. Erst beim eingefahrenen Kern kann die Form vollends schliessen. Im geschlossenen Zustand findet der Spritzgiessvorgang statt, was eine bestimmte Zeit in Anspruch nimmt.Daraufhin

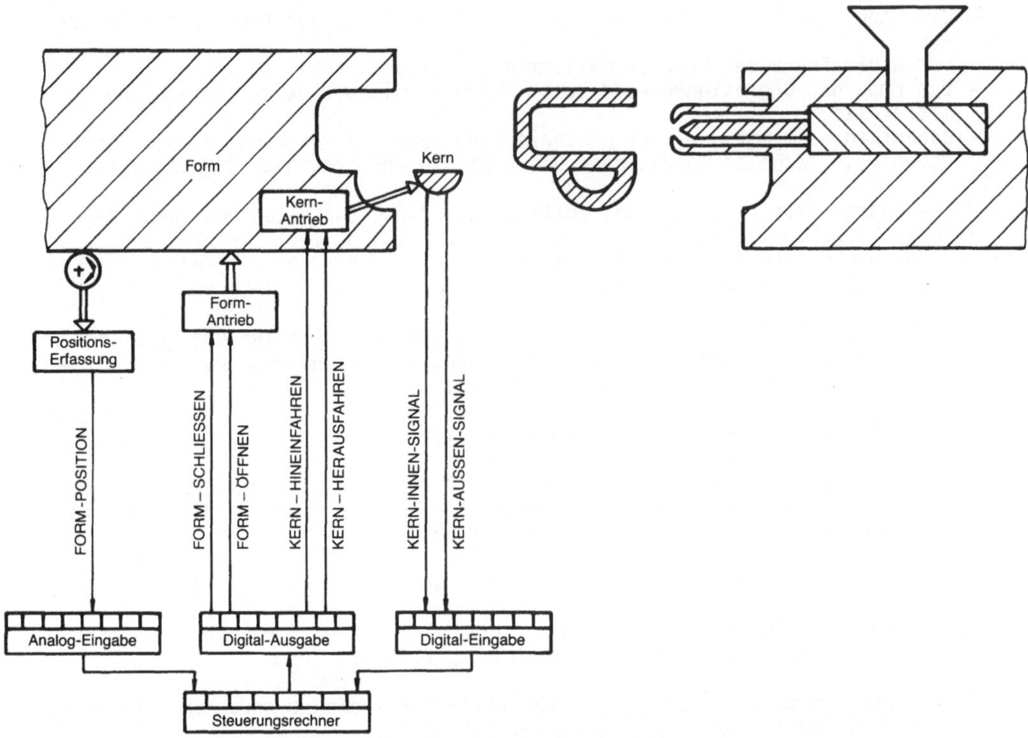

Bild 1 : Teilprozesse " Form " und " Kern " einer Kunststoff-Spritzgiess-Maschine und ihr Anschluss am Steuerungsrechner.

werden Form und Kern gleichzeitig zurückgefahren, wobei wiederum beim Erreichen der Mittelposition der Kern ausgefahren sein muss.

Im Bild 2 ist der erweiterte Zustandsgraph für die Form und im Bild 3 der Zustandsgraph für den Kern dargestellt.

Jeder Zustandsgraph beschreibt einen sequentiellen Teilprozess.In einem technischen Prozess können aber mehrere sequentielle Teilprozesse vorkommen, die parallel zueinander ablaufen, aber miteinander synchronisiert bzw. koordiniert wreden müssen.

Die Synchronisierungsaufgaben lassen sich zwar sequentialisieren, dies ist aber mit grossem Aufwand verbunden und ist sehr fehleranfällig und änderungsunfreundlich.

Beim Einsatz von Zustandsgraphen gibt es synstematische Wege für die Lösung der Synchronisierungsaufgaben.

Der erste Teil der Synchronisierungsaufgaben lässt sich durch Erweiterung der Bedingungen in den Zustandsgraphen realisieren, wie dies im Beispiel 1 für die Bewegung der Form und die des Kernes der Fall ist. Die Zustandsgraphen können dann unabhängig voneinander ablaufen.

Der zweite Teil der Synchronisierungsaufgaben beruht auf dem gegenseitigen Ausschluss. Zu ihrer Darstellung werden Transitionsnetze eingesetzt, die ein Spezialfall der Petri-Netze [2] sind.

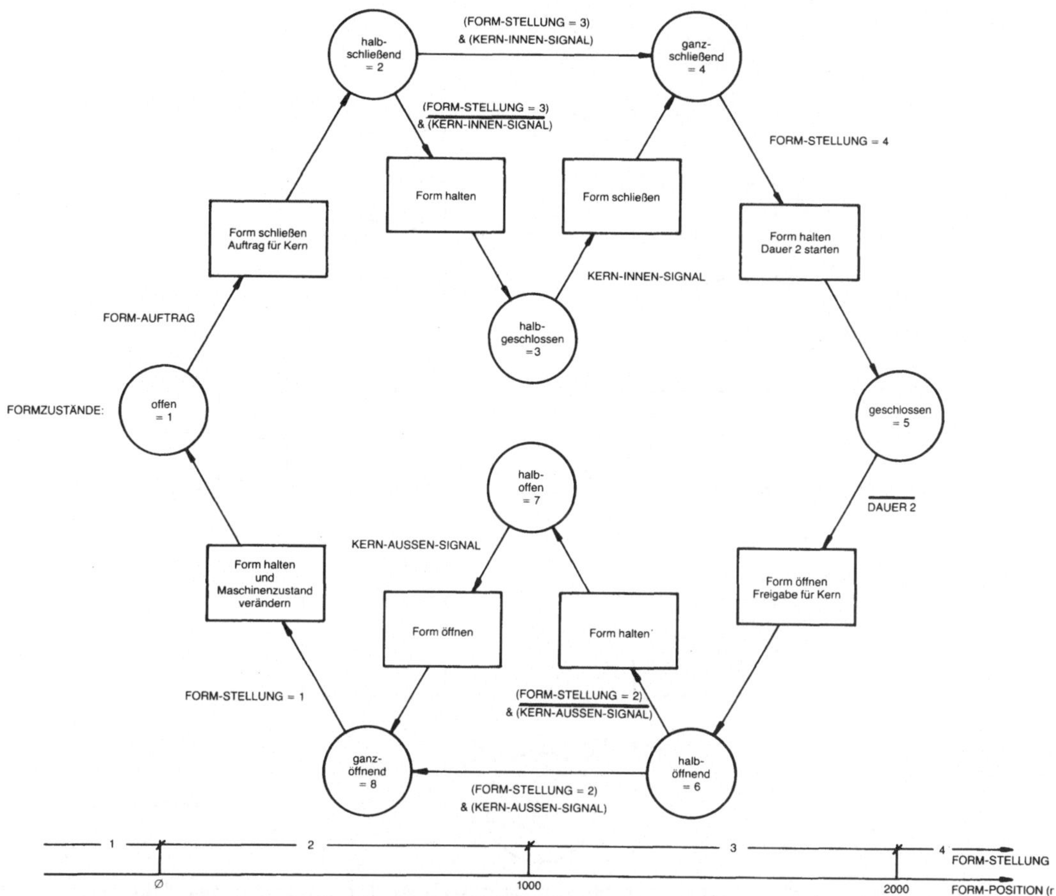

Bild 2 : Erweiterter Zustandsgraph zur Darstellung der Bewegung der " Form "

3.2 Entscheidungs-Tabellen zur Spezifikation der Entwurfsergebnisse

Die Entscheidungstabellen werden dort eingesetzt, wo aufgrund der vorliegenden Bedingungen Entscheidungen getroffen und die zugehörigen Aktionen ausgeführt werden müssen [5].

Betrachtet man den Zustandsübergang in einem Zustandsgraphen, so liegt es nahe, zu seiner Spezifikation Entscheidungstabellen einzusetzen. Denn in einem bestimmten Zustand muss aufgrund der vorliegenden Bedingungen entschieden werden, welcher Übergang stattfinden muss und welche Aktionen dabei auszuführen sind. Die Darstellungsform der Entscheidungstabellen ist der Wahrheitstafel sehr ähnlich und daher sehr anschaulich und aussagekräftig.

Eine Entscheidungstabelle ist im wesentlichen eine tabellarische Darstellung der kausalen Zusammenhänge der Form :

" wenn .... dann .... "

Das im Bild 3 dargestellte Beispiel besitzt 5 Zustände und kann daher mit 5 Entscheidungstabellen vollständig spezifiziert werden. In der Tabelle 1 ist die Entscheidungstabelle dargestellt, die dem Zustand "innen-fahrend" entspricht und alle zugehörigen Bedingungen, Übergänge und Aktionen enthält.

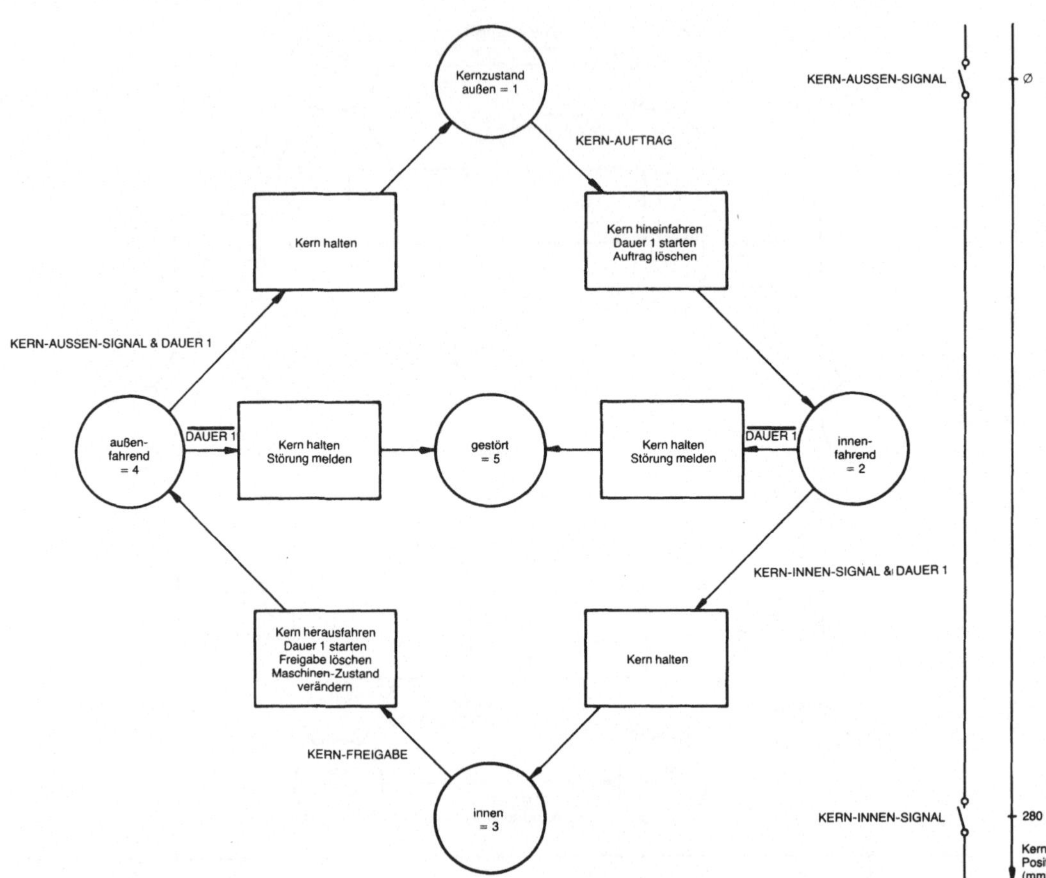

Bild 3 : Erweiterter Zustandsgraph zur Darstellung der Bewegung des " Kerns "

```
ET : KERN-EINFAHRT-UEBERWACHEN       IM AEUSSEREN ZUSTAND : KERN-ZUSTAND = 2
          REGEL-NR :                          R0    R1
          --------------------------------------------
          BEDINGUNGEN :
                TW :  DAUER1                  0     1
                E  :  KERN-INNEN-SIGNAL       -     1
          --------------------------------------------
          AKTIONEN :
                A  :  KERN-HINEINFAHREN  =   '0'   '0'
                P  :  CALL STOERUNG           J     -
          --------------------------------------------
ENDE KERN-EINFAHRT-UEBERWACHEN
```

Tabelle 1 : Entscheidungstabelle zur Beschreibung der Zusammenhänge im Zustand " innen-fahrend " des Kerns.

Diese Entscheidungstabelle wird kurz erläutert. Die Regel R0 besagt:

Wenn die Zeit DAUER1 abgelaufen ist ,

dann Kern anhalten ,
dann Störung melden.

Die Regel R1 besagt:

Wenn die Zeit DAUER1 läuft und
wenn KERN-INNEN-SIGNAL erreicht ,
dann Kern anhalten.

Mehrere Entscheidungstabellen lassen sich zusammenfassen. In den Tabellen 2 und 3 sind die zusammengefassten Entscheidungstabellen dargestellt, die die in den Bildern 2 und 3 dargestellten Zustandsgraphen vollständig spezifizieren. Die Tabelle 1 entspricht den Regel R1 und R2 der Tabelle 3.

ET : SPRITZEN	IM AEUSSEREN ZUSTAND : MASCHINEN-ZUSTAND = 3									
REGEL-NR :	R0	R1	R2	R3	R4	R5	R6	R7	R8	R9
INNERER ZUSTAND :										
FORM-ZUSTAND	1	2	2	3	4	5	6	6	7	8
BEDINGUNGEN :										
ZB : FORM-STELLUNG	-	3	3	-	4	-	2	2	-	1
P : FORM-AUFTRAG	J	-	-	-	-	-	-	-	-	-
E : KERN-AUSSEN-SIGNAL	-	-	-	-	-	-	J	N	J	-
E : KERN-INNEN-SIGNAL	-	J	N	J	-	-	-	-	-	-
TW : DAUER2	-	-	-	-	-	N	-	-	-	-
AKTIONEN :										
A : FORM-SCHLIESSEN =	'1'	-	'0'	'1'	'0'	-	-	-	-	-
A : FORM-OEFFNEN =	-	-	-	-	-	'1'	-	'0'	'1'	'0'
M : KERN-AUFTRAG =	'1'	-	-	-	-	-	-	-	-	-
ZB : MASCHINEN-ZUSTAND =	-	-	-	-	-	-	-	-	-	4
M : KERN-FREIGABE =	-	-	-	-	-	'1'	-	-	-	-
TW : START DAUER2 MIT D2	-	-	-	-	J	-	-	-	-	-
UEBERGANG IN :										
FORM-ZUSTAND	2	4	3	4	5	6	8	7	8	1
ENDE SPRITZEN										

Tabelle 2 : Entscheidungs-Tabelle zur Spezifikation des im Bild 2 dargestellten Zustandsgraphen

Die Elemente und die Semantik der Entscheidungstabellen wurden so festgelegt, das sie den Voraussetzungen entsprechen, denen der Zustandsübergang in einem Zustandsgraphen bzw. in einem Transitionsnetz unterworfen ist.

Eine Entscheidungstabelle ist aus vier Teilen aufgebaut, nämlich aus dem Bedingungsteil, dem Synchronisierungteil, dem Aktionsteil und dem Regelteil.

3.2.1 Bedingungsteil der Entscheidungstabellen

Eine Bedingung wird durch drei Angaben vollständig spezifiziert :

1.) Typ

ZB : für Zähler, die ein Byte lang sind.
ZW : für Zähler, die ein Wort lang sind.
M : für Merker, die eine binäre Information halten k nnen.
P : für Programmbaustein, der vom Anwender erstellt wird.
TW : für Zeitglied, das ein Wort lang ist.
TD : für Zeitglied, das ein Doppelwort lang ist.
E : für Eingang, das ein binäres Signal umfasst.

Die Typ-Bezeichnungen sind aus der DIN 19239 [6] übernommen worden.

```
ET : KERNZUG               IM AEUSSEREN ZUSTAND : MASCHINEN-ZUSTAND = 3
   REGEL-NR :                                  R0   R1   R2   R3   R4   R5
   ---------------------------------------------------------------------
   INNERER ZUSTAND :
                 KERN-ZUSTAND                  1    2    2    3    4    4
   ---------------------------------------------------------------------
   BEDINGUNGEN :
             M  : KERN-AUFTRAG                 J    -    -    -    -    -
             TW : DAUER1                       -    N    J    -    N    J
             E  : KERN-INNEN-SIGNAL            -    -    J    -    -    -
             M  : KERN-FREIGABE                -    -    -    J    -    -
             E  : KERN-AUSSEN-SIGNAL           -    -    -    -    -    J
   ---------------------------------------------------------------------
   AKTIONEN :
             M  : KERN-AUFTRAG      =         '0'   -    -    -    -    -
             A  : KERN-HINEINFAHREN =         '1'  '0'  '0'   -    -    -
             TW : START DAUER1 MIT D1          J    -    -    J    -    -
             M  : KERN-FREIGABE     =          -    -    -   '0'   -    -
             A  : KERN-HERAUSFAHREN =          -    -    -   '1'  '0'  '0'
             P  : CALL STOERUNG                -    J    -    -    J    -
   ---------------------------------------------------------------------
   UEBERGANG IN :
                 KERN-ZUSTAND                  2    5    3    4    5    1
ENDE KERNZUG
```

Tabelle 3 : Entscheidungs-Tabelle zur Spezifikation des im Bild 3 dargestellten Zustandsgraphen

2.) Adressierungsart

C : für Konstanten, die im Code-Bereich abgelegt sind und absolut adressiert werden.
D : für Variable, die im Daten-Bereich abgelgt sind und absolut adressiert werden.
I : für direkte Adressierung der digitalen Eingangssignale.
R : für relative Adressierung bezüglich einer Basis-Adresse, die beim Aufruf der Entscheidungstabelle übergeben wird.

3.) Symbolischer Name

Jede Bedingung hat einen symbolischen Namen. Unter diesem Namen werden alle ihre Attribute und Erläuterungen in einer Zuordnungsliste abgelegt.

Bei den Bedingungen vom Typ Z kann auch ein Vergleichs-Ausdruck angegeben werden.

3.2.2. Synchronisierungsteil der Entscheidungs-Tabellen

Eine Synchronisierungs-Bedingung entspricht einer Semaphore, auf die die REQUEST-Operation [7] angewandt werden kann. Daher wird auch ihr Typ mit S gekennzeichnet.

Folgende Semantik ist dem Synchronisierungsteil zugrunde gelegt. Beim Aufruf einer Entscheidungstabelle wird festgestellt, ob der Bedingungsteil einen Zustands-Wechsel verursachen würde. Wenn dies der Fall ist, wird versucht, gleichzeitig auf alle relevanten Synchronisierungsbedingungen eine REQUEST-Operation auszuführen.Ist dies erfolgreich, so werden die zugehörigen Aktionen ausgeführt und der Zustandswechsel vollzogen, anderenfalls wird zu der Aufrufstelle zurückgesprungen.

3.2.3. Aktionsteil der Entscheidungs-Tabellen

Die meisten bei den Ablaufsteuerungen vorkommenden Aktionen können direkt in der Entscheidungstabelle angegeben werden; es sind :

ZB :	name =	wert	einen Zähler auf einen bestimmten Wert setzen.
ZB :	INC	name	den Wert eines Zählers um 1 erhöhen.
ZW :	DEC	name	den Wert eines Zählers um 1 erniedrigen.
M :	name =	wert	einem Merker auf einen bestimmten Wert setzen.
TW :	START name MIT	wert	ein Zeitglied mit einer bestimmten Dauer starten.
A :	name =	wert	einen Ausgang auf bestimmten Wert setzen.
P :	CALL	name	eine Anwender-Prozedur aufrufen.
S :	RELEASE	name	den Wert einer Semaphore um 1 erhöhen.

3.2.4. Regelteil der Entscheidungs-Tabellen

Der Regelteil einer Entscheidungs-Tabelle beschreibt den logischen Zusammenhang zwischen den Bedingungen und den Aktionen. Für die Regeln gilt:

- Sind alle für eine Regel relevanten Bedingungen erfüllt, so werden die dieser Regel zugeordneten Aktionen hintereinander ausfeführt. Dies entspricht der konjunktiven Verknüpfung der Bedingungen, die dann zur Ausführung der Aktionen führen.

- Die Regeln werden von links nach rechts überprüft. Dies stellt die disjunktive Verknüpfung der Bedingungen dar.

4. Rechnergestützte Hilfsmittel

4.1. Automatische Programmgenerierung aus den Entscheidungstabellen

Die Entscheidungstabellen können mit Hilfe eines komfortablen bildschirmorientierten Wortprozessors in den Rechner eingegeben werden. Ab hier erfolgt die Programm-Generierung und Dokumentation automatisch. Dadurch sind sowohl zuverlässige Dokumentation auf sehr hohem Niveau als auch fehlerfreie Programme gewährleistet.

Für die Übersetzung kann der Anwender eine der zwei Arten auswählen:

- Übersetzung nach der Masken-Methode [8].

  Hier werden beim Aufruf der Entscheidungstabelle alle Bedingungen erfasst und zu dem sog. Eingangsvektor zusammengesetzt. Der Eingangsvektor wird dann mit den Regel-Masken verglichen, um festzustellen, ob eine Regel erfüllt ist.

- Übersetzung nach der Baum-Methode [8].

  Hier wird aus der Entscheidungstabelle ein laufzeit-optimales Programm mit einer Baumstruktur generiert.

Die verschiedenen Übersetzungsarten führen zu Steuerungsprogrammen, deren Laufzeit und Speicherbedarf unterschiedlich ist.

Nach der Prüfung und übersetzung der Entscheidungstabelle erfolgt die automatische Dokumentation mit der Angabe der Laufzeit und des Speicherbedarfs.

4.2 Abarbeitung der Entscheidungstabellen im Zielsystem

Wenn die Entscheidungstabellen nach der Baum-Methode übersetz werden, brauchen sie kein Laufzeitsystem. Werden sie jedoch nach der Masken-Methode übersetzt, so wird ein sogenannter Paralleler-Logik-Prozessor " PLP " zur Verfügung gestellt, die die Entscheidungstabellen interpretativ abarbeitet.

Unabhängig von der Übersetzungsart gilt: die Entscheidungstabellen sind keine selbständige Rechenprozesse; sie laufen vielmehr als Unterprogramme unter der Kontrolle der vom Anwender gestarteten Tasks. Daher können Sie in jeder Betriebssystem-Umgebung eingesetzt werden bzw. unmittelbar auf ein externes Ereignisse oder ein Zeit-Interrupt eingeplant werden.

4.3. Diagnose- und Testsystem

Ein Entwurfsverfahren bzw. ein Software-Werkzeug gewinnt seine industrielle Einsatzberechtigung nur dann, wenn ein quellbezogenes Diagnose- und Testsystem vorhanden ist. Damit ist ein Diagnosesystem gemeint, das es ermöglicht, die noch vorhandeen logischen Fehler auf demselben Niveau des Entwurfsverfahrens bzw. mit den Elementen des Software-Werkzeugs zu diagnostizieren und zu korrigieren.

Das vorgestellte Programmsystem, bietet umfangreiche quellbezogene Testhilfen für alle Phasen.

Die bisherigen "vor Ort"-Testhilfen umfassen folgende Funktionen:

- Ablage des beim Aufruf der Tabelle gebildeten Eingangs-Vektors und der erfüllten Regel-Nummer in einem Puffer und deren Anzeige auf dem Bildschirm.

- Ablage des einen Zustandswechsel verursachenden Eingangs- Vektors und der erfüllten Regel-Nummer in einem Puffer und deren Anzeige auf dem Bildschirm.

Eine Entscheidungstabelle kann mit den erweiterten Diagnose-Hilfsmittel getestet werden, wenn bei ihrer Umsetzung ins Programm der übersetzer in Testmode beauftragt wurde. Die erweiterten Diagnose-Möglichkeiten sind:

- Jeder Teilprozess kann verschiedene Zustände annehmen. Mit Hilfe des Testsystems kann jedem Zustand ein binäres Anzeigeelement im Anzeigefeld zugeordnet werden, so dass der jeweils aktuelle Zustand angezeigt wird.

- Nach Aufruf einer Entscheidungstabelle bzw. bei einem Zustandswechsel können folgende Daten in einen Puffer geschrieben bzw. auf dem Bildschirm angezeigt werden : Eingangs-Vektor, Regel-Nummer, Zustands-Nummer und ausgeführte Aktionen.

- Die Ablaufsteuerung eines Teilprozesses, die aus mehreren Entscheidungs-Tabellen besteht, kann einmalig bzw. periodisch mit vorgebbarer Dauer zur Ausführung gebracht werden.

4.4. Umfang der benötigten Hardware für die Rechnerunterstützung

Alle Software-Werkzeuge sind in der höheren Sprache PL/I Subset G (ANSI-Std.) geschrieben und sind daher vollkommen portabel.

Für die Übersetzung der Entscheidungstabellen wird mindestens ein 16-Bit-Rechner mit 256 kByte Arbeitsspeicher und ein Winchester-Massenspeicher mit 5 MByte Kapazität benötigt.

Die übersetzung geht so vor sich, dass die Entscheidungs-Tabellen zunächst in eine zielmaschinen-unabhängige Zwischensprache übersetzt werden. Der Zwischencode wird dann vom Makro-Assembler der Zielmaschine in den entsprechenden Maschinencode übersetzt.

5. Zusammenfassung

Das vorgestellte ZET-System ist ein einheitliches und konzeptionell in sich geschlossenes System für den problem-orientierten Entwurf und zuverlässige Realisierung von Prozessteuerungen.

Hier wird zum systematischen Entwurf von Prozesteuerungen erweiterter Zustandsgraph eingesetzt. Er bietet folgende Vorteile:

- die Zustände im Graphen können unmittelbar physikalischen (meist optisch wahrnehmbaren) Zuständen im Prozess zugeordnet werden. Sie entsprechen daher der Denkweise eines Ingenieurs.

- da der Prozess in Zustände aufgeteilt wird, braucht der Automatisierungs-Ingenieur beim Entwurf nicht den gesamten Prozess vor Augen zu haben, er kann sich vielmehr auf einen Zustand und dessen Übergänge konzentrieren.

Zur formalen und anschaulichen Darstellung der Entwurfsergebnisse wird für jeden Zustand eine Entscheidungstabelle erstellt, die die Bedingungen zum Verlassen dieses Zustandes sowie die dabei auszuführenden Aktionen beschreibt. Die Entscheidungstabellen werden automatisch in Programme übersetzt. Dieses Verfahren besitzt folgende Vorteile:

- die Entscheidungstabellen sind den Wahrheitstafeln sehr ähnlich, die den Ingenieuren und Steuerungstechnikern bekannt sind.

- trotz ihrer Einfachheit sind die Entscheidungstabellen streng formal.Daher können sie von Rechnern verstanden und damit automatisch auf Vollständigkeit und Widerspruchsfreiheit überprüft werden.

- die Spezifikation mit Hilfe von Entscheidungstabellen ist maschinenunabhängig. Beim Übergang auf einen neuen Rechner können die ursprünglichen Entscheidungstabellen wieder eingesetzt werden.

- die automatische Programmgenerierung führt zu zuverlässigen und effizienten Programmen.

- die Dokumentation erfolgt auf sehr hohem Niveau und ist projektbegleitend.

Die erste Implementierung des ZET-Systems[9]ist seit 2 Jahren im industriellen Einsatz. Das Verfahren und die Software-Werkzeuge werden sowohl von dem Entwicklungs- als auch vom Wartungspersonal sehr gut akzeptiert. Die automatisch generierten Programme sind sehr effizient; sie werden auch in serienmässig produzierten Maschinensteuerungen eingesetzt.

Die bisherigen praktischen Erfahrungen haben gezeigt, dass die Produktivität bei der Anwendung des ZET-Syztems etwa verdoppelt werden kann. Die erzielte Kostenersparnis für die einzelnen Phasen ist im Bild 4 dargestellt.

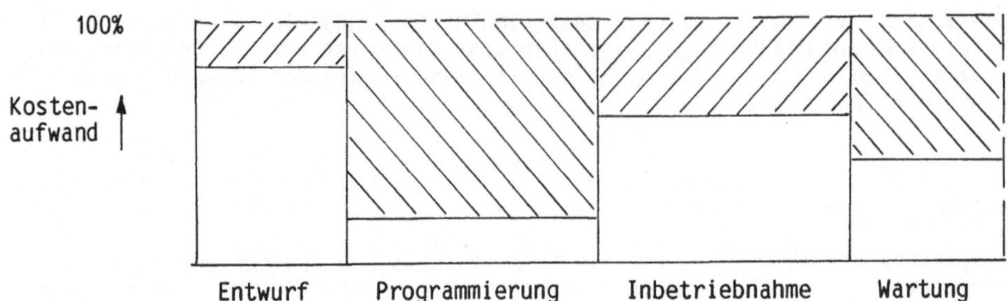

Bild 4 : Die erzielte Kostenersparnis (schraffiert) beim Einsatz des ZET-Systems gegenüber den bisherigen Vorgehensweisen (100%).

Schrifttum :

[1] VDI 3260: Funktionsdiagramme von Arbeitsmaschinen und Fertigungs-Anlagen. Ausgabe 1977, VDI-Verlag, Düsseldorf.

[2] Petri C.A.: Kommunikation mit Automaten. Dissertation, T.H. Darmstadt, 1962.

[3] DIN 66241: Entscheidungstabellen für den Informationsaustausch. Beschreibungsmittel. Ausgabe Mai 1977.

[4] Hackl C.: Schaltwerk- und Automatentheorie I. Walter de Gruyter Verlag, Berlin, 1972.

[5] Weber W.: Programmentwurf und Programmdokumentation. VDI Verlag, Dässeldorf, 1982.

[6] DIN 19239: Steuerungstechnik, speicherprogrammierte Steuerungen. Ausgabe Mai 1983.

[7] Dijkstra E.W.: " Cooperating sequential processes " in Programming languages, Genuys F., Academic Press, New York, 1968.

[8] Elben W.: Entscheidungstabellentechnik. Walter de Gruyter Verlag, Berlin, 1973.

[9] Ghassemi A.: Problemorientierter Entwurf und zuverlässige Realisierng von Prozessteuerungen. Regelungstechnische Praxis, 25. Jahrgang, Heft 11, Nov. 1983, Oldenburg Verlag, München.

CADCO - EIN LERNFÄHIGER INTERPRETER FÜR REGELUNGSTECHNISCHE CAD-SYSTEME

H. Hensel, R. Schnell

Institut für Regelungstechnik
Fachgebiet Regelsystemtechnik
und Prozeßlenkung
Technische Hochschule Darmstadt

ZUSAMMENFASSUNG

Der Interpreter CADCO stellt ein kleines Betriebssystem dar, das für den Bereich regelungstechnischer CAD-Systeme konzipiert wurde, aufgrund seines nicht-problemorientierten Aufbaus aber auch in anderen Bereichen einsetzbar ist. Der Beitrag stellt zunächst in Form eines Pflichtenhefts die von dem Interpreter als zentrales Verwaltungssystem geforderten Funktionen zusammen und beschreibt das daraus abgeleitete Konzept des CADCO-Systems und des entworfenen Dateiensystems, welches die Flexibilität erhöht und die Lernfähigkeit hinsichtlich des verfügbaren Kommandosatzes ermöglicht. Der Erläuterung der Semantik und der Syntax der Kommanodsprache, der Kommunikation mit dem Benutzer sowie der ihm zur Verfügung stehenden Systemhilfen folgen einige Angaben zur programmtechnischen Realisierung und erste Erfahrungen im Einsatz.

1. EINLEITUNG

CAE-Systeme wurden auf dem Gebiet der Regelungstechnik zunächst hauptsächlich zur Planung von MSR-Anlagen [1] und als Bildschirmsysteme zur Darstellung von Anlagenbildern (früher Mosaikwartenbilder) und damit zur Prozeßführung und -überwachung eingesetzt. Mit dem Fortschreiten des Einsatzes sog. dezentraler oder verteilter Regelstationen wurden in den letzten Jahren industrielle Automatisierungssysteme entworfen, die die dezentralen Einheiten von einer zentralen Warte konfigurieren können. Dabei wird die Regelungssynthese selten mit Hilfe des Automatisierungssystems durchgeführt.

Ein anderer Ansatz, der mehr von der Regelungstheorie ausging, beschäftigt sich mit der Umsetzung neuer mathematischer Entwurfsverfahren unter Einbindung des Rechners. Die so entstandenen, oft als CAD-Systeme bezeichneten Programme verwenden den Rechner hauptsächlich wegen der Komplexität der implementierten Entwurfsmethoden, sind aber in den meisten Fällen nur mit sehr einfachen interaktiven Möglichkeiten ausgestattet und auf wenige Methoden beschränkt oder setzen ein tiefgehendes Verständnis der modernen mathematischen Methoden voraus [2-4].

Seit einiger Zeit wird nun versucht, die Vorteile echter CAD-Systeme mit der Implementierung neuer mathematischer Methoden zu verknüpfen, um möglichst *flexible überspannende Entwurfssysteme* zu erhalten und gleichzeitig eine Verringerung des erforderlichen Kenntnisstandes und, damit verbunden, eine *verbesserte Akzeptanz* des Anwenders zu erzielen [5-8].

Der in diesem Beitrag vorgestellte *Interpreter CADCO* (C A D - C o ntroller) [12] ist das Herzstück eines solchen *CAD-Entwurfssystems* mit dem Namen *CADOCS* (Computer Aided Design of Control Systems), welches zur On-line Analyse (On-line Identifikation) realer Prozesse (Regelstrecken), zur Synthese, zur Simulation und zum Echtzeiteinsatz von Regelungen dient. Um diese Palette regelungstechnischer Anforderungen erfüllen zu können, muß das System sehr flexibel den Einbau neuer Syntheseverfahren ohne Umstellung bereits vorhandener Programmteile ermöglichen. Andererseits soll dem Anwender eine einheitliche Struktur zum Ansprechen aller Verfahren zur Verfügung gestellt werden.

Diese Forderungen können durch dateigestützte Menüs oder Interpreter realisiert werden, wobei letztere eine wesentlich freiere Führung durch Direktiven des Benutzers zulassen und deshalb der Menütechnik vorgezogen wurden. Allerdings muß der zu erlernende Befehlssatz und die Syntax der Kommandos möglichst einfach gehalten sein, weshalb zur Verringerung der Komplexität, in manchen regelungstechnischen Modulen, zur Menütechnik oder, falls bestimmte Eingaben für den weiteren Ablauf unerläßlich sind, zum Frage-Antwort-Dialog übergegangen wird.

2. DAS KONZEPT DES INTERPRETERS

Das Konzept basiert auf verschiedenen aus der Literatur bekannten Realisierungen [9-11] anderer Forschungsinstitute und vereinigt die sich in diesen Anwendungen als vorteilhaft erwiesenen Strukturen unter Berücksichtigung der Implementierung auf Prozeßrechnern.

2.1 Die grundlegenden Anforderungen

Die durch den Interpreter zu realisierenden Funktionen teilen sich in die drei Hauptgebiete

- *Verwaltungsaufgaben*
  - Benutzerverwaltung zur Ermöglichung individueller Arbeitsweisen (u.a. auch Benutzerprivilegierung) und zur Datensicherung
  - Verwaltung eines Dateiensystems für sämtliche systemrelevanten Daten und Texte
- *Kommandodefinition und Aktionskoordination*
  - Kommandosprache mit einfacher, leicht erlernbarer und leicht interpretierbarer Syntax
  - Lernfähigkeit hinsichtlich der Änder- und Erweiterbarkeit des Kommandosatzes
  - Anstoß und Koordination der regelungstechnischen Entwurfsmodule
  - allgemeine Netzstruktur, so daß jeder Befehl zu jedem Zeitpunkt verwendet werden kann

- *Benutzerunterstützung*

  . baumähnliche Ablaufstruktur innerhalb der Netzstruktur

  . Orientierungs- und Entscheidungshilfen unter Berücksichtigung verschiedener Kenntnisstufen

  . Fehlermeldungen

  . ausführliche, im System abrufbare Dokumentation des Aufbaus und der Wirkungsweise des Interpreters

  . Implementierung aller Hilfen in verschiedenen Sprachen (linguistisch) ohne Programmcodeumstellung

  . leicht verständliche und klare Bildschirmorganisation (spezielle Bereiche für Orientierungshilfen und Fehlermeldungen, Unterstützung durch akustische Signale)

2.2 Das realisierte System

Die Analyse der Funktionsanforderungen zeigt, daß es unter der Prämisse der Realisierung auf Prozeßrechnern sinnvoll ist, neben dem *Interpreter* (CADCO) ein *Entwicklungssystem* (CASSY) aufzubauen, mit dessen Hilfe das gesamte System generiert und geändert werden kann. Es ergibt sich demzufolge eine Dreiteilung des Systems.

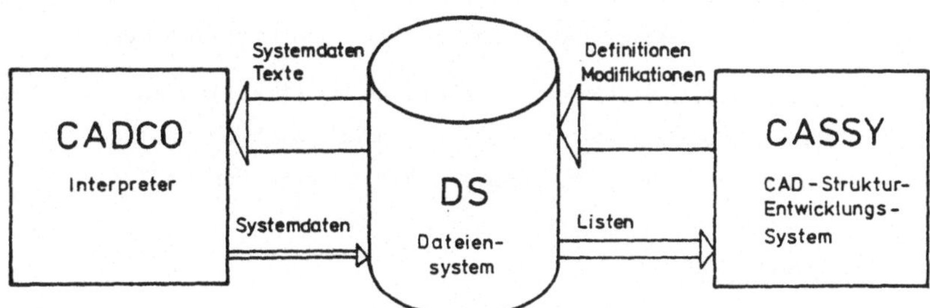

Bild 1: Die Aufteilung des Interpretersystems in die Hauptfunktionsblöcke.

2.2.1 Der Interpreter CADCO - ein Monitor

Der *Interpreter* CADCO ist der eigentliche, dem Benutzer zur Verfügung stehende Teil und übernimmt damit die *Monitorfunktion* als Schnittstelle zwischen dem Benutzer und dem Rechner. Er befreit den Benutzer zu einem großen Teil von formalen Verwaltungs- und Koordinierungsaufgaben und ermöglicht ihm dadurch eine weitgehend kreative, methodisch-logische, aber auch intuitive Arbeitsweise.

Eine 4 Zeichen *Benutzer-Kennung* dient im System zur Identifikation und damit zur Zuweisung *individueller Betriebsmittel* (wie z.B. externe Speicher oder E/A-Geräte), zur *Benutzerprivilegierung* und zur *Datensicherung*. Obwohl der Interpreter mehrere Benutzer verwalten kann, ist er aus gerätetechnischen Gesichtspunkten als Ein-Benutzer-System mit der Option einer Erweiterung auf Mehrbenutzer-Betrieb konzipiert.

Der Interpreter kennt zwei Kommandoarten, die sich auch in ihrer Syntax unterscheiden

- *Systemkommandos*, programmtechnisch fest implementiert und unabhängig von den Problemlösungsmodulen
- *Benutzerkommandos*, auf Datei abgelegte und den Problemlösungsmodulen zugeordnete Befehle, frei änderbar.

Die Benutzerkommandos können mittels des Entwicklungssystems CASSY jederzeit geändert werden, woraus sich die sog. 'statische Lernfähigkeit' ableitet. Beide Befehlsarten sind in Abschnitt 5 näher erläutert.

2.2.2 Das Entwicklungssystem CASSY

Dieses System kann nur von privilegierten Benutzern aufgerufen werden und ermöglicht im Frage-Antwort-Dialog die Erstellung und Modifikation der Ablaufstruktur bzw. des zugrundeliegenden Kommandosatzes. Dazu gehören

- die Definition der Elemente
- die Zuordnung der Programm-Module und der Parameter
- die Festlegung der Art der Elemente (Knoten oder Blatt, s. Abschnitt 3)
- die Art der Struktur durch Definition der Nachfolgerbeziehungen
- die Zuordnung der Unterstützungstexte, der Fehler- und Systemmeldungen

Neben der Neudefinition erlaubt CASSY die selektive Modifikation in allen Bereichen des CADCO-Dateiensystems zur Ergänzung, Änderung oder Löschung von Befehlen, Parametern und Unterstützungstexten oder zur Anpassung von Systemkenngrößen.

3. DER AUFBAU DER ABLAUFSTRUKTUR

Grundsätzlich soll entsprechend des Pflichtenhefts eine beliebige *netzartige Ablaufstruktur* bei gleichzeitiger ausgezeichneter baumähnlicher Struktur realisierbar sein. Die *Elemente der Ablaufstruktur* müssen deshalb eine netzartige Verkettung unterstützen und wurden durch folgende zwei Typen definiert

- *Knoten:* Diese Elemente besitzen Nachfolger
- *Blätter:* Diese Elemente besitzen keine Nachfolger (sog. Randelemente)

Alle Elemente sind in der Regel mit CAD-Modulen verknüpft, insbesondere jedes Blatt. Ein Knoten dagegen kann auch eine reine Verteilerfunktion besitzen, ohne mit einem Modul verknüpft zu sein. (Bild 3)

cmd	monam	kf	planf	plend	nlanf	nlend	ahanf	ahend	shanf	shend	ünum	fnum

Bild 2: Der Aufbau eines Elementvektors.

Die Eigenschaften aller Elemente werden repräsentiert durch *Elementvektoren*, die in einem speziellen Bereich des Dateiensystems abgelegt sind. Ein solcher Vektor enthält den Elementnamen (cmd), den zugewiesenen Modulnamen (monam), die Elementart (Knoten oder Blatt) (nf), einen Zeiger auf den Parameterbereich des zugeordneten Moduls (planf, plend), einen Zeiger auf die sog. Nachfolgerliste (nur bei Knoten) (nlauf, nlend) sowie Zeiger auf die Bereiche der Orientierungs-/Entscheidungshilfen (ghanf, ghend, spanf, spend), der Überschriften (üpos) und der Fehlermeldungen (fpos) (Bild 2).

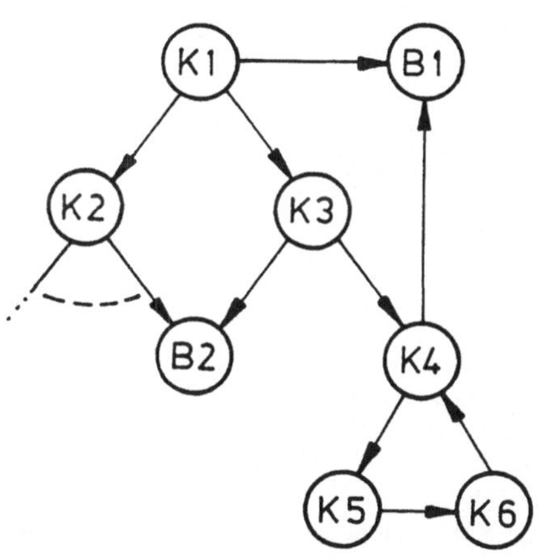

Bild 3: Beispiel einer Ablaufstruktur.

Die Strukturelemente werden ausschließlich über die *Nachfolgerlisten* zugeordnet, d.h. jede Form der Struktur kann erzeugt werden. Alle Elemente können beliebig viele Vorgänger, Knoten beliebig viele Nachfolger besitzen. Ein CAD-Modul kann, auch mit unterschiedlichen Parameterlisten, mehreren Elementen zugeordnet sein.

In Anbetracht der Implementierung regelungstechnischer Entwurfsverfahren wird sich ein baumähnlicher Charakter der Ablaufstruktur ausprägen, was im Sinne der Benutzerunterstützung vorteilhaft ist. Dennoch kann über spezielle Systemkommandos jeder Knoten zu jedem Zeitpunkt direkt angesprochen werden, wodurch sich die gewünschte netzartige Struktur ergibt. Es ist also sowohl ein *ablaufstrukturgebundenes* als auch ein *strukturungebundenes Arbeiten* möglich.

Die Verwendung von Nachfolgerlisten impliziert ein *vorwärtsorientiertes System* mit dem Vorteil geringer externer und programminterner Speicherplatzanforderungen. Um dennoch eine gewisse Gedächtnisfunktion bei strukturgebundener Arbeitsweise zu gewährleisten, wurde eine sog. *'Trace'-Tabelle* realisiert, die bis zu 16 rückwärtige Schritte zuläßt.

Bild 4 zeigt den Übergang zwischen 2 Phasen der Ablaufstruktur. Wird in der Phase CCC der Befehl EEE eingegeben, so sucht der Interpreter dieses Element in der Nachfolgerliste des Knotens CCC, übergibt die in der Kommandozeile spezifizierten Parameterwerte und aktiviert das zugehörige CAD-Modul. Ist dieses abgearbeitet, so

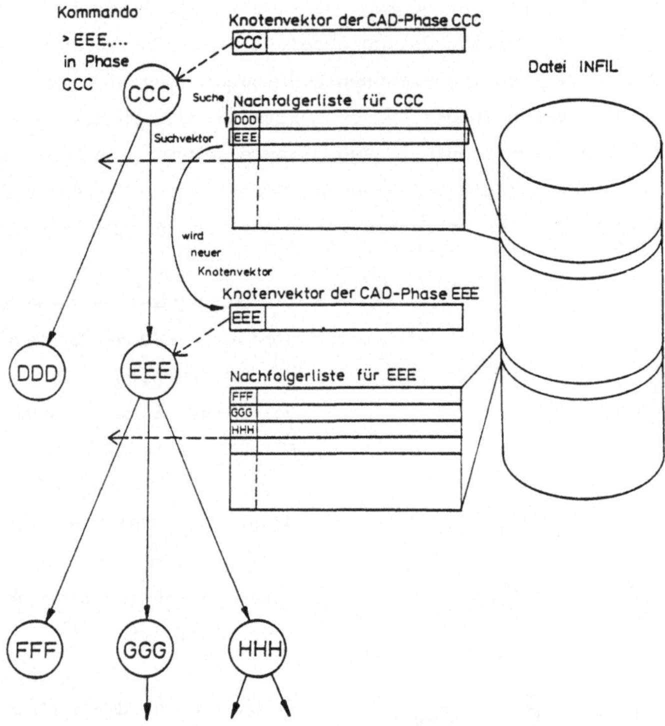

Bild 4: Ein Phasenwechsel im CAD-Ablauf und die Einbindung der Nachfolgerlisten in die Datei INFIL.

sind zwei unterschiedliche Interpretermaßnahmen möglich:

1. Ist das Nachfolgerelement (EEE) ein Blatt, so bleibt der momentane Knoten (CCC) aktiv.
2. Ist das Nachfolgerelement (EEE) ein Knoten, so wird eine neue CAD-Phase eingeleitet und der neue Knoten (EEE) wird aktiviert. Dazu wird sein Elementvektor in den Knotenvektor umgespeichert und die neue Nachfolgerliste eingelesen.

4. DAS DATEIENSYSTEM

Das *CADCO-Dateiensystem* (DS) ist eingebettet in die übergeordnete *CADOCS-Datenbank*. Bild 5 zeigt jedoch nur die für CADCO relevanten Dateien und deutet den Bezug zu den anderen Dateien lediglich an.

Das Dateiensystem setzt sich zusammen aus:

- Systemdateien: SYSTB, INFIL, PARAM
- Textdateien: <id>HED, <id>ERR, <id>HLP, <id>CAD, <id>DIA

Die *Systemdateien* SYSTB, INFIL und PARAM enthalten alle für die Verwaltung und die Entwurfskoordination relevanten Daten, wie z.B. Benutzereinträge, Nachfolgerlisten oder Parameter zur Übergabe an die Module. Sie gelten systemweit für alle Benutzer.

Die *Textdateien* beinhalten sämtliche dem Benutzer bereitgestellten Hilfen des Systems und können in unterschiedlichen (linguistischen) Sprachen (<id>) implementiert werden. Innerhalb einer Sitzung ist dem Benutzer eine Sprache fest zugeordnet, so daß er nur die mit dieser Sprachkennung versehenen Dateien verwenden kann.

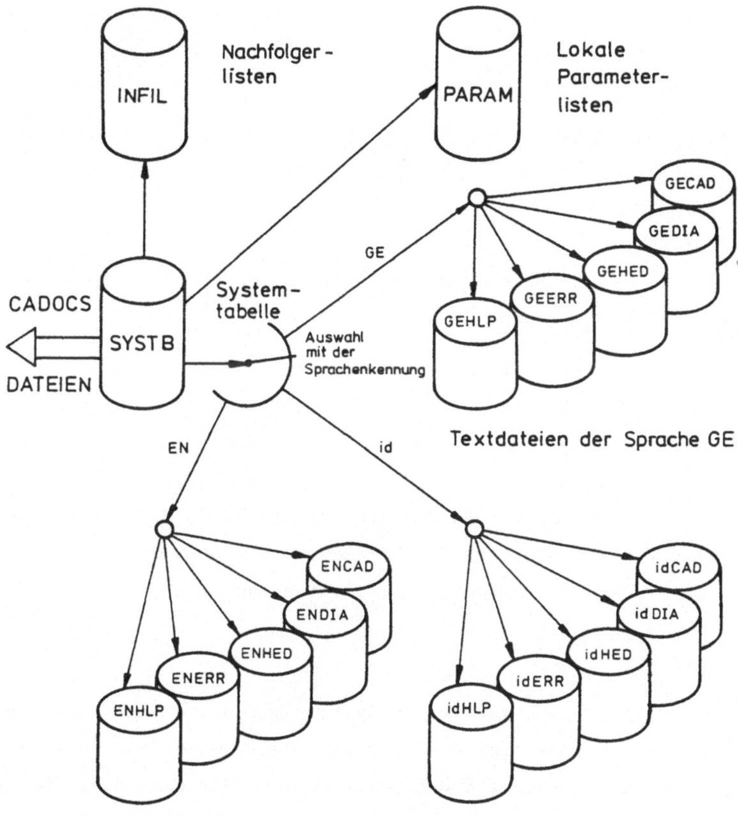

Bild 5: Das Dateiensystem (DS) des Interpreters CADCO.

4.1 Die Systemdateien

Die zentrale Verwaltungsdatei ist die Systemtabelle SYSTB. Sie enthält die Daten zur Benutzer- und Sitzungsverwaltung, Betriebskenndaten (z.B. Geräteparameter, Promptzeichen), interne und externe Dateizeiger und einen Bereich zur Definition systemglobaler Parameter. Über spezielle Schnittstellenroutinen stehen bestimmte Teile dieser Systemtabelle allen CAD-Modulen zur Verfügung.

Die CAD-Ablaufstruktur wird in Form der Nachfolgerlisten der Knoten in der Datei INFIL abgebildet (Bild 4). Lediglich der Anfangsknoten der Struktur wird zusätzlich in der Systemtabelle SYSTB vermerkt.

Wird mittels eines Kommandos ein CAD-Modul aktiviert, so können ihm Parameter, deren Typen in der Datei PARAM vordefiniert sind, aus der Kommandozeile übergeben werden. Die Anzahl der Parameter ist beliebig. Abgelegt werden sie in Form eines Parameterbandes, wobei die Parametertypen, die Länge der Parameterbezeichner und bei Hollerith die Längenangabe der Zeichenkette die Lage des Nachfolgers eindeutig bestimmen.

4.2 Textdateien

Die Textdateien enthalten im einzelnen

- <id> HED: Überschriften für die CAD-Phasen
- <id> ERR: Fehlermeldungen
- <id> HLP: Orientierungs- und Entscheidungshilfen
- <id> CAD: Globale Information über den Interpreter CADCO
- <id> DIA: Dialogtexte für die CAD-Module

Alle Texte werden in *sprachspezifischen Dateigruppen* verwaltet, die durch Spezifikation eines beliebigen Sprachkürzels <id> eindeutig definiert sind (z.B. 'GE' Deutsch und 'EN' Englisch). Jede neu implementierte Sprache wird mit ihrer Sprachdefinition, bestehend aus Sprach-Bezeichner (max. 12 Zeichen), Sprach-Identifikation bzw. Sprachkürzel (2 Zeichen) und max. Satzlänge in die Systemtabelle SYSTB eingetragen und steht dann systemweit jedem Benutzer zur Verfügung. Die maximale Anzahl der möglichen Sprachen ist durch SYSTB-Begrenzungen auf 16 festgelegt.

5. DIE KOMMANDOSPRACHE

Die programmtechnisch fest implementierten Systemkommandos dienen in der Hauptsache der Unterstützung der Benutzer oder des Systemmanagers, wobei verschiedene Befehle durch erweiterte Syntax privilegiert und damit nur dem Systemmanager oder -entwickler zugänglich sind. Die stets zugänglichen Benutzer- oder CAD-Kommandos sind eng mit der Ablaufstruktur und den Modulen verknüpft und steuern den CAD-Ablauf.

5.1 Syntax und Semantik der Systemkommandos

Bild 6a zeigt den Aufbau der Systemkommando-Syntax. Die unterschiedlichen Stricharten stellen dabei den nichtprivilegierten Teil (durchgezogene Linien) und den privilegierten Teil (gestrichelte Linien) dar. Für den nichtprivilegierten Benutzer ergeben sich also wenige, einfache Systemkommandostrukturen, während der privilegierte Benutzer, infolge der Komplexität seiner Anwendungen, die aufwendiger Syntax verwenden kann oder muß.

Die Systemkommandos gliedern sich in die Kommandokategorien (mit Beispielen)

- *Struktur-Hilfs-Kommandos*
  - . BAC, <i> : Zurückgehen in der Struktur um i Schritte
  - . DIR, <cmd> : Direktes Ansprechen der Phase <cmd>

- *Definitions-Kommandos*
  - . DEF, <Name> = <Value> : Elementdefinition des Benutzervektors
  - . GLO, <plist> : Wertzuweisung an globale Parameter
- *Listenausgabe* (z.B.)
  - . LST, DEF : Ausgabe des Benutzervektors mit Elementbezeichner
  - . LST, LAN : Ausgabe der zugelassenen Sprachen
- *Informations-Kommandos* (z.B.)
  - . HLP, ALL : Allgemeine Kurzbeschreibung aller Kommandos
  - . HLP, LST : Beschreibung des LST-Kommandos
- *Beenden einer Sitzung*
  - . END : Beendet die Sitzung und stoppt CADCO
  - . END/ : Beendet die Sitzung, CADCO bleibt aktiv

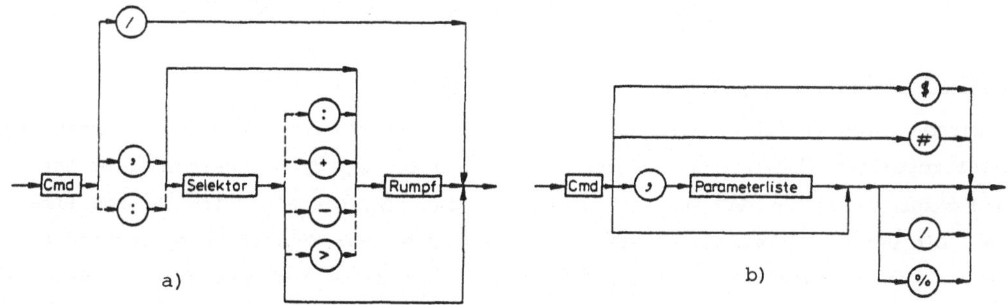

Bild 6: Die Kommandosyntax; a) System-, b) Benutzer-Kommandos.

5.2 Syntax und Semantik der Benutzerkommandos

Bild 6b zeigt den Aufbau der Benutzerkommando-Syntax. Der eigentliche Befehl besteht aus dem Kommandobezeichner (<cmd>), dem Separator (,) und der Parameterliste, mit der Parameter direkt an das CAD-Modul weitergegeben werden können. Dabei können die Parameter entsprechend ihres Eintrages in PARAM entweder durch ihre Stellung innerhalb der Parameterliste oder über ihren Namen eine Wertzuweisung erhalten.

Die in Bild 6b ersichtlichen Abschlußzeichen /, %, #, $ stellen Variationszeichen dar, durch die verschiedene Wirkungen der Kommandos unterdrückt oder zusätzliche Listenausgaben erzeugt werden.

Da der *Befehlsvorrat dynamisch* ist und auch die Befehle selbst innerhalb der vorgegebenen Struktur frei vorgebbar sind, können keine Einzelbefehle ähnlich der der Systemkommandos dargestellt und in ihrer Bedeutung erläutert werden.

5.3 Strukturgebundene oder - ungebundene Arbeitsweise

Im allgemeinen wird der CAD-Ablauf durch die implementierte Ablaufstruktur gesteuert, d.h. der Benutzer wird strukturgebunden durch den Entwurfsprozeß geführt, ihm stehen in jeder Phase nur bestimmte (neue) Kommandos zur Verfügung. Diese Vorgehensweise garantiert eine schrittweise Problemlösung unter Vermeidung undefinierter Zustände.

Trotzdem stellt die vorgegebene Ablaufstruktur keinen Zwang für den Benutzer dar, denn er kann zu jedem Zeitpunkt mittels der Systemkommandos DIR (steuert einen gewünschten Knoten direkt an) und BAC (schreitet rückwärts in der Struktur) jeden gewünschten Ablauf erzeugen und damit strukturungebunden arbeiten. Mittels der Variationszeichen / und $ der Benutzerkommandos kann ebenfalls eine Ausführung des CAD-Programms unterbunden und die Ausgabe einer Parameterliste oder ein CAD-Phasenwechsel ohne Programmausführung erzwungen werden.

6. KOMMUNIKATION MIT DEM BENUTZER

Das CADCO-System stellt eine *spezielle Bildschirmaufteilung* des alphanumerischen Arbeitsterminals in 3 Bereiche bereit. Die oberen 3 Zeilen, invers dargestellt, enthalten die zur jeweiligen CAD-Phase gehörende Überschrift, die als Orientierungshilfe dient. Die unteren 4 Zeilen, ebenfalls invers, werden zur Fehlermeldung verwendet (Fehler werden zusätzlich akustisch angezeigt). Dazwischen befindet sich ein Arbeitsbereich, in dem alle Benutzerein und -ausgaben sowohl für den Interpreter als auch für sämtliche problemorientierten Programme erfolgen. Auch die bereits angesprochenen Orientierungshilfen (z.B. Befehlsbeschreibungen, Parameterlisten) werden innerhalb dieses Bereiches dargestellt.

In jeder Entwurfsphase kann sich der Benutzer durch *Orientierungshilfen* über den weiteren möglichen Ablauf, d.h. über den aktuellen Zustand und die nachfolgend möglichen Aktionen (im Sinne der Ablaufstruktur) allgemein und durch Kommandozusatz auch speziell informieren. Zusätzlich kann in einer Datei mit globaler Systeminformation geblättert werden.

Die Wahl eines aus z.Zt. 4 *Informationsgraden* ermöglicht dem Benutzer eine seiner Kenntnisstufe angepaßte individuelle Arbeitsweise. Dabei bedeutet der Informationsgrad 1 die Ausgabe aller Hilfen zu jedem Kommando, während im Informationsgrad 4 alle Hilfen unterdrückt werden; die Informationsgrade 2 und 3 sind entsprechende Zwischenstufen. Welchen Informationsgrad der Benutzer wählt, obliegt seinem Ermessen. Im allgemeinen ist es jedoch empfehlenswert, mit der Stufe 1 zu beginnen.

7. PROGRAMMREALISIERUNG

Oberste Prämisse war die Realisierung des Interpreters auf einem 16 bit-Prozeßrechner (HP 1000) mit einem maximalen Programmadressraum von 64 kByte in der Programmiersprache FORTRAN 77. Um möglichst wenig Daten innerhalb des Programmes halten zu müssen, wurde deshalb eine konsequente Dateiablage auf sog. direct access-Dateien realisiert, die es ermöglicht, die Reaktionsgeschwindigkeit möglichst hoch zu halten. Trotzdem ließ es sich nicht vermeiden, das System zu segmentieren (Overlay-Struktur), da der Gesamtumfang des Interpreters ohne regelungstechnische Problemlösungsmodule und ohne das Entwicklungssystem CASSY auf 83 kByte angewachsen ist. Zusätzlich wurde das Wurzelsegment sehr klein gehalten, um große regelungstechnische Module problemlos anbinden zu können. Tabelle 1 zeigt den Umfang der Systeme CADCO und CASSY für die lauffähigen Programme mit und ohne Systemroutinen sowie für die Quellprogramme, die ca. 60 % Kommentare enthalten.

PROGRAMM	LAUFFÄHIGE PROGRAMME (kByte)					QUELL-PROGRAMM (kByte)
	GESAMT	OHNE SYST.ROUT.	WURZEL	SEGMENTE	GRÖSSTES SEGMENT	
CADCO	83	52	13	70	31	800
CASSY	75	62	47	28	9	206

Tabelle 1: Umfang des Systems.

Der Umfang des Dateiensystems hängt von der Anzahl der implementierten Kommandos, Parameter, Texte und Hilfen ab. Die Größe des Systems liegt aber selbst bei umfangreichen Befehlssätzen (ca. 400) unter 2 MByte.

Alle betriebssystemabhängigen Aufrufe sind maskiert durch Einbindung in Unterprogramme und alle die Peripherie betreffenden Parameter sind in einem gemeinsamen Datenblock zusammengefaßt, um eine gute Portabilität des Gesamtsystems zu erzielen. Die Programmiersprache FORTRAN wurde gewählt, da diese Sprache in der Regelungstechnik fast ausschließlich verwendet wird und andere Compiler (z.B. Pascal) nur recht selten vorhanden sind. Des weiteren sind alle regelungstechnischen Module, die in das Interpreterkonzept eingebunden werden, in FORTRAN erstellt.

8. SCHLUSSBEMERKUNGEN

Da der Aufbau des Interpreters erst vor wenigen Monaten abgeschlossen wurde, sind die Einsatzerfahrungen noch nicht sehr zahlreich. Es hat sich aber gezeigt, daß die Einarbeitungsphase, bedingt durch die einfache Syntax und speziell durch die Unterstützung durch Systemhilfen, recht kurz gehalten werden kann. Insbesondere ist deshalb Wert auf knappe, klare und aussagekräftige Hilfen zu legen.

In einer weiteren Ausbaustufe wird beabsichtigt, die Anzahl der Kenntnisstufen zu erhöhen und eine automatische Stufenanpassung in Abhängigkeit der aufgetretenen Eingabefehler zu implementieren. Des weiteren soll eine Macrofähigkeit eingebaut werden, die es dem Benutzer erlaubt, Befehlsfolgen aus existierenden Befehlen zusammenstellen und als neues Kommando abzulegen. Dies eröffnet eine dem speziellen Entwurfsablauf angepaßte benutzereigene Befehlsdefinition und führt unter Umständen zu erheblichen Zeiteinsparungen.

In der vorliegenden Ausbaustufe liegt aber mit dem Interpretersystem bereits ein Werkzeug vor, das sehr flexible Entwurfsabläufe gestattet und damit wesentlich zur Effektivierung des Entwurfs beiträgt.

9. LITERATUR

[1] Kempny, H.-P.: EDV-Engineering der EMR-Technik, NAMUR-Hauptsitzung, Darmstadt, 1983.

[2] Blanke-Bohne, J.: Ein Beitrag zur rechnergestützten Analyse und Synthese von nichtlinearen Regelungssystemen. Dissertation, Ruhr Universität Bochum, Lehrstuhl für Meß- und Regelungstechnik, 1982.

[3] Tolle, H.: Rechnergestützter Regelkreisentwurf im Frequenzbereich bei parameterunsicheren Prozeßmodellen. VDI/VDE-GMR Aussprachetag Langen, S. 17 (1983).

[4] Grübel, G.: Rechnergestützter Regelkreisentwurf mit Parameteroptimierung - systematische Berücksichtigung vieler, unterschiedlicher Entwurfsforderungen. VDI/VDE-GMR Aussprachetag Langen, S. 45 (1983).

[5] Isermann, R.: Rechnerunterstützter Entwurf digitaler Regelungen auf der Grundlage identifizierter Prozeßmodelle. VDI/VDE-GMR Aussprachetag Langen, S. 105 (1983).

[6] Litz, L.: Regelungstechnische Software und ihre Produktqualität. VDI/VDE-GMR Aussprachetag Langen, S. 207 (1983).

[7] Kurzbeiträge zur Postersession des VDI/VDE Aussprachetag Langen, S. 215-278 (1983).

[8] Hensel, H.: CADCA/CAFCA. Ein Programmsystem zum rechnergestützten Entwurf digitaler Regelungen und Störgrößenaufschaltungen. PDV-Entwicklungsnotiz (PDV E-117), Karlsruhe, Kernforschungszentrum, 1983.

[9] Tyssø, A.: CYPROS-cybernetic program packages; 2. Modeling. Identification and Control, Vol. 1, Nr. 4, S.215(1980).

[10] Åström, K.; Wieslander, J.: Computer aided design of control systems. Lund (Schweden), Department of Automatic Control, Lund Institute of Technology, 1981.

[11] Wieslander, J.: Interaction in computer aided analysis and design of control systems. Lund (Schweden), Department of Automatic Control, Lund Institute of Technology, 1981.

[12] Schnell, R.: Entwurf und Implementierung eines Interpreters für ein regelungstechnisches CAD-System. Studienarbeit, Institut für Regelungstechnik, TH Darmstadt, 1983.

METHODE ZUR BESTIMMUNG DER AUSFALLHÄUFIGKEIT VON PROZESSRECHNERN

H.J. Stübler

Hoesch Hüttenwerke

Dortmund

ZUSAMMENFASSUNG

Für einen Prozeßrechner läßt sich ein allgemeines Zustandsmodell erstellen. Mit diesem und aufgrund der Anlagengröße, der Programmierarbeiten und des Umfeldes können die Ausfallhäufigkeit und die Verfügbarkeit eines Prozeßrechners ermittelt werden. Bei der Berechnung werden die latenten, nicht statisch anstehenden Mängel mit berücksichtigt.

1. EINLEITUNG

Methoden zur Bestimmung der Ausfallhäufigkeit von Prozeßrechnern gewinnen immer mehr an Bedeutung. Die neue VDI/VDE-Richtlinie 3691 zur "Erfassung von Zuverlässigkeitswerten beim Prozeßrechner-Einsatz" ist dabei ein gutes Hilfsmittel zur Ermittlung der erforderlichen Werte für eine Bestimmung dieser Ausfallhäufigkeit. Entsprechend dieser Richtlinie wurden über viele Jahre 4631 Ausfälle und Fehler von über 20 Prozeßrechnern erfaßt und analysiert. /1/

In diesem Zusammenhang ist der Unterschied zwischen Fehler, Ausfall und Störung noch einmal herauszustellen. Die nachstehende Aufstellung gibt hierüber eine Übersicht und zeigt auch die Zusammenhänge zwischen diesen Begriffen.

MANGEL	BEGRIFFE
Einzelne hard- oder software-Funktionen sind fehlerhaft, werden jedoch nicht oder noch nicht benötigt, z.B. fehlende Verriegelungen	Fehler
Der Prozeßrechner ist nicht ausgefallen. Trotzdem wird aufgrund eines Fehlers die Funktion beeinträchtigt, z.B. Programmfehler	Fehler ⟶ Störung
Ein Fehler führt zur Beeinträchtigung einer Funktion, z.B. Ausfall eines unterdimensionierten Netzgerätes	Fehler → Ausfall → Störung
Ein Bauteil ist ausgefallen und die Funktion wird z.Zt. nicht benötigt, z.B. Ausfall eines redundanten Gerätes	Ausfall
Ein Ausfall beeinträchtigt eine vom Benutzer benötigte Funktion, z.B. Ausfall einer z.Zt. benötigten nicht redundanten Einheit	Ausfall → Störung

2. ZUSTANDSMODELL

Für den Benutzer eines Prozeßrechners ist die Gesamtheit der Einflüsse auf die Zuverlässigkeit des Rechners von Interesse. Dazu lassen sich 4 verschiedene Zustände, in denen dieser sich befinden kann, definieren und untersuchen.

2.1 In der Betriebsphase, Z_p, ist der Rechner voll für den vorgesehenen Prozeß einsatzfähig. Es liegen keine Mängel oder Defekte vor. Der Rechner führt sämtliche vorgesehenen und geforderten Funktionen aus.

2.2 Ein "labiler" Betrieb, Z_q, liegt vor, wenn zwar Fehler oder latente Mängel vorhanden sind, die sich aber auf die derzeitige Aufgabe oder Funktion noch nicht auswirken. Hierbei kann es sich um Programmier-, Konstruktions- oder Ausführungsfehler handeln. Dieser Zustand ist zwar unsicher aber ggf. noch tragbar.

2.3 Während des Reparaturzustandes, Z_r, wird die Anlage untersucht, die Ursache diagnostiziert, die Reparatur vollständig oder nur provisorisch durchgeführt. Wird die Ursache nicht erkannt, so wird der Prozeßrechner durch Wiederstart, Wechseln von Sicherungen oder ähnliches in den labilen Betriebszustand, Z_q, versetzt. Der Ausfall wird somit nur überbrückt.

2.4 Die Einflüsse des Umfeldes wirken sich auf die Arbeitsfähigkeit des Prozeßrechners aus, z.B. der Ausfall der Energieversorgung, der Klimaanlage, der Daten gekoppelter Rechner u.a. Damit befindet sich der Rechner in einem inaktiven Zustand, Z_s, aufgrund sonstiger, fremder Einflüsse.

Die Übergänge zwischen den einzelnen Zuständen lassen sich in einem Zustandsmodell entsprechend Bild 1 darstellen:

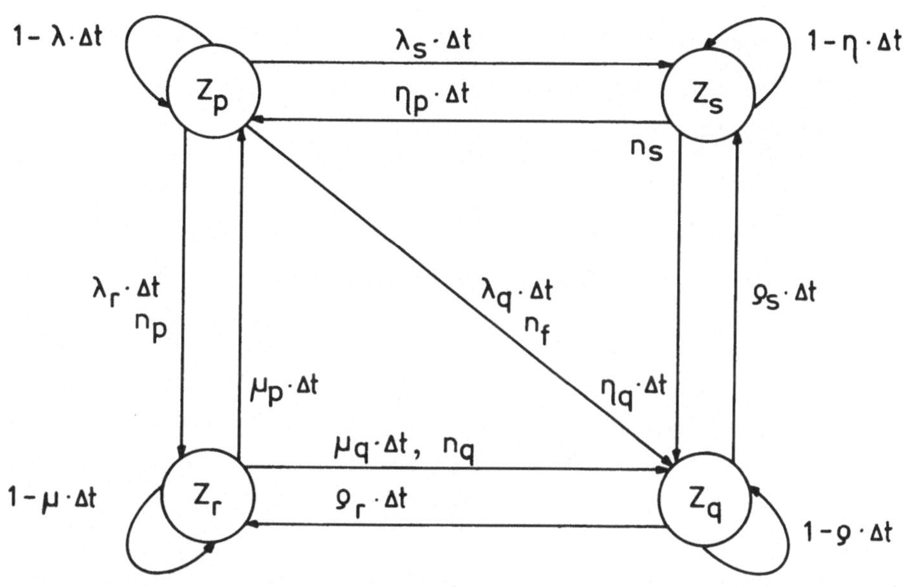

Bild 1 Zustandsmodell eines Prozeßrechners mit
- der Betriebsphase, Z_p,
- dem labilen Zustand Z_q,
- der Reparaturphase, Z_r,
- dem fremdbedingten, inaktiven Zustand Z_s

und den dazugehörenden Übergangsraten sowie der Anzahl
- Hardwareausfälle, n_p,
- Softwarefehler, n_f,
- Wiederanläufe (Ursache unbekannt), n_q,
- fremdbedingter Ausfälle, n_s.

Das entsprechende Differentialgleichungssystem ergibt sich aufgrund der Ableitungen der Wahrscheinlichkeiten Y(t) der Zustände Z_y. Mit mittleren, zeitlich konstanten Übergangsraten läßt sich das Gleichungssystem wie folgt schreiben:

$$P(t) - (\lambda_r+\lambda_q+\lambda_s)\cdot P(t) - \mu_p \cdot R(t) - \eta_p \cdot S(t) = 0$$

$$Q(t) + \lambda_q \cdot P(t) + (\varrho_r+\varrho_s)\cdot Q(t) - \mu_q \cdot R(t) - \eta_q \cdot S(t) = 0$$

$$R(t) + \lambda_r \cdot P(t) - \varrho_r \cdot Q(t) + (\mu_p+\mu_q)\cdot R(t) - = 0$$

$$S(t) + \lambda_s \cdot P(t) - \varrho_s \cdot Q(t) + (\eta_p+\eta_q)\cdot S(t) = 0$$

Die asymptotischen Wahrscheinlichkeiten der Zustände lassen sich entsprechend ableiten.

$$P = \frac{A_p}{A.} \quad , \quad Q = \frac{A_q}{A} \quad , \quad R = \frac{A_r}{A} \quad , \quad S = \frac{A_s}{A}$$

Die hierbei einzusetzenden Glieder A_p, A_q, A_r und A_s sowie der Nenner A sind folgende:

$$A_p = \varrho_r \cdot \mu_p \cdot \eta + \varrho_s \cdot \mu \cdot \eta_p$$

$$A_q = \lambda_r \cdot \mu_q \cdot \eta + \lambda_q \cdot \mu \cdot \eta + \lambda_s \cdot \mu \cdot \eta_q$$

$$A_r = \lambda_r \cdot (\varrho_r \cdot \eta + \varrho_s \cdot \eta_p) + \lambda_q \cdot \varrho_r \cdot \eta + \lambda_s \cdot \varrho_r \cdot \eta_q$$

$$A_s = \lambda_r \cdot \varrho_s \cdot \mu_q + \lambda_q \cdot \varrho_s \cdot \mu + \lambda_s \cdot (\varrho_r \cdot \mu_p + \varrho_s \cdot \mu)$$

$$A = A_p + A_q + A_r + A_s$$

Die Übergangsraten λ_r, λ_q, λ_s und ϱ_r, ϱ_s sowie die Reparaturraten μ_p, μ_q und η_p, η_q lassen sich mit Hilfe der Anzahl der Ausfälle und der Reparaturzeiten ermitteln.

3. STATISTIK

Die 4631 untersuchten Ausfälle zeigten folgende Verteilung auf die betroffenen Betriebsmittel, die durchgeführten Arbeiten und die Ausfallursachen.

Betriebsmittel		Arbeiten		Ursachen	
Zentraleinheit	1331	Bauteil repariert	128	Halbleiter	585
Trommelspeicher	36	" ausgewechselt	531	El.mech. Bauteil	128
Plattenspeicher	376	" gereinigt	68	Mech. Bauteil	57
Schnelldrucker	83	Justagearbeit	36	Kontaktfehler	102
LK-Ein-u.Ausgabe	54	Programmfehler beseitigt	99	sonst. Bauteile	20
Lochstreifengeräte	22			Ausfall Netz	358
Blattschreiber	118	Wiederanlauf	2439	" Netzeinricht.	53
Terminal	25	System geladen	470	Klimaanlage	78
Peripheriegeräte	50	Programm geändert	235	Bedienung	109
Stromversorgung	299	Sonstige	634	Betriebssystem	404
Klimaanlage	19			Anwenderprogramm	1117
				Softwarearbeiten	354
				unbekannt	981

Aufgrund der Langzeitbeobachtungen von den Prozeßrechnereinsätzen lassen sich quantitative Aussagen über die Ausfallhäufigkeit machen.

4. AUSFALLHÄUFIGKEIT

Mit steigender Anzahl der Ein- und Ausgänge sowie des Speicherumfanges, ausgedrückt im Programmumfang, erhöht sich die Ausfallhäufigkeit. Dabei ist bei kleinen Prozeßrechnern der Speicherumfang maßgeblich. Bei grossen PR wirkt sich stärker die Anzahl der Ein- und Ausgänge aus. Dementsprechend führt auch eine größere Anzahl an Ein- und Ausgängen und ein umfangreiches Programm zu einer Reduzierung der Verfügbarkeit, Bild 2.

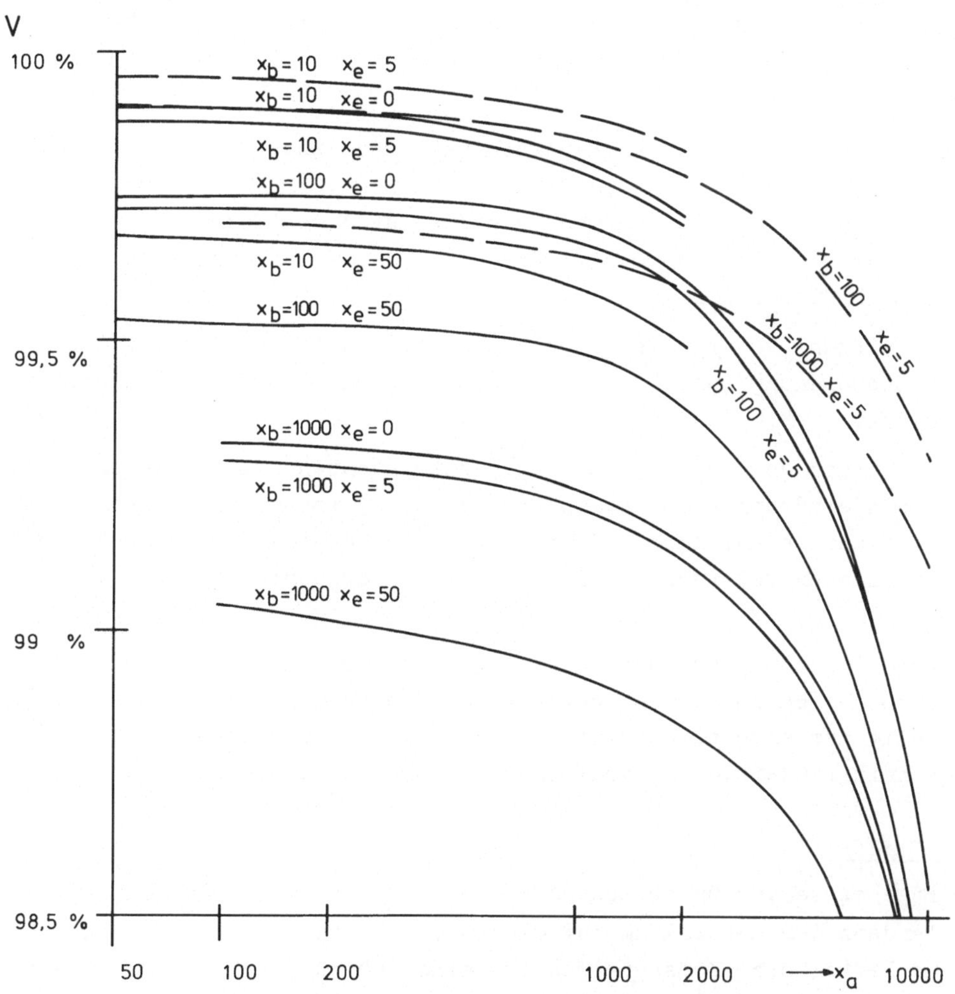

Bild 2 Verfügbarkeit eines Prozeßrechners in Abhängigkeit
- der Anzahl der Ein- und Ausgänge, x_a,
- des Programmumfanges in K-Worten, x_b und
- der jährlichen Programmierungen in Mannmonaten, x_e
(als oberer Grenzwert)

Die Ausfallwahrscheinlichkeit wird somit wechselseitig durch die Anzahl der Ein- und Ausgänge x_a und den Speicher- bzw. Programmunfang x_b beeinflußt. Dabei stellt sich folgende Beziehung heraus:

Bei kleineren PR entspricht eine Programmerweiterung x_b um 100 K-Worte einem Ausbau von x_a um ca. 1000 Ein- oder Ausgängen.

Bei größeren PR reduziert sich dies Verhältnis. Einer Erweiterung x_b um 100 K-Worte entspricht ein Ausbau x_a um ca. 300 Einheiten.

Jede Programmierarbeit, hier in Mannmonaten x_e ausgedrückt, führt zur Verschlechterung der Verfügbarkeit. Auch die Wahrscheinlichkeit der Zustände Z_p und Z_q wird unabhängig von der Größe eines Rechners stark von der Anzahl x_e beeinflußt.

Zwischen kurzen und langen Reparaturzeiten verändert sich die Wahrscheinlichkeit des Zustandes Z_p stark, z.B. von 20 % auf 35 %. Die Verfügbarkeit kann sich um mehr als 3 % durch gestiegene Reparaturzeiten reduzieren. Besonders bei großen und damit unübersichtlichen PR wirkt sich dieser Einfluß aus.

Die Auswirkung von Fremdeinflüssen auf die Ausfallhäufigkeit liegt in der Größenordnung von 10 %. Entsprechend wird auch die Verfügbarkeit reduziert.

Da sich trotz des inhomogenen, hier untersuchten umfangreichen, Datenmaterials eindeutige Abhängigkeiten ergeben, lassen sich die Ergebnisse auch auf andere Anwender und Prozeßrechner anwenden, solange keine systematischen Unterschiede zu den hier untersuchten Rechner vorhanden sind.

Darüber hinaus werden auch zukünftige Systeme, gleich welche Technologie, von der Hardware, der Software und dem Umfeld beeinflußt und folgen damit dem erarbeiteten Modell, Bild 1. Das Gleichungssystem für die Wahrscheinlichkeit der 4 möglichen Zustände gilt ebenfalls.

5. AUSBLICK

Die Ergebnisse der Untersuchung zeigen für die einzelnen Einflußgrößen die Tendenz der Auswirkung auf die Zuverlässigkeit eines Prozeßrechners. Daraus leiten sich Konsequenzen für eine Verbesserung dieser Zuverlässigkeit ab.

Es zeigt sich, daß Großsysteme mit über 3000 Ein- und Ausgängen ungünstiger liegen und eine Aufteilung sinnvoll ist. Bei kleinen Systemen wirken sich umfangreiche Speicher, d.h. Externspeicher besonders negativ auf die Zuverlässigkeit aus.

Ein wesentlicher Faktor für eine geringere Ausfallhäufigkeit eines Prozeßrechners ist die Reduzierung der Wiederanläufe. Hierzu sind eine Reihe von Maßnahmen möglich:

- Es sind Hilfsmittel zum Erkennen und Orten von Hardwareausfällen und Softwarefehlern im größeren Umfang einzusetzen,
- Die Ausbildung und der gezielte Erfahrungsaustausch des Wartungspersonals ist zu verstärken
- Für eine klare und ausreichende Hard- und besonders Softwaredokumentation ist zu sorgen.

Weitere Konsequenzen beziehen sich auf die Reparaturzeiten. Es gelten einerseits die für den Wiederanlauf aufgeführten Maßnahmen, andererseits lassen sich diese Zeiten reduzieren durch:

- Umschalten einer Baugruppe bei einem Ausfall auf eine redundante,
- Einsatz von auf Zuverlässigkeit geprüften Bauelementen oder von entsprechend entwickelten und wartungsfreundlichen Geräten,
- schnellerer Zugriff auf Reserveteile, so daß die Instandhaltung durch Austausch erfolgen kann,
- Ferndiagnose, so daß die Wegezeiten des Instandsetzers fallweise vermieden werden.

Der negative Einfluß der Programmierarbeiten auf die Zuverlässigkeit eines Prozeßrechners ist erwiesen. Hier lassen sich durch verstärkten Test der geänderten oder erweiterten Software Fehler vermeiden. Auch der Einsatz neuer Programmierverfahren kann zu zuverlässigeren Programmen führen.

Neben den Maßnahmen zur Verbesserung der Zuverlässigkeit des Prozeßrechners ist das Umfeld des Rechners nicht zu vernachlässigen. Neben der Stromversorgung und einer Klimatisierung ist auch die Datenversorgung von gekoppelten Systemen sicherzustellen.

So läßt sich die Auswirkung eines Datenübertragungsfehlers oder Leitungsausfalles zu einem gekoppelten System auf die Verfügbarkeit eines Prozeßrechners wie ein fremder Einfluß betrachten. Hierfür ist der Zustand Z_s, der speziell die fremden Einflüsse berücksichtigt, pädestiniert. Die Ausfallraten η_p und η_q hängen dabei von der Datenübertragungsstrecke, von dem gekoppelten Rechner und von den übermittelten Daten ab.

In Zukunft werden die Programme umfangreicher und stärker als die höher integrierte, fehlertolerierende Hardware die Zuverlässigkeit eines Prozeßrechners bestimmen. In dieser Hinsicht wird die Programmfehlerbeseitigung an Bedeutung gewinnen und die Reparatur der Hardwarebaugruppen an Einfluß verlieren. Die Methode zur Bestimmung der Ausfallhäufigkeit ist gerade durch den Ansatz eines fehlerbehafteten, labilen Zustandes Z_q für diese zukünftige Fragestellung geeignet, wobei die Faktoren der Gleichungen auf die neue Technologie angepaßt werden müssen.

/1/ Stübler, H.J.
Methoden zur Bestimmung der Ausfallhäufigkeit von Prozeßrechnern
Dissertation, Ruhr-Universität Bochum (1984)

RDHS: EIN PORTABLES DATENBANKSYSTEM ALS WERKZEUG FÜR PDV-ANWENDUNGEN

K.Amtsberg / F. Reim

m b p Mathematischer Beratungs-
und Programmierungsdienst GmbH
Geschäftsstelle Berlin
Ostpreußendamm 90-92
D-1000 Berlin 45

Zusammenfassung

RDHS, ein portables Datenbanksystem für 16-und 32-Bit-Mini- und -Mikrorechner, wird vorgestellt. RDHS ist besonders für solche Anwendungen geeignet, welche die Speicherung und Verarbeitung unterschiedlich organisierter und vielfältig verknüpfter Daten in einer Realzeit-Umgebung erfordern. Das Datenbanksystem bietet verschiedene Formen der Datenorganisation mit unterschiedlichen Zugriffsmöglichkeiten und gewährleistet transaktionsorientierte Datensicherung. RDHS bietet flexible Anpassungsmöglichkeiten an Haupt- und Hintergrundspeicher, es erlaubt den Multi-User-Betrieb und kann im Drei-Schicht-Betrieb ohne Reorganisationsläufe genutzt werden.

1. EINLEITUNG

Die Entwicklung der Prozeßdatenverarbeitung (PDV) hat in letzter Zeit immer breitere Einsatzgebiete erfaßt. Damit ist eine ständige Vergrößerung der verwalteten Datenbestände verbunden, die auch durch den Einsatz von komplexeren Algorithmen hervorgerufen wird. Es müssen nicht nur reine Prozeßdaten während des laufenden Betriebes erfaßt werden, was mit den hohen Anforderungen an Response - Zeiten und Ausfallsicherheit verbunden ist, in zunehmendem Maße werden auch viele verschiedene Auswertungen von Daten durchgeführt. Dies bringt entsprechende Anforderungen an unterschiedliche Strukturierungsmöglichkeiten dieser Daten mit sich. Dabei stößt man mit anwenderorientierten Datenhaltungsprogrammen sehr schnell an gewisse Grenzen.

In der Software-Erstellung treten durch zunehmende Komplexität erhebliche Schwierigkeiten auf, und es entstehen recht hohe Kosten. Dies liegt hauptsächlich daran, daß in existierenden Anwendungssystemen die komplette Datenverwaltung (d.h. sowohl das Abspeichern als auch das Wiederauffinden der Daten) sowie die Datensicherung im jeweiligen Programm selbst realisiert werden [1].

Die Erfahrungen von mbp in der Prozeßdatenverarbeitung (PDV) zeigen, daß der Aufwand zur Entwicklung von Anwendersoftware erheblich reduziert werden kann, wenn auf eine geeignete universelle Datenhaltungssoftware aufgebaut wird. Durch die Auswertung von Anforderungen an die Datenhaltung in unterschiedlichen Projekten wurde das Konzept für RDHS entwickelt.

2. DATENBANKSYSTEME

Die einfachen, herkömmlichen Dateiverwaltungssysteme, die Datensätze mit Betriebssystemhilfsmitteln über die Schnittstellen der höheren Programmiersprachen verwalten, zeigen in einem Mehrbenutzersystem verschiedene Schwächen [2].

* Datenredundanz.
* Gefahr des Verlusts von Daten nach hardware- oder software-bedingten Fehlern.
* Beziehungen zwischen Daten sind im Programm selbst realisiert

Die gemeinsame und gleichzeitige Benutzung eines großen Datenbestandes durch mehrere Anwender wird durch den Betrieb eines Datenbanksystems möglich, ohne daß die erwähnten Schwierigkeiten auftreten. Beziehungen und Abhängigkeiten zwischen Daten sollen möglichst von diesem System verwaltet und gepflegt werden.

2.1 Datenmodelle

Das Datenmodell ist das nach außenhin sichtbare, erkennbare Merkmal eines Datenbanksystems. Im Rahmen dieses Artikels sollen nur zwei Modelle kurz angesprochen werden. Das Netzwerkdatenmodell und das relationale Datenmodell. Natürlich kann kein Anspruch auf Vollständigkeit erhoben werden.

a) Netzwerk-Datenmodell

Die meisten Netzwerk-Datenbanksysteme gehen auf Ansätze zurück, die von der CODASYL-DBTG [3] entworfen wurden. Alle Daten werden in Dateien (Record-Types) abgelegt. Zusätzlich zu den Dateien lassen Netzwerk-Systeme noch Beziehungen zwischen Elementen (Datensätzen/Records) der Dateien über sogenannte Set-Beziehungen (Set-Types) zu. Diese Set-Beziehungen stellen einen Zugriffspfad dar, über den auf Daten der Datenbank zugegriffen werden kann.

b) Relationales Datenmodell

Der gesamte Datenbestand eines relationalen Datenbanksystems ist in Form von unsortierten ("flachen") Tabellen abgelegt. Diese Tabellen werden Relationen genannt. Sie entsprechen ungefähr den Dateien des Netzwerk-Datenmodells. Da auf dieser Ebene keine Datenunabhängigkeit besteht, müssen diese Relationen in der Entwurfsphase "normalisiert" werden. Dadurch werden Abhängigkeiten reduziert, Mehrfach-Einträge in den Tabellen ausgeschlossen. Beziehungen zwischen einzelnen Relationen (Tabellen) können nur über redundante Spalten in den Tabellen hergestellt werden.

Um Zugriffe auf einzelne Einträge einer "flachen" Tabelle (Datei) zu beschleunigen, werden bestimmte Zugriffswege z.B. in Form von Indexbäumen geschaffen.

RDHS erlaubt den Zugriff über Schlüssel (Indexbäume), es bietet aber auch die Möglichkeit des Zugriffs über Strukturbeziehungen zwischen Dateien, die in CODASYL als Set-Beziehung bezeichnet werden.

2.2 Einordnung der Datenbank-Ansätze

Obwohl relationale Datenbanksysteme durch ihr klares Datenmodell bestechen, sind für ihre Eignung zum PDV-Einsatz einige Einschränkungen zu machen. Die mächtigen, zugriffspfadunabhängigen Zugriffsoperationen relationaler Systeme können sich nämlich beim Einsatz in Anwendungsprogrammen der PDV nachteilig auswirken. Gerade die explizite Kenntnis der Zugriffspfade eröffnet dem Anwendungsprogrammierer die Möglichkeit, nötige Zugriffe zu optimieren. Dies ist bei relationalen Systemen kaum möglich, da der Anwender die Sicht auf die Zugriffspfade nicht hat. Auch hier zeigt sich wieder das Dilemma, daß auf durchaus wünschenswerten Komfort - den relationale Systeme zweiffellos bieten - verzichtet werden muß, um die Zugriffseffizienz zu steigern.

RDHS bietet einen netzwerkartigen Ansatz, verbunden mit der satzorientierten Verarbeitungsweise. Dieses Zugriffskonzept erscheint besonders für den Anwendungsprogrammierer geeigneter, da es ihm die Sicht auf Zugriffsdetails ermöglicht. Dadurch sind Auswirkungen von Zugriffsoperationen auf die Datenbank wesentlich besser abzuschätzen. Der Programmierer hat die Möglichkeit zu Zugriffsoptimierungen. Was das satzorientierte Verarbeitungskonzept der Netzwerk-Systeme betrifft, so erscheint dieses gegenüber der mengenorientierten Vorgehensweise relationaler Systeme bei Einsätzen in der PDV keine gravierende Einschränkung zu sein. In der PDV wird, anders als bei vielen kommerziell-administrativen Anwendungen, fast ausschließlich über Anwendungsprogramme zugegriffen, die streng prozedurale, satzweise Verarbeitungsfolgen haben. Der Zugriff über Query-Sprachen ist dagegen von vergleichsweise geringer Bedeutung.

3. BESONDERE EIGENSCHAFTEN, DIE DAS WERKZEUG RDHS FÜR REALZEIT-EINSÄTZE BIETET

Beim Entwurf von RDHS wurde von Beginn an besonderer Wert auf Anforderungen von Anwendern aus dem Bereich der Realzeit- und Prozeßdatenverarbeitung gelegt. Die meisten Datenbank-Zugriffe sind in diesem Anwendungsbereich äußerst zeitkritisch. Für eher einfache Datenbank-Operationen mit hoher Priorität werden kurze und vor allem stets vorhersagbare Antwortzeiten erwartet. Dieser Forderung wird RDHS im wesentlichen durch Verwendung besonders effizienter Zugriffsalgorithmen und durch Erweiterung des Modellansatzes um besondere Dateikonzepte gerecht. RDHS zeichnet sich im wesentlichen durch folgende Eigenschaften aus:

* Der Multi-User-Betrieb ist möglich, da in der PDV üblicherweise mehrere Anwender-Tasks parallel ablaufen, die auch auf die gemeinsame Datenbank zugreifen. Diese Zugriffe sind durch entsprechende Mechanismen synchronisiert. Die gesperrten Datengranulate sind klein. Deadlocks werden vermieden, wobei der Anwender entsprechende Meldung bekommt. Eine Auflösung durch das Datenbanksystem ist in einer Realzeitumgebung nicht akzeptabel.

* Der 24-h-Betrieb des Datenbanksystems ist möglich, da Unterbrechungen für Reorganisationsläufe über die Datenbestände meist nicht zumutbar sind. Anwendungen werden in der PDV häufig im 3-Schicht-Betrieb gefahren. RDHS wird reorganisationsfrei betrieben.

* Eine Minimierung der Response-Zeiten speziell bei Retrieval-Operationen wurde angestrebt, um den Zeitbedingungen bei Lesevorgängen entsprechen zu können. Dazu werden u.a. die Verwaltungsdaten, z.B. die B*-Bäume, dynamisch optimiert.

* Es wurden zusätzliche Dateitypen bzw. Zugriffstypen wie DIREKT, SEQUENTIELL, ZYKLISCH eingeführt. Dadurch wird es möglich, den Zeitanforderungen bei Update-Operationen in einer Prozeßumgebung eher gerecht zu werden.
  Direkt-Dateien können beispielsweise der Meßstellenüberwachung dienen. Sequentielle Dateien stellen ein Hilfsmittel dar, um z.B. Protokolle eines Prozesses zu führen. Zyklische Dateien können dazu benutzt werden, unregelmäßig und schubweise einlaufende Prozeßdaten zwischenzupuffern.

* Dateiverknüpfungen wurden über Set-Strukturen realisiert. Durch diesen zugriffspfadbezogenen Ansatz werden komfortable Strukturierungsmöglichkeiten bei gleichzeitiger Beibehaltung der Zugriffseffizienz geboten.

* Die prioritätsgerechte Abarbeitung von Aufträgen an das Datenbanksystem wird gewährleistet, um den unterschiedlichen Typen von Abfragen gerecht zu werden.

* Eine Unterstützung von Spiegelplattenbetrieb wurde integriert, um eine möglichst große Ausfallsicherheit zu erreichen. Dazu gehören entsprechende Utilities, um im Online-Betrieb eine Kopie auf die Spiegelplatte herstellen zu können.

* Das Lesen ohne Sperren zu setzen erlaubt es, Auswertungen parallel zum laufenden Betrieb zu fahren, ohne dadurch Behinderungen durch gesperrte Datenbereiche hervorzurufen.

* Die Datensicherung ist gezielt für einzelne Dateien abschaltbar. Dies ist bei (Prozeß-) Daten interessant, deren Wiederherstellung zu einem späteren Zeitpunkt nutzlos ist, da sie ohnehin veraltet wären.

Da in der PDV - anders als in vielen kommerziell-administrativen Datenbankanwendungen - die Kommunikation mit dem Datenbanksystem hauptsächlich über spezielle Anwendungsprogramme abläuft, bietet RDHS Einbettungsmöglichkeiten in unterschiedliche Host-Programmiersprachen wie z.B. FORTRAN und PASCAL.

4. DIE RDHS-BENUTZERSCHNITTSTELLE

a) Datendefinition

Bevor RDHS Daten verarbeiten kann, müssen die Datenstrukturen in einer Definitionsphase dem RDHS bekannt gemacht werden. In dieser Phase werden sozusagen die in der Datenbank "speicherbaren" Daten definiert. Dazu gehören u.a. die Festlegung des Dateityps, Informationen über Schlüsselfelder, die Beschreibung der Strukturbeziehungen. Entsprechend dieser Datenbeschreibung werden in den Anwendungsprogrammen die jeweils benötigten Daten referenziert.

Die Datendefinition kann sowohl am Sichtgerät über ein Dialogprogramm erfolgen, als auch über eine bereitgestellte CALL-Schnittstelle in einem Programm.

b) Datenzugriff

Beim Zugriff auf die Daten stehen dem Anwender folgende Zugriffspfade zur Verfügung:

* direkter Zugriff,
* zyklischer Zugriff,
* sequentieller Zugriff,
* indizierter Zugriff,
* indexsequentieller Zugriff und
* Zugriff über Strukturbeziehungen zwischen Dateien (Sets [4]).

Die Leistung eines Datenbanksystems wird ganz entscheidend von der Anzahl der I/O-Operationen auf das Externspeichermedium (Magnet-

Platte) beeinflußt [5] . Die Minimierung dieser Zugriffsanzahl war daher eines der wichtigsten Ziele beim Entwurf von RDHS.

Bei den Zugriffspfaden direkt, zyklisch und sequentiell wird eine Zugriffsanzahl $\leqslant 1$ zur Gewinnung der Nutzdaten unter Berücksichtigung bereits im RDHS-Pufferbereich vorhandener Datensätze erreicht. Auch bei den anderen Zugriffspfaden erreicht RDHS durch dynamische Anpassung der Zugriffsstrukturen (z.B. der B*-Baumgröße) an das vorhandene Datenvolumen ein hohes Maß an Effizienz.

Strukturbeziehungen - auch Set-Beziehungen genannt - als Zugriffspfad unterscheiden sich von den anderen genannten Zugriffspfaden dadurch, daß sie nicht mit einer, sondern mit zwei Dateien arbeiten. In einer solchen Beziehung ist die eine Datei als Owner vereinbart, die andere als Member. Einem Datensatz aus der Owner-Datei können - müssen aber nicht - einer oder mehrere Datensätze aus der Member-Datei logisch zugeordnet sein. Diese Zuordnung von Datensätzen findet zur Laufzeit des Datenbanksystems statt. Bei mehreren Member-Datensätzen ist die vom Anwender erzeugte Reihenfolge der Member-Datensätze innerhalb der Beziehung von Bedeutung.

RDHS erlaubt n-stufige Beziehungen. Jede Set-Beziehung kann die Struktur n : m haben. Mit den Set-Beziehungen können somit beliebige, zyklusfreie Netzwerke dargestellt werden.

Der Anwendungsprogrammierer hat die explizite Sicht auf die Verknüpfung von Datensätzen und damit die Möglichkeit, notwendige Zugriffe auf den Externspeicher ziemlich exakt vorherzusehen. Es können daher relativ günstige Laufzeiten erreicht werden.

c) Datenmanipulation

Für die Manipulation der Nutzdaten bietet RDHS dem Anwender eine CALL-Schnittstelle an. Die Menge aller RDHS-CALL-Aufrufe bildet die Data-Manipulation-Language (DML).

Das RDHS-Verarbeitungskonzept beinhaltet ein satzweises Vorgehen. Eine Datenbank besteht aus einer Vielzahl von Datensätzen, die zu unterschiedlichen Dateien gehören. Die RDHS-DML kann benutzt werden, um aus dieser Menge von Datensätzen einen ganz bestimmten Satz zu bearbeiten (das heißt: zu suchen, zu löschen, zu modifizieren oder um einen neuen hinzuzufügen).

Durch die Verwendung eines eigenen RDHS-Pufferbereichs und die Nutzung unterster Betriebssystem-E/A - Module wird eine Verringerung des betriebssystembedingten Zugriffsoverheads erreicht.

Die Konsistenzwahrung der Datenbank ist eine zentrale Anforderung an ein Datenbanksystem. Es muß sichergestellt werden, daß die Dateien nur logisch übereinstimmende Inhalte haben. Um die Konsistenz in jedem Falle gewährleisten zu können, werden Anweisungen transaktionsorientiert verarbeitet [6] . Unter einer Transaktion versteht man eine zusammenhängende Folge von Datenbankzugriffen. Für RDHS stellt eine Transaktion eine Einheit dar. Der Anwender kann davon ausgehen, daß durch seine Transaktion die Datenbank von einem konsistenten alten in einen konsistenten neuen Zustand überführt wird.

d) Utilities

Eine Reihe von Werkzeugen dient der Verbesserung der Benutzerfreundlichkeit und Betriebssicherheit der Anwendungssoftware unter RDHS.

* RDHS-Generierung: Dialogprogramm zur Datendefinition. Es besteht dabei auch die Möglichkeit, bereits existierende Datenbeschreibungen zu editieren.

* RDHS-Initialisierung: Programm zum Löschen, Vorbelegen und zur Initialisierung der Datenbank.

* UNLOAD/RELOAD: Programm zum logischen Entladen bzw. Laden des Datenbestandes im OFF-LINE-Betrieb (z.B. bei der Umstrukturierung des Datenbankschemas).

* RECOVERY: Programm zur Wiederherstellung der Datenbankkonsistenz nach Systemausfall.

* QUERY: Datenbankabfrage

Bild 1 zeigt einen Überblick über die RDHS-Anwendung und -Integration.

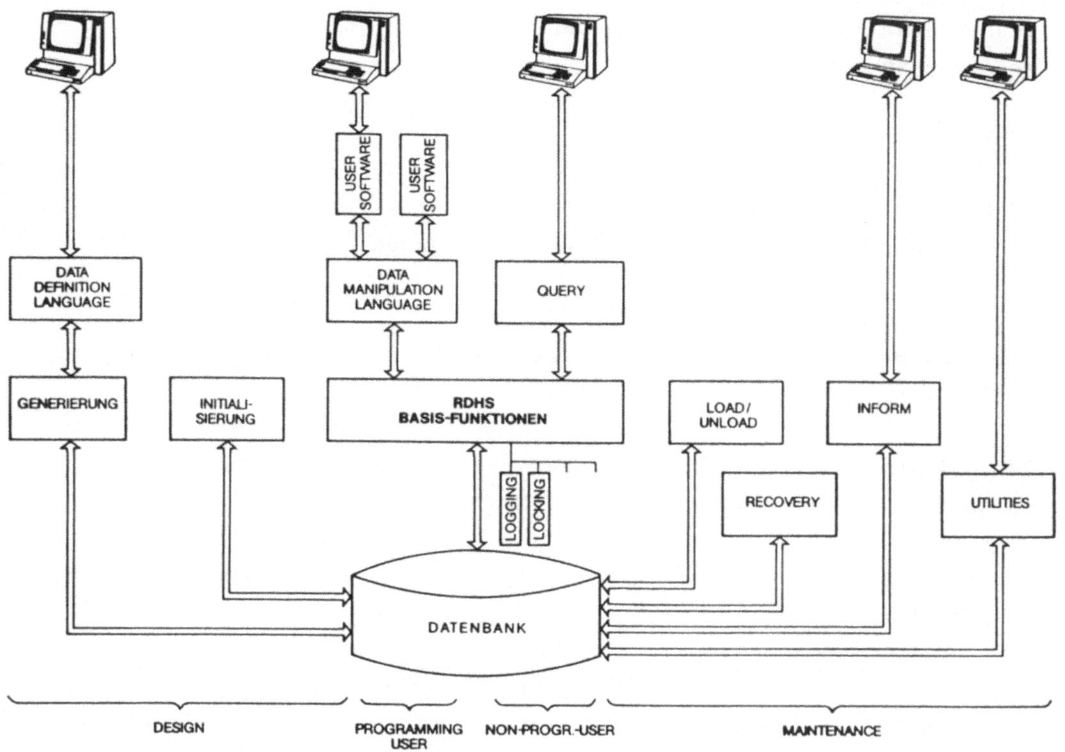

Bild 1: RDHS-Anwendung und -Integration

5. EINSATZGEBIETE FÜR RDHS

In der Einleitung wurde bereits erwähnt, daß die Aufgabengebiete, die von Prozeßrechnern bearbeitet werden, ständig größer werden. Die eigentliche Prozeßüberwachung, d.h. das Protokollieren von Störungen mit entsprechenden Reaktionen, stellt nur einen Teil der Verarbeitung dar. Hinzu kommt die Führung und Zubereitung von Daten für Statistikzwecke. In zunehmendem Maße werden vom Rechner auch dispositive Aufgaben wahrgenommen, die eine zusätzliche umfangreichere Stammdatenverwaltung voraussetzen. Alle diese Anforderungen können nur von einem Datenhaltungssystem wie RDHS erfüllt werden, das umfangreiche und komfortable Strukturierungsmöglichkeiten für unterschiedliche Daten bietet.

Als ein wesentlicher Vorteil hat sich bei RDHS auch dessen Portabilität herausgestellt. Als Beispiel sei hier nur der Einsatz von RDHS als unterlagerte Komponente bei Produkten im eigenen Hause erwähnt. So kann ein mbp-Paket zur Betriebsdatenerfassung auf unterschiedlicher Hardware angeboten werden und bei Bedarf auch mit kleinem Aufwand auf andere

Rechner übertragen werden, ohne daß Änderungen an der Anwendungssoftware vorgenommen werden müssen.

LITERATUR

[1] Karszt, J. , Krieger, R. und Stucky, W.: Datenbanksysteme für Kleinrechner - Anforderungen und Konzepte. Angewandte Informatik H.5, S. 261-266 (1982).

[2] Tempelmeier, T.: Datenbanksysteme in der Prozeßdatenverarbeitung. Regelungstechnische Praxis 25 H.10, S. 432-440 (1983).

[3] CODASYL: Feature Analysis of Generalized Data Management Systems. über ACM, New York zu beziehen. Mai 1971.

[4] Wiederhold, G.: Datenbanken. Analyse-Design-Erfahrungen. Band 2: Datenbanksysteme. München, Wien. R. Oldenbourg Verlag, (1981).

[5] Desjardins, R.: Die Gestaltung der Datenbasis in Dispositionssystemen auf Prozeßrechnern. Angewandte Informatik, H.3, S. 101-108 (1977).

[6] Härder, T.: Implementierung von Datenbanksystemen. München, Wien. Carl Hanser Verlag (1978).

A PROPOSAL FOR EXTENSIONS OF PEARL TO FACILITATE THE FORMULATION OF HARD REAL-TIME APPLICATIONS

Wolfgang A. Halang

Research and Development Department

Coca-Cola GmbH, Essen

ZUSAMMENFASSUNG

Zur Formulierung zuverlässiger Software für zeitkritische Anwendungen fehlen in den verfügbaren Prozeßprogrammiersprachen problemorientierte Sprachkonstruktionen zur Synchronisation, zur Ereignisüberwachung und zum Ausdruck des Zeitverhaltens. Die Sprache Pearl wird deshalb durch geeignete Erweiterungen, deren Syntax und Semantik beschrieben werden, entsprechend angepaßt. Weiterhin werden bisher noch nicht realisierte Betriebssystemdienste, die für ein zuverlässiges und genau vorhersehbares Programmverhalten notwendig sind, und die sie steuernden Anweisungen diskutiert. Die Implementation solcher Elemente dürfte ein wichtiger Schritt hin auf dem Wege zur Ermöglichung der sicherheitstechnischen Abnahme von Software sein.

1. INTRODUCTION

In the context of a recent comparison of real-time languages [6] a compilation of features was made which high-level programming languages should provide in order to facilitate the formulation of the peculiar requirements occurring in process control applications. The analysis of the six languages most prominent in this area, viz. Ada, HAL/S, LTR, Pearl, as well as the real-time extensions of Fortran and PL/1, revealed that existing languages do not yet adequately meet this demand pattern. With reservations it can be stated that Pearl [3] represents the closest match to the latter. However, a number of problem oriented language constructions especially with regard to expressing the programmes' exact time behaviour appear to be missing. The purpose of this paper is therefore to take remedial measures by defining here appropriate extensions of Pearl. The leading idea behind all the proposals that will be outlined is to facilitate reliable and predictable programme execution, this being a prerequisite for the safety approval of software in hard real-time environments.

The elements that seem to be missing or only rudimentarily present in available languages are discussed in [6], where their necessity is also substantiated. They can be divided into three groups, the first of which comprises constructions both easing the formulation of frequent applications or serving to supervise the stati of tasks and resources as well as the duration of synchronization and resource claim operations:

- Application oriented synchronization constructions,

- Surveillance of the occurrences of events within time windows,
- Surveillance of the sequences in which events occur,
- Time-out of synchronization operations,
- Time-out of resource claims,
- Availability of current task and resource stati.

The second group consists of desirable operating system services that should be provided for the purpose of reliable and foreseeable software performance:

- Inherent prevention of deadlocks,
- Feasible scheduling algorithms,
- Early detection and handling of overload,
- Determination of entire and residual task run-times,
- Task oriented lookahead virtual storage management,
- Accurate real-time,
- Exact timing of operations.

To be able to control these features we shall introduce several language elements. Finally, software verification measures are collected in the third group of features:

- Application oriented simulation regarding the operating system overhead,
- Interrupt simulation and recording,
- Event recording,
- Tracing,
- Usage of only static features if necessary.

Their utilization only requires a few control statements.

2. PROPOSAL OF ADDITIONAL LANGUAGE ELEMENTS FOR PEARL

2.1 Protection of Resources and Temporal Surveillance of Synchronization Operations

For the purpose of securing data integrity when several tasks access the same resource, Pearl only provides the basic means of semaphores and bolts. Applying them for the locking of resources veils the nature of the operation to be performed, since there is no obvious and verifiable relation between resource and synchronizer. Furthermore, programming errors become possible by not releasing requested resources, that cannot be detected by the compiler due to the missing syntactical connection between the mutually inverse synchronization operations.

The access to shared objects, i.e. to shared variables and dations, can be protected with the help of implicit, "invisible" bolts to be generated by the compiler. For instructing it to do so in the case of shared basic objects, arrays, and structures we introduce the optional attribute

SHARED

as part of the pertaining declaration syntax. This feature has been taken over from the dataway synchronization providing such a control upon opening. Since synchronizers are constituents of shared objects the prevailing rules need to be observed. So they must be declared on module level. As data types of shared variables, array elements, and structure components, respectively, only basic ones are admitted, because sharing others either leads to difficulties or is meaningless. For encapsulating the access to protected resources and to enforce the release of synchronizers we introduce a LOCK statement similar to the one described in [2] and having a time-out clause that was also proposed in [1] in a different context:

```
LOCK synchronization-clause-list [NONPREEMPTIVELY] [timeout-clause]
PERFORM statement-string UNLOCK;
timeout-clause::=TIMEOUT {IN duration-expression|AT clock-expression}
                 OUTTIME statement-string FIN
synchronization-clause::=semaphore-expression-list|
  EXCLUSIVE(sync-object-expression-list)|SHARED(sync-object-expression-list)
sync-object::=bolt|shared-variable|dation
```

The task executing a LOCK statement waits until the listed shared objects can be requested in the specified way. By providing a TIMEOUT attribute the waiting time can be limited. If the lock cannot be carried through before the time limit is exceeded, the statements of the OUTTIME clause will be executed. Otherwise control passes to the statement sequence of the PERFORM clause as soon as the implied request operations become possible. The corresponding releases will be automatically performed upon reaching UNLOCK, or when terminating the construction with the help of the

```
QUIT;
```

statement. In order to free seized resources on behalf of increasing the programme efficiency as early as possible the instruction

```
UNLOCK  semaphore-expression-list|sync-object-expression-list;
```

can be applied already before dynamically reaching the end of the surrounding LOCK statement, where the remaining releases will be carried through. The optional attribute NONPREEMPTIVELY serves for the improvement of performance. By specifying it the operating system is instructed not to preempt the execution of the LOCK statement due to reasons of the applied processor scheduling strategy. Thus, superfluous and time-consuming context-switching operations can be saved in the case where a more urgent task requesting one of the locked resources commences execution before termination of the LOCK statement. For shared objects of type dation their reference in a synchronization clause of a LOCK statement shall be equivalent to executing an OPEN-CLOSE statement pair with a corresponding dataway synchronization control. Except for their appearance in synchronization clauses shared objects may only be referenced within the framework of LOCK statements. They must be locked for exclusive access if the reference is used in any assignment context or if they are passed as parameters to procedures with the identical mechanism.

The above described LOCK feature should replace Pearl's six unstructured synchronization statements. Only the USING clause of the ACTIVATE tasking operation complies with structured programming, since it implies the release of the seized semaphore upon termination of the activated task. However, like the LOCK statement the USING clause must be endowed with an optional time-out clause specifying an alternative task activation, because in hard real-time environments it is not always possible to wait indefinitely until a corresponding activation operation is permitted to be performed:

USING expression [TIMEOUT {IN duration-expression|AT clock-expression}
OUTTIME alternative-task-identifier]

2.2 Additional Monadic Operators

In this section we shall define several intrinsic functions providing status information on tasks and synchronizers. All functions yield results of type fixed. Given a certain model of task states together with an appropriate numbering of the latter the

TSTATE task-identifier

operator returns the number of the parameter's actual status. The current value of a semaphore is to be made available by applying the operator

SVALUE sema-identifier

In order to interrogate the stati of bolt synchronizers we introduce the function

BVALUE bolt-identifier

returning the values 0 or -1 in the unreserved or exclusive access state, respectively, or the number of tasks having shared reading access. To make the argument's implicit bolt referencable, with this function also the stati of implicit bolts can be questioned when applying it in conjunction with the operator

SYNC shared-object

2.3 Surveillance of the Occurrence of Events

For the surveillance whether and in which sequence events occur we shall propose in this section a new language feature. In this context we use a wider notion of events to summarize interrupts, signals, time events, status transfers of synchronizers and tasks, and the assumption of certain relations of shared variables to given values. These events may be stated according to the following syntax rules:

event::=WHEN interrupt-expression|ON signal-expression|AT clock-expression|
AFTER duration-expression|bit-type-shared-variable-reference|
status-function-call relational-operator expression|
shared-variable-reference relational-operator expression

where status-functions are the ones introduced in the previous section. In the case of the last three of the above alternatives the events are raised when the corresponding Boolean expressions turn true. Now the new language element is defined by

EXPECT alternative-string FIN;
alternative::=AWAIT event-list DO statement-string

When the programme flow of a task monitoring events reaches an EXPECT block the expressions contained in the event specifications are evaluated and the results stored and then the task is put into a wait state until any one of the events mentioned in the AWAIT clauses occurs. Then the statement string following the associated DO keyword will be executed. In case several events listed in different AWAIT clauses occur together the corresponding DO clauses will be performed in the sequence they are written down. When the operations responding to the just occurred event(s) are executed the task is again put into the wait state expecting further events. In order to leave the described construction after finishing a surveillance function and to transfer control behind the block end FIN the following statement has to be applied:

QUIT;

When this has been done or when it has been left otherwise there will be no further reaction to the events mentioned in the EXPECT feature. Nesting RESUME statements, ON reactions, or other EXPECTs into the alternatives is not meaningful, since routines in which this appears to be necessary can also be formulated employing one EXPECT structure only. The applications for which a scheduled RELEASE statement has been required elsewhere [5,11] can be programmed using the element described above.

3. ADDITIONAL OPERATING SYSTEM FEATURES TO BE SUPPORTED BY PEARL

3.1 Inherent Prevention of Deadlocks

Employing the LOCK language element introduced earlier in this paper for claiming resources it already becomes possible for the compiler to verify the correct application of two well-known deadlock prevention schemes, which may be requested by stating a corresponding pragma. According to the resource releasing procedure all required shared resources must be reserved en bloc before entering the critical region where they are used. This can easily be accomplished by mentioning them in the synchronization-clause-lists of the LOCK statement. The compiler has only to examine now if no further resource requests appear in the PERFORM clause to ensure a deadlock free operation. In order to apply the resource hierarchical method an ordering of the shared objects needs to be declared. An appropriate facility for use on the module level when this deadlock prevention scheme shall be applied is introduced as

RESOURCE HIERARCHY sync-object1 hierarchy-clause-string;

sync-object1::=semaphore|sync-object , hierarchy-clause::=>sync-object1

Nesting of LOCK statements can then be allowed as long as the sequence in which the resources are claimed complies with the predefined hierarchical ordering.

3.2 Exact Timing of Operations

Although Pearl allows specifying time schedules for tasking operations one cannot be sure when they actually take place. Since this situation is unacceptable in many applications a language element appears to be necessary to request the punctual execution of tasking operations, i.e. the critical moments need to be actively awaited. For that purpose an optional attribute to be placed in time schedules will be used:

EXACTLY

3.3 Application of Feasible Scheduling Algorithms

It has already been stressed elsewhere [6,8,9] that processors ought to be scheduled employing procedures capable of guaranteeing the observation of strict deadlines usually set for the execution of tasks in hard real-time environments. This goal, however, can generally not be achieved by priority schemes under control of the programmer as supported by most operating systems and languages such as Pearl. The implementation of feasible scheduling algorithms, like the deadline driven one optimal for single processor systems, needs to be accompanied by language elements for specifying the due dates and for determining total and residual run-times or at least upper bounds thereof required by tasks to reach completion. Furthermore, such scheduling algorithms allow the early detection of the possibility of processing a task set in time. Otherwise, parts of the workload have to be discharged. In order to carry this through in an orderly and predictable manner it should be possible to state in the source programme which tasks could be terminated or at least be replaced by ones with shorter run-times when required by an emergency or an overload situation. The above mentioned outlines the objectives of this section.

We begin with replacing the PRIORITY clause by an optional deadline of the form

DUE AFTER duration-expression

in task declarations and in the ACTIVATE, CONTINUE, and RESUME statements. When the condition for a task's (re-) activation is fulfilled this duration is added to the actual time yielding the task's due date. As an additional parameter the deadline driven algorithm requires the task's (residual) run-time which is stated in its declaration in the form

RUNTIME {duration-expression|SYSTEM}

In general, the given duration can only be an upper bound for the required processing time. If the latter is not known by inserting the keyword SYSTEM here the compiler is instructed to supply it according to the method outlined below. For use by the scheduling algorithm three variables have to be allocated in each task control block. The due date will be stored in an object of type clock. The two further variables have the type duration and must be continuously updated while the task is being executed. The first one is initially set to zero and contains the accumulated execution time whereas the other one initialized with the RUNTIME parameter is decremented to provide the residual time interval to complete the task properly. When the due dates and execution times of tasks are a priori available, a feasible scheduling algorithm is able to detect whether a task set given at a certain moment can be executed meeting the specified deadlines. Otherwise an overload situation must be handled. In order to carry this through in an orderly and foreseeable manner all interrupts will be masked and all tasks will be terminated and schedules for further activations of them deleted whose declarations do not contain the attribute

KEEP

that needs to be introduced as an option. Then the remaining tasks together with the emergency tasks scheduled for the event of an overload condition will be processed.

Now the determination of a task's overall execution time requires more attention. As long as the programme flow is strictly sequential there is no problem since only the processing times of the single instructions need to be summed up. In all other cases one has to carry out an appropriate estimation. As far as IF and CASE statements and procedure calls are concerned the execution time of the maximum length path through these constructions will be feasible. The number of times the instructions in a REPEAT statement are performed generally depends on the values of variables and is therefore a priori not determined. In order to enable the run-time estimation also for this feature we augment its syntax by the following clause already demanded in [4]:

MAXLOOP fixed-literal

If the number of iterations exceeds the limit set with this clause a system signal should be raised to be treated by an appropriate ON statement. At first, this restriction seems to be a serious drawback. But, on the other hand, it enhances the reliability essential for real-time software, because faulty programming cannot lead to infinite loops and thereby to system hang-ups. The span between the times a synchronization operation requesting resources is reached and finally carried through is generally undetermined. By extending the statements of this kind with TIMEOUT clauses also these language features become subject to run-time estimations. Since the execution of ON statements is not part of the normal programme flow they cannot be regarded in the course of run-time calculations. However, for these purposes ON elements can be considered as independent tasks activated by interrupts that immediately suspend the tasks in which they are defined and continue the latter as soon as they terminate. Thus, it becomes possible to estimate the workload requirements for handling ON statements with the methods of worst-case simulation to be discussed in the subsequent section. A similar argument applies for treating EXPECT blocks. At first, the initial part of the task surrounding an EXPECT feature is performed finishing with activating all alternative actions of the latter as separate tasks scheduled for the occurrence of the events specified in the respective AWAIT clauses. Here also actions can be specified to be performed in case certain time limits are exceeded. Then, the given time conditions can be utilized for the run-time estimation. Finally, the task's continuation will be scheduled for the end of the EXPECT element. From the viewpoint of run-time determination most concern is caused by the GOTO statement that is added to its harmfulness resulting from the fact that its unrestricted use may produce difficult to survey and hence error-prone programmes. This has been perceived at an early stage and has given rise to the development of structured programming. Since this discipline has revealed that in the majority of cases the application of jumps can be avoided provided appropriate structured language elements are available - such as in Pearl - we can confine the usage of GOTO statements to the purpose of leaving loops, blocks, and other constructions when some code is to be skipped. Thus, both the software reliability is enhanced and the run-time estimation is enabled, because jumps can simply be disregarded. The above discussion has shown that an exact calculation of a task's run-time will be an exceptional case. Hence, we have to content ourselves with estimations. But, it will often be possible to improve the estimation of a task's residual run-time in the course of its execution, e.g. when control reaches a point where two alternative programme sequences of different length join again. To this end the statement

```
UPDATE task-identifier.RES:=duration-expression;
```

is introduced for setting the residual run-time to a new and lower value.

3.4 Task Oriented Virtual Storage Management

In [7] nearly optimal lookahead algorithms for the virtual storage administration are given employing the code of entire tasks as paging element and being closely related to the deadline driven scheduling. The idea behind these algorithms is that the mentioned scheduling method orders the elements of free task sets according to increasing response times. Since the tasks are processed in this sequence an ordering of the corresponding storage accesses to programme code and data by increasing forward distance is also implied. This observation suggests basing a virtual storage administration scheme on task objects as paging elements, thus representing an application oriented realization of working sets. It is even possible to take not only the ready tasks into account, since for utilization in a more sophisticated lookahead algorithm information is available in process control systems specifying when temporarily non-ready tasks will be (re-) activated. When the latter event occurs these tasks may supersede others that became ready earlier. As shown in [7] the mentioned information can be extracted by considering buffered task activations and the schedules for task activations and continuations. The calculation of the required parameters is easily possible for only time dependent schedules. To enable a similar determination of future task (re-) activations in the case of interrupt driven schedules the user must supply an average occurrence frequency for each of them. This can be achieved by augmenting the interrupt definition in the system division with a corresponding optional attribute:

```
INTERVAL duration-literal
```

Some features of Pearl can be utilized for providing further directives for the storage management. System data and shared objects with GLOBAL scope should be placed together with the supervisor in a non-paged storage area. The same semantics may be assigned to the attributes RESIDENT and REENT of tasks and procedures, respectively. The MODULE concept in connection with permanent residency can be employed to gather shared variables and procedures as well as heavily used small tasks in one page.

4. SOFTWARE VERIFICATION FEATURES

4.1 Tracing and Event Recording

For the purpose of controlling whether a real-time software package works in the intended way, it is necessary to record intermediate results and the occurrence of events influencing the single activities. The first feature to be provided in this context is tracing being not typical for process control systems. Hence, we can refer here to other languages like Fortran and LTR where statements were defined instructing the compiler to generate additional code for writing specified traces into certain files. Comparable statements need to be introduced into Pearl. In order to avoid frequent changes in the source code a compiler option appears helpful that selects whether the tracing control statements are to be considered or to be treated as comments. When the behaviour of a real-time system is to be understood it must be known when the events determining the state transfers of tasks have occurred. The kind of events to be considered here are interrupts, signals, changes of masking states, state transfers of tasks and synchronization variables, and reaching and actual execution of tasking and synchronization operations. These events or specified subsets thereof should be recorded on a mass storage device also during routine operation to enable the post mortem analysis of software malfunctions. As we shall see later on, when simulations are carried out in the test phase such files represent the corresponding output requiring no further specification. The aim of the source code oriented debugging system described in [10] is more to support the error removal process than to approve a finished software package. Its services are requested outside the language interactively or in a test plan. Besides the above mentioned features it also provides the usage of breakpoints as well as the possibility to change data and to execute certain statements interactively.

4.2 Restriction to Static Language Features

In hard real-time environments the application of dynamic language elements appears questionable since it introduces unpredictability with respect to capacity and time requirements making the work of a scheduling algorithm impossible. Thence, for the sake of reliability the usage of variable array dimensions and of recursive procedure calls should - at least optionally - be suppressed.

4.3 Application Oriented Simulation

Given the possibilities for event recording and tracing as outlined above no additional features need to be introduced in Pearl to facilitate the simulation of application software, because the language already contains the statements necessary to generate external and internal events, viz. TRIGGER and INDUCE. A programme simulation would now be carried out as follows. The formal description of the requirements or of a benchmark test for a programme is laid down by writing a test routine generating according to worst-case conditions the events the software package is acting upon. If need be appropriate test data are provided as inputs. In case these data cannot be reac in from the original devices they could be made available by especially written interfaces. Then, the test programme and the software to be verified are jointly processed under control of the operating system that is also to be applied in a routine environment. When tracing and event recording were specified all the results a simulation is expected to yield are automatically provided. Since the described simulation method takes place under very realistic conditions it should thus fulfill the requirements of a technical safety approval. In general, the time consumption of a simulation will be greater or equal to the one of the actual process. Hence, it is necessary to stop the system clock always when the test routines are being executed. The overall time requirements, however, can even be reduced setting the system time to the next scheduled critical moment when the processor turns idle. These are the only additional functions a simulation monitor could provide. Naturally, also a faster processor of the same kind may be applied instead of the target system.

REFERENCES

[1] Andres,C., Fleischmann,A., Holleczek,P., Mühlbauer,W.: Ein Pearl-Testsystem zum Einsatz in verteilten Systemen. Pearl-Rundschau 3, 5, 247-250 (1982)

[2] Barnes,R.: A Working Definition Of The Proposed Extensions For PL/1 Real-Time Applications. ACM SIGPLAN Notices 14, 10, 77-99 (1979)

[3] DIN 66253: Programmiersprache Pearl. Teil 1 Basic Pearl, Vornorm, Juli 1981. Teil 2 Full Pearl, Norm, Oktober 1982. Berlin, Köln: Beuth

[4] Ehrenberger,W.: Softwarezuverlässigkeit und Programmiersprache. Pearl-Rundschau 3, 2, 49-55 (1982)

[5] Ghassemi,A.: Untersuchung der Eignung der Prozeßprogrammiersprache PEARL zur Automatisierung von Folgeprozessen. Dissertation. Universität Stuttgart 1978

[6] Halang,W.A.: On Real-Time Features Available in High-Level Languages and Yet to be Implemented. Microprocessing and Microprogramming 12, 2, 79-87 (1983)

[7] Halang,W.A.: Implications on Suitable Multiprocessor Structures and Virtual Storage Management when Applying a Feasible Scheduling Algorithm in Hard Real-Time Environments. Submitted to SOFTWARE - Practice and Experience

[8] Henn,R.: Antwortzeitgesteuerte Prozessorzuteilung unter strengen Zeitbedingungen. Computing 19, 209-220 (1978)

[9] Liu,C.L., Layland,J.W.: Scheduling Algorithms for Multiprogramming in a Hard-Real-Time Environment. JACM 20, 46-61 (1973)

[10] Mangold,K.: Ein quellenbezogenes Testsystem für PEARL auf einem Prozeßrechner. Pearl-Rundschau 2, 6, 3-7 (1981)

[11] Rössler,R.: Betriebssystemstrategien zur Bewältigung von Zeitproblemen in der Prozeßautomatisierung. Dissertation. Universität Stuttgart 1979

Erfahrungen mit der Programmiersprache BASIS-PEARL bei Entwurf und Implementierung eines Betriebsleitsystems

von Stefan Kühner und Dr. Walter Sonnenberg

Institut für Informatik III der Universität Karlsruhe
Lehrstuhl Rechnergestützte Automatisierungssysteme

Zusammenfassung

Für die Programmierung eines Betriebsleitsystems für einen großen öffentlichen Verkehrsbetrieb wurde eine erweiterte Version der Programmiersprache BASIS-PEARL verwendet. Anhand der dabei gewonnenen Erfahrungen werden verallgemeinerte Aussagen zur Eignung von PEARL vorgetragen.

1. Einleitung

In nahezu allen Bereichen der Gesellschaft - in Produktion, Verwaltung und Dienstleistung - besteht ein breiter Wunsch bei den wirtschaftlichen und politischen Instanzen, Rechenanlagen zur Rationalisierung und Überwachung von Betriebsabläufen einzusetzen. In einem gesellschaftlich äußerst relevanten Bereich, dem innerstädtischen öffentlichen Personennahverkehr, begann der Einsatz rechnergesteuerter Hilfsmittel verhältnismäßig spät und ist auch heute noch lange nicht beendet. Seit etwa 10 Jahren fördert das BMFT Vorhaben, bei Verkehrsbetrieben rechnergestützte Informationssysteme im ÖPNV einzusetzen, mit deren Hilfe die Disposition bei Betriebsstörungen verbessert werden soll. Derartige Informationssysteme werden allgemein als Betriebsleitsysteme bezeichnet [1].

Zu den Aufgaben des unter Führung der Hannoverschen Verkehrsbetriebe (ÜSTRA) entwickelten Betriebsleitsystems BON gehört es, den aktuellen Standort von in Hannover z.B. 500 Fahrzeugen (Stadtbahnzüge und Busse) zu erfassen, die Fahrplanlage dieser Fahrzeuge (Verspätungen), den Besetztgrad und andere Informationen festzustellen und in einer Leitzentrale über graphische und alphanumerische Informationseinheiten den Disponenten zur Verfügung zu stellen.

2. Vorgaben und Vorgehen für Systemanalyse und Softwareengineering

Die Automatisierung komplexer Systeme mit Rechnern erfordert eine sorgfältige und vollständige Analyse aller betrieblichen Anforderungen und die Aufgliederung dieser Anforderungen in einzelne Funktionsblöcke, auch Moduln genannt. Die Beschreibung eines abstrakten Lösungsmodells für das Gesamtsystem sowie die Festlegung eines Systemkonzepts, in welchem das Gesamtmodell im Hinblick auf eine Realisierung mittels Rechnerstrukturen in Software und Hardware-Modulpakete aufgeteilt wurde, stand zu Beginn des TOP-DOWN-Entwurfs

von BON. (siehe auch [4]).
Die einzelnen Modulpakete wurden nach der Beschreibung ihrer Anforderungen und der Schnittstellen zwischen den Modulpaketen zur Bearbeitung an einzelne kleine Gruppen von EDV-Spezialisten übergeben, welche die Aufgabe eigenständig und getrennt von den Bearbeiter(inne)n anderer Modulpakete lösten.
In einer zweiten und weiteren Phase wurden die Modulpakete über mehrere Hierarchiestufen in Moduln und Einzelkomponenten aufgegliedert und Schnittstellen in bilateralen Gesprächen zwischen den jeweiligen Bearbeitern unter Aufsicht der Gesamtsystemdesigner abgestimmt.
Die Bearbeiter(innen) der einzelnen Moduln hatten die Vorgabe, erst am Ende der konzeptionellen Lösung der Aufgaben diese Moduln in Programmtexte umzusetzen, wobei Rechnerunabhängigkeit und Flexibilität des Gesamtsystems möglichst vollständig erhalten bleiben sollte (s. [3]).

Die Festlegung der Programmiersprache und des Rechnersystems zur Implementierung des Betriebsleitsystems war unter der Maßgabe, daß ein Lösungsentwurf des BON-Gesamtmodells und der einzelnen Moduln rechnerneutral zu erfolgen habe, lange hinausgezögert worden.
Auch nach der Entscheidung für PEARL als Implementierungssprache war den einzelnen Bearbeitern auferlegt worden, sich bei der Erarbeitung von Lösungskonzepten nicht primär an den Fähigkeiten (oder Schwächen) von PEARL zu orientieren, sondern weitgehend verallgemeinerbare Lösungen zu entwickeln. Dies führte in einigen Fällen, wie wir später noch detaillierter zeigen werden, zu erheblichen Problemen, da sich das Systemmodell aus frühen Entwurfsphasen nicht ohne Kompromisse in Quellprogramme umsetzen ließ.

Als Konsequenz daraus fordern wir selbstverständlich keine prinzipielle Abkehr vom TOP-DOWN-Design. Wir vertreten jedoch die Forderung, daß auf der Ebene des Systemkonzepts alle möglichen Komponenten des fertigen Endsystems eingehend auf ihre Eignung geprüft werden. Zu diesen Komponenten gehören sowohl einzelne Hardwareelemente als auch die Systemsoftware wie das Betriebssystem, Programmiersprachen und Softwaretestwerkzeuge.

Programmprototypen können hier sicherlich wertvolle Hinweise geben, ob Lösungskonzepte <u>und</u> die eingesetzten Hard- und Softwarehilfsmittel geeignet sind.

3. Erweiterungen von BASIS-PEARL für die Implementierung des Betriebsleitsystems BON

Da in BON Echtzeitprobleme zu lösen waren, da Portabilität und Modularisierung in hohem Maße verlangt wurden und es sich zudem um ein mit öffentlichen Mitteln gefördertes Projekt handelte, wurde die höhere Programmiersprache PEARL (Process and Experiment Automation Realtime Language) als Implementierungssprache ausgewählt. Da zum Zeitpunkt der Sprachauswahl keine ausgereifte FULL-PEARL-Version verfügbar war, wurde von den Systemdesignern eine BASIS-PEARL Version verlangt, die den Anforderungen einer strukturierten Programmierung sowie effektiven Programmen gleichermaßen gerecht wird.
Für dieses Ziel wurde von der Firma Krupp ATLAS ELEKTRONIK auf den Rechnersystemen EPR 1300/1400 eine Erweiterung von BASIS-PEARL zur Verfügung gestellt, die folgende features umfaßt :

1. TYPE-Deklarationen zur Definition von Strukturen und zur Re-Definition einfacher Datentypen.
2. BIT-Slice-Zugriffe aus BIT-Strings
3. Für interne DATIONs wird für die Datenübertragung der <<trf-item-type>> ALL implementiert. Damit können unterschiedliche Strukturen auf eine Dation geschrieben werden.
4. Es wurde eine BOLT-Synchronisation eingeführt.

Diese features waren auf der Grundlage des Systemkonzepts als unabdingbar herausgearbeitet worden und stellen eine echte Erweiterung der BASIS-PEARL-Fähigkeiten dar. Sie bleiben jedoch punktuelle Verbesserungen und erreichen damit kein in allen Belangen geschlossenes Konzept.

Die Anforderungen an PEARL durch die einzelnen Modulpakete waren durch eine Befragung der vorgesehenen Bearbeiter zusammengetragen worden (s. [3]) und bildeten die Grundlage für die Spezifikation der Erweiterung von BASIS-PEARL.

Nachdem mittlerweile die einzelnen System-Bausteine programmiert und integriert sind, liegen Erfahrungen über die Eignung von PEARL für ein großes Automatisierungssystem vor.
Eine erneute Befragung der am Projekt beteiligten Programmierer und von anderen PEARL-Anwendern trug dazu bei, die subjektiven Erfahrungen der Autoren zu verallgemeinern.

4. Bewertung der Spracheigenschaften

Entgegen einigen Erwartungen der ersten Projektphase ist das BON-System kein Automatisierungssystem mit breit ausgeprägten Echtzeiteigenschaften. Standortbestimmungen, der Soll-Ist-Vergleich und rechnergestützte Dispostionsvorschläge sind sequentielle, teilweise algorithmisch anspruchsvolle, Abläufe, welche für jedes einzelne Fahrzeug oder für einzelne Störungsfälle zyklisch, aber nicht parallel abgearbeitet werden müssen. Nach Vorliegen des Ergebnisses beispielsweise der Standortbestimmung eines Fahrzeugs wird die nächste Standortbestimmung durchgeführt.
Parallelverarbeitung tritt "lediglich" bei der Abwicklung des Funkverkehrs über mehrere Datenfunkkanäle sowie bei der Datenversorgung mehrerer Leittische in der Betriebsleitzentrale auf.
Echtzeiteigenschaft weist das Betriebsleitsystem hingegen durch ausgeprägte Anforderungen an die Verarbeitungsgeschwindigkeit auf. Bis zu 500 Fahrzeuge sollen im statistischen Mittel innerhalb von 15 Sekunden einmal vom Zentralrechner aufgerufen werden. In dieser Zeit ist dann für alle Fahrzeuge eine Standortbestimmung und die Überprüfung der Fahrplanlage durchzuführen. Gleichermaßen muß der aktuelle Verkehrszustand verzögerungsfrei in der Leitzentrale dargestellt werden.

Von großer Bedeutung war es, die komplexen ObJekte des Verkehrsbetriebes und die Zusammenhänge zwischen diesen Objekten zu erkennen und darzustellen.
Der Betrachtung der Datenstrukturen, deren Operatoren sowie der Ablaufstrukturen einschließlich der E/A-Möglichkeiten wird hier deshalb besondere Aufmerksamkeit gewidmet.

4.1 Datenstrukturen

Im Anwendungsfall des hier beschriebenen Betriebsleitsystems BON spiegeln sich die komplexen Strukturen eines Verkehrsbetriebes wieder.
Durch die Beschreibung der Beschaffenheit des physikalisch (in der realen Umwelt) existierenden Schienen- und Straßennetzes (Streckennetz) mit seinen Haltepunkten, Wendeanlagen, Ortsmarken, Lichtsignalanlagen etc. wird eine erste Gruppe (Ebene) von Objekttyen (Entitytypen) erzeugt. Jeder Objekttyp wird durch mehrere Merkmale - Attribute genannt - beschrieben. Bereits für diese Objekte existieren vielfältige Zusammenhänge und Abhängigkeiten, welche durch die Fähigkeiten der verwendeten Programmsprache möglichst direkt ausdrückbar sein sollen.
Weitere Ebenen des Verkehrsbetriebs-Modells, in denen die betriebliche Organisation durch Linien sowie die zeitlichen Abläufe durch Fahrpläne beschrieben werden, erhöhen Quantität und strukturelle Abhängigkeiten der Objekte des Modells des Verkehrsbetriebes.

4.1.1 Strukturierte Datentypen

Strukturierte Datentypen sind deshalb ein unverzichtbarer Bestandteil für eine Programmiersprache zur Implementierung der Lösung derartiger Probleme. Die Definition strukturierter Datentypen sollten die Bereitstellung von Teilstrukturen sowie Strukturalternativen (ONE OF-Konzept) zulassen. Letztere erscheinen beispielsweise zur Beschreibung der sogenannten Interaktionen,(dies ist der Oberbegriff für Haltepunkte, Wendeanlagen, Lichtsignalanlagen, etc.), aus denen die Strecken bestehen, notwendig.
BASIS-PEARL erlaubt lediglich Strukturen aus Grunddatentypen. Die für die BON-Realisierung verwendete BASIS-PEARL-Erweiterung erlaubt zudem die Deklaration von (geschachtelten) Teilstrukturen, jedoch sind **Felder** und **Alternativen nicht** als Struktur-Element implementiert.
Die Handhabung (insbesondere geschachtelter) strukturierter Datentypen erwies sich darüber hinaus als umständlich. Das Fehlen von "Abkürzungsmechanismen", wie sie beispielsweise in PASCAL durch WITH... möglich sind, führte zu langen teilweise kaum mehr verständlichen Zugriffspfad-Ausdrücken.

4.1.2 Elementare Datentypen und Konstanten

Die elementaren Datentypen FIXED, FLOAT, CHAR, BIT bieten eine tragfähige Grundlage für eine effiziente Programmierung einfacher, numerisch weniger anspruchsvoller Algorithmen. Durch die Möglichkeit Felder (Reihungen) vom TYPE CHAR zu bilden und durch Charakter-slice-Operatoren sowie den Operator 'CAT' (Konkatenieren) lassen sich auch Textmanipulationen ausreichend gut realisieren, wobei lediglich die Parameterübergabe variabel langer Texte Probleme bereitet.
Als äußerst nachteilig erweist sich das Fehlen der Möglichkeit, eigene Wertebereiche für Datentypen festzulegen oder den Wertebereich der existierenden Grunddatentypen einzuschränken, wie dies in PASCAL durch Aufzählungsdatentypen (skalare Datentypen) möglich ist.
Durch Festlegen eines Datentypbezeichners auf der Grundsorte FIXED und invarianten Variablen lassen sich zwar Ersatzkonstruktionen schaffen; diese sind jedoch umständlich und fehleranfällig.
Die unterschiedlichen Interaktionsarten lassen sich in PEARL beispielsweise nur wie folgt beschreiben.

Beispiel:

```
TYPE INTERAKTIONSART FIXED;

DCL HPKT INTERAKTIONSART  INV  INIT (1);
DCL BHF  INTERAKTIONSART  INV  INIT (2);
DCL LSA  INTERAKTIONSART  INV  INIT (3);
DCL WA   INTERAKTIONSART  INV  INIT (4);
DCL ORMA INTERAKTIONSART  INV  INIT (5);
```

Ein weiterer Nachteil der PEARL-Datenstrukturierung liegt im Fehlen benannter Konstanten, d.h. von Konstanten, welche einen frei wählbaren Bezeichner besitzen, dem ein Wert zugeordnet wurde. PEARL kennt lediglich unbenannte Konstanten, d.h. FIXED-Werte oder Zeichenketten etc. Daneben existieren in PEARL nur die bereits erwähnten invarianten (schreibgeschützten) Variablen. Diese können jedoch nicht zur Initialisierung beliebiger Variablen oder für die Dimensionierung von Feldern verwendet werden.

4.1.3 Operationen auf Datentypen

Die durch PEARL zur Verfügung gestellten Operationen auf den Grunddatentypen entsprechen dem Standard einer höheren Programmiersprache. Für eine effektive Manipulation von BIT-Strings, wie sie für die Bearbeitung der Funktelegramme für die Kommunikation zwischen Leitrechner und Fahrzeugrechner benötigt werden, wurde ein Bitgruppenzugriff als Erweiterung von BASIS-PEARL implementiert.
Diese Erweiterung erwies sich jedoch als laufzeitaufwendiger als die Bitgruppenmanipulation durch logische- und Schiebeoperationen.

4.2 Ablaufstrukturen

Alle befragten Implementierer waren mit den Fähigkeiten von PEARL, Programmabläufe zügig und strukturiert zu gestalten, grundsätzlich zufrieden.
Insbesondere die durch 'FIN' bei den bedingten Anweisungen sowie 'END' bei Schleifenanweisungen im Programmquelltext gut erkennbaren Blöcke werden sehr positiv aufgenommen.
Einzig an der Konstruktion der CASE-Anweisung müssen (massive) Abstriche gemacht werden :
Die CASE-Anweisung erlaubt nicht, mit beliebigen Werten in den CASE-Kopf einzutreten. Es sind lediglich Ausdrücke erlaubt, welche einen FIXED-Wert als Ergebnis liefern. Im CASE-Körper sind zu Kennzeichnung der Fälle (Alternativen) ausschließlich Ganzzahlwerte in ununterbrochener Reihenfolge, beginnend mit dem Wert 1, sowie eine "Fluchtalternative" (OUT) zulässig. Alternativen im CASE-Körper dürfen weder benamt werden noch können mehrere Alternativen zusammengefaßt werden.
Leere Alternativen oder GOTO Anweisungen innerhalb der CASE-Anweisung sind prinzipiell möglich, aber schlechte Ersatzlösungen.

Bei einigen anspruchsvollen Algorithmen (Standortverfolgung, Disposition) wären zudem rekursive Funktionen nützlich gewesen.

Grundsätzlich positiv einzuordnen ist die Parameterübergabe bei Prozeduren durch die Unterscheidung von Namens- und Wertaufrufen. Leider ist die Behandlung uneinheitlich, da strukturierte und indizierte Parameter implizit immer per Namensaufruf übergeben werden.

4.3 Tasking und Echtzeiteigenschaften von PEARL

PEARL ist eine Realtime-Sprache. Ihre eigentliche Stärke wird deshalb in Synchronisationsoperatoren, in der Zeitsteuerungs- und Interruptverarbeitung und natürlich in der Parallel-Steuerung und Koordination von Tasks erwartet.
Die Taskstruktur des BON-Systemkonzepts war sehr einfach und anspruchslos. Durch Schwierigkeiten mit der Adressierkapazität (s.Abschn. 5.3) entstanden weitere Tasks und, da diese mit anderen Tasks desselben konzeptuellen Moduls stark kommunizieren, Synchronisationsprobleme. Der so entstandene Task-Umschaltoverhead wurde durch Einsatz zusätzlicher Hardware anstelle von E/A-intensiven Tasks auf ein erträgliches Maß reduziert.
Die Synchronisationsmaßnahmen mußten aus Effizienzgründen und wegen der Systemstruktur ausschließlich mit Semaphoren realisiert werden. BOLT-Variable können im KAE-System nicht global eingesetzt werden. Task-SUSPEND / CONTINUE erwiesen sich als sehr langsam. Höhere Synchronisationsstrukturen wie "critical regions" oder "Monitore" kennt PEARL nicht.
Abgesehen von den oben genannten Einschränkungen werden die Fähigkeiten von PEARL durch die meisten Anwendungsprogrammierer bzgl. der Tasksteuerung grundsätzlich positiv beurteilt.
Häufig wird von PEARL-Anwendern jedoch die Parametrisierbarkeit von Tasks vermißt.
Da verschiedene PEARL-Implementierungen sich im Laufzeitverhalten der primitiven Operationen stark unterscheiden können, ist das Echtzeitverhalten eines PEARL-Programms darüberhinaus nur eingeschränkt portabel.

4.4 Programmorganisation und Gültigkeitsbereiche

Der für den Systementwurf geforderten schrittweisen Verfeinerung und der für die Programmentwicklung geforderten Modularisierung kommt PEARL scheinbar optimal entgegen.
Die vorhandenen Möglichkeiten, große PEARL-Programme in Moduln zu zerlegen, ermöglichen in gewissen Grenzen tatsächlich eine zügige Änderung der Ablaufstrukturen in einzelnen Programmstücken.
Änderungen an Datenstrukturen gestalten sich jedoch als äußerst unbefriedigend. Als besonders störend erweist sich die Notwendigkeit, Datentypen in jedem Modul, in dem sie benutzt werden, erneut zu definieren. Ein "INCLUDE"-Mechanismus könnte dies teilweise entschärfen. Dieser Mangel wird durch die unhandliche Behandlung globaler Prozeduren verstärkt, da bei der Spezifikation global deklarierter Prozeduren und Tasks jeweils die Typen der formalen Parameter erneut beschrieben werden müssen.
Bei der Entwicklung der Software größerer Automatisierungsprobleme sollte sichergestellt sein, daß keine (von PEARL auch nicht vorgesehene) Adressraumbeschränkung vorliegt. Diese Grenze kann auch durch die im übrigen positiv zu bewertende Überlagerungsstrategie mittels "nonresidenter" Prozeduren und Tasks nie als bedeutungslos eingeschätzt werden. (s. Kapitel 5)

4.5 E/A-Konzeption in PEARL

Vom Konzept her erwies sich das PEARL-DATION-Prinzip als eine tragfähige Basis, die teilweise erheblichen Datentransfers zwischen den PEARL-Prozessen und Hintergrundspeichern bzw. Terminals zu bewältigen.
Beim Datenhaltungssystem "Sollvorgaben" des BON-System (s. [2]) wurden bespielsweise in starkem Maße die Möglichkeiten des direkten Zugriffs von BASIC-DATIONS genutzt. Eine gegenüber BASIS-PEARL vorgenommene Erweiterung (transfer item-type-ALL) erlaubte es, unterschiedlich strukturierte Daten in einer Datei abzulegen. Dadurch verringert sich allerdings bereits wieder die Portabilität.

Grundsätzlich erfordert PEARL alle installationsbezogenen Parameter bzgl. Hintergrundspeicher, anderer Peripherie, Signalen etc. im SYSTEM-Teil anzusiedeln. Prinzipiell wäre damit auch bezüglich der E/A volle Portabilität gewährleistet.
In der Realität der PEARL-Programmierung müssen hier jedoch erhebliche Abstriche gemacht werden, da in den PROBLEM-Teilen bei vielen E/A-Anweisungen implementierungsabhängige Parameter (bezogen auf Wirtsmaschinen) beachtet werden müssen.
Das bezieht sich nicht nur auf einzelne Erweiterungen gegenüber BASIS-PEARL, sondern auch auf die Dimensionierung von Dateien und insbesondere auf die Auswertung von Fehlern des Filesystems und kann bis in treiberspezifische FORMAT-Angaben reichen.

5. Programmentwicklung mit PEARL

5.1 Programmierumgebung

Von verschiedenen PEARL-Programmierern wurden deutlich unterschiedliche Beurteilungen der Produktivität bei der Entwicklung von großen PEARL-Programmsystemen abgegeben.
Die Fähigkeiten der Implementierung des PEARL-Systems (Compiler, Syntax-und Laufzeitfehlerbehandlung, Binder etc.), der zugehörigen Debugging-Tools sowie des Betriebssystems und der Grundsoftware (z.B. Editoren, File-Handling etc) spielten dabei ebenso eine große Rolle wie die Kenntnis anderer Programmiersprachen und Programmentwicklungssysteme.
Manche Kritik gegenüber PEARL müßte deshalb eher eine Kritik am Wirtssystem sein.
Deshalb soll hier lediglich betont werden, daß die Programmierumgebung einen entscheidenden Einfluß auf die Qualität der entwickelten Programme hat.

5.2 Umsetzung des Systemkonzepts in PEARL-Daten- und Ablaufstrukturen

Der Mangel an Alternativen und Feldern innerhalb strukturierter Datentypen zwang zu einigen fehleranfälligen und änderungsunfreundlichen Ersatzkonstruktionen.
Trat ein Attribut innerhalb eines strukturierten Datentyps mehrfach auf, konnte dies also nicht durch einen Reihungstyp innerhalb dieser Struktur ausgedrückt werden. Entweder mußte (bei kleiner und fester Obergrenze) ein Selektor mehrfach in der betreffenden Struktur geführt werden, oder der strukturierrte Datentyp war in einen strukturierten Typ ohne Wiederholungsattribut und einen Reihungstyp aufzuspalten.
Die Erfahrung zeigt, daß unabhängig von der Wahl der Ersatzlösung eine Erhöhung der Reihungsobergrenzen erhebliche Softwarepflegearbeiten notwendig macht. Auch der von uns erstellte Makrogenerator hat diese Anpassungsarbeiten nicht wesentlich beschleunigt, da seine Implementierung in PEARL nicht effizient genug ist.

5.3 Umsetzung des Systemkonzeptes in PEARL-Moduln

BASIS-PEARL erlaubt keine lokale Deklaration von Prozeduren oder Tasks in anderen Prozeduren und Tasks. Alle aktiven Komponenten eines PEARL-Programmsystems besitzen auf Modulebene den selben Level. Die aus der schrittweisen Verfeinerung resultierenden hierarchischen Ebenen mit den dort existierenden (bezgl. einer Ebene) lokalen Datenstrukturen und den aktiven Komponenten wie Tasks, Prozeduren oder Funktionsprozeduren, können sich deshalb in einem BASIS-PEARL-Programm nicht widerspiegeln.
Unsere Erfahrungen haben gezeigt, daß häufig allein programmiertechnische Überlegungen (Compilierzeit eines Moduls, Speicherbedarf etc.) bei der Modulaufteilung entscheiden. Da dabei von systematischen Lösungsstrukturen (logischen Entwurfskonzept) abgewichen wurde, ergaben sich für Bearbeiter, welche fremde Programmteile zu Integrationszwecken übernahmen, zwangsweise Schwierigkeiten (siehe auch [4]).
Die bereits in 4.1.1 beschriebene PEARL-Eigenschaft, nach der Datentypen in jedem Modul der Benutzung neu zu deklarieren sind, führte zu zwei programmtechnisch gefährlichen und dem Systemkonzept widersprechenden Vorgehensweisen:

a) Ein Teil der PEARL-Programmierer faßte sämtliche im gesamten Programmpaket gebrauchten Datenstrukturen zusammen und kopierte sie in jeden Modul ein, unabhängig davon, ob einzelne Datentypen dort referenziert wurden oder nicht. Wurde dies konsequent bei jeder Änderung an einer Datenstruktur beibehalten, so führte es zumindest nicht zu inkonsistenten Versionen desselben Datentyps, sondern lediglich zu einem großen, den Änderungszyklus zeitlich belastenden, overhead und in einigen Fällen zum Tabellenüberlauf während der Übersetzung.

b) Vielfach wurde jedoch, um keine "unnützen" Datenstrukturen in den Moduln mitzuschleppen, nur die dort auch wirklich referenzierten Datentypen deklariert. Änderungen an einer Datenstruktur mußten nun in all den Moduln nachvollzogen werden, welche die entsprechende Datenstruktur auch benutzen. Inkonsistenzen bei Datentypen führten in der Testphase wiederholt zu Fehlern. Wurden zudem Programmelemente in andere Moduln umgebettet, blieben häufig Datenstrukturleichen zurück.

Die Beschränkung des Adressraumes auf 64K Worte (-22K Laufzeitsystem) für den Code einzelner PEARL-Programme, die zum Zeitpunkt der Implementierung der BON-Moduln bestand, zwang wiederholt zur Auflösung der aus der logischen Problemlösung resultierenden Modulstrukturen.
Dadurch mußten neue Schnittstellen festgelegt und Hilfskonstruktionen für die Kommunikation der neu entstandenen sogenannte PEARL-USER durchgeführt werden.

5.4 Abschlussbemerkungen

Das Betriebsleitsystem BON der ÜSTRA Hannover wurde vollständig in allen Komponenten in BASIS-PEARL (mit Erweiterungen) programmiert. Etliche Engpässe der Sprache PEARL und des Wirtsrechnersystems wurden durch Hilfskonstruktionen ausgeglichen. Dabei gingen in einzelnen Fällen die aus dem logischen Lösungskonzept resultierenden problemorientierten Softwarestrukturen verloren. Zur Umsetzung der komplexen Datenstrukturen, wie sie bei großen Automatisierungssystemen meistens auftreten, bieten die Datentypdefinitionsmittel von BASIS-PEARL nur sehr eingeschränkte Ausdrucksmöglichkeiten.
Erfahrungen bezüglich der Portabilität großer in PEARL programmierter Softwaresysteme liegen augenblicklich noch nicht vor.

Literatur

[1] *Felz,H.*
Standardisiertes rechnergestütztes Betriebsleitsystem für den öffentlichen Nahverkehr
Verkehr und Technik Bd. 34, Heft 9, Seite 383-389 ,1981

[2] *Kühner,S.*
Datenhaltung für ein Betriebsleitsystem und dessen Realisierung in PEARL
Vorträge zur PEARL-Tagung '83, Seite 21-28, 1983

[3] *Sonnenberg,W*
Studie zur Anwendungsprogrammierung eines hierarhischen Nahverkehrssystems unter Verwendung der Echtzeitprogrammiersprache PEARL
PDV-Berichte KfK-PDV 203 , 1981

[4] *Schweizer,G.; Kühner,S.*
Erfahrungen mit Modellbildung, Entwurf und Dokumentation von rechnergestützten Leitsystemen im Verkehrsbereich
Informatik Fachberichte Bd 74, Seite 119-137, 1983

H. SYSTEMSTRUKTUREN

RECHNERUNTERSTÜTZTE PLANUNG UND STRUKTURIERUNG VON PROZESSLEITSYSTEMEN

A. Strickling, G.-U. Spohr, H. Hennecke
Bayer AG, Zentrales Ingenieurwesen
Ressort Prozeßleittechnik

ZUSAMMENFASSUNG

Der Beitrag befaßt sich mit der Integration der Planung und Strukturierung von Prozeßleitsystemen in die Gesamtplanung und Erstellung von Chemieanlagen. Es wird ein Konzept dargestellt, das Methoden und Werkzeuge zur rechnerunterstützten Bearbeitung der Funktionsbereiche "Messen, Regeln, Melden" sowie "Steuern" und "Bedienen und Beobachten" für die einzelnen Projektphasen beschreibt. Auf die bereits realisierten Programmpakete wird besonders hingewiesen.

EINLEITUNG

Prozeßleitsysteme halten mehr und mehr Einzug in die Produktionsanlagen der Chemie und lösen die konventionelle Instrumentierung ab. Sie verändern sowohl die Meß-, Steuerungs- und Regelungstechnik selber als auch das gesamte Umfeld entscheidend. Der Dualismus "Ingenieurtechnik vor Ort" einerseits und "kaufmännische und administrative Datenverarbeitung" andererseits wird aufgehoben. Beide Komponenten werden zu einem integrierten Informations- und Steuerungssystem der Produktion oder des Unternehmens verschmolzen [1].

Der Einsatz dieser, in der Regel dezentralen Systeme in der Produktion wird sich in der Zukunft wesentlich beschleunigen. Eine breite Einführung setzt jedoch voraus, daß Planung und Realisierung solcher Systeme in den gesamten Erstellungsprozeß einer Anlage mit definierten Schnittstellen eingebunden wird. Ihre digitale Struktur begünstigt eine Rechnerunterstützung aller Planungsphasen bis hin zur automatischen Strukturierung. Der vorliegende Beitrag soll einen möglichen Weg zu diesem Ziel aufzeigen.

Die Vorgehensweise bei der Planung und Strukturierung legt eine Unterteilung des Themas in folgende 3 Funktionsbereiche nahe:

- Messen, Regeln, Melden
- Steuern
- Bedienen, Beobachten

Sie unterscheiden sich sowohl durch Art und Umfang der Rechnerunterstützung, als auch durch eine in Struktur und Form unterschiedliche Dokumentation.

Diese Funktionsbereiche werden nachfolgend getrennt behandelt, obwohl Optimierungsfunktionen und höhere Automatisierungsgrade zwangsläufig eine oft erhebliche Vermaschungstiefe fordern. Eine Erörterung dieses Aspektes würde jedoch den Rahmen dieses Beitrages erheblich sprengen.

1. PROJEKTPHASEN DER ZU BETRACHTENDEN FUNKTIONSBEREICHE

Unabhängig von strukturellen und inhaltlichen Unterschieden durchlaufen alle Funktionsbereiche mehr oder weniger ausgeprägt die gleichen Projektphasen (Bild 1). Im Lastenheft werden interdisziplinär die Anforderungen an die Prozeßleittechnik (PLT) definiert, d. h. sowohl die Anforderungen an Sensoren und Stellglieder als auch an die Prozeßleitsysteme mit den entsprechenden Schnittstellen. Das Lastenheft bildet die Basis für das PLT-Konzept und die Detailplanung.

In der Realsisierungsphase sind die Beschaffung und Installation der Feldgeräte und der Hardware sowie die Implementierung angesiedelt. Wie verschiedene Veröffentlichungen [2], [3] und praktische Erfahrungen zeigen, sollen möglichst häufig eingeschobene Simulations- und Testphasen die Ergebnisse der vorangegangenen Schritte überprüfen und verbessern. Inwieweit diese Forderung in den einzelnen Funktionsbereichen möglich bzw. erforderlich ist, wird in den nächsten Abschnitten ausgeführt.

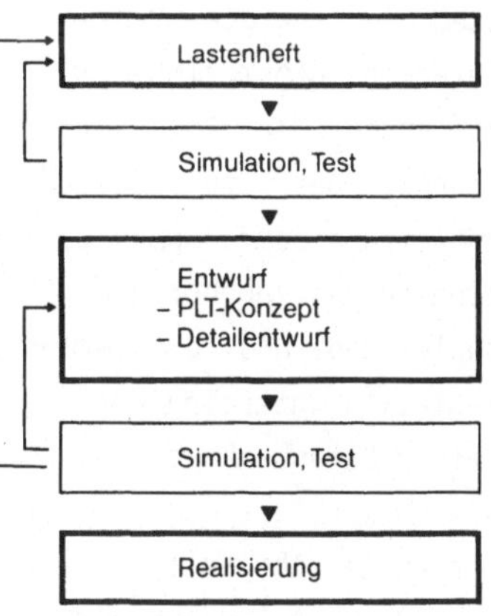

Bild 1: Phasen der Projektbearbeitung

Marktuntersuchungen haben gezeigt, daß, von einigen speziellen Anwendungsgebieten abgesehen, Rechnerunterstützung zwar für Teilbereiche der einzelnen Phasen erhältlich ist, nicht jedoch ein alle Phasen umfassendes System. So unterstützen Programmiergeräte für Prozeßleitsysteme in der Regel mit ihrer Hard- und Software nur die Detailplanung. Entscheidende Informationen aus vorangegangenen Phasen könnten hingegen beim Vorhandensein entsprechender Schnittstellen genutzt werden.

2. PLANUNG UND STRUKTURIERUNG DER MESS-, REGEL- UND MELDEFUNKTIONEN

2.1 Lastenheftphase

Das Lastenheft stellt die Dokumentation der an die Prozeßleittechnik zu stellenden Anforderungen dar. Ein zufriedenstellendes Ergebnis kann nur durch intensive Teamarbeit mit Beteiligung aller Fachabteilungen erreicht werden. Wenn auch gerade in dieser Phase Kreativität, Fachkenntnis und gesunder Menschenverstand gefordert sind, so stehen dennoch einige Methoden zur sauberen und umfassenden Formulierung der zu lösenden Probleme zur Verfügung.

Das Lastenheft ist modular aufgebaut (Bild 2). Die Beschreibung des Prozesses geschieht im wesentlichen durch ein "Rohrleitungs- und Instrumentenfliessbild" (RI-Fließbild nach DIN 28 004), in dem die technische Ausrüstung der Anlage dargestellt ist (Bild 3). Die Erstellung wird durch ein flexibles CAD-System mit Doppelbildschirm-Arbeitsplätzen unterstützt, das umfangreiche Kopier-, Modifizierungs- und Plazierungsfunktionen ermöglicht.

Symbol- und Komponentenbibliotheken stehen im Hintergrund zur Verfügung. Der Beschleunigungsfaktor erreicht je nach Art der Tätigkeit Werte zwischen 2 und 4. Aus den graphisch aufgezeichneten Informationen selektiert das System die für die Prozeßleittechnik relevanten Informationen, wie z. B. die Bezeichnung der PLT-Stelle, die Bezeichnung des zugehörigen Meßortes (Rohrleitung oder Apparat), die Bezeichnung des zugehörigen Stellortes (Rohrleitung) und die Vermaschung der PLT-Stellen untereinander und legt sie in einer Datenbank ab.

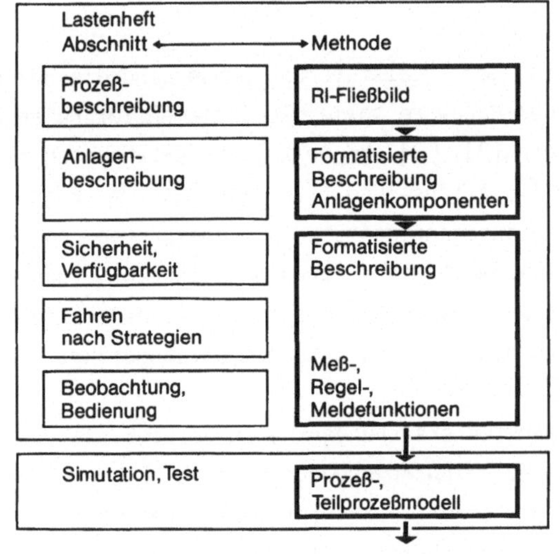

Bild 2: Planung und Strukturierung der Meß-, Regel-, Meldefunktionen, Teil 1

Der nächste Abschnitt des Lastenheftes, die Anlagenbeschreibung, wird durch strukturierte und formatisierte Beschreibungen abgebildet. Maskenorientierte Dialogprogramme unterstützen die Eingabearbeit. Die so erfaßten technologischen und physikalischen Daten aller Anlagenteile sowie der eingesetzten Stoffe werden durch das CAE-System mit den Informationen aus dem RI-Fließbild korreliert. Als Ergebnis erhält der PLT-Planer die der PLT-Stelle zugeordnete Anforderungsspezifikation für die Feldgeräte sowie für Hard- und Software.

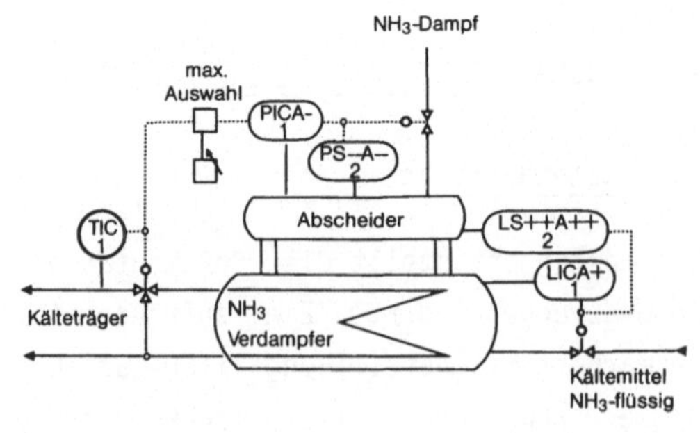

Bild 3: Ausschnitt eines RI-Fließbildes

Diese Angaben werden ergänzt durch eine formatisierte Beschreibung der Abschnitte des Pflichtenheftes: Sicherheit und Verfügbarkeit, Fahren nach Strategien (z. B. Rezeptfahrweise) sowie Bedienen und Beobachten in Form von entsprechenden, PLT-Stellen bezogenen Spezifikationsblättern. Sie enthalten Angaben über

- Meßwertdarstellung, Trenddarstellung
- Art der Regelung, Art der Sollwertvorgabe, Back up
- Art der Grenzwerte, Bedienbarkeit der Grenzwerte
- Art der gewünschten Meldungen.

Diese Daten werden in entsprechend strukturierten Dateien gesammelt.

2.2 Simulations-, Testphase

Die Struktur und die Parametrierung einschleifiger, unabhängiger Regelkreise bereitet im allgemeinen keine Schwierigkeiten. Hier liegen genügend Erfahrungen vor, so daß sich entsprechende Simulationen erübrigen. Es zeichnet sich jedoch ein unverkennbarer Trend zu höherer Vermaschungstiefe und zu unkonventionellen speziellen Regelalgorithmen ab. Damit gewinnt das Gebiet der Prozeßmodellbildung auf der Basis von Prozeßidentifikationen oder analytischer Methoden mehr und mehr an Bedeutung [4]. Noch stehen wir hier am Anfang. Eine Einbindung in die Projektabwicklung ist aber mittelfristig anzustreben.

2.3 Entwurfsphase

Das Lastenheft definiert die an die Prozeßleittechnik zu stellenden Anforderungen unabhängig von der konkret einzusetzenden Hard- und Software. In der Entwurfsphase (Bild 4) ist zunächst das PLT-Konzept zu erstellen, d. h. es sind u. a. festzulegen:

- die Struktur des Prozeßleitsystems und die Einbindung in die angrenzenden Ebenen
- die Auswahl der Systemkomponenten und die Zuordnung zu Produktionsabschnitten
- die für die Informationsübertragung zwischen Prozeß- und Gruppenleitebene sinnvollen Signalarten.

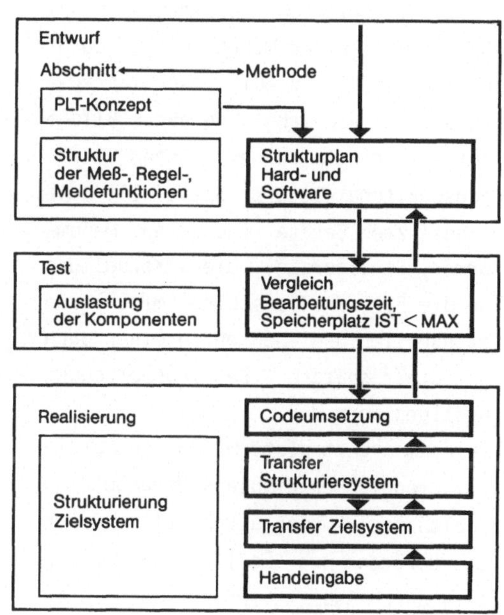

Bild 4: Planung und Strukturierung der Meß-, Regel-, Meldefunktion, Teil 2

Theoretisch ist eine Rechnerunterstützung für die Entscheidungsvorbereitung basierend auf den Aussagen des Lastenheftes denkbar. Abgesehen davon, daß der Programmieraufwand hierfür unvertretbar hoch wäre, zeigt die Praxis, daß z. B. die System- und Komponentenauswahl nicht nur durch Lastenheftfestlegungen bestimmt ist, sondern sich auch nach folgenden Gesichtspunkten richtet:

- Minimierung des Ausbildungsaufwandes für die Planer
- Einheitliche Planungsmethoden und Dokumentationen
- Beherrschung der Systeme durch die spätere Betriebsbetreuung

Der Anwender wird also bestrebt sein, in abgegrenzten Produktionsbereichen möglichst Systeme eines Herstellers einzusetzen. Damit sind die Wahlmöglichkeiten im konkreten Fall erheblich eingeschränkt.

Über das PLT-Konzept hinaus ist die Detailstruktur der einzelnen Kreise als Strukturplan für Hard- und Software zu bestimmen und die Geräte für die Feldinstallation auszuwählen. Im Gegensatz zum PLT-Konzept ist hier weitgehende Rechnerunterstützung gegeben. Das CAE-System komprimiert die in der Lastenheftphase zu jeder PLT-Stelle hinterlegten Informationen und wählt aus einer Menge von Standardschaltungen die für die jeweilige PLT-Stelle optimale Schaltung aus. Bild 5 gibt das Prinzip einer solchen Standardschaltung wieder. Sie stellt die eingesetzten Geräte (Sensoren, Meßumformer, Stellgeräte), die Verschaltung und die Firmware-Bausteine mit ihren Datenquellen und -senken in einer auch für die spätere Betriebsbetreuung günstigen Form dar.

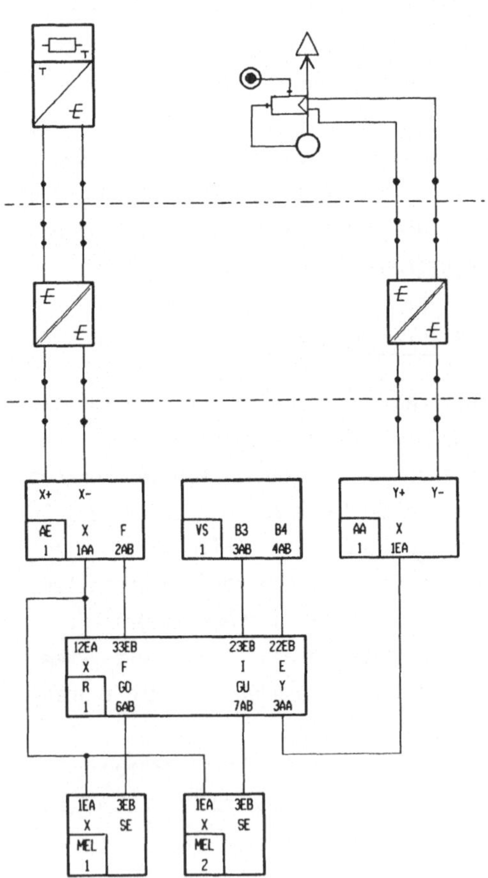

Bild 5: Prinzipbild einer Standardschaltung

Diese am Arbeitsplatz mit Hilfe aktiver, graphischer Displays dargebotenen Schaltungen können durch Eliminieren von Geräten und Software-Bausteinen sowie durch Substituieren von Geräten durch besser geeignete mit Hilfe alphanumerischer Eingabeprozeduren modifiziert werden. Das Arbeitsergebnis, der Strukturplan wird sogleich wieder als Graphik sichtbar.

Im CAE-System sind die in jeder Schaltung eingesetzten Geräte und Bausteine mit ihren technischen Daten (z. B. Klemmenkonfiguration und -Bezeichnung, Datenquellen und -senken, Speicherplatzbedarf und Bearbeitungszeit) hinterlegt. Daraus resultieren z. B. Listen über Geräte, Kabelverbindungen, Klemmenleisten, Rangierungen, Softwarebausteine,Speicherbelegung und Zeitauslastung der Komponenten des Prozeßleitsystems. Sie dienen u. a. auch als Basis für Bestellungen und Montageanweisungen.

Mit Hilfe derartiger Standardschaltungen lassen sich 70 bis 80 % aller Meß- und Regelkreise eines Projektes bearbeiten. Die gleichen Methoden und Werkzeuge werden auch zum Entwurf von Schaltungen für Motorantriebe genutzt.

2.4 Testphase

In der hier eingeschobenen Testphase wird bereits zu diesem Zeitpunkt die Auslastung der Komponenten des Prozeßleitsystems hinsichtlich Speicherbelegung und Bearbeitungszeit überprüft. Bei zu hoher oder ungünstiger Auslastung kann iterativ korrigiert werden.

2.5 Realisierungsphase

In der Entwurfsphase wurde die Struktur der Meß-, Regel- und Meldefunktionen mit den erforderlichen Bausteinen PLT-stellenspezifisch erarbeitet. Hieraus werden die für die Realisierung erforderlichen Befehlsfolgen über einen Codeumsetzer erzeugt und in einer Datei zusammengestellt. Ein Transferprogramm überspielt diese Datei auf eine mit dem CAE-System gekoppelte Strukturiermaschine, die ihrerseits eine Übersetzung in die maschineninterne Sprache des Prozeßleitsystems vornimmt. Das so erzeugte Programm wird auf einem geeigneten Datenträger gesichert und in das Zielsystem in der Anlage eingelesen.
Die zur Strukturierung erforderlichen Anweisungen sind wesentlich durch den Befehlsvorrat und die Syntax des Prozeßleitsystems bestimmt. Ein Codeumsetzer kann daher nur systemspezifisch erstellt werden. Für das Prozeßleitsystem Teleperm M wurde ein solches Programm entwickelt.

Die Parametrierung der Meß- und Regelkreise erfolgt bei der Inbetriebnahme der Anlagen vor Ort. Änderungen, die im Laufe der Betriebszeit notwendig und ggf. direkt in das Zielsystem eingegeben werden, sind in der Dokumentation unbedingt nachzuvollziehen. An einer entsprechenden automatischen Rückdokumentation, die bis in den Strukturplan als wesentlichste Unterlage für die Betriebsbetreuung durchgezogen werden muß, wird z. Z. gearbeitet.

Auf die im Feld und in den Schalträumen vorzunehmenden Hardware-Installationen soll an dieser Stelle nicht näher eingegangen werden.

3. PLANUNG UND STRUKTURIERUNG DER STEUERUNGSFUNKTIONEN

3.1 Lastenheftphase

Die Abbildung der einzelnen Lastenheftabschnitte im Hinblick auf die Steuerungsfunktionen (Bild 6) geschieht zum geringeren Teil durch das Fließbild, vorwiegend durch Funktionspläne nach DIN 40 719 Teil 6. Diese Art der Darstellung hat sich gegenüber dem Kontaktplan und der Anweisungsliste als Sprachmittel in Diskussionen zwischen den verschiedenen, am Projekt beteiligten Fachabteilungen, als vorteilhaft erwiesen. Die in dieser Planungsphase ausreichende Grobstruktur (Bild 7) ist auch für "Nichtfachleute" nach kurzer Einweisung verständlich und nachvollziehbar. Die Funktionspläne entstehen in einer Reihe von Besprechungen, in denen sie ergänzt und iterativ korrigiert werden. Werkzeuge, die diese Methode unterstützen, müssen demnach eine hohe Flexibilität aufweisen, d. h. Kopier-, Modifizierungs- und Plazierungsfunktionen sowie die Eingabe und Darstellung von Makros ermöglichen. Sie müssen darüber hinaus unabhängig vom Typ des einzusetzenden Prozeßleitsystems sein und die Eingabe von Kommentaren zulassen. Entsprechende kostengünstige graphische Arbeitsplätze erscheinen z. Z. auf dem Markt. Die logische Interpretation der graphisch dargestellten Strukturen ist durch entsprechende Programme zu unterstützen, um Logiksimulationen zu ermöglichen und die bereits im System hinterlegten Informationen für die späteren Planungsphasen nutzen zu können. Ein solches Programm wird bis Ende 1985 realisiert sein.

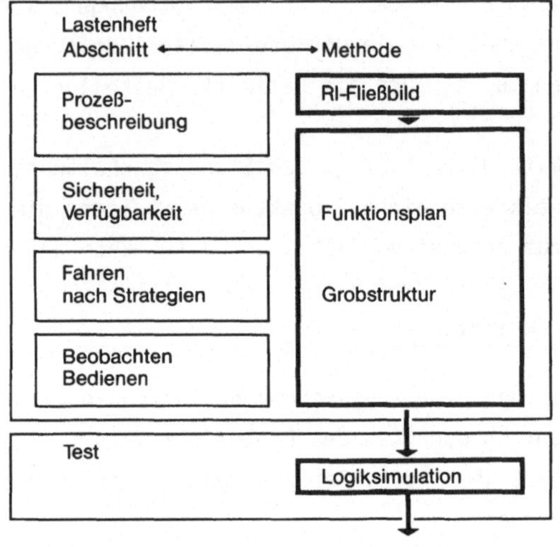

Bild 6: Planung und Strukturierung der Steuerungsfunktionen, Teil 1

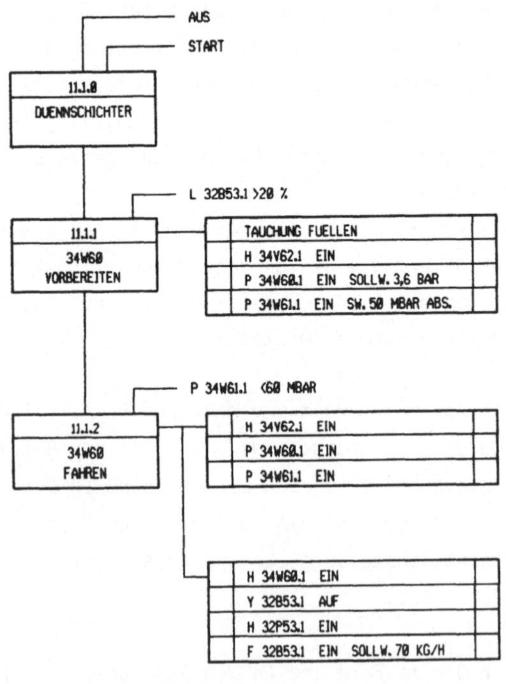

Bild 7: Funktionsplan, Grobstruktur

Die von den Herstellern speicherprogrammierbarer Steuerungen und Systeme angebotenen Programmiergeräte besitzen in der Regel nicht die Flexibilität, die im Entwurfstadium der Funktionspläne erforderlich ist. Sie sind systemgebunden und auf die Eingabe bereits fertiger Pläne ausgerichtet.

3.2 Testphasen

Bei der Generierung der Steuerungsfunktionen sind Testphasen besonders notwendig. Dies gilt bereits für die logische Überprüfung der Grobstruktur des Funktionsplanes im Entwicklungsstadium. Als geeignetes Werkzeug bietet sich ein Logik-Simulator an, bei dem die jeweiligen Randbedingungen frei programmierbar sind. Entsprechende Programmpakete sind am Markt erhältlich, müssen jedoch in das Gesamtsystem integriert werden.

3.3 Entwurfsphase

Die Entwurfsphase (Bild 8) ist zunächst gekennzeichnet durch die Festlegung und Verschaltung der Geräte für die Feldinstallation. Die hier angewandten Methoden und Werkzeuge sind die gleichen wie bei den Meß-, Regel- und Meldefunktionen. Darüber hinaus ist die Feinstruktur der Funktionspläne durch Ergänzungen aus der Grobstruktur zu entwickeln. Es zeigt sich, daß wesentliche Teile der Feinstruktur, wie z. B. Motor- und Ventilansteuerungen durch Standardlogiken abgedeckt und demnach durch einfache Kopiervorgänge vervielfältigt werden können. Im Anschluß an die Entwurfsarbeit schließt sich wiederum eine Logik-Simulation, wie im vorhergehenden Abschnitt ausgeführt, an.

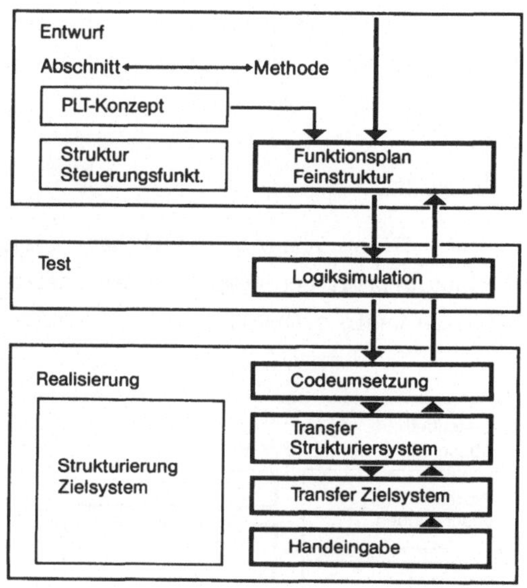

Bild 8: Planung und Strukturierung der Steuerungsfunktionen, Teil 2

3.4 Realisierungsphase

Es ist vorgesehen, die in den vorangegangenen Phasen durch das CAE-System erfolgte logische Interpretation der Funktionspläne durch einen zielsystemspezifischen Codeumsetzer aufzubereiten und wie früher beschrieben, über eine Strukturiermaschine ins Zielsystem zu laden.

4. PLANUNG UND STRUKTURIERUNG DER BEDIEN- UND BEOBACHTUNGSFUNKTIONEN

4.1 Lastenheftphase

Die Bedien- und Beobachtungsfunktionen dezentraler Prozeßleitsysteme werden in der Regel mittels Farbsichtgeräten mit Tastaturen oder Lichtgriffeln zur Bedienung in zentralen Leitständen realisiert. In der chemischen Industrie hat sich die Darstellung des Verfahrens in Form von Anlagenfließbildern mit der gezielten Einblendung der aktuellen Parameter sowie der Bedienelemente weitgehend bewährt. Kurvendarstellungen und normierte Anzeigen einzelner Kreise und Gruppen ergänzen die Prozeßübersicht. Eine Bedienerführung kann durch ereignisgesteuerte Einblendung von Texten oder Symbolen realisiert werden. Die Definition dieser Funktionen geschieht im Rahmen des Lastenheftes (Bild 9) durch das RI-Fließbild als Basis für den Entwurf des Anlagenfließbildes. Der Funktionsplan legt die Bedienelemente fest. Formatisierte Beschreibungen weisen auf die aktuelle Einblendung von Variablen hin. Es ist vorgesehen, daß aus diesen Unterlagen das System die für den Entwurf des Anlagenfließbildes relevanten Informationen selektiert und dem Planer in einer für die weitere Bearbeitung günstigen Form zur Verfügung stellt.

4.2 Testphase

Eine an dieser Stelle eingeschobene Testphase kann eine Prüfung auf Vollständigkeit und Plausibilität der komprimierten Informationen beinhalten. Weitergehende Prüfungen erscheinen wenig sinnvoll.

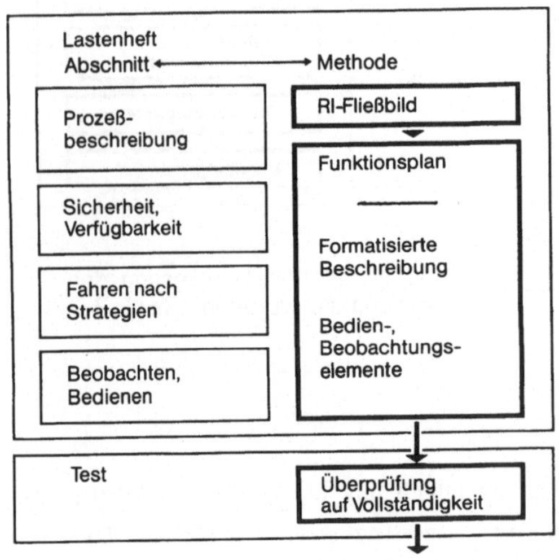

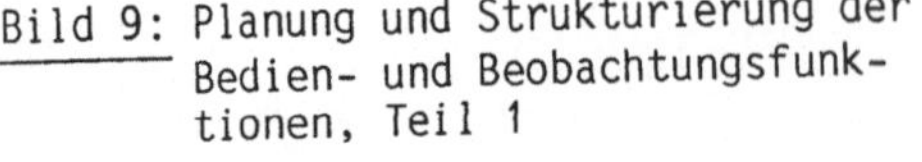

Bild 9: Planung und Strukturierung der Bedien- und Beobachtungsfunktionen, Teil 1

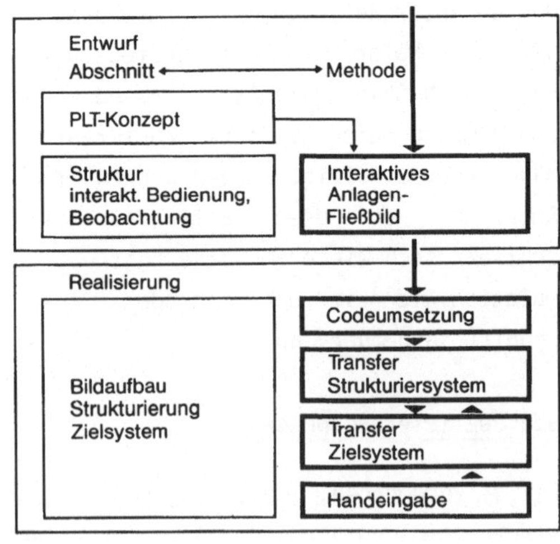

Bild 10: Planung und Strukturierung der Bedien- und Beobachtungsfunktionen, Teil 2

4.3 Entwurfsphase

Anhand der beschriebenen Unterlagen wird auf dem CAD-System der Entwurf eines interaktiven Anlagenfließbildes erstellt (Bild 10). Die dabei verwendeten Symbole und Farben sind auf die Graphikfähigkeiten des Zielsystems abgestimmt. Die umfangreichen Kopier- und Verschiebefunktionen des CAD-Systems erlauben ein wesentlich schnelleres Arbeiten als es die Eingabe auf dem Zielsystem gestatten würde. Die Möglichkeit des zoomens sowie die Ausgabe von Plots bis DIN A0 sind insbesondere bei der Erstellung von Rollbildern, deren Umfang mehrere Monitorinhalte umfaßt, eine wesentliche Hilfe. Nach der Plazierung der darzustellenden Variablen im Anlagenfließbild durch den Planer, werden die zugehörigen Softwarebausteine durch ein Hilfsprogramm aus den bisher vorliegenden Informationen selektiert und den Variablen zugeordnet.

4.4 Realisierungsphase

Durch die logische Zuordnung von Graphiksymbolen, Koordninaten und zugehörigen Datenadressen sind die Voraussetzungen für den Einsatz von Codeumsetzern erfüllt. Leider wurden bei den Systemen mit Lichtgriffelbedienung bisher von den Herstellern keine geeigneten Schnittstellen bereitgetellt. Eine entsprechende Weiterentwicklung der Komponenten ist dringend erforderlich. Für ein System mit Tastaturbedienung wird z. Z. ein entsprechender Codeumsetzer erstellt.

5. AUSBLICK

Erste Erfahrungen bei der Planung und Strukturierug der Meß-, Regel- und Meldefunktionen mit den angegebenen Methoden und Werkzeugen lassen einen erheblichen Rationalisierungserfolg erwarten. Programmpakete für die übrigen beschriebenen Funktionsbereiche werden z. Z. erstellt. Die Hersteller von Prozeßleitsystemen sind aufgerufen, ihre Komponenten in Richtung auf komfortable, einheitliche Rechnerschnittstellen auszurichten, um den Weg der automatischen Strukturierung aus den Planungsunterlagen heraus weiter zu ebnen.

Literaturverzeichnis

[1] Schmitt, K.-H.: Die Automatisierung von Chemieanlagen mit Mitteln der Systemtechnik
Chem.-Ing.-Techn. 53, Nr. 8, Seite 620 (1981)

[2] Steusloff, H.: Rechnergestützter Entwurf von Automatisierungssystemen, Übersicht, Beispiele, Nutzbarkeit
Fachberichte Messen, Steuern, Regeln, Nr. 10, Seite 531 (1983)

[3] Dehnert, E.: Möglichkeiten und Grenzen des Software-Engineering
Fachberichte Messen, Steuern, Regeln, Nr. 10, Seite 589 (1983)

[4] Fasol, K.-H.: Erfahrungen mit der Simulation technischer Systeme im Entwurfsstadium
Fachberichte Messen, Steuern, Regeln, Nr. 10, Seite 575 (1983)

KONZIPIERUNGS- UND ANWENDUNGSERFAHRUNGEN MIT DEZENTRALEN PROZESSAUTOMATISIERUNGSSYSTEMEN

H. Töpfer, G. Reinig

Wissenschaftsbereich Regelungstechnik und Prozeßsteuerung der Sektion Informationstechnik, Technische Universität Dresden

ZUSAMMENFASSUNG

Im vorliegenden Beitrag wird versucht, einige allgemeine Schlußfolgerungen für die Gestaltung von modernen digitalen Prozeßautomatisierungsanlagen für chemische Großanlagen zu ziehen, wobei Erfahrungen dargelegt werden, die beim Aufbau und beim Betrieb solcher Systeme für neue petrolchemische Produktionskomplexe gewonnen wurden.

1. ALLGEMEINE BEMERKUNGEN

Obwohl die Prozeßleittechnik häufig nur einen relativ kleinen Teil der Gesamtaufwendungen eines Prozeßautomatisierungsprojektes ausmacht (meist werden für die bisher konventionell realisierten Meß-, Stell- und Sicherungseinrichtungen über 80 % der Gesamtkosten verausgabt) und auch die verkabelungssparende räumliche Dezentralisierung bisher nur relativ selten genutzt wird, haben digitale PAS eine außerordentlich positive Aufnahme durch die Anwender gefunden. Offensichtlich ist das damit verbunden, daß diese Technik die zusätzliche Erfüllung solcher Wünsche und Forderungen ermöglicht, für die die konventionelle Technik "ausgereizt" war, wie z.B.

. Gewährleistung **höherer Betriebssicherheit** des Produktionsprozesses durch verbesserte Bedienung (situationsbezogen) und Funktion der Automatik (Exaktheit, Zuverlässigkeit, Funktionsumfang)

. **Verbesserung der Gesamteffektivität** der Prozesse durch umfassendere Automatisierungsfunktionen (komplexe Regelungen, Optimierung, Unterstützung für Prozeßanalyse und Produktionsmanagment)

. **höhere Flexibilität** (Erweiterbarkeit, Änderbarkeit) durch "ideelle" (nahezu kostenlose!) Überdimensionierung und Ergänzbarkeit.

Welche Ziele mit einer Automatisierungsanlage verfolgt werden, ob und wie diese Ziele in Automatisierungslösungen umgesetzt werden können, hängt von vielen objektiven und subjektiven Faktoren ab (wie z.B. Prozeßeigenschaften, Prozeßrandbedingungen, allgemeines Automatisierungsniveau des Betriebes, bisherige Erfahrungen mit der Automatisierungstechnik, Traditionen beim Gestalten und Betreiben der Prozesse, Qualifikation der Anlagenfahrer, Instandhalter, Risikobereitschaft, kommerzielle Randbedingungen usw.), siehe auch /7/. Die daraus folgende Anforderungsvielfalt und das derzeitige Fehlen einer gesicherten Methodik zur systematischen Gestaltung von Automatisierungsanlagen verleihen der Konzipierungsphase mit dem notwendigen Zusammenwirken unterschiedlichster Fachgebiete besondere Bedeutung. Das gilt insbesondere in Anbetracht des zunehmenden Angebotes von Hilfsmitteln in Form verbaler Orientierungen, dialogorientierter Checklisten, Softwarewerkzeuge u.a. zur Formalisierung und rechnergestützten Realisierung der konzipierten Zielstellungen und Aufgaben, siehe auch /8/.

Von den bisher genannten Gesichtspunkten ausgehend, soll eine Auswertung der Konzipierung und des Einsatzes eines digitalen PAS vorgenommen werden, das in zwei repräsentativen und umfangreichen Anlagenkomplexen zum katalytischen Cracken (FCC-Verfahren) von schweren Erdölfraktionen (1,2 Mill t/a) einschließlich Vakuumdestillation, Gaszerlegungs- und Alkylierungsanlage sowie einem Aromatenkomplex zum Einsatz kam, die im Zeitraum von 1978 bis 1981 im Petrolchemischen Kombinat Schwedt/Oder errichtet wurden. Der Umfang dieses Vorhabens wird u.a. dadurch charakterisiert, daß in diesem Kombinat etwa die Hälfte des in der DDR verarbeiteten Erdöls eingesetzt wird und dort seit 1966 systematisch Prozeßrechner eingesetzt werden.

2. AUTOMATISIERUNGSKONZEPTION UND STRUKTURWAHL

In Auswertung des o.g. Vorhabens und unter Einbeziehung weiterer Einsatzerfahrungen aus ähnlichen Projekten entstand eine Liste von Fragestellungen, über die vor dem Entwurf einer Automatisierungsanlage Klarheit herrschen sollte; obwohl die darin enthaltenen Fragen teilweise über ähnliche Zusammenstellungen /1, 2, 5, 6/ hinausgehen, stellen sie ohne Anspruch auf Vollständigkeit lediglich den **Minimalumfang** dar, um eine Automatisierungskonzeption z.B. für eine neu zu errichtende verfahrenstechnische Großanlage zu erarbeiten. Die nachstehende Liste bezieht sich auf das konkrete Beispiel, das im Abschnitt 1 bereits erwähnt wurde.

Liste zu Schwerpunkten bei der Erarbeitung von Automatisierungskonzepten

Merkmal	Forderungen für Spalt- und Aromatenkomplex
Zentralisierte Prozeßführung	. Maximal zwei Meßwarten bei einem zu erwartenden Umfang von etwa 750 Regelkreisen, 3000 bis 5000 Analogmeßstellen, Überwachung und Steuerung von etwa 600 Elektroantrieben sowie dazugehöriger Hilfseinrichtungen . Bei Normalbetrieb keine Bedienhandlungen im Anlagenfeld . Einheitliches Bedieninterface zu allen Prozeßstufen trotz unterschiedlicher Lizenzgeber, Auftragnehmer und Lieferanten . Höchstmögliche Kompaktheit der Meßwarte (nicht Meßtafellänge, sondern Bedienanforderungen sollen Anlagenfahreranzahl bestimmen; mündliche Kommunikation zwischen den Anlagenfahrern verschiedener, aber voneinander abhängiger Prozeßabschnitte ermöglichen; Limite für die Bauabmessungen einhalten)
Dezentrale (lokale) Prozeßführung	. Nicht vorgesehen (Forderung nach Arbeitskräfteeinsparung); lokale, nur für An- und Abstellvorgänge besetzte Steuerpulte für spezielle Ausrüstungen zulässig
Kommunikation zwischen Prozeß und Bediener	. Höchstmögliche räumliche Konzentration bei Verzicht auf komplette Meßtafel- Prozeßschaltbilder . Möglichst übersichtliche hierarchisch strukturierte Prozeßbeobachtung und -bedienung . Teilprozeßschaltbilder mit aktuellen Meßwerten als Bildschirmdarstellung . Möglichst weitgehender Ersatz von konventionellen Registriergeräten durch Bildschirmtrenddarstellung und/oder maschinell lesbare Datenarchivierung . Zustandsanzeigen und Bedieneinrichtungen für die elektrischen Antriebe (auch Stellantriebe) in den Meßwarten; bevorzugte Ausführung: konventionell
Dezentrale Informationsverarbeitung	. Im Interesse der Verringerung des Verkabelungsaufwandes erwünscht, jedoch nur zulässig, wenn Bedienung/Überwachung von Meßwarte möglich (damit sind z.B. lokale Regler ohne Hilfsenergie unzulässig)

Sequentielle Steuerungen	. Bedienbarkeit von Meßwarte . Erwünscht: Integration in das Prozeßleitsystem . Für komplexe Steuerungen gesonderte Prozeßrechner zulässig, jedoch gleiche Hardware und Bedienphilosophie wie für das Prozeßleitsystem
Schutzsysteme	. Unabhängigkeit vom Prozeßleitsystem (einschließlich gesonderter Meßwertgeber) . Konventionelle Anzeigen (Alarmtableau an Meßtafel) und Bedienung . Erfassung und Protokollierung aller Aktivitäten der Schutzsysteme durch das Prozeßleitsystem
Höherwertige Prozeßdatenverarbeitung	. Möglichkeit der Grenzwert- und Geschwindigkeitsüberwachung für alle Analoggrößen . Protokollierung des gesamten "Alarmgeschehens" mit einer zur Erkennung von Ansprechreihenfolgen ausreichenden zeitlichen Auflösung . Protokollierung aller Bedienhandlungen, die Auswirkungen auf den Prozeß haben . Trenddarstellungen (grafisch und numerisch) für alle Analoggrößen über längere Zeiträume . Automatische Bilanzierung für Stoff- und Energieströme . Kennwertberechnung . Verschiedene Protokolle zur Bewertung, Abrechnung, Analyse und Archivierung von Anlagenzuständen . Back ground-Programmentwicklung und -testung mit Zugriff zu Prozeßdaten
Höherwertige Regelungen, Optimierung	. Reserven zur späteren Realisierung (Erweiterung) komplexer Regelsysteme (für Rektifikationskolonnen, Apparatekomplexe) und Regimeoptimierung (wechselndes Einsatzproduktangebot, wechselnde Produktqualitätsanforderungen) . Standardlösungen für das Rechner-/Regler-Interface für alle Regelkreise zur Ausgabe von Betriebsweise, Soll- und Stellwerten, sowie möglichst auch von Reglerparametern
Prozeßanalysengeräte, Laboranalysen, Spezialmessungen	. Einbeziehung der Signale aller Prozeßanalysengeräte in die PDV (einschl. Chromatographen u.ä.) . Bildschirmdialogerfassung von Laboranalysenergebnissen und Einbeziehung in die PDV unter Berücksichtigung der Probeentnahmezeit . Einbeziehung sonstiger Spezialmessungen (z.B. Schwingungsüberwachung von Maschinen, Tankstandsmeter usw.) in die PDV

Zuverlässigkeit	. MTBF für einzelne Regelkreise $>$ 10000 h . Keine signifikante Erhöhung des Risikos eines Produktionsausfalles durch evtl. zentralisierte Funktionen des Prozeßleitsystems . Aufrechterhaltung der Funktion der Automatisierungsanlage bei Ausfall der Hilfsenergieeinspeisung für $>$ 30 min . Möglichkeit zur Beobachtung und Beeinflussung einiger kritischer Prozeßgrößen unter "beliebigen" Bedingungen
Explosionsschutz	. Explosionsgefährdung in vielen Anlagenbereichen . Einsatz von Zenerbarrieren zur Gewährleistung der geforderten Schutzart "Eigensicherheit" ist zulässig
Schnittstellen zu anderen Systemen	. Standardschnittstellen (V24, TTY) zur Kopplung mit dem betrieblichen Rechnernetz und zum Anschluß zusätzlicher Terminals
Veränder-, Erweiter-, Ablösbarkeit	. Künftige Änderungen und Erweiterungen ohne Änderung der Meßwarte . Ablösbarkeit der Prozeßleittechnik durch Nachfolgesystem (anderer Herkunft)
Instandhaltung	. Möglichst umfassende on-line Eigendiagnostik . Möglichkeit zu Service- und Reparaturarbeiten an Einzelgeräten ohne Beeinflussung des Gesamtsystems . Leichte Austauschbarkeit von Baugruppen . Komplette Ausstattung mit Ersatzbaugruppen . Absicherung des problemlosen Bezuges von Ersatzbaugruppen bzw. deren Eigenreparatur über einen Zeitraum von 10 bis 15 Jahren

Ein so skizziertes Automatisierungskonzept ist natürlich nur ein grobes Gerüst, das jedoch - ergänzt durch weitere Angaben zum Prozeß, über kommerzielle Bedingungen und über das verfügbare gerätetechnische Angebot - die Grundlage für die Ableitung der **funktionellen, gerätetechnischen** und **topologischen Strukturen** bildet.
Aus Platzgründen wird die gerätetechnische Struktur für einen der Anlagenkomplexe ohne weitere Erläuterung im Bild 1 dargestellt.
Als allgemeine, abhebbare Schlußfolgerung sei festgestellt, daß die Umsetzung des Hierarchiegedanken durch Aufteilung in weitgehend autonome Teilsysteme, Informationsverarbeitung jeweils auf möglichst niedriger Ebene, abnehmende Reaktionszeit- und Zuverlässigkeitsanforderungen

sowie zunehmende Informationsverdichtung und -verarbeitungskomplexität mit steigender Ebene bei jeder Strukturentscheidung verfolgt werden sollte. Muß davon abgewichen werden, so sind sorgfältigste Kapazitäts- und Zuverlässigkeitsanalysen angebracht (z.B. kann die zentrale Erfassung von Binärsignalfolgen mit hoher zeitlicher Auflösung sehr leicht das Bussystem überfordern).

Die Festlegung der **topologischen Struktur** ergab im betrachteten Einsatzfall aus einem Variantenvergleich folgendes: Die Freiheitsgrade für eine topologische Optimierung werden durch die (meist niedrige) Priorität des Gewerkes Automatisierung bei der Gesamtanlagengestaltung und die z.Z. doch noch erheblichen Umweltanforderungen der digitalen Technik oft entscheidend eingeengt. Wegen der geforderten (und 1978 auch gerätetechnisch einzig möglichen) gemischt digitalen und konventionellen Automatisierungsanlage (siehe auch Bild 2), konnten kaum Kabeltrasseneinsparungen erzielt werden, es waren hauptsächlich pragmatische Gründe (Platznot in der Meßwarte wegen ursprünglicher Unterschätzung des MSR-Stellenumfanges), die zur Errichtung von acht "Basisstationen" im Anlagenfeld für Mehrkanalregler und Datenerfassungseinheiten führten.

Bei der Umsetzung der o.g. Grundstrukturen sind weitere Detailstrukturunterscheidungen zu treffen.
So stand z.B. die Frage nach der Anzahl der **Anlagenfahrerarbeitsplätze** unerwartet früh (im Zusammenhang mit dem "Einmannarbeitsplatz"-Charakter in den Bildschirmmeßwarten). Für eine fundierte quantitative Festlegung ist noch keine brauchbare Methodik vorhanden; die im Beispielvorhaben auf Basis von Analogie- und worst case-Betrachtungen gefällte Entscheidung für 100 bis 150 Regelkreise pro Anlagenfahrer (das zwei- bis dreifache konventioneller Systeme) erwies sich trotz des komplexen Anlagencharakters als akzeptabel und als Ansatzpunkt für weitere Optimierungsüberlegungen. Ein anderer Schwerpunkt war die **Zuverlässigkeitsprojektierung** mit Detailanalyse und Kategorisierung der Anforderungen und Auswahl von Redundanzvarianten auf Basis von Herstellerdaten mit folgendem Ergebnis:
Mehrkanalregler - gleitende dynamische blinde (1:8) Redundanz
Bussystem - zentrale dynamische blinde (1:1) Redundanz
Bedienstation - zentrale dynamische funktionsbeteiligte Redundanz
Das Ergebnis der Gestaltung der Anlagenfahrerarbeitsplätze ist aus Bild 2 ersichtlich.

3. ERFAHRUNGEN AUS DEM PROBE- UND ROUTINEBETRIEB

Über dreijährigen Anlagenbetrieb und die zwischenzeitlich vom selben Betreiber durchgeführte Gestaltung weiterer digitaler PAS lassen einige Schlußfolgerungen über das dargestellte Automatisierungskonzept und seine Umsetzung zu.

1. Die erreichten Zuverlässigkeitswerte für die einzelnen Automatisierungsfunktionen, charakterisiert durch Verfügbarkeiten zwischen 100 % (für die Kategorien "Regeln oder Stellen kritischer Prozeßgrößen" und "Funktionsfähigkeit des Bussystems") und 98.2 % (z.B. für die Kategorie "Durchgängige Langzeitdatenspeicherung"), lagen über bzw. entsprachen den Erwartungen (s. auch Tab. 1). Damit erwiesen sich einige dem Konservatismus von Kooperationspartnern geschuldete Aufwendungen als überflüssig (z.B. die meisten der Leitgeräte und viele der noch verbliebenen Registriergeräte). Die Seltenheit und Vielgestaltigkeit der Ausfälle unterstreicht die Bedeutung der guten Ausbildung und der ständigen Weiterbildung des Wartenpersonals.
2. Die neuen funktionellen Möglichkeiten und die "Soft"-Erweiterbarkeit der digitalen PAS bewirkten in allen Phasen der Projektabwicklung (von Projektierung bis Probebetrieb) eine ständige Erweiterung der Automatisierungskonzeption in Breite und Tiefe (ohne das Gebiet moderner regelungstheoretischer Ergebnisse zu erreichen); die vom Auftragnehmer akzeptierten 10%igen Reserven an Ein- und Ausgängen erwiesen sich eindeutig als zu klein.
3. Es gab keine Probleme mit der Akzeptanz durch das Anlagenpersonal, trotz der mehr als verdoppelten Verantwortungsbereiche.

Die hier dargestellten Ergebnisse und Erkenntnisse widerspiegeln durchaus das derzeitige Niveau der Gestaltung und Anwendung dezentraler Automatisierungssysteme. Die Tendenz des Vordringens der digitalen (Rechen-)Technik entwickelt sich sowohl in Richtung der Meß- und Stelltechnik als auch der Integration der gesamten betrieblichen Prozeßdatenverarbeitung.

4. LITERATUR

/1/ Lynn S.: Guideline for specifying and procuring distributed control systems. In Tech 27 (1980) 9, S. 87 - 91

/2/ Dobrowolski M.: Guide to selecting distributed control systems. In Tech 28 (1981) H. 6, S. 45 - 52

/3/ Reinig G.: Application of a distributed microcomputer based control system in a new petrochemical plant. Preprints of the 8th IFAC World Congress, Kyoto Japan, 1981, Vol. 22, S. 48 - 54

/4/ Töpfer H., Kriesel W.: Zum Generationswechsel bei Automatisierungssystemen. rtp 24 (1982) H. 10, S. 336 - 341

/5/ Färber G.: Fehlertolerante Rechnersysteme für die Prozeßautomatisierung. rtp 24 (1982) H. 5, S. 160 - 168

/6/ Weidlich S., Prutz G.: Auswahlkriterien für den Einsatz digitaler dezentraler Automatisierungssysteme. rtp 24 (1982) H. 5, S. 146 - 153

/7/ Früchtenicht H.W. , Koolmann M.: Sind AS allein nach den Prozeßanforderungen strukturierbar? VDI-Berichte nr. 451, 1982, S. 55 - 58

/8/ Steusloff H.: Rechnergestützter Entwurf von Automatisierungssystemen. Fachberichte MSR 10, Interkama-Kongreß 1983, S. 531- 550

/9/ Töpfer H., Kriesel W.: Einsatz intelligenter Meß- und Stelleinrichtungen in der Automatisierungstechnik. Ebenda, S. 420 - 428

Tabelle 1: Angaben zum beobachteten Zuverlässigkeitsverhalten (Beobachtungszeitraum 15300 h, mittlere Ausfalldauer MTTR = 1 h)

	Geräte zahl	MTBF aus Lit.-Angaben zum System [h]	MTBF-Schätzwerte bei 10 % Irrtumswahrscheinlichkeit [h]
Mehrkanalregler	141	8460	53260
Datenerfassungs-einheit	18		11136
Bedienstation	20	2400	21558
Bussteuereinheit	6	18400	keine Ausfälle
Überwachungsein-heiten/Umschalt-matrizen	17		keine Ausfälle
Mehrkanalregler mit 1:8 Redundanz	17		keine Ausfälle
Regelkreise mit MKR + MKR-R und LG	117		LG-Back up wurde nicht benötigt, da alle MKR-Ausfälle durch MKR-R abgefangen wurden
Bussystem mit 1:1 Redundanz	6		keine Ausfälle, nur seltene unkritische Störungen bei Gewittern und E-Schweißarbeiten
Bedienpulte mit funktionsbeteiligter Redundanz	7		keine kritischen Funktionseinschränkungen trotz 16 Fehler an einzelnen Bedienstationen

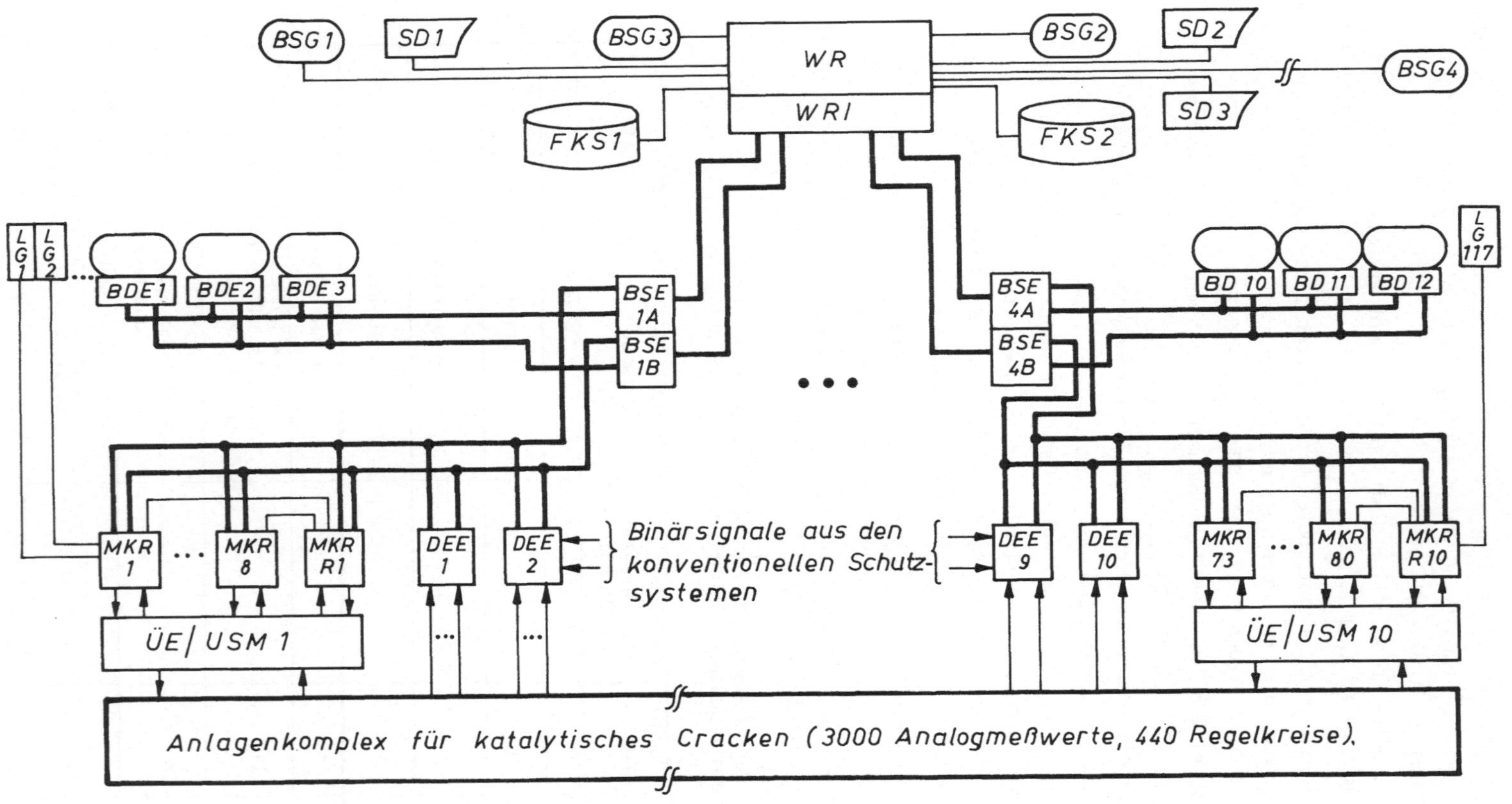

Bild 1 Gerätestruktur des digitalen Teils der Automatisierungsanlage für einen Anlagenkomplex

MKR – Mehrkanalregler, MKR-R – Reserveregler, ÜE/USM – Überwachungseinheit/ Umschaltmatrix,
DEE – Datenerfassungseinheit, BD – Bedieneinheit, BSE – Bussteuereinheit, LG – Leitgerät,
BSG – Bildschirmgerät, WR – Wartenrechner, WRI – Wartenrechnerinterface, SD – Serieller Drucker
FKS – Festkopfplattenspeicher

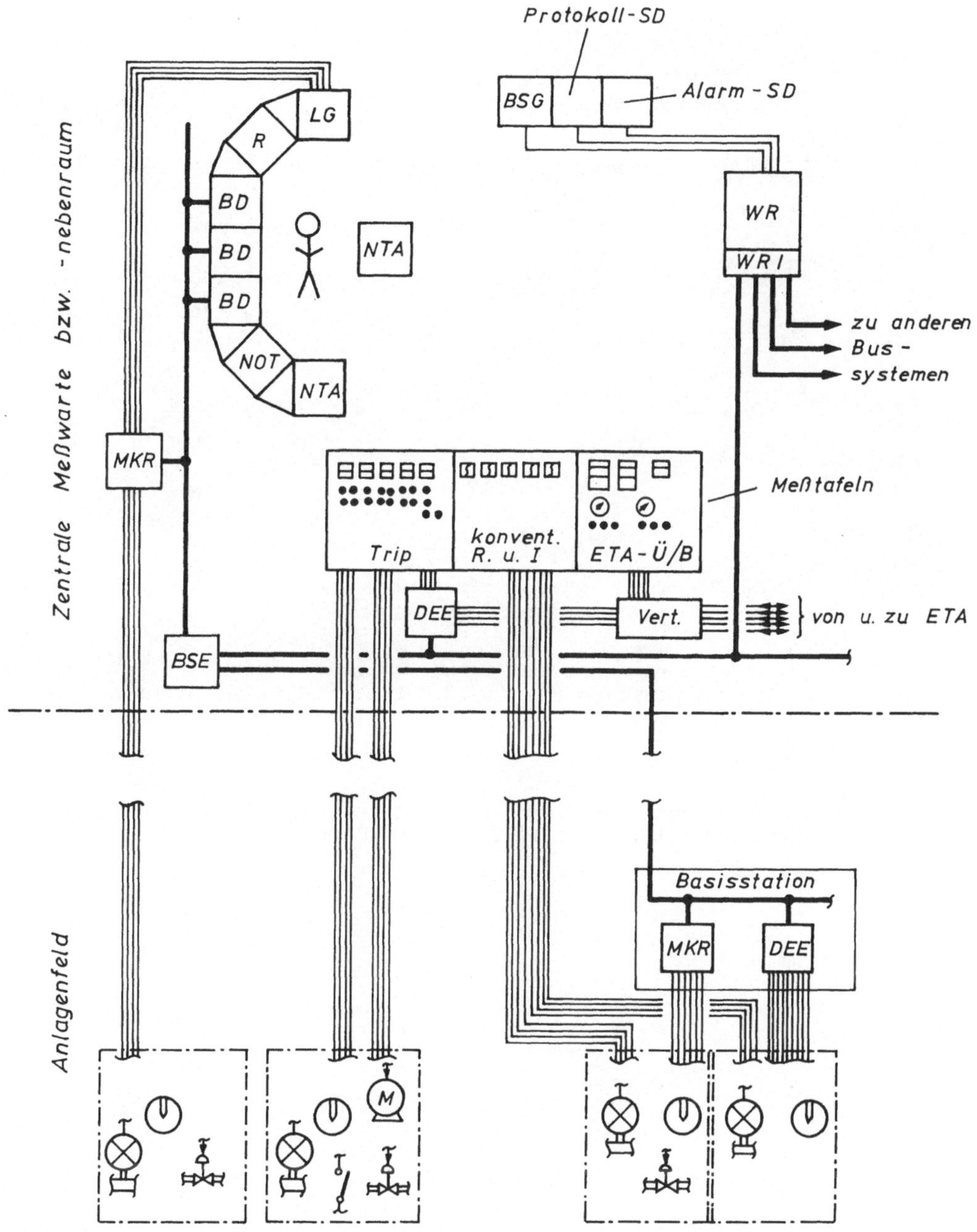

Bild 2: Zur Gestaltung der Anlagenfahrerarbeitsplätze

R - Registriergerät, I - Anzeigegerät, Trip - Bedien- u. Anzeigeelemente der Schutzschaltungen, ETA - Elektrotechnische Ausrüstungen, NTA - Nachrichtentechnische Ausrüstungen, Ü/B - Überwachungs- u. Bedienelemente, NOT - Not - Austaster, ▬▬▬ Serieller Bus, ——— Einzelverkabelung
Sonstige Abkürzungen wie im Bild 1

Bild 3 Meßwarte des Cracking-Komplexes (drei der vier Anlagenfahrerarbeitsplätze während des Probebetriebes)

EINSATZ VON MULTI-MIKROCOMPUTERSYSTEMEN ZUR MASCHINENSTEUERUNG

Dr. Dipl.-Ing. H. Schweinzer

VOEST-ALPINE, Linz
Finalbereich, TLM 4
AUSTRIA

ZUSAMMENFASSUNG

Ausgehend von der Problematik des Steuerungsbaues für Kleinserien relativ komplexer Maschinen wird in diesem Beitrag der Einsatz eines Multi-Mikrocomputersystems begründet. Im weiteren wird das VOEST-ALPINE-Konzept dargestellt, das in allen Stufen - selbstentwickelte Hardware, System- und Anwendersoftware, Installation etc. - durch hohe Modularität und Flexibilität gekennzeichnet ist. Abschließend behandelte, kurze Beispiele zeigen die konkreten Anwendungungsbereiche.

1. EINFÜHRUNG

Im Bereich des Steuerungsbaus für Werkzeugmaschinen besteht seit Jahren ein Trend zur fortschreitenden Automatisierung. Speicherprogrammierte Steuerungen werden immer mehr von Mikrocomputer-Steuerungen abgelöst, die zwar den meisten Wünschen gerecht werden, jedoch eine aufwendige Programmierung erforderlich machen. Während für Serienmaschinen zugehörige Mikrocomputer-Steuerungen relativ leicht kostengünstig realisiert werden können, entstehen dann rasch steigende Kosten, wenn die jeweiligen Maschinen in Kleinserien oder sogar als Einzelanlagen gefertigt werden. Der Hauptanteil der Kosten liegt dabei bei der Programmerstellung, der Inbetriebnahme und Wartung der Maschine, sowie bei der Dokumentation. Die Hardware von Mikrocomputersystemen mit modularem Aufbau ist demgegenüber leicht dem Umfang der Aufgabe anpaßbar und kostengünstig zu halten.

Als Ausweg aus dieser Problematik wurde der Weg beschritten, einen möglichst hohen Grad an Modularität und Flexibilität anzustreben. Alle Ebenen des Steuerungsbaues sind davon betroffen:

- die Hardware des Steuerungssystems
- Systemsoftware
- Anwendersoftware
- Kommunikation zu anderen Steuerungen
- mechanische und elektrische Installation

Wesentlich ist auch eine an der modularen Struktur orientierte Dokumentation, die damit trotz hoher Flexibilität im vernünftigen Rahmen bleibt.

Der entscheidendste Punkt der modularen Realisierung wird durch den Begriff "Funktionsmodularität" charakterisiert.

"Funktionsmodularität" soll bedeuten, daß unabhängige Teilfunktionen der Maschine möglichst auch auf getrennten, aber eng gekoppelten Computermoduln realisiert werden sollen. Gegenüber herkömmlichen Multitasking-Systemen ergeben sich die Vorteile vereinfachter, "entkoppelter" Software, eine Verbesserung des Echtzeitverhaltens, leichtere Testbarkeit und unabhängigere Inbetriebnahme der Teilfunktionen der Maschine.

Diese Vorgangsweise führt zu einem "Baukastensystem", bei dem Teilfunktionselementen der Maschine Steuerungsbausteine entsprechen. Typische Beispiele dafür sind z.B. das Verfahren mehrerer Achsen, die Logiksteuerung der Maschine und die Maschinenprogrammierung am Bedienpult. Diesem Trend entgegen stehen allerdings die stark steigenden Hardwarekosten, die oftmals einen Kompromiß erzwingen.

Die Anwendung eines Multi-Mikrocomputersystems wird auch dann besonders günstig und wirkungsvoll, wenn "verkettete Systeme" aufgebaut werden sollen. Dabei werden Einzelmaschinen z.B. zur spanabhebenden Bearbeitung zu einer Anlage zusammengeschlossen, wobei Transport- oder Handhabungseinrichtungen das "Weitergeben" des Werkstückes durchführen. Die in solchen Fällen oft mögliche, lose Kopplung der Steuerungen der Einzelmaschinen versagt in dem Moment, wo ein hoher Grad an Kommunikation erforderlich ist, wie z.B. beim Kollissionsschutz zusammenarbeitender Industrieroboter.

Für Hard- und Software des Multi-Mikrocomputersystems ergeben sich aus diesen Anwendungsaspekten eine Reihe grundsätzlicher Voraussetzungen. Um getrennte Testbarkeit zu gewährleisten müssen die Computermoduln autonom lauffähig sein. Ihre Kommunikation über eine enge Buskopplung soll schnell und flexibel gestaltet sein; hardwaremäßiges Blockieren des Busses (z.B. "Bus Lock"), sowie die Realisierung zentraler Beeinflussungen der Moduln (z.B. Reset, Power Fail) durch spezielle Leitungen sollen weitgehend vermieden werden.

Jeder Computermodul benötigt maschinenorientierte Peripherie, die seinen Teilfunktionen zugeordnet ist. Durch die relativ platzaufwendigen Peripheriebaugruppen (z.B. Ausgänge mit höherem Strom zur Schützen- und Ventilansteuerung, autonome Peripheriekarten) ist es notwendig, jeden Computermodul mit einem Peripheriebus zu den einzelnen Peripheriekarten auszuführen.

Wesentlich für den Betrieb des Multi-Mikrocomputersystems ist eine leistungsfähige Systemsoftware, die Test- und Initialisierungsaufgaben übernimmt und insbesonders für die Modulkommunikation dem Programmierer einer Maschinensteuerung leistungsfähige Unterstützung bietet. Darüberhinaus sind für die Phase der Inbetriebnahme sowie bei eventuellen Wartungen möglichst integrierte Testeinrichtungen notwendig, da diese Tests immer am Aufstellungsort der Maschine d.h. typisch auch beim Kunden erfolgen müssen.

2. DAS VOEST-ALPINE-KONZEPT FÜR MASCHINENSTEUERUNGEN

Von VOEST-ALPINE, Linz wurde für die beschriebenen Anwendungen das Multi-Mikrocomputersystem VAMPIX (VOEST ALPINE MICROPROCESSOR INDUSTRIAL CONTROL SYSTEM) entwickelt. Obwohl auf die Erfordernisse von Maschinensteuerungen und Prozeßautomation ausgerichtet, bietet VAMPIX universelle Einsatzmöglichkeit und kann modular dem Komplexitätsgrad der Problemstellung angepaßt werden. Wie bereits erwähnt, ist die Systemstruktur zweistufig ausgelegt: ein schneller Parallelbus verbindet die Computermoduln in enger Kopplung; die Ein/Ausgabe-Moduln jedes Computermoduls werden jeweils über einen eigenen Peripheriebus angeschlossen. Im mechanischen Aufbau müssen die Computermoduln innerhalb eines 19"-Einschubes Platz finden, während die Peripheriemoduln auch räumlich entfernter einbaubar sind. Für räumlich stärker dezentralisierten Einsatz sind serielle Verkoppelungen von Einzelsystemen vorgesehen.

Der zur Kommunikation der Computermoduln dienende "Zentralbus" soll nur kurz in seinen wesentlichsten Eigenschaften vorgestellt werden. Es handelt sich um einen Bus mit 16 bit-Daten/Adresswortbreite, an den bis zu 16 Moduln angeschlossen werden können. Anstelle spezieller Steuersignale sind "Control Codes" vorgesehen, die die jeweiligen Funktionen (z.B. Daten Schreiben/Lesen) darstellen. Damit ist eine spätere Einführung spezieller Transfertypen jederzeit möglich. Zwei versetzte Taktsignale, die von einem zentralen, frei laufenden Taktgenerator stammen, bestimmen die Zeitpunkte des Anlegens von Informationen, der Übernahme etc. Die Arbitration ist dezentral realisiert ("binäre Arbitration") und läuft jeweils überlappend mit dem letzten Datentransfer ab. Neben der Auswahl des jeweils angesprochenen Moduls ("Responder") wird auch eine Identifizierung des den Transfer initiierenden Moduls ("Commander") über den Bus übertragen. Damit kann der Responder in für den Commander spezifischer Weise auf den Transfer reagieren (z.B. für jeden Commander eigenes Speichermapping).

Besonders leistungsfähig sind die jeden Transfer begleitenden Reply-Signale. Sowohl für den sendenden, als auch für den empfangenden Modul sind je ein Paar von Reply-Signalen vorgesehen ("Ready" und "Not Ready"), womit sich sowohl die Möglichkeit ergibt, bei jedem Transfer sofort zwischen "Not Ready" und Nichtvorhandensein des Responders zu unterscheiden, als auch die Möglichkeit, Transfers zu realisieren, an denen mehr als zwei Moduln beteiligt sind (ein Sender - mehrere Empfänger, mehrere Sender gleichzeitig). Der Bus ist in Open-Collector-Technik ausgeführt.

Alle VAMPIX-Platinen sind Doppeleuropakarten erweiterter Tiefe (220 mm). Die Computermoduln sind für sich autonom lauffähig. Bestandteil ihres Zentralbusinterfaces ist ein "Dual-Port-Memory" als lokaler Kommunikationsspeicher, das den Responderteil des Moduls darstellt. Jeder Computermodul weist ferner ein Interface für den Peripheriebus auf. Speichererweiterungen, sowie Erweiterungen um spezielle Funktionen (z.B. Arithmetikprozessor) werden durch Huckepacks realisiert. Ein "Systemcontroller"-Modul liefert zentrale Power Fail/Power Down/Power Up - Informationen und beinhaltet darüberhinaus ein gepuffertes CMOS-RAM und eine CMOS-Uhr.

Der Peripheriebus ("IO-Extension-Bus") ist bewußt einfach ausgelegt, um das auf den Peripheriekarten notwendige Interface gering zu halten. Der Bus ist für 5 m Länge konzipiert. Er hat 8 bit Adreß/Datenwortbreite und die üblichen, begleitenden Strobesignale. Ferner sind 4 Interruptleitungen und 1 DMA-Request vorhanden. Der IO-Extension-Bus kommt mit 19 Signalleitungen aus.

Stärker auf die Anwendungen im Bereich der Maschinensteuerungen ausgerichtet sind die Peripheriemoduln. Ein Modul zum Verfahren einer Achse beinhaltet einen eigenen Mikroprozessor, der eine Lageregelung der Achse, sowie Anfahr- und Bremsprofile selbständig durchführt. Zur Ansteuerung von Schützen und Ventilen gibt es eine spezielle Ausgangskarte (16 Ausgänge 24V/2A). Darüberhinaus sind eine Vielzahl von Eingangs- und Ausgangskarten vorhanden, die in üblicher Weise analoge und digitale Ein/Ausgänge, serielle Verbindungen, Drucker und Massenspeicheranschluß umfassen. Als Massenspeicher gelangen dabei verschiedene Kassettentypen, Winchesterdisks, sowie 3 1/2"-Minidisketten zum Einsatz.

Die zum Betrieb des Systems notwendige, sehr umfangreiche Software umfaßt mehrere Stufen: jeder Computermodul verfügt auf niederster Stufe über einen Testmonitor. Damit sind sowohl bei der Initialisierung Hardwaretests möglich, als auch eine Testkommunikation mit einem Testsystem oder mit einem Terminal an dem jeweiligen Computermodul. Darüberhinaus ist in den meisten Computermoduln ein lokales Multitasking-Betriebssystem vorhanden, wodurch es möglich wird, die jeweiligen Teilfunktionen der Maschine weitgehend in Funktionselemente zu zerlegen. Vor allem bei den oft notwendigen Zeitoptimierungen der Funktionsabläufe bewährt sich diese Vorgangsweise.

Im Gesamtsystem ist ein Multi-Modul-Multi-Tasking-Betriebssystem (VROS) aktiv, das dem Anwender sowohl für die Kommunikation mit anderen Moduln, als auch für die mit dem lokalen Multitasking-Betriebssystem einheitliche Schnittstellen zur Verfügung stellt. Damit ist für den Aufbau von Datenverbindungen eine Einheitlichkeit und Transparenz im Gesamtsystem erreicht, die dem Anwender die Beherrschung des Multi-Mikrocomputersystems mit seinen komplexen Hardwareeinrichtungen einfach macht. Trotzdem ist es nach erfolgtem Verbindungsaufbau möglich, Datentransfers schnell und ohne wesentlichen Ballast direkt durchzuführen.

Für immer wiederkehrende Teilaufgaben sind Standardanwenderprogramme vorhanden. Diese sind in Bibliotheken zusammengefaßt, müssen aber häufig für die konkrete Anwendung noch angepaßt werden.

Für die Inbetriebnahme und Wartung einer Maschine ist das Einbringen eines zusätzlichen Computermoduls als Testsystem vorgesehen. Durch die Multi-Betriebssystem-Umgebung und die lokalen Testmonitoren ist es sowohl möglich, vom Testsystem aus jeden einzelnen Computermodul zu testen, als auch auf Betriebssystemniveau Teilfunktionen der Maschine zu beeinflussen. Ferner bietet das lokale Betriebssystem des Testrechners auch eine Entwicklungsumgebung, sodaß geringfügige Programmänderungen sofort an Ort und Stelle durchgeführt werden können.

Worauf an dieser Stelle nicht eingegangen wird, sind Methoden der Unterstützung des Steuerungskonstrukteurs in der Software-Entwurfsphase, sowie Methoden vereinheitlichter Software-Dokumentation. Diese ist unerläßlich für die Inbetriebnahme und Wartung, da ja in diesem Fall die Software von anderen Personen eingebunden, beeinflußt und gegebenenfalls korrigiert werden soll.

3. BEISPIELE TYPISCHER VAMPIX-ANWENDUNGEN

Das System VAMPIX findet derzeit bereits breiten Einsatz in verschiedensten Bereichen der VOEST-ALPINE, Finalindustrie. Neben einfachen Maschinensteuerungen (z.B. Pressen) erfolgt der Einsatz in allen Bereichen der Blechbearbeitung (z.B. Stanzen, Biegen), bei Drehmaschinen, Robotern und verketteten Systemen.

Zwei Beispiele sollen typische, einfachere VAMPIX-Anwendungen illustrieren. Bild 1 zeigt Prinzipaufbau und Struktur der Steuerung des Kantautomaten transBEND. Diese Maschine dient zum allseitigen Kanten von Blechen bei programmierbaren Kantwinkeln von 5 bis 130^{0}. Bild 2 zeigt einen Portalroboter, der auch mit höherer Tragkraft ausführbar ist und für Punktschweiß- und Handlingaufgaben, sowie für Maschinenbeschickung und -verkettung eingesetzt wird.

Beide Maschinentypen weisen eine ähnliche, funktionsmodulare Struktur ihrer Steuerungen auf: Die Achscontroller-Moduln (ACU) werden von einem Computermodul gemeinsam bedient, was solange möglich ist, als es der Takt der Positionsvorgabe und die notwendige Arithmetik geschwindigkeitsmäßig erlauben. Ein weiterer Computermodul bewerkstelligt einen Großteil der Logiksteuerung der Maschine (Eingangskarte E24, Ausgangskarten A24.05 und A16.2). Das Bedienpult mit Bildschirm, Tastatur, Kassette oder Minifloppy als Arbeitsprogrammspeicher, wird von einem weiteren Computermodul bedient, wodurch eine Hintergrundprogrammierung am Bedienpult bei laufender Maschine problemlos möglich ist. Der Bedienpult-Computermodul wird dabei über den Zentralbus oder über serielle Leitungen an die Steuerung gekoppelt, abhängig davon, in welcher räumlichen Distanz das Bedienpult aufgestellt werden muß. Ein weiterer Computermodul am Zentralbus gelangt schließlich dann zum Einsatz, wenn Datenkommunikation zwischen Steuerung, Bedienpult und einem übergeordneten Prozessrechner erforderlich ist.

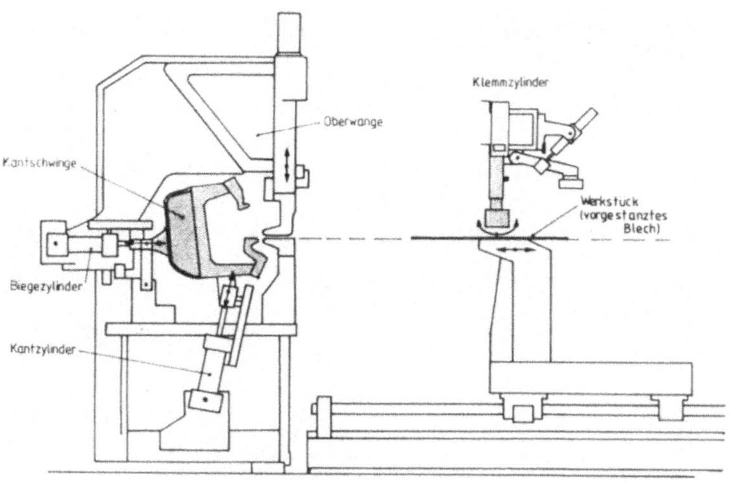

AUFBAU EINER SPEZIALBIEGEMASCHINE

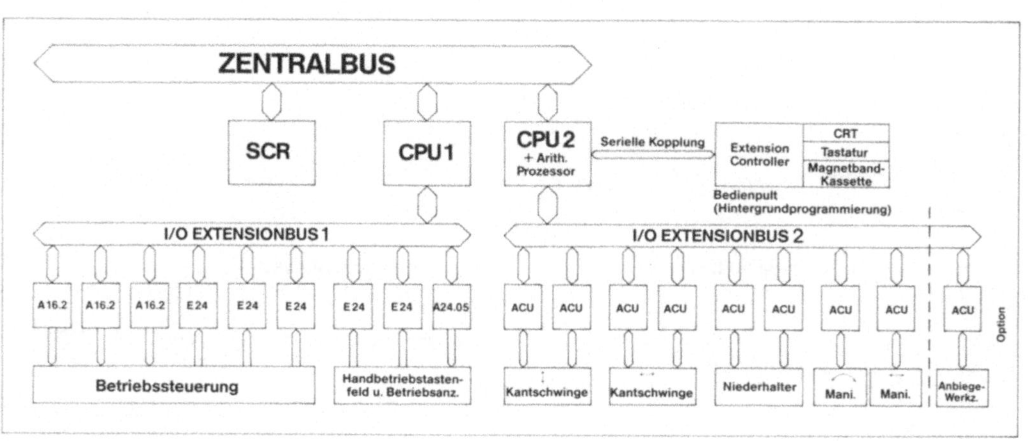

Bild 1

VOEST-ALPINE RS I

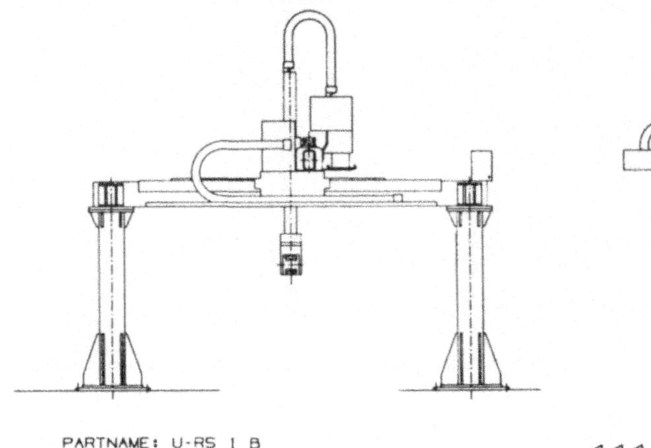

VOEST-ALPINE
INDUSTRIAL ROBOT DEPARTMENT

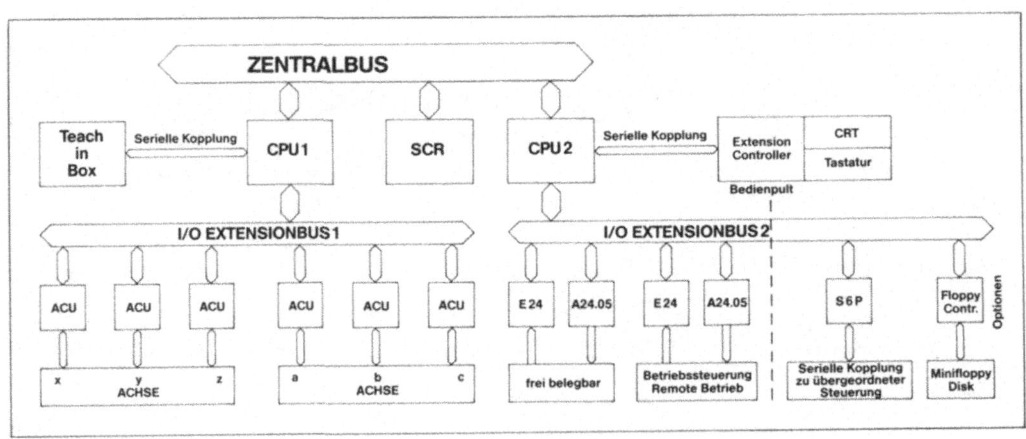

Bild 2

Kommunikation redundanter Einheiten in verteilten PDV-Systemen

H. Kopetz, F. Lohnert, W. Merker, G. Pauthner

Technische Universität Berlin

0. Zusammenfassung

Die Realisierung von Fehlertoleranz in verteilten PDV-Systemen erfordert bestimmte Eigenschaften der Systemarchitektur und angepasste Methoden zur Interprozesskommunikation. MARS (MAintainable Realtime System) ist ein verteiltes System für PDV-Anwendungen, das diese Anforderungen erfüllt. Die zur Verfügung gestellten Sprachkonstrukte unterstützen die Realisierung redundanter Verarbeitungseinheiten, die Implementierung replizierter Datenspeicher und den Einsatz redundanter Schnittstellen zum zu steuernden, technischen Prozess.

1. Einleitung

Der Aufwand, der nötig ist, um ein Realzeit-System in einem für den Benutzer relevanten Zustand zu erhalten übersteigt die eigentlichen Entwicklungskosten um ein Vielfaches. Eine Reduzierung dieses Aufwandes bedingt, dass die Wartbarkeit eines Systems bereits bei dessen Entwurf berücksichtigt wird. Ziel des MARS-Projektes ist es, neue Strukturen von Hard- und Software zu entwickeln, die die Wartungsaktivitäten unterstützen.

Die Wartung (d.i. Reparatur oder funktionelle Erweiterung) eines Systems während des Betriebs erfordert Eigenschaften von Teilsystemen, die den Anforderungen an Teilsysteme fehlertolerierender verteilter Rechnersysteme entsprechen. Die Echtzeit-Bedingungen, unter denen PDV -Systeme betrieben werden, und der dynamische Aspekt der Wartung erfordern Systeme, die die Resourcen-Redundanz unterstützen. Wesentliche Probleme hierbei sind

- die Kommunikation zwischen redundanten Einheiten, wenn deren Anzahl nicht konstant ist,
- die Realisierung redundanter Ausgabe-Einheiten, wenn nur eine einzige Ausgabe erzeugt werden soll und
- der Wiederanlauf von redundanten Datenspeicher-Einheiten.

Im folgenden wird nach der Beschreibung der MARS-Architektur und der für die Programmierung eines MARS-Systems vorgesehenen Sprachkonstrukte die Lösung dieser Probleme unter Verwendung der entwickelten Konzepte gezeigt.

2. Die Architektur von MARS

MARS-Komponenten: Ein MARS-System besteht aus MARS-Komponenten, die über ein lokales Kommunikationsmedium miteinander verbunden sind. Eine MARS-Komponente ist eine Hardware/Software-Einheit, die eine möglichst abgeschlossene Funktion ausführt /Kope 82a/. Sie besteht aus der MARS -Maschine (Rechnerhardware und Betriebssystem) und dem MARS-Modul. Alle MARS-Komponenten verfügen über eine systemglobale Zeit /Lamp 78/.

Moduln und Tasks: Der MARS-Modul umfasst die gesamte Applikationssoftware, die zur Realisierung der beabsichtigten Funktion einer Komponente nötig ist. Implementiert wird ein MARS-Modul durch eine Menge von MARS-Tasks, die während der gesamten Lebenszeit des Moduls existieren.

MARS-Nachrichten: Die Kommunikation zwischen den Moduln und zwischen den Tasks eines Moduls erfolgt durch den Austausch von "externen" bzw. "internen" MARS-Nachrichten. Jede MARS-Nachricht verfügt innerhalb eines MARS-Systems über einen eindeutigen Namen. Dieser Name definiert die Struktur der MARS-Nachricht und weist auf ihren semantischen Inhalt hin. Im Gegensatz zu anderen Vorschlägen zur Interprozesskommunikation /Hoar 78/ /Feld 79/ /Kram 81/ übernehmen Moduln Nachrichten bestimmter Namen und nicht Nachrichten bestimmter Sender. Dadurch wird die dynamische Erweiterbarkeit des Systems ohne Änderung der Moduln ermöglicht.

Ereignis- und Zustands-Nachrichten: Eine klare Unterscheidung zwischen Ereignis- und Zustandsinformation ist für Realzeitsysteme sinnvoll. Ereignisinformationen berichten über ein zu einem bestimmten Zeitpunkt stattgefundenes Ereignis. Zustandsinformationen zeigen einen Zustand an, der während eines Zeitintervalls gültig ist. Zwischen Zustands- und Ereignisinformation besteht ein enger Zusammenhang - die Änderung eines Zustandes ist ein Ereignis.

In MARS wird deshalb zwischen Ereignis- und Zustands-Nachrichten unterschieden. Diese Unterscheidung wird beim Empfänger der Nachricht getroffen. Ereignis-Nachrichten werden "klassisch" behandelt, d.h. sie werden beim Empfänger gespeichert und beim Lesen konsumiert. Für Zustands-Nachrichten gilt: Sie werden zerstörungsfrei gelesen, (d.h. auf sie kann mehrfach zugegriffen werden) und eine aktuellere Zustands -Nachricht überschreibt eine bereits vorhandene Nachricht.

Gültigkeitszeit: Für die Steuerung von technischen Anlagen durch Echtzeit-Systeme ist die Relevanz von Informationen vom Zeitpunkt abhängig, zu dem sie zur Verfügung stehen. Bezogen auf den Nachrichten-Austausch bedeutet dies, dass eine verspätet empfangene Nachricht, die für die Steuerung einer Anlage nicht mehr benötigt wird, ohne weiteres vernichtet werden kann.

Jede MARS-Nachricht kann deshalb mit einer begrenzten Gültigkeitszeit versehen werden. Sie wird beim Senden der Nachricht definiert. Ist die Nachricht zum Zeitpunkt des Ablaufs der Gültigkeitszeit noch nicht konsumiert, so wird sie von der MARS-Maschine vernichtet.

3. Programmierung

Das MARS-Projekt umfasst neben der Entwicklung einer wartungsunterstützenden Architektur die Definition von Sprachkonstrukten sowohl zur Deklaration von Moduln, Tasks und Nachrichten wie auch zur Bewerkstelligung des Nachrichtenaustausches. Als Kernsprache dient PASCAL.

3.1 Deklaration von Moduln und Tasks

Ein Modul hat folgenden Aufbau:

```
MODULE modulename MEMBER OF modulegroup, ... ;
      : /*external message declaration*/
    TASK taskname_1 MEMBER OF taskgroup_x, ... ;
         : /*task message declaration*/
         : /*local data declaration*/
         : /*task body*/
    END taskname_1
       :
       :
    TASK taskname_n MEMBER OF taskgroup_y, ... ;
         : /*task message declaration*/
         : /*local data declaration*/
         : /*task body*/
    END taskname_n
  END modulename.
```

Jeder Modul kann Mitglied beliebiger Modulgruppen, jede Task Mitglied beliebiger Taskgruppen sein. Durch entsprechende Namenswahl kann eine Nachricht sowohl an eine (interne) Taskgruppe wie auch an eine (externe) Modulgruppe adressiert werden.

3.2 Deklaration von Nachrichten

Eine MARS-Nachricht enthält einen Nachrichtennamen, den Sendernamen, den Empfängernamen, den Sendezeitpunkt, die Gültigkeitszeit und evt. einen "user defined record".

Der "user defined record" ist eine vom Anwender definierte Datenstruktur. Er ist optional (eine "leere" Nachricht ist für eine reine Signalfunktion sinnvoll). Die anderen Nachrichtenteile sind vorgegeben und werden von der MARS-Software aufgebaut.

Im MARS-Modul werden die zu sendenden bzw. von anderen Moduln zu empfangenden Nachrichten deklariert (external message declaration). Hierbei wird für jede Nachricht ein Name, eine Kommunikationsrichtung und der "user defined record" festgelegt.

```
MODULE modulename ... ;
    IMPORT msg1 = RECORD ... END;
           msg2 ... ;
    EXPORT msg3 = RECORD ... END;
           msg4 ... ;
    TASK ...
      : /*task deklarations*/
  END modulename.
```

Auf Taskebene werden die zu sendenden bzw. zu empfangenden Nachrichten für diese Task festgelegt (task message declaration). Bei der Deklaration von zu empfangenden Nachrichten ist zusätzlich anzugeben, ob eine Nachricht als Ereignis- oder Zustandsnachricht behandelt werden soll (Schlüsselworte EVENT und STATE).

Wird eine Nachricht als Ereignisnachricht deklariert, ist die Angabe eines Zeitintervalls erforderlich (Schlüsselwort INTERVAL). Nachrichten, die innerhalb dieses Zeitintervalls eintreffen, werden als redundant angenommen. Eine erste eintreffende Nachricht eröffnet dieses Intervall und wird gespeichert; weitere Nachrichten, die innerhalb dieses Zeitintervalls eintreffen, werden verworfen. Nach Ablauf des Intervalls eröffnet die nächste eintreffende Nachricht ein neues Intervall.

```
TASK   taskname  ...  ;
        STATE msg1 = RECORD ... END;
              msg2 ... ;
        EVENT msg3 = RECORD ... END INTERVAL delta_t;
              msg4 ... ;
        EXPORT msg5 = RECORD ... END;
               msg6 ... ;
        :  /*local data declaration*/
        :  /*task body*/
     END taskname;
```

3.3. MARS-Kommunikationstatements

Zur Kommunikation zwischen Moduln und zwischen Tasks (modullokal) stehen zwei Statements zur Verfügung. Die Entscheidung, ob Nachrichten zwischen Tasks oder zwischen Moduln ausgetauscht werden sollen, ist durch die Deklaration festgelegt.

3.3.1 Das Output-Statement

Um Komponenten, die autonome Funktionen wahrnehmen, zeitlich nicht an die Verarbeitungsgeschwindigkeit anderer Komponenten zu koppeln, verzögert das Senden einer Nachricht den Sender nicht. Das Output-Statement hat folgende Form:

```
OUTPUT messagename TO receivername VALID time;
```

Durch die Ausführung dieses Statements wird eine MARS-Nachricht generiert, deren Sendezeitpunkt definiert und die Nachricht dem Kommunikationssystem übergeben. "time" ist die Gültigkeitszeit der Nachricht.

3.3.2 Das Input-Statement

Mit dem Input-Statement können sowohl Ereignis- wie auch Zustandsnachrichten gelesen werden. Die allgemeine Form ist:

```
INPUT
      msg11 FILTER f11 MSGAND msg12 ... => S1
   MSGOR
      msg21 FILTER f21 MSGAND msg22 ... => S2
    :
   MSGOR
      msgn1 FILTER fn1 MSGAND msgn2 ... => Sn
   AFTER time => Sn+1
END;
```

Erklärungen:

- "msgij" ist eine deklarierte Nachricht, die empfangen werden soll.
- "fij" bezeichnet ein Prädikat auf Elemente der Nachricht "msgij" und/oder tasklokale Variablen. "msgij FILTER fij" besagt, dass die Nachricht "msgij" nur empfangen werden soll, wenn "fij" "true" ist.
- "msgij FILTER ij MSGAND msgik ..." legt fest, dass entweder alle der aufgelisteten Nachrichten oder keine von ihnen empfangen werden kann (Konjunktion des Nachrichtenempfangs).
- "msgij ... MSGOR msgkj ..." ermöglicht den alternativen Empfang von Nachrichten.
- Ist zum Zeitpunkt des Aufrufs des INPUT-Statements kein Empfang möglich, so wird die aufrufende Task verzögert, bis entweder eine Nachricht (oder eine entsprechend verknüpfte Menge von Nachrichten) empfangen werden kann oder die durch "time" spezifizierte Zeit abgelaufen ist.
- Im Falle des Empfangs von Nachrichten werden
  - Ereignisnachrichten den tasklokalen Variablen zugewiesen und aus dem Kommunikationssystem entfernt. Im Gegensatz dazu werden
  - Zustandsnachrichten nur den tasklokalen Variablen zugewiesen.
- Nach Ausführung des INPUT-Statements wird die Programmausführung mit dem der ausgewählten Alternative folgenden Statement "Si" fortgesetzt.

4. Fehlertoleranz

4.1. Konzept: Aktive Redundanz von Komponenten

Mit dem MARS-System lässt sich in einfacher Weise die Zuverlässigkeit für jede Systemfunktion projektieren. Als grundlegendes Konzept zur Erhöhung der Zuverlässigkeit kommt in MARS die aktive Redundanz von selbst-testenden Komponenten /Kope 82b/ zur Anwendung. Unter aktiver Komponenten-Redundanz sei verstanden: Es existieren n Komponenten, von denen jede die Spezifikation einer Systemfunktion erfüllt. Die Implementierung dieser Komponenten kann durchaus verschieden sein (diversitäre Hardware, diversitäre Software). Letzteres unterscheidet das MARS -System von existierenden fehlertoleranten Systemen wie z.B. SIFT /Wens 78/. Redundante Komponenten können auch nachträglich ohne Änderung des restlichen Systems hinzugefügt werden; dies ist auch während des Betriebs möglich.

Eine Komponente ist selbst-testend, wenn durch komponenten-interne Fehlererkennung ihr Ausfallverhalten sich darin manifestiert, dass sie keine Ausgabe, konkret keine MARS-Nachrichten, mehr produziert (Totalausfall). Typische Mechanismen zur internen Fehlererkennung sind

- Extensive Ausnutzung der Hardware-Schutzmechanismen (z.B Überwachung von Feldgrenzen, Stack/Heap-Overflow, etc.)
- Realisierung einer MARS-Komponente mit duplizierten Teilkomponenten und Vergleicher
- "Run Time Assertions" oder "acceptance test" zur Erkennung von Software-Fehlern.

Fehlertoleranz lässt sich damit für Hard- und Software realisieren.

Redundante Komponenten produzieren redundante Nachrichten. Die Redundanz von Komponenten soll dem Applikationsprogrammierer und damit dem Modul verborgen bleiben. Diese Forderung wird von MARS erfüllt durch:
- Gruppenadressierung
- Zustands-Nachrichten
- Ereignisnachrichten mit der Deklaration eines Zeitintervalls

Diese Mechanismen gewährleisten, dass, obwohl eine Komponente redundante Nachrichten empfängt, dem entsprechenden Modul diese Redundanz verborgen bleibt. Aktive redundante Komponenten maskieren demnach Ausfälle von bis zu n-1 Komponenten.

4.2. Anwendung der Komponenten-Redundanz

4.2.1. Klassifikation von Teilsystemen

Bei der Analyse von PDV-Systemen lassen sich folgende typische Teilfunktionen finden:

1) Schnittstellenfunktionen lassen sich untergliedern in Ein- und Ausgabefunktionen. Sie dienen zur Kommunikation mit dem technischen Prozess (oder dem Menschen). Ihre Aufgabe ist die Umsetzung von Anlagengrössen in eine rechnersystem-interne Darstellung (in MARS: Nachrichten) und umgekehrt.
2) Verarbeitungsfunktionen zur Berechnung von Ausgangsgrössen (z.B. Steuergrössen) in Abhängigkeit von Eingangsgrössen.
   Ein wichtiger Sonderfall ist der einer funktionellen Verarbeitungsfunktion, bei der die aktuelle Ausgangsgrösse nur von der aktuellen Eingangsgrösse (und nicht von der Vorgeschichte oder einem internen Zustand) abhängt.
   Nicht-funktionelle Verarbeitungsfunktionen lassen sich in funktionelle und in Datenspeicherungsfunktionen (zur Zustandsspeicherung) modularisieren. Ein funktioneller MARS-Modul wird aktiviert durch eine eintreffende Nachricht, nimmt eine Berechnung vor, produziert eine Ausgabe-Nachricht und wartet dann auf die nächste Nachricht.
3) Datenspeicherungsfunktionen zur Speicherung von Datenobjekten und zur Verwaltung des Zugriffs auf diese. Zugriffsoperationen werden nach aussen zur Verfügung gestellt. Der Zugriff auf einen Datenspeicherungs-Modul in MARS erfolgt durch Nachrichtenaustausch.

4.2.2. Fehlertoleranz für Eingabe-Schnittstellenfunktionen

Die Zuverlässigkeit für ein System zur Erfassung eines Ereignisses im technischen Prozess kann durch redundante Sensoren mit redundanten Schnittstellen-Komponenten beliebig erhöht werden.

```
TASK erfassung
   EXPORT ereignismeldung;

   REPEAT FOREVER
    warte_auf_Ereignis;
    OUTPUT ereignismeldung TO verarbeitung VALID ...
   END
END erfassung


TASK verarbeitung
   EVENT ereignismeldung INTERVAL jitter;
   .
   INPUT ereignismeldung END;
   .
 END verarbeitung
```

Die redundanten Nachrichten "ereignismeldung" kommen mit einer maximalen Zeitdifferenz "jitter" bei einer Verarbeitungskomponente an. Diese Zeitdifferenz umfasst

- unterschiedliche Zeiten der Erfassung durch die Sensoren,
- unterschiedliche Rechenzeiten in den Schnittstellenkomponenten und
- unterschiedliche Nachrichtenlaufzeiten.

Zur korrekten Funktion muss gewährleistet sein, dass gilt jitter << minimale Folgezeit zwischen Ereignissen.

Die redundante Erfassung von (absoluten) Messwerten, das sind Zustandsgrössen, erfordert lediglich die Deklaration der Messwerte als Zustands-Nachrichten.

4.2.3. Fehlertoleranz für funktionelle Verarbeitungsfunktionen

Am Beispiel einer Benutzt-Beziehung zwischen Moduln (z.B. remote procedure call) soll hier die Erzielung von Fehlertoleranz für die benutzte Funktion gezeigt werden:

```
TASK auftraggeber;
    EXPORT auftrag;
    EVENT antwort INTERVAL jitter;

    REPEAT FOREVER
    .
    OUTPUT auftrag TO auftragnehmer VALID zeitlimit;
    .
    INPUT antwort => verwende_antwort
      AFTER zeitlimit => fehlerbehandlung END;
    .
END auftraggeber


TASK auftragnehmer.1 MEMBER OF auftragnehmer;
   EVENT auftrag;
   EXPORT antwort;

   REPEAT FOREVER
     INPUT auftrag END;
     auftragsausführung;
     OUTPUT antwort TO auftrag.sender VALID auftrag.valid;
   END
END auftragnehmer.1
```

Die redundante Task "auftragnehmer.2" ist identisch aufgebaut (die Prozedur "auftragsausführung" kann jedoch diversitär implementiert sein).

Die Synchronisation der Gültigkeitszeiten der Nachrichten mit der Zeitüberwachung stellt sicher, dass nach Ablauf der Zeitüberwachung keine Antworten mehr - etwa fälschlicherweise als Antwort für den nächsten Auftrag - akzeptiert werden.

4.2.4. Fehlertoleranz für Ausgabe-Schnittstellenfunktionen

Redundante Ausgabefunktionen können sowohl aktiv-redundant (z.B. Quadruplex-Ventil) als auch passiv-redundant (Standby-Redundanz) realisiert werden. Die Lösung der aktiven Redundanz entspricht der für funktionelle Verarbeitungsfunktionen.
Standby-Redundanz ist erforderlich, wenn nur eine physische Ausgabe erfolgen soll. Ein typisches Beispiel hierfür ist eine Drucker-Ausgabe.

Eine Task "auftraggeber" sendet einen Ausgabeauftrag und wartet auf eine Quittierung änlich dem Auftraggeber aus 4.2.3. Eine Task "ausgabegerät.1" verwaltet den Zugriff auf dieses Gerät:

```
TASK ausgabegerät.1 MEMBER OF ausgabegerät;
   EVENT auftrag;
   EXPORT quittung;

   REPEAT FOREVER
     INPUT auftrag END;
     ausgabe_an_gerät;
     OUTPUT quittung TO auftrag.sender VALID auftrag.valid;
   END;
END ausgabegerät.1
```

Eine Task "ausgabegerät.2" verwaltet den Zugriff auf das Standby-Ausgabe-Gerät. Sie arbeitet als Ersatz-Komponente, d.h. sie führt den Auftrag nur aus, wenn die redundante Komponente innerhalb einer Bearbeitungszeit ("auftrag.valid"/2) keine Antwort liefert:

```
TASK ausgabegerät.2 MEMBER OF ausgabegerät;
   EVENT auftrag, quittung;
   EXPORT quittung;

   REPEAT FOREVER
     INPUT auftrag END;
     INPUT quittung => tue_nichts;
       AFTER auftrag.valid/2 =>
         BEGIN
           ausgabe_an_gerät;
           OUTPUT quittung TO auftrag.sender VALID auftrag.valid;
         END
     END; /*INPUT*/
   END
END ausgabegerät.2
```

4.2.5. Fehlertoleranz für Datenspeicherungsfunktionen

Während bei funktionellen Systemen der Wiederanlauf nach einem Ausfall (und evtl. Austausch der Komponente bei permanenten Fehlern) einfach durch Zurücksetzen auf den Anfangszustand und Warten auf die nächste Nachricht erfolgt, ist zum Wiederanlauf einer Datenspeicherungskomponente eine Zustandswiederherstellung erforderlich /Lohn 84/:

Die die Datenspeicherungsfunktion benutzende Task entspricht dem Auftraggeber aus 4.2.3.

```
TASK datenspeicher.1 MEMBER OF datenspeicher;
   STATE int_zust = RECORD nutzdaten: nutzdaten_typ END;
   EXPORT int_zust = RECORD nutzdaten: nutzdaten_typ END;

   INPUT int_zust /*Wiederanlaufstart*/
   AFTER zyklus+transport => initialisierung /*Initialisierungsstart*/
   END; /*INPUT*/

   REPEAT FOREVER
     INPUT auftrag => auftragsausführung;
       AFTER zyklus => tue_nichts END; /*INPUT*/


     OUTPUT int_zust TO datenspeicher.2 VALID zyklus;
   END;
END datenspeicher.1
```

Nach jeder Auftragsausführung oder mit einem Zeitzyklus sendet jede Task "Datenspeicher" ihren inneren Zustand mittels einer Nachricht "int_zust" an die redundante Task, wo sie als Zustandsnachrichten gespeichert und beim Wiederanlaufstart gelesen wird, bevor ein normaler Zugriff auf den wiederanlaufenden Datenspeicher erfolgen kann.

Dieses Prinzip der periodischen Zustandsübertragung erscheint zwar aufwendig, erfüllt aber die Forderung, dass in Realzeitsystemen das Zeitverhalten auch im Fehler- und Wiederanlauffalle nicht wesentlich beeinflusst werden darf.

Die Fallunterscheidung, ob ein Wiederanlauf- oder Initialisierungsstart vorzunehmen ist, erfolgt durch zeitüberwachtes Warten auf die Nutzdaten-Nachricht in der Startphase. Nach Ablauf der Zeit "zyklus+transport" ist die startende Task die einzige funktionsfähige der Gruppe "datenspeicher". Dies gilt jedoch nur wenn die Bedingung restart > 2*(zyklus+transport) eingehalten wird, wobei "restart" die minimale Zeit zwischen dem Start zweier redundanter Tasks, "zyklus" die maximale Dauer zwischen dem Senden der Nutzdaten-Nachrichten und "transport" die Nachrichtenlaufzeit zwischen redundanten Tasks ist.

5. Schlussbemerkung und Ausblick

In den letzten beiden Jahren wurde eine Experimental-Version des MARS -Systems implementiert. Es besteht aus einem Precompiler und einem Kommunikatiossystem und wurde auf 6 Rechnern des Typs LSI11/23 mit Realzeitbetriebssystem, die über ein lokales "Ethernet"-Netzwerk miteinander gekoppelt sind, ausgetestet /Kope 83/.

Die Erfahrungen zeigen, dass die entwickelten Konstrukte für die Lösung von PDV-Problemstellungen gut geeignet sind. Zur Vermeidung von Konsistenz-Problemen bei externen Nachrichten erscheint der Einsatz eines dedizierten Entwicklungssystems mit Bibliotheksfunktionen sinnvoll. Ein derartiges System wird zur Zeit im Rahmen einer Diplomarbeit implementiert. Die Programmierung mit explizit anzuwendenden Zeitangaben ist ungewohnt, ist jedoch bei strikter Problemsicht ein starkes Hilfsmittel.

Für das MARS-System sollen in der nächsten Entwicklungsstufe eine spezielle Rechnerhardware auf der Basis des Motorola 68000, ein effizientes Realzeitbetriebssystem und dedizierte Entwicklungswerkzeuge entwickelt werden.

6. Literatur

/Feld 79/ Feldmann, J.A., High Level Programming for Distributed Computing, Comm. ACM, Vol. 22, No. 6, June 1979, p. 353 -368

/Hoar 78/ Hoare, C.A.R., "Communicating Sequential Processes", Comm. ACM, Vol. 21, No. 18, August 1978, p. 666-677

/Kope 82a/ Kopetz, H., Lohnert, F., Merker, W., The Architecture of MARS, Bericht MA2/2, TU Berlin, 1982

/Kope 82b/ Kopetz, H., Lohnert, F., Merker, W., Pauthner, G., Fehlertoleranz in MARS, GI-Fachtagung Fehlertolerierende Rechnersysteme, Informatik Fachberichte 54, 1982

/Kope 83/ Kopetz, H., Bohne, J., Dorn, J., Hochstetter, B., Kannenberg, M., Merker, W., Spillner, A., MARS-Prototyp, Report MA 83/3, TU Berlin, 1983

/Lohn 84/ Lohnert, F., Wiederanlaufverfahren von Prozessrechnern als Teil der Fehlertoleranz in verteilten PDV-Systemen, Dissertation, TU Berlin, 1984

/Kram 81/ Kramer, J., Magee, J., Slowman, M., Intertask Communication Primitives for Distributed Computer Control Systems, Proc. Distributed Computing Systems, April 81, p. 404-411

/Lamp 78/ Lamport, L., Time, clocks and the ordering of events in a distributed system, CACM, Vol. 21, No. 7, July 1978, p. 558-565

/Wens 78/ Wensley, J.H., Lamport, L., Goldberg, J., Green, M.W., Levitt, K.N., Melliar-Smith, P.M., Shostak, R.E., Weinstock, C.B., SIFT: The Design and Analysis of a Fault -Tolerant Computer for Aircraft Control, Proceedings of the IEEE, Vol. 66, No. 10, October 1978, p. 1240-1254

LIBSY - EIN LOKALES NETZ FÜR DEN EINSATZ IN DER INDUSTRIE

Dipl.-Ing. Thomas F.D. Wagner

Informatik - Systemtechnik GmbH - Stuttgart

Zusammenfassung

Die Entwicklung der Datenverarbeitung führte in den letzten Jahren von einer zentral orientierten EDV zu einer stark dezentralisierten Datenverarbeitung. Dies wurde durch den Einsatz außerordentlich leistungsstarker Klein- und Kleinstrechner möglich. Die so entstehenden dezentralen Strukturen werden durch lokale Kommunikationswege zusammengefaßt, so daß Datenströme zwischen den Teilnehmern eines solchen Netzes neue, nicht zentral orientierte Verbindungen schaffen und zu außerordentlich effizienten Organisationsstrukturen führen.
Der Einsatz von Lichtwellenleitern für die Datenübertragung und preisgünstigen Kommunikationsrechnern als Netzwerkadapter sowie entsprechende Softwarepakete zur benutzernahen Anwendersystemintegration sind die Basis eines ILAN, eines "Industrial Local Area Network".

10 ILAN - Das Industrie-LAN

Ein lokales Netz für die Industrie hat gegenüber den Produkten für den kommerziellen Bereich der Bürokommunikation eine Reihe schwieriger Randbedingungen zu erfüllen:

- störungsfreie, im Ergebnis störungstransparente Nachrichtenübermittlung
- keine unkalkulierbare Veränderung des Echtzeitverhaltens aller Teilnehmer
- Möglichkeit einer dynamischen Anwender-System-Rekonfiguration bei Teilsystemausfällen
- Möglichkeit der einfachen und schnellen Konfigurationsänderung des gesamten Netzes zur Anpassung an neue Prozeßbedingungen
- Herstellerneutralität für den Anschluß unterschiedlicher Rechenanlagen, Peripheriegeräte, Sensoren und Aktoren

10.1 Netzzugangsverfahren

Das für ein industriell anwendbares Datenkommunikationssystem verfügbare Verfahren zur Steuerung des Teilnehmerzugriffs auf das Netz muß einen kontrollierten Zugriff über ein echtzeitfähiges Verfahren ermöglichen.

10.1.1 Kontrollierter Zugriff

Das für die Zugriffssteuerung zu verwendende Verfahren - "TOKEN-Passing" - eignet sich hauptsächlich für Ringtopologien. Alle Teilnehmer werden durch ein allgemein bekanntes Signal, das "Token", jeweils für kurze Zeit mit einer Sendeberechtigung versehen. Nicht sendewillige Teilnehmer leiten das Token unmittelbar an den folgenden Teilnehmer weiter. Damit entsteht immer eine logische Ringstruktur zwischen allen Teilnehmern. Das Token-Verfahren gestattet die Berechnung der Verzögerungszeiten, die durch die Übertragungssteuerung entstehen.

10.2 Medium

Der rasche technologische Fortschritt auf dem Gebiet der Lichtwellenleiter hat die Möglichkeit eröffnet, diese Kabel standardmäßig industriell einzusetzen.
Die Vorteile der Signalübertragung auf Glasfasern
- sehr hohe Bandbreite
- potential-getrennte Verbindung
- nicht störbar durch elektromagnetische Impulse
- nicht störend durch Aussendung elektromagnetischer Wellen
- abhörsicher
- geringe Dämpfung

können für den Aufbau eines Informationsverbundsystems, speziell für die Prozeßdatentechnik, hervorragend genutzt werden.

20 LIBSY - Systemkonzept

LIBSY, das Lichtbus-System, stellt für eine Anordnung verteilter Prozesse unter besonderen technischen Umgebungsbedingungen die Datenkommunikationsleistung mit extremer Zuverlässigkeit auf hohen logischen Ebenen zur Verfügung.
LIBSY verbindet die Teilnehmer über Communicationscomputer "LICOM" durch Lichtwellenleiter untereinander in einer Ringtopologie. Die logische Struktur des Systems ist dezentral und demokratisch mit deterministisch gesteuertem Zugriffsverfahren zum Kommunikationssystem.

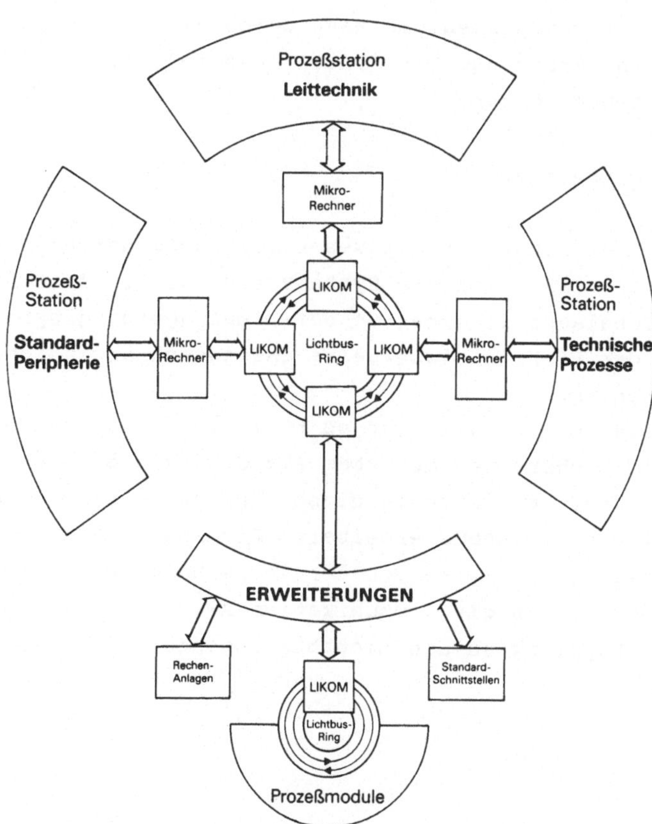

Bild 20-1: Systemkonfiguration LIBSY

20.1 Kommunikationsstrecke

Im System LIBSY werden Lichtwellenleiter in verschiedenen Bauformen als Übertragungsmedium verwendet.

20.2 Topologie

Die Verwendung von Lichtwellenleitern führt zwangsläufig auf eine Ringstruktur des Informationsverbundsystems mit einer aktiven Kopplung der Teilnehmer an das Lichtleitersystem.
Die damit nur unidirektional mögliche Nutzung der Leitung erzwingt für den Aufbau dezentraler, demokratischer Systeme die Ringstruktur. Die aktive Teilnehmerkopplung führt zur automatischen Signalwiederaufbereitung in jeder angeschlossenen Station und damit zu einer sehr großen möglichen Buslänge des Informationsverbundsystems.
Die Empfindlichkeit der Ringstruktur gegenüber Unterbrechungen des Übertragungsmediums kann durch einen redundanten zweiten Ring in Verbindung mit "intelligenten" Koppelmodulen weitgehend aufgehoben werden.

20.3 Doppelring

Durch den Einsatz einer wesentlich aufwendigeren Hardware und Software läßt sich die Systemverfügbarkeit so erhöhen, daß auch bei Totalausfall einer Sender-/Empfängerbaugruppe eines LICOM oder der Lichtleitfaser eine uneingeschränkte Kommunikation möglich ist.
Das System - LIBSY - ist so konzipiert, daß dem Anwender dieses extrem sichere Gesamtsystem als Option angeboten werden kann. Das Grundsystem wird in dieser Option um einen zweiten parallelen Lichtbus erweitert. Die Kommunikation über beide Lichtleitfasern wird von der Koppelbaugruppe LICOM so gesteuert, daß die Kommunikation zwischen allen Rechenanlagen, deren Kopplung an den Lichtbus ungestört ist, aufrechterhalten wird.

20.4 Teilnehmeranschluß - LICOM

Der LICOM enthält die Schnittstellen zu Rechnersystem und Lichtbus sowie den speziellen "Informatik" - Kommunikationsrechner. Im LICOM werden alle Aufgaben des Netzwerkes zur Datensicherung, zum Vermittlungsaufbau und zum Transportdienst wahrgenommen.

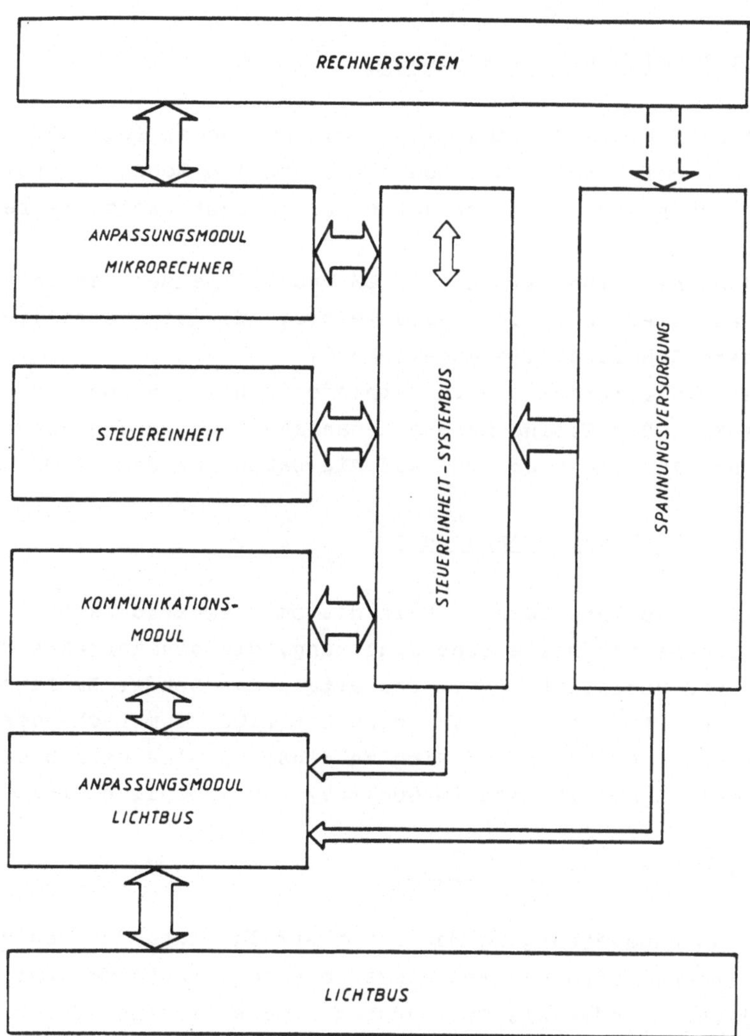

Bild 20-2: Prinzip-Schaltbild LICOM

20.4.1 Der Lichtbus-Communicationscomputer LICOM

Die gesamte Elektronik des LICOM ist in die vier Funktionseinheiten Communicationscomputer, Lichtbus-Anpassung, Teilnehmer-Anpassung und Spannungsversorgung aufgeteilt. Jede Funktionseinheit ist auf zwei Platinen im Europaformat untergebracht. Die Platinen können entsprechend dem Anwenderwunsch in unterschiedliche Gehäuse eingebaut werden.

20.4.1.1 Teilnehmer - Anpassung

Der Anschluß des Systems LIBSY soll auf hoher logischer Ebene, an der Schnittstelle der Ebene 4/5 des ISO-Modells erfolgen. Diese Anpassung ist durch umfangreiche Systemsoftware realisiert.

Die Kommunikation zwischen LICOM und Teilnehmer-Rechenanlage wird entweder über einen Parallelport oder eine serielle Standard-Schnittstelle abgewickelt.
Dieser bidirektionale Port verbindet den Teilnehmerbus mit dem LICOM-Bus. Die Teilnehmer-Rechenanlage kann in den Betriebsarten Polling, Interrupt und DMA auf die Daten aus dem LICOM zugreifen.

20.4.1.2 Lichtbus - Anpassung

Das Lichtbus-Interface enthält die opto-elektronischen Wandlerelemente sowie eine Schaltung, die die korrekte Funktion des LICOM überwacht und im Fehlerfall den Sender/Empfängerteil verbindet. Dadurch wird ein defekter LICOM vom Lichtbusring abgetrennt, ohne daß der Ring an dieser Stelle unterbrochen und damit die Kommunikation im Gesamtsystem unmöglich wird.

20.4.1.3 Spannungsversorgung

Die Spannungsversorgung des LICOM erfolgt entweder von einer unterbrechungsfreien Rechnersystem-Stromversorgung über separate Zuleitungen, oder als Teilversorgung des Lichtbus-Interface von einer Pufferbatterie, die von der Stromversorgung des LICOM geladen wird. Damit wird der Lichtbus-Ring ein quasi passives Übertragungsmedium.

20.4.1.4 Communicationscomputer

Dieser Rechner überwacht und steuert den Datenverkehr auf niedrigster Kommunikationsebene und wickelt die umfangreiche Fehlererkennung und -verarbeitung ab. Er stellt den gesamten Netzwerk - Transportdienst zur Verfügung und verwaltet dynamisch die Empfangs- und Sendedatenpuffer.

20.5 Systemleistung durch Software

Der Datenverkehr über den Ringbus und die Verbindung zum Teilnehmer-Rechner wird von drei Modulen gesteuert. Im Hauptmodul "Steuerung" wird die Kommunikation verwaltet. Der Programmodul "Portsteuerung", der durch Aufruf gestartet wird und vom Hauptmodul mit Parametern versorgt wird, übernimmt die Bedienung der Schnittstelle zum Teilnehmer-Rechner.
Der Modul "Serial-Controller", ein interruptgesteuerter Programmteil, wickelt die Kommunikation über den Lichtbus ab.

Der für den Betrieb des Lichtbussystems wichtigste Programmteil ist der Serial-Controller. Er enthält die Hauptfunktionen

- Initialisierung
- Anforderung
- Quittung
- Abschalten

Der Austausch von Nachrichten über den Ringbus wird nach der Initialisierung des Gesamtsystems immer in Zyklen, die aus einer Anforderung, einer Nachricht und einer Quittung bestehen, abgewickelt.

Das für die Nachrichtenübertragung maßgebliche Protokoll ist bitorientiert und codetransparent. Es wird eine NRZI-Codierung der Daten vorgenommen. Neben der Nachricht, die aus 2 bis 134 Byte bestehen kann, gibt es Felder für die Zieladresse, Quelladresse, Testadresse, sowie Felder für Verwaltungszeichen, die Anfang und Ende einer Nachricht darstellen. Desgleichen wird ein Ruhezustand gekennzeichnet sowie die Quittungskennung und die Datensicherung in entsprechenden Feldern vorgenommen.

30 Das - ILAN LIBSY - in einer industriellen Anwendung

Die rechnergestützten Prüfsysteme für die Produktionsüberwachung von Automobilbaugruppen basieren auf lokalen Rechnernetzen.

30.1 System CABAP
Computergestützte Automobil-Baugruppen-Prüfung

30.1.1 Systemziele

Die Prüfung hochbelasteter Baugruppen der KFZ-Technik soll rechnergeführt erfolgen. Dabei müssen alle Prüfklassen unterstützt werden:

- Endprüfung, Auswahlprüfung, Nacharbeitung, Prüflaufoptimierung, Prüflauftest.

Die umfangreichen Aufgaben erfordern eine hohe Flexibilität der Steuerungen, die nur durch konzentrierten Einsatz von leistungsfähigen Mikrorechnern gewährleistet werden kann. Die Steuerung der Prüfautomaten muß durch einen zentralen Prozeßrechner ergänzt werden, der alle Möglichkeiten technisch-wissenschaftlicher Datenverarbeitung bietet: Prüfdaten werden auf Platten und Bändern gespeichert; die Daten werden mit statistischen Methoden ausgewertet und aufbereitet.

Aus den Prüfdaten werden Protokolle erstellt, die auf Anforderung ausgedruckt werden. Eine Archivierung der Prüfdaten zusätzlich zur Magnetbandaufzeichnung erfolgt in lesbarer Form durch Mikroverfilmung (COM).

Der Prozeßrechner ist gleichzeitig Entwicklungsrechner für den gesamten Prüfstandkomplex:
Es werden Prüfabläufe erstellt, mit denen die Prüfstandsrechner arbeiten müssen. Die Verknüpfung von Prozeßrechnerkomplex und Prüfstandkomplex muß über ein sicheres, zuverlässiges und schnelles Kommunikationssystem gewährleistet sein.

Änderungen und Erweiterungen des Gesamtsystems müssen durch modulare Hardware- und Softwarekonzepte unterstützt werden.

30.1.2 Systemkonzept

Das Gesamtsystem enthält zwei Rechnertypen zur Bearbeitung der Aufgabenkreise:

- Steuerung des technischen Prozesses und
- Datenverarbeitung für die Gesamtanlage.

Jedem Prüfstand ist ein Mikrorechnersystem zugeordnet; je drei Prüfstände werden von einem übergeordneten Mikrorechnersystem gesteuert.

Der Prozeßrechner als Leitstand ist durch einen vorgeschalteten Mikrorechner an das Netzwerk, das alle Rechenanlagen verbindet, angekoppelt.

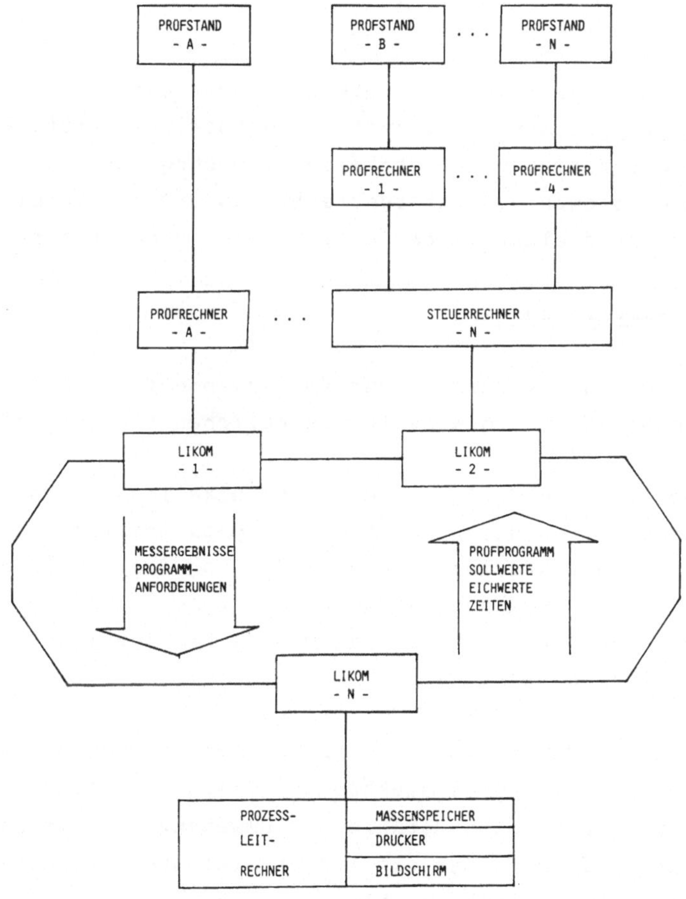

Bild 30-1: Systemkonfiguration LIBSY in der Anwendung CABAP

30.1.3 Datenverkehr

Der Datenverkehr zwischen den Stationen des Prüfsystems erfolgt in den zwei Hauptebenen zwischen Prüf- und Steuerrechner sowie zwischen Steuer- und Leitrechner. Zwischen Prüf- und Steuerrechner werden die Ergebnisse je Prüfung als Blöcke von 200 und 2000 Byte übertragen.

Die gesamte Anlage basiert auf einer Verteilung der Rechnerkapazität und einer ständigen eindeutigen Zuordnung von Datensätzen zu Prüflingen. Daher muß eine sehr hohe Verfügbarkeit des Rechnerverbundes und eine Sicherheit des Netzes auch gegen Teilnehmerteilausfälle gewährleistet sein.

30.1.4 Lokalnetz

Das lokale Netz verbindet die Steuerrechner der Prüfstandsgruppen mit dem Prozeßleitrechner. Die Prüfstände werden in der normalen industriellen Umgebung der Fertigungseinrichtungen untergebracht, so daß die Verbindung den dort vorhandenen elektrischen Störfeldern ausgesetzt ist.

30.1.5 Zusammenfassung

Mit LIBSY werden die Forderungen des Anwenders an ein LAN im Bereich technischer Prozesse in wesentlichen Punkten erfüllt:

- Größtmögliche Freizügigkeit der Kommunikationsverbindung; keine Restriktion durch Herstellerinkompatibilitäten.
- Die Gesamtkonfiguration kann ohne Störung des Betriebsablaufs änderbar und ausbaufähig sein.
- Ein kostengünstiges Übertragungsmedium hinsichtlich Kaufpreis, Installation und Wartung.
- Einfache Struktur des Netzwerkes.
- Das Übertragungsmedium ist in industrieller Umgebung absolut unempfindlich gegenüber elektromagnetischen Störungen - es kann auch in explosionsgefährdeter Umgebung verlegt werden.
- Der Funktionsverbund hat ein fehlertolerantes Verhalten und eine extrem hohe Verfügbarkeit.

Ein Busprotokoll für PDV-Anwendungen

J. Bohne, W. Merker

Technische Universität Berlin

0. Zusammenfassung

Existierende Buszugriffsverfahren erfüllen die Anforderungen der Prozessdatenverarbeitung nicht optimal. Das hier beschriebene Protokoll kombiniert die Eigenschaften von TDMA-, CSMA/CD- und Token-Protokollen so, dass insbesondere die Rechtzeitigkeitsforderung an Echtzeitsysteme eingehalten werden kann.

1. Einleitung

Lokale Rechnernetze, die zur Automatisierung von Prozessen eingesetzt werden, haben häufig Busstruktur. Um hohe Zuverlässigkeit zu erreichen, wird auf zentrale Busverwaltung verzichtet und eine verteilte Zugriffsregelung erforderlich. Token-Protokolle [1] gewähren ein Zugriffsrecht in Abhängigkeit der Stationsanzahl und des Kommunikationsbedarfs einzelner Stationen. Im Fehlerfall (Ausfall einer Station) sind zeitaufwendige Recovery-Mechanismen erforderlich. Bei CSMA/CD-Verfahren [2] werden bei Ausfall einer Station andere in ihrem Zeitverhalten nicht beeinflusst. Durch hohes Kommunikationsaufkommen wird die Kollisionswahrscheinlichkeit jedoch stark erhöht; eine Aussage über die Nachrichtenlaufzeit ist nicht mehr möglich. Einen definierten Zugriff auf den Bus bieten synchrone TDMA-Verfahren [3]. Die Kapazität des Übertragungskanales ist hierbei jedoch nur unzureichend ausgenutzt.
Mit dem vorgestellten Protokoll wird versucht die Vorteile dieser Verfahren zu kombinieren. Der Buszugriff ist in aequidistanten Intervallen möglich. Ausfall bzw. Hinzufügen von Stationen beeinflussen dieses Intervall nicht. Verlust von Nachrichten oder Übertragungsfehler werden, auch bei 1-n Kommunikation, erkannt. Die Anforderungen an die Hardware sind gering: Übertragungsfehler müssen erkennbar, Einzeladressierung einer Station und Broadcast möglich sein. Jede angeschlossene Station muss den gesamten Nachrichtenverkehr (auch Fragmente) überwachen können. Diese Eigenschaften werden von handelsüblichen VLSI-Bausteinen (z.B. für SDLC/HDLC entwickelt) erfüllt.

2.0 Funktionsweise des Protokolls

Im Normalbetrieb befinden sich die angeschlossenen Stationen in einem der aktiven Zustände ´receive´ bzw. ´token´. Wird eine Station in Betrieb genommen, so überprüft sie, ob ein Ring bereits existiert. Ist dies der Fall, versucht sie, im Zustand ´run_in´ sich in den Ring einzufädeln. Andernfalls generiert sie im Zustand ´init_ring´ das erste Token. Der Zustand ´stand_by´ bzw. ´alone´ wird im Fehlerfall oder bei nur einer aktiven Station erreicht.

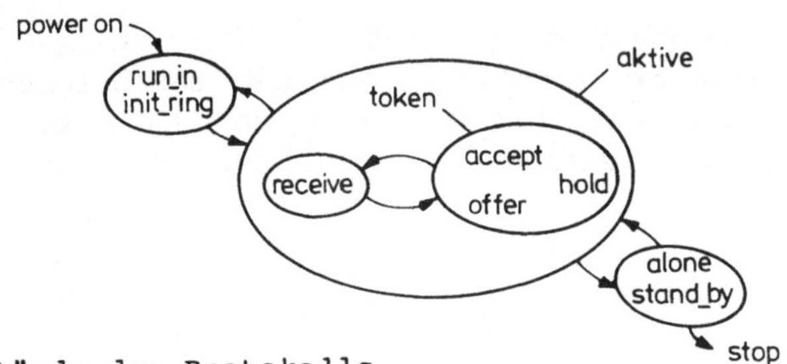

Bild 1. Zustände des Protokolls

Die Stationen senden verschiedene Nachrichtentypen (frames) an ihre Kommunikationspartner. Der Typ

- ´token´ dient zur Weitergabe des Tokens und wird an den Nachfolger im virtuellen Ring gesendet.
- ´token_message´ enthält zusätzlich Nutzinformation; in diesem Fall wird broadcast gesendet.

Hierdurch ist es möglich gleichzeitig das Token an den Nachfolger und Nutzinformation auch an andere Empfänger zu senden.
Token-Nachrichten beinhalten Informationen über den aktuellen Zustand des Ringes. Das bedeutet der Zustand (aktiv, inaktiv) jeder Station ist in den Nachrichten enthalten. Damit ist dynamisch die Anzahl der sich aktiv im Ring befindenden Stationen bestimmbar. Token-Nachrichten werden vom Nachfolger mit einem

- ´acknowledgement´ (ack), es wird an den Vorgänger gesendet,

oder bei Erkennen einer gestörten Übertragung mit

- ´negativ acknowledgement´ (nack), es werden zwei ´frames´ an eine nicht vorhandene Station adressiert (Nur Stationen, die den Bus überwachen, empfangen damit diese Nachrichten.),

quittiert.
Mehrere Intervalle bestimmen den zeitlichen Ablauf des Protokolles:

- ´round_trip_time´ (rtt) ist die Umlaufzeit des Tokens, sie wird konstant gehalten.
- ´token_hold_time´ (tht) ist ein ´time slice´, in dem die Station Senderecht hat. Dieses Intervall ist eine Funktion der Nachrichtenlänge, der Zahl der Stationen und berücksichtigt ggf. wiederholtes Senden.
- ´ack_time´ (at) ist das Zeitintervall in dem Quittungsnachrichten gesendet werden.

3.0 Beschreibung des Protokolls

3.1 Methode

Zur Beschreibung werden wir für jeden Zustand einen Algorithmus in einer Pseudosprache angeben. Um bessere Verständlichkeit zu erreichen, sind die Algorithmen auf das Wichtigste beschränkt. Grundsätzlich bestehen alle Algorithmen aus drei Phasen:

- INIT, die Initialisierung wird beim Eintritt in den jeweiligen Zustand durchlaufen,
- INPUT, die Empfangsphase wird bei Ankunft einer Nachricht (auch mehrfach) durchlaufen, und
- TIMEOUT, die Zeitüberwachung wird ausgeführt bei Ablauf eines zuvor gesetzten Zeitauftrages.

Zustandsübergänge werden mit dem Schlüsselwort STATE beschrieben, hierbei werden die laufenden Zeitüberwachungen gelöscht. Durch RECEIVEMODE wird der Empfangsmodus festgelegt. Im Modus 'watch' wird der Nachrichtenverkehr auf dem Bus überwacht; jede Nachricht (auch Fragmente) aktivieren die Empfangsphase. Im Modus 'normal' werden nur Nachrichten akzeptiert, die im Broadcast oder direkt an die Station gesendet (SEND) wurden. Mit dem Schlüsselwort SETTIMER wird eine Uhr gestartet, deren Ablauf die Timeout-Phase aktiviert. Sind bei einer Fallunterscheidung (CASE) mehrere Alternativen möglich, stellt ihre Reihenfolge eine Priorität dar.

3.2 Ungestörter Ablauf

Zunächst sei die Funktionsweise des Protokolls unter der Annahme, dass keine Stationen ausfallen und die Kommunikation fehlerfrei ist, beschrieben. Das vollständige Protokoll ist im Anhang wiedergegeben.

Im Zustand 'receive' werden Nachrichten empfangen, die direkt oder broadcast an diese Station gesendet wurden. Der Empänger unterscheidet drei Fälle: Token, Token mit Nutzinformation und nur Nutzinformation.

```
Zustand: receive
    INIT => RECEIVEMODE normal.
    INPUT => CASE frame OF
             token             : STATE accept_token.
             token_and_message : pass_msg_to_application;
                                  STATE accept_token.
             message           : pass_msg_to_application.
```

Im Zustand 'accept_token' wird eine Quittung an den Absender des Tokens geschickt und der Bus 'ack_time' Zeiteinheiten überwacht, jeder Nachrichtenverkehr innerhalb dieser Zeit bedeutet eine Störung.

```
Zustand: accept_token
    INIT => SEND acknowledge;
            RECEIVEMODE watch;
            SETTIMER ack_time.
    INPUT => exception_handling.
    TIMEOUT => STATE hold_token.
```

Nach ungestörtem Ablauf dieses Zeitfensters befindet sich das Protokoll im Zustand 'hold_token'. Hier wird die 'token_hold_time' als Funktion der Länge der zuletzt empfangenen Nachricht und der Anzahl der aktiven Stationen berechnet. Im Normalfall ist während dieser Zeit keine Aktivität auf dem Bus möglich. Die Weitergabe des Tokens wird entsprechend verzögert.

```
Zustand: hold_token
    INIT => RECEIVEMODE watch;
            SETTIMER token_hold_time.
    INPUT => exception_handling.
    TIMEOUT => STATE offer_token.
```

In diesem Zustand ist die Aufnahme neuer Stationen (siehe 3.4) in den Ring möglich. Der Empfang von Token-Nachrichten bedeutet eine Duplizierung der Marke; die eigene Marke wird deshalb vernichtet. Normalerweise geht nach Ablauf der Zeitüberwachung das Protokoll in den Zustand 'offer_token'. Hier ist der Nachfolger dynamisch als Funktion des aktuellen Ringzustandes zu bestimmen. Wird im Intervall 'ack_time' eine und nur eine Quittung empfangen, so ist die Marke übergeben.

```
Zustand: offer_token
    INIT => SEND token OR token_message;
            RECEIVEMODE watch;
            SETTIMER ack_time.
    INPUT => only_one_ack_possible.
    TIMEOUT => STATE receive.
```

Als Beispiel sei das Zeitverhalten von drei Stationen eines Ringes ausgeführt. Die erste Station sende eine Nachricht mit viel Nutzinformation, die zweite nur das Token und die dritte eine kurze Nachricht.

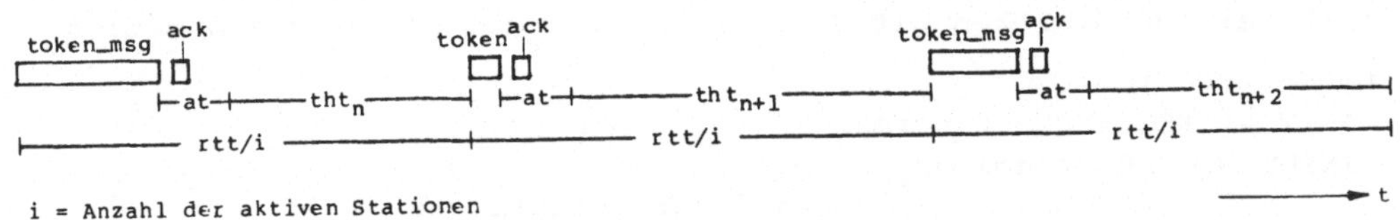

Bild 2: Zeitdiagramm des ungestörten Ablaufes

3.3 Funktionsweise im Fehlerfall

Die bei PAR-Protokollen [4] übliche mehrfache Wiederholung ist hier auf ein einmaliges Wiederholen beschränkt. Es ist somit möglich auch bei transienten Übertragungsfehlern ein Zeitverhalten zu garantieren. Grundsätzlich sind Nachrichten mit einer 'sequence number' versehen, diese wird vor dem erstmaligen Senden einer Nutznachricht erhöht. Sie dient zur Erkennung von Wiederholungen und dem Verlust von Nutznachrichten.

3.3.1 Gestörte Übertragung

In diesem Abschnitt wollen wir nur Übertragungsfehler diskutieren. Die Stationen arbeiten korrekt und ihre Anzahl sei konstant. Bei der 1-1 Kommunikation (nur Tokenweitergabe) kann die Nachricht/Quittung unerkannt verloren gehen oder gestört werden. In diesem Fall wird die Nachricht wiederholt; das Zeitverhalten ist im Bild 3 dargestellt.

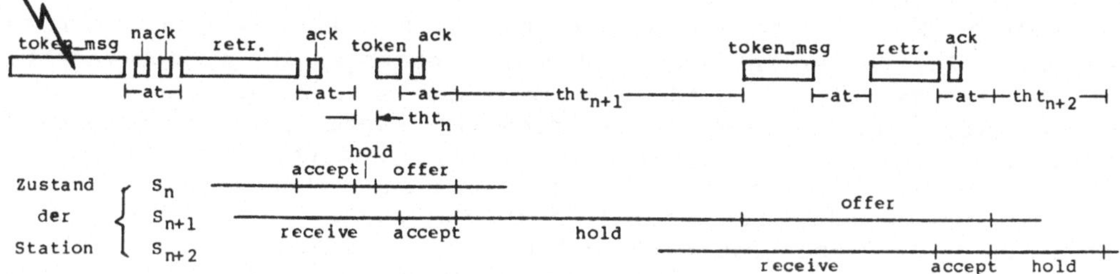

Bild 3: Zeitdiagramm bei gestörter Übertragung

Fehler, die bei 1-n Kommunikation auftreten, sind nicht so einfach zu behandeln. Hierbei wird das Token an den Nachfolger weitergegeben und der Nutzinhalt allen aktiven Stationen angeboten. Geht in diesem Fall die Nachricht für alle Empfänger verloren oder bleibt die Quittung aus, so ist die Fehlerbehandlung mit der bei der 1-1 Kommunikation identisch. Dies gilt auch, wenn die Nachricht ausschliesslich beim Nachfolger gestört empfangen wird.

Erhält der Nachfolger die Nachricht korrekt, aber mindestens ein anderer Empfänger erkennt eine Störung, so erhält der Token-Sender im Intervall 'ack_time' zerstörte Quittungen oder 'nack'. Ist eine Fehlererkennung während des Sendevorganges nicht möglich, (z.B. bei Übertragung im Broadband) so erkennt in diesem Fall der Nachfolger, er sendet 'ack', die gestörte Kommunikation nicht. Als 'nack' werden deshalb grundsätzlich zwei 'frames' gesendet.

Der 'worst case' ist eine korrekte Token-Übergabe und ein oder mehrere Empfänger erhalten die Nachricht nicht und senden deshalb auch keine 'nacks'. Dieser Nachrichtenverlust wird jedoch bei Ankunft der nächsten Token(Nutz)-Nachricht an der 'sequence number' erkannt. Kommt die Station dann in den Besitz des Tokens sendet sie eine Nachricht vom Typ

- 'request', sie wird broadcast gesendet und enthält die Nummer der ausstehenden Nachricht.

Für diesen Fall speichern alle Stationen ihre gesendete Nutznachricht einen Umlauf zwischen und wiederholen sie im Fall der Aufforderung. Um das Zeitverhalten nicht zu beeinflussen, ist 'request' nur einmal gestattet. Die Reihenfolge der Nachrichten kann durch Zwischenspeichern beim Empfänger eingehalten werden.

(Bei Empfang zweier oder mehrerer gestörter Nachrichten unmittelbar aufeinander unterbleibt die Negativquittung, da der Verdacht auf gestörte Hardware des Empfängers oder Transmitterhardware des Senders vorliegt.)

3.3.2 Ausfall von Stationen

Fällt eine Station im Zustand 'receive' aus, so wird dies von ihrem Vorgänger erkannt, nachdem ein zweimaliges 'offer_token' unbeantwortet blieb. Der Token-Anbieter kennzeichnet die ausgefallene Station als inaktiv und übergibt das Token der nächsten Station. Mit der folgenden Nutznachricht, bzw. spätestens nach einem Umlauf ist der Ausfall allen aktiven Stationen bekannt.
In Ausnahmefällen (langzeitige Störung) können intakte Stationen aus dem Ring entfernt werden. Diese Stationen erkennen ihr Ausscheiden mit der nächsten Nachricht und fädeln (siehe 3.4) sich wieder ein.
Bei Ausfall einer Station, die sich in einem der Token-Zustände befindet, wird die Folgestation durch Ablauf des Intervalls 'round_trip_time' aktiviert. Sie generiert nach kurzer Busbeobachtung (carrier sense) eine neue Marke. Im Gegensatz zu üblichen Token-Protokollen ist dieses Intervall determiniert und nur in Ausnahmefällen (Ungenauigkeit der Uhren) werden Token dupliziert. Die duplizierten Token werden von Stationen, die sich im Zustand 'token' befinden, erkannt und diese vernichten die eigene Marke.

3.3.3 Unterbrechung des Busses

Erlaubt die Hardware bei Unterbrechung des Busses weiterhin die (eingeschränkte) Kommunikation, generiert das Protokoll zwei virtuelle Ringe. In einem Ring wird eine neue Marke erzeugt und beide Ringe entfernen die nicht mehr erreichbaren Stationen.

3.4 Anlauf, bzw. Integration von Stationen

Wird eine Station in Betrieb genommen ist zwischen Integration in einen bestehenden Ring und der Initialisierung des Ringes zu unterscheiden. Gehen wir von einem existierenden Ring aus, so meldet sich eine zu integrierende Station mit einer Nachricht

- 'registration', sie wird an den aktuellen Token-Halter gesendet,

an. Um das Zeitverhalten nicht zu stören, erfolgen diese Anmeldungen nur nach einer vorangegangenen im ersten Versuch erfolgreichen Token-Übergabe innerhalb der

- 'registration_time' (rt); dieses Intervall schliesst sich an das Quittungsintervall an.

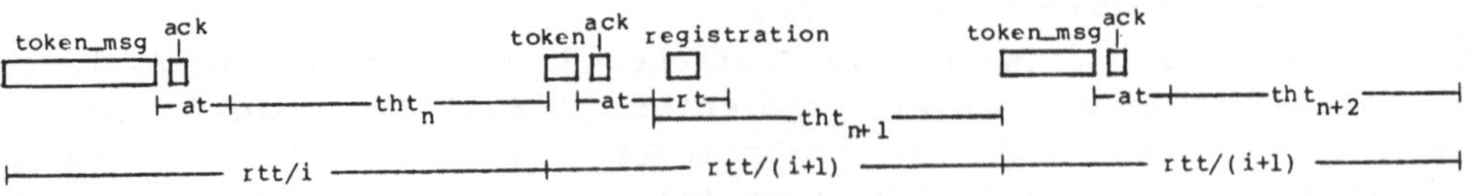

Bild 4 : Integration in einen bestehenden Ring

Wurde eine Anmeldung akzeptiert, dies ist durch die Zustandsinformation in der nächsten Nachricht erkennbar, so ist die Station in den Ring aufgenommen. Alle Stationen verkürzen nun ihre ´token_hold_time´ so, dass die ´round_trip_time´ konstant bleibt.
Stellt eine anlaufende Station innerhalb ´round_trip_time´ keinen Nachrichtenverkehr fest, so versucht sie einen Ring aufzubauen (´init_ring´). Sie setzt dazu alle Stationen aktiv und bietet ihrem Nachfolger ein Token an. Bei Ausbleiben der Quittung wird der Nachfolger inaktiv markiert. Danach wird die nächste aktive Station angesprochen. Nach erfolgreicher Übergabe eliminieren die Folgestationen alle nicht aktiven innerhalb eines Umlaufs. Der Ring ist damit aufgebaut. Wird in ´init_ring´ kein Nachfolger gefunden, so geht die Station in den Zustand ´stand_by´.
Sowohl in der Aufbauphase, als auch bei der Anmeldung können Kollisionen auftreten. Sie sind so unwahrscheinlich, dass auf komplexe Algorithmen [5] verzichtet werden kann. Ein Verfahren, das analog zu [6] die eindeutige Stationsadresse zur Bestimmung der Wartezeit zwischen Sendeversuchen verwendet, ist ausreichend.

3.5 Höhere Auslastung der Kanalkapazität

Im störungsfreien Fall (kein Retransmit) wird die Kanalkapazität schlecht ausgenutzt. Als Vorteil erhält man jedoch eine konstante Interruptbelastung der nicht kommunizierenden Stationen durch das Protokoll. Ist die Bedingung

token_hold_time > transmit_time + ack_time + registration_time

erfüllt, so kann der freie Zeitabschnitt durch eine Nachricht vom Typ

- message, sie wird broadcast gesendet und enthält kein Token,

ausgefüllt werden. Sie wird von den Empfängern nicht positiv quittiert. Mit der nächsten Nachricht wird anschliessend das Token weitergegeben. Hat der Token-Halter keinen Sendebedarf, kann er das Senderecht an andere Stationen vergeben, die diesen Bedarf durch Zusatzinformation in den Nachrichten gekennzeichnet haben. Unter der Bedingung

token_hold_time > transmit_time + ack_time + reg_time + perm_time

wird eine Nachricht

- ´permission´ selektiv an eine Station gesendet.

Diese reagiert unmittelbar mit einer ´message´ und erkennt bei Ausbleiben von ´nack´ die korrekte Übertragung. Die faire Vergabe der Lücken sollte gewährleistet werden. Eine Möglichkeit ist: vor jedem Senden setzt/löscht jede Station ihre Bedarfsinformation und die ´permission´ wird reihum vergeben.
Um die in Kapitel 3.3.1 beschriebenen Fehler zu tolerieren, müssen aber alle zusätzlich gesendeten Nachrichten für einen Umlauf gespeichert werden. Im folgenden Bild ist diese Betriebsart dargestellt. Hierbei ist vorausgesetzt, dass zusätzlicher Sendebedarf anderer Stationen besteht. Die in Station Sn berechnete ´token_hold_time´ erlaubt jedoch kein Einfügen von Nachrichten anderer Stationen. Aus dem Beispiel ist ersichtlich, dass bei konstanter Nachrichtenlänge und entsprechender ´round_trip_time´ der Kanal optimal ausgenutzt werden kann.

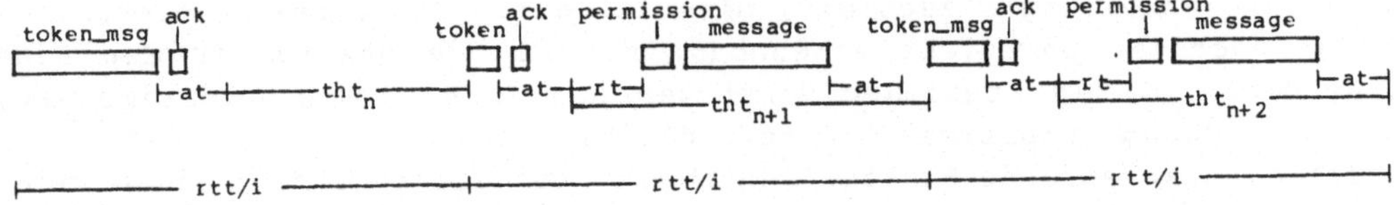

Bild 5 : Ausnutzung der Kanalkapazität

4. Bestimmung der Protokollzeiten

Die 'round_trip_time' wird unter folgenden Voraussetzungen berechnet: bei Betrieb mit der maximalen Stationsanzahl 'max_stations' soll jeder Station noch Zeit bleiben um eine Nutznachricht einmal wiederholen zu können. Dazu muss eine maximale Nachrichtenlänge festgelegt werden, aus der eine maximale Sendedauer 'max_transmit_time' (mtt) hervorgeht. Mit 'delay' > 0 kann eine Begrenzung der Interruptrate in den Stationen erreicht werden, wenn die 'rtt' für die Anwendung noch ausreichend ist.

$$rtt = max\_stations * 2(at + mtt) + delay$$

Die 'token_hold_time' wird bestimmt aus der Anzahl der augenblicklich aktiven Stationen 'number_of_active_stations' (nas). Der Term 'retry' ist 1, wenn im letzten Übergabezyklus Nachrichten wiederholt wurden; er ist 0 bei ungestörter Übertragung. Mit 'transmit_time' (tt) ist die Sendedauer der Token(Nutz)-Nachricht bezeichnet, mit der die Station in den Besitz des Tokens gelangte.

$$tht = (rtt / nas) - (1 + retry) * (at + tt)$$

5. Implementierung

Das vorliegende Protokoll wurde in einem Rechnernetz (4 LSI11/23 mit Realtimeclock) eingesetzt. Die Kommunikationshardware [7] arbeitet mit Frequenzmodulation, unterstützt HDLC-Standard [8] und hat eine Übertragungsrate von 1Mbit/sec. Die maximale Nachrichtenlänge beträgt 128 Byte und 8 Stationen sind zugelassen. Als 'ack_time' wurde 1 ms gewählt. Mit der maximalen Nachrichtenübertragungszeit von 1,1 ms ergibt sich eine 'round_trip_time' von 34 ms.
Für die Kollisionsbehandlung wurde zur Bestimmung der 'back_off'-Zeiten die n-te Primzahl verwendet; wobei n die eindeutige Stationsadresse +2 darstellt. (Die Adresse 0 wurde nicht vergeben.)
Die Information über aktive Stationen und die zusätzlichen Sendewünsche sind durch drei Byte in jeder Nachricht repräsentiert. Die 'tht' ist nur bei Änderungen im System und Störungen neu zu berechnen, so dass der Laufzeitbedarf der Algorithmen klein ist. Die CPU's werden durch das reine 'token_passing' im Protokoll zu weniger als 0,1% belastet.

Anhang: Protokoll in Pseudosprache

Die Procedure "error_statistic_may_stop_communication" soll verhindern, dass die Kommunikation durch Fehler in der Tranceiverhardware oder am Busanschluss anhaltend gestört wird.

```
------------------------------------------ hold_token --------
 INIT => RECEIVEMODE watch;
         SETTIMER token_hold_time;
         IF sequence_error OR ( tht_long_enough AND more_to_send )
          THEN SETTIMER registration_time.
 INPUT => CASE frame OF
           demaged      : IF I_sent_message THEN note_not_accepted;
                          IF permission_given THEN SEND nack.
           nack         : IF I_sent_message THEN note_not_accepted.
           message      : pass_to_application.
           registration : set_station_ring_membership.
           token        : IF message THEN pass_to_appliction;
                          IF token_for_me THEN STATE accept_token
                           ELSE STATE receive.
 TIMEOUT => CASE
             timeout_token_hold : STATE offer_token.
             sequence_error     : SEND request(missing_sequence_nmb).
             more_to_send       : IF by_myself THEN SEND message
                                   ELSE SEND permission.

------------------------------------------ offer_token --------
 INIT => next:=successor(this_station);
         SEND token OR token_message;
         RECEIVEMODE watch;
         SETTIMER acknowledge_time.
 INPUT => CASE frame OF
           demaged         : note_nack_received.
           neg_acknowledge : note_nack_received.
           acknoledge      : note_ack_received.
           token           : IF message THEN pass_to_application;
                             STATE receive.
 TIMEOUT => IF ack AND NOT nack THEN STATE receive        /*success*/
             ELSE IF first_trial THEN STATE offer_token  /* again */
              ELSE delete_ring_membership(next);
               IF no_partner_in_ring THEN STATE alone
                ELSE STATE offer_token.

------------------------------------------ receive ---------
 INIT => RECEIVEMODE normal;
         SETTIMER round_trip_time (+epsilon).
 INPUT => CASE frame OF
           demaged      : IF last_frame_ok THEN send_two_nack
                           ELSE STATE run_in;         /*permanent*/
           token_for_me : IF message THEN pass_to_application;
                          STATE accept_token.
           message      : pass_to_application; RECEIVEMODE normal;
                          IF I´m_not_in_ring THEN STATE run_in.
           permission   : SEND message; watch_for_nack.
 TIMEOUT => delete_ring_membership(predecessor); STATE hold_token
```

```
------------------------------------------------ accept_token -------
INIT => SEND acknowledge;
        RECEIVEMODE watch;
        SETTIMER acknowledge_time.
INPUT => STATE receive.
TIMEOUT => STATE hold_token.
---------------------------------------------------- alone ----------
INIT => RECEIVEMODE watch;
        SETTIMER round_trip_time;
        error_statistic_may_stop_communication.
INPUT => CASE frame OF
          demaged : note_error.
          correct : note_ok; IF message THEN pass_to_application.
TIMEOUT => IF ok THEN STATE run_in
            ELSE IF error THEN stop_communication  /*only demaged*/
             ELSE STATE stand_by.                  /* no partner */
------------------------------------------------- stand_by ---------
INIT => RECEIVEMODE watch.
INPUT => CASE frame OF
          demaged       : no_operation.
          token_for_me  : STATE accept_token.
          I_am_in_ring  : STATE receive.
          not_in_ring   : STATE run_in.
          ack_or_nack   : STATE run_in.
---------------------------------------------------- run_in ---------
INIT => RECEIVEMODE watch;
        SETTIMER round_trip_time;
        error_statistic_may_stop_communication.
INPUT => CASE frame OF
          demaged : STATE run_in.       /* if always error: loop */
          token   : IF message THEN pass_to_application;
                    IF token_for_me THEN STATE accept_token
                     ELSE IF NOT retansmitted AND NOT
                      locked THEN STATE announce.
          others  : SETTIMER round_trip_time.
TIMEOUT => set_all_stations_ring_membership;
           STATE init_ring.
------------------------------------------------- announce ---------
INIT => RECEIVEMODE watch;
        SETTIMER acknowledge_time.
INPUT => IF acknoledge THEN note_ack ELSE STATE run_in.
TIMEOUT => IF ack THEN SEND registration
                 lock_announce(back_off_time); STATE run_in.
------------------------------------------------ init_ring --------
INIT => next:=successor(this_station);
        SEND token;
        RECEIVEMODE watch;
        SETTIMER back_off_time.
INPUT => CASE frame OF
          acknoledge         : STATE receive.
          demaged OR others  : STATE run_in.
TIMEOUT => delete_ring_membership(next);
           IF no_partner_in_ring THEN STATE stand_by
            ELSE STATE init_ring.
```

Literatur:

[1] 'Distributed Systems-Towards A Formal Approach', (1977)
Gérald Le Lann, IFIP, North-Holland Publishing Company

[2] 'The Ethernet Specification', (1980)
DIGITAL, INTEL, XEROX

[3] 'Asynchronus Time-Division Multiplexing Systems', (1973)
Wesley.W.Chu, Computer Communikation Networks pp.237-268.

[4] 'Interprocess Communication Protocols for Comp. Networks', (1975)
C.A.Sunshine, TR-105, Digital System Lab., Stanford University

[5] 'Performance Analysis of CSMA/CD', (1979)
F.Tobagi, V.B.Hunt, TR-173, Comput.Syst.Lab., Stanford University

[6] 'ALOHA packet system with and without slots and capture', (1975)
L.G.Roberts, Comput.Commun.Rev.,Vol.5,pp.28-42

[7] 'Memory Mapped Megalink'
COMPUTROL, 15 Ethan Allen Highway, Ridgefield CT 06877

[8] 'Data Communication High-Level Data Link Control', (1976)
ISO 3309

I. MENSCH UND PROZESSDATENVERARBEITUNG

Erkenntnisse zur software-ergonomischen Gestaltung von Dialogsystemen

Prof. H.-J. Bullinger, K.P. Fähnrich, M. Sprenger

Institut für Industrielle Fertigung und Fabrikbetrieb

Universität Stuttgart (IFF)

Zusammenfassung

Der verstärkte Einsatz modernster Mikroelektronik im Bereich der Mensch-Maschine-Kommunikation eröffnet neue Gestaltungsmöglichkeiten und Marktchancen. Das Fraunhofer Institut für Arbeitswirtschaft und Organisation (IAO),Stuttgart hat für die Gestaltung solcher Systeme eine systematische Vorgehensweise auf der Grundlage gesicherter arbeitswissenschaftlicher und speziell software-ergonomischer Erkenntnisse entwickelt.

1 Die Softwareergonomie liefert Konzepte und Handlungsanleitungen

Im Bereich der Arbeitswissenschaften aber auch gerade in der angewandten Informatik ist ein Arbeitsgebiet entstanden, das sich die Schaffung von benutzerangepaßten Schnittstellentechnologien bei der Mensch-Maschine-Kommunikation (MMK) zum Ziel gesetzt hat (1,2). Die Gesellschaft für Informatik hat einen entsprechenden Fachausschuß "Ergonomie in der Informatik" gegründet. Nationale und internationale Normungsgremien (3,4) beschäftigen sich intensiv mit dieser Problematik. Kongresse, wurden abgehalten (5).

1.1 Schnittstellenarchitekturen

Als Diskussionsgrundlage schält sich das in Bild 1 dargestellte Modell (6) der Benutzerschnittstelle heraus. Dabei ist die E/A-Schnittstelle dem Benutzer am nächsten. Verschiedene Ein-/Ausgabemodi wie Tastatureingabe, Spracheingabe, Eingabe mit Zeigeinstrumenten (Lichtgriffel, Mouse etc.) werden in eine einheitliche, funktionale Repräsentation auf dieser Stufe überführt und stehen den nachgeordneten Softwareschichten in einer generalisierten Form zur Verfügung. Je nach Aufgabenstellung, Benutzergruppe und Einlernzustand sind verschiedene Dialogarten und -techniken zu realisieren. Diese werden durch die Dialogschnittstelle bereitgestellt und wiederum für tieferliegende Schichten in eine generalisierte Form überführt.

Die Werkzeugschnittstelle regelt den Umgang des Benutzers mit den Softwarewerkzeugen und Daten. Der Zusammenhang der Arbeitsaufgaben des Benutzers mit den Arbeitsaufgaben anderer Benutzer wird durch die Organisationsschnittstelle festgelegt.

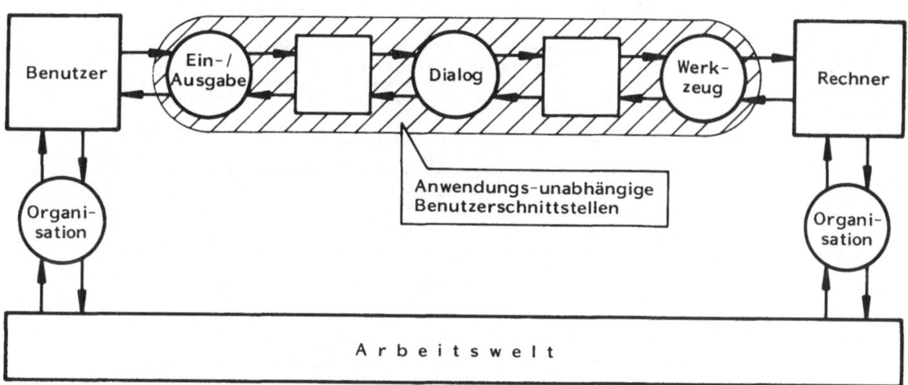

Bild 1: IFIP Modell für Dialogprozessoren Quelle: IFIP

1.2 Vorgehensweise zur Schnittstellengestaltung

Eine allgemeingültige Vorgehensweise zur Schnittstellengestaltung zeigt Bild 2:

* Die Arbeitsaufgabe muß detailliert und in ihrem organisatorischen Umfeld bekannt sein.
* Die Voraussetzungen der Benutzergruppe bezüglich Fähigkeiten, Fertigkeiten und Nutzungsgrad müssen im Kontext der Arbeitsaufgabe analysiert werden.
* Die technischen Möglichkeiten und Restriktionen sowie deren wirtschaftliche Randbedingungen für eine Implementierung des Dialogprozessors müssen in Betracht gezogen werden.
* Die Funktionalität sowie die Dialogschnittstelle sind entsprechend den vorhergehenden Schritten sowie allgemeingültiger arbeitswissenschaftlicher Erkenntnisse zu gestalten.
* Die Gestaltung sollte bezüglich Leistung, und wenn möglich bezüglich Belastung/Beanspruchung und Benutzerakzeptanz evaluiert werden.

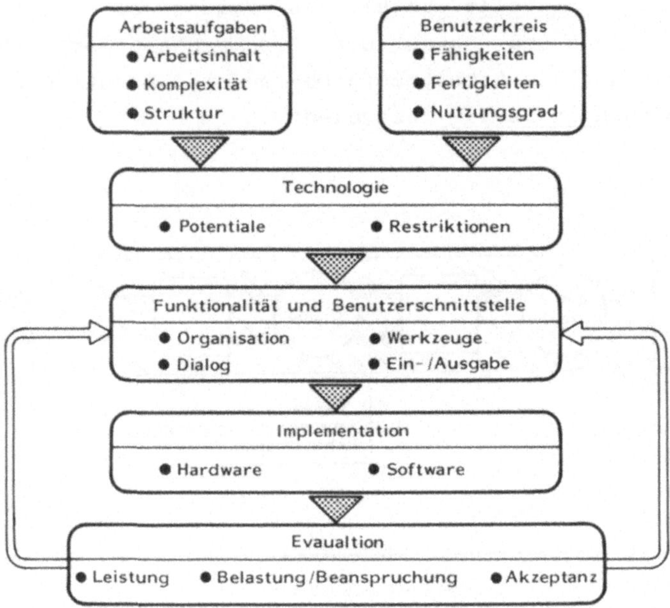

Bild 2: Vorgehensweise zur Schnittstellengestaltung

Für die praktische Gestaltung eines Dialogprozessors ist eine systematische Gliederung der entsprechenden Einflußparameter notwendig. Bild 3 zeigt beispielhaft eine Zuordnung von Einflußparametern zu dem IFIP-Schnittstellenmodell.

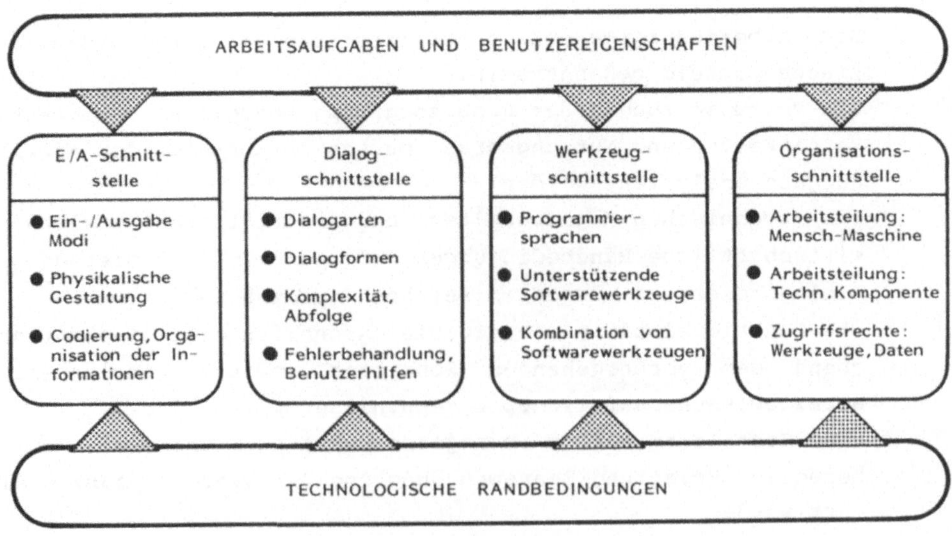

Bild 3: Gestaltungsdimensionen eines Dialogprozessors

2 Ein Dialogprozessor für die CNC-Programmierung

Entsprechend der in Kapitel 1 vorgestellten Methodik wurde unter Beachtung der geschilderten Randbedingungen im Produktionsbereich ein prototypisches Laborsystem gestaltet.

2.1 Arbeitsaufgabe und Benutzerprofile

Bei dem Einsatz von CNC-Werkzeugmaschinen verschieben sich mit zunehmendem Mechanisierungs- bzw. Automatisierungsgrad die Tätigkeitsspektren von handhabenden, motorisch belastenden zu planenden, programmierenden und überwachenden, also mental belastenden Tätigkeiten. Das Tätigkeitsspektrum läßt sich wie in Bild 4 dargestellt aufgliedern. Je nach Organisationsform (Werkstatt-, AV- Programmierung etc.) und Komplexität der Werkstücke ergeben sich unterschiedliche Tätigkeitsanteile.
Der rechtzeitigen Fehlererkennung und -behebung muß besondere Beachtung geschenkt werden, da zeitintensive Korrektur- und Optimierungsverfahren die produktiven Maschinenzeiten beeinträchtigen.
Die betrachteten Arbeitsaufgaben werden von verschiedenen Benutzergruppen durchgeführt. Bild 4 zeigt die Zuordnung von Tätigkeiten auf Funktionsträger im Komplex Programmiertätigkeiten.

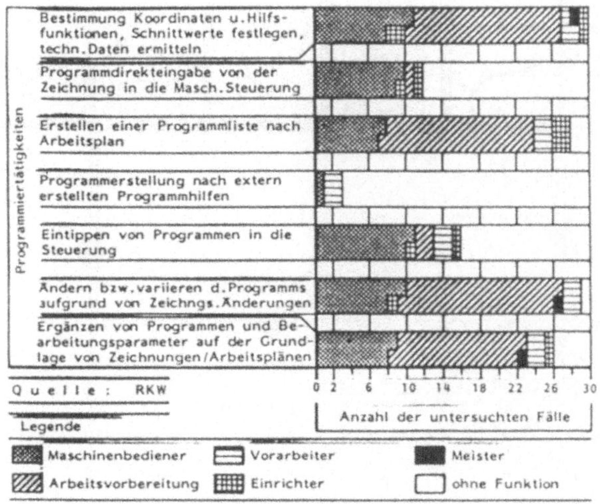

Bild 4: Zuordnung von Funktionen auf Benutzer im Bereich Programmiertätigkeiten (7).

Felduntersuchungen haben gezeigt, daß sich kein Tätigkeitsinhalt bindend einer bestimmten Benutzergruppe zuordnen läßt.
Dies spiegelt auch die Heterogenität der Organisationsmodelle wieder. Wesentlich ist also die Schaffung eines Dialogprozessors, der die Fähigkeiten und Fertigkeiten aller relevanten Benutzergruppen berücksichtigt.

2.2 Funktionalität und Dialogprozessor

2.2.1 Organisationsschnittstelle

Neben der Beschreibung der Arbeitsteilung zwischen einzelnen Benutzern, muß in der Organisationsschnittstelle die Aufteilung der Funktionskomplexe zwischen Steuerung und Benutzer sowie zwischen den Systemkomponenten festgelegt werden. Bei der Definition der Arbeitsteilung zwischen Mensch und Maschine müssen zukünftig automatisierbare Vorgänge wie z.B. Schnittwertbestimmungen, Kollisionsbetrachtungen, Vorschläge zu Werkzeug- und Macrowahl berücksichtigt werden (Bild 5).

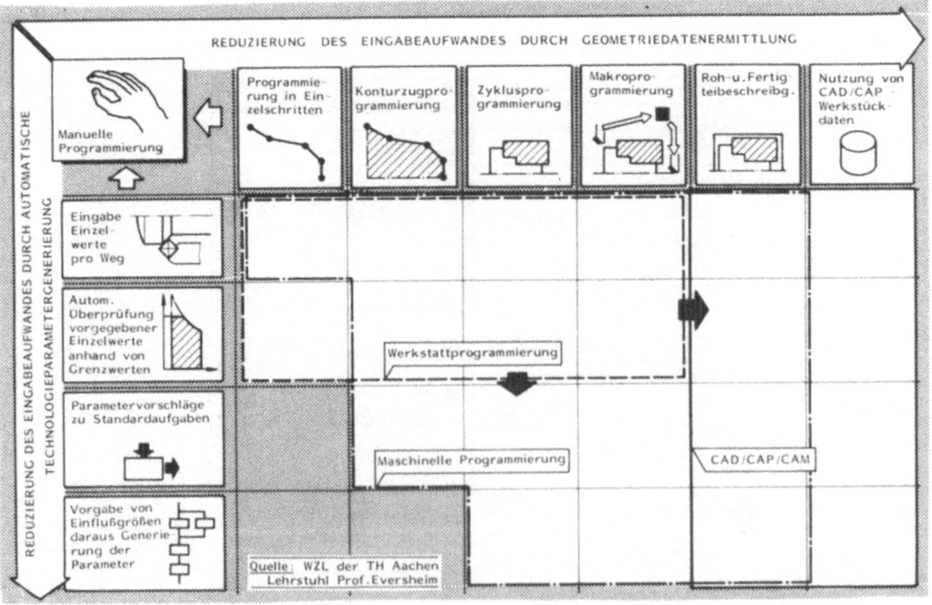

Bild 5: Automatisierungspotentiale an CNC- Maschinen. (8)

2.2.2 Werkzeugschnittstelle

Bei der Auslegung der Programmiersprache wurde eine klare Gliederung der Teileprogrammerstellung in Roh- und Endgeometrieeingabe sowie Festlegung der technologischen Kenngrößen und des Arbeitsablaufes vorgenommen. Dadurch können die während des Konstruktions- und Arbeitsvorbereitungsprozesses anfallenden Daten problemlos eingebunden werden. Darauf aufbauend wurde eine macroorientierte Befehlssprache definiert (9) (Bild 6).
Vor der breiten Einführung stehen ferner Softwarewerkzeuge zur graphischen Simulation von Teilen bzw. des gesamten Bearbeitungsvorganges. Komfortable, bildschirmorientierte Editoren, die auch Graphik bearbeiten können, bilden einen weiteren Schwerpunkt.

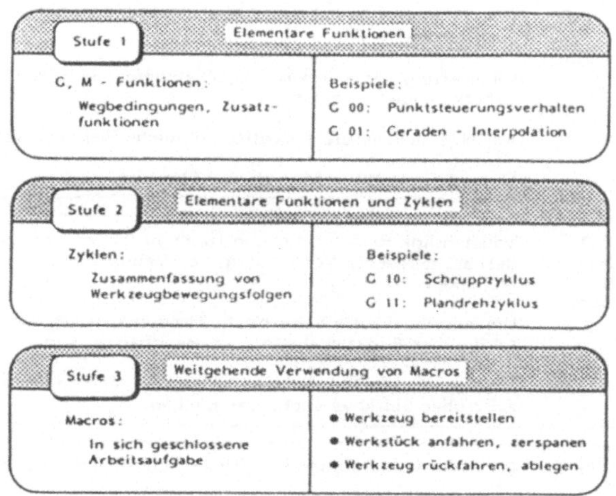

Bild 6: Drei Komplexitätsstufen der Teileprogrammerstellung

2.2.3. Dialoggestaltung

In der Diskussion befinden sich momentan sieben wesentliche Beurteilungskriterien für die Güte der Dialoggestaltung. Folgende Kriterien wurden in (3) weiter operationalisiert:

* Problemangemessenheit
* Verläßlichkeit
* Erlernbarkeit
* Steuerbarkeit
* Selbsterklärungsfähigkeit
* Fehlertoleranz

Für kombinierte Menue/Maskensysteme werden in Bild 7 Gestaltungsprinzipien vorgestellt.

2.2.4 Codierung und Organisation von Information

Hochauflösende, graphikfähige Farbbildschirme tragen dazu bei, die Palette der ergonomisch sinnvollen Codierungsmöglichkeiten zu erweitern. Graphikdarstellungen sollen die Programmierung auf möglichst vielen Ebenen unterstützen.

DESIGNPARAMETER FÜR MENUESYSTEME	
ANWENDUNGEN	Geeignet für ungeübte Benutzer. Gute Benutzerführung, effizientere Interaktionsformen für geübte Benutzer
STRUKTUR UND UMFANG	Eine homogene Struktur ist anzustreben. (Breite und Tiefe ausgewogen). Minimierung der in einem Aufgabenkontext im Menuebaum zurückzulegender Wege. Auf eine Menuestufe semantisch ähnliche Elemente legen. Listenlänge nicht größer als 5-7 Elemente
KOMPLEXITÄT VON MENUE - SCHRITTEN	Vollständige Hierarchisierung führt zu langen Menuewegen; deshalb gemischte Verwendung von Menue- und Formulartechniken. Universelle, häufig verwendete Kommandos unmittelbar (z.B. über Funktionstasten) verwendbar machen. Lokale, im aktuellen Kontext häufig verwendete Kommandos z.B. über Softkeys verfügbar machen.
INTERAKTION IM MENUESYSTEM	Parallele Auswahl über Kennziffer, Cursor oder Kurzkommandos. Zwangsläufige Dialogsequenzen können über rechnerinitiierte Dialogformen gesteuert werden. Bei großen Menuesystemen voreingestellte Einstiegspunkte definieren. In umfangreichen Menuestrukturen sollen Navigationsmöglichkeiten aufgezeigt werden.
INFORMATIONS-DARSTELLUNG	Bevorzugt vertikale Anordnung der Elemente. Kodierung selektiver Listenelemente z.B. durch Inversdarstellung, Farbe oder graphische Hilfselemente.
ZUKÜNFTIGE ENTWICKLUNGEN	Browsing in window- orientierten Systemen. Selbstadaptive Menues Verwendung von über Baumstrukturen hinausgehenden Konzepten.

Bild 7: Gestaltungsprinzipien für Menue/Maskensysteme

Für Hervorhebungen besonderer Information (Warnungen, einzugebende Parameterwerte) werden Zusatzkodierungen verwendet (Cursor in unterschiedlicher Form und Farbe, Inversdarstellung, zwei Helligkeitsstufen, Blinken des Umfeldes und farbig unterlegte bzw. farbig begrenzte Bereiche). Günstiger als die ausschließliche Verwendung von Großbuchstaben ist auch für diesen Anwendungsbereich eine gemischte Schreibweise.

Abweichend von der durch die EDV beeinflußten zeilenartigen Aufteilung des Bildschirms soll die gesamte Anzeigenfläche voll als zweidimensionales Medium genutzt werden. Den zuvor definierten Informationsklassen wie Statusanzeigen, Menues, Fehlermeldungen etc. werden Bereiche des Bildschirms zugeordnet. Bestimmend für die Geschwindigkeit und Genauigkeit der menschlichen Informationsverarbeitung - und damit auch als belastungsminderndes Instrument einsetzbar - ist die Gestaltung der Masken nach den Gesetzen der Wahrnehmungspsychologie. In den beiden Bildern 8 und 9 ist jeweils ein Beispiel für eine gute und schlechte Maskengestaltung angeführt. Eine Vorgehensweise zum Maskenlayout zeigt Bild 10.

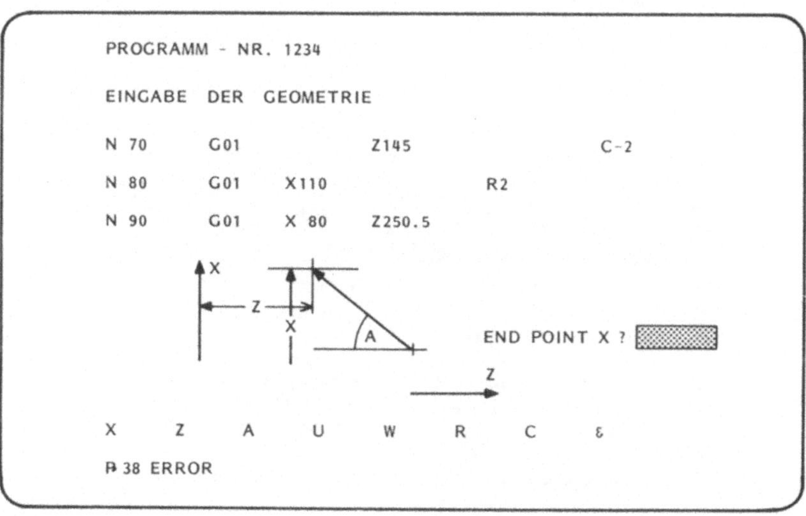

Bild 8: Herkömmlich strukturierte Maske bei der Teileprogrammerstellung

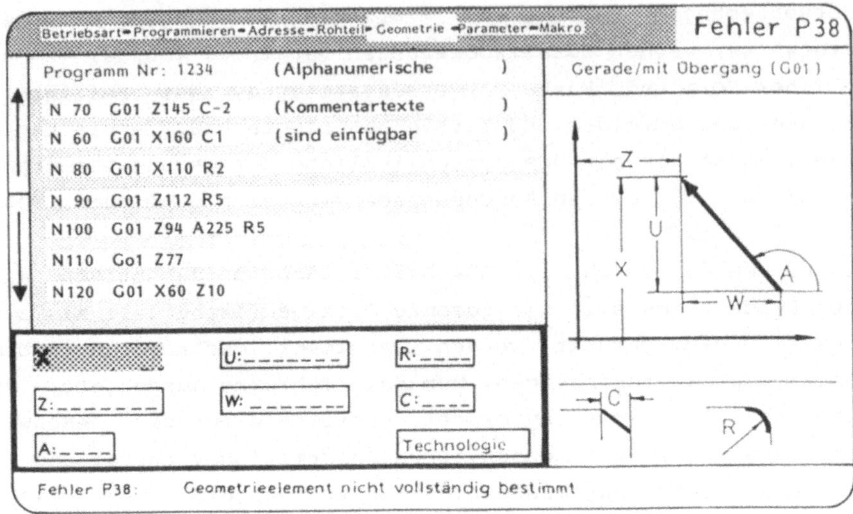

Bild 9: Nach softwareergonomischen Prinzipien gestaltete Maske für die Teileprogrammerstellung an CNC-Maschinen

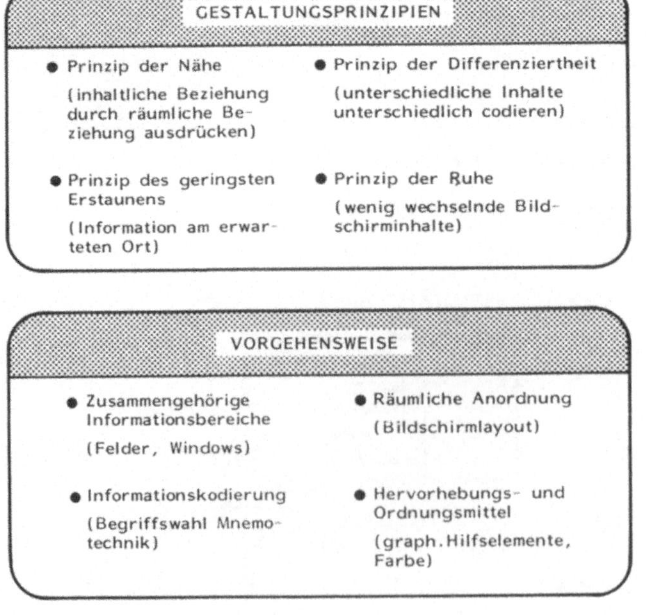

Bild 10: Vorgehensweise bei der Maskengestaltung für CNC-Programmiersysteme

2.2.5 Ein/Ausgabeschnittstelle

Bei der Gestaltung des Gesamtsystems und speziell der Ein-/Ausgabeschnittstelle wurde vom Prinzip des sogenannten "Rapid Prototyping" ausgegangen. Hierbei wird durch die Bereitstellung von Schnittstellengeneratoren (Masken-/Menuegeneratoren) eine frühzeitige, von tieferliegenden Bearbeitungsroutinen weitgehend unabhängige Realisierung von Varianten der Benutzerschnittstelle möglich. Daraus resultiert auf der einen Seite die Möglichkeit der frühzeitigen Benutzerpartizipation bei der Gestaltung sowie der sauberen Hypothesenbildung für empirische Untersuchungen.
Ein vom Gedankengut der Informatik und sogenannten "Cognitive Science" beeinflußten Vorgehensweise zur Gestaltung der Ein-/Ausgabeschnittstelle im Bereich Farbcodierung wird im Folgenden grob skizziert:

1. Bestimmung von Elementarobjekten: Größte Informationseinheiten, die bezüglich aller Gestaltungsparameter nicht weiter unterschieden zu werden brauchen, sind festzulegen (Bild 11).

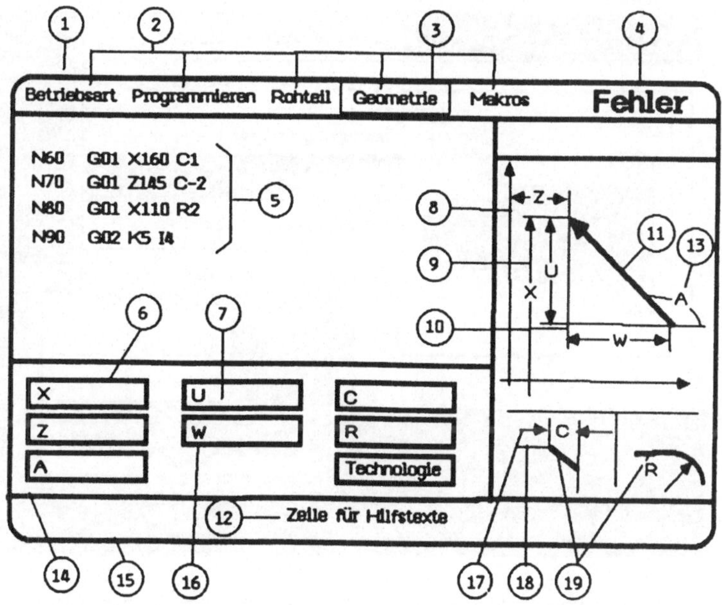

Bild 11: Elementarobjekte in einer CNC- Maske

2. Bildung von Objektklassen: Alle Elementarobjekte, die z.B. bezüglich der Ausprägung des Gestaltungsparameters Farbe in den verschiedenen Dialogzuständen nicht weiter zu differenzieren sind werden dynamisch zusammengefaßt.
3. Zuordnung von Parameterausprägungen zu den einzelnen Objektklassen:

Dabei steht die Bestimmung von Elementarobjekten am Anfang. Aus diesen Elementarobjekten werden dynamische, vom Dialogzustand abhängige Zusammenfassung Objektklassen gebildet, die bezüglich der Ausprägung des Parameters Farbcodierung wegen vorgegebener inhaltlicher Bezüge nicht weiter differenziert werden. Am Ende steht die Zuordnung von Parameterausprägungen (Farbwahl) zu diesen Objektklassen. Diese Strukturierung der Information wird in der Dialogsoftware voll nachvollzogen und erlaubt die freie Umstellung aller Parameterausprägungen im Dialog während der Entwicklungs- und Evaluationsphase.
Die derzeit unflexible Organisation der Information wird bei zukünftigen Systemen mit direkter graphischer Manipulation in Window- Technik verbessert (10). Bild 12 zeigt eine solche Entwicklung.

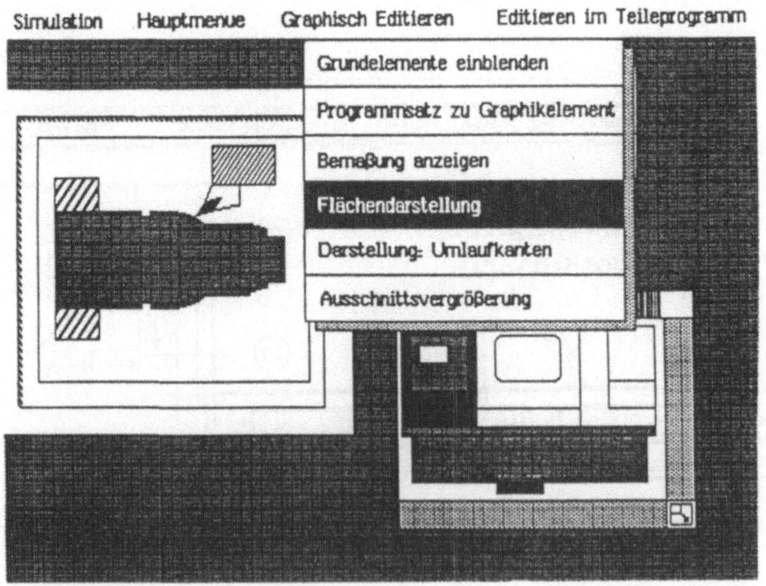

Bild 12: Zukünftige CNC- Schnittstelle unter Verwendung von Fenstertechnik

Literatur:

(1) Bullinger, H.-J.; Fähnrich, K.P.: Brauchen wir eine Softwareergonomie? Vortrag auf dem Kongreß der Gesellschaft für Arbeitswissenschaft, Dortmund, März 83

(2) Fauser,A.; Fähnrich,K.P.; Ziegler, J.: Moderne Mensch- Maschine-Kommunikation. Office Management, 30 (1982) 10, S.904 - 912

(3) Arbeitspapiere des Redaktionsausschuses "Dialoggestaltung" DIN NI AA D (Mensch-Maschine-Kommunikation)

(4) Fähnrich,K.P.: Schnittstellengestaltung an CNC-Maschinen. Office Management 31 (1983), Sonderheft zur Arbeitstagung Mensch-Maschine-Kommunikation.

(5) Balzert, H: Software-Ergonomie, Stuttgart: Teubler 1983

(6) Dzida, W.: Das IFIP-Modell für Benutzerschnittstellen. Office Management 31 (1983), Sonderheft zur Arbeitstagung Mensch-Maschine-Kommunikation.

(7) Rolfes, J.: Beitrag zur Bestimmung des Programmieraufwandes bei numerisch gesteuerten Drehmaschinen. Universität Hannover, Fakultät für Maschinenwesen, Diss. von 1979

(8) RKW: Wirtschaftliche und soziale Auswirkungen des CNC-Werkzeugmaschineneinsatzes, Studie des Fraunhofer- Instituts für Systemtechnik und Innovationsforschung. Eschborn 1981.

(9) Diekmann,Th.; Klotz, U.: Veränderung der Organisation des Arbeitsablaufs bei Werkzeugmaschinen durch den Einsatz von Mikrocomputern. Eggenstein-Leopoldshafen, 1980, BMFT- Forschungsbericht; HA 80-050.

(10) Fähnrich, K.-P; Ziegler, J.: Die Benutzerschnittstelle des Arbeitsrechners " XEROX X8010". Office Management, 12 (1983)

MENSCHLICHE ARBEIT UND PROZESSAUTOMATISIERUNG

Walter Erb

Abt. Automation/Technologie - HdA-Beratung

IG Metall-Vorstandsverwaltung, Frankfurt

ZUSAMMENFASSUNG

Je mehr Arbeitsprozesse technisiert werden, um so mehr stoßen arbeitsorganisatorische Maßnahmen zur Schaffung von Tätigkeitsbildern mit qualifizierten Arbeitsinhalten an die Grenzen der vorgefundenen Technik. Denn von ihrer Gestaltung hängt es zunehmend ab, was an qualifizierten Arbeitsinhalten überhaupt noch zur Verfügung steht und wie es auf die betroffenen Arbeitnehmer verteilt werden kann. Eine Fehlgestaltung der Technik - vor allem nach der Richtlinie, den "Kosten- und Risiko-Faktor Mensch" weitestgehend einzusparen - hat nicht nur "Fehlverhalten" der Technik zur Folge, sondern auch eine "Fehlbeanspruchung" der damit arbeitenden Menschen. In entsprechend gestaltete Prozesse ist "technisches oder menschliches Fehlverhalten" als vordergründige Ursache vieler Stör- oder gar Unglücksfälle schon einprogrammiert. Diese Erfahrung ist Ausgangspunkt, den tieferliegenden, eigentlichen Ursachen nachzugehen und einige wichtige Anhaltspunkte zu liefern, wie Technik, speziell Informationstechnik, auszulegen ist, um Tätigkeitsbilder mit qualifizierten Arbeitsinhalten zu erzielen.

AUTOMATISIERUNG UND AKZEPTANZ

In der Denktradition der Arbeiterbewegung ist eine moderne und humane Technik im Rahmen einer sozial- und umweltverträglichen Herstellung nützlicher Güter und Dienstleistungen als Grundlage der Hoffnung auf eine bessere Gesellschaft grundsätzlich immer positiv gesehen worden. Dies äußerte sich auch in dem bisher vorwiegenden "Ja, aber", was jedoch aufgrund der aktuellen und für die Zukunft absehbaren negativen Erfahrungen zunehmend durch ein "Nein, solange nicht" abgelöst wird. Dies gilt hinsichtlich der Einhaltung der oben genannten Grundforderungen unter gleichberechtigter Beteiligung der Betroffenen und ihrer Interessenvertreter. Hintergrund für diese Veränderung ist zunächst die Erfahrung der zunehmenden Massenarbeitslosigkeit. Wobei wir sehr genau wissen, daß die Bekämpfung der Arbeitslosigkeit nur begrenzt Thema der Auslegung technisch-organisatorischer Systeme ist, sondern im wesentlichen Thema der "Auslegung" der politischen, wirtschaftlichen und sozialen Rahmenbedingungen, d. h. der Verteilungs-, Eigentums- und Machtverhältnisse sowie der daraus resultierenden Beteiligungs- und Mitbestimmungsmöglichkeiten, unter denen die technisch-organisatorische

Entwicklung abläuft.
Wir wissen auch, daß die Technik nicht der eigentliche "Jobkiller" ist, sondern die Tatsache, daß die mit ihrem Einsatz verbundenen Produktivitätseffekte sich nicht in kürzerer Arbeitszeit, humaneren Arbeitsbedingungen sowie mehr Qualifikation und höherem Einkommen niederschlagen.
Unter diesen Bedingungen stellt investiertes Kapital ohne entsprechende Nachfrage aus der Massenkaufkraft der Arbeits- und Sozialeinkommen unnötige Ausfälle und Kosten dar, ebenso wie eine gesundheitlich geschädigte, unzureichend qualifizierte und unterbeschäftigte Arbeitnehmerschaft. Alle vom vorherrschenden Typ der Produktivitätssteigerung erhofften Konkurrenzvorteile werden auf dem Umweg der Folgekosten wieder mehr als aufgehoben.
Form, Inhalt und Geschwindigkeit der Automatisierung werden also primär von den wirtschaftlichen und sozialen Rahmenbedingungen bestimmt, unter denen sie praktiziert wird.
Konkret wäre eine gesellschaftlich vernünftigere Entwicklung der Funktionsteilung von menschlicher Arbeit und Technik möglich, wenn auf den bisher praktisch steuer- und abgabefreien Technik-Einsatz ein Teil der indirekten und direkten Steuern und Abgaben umgelegt würde, mit denen bisher der Einsatz menschlicher Arbeit einseitig verteuert wird. Eine entsprechende Verschiebung der Bezugsgrundlage für Steuern und Abgaben würde auch die vielbeschworenen Konkurrenznachteile arbeitsintensiver, meist kleiner Unternehmen gegenüber den kapitalintensiven, meist großen Unternehmen reduzieren.
Diese künstliche Verteuerung der Entlohnung menschlicher Arbeit - von der für den einzelnen Arbeitnehmer aber immer weniger real verbleibt - bestimmt wesentlich die Größe und den Inhalt des nicht oder noch nicht automatisierten Teils von Prozessen, der durch menschliche Arbeit ausgefüllt werden muß.
In der für Entwickler und Gestalter automatisierter Prozesse vorherrschenden Denktradition erscheint dieser Teil oft als Automatisierungslücke unterschiedlicher Ursache:
- Kostenlücke, wenn menschliche Arbeit zur Schließung noch billiger ist,
- Techniklücke, wenn dafür noch keine technischen Lösungen vorliegen.

Bei genauer Analyse erweist sich die Technik-Lücke oft auch als Kosten-Lücke, weil die Kapitalgeber, Unternehmer und auch der Staat aus vordergründigen einzelwirtschaftlichen Kosten-Nutzen-Überlegungen die Entwicklung entsprechender technischer Lösungen zur Schließung dieser Technik-Lücken nicht finanzieren. Dies so lange, wie Menschen als billigere "Lückenbüßer" unter meist inhumanen Arbeitsbedingungen zur Verfügung stehen.

Unser konkretes Verhältnis zu einzelnen Technologien und der dabei eingesetzten Technik möchte ich am Modell einer Verkehrsampel verdeutlichen - mit allen Einschränkungen bezüglich solcher Analogien:

- "Grün", wenn die entsprechenden Güter und auch Dienstleistungen einem aus der Sicht der Arbeitnehmerschaft nützlichem Zweck dienen und ihre Herstellung nach sozial- und umweltverträglichen Verfahren geschieht,
- "Gelb", wenn durch entsprechende Gestaltungsmaßnahmen ein "Grün" möglich erscheint,
- "Rot", wenn die Technik grundsätzlich inhumanen Zielen dient und Änderungsmaßnahmen aussichtslos sind. Z. B. Antreiber- und Kontroll-Technik zur Verschärfung von Leistungsdruck und Verhaltenszwängen.

Unsere Erfahrungen aus der Beratung unserer Betriebsräte, Vertrauensleute und Mitglieder haben gezeigt, daß neue Technik und Arbeitsorganisation, die die Farbe "Grün" wirklich verdienten, auch "echt" akzeptiert und mitgetragen wurden.
Wir können auf eine Reihe von Humanisierungs-Projekte verweisen, die vom ursprünglichen "Gelb" in zähen Verhandlungen zu einem "Grün" weiterentwickelt werden konnten. Einige unserer damaligen Gegenüber geben heute die erkämpfte Lösung als ihre ureigenste aus, weil sich unsere Forderungen am Ende als die für beide Seiten bessere Lösung erwiesen haben.
Alle Projekte, die auch durch zäheste Verhandlungen nicht aus der Rot-Phase herauszubringen waren, sei es durch die Ignoranz der Unternehmer oder juristische Borniertheit ihrer Verbandsvertreter, haben nicht das gebracht, was für beide Seiten möglich gewesen wäre. Falls sie überhaupt angelaufen sind, beruhte die Akzeptanz auf Zwängen oder Manipulationen, denen sich die betroffenen Arbeitnehmer, Vertrauensleute oder Betriebsräte in der jeweiligen Situation nicht entziehen konnten. Alles in allem gesehen, war es auch für die Unternehmer am Ende ein Scheinsieg.

ANSATZPUNKTE FORTSCHRITTLICHER ARBEITSORGANISATION

Bei der Mehrzahl der genannten Projekte ging es im wesentlichen um arbeitsorganisatorische Maßnahmen, bei denen der Einsatz neuer Technik noch keine beherrschende Rolle spielte. Bei der Gestaltung qualifizierter Tätigkeitsbilder ging es daher vor allem um eine andere Zuteilung der verfügbaren Aufgaben, die durch menschliche Tätigkeit auszuführen sind. Ausgehend von den Prinzipien "Ganzheitlichkeit" und "Gegenstandsorientierung" ging es darum, einen optimalen Wechsel bezüglich Inhalt und Intensität der Beanspruchung der eingebrachten Fähigkeiten zu sichern, damit diese nicht verkümmern, sondern sich im Tätigkeitsvollzug erhalten und auch entfalten. Das Qualifizierte dieser Mischarbeit beruht darin, daß es keine Mischarbeit oder Mehrstellenarbeit in dem Sinne ist, daß der betroffene Arbeitnehmer zwei Stunden die Arbeit A, drei Stunden die Arbeit B, eine Stunde die Arbeit C und zwei Stunden die Arbeit D ausführt. Das mag in vielen Fällen besser sein, als wenn er acht Stunden nur die Arbeit A oder B oder C oder D macht. Entscheidend ist aber die Ganzheitlichkeit, indem wieder die unterschiedlichen Bearbeitungsstufen an einem Arbeitsgegenstand oder einem Projekt "in einer Hand" vereinigt werden, also "Komplettbearbeitung" anstelle einer verrichtungsorientierten Arbeitsteilung nach dem Muster: nur Planen, nur Disponieren, nur Programmieren, nur Drehen, nur Fräsen, nur Schleifen, nur Kontrollieren, nur Instandhalten usw; schlimmstenfalls dann noch für einen bestimmten Arbeitsgegenstand und dann noch "lebenslänglich". Die verrichtungsorientierte "Spezialisierung in die Tiefe" mit immer kürzeren Bearbeitungszyklen aufgrund von Hochleistungsverfahren und EDV-Unterstützung läuft auf einen Typ von Fließbandarbeit mit zunehmend rein ausführendem Charakter hinaus, weil gleichzeitig die Möglichkeiten der Disposition und Kontrolle der eigenen Arbeit ausgelagert werden, zunächst meist zu irgendwelchen "Spezialisten", die dann selbst durch Technik-Einsatz abgelöst werden.

Das Konzept der ganzheitlichen, gegenstandsorientierten Arbeitsorganisation beweist seine Brauchbarkeit nicht nur hinsichtlich des Qualifikationserhalts für "Produktionsarbeiter", sondern auch für "Informationsarbeiter", die zunehmend den gleichen Entqualifizierungstendenzen wie die Produktionsarbeiter unterworfen sind. Ein mögliches Beispiel: "Komplettbearbeitung" von Konstruktion und Planung eines Auftrages durch die integrierte Erstellung der Zeichnung und aller anderen Produktionsunterlagen (technische Berechnungen, Arbeitsplan, NC-Programm, Zeit- und Kostenkalkulation) in der Hand eines Technologen, dies auch im Hinblick auf eine mehr fertigungs-, montage-, instandhaltungs- und menschengerechte Konstruktion.

Bei der Verwirklichung dieses Grundkonzeptes erleben wir erhebliche Schwierigkeiten von seiten der Unternehmer und ihrer Verbandsvertreter, aber auch durch den Charakter der vorgefundenen Technik und entsprechender Organisationskonzepte. Die Argumentation der Verbandsvertreter läuft im wesentlichen auf der politischen und juristischen Schiene, die Beteiligung der Arbeitnehmer, Betriebsräte und Gewerkschaften bei der Gestaltung und Auswahl von Technik und Arbeitsorganisation sei nur ein Vehikel zur klammheimlichen Ausweitung der Mitbestimmung. Von daher sei ein Eingehen auf solche Vorschläge prinzipiell abzulehnen. Für die Unternehmer

selbst kommen noch eine Reihe vordergründiger Herrschafts- und Kostengesichtspunkte hinzu: einmal die vermeintliche Abhängigkeit von einem ganzheitlich und qualifiziert tätigem Arbeitnehmer, und zum anderen die mit der höheren Qualifikation, Kompetenz und Verantwortung verbundene höhere Eingruppierung dieser Arbeitnehmer.
Unserer Einschätzung nach sind die Abhängigkeit von einem "Spezialisten in die Tiefe" für ein bestimmtes Kettenglied der Bearbeitungsfolge und die Kosten seines Ausfalls wesentlich größer, als wenn man genug "Spezialisten in die Breite" zum flexiblen Einsatz hat. Angesichts der Kosten des Ausfalls von technischen Anlagen mit Stundensätzen, die nach 100 oder 1.000 DM rechnen, sind die Kosten für eine ausreichende Qualifizierung und eine höhere Eingruppierung um eine oder zwei Stufen bzw. der Einsatz eines zusätzlichen Arbeitnehmers für eine qualifizierte und störungsfreie Abwicklung der Prozesse praktisch vernachlässigbar. Aber auch eine Qualifizierung "ins Blaue hinein" bringt nicht viel, wenn sie nicht durch entsprechende Tätigkeitsbilder in einem Mindestmaß abgefordert wird. Sie verkümmert dann langsam aber sicher und steht im Bedarfsfall auch nicht mehr ausreichend zur Verfügung.
Das Konzept der ganzheitlichen, gegenstandsorientierten Arbeitsorganisation kommt durchaus dem Wunsch der Unternehmer nach Flexibilität gegenüber Markt- und Technologieveränderungen entgegen, aber auch ihrem Interesse an Kostensenkung, denn die extrem arbeitsteilige "Spezialisierung in die Tiefe" erhöht unnötigerweise die Koordinierungskosten und die Durchlaufzeiten der Arbeitsgegenstände, damit die Kapitalbindungs-, Lager- und auch Speicherkosten. Die entsprechenden arbeitsteiligen Lösungen optimieren zwar Einzelschritte, selten aber die Gesamtaufgabe. Dafür gibt es genug Belege.

TECHNIKGESTALTUNG UND ARBEITSORGANISATORISCHE SPIELRÄUME

Eine fortschrittliche Arbeitsorganisation mit qualifizierten Arbeitsinhalten findet ihre Grenze dort, wo die für die entsprechende Technologie eingesetzte Technik nur wenig Spielräume dazu läßt. Und je mehr Technik zur Ausführung und Regelung von Produktions- und Informationsprozessen eingesetzt wird, um so wichtiger wird eine entsprechende Gestaltung und Auswahl der einzusetzenden Technik. Im Hinblick auf das heutige Thema soll die Informationstechnik im Vordergrund stehen, zumal bei Verfahren, die über Prozeßdatenverarbeitung geregelt werden, der eigentliche Produktionsprozeß sich zunehmend dem unmittelbaren Wahrnehmungs- und Wirkungsfeld der arbeitenden Menschen entzieht. Insoweit spielt die Abbildung des realen Prozesses im Gesichtsfeld und die ent-

sprechende Wahrnehmung eine zunehmend wichtige Rolle bei der Prozeßbeherrschung durch die arbeitenden Menschen. Ein Thema, auf das noch gesondert eingegangen werden soll.
Gehen wir zunächst weiter zurück bis in den Bereich der angewandten Forschung und Entwicklung von Technik - speziell von Informationstechnik -, um die Spielräume herauszufinden, die Technik-Entwickler und -Gestalter haben, auf den verschiedenen Stufen von der Entwicklung bis zur Anwendung der Technik zunehmend Aspekte ihres späteren Einsatzes als Arbeitsmittel einzubeziehen. In den ersten Stufen werden in der Regel nur technologische Entwicklungslinien verfolgt, nach dem Prinzip "kleiner - leichter - schneller - billiger". Die herauskommenden Bausteine haben meist noch ein breites Anwendungsspektrum. Für die Entwickler ist es hier noch schwierig, Prinzipien humaner Gestaltung und Anwendung von Technik im Hinblick auf ihren späteren Einsatz im Arbeitsprozeß zu berücksichtigen. Mit jeder Stufe näher zur Anwendung kann der Anwendungsaspekt aber stärker in die Überlegungen eingehen, weil gleichzeitig meist auch das Spektrum möglicher Anwendung kleiner und übersichtlicher wird. Es wächst also die Möglichkeit einer "retrograden" Technologiegestaltung, d. h. die Möglichkeit, von vornherein für einen bestimmten Anwendungsfall - besser noch, ein umfangreicheres Anwendungsspektrum - festzulegen, wieviel und welche Aufgaben von Menschen erfüllt werden sollen und welche von der Technik, auch im Hinblick darauf, wie die betroffenen Menschen untereinander und mit der Technik kommunizieren werden. Die Praxis läuft in der Regel umgekehrt. Die zur Projektierung technologischer Systeme verfaßten Pflichtenhefte oder Aufgabenkataloge lassen sich meist auf einen gemeinsamen Nenner zurückführen, der heißt, den "Kosten- und Risiko-Faktor Mensch" weitestgehend zu minimieren.

Das Pflichtenheft legt aber nicht nur die Pflichten des zu gestaltenden Systems fest, sondern auch die Pflichten des Gestalters. Das heißt aber nicht, daß er keinen Spielraum hat, denn in der Praxis ist er in der Regel an der Gestaltung des Pflichtenheftes beteiligt. Er kann aber nur Intentionen der menschengerechten Technikgestaltung einbringen und ihre langfristigen Kosten-, Produktivitäts- und auch Marktvorteile belegen, wenn er sich in seiner Aus- und Weiterbildung als auch in seiner beruflichen Praxis mit dieser Thematik beschäftigt hat. Da liegt einiges im argen. Zunächst müßte einmal erkannt und akzeptiert werden, daß die Technikentwicklung kein autonomer Prozeß ist und die entstandene Technik weder anwendungsneutral noch die einzig mögliche Variante ist. Es gibt immer andere Varianten, wenn betrieblich und gesellschaftlich nur genug Druck gemacht wird und dieser Druck sich in Kosten oder Umsatz niederschlägt. Die Humanisierungs- und Umweltschutz-Diskussion hat in vielen Fällen gezeigt, daß die sozial- und auch umweltverträglichen Varianten am Ende auch die produktiveren und kostengünstigeren waren.

Aus meiner Arbeit als Humanisierungs-Berater kenne ich die Geschichte der Einführung und Anwendung vieler auf dem Markt befindlicher oder selbstgestrickter Systeme zur EDV-gestützten Planung, Steuerung und Kontrolle betrieblicher Prozesse in der bundesdeutschen Metallwirtschaft. Gemeint sind damit nicht so sehr die Anwendungsbereiche der kommerziellen Datenverarbeitung, wo es um stark schematisierte und wenig störanfällige Prozesse geht, die mit der alten EDV schon längere Zeit einigermaßen akzeptabel bewältigt werden konnten. Es geht vielmehr um die massenhaften Projekte der Einführung und des Ausbaues von Systemen zur Planung, Steuerung und Kontrolle betrieblicher Prozesse, die von ihrer Art her besonders störanfällig sind, speziell in der Produktion. Bei einigen Systemen kann ich die beunruhigten Betriebsräte trösten, daß sie entweder überhaupt nicht laufen werden oder erst mit erheblichen Verzögerungen und Änderungen. In der Fachliteratur werden solche Ausfälle oder Verzögerungen im wesentlichen damit begründet, der Betrieb sei noch nicht genug EDV-gerecht gewesen, oder es sei das falsche System ausgewählt worden. Hinzu kämen meist wenig durchdachte Einführungen und Akzeptanzschwierigkeiten. Dies alles trifft in gewisser Weise überall zu, nur bei bestimmten Systemen häuft es sich. Warum eigentlich? Entsprechende Untersuchungen zeigen dann immer relativ schnell, daß es am Konzept liegen muß, das hinter der Gestaltung dieser Technik steht. Denn es werden in der Regel Planungs-, Steuerungs- und Kontrollphilosophien verwendet, hinter denen perfektionistische "Supermodelle" auf der Basis abstrakter Kennziffern stehen, deren Zusammenhänge meist mittels deterministischer Funktionen hergestellt werden. Der statische oder quasi - statische Charakter solcher Funktionsmodelle technischer, organisatorischer oder ökonomischer Zusammenhänge erhält auch durch die Einbeziehung kybernetischer Mechanismen noch lange nicht Prozeßcharakter. Es wird dabei übersehen, daß die zu regelnden Funktionsverläufe selbst Resultanten einer Reihe spontan ablaufender und noch nicht durchschauter Prozesse darstellen. Diese fürs erste spontanen Prozesse mittels technischer Funktion zu regeln oder gar zu optimieren, führt zu einer Hypertrophie an technischer Prozeßregelung, die das erhoffte Ziel Stabilität oder gar Optimalität wieder untergräbt.
Der Drang, nicht nur den Normalfall, sondern auch die Unmenge "spontaner" Stör- oder Spezialfälle in Funktionsmodellen mit eingebauten Entscheidungs- oder gar Optimierungsregeln und entsprechender Auslegung

der Technik zu erfassen, hat seine Ursachen nicht nur in der Denktradition von Technikern im weiteren Sinne, sondern auch in denen der Unternehmer. Beide sehen die Menschen als Kostenfaktor vor dem Hintergrund des rapide gesunkenen Preis-Leistungs-Verhältnisses der eingesetzten Informationstechnik und der dazu im Vergleich einseitig mit wachsenden Steuern und Abgaben künstlich verteuerten menschlichen Arbeit. Beide sehen auch die Menschen als Risikofaktor. Der Techniker unterschätzt ihre Lernfähigkeit und sieht sie als unzuverlässige Prozeßfunktion. Der Unternehmer sieht noch eine weitere Unzuverlässigkeit aus dem Umstand, daß die Arbeitnehmer im Gegensatz zur Technik zwar von ihm abhängig, aber doch nicht sein Eigentum sind. Das Vertrauen in die Wirksamkeit entsprechender Akzeptanz- und Motivationsstrategien scheint nicht besonders groß zu sein.

"TECHNISCHES UND MENSCHLICHES FEHLVERHALTEN" - URSACHEN UND KONSEQUENZEN FÜR DIE TECHNIKGESTALTUNG

Ebenso wie das Fehlverhalten der Technik aus einer Fehlgestaltung der Technik herrührt, hat menschliches Fehlverhalten seine Ursachen in menschlicher Fehlbeanspruchung. An dieser Grunderkenntnis kommt keine menschengerechte Technikgestaltung vorbei. Zwischen technischem Fehlverhalten und menschlichem Fehlverhalten besteht ein enger Zusammenhang, denn je mehr Funktionen aus Kosten- und Risikogründen der Technik zugeordnet werden, um so mehr muß das System auf mögliche Stör- oder Spezialfälle mit entsprechenden Regelprozeduren vorbereitet werden. Bei Prozessen mit einem hohen Anteil möglicher Stör- und Spezialfälle wird die entsprechend ausgelegte technische Prozeßregelung selbst zum eigenständigen Risiko. Die Wahrscheinlichkeit entsprechender Ausfälle und ihrer Kosten steigen progressiv. Das bestätigen auch Stör- und Schwachstellen-Analysen über die Verfügbarkeit technischer Anlagen.

Auf der anderen Seite werden mit der Verlagerung von Risiken auf die Technik entsprechende Risiken von den Menschen weggenommen. Eine Tätigkeit ohne ein Mindestmaß an Risiken, d. h. Handlungs-, Entscheidungs- und Lernmöglichkeiten, wird uninteressant und monoton. Sich auf eine monotone und der Natur des Menschen widersprechende Tätigkeit fortlaufend zu konzentrieren und dies psychisch auszuregulieren, hält auch der am wenigsten Monotonieanfällige nicht lange aus. Diese extreme Form langdauernder Fehlbeanspruchung - ähnlich der Beanspruchung aus "statischer Haltearbeit" - macht ihn selber zum Risiko. Für diesen Fall stehen dann auch nicht mehr die Qualifikationen zur Verfügung, die im bisherigen Tätigkeitsvollzug nicht genutzt wurden und daher verkümmert sind.

Zusammenfassend muß gesagt werden, daß in eine Prozeßregelung, die nach dem Prinzip ausgelegt wurde, den Kosten- und Risiko-Faktor Mensch weitestgehend zu minimieren, das technische und menschliche Fehlverhalten schon einprogrammiert ist. Zur Illustration empfehle ich, einen Bericht über die Erfahrungen deutscher Piloten mit der neuen Mikroelektronik, speziell Flugelektronik, mit der bezeichnenden Überschrift "Ein Unbehagen - wenn nicht Furcht" nachzulesen (DER SPIEGEL, Nr. 8/1983).
Die Hilflosigkeit der technischen Prozeßregelung tritt nicht nur zum Vorschein, wenn unbedachte Stör- und Spezialfälle auftreten, sondern auch nicht selten, wenn die Prozeßregelung auf einem theoretischen Modell des Prozesses beruht, das die wirklichen Vorgänge noch nicht einmal in ihren Grundmustern, geschweige denn in ihrer Vielfalt richtig abbildet. Der Technik-Gestalter muß von dieser Möglichkeit ausgehen und auch davon, daß sein "inneres Modell" von dem zu regelnden Prozeß bestenfalls nur dem aktuellen Wissensstand entspricht.
Diese Tatsache verlangt eine Prozeßregelung mit "aktiven Elementen" zur selbständigen und permanenten Anpassung der Struktur und der Funktionen der technischen und organisatorischen Prozeßregelung. Diese "aktiven Elemente" müssen in der Lage sein, den zu regelnden Prozeß zu beherrschen und ihre Kenntnisse zur optimalen Prozeßführung beim Vollzug zu vertiefen, die aber auch die Möglichkeit haben, neuere Erkenntnisfortschritte, die nach der ursprünglichen Gestaltung des Prozesses und seiner Regelung angefallen sind, umgehend einzubringen.
Nun glaube ich, den hier anwesenden Experten der Prozeßdatenverarbeitung hinsichtlich Ultra- oder Multistabilität als auch selbstorganisierender, selbstoptimierender oder lernender Systeme nicht viel Neues sagen zu können. Man mag zur Systemtheorie stehen wie man will - und ich stehe kritisch zu einer Vielzahl systemtheoretischer Darstellungen der sozialen Wirklichkeit -, eines muß jedoch festgehalten werden: Die qualifizierte Systemtheorie geht immer von"aktiven Elementen" aus, die selbständig Funktionen und Strukturen ("Übergangs-Funktionen" und "Kopplungs-Matrix") so variieren können, daß sich das Gesamtsystem den veränderten Anforderungen jederzeit optimal anpassen kann. Diese Fähigkeit, sich ein Repertoire von Strategien für unterschiedliche Konstellationen aufzubauen und im Bedarfsfall auch anzuwenden, ist ein grundlegendes Kriterium für lernende Systeme. Die Diskussion um "Experten-Systeme", "künstliche Intelligenz" usw. gibt dazu einige weiterführende Anhaltspunkte.
Die Rolle der "aktiven Elemente" oder der eigentlichen "Experten", durch die ein Gesamtsystem erst lernfähig wird, kann nur von Menschen übernommen werden. Die Entwicklungsgeschichte der Natur, speziell der höheren

Lebewesen, bietet genug Beispiele lernender Systeme mit aktiven Elementen bis in die letzten Verästelungen hinein. Das, was heute zum Teil als lernfähige Technik, speziell Software, angeboten wird, hat vor diesem Hintergrund noch nicht einmal die Stufe der niedrigen Lebewesen erreicht. Vor diesem Hintergrund bedeutet die verbreitete Zielstellung einer Symbiose von Menschen und Technik das Belassen der Menschen auf dem Niveau niederer Lebewesen. Wenn also ein Produktionssystem lernfähig im Sinne einer immer optimaleren Prozeßführung sein soll, dann kann dies nur über die Lernmöglichkeiten der beteiligten Menschen geschehen, wobei die Technik eine durchaus unterstützende Funktion übernehmen kann und auch soll.

Für die Lernfähigkeit müssen aber die technisch-organisatorischen Voraussetzungen geschaffen werden. Je mehr sich der eigentliche Produktionsprozeß, also die unmittelbare Veränderung des Arbeitsgegenstandes, dem direkten Wahrnehmungsbereich des Menschen entzieht, um so weniger ist er in der Lage, Zusammenhänge herzustellen zwischen den eingesetzten Mitteln und den Folgen ihres Einsatzes auf dem Weg zum antizipierten Ziel. Verschwindet das Prozeßgeschehen in dem "Schwarzen Kasten", wird ihm in der Regel nur angezeigt, wann er den zulässigen Lösungsraum verläßt. Bewegt er sich außerhalb, bekommt er über eine "Fahrkurve" oder andere Formen der Anweisung detailliert vorgeschrieben, wie er wieder in den zulässigen Raum zurückzukommen hat, vorausgesetzt, er muß diese Aufgabe nicht irgendeinem Spezialisten überlassen. Die "Topographie" seines zulässigen als auch unzulässigen Handlungsraumes, die ihm Zusammenhänge zwischen Mitteleinsatz und Folgen für einen oder mehrere optimale Wege zum Ziel erklären würde, ist für ihn nicht sichtbar. Er bekommt also nicht die Informationen, optimales Handeln systematisch zu lernen. Er befindet sich oft noch nicht einmal in der Situation eines Bergwanderers im Nebel, der zumindest weiß, jeder Schritt bergauf führt zum Gipfel und jeder Schritt bergab zum Tal. Er kann also umgehend sinnlich wahrnehmen, ob er sich dem Ziel nähert oder sich davon entfernt. Wo er sich genau befindet und ob es noch bessere Wege zum Ziel gibt, weiß er allerdings nicht.

Der Schachspieler ist dagegen in einer viel besseren Situation. Er hat jederzeit den Überblick über aktuelle und vorhergegangene Prozeßsituationen, sowohl in ihrer Gesamtheit als auch in den jeweils wichtigen Teilbereichen. Er kennt bestimmte allgemeingültige Regeln und verfügt über ein Spektrum verschiedener Mittel bzw. Züge, die er im Hinblick auf mögliche Gegenzüge seines Mitspielers auswählt. Er antizipiert also Mittel und Folgen, zunächst über eine, dann zunehmend mehrere Stufen auf dem Weg des von ihm antizipierten Zieles. Er hält fest,

welche Strategien in einer bestimmten Prozeßkonstellation erfolgreich oder nicht erfolgreich sind, und baut sich damit sein eigenes "Experten-System" auf und vervollständigt es mit jedem Spiel. Anders gesagt, er baut sich sein "inneres Modell" vom Schachspielen auf und dringt gleichzeitig auch in das entsprechende "innere Modell" seines Mitspielers ein. Mit der Zeit gehen ihm schon einmal vorgefundene Konstellationen und die dabei erfolgreich gewesenen Strategien soweit in Fleisch und Blut über, daß er sie zunehmend ohne besondere Bewußtseinsleistung beherrschen kann. Andererseits ist er mit der wachsenden Erfahrung zunehmend in der Lage, durch produktive, intellektuell regulierte Leistung sich für ein immer breiteres Spektrum möglicher Konstellationen entsprechende leistungsfähige Strategien "zurechtzulegen", um die jeweils antizipierten Ziele optimal zu erreichen. Trotzdem verliert das Schachspiel für den Schachspieler nie seinen Reiz, allenfalls gegenüber bestimmten Mitspielern, die keine Risiken mehr bieten.
Nun mag eingewandt werden, das Schachspiel böte aufgrund der unermeßlich vielen theoretischen Kombinationsmöglichkeiten im Gegensatz zur Technik ein Spektrum unterschiedlicher Konstellationen und entsprechender Strategien, die praktisch nie ausgereizt werden könnten. Dem muß widersprochen werden. Die Vielfalt der Technologien im allgemeinen unterscheidet sich kaum von der Vielfalt des Schachspiels. Ebensowenig unterscheidet sich die Vielfalt einzelner Prozesse oder Technologien im besonderen von der Vielfalt der jeweiligen Mitspieler, besonders wenn man berücksichtigt, daß neuere Anlagen oder Prozesse eine immer größere Vielfalt von Einzel-Technologien und Regelungsverfahren in sich vereinigen.
Wenn hier das "Spielen" als eine der effektivsten Formen des Lernens zum Orientierungsbeispiel für eine menschengerechte Technik-Gestaltung eingebracht wird, dann geht es nicht um ein blindes Probieren nach der simplen Versuchs-Irrtums-Methode. Es geht vielmehr um eine Technik-Gestaltung, deren Grundlage eine an der Vielfalt und Leistungsfähigkeit der unterschiedlichen Komponenten sinnlicher Wahrnehmung orientierte Darstellung der Prozesse und ihrer Regelung ist. Ziel ist das systematische Lernen und Ausbilden klassifizierender und heuristischer Prozeduren für das Entwickeln leistungsfähiger Strategien der Gewinnung und Verarbeitung von Prozeß-Informationen als Ausgangsbasis für produktive, intellektuell regulierte Leistungen schöpferischen Denkens. Die Technik-Auslegung muß diese Vorgänge in einem Mindestmaß nicht nur erlauben, sondern auch gezielt erforderlich machen. Das gleiche gilt auch für die Rückführung der Denkergebnisse und die oben schon geforderten Formen der Darstellung der Folgen auf den Prozeßablauf.

Es geht also um das durchgängige Aufrechterhalten eines Mindestmaßes an bewußtseinspflichtiger Tätigkeit. In der ersten Phase der Führung eines neuen Prozesses wird das Lernen im wesentlichen dadurch geprägt sein, daß die sinnliche Wahrnehmung der physiologischen Neuigkeiten des Prozesses auf einen Begriff oder auf ein "inneres Modell" gebracht werden muß. Mit dem Zeitablauf bedarf ein wachsender Anteil der Tätigkeit nur noch einer sensumotorischen Regulierung. Die damit verbundene Abnahme bewußtseinspflichtiger Tätigkeit muß im Gegenzug durch produktive, intellektuell regulierte Tätigkeit möglichst wieder ausgeglichen werden. Dies setzt aber voraus, daß sich der Arbeitnehmer vorher sukzessiv sein "inneres Modell" des zu regelnden Prozesses aufbauen konnte. Nur auf dieser Basis kann er schöpferisch tätig werden und langfristig die Prozeßführung optimieren.
Optimale Prozeßführung verlangt, daß er den Prozeß in seiner Gesamtheit dargestellt bekommt und sinnlich wahrnehmen kann, auch wenn er nur für einen Teilbereich zuständig sein sollte. Mit der Automatisierung weiterer Prozeß-Sequenzen stellt sich früher oder später sowieso die Frage der zusätzlichen Übernahme vor- oder nachgelagerter Sequenzen. Die Vereinigung möglichst aller Prozeß-Sequenzen "in einer Hand" bietet gegenüber der bei teilautomatisierten Prozessen vorherrschenden "Reihenschaltung" der Arbeitnehmer entlang der Prozeßlinie einige gewichtige Vorteile. Einmal besteht die Möglichkeit, die zunehmend wachsende soziale Isolation einzelner Arbeitnehmer bei teilautomatisierten Prozessen durch kooperative Arbeitsformen wieder aufzuheben. Andererseits ist die Einführung kooperativer Arbeitsformen ohne ausgeprägte interne Hierarchie immer in der Regel mit einer flexibleren und optimaleren Prozeßführung verbunden.

Das Studium der Fachliteratur und eine Reihe praktischer Beispiele - aber auch die Themenauswahl der heutigen Tagung -, angefangen von "Verteilung der Funktionen und Daten auf Systemkomponenten" über "Prozeßleitsysteme, Instrumentierungstechnik, Gerätesteuerung" bis hin zu "Dialogfähige Kommunikation" mit Bild, Text, Sprache bestätigt, daß fast alle notwendigen Bausteine für die Gestaltung und Auswahl von Technik im Hinblick auf das dargestellte Konzept einer ganzheitlichen, gegenstandsorientierten Arbeitsorganisation und entsprechende Tätigkeitsbilder mit qualifizierten Arbeitsinhalten vorhanden sind. Was fehlt, ist ihre entsprechende Kopplung. Hier liegt eine der wichtigen Aufgaben qualifizierter Gestaltung der Prozeßdatenverarbeitung in der Zukunft.

Gestaltungsanforderungen an die Mensch-Rechner-Schnittstellen aufgrund der Erkenntnisse über die menschliche Informationsverarbeitung
(Kurzfassung)

H. Martin
Gesamthochschule Kassel

In den letzten Jahren ist die Einsicht gewachsen, die Schnittstelle zwischen dem Rechner und dem Benutzer auch nach arbeitswissenschaftlichen Kriterien auszulegen. Nach grundlegenden Untersuchungen über die ergonomisch-technische Gestaltung von Bildschirmgeräten (hier sind u.a. die Arbeiten von Cakir zu nennen), hat man sich in den letzten beiden Jahren verstärkt der Software-mäßigen Gestaltung der Informationsdarbietung und des Dialogablaufs angenommen. Diese Forschungsrichtung wird als "Software-Ergonomie", "kognitive Ergonomie" oder "Informationspsychologie" bezeichnet.

In diesem Vortrag sollen, aufbauend auf den Erfahrungen von durchgeführten Forschungsprojekten, zuerst die wahrnehmungs- und informationspsychologischen Grundlagen dargestellt werden. Aus diesen Grundlagen werden gestaltungsrelevante Anforderungen abgeleitet. Anhand von Beispielen aus den bisher von uns durchgeführten Forschungsprojekten werden Ergebnisse vorgestellt, die diesen Anforderungen Rechnung tragen.

Insbesondere wird auf die Maskengestaltung und die Dialogführung eingegangen und mit anschaulichen Beispielen verdeutlicht.

Ziel einer solchen arbeitswissenschaftlichen Gestaltung der "Benutzeroberfläche" ist, die menschliche Beanspruchung aufgrund psychisch-mentaler Prozesse zu verringern und die universelle Kreativität und Flexibilität des Menschen für den Einsatz von Programmsystemen zu nutzen.

KONZENTRIERTE DARSTELLUNG VON PROZESSINFORMATION MIT SICHTGERAETEN

J.-R. Goethe
Kraftwerk Union AG, Erlangen

H.-G. Mederer
Siemens AG, Erlangen

ZUSAMMENFASSUNG

Die derzeit in Bau befindlichen deutschen Konvoi-Kernkraftwerke erhalten ein rechnergestuetztes Prozessinformationssystem, zu dessen Aufgaben die Ausgabe von Prozessgrafiken auf Farbsichtgeraeten zaehlt. Dieser Beitrag berichtet ueber wesentliche Systemmerkmale und ueber Zweck, Inhalt, Darstellungstechnik und Bedienung der vorgesehenen Bilder. Es werden intelligente, die Hauptrechner entlastende Sichtgeraetesteuerungen eingesetzt, mit denen sich anspruchsvolle voll- und semigrafische Bilder erzeugen lassen. Ziel ist ein benutzerfreundliches System, das den Operateuren mittels bildschirmgerechter Visualisierungstechniken und einfacher Bedienung ein Hoechstmass an konzentrierter Prozess-Uebersichtsinformation anbietet.

1. EINLEITUNG

Fuer die in Bau befindlichen deutschen "Konvoi"-Kernkraftwerke wird derzeit in Zusammenarbeit von KWU und Siemens ein neues rechnergestuetztes Prozessinformationssystem (PRINS) entwickelt. Einen Ueberblick ueber Aufgabenstellung und Auslegung des Systems gibt der Tagungsbeitrag "Konzept und Auslegung eines neuen Prozessrechnerinformationsssystems fuer Kernkraftwerke" von H. Hofmann. Neben den Funktionen der in den bisherigen Anlagen installierten Ueberwachungsrechner verfuegt das PRINS zusaetzlich ueber ein Anlagenbildanzeigesystem zur Ausgabe von Prozessgrafiken ueber Farbsichtgeraete in der Warte. Die Anlagenbildanzeige soll die vorhandenen konventionellen Anzeigeeinrichtungen durch konzentrierte, ergonomisch optimierte Informationsdarstellungen ergaenzen und dadurch die Operateure in ihrer Prozessfuehrungsaufgabe unterstuetzen:

- Knappe, bildhafte Uebersichtsdarstellungen sollen ein schnelles ERKENNEN des Anlagenzustandes foerdern.

- Situations- und zielgerechte Informationsbuendelung soll das VERFOLGEN von Prozessablaeufen erleichtern, z.B. bei Lastwechsel oder bei Stoerungen.

- "Intelligente", viele Groessen umfassende Diagramm-Darstellungen sollen das VERSTEHEN komplexer verfahrens- und leittechnischer Zusammenhaenge unterstuetzen.

- Die Flexibilitaet des Systems, die Zugang zu allen (am Rechner aufgelegten) Prozessdaten einschliesslich Historie erlaubt, erleichtert das UNTERSUCHEN aller laufenden oder zurueckliegenden Betriebsvorgaenge.

Ziel des Sichtgeraeteeinsatzes ist die Erhoehung von Verfuegbarkeit und Wirtschaftlichkeit der Anlagen, denn durch eine verbesserte Prozessuebersicht koennen Unregelmaessigkeiten eher erkannt und damit unnoetige Abschaltungen vermieden werden; Stoerungen lassen sich schneller beheben und in ihren Folgen wirksamer begrenzen; die Anlage kann schonender betrieben werden.

2. SYSTEMEIGENSCHAFTEN

Im folgenden seien einige fuer diesen Beitrag markante Systemeigenschaften aufgezaehlt (der Beitrag von H. Hofmann enthaelt ein Bild der PRINS-Konfiguration):

a) Einsatz der Bildschirme

In der Warte sind 30 Monitore, zusammengefasst zu mehreren Ausgabeplaetzen, an das System angeschlossen (siehe Bild im Beitrag von H. Hofmann). Erst durch die Verwendung MEHRERER Bildschirme an einem Ausgabeplatz wird ein guter Nutzen erzielt, dadurch dass Uebersichtsbilder staendig und zusammengehoerige Bilder GLEICHZEITIG angezeigt werden koennen.

b) Aufgaben der Verarbeitungsrechner (Host)

Es wird angestrebt, alle 30 Monitore sekuendlich zu aktualisieren. Um dieses Ziel erreichen zu koennen, ist die Aufgabe der Bildausgabe zu einem grossen Teil dezentralisiert, d.h. den Sichtgeraetesteuerungen zugewiesen. Die Hostrechner erfuellen folgende zentrale Aufgaben:

- Um bei der hohen vorgesehenen Bilderzahl (400) die Bilder konsistent halten und identisch fuer alle Monitore zur Verfuegung stellen zu koennen, ist eine zentrale BILDVERWALTUNG erforderlich ("Bildbank" am Host).

- In den Bildern wird Bezug auf das sog. "DATENMODELL" genommen; das sind Daten, welche diejenigen Eigenschaften des Kraftwerks beschreiben, die nicht der Veraenderung durch das Prozessgeschehen unterliegen. Die Inhalte des Datenmodells, wie Texte, Grenzwerte, Anpassungen usw., muessen in allen Bildern und Meldungsanzeigen identisch sein und ebenso mit den Papierprotokollen uebereinstimmen. Deshalb werden diese Daten auf dem Hostrechner zentral gefuehrt; der Bildkonstrukteur bezieht sich auf diese Daten nur mit symbolischen Namen (Kraftwerk-Kennzeichensystem KKS bzw. AKZ). Der Hostrechner fuegt Bilder und Daten zu den Bildablaufdaten zusammen.

- In den Verarbeitungsrechnern wird aus den in der Erfassungsebene gesammelten PROZESSDATEN das sog. "Prozessabbild" aufgebaut. Soweit erforderlich, koennen Prozessdaten verknuepft werden. Fuer jeden Monitor werden zyklisch die fuer das angezeigte Bild benoetigten Auszuege aus dem Prozessabbild bereitgestellt.

- Die BEDIENUNGEN der Bilder ueber die Tastaturen der Warte werden zentral vom Hostrechner entgegengenommen. Er prueft nach einer Bedienung die Zulaessigkeit der Bedienung, stoesst die entsprechenden Funktionen an und meldet dem Bediener die weiteren Bedienmoeglichkeiten.

- Durch ARCHIVIERUNG aller Prozessdaten und der daraus abgeleiteten Daten im Hauptspeicher und in Verlaengerung auf dem Peripherspeicher werden die Voraussetzungen fuer eine Kurvenanzeige geschaffen. Die archivierten Daten stehen fuer einen Vergangenheitszeitraum von 10 Stunden im Direktzugriff zur Verfuegung.

- Bei BILDANWAHL uebermittelt der Host die Bildablaufdaten, die benoetigten Prozessdaten und gegebenenfalls Kurvenvorgeschichte an die Sichtgeraetesteuerungen.

c) Aufgaben der Sichtgeraete-Steuerungen

- Die Steuerung ist mit einem leistungsfaehigen 32-Bit Mikroprozessor ausgestattet und von der Rechenleistung her in der Lage, autark aus den vom Hostrechner uebergebenen Daten die (Raster-) Grafik aufzubauen und zu aktualisieren. Die Steuerungen erlauben die kombinierte Anwendung von Semi- und Vollgrafik in einem Bild. Um einen schnellen BILDAUFBAU zu erreichen, wird soweit Semigrafik eingesetzt wie es die darzustellenden Bildelemente zulassen (Buchstaben und Zahlen, kleine Symbole, Piktogramme etc.); Vollgrafik kommt bei den uebrigen Bildelementen zum Einsatz (Kurven, Kennlinien, grosse Symbole etc.). Weitere Eigenschaften: Video-Bandbreite bis 30 MHz, mehrere logische Ebenen, 64 Farben.

- In den Bildern koennen Prozessgroessen angezeigt werden, die erst durch arithmetische oder logische Verknuepfung mehrerer Prozesswerte gebildet werden. Wenn die Ergebnisse solcher Verknuepfungen nur in einem kleinen Teil der Bilder benoetigt werden, so werden diese BERECHNUNGEN bildspezifisch solange in der Sichtgeraete-Steuerung durchgefuehrt, wie das Bild an diesem Monitor angezeigt wird. Sollte eine Steuerung durch laengere Berechnungen, z.B. Iterationen, nicht in der Lage sein, die Aktualisierungsdaten im normalen Takt zu verarbeiten, reduziert der Hostrechner fuer diese Steuerung voruebergehend den Aktualisierungstakt.

- Archivierte Analogwerte koennen sowohl in Form von ZeitKURVEN (x,t) als auch paarweise in Form von Bahnkurven (x,y,t) in einem Diagramm ausgegeben werden, Binaerwerte koennen als Zeitkurven (x,t) ausgegeben werden.

- Ueber eine Rollkugel oder eine sonstige Positioniereinrichtung koennen in angezeigten Bildern VIRTUELLE TASTEN bedient werden (siehe Abschnitt 5). Da der Bildinhalt dem Hostrechner nicht bekannt ist, werden diese Bedieninformationen in der Sichtgeraetesteuerung komplett aufbereitet und dem Hostrechner uebergeben, der damit die entsprechende Funktion anstoesst.

d) Bild-Erstellung

Der Prozess der Bild-Erstellung geschieht in 2 Stufen:

1) Programmierung von "Methoden" in PASCAL zur Bearbeitung der in allen Bildern vorkommenden Elementaraufgaben, wie z.B. Darstellung eines Messwertbalkens, eines Ventils und anderer Bildbausteine. Diese Methoden stellen das Bindeglied zwischen den veraenderlichen Prozessdaten und ihrer grafischen Darstellung her. Die Methoden werden kompiliert in den Sichtgeraetesteuerungen vorgehalten.

2) Komponieren von Bildern durch Aufruf und Parametrierung von vorhandenen Methoden.

Das Arbeiten mit vorkonfektionierten Bildbausteinen fuehrt zu einer wirtschaftlichen Bildprojektierung und -programmierung, erleichtert die Dokumentation und Qualitaetssicherung, reduziert die Wahrscheinlichkeit von Programmierfehlern, erleichtert die Bild-Wartung und foerdert die einheitliche Darstellung gleicher Sachverhalte. Das 2-Stufen-Verfahren begrenzt die in der Bildbank abzulegenden und bei Bildanwahl zu uebertragenden Datenmengen.

3. ORGANISATION DER BILDER UNTEREINANDER

Die Bilder sind untereinander in einer einfachen Struktur organisiert, die man sich prinzipiell als hierarchisch vorstellen und damit auch merken kann. Diese Strukur erleichtert den Operateuren die Orientierung in der Menge der vorgesehenen Bilder (bis zu 400), die ja wegen der begrenzten Monitorzahl immer nur in Ausschnitten zu sehen ist.

Es werden verschiedene Bild-Typen nebeneinander verwendet:

- Anlagenabbilder (symbolhafte Prozessdarstellungen, abgeleitet von den Rohrschaltplaenen und Fliessbildern)

- Diagramme (x,y-Graphen und andere Darstellungen, die die Abhaengigkeiten und das Zusammenwirken mehrerer Prozessgroessen zeigen)

- Balkenbilder (besonders fuer Vergleich und Ueberwachung mehrerer aehnlicher Groessen)

- Zeitkurven.

Die Anlagenabbilder sind hierarchisch geordnet. Diagramme-, Kurven- und Balkenbilder haben keine direkte Hierarchie. Sie beziehen sich jedoch in der Regel auf die jeweiligen Anlagenabbilder. An der Spitze der Hierarchie stehen die wenigen, in ihrem Informationsgehalt stark komprimierten Block-Uebersichtsbilder und systemuebergreifende Funktionsbilder z.B. fuer Schutzziele. In der unteren Hierarchieebene sind die sehr detaillierten Bilder der Untergruppen-und Komponenten-Ebene angeordnet. Innerhalb der Hierarchiestufe haben die Bilder unterschiedliche Betrachtungseinheiten (Bild-Objekte), wobei Detaillierungsgrad und Bilderzahl nach unten zunehmen.

Jedes Bild kann nach Objekt und Typ eingruppiert werden. Die Zahl der Bilder mit gleichem Objekt und Typ ist beliebig.

Die Bild-Objekte werden nach 3 Perspektiven abgegrenzt:

a) verfahrenstechnische Funktionseinheiten

Die Anlage ist nach Funktionseinheiten organisiert; dabei bilden "Systeme" und "Funktionsgruppen" die gebraeuchlichsten Abgrenzungen. Beispiele fuer solche Funktionseinheiten sind "Speisewasserfoerderung", "Kuehlmittelreinigung" oder "Notstromerzeugung". Der Operateur "denkt" in solchen Systemen. Wenn alle Systeme ordnungsgemaess funktionieren, kann auch die gesamte Anlage ihre Aufgabe erfuellen. Im ungestoerten Betrieb hat der Operateur die einzelnen Systeme zu kontrollieren. Bei kleinen Stoerungen ist er bestrebt, die Fehler zu lokalisieren und zu beheben und somit die Systeme in Betrieb zu halten. Die von ihm in diesen Faellen benoetigte Prozessinformation ist nach Systemen bzw. anderen ueber- bzw. untergeordneten Funktionseinheiten geordnet. Bild-Objekte sind hier z.B.: Block, Funktionsgruppen und Systeme, einzelne Gross-Komponenten etc.

b) leittechnische Funktionseinheiten

Fuer die komplexen leittechnischen Einrichtungen der Reaktorregelung und -begrenzungen, die in uebergeordneter Weise in den gesamten Prozess eingreifen, sind besondere Uebersichtsbilder vorgesehen. Sie dienen hauptsaechlich zur Darstellung des aktuellen und aktiven Eingriffs dieser Einrichtungen in den Prozess und ermoeglichen damit dem Operateur automatisch ablaufende Funktionen "bildhaft" nachzuvollziehen.

c) Schutzziele

Der Begriff "Schutzziel" steht fuer eine kleine, gut ueberschaubare Zahl von anlagenuebergreifenden Prozessfunktionen, die im Normalbetrieb und bei Stoerungen zum Schutz von Umwelt und Anlage vorrangig verfolgt werden (z.B. "Waermeabfuhr" oder "Verhinderung von Aktivitaetsfreisetzung"). Bei Stoerungen, in denen die Suche nach Einzelursachen zuruecktreten muss hinter der Vermeidung der Ausweitung der Stoerung und der Sicherstellung dieser Schutzziele, benoetigt der Operateur vor allem einen Ueberblick inwieweit diese Schutzziele noch erfuellt bzw. schon gefaehrdet sind und welche Resourcen bzw. Erfolgspfade zur Sicherstellung der Schutzziele zur Verfuegung stehen. Er benoetigt also Bilder, deren Informationsgehalt auf die Ueberwachung der einzelnen Schutzziele zugeschnitten ist. Mit einem aehnlichen Ansatz lassen sich auch Betriebs- und Pruefziele sowie dazu passende Bilder definieren.

4. DARSTELLUNGSTECHNIK

Anhand dreier beispielhafter Bildentwuerfe seien einige Darstellungstechniken erlaeutert, die sich aus experimentellen Erfahrungen und Anwendung ergonomischer Erkenntnisse ergaben. Beim ersten Bild (Bild 1) handelt es sich um das Blockuebersichtsbild; es hat den Typ "Anlagenabbild". Die meisten der folgenden Punkte gelten entsprechend auch fuer andere Bilder.

- Das Bild dient zugleich als Anwahlbild (jedes Symbol kann per Cursor zur Anwahl des zugehoerigen Detailbilds "gepickt" werden).

- Starke Komprimierung durch sog. "Monodarstellung"; es werden Prozessfunktionen (z.B. "Speisewasserfoerderung") und nicht die einzelnen, in der Regel mehrfach (redundant) aufgebauten Aggregate etc. gezeigt. Diese erscheinen einzeln erst in den zugehoerigen Detailbildern.

- In jedem Symbol wird der Zustand der betreffenden Funktionseinheit gezeigt:
  - Schaltzustand (Gestaltcodierung)
  - steht Meldung an? (Farb- und zusaetzliche Gestaltcodierung)

- Falls im Rechner einzelne Prozessdaten "gestoert" markiert sind, erscheint neben dem davon betroffenen Symbol ein Zusatzzeichen.

- Zur Erhoehung der Uebersichtlichkeit wird auf die Ausgabe von Klartext- oder Kennzeichenbeschriftungen und von Messwerteinheiten i.d.R. verzichtet. Diese Hilfsinformationen sind meist durch den Kontext im Bild definiert bzw. trainiert. Bei Bedarf koennen sie per Bedienung voruebergehend in das Bild eingeblendet werden.

- Bildteile, die situationsbedingt nur von untergeordnetem Interesse sind, werden abgedunkelt (bleiben aber sichtbar; so ist der moegliche Maximalinhalt des Bildes staendig erkennbar). Auf diese Weise laesst sich ein hoher Informationsgehalt der Bilder erzielen, ohne dadurch die Uebersichtlichkeit preiszugeben.

- Farben werden einerseits als Ordnungs- und Strukturierungsmittel, andererseits als Signalisierungsmittel verwendet. Fuer Signalzwecke sind die hellen, gesaettigten Farben Cyan (Tuerkis), Gelb, Rot und Magenta (Violett) in DIN-konformer Bedeutung reserviert. Es hat sich gezeigt, dass farbige Signale auf Bildschirmen nur dann fuer den Betrachter richtig "herauskommen", wenn die nicht-signalisierenden Bildteile dunkler und weitgehend "entfaerbt" sind. Aus diesem Grunde wird darauf verzichtet, die in den Fliessbildern auf den Pulten verwendeten Medienfarben (z.B. Rot fuer Dampf) in die Bilder zu uebertragen. Das Erkennen der verfahrenstechnischen Systeme in den Bildern wird durch die zu Systemschaltplaenen und Fliessbildern Gestalt-kompatible Darstellung unterstuetzt. Fuer Ordnungs- und Strukturierungszwecke kann man sich daher auf Grau- und Weisstoene sowie dunklere, entsaettigte Braun-, Blau- und Gruentoene beschraenken.

Damit auch farbschwache Betrachter die farbig codierte (Signal-)Informationen sicher erkennen koennen, sind diese zusaetzlich noch von Gestaltveraenderungen begleitet.

- Bei den in der Warte gegebenen Betrachtungsabstaenden und der Forderung der Ergonomie nach einer Mindestzeichengroesse von 15′ Sehwinkel ergibt sich ein Zeichenformat, das - unabhaengig von der verfuegbaren Bildschirm-Aufloesung - maximal 64 x 32 Schriftzeichen auf dem Bildschirm zulaesst. Durch die Nutzung hochaufloesender Bildschirme soll die Lesbarkeit von Zeichen und Symbolen verbessert und die Auffaelligkeit des Bildschirmrasters bei Kurvenzuegen und Kennlinien verringert werden.

Bild 2 zeigt ein Diagramm, das wesentliche Prozessparameter aus dem ganzen Block zusammenfasst: das Teillastdiagramm.

- Eine neue Qualitaet von Informationsdarstellung entsteht durch die kombinierte Anzeige von Istwerten, Erwartungswerten, Sollwertkurven, Grenzlinien und Messwertspur (zur Trendanzeige) in EINEM Bild.

- Die Form des vertikalen Balkens gibt einen Schnellueberblick, ob die Anlage hinsichtlich Energieerzeugung und -abfuhr im Gleichgewicht ist, bzw. welche Art von Ungleichgewicht besteht (im Bild: voruebergehend nimmt Generator weniger Leistung ab als zur Verfuegung steht).

Bild 3 enthaelt die zur Ueberwachung des Schutzziels "Sicherstellung der sekundaerseitigen Waermesenke" noetigen Informationen.

- Analoge und binaere Prozess-Information werden zusammen mit dem grafisch vereinfacht dargestellten verfahrenstechnischen Kontext angezeigt. Das erleichtert die Informationsaufnahme durch den Operateur.

- Piktogramme werden zur "Abkuerzung" technologischer Sachverhalte eingesetzt (Beispiel Piktogramm-Leiste rechts, 3. von unten: "Teilabfahren auf 74 Bar").

5. BEDIENUNG

a) Bedienfeld

Bedienvorgaenge und Bedienfeldgestaltung sind an den Beduerfnissen und Denkweisen der Kraftwerks-Operateure ausgerichtet, deren Staerken im verfahrens- und leittechnischen Gebiet, nicht in der Rechnerbedienung liegen. Auslegungsgrundsaetze sind:
leichte Erlernbarkeit (keine Rechnererfahrung vorausgesetzt),
Bedienerfuehrung (als Angebot, nicht Zwang).

Aus diesem Grund werden z.B. in der Warte nur Funktionstasten, aber keine alphanumerischen Tastaturen vorgesehen.

Die Bedienfelder haben je nach Bedienplatz unterschiedliche Tastenumfaenge, sind aber untereinander hinsichtlich Tastenbedeutung und -anordnung kompatibel (Bild 4).

Umfangreicheren, aber gut strukturierten Tastenfeldern wird der Vorzug gegeben vor baumartigen Bildschirm-Menues, da sie einpraegsamer sind und sich schneller bedienen lassen.

Weitere Gesichtspunkte bei der Bedienfeldgestaltung sind u.a. : Einhaltung einer Bedien"flussrichtung" von links nach rechts; Wegeminimierung; haeufig benutzte Tasten im bevorzugten, koerpernaeheren Greifraum.

Fuer die Cursorfuehrung wird eine Rollkugel eingesetzt,
- da sie im Gegensatz zu Richtungstasten oder Steuerknueppel einem direkten Zeigen auf den Bildschirm sehr nahe kommt,
- da sie im Gegensatz zum "Lichtgriffel" auch bei nicht im Greifraum befindlichen Monitoren verwendbar ist,
- da sie im Gegensatz zum "Tablett" wenig Platz benoetigt und
- da sie im Gegensatz zur "Maus" fest eingebaut werden kann.

b) Bildanwahl

Bilder, die haeufig oder besonders schnell anwaehlbar sein sollen, sind ueber eigene Tasten unmittelbar zu erreichen. Das sind ueberwiegend Bilder aus dem oberen Teil der Bildhierarchie, also z.B. das schon erwaehnte Blockuebersichtsbild. Fuer jedes Schutzziel ist eine eigene Taste vorgesehen. Betaetigung einer solchen Taste allein bringt das jeweilige Uebersichtsbild, zusaetzliche Betaetigung EINER "Gruppen"-Taste dagegen die passende Bildgruppe auf MEHREREN Monitoren.

Von einem angezeigten Bild ausgehend koennen auf einfache Weise inhaltlich benachbarte Bilder angewaehlt werden:

- Durch eine Tastenbetaetigung kann zum gleichen Bildobjekt ein anderer Bildtyp aufgerufen werden, z.B. Kurvendarstellung zu einer in einem Anlagenabbild dargestellten Messstelle.

- In einem Bild dargestellte Funktionseinheiten dienen zugleich als virtuelle Tasten. Picken dieser Symbole plus Angabe des gewuenschten Bildtyps bringt das entsprechende Detailbild (Abwaertsbewegung in der Hierarchie).

- In jedem Bild koennen zusaetzlich Anwahlpunkte eingebaut werden, mittels derer die zu diesem Bild interessierenden Folgebilder ansprechbar sind. Diese Folgebilder koennen mehr Detail oder auch mehr Abstraktion und Zusammenfassung enthalten.

Ueber Schiebefunktionen koennen Bilder innerhalb eines Ausgabeplatzes umgeordnet werden.

c) Bildmodifikation

Durch einfache Cursorbedienungen lassen sich in die Bilder gezielt weitere Messwerte oder Zusatzinformation (z.B. Messwert-Kennzeichen) einblenden. Bei Zeitkurvendarstellungen koennen die Koordinatenachsen verschoben und gestaucht bzw. gestreckt werden. Durch eine Lupenfunktion koennen Ausschnittvergroesserungen angewaehlt werden.

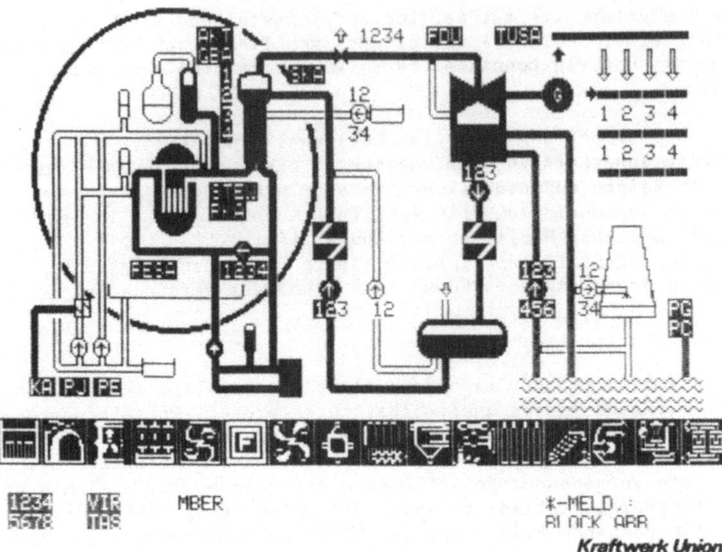

Bild 1. Blockuebersichtsbild (Anlagenabbild)

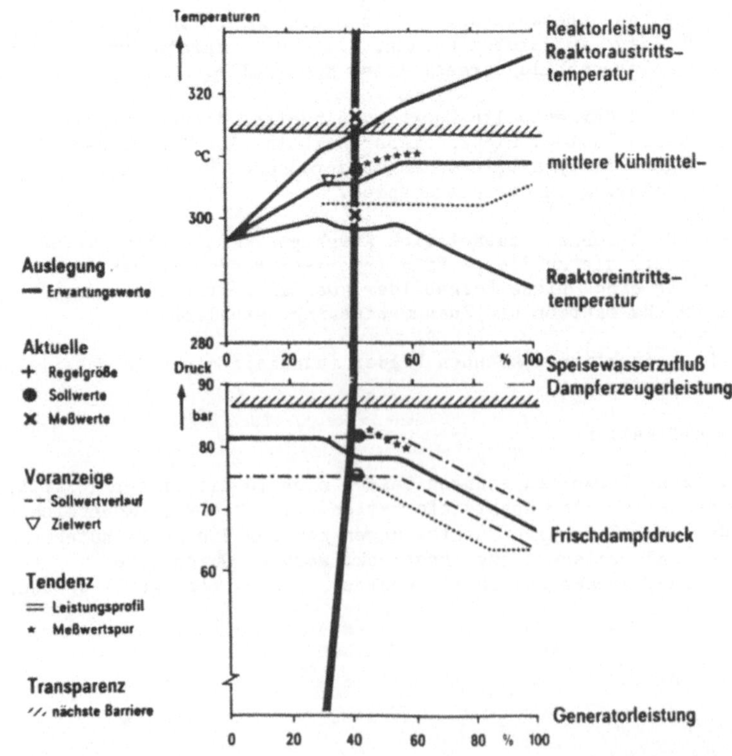

Bild 2. Teillastdiagramm

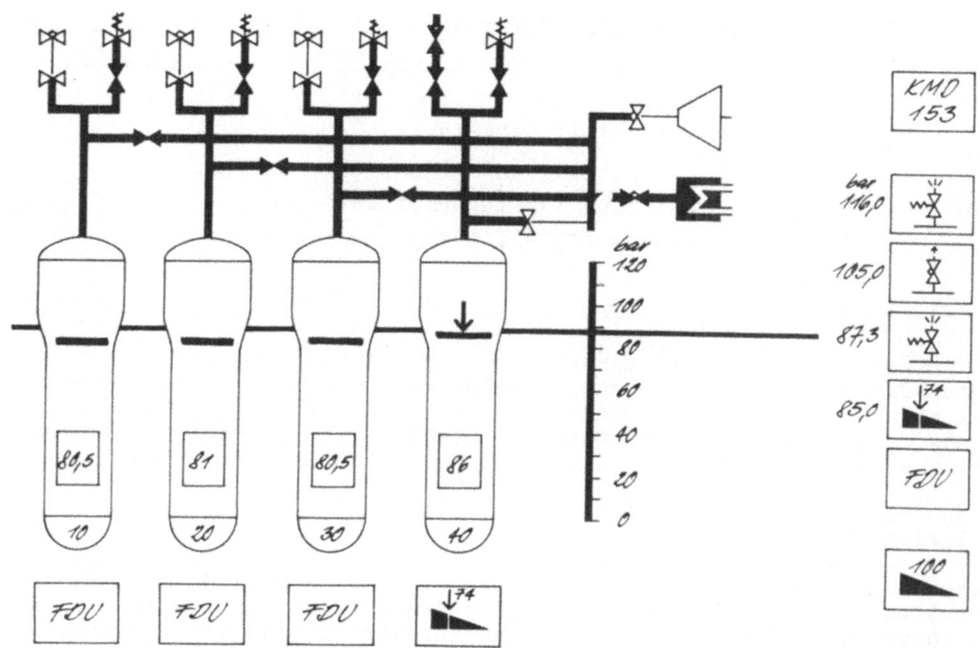

Bild 3. Ueberwachung der sekundaerseitigen Waermesenke

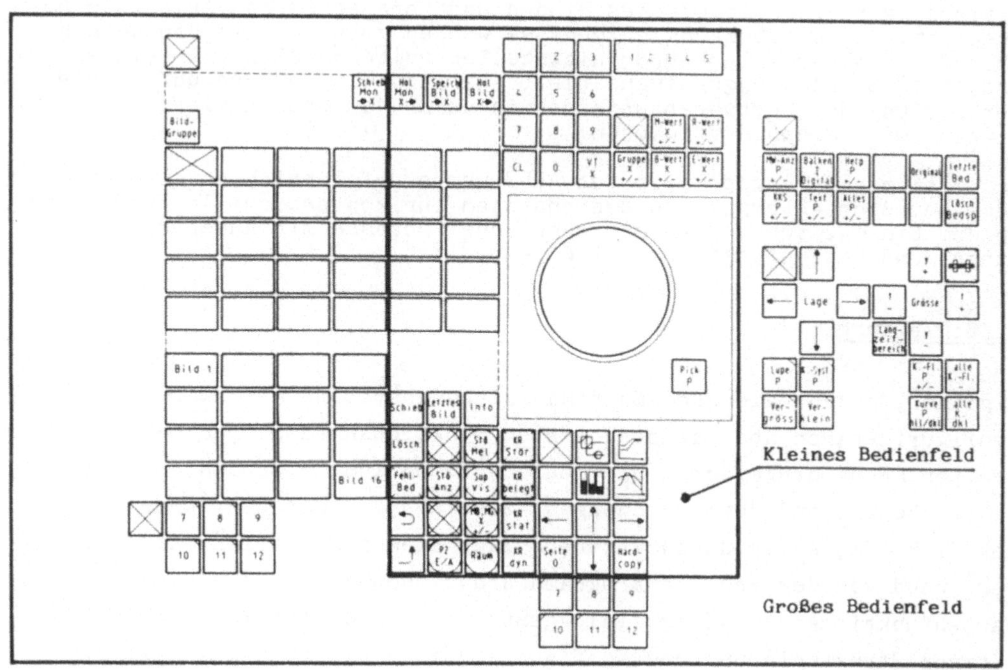

Bild 4. Bedienfeld

ADBS: Ein Implementierungswerkzeug zur Auslegung der Mensch-Prozeß-Schnittstelle auch für unterschiedliche Benutzer

R. Grimm, I. Hertlin

Fraunhofer-Institut für Informations- und Datenverarbeitung (IITB), D-7500 Karlsruhe

Zusammenfassung

Die Erstellung von Dialogsystemen in bildschirmgestützten Prozeßleitwarten durch "klassische Ausprogrammierung" bedeutet zunehmend größere Realisierungsaufwendungen. Dies gilt insbesondere bei der Berücksichtigung unterschiedlicher Benutzer des technischen Systems und den resultierenden Anforderungen an die Mensch-Prozeß-Schnittstelle.

Es müssen Lösungen geschaffen werden, die auch eine benutzeradaptive Dialogführung ermöglichen.

Beispielhaft wird das Prinzip der bausteinorientierten Methodenkonstruktion und seine Implementierung in dem Allgemeinen Dialog- und Bediensystem ADBS aufgezeigt: um eine Ablaufsteuerung als invarianten Kern werden anwendungsorientierte Schalen gelegt, bestehend aus Eingabe- und Ausgabeverarbeitungsbausteinen, Kommunikationsbausteinen und anwendungsspezifischen Funktionsbearbeitungsbausteinen. Mit Hilfe von Ablaufsteuerungsdaten für eine Methode (als Kombination von Bausteinen) wird ein dynamisches Binden und Parametrieren der Bausteine erreicht. Die Bearbeitungsergebnisse werden zwischen den Bausteinen über die standardisierten Schnittstellen weitergereicht. Der interpretative Bearbeitungsaufwand bleibt gering; eine starre unflexible Verknüpfung der Softwarebausteine wie durch "ausprogrammierte Funktionen" wird dennoch vermieden.

Das Implementierungsprinzip von ADBS wurde erfolgreich angewendet in einem Beobachtungs- und Bediensystem für konventionelle Kraftwerke, an dem Einsatz für verfahrenstechnische Prozesse mit anderen Darstellungs- und Bedienfunktionen wird gearbeitet.

1. Einleitung

Digitale, dezentrale Prozeßautomatisierungssysteme mit zwar meist konfigurierbaren aber dennoch festem Funktionsumfang sind heute auf breiter Front eingeführt. Die Mensch-Prozeß-Kommunikation erfolgt dabei überwiegend über rechnergestüzte Farbsichtgerätesysteme. Aus der Sicht des Anlagenprojektierers läßt sich feststellen, daß sich der Trend von der Anwenderprogrammierung auch der fest vorgegebenen Wartenfunktionen zu einer dialoggestützten, problemorientierten interaktiven Strukturierung und Konfigurierung fortgesetzt hat /1/. Die im IITB entwickelte problemorientierte Sprache (POL) für diesen Bereich wurde z.B. in /2/ vorgestellt, mit einer Ergänzung zum Entwurf und zur Programmierung spezieller prozeßspezifischer, aber einfacher arithmetischer und boole'scher Algorithmen in /3/.

Andere Entwicklungen für problemorientierte Programmierung gehen teilweise von Spezialsprachen aus, wie z.B. DIPOL oder MMC, oder aber von konfigurierbaren Programmsystemen mit der Möglichkeit, spezielle Funktionen in einer höheren Programmiersprache zu codieren, kompilieren und einzubinden, wie z.B. SIMAT C /4/.

Eine Lösungsmöglichkeit, flexible Funktionsbereitstellung - und damit eine auf Anwendungsfall und Programmerstellungsphase bezogene Programmodulbereitstellung - in Prozeßautomatisierungssystemen durch Kopplung von relationaler Echtzeitdatenbank und Methodenbank zu erreichen, wurde in /5/ beschrieben (Bild 1). Hierbei wird unter einem Methodenbanksystem nach /6/ eine erweiterbare Sammlung von Programmbausteinen verstanden, verbunden mit einer Komponente zur Kopplung mit beliebigen Datenbeständen. Beides wird vereinigt durch ein Steuersystem, das die Anpassung an verschiedene Anwendungsbereiche und den benutzernahen Gebrauch aller Systemanteile ohne tiefergehende Datenverarbeitungskenntnisse gestattet.

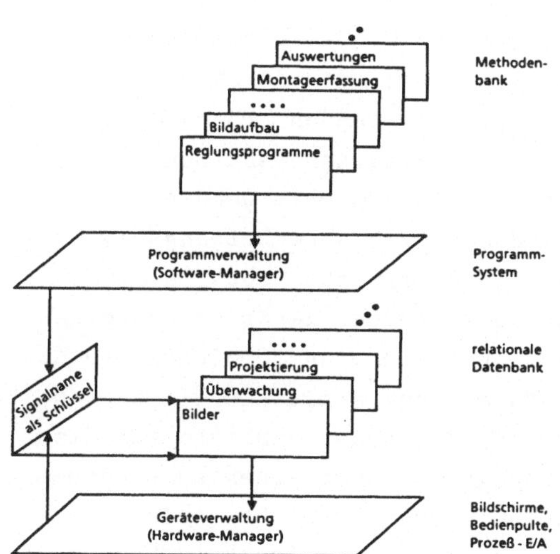

Bild 1: Das Implementierungsprinzip für die Kopplung von Methodenbanken und relationaler Echtzeitdatenbank

Neben der Mensch-Prozeß-Schnittstelle für den Operateur und den Projektierer gewinnt zunehmend auch die Mensch-Prozeß-Schnittstelle für die Betriebs- und Produktionsleitebene an Bedeutung. Arbeiten zu der damit notwendigen Berücksichtigung unterschiedlicher Benutzer des technischen Systems werden nachfolgend vorgestellt, sowohl bezüglich der Möglichkeiten zur Berücksichtigung der Anforderungen an die Darstellung on Prozeßdaten für unterschiedliche Sichten der daraus ableitbaren Information sowie einer benutzeradaptiven Dialogführung.

Hierzu werden Prinzipien der bausteinorientierten Methodenkonstruktion für Dialogsysteme, ihre Implementierung in einem Allgemeinen Dialog- und Bedien-System (ADBS) beschrieben und an einem ausgeführten Beispiel eines Prozeßleitwartensystems dargelegt.

2. Prinzip der bausteinorientierten Methodenkonstruktion

Eine hohe Flexibilität, d.h. hier Erweiterbarkeit und Anpaßbarkeit an unterschiedliche Anwendungsbereiche, läßt sich bei der Implementierung einer POL durch ein offenes Systemkonzept erreichen: um einen invarianten Kern herum werden anwendungsorientierte Schalen gelegt (Bild 2).

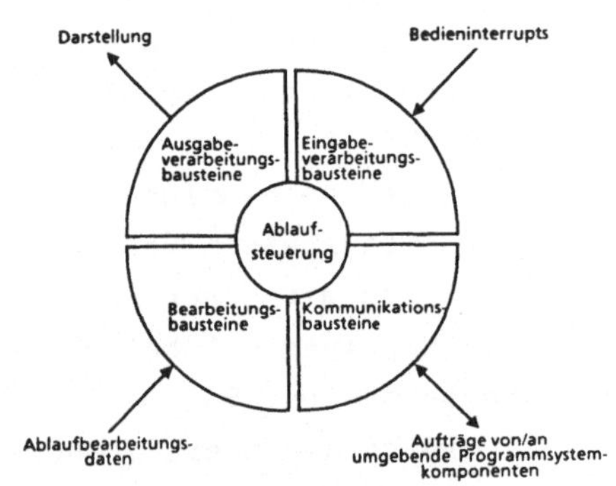

Bild 2: Schalenorientiertes Systemkonzept zur Realisierung eines Dialogsystems

Die Ablaufsteuerung stellt den invarianten Kern dar. Sie besteht (vereinfacht) aus einer Schleife, die solange läuft, bis eine durch eine Bedieneingabe oder durch einen Auftrag von umgebenden Programmsystemkomponenten aufgerufene Funktion bearbeitet ist. Hierzu werden zunächst von den Eingabeverarbeitungsbausteinen die Bedieninterrupts in eine standardisierte, geräteunabhängige Schnittstelle transformiert. Die Ablaufsteuerung ermittelt die zugehörige Ablaufsteuerungsliste für die Bedienfunktion aus einer Eingabezuordnungsliste und einer Zustandsbeschreibung (Bild 3). Anhand dieser Ablaufsteuerungsliste werden die Reihenfolge der aufzurufenden Bearbeitungsbausteine festgelegt sowie die zur Bearbeitung der Bedieneingabe benötigten Daten und Parameter zur Verfügung gestellt. Hierbei ist auch eine beliebige Schachtelung von Ablaufsteuerungslisten möglich (durch Aufruf von untergeordneten Ablauffolgen im Sinne von Unterprogrammen). Die Kommunikationsbausteine sorgen sowohl für die Datenversorgung bzw. Datenbeschaffung an bzw. von den übrigen (in der Regel selbständig ablaufenden) Programmsystemkomponenten als auch für die Synchronisation mit ihnen. Die Ausgabeverarbeitungsbausteine übernehmen die Anpassung der Datenformate an die jeweiligen Steuerungen für die darstellenden Geräte, damit den Bearbeitungsbausteinen spezielle Geräteeigenschaften verborgen bleiben.

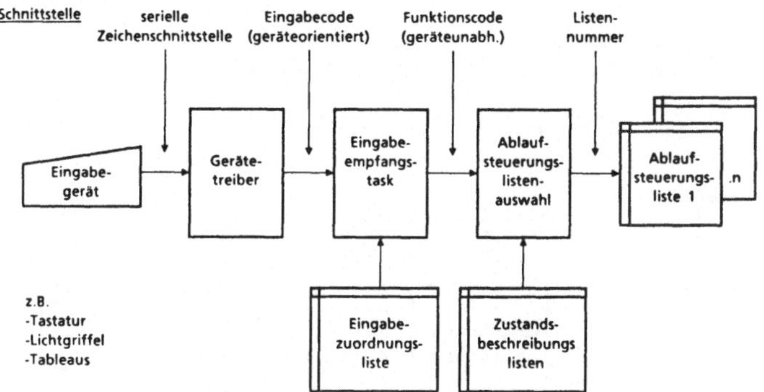

Bild 3: Abbildung der Bedieneingabe auf eine Ablaufsteuerungsliste

Durch dieses Implementierungsprinzip ergeben sich folgende Beschreibungsformen für:

- Bausteine: Softwarebausteine in Form von
  . Prozeduren (reentrant)
  . Datenstrukturen,
  . Prozesse (Tasks),

  programmiert z.B. in der höheren Sprache PEARL. Die Kombination solcher Bausteine werden hier Methoden genannt, ablauffähig unter einem prozeßorientierten Betriebssystem.

- Schnittstellen: Aufruf- und Synchronisationschnittstellen in der Form von
  . Prozeduraufrufen
  . Parametern
  . globalen Daten (Variable, Koordinierungsvariable und Konstanten)

Mit Hilfe von Ablaufsteuerungsdaten für eine Methode (Bild 4) wird ein dynamisches Binden und Parametrieren der Bausteine erreicht. Die Bearbeitungsergebnisse werden zwischen den Bausteinen über die standardisierten Schnittstellen weitergereicht. Der interpretative Bearbeitungsaufwand bleibt gering wegen des dynamischen Bindens und daraus resultierendem gezielten Versorgen der Bausteine mit ihren Parametern; eine starre, unflexible Verknüpfung der Softwarebausteine wie durch "ausprogrammierte" Funktionen wird dennoch vermieden.

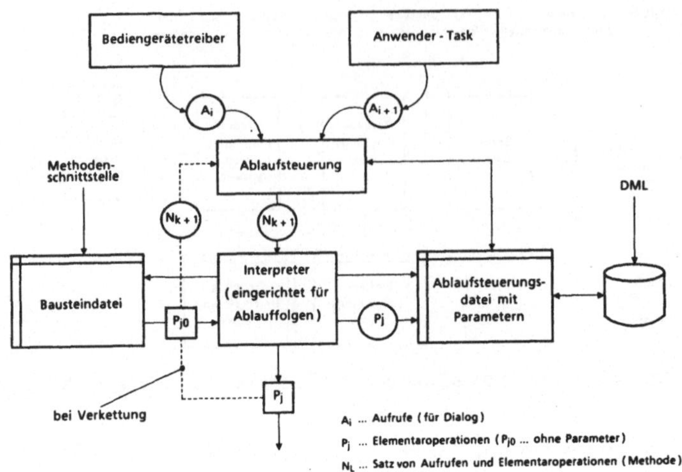

Bild 4: Ablaufprinzip des allgemeinen Dialog- und Bediensystems ADBS

3. Implementierung

Das o.a. Systemkonzept mit invarianter Bedienablaufsteuerung und anwendungsorientierten Schalen ist in ADBS implementiert worden. Bild 5 zeigt die Einbettung von ADBS in einem sichtgeräteorientierten, flexiblen Prozeßleitstandsystem, das (grob) aus einem Datenerfassungsteil mit Ankopplung an den technischen Prozeß über ein dezentrales, verteiltes Automatisierungssystem, der (Alarm-)Meldungsverarbeitung und Protokollierung sowie dem Prozeßdarstellungsteil mit Aktualisierung (zur Versorgung der Sichtgeräte) und ADBS zur Realisierung der Mensch- Prozeß-Schnittstelle besteht. Das Dialogsystem nimmt innerhalb der Komponenten des Leitstandsystems dadurch eine zentrale Stellung ein, daß die Wirkung der Bedienungen über die Bedienmittel (z.B. Prozeßbedientastatur und/oder Lichtgriffel) zu Unterbrechungen des überwiegend zyklischen Ablaufs der übrigen Teilsysteme führt. So muß z.B. bei einem Prozeßbildwechsel die Datenerfassung des zuletzt dargestellten Bildes angehalten und die Erfassung für das neu darzustellende Bild forgesetzt werden. Gleiches gilt für die Datenaktualisierung auf dem Sichtgerät. Die Meldungsverarbeitung wird dann von dem Bildwechsel informiert, wenn in dem Prozeßleitsystem für Störmeldungen von dem Prozeß eine Quittierung durch eine Bildanwahl erfolgt.

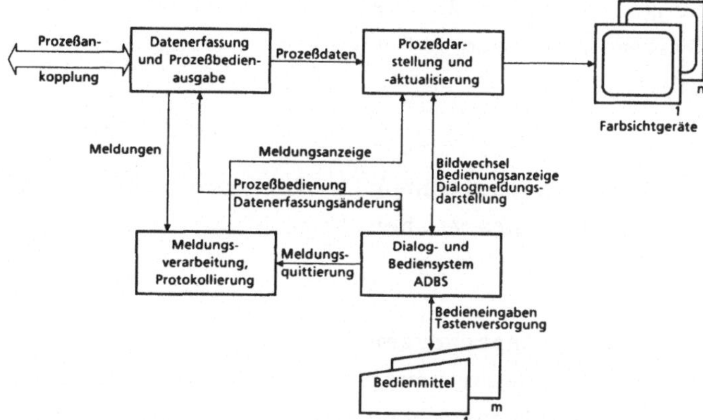

Bild 5: Programmstruktur des sichtgeräteorientierten Prozeßleitstandsystems (Prinzip)

In der Programmstruktur von ADBS (Bild 6) kommt die Klassifizierung der Programmkomponenten in

. Steuerungsbausteine
. Kommunikationsbausteine
. Eingabeverarbeitende Bausteine
. Ausgabeverarbeitende Bausteine
. Funktionsbearbeitungsbausteine

zum Ausdruck.

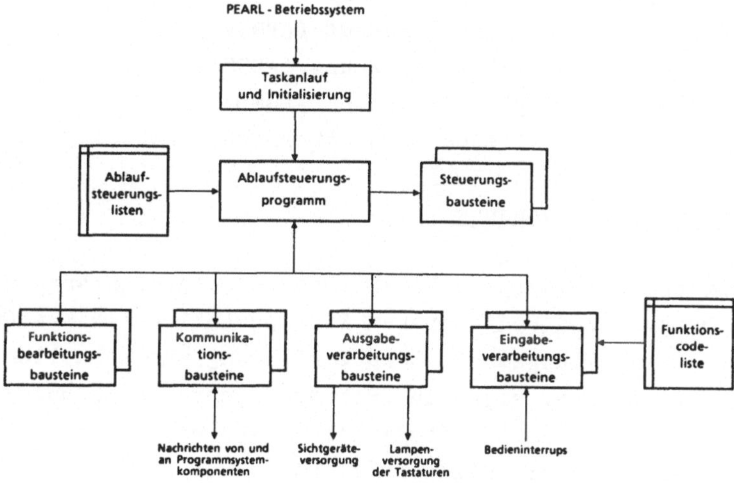

Bild 6: Programmstruktur von ADBS (Prinzip)

Die Ablaufsteuerungslisten von ADBS sind von zentraler Bedeutung und werden bei Systemanlauf vom Externspeicher eingelesen. Sie haben folgenden Aufbau:

Identifikationsnummer
Bausteinbezeichnung 1 oder Markenbezeichner
  Bausteinparameter 1
  .
  .
  Bausteinparameter i
Bausteinbezeichnung n oder Markenbezeichner
  Bausteinparameter 1
  .
  .
  Bausteinparameter j
Listenendekennung

Die Identifikationsnummer ermöglicht den Aufruf von Untersteuerlisten. Durch Markenbezeichner ist die Verzweigung innerhalb einer Liste möglich. Die Bausteinbezeichnungen erlauben den Aufruf der Funktionsbausteine, die ihrerseits eine bausteinspezifische Anzahl von Parametern "konsumieren". Gemäß dem in Bild 2 dargestellten Schalenkonzept lassen sich die Bausteine folgendermaßen gliedern (Modulnamen in Klammern):

Bedienablaufsteuerung:
- Steuerung (ADBSS)
- Bausteinaufruf (ADBSV)
- Initialisierung (ADBSI)
- globale Daten (ADBSD)
- listenorganisatorische Bausteine (LORG)

4. Beispiel für eine Anwendung

Das Implementierungsprinzip von ADBS wurde erfolgreich angewendet in einem Beobachtungs- und Bediensystem für konventionelle Kraftwerke. Durch mehrere Darstellungsmodi, Benutzerführung zur schnellen Störungserkennung und einfachen, sicheren Prozeßbedienung, Kopplung von mehreren Sichtgeräten zu einem Operatorarbeitsplatz und einer hierarchischen Bildorganisation mit Bilddarstellungen vom Übersichtsbild bis zu Detailstörungsdarstellungen werden dem Bedienpersonal eine Vielzahl von Funktionen zur Verfügung gestellt. So gibt es beispielsweise über 20 verschiedene Bedienmöglichkeiten, die einen Bildwechsel veranlassen können (Bild 7 nach /7/). Das Bild zeigt die jeweils möglichen Anwahltasten, die Pfeile bedeuten Übergänge zwischen den verschiedenen Bilddarstellungen.

Die Bedienungen lassen sich insgesamt klassifizieren in

- Darstellungsbedienungen:
  - . Übersichtsdarstellung
  - . nächsttiefere Bildebene
  - . nächsthöhere Bildebene
  - . gleiche Bildebene (rechts, links)
  - . Ablaufsteuerungsdarstellung
  - . Bild des aktkuellen Steuerungsschrittes
  - . Verriegelungssteuerungsdarstellung
  - . letztes Bild im anderen Bildmodus
  - . automatischer Bildaufruf auf benachbartem Sichtgerät
  - . manueller Bildaufruf auf benachbartem Sichtgerät
  - . Bildmoduswahl
- Prozeßbedienungen:
  - . Hand-/Automatik-Umschaltung
  - . Öffnen/Schließen von Ventilen
  - . Ein-/Ausschalten von Motoren
  - . Vorwahlbedienungen
  - . Steuerungsbedienung (Stillstand, Betrieb, Schrittfolge)
  - . Absolutwerteinstellung
  - . kontinuierliche Analogwertverstellung (schnell und langsam)
  - . Befehlsfreigabe
- Systembedienungen:
  - . Zuordnung von Bedienpult zu Sichtgerät
  - . Arbeitplatzkopplung/-entkopplung
  - . Sperren/Freigeben zur Prozeßbedienung
  - . Protokollabruf
  - . Protokoll-Druckerzuordnung
  - . Bedienverriegelung über Schlüsselschalter

  usw.

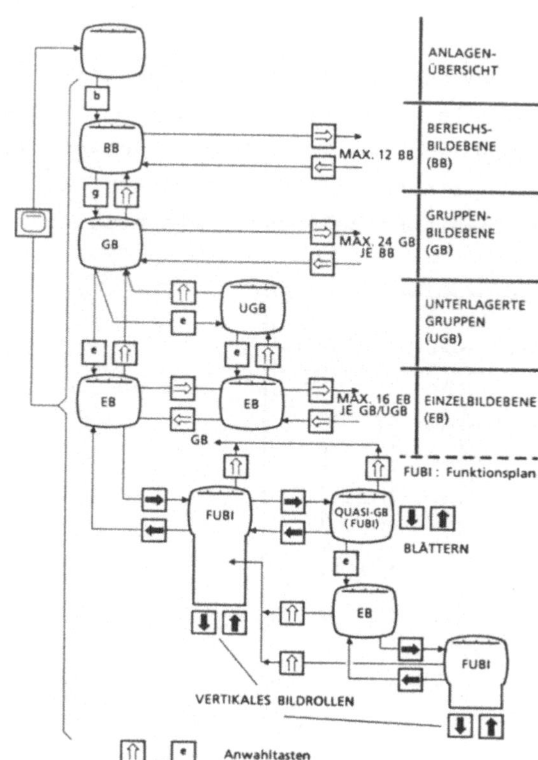

Bild 7: Beispiel für verschiedene Darstellungsbedienungen

Tabelle 1 zeigt den Implementierungsumfang, für dessen Realisierung etwa 2 Mannjahre benötigt wurden.

Komponente	Anzahl Module	Länge Code	Länge Daten
Ablaufsteuerung	6	4.250	8.400
Eingabeverarbeitung	6	6.400	1.750
Ausgabeverarbeitung	4	5.600	1.000
Kommunikationsbausteine	3	2.900	700
Funktionsbearbeitungsbausteine	9	7.000	2.150
Summe	28	26.150	14.000

Tabelle 1: Implementierungsumfang von ABDS

Für die vorbeschriebene Realisierung waren etwa 30 Ablaufsteuerungslisten (von denen Bild 8 als Beispiel die Steuerliste für die Bereichsbildanwahl zeigt) mit einer Gesamtlänge von ca. 1.000 Worten notwendig. Die Rechnerbelastung durch ADBS liegt je nach Bedienung zwischen ein und fünf Prozent bei einem üblichen 16-bit-Prozeßrechner mit mittleren Befehlszeiten von 2 µs.

```
/*===============================================================*/;
/*                                                               */;
/*                STEUERLISTE  4                                 */;
/*                BEREICHSBILDANWAHL                             */;
/*                                                               */;
/*===============================================================*/;
/*                                                               */;
/* MARKEN/  FUNKTIONSBEZEICHNUNG      /  BAUSTEIN-   / LISTEN-   */;
/*  NR.  /                            /    NAME      / EINTRAG   */;
/*                                                               */;
/*       / LISTENLAENGE               /              */     0    ;
/*       / IDENTIFIKATION             /              */ 10004    ;
/*       / ERWARTUNG NACH             / PZWERWART    */    14    ;
/*       /     FUZLI                  /    PAR       */     0    ;
/*       /     RUECKNEHMEN            /    PAR       */     0    ;
/*       / PRFG,ANGEWAEHLT. =         / PRFBILD      */     4    ;
/*       /      ANLAGENUEBERSICHT     /    PAR       */     1    ;
/*       / SPRINGE                    / PSPRUNG      */     6    ;
/*       /     BEI TRUE               /    PAR       */     2    ;
/*       /     AUF MARKE 1            /    MARKE     */ -20001   ;
/*       / FARBRUECKNAHME IN          / PSGDARST     */    18    ;
/*       /     ANLAGENUEBERSICHT      /    PAR       */     1    ;
/*       /                            /    PAR       */     0    ;
/*       / BEDKANALZUST.EINSTELLEN    / PBKZUST      */     7    ;
/*       /     F.ANLAGENUEBERSICHT    /    PAR       */     2    ;
/*  M1   /   MARKE                    /              */ -10001   ;
/*       / BEREICHSNR. BESTIMMEN      / PARBED       */     3    ;
/*       /     EINTRAG IN HIERARCHIE  /    PAR       */     1    ;
/*       / FARBUMSCHLAG IN ANLAGEN- . / PSGDARST     */    18    ;
/*       /     UEBERSICHT             /    PAR       */     1    ;
/*       /                            /    PAR       */     1    ;
/*       / BEDIENKANALZUST AENDERN    / PBKZUST      */     7    ;
/*       /     AUF NAECHST NIED.HIER./    PAR       */     3    ;
/*       / STEUERLISTE AUSFUEHREN     / PSUBSTEULI   */    20    ;
/*       /     PULTZUSTAND RUECKSETZ./   LISTNR.    */ 20005    ;
/*       / STEUERLISTE AUSFUEHREN     / PSUBSTEULI   */    20    ;
/*       /     BILD U.ZUST.WECHS AUSF/   LISTNR.    */ 20011    ;
/*       / STEUERLISTENENDE           / PSTENDE      */    17    ;
/*       / ENDE                       /              */  9999    ;
/*       /                            /              */     0    ;
```

Bild 8: Beispiel für eine Ablaufsteuerungsliste in ADBS

5. Ausblick

Das schalenorientierte Systemkonzept von ADBS hat sich bereits bewährt. Es ermöglicht u.a. eine schrittweise Implementierung von Funktionen sowie schnelle Anpassung an Bedienfunktionsänderungen auf der Basis bereits erstellter und ausgetesteter Bausteine.

An dem Einsatz von ADBS für verfahrentechnische Prozesse mit anderen Darstellungs- und Bedienfunktionen wird gearbeitet.

Die dem Beitrag zugrunde liegenden Arbeiten wurden vom Bundesministerium für Forschung und Technologie unter der Projektträgerschaft der Gesellschaft für Mathematik und Datenverarbeitung (GMD) gefördert (FKZ: 08302308).

Literatur:

/1/ Grimm, R.: INTERKAMA '83: Bildschirmsysteme für Prozeßwarten. Regelungstechnische Praxis 26 (1984), H.5.

/2/ Grimm, R.; Hellriegel, W.; Laubsch, H.; Rudolf, M.; Sassenhof, A.; Syrbe, M.: Bildprogrammierbares Ein-/Ausgabe- Farbbildschirmsystem (EAF) als Warte - Grundprinzipien, Realisierung, Erprobung. Kernforschungszentrum Karlsruhe GmbH, KfK-PDV 134, Dezember 1978.

/3/ Syrbe, M.; Grimm, R.; Hertlin, I.; Lang, K.; Laubsch, H.; Schäfer, H.-A.: Bildgestützte Programmierung von Prozeßrechnern mittels einer MSR-Entwurfssprache. Kernforschungszentrum Karlsruhe GmbH, PDV-Entwicklungsnotizen PDV-E147, Dezember 1980.

/4/ Dreher, P.; Grimm, R.: Rechnerunterstützte Warten- und Automatisierungstechnik mit den Systemen SIMAT C und EAF. Siemens-Energietechnik 3 (1981), H.5, S.170-173.

/5/ Hertlin, I.: Gekoppelte Methoden- und Echtzeitdatenbank, ein neues Hilfsmittel zur Lösung von Automatisierungsaufgaben. Regelungstechnik 29 (1981), H.11, S.371-379.

/6/ Dittrich, K.R.; Hüber, R.; Lockemann, P.C.: Methodenbanksysteme: Ein Werkzeug zum Maßschneidern von Anwendersoftware. Informatik-Spektrum 2 (1979), H.4, S.194-203.

/7/ Ottenburger, U.; Hertlin, I.: Integration von paralleler und serieller Prozeßbeobachtung und -bedienung in konventionellen Kraftwerken: Anforderungen, Systemkonzept, Realisierung, erste Erfahrungen. Vortrag anläßlich der 28. Fachausschußsitzung Anthropotechnik der Deutschen Gesellschaft für Luft- und Raumfahrt e.V., Friedrichshafen, 22./23.05.84.

Zugang zu dezentralen Prozeßleitsystemen und seine Auswirkungen auf die Prozeßdatenverarbeitung

Dr. P. Hanbaba

H. Zinke

BROWN,BOVERI & CIE AG Mannheim

Geschäftsbereich Großmaschinen und Kraftwerke

Fachbereich Starkstrom- und Leitanlagen

Zusammenfassung

Die Mikroprozessorenentwicklung hat zu freiprogrammierbaren dezentralen Leitsystemen geführt. Die Einführung damit verbundener rechnergestützter Planungs- und Fertigungsmethoden wird uns in Richtung elektronische Selbstdokumentation der leittechnischen Produkte weiterbringen.

1. Einleitung

Unter dem Begriff Prozeßleitsystem werden alle Komponenten zur Führung und Überwachung von technischen Anlagen zusammengefaßt. Eingeschlossen sind alle Vorgänge des Bildes 1, das das Zusammenwirken der leittechnischen Funktionen am Beispiel der Kraftwerksautomatisierung darstellt. Anhand dieses Anwendungsgebietes soll der PDV (Prozeßdatenverarbeitung)-Entwicklungsstand und zukünftige Entwicklungstrends aufgezeigt werden, indem die Systemeigenschaften aus Sicht der Planer, Realisierer, Inbetriebnehmer und Betreiber beurteilt werden. Betrachtungsschwerpunkt ist dabei die Art des Zuganges zum System.

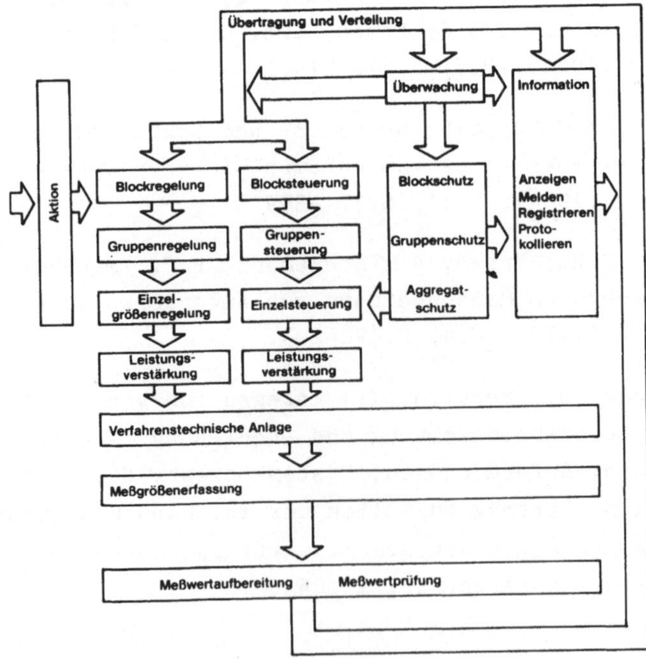

Bild 1: Zusammenwirken der leittechnischen Funktionen

Der Kraftwerksprozeß besitzt eine klar gegliederte verfahrenstechnische Struktur. Der Aufbau des Leitsystems trägt der Prozeßstruktur durch Einführung hierarchischer dezentraler Automatisierungsebenen (Blockleitebene, Funktionsgruppenebene, Antriebsebene) Rechnung.

2. Freiprogrammierbarkeit innerhalb moderner Prozeßleitsysteme

Prozeßleitsysteme umfassen die in Bild 2 skizzierten Wirkungskreise

* Prozeß - Prozeßleitsystem - Prozeß = closed loops
  Funktionen: Schützen, Steuern, Regeln

* Prozeß - Prozeßleitsystem - Mensch - Prozeßleitsystem - Prozeß = open loops
  Funktionen: Informieren, Bedienen, Entstören, Warten, Instandhalten

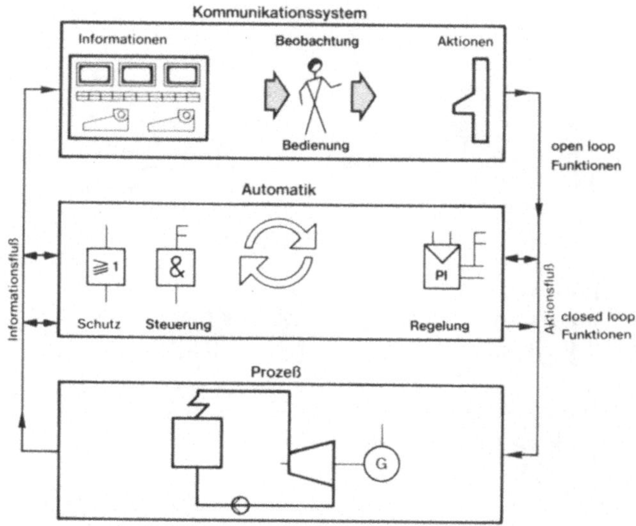

Bild 2: Informations- und Aktionsfluß in Kraftwerksleitsystemen

Der Einsatz freiprogrammierbarer Rechner im Rahmen der Prozeßleittechnik ist gekennzeichnet für

open loop - Funktionen durch:

- zentrale Einzel- oder Doppelrechner (klassische Prozeßrechnertechnik)
- ab 1983 Übergang zu verteilten Prozeßrechensystemen

closed loop - Funktionen durch:

- bis 1980: DDC auf zentralen Prozeßrechnern mit back up-Geräten
- ab 1980 : Dezentrale digitale Prozeßleitsysteme mit Bus-Übertragung und speicherprogrammierten Verarbeitungseinheiten (Bild 3). Beispiel für eine ausgeführte Anlage mit dem Leitsystem PROCONTROL P ist der 475 MW-Kraftwerksblock von der Großkraftwerk Mannheim AG mit etwa

  150 Funktionsgruppen und
  160 Regelkreisen
  3750 Mikroprozessoren festprogrammiert
  1250 Mikroprozessoren freiprogrammiert
  60.000 Signale auf dem Bus

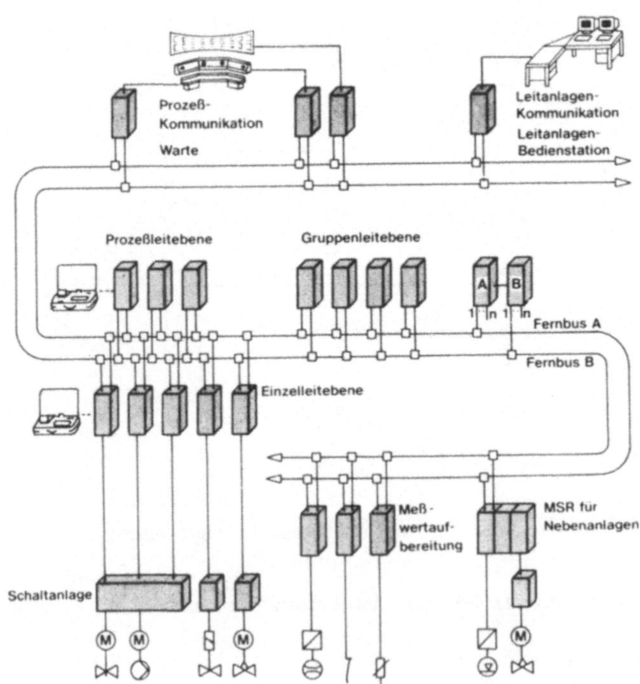

Bild 3: PROCONTROL P - Leitanlagenkonfiguration

3. Programmierung dezentraler Prozeßleitsysteme während der Projektabwicklung und des Betriebes

open loop - Funktionen:

Die Prozeßinformationssysteme sind bezüglich ihrer Funktionalität stark standardisiert. Daher wird die Software für ein Kundensystem größtenteils durch Funktionsauswahl, Parametrierung und Einspielen der projektspezifischen Auslegungsdaten generiert. Nur projektspezifische Funktionen werden durch Programmierung erstellt.

Die Auslegungsdaten beinhalten:

- Signallisten
- Parameterlisten für Meßkreise und Überwachung
- Konfigurationslisten für Anzeigen und Protokolle
- Konfiguratoren für Anlagenschematas und deren Verknüpfung zu Prozeßvariablen

Es stehen Werkzeuge, wie Editoren für Programme, Daten und Schematadarstellungen auf dem Prozeßrechner selbst zur Verfügung, d.h. die Dokumentation ist elektronisch im gelieferten System vorhanden. Änderungen können leicht durchgeführt werden und die "Dokumentation" ist stets deckungsgleich mit der aktuellen Ausführung.

closed loop - Funktionen:

Die Steuerungs- und Regelungsstrukturen werden in Form von Funktionsplänen beschrieben. Die leittechnische Realisierung und die Einbindung in die verfahrenstechnische Anlage wird in Anordnungsplänen, Stromlaufplänen und Signallisten dokumentiert (Bild 4).

Aus den Funktionsplänen wird manuell (Bild 5) oder automatisch der Programmcode - zum Einbrennen in PROM's - erzeugt, d.h. Programmierung = Erstellung von Funktionsplänen.

Bei Änderungen während der Inbetriebnahme oder des Betriebes werden die PROM-Inhalte verändert. Parallel dazu muß die Dokumentation korrigiert werden.

4. Fähigkeitsunterschiede dezentraler freiprogrammierbarer Prozeßleitsysteme zu verdrahtungsprogrammierten Leitsystemen

Der Vorteil der speicherprogrammierten Technik ist gegeben durch

- wirtschaftliche Ausführung komplexer Regel- und Steuerungsstrukturen
- einfach Realisierung von Berechnungen außerhalb des Prozeßrechners
- Ferneinstellbarkeit von Parametern, z.B. Regelparameter
- Strukturen, Parameter, Signalbelegungen sind rückdokumentierbar über Inbetriebnahme- und Servicestationen oder Prozeß- und Leitanlagen-Bedienstationen (Bild 5)
- Signallaufpläne innerhalb der Leitanlage werden durch Signalverteillisten ersetzt (Bild 6)

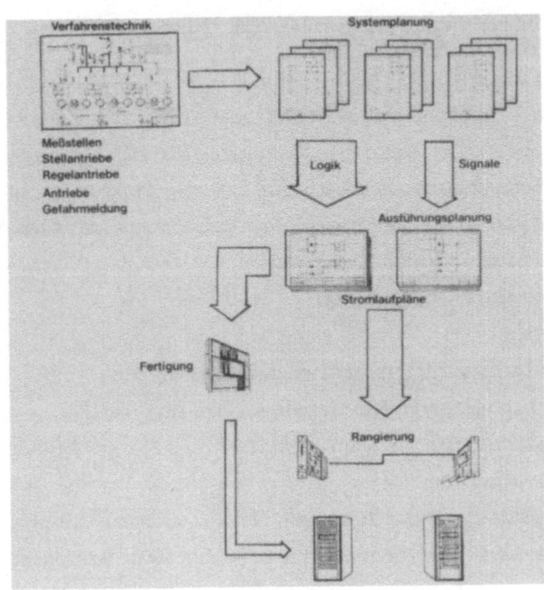

Bild 4: Planungsablauf einer leittechnischen Anlage

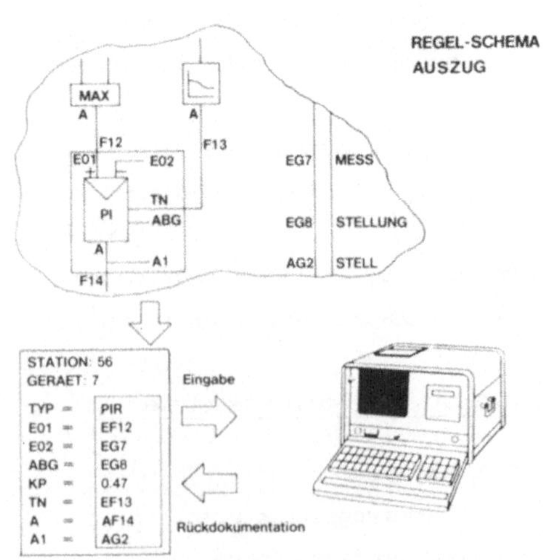

Bild 5: Umsetzung der leittechnischen Aufgabe in die Programme für die Verarbeitungs-Mikroprozessoren

```
LKS - ZBP  SIGNALVERTEILUNG       25.07.80   15:18:12   SEITE:01
-------------------------------------------------------------------
   =( HLB10 AN010 XB02)  QUELLORTADR. : (1, 9,29, 0, 4)
FUNKTIONS-GRP
SCHALTUNG          EINBAUPLATZ   ADRESSE     E/A-BEZ GERAET
-------------      -----------   -------     ------- ------
QUELLE
------
( HLB10          ) ( CD009 CA49)(1,  9,29) (EAG  )(03SR01A/R1011)
ZIELE
-----
(  HH001 AN001   ) ( CD009 FA65)(1,  9,53) (EG001)(03SR01A/R1011)
(  HFE01 AN010A  ) ( CD009 FA49)(1,  9,49) (EG031)(03SR01A/R1011)
(  HH000 EA100   ) ( CPG03 CA57)(1, 03,31) (EG012)(03SR01A/R5020)
(  HLB10 EA100   ) ( CPG03 CA49)(1, 02,29) (EG009)(03SR01A/R5020)
(  HLB15 AP001   ) ( CD009 CA73)(1,  9,35) (EG001)(03SR01A/R1011)
(  HLC10 EA100   ) ( CPG04 CA01)(1, 04,17) (EG014)(03SR01A/R5020)
(                ) ( CPU08 CA01)(1, 78,17) (AB04 )(01A001A/R1010)
(  HHL00 DF500   ) ( CPG03 CA65)(1, 03,33) (EG003)(03SR02A/R6042)
( 1LCH00 AA003   ) ( CD016 AA73)(1, 16,15) (EG006)(03SR01A/R1010)
ANZ DRU HLT                                           + - ? HIN
```

Bild 6: Durch Auslesen der Verarbeitungs-PROM's erzeugte Liste der internen Signalrangierung

- Verbesserte Leitanlagenüberwachung durch Selbstdiagnose und zentrale Anzeige (Bild 7)
- Verbesserter Betrieb, Entstörung und Wartung der Leitanlage
- Verbesserte Prozeßführung (Bild 8)

Leitanlagen-Störungsanzeige am ZBP

Anzeige der aktuellen Werte gestörter Signale	„Signalanzeige"
Programmieren von Ersatz-PROM's	z.B. „Struktur"
Signale, die von Geräteteilausfall betroffen sind	„Signalbelegung"
Ziele, die von einer Signalstörung betroffen sind	„Signalverteilung"
Simulation von Signalen	„Simulation"
Nachladen von Parametern über das BUS-System	„Diskrepanzenprotokoll"
Detailhinweise zur Störungsbehebung	Diagnosehandbuch
Störung außerhalb PROCONTROL P	z.B. Geberpläne, Schaltanlagenpläne

Bild 7: Konzeption der Information und Bedienung Mensch - Leitanlage

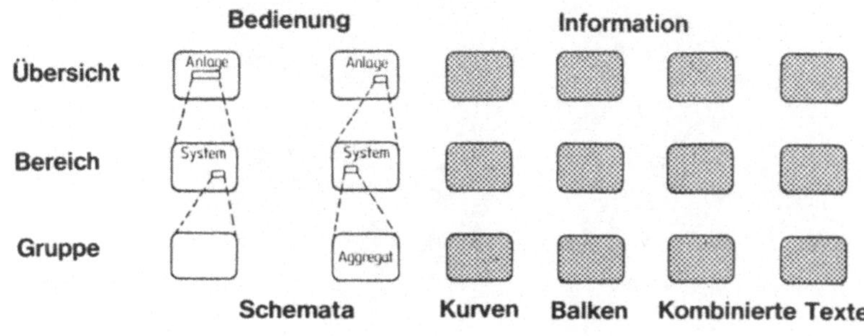

Bild 8: Konzeption der Information und Bedienung Mensch - Prozeß

5. Benutzeranforderungen an die Zugangsfähigkeiten von dezentralen Prozeßleitsystemen

Zum Betreiben der technischen Anlage benötigt das Betriebspersonal Informationen über

- die verfahrenstechnische Anlage, z.B. Verfahrensschemata
- den Prozeßzustand, z.B. Meßwertgruppenanzeige
- die Leitanlagenauslegung, z.B. Regelstrukturen, -parameter
- den Leitanlagenzustand, z.B. Anzeige simulierter Signale
- die Einbindung der Leitanlage in den Prozeß, z.B. Signallaufpläne

Diese Informationen werden einerseits aus der Leitanlage heraus, andererseits als Inhalt der Dokumentation zur Verfügung gestellt (Bild 9). Da die Dokumentation auf der leittechnischen Auslegung basiert, ist sicherzustellen, daß bei jeder leittechnischen Änderung auch die betroffenen Pläne mit geändert werden.

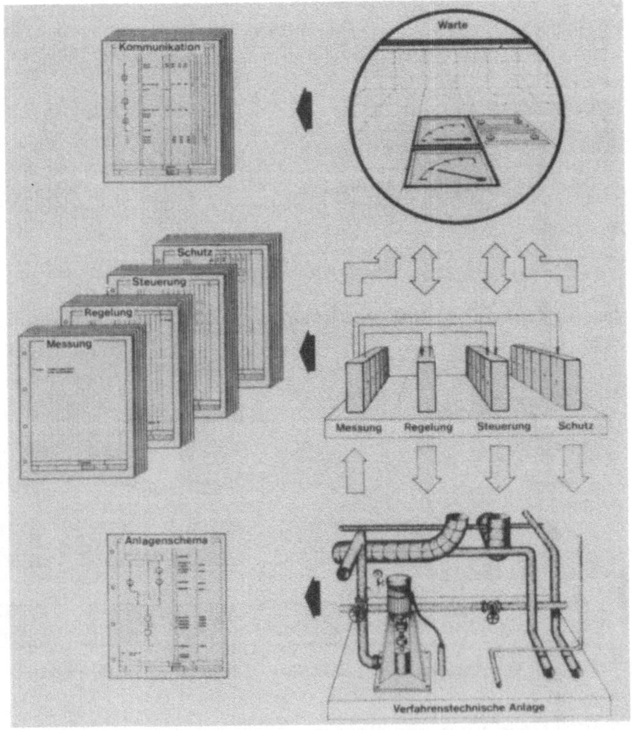

Bild 9: Die Dokumentation ist das Beschreibungs-Spiegelbild der ausgeführten leittechnischen Anlage

Mit der heute vorwiegend praktizierten manuellen Dokumentationspflege kann diese Konsistenzforderung nur unbefriedigend gelöst werden. Folgende Entwicklungstrends zur Verbesserung zeichnen sich ab:

Erhöhung des Anteils der elektronischen Dokumentation

Da bei den Herstellern verstärkt EDV-Hilfsmittel zur Dokumentationserstellung eingesetzt werden, besteht die Möglichkeit, die Dokumentation in elektronischer Form mit dem leittechnischen Produkt zu liefern.

Erhöhung des Anteils der automatischen Rückdokumentation

Durch Auslesen der Strukturen und Signaladressen aus den PROM's können stets aktuelle Dokumente erzeugt werden. Ein Beispiel für die grafische Rückdokumentation zeigt Bild 10.

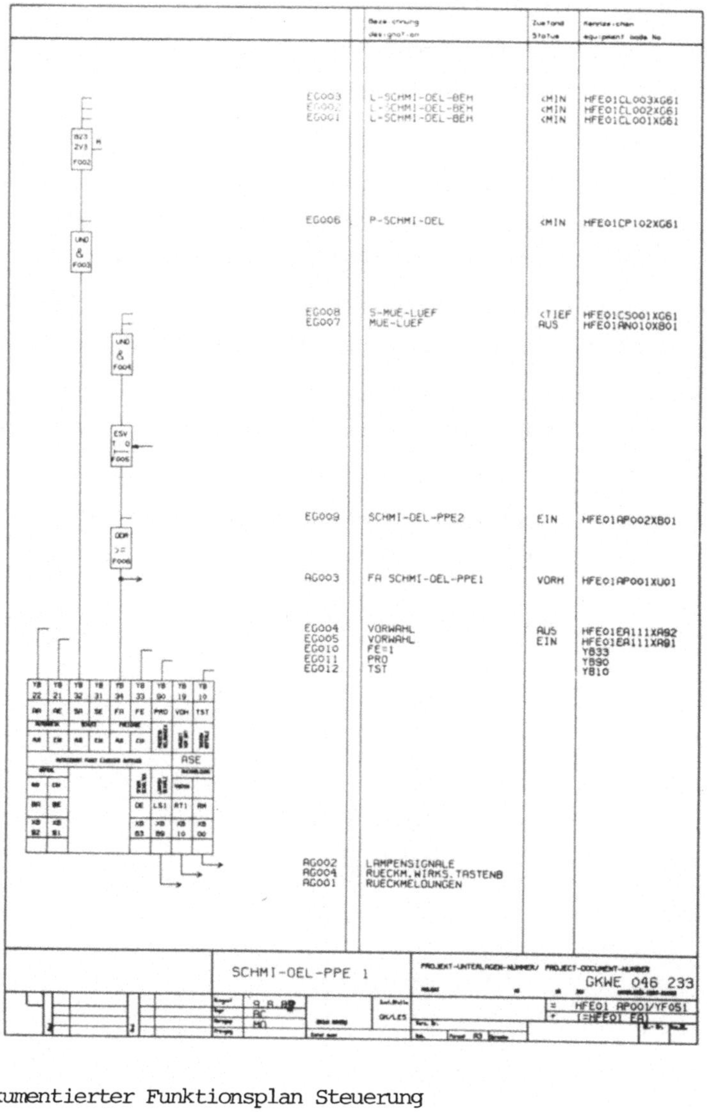

Bild 10: Rückdokumentierter Funktionsplan Steuerung

6. Prozeßdatenverarbeitung in der Zukunft?

Sieht man die Prozeßdatenverarbeitung als Informationsverarbeitung einer gesamten technischen Anlage, so ergeben sich unter dem Gesichtspunkt Zugang zum System die im folgenden dargestellten Zusammenhänge zwischen den Betrachtungsstandpunkten "Planer einer Leitanlage" / "Programmierer eines Rechners":

- Planung = Programmierung
- Planungs- und Dokumentationsmethodik = Programmiersprache
- Ergebnisdokumente = Quellenprogramme
- Geräte- + Programmtechnische Auslegung = Objektprogramme
- Rechnergestützter Umsetzer Ergebnisdokumente → Auslegung = Compiler
- Erstellungshilfen für Ergebnisdokumente = Editoren

Anhand dieser Analogien können folgende Schlußfolgerungen für die Prozeßdatenverarbeitung (PDV) in der Zukunft gezogen werden:

* Für die verteilte PDV ist die klassische Programmierung kein adequates Mittel.
* Der Bedarf nach höheren Programmiersprachen im Sinne von Dokumentationserstellungswerkzeugen führt zu einer stärkeren Verflechtung der PDV mit der Büroautomatisierung und der grafischen Datenverarbeitung.
* Die neuen Werkzeuge müssen Bestandteil der Leittechnik-Produktpalette sein, da sie auch für die Inbetriebnahme und während des Betriebes benötigt werden.
* Da die erforderliche Computerleistung und -verfügbarkeit anwächst, sind die "klassischen" Prozeßrechnerstrukturen als Lösungsmittel ungeeignet.

Im Bereich der closed loop Funktionen ist der PDV-Wandel weitgehend vollzogen.
Im Bereich der open loop Funktionen stehen wir vor dem Beginn der Entwicklung einer neuen Hardware- und Software-Generation.